浏阳 年鉴2021

LIUYANG YEARBOOK

浏阳市地方志编纂室　编

方志出版社
Publishing House of Local Records

图书在版编目（CIP）数据

浏阳年鉴. 2021 / 浏阳市地方志编纂室编. —北京：方志出版社，2021.11
ISBN 978-7-5144-4951-8

Ⅰ. ①浏… Ⅱ. ①浏… Ⅲ. ①浏阳－2021－年鉴
Ⅳ. ①Z526.44

中国版本图书馆 CIP 数据核字(2021)第 265524 号

责任编辑：齐笑
责任校对：刘玉霞
责任印制：赵楚
出 版 者：方志出版社
地　　址：北京市朝阳区潘家园东里 9 号（国家方志馆 4 层）
邮　　编：100021
网　　址：http://www.zgfzcb.cn
发　　行：方志出版社图书营销中心（010-67110500）
印　　刷：湖南省美如画彩色印刷有限公司
开　　本：889 毫米×1194 毫米　　1/16
印　　张：32
字　　数：1146 千字
版　　次：2021 年 11 月第 1 版
印　　次：2021 年 11 月第 1 次印刷
定　　价：268.00 元

《浏阳年鉴》编纂委员会

《浏阳年鉴》编辑部

《浏阳年鉴（2021）》组稿人员

（按篇目顺序排列）

梁　勇	戴高奇	王　超	崔月龙	彭美霞	钟馨星	胡　珊	罗　铭	罗腊英	罗　丹
李　振	肖圣林	黄如意	江立峰	丁洁琼	陈　畅	邱双喜	王松柏	杨　玲	周永奇
朱松连	余　涛	蔺绍桃	李梦琴	李瑶瑶	罗永昌	易守珍	陈纯清	戴四辉	熊　[illegible]
兰词贵	周建国	李碧文	杨　思	张华强	谭玉芳	邢　宇	梁　振	汤德法	李鹏飞
陈　敏	杨　丽	刘　强	胡颖博	张　丽	张辉珍	傅立平	陈　昱	廖　旭	彭　燕
瞿　希	陈秋香	谭　军	周利梅	罗　琳	叶　进	潘艳纯	张家榕	袁利平	袁村平
李凤姣	石慧琼	方　钊	柳　恒	贺东洋	曾　煦	傅琳慧	刘小英	刘利香	陈楚麟
张　宏	李秀华	唐文波	张金莲	李葵玉	倪　睿	罗　澜	王星星	林　丹	唐芃书
彭志敏	鲁伯稳	罗　栋	吴婧娟	周　溦	李　芝	程牧野	刘金辉	邱伏龙	袁　甜
张　晋	陈红梅	曾竹林	戴宝香	陈宇婷	邹雨玲	欧馨蔓	谢　晖	张晓晗	罗建国
涂　影	彭　琦	朱良柏	余　旋	熊飞平	谢乃辰	李　婵	王　颖	肖芬姿	谭润秋
张胤儒	李　立	兰　娟	潘志强	柳包华	黎　凛	钟　浪	李耀成	付　苹	沈完乐
唐继武	黄　英	张　星	刘　苏	蒋树龙	杨　丹	王科明	朱　明	高明果	黎　亮
王金红	杨佳利	邱正春	潘升根	刘亚玲	彭建湘	唐好珍	张芳芳	唐　莉	黄振兴
刘　学	甘享明	方艳华	曹湘黔	李先义	刘晓阳	刘俊康	杨　萍	伍彦霖	刘飞文
曾金平	张小艳	龚加强	张　丽	邱娇娇	张英豪	朱庆林	吴玮祎	胡　南	寻烁青
李肖轩	施经纬	陈　玲	刘　银	罗荣泉	郭秀旗	朱国文	孔琦芸	姚　锐	姜　新
唐　昕	彭　谨	唐小波	王　科	肖振芳	张树林	肖富国	胡偲琦	彭文韬	易　超
赵　颖	彭　放	陈初妍	夏纵印	胡　媛	戴晓宇	张可欣	沈　旸	喻　乐	

编辑说明

一、《浏阳年鉴》以马克思列宁主义、毛泽东思想、邓小平理论、“三个代表”重要思想、科学发展观、习近平新时代中国特色社会主义思想为指导，坚持辩证唯物主义和历史唯物主义的立场、观点和方法，围绕中共浏阳市委、浏阳市人民政府的决策部署，记载浏阳市自然、政治、经济、文化、社会等方面概貌和发展情况。

二、本年鉴采用分类编辑法，设类目、分目、条目3个层次，部分分目下设子目，条目为记述基本层次。全书包括图照和正文共设36个类目，正文体例有概况、条目、附录、图表等，书中插排彩色专版。

三、本年鉴记述断限为2020年1月1日至12月31日，鉴于某些工作的特殊性，部分记述适当上溯至2019年或下延至2021年。

四、本年鉴所列各机构负责人由各单位报送，主要包括机关、事业单位副科级以上（含副科级）实职领导干部，部分单位内设（二级）机构负责人，民主党派、学会、行业协会负责人，凡未注明任免时间均以2020年12月31日在职者为准。

五、本年鉴所载资料均由全市各单位、各部门专人撰写（条目后括注撰写姓名），由于统计数据的来源、口径、方式、时间的不同可能有差异，请读者以统计局提供的统计资料为准。

【浏阳名片】

- 花炮之乡
- 将军之乡
- 诗词之乡
- 千年古县
- 全国县域综合改革十佳城市
- 优秀旅游城市
- 中国全面小康十大示范县（市）
- 美丽中国典范城市
- 中国生态魅力城市
- 全国十佳生态文明城市
- 中国人居环境范例奖
- 湖南省文明城市

浏阳城区

【2020年荣誉】

- ✦ 县域综合发展全国百强县排名第9位
- ✦ 县域经济基本竞争力全国百强县第11位
- ✦ 工业百强县第11位
- ✦ 营商环境百强县第19位
- ✦ 国家卫生城市
- ✦ 国际化营商环境建设示范县（市、区）
- ✦ 2020胡润中国最具投资潜力区域百强
- ✦ 全国无障碍环境示范县（市）
- ✦ 国家县城新型城镇化建设示范县（市）
- ✦ 中国城市创新百佳示范县（市）
- ✦ 全国农村生活污水治理示范县（市）
- ✦ 浏阳河湿地公园晋升国家级湿地公园
- ✦ 中国社会保障百佳县（市）
- ✦ 2020全国“书香城市”

（彭红霞　摄）

【2020数字浏阳】

- 总面积5007平方千米
- 森林面积3269平方千米
- 森林覆盖率66.2%
- 耕地保有量772.4平方千米

- 年末公安户籍户数41.4万户
- 总人口为148.8万人
- 城镇人口72.44万人
- 乡村人口76.35万人
- 新增城镇就业人员15001人

- 地区生产总值1493亿元
- 第一产业增加值128.8亿元
- 第二产业增加值764.6亿元
- 第三产业增加值599.6亿元

- 一般公共预算收入128.76亿元
- 地方一般公共预算支出151.5亿元
- 金融机构年末各项存款余额986.36亿元
- 住户存款余额634.22亿元
- 贷款余额890.04亿元

- 农林牧渔业总产值222.4亿元
- 农业产值116.6亿元
- 林业产值25.1亿元
- 牧业产值63.9亿元
- 渔业产值4.4亿元
- 农林牧渔服务业产值12.4亿元

- 社会消费品零售总额382.4亿元
- 实现销售额763.8亿元
- 批发业实现商品销售额461.7亿元
- 零售业实现商品销售额261.1亿元
- 住宿实现商品销售额5.4亿元
- 餐饮业实现商品销售额35.6亿元

- 居民消费价格总指数(CPI)为101.8
- 商品零售价格指数为100.8
- 服务项目价格指数为100.0
- 工业品生产者出厂价格指数为99.0

浏阳西北环线

[2020 数字浏阳]

- 城乡居民人均可支配收入45840元
- 农村居民人均可支配收入37154元
- 城镇居民人均可支配收入52811元
- 城乡居民人均生活消费支出26406元
- 农村居民人均消费支出21393元
- 城镇居民人均消费支出30427元

- 参加城镇职工基本养老保险人数16.76万人
- 城镇职工基本医疗保险的参保人数18.71万人
- 失业保险参保人数14.13万人
- 城乡居民基本养老保险参保人数81.53万人
- 城乡居民基本医疗保险参保人数119.24万人
- 发放城乡居民最低生活保障经费14535万元
- 城乡居民最低生活保障人数30226人

- A级景区15个
- 国家AAAA级旅游景区3家
- 国家AAA级旅游景区11家
- 全国红色旅游经典景区2家
- 接待游客人数3095.06万人次
- 旅游收入316.39亿元

- 高新技术企业和生产高新技术产品的企业303家
- 高新技术增加值267.6亿元
- 专利授权量2216件
- 发明专利授权191件
- 实用型专利授权1511件
- 外观设计专利授权514件

- 普通小学305所（含教学点），在校学生111065人，毕业17085人
- 普通初中52所，在校学生49859人，毕业15749人
- 普通高中15所，在校学生27937人，毕业8081人
- 中等职业学校6所，在校学生10610人，毕业4003人
- 特殊教育学校1所，在校学生216人，毕业22人

（彭红霞　摄）

【重点项目建设】

浏阳市人民医院新院投入使用

4月27日，浏阳市人民医院新院正式投入运行。浏阳市人民医院新院位于道吾山西路452号，按照三级甲等医院建设标准规划设计，定位为湘赣边区域性医疗中心。占地11.33万平方米，建筑面积15万平方米，由5栋楼和5个区组成，编制床位1580张，设立胸痛、脑卒中、消化、母婴、儿童、肾脏、创伤、健康、重症、门诊十大医学中心。

浏阳市人民医院新院　　（人民医院　供图）

浏阳城

长沙惠科第8.6代超高清新型显示器件生产线项目主厂房建成

7月22日，位于湖南省长沙市浏阳经济技术开发区总建筑面积达64万平方米的长沙惠科第8.6代超高清新型显示器件生产线项目主厂房建成。项目总投资为240亿元，主厂房长432.4米、宽354.4米，建筑面积约64万平方米，单体面积相当于8个"水立方"，是全球最大单体高科技厂房项目，也是全球首条8.6代OLED生产线。项目总用地面积约48万平方米，总建筑面积约77.6万平方米，分主厂房、附属配套、生活服务三个区域，其主要产品为4K、8K、10K等超高清大尺寸显示面板，将打破国外大尺寸OLED面板垄断，实现国产替代的新局面。项目将设立光电显示研究院，进行新一代显示技术、材料研究。项目投产后预计年产值150亿元以上、税收13亿元以上，可吸引一批产业链上下游配套企业落户，为当地打造千亿级显示功能器件产业链奠定坚实基础。

长沙惠科第8.6代超高清新型显示器件生产线项目主厂房　（经开区　供图）

（彭红霞　摄）

【防范化解重大风险】

浏阳城区花炮大道　　（罗豪正　摄）

出台《浏阳市乡镇（街道）债务风险预警管理办法》《浏阳市村级债务风险预警管理办法》，率先在全省建立“市（县）、镇、村”三级债务管理风险预警体系。市级平台公司按照“1+1+1”模式组建浏发集团，园区8家国有企业整合成3家；交建投主体信用评级提升至AA；17家纳入省级监管名录的平台公司落实3家注销、2家人员分流、10家市场化转型，实现省、长沙市部署的保留平台公司再压减三分之一目标。有序实现三类债务之和较2019年底下降32%。村级债务化解率超20%。

浏阳城区长兴湖

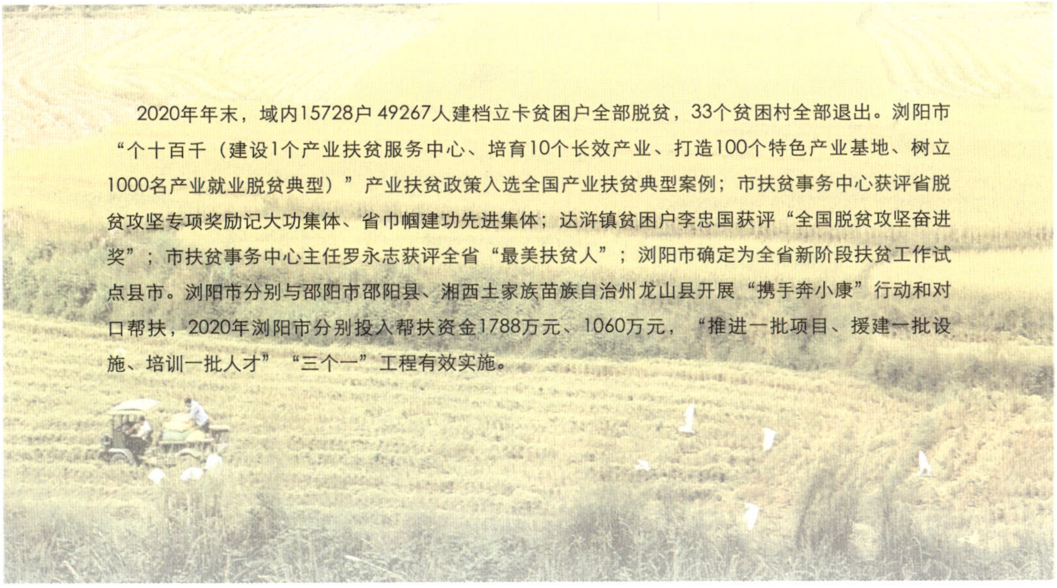

2020年年末，域内15728户49267人建档立卡贫困户全部脱贫，33个贫困村全部退出。浏阳市“个十百千（建设1个产业扶贫服务中心、培育10个长效产业、打造100个特色产业基地、树立1000名产业就业脱贫典型）”产业扶贫政策入选全国产业扶贫典型案例；市扶贫事务中心获评省脱贫攻坚专项奖励记大功集体、省巾帼建功先进集体；达浒镇贫困户李忠国获评“全国脱贫攻坚奋进奖”；市扶贫事务中心主任罗永志获评全省“最美扶贫人”；浏阳市确定为全省新阶段扶贫工作试点县市。浏阳市分别与邵阳市邵阳县、湘西土家族苗族自治州龙山县开展“携手奔小康”行动和对口帮扶，2020年浏阳市分别投入帮扶资金1788万元、1060万元，“推进一批项目、援建一批设施、培训一批人才”“三个一”工程有效实施。

丰收颂　　（罗成　摄）

10月17日，全国脱贫攻坚奖表彰大会暨先进事迹报告会在北京举行，李忠国被国务院扶贫开发领导小组授予“2020年全国脱贫攻坚奖奋进奖”称号。

11月3日，邵阳市政协副主席、中共邵阳县委书记蒋伟（右六）率邵阳县党政代表团到浏阳开展“携手奔小康”活动并实地考察浏阳产业发展、“党建+微网格”和脱贫攻坚等工作。

（彭红霞　摄）

【污染防治】

浏阳大道　　（罗豪正　摄）

空气质量优良率达99.7%；浏阳河出境断面水质均值保持II类；捞刀河、南川河出境断面水质均值达III类；饮用水水源地水质达标率100%；宝山河市控断面稳定达标，铁山桥断面稳定向好；污染源普查工作获国务院表彰，浏阳河湿地公园晋升国家级湿地公园。

2021年1月6日，全国爱卫会发布《关于命名2018—2020周期国家卫生城市（区）的决定》（全爱卫发〔2021〕2号），决定命名120个城市（区）为国家卫生城市（区）。浏阳市获“国家卫生城市”称号。

浏阳河株树桥水库

【浏阳河湿地公园晋升国家级湿地公园】

12月25日，国家林业和草原局下发《关于2020年国家湿地公园试点验收结果的通知》（林湿发〔2020〕119号），公布2020年国家湿地公园试点验收结果，浏阳市的浏阳河国家湿地公园试点建设顺利通过验收。2015年12月，浏阳河国家湿地公园经国家林业和草原局批准开展试点建设。该公园地处浏阳东部，范围以株树桥水库为主体，包括浏阳河部分河段、小溪河全段、大溪河部分河段水域、滩涂和两岸部分耕地，总面积2361公顷，其中湿地面积1423.4公顷，湿地率为60.29%。公园内野生动植物资源丰富，生态系统完整，是典型的南方低山丘陵森林—河流复合湿地公园。园内植物树种以马尾松、杉木、樟树、檫木、山乌桕、毛竹等为主，鸟类有包括黑鹳、海南鳽、小天鹅等国家级保护动物等88种。湿地有着强大的生态净化作用，因而又有“地球之肾”的美名。

浏阳河湿地公园内的高坪镇南车湾　　　　（高坪镇　供图）

（彭红霞　摄）

【浏阳市苍坊旅游区被列入国家AAAAA级旅游景区创建名单】

胡耀邦故居　　（彭红霞　摄）

11月19日，文化和旅游部通过视频方式在湖南省文旅厅进行专家评审，浏阳市苍坊旅游区红色主题鲜明、历史文化价值高、生态保护良好，达到国家AAAAA级旅游景区景观质量相关要求，在全国31家申报单位中脱颖而出。12月9日，文化和旅游部资源开发司发布《关于对申报创建国家AAAAA级旅游景区景观质量评审会评审结果的通报》，浏阳苍坊旅游区通过国家AAAAA级旅游景区景观质量评审，被列入国家AAAAA级旅游景区创建名单。

耀邦广场　　（胡耀邦故居办公室　供图）

浏阳市苍坊旅游区位于浏阳市中和镇，景区包括胡耀邦故居、胡耀邦同志纪念馆、文博园、廉政箴言书法碑林、胡氏家庙、耀邦广场等主要景点。近年来，景区先后被评为全国重点文物保护单位、全国红色旅游经典景区、国家AAAA级旅游景区、全国爱国主义教育示范基地、国家一级博物馆、全国中小学研学实践教育基地、湖南省廉政文化教育示范基地等。胡锦涛、曾庆红、吴官正、贺国强、王兆国等党和国家领导人先后到此参观考察。2020年，景区游客量达257万人次。

目 录

特 载

大事记

浏阳概貌

中国共产党浏阳市委员会

浏阳市人民代表大会

浏阳市人民政府

中国人民政治协商会议浏阳市委员会

中国共产党浏阳市纪律检查委员会
浏阳市监察委员会

民主党派

群众团体

法　治

军 事

经济管理

农 业

水 利

工业和信息化

交通运输

邮政·通信

城乡建设和管理

生态环境

商 务

旅　游

金　融

科学技术

教　育

文化·体育

卫 生

社会生活

街道·镇·乡

人物与荣誉

文献选编

附　录

Contents

浏阳河文化广场夜景　　（陈伏明　摄）

特　载

浏阳市2020年脱贫攻坚工作纪实

浏阳地处湘东，市域面积5007平方千米，人口149万人，辖32个乡镇（街道）、326个村（社区），有贫困人口的乡镇（街道）31个、村（社区）307个，其中贫困村33个。近年来，浏阳市深入学习贯彻习近平总书记关于脱贫攻坚系列重要讲话精神，认真落实省委省政府、长沙市委市政府决策部署，紧扣“两不愁三保障”标准，坚决打好打赢脱贫攻坚战。2020年底，域内15728户49267人建档立卡贫困户已全部脱贫，33个贫困村全部退出。浏阳市“个十百千”（建设1个产业扶贫服务中心、培育10个长效产业、打造100个特色产业基地、树立1000名产业就业脱贫典型）产业扶贫政策入选全国产业扶贫典型案例；市扶贫事务中心被评为省脱贫攻坚专项奖励记大功集体、省巾帼建功先进集体；达浒镇贫困户李忠国被评为“全国脱贫攻坚奋进奖”；市扶贫事务中心主任罗永志被评为全省“最美扶贫人”；浏阳市确定为全省新阶段扶贫工作试点县市。

扛牢政治责任，全力打赢脱贫攻坚的收官战

对标对表强调度。严格对标对表中央和省市关于脱贫攻坚战的部署要求，坚持高站位谋划、超常规推进脱贫攻坚工作，市委市政府通过市委常委会会议、市委月工作碰头会、重点工作季度调度讲评会、政府常务会，以及精准扶贫工作领导小组会，进行认真研究和密集调度，并多次召开全市性会议，就脱贫攻坚工作进行全面部署。制定实施《浏阳市2020年脱贫攻坚工作要点》《2020年专项扶贫工作指导意见》等，切实做好顶层设计，确保全市“一盘棋”有力有序推进。

不折不扣抓落实。聚焦“两不愁三保障”，明确15个专项扶贫工作组，由相关市级领导任组长，靠前调度指挥，实行挂图作战、挂帅出征、挂印交办。各专项工作部门认真对照扶贫标准和上级专项扶贫工作要求，对政策进行了全面梳理，做到不降低标准、影响质量，也不调高标准、吊高胃口，坚持一个节点接一个节点抓推进，逐项研究制定落实措施，不折不扣完成目标任务。

聚焦聚力促攻坚。把脱贫攻坚作为一项系统工程，形成党政引领、全民参与的攻坚格局。切实强化“领导联乡、部门联村、干部联户”机制，严格落实“三走访、三签字”的要求，市委书记、市长带头对全市33个贫困村进行全面走访，及时发现并解决实际问题，有效带动全市领导干部进村入户。将精准扶贫作为锤炼干部的主战场，对全市所有有贫困人口的村（社区）派驻第一书记（工作队长）和队员655名，安排10024名干部与贫困户结成帮扶对子，因村因户精准施策，用心用情用力帮扶，营造全市凝心聚力、合力攻坚的浓厚氛围。

克服疫情影响，全力做好脱贫攻坚的加试题

下好稳岗就业先手棋。针对疫情导致外出务工受阻和返乡回流务工增加的特殊情况，把贫困群众稳岗就业作为2020年工作的重中之重，成立稳岗就业专班，强化就业服务和职业技能培训，全力为贫困劳动力在外稳定就业和外出务工创造条件，努力稳定贫困群众就业增收渠道。全年共发布招聘信息15000多条，为贫困劳动力送岗上门1000多人次，共有333名贫困劳动力和90名“两后生”（初中、高中毕业后未考取大、中专院校，又不愿再复读的学生）参加职业培训，发放转移就业交通补贴、社保补贴、以工代训等各类补贴共858.1万元，惠及贫困劳动力7479人次。全市贫困人口外出务工21252人，较上年增加5.2%，返乡回流281人，除67人因身体、家庭等特殊原因未就业之外，其余均实现稳定就业。

掀起消费扶贫新热潮。创建浏阳市扶贫综合服务中心，用好本级区域公用品牌“农品浏香”，为零散的扶贫产品提供统一运营、包装、仓储和配送。对受疫情影响的扶贫产品进行全面摸底，在媒体公布农产品采购联系方式，号召社会爱心力量优先购买扶贫产品。开展“优先本地购、消费促扶贫”“全民消费、全民助力”“全国扶贫日”等主题活动，发动爱心力量参与消费扶贫。率先在长沙地区完成“三专”（专馆、专区、专柜）平台建设并投入运行，积极开展扶贫产品认定，发动各预算单位预留份额采购贫困地区农副产品，打通扶贫产品销售“最后一步路”。2020年，全市有227个产品纳入全省消费扶贫产品目录，累计销售额达1.38亿元。

打好救助帮扶组合拳。对“禁食退养、禁捕退捕”（因野生动物禁食令需要退出养殖、捕捞野生动物作业）涉及的贫困户和边缘户进行全面摸底排查，8户因野生动物禁食令需要转产的贫困户和2户涉及“禁捕退捕”的贫困户，均已落实相关退出补偿政策，通过介绍到市内外灵活就业、发展产业等帮扶措施实现稳定转产转业。组织镇村扎实做好贫困群众受灾情况排查，采取有力措施确保各项救助政策落实到位。对2户因洪涝灾害和山体滑坡导致房屋受损的对象，都已落实危房改造政策，确保住房安全。

聚焦政策落实，全力保障脱贫攻坚的高质量

抓实产业造血。按照“有能力、有意愿的贫困户和边缘致贫户全覆盖”要求，持续打造“个十百千”产业扶贫工程和“十五公里就业圈”(贫困劳动力就业距离在15千米以内)，建成产业扶贫基地131个，就业扶贫车间(基地)172个，设置公益性岗位731个，33个贫困村均有企业(合作社)带动贫困户发展产业就业。充分发挥扶贫小额贷款输血强能的撬动作用，2020年，累计发放贷款11307笔35732.54万元，贫困户累计获贷率71.89%，做到“应贷尽贷”，其中2020年新增贷款1706笔共6521.01万元，超额完成省下达的5000万元任务。同时，2016年以来共培训致富带头人520名，为促进村级产业发展、困难群众增收脱贫起到示范带领作用。

落实惠民政策。全面落实教育扶贫政策，资助义务教育阶段建档立卡贫困学生11055人次，建立义务教育阶段贫困学生“一对一”结对帮扶信息库，由老师全程跟踪学生的生活、学习，对重度残疾学生定期上门辅导；严格落实“雨露计划”，2020年春季学期投入168万元资助1120名贫困学生接受职业教育。深入推进健康扶贫，全面落实贫困人员参保补助政策，做到贫困人口基本医疗保险应保尽保，全面实施贫困人口先诊疗后付费和“一站式结算”，1—12月全市贫困人口通过一站式结算71469人次，合计补偿20776.83万元，实际补偿率为92%；完善家庭医生签约服务制度，做到应签尽签。全力兜底线、救急难、保民生，目前全市共有社会救助兜底保障对象5553户12443人，并将低收入家庭中符合条件的重病、重残对象纳入“单人保”，确保“应保尽保、应兜尽兜”。1—12月全市共发放重度残疾人护理补贴1063.31万元，发放困难残疾人生活补贴2257.96万元，其中共发放建档立卡脱贫人口重度残疾人护理补贴262.48万元，困难残疾人生活补贴669.98万元；认真做好残疾人办证工作，全市办理残疾证2800本(其中贫困户420本)。依托中国社会扶贫网和“点亮梦想•爱行浏乡”社会扶贫公益平台，搭建爱心人士与贫困户对接桥梁，累计注册社会爱心人士18万余名，圆梦90000多例。

夯实基础配套。对全市农村危房进行动态管理，做到全面鉴定、应改尽改，近年来全市共完成“四类对象”(建档立卡低保户、“五保户”、重病户、重残户)危房改造7437户，贫困户住房安全问题全部解决。因地制宜推进易地扶贫搬迁后续工程，严格按照政策标准做好基础配套、公共服务、社区管理等工作，做到程序规范、保质保量。坚持因户施策，对搬迁对象进行就业帮扶、产业帮扶和兜底保障，确保帮扶措施落实到户到人，实现“搬得出、稳得住、能致富”的搬迁目标。全市建有28处千吨万人规模水厂、88处单村供水工程，严格按政策标准开展饮水问题排查，确保全市所有贫困户均有放心、安全的生活用水。加强对全市11个光伏电站运营管理，保障发电收益分配科学、合理使用。

突出严格管理，全力清除脱贫攻坚的风险点

深入开展脱贫质量“回头看”。聚焦饮水、住房、医疗、教育等重点，对历年中央和省市考核、督查、巡视发现反馈的问题进行常态化排查整改，市镇村三级层层制定整改方案、整改清单和整改台账，组织所有专项工作部门和31个乡镇(街道)、307个村(社区)，逐村逐户排查问题，逐项逐条整改销号。2020年对全市建档立卡贫困户、边缘户和边缘户以外的非建档立卡低保、“五保户”、重病户、重残户“四类对象”突出问题开展脱贫质量“回头看”，共派出8个指导组，抽调888名工作人员组建444个上户排查小组，逐村逐户开展“拉网式”排查，对发现问题逐户研究、逐户拿出解决方案、逐户限时清零，共发现并解决“两不愁三保障”问题872个。

严格把住项目资金监管关。把扶贫项目资金监管作为底线要求，全面实行公示公告制度，切实防范虚报冒领、截留挪用、呆账坏账等风险隐患。全年投入各级财政专项扶贫资金8152.98万元，严格要求驻村第一书记、工作队长对扶贫资金亲自审核把关、亲笔签名确认，确保专款专用。有序推进脱贫攻坚项目库建设，精心铺排项目，对扶贫项目申报、实施、验收等全过程规范管理。出台《浏阳市扶贫项目资产管护办法》，分年度、分类别进行扶贫资产清查登记，明确资产管护职责和收益分配，确保资产规范、安全。

全面提升信息数据精准度。建立精准识别、精准帮扶、精准退出的全过程管理机制，坚持“应进尽进、应出尽出”，严格按标准程序做好贫困人口的动态管理工作。严格扶贫信息系统数据核实比对和信息规范录入，确保账实相符、账账相符。从市精准扶贫工作领导小组各成员单位中抽调专门人员，对全市2020年度913户拟脱贫对象进行全覆盖复核，确保真脱贫、脱真贫。

构建长效机制，全力巩固脱贫攻坚的好成果

构建“四个不摘”机制。严格落实“摘帽不摘责任、摘帽不摘政策、摘帽不摘帮扶、摘帽不摘监管”，加强对驻村帮扶和干部结对帮扶管理。明确驻村帮扶10项工作任务，强化对驻村帮扶工作队管理考核，对不履行职责、不胜任工作的驻村帮扶干部视情况进行问责。实行分级培训制度，市镇村三级层层开展业务培训，实现所有扶贫干部和帮扶干部培训全覆盖。深入开展“扶贫政策大宣讲”，全面提升社会公众对扶贫工作的知晓度和满意度。注重严管厚爱驻村帮扶干部，提高伙食、通信费、交通费补助标准，统一购买意外保险，确保驻村干部能够真正住下来、蹲下去。开展脱贫攻坚专项奖励，对符合条件的优秀扶贫干部和驻村干部分别记功52人、嘉奖205人。

构建监测预警机制。将困难群众分为示范户、达标户、巩固户和边缘户4类，进行分类施策，分类扶持，不断提升帮扶针对性和实效性。建立“三表一单”工作机制，扎实开展防止返贫致贫监测和帮扶工作，对全市未脱贫户有脱贫困难、已脱贫户有返贫风险、档外户有致贫隐患对象列出“三表”，由乡镇（街道）党（工）委党政联席会议逐户研究，市级领导和乡镇党政班子成员结对联系帮扶，量身制定切实可行的帮扶措施，确保已脱贫对象不返贫、未脱贫对象如期脱贫、档外对象不致贫；对扶贫领域形式主义官僚主义问题列出清单，全市上下对照自查扎实整改，以硬作风保障脱贫高质量。建立“村组及时排查、乡镇统筹研究、市级政策支持、社会共同救助”监测预警机制，实时加强对收入骤减或支出骤增户，特别是“三表”对象的动态监测，及时掌握新情况新问题，及时将新致贫和返贫对象纳入帮扶，确保脱贫实效。

构建有效衔接机制。按照省扶贫办的要求，在全省率先开展新阶段扶贫试点工作，探索建立推进全面脱贫与乡村振兴有效衔接的长效机制，着力解决返贫和相对贫困问题。核心内容就是构建“四个机制”、实施“四个升级打造”。“四个机制”即：产业带动机制，培育“浏阳茶油”“浏阳黑山羊”“浏阳花木”、大围山水果等特色产业链；就业促进机制，充分吸纳有劳动能力、有就业意愿的低收入人口就业；民生保障机制，将符合最低生活保障标准对象全部纳入城乡低保；社会帮扶机制，设立全市统一的扶贫基金，引入社工、社团、社区等多元化精准帮扶主体。“四个升级打造”即：把扶贫产业升级打造成为乡村振兴的“品牌产业”、把扶贫网格升级打造成为基层治理的“底座网格”、把脱贫典型升级打造成为乡村发展的“示范力量”、把贫困山区升级打造成为绿色生态的“精品景区”。依托全市3.2万个微网格，充分发挥其探头和触角作用，全力打造脱贫攻坚的留守工程、后续工程。

聚焦长效实效，深化对口帮扶携手共赢发展

根据省委、省政府统一安排，浏阳市与邵阳县开展“携手奔小康”行动，2020年投入帮扶资金1788万元，实施“推进一批项目、援建一批设施、培训一批人才”“三个一”工程，建成九公桥敬老院、岐山公路、河伯乡济公岩溶洞旅游项目等，较好完成帮扶任务：2020年，双方党政主要领导开展互访5次，召开座谈会2次，专题会议研究1次，及时研究解决帮扶工作中的困难和问题。加强人才交流培训。浏阳市选派1名副科级干部到邵阳县挂职政府办副主任，安排39名专业技术人员到邵阳县进行交流。邵阳县选派4名管理干部到浏阳市挂职，安排136名专业技术人才到浏阳市进行交流，62名邵阳县党政干部到浏阳市进行培训。深化劳务协作。新冠肺炎疫情期间，采取专班、专车、专岗、专线“四专”形式，赴邵阳县开展半个月招聘活动。近年约有3500名邵阳县劳动者到浏阳就业创业，其中贫困劳动力600余人，每年劳务收入1亿多元。推进镇村结对帮扶。明确7个财税过亿元乡镇（街道）对口帮扶邵阳县7个贫困村，邀请邵阳县参加浏阳的“中国农民丰收节”主题活动，发动“彩虹志愿服务队”到邵阳县开展助学等。助力消费扶贫。认真组织消费扶贫活动，在浏阳市扶贫综合服务中心设立邵阳县对口帮扶特产专区，通过市领导带队开展专场采购、手机直播、平台推销、签订采购协议等多种方式，助力邵阳县扶贫产品进市场，全年帮助销售2000余万元。开展公益活动。成立400万元浏•邵“携手奔小康”教育助学基金，已有4310名特困教师和学生得到资助；捐赠价值400万元的药品和326.4万元的医疗器械，支持医疗救助；新冠肺炎疫情期间浏阳市还向邵阳县捐赠口罩15万个。此外，根据长沙市委市政府要求，浏阳市积极落实与龙山县茅坪乡对口帮扶任务，2020年投入帮扶资金1060万元。

（浏阳市农业农村局）

浏阳市创建国家卫生城市工作纪实

浏阳是湖南省人口第一、面积第二大县，总人口149万，面积5007平方千米，辖32个乡镇（街道）、326个村（社区），域内设国家级经开区、省级高新区，两型产业园等园区。全市森林覆盖率达到66.2%，大气环境质量率先在长沙达到国家二级标准，优良率常年保持在90%以上，县级以上饮用水水源地水质达标率100%，是“中国生态魅力市”“美丽中国典范城市”。域内有蓝思科技、盐津铺子等8家上市企业，电子信息、生物医药、机械制造、鞭炮烟花等一批浏阳经济发展重点产业。2019年，地区生产总值突破1400亿元，增长9.2%；完成地方一般公共预算收入80.2亿元，增长15.9%；县域经济与县域综合发展全国百强排名第10位、中国工业百强县排名第11位、营商环境百强县排名第25位，被评为“中国投资环境质量十佳县（市、区）”“中国国际化营商环境建设示范县（市、区）”，公立医院综合改革等多项工作在落实有关重大政策真抓实干成效明显地方通报中受到国务院表扬。1995年，浏阳开始创建省级卫生城市，1998年获湖南省卫生城市称号。2016年，浏阳启动国家卫生城市创建工作，严格对照《国家卫生城市标准》，始终突出“创卫为民、创卫惠民、创卫靠民”导向，以基础设施建设、市民文明卫生素质提升、城乡环境综合整治为主抓手，扎实推进创卫工作，取得明显成效，11项国家卫生城市必备条件全面达标。

坚持高位统筹，筑牢创卫工作坚实保障

强化组织领导。加强爱卫组织管理，全面贯彻落实中央关于爱国卫生工作的部署要求，制定《浏阳市爱国卫生管理办法》《关于进一步加强新时期爱国卫生工作的意见》等文件，将爱国卫生工作列入社会经济发展“十三五”规划和政府工作议事日程，制定爱国卫生工作规划和年度计划，将爱国卫生工作经费列入年度财政预算，2017—2019年在病媒生物防制、环境卫生日常保洁、改厕、垃圾分类等方面累计投入1.75亿元。健全市乡村三级爱卫组织机构网络，及时调整和充实市爱国卫生运动委员会成员，成立以市委书记为顾问、市长为组长、13名市级领导为副组长、47个单位为成员的创建国家卫生城市工作领导小组，各成员单位和乡镇相应成立爱卫会，各村（社区）选配精干力量。

强化责任落实。多次召开市委常委会会议、市政府常务会议和市长办公会、调度会，专题研究创卫工作，出台《浏阳市创建国家卫生城市实施方案》《浏阳市2018—2020年创建国家卫生城市目标任务分解表》等系列文件，明确创卫目标任务、工作标准和完成时限，推动各级各部门集中精力抓落实。按照“属地管理、条块结合、以块为主、上下联动、整体推进”的原则，大力推行网格化管理，统筹推进环境整治、健康教育、“六小”（小餐饮店、小食品店、小浴室、小美容美发、小歌舞厅、小旅店）整治、“十乱”（乱停乱放、乱扯乱挂、乱搭乱建、乱贴乱画、乱泼乱倒）治理等工作，确保创卫任务落实落地落细。

强化督查考核。将创卫工作纳入绩效考核内容，坚持“一天一交办、一月一总结、一季一讲评”，排名靠前的单位负责人上台作经验介绍，排名靠后的单位负责人上台作表态发言。坚持“四结合”（领导检查指导和创卫办督促检查相结合，经常性督查和不定期抽查相结合，专项督查和限期整改相结合，明查和暗访相结合），对未按进度、未按要求完成创卫工作任务的单位和单位主要负责人、分管负责人予以通报批评，并责令限期完成任务。特别是针对国家爱卫会暗访反馈的85个问题，多次进行专题调度，针对花炮市场、远大路、浏阳河中路等路面破损问题，投入2600余万元，全面进行提质改造。

坚持共建共享，突出群众创卫主体作用

广开言路集民智。创新推行“党建＋微网格”，推动基层党建与社会治理同频共振，构建政府和百姓、党员和群众之间的新桥梁、新纽带，充分激活党员、村民小组长、乡贤、志愿者的积极性和主动性，群策群力助推创卫工作。各级党组织广泛开展“把‘话筒’交给群众”活动，畅通爱国卫生建议与投诉渠道，将市爱卫办热线、市城管热线纳入群众卫生问题投诉建议主要平台，认真核实和解决群众反映的问题，限期3日内解决，一时解决不了的，限期向群众反馈进展情况，做到件件有处理、事事有落实，有效提升群众获得感和满意度。2019年本市居民对卫生状况的满意率达96.5%。

广泛发动聚民力。全面实施“门前三包”责任制，充分发挥人民群众的主体作用。大力开展志愿服务，发动社会各界充分参与创卫工作，组织开展“万人清洁浏阳城”“小手牵大手”“垃圾分类我先行”“文明交通志愿服务”“文明交通五进”“百姓楼长”“小巷总理”“小城管体验”“环境整治周”等创卫志愿活动，参与创卫的志愿者达8万余人次。积极开展社区文化活动、广场活动，举办“无烟家庭”“文明青年号”“文明之星”等评选活动，有力促进创卫工作深入开展。截至2020年8月，全市建设健康社区、健康学校、健康餐厅、健康家庭等健康单位和场所496个，成功创建国家卫生乡镇5个、湖南省卫生乡镇11个、长沙市卫生乡镇17个，省、长沙市卫生村(社区)199个。

广而教之入民心。坚持把促进人民健康作为创建国家卫生城市的目标和归宿，大力推进健康教育和健康促进，进一步健全健康教育组织机构和网络，不断扩展健康教育阵地，大力传播健康知识，有针对性地开展预防传染病和重点慢性疾病健康教育，深入开展禁烟、控烟宣传活动和无烟场所建设，广泛开展全民健身活动，倡导文明健康生活方式，举办机关运动会、全民健身运动会、工间操比赛、冬季马路赛跑、元宵舞龙、龙舟赛、中国健康跑等系列活动，掀起全民健身新热潮。截至2020年8月，全市建有体育健身设施的村(社区)达100%，经常参加体育锻炼人口比例达40%以上，居民健康素养水平达20.9%，达到国家卫生事业发展规划要求。

坚持精致精美，推动城市品质全面提升

实施城市畅通工程。聚焦“洁、畅、舒、宁”目标，全面提质改造城市路网，拓展城市发展空间。2016年至2020年8月，建成大浏、长洪、平汝高速(浏阳段)，新建西北环线、浏阳河六桥、荷文公路等公路26条，拉通海泡石路、南泥湾路等城市道路51条，提质改造背街小巷40多条。完善信号灯、隔离护栏、电子警察等交通设施，在全省县级城市首推智慧停车服务，新改建城区中心主干道智慧停车泊位4800余个，有效缓解城区停车难的问题。集中整治交通秩序，出台《浏阳市交通问题顽瘴痼疾集中整治行动方案》，围绕“重点时段、重点路段、重点车辆”开展大排查、大整改，严查“三驾三超”、涉牌涉证等重点交通违法行为，城市路网更加畅通有序。

实施城市生态工程。认真落实环境保护法，建立健全环境突发事件预防和应急机制，制定《浏阳市环境突发事件应急预案》，辖区内近三年未发生重大环境污染和生态破坏事故。全面打响蓝天碧水保卫战，以“六控”(控排、控煤、控尘、控烧、控车、控油)“十严禁”为主抓手，推进大气污染综合防治，环境空气主要污染物年均值达到国家《环境空气质量标准》二级标准，2017—2019年浏阳市全年环境空气质量指数(AQI)≤100的天数分别为331天、344天、348天，空气质量优良率保持在90%以上，区域环境噪声平均值分别为55.2分贝、54.8分贝、52.4分贝，均达到创卫要求。加强水环境整治，全面落实“河长制”工作要求，系统推进生活污水、畜禽粪水、工业废水、居民饮水、生态流水“五水共治”，水体质量不断提升，辖区内集中式饮用水水源地一级保护区水质达标率100%，安全保障达标率100%；城区水环境功能区达到要求，未划定功能区无劣五类水体。严格落实医疗废物分类管理有关规定，医疗污水排放达到国家规定的排放标准。深入推进“造绿三年行动”，拆墙透绿、拆违建绿、见缝插绿，全面提增绿量；加强公园游园建设，实施园林绿化精品工程，打造林荫广场、林荫停车场、林荫道路，着力构建“开门见绿、推窗见景”的山水林城，近三年投资13.75亿元，植树近2000万株，建设绿色自行车道60千米、绿色健康步行道35千米，新增公园绿地13.87公顷，新增居民小区等附属绿地50.18公顷，形成以城市主次干道为骨架，浏阳河为主线，单位庭院绿化为基础，公园、广场为重点的城市绿化新格局。2019年建成区绿化覆盖率达42.59%，人均公园绿地面积达11.74平方米。

实施城市保障工程。推进“一圈两场三道”(15分钟生活圈，停车场、农贸市场，人行道、自行车道、历史文化步道)建设，打造“15分钟生活圈”7个，投放公共自行车3000余辆，中心城区公交站点500米覆盖率达90%，完善城市照明设施，装灯率、亮灯率均达100%。统筹投入109亿元，建设保障性住房1232套，实施棚户区改造4238户，有效改善低收入人群住房条件。投资1.1亿元建设生活垃圾无害化处理场，投资3000万元完善生活垃圾处理场渗滤液项目，配备环卫专用车辆160台，规范背街小巷垃圾收集点，城区生活垃圾无害化处理率达100%。推进“厕所革命”，实施“首厕过关制”，完成农村厕所改造10万余座，率先在全省实现“旱厕”清零。投资405万元新改建城区公厕40余座，87座公厕全部达到二类公厕标准。

实施城市健康工程。以建设“健康浏阳”为统揽，以实施基本公共卫生服务项目为重点，大力发展公共卫生及医疗服务事业。借力“健康长沙”PPP项目，投入36.5亿元，先后完成人民医院整体搬迁，推进中医医院危急重症大楼、集里医院门诊综合大楼建设，启动市妇幼保健院整体搬迁，新建乡镇卫生院5家。实施两个基层医疗机构标准化建设三年行动，新改扩建村卫生室171个，实现标准化村卫生室全覆盖。积极探索“互联网+智慧医疗”，率先在全省推行就医“一卡通”，实现全域医疗健康信息互联共享。高标准新建市疾病预防控制中心，以最高分通过全省甲等县级疾控机构评审。按期完成艾滋病、结核病等重点疾病预防控制规划，适龄儿童免疫规划疫苗接种率均达95%以上，建立市乡村三级精神病防治网络体系，近三年严重精神障碍患者管理率均达95%以上，未发生重大生物安全事故和甲、乙类传染病暴发流行。围绕打造湘赣边区域性医疗中心目标，深化医疗卫生体制改革，推进重点学科建设，医疗服务能力和水平不断提升，域内就诊率持续保持在96%以上。先后被评为“全国妇幼健康优质服务示范市”“全国基层中医药工作先进单位”“国家慢性病综合防控示范区”等国字号荣誉。在新冠肺炎疫情防控中，浏阳市公共卫生服务与医疗服务快速反应、高效协同，“预防—控制—治疗”全链条无缝衔接，经受住疫情考验，全市始终无二代病例，无聚集性疫情，无死亡病例，无院内感染，最先被湖南省认定为低风险地区。

坚持问题导向,大力开展专项整治行动

开展农贸市场提升行动。每个市场成立工作组,坚持一日一巡查,一周一调度,一月一总结,强化执法监督,落实卫生保洁责任,标准化农贸市场建设全面达标。在硬件设施上下功夫,近三年投资3900多万元,全面完成城区农贸市场提质改造,新(改)建农贸市场7个,龚家桥市场改建成浏阳市首个智慧农贸市场,浏阳市农副产品大市场升级为功能配套最为齐全的批零兼容蔬菜市场。在规范管理上下功夫,对各类市场科学规划、划行归市,全面关闭马路市场和露天市场,将流动摊贩集中统一进市场经营;坚决执行《集贸市场食品卫生管理规范》各项规定,完善“三防”、排水等相关设施,活禽宰杀落实定期休市和清洗消毒制度,对废弃物实施规范处理,环卫水平大幅提升。

开展行业管理规范行动。以创建国家食品安全城市为目标,完善食品安全监管体制,出台《浏阳市食品安全委员会工作规则》,成立湖南省首支县级公安食药环境监察大队,建强市乡村组四级食品安全监(协)管工作队伍,建成区食品安全量化分级管理覆盖率达98.32%,近三年未发生重大食品安全事故。加强生活饮用水监管,市政、二次供水单位均取得卫生许可证,管理制度、操作规程、设施设备、日常管理均符合要求;按要求开展水质检测工作,出厂水、管网末梢水、小区直饮水的水质检测指标达到标准要求。开展重点场所卫生监督量化分级,督促经营单位规范管理,完善设施,经营单位卫生许可证持证率100%,卫生监督覆盖率100%,公共场所从业人员体检率、持证率、培训率100%。加强学校和托幼机构教学和生活环境卫生管理,设立校医务室或卫生保健室;开展健康学校建设活动,中小学健康教育开课率达100%。全面贯彻落实职业病防治法,2017—2020年,累计培训用人单位主要负责人、职业健康管理人员35504人,各用人单位参加职业健康检查人员达78746人次,近三年未发生重大职业病危害事故。

开展市容环境卫生提升行动。严格按照《城市容貌标准》要求,坚持垃圾日产日清,主要街道实现无空档巡回保洁,城市道路机械化清扫率达75%;出台“二清一保”(清扫、清洗、保洁)作业质量标准,坚持“三个一个样”(晚上和白天一个样、假期和平常一个样、不检查和检查一个样)、“六个基本看不见”(基本看不见流动摊担、基本看不见店外经营、基本看不见违规破旧广告、基本看不见垃圾、基本看不见乱搭乱建、基本看不见渣土污染)和“六位一体”(墙面、人行道、绿化带、辅道、机动车道、沟渠全覆盖)常态化工作标准,用“绣花”功夫抓实精细管理。实施“最严城管令”,建立全天候执法管理工作机制和24小时值班制,推行路段责任制。深化“六小”行业整治,对汽车站、建筑工地、网吧、学校和医疗机构进行常态化监管。2020年,整治乱贴乱画、乱搭乱建、乱泼乱倒等不文明行为1000多起,市容秩序更加规范,城市形象显著提升。

开展“城中村”和城乡接合部环境容貌整治行动。将城中村和城乡接合部卫生管理纳入城市发展规划,通过加大投入、强化管理、健全机制实现常态化管理。实施社区提质提档三年行动,投入3.7亿元对所有城市社区进行提质改造,硬化城中村道路68条,改造老旧小区60个,实现城中村和城乡接合部“路平、地净、沟渠通”。建立城中村卫生清扫保洁和卫生检查机制,实行一日两扫,全天保洁市场化运作管理模式。创新推行“民生吹哨,部门报到”制度,定期开展“十乱”整治,发布《关于禁止在城区范围内散养家禽和毁绿种菜的通告》,精细化治理卫生死角、废旧杂物、“牛皮癣”、噪声扰民等问题。

开展病媒生物预防控制行动。出台《浏阳市病媒生物预防控制管理办法》,按照“标本兼治,专群结合,定期监测,安全用药”的工作思路,坚持以“四害”滋生地综合治理为重点,以集中消杀为手段,采取突击消杀与长期治理相结合的办法,动员组织机关、企事业单位和社区群众广泛开展春秋季城乡统一灭鼠、夏秋季集中灭蚊蝇和灭蟑等活动。强化病媒生物监测,定期对病媒生物滋生地进行调查,根据滋生情况分别制定相应的治理方案,滋生地得到有效管理和治理。建成区鼠、蚊、蝇、蟑螂密度控制达到国家病媒生物密度控制水平B级标准,重点行业和单位防蝇设施合格率达96.1%、防鼠设施合格率达95.1%。

2020年12月10日,全国爱卫办对2018—2020周期拟命名的120个国家卫生城市(区)进行公示,浏阳市榜上有名。

(浏阳市卫健局)

浏阳市花炮产业转型重塑调研报告

浏阳市花炮产业转型重塑的现状评估

产能规模

产能与产值:近五年,浏阳花炮产业集群总产值呈曲线发展态势,2015 年、2017 年、2018 年均有增长, 增幅分别为 8.9%、9.7%、7.9%;2016 年、2019 年则分别下降 5.5%、2.2%, 且出口、内销和原辅材料及相关产业均有下降。2019 年,全市花炮产业集群总产值 241.1 亿元,其中出口销售额 34.8 亿元,国内销售额 150.4 亿元,原辅材料及相关产业产值 55.9 亿元。

企业类别与分布:截至 2020 年 7 月,浏阳全市共有烟花爆竹企业 549 家,其中烟花爆竹企业 513 家、黑火药企业 10 家、引火线企业 23 家、单基粉生产企业 3 家,企业自带工区 60 个,挂靠工区 49 个,重组工区 142 个。主要区域分布情况:城区 119 家、东区 94 家、南区 220 家、西区 87 家、北区 29 家。

销量与市场:浏阳花炮内销占全国总量的 50%,出口占全国的 60%。根据近五年的数据统计,在浏阳花炮国内外市场构成中,内销约占 81.8%,出口约占 18.2%。浏阳花炮内销市场遍及全国 31 个省区市,2019 年浏阳花炮销售量排前十的省份依次为湖北、湖南、辽宁、安徽、山东、广东、河北、福建、广西、江苏。浏阳花炮出口市场遍及美洲、欧洲、东南亚等 100 多个国家和地区,其中美国市场约占 30%,欧洲市场约占 35%。据统计,2019 年浏阳花炮出口货值排前八位的国家依次为美国、德国、俄罗斯、荷兰、印度尼西亚、英国、波兰、意大利。

产业税收情况:2015 年至 2019 年, 浏阳花炮产业税收情况与产值情况呈正相关。2015 年,花炮行业实现税收 78835 万元,同比增长 0.83%,占税收收入比重为 11.48%;2016 年, 花炮行业实现税收 76885 万元, 同比减少 2.47%,占税收收入比重为 10.38%;2017 年,花炮行业实现税收 92016 万元,同比增长 19.68%,占税收收入比重为 11.02%;2018 年,花炮行业实现税收 92459 万元,同比增长 0.5%,占税收收入比重为 9.48%;2019 年,花炮行业实现税收 94362 万元,同比增长 2.1%,占税收收入比重为 8.54%。

产业链建设

浏阳是全球烟花爆竹生产贸易基地, 具备全球花炮行业最完备的产业链条, 形成了集原材料供应、生产经营、科研设计、包装印刷、仓储物流、焰火燃放、文化创意为一体的花炮产业集群,吸纳从业人员约 30 万人,年均发放社会工资 100 多亿元。

上游产业。花炮原辅材料方面,浏阳有黑火药生产企业 10 家,引火线生产企业 23 家,单基粉生产企业 3 家,花炮原材料生产经营企业和工商经营户 438 家, 从事花炮包装、印刷等相关企业 300 余家。花炮机械设备方面,浏阳有花炮机械生产企业 120 余家, 全市推广应用各类花炮机械设备 3000 多台。花炮行业有药工序分段式机械化改造率达 80%以上,鞭炮已全面实现机械化生产。组合烟花全自动生产线减少涉药工序人员 90%以上,节约涉药工序用地 80%以上,年产值达 2 亿元。

中游产业。生产经营企业方面,浏阳现有花炮生产企业 513 家, 其中备案登记的出口花炮生产企业数为 198 家。花炮经营公司 466 家(其中出口经营公司 182 家),花炮零售门店 142 家。标准化和质检平台方面,浏阳有国际烟花爆竹标准化技术委员会 ISO 秘书处、全国烟花爆竹标准化技术委员会、国家烟花爆竹产品质量检测中心等行业权威组织, 有湖南烟花爆竹产品安全质量监督检测中心、长沙海关技术中心烟花爆竹实验室以及第三方质量检测机构等质检平台。行业协会组织方面,中国烟花爆竹协会专家工作委员会、焰火燃放专业委员会、机械设备专业委员会均设在浏阳,有浏阳市烟花爆竹总会、浏阳市焰火燃放协会、浏阳市烟花爆竹技术协会、浏阳市黑火药协会、浏阳市引火线协会等行业协会组织。人才教培平台方面,浏阳是烟花爆竹专业技术人才培训基地,有具备从事焰火燃放作业相关资质的人员共 8700 多人,烟花爆竹工艺美术师职称人员 1500 多人,亚太地区工艺美术大师 1 人, 国家级工艺美术大师 2 人, 省级工艺美术大师 13 人。融资平台方面,浏阳共有 14 个国有及商业银行开通花炮企业融资业务,政府牵头搭建"银企财园通" "花炮信贷通"等融资平台。

下游产业。物流运输方面,浏阳有本地籍危货运输企业 12 家,合法营运危货车辆总数约 1500 台。出口仓储基地方面,浏阳有华洋仓储、景美仓储、速福仓储共 3 个花炮出口物流仓储基地，其中华洋仓储的业务量占65%以上。口岸港口方面，浏阳与上海港、北海港建立“产地检验、集中监装、就地封柜、转关运输”的大通关模式，95%左右的出口花炮通过岳阳城陵矶港水运至上海港，经上海港运往世界各地。焰火燃放方面，浏阳有甲乙丙三级燃放企业共92家，其中包括专业焰火燃放创意公司。焰火燃放的主要类型包括大型庆典焰火、焰火燃放比赛、舞台特效焰火、主题公园表演焰火、私人订制微焰火。近年来，浏阳焰火表现形式经历由音乐焰火到主题音乐焰火，再到情景艺术焰火的发展阶段，实现从传统焰火向创意焰火、文旅焰火的转型升级。2019年浏阳花炮在国内外安全燃放各类焰火400多场。

品牌建设

商标品牌方面。浏阳是国家命名的“中国烟花之乡”，国家质检总局批准对浏阳花炮实施原产地域产品保护。“浏阳花炮”经原国家工商行政管理总局商标局注册为证明商标，被纳入国家地理标志产品的保护。其中“浏阳花炮”地理标志产品名称属浏阳市人民政府所有，由浏阳市市场监督管理局负责相关管理与发展工作；“浏阳花炮”证明商标注册人为浏阳市烟花爆竹总会，由总会下属的浏阳花炮标准检验所负责相关管理与发展工作。浏阳拥有中国花炮行业唯一一个中华老字号——金生烟花。2014年浏阳成功获批省级出口烟花爆竹质量安全示范区，2016年浏阳花炮产业被纳入工信部产业集群区域品牌建设试点。

文化品牌方面。浏阳花炮制作技艺是“中国非物质文化遗产”。成功打造长沙橘子洲音乐焰火这一文化品牌，历经11年273场的橘子洲焰火已成为湖湘旅游的特色名片。成功举办14届中国(浏阳)国际花炮文化节，打造全球花炮行业最具影响力的节会品牌。创新举办浏阳艺术焰火全球通、浏阳艺术焰火神州行等焰火文化推广活动，以及浏阳焰火大会、中国(浏阳)国际烟花爆竹交易会等文化经贸节会活动。2008年至2020年，浏阳花炮先后承担北京奥运会、国庆60周年、上海世博会、广州亚运会、北京APEC会议、上合组织青岛峰会、北京世园会、“一带一路”青年创意与遗产论坛、首届中非经贸博览会、国庆70周年焰火等大型焰火燃放。“浏阳花炮”文化品牌价值1071.4亿元，在中国文化品牌评选活动工艺美术榜中位居首位。

转型重塑的机遇

2020年5月，湖南省安全生产委员会出台《湖南省安全生产专项整治三年行动实施计划》，就提升花炮产业安全水平、推动产业高质量发展作出一系列部署，浏阳本级出台相关政策文件，就严格烟花爆竹安全生产条件、促进花炮产业转型升级作出规定要求，这些政策措施为花炮产业实施转型重塑提供机遇和契机。浏阳花炮产业要抢抓机遇、化危为机，贯彻新发展理念，深化供给侧结构性改革，坚持使市场在资源配置中起决定性作用和更好发挥政府作用，通过实施集约化、机械化、标准化、信息化和安全型、环保型的“四化两型”发展战略，推动花炮产业高质量发展。

浏阳市花炮产业转型重塑的现实挑战

市场环境日趋紧缩

国内市场萎缩加速。近年来，受安全、环保等综合因素影响，国内烟花爆竹禁限放政策不断升级，内销市场加速萎缩。截至2019年2月，全国禁止燃放烟花爆竹城市共计1484个，其中4个直辖市、18个省会城市、184个地级市、1278个县级城市；限制燃放城市共计963个，省会城市9个、地级市88个、县级城市866个。2020年7月统计，全域禁放或者已明文规定全域禁放的省、自治区直辖市有3个(河南省、山西省、天津市)。2020年人口大省河南首开全面禁放烟花爆竹的先例，导致浏阳100余家生产企业共近4亿元货值产品被退回。河南省全域禁放后，山西省人民政府也在制定全域禁放政策，两大销售省份的全域禁放，将对其他省份特别是周边省份产生效仿效应，进一步加剧烟花爆竹禁放的严峻形势，对浏阳花炮产业带来巨大冲击。此外，疫情带来的经济下行和购买力下降，将对非刚需消费的烟花爆竹产品带来较大影响。

国际市场环境趋紧。产业发展的国际市场环境不稳定性、不确定性风险也在增加。受世界经济增长乏力、中美贸易摩擦、欧洲国家环境保护主义盛行、新冠肺炎疫情等因素影响，烟花爆竹出口贸易国家和地区的消费量呈低迷态势。尽管2020年5月份以来欧线订单出现回暖现象，但若不缩短出口花炮企业高温停产假时间，欧线订单将无法如期交付，国际市场复苏乏力。此外，国外疫情发展及防控形势存在较大不确定性，下半年烟花爆竹出口市场前景不明朗，出口形势依然严峻。

焰火燃放市场复苏乏力。近年来，国内大型焰火市场明显回暖，“一带一路”沿线国家焰火燃放市场方兴未艾。进入2020年，受新冠肺炎疫情影响，国内外焰火市场受到严重冲击。2020年上半年，国内外焰火燃放市场基本停摆，春节及元宵节期间预定的140多场大型焰火仅有2场按计划燃放。由于大型焰火燃放属于聚集性群众文化活动，受国内疫情反复，国外疫情持续蔓延，群众聚集性活动举办将受到限制，加之国内外经济下行压力增大，预计下半年焰火燃放市场将持续遇冷，焰火燃放企业将面临严重的经营危机。

顶层设计有待完善

地域分布方面。浏阳市烟花爆竹企业主要集中在南区和城区，东区、西区、北区企业布局相对分散，占总数的38%，27个分布乡镇街道中，企业数低于10家的乡镇有11个，这种地域分布造成集约化程度不高，也加大管理的难度，一定程度上削弱浏阳烟花集中生产的优势。

产值和规模方面。在全市549家花炮企业中，年产值在5亿元以上的企业，只有颐和隆、中洲2家，占总数的0.36%；年产值在1亿元以上的企业，有颐和隆、中洲、东信、三联、明义、世纪红、牛石、庆泰等26家，占总数的4.74%。大量企业规模小、分散经营，缺乏更多的资金投入大规模的生产和品牌建设，造成抗风险能力弱、产品品牌附加值低。

产品特色方面。据调查统计，超70%的花炮企业产品种类多而不精，特别是缺乏能左右行业发展方向的龙头企业，缺少具有特色、具有技术优势的品牌。一方面，多数企业产品同质化生产，部分产品严重过剩滞销积压，产品结构性矛盾突出，缺乏小众类、精准化、中高端产品和服务，竞争惨烈，行业利润微薄，对产业的创新创意能力提升存在掣肘；另一方面，大同小异的产品外包和燃放效果，难以体现烟花产业延绵千年的文化内涵和难以替代的精神寄托，缺乏文化内涵的深度挖掘和文化表达的创新创意，产品文化附加值不高，文化品牌影响力不足。比如，2019 年的国庆 70 周年北京焰火表演中低空燃放产品主要由浏阳花炮生产企业提供，但整场焰火表演的创意设计者却非浏阳花炮人，在大型焰火活动的价值分配中，花炮产业处于相对低端地位。

技术开发有待加力

创新活力不足。长期以来花炮产业属于手工生产，科技含量不高，创新思维理念不足，科技创新能力较弱。一方面，科研资源整合程度较低。全市花炮公共科研平台仅 1 个，全市 549 家花炮企业中具有自主创新能力的企业仅占 16%，并且这些企业在研发过程中还存在重复研发、无序研发的现象。另一方面，企业研发热情不高。由于行业缺乏健全的知识产权保护机制，花炮产业的研究成果容易被模仿复制，一定程度上影响企业的科研投入，产业科研经费在总产值中的占比非常低。这就导致多数生产企业存在做新不如旧的心理，对于新材料、新工艺、新产品、新技术持保守态度，不愿推广使用科技新成果。行业协会缺乏新材料、新技术统一推广机制，也在一定程度上制约研发成果的推广应用。

专业技术人才不足。截至 2020 年 7 月，浏阳市具有烟花爆竹中级及以上技术职称的人员仅为 1000 多人，平均每家企业不足 2 人，花炮技艺传承和创新面临严峻挑战。造成技术人才匮乏的主要原因在于，花炮产业属于具有危险劳动密集型产业，员工待遇、工作环境等相较于其他行业没有明显优势，高层次技术人才招不来、留不住，特别是年轻人不愿意从事该行业。同时，浏阳本土熟练掌握传统技艺的工匠外流，专业人才培养和引进力度不够，具有工匠精神的高级技能人才和具有互联网思维的业务人员极度缺乏。大部分企业经营者对于互联网和跨境电子商务的认知不足，能够熟练运用电子商务的业务人员缺失，新型专业人才亟待培养和引进。此外，作为“花炮之乡”的浏阳缺乏花炮专业科研院校，创新型人才培养机制不健全。

机械化发展与传统工艺传承的矛盾凸显。花炮机械化提高生产安全和效率，但大规模使用机械造成产大于销和部分劳动力失业的状况，此外，部分花炮小产品从手工制作变机械化后，其文化价值锐减，产品价格明显下降，如何在机械化发展和传统工艺传承中找到平衡点成为产业亟待破解的问题。

行业管理有待规范

行业秩序有待规范。域内烟花爆竹产品“假大空”现象得到较好遏制，但由于市场有需求，其他产地仍存在大批量违规生产情况，当地企业通过采取低价倾销、超规格等手段进行恶性竞争，破坏市场秩序。此外，销区经营企业的无序竞争和观望态度，导致生产企业库存压力大、资金回笼慢。产品方面，在激烈甚至无序竞争的市场面前，一些花炮生产企业为节约生产成本，有意降低原材料使用标准，以低价购进低质原材料进行生产，加之产品检测设备、检测技术人才的缺乏，导致花炮原辅材料达不到生产要求。同时，生产企业超标非标、架空产品等违法违规行为，也严重影响产品质量安全，破坏市场秩序。据统计，在回收的 343 份调查问卷中，在回答“目前浏阳花炮产业发展中存在哪些现象不符合转型升级要求？”问题时，选择“行业秩序不够规范”的企业有 231 家，占调查总数的 67.35%。

原材料质量参差不齐。由于原材料质量肉眼难以鉴别且检测机制不健全，同时军工硝和引线等主要原材料协会监管不到位，花炮原材料掺杂使假情况时有存在，原材料市场较为混乱。2020 年全市原辅材料（化工）生产厂家多达 300 余家，“散、小、乱、差”现象始终没有杜绝，特别是不少碳粉生产企业为追逐利润，掺杂煤渣或其他材质植物烧成碳粉，以次充好，生产低质原辅材料。原辅材料质量不纯、药物敏感度过高，给生产安全带来极大隐患。

行业标准适应性不强。由于国内外标准具有差异性，出口烟花产品既要依照国外标准的技术要求进行设计生产，又要按照国内标准确定的安全条件进行生产，导致部分出口产品存在超类别、超许可范围现象。过去检验标准一直是“行业标准 + 合同约定标准”，但 2020 年开始，星沙海关浏阳办事处按照《烟花爆竹安全与质量》GB10631-2013 国家标准进行检验。由于此次强推国家标准无过渡期，部分企业生产的产品无法检验和出口，影响企业订单交付和出口发展。随着花炮产业的不断发展变化，原有的一些行业标准已经难以适用新的产业形势，亟待修订完善、与时俱进。此外，花炮产品的出口标准与国内标准无法对接，差异相差较大，导致出口产品无法内销（如某些含药量小、生产工序安全的玩具小产品）。

浏阳市花炮产业转型重塑的对策建议

优化顶层设计

完善产业发展规划。按照统筹安排、控制总量，相对集中、集约发展，扩大开放、历史传承的原则，优化全市烟花爆竹产业空间布局。生产企业以浏阳为主导、宁乡为补充，引导非主产乡（镇、街道）生产企业向主产乡（镇、街道）转移，实现集约化生产。浏阳市重点建设“一带三区”，即 319 国道南段接浏东公路沿线的“U”形花炮产业经济带、以浏阳城区为中心的国际烟花爆竹总部经济区、以浏阳市东区专业化组团为基础的烟花爆竹产业创新示范区和以浏阳市南区专业化生产组团为基础的烟花爆竹传统产业区。以“一带三区”为枢纽，贯通浏阳毗邻的全国烟花爆竹主产区醴陵、上栗、万载，主导完成烟花爆竹向湘赣边区集中的国家战略，以浏阳为内核产生虹吸效应，构建设施联通、交易畅通、资金融通、产业互通的全球烟花爆竹产业中枢，继续退出落后产能和限制过剩产能，全力打造能保证安全、环保的花炮集团企业。

加快淘汰落后产能。紧扣供给侧结构性改革主线，围绕减数量、提质量、增效益的目标，综合运用政策和法律手段，以标准化改造、集约化经营、专业化生产、智能化管理为抓手，树立标杆企业，建立全球烟花爆竹制造中心、技术中心、创意中心、品牌中心、信息中心，推动烟花爆竹产业淘汰落后产能，优化产业结构。对无法达到安全生产条件的企业，采用资金奖补、鼓励转型、强制关闭等手段予以退出。对安全条件有整顿改造空间、产品有市场持续需求、环保通过技术升级有发展潜力、产品质量有充分保障和具备管理能力的中小微企业，鼓励优质规模企业收购兼并和重组改造，切实减少企业数量。

文化创意赋能产业。树牢新发展理念，加大企业创新赋能，改变传统的要素驱动为创新驱动，实现管理、科技、营销、文化等全方位创新升级，打造企业核心竞争力。适时出台政策引导企业加大产品创新创意投入，加快情景微焰火、智能趣味烟花等新产品开发，提高精品化、定制化产品供给，提升烟花的文化附加值。定期举办新产品评比大赛，提升产品文化内涵和创意水平，顺应新的消费市场需求。加快烟花产业与全域旅游的深度融合，建设烟花主题公园、烟花体验工厂、烟花剧场等特色文旅项目，将浏阳打造成为引领全球的中国烟花谷。大力推进“烟花进景区”，省市层面出台政策支持景区景点开发焰火表演等烟花文旅项目，大力推广“烟花小屋”新型销售模式，延伸产业价值链条。

规范行业管理

完善行业标准体系。对近年来所有的原辅材料国家标准、行业标准、企业标准进行一次全面清理并进行公开，要求原辅材料生产企业严格按照标准组织生产，花炮生产企业严格按照标准采购原辅材料。推动《烟花爆竹安全与质量》(GB10631)及其配套国家标准、《烟花爆竹工程设计安全规范》(GB50161)、《烟花爆竹原辅材料安全与质量》等国家强制性标准的研究和修订工作，组织研究制定烟花爆竹原辅材料、机械设备等标准；建立产品质量标准行业认证体系。根据安全生产许可证类别，逐步将企业拟生产的所有产品纳入产品质量标准行业认证体系，产品经过第三方机构检测通过后发放认证目录，企业方可组织生产，从源头上杜绝超范围、超规格、超药量产品的生产行为。

开展质量安全专项整治。严格落实企业产品质量主体责任。督促企业建立产品质量管理和标准技术机构，配备相应的标准技术检验人员，完善产品质量自检制度，不合格产品严禁出厂销售。建立原辅材料黑名单制度，完善并及时公布违禁原材料清单和伪劣原辅材料清单。督促企业建立原辅材料自控自检机制，严格执行原辅材料入库、使用前检测制度。建立花炮原材料和产品监管综合执法大队，加强原辅材料和产品的质量抽查力度，严厉查处原辅材料和产品“超标违禁”“假冒伪劣”等质量违法违规行为。建议由市场监管部门牵头，组织开展“假大空”专项整治，严查各类与环保背道而驰、加剧行业崩溃的不可降解型模压，坚决阻断“劣币驱逐良币”、市场恶质竞争趋势，确保市场有序，维护市场公平。

走专业化、精品化道路。在安全第一的原则下，企业兼并整合的宏观层面上更需要考虑到烟花生产的特殊性及其基本规律。生产规模过大、生产场所密集、危险物品集中，也会造成安全风险的高度集聚。因此，在推进兼并整合、减少企业数量的目标上，有必要坚持“规模适度、分散布局、管理规范”的考虑。积极构建“专业化生产、集约化经营”产业模式，组建大型运营集团实现产品集约化经营，提倡优质中小微企业通过专业化分工，实施“专业化生产”及“一厂一品”生产，改变产品同质化、低质化现象。大力支持精品礼花弹和安全环保小产品发展，扩大高端市场供给，减少因组合烟花产能过剩带来的低质滥价现象。

加快技术革新

加大关键技术研发。加大对花炮科技创新的投入，发挥好财政投入的引导作用。设立烟花爆竹产业科技研发专项基金，重点扶持烟花爆竹新材料、新产品、新机械研发推广，建立科技研发突出贡献奖励机制。搭建科研平台，帮助企业争取科技研发奖补，推动花炮企业与高等院校和科研院所开展产学研合作，探索建立行业专家队伍，实现科技成果转化点对点精准服务。市级层面要探索建立烟花爆竹技术研发中心，制定烟花爆竹产业安全环保技术攻关项目清单，在积极推进生产机械化的同时，组织开展黑火药、引火线安全生产技术研发，推动原材料配方、安全环保型产品研发攻关，推动传统生产工艺流程再造，积极破解制约产业安全环保的技术难题。

加强科技成果应用。建立行业新材料、新技术统一推广机制，由行业协会统一购买专利技术成果，在全行业推广应用，提升全行业生产技术水平。科学推广机械化，重点提高高危涉药环节机械化率，提升产业本质安全水平。对于危险系数低的环节和生产工艺复杂的产品，保留传统手工生产，以保护产业的富民性和产品的多样性。

提升产品附加值。引导企业加大产品研发投入，提升产品文化内涵，顺应新的消费市场需求。每两年举办一届新产品评比大赛，将文化创意作为重要评选指标，推动构建一个集艺术家、工艺美术大师、设计师、技艺匠人、营销创意专家等为一体的烟花人才协同系统。实施品牌战略，培育具有自主知识产权的国际知名品牌，提升附加值。做好“烟花 +”文章，以焰火文化、艺术、创意为亮点和引擎，推动烟花爆竹产品与新技术、新文化、新理念、新业态的跨界融合，努力让烟花成为文旅吸引物，带动整个产业链的发展。

细化市场营销

创新营销模式。将营销触角延伸到消费终端，掌握消费者个性化需求，引导市场消费升级。持续开展花炮行业宣传联盟培训活动，做好企业新闻宣传人才的培养和储备，营造新闻宣传资源共享氛围。以烟花进景区为载体，做好花炮跨界融合文章和花炮文化宣传，以国内外大型焰火燃放为宣传点，结合节会庆典充分展示“一河诗画、满城烟花”浏阳形象。

抓好品牌培育。实施“双百品牌培育”项目，在全市培育 100 个具有自主知识产权的出口产品品牌、100 个内销产品品牌。在生产企业中择优建立一批品牌培育基地，给予优惠政策扶持。设立长沙市烟花爆竹品牌研究院，联合有关院校、研究机构，共同开展品牌学术研究。开展品牌文化价值评价活动。对列入品牌培育工程的产品品牌，定期进行品牌文化价值评价活动，将品牌的无形资产进行量化评价，支持企业发挥品牌价值在开拓市场、贷款质押、产权转让等方面的作用，促进品牌不断升值。

扩大开放合作。设立长沙市烟花爆竹产业“一带一路”对外合作平台。配合国家正在实施的“一带一路”对外开放战略，烟花爆竹产业可利用市场容量大、消费者众多、品牌影响广的独特优势，作为长沙产品的先头兵，加大开放合作力度。在“一带一路”沿线国家定期举办中国（长沙·浏阳）烟花爆竹推介会，开拓更大的国际市场。

强化政策保障

深化政策引导。成立指导烟花爆竹产业转型升级的专门领导机构，建立健全工作机制，严格落实烟花爆竹安全生产条件促进产业转型升级实施方案，通过严格换证标准、鼓励自愿退出、明确奖补政策、鼓励并购重组等举措，引导平稳有序地强力推动淘汰退出。出台配套支持烟花爆竹退出企业转型服务工作方案，指导帮助有需要的企业办理国土、林业、环保等审批手续；就烟花爆竹国家标准与国际标准脱轨问题积极向上反馈对接；协调解决烟花爆竹出口通道问题。通过土地指标置换、给予相关政策支持等措施，引导部分花炮企业转型发展林业、畜牧业、食品加工，或者仓储业等。加强对退出转型企业的风险管控，成立专门工作小组，负责指导退出企业的职工工资清偿、经济补偿金支付、劳动关系处理以及社会保险费清缴、工作技能培训和再就业等相关工作，最大限度消除产能退出带来的社会稳定风险。

优化要素保障。利用大数据、物联网、5G 商用、区块链等新技术、新模式打造“花炮云”综合平台，囊括烟花爆竹产业集群原材料、生产、经营、燃放、运输、仓储、科技研发等上、中、下游各环节，打通审批、备案、检测、科研、服务等各部门的信息孤岛，实现安全、质量监管信息数据共享，风险隐患预测预判预警。鼓励金融机构加大支持力度，结合花炮行业特点探索新型抵押融资模式，缓解花炮企业融资难题。定期对花炮企业从业人员开展职业技能培训，组织企业管理人员赴高校学习管理知识，引导企业与相关院校开展校企共建，深化在科技创新、人才培养和项目孵化上的交流合作。加强法律宣传，增强花炮企业法律意识，为相关企业提供包括债务、场地租赁纠纷在内的各类法律问题咨询和援助。

严格安全监管。继续压实压紧各部门监管责任，在全市推广使用超员预警系统，用科技手段解决烟花爆竹生产企业超人员违章行为。探索建立安全生产异地交叉检查工作制度，加大安全生产监管执法人员、领导干部业务培训，加大一般安全生产责任事故的调查处理力度，持续保持安全生产高压态势。对于花炮生产企业存在与国家规定的外部安全距离不达标、跨厂区经公共道路运输烟火药（亮珠、药柱）和内筒等含药半成品、三库（药物总库、成品库、中转库）储存能力不符合相应标准或其他厂房设置与产能不配套、防爆防雷防静电防火视频监控等安全设施设备不完善、1.1 级危险性建筑物建筑结构和构造不达标等情形，经停产停业整顿仍不具备安全生产条件，以及违反有关公安、国土、林业、森林防火、环保、规划、交通运输、市场和质量监管、税收等法律法规的，坚决淘汰退出。

（浏阳市人民政府研究室　2020 年 7 月）

椒花水库工程项目进展纪实

2020 年 9 月 28 日，湖南椒花水库工程开工仪式在浏阳市达浒镇举行。中共湖南省委副书记、省长许达哲（中）宣布工程开工

椒花水库工程位于浏阳市和长沙县，坝址在浏阳河上游大溪河左岸一级支流椒花河下游，位于浏阳市达浒镇椒花新村，距浏阳市区 40 千米，距长沙市区 95 千米。项目工程主要包括椒花水库枢纽工程、大溪河引水工程、供水工程，为Ⅱ等大(2)型工程。水库枢纽工程主要由碾压混凝土重力坝，坝址控制流域面积 132.5 平方千米；水库校核洪水位 181.48 米，工程任务以城镇供水、防洪为主，兼顾灌溉和下游生态环境补水，供水对象为浏阳主城区、金阳新区、长沙县和龙潭坝灌区等；防洪保护对象为浏阳市城区及大溪河沿河两岸集镇。工程初步设计概算总投资 59.0743 亿元。工程建成后，可通过配合浏阳河上游已建水库群综合调度，有效地提高浏阳市城区防洪标准以及沿河两岸防洪减灾能力；每年可向浏阳市城区、金阳新区、长沙县供水 8130 万立方米，解决这些地方枯水期水源性缺水问题，亦可作为长沙市的应急备用水源；每年向水库下游龙潭灌区供水 490 万立方米，可直接提高龙潭灌区 1.01 万亩农田的灌溉保证率；利用生态库容，在枯水期向浏阳河补水，可有效改善浏阳河生态环境。项目涉及移民搬迁人口 2806 人（规划水平年），永久征地 706.06 公顷，临时用地 418.7 公顷。椒花水库工程分别列入全国《水利改革发展“十三五”规划》《湘江流域综合规划》《浏阳河流域规划》《湖南省长沙市水务发展“十三五”规划报告》等规划和报告。

2017 年 1 月，湖南省人民政府颁布工程项目范围禁建令，6 月完成建设征地和移民实物调查工作。2017 年完成项目范围内基本农田调整和生态红线划定调整，确保工程项目不涉及基本农田和生态红线以及国家级生态公益林。2017 年 12 月 28 日，成立椒花水库建设项目法人公司，按照注册资本金 5 亿元首期到位 3 亿元的要求，长沙市、浏阳市、长沙县以 6∶3∶1 的比例进行资本金注册。2019 年 11 月 26 日，移民集中安置区开工。2020 年 3 月，完成安置区用地征收 168556.98 平方米，安置区建设完成投资 6653.63 万元。2020 年 9 月 8 日，自然资源部向湖南省自然资源厅正式复函批复浏阳市椒花水库工程建设先行用地。2020 年 9 月 28 日，湖南椒花水库工程开工仪式在浏阳市达浒镇举行，椒花水库枢纽工程、补水工程、供水工程、蕉溪岭供水隧道控制工程等项目相继正式开工建设。该工程由水电八局、中水北方、百舸水利三家单位以联合体形式中标，水电八局为联合体责任方。

（椒花水库建设工程指挥部）

体育中心　　　　（浏阳电视台　供图）

大事记

1月

1 日　湖南省副省长陈飞一行到浏阳督导检查安全生产工作。

2 日　中部文创会展产业基地在浏阳市普迹镇开工建设。

是日　湖南耐普泵业股份有限公司特种泵产业项目与浏阳高新区举行签约仪式，正式落户园区。

5 日　《2019 湖南县域旅游经济增长质量报告》发布，浏阳综合指数排名第二。

是日　长沙银行浏阳官渡支行正式开业。

6 日　长沙市第十五届人民代表大会第五次会议开幕，长沙市委副书记、市长、湖南湘江新区党工委书记胡忠雄参加浏阳代表团审议。

8—9 日　湖南省退役军人事务局局长会议在浏阳召开。

9 日　蓝思科技上榜《2019 胡润中国 500 强民营企业》，位列第 127 位。

是日　湖南省林业局授予浏阳湖国有林场“2019 年度国有林场管理十佳单位”称号。

10 日　荷花街道新月社区成立，该社区范围以新月半岛小区为中心，东依白沙洲大桥，南接天马路，西临唐家洲二路，北至将军路，辖区面积约 1 平方千米。

是日　永清环保股份有限公司申报的科技成果“稻田镉砷污染阻控关键技术与应用”获 2019 年度国家科学技术进步奖二等奖。

11 日　由民盟湖南省委指导，民盟长沙市委、长沙市文化旅游广电局联合主办的“我们的节日·春节”“我们的中国梦·文化进万家”长沙群众文艺轻骑队走基层活动在浏阳市龙伏镇举行。

13 日　浏阳市人民法院园区人民法庭被评为“全国法院先进集体”。

13 日至 2 月 9 日　浏阳市举办“诗画浏阳”第二十六届迎春画展。

15 日　中南大学与浏阳举行市校合作对接座谈会。

16 日　浏阳市融媒体产业生态链建设项目入选“2019 年国家广播电视和网络视听产业发展项目库”。

17 日　浏阳市举办 2020 年新年音乐会。

是日　浏阳市融媒体中心被评为“全国广播电视媒体融合先导单位”。

18 日　湖南省政府第五次全会在长沙召开，浏阳四项工作获得表扬。

19 日　浏阳市中医医院立体停车库启用。

是日　中国首个医用吊塔吊桥创新研发基地落户浏阳。

是日　“中华楹联颂浏阳”浏阳市第十八届万副春联送万家活动启动。

20 日　2020 年长沙市“春风行动就业援助月”、劳务协作活动在浏阳启动。

是日　2020 年浏阳市乡村振兴创业论坛暨名优特产商会年会举行。

是日　共青团浏阳市委举办 2020 年“群英汇浏·振兴乡村”浏阳市返乡青年创业就业交流会。

23 日　湖南启动重大突发公共卫生事件一级响应，浏阳市首例新冠肺炎病例确诊。

1—2 月　浏阳市开展优化营商环境主题宣传月活动。

1 月至 3 月 11 日　浏阳市开展“十大文旅网红打卡地”“十佳夜间经济示范点”评选活动。

是月　浏阳市全面开展“暖心工程”，“暖心红包”温暖 2 万户困难群众。

2月

1 日至 3 月 6 日　浏阳市开展 2020 年“春风行动暨就业援助”招聘会。

2 日　由浏阳市人民政府、新邵县人民政府共同举办的浏阳市第十七届“揽万名英才·助浏阳腾飞”工业企业人才专场招聘会在新邵县召开。

3 日　浏阳市召开新型冠状病毒感染的肺炎防控指挥部医疗救治工作调度会。

是日　市人民医院新院新冠肺炎隔离病房启用。

5 日　浏阳市人民政府发布《关于应对新型冠状病毒感染的肺炎疫情促进企业健康发展的实施意见》（浏政发〔2020〕1 号）。

11 日　正式成立浏阳市文物保护发展中心。

18 日　湖南省市场监督管理局到浏阳指导企业复工复产。

19 日　浏阳市召开 2020 年经济运行调度会。

20 日　浏阳市委新冠肺炎疫情防控工作领导小组召开视频会议。

21 日　浏阳召开援企稳岗赴外招聘工作部署会议。

22 日　湖南省副省长陈飞到浏阳调研疫情防控和花炮产业发展等工作。

24 日　湖南省人大常委会副主任、省总工会主席周农一行到浏阳调研长沙芙蓉口罩厂。

26 日　浏阳市召开烟花爆竹行业生产经营环节顽瘴痼疾整治工作会议。

27 日　湖南省委常委、长沙市委书记胡衡华到浏阳调研统筹推进疫情防控和经济社会发展工作。

是日　浏阳市洞溪河（浏阳市张坊镇）被评为湖南省“美丽河湖”。

28 日　浏阳市 4 例输入性确诊病例、1 例无症状感染者、35 例疑似病例全部清零。

3月

1 日至 6 月 30 日　浏阳市全面启动脱贫质量“回头看”工作。

2日　浏阳市正式启动“大干一百天、实现双过半”竞赛活动。

3日　浏阳市召开公安工作会议。

4日　浏阳全市企业上市工作座谈会召开。

是日　湖南省生态环境厅到浏阳调研重金属污染治理和农村生活污水治理工作。

5日　湖南省林业局局长胡长清到浏阳调研林业企业复工复产工作。

是日　浏阳市建立投资项目“三集”(集中办公、集合查验、集成审批)审批机制。

6日　长沙市委副书记、代市长、湖南湘江新区党工委书记郑建新到浏阳调研督导疫情防控和经济社会发展工作。

7日　浏阳市召开新冠肺炎疫情“外防输入”工作暨稳投资稳增长视频会议。

是日　浏阳市官渡镇芙蓉学校项目开工建设。

10日　浏阳市委常委会会议审议通过《关于推进党建引领基层社会治理创新的实施意见(送审稿)》《关于全面推行“党建+微网格”的工作方案(送审稿)》的工作方案,在全市推行“党建+微网格”工作。

11日　宋任穷故居、李志民故居入选“湖南省爱国主义教育基地”。

13日　中共浏阳市委常委会2020年12次会议原则同意按照1+1+1模式,将城建集团、水建投、文旅公司整合组建为浏发集团。

14日　浏阳市应急管理局开展“12•4”事故“百日祭”现场警示教育活动。

16日　浏阳正式出台《关于加快推进夜间乡间网间经济发展的实施意见》。

是日　浏阳高标准农田建设获全省通报表扬。

20日　中国共产党浏阳市第十二届纪律检查委员会第五次全体会议召开。

是日　浏阳市环境监察大队被评为2019年全国生态环境保护执法大练兵活动“表现突出集体”。

24日　浏阳市睿空间、“智慧浏阳河” 文化创意孵化中心成为国家级众创空间。

26日　湖南南新制药股份有限公司在上海证券交易所上市。

是日　浏阳市一河两岸滨水园林景观 (渭川河口—三元宫)亮化项目完工。

28日至5月6日　浏阳市举办首届全民消费节。

是月　浏阳市文化市场综合执法局被湖南省 “扫黄打非”工作小组授予2019年度全省“扫黄打非”优秀集体荣誉称号。

4月

1日　浏阳市生态环境保护暨污染防治攻坚战推进会召开。

是日　浏阳市27家企业入选湖南省新冠肺炎防控重点保障企业名单。

2日　“湘赣云端忆耀邦”网上祭扫平台正式上线。

3日　浏阳市召开2019年度乡镇(街道)和市直行业系统党(工)委书记抓基层党建暨落实意识形态工作责任制述职评议会议。

4日　浏阳全市悼念新冠肺炎疫情牺牲烈士和逝世同胞。

8日　湖南省通报2019年度脱贫攻坚工作考核结果,浏阳市被评为全省先进。

8—9日　长沙市烟花爆竹安全生产与转型发展立法调研组到浏阳调研。

9日　长沙市“大干一百天、实现双过半”竞赛活动现场推进会在浏阳经开区举行。

10日　“我们在一起”长沙银行助力达产超产金融服务大行动•走进浏阳经开区(高新区)活动举行。

15日　2020年首场《梦幻浏阳河》大型河上光影情景剧在浏阳第一湾生态旅游度假区启幕。

16日　“大干一百天、实现双过半”2020年知名企业浏阳行暨招商引资项目集中签约活动举行。

17日　浏阳市召开安全生产暨烟花爆竹产业顽瘴痼疾整治工作会议。

20日至5月20日　第十二届长沙(浏阳)大围山杜鹃花节举行。

21日　湖南省委第六巡视组巡视浏阳市工作动员会召开。

是日　浏阳经开区(高新区)、浏阳市教育局联合举办2020年度校企合作暨产教融合座谈会。

是日　浏阳市集里医院上榜3月全国防治卒中中心300强名单榜首。

22日　浏阳市中小微民营企业代表座谈会召开。

是日　浏阳市召开全市“扫黄打非”工作会议。

是日　浏阳15位战“疫”英雄被评为“湖南好人”。

是日　浏阳市城乡发展集团有限责任公司设立登记获市政府批复。

23日　浏阳市首个5G直播基地落户北正西购物中心。

是日　浏阳市印发《浏阳河浏阳段示范河流建设实施方案》,围绕构建科学高效工作体系、夯实河流管理工作基础、开展浏阳河浏阳段示范河流建设行动、提升河流日常管护能力四大目标,安排任务27项,计划在年内全面完成。

24日　浏阳河国家湿地公园通过省级验收评审。

26日　浏阳市中医医院成为湖南省县(市)首家通过ISO15189医学实验室认可的三甲中医医院。

27日　零时,浏阳市人民医院新院试运行。

28日　2020年浏阳市庆祝“五一”国际劳动节劳模和职工座谈会召开。

28日至6月24日　浏阳市举办“十大特色菜”“百店招牌菜”“二十大旅游接待示范店”评选活动。

29日　湖南省委第六巡视组移交浏阳市第一批信访

件交办工作会议召开。

是日　浏阳举行以“建功双胜利　逐梦新时代”为主题的青春故事分享会。

是日　11个烟花小屋在浏阳城区、景区投入使用，城市烟花概念落地实施。

30日　浏阳市文明委全体会议召开。

是日　湖南农业大学到浏阳开展校企合作专题调研。

30日至5月5日　2020长沙市首届汽车消费节（浏阳分会场）暨第二十二届浏阳车展在浏阳市体育运动中心举行。

30日　G319浏阳天马山隧道改扩建工程正式开工。

是月　浏阳市开展以“防疫有我·爱卫同行”为主题的第32个爱国卫生月活动。

是月　市图书馆被文化和旅游部定为“全国文旅融合试点单位”。

5月

7日　经中共浏阳市委非公有制经济组织和社会组织工作委员会批复，正式成立中共浏阳市社会组织综合委员会。

9日　湖南省扶贫办公布首批省级扶贫龙头企业名单，浏阳市盐津铺子食品股份有限公司、湖南蜜蜂哥哥蜂业有限公司、湖南德旺农业科技发展有限公司3家企业上榜。

10日　浏阳市举行2020年花炮始祖李畋先师寿诞公祭大典。

11日　由湖南菁益医疗科技有限公司研发的产品成为湖南省首个获批的国家级创新医疗器械。

11—12日　中国人民政治协商会议浏阳市第十届委员会第六次会议在欧阳予倩大剧院举行。

12—13日　浏阳市第十七届人民代表大会第六次会议在欧阳予倩大剧院举行。

12—27日　浏阳市举行“创客中国”创新创业大赛。

14日　“株洲、浏阳入选‘国家级’试点成金融服务综合改革试点城市”入选2019年湖南十大金融新闻。

是日　8时至15日8时，浏阳西区、南区、城区、东区中南部及北区南部大暴雨（城区、柏冲、文家市、普迹、永和、葛家、张坊、镇头、中和、大瑶、永安），其余乡镇大到暴雨，最大累计降水158.5毫米（荷花）。

15日　浏阳经开区（高新区）召开2020年安全生产、综治工作会议。

18日　2020全国县级市传播热度排名发布，浏阳市排名第7位。

是日　浏阳电台“971音乐之声”正式开播。

是日　浏阳市城乡发展集团有限责任公司正式挂牌成立，浏阳市委常委、组织部部长周文舜，市委常委、常务副市长邓阳锋，副市长周耀辉共同为浏发集团揭牌。

19日　秋收起义文家市会师纪念馆入选第八批湖南省社会科学普及基地。

20—21日　浏阳市龙伏镇举办首届小龙虾文化节。

22日　浏阳市启动2020年高校毕业生就业服务季“百千千万”系列活动。

是日　浏阳经开区举办首届趣跑活动。

25日　浏阳城区26路、27路、28路公交车线路均在浏阳市人民医院新院设站。

是日　湖南省副省长吴桂英一行到浏阳调研医疗卫生、文化旅游工作。

是日　湖南省浏阳高级技工学校举行揭牌仪式。

27日　浏阳市党政主要领导经济责任和自然资源资产审计进点会议召开。

是日　长沙市“大干一百天、实现双过半”竞赛制造业及工业技改专场活动到浏阳进行集中观摩。

是日　浏阳市工业和信息化局、浏阳市财政局联合主办2020“创客中国”浏阳赛区决赛暨首届创新创业“香樟奖”颁奖仪式。

28日　湖南省水稻油菜机械化生产技术现场培训暨第一届水稻机插秧技能竞赛在浏阳市淳口镇举行。

29日　湖南省委常委、长沙市委书记胡衡华到浏阳调研脱贫攻坚和村级集体经济工作。

30日　浏阳首届长兴湖沙滩音乐节举行。

是日　浏阳市第17座110千伏变电站（道吾山变电站）正式投运。

是月　浏阳启动2020年高校毕业生就业服务季“百千千万”系列活动，面向2020年应届高校毕业生、往届离校未就业高校毕业生相继开展“千企万岗进校园”系列招考招聘活动、“浏在这里”大学生见习活动。活动持续到11月。“百千千万”系列活动共引进公务员124人，机关事业单位工作人员1113人，企业提供见习（实习）岗位1310个，提供就业岗位21000余个。

是月　中共浏阳市鞭炮烟花行业委员会正式成立。

6月

3日　浏阳市入选国家发改委公布的“县城新型城镇化建设示范名单”。

是日　浏阳市正式启动禁毒“微摄影（视频）、微书画、微征文”作品竞赛活动。

3日　浏阳市被评为“第五批国家慢性病综合防控示范区”。

4日　长沙市“知路·爱路·护路”宣传教育月活动在浏阳启动。

5日　浏阳市小河乡小河中学入选湖南省乡村温馨校园典型案例学校。

是日　浏阳市第六届环保文化节正式启动。

6日　浏阳市第五届羽毛球比赛举行。

8日　浏阳市交通运输综合行政执法大队、浏阳市交通建设质量监督站、浏阳市城乡客运事务中心、浏阳市交通运输事务中心正式揭牌。

8—16 日 “浏在这里·青春飞阳”2020 春季校园招聘会举办。

9 日 浏阳市召开两型产业园工作座谈会。

9—22 日 浏阳市举办第十三届“电信 5G·新年杯”男子篮球赛。

10 日 湖南省科技创新奖励大会在长沙召开，浏阳市中洲烟花集团有限公司、浏阳市中洲机械科技有限公司“组合烟花全自动化生产线”项目获 2019 年度湖南省技术发明奖一等奖。

11 日 生态环境部到浏阳调研固定污染源排污许可清理整顿和核发登记工作。

是日 浏阳市召开警务工作暨整治毒品问题三年行动动员大会。

11—12 日 全国部分高院商事审判座谈会在浏阳举行。

12 日 第四届“中国创翼”创业创新大赛浏阳赛区选拔赛暨第六届浏阳创业创新大赛举行。

是日 2020 年第二期“浏商大讲堂”——统一战线学习贯彻全国两会精神活动举行。

是日 2020 年浏阳市“非遗”宣传月活动在大瑶镇启动，启动仪式上，浏阳发布《浏阳市非物质文化遗产保护传承十条》。

12—15 日 2020 浏阳市“非遗”宣传月活动暨湘赣边(大瑶)首届烟花之“缘”欢乐节举行。

14 日 集里街道北城社区挂牌成立，辖区面积 8 平方千米。管辖范围南至白沙路，北至碧桂园凤凰郡小区，西临道吾村，东临龚家桥社区。

是日 中宣部“走向我们的小康生活”主题采访活动走进浏阳。

17 日 浏阳市“国奶养育工程”项目启动仪式举行。

18 日 “春雷计划”2020 阿里巴巴国际站数字化出海峰会(浏阳站)举行。

是日 金鸡水库扩建工程进行蓄水阶段验收。金鸡水库扩建工程位于官渡镇观音塘村，工程于 2016 年 11 月开工建设，工程概算总投资 1.26 亿元。水库扩建完工后，将为水库所在地官渡镇及周边乡镇 2 万多亩农田提供水源，大坝下游金鸡河流域防洪标准提高至十年一遇。扩建后，大坝最大坝高 33 米。

24 日 长沙“健康人生，绿色无毒”“6·26”国际禁毒日集中宣传活动暨“蓝结家园”授牌仪式在浏阳举行。

是日 浏阳市政东广场 1、2 号停车场正式运营，实施收费管理。

28 日 浏阳市车辆管理所迁至南泥湾路 58 号。

30 日 浏阳市成功创建湖南省首批食品安全示范市。

是日 永清环保参与的“三重阻控技术有效治理稻田重金属污染”技术入选“2019 年度中国生态环境十大科技进展”名单。

是日 浏发集团、天壕投资集团、北京云和方圆投资共同出资成立总规模 2 亿元的工业发展基金，首批基金 4000 万元投资长沙博大科工。

7月

1 日 浏阳市举行党员先进典型事迹报告会。

9 日 长沙市“百企入驻、千品上架”消费扶贫暨浏阳市两型产业园产销对接活动举行。

是日 工商银行手机银行美好家园版发布会在浏阳举行。

是日 浏阳市张坊镇田溪村入选全国乡村旅游重点村。

是日 20 时至 10 日 10 时，浏阳市普降暴雨，普迹、镇头、荷花、官桥大暴雨；最大累计降水量为普迹站 146.5 毫米，最大 1 小时雨强 70.4 毫米(普迹 10 日 8~9 时)。

10 日 浏阳发布国内首个城市烟花企业标准。

14 日 《2020 农产品电商报告》发布全国 50 强县名单，浏阳排名第 23 位。

是日 吐鲁番市农业部门到浏阳考察学习乡村振兴工作。

16 日 浏阳经开区(高新区)湖南南新制药股份有限公司的“(1S,2S,3S,4R)-3-〔(1S)-1-乙酰氨-2-乙基-丁基)-4-胍基-2-羟基-环戊基-1-羧酸水合物及其医药用途”项目获第二十一届中国专利奖银奖；湖南斯奇生物制药有限公司参与研发的“卡介菌多糖核酸提取物在制备治疗变态反应性皮肤病的药物中的应用及其注射剂和制备方法”项目获第二十一届中国专利奖优秀奖。

20 日 全国烟花爆竹标准化技术委员会第五届一次全体委员会议暨国家标准审查会议在浏阳举行。会议对《烟花爆竹安全与质量》进行修改，增加 C2 类别，为城市烟花的发展推广提供标准支持。

21 日 民革长沙市委、民盟长沙市委、致公党长沙市委对浏阳乡村振兴与脱贫攻坚工作进行民主监督调研。

22 日 浏阳经开区惠科项目举行封顶仪式。

22 日至 8 月 1 日 浏阳市举办第六届三对三篮球联赛。

24 日 浏阳宣判一起特大跨国网络赌博案。

是日 浏阳市第二届亲子文化节开幕。

25 日 湖南浏阳·淳口(枫林湖)首届“消费扶贫社群节”在淳口镇举行。

26 日 浏阳市文化产业园入选湖南省第一批华侨文化交流基地。

27 日 2020 年《财富》中国 500 强排行榜发布，蓝思科技位列第 319 位。

28 日 2020 年湖南省女农民工培训启动仪式在浏阳举行。

是日 浏阳市第一总河长暨蓝天净土保卫战工作会议召开。

29 日 国务院扶贫办到浏阳调研就业稳岗工作。

是日 浏阳市文家市镇、大围山镇、中和镇、北盛镇被全国爱卫办命名为国家卫生乡镇(2017—2019)。

31日　浏阳市全面启动电动车、电动自行车免费上牌。

是日　浏阳举行首届最美退役军人故事分享会。

是日　浏阳市大围山镇第十一届水果文化旅游节开幕。

是月　浏阳市印发《水质达标提升生态补偿奖罚方案》，从河道管护、生活污染治理、畜禽养殖污染治理等方面，全面客观地对境内河流和各乡镇（街道）河长制工作进行综合评价，市财政统筹5000万元对全市32个乡镇（街道）实施生态奖补，其中河道管护经费奖补根据市河长办每月河道保洁工作暗访情况进行奖罚，生活污染治理经费、畜禽养殖污染治理经费根据每月检测的水质结果实施奖罚。

8月

1日　在浏阳录制的《老兵你好》八一特别节目“红色誓言　薪火相传”在中央电视台国防军事频道（CCTV-7）首播。

3日　中南大学法学院与浏阳市沙市镇校地合作签约仪式在沙市镇举行。

4日　全国生态环境保护执法队伍建设研讨会召开，长沙市生态环境局浏阳分局作为湖南省唯一一个县级生态环境部门代表作典型发言。

5日　2020年《中国最具价值品牌》发布，蓝思科技排名215位。

6日　浏阳河“一河两岸”文旅项目面向全球公开招商。

是日　浏阳经开区（高新区）金阳•紫星广场项目正式开放。

9—11日　长沙市2020农业行业职业技能竞赛在浏阳市淳口镇举行。

10日　朱水秋老红军长征故事分享会在淳口镇举行。

12日　湘赣边区域“扫黄打非”联防协作交流会召开。

13日　浏阳“十大特色菜”品鉴推介会暨“百店招牌菜”“二十大旅游接待示范店”颁奖仪式举行。

16—21日　2020年湖南省青少年举重锦标赛在长郡•浏阳实验学校举行。

19日　纪念红一方面军成立90周年暨第六届湘鄂赣苏区历史研讨会在浏阳召开。

是日　湖南省委常委、宣传部部长张宏森到浏阳调研县级融媒体中心建设工作。

20日　湖南省委副书记乌兰到浏阳调研田园综合体建设、产业项目发展情况。

是日　文家市大捷90周年纪念活动举行。

21日　2020年“燕归巢”暑期大学生社会实践活动总结交流暨创业就业分享会举行。

是日　浏阳经开区（高新区）企业南新制药生产的头孢克洛胶囊入选第三批全国组织药品集中采购范围。

22日　2020年浏阳市传统体育非遗展演暨“湾田杯”青少年武术公开赛举行。

24日　全国退役军人事务系统学习推广新时代“枫桥经验”现场推进会在浙江绍兴召开，浏阳作为湖南唯一县（市、区）代表作典型经验发言。

25日　浏阳经开区上榜“2019年度湖南省园区产业高质量发展获奖园区”。

是日　湖南省普迹夹洲岛农业开发有限公司、浏阳市黑土农业开发有限公司2家企业入选2020年第二批湖南省电子商务企业名单。

27日　浏阳市创建国家卫生城市技术评估汇报会召开。

28日　浏阳市召开“大干一百天、实现双过半”竞赛活动总结暨经济形势分析会。

是日　浏阳市人民政府与国网湖南电动汽车服务有限公司战略合作框架协议签订会举行，双方将就浏阳全城新能源交通建设与新能源汽车推广应用达成战略合作，力推绿色、环保、智慧交通建设。

是日　蓝思科技股份有限公司被评为第14届中国上市公司价值评选“中国上市公司社会责任奖”，公司董事长周群飞入选“中国上市公司十大创业领袖人物”。

30日　第二届中国国际化营商环境高峰论坛《2020中国城市营商环境评估报告》发布会在北京举行，浏阳市被评为“国际化营商环境建设示范县（市、区）”。

是月　大瑶镇义警志愿服务中队被评为长沙市“优秀青年突击队”。

是月　希尔梵认证检测有限公司在浏阳注册成立分公司，成为浏阳首家质量认证机构。认证范围包括质量管理体系、环境管理体系、食品安全管理体系、职业健康安全管理体系等方面。

是月　市退役军人事务局被评为“全省爱国拥军模范单位”。

9月

1日　全省市州农业农村局长会议在浏阳召开。

是日　湘赣边烟花爆竹重点县（市）安全监管协作（F4产业联盟）会议在浏阳召开，万载县、上栗县、醴陵市、浏阳市四地应急管理部门签订《湘赣边烟花爆竹重点县（市）安全监管协作（F4产业联盟）协议》。

是日　投资3500万元新建的官渡镇芙蓉学校投入使用。

是日　浏阳市扶贫开发办公室被评为湖南省2019“互联网+”社会扶贫工作先进单位。

2日　市人民法院被评为全国法院“一站式”建设先进单位。

3日　浏阳市召开科技助力乡村振兴县域试点工作动员会。

3—4日　2020年湖南省“首厕过关制”培训班在浏阳开班。

5日　广东省中医医院协作医院揭牌暨拜师仪式在浏阳市中医医院举行。

是日　长沙猕猴桃产业发展研讨会在大瑶镇举行。

6日　浏阳市三口骨科医院新院试营业。

7日　长沙市“百村千场进万家”惠民演出走进澄潭江镇。

8日　竞争力智库、中国信息协会信息化发展研究院和北京中新城市规划设计研究院等机构在北京联合发布《中国乡镇综合竞争力报告 2019》，公布 2019 中国百强镇和 2019 中国中部百强镇和 2019 中国西部百强镇名单，浏阳市永安镇上榜 2019 中国中部百强镇榜单。

是日　椒花水库项目获批建设先行用地。

9日　由浏阳市金融事务中心、中国人民银行浏阳支行、浏阳市工业和信息化局、浏阳市融媒体中心共同主办的“创新产品、助力发展”——浏阳市金融业支持实体经济创新产品推介会举行。9 家银行现场向企业授信 3.85 亿元。

10日　浏阳市公安局交警大队一中队联合淮川、集里、关口、荷花街道办事处，在城区开展一次整治电动车违法行为，重点查处电动车安装遮阳伞、驾驶员不戴头盔、未按要求上牌等违法行为。

是日　湖南省农作物秸秆综合利用项目交流座谈会现场观摩在浏阳市淳口镇举行。

11日　市委书记黎春秋主持召开市委常委会（扩大）会议，听取“一河两岸”开发建设推进工作情况汇报，研究并原则通过“一河两岸”文旅项目策划成果方案，对下阶段工作开展进行研究部署。

14日　浏阳市启动“一村一碾米机”集中配送活动。

14—20日　浏阳市启动 2020 年国家网络安全宣传周活动。

14日至 10 月 1 日　长沙公安因公牺牲、伤残民警纪实摄影展巡展在浏阳巡展。

17日　浏阳市被确定为全省综合油料大县和茶油大县。

18日　“国风古韵·活力浏阳”2020 年健身舞展示活动在市体育中心举行。

是日　国家知识产权局正式下发浏阳茶油地理标志证明商标注册证，浏阳第七个国家地理标志证明商标——“浏阳茶油”诞生。

是日　由浏阳市科协主办、浏阳市融媒体中心和古港镇人民政府共同承办的“专家·菜农面对面”活动在古港镇仙洲村举行。

是日　湖南省发育性髋关节脱位三级防控示范基地正式落户浏阳市人民医院。

18—20日　中国人民保险第六届购车节暨第三届浏阳人保购车节在市体育中心举行。

19日　浏阳市第四届“环保杯”畅游浏阳河活动在浏阳河六桥冬泳基地举办。

是日　两大餐饮品牌——星巴克咖啡、海底捞火锅进驻浏阳天虹购物中心。

是日　国家发展改革委印发《关于建立县城建设直接联系点机制的通知》，浏阳入选。

20日　第十一届“中国统计开放日”暨第七次全国人口普查宣传月启动仪式在天虹商业广场举行。

21—22日　以“科技创新助推全面小康与高质量发展”为主题的第三届创新湖南高峰论坛在浏阳市举办，论坛汇聚科技创新领域领导、专家和企业代表近 300 人共论创新之道，探讨转型之策，融智聚力，助推全面小康，助力湖南经济高质量发展，为建设创新型省份提供智力支撑。

22日　由市委网信办与红网合作搭建的《问政浏阳》网页端栏目上线。

23日　市市场监督管理局驻园区服务产业发展工作站在市两型产业园成立。

是日　5G 移动卒中平台开通仪式在市中医医院急诊科前坪举行，湖南省县（市）级首台 5G 移动 CT 脑卒中救护车正式亮相浏阳。

是日　市中医医院通过三级甲等中医医院复评。

23—25日　浏阳经开区（高新区）首届运动会举行，来自园区管委会机关、金阳投资集团、各企业、学校、医院及永安镇、洞阳镇、北盛镇、蕉溪镇的 75 家单位 3000 余名选手参赛。第八届浏阳河音乐节暨“三间（乡间、夜间、网间）经济在浏阳”消费创新周 20 多个子活动在浏阳河两岸同步举行。

24日　第七届湖南省烟花爆竹新产品评比大赛（礼花弹专项）在浏阳举行。

是日　由杂志社和浏阳市文联联合举办的《清明》读书会和作家创作分享会在浏阳举行。

是日　中国图书馆学会公布 2020 年“书香城市（区县级）”发现活动名单，浏阳市入选。

25日至 10 月 8 日　2020 浏阳市家居建材节举行，节会包括欧亚达家居浏阳创意广场店、鼎丰家居建材城和集里建材市场三个会场。

26日　长沙银行普迹支行正式开业。

是日　《人民日报》、新华社《经济参考报》、《农民日报》、《中国财经报》、人民网、央视网、《中国水利报》7 家媒体到浏阳开展“逐梦幸福河湖”采访活动。

27日　长沙市生态环境局浏阳分局被评为第二次全国污染源普查表现突出集体。第二次全国污染源普查工作于 2017 年 10 月正式启动，浏阳市普查污染源总量 4358 家。

是日　国家发改委推进城镇化工作办公室综合组组长吴越涛带队到浏阳，就县城城镇化补短板强弱项工作进行调研。

28日　椒花水库工程开工仪式在达浒镇举行，省委副书记、省长许达哲宣布开工。

是月　金刚镇石霜村启动“送客入村项目”，和浏阳宝中旅游国际旅行社有限公司推出浏阳禅意小镇一日游精品旅游线路。

10月

2日　浏阳文旅广体云正式上线。

2—3日　“燃尽时刻，尽享青春”2020浏阳焰火大会(LFC)在浏阳花炮观礼台举行，来自意大利、荷兰、芬兰、西班牙的4支焰火燃放队伍同台竞技。

12日　“联咏浏阳河”全国名家联墨展在市图书馆开幕。

是日　集里街道龚家桥社区党群服务中心启动试运行。该党群服务中心分为理论学习区、网格议事区、网格调解区和党群服务区4个功能区。

13日　科技部发布《关于认定2020年国家高新技术产业化基地的通知》，认定11家基地为国家高新技术产业化基地，其中由浏阳经开区(高新区)申报的浏阳国家再制造高新技术产业化基地入列。

15日　由浏阳市委宣传部选送的花鼓戏《胡子将军》被评为长沙市“五个一工程”奖，《胡子将军》由浏阳市永红艺术团创作排练，本土作家陈健编剧，以花鼓戏的形式，讲述王震将军回乡探亲的真实故事。

16日　由《大众证券报》主办的第十五届中国上市公司竞争力公信力调查评选颁奖高峰论坛召开，浏阳上市企业盐津铺子被评为“最佳成长潜力上市公司”。

是日　工业和信息化部公布第五批绿色制造名单，浏阳经开区(高新区)入选“绿色工业园区”，园区企业盐津铺子食品股份有限公司、湘北威尔曼制药股份有限公司入选“绿色工厂”。

19日　集里街道第7个社区——新屋岭社区成立揭牌仪式举行，社区辖区面积1.76平方千米，社区范围东至庆泰南路(东沙新村一区、二区除外)，南至花炮大道，西至鼎丰家居建材城24栋后山山脊，北至双拥路。

是日　浏阳市退役军人就业创业促进会第一届会员大会第一次会议召开。

是日　秋收起义党性教育基地[秋收起义干部学院(筹建)]正式开班。

20日　中国少年先锋队浏阳市第三次代表大会召开，会议审议通过市第二届少工委所作的《工作报告》，选举产生中国少年先锋队浏阳市第三届工作委员会，副市长邓雪琴当选为市第三届少工委主任。

是日　长沙市就业扶贫工作现场会在浏阳召开。

是日　《2020胡润百富榜》发布，蓝思科技周群飞、郑俊龙夫妇财富涨233%，以1150亿元跃升至湖南地区首富。

是日　“县级融媒·齐心抗疫”优秀案例座谈会在人民日报社举行，浏阳市融媒体中心选送的“《全城致敬》融媒体报道”被评为“县级融媒·齐心抗疫”县级融媒体中心及主流媒体优秀案例奖。

22日　浏阳市举行2020年高标准农田建设项目动员会，总投资1.3亿元、涉及全市12个乡镇(街道)55个村(社区)的2020年高标准农田建设项目正式启动。

23日　浏阳市网间经济孵化器正式建成开放。

27—28日　2020年中国·湖南创新创业大赛总决赛举行，浏阳经开区(高新区)企业湖南菁益医疗科技有限公司的《单极等离子体手术系统》项目获成长企业组一等奖，湖南马尼克医疗科技有限公司的《甲状旁腺成像系统》项目获初创企业组二等奖，浏阳经开区(高新区)获大赛优秀组织奖。

29日　由浏阳市政府主办，市文旅体育局、市委老干局及市老年人体育协会承办的湘鄂赣边区第十九届老年人运动会在市体育中心举行，来自湖南省浏阳市、平江县、临湘市，江西省修水县、铜鼓县、武宁县，湖北省崇阳县、通城县、通山县的9支代表队300余名老年运动员参加。

是日　电影《浏阳河上》在浏阳开机拍摄。

31日　“膏芳生香”浏阳市中医医院第九届膏方养生文化节启动。

11月

1日　由中共中央机关刊《求是》主管主办的综合类新闻刊物《小康》杂志发布“2020中国未来投资潜力百佳县市”榜单，浏阳市以总评分位列第25位。

2日　《浏阳市规范农村宅基地用地建房审批管理办法》出台。

是日　全国农村承包地确权登记颁证工作总结暨表彰电视电话会议召开，通报表扬全国农村承包地确权登记颁证工作典型地区，浏阳上榜。

是日　浏阳26项相关领域基层政务公开事项标准目录正式上线长沙市政府门户网站基层政务公开专栏。

是日　国家广电总局在官网公布2019年国家广播电视和网络视听产业发展项目库入库评审结果。浏阳市融媒体中心申报的“浏阳市融媒体产业生态链建设”项目入选“智慧广电生态体系建设与网络融合类项目”，入选类别是“具有示范引领作用的项目”。

3日　邵阳县党政代表团到浏阳开展“携手奔小康”活动并实地考察浏阳产业发展、“党建+微网格”和脱贫攻坚等工作。

是日　中央网信办应急局督导组到浏阳督导检查浏阳打击整治枪爆违法犯罪专项行动情况。

5日　浏阳市开展2020年度美丽屋场、美丽庭院现场观摩活动，观摩团实地查看高坪镇志民村冯家湾屋场、文家市镇五神村“童馨花园”。

是日　2020年湖南企业家活动日暨企业家年会在长沙举行，会上发布2020湖南企业100强榜单，表彰20名2019—2020年湖南省优秀企业家。蓝思科技集团位列2020湖南企业100强榜单第8位，较2019年上升7位，董事长周群飞被评为2019—2020年湖南省优秀企业家。

是日　浏阳市浏阳河城区段“一河两岸”文化旅游ABO项目面向社会公开招标，公开招标采用“投资人+EPC+O”合并招标的形式。

6日　学习贯彻习近平总书记考察湖南重要讲话精神长沙市委宣讲团报告会在浏阳举行。

7日　葛家镇建材产业项目集中签约仪式在该镇文

化广场举行，14 家企业现场集中签约入驻建材产业基地。

是日　农业农村部公布第二批全国农业综合行政执法示范单位名单，浏阳市农业农村局被命名为第二批全国农业综合行政执法示范单位。

9 日　长沙（浏阳）第三届“乐动沙市”体育旅游节开幕。

9—10 日　浏阳对口帮扶团队到邵阳县开展消费扶贫帮扶，签订价值 2130 万元采购协议。

12 日　竞争力智库、中国经济导报社、中国信息协会信息化发展研究院和北京中新城市规划设计研究院等机构在北京联合发布《中国县域旅游竞争力报告 2020》，浏阳市入选 2020 中国旅游百强县名单。

13 日　由中国信息通信研究院主办的中国县域工业经济发展论坛（2020）举行，浏阳位列 2020 年“中国工业百强县（市）”榜单第 11 位。

是日　工业和信息部公示全国第二批专精特新“小巨人”企业名单，东信烟花集团有限公司、天地恒一制药股份有限公司、浏阳市三力医用科技发展有限公司入选。

13—15 日　2020 中国红色旅游博览会浏阳分会场“红动湘赣　薪传浏阳”浏阳革命历史文物专题展在胡耀邦故里管理局文博园开展。

14 日　由湖南省人民政府、江西省人民政府共同主办的 2020 中国红色旅游博览会浏阳分会场活动在秋收起义文家市会师纪念馆秋收广场开幕，开幕式上发布湘赣边区域合作 24 个县、市、区红色旅游经典旅游线路。

是日　下午，“秋收杯”湘赣边革命文物讲解大赛在秋收起义文家市会师纪念馆开赛，来自湘赣边各县（市、区）的 14 名选手参赛。

15 日　首届“小梅花行动”少年儿童戏剧展演在欧阳予倩大剧院启动，并为欧阳予倩大剧院少年儿童艺术中心、“小梅花行动”儿童戏剧孵化基地进行授牌。

是日　由文化和旅游部资源开发司、中央文化和旅游管理干部学院主办的红色旅游专题培训班在浏阳开班，各省（自治区、直辖市）和新疆生产建设兵团文旅系统的红色旅游从业人员、业务骨干参加培训。

16 日　湖南省质量大会在长沙召开，盐津铺子食品股份有限公司被评为第六届省长质量奖提名奖。

是日　沙市镇秧田村上榜第九批“湖南省民主法治示范村（社区）”公示名单。

17 日　由赛迪顾问县域经济研究中心完成的赛迪营商环境百强县（2020）研究成果在北京发布，浏阳市排名第 19 位，较 2019 年上升 6 位。

是日　农业农村部检查组到浏阳检查 2020 年农产品质量专项整治“利剑”行动开展情况，并开展国家农产品质量安全县（市）交叉互查工作。

是日　湖南新聪厨食品有限公司与海天味业股份有限公司战略合作签约仪式在市两型产业园海天高明工厂总部举行。

18 日　水利部长江水利委员会组织召开浏阳河示范河湖建设验收会，会上宣布浏阳河全国示范河湖建设通过国家验收。

19 日　湖南电子科技职业学院浏阳校区项目在浏阳经开区（高新区）奠基开工。该项目由湖南沁园春投资有限公司投资建设，位于浏阳经开区（高新区）金阳大道以北、武深高速以西，计划总投资约 20 亿元，总用地面积约 6.667 公顷。

是日　浏阳市社区矫正委员会第一次会议召开，会议宣读《关于明确浏阳市社区矫正委员会组成人员、成员单位职责及主要制度的通知》，市人民法院、市人民检察院、市公安局、市民政局就如何抓好社区矫正工作发言。

19—20 日　2020 中国新媒体大会在长沙举行，浏阳市融媒体中心以“精彩融媒在浏阳”为主题参展 2020 中国新媒体大会“走进马栏山”主题展示活动。

20 日　胡耀邦故里廉洁文化专题陈列开馆，浏阳市第三届廉政文化周活动开幕。

是日　浏阳市大瑶镇南山村、永安镇坪头村入选第六届全国文明村镇。

是日　浏阳市政务公开和政务服务标准化国家级试点项目通过国家验收。2018 年 3 月，市行政审批服务局被确立为政务公开和政务服务标准化国家级试点项目。

是日　举行第三届廉政文化周开幕暨胡耀邦故里廉洁文化专题陈列开馆活动，胡德平、胡德华、沈宝祥及省市纪委监委领导出席。

20—22 日　中国水利工程协会组织专家对富岭水库管理所创建国家级水利工程管理单位进行现场考核验收，并通过验收。

24—26 日　第三届中国民营实体书店经营管理交流会在浏阳举行，全国 27 个省（自治区、直辖市）的 140 多家民营实体书店及相关企业负责人参加。

25 日　浏阳市“传承红色基因•践行时代使命”主题分享会在欧阳予倩大剧院举行。

是日　全国公路系统党委书记工作座谈会暨全国公路政研会第 31 届年会在长沙召开，会上，浏阳市委副书记、市长吴新伟以《践行五大发展理念　推进公路高质量发展》为题，向大会介绍浏阳基层公路工作情况，推介公路建设、养护、管理的“浏阳经验”。

是日　全省连栋钢架大棚购置补贴试点培训会在浏阳召开。

26 日　浏阳河城区段“一河两岸”文化旅游 ABO 项目开标。五矿二十三冶建设集团有限公司（联合体牵头人）、信创投资管理有限公司（联合体成员）、苏交科集团股份有限公司（联合体成员）、安徽省恒泰房地产开发有限责任公司（联合体成员）、福建远方建设有限公司（联合体成员）中标。“一河两岸”文旅项目位于浏阳河城区段，东起双江口，西至大栗坪电站，贯穿浏阳市主城区，河道沿线全长约 13 千米。项目总体定位为：聚焦“浏歌”“浏花”两大世界品牌 IP，融合“浏水‘非遗’”“浏水田园”“浏水乡间”资源利用，对标国家 AAAAA 级景区标准，打造集烟花主题游乐、老城文化体验、浏水夜游休闲等功能于一体的文旅集聚区，推动浏阳“一河两岸”文旅产业发展，驱动浏阳城市品质升级，最终打造成为世界级滨河文旅产业集聚带。

27 日　2020 年浏阳食品安全事故应急演练活动在市委党校进行。活动模拟农村集体聚餐食品安全事故发生后，市政府及各部门对事件的处理全过程。

27—29 日　由市商务局指导、浏阳日报报业发展有限责任公司承办的第二十三届浏阳车展在市体育运动中心举行。

29 日　湖南省商务厅与浏阳市人民政府签订《浏阳市乡村振兴示范区战略合作框架协议》，合力建设乡村振兴示范区。

30 日　“感动浏阳”第五届道德模范交流活动在欧阳予倩大剧院举行，现场表彰 12 位道德模范。

是日　湖南省抗击新冠肺炎疫情表彰大会在长沙举行，浏阳 7 名个人和 1 个集体（澄潭江镇洲田村党总支）获省级表彰。

是日　全市“美家美妇”工作推进大会暨女微网格长故事分享会召开，6 名女微网格长代表分享开展“党建 + 微网格”工作中扎根基层、服务群众的经历和故事。

是月　市融媒体中心被中共中央宣传部、文化和旅游部、国家广播电视总局授予“第八届全国服务农民、服务基层文化建设先进集体”称号。

12 月

1 日　由市委网信办主办的浏阳市第八届网络文化节之“乡村振兴看浏阳”网络媒体采访采风活动举行，15 家中央、省市网络媒体走进沙市镇东门村、永安镇芦塘村和张坊镇田溪村实地采访采风。

是日　智慧荷文公路试点项目建成并投入试运行。

是日　浏阳河东路洗药桥启动拆除重建工作。

2 日　浏阳市科学技术协会第十二次代表大会召开，大会选举产生市科协第十二届委员会主席、副主席、常务委员，中国科学院院士、山东大学教授、山东大学附属生殖医院首席专家陈子江应邀出席会议。

是日　湖南金阳新城建设发展集团有限公司在浏阳经开区（高新区）揭牌。

是日　长沙暨长沙市优化营商环境法规政策知识竞赛在浏阳举行，竞赛活动分预赛和决赛，浏阳代表队获得一等奖。

是日　住房和城乡建设部公布 2020 年全国农村生活污水治理示范县（市、区），浏阳入选。

4 日　浏阳市物业管理行业党委成立大会暨“精美小区”建设工作动员会议召开，宣布市物业管理行业党委正式成立，并启动全市创建“精美小区”工作。

4—5 日　国家文物局党组副书记、副局长顾玉才率队到浏阳调研革命文物保护利用工作。

6 日　胡润研究院发布《2020 胡润中国最具投资潜力区域百强榜》，浏阳入选。

7 日　中国红十字会党组书记、常务副会长梁惠玲一行到浏阳考察澄潭江镇荆坪村博爱家园项目。该项目于 2017 年启动。副省长吴桂英，长沙市委常委、浏阳市委书记黎春秋，长沙市副市长刘明理参加考察。

是日　长沙市与江西省宜春市签订政务服务“跨省通办”合作协议。浏阳作为唯一的县（市、区）代表与宜春市铜鼓县、万载县分别签订合作协议。

是日　《浏阳市城市建设品质管控导则（试行）》出台。

8 日　2020 年全市重点项目观摩活动举行。

9 日　浏阳苍坊旅游区作为 2020 湖南省唯一推荐景区通过国家 AAAAA 级旅游景区景观质量评审。

是日　浏阳市职工健康之家建成开放。市职工健康之家由市总工会联合市人民医院成立，设于市人民医院门诊大厅三楼，分健康科普、健康体检、健康咨询、健康警示、特色健康评价五大区域。

是日　浏阳市农业创业者联合会成立大会召开。该联合会是团市委发起，由全市各类农民企业家、农村致富带头人、农产品经纪人等涉农创业者，全市各类涉农行业性组织、涉农企业、农村经济合作组织自愿组成的、具有独立法人资格的非营利性社会组织。

10 日　浏阳市出台《矿山安全专项整治三年行动实施方案》。

12 日　2020“薪火传承·中国健康跑”浏阳站暨第六届浏阳市冬季马路赛在石牛寨风景区举行，活动现场，进行国家 AAA 级景区授牌仪式，浏阳石牛寨风景区、西溪磐石大峡谷风景区、皇龙峡生态旅游区、花炮文化博览园 4 家景区被评定为国家 AAA 级景区。

15 日　中宣部到浏阳考察调研农家书屋和实体书店建设情况。

是日　水利部公布 2020 年度绿色小水电示范电站名单，株树桥水电站上榜。该水电站位于小溪河下游，1992 年投产发电，总装机容量 2.4 万千瓦，年均发电 4555.5 万千瓦时。

16 日　全国县域经济专业研究机构、社会智库中郡研究所发布第二十届全国县域经济百强排名榜单，浏阳位列县域经济与县域综合发展第 9 位；同时被评为全国县域发展质量基本指数 A+ 优等级县市，位列中部地区县域经济基本竞争力第 2 位。

是日　湖南护理学校浏阳校区建设项目开工仪式在官桥镇举行。长沙市政协副主席、民盟长沙市委会主委张庆和宣布项目开工。该项目位于官桥镇八角亭村。

18 日　首届长株潭城市群社区教育发展论坛在浏阳市集里街道龚家桥社区举行。

18—20 日　由湖南省林业局、长沙市林业局指导，浏阳市委、市政府主办，以“‘浏’有青山·花木满城”为主题的湘赣边首届花木博览会暨生态音乐节在柏加镇金科山水洲举行。开幕式上，浏阳发起成立湘赣边区域林业生态圈联盟，湘赣边 18 个县（市、区）携手共建绿色发展和生态文明建设示范区。

19—20 日　由市教育局主办、市学前教育专业委员会承办的 2020 年浏阳市第四届幼儿园团队专业技能竞赛在东、南、西、北四区及城区分赛区进行决赛。该竞赛由 503 个幼儿园(所)参加初赛,68 个幼儿园(所)进入决赛。

20 日　第四届湖南文化旅游创新创意大赛在浏阳启动。

21 日　中国博物馆协会发布公告，公布第四批国家一、二、三级博物馆名单,胡耀邦同志纪念馆由国家二级博物馆晋升为国家一级博物馆；秋收起义文家市会师纪念馆被评为第四批国家二级博物馆。

23 日　浏阳市召开纪念浏阳市人大设立常委会 40 周年会议。

24 日　浏阳市总商会调解中心成立。

是日　中国科学技术协会科学普及部和中国通信工业协会、中国卫星导航定位协会、中国遥感应用协会三家国家社团为浏阳市艺术科技馆科普基地授牌仪式在浏阳五中举行,馆体总面积 6000 余平方米。

25 日　中国建设银行浏阳长兴支行正式开业。

是日　国家林业和草原局发布 2020 年国家湿地公园试点验收结果，浏阳市浏阳河国家湿地公园试点建设通过验收。该湿地公园地处浏阳东部,范围以株树桥水库为主体，包括株树桥水库及沿岸第一层山脊的部分生态公益林,浏阳河部分河段、小溪河全段、大溪河部分河段水域、滩涂和两岸部分耕地,总面积 2361 公顷,其中湿地面积 1423.4 公顷,湿地占有率 60.29%。于 2015 年 12 月经国家林业局批准开展试点建设。

28 日　市委十二届十六次全体(扩大)会议暨经济工作会议召开，市委书记黎春秋代表市委常委会向全会作工作报告;市委副书记、市长吴新伟就《中共浏阳市委关于制定浏阳市国民经济和社会发展第十四个五年规划和二〇三五年远景目标的建议》向全会作说明;会议审议通过《中共浏阳市委关于制定浏阳市国民经济和社会发展第十四个五年规划和二〇三五年远景目标的建议》。

29 日　湖南省商务厅关于认定第五批“湖南老字号”的通知,湖南大丰斋食品有限公司的“大丰斋”、浏阳市一品香食品总厂的“老一品香老豆豉”、湖南省浏河彭记轩食品有限责任公司的“彭记轩”3 个浏阳品牌入选。

是日　浏阳市脑科医院三十周年院庆暨湖南省心理卫生中心浏阳实训基地授牌仪式举行，市精神病医院正式更名为市脑科医院。

是日　长沙市浏阳生态环境监测站正式挂牌。

29—30 日　长沙市委副书记、市长、湖南湘江新区党工委书记郑建新等长沙市四大家领导率长沙各区（县、市)、园区、市直部门和相关国有企业负责人组成的观摩团,观摩检阅浏阳重大产业项目建设。

思邈公园　　　　　　　　　　　　　　　　　　　　　　　　　　　　（浏阳电视台　供图）

浏阳概貌

自然地理

【位置面积】 浏阳市位于湘赣边界，湖南省东部偏北，省会长沙市的正东方，分别与株洲市荷塘区、芦淞区、石峰区、醴陵市；长沙市长沙县、雨花区；岳阳市平江县；以及江西省宜春市袁州区、铜鼓县、万载县，萍乡市上栗县等11个区（县、市）交界，边界线总长571.75千米；域内东西长125.8千米，南北长80.9千米，全市居北纬27° 51′ ～28° 34′ ，东经113° 10′ ～114° 15′ ，总面积5007.75平方千米。占全省总面积21万平方千米的2.38%。

【地质地貌】 大围山、连云山、九岭山为境内主要大山。浏阳整个地势东北高峻，向西南倾斜递降。最高峰为大围山主峰七星岭，海拔1607.9米，最低柏加镇渡头村塘湾，海拔37.5米，高差1570.4米。地势高低起伏大。主要山岭脉络清楚，皆呈北东至南西走向的雁行背斜山地。岭谷平行相向，形成官渡、大瑶、北盛三个较大盆地和一个浏阳河谷地。市内水系发育，地表切割强烈。河曲发育，堆积盛行，出现河漫滩和多级阶地，沿水系形成现代狭长的河谷、溪谷冲积平原。山地丘陵隆起长期处于剥蚀状态，山势陡峭，坡度较大。全县30° 以上的占47.1%，25° ～30° 的占12.1%，20° ～25° 的占10.0%，15° ～20° 的占7.9%，10° ～15° 的占5.3%，5° ～10° 的占2.4%，小于5° 的占14.4%。在外营力作用下，现代地貌继续沿着削高填低的趋势发展。市内地质构造与岩性比较复杂，前震旦系的变质岩面积占58.67%，第四纪冲积物占15.48%，红岩占9.01%，花岗岩占8.45%，砂页岩占4.91%，石灰岩占2%，沙砾岩占1.48%，在内外营力长期交互作用影响下，形成多样地貌类型。各类地貌组合分布，基本由东北向西南依次为山、丘、岗、平呈阶梯状，并大致沿着浏阳河谷地北、东、南三面呈断续性环带状分层排列递降。同时沿捞刀河、浏阳河、南川河谷地两侧逐级抬升，具有高低分层，逐步过渡的分布规律。

【自然资源】 域内已知有各类矿藏、矿点和矿化点共190多处，其中大型矿床6处，中型矿床12处，小型矿床12处。已知矿种有金、银、铜、铁、铅、锌、钨、锡、钼、汞、锑、钴、锰、锂等45种。域内土壤种类多样，共有9个土类，18个亚类，63个土属，181个土种。耕型土壤以水稻土和红壤为主，水稻土面积6.04万公顷，占全市总面积的14.15%，占耕地面积86.87%，红壤土面积9093.33公顷，占旱地面积93.73%，占耕地面积12.97%。域内野生动植物资源十分丰富，根据1999年野生动植物资源普查，列入保护的野生动物有49种，其中国家一级保护动物有云豹、白鹳、黄腹角雉、白颈长尾雉、山鹧鸪、黑麂6种，国家二级保护动物有穿山甲等14种，省级保护果子狸等29种。有植物47种。其中一级保护植物有伯乐树、银杏、南方红豆杉3种，二级保护植物有香果树等22种，三级保护植物有穗花杉等22种。主要林业资源有松、杉、楠竹、茶、油茶等。2018年，森林面积32.69万公顷，森林总蓄积1461万立方米，森林覆盖率66.2%，林业产业总产值165亿元，油茶种植面积5.2万公顷，花木种植面积1.07万公顷。

【河流水系】 域内三大水系浏阳河、捞刀河、南川河分别汇入湘江、渌江，浏阳河、捞刀河为湘江一级支流。浏阳河由分别发源于大围山北、南麓的大溪河、小溪河汇入高坪镇双江口，流经本市19个乡镇（街道）至长沙市开福区入湘江，全长222千米，域内长175.8千米，流域面积3211平方千米，多年平均水量27.98亿立方米，水能蕴藏量11.44万千瓦，占全市的80%；1986年10月，浏阳市在浏阳河小溪河下游，石湾乡（今高坪镇）境内距浏阳市区28千米处株树桥开工建设株树桥水库，1992年10月竣工。株树桥水库是大(2)型水库，水库集雨面积564平方千米，正常蓄水位165米，是长沙市最大的水库。2010年8月，株树桥水库至长沙引水工程竣工通水。2019年，株树桥水库实现供水1.66亿立方米，完成发电5516万千瓦时。捞刀河源于石柱峰，流经本市7个乡镇，至长沙市开福区入湘江，全长144千米，域内长78.2千米，流域面积1135平方千米，多年平均水量9.24亿立方米，水能蕴藏量1.91万千瓦。南川河源于江西省万载县金钟湖，至改江入浏阳文家市镇，流经5个乡镇，由金刚镇入醴陵市，经株洲市渌口入湘江，多年平均水量5.33亿立方米，水能蕴藏量0.88万千瓦。

【气候水文】 浏阳属中亚热带季风湿润气候。东北部以中低山为主，夏凉冬冷，光热偏少，降水偏多；中、南部地区，冬少严寒，夏少酷热，光热充足，雨水适中；西北部捞刀河流域属湘中丘陵盆地气候类型。从东部最高点七星岭至西部最低点浏阳河出境处高差1570.4米。气候受地势影响，由湘赣边界山区气候向湘中丘陵盆地气候过渡。且因河谷平原向两侧逐级抬升，平、岗、丘、山依次排列，具有高低分层，逐步过渡的分布规律，从而导致全市水热状况复杂的垂直差异。大围山、连云山两山东北至西南横亘，特别是连云山脉斜劈全市，使北方冷气受阻，因此，全市形成亚热带夏长炎热盆地谷地气候区、亚热带夏凉多雨山区台地气候区、夏凉冬冻高山气候区三大块较明显气候区。市内历年平均降水量1400～1800毫米，山区较多，平原较少，多雨中心在宝盖一带山区及大围山、连云山地区，年降水量1700～1800毫米，原宝盖乡寒婆坳高山记录曾达2200毫米。少雨地带在西部盆地和大瑶以南的平原地，年平均雨量在1500毫米以下。2020年天气气候情况复杂，呈降水偏多的趋势。年平均气温18.4℃，比历年同期（17.5℃）偏高0.9℃，比2019年同期（18.1℃）偏高0.3℃；年极端最高气温37.2℃，出现在8月4日，极端最低气温 -3.9℃，出现在12月31日。年降水量1953毫米，比历年同期（1551.3毫米）偏多25.9%，较2019年同期（1508.6毫米）偏多29.5%；年内共出现了4次暴雨、2次大暴雨过程。年日照时数1354.5小时，比历年同期(1594.8 小时)偏少 15.1%,比 2019 年同期(1486.2 小时)偏少 8.9%。

建　置

【置县】　《三国志·吴志·周瑜传》载,东汉建安十四年(209)浏阳置县。建安二十二年(217),长沙郡为吴所有,浏阳属长沙郡。隋开皇九年(589),改临湘县为长沙县。大业三年(607)废浏阳县,浏阳并入长沙县。唐景龙二年(708)复置浏阳县。元元贞元年(1295)浏阳县升为州。明洪武二年(1369)复降为县。民国元年(1912),浏阳县属长宝道。民国 3 年(1914)更道名为湘江道。民国 7 年(1918)更道名为湘东道。民国 15 年(1926)起浏阳属第一行政督察区,民国 26 年(1937)成为督察专员公署治所。1949 年 7 月 19 日,浏阳解放;8 月,浏阳县属长沙专区。1952 年 9 月,长沙专区更名湘潭专区,1968 年又更名湘潭地区,浏阳县隶属关系均未变。1983 年 2 月,国务院批准撤销湘潭地区,浏阳县划归长沙市管辖,是年 7 月正式接管。1993年 2 月,经国务院批准浏阳撤县设市(县级)。2014 年 10 月,在北京召开的中国地名文化遗产保护专家委员会第十八次"千年古县"专家会议上,浏阳市认定为"千年古县"。

【治所】　《湖南通志·古城考》:"浏阳故城在今浏阳县东……"《浏阳县志》载"县东也就是民间传说的今治东街口以外旧城隍庙一带地方"。按清嘉庆《浏阳县志》中《浏阳城池图》,即今名河鑫都小区内;隋大业三年(607)因废县而故城不存;唐景龙二年(708)复置浏阳县,在故城西面重建县城;宋末,元兵进入浏阳,县城被破坏;元代遂迁治所于居陵镇(又名居仁镇,即今官渡镇);明初迁回今址(浏阳城区)。民国 27 年(1938)以前县政府位于西正街(今才常广场西北角)。民国 27 年(1938)11 月 10 日被日机炸毁,旋迁营盘巷迎福寺(今欧阳予倩故居附近)。民国 33 年(1944)6 月 10 日,县城被日军占领,县政府迁往七宝山凤凰岩曾广益宅。民国 34 年(1945)日本投降后迁回县城文庙礼乐局内。1954 年春,迁往才常路谭烈士祠右侧曾子庙院内。1990 年 7 月,于谭烈士祠左侧才常路 93 号建成八层政府办公大楼,县人民政府、县人大常委会、政协浏阳县委员会同时迁入办公。2004 年 12 月,新建于关口街道汉塘路的行政中心落成,中共浏阳市委员会、市人大常委会、市人民政府、政协浏阳市委员会入驻行政中心。

行政区划

【明、清区划】　明嘉靖《长沙府志》载,浏阳"乡四:东南西北……"其境域即今之东南西北乡。宋元时,全县有 75 个都。明代,110 户为一里,里一级,城区叫坊,郊区叫厢。全县原编 75 里 3 坊。明嘉靖十一年(1532)全县有 48 里 2坊。清康熙十九年(1680)县志载,全县原编都 44,外加坊厢都 6 个,共 50 个都,每都 10 甲,共 500 甲。清同治县志载,康熙三十年(1691)增加 7 个都,雍正十一年(1733)又增 6 个都,并原都共 63 个。清咸丰年间,为防御太平军,推行团练制。10 户为一牌,若干牌为一社(或称境),设社长;若干社为一小团,若干小团为一大团。同治元年(1862),全县共设 21 个大团,294 个小团。至民国 11 年(1922),新选的议会召开一届一次常会作出决议,逐渐废除都甲。

【民国区划】　民国前期,主要沿用清代团的区划。民国元年(1912)就 21 个大团的范围设立城、镇、乡,计城 1(中立)、镇 7(古港、永和、张坊、枫林、振西、普安、冲和)、乡 13(其余大团其下仍称小团)。次年又撤城、镇、乡,恢复大团。民国 5 年(1916),大团全部改为镇,小团全部改为乡,以镇辖乡。民国 14 年(1925)又于乡下设保甲,保甲以下设闾、邻。民国 19 年(1930)划全县为东、南、西、北、中 5 区。次年改为 10 个区,其具体隶属为:一区辖中立镇,二区辖古港、高坪两镇,三区辖大瑶、枫林两镇,四区辖冲和镇,五区辖蕉溪、永安、北盛三镇,六区辖沙市、全吉、莲溪、绥和四镇,七区辖永和、达浒两镇,八区辖上东、张坊两镇,九区辖文市(里仁)、金刚两镇,十区辖振西镇。此时,小乡已增至 300 多个。区以下,按"百户以上之村庄地方为乡,百户以上之街市地方为镇"的原则,划为 24 镇、134 乡,镇、乡由领属关系变为平行关系。民国 24 年(1935),改设 5 个区镇,即中立镇和东、南、西、北 4 个区。区以下并为 89 个乡镇。民国 25 年(1936),改为 9 个区,民国 27 年(1938),废区,划 16 镇、24 乡,下设 390 保、6871 甲。民国 30 年(1941),合庆康、福仁两乡为一乡,又增设新安镇,全县共辖 17 镇、23 乡。

【中华人民共和国区划】　1949 年 8 月 1 日,浏阳县人民政府成立。县下设东区、西区、南区、北区 4 个办事处,城关区 1 个区。1950 年 4 月,进行民主建政,废除旧乡保,划全县为 14 个区,辖 6 个居委会和 201 个乡,乡下设村,村下设组。1951 年 7 月,改为 27 个区、189 个乡、6 个镇、6 个居民委员会。1952 年 7 月,改城关区为镇。其余各区依旧,全县析为 570 个乡、14 个乡级镇、6 个居民委员会。1953 年 2 月调整为 22 个区(镇)、318 个乡、12 个乡级镇、4 个居民委员会。1954 年改为 21 个区,区名由序数改为驻地名称,其中原一区与城关镇合并,改称集里区,驻地迁城关;原四区改称古港区,驻地由三口迁古港;原二十一区改称社港区,驻地由泮春迁社港;其余驻地依旧。1956 年下半年,撤销区,将小乡并为大乡,全县共划为 61 个乡、3 个镇。乡以下辖高级社,社以下辖生产队。1958 年冬,实现人民公社化,撤销乡镇,成立政社合一的人民公社 17 个。下辖 211 个大队和 3060 个生产队,均为生产与行政合一的基层单位。1988 年,辖 11 个区,设城关(区级)、永和(区级)、古港、文家市、永安 5 个镇,62 个乡,1008 个村,21 个居民委员会。1995 年 6 月 28 日,经省政府同意,长沙市政府办公厅下达《关于浏阳市行政区划调整的通知》,对浏阳市行政区划作以下调整:(一)撤销城郊、古港、官渡、张坊、大围山、大瑶、文家市、镇头、北盛、沙市、社港 11 个区。(二)保留太平桥乡、葛家乡、溪江乡、官渡镇、达浒乡、白沙乡、大瑶镇、金刚镇、杨花乡、柏加乡、官桥乡、蕉溪乡、赤马乡、山田乡、三口乡、永和镇、淮川街道、集里街道的行政区划不变。(三)将其余 49 个乡镇调整为 22 个乡、镇、街道。至 2002 年末,全市辖 4 个街道、11 个乡、25 个镇。2005 年,白沙乡与大围山镇合并,山田乡与淳口镇合并,赤马镇与沙市镇合并。2007 年 4 月,撤销高坪乡,设立高坪镇。2008 年 12 月,撤销三口乡,设立三口镇(2009 年 1 月实施)。2009 年 10 月,撤销官桥乡,设立官桥镇。2015 年 11 月,浏阳出台《浏阳市人民政府关于调整部分乡镇行政区划的通知》(浏政发〔2015〕14 号)并报经省民政厅批准:杨花乡和大瑶镇成建制合并设立大瑶镇;七宝山乡、永和镇成建制合并设立永和镇;三口镇、古港镇成建制合并设立古港镇;溪江乡、关口街道成建制合并设立关口街道;太平桥镇、集里街道成建制合并设立集里街道。2016 年 8 月,葛家乡撤乡设镇。2018 年 6 月,蕉溪乡撤乡设镇。2016 年 4 月,浏阳市 79 个建制村合并。2018 年 11 月 30 日,市人民政府下达关于设立翠园社区的批复,淮川街道设立翠园社区。2019 年,荷花街道新设立新月社区,集里街道新设立北城社区、新屋岭社区。2020 年,浏阳市辖 4 个街道:淮川、集里、荷花、关口;27 个镇:古港、高坪、沿溪、官渡、永和、达浒、大围山、张坊、澄潭江、中和、文家市、大瑶、金刚、枨冲、镇头、普迹、官桥、柏加、洞阳、永安、北盛、沙市、淳口、龙伏、社港、葛家、蕉溪;1 个乡:小河;共 326 个村(社区),另设浏阳经开区(高新区)、“两型”产业园、大围山国家森林公园等园区。

历史文化

【传统文化】 1991 年,长沙市考古工作者在浏阳市永安镇发现旧石器,表明距今 15 万至 20 万年前浏阳已有人类活动;域内出土的一批商周至战国时期的青铜器见证了浏阳悠久的文明史。东汉建安十四年(209)设县。2014 年 10 月,在中国地名文化遗产保护专家委员会第十八次“千年古县”专家会议上,浏阳市被认定“千年古县”。截至 2020 年末,浏阳市列入非物质文化遗产代表性项目总数 91 个,其中国家级“非遗”项目 3 个(浏阳花炮制作工艺、浏阳菊花石雕刻工艺、浏阳文庙祭孔音乐);省级“非遗”项目 4 个(浏阳皮影、江氏正骨术、浏阳花鼓戏、客家山歌);长沙市级“非遗”项目 17 个(浏阳夏布、浏阳油饼制作技艺、浏阳蒸菜传统制作技艺、活字印刷术等);县级“非遗”项目 67 个。

浏阳花炮制作技艺　浏阳花炮包括浏阳爆竹和浏阳烟花。浏阳爆竹制作最早有文字记载的是清康熙《浏阳县志》“后人卷纸作筒,实以硝磺,名曰大爆竹……”。民国时期《中国实业志》和《湖南经济调查丛刊》载“湖南省爆竹制造,始于唐代,发达于宋末”“湖南鞭炮之生产,最初发源于浏阳……”北宋时期(960—1127),浏阳爆竹达到第一个鼎盛时期;清雍正元年(1723),浏阳爆竹成为朝廷

花醉浏阳河　(张秋明　摄)

贡品,清同治十一年(1872),浏阳南乡建有鞭炮作坊 300 余家。清光绪元年(1875)浏阳爆竹开始出口日本、朝鲜、印度、伊朗、英国和美国、俄罗斯等国。而浏阳烟花制作文字记载见于 1994 年版《浏阳县志》:“清末民初,县城商人李熙雅恢复和发展先祖失传技艺……并于民国 7 年(1918)开办取名‘李四美’的作坊……”先后研制出玩具烟花和大型组合烟花。燃放时花木鸟兽和各类人物逐层腾空,蔚为奇观,从此,以“李四美”作坊命名的浏阳烟花开始在国内外享有声誉。中华人民共和国成立前,浏阳花炮最高年产量达 14 万箱,除内销外,还远销欧美和东南亚 24 个国家和地区。1933 年,浏阳花炮获美国芝加哥万国博览会的优秀奖。中华人民共和国成立后,浏阳花炮研制得到快速发展,1986 年,在法国摩纳哥举行的第 21 届世界焰火比赛上,浏阳花炮获得第一名。《浏阳市志》载:“至 2002 年年末,发展到 4309 个花色品种,分为烟花和爆竹两大系列 13 大类……”传统的浏阳鞭炮烟花制作工艺是纯手工制作,有装具制作、药物制作和配方、包装装潢等多道流程和工艺。20 世纪 60 年代开始使用自动化裁纸和药物配制,至 2019 年末,除封装等特殊工序外,其他制作工艺均实现自动化。20 世纪 90 年代,花炮的出口创税总额占到全县的 90%以上。2006 年 5 月 20 日,经国务院批准浏阳花炮制作技艺被列入第一批国家级非物质文化遗产名录。2007 年,“浏阳花炮”被认定为中国驰名商标,2008 年开始浏阳花炮先后成为北京、伦敦、里约奥运会和上海世博会、南京青奥会、北京 APEC 峰会等众多国际重大活动所用焰火。2009 年“浏阳花炮”证明商标获中国烟花爆竹行业中唯一的“2009 最具竞争力地理标志商标”称号,被评为消费者最喜爱的商标。2011 年“浏阳花炮”以 808.62 亿元地标当量与茅台酒、五粮液等一起入选全国首批地理标志综合价值指数五星级地理标志,在全国地理标志中排名第 5。在第二届“中国文化品牌价值排行榜”评选活动中,“浏阳花炮”文化品牌以价值 1028.17 亿元位居全国第 7,也是湖南唯一进入全国前十位的文化品牌。2019 年,全市花炮产业集群实现总产值 241.1 亿元。其中出口销售额 34.8 亿元,国内销售额 150.4 亿元,原辅材料及相关产业实现 55.9 亿元。花炮出口总额占全国的 60%,内销占全国的 50%。

浏阳菊花石雕刻工艺 浏阳菊花石是浏阳独有的工艺美术原料矿产，产于永和镇大溪河底岩石层中，孕育于二亿多年前，因地质运动而自然形成于岩石中。其花形酷似异彩纷呈的秋菊，花呈乳白色，且纹理清晰、界线分明、神态逼真、玉洁晶莹、蔚为奇观。据《浏阳县志》记载，“清乾隆十五年(1750)，欧锡藩首取永和菊花石雕琢石砚，开浏阳菊花石雕工艺之端”。民国4年(1915)，浏阳戴清升的菊花石雕梅菊瓶和梅、兰、竹、菊横屏在巴拿马万国博览会上展出，获“金质奖章”。中华人民共和国成立后，浏阳以戴清升为首组织石雕生产小组。1959年，浏阳将一卷巨型立体雕件“石菊森山”呈献给人民大会堂。1997年和1999年，浏阳将两件菊花石雕分别赠送给香港、澳门特区政府以此庆祝香港、澳门回归。2008年5月，经国务院批准，浏阳菊花石雕刻工艺被列入第二批国家级非物质文化遗产名录。

精雕细刻 (楚海华 摄)

浏阳文庙祭孔音乐 清道光九年(1829)，浏阳县令杜金鉴聘请本县监生邱之稑(1781—1849)组建浏阳文庙礼乐局，邱之稑遵古法，历经多年，研制由匏、土、革、木、石、金、丝、竹8种材料，制作匏埙、土埙、革鼓、石磬、编钟、琴瑟、箫笛等古乐器具，创作包括乐、舞、歌、礼等类似于宫廷古乐的曲目，又称“八音”，曲目通过打击、吹弹、调和音阶汇合演奏，演奏时场面盛大、音律雅淡、静穆温和，用于文庙祭祀，故称为“文庙祭孔古乐”。浏阳文庙祭孔古乐冲破几千年来“非天子不议礼、不作乐”的禁忌，在发掘整理古代“韶乐”的基础上创制而成，是古代“韶乐”的完美再现，曾独步海内，闻名天下，为“全国仅存之物”，尤以清朝末期民国初期最具盛名。民国26年(1937)，湖南大学教授张民钧到浏阳观礼后撰文《国乐古礼在浏阳》。著名音乐家、教授杨荫浏称其为“中国古代音乐的活化石”。2014年12月，经国务院批准浏阳文庙祭孔音乐被列入第四批国家级非物质文化遗产代表性项目名录。

浏阳文庙祭孔 (彭红霞 摄)

浏阳皮影(传统戏曲) 皮影旧称影子戏，主要表演道具是牛皮经过绘画、裁剪、雕刻、上色、油漆、缝缀等多道工艺做成，制作考究、工艺精湛，是一种地道的工艺品。浏阳皮影剧目、曲目种类繁多，内容丰富，分为登台戏、正本戏和杂戏，其中花鼓戏曲牌和民间小调逾1000首，正本戏剧目近1000本，杂戏提纲近200个。表演时艺人在白色幕布后面，一边操纵戏曲人物道具，一边用湘剧曲调演唱，同时配以打击乐和弦乐，表演起来生趣盎然、活灵活现。皮影戏道具小，演出方便，不受场地限制，深受人民群众喜爱。史料记载：明代中叶以前，浏阳人(包括移民)已草创皮影雏形，在明代中叶至清光绪年间近400年的时间里，浏阳皮影戏渐成规模。1994年版《浏阳县志》载：“清光绪年间，县城紫薇街谢发昌组织过皮影社，并备有多副箱担，供人租用。至民国20年(1931)，全县已有皮影戏班76个，皮影艺人150余人。民国29年(1940)，浏北皮影艺人在永安彭家冲组建皮影戏‘老郎会’，入会者达百余人。”1956年至1964年，县文化部门三次对皮影艺人进行调查登记，并制定《浏阳县皮影艺人管理办法》。1978年，县文化馆选调8人组成浏阳河皮影队，并于当年参加湘潭地区调演获一等奖。1979年，浏阳河皮影队参加全省会演获二等奖。1988年，湖南省电视台拍摄专题片《浏阳皮影戏》。1996年，永安镇皮影队在全省首届乡土艺术大联展上获得金奖和铜奖。2013年，浏阳市首次召开市皮影协会会员大会，组建浏阳市第一家规范化建设、现代化设施的皮影剧团，并于当年农历九月初九重阳节举办“皮影展演”。2015年9月2日晚，由市文联、市文化馆主办的“浏阳山泉杯”浏阳市第二届皮影戏大赛在柭冲镇三元村举行，全市由皮影艺人组成的10支队伍参赛，2万余名观众观看演出。2016年5月，浏阳皮影入选湖南省非物质文化遗产。

浏阳皮影 (市文旅广电体育局 供图)

浏阳客家山歌　明朝时期，广东梅州客家人迁入浏阳，带来客家文化，客家山歌就是其中的代表。浏阳客家山歌主要流传于域内张坊、大围山、官渡、文家市 4 个镇、18 个山乡的客家人群体，是使用客家语言咏唱的山歌。浏阳客家山歌是客家人民的一种口头咏唱文学。主要内容有歌头、情歌、劳动歌、生活歌、时政歌和对歌。随着江西、福建、广西等地人迁入，客家人口增多，客家山歌渗入多种歌腔特色，打破七字一句、四句一首的局限形式，形成唱词长短灵活、不受拘束、一歌多韵、生动顺口、独一无二的“浏阳客家山歌”。由于长期口头流传，每一位客家人都是歌手，大家在劳动中传唱，在生活中传唱。演唱形式主要有敲锣打鼓的伴唱和一人领唱、众人和声的唱法。浏阳搜集整理成集客家山歌 3000 余首，共包括 10 余部歌类。2016 年 5 月，浏阳客家山歌入选湖南省非物质文化遗产。

浏阳客家山歌表演　　　　（市文旅广电体育局　供图）

浏阳夏布制作技艺　以苎麻为原料，捻纱织成，故又称苎布、麻布。夏布是浏阳传统产品，明、清、民国旧志和新志均有记述，与花炮、豆豉齐名，并称浏阳“三特”。域内生产夏布历史悠久，尤以织工精巧，质地细腻著称。明嘉靖十二年（1533）《长沙府志•食货纪》有“岁造四光素三色苎丝三百四十匹，浏阳四十六匹”的记载。清光绪二十一年（1895）《湖南通志•食货志》亦载：“浏阳苎布有值二三钱一尺者，工细不减湖纱。”早在明朝，浏阳夏布就被列为朝廷贡品。光绪二十七年（1901），浏阳夏布开始销往日本、朝鲜、南洋等地。当时，浏阳夏布质量居全国第一，在 1910 年南洋劝业会上获得优等奖。浏阳夏布品质以麻纱粗细、圆扁、毛均及色彩为标准，而以纱细、圆均、光亮鲜艳为上品。添白或染色夏布，经久耐穿，其凉爽透汗程度，非其他一般纺织品可比。浏阳夏布尤以织工精巧、质地特别细腻著称，60 厘米左右宽的纬纱上，经纱排列多达 1200 多根，这些细小的麻纱，全出自手工创绩。清代中叶是浏阳夏布生产的兴盛时期。《中国实业志》有“浏阳夏布当时年销万筒（18 万匹）”的记载，在国内外享有盛名。据海关记载：“1912 年夏布输出朝鲜一万零七百余担……”谭嗣同在《浏阳麻利述》中称“自昔我浏阳麻布战天下之商务。未尝遇敌”。后几经起落，至中华人民共和国成立前夕，产品锐减。中华人民共和国成立后，传统夏布得到恢复，每年组织上万匹销往中国港澳地区及朝鲜、日本、东南亚等地，销量最多的是 1986 年外贸收购达 2 万多匹。20 世纪 90 年代，全球经济萧条，日韩主要消费市场萎缩，浏阳夏布由盛转衰，至 2014 年全市生产制作夏布人员不足百人。2014 年，市人民政府扶持夏布行业，至 2018 年从业人员增加至 300 人。2016 年 12 月，浏阳夏布制作工艺入选长沙市非物质文化遗产。2018 年 5 月，浏阳夏布获批中国地理标志商标。2019 年 5 月14 日，浏阳夏布代表长沙在 2019 中国—东盟媒体合作论坛上进行互动展演。

浏阳豆豉制作技艺　豆豉既是调味佳品，又有良好的药用价值，明李时珍《本草纲目》有“豆豉能散寒解表”的记载。浏阳豆豉以其独特的风味，驰名中外，畅销不衰。历史上关于豆豉的记载，始于春秋，到汉代，《史记》《汉书》中均有有关豆豉的记载。长沙马王堆发掘的西汉古墓中有豆豉姜。传统的浏阳豆豉是以泥豆为主，经浸泡、蒸豆、摊潮、入霉、发酵、出霉、进水围子、转作、出晒、囤堆发酵等 20 多道工序制成。明初浏阳豆豉曾被列为贡品，清代大量出口日本与南洋。民国 24 年（1935）《中国实业志》载：“湖南豆豉以浏阳产为最著名。”当时浏阳曾有“无豉不成店，处处豆豉香”的誉称。浏阳农家制作豆豉的历史可以追溯到唐朝中叶。那时浏阳道吾山兴华禅寺，香火旺盛，八方僧侣来朝，挂单于此，餐席间，尝到豆豉，芳香四溢，豉味独特，食欲顿开，不禁称赞，有僧侣带走，云游四方，于是浏阳豆豉，名扬四海。曾有“吾山风光好，浏阳豆豉香，僧侣悠游处，美名传四方”之誉。浏阳豆豉的最盛期，县城和浏阳河沿岸集镇，到处有豆豉作坊，大作坊有 58 家，年产豆豉 4 万多担，经营鞭炮、豆豉的培德厚和谦达利两大巨商在天津、上海、广州、厦门、香港、南洋群岛等地都设有钱庄和货栈。辛亥革命前后，增加巨商杨福和，当时浏阳豆豉远销日本及东南亚，年出口达 1 万多担。中华人民共和国成立后，泥豆产区多改种双季稻，泥豆濒临绝迹，豆豉产量急剧下降。1981 年《湖南日报》刊登《浏阳豆豉几时香》引起广泛关注。是年，县科委组织技师陈代国、彭贤希等，首先以北方马拉扁小黑豆替代泥豆为原料，按浏阳豆豉传统工艺试制，获得成功。随后，组织“北豆南移”的试种、推广，解决原料就地供应问题。1982 年，域内有国有粉酱厂、永安豆豉厂和太平桥豆豉厂。1983 年，豆豉传统品牌“一品香豆豉”恢复生产，是年，浏阳豆豉产销达 37 万千克，豆豉生产厂家增至 30 多家。1988 年全国首届食品博览会大赛中，“乐意牌”豆豉获金奖，“天马山”牌豆豉获铜奖。2002 年，全市豆豉产量达 1000 多吨。2016 年 12 月，浏阳豆豉传统制作技艺入选长沙市非物质文化遗产。

浏阳蒸菜传统制作技艺　浏阳蒸菜起源于浏阳河的上游大围山脚下的东区乡镇，隶属于湘菜系列。浏阳蒸菜是一道湖南的传统名吃，含油脂少、热量低，易于消化吸收。蒸制过程中以水渗热、阴阳共济，清淡养胃。相传起源于明朝，历经 500 多年发展。浏阳独特的气候和地理环境蕴植出的天然食材，含有丰富的蛋白质、微量元素、维生素等营养物质。特别是氨基酸和含氮物质非常高，味道更鲜美。独有的加工技法，丰富的食材品味，使浏阳食材更具独特性。2011 年 8 月 30 日，中国烹饪协会批准授予浏阳“中国蒸菜之乡”称号。2013 年 1 月，浏阳蒸菜获得“中国地理标志集体商标”。2017 年 2 月，浏阳蒸菜传统制作技艺入选长沙市级“非遗”项目。

浏阳市非物质文化遗产名录一览表(截至 2018 年 9 月 30 日)

表 1　　国家级保护名录(国务院公布)

序号	项目名称	代码	项目类别	公布时间	批次	项目保护单位
1	浏阳花炮制作技艺	Ⅷ	传统技艺	2006 年 5 月	第一批	花炮协会
2	浏阳菊花石雕刻工艺	Ⅷ	传统技艺	2008 年 6 月	第二批	菊花石协会
3	浏阳文庙祭孔音乐	Ⅱ	传统音乐	2014 年 11 月	第四批	文化馆

省级保护名录(湖南省人民政府公布)

序号	项目名称	代码	项目类别	公布时间	批次	项目保护单位
1	长沙皮影戏(浏阳)	Ⅳ	传统戏曲	2016 年 12 月	第四批	文化馆
2	长沙山歌(浏阳客家山歌)	Ⅱ	传统音乐			文化馆
3	中医正骨疗法(江氏正骨术)	Ⅸ	传统医药			浏阳骨伤科医院
4	长沙花鼓戏(浏阳)	Ⅳ	传统戏曲			浏阳市花鼓剧团

长沙市级非物质文化遗产项目名录

序号	项目名称	项目类别	公布时间	批次	项目保护单位
1	浏阳河酒制作工艺	传统技艺	2013 年 1 月	第三批	浏阳河酒厂
2	浏阳小曲古法酿造工艺	传统技艺	2014 年 6 月	第四批	浏阳市五福堂酒业公司
3	长沙花鼓戏(浏阳花鼓戏)	传统戏剧			
4	浏阳油饼制作技艺	传统技艺	2016 年 12 月	第五批	浏阳市油饼制作技艺传承保护协会
5	浏阳夏布				浏阳夏布制作工艺传承保护协会
6	浏阳豆豉传统制作技艺				浏阳豆豉制作技艺传承保护协会
7	浏阳手工造纸制作工艺				浏阳市张坊镇古山造纸坊
8	浏阳油纸伞制作工艺				浏阳市油纸伞制作工艺协会
9	浏阳蒸菜传统制作技艺				浏阳蒸菜产业协会
10	浏阳洞阳山道教音乐	传统音乐	2018 年 12 月	第六批	浏阳市洞阳书院
11	浏阳弹词(长沙弹词拓展项目)	曲艺			浏阳市文化馆
12	浏阳青面狮表演	传统体育、游艺与杂技			浏阳悦武堂
13	浏阳王家拳				浏阳武术协会、浏阳悦武堂
14	浏阳木活字印刷术	传统技艺			浏阳小河乡益兴堂活字印刷馆
15	浏阳牛胶膏传统制作技艺				湖南张太傅食品科技有限公司
16	德胜斋浏阳茴饼制作技艺				浏阳市德胜斋文化创意有限公司
17	浏阳祭孔大典	民俗			浏阳市文化馆

【史迹遗存】 截至 2020 年末，域内登录在册的不可移动文物共 335 处，其中全国重点文物保护单位 7 家 20 处、湖南省级文物保护单位 17 处、长沙市级文物保护单位 28 处、市(县)级文物保护单位 58 处、一般不可移动文物 212 处，全国重点文物保护单位(简称“国保”)、省级文物保护单位(简称“省保”)数量居长沙地区前列。中国传统村落 2处，文物类爱国主义教育基地 24 处(其中全国爱国主义教育基地 2 处，省级 3 处，长沙市级 5 处，浏阳市县级 14

处）。国有可移动文物约 1.8 万件（套），其中，珍贵文物 2910 件（套）。2019 年，中国工农红军第一方面军浏阳活动旧址、桃树湾刘氏大屋入选第八批“国保”，秋收起义文家市会师旧址增补点（2 处）并入第一批全国重点文物保护单位秋收起义文家市会师旧址，“国保”单位数量增至 7 家 13 处，居全省前列。浏阳市博物馆馆藏文物总数已达到 9320 件（套），其中珍贵文物 1037 件（套）。2020 年新鉴定的藏品共计 153 件（套），其中二级文物 1 件（套），三级文物 22 件（套），一般文物 130 件（套）。

浏阳文庙 始建于宋元间，其址初在县城东，明弘治十八年（1505）迁至县城西，清道光二十三年（1843）迁建于今址（圭斋中路 81 号浏阳一中校园内）。浏阳文庙坐北向南，周围筑有高墙，占地总面积 1783.3 平方米。庙南北长 147.5 米，东西宽 42.6 米。中轴线上由南向北依次为宫墙，开拱门，次石栏砌泮池，再次为棂星门，经踏梯上大成门，过甬道，再上阶梯，即大成殿，最北为“御碑亭”。主体建筑大成殿高 17.15 米，砖木结构，正面全系朱漆花雕，镂空格门，嵌入石柱之间。殿外四周为 1.6 米高的石台，内外石柱 32 根。重檐歇山屋顶，覆盖黄瓷瓦 7000 余片，屋角飞翘，凤凰尾吊小铜铃。正屋脊盖蓝花白瓷砖，中竖葫芦状宝顶，两端鳌尾爪。殿两旁围有高 1.3 米的石栏杆。殿前左右两阶分别接通东西两廊。阶下为石栏围护的石砌露台。台下东西各置舞亭一个，为祭孔时舞生演舞之所。露台下踏步台阶中有祁阳石雕“双龙戏珠”。“文化大革命”时期被破坏，后修复。下露台，即与石甬道接通，直通大成门。甬道两旁东西庑建殿相对应，各有门通大成殿后。甬道南端左右安有钟鼓亭各一个。由大成门下阶，即是棂星泮池（后改为花池）。庙后有奎文阁。谭嗣同曾在奎文阁创办中国近代第一个民间科技团体“新算学馆”。文庙建成后，屡经战乱和“文化大革命”破坏，损坏严重。湖南省文物局和浏阳市（县）分别于 1986 年、1990 年、2002 年多次维修。1982 年，浏阳文庙被定为省级重点文物保护单位。2013 年 3 月 5 日浏阳文庙列入第七批全国重点文物保护单位。

谭嗣同故居 又称“大夫第”，位于湖南省浏阳市淮川街道北正社区北正南路 101 号。始建于明朝末年，原为周姓祠宇，主体建筑占地 2000 多平方米。后由谭嗣同的祖父谭学琴（曾任浏阳县吏）买下作为私第，并改造成庭院式民居建筑。清咸丰九年（1859），谭嗣同父亲谭继洵考取进士，官至湖北巡抚兼署湖广总督。任职期间，其宅奉旨命名为“大夫第官邸”，故谭嗣同故居又称“大夫第”。故居坐西南朝东北，砖木结构，覆小青瓦，三进五开间，两侧列私塾、花园、仓廒、杂物等。现存前、中、后 3 栋及过亭等主体建筑，大小房间计 24 间，面积 762 平方米。1996 年 11 月，谭嗣同故居被列入全国重点文物保护单位，1998 年完成修复并对外开放。

石霜寺 石霜寺位于浏阳城南 30 千米处金刚镇石庄村，因山而名，为湖南名寺。石霜寺又名崇胜禅林，据碑文和旧志载：寺始由唐僖宗李儇（862—888）下旨，命丞相裴休监建。寺坐北朝南，依山而建，呈参差错落之格局。鼎盛时期占地面积 1 万多平方米，曾管辖寺院 48 处，房屋 5048 间。唐僖宗赐香火田 300 石，传有骑马关山门之说。1978 年起，湖南省人民政府宗教事务管理局和长沙市佛教协会曾先后拨款进行维修和重建。1991 年，台湾唯一法师捐资新建山门。同年，国家划定石霜寺土地使用范围计 13800 多平方米。1993 年，新修齐堂、禅堂，增设念佛堂，并定为“比丘丛林”，每年举行“佛七法会”。2005 年 8 月，石霜寺被命名为长沙市级文物保护单位。

文庙古乐器 系浏阳西乡邱之稑（1781—1849）仿中国古代乐器创制而成。在学习曲阜孔庙古乐器的基础上，有所创新。他用匏瓜制作的匏埙，弥补中国古乐器八音中缺少匏的空白，在律制音阶范围内，新增吕律管 12 个，可旋相为宫，使之具备全排风箫的音阶。清末民国初，浏阳文庙古乐器及其演奏水平，在全国最负盛名。民国 7 年（1918），军阀混战，北军占领浏阳，抢走玉质特磬一口。抗战中期，国民党省政府调浏阳古乐器去耒阳演奏，遇敌机轰炸，损失部分。日军占领浏阳前，礼乐局工作人员将古乐器深埋土中，被窃去铜质编钟 8 口。后来虽略有添置，但这批新制乐器，与邱之稑所定标准已有差距。中华人民共和国成立后，这批古乐器由县文化馆接收。1951 年，浏阳县（今浏阳市）举办浏阳文庙古乐器展览，省政府主席王首道曾前来参观，并指出要妥为保管。1953 年将其运往省博物馆。1954 年，省文化局邀请原礼乐局老艺人刘蒲仙等赴长沙，组成浏阳古乐整理组，经过 10 个月的整修，添置两排风箫，6 个埙，新铸 8 口编钟，修整所有破损的乐器。1956 年，中央音乐研究所所长杨荫浏到长沙，邀请浏

谭嗣同故居（姚 迪 摄）

石霜寺（罗永泰 摄）

阳古乐艺人演奏。1962 年，文化部指示成立浏阳古乐抢救挖掘委员会，将古乐器运回浏阳，由刘蒲仙、彭传彭、胡长秋等人进行考校，经再次添置和修缮，原古乐器基本恢复，并于 1963 年送省博物馆保存。文庙古乐器按其制作物质不同分为金、石、土、革、丝、木、匏、竹 8 类，谓之八音。金类有镛钟、特钟、编钟，石类有特磬、编磬，土类有埙，革类有彭鼓、应鼓、楹鼓、搏鼓、鼗鼓，丝类有七弦琴、瑟，木类有柷、敔，匏类有笙、匏、竽，竹类有风箫、洞箫、篪、龙笛。

元代青铜器——爵(盛酒器) 1983 年 4 月，城郊区文教办李培饮在荷花村境内掘土时偶得。重 0.75 千克，由二柱脚、流、尾、腹、三足及手柄等组成。腹部有饕餮纹，上刻“大德乙巳文靖书院”八字。经鉴定，系元大德九年(1305)的仿制品。制作精细，镌刻精美，花饰秀丽，是考证元代手工制品的珍贵文物。

象牙笏 据清同治县志《石霜寺记》，系唐朝宰相裴休监造石霜寺时，赠给主持僧普会的。传至清康熙年间，寺僧不慎遗失。直至同治七年(1868)，县人刘澎访到踪迹，将其购回，归还石霜寺。中华人民共和国成立后，转木平寺。1955 年，县文化部门在枨冲乡珠宝冲木平寺僧唐规矩处收得。

古铜钱 1986 年 6 月，太平桥乡太平村村民挖屋基时，挖出古铜钱 100 多千克，送售城关镇废品门市部。文管所从中选 29 种、72 枚。其中宋代 26 种，唐代 1 种，汉五铢、秦半两各 1 枚。

【浏阳方言】 浏阳地处湘东，与江西、湖北两省 11 个县(区)、市交界，域内方言素称“十里三音”。其中，有的属于几种方言之间的区别，有的属于一种方言内部的差异。从方言分区的角度看，全市实际上含有三种方言，即客家方言、湘方言和赣方言。浏阳客家方言俗称“客姓话”，分布在东部、东北部和东南部的山区中，即大围山区、张坊区、官渡区和文家市区的部分地方。说客姓话的人大都来自广东、福建，在浏阳落户后，一般不准“打土谈”(不准讲浏阳话)。但久而久之，为交际的需要，他们大都会说浏阳土话，而在内部仍讲客姓话。“客姓话”与客家方言有明显一致的关系，其主要语音特征是：古全浊声母的字不论平仄一律变送气清音；古喉音晓、匣二母与合口呼韵母相拼的字多变成唇齿音 f；韵母中无撮口呼。如：全、君、俊、觉、月等字，多与齐齿呼、开口呼混读。调类 6 个，平声、入声皆分阴阳，入声保留塞音韵尾。湘方言(指以长沙话为代表的新湘语)在浏阳主要分布于西乡的镇头区，城郊区的葛家乡以及北盛区的永安镇等地，俗称“西乡话”。这种话接近长沙方言，浏阳地方戏多用此腔，故又被称为“正音”或“省腔”。浏阳县接近省会长沙，为交际的需要，人们讲长沙话的风气很浓，因而长沙话对浏阳土话的影响相当大。在浏阳占优势的方言，是属于赣方言系统的浏阳土话。它包括县城话、南乡话、东乡话和北乡话，这四处土话共同具备赣方言的某些特点，如古全浊声母不论平仄一律念送气清音(与客家方言同)、古泥来二母洪音不分细音分、有撮口呼韵母，等等。浏阳方言构词现象有一个总特点，那就是双音节化。方言词汇虽然构词成分与共同语——普通话有较大差异，但词语的双音节化却是汉语各方言的一个共同趋势，这是与汉语语素的单音节化、构词灵活等特性分不开的。

旅游景区

全市有 A 级景区 15 个，其中国家 AAAA 级旅游景区 3 家，国家 AAA 级旅游景区 11 家；国家地质公园 1 个，国家森林公园 1 个，全国红色旅游经典景区 2 家，湖南省文旅特色小镇 1 个，省五星级乡村旅游区(点)9 个。五星级旅游饭店 1 家；星级乡村旅游区(点)16 家，其中五星级 9 家；旅行社(独立旅行社、分社、网点)137 家，其中五星级 1 家，四星级 4 家。2020 年，接待游客 3095.06 万人次，旅游收入 316.39 亿元。

【人文景观】 *秋收起义纪念园* 秋收起义纪念园景区位于湖南省浏阳市文家市镇人民路 34 号，毗邻 310 省道、荷文公路，总占地 6.99 公顷。1927 年 9 月，以毛泽东为前委书记的中共湖南省委，贯彻执行党的“八七会议”精神，发动领导震惊全国的湘赣边界秋收起义。9 月 11 日，毛泽东率领的中国工农红军第一军第三团攻克浏阳白沙、东门两镇，并于当晚在白沙乡上坪村召开团以上干部会议，在起义遭受严重挫折后，毛泽东毅然主张改变攻打长沙的计划，并命令各路起义部队到浏阳文家市会合。9 月 19 日，各路部队相继会师文家市里仁学校，当晚，毛泽东在学校成德堂主持召开前委扩大会议，讨论起义部队会师后进军方向这个关乎中国革命前途和道路的重大问题。毛泽东分析当时敌强我弱、敌大我小的形势，主张放弃原定进攻长沙的计划，去农村深入土地革命，走以农村包围城市最后武装夺取全国政权的革命道路。9 月 20 日，会师部队 1500 多人在文家市里仁学校操场召开动员大会，毛泽东作重要讲话。9 月 21 日，毛泽东率秋收起义部队向萍乡方向进发，并于 10 月 27 日，抵达井冈山茨坪，开始创建中国第一个农村革命根据地——井冈山革命根据地。文家市会师转兵开辟农村包围城市的正确革命道

秋收起义文家市会师旧址　　（罗永泰　摄）

路，进而建立井冈山革命根据地，点燃中国革命胜利的希望之火。文家市秋收起义纪念馆主要包括秋收起义文家市会师旧址、历史陈列馆、积谷仓、秋收广场等。1961 年，会师旧址被评为首批全国重点文物保护单位。1974 年正式对国内外游客开放。2015 年，浏阳启动秋收起义纪念园改扩建工程，2017 年 9 月竣工。文家市秋收起义纪念馆是全国爱国主义教育示范基地、国家 AAAA级旅游景区、全国红色旅游经典景区、国家国防教育示范基地、湖南省十大魅力场馆。

胡耀邦故居　胡耀邦故居位于湖南省浏阳市中和镇苍坊村敏溪河畔，始建于清朝咸丰年间，房屋坐北朝南，土木结构，小青瓦顶，清末江南民宅风格建筑。故居占地 200 平方米，共 7 间。四周有围墙。1915 年 11 月 20 日，胡耀邦出生在这栋老屋。他在这里度过童年和少年，1930 年 10 月胡耀邦离开故乡。1962 年，胡耀邦带职下放任中共湖南省委书记处书记兼湘潭地委第一书记。当时，浏阳隶属湘潭，胡耀邦利用到浏阳检查工作的机会，回到家乡，

胡耀邦故居　　（市文旅广电体育局　供图）

看望健在的老师和乡亲父老。此时，他的旧居已是危房，后来因未及时加固，外墙被洪水冲塌。胡耀邦担任中共中央总书记后，再三叮嘱家人不准兴土木修复故居。1995 年是胡耀邦诞辰 80 周年，浏阳市启动修复胡耀邦故居，并于当年 7 月竣工。12 月，胡耀邦故居对外开放。此后，国家和省、长沙市分别于 1996 年、1997 年、2000 年、2001 年、2012 年投入资金抢救维修。2012 年 1 月，胡耀邦故里旅游景区获批国家 AAAA 级景区。2013 年列入第七批全国重点文物保护单位。2016 年 12 月，胡耀邦故居被列入《全国红色旅游经典景区名录》。

红一方面军成立旧址　红一方面军成立旧址（李家大屋）位于长沙市浏阳市永和镇石江村（今永宝村）。1930 年 7 月 27 日，红三军团攻占长沙，给国民党湖南省政府以沉重的打击。8 月 5 日，何键集中兵力向长沙大举反扑，红三军团被迫于 8 月 6 日撤出长沙，向平江县长寿街方向转移。何键立即布置重兵追击红军。毛泽东、朱德率领红一军团从赣南赶往湖南支援红三军团，在文家市与敌军交战，全歼驻守在文家市的敌军，获得文家市大捷。8 月 23 日，毛泽东、朱德率红一军团北上浏阳永和，与彭德怀、滕代远率领的由平江地区南下的红三军团会合，在永和镇石江村李家大屋召开两军团的联席会议。根据中共中央指示，决定把两个军团合编，成立中国工农红军第一方面军（简称“红一方面军”）。毛泽东任前委书记、总政委和中国工农革命委员会主席，朱德任总司令，彭德怀任副总司令，滕代远任副政委。红一方面军共计 4 万余人、3 万支枪，是当时中国共产党领导的最强大的一支工农武装力量。现旧址墙面上仍保留“打倒帝国主义”“活捉何键”“红军不乱烧、不乱杀、土地革命”等红军标语和蒋介石与何键的漫画像等，十分珍贵。2011 年 1 月红一方面军成立旧址（李家大屋）被湖南省人民政府公布为湖南省文物保护单位；2011 年 9 月被长沙市委宣传部公布为长沙市爱国主义教育基地。

锦绶堂　锦绶堂位于湖南长沙浏阳市大围山镇楚东村，始建于清光绪二十三年（1897），是浏阳市民涂业松的祖奶奶涂刘氏为纪念早逝的丈夫涂儒玫（字文绶）而建立的。坐北朝南，三进五开间，左右两侧厢房，土砖木混合结构，封火墙，硬山顶，盖小青瓦，具有典型的清代院落特征，古色古香的锦绶堂，正厅、西厢、东厢三处的藻井上分别雕刻着各种惟妙惟肖的图腾。总面积 4400 多平方米，建筑面积 2200 平方米。1930 年 6 月红三军团占领长沙城，7 月，在长沙成立湖南省苏维埃政府，为全国第一个省级革命政权。后为保存革命力量，红军分两路撤出长沙。省苏维埃政府机关成员于 8 月 11 日入住浏阳东门锦绶堂，15 日继续迁至平江。1931 年 3 月初，省苏维埃政府机关又随部迁回锦绶堂，11 月，根据中央统一部署，湘鄂赣苏维埃政府成立，湖南省苏维埃政府随即撤销。湖南省苏维埃政府在锦绶堂办公近 9 个月。锦绶堂中至今留有一些红色遗迹，如大门两旁“工农专政，男女平权”的对联；曾作过油印室的阁楼墙上仍留下油印传单和财务账单的痕迹。1960 年被定为省重点文物保护单位。旧址于 2002 年 5 月被湖南省人民政府公布为湖南省文物保护单位，2013 年 5 月被国务院公布为全国文物保护单位。

桃树湾刘氏大屋　位于金刚镇丹桂村清江片桃湾组，是由刘氏族人历时五年建造的一处规模宏大、具有清代建筑特点的建筑组群。据民居内现存的碑刻《桃树湾新宅记》记载：“于道光二十九年（1849）七月三十日酉时，课取己酉癸酉乙丑乙酉起首行墙安放二门，是年仅起正宅门厅四进，右旁正护屋三间；三十年造右畔护屋三层，并

桃树湾刘氏大屋　　（罗永泰　摄）

筑周围垣墙;咸丰元年起左畔护屋二层,二三年继造左边余屋、高仓,逐处装修,历五年而工始竣。”建筑组群原有大小房屋近400间,占地面积约21000平方米。现存文物以外围垣墙为本体边界,房屋100多间,建筑面积6600平方米,占地面积约11000平方米。桃树湾刘氏大屋距今已有160多年历史,整体布局严谨,装饰精美、丰富,汇集多种艺术表现形式于一体,较为完整地反映出清代民居的发展史。2019年10月7日,被国务院核定为第八批古建筑类全国重点文物保护单位。

【自然景观】 浏阳河国家湿地公园 2015年12月,浏阳河国家湿地公园经国家林业和草原局批准开展试点建设。该公园地处浏阳东部,范围以株树桥水库为主体,包括浏阳河部分河段、小溪河全段、大溪河部分河段水域、滩涂和两岸部分耕地,总面积2361公顷,其中湿地面积1423.4公顷,湿地率为60.29%。位于中亚热带常绿阔叶林地带,公园内野生动植物资源丰富,生态系统完整,是典型的南方低山丘陵森林—河流复合湿地公园。园内植物树种以马尾松、杉木、樟树、檫木、山乌桕、毛竹等为主,鸟类有包括黑鹳、海南鳽、小天鹅等国家级保护动物88种。湿地公园分为保护保育区、恢复重建区、宣教展示区、合理利用区和管理服务区。湿地有着强大的生态净化作用,因而又有“地球之肾”的美名。2020年12月25日,国家林业和草原局下发《关于2020年国家湿地公园试点验收结果的通知》,公布2020年国家湿地公园试点验收结果,浏阳河国家湿地公园试点建设顺利通过验收。

九曲浏阳河 (浏阳电视台 供图)

大围山国家森林公园(大围山国家地质公园) 大围山位于湘赣边界,连云山脉的腹地,东边属江西省宜春市下辖的铜鼓县,西北方属湖南浏阳市。大围山主峰七星峰海拔1607.9米,是湘东第一高峰。大围山是湘江的一级支流浏阳河的发源地,景区距省会长沙119千米,距浏阳市城区67千米,总面积193平方千米。景区内有23个植物群系,3000多种植物,60余种野生动物。其中有国家一类、二类保护树种17种,国家一类二类保护动物14种,蝴蝶1200多种。1992年经林业部批准开发建设为国家森林公园,1996年8月1日正式开园,2007年6月8日被评为AAAA级景区。2012年6月大围山通过国家地质公园的评审。2016年6月23日,经国土资源部批准命名为

大围山 (梁鹏 摄)

湖南浏阳大围山国家地质公园。大围山国家地质公园是长沙市唯一的国家级地质公园,是湖南省唯一的以第四纪冰川遗迹为主要特征的国家级地质公园,也是在中国东部继江西庐山后建立的又一个第四纪冰川遗迹国家地质公园。

道吾山 道吾山坐落在浏阳城北8千米西北环线处,为浏阳市城区西北屏障。西起蕉溪岭,东达宝盖,有七十一峰。主峰五老峰海拔786.4米,道吾山是中外驰名的佛教圣地。旧志载“沙门称道吾、石霜、宝盖、大光为四大祖庭,其盛尤推道吾。传唐代僧开山讲法曰‘道在吾矣’,遂以名其山”。开山祖师为宗智和尚,其事在唐大和年间(827—835),距今近1200年。道吾山是国家AAA级风景名胜区,环绕着兴华禅寺风景区共六大景区43个景点,旧志载“附廓八景”中“吾山雪霁” “屏张笏列,岩壑依稀,晴雪欲消,寒光远射”即为道吾山一景。历代游人题咏甚多。其中有谭嗣同《道吾山》:夕阳悬高树,薄暮入青峰。古寺云依鹤,空潭月照龙。尘消百尺瀑,心断一声钟。禅意渺何著,啾啾阶下蛩。

道吾山 (廖献宇 摄)

经济和社会发展

【概况】中华人民共和国成立以前浏阳为农业经济县,在漫长的封建社会长期保持自然经济状态。清乾隆以后,以农产品为主要原料的手工业产品逐渐加强,市场交换规模有所扩大。光绪末年,岳阳、长沙相继开埠,刺激域内农

产品出口销售，域内经济开始转化为有商品经济色彩的半自给性经济。民国时期，商品生产和商品交换有所扩大，但由于战乱频发，社会动荡，商品经济起落较大，至中华人民共和国成立前夕，域内经济仍维持半自给自然经济体系。中华人民共和国成立后，特别是改革开放以来，在中共浏阳市(县)委、市(县)人民政府领导下，浏阳始终坚持以马克思列宁主义、毛泽东思想、邓小平理论、“三个代表”重要思想、科学发展观、习近平新时代中国特色社会主义思想为指导，坚持稳中求进总基调，顺应经济发展新常态，坚决贯彻执行中央、省、长沙市决策部署，开拓创新、奋勇拼搏，浏阳经济发展水平显著提升，城乡面貌焕然一新，社会事业全面进步，人民生活由基本温饱发展到全面小康。

截至 2020 年年末地区生产总值从 1949 年的 6156 万元增至 2020 年的 1510 亿元，累计增长 2452.89 倍，年均增长 11.62%；人均地区生产总值从 79 元增至 101342 元，累计增长 1282.8 倍，年均增长 10.61%；农业总产值从 6805 万元增至 222.4 亿元，累计增长 326.8 倍，年均增长 8.5%；工业总产值从 1360 万元增至 2102.1 亿元，累计增长 15456.6 倍，年均增长 14.55%；财政收入从 190 万元增至 128.76 亿元，累计增长 6776.8 倍，年均增长 13.23%。经济规模不断扩大，综合实力显著增强，实现由农业大县向工业强县的转变，基本竞争力 2006 年首次进入全国百强，居第 92 位，随后位次迅速攀升，2020 年在全国百强县排名中，县域综合发展、县域经济基本竞争力、工业百强县、营商环境百强县分别跃升至第 9 位、第 11 位、第 11 位、第 19 位。

【产业结构调整】 中华人民共和国成立后，域内农业基础作用不断加强，工业主导地位迅速提升，服务业对经济社会的支撑效应日益突出，通过转型升级传统产业，培育壮大新型工业，大力发展商贸旅游等服务业，二、三产业比重逐年上升，产业结构不断优化，从以依赖单一产业为主转向依靠三次产业共同带动。1949 年，第一、二、三产业比重分别为 77.4%、12.6%、10%。20 世纪 50—70 年代，随着工业化建设推进，第二产业比重不断提升。1978 年，第一、二、三产业比重分别为 63.4%、21%、15.6%。改革开放以来，工业化、城镇化快速发展，农业巩固加强，工业大幅提升，服务业发展水平有所提高。中共十八大以来，践行新发展理念，推动经济高质量发展，是浏阳经济发展的主线，2020 年，第一产业增加值 128.8 亿元，第二产业增加值 764.6 亿元，第三产业增加值 599.6 亿元，分别增长 4.8%、5.8%和 3.2%。三次产业对经济增长的贡献率依次为 6.8%、66.6%和 26.6%，分别拉动经济增长 0.3 个百分点、3.1 个百分点和 1.3 个百分点；三次产业结构为 8.6∶51.2∶40.2。产业结构持续优化，实现由农业为主向三次产业协同发展的转变。

【农业】 浏阳是传统的综合性农业经济区，种植业以水稻为主，粮食作物产值占农业总产值的一半左右，1986 年被列为国家商品粮生产基地。林业以用材林、竹林、油茶林为主，林业用地占域内总面积的七成左右，森林资源丰富，是全省重点产材县(市)。养殖业以猪、牛、羊、家禽和淡水鱼为主。民国时期，域内农业生产基础较为单薄，“靠天吃饭”现象明显，粮食产量较低。中华人民共和国成立后，特别是改革开放以来，农田水利设施建设不断加强，农业综合生产能力日益提升。中共十八大以来，农业机械化程度、种植科技含量持续提高，主要农产品单位面积产量有效提高，种植业内部结构不断优化，种植业走向规模化、多元化、市场化，2020 年年末播种收综合机械化水平达 67%，水稻生产综合机械化水平达 85%。粮食总产量从 1949 年的 18.9 万吨增至 2020 年的 55.7 万吨，生猪出栏数从 4.43 万头增至 103.9 万头，烤烟从 1970 年的 0.4 吨增至 6700 吨。主要农产品产量、经济作物产量稳定增长，蔬菜、油茶、烤烟、小水果、花卉苗木、生猪、黑山羊等特色产业持续巩固。天岩寨柑橘、浏阳金橘、大围山梨、葛家“鸡肠子”辣椒、浏阳黑山羊、浏阳茶油获批国家地理标志商标，被评为“中国好粮油” “国家农产品质量安全县”。

【工业】 民国以前，域内工业以个体手工业为主，主要产品为鞭炮烟花、夏布、豆豉、土纸、油纸伞等。官办工业有宋代的铜冶所、明代的铁冶所、清代的大洛铜矿，基础薄弱、规模小、生产落后、装备简陋。民国时期官办企业有发电厂、铅锌矿、石膏矿和煤棚等，民国 15 年(1926)域内农民协会组织办棉布、鞭炮、茶叶、采煤合作社，次年 5 月“马日事变”时均遭国民党破坏。至中华人民共和国成立前夕，域内官办工业只剩 1 家。中华人民共和国成立初期，县人民政府先后投资恢复电厂，兴办大米厂、矿山开采与食品加工业等。1975 年年末，全县工业企业达到 219 家，工业总产值 8782.18 万元。改革开放后，域内工业实现跨越式发展，1987 年实现工业总产值 53650 万元。1997 年浏阳开发建设浏阳市工业园，2012 年 3 月，被国务院批准为国家级浏阳经济技术开发区(简称经开区)，园区以生物医药和电子信息为主导，形成生物医药、电子信息和健康食品三大产业集群。2003 年 3 月设立浏阳制造产业基地，2016 年获批更名浏阳高新技术产业开发区(简称高新区)。2019 年经开区与高新区合并。2020 年年末，域内规模以上工业企业 1005 家，其中上市公司 8 家，实现规模工业总产值增长 5.8%，实现规模工业增加值增长 6.3%，其中，经开区(高新区)实现规模工业增加值增长 8.1%。显示功能器件、智能装备、碳基材料、5G 应用产业链规模工业总产值预计分别增长 66.6%、22%、15%、67%。全年新增高新技术企业 132 家，高新技术产业增加值占 GDP 比重达到 29%；新增规模工业企业 50 家、上市企业 2 家。完成经开区、高新区合并，经开区(高新区)获批国家新型工业化产业示范基地、国家绿色工业园区和国家再制造高新技术产业化基地。

【内外贸易】 中华人民共和国成立初期，生活资料严重短缺，农副产品以统购统销为主，消费品实行调拨分配，大多凭证定量供应，市场处于全面紧张状态。1978 年以来，改革开放为市场经济开辟新的广阔空间，消费需求强劲，购销活跃，消费品市场快速发展。社会消费品零售总额由1949年的0.11亿元增加到2020年的382.4亿元，累计增长3476.36倍。2020年，全市实现销售额763.8亿元，同比增长3.8%。其中：批发业实现商品销售额461.7亿元；零售业实现商品销售额261.1亿元；住宿实现商品销售额5.4亿元；餐饮业实现商品销售额35.6亿元。

中华人民共和国成立初期，域内外贸落后失衡，进出口规模小，1966年，出口总额仅为343万元。“三五”至“五五”时期，出口略有扩大，年均增长21%。改革开放后，出口总额快速增长，1978年出口总额为3591万元，1987年出口总额突破1亿元。中共十八大以来，对外贸易表现强劲，2018年，货物进出口总额达到19.3亿美元，出口总额由1966年的343万元增加到2018年的11.7亿美元，累计增长2259.4倍，年均增长16%。2020年全市实现自营进出口总额25.5亿美元，增长24.7%。

【交通】 民国以前，域内交通多为水路，三大水系（浏阳河、捞刀河、南川河）以浏阳河流程最长，运量最大，域内鞭炮、夏布、木材、土纸以及农副产品多经浏阳河水运至各口岸。民国20年（1931）至民国27年（1938）长沙至浏阳永安、县城、大瑶和浏阳大瑶至醴陵公路建成通车，均为简易砂石路面。民国28年（1939）国民党破路以阻挡日军，至中华人民共和国成立时域内公路通车里程仅为81.34千米。1953年浏阳开始修建公路，1988年末域内公路里程达2356.71千米。1966年醴（陵）浏（阳）窄轨铁路建成通车，主要承担域内磷矿磷肥外运，20世纪80年代磷矿开采量下降，铁路运量锐减，至2002年铁路停运，2003年全线拆轨结束营运。陆路建设加快，水路先后停运，1959年南川河航道断航，1962年捞刀河断航，1996年以后仅剩浏阳河城区已停止客货运输的部分航道。1996年10月1日浏永高等级公路建成通车。此后，域内交通网络日益完善，到2018年年底，全市公路总里程达12716.6千米，是1949年的116倍，其中高速公路达到227.3千米，覆盖全市23个乡镇街道。2019年9月28日，途经域内9个乡镇（街道）50个村（社区），域内里程96.89千米，并沿线设8个站的蒙华铁路全线通车。

【教育 文化 卫生】 科举取士时代，浏阳的启蒙教育就是私塾。清光绪二十一年（1895）至二十二年（1896）谭嗣同等在县城创办算学格致馆，为浏阳新学之开端。至清宣统三年（1911），域内已有官、私办学堂100余所，学生5000余人。民国16年（1937），域内有高小25所，初小900多所，在校学生30000余人，并开始实行男女同校。中华人民共和国成立前夕，域内在校学生32400人，文盲、半文盲占总人口60%以上。中华人民共和国成立后，特别是改革开放以来，浏阳市义务教育不断完善。随着“科教兴市”战略的实施，小学及文盲、半文盲劳动年龄人口占全部劳动年龄人口的比重逐年下降。党的十八大以来，浏阳教育事业取得新进展，2020年，全市拥有普通小学305所（含教学点），在校学生111065人；普通初中52所，在校学生49859人；普通高中15所，在校学生27937人；中等职业学校6所，在校学生10610人；特殊教育学校1所，在校学生216人。

浏阳是千年古县，传统文化源远流长，元代欧阳玄所著志怪《睽车志》比清代蒲松龄《聊斋志异》早20多年；清同治《浏阳县志》载：浏阳戏史可溯及宋代，距今近1000年；新志载“湘剧高腔源出于江西弋阳腔，在明代中叶由南昌经万载到湖南浏阳以达长沙”“长沙高腔的策源地是在湘潭和浏阳”；浏阳文庙祭孔音乐被列入第四批国家级非物质文化遗产名录。近百年，域内湘剧、花鼓、皮影、弹词十分活跃。民国及以前域内文化设施落后，文化管理机构薄弱。中华人民共和国成立后，文化设施从无到有，覆盖城乡的公共文化体系逐步建立，文化事业实现快速发展。中共十八大以来，文化设施日益完善，实现村村有图书室、文化站。2020年，公共文化设施面积达149万平方米，人均拥有公共文化体育设施面积3.9平方米，全市共有博物馆1个、公共图书馆1个、24小时自助图书馆5个，文化站32个、农家书屋378家，村（社区）综合文化服务中心323个，艺术表演团体20个，艺术表演观众35万人次。全市广播综合人口覆盖率96%，电视综合人口覆盖率98.8%，年末公共图书馆藏书49.68万册。

民国5年（1916）创建红十字会医院，是浏阳最早的医院，设门诊、住院部，有医护人员10人，民国24年（1935）开设县卫生院门诊部，开设临时病床4张。民国36年（1947）8月创建县公立医院，设门诊、住院两部，共40张病床，18名医护人员。同年创办天主堂医院，设门诊、住院两部，共14名医护人员。中华人民共和国成立后，1951年4月，县卫生院与天主堂医院合并为县联合医院，1952年12月县联合医院更名为县人民医院。1952年设立县妇幼保健所（妇幼保健院前身），1956年8月，成立县中医医院，9月，县卫生防疫站成立。改革开放后，公共卫生领域投入不断加大，医疗科技水平迅速提高，医疗卫生体系建立健全。中共十八大以来，医疗卫生机构服务能力进一步提升，群众的基本医疗服务需求得到进一步满足。2020年年末，全市拥有卫生机构59个，其中医院57所。卫生机构床位数11586张，卫生技术人员9423人，其中医生4839人。年内诊疗626万人次，年内治愈率为71%。产妇住院分娩率100%，婴儿死亡率2.55‰，5岁以下儿童死亡率5.2‰。

【人民生活】 1949年农村居民人均可支配收入19.5元，人均占有粮食258千克，职工人均年工资290.2元，城乡居民居民人均消费金额13.73元；1980年农村居民人均可支配收入108元，人均占有粮食510千克，职工人均年工682.2元，城乡居民储蓄存款1732万元，人均储蓄存款15.16元，城乡居民居民人均消费金额156.61元；2020年，城乡居民人均可支配收入45840元，其中农村居民人均可支配收入37154元，城镇居民人均可支配收入52811元，城乡居民人均生活消费支出26406元，其中农村居民人均消费支出21393元，城镇居民人均消费支出30427元。金融机构年末各项存款余额986.36亿元，其中住户存款余额634.22亿元，各项贷款余额890.04亿元，金融机构年末存贷比为1∶0.9。

组织机构与负责人

（按照组织机构的现实顺序排序）

中国共产党浏阳市委员会

书　记　黎春秋
副书记　吴新伟
　　　　王　强（2020年7月任）
　　　　邱山东（2020年7月止）
常　委　秦跃平　周文舜　邓阳锋　戴武明
　　　　尹乐平　李爱民　喻　辉（2020年3月任）
　　　　周耀辉（2020年7月任）
　　　　郭　瑞（女，2020年7月止）

市委工作机构
市委办公室
主　任　喻　辉（2020年4月任）
　　　　邓阳锋（2020年4月止）
常务副主任　肖炎强
副主任　李　建　谢　庆（女）　赵　理
市委督查室
主　任　陈文金
市委政研室
主　任　赵　理
市委改革办
副主任　吴中杰（2020年11月止）　张　葵
市接待服务中心
主　任　谢　庆（女）
副主任　张　荡（女，聘2020年3月止）
　　　　周　琳（女）　李翼运（2020年3月任）
机要保密局
局　长　陈慧娜（女）
副局长　刘海珍（女）
档案局
局　长　李　建（兼）
派驻纪检监察组
组　长　陈向前
市委组织部
部长　周文舜
常务副部长、公务员局局长（兼）　黄　刚
副部长、老干部局局长（兼）　胡国平
副部长、市委非公有制经济组织和社会组织党工委书记　　邹　芳（女）
副部长、市委基层党建工作领导小组办公室主任
　　　　李　斌
副部长　戴伟平（兼，2020年3月任）
　　　　陈国强（兼，2020年3月任）
副部长、市绩效考核工作办公室主任（兼）
　　　　周如冰
市委非公有制经济组织和社会组织党工委副书记
　　　　卜　洋（女）
派驻纪检监察组组长　杨　海
市委宣传部
部　长　李爱民
常务副部长　张之俭（2020年3月任）
副部长　潘　立（女）　林湘国　黎茂章　李　林
市委统战部
部　长　郭　瑞（女，2020年8月止）
　　　　周耀辉（2020年8月任）
常务副部长　焦清平
副部长　汤建军（兼，2020年3月止）
　　　　陈大友（2020年8月任）
　　　　周树成（兼，2020年3月任）
　　　　江　涵（女，2020年8月止）
副部长、民族宗教事务局局长　张　旭
工商联党组书记、第一副主席
　　　　汤建军（2020年3月止）
　　　　周树成（2020年3月任）
侨联主席　周　斌
民族宗教事务局副局长　何继春　彭　方
统一战线团体服务中心主任　盛元芝
副科职干部、三级主任科员　吴娟娟(女，2020年8月任)
市直机关工委
工委书记　喻　辉
工委常务副书记　周平波
工委副科职干部　胡　珊（女）
工委副书记　袁　江
机构编制委员会办公室
主　任　戴伟平
副主任　李仕飞　沈雁辉
中共浏阳市委党校（行政学校）
校　长　王　强
常务副校长　黎星照

副校长　张安文　李晓军
教育长　黎　艳(女)

浏阳市第十七届人民代表大会

浏阳市第十七届人民代表大会常务委员会
党组书记、主任　吴　震
副书记、副主任　刘　旭(女)
副主任　刘仙娥(女)　杨　智　陈　清　唐洪胜
委　员(按姓氏笔画排序)
王　武　王辉文　孔伟兴
邓　君　邓立波　龙花明
刘　旭　刘仙娥　刘雨文
吕正红　李　明　李声义
杨　菊　杨　智　连志明
肖孟国(女)　吴　丹　吴　震
何启成　邹甘林(女)　张春果
陈　清　陈静娴(女)　邵新文
罗红艳(女)　罗利平(女)　饶　岚
唐洪胜　涂业清　黄　刚
黄龙明(女)　黄光辉　傅丹阳
焦爱国　焦清平　鲁忠良
雷　义　蔡晨波

浏阳市第十七届人民代表大会专门委员会
民族华侨外事委员会
主任委员　黄龙明
副主任委员　陈世荣
委　员　石　刚(兼)　叶长江(兼)　汤　勇(兼)
吴　丹(兼)　赵　炜(兼)　钟自敏(兼)
谢林霞(女、兼)

监察和司法委员会(法制委员会)
主任委员　王　武
副主任委员　唐学锋
委　员　刘　娟(女、兼)　刘武名(兼)
陈辉祥(兼)　陶　芦(兼)
黄　丽(女、兼)　黎大林(兼)

财政经济委员会
主任委员　李声义
副主任委员　邵新文
委　员　江秀富　毛先知(兼)　刘雨文(兼)
吴佳伟(兼)　张春果(兼)　张惠明(兼)

教育科学文化卫生委员会
主任委员　邓　君
副主任委员　罗红艳
委　员　于　杰(兼)　李　晶(女、兼)
张佩琼(女、兼)　陈　伟(兼)
胡　蓉(女、兼)　唐恕明(女、兼)
焦爱国(兼)

环境与资源保护委员会
主任委员　鲁忠良
副主任委员　宋　洁
委　员　刘国蓉(女、兼)　刘景思(兼)
李　明(兼)　李　强(兼)
张丽萍(女、兼)　陈　新(兼)
周雄伟(兼)

农业与农村委员会
主任委员　吕正红
副主任委员　杨　菊
委　员　马小青(女、兼)　李廷福(兼)
汪宏伟(女、兼)　张慧中(女、兼)

社会建设委员会
主任委员　涂业清
委　员　冯　莲(女、兼)　李　勤
杨　丹(女、兼)　何启成(兼)
余建新(兼)　张雪云(女、兼)
黄蔚德(兼)

中共浏阳市人大常委会机关党组
党组成员、书记　雷　义
党组成员、专职副书记　连志明
党组成员　王　武　邓　君　涂业清

浏阳市第十七届人民代表大会常务委员会工作机构
预算工作委员会(与财政经济委员会合署办公)
主　任　李声义(2020 年 5 月任)
副主任　邵新文

选举任免联络工作委员会
主　任　龙花明
副主任　邹甘林(女)

浏阳市第十七届人民代表大会常务委员会办事机构
办公室
主　任　雷　义
副主任　孔伟兴

浏阳市人民政府

市　长　吴新伟
常务副市长　邓阳锋(2020 年 2 月任)
副市长　邓雪琴(女)　周耀辉(2020 年 8 月止)
王坤球　李　翔　刘一斌(2020 年 1 月任)
周　明(2020 年 1 月任)
冯赛军(2020 年 8 月任)
彭邵峰(挂职,2020 年 7 月任)
副调研员　肖　云　文建军　唐强跃　彭　琼
副县级干部　罗永垂　黄海波

浏阳市行政审批服务局
党组书记、局长　余慧佳
党组成员、副局长　陈伟林(2020 年 8 月止)
刘开义　张　剑

浏阳市优化营商环境协调事务中心
党组书记　杨　辉
主　任　刘　友
副主任　左志伟
党组成员、副主任　王　涛(女,2020 年 9 月任)

浏阳市数据资源中心

主　任　朱永建

副主任　胡立军　彭要政

浏阳市信访局

党组书记、局长　吕正红（2020年9月25止）
　　　　　　　　凌　剑（2020年9月25任）

党组成员、副局长　宋跃新　胡汉民　周明科

浏阳市应急管理局

党组副书记、局长　熊湘东（2020年1月止）
　　　　　　　　　陈　建（2020年1月任）

党组书记　李恒海

党组成员　副局长　黄东风（2020年1月止）
　　　　　陈鹏飞　冯　旻（2020年1月任）

党组成员、政治工作办公室主任
　　　　　刘劲松（2020年1月止）

党委委员、烟花爆竹安全监察大队大队长
　　　　　徐志强（2020年12月任）

党组成员、政治工作办公室主任
　　　　　徐　力（2020年1月任）

党组成员、副局长、总工程师　陈美江

党组成员　李兆杰

中国人民政治协商会议浏阳市委员会

主　席　李家喜

副主席　张葵红（女）　谢建国　谢鹤林
　　　　寻院豪（提名人选）
　　　　陈　静（女、提名人选）

秘书长　刘美成

党组书记　李家喜

党组副书记　周耀辉（兼）　张葵红（女）

党组成员　谢鹤林　寻院豪　刘美成

常　委（54人，按姓氏笔画排序）

王　持　　王　娟（女）　王桃文
王朝晖　　龙　科　　朱树昌
刘　友　　刘　琳（女）　刘正初
刘学文　　刘亮汝（女）　刘佳富
汤相福　　孙梦侬　　李　双（女）
李　雄　　杨　明　　杨　郁
杨广泉　　杨辉平　　肖永林
肖建平（女）　邹　芳（女）　汪剑波
沈铁军　　张　晔　　张　旭
张宇琪（女）　陈　炼（女）　陈傲冰
易　征　　易　群（女）　罗　斌
罗道英　　金先林　　郑　榕（女）
周树成　　周才仁　　胡　波
胡　磊　　晏美成　　徐尔央（女）
徐治如　　唐柱辉　　黄伟成
黄　朴　　彭金龙　　释照性
鲁　培（女）　熊　剑　　熊南京
潘　立（女）　魏远德　　瞿桂平（女）

市政协办事机构

政协办公室

主　任　刘美成

副主任　甘本洪

政协机关党组专职副书记　汤相福

市政协专门委员会

委员学习联络委员会

主　任　魏远德

副主任　唐莉莎

提案委员会

主　任　汪剑波

副主任　孔　原

经济科技和外事委员会

主　任　王　持

副主任　汤　军

农业农村和人口资源环境委员会

主　任　赵文兵

副主任　汪　东

文教卫体和文史委员会

主　任　王桃文

副主任　李永伯

社会法制和民族宗教委员会

主　任　熊南京

纪检监察

中共浏阳市纪律检查委员会

书　记　秦跃平

常务副书记　杨厚波

副书记　钟　斌　肖敏利（女）

常　委　陈艳梅（女）　陈　屹　徐昭明
　　　　饶　岚（女）　张　玉（女）

浏阳市监察委员会

主　任　秦跃平

副主任　杨厚波　　钟　斌　　肖敏利（女）

委　员　陈艳梅（女）　陈　屹　　徐昭明
　　　　杨辉平　　陈文明

中共浏阳市委巡察工作领导小组办公室

主　任　张　清（女）

副主任　黄　森　张祖建

中共浏阳市委巡察组

组　长　邹利明　李定平（2020年9月止）
　　　　孙家栋（2020年9月任）
　　　　李远为　曾宪文

副组长　张芙蓉（女）　王卫民
　　　　肖　娟（女）　钟琼乳（女）

民主党派

民革浏阳市工作委员会
主　委　刘仙娥
副主委　谢建国　吴海宁　金先林
致公党浏阳工作委员会
主　委　陈　静
副主委　李　明　孔伟兴　邓　恩　周　坤

群众团体

总工会
主　席　刘　旭(女)
党组书记、副主席　陈傲冰
党组副书记、副主席　周雪峰(2020年10月任)
　　李　翠(女,2020年8月止)
党组成员　刘旭建(2020年8月止)　曾凡波
党组成员、经审委主任　吴芝超(2020年9月止)
副主席　聂中堂(挂)　刘学文(兼)
共青团浏阳市委员会
书　记　张宇琪(女,2020年3月任)
副书记　张舜子　刘泽南(2020年3月任)
副书记(挂职)　宋文彰(女)
副书记(兼职)　张欢欢(女,2020年6月任)
　　陶　欢(女)
　　汤恁好(女,2020年3月任)
　　曹　勇(2020年3月止)
　　杨　强(2020年6月止)
浏阳市妇女联合会
党组书记、主席　熊　赛(女,2020年10月任)
　　龙花明(女,2020年9月止)
副主席　刘　艳(女,2020年3月止)
党组成员、副主席　张　平(女,2020年3月任)
　　陈爱民(女)
副主席(挂职)　李美玉(女)
浏阳市工商业联合会(总商会)
主　席(会长)　刘来宏(女,2020年8月止)
党组书记、第一副主席(第一副会长)
　　汤建军(2020年3月止)
　　周树成(2020年3月任)
副主席(副会长)　王朝晖
党组成员、副主席(副会长)　刘守成(2020年9月止)
　　郑小平(2020年9月任)
党组成员　刘　凯　唐效湖
兼职副主席　叶长江　黄兢雄　黎洪武　王藏兵
　　彭　成　劳　嘉　王忠明　何光林
　　晏美成　郭　辉　宋怀智　王小平
兼职副会长　李杏义　陶长彪　杨　郁　刘　勋
　　刘　颖　陈飞豹　陈开义　罗海波
　　周雄伟　黄亿昌　蒋剑锋　师艳林
　　黎　建　叶昌新　宋志明　李志坚
　　戴泽根　焦爱国
秘书长　唐效湖
市红十字会
会　长　邓雪琴(女)
常务副会长　马超容(女,2020年10月止)
专职副会长　刘　平(女,2020年10月任)
副会长　朱海峰
浏阳市残疾人联合会
党组书记、理事长　周卫东
党组成员、副理事长　王柏林
　　张鲜明(2020年10月任)

法　治

中共浏阳市委政法委员会
书　记　戴武明
常务副书记　孙仕定
副书记　彭世明　李志勇(2020年4月任)
　　周　翔　王承水(2020年9月任)
　　尹桂云(2020年4月止)
　　凌　剑(2020年9月止)
纪委监委驻政法委纪检监察组组长、委员
　　林　湘(女)
委　员　刘　颖(女)　吴碧辉
　　龙雪辉(2020年12月止)　周　达
浏阳市公安局
副市长、公安局党委书记、局长、督察长
　　刘一斌(2020年1月任)
党委副书记、政委　罗湘艺
党委副书记、驻局纪检监察组组长　李汉能
党委委员、副局长　彭树红　谭建辉　吴　洵
　　黄先辉　刘桂贤
党委委员、政工室主任　雷　觉
浏阳市森林公安局
党组书记、局长　李志勇(2020年11月止)
　　钟晨曦(2020年11月任)
党组副书记、政委　钟晨曦(2020年11月止)
　　龙雪辉(2020年12月任)
党组成员、副局长　朱　力(2020年11月止)
　　黎有顺
　　严海宏(2020年11月任)
　　彭　钢(2020年11月任)
浏阳市人民检察院
党组书记、检察长　陈　芳(女)
党组副书记、副检察长　王金振
党组成员、副检察长　陈再光
副检察长　肖建平(女)
党组成员、政工室主任　朱丽娥(女)
检察委员会专职委员　贝承兵　陶　剑
浏阳市人民法院
党组书记、院长　伍玉联

党组副书记、副院长　周　超
党组成员、副院长　刘罗波
副院长　肖永琳
党组成员、政治部主任　杨　舟
党组成员、审判委员会专职委员　李宏伟
党组成员、执行局局长　李　维

浏阳市司法局

党组书记、局长　肖柏林
党组副书记、副局长　孙家栋(2020 年 9 月止)
李红兵(2020 年 9 月任)
党组成员、副局长　沈　华　郑小平(2020 年 9 月止)
党组成员、政工室主任　贝　倩(女)
党组成员、副局长　刘守成(2020 年 9 月任)　刘向阳

经济管理

浏阳市发展和改革局

党组书记、局长　卢　铓
党组副书记　刘忠良
湘赣边区域合作中心主任　杨沅光
党组成员、市纪委监委驻发改局纪检监察组组长
唐润东
党组成员、副局长　游湘江　曾祥辉
党组成员、总经济师　王　彪
政府投资项目事务中心主任　邓　恩

浏阳市财政局

党组书记、局长　唐洪胜
党组副书记、副局长　武安磐
党组成员、副局长　彭金龙
党组成员　陈　浩(2020 年 4 月止)
经济技术开发区财政分局局长　陈　浩
党组成员、副局长　廖亿球
总会计师　喻扩军

国家税务总局浏阳市税务局

党委书记、局长　傅　驰(2020 年 12 月任)
彭勇坚(2020 年 12 月免)
党委副书记、副局长　周叙述(2020 年 12 月免)
丁洪武
党委委员、副局长　张　驰 (2020 年 6 月挂职)
郭学龙　黎茂美　彭宏辉
袁辉芳　周共平　赵　瑶
柳　韬　李　健
党委委员、纪检组组长　刘　乔

自然资源局

党组副书记、局长　寻　文
党组书记　张益平
党组副书记、副局长　刘学辉
党组成员　陈树松
党组成员、副局长　孔祥礼(2020 年 1 月止)
李忠宏　王艺辉(女)　黎　飞
黎成红(2020 年 10 月止)
党组成员　周　瑛(女)　尹振国　戴仲和
党组成员、总工程师　焦旭辉

浏阳市审计局

党组书记、局　长　周逢明(女)
党组成员、副局长　杨　旭　蔡　华(女)
党组成员、总审计师　袁　晓

浏阳市统计局

党组书记、局长　李　峰
副局长　郑　榕(女)
党组成员、总统计师(聘)　黎　义
党组成员、副局长　夏广奎
统计普查中心主任　李小林

浏阳市市场监督管理局

党组书记、局长　孙玉樟
党组副书记、副局长　张良发
党组成员、副局长　余湘怀　周学群　王足明
杨凌云(女)　陈水清
沈雪岭　黎　青　武耀华
喻斌辉　陈细江　杨　辉
张存根
副局长　余　纯(女)

中华人民共和国星沙海关驻浏阳办事处

主　任　李　磊

浏阳市国有资产事务中心

党组书记、主任　邓　勇
党组成员、副主任　胡秋平(女)　柳立民

农　业

浏阳市农业农村局 (市委农村工作领导小组办公室主任)

党委书记、局长(主任)　李　斌
党委委员、副局长　廖上鉴　熊　伟　赵永红
刘茂柱　廖义和　瞿桂平
党委委员(市委农村工作领导小组办公室专职副主任)　赵　勇
党委委员、市纪委监委驻农业农村局纪检组组长
危得智

浏阳市农业发展事务中心

党组书记、主任　卢焕新
党组成员、副主任　江洪兵
向前进(2020 年 9 月止)
党组成员　刘纲国　唐文觉　田　丰　罗新源

浏阳市林业局

党组书记、局长　傅庭信(2020 年 9 月任)
赵文兵(2020 年 9 月止)
党组副书记　黎　云(女)
党组成员　池步云　唐学锋(2020 年 9 月止)
党组成员、副局长　寻树人(2020 年 9 月止)
廖文晖
党组成员、总工程师　程　敏(2020 年 9 月任)

陈志刚(2020 年 9 月任)
陈希见(2020 年 9 月止)

浏阳市烤烟生产指导中心
党组书记、主任　罗　旭
党组成员、副主任　张俊贤　彭　江

水　利

浏阳市水利局
党组书记、局长　邓　华
党组副书记、副局长　李红兵(2020 年 9 月止)
李定平(2020 年 9 月任)
党组副书记　卢清红(女)
党组成员　彭孝健
党组成员、副局长　雷文浩
党组成员、总工程师　周方旺(2020 年 9 月止)
邹丽丽(女)
·官庄水库浏阳灌区管理所·
所　长　汤异峰
党支部书记　刘春辉
浏阳市株树桥水库管理局
党委书记　邓　华
党委副书记、局长　黄永忠
党委委员、副局长　周孟秋
党委委员、工会联合会主席　刘柏平
党委委员、纪委书记　危得智(2020 年 3 月免)
盛志新(2020 年 3 月任)
张泱泱(2020 年 12 月免)
龙　游(2020 年 12 月任)

工　业

浏阳市工业和信息化局
党组书记、局长　朱姿丰
党组成员、副局长　彭庆辉　汪建国
党组成员、派驻纪检监察组组长　黄　萍(女)
党组成员、总经济师　傅鹏飞
党组成员　黄　彬
国网浏阳市供电公司
总经理、党委副书记　熊厚辉
党委书记、副总经理　谌　智(2020 年 11 月止)
副总经理　曾　健　何　霄(2020 年 3 月止)
李鑫婧(2020 年 3 月止)
钟自力(2020 年 4 月任)
刘曙光(2020 年 4 月任)
工会主席、纪委书记　张　杰

鞭炮烟花业

浏阳市鞭炮烟花产业发展中心
党组书记、主任　汤建军
党组副书记、副主任　孔祥全　陈湘涛
湖南烟花爆竹产品安全质量监督检测中心
主　任　黄茶香(女)
副主任　朱玉平　张济水
徐　莉(女,2020 年 8 月止)

开发区与园区

浏阳经开区(高新区)
党工委第一书记(兼)　黎春秋
党工委副书记、管委会主任　谈文昌
党工委副书记、管委会副主任
寻院豪(2020 年 7 月止)
党工委委员、工会联合会主席
胡汉圣(2020 年 7 月止)
党工委委员、管委会副主任　罗其胜　何六生
伍建明(2020 年 7 月止)
管委会副主任　唐建国(2020 年 7 月任)
张浩平(2020 年 7 月任)
刘来宏(女,2020 年 7 月任)
党工委委员、纪工委书记　肖赛男(女)
浏阳市两型产业园管理委员会
党组书记　陈　建(2020 年 1 月止)
刘飞舞(2020 年 3 月任)
管委会主任　杨沅光(2020 年 3 月止)
吕立生(2020 年 3 月任)
党组成员、副主任　刘雨成(2020 年 2 月止)
副主任　唐柱辉(2020 年 9 月止)
党组成员、纪检组组长　刘　琴(女)
党组成员、副主任　姜孟冬(2020 年 1 月任)
李永强(2020 年 9 月任)
龚紫昌(2020 年 12 月任)
俞　凌(2020 年 12 月止)
浏阳市文化产业园管理委员会
主　任　高　志(女)
副主任　李丽莎(女)　黄国靖

交通运输

浏阳市交通运输局
党委书记、局长　曾云峰
党组成员、副局长　张小芳(2020 年 8 月止)
罗　成(2020 年 8 月止)
唐志鹏
副局长　付建国(2020 年 9 月任)
龚　杰(2020 年 10 月任)

党组成员、驻局纪检监察组组长　刘作昌
党组成员、机关党委书记　魏湘江
党组成员、总工程师　胡　浩

浏阳市公路建设养护中心
党组书记、主　任　易志坚
党组成员、副主任　罗学贤　黎初文　高　峰
党组成员　黄　峰　黄　科

邮政·通信

中国邮政集团有限公司湖南省浏阳市分公司
党委书记、总经理　盛　斌
党委委员、副总经理
唐怀国(2020 年 11 月止副总经理)
胡文利(2020 年 11 月止副总经理)
陆　灿(2020 年 1 月止副总经理)
李亚敏(2020 年 11 月任)
胡　伟(2020 年 11 月任)
胡　领(2020 年 11 月任)

中国电信湖南省浏阳分公司
党委书记、经理　张龙秋
副经理　张龙秋(主持工作)　钟　旭　范日怀

中国移动通信集团湖南有限公司长沙市浏阳市分公司
支部书记、总经理　张　慧
副总经理　李爱群

中国联合网络通信有限公司浏阳市分公司
党支部书记、总经理　孙跃文
副总经理　戴　波　周景龙

城乡建设和管理

浏阳市住房和城乡建设局
党组副书记、局长(主任)　陈　旭
党组书记　屈文毅
党组成员、副局长　潘润华　寻　江
党组成员、副主任　寻子俊(2020 年 8 月改非)
张建新
党组成员　陈　铁
副局长、总工程师　金先林
市纪委监委驻住建局纪检监察组组长、党组成员
易森林

浏阳市城乡发展集团有限责任公司
党委书记、董事长　张伯锋(2020 年 4 月任)
党委副书记、总经理　王辉章(2020 年 4 月任)
党委委员、副总经理、城建集团总经理
熊　玮(2020 年 4 月任)
党委委员、副总经理、水建投总经理
李中秋(2020 年 4 月任)
党委委员、副总经理、文旅公司总经理
瞿　伟(2020 年 4 月任)
党委委员、纪委书记、监事会主席
许　智(2020 年 8 月任)
副总经理、财务总监　陈子谦(2020 年 8 月任)

浏阳市城市建设集团有限公司
董事长　王辉章(2020 年 3 月免)
总经理　熊　玮
副总经理　于永强　叶良永　刘国雄　杨恒亮

浏阳市水利建设投资有限公司
董事长　吴世平(2020 年 3 月免)
总经理　李中秋
副总经理　唐　丰　郭海斌　段小虎　贺小蛟

浏阳市文化旅游产业发展有限责任公司
董事长　黎　毅(2020 年 3 月免)
总经理　瞿　伟
副总经理　赵　坤　钟长亭　李　澳(女)

浏阳市公共工程建设中心
党组书记、主任　张伯锋(2020 年免)
黎　毅(2020 年任)
党组成员、副主任　周正佳　黎河清
党组成员　陈　锋

浏阳市住房保障服务中心
党组书记、主任　熊　赛(女,2020 年 10 月止)
马超容(女,2020 年 10 月任)
党组成员、副主任　欧阳维　胡香文(女)

长沙住房公积金管理中心浏阳市管理部
党支部书记、主任　袁祖平
副主任　李晓萍(女)

浏阳市自来水公司
党委书记、董事长　吴世平
副书记、总经理　刘　宽
党委委员、副经理　张大勇
党委委员、副经理、工会联合会主席　江和平
陈松柏
纪委书记　邓丽霞(女)

浏阳市城市管理和综合执法局
党组书记、局长　古长根
党组副书记、副局长　张达宗
党组成员、副局长　张先锋　胡　湘
党组成员、工会联合会主席　胡忠敏

·城市管理综合执法大队·
大队长(兼)　古长根(2020 年 8 月免)
政治教导员　罗继军(2020 年 8 月止)
大队长　胡　舟(2020 年 8 月任)
副大队长　张海波　喻晏平
陈黎明(2020 年 8 月任,试用期一年)

·市容环境卫生维护中心·
党总支书记　张　健
主　任　胡　舟(2020 年 8 月止)
袁佳成(2020 年 12 月聘)
副主任　徐　伟

·市政园林维护中心·
党支部书记　陈昌根

主　任　邵　锋
·燃气事务中心·
主　任　唐　勇

生态环境

长沙市生态环境局浏阳分局
党组书记、局长、浏阳市生态环境保护综合行政执法大队大队长　谭应启
党组成员　林琼国(女)
党组成员、副局长　钟诗勇　黄　腾(2020年4月任)

商　务

浏阳市商务局
党组书记、局长　唐小红(2020年11月止)
汪万江(2020年12月任)
党组副书记、副局长　宋继红
党组成员、副局长　宋　妮(女)
杨　旭(2020年10月任)
段云鹏
陈志刚(2020年10月止)
党组成员　张开明(2020年9月止)
浏阳市招商引资服务中心
党组书记、主任　张佳丽(2020年12月任)
林申达(2020年11月免)
党组副书记、副主任　刘　平
党组成员、副主任　张　环(女,2020年3月任)
黎　涛(2020年3月免)
副主任　曾　臻(女)
浏阳市供销合作社联合社
党组书记、主任　郭　驰
党组成员、副主任　陈光友
党组成员、监事会主任　寻树人(2020年10月任)
副主任　刘　艳(女,2020年3月任)
浏阳市粮食和物资储备事务中心
党组书记、主任　刘忠良(2020年4月任)
副主任　寻雄光
党组成员　张高峰
党组成员、副主任　王正道　刘　瑜
浏阳市烟草专卖局(分公司)
党组书记、局长(经理)　黄松青
党组成员、纪检组组长　王建文
党组成员、副局长　张韶湘
党组成员、副经理　刘铮毅
中国石化销售股份有限公司湖南长沙浏阳石油分公司
经理　杨　锟(挂职)
党支部书记　刘建光
副经理　文　涛　邹　俊

旅　游

湖南省浏阳大围山国家森林公园管理处
党组书记　熊　文
党组副书记、主任　涂向阳
党组副书记、副主任　蔡细毛
党组成员、副主任、纪检组组长
陈满红(2020年12月止)
沈祥谋(2020年12月任)
党组成员、副主任　黎　俭
秋收起义文家市会师纪念馆
党组书记、馆长　卢　铠(2020年3月止)
谢　波(2020年4月任)
党组副书记、副馆长　邓　勍(女)
党组成员、副馆长　苏杨辉
办公室主任　肖吉贤
宣传教育部部长　周晔虹(女,2020年3月止)
王　超(2020年4月任)
文物保护部部长　张成根
对外联络部部长　彭洪波
胡耀邦故里管理局
党组书记、局长　胡厚坤
党组成员、副局长　邹周超
副局长　张　凡(2020年3月任)

金　融

浏阳市金融事务中心
党组书记、主任　刘双辉
副主任　陈　虎
党组成员、副主任　王余生
中国人民银行浏阳支行
行　长　徐　勇
副行长　彭亚青
纪检组组长　廖金明
国家外汇管理局浏阳市支局
局　长　徐　勇
副局长　彭亚青
中国工商银行股份有限公司浏阳支行
党总支书记、行长　姜勇斌
副行长　戴明文、秦海波
纪检委员　邹祖国
中国农业银行股份有限公司浏阳市支行
党委书记、行长　曾祥林
党委委员、副行长　丁　华　陈　佩　杨开凡
张　浩
党委委员、纪委书记　杨开凡(2020年6月免)
陈一柯(2020年6月任)
中国建设银行股份有限公司浏阳支行
行　长　张　卓
副行长　陈　璐(女)　刘建红(女)

邹　鸣　彭宇辉(女)

中国银行股份有限公司浏阳支行

行　长　徐　征

副行长　曾文键　邓永红(女)　鲁志钢

纪检组组长　易　伟

党务专委　刘启完

长沙银行股份有限公司浏阳支行

行　长　彭　洁

副行长　邱常松

行长助理　张语恩　黄　金　唐那颜

湖南浏阳农村商业银行股份有限公司

董事长　李寿树

副董事长、行长　胡琦文

监事长　刘毅敏

副行长　寻文欣　毛　圣

中国邮政储蓄银行浏阳市支行

党支部书记、行长　廖文波(男)

副行长　李　娴(女)　罗海鸥

中信银行股份有限公司长沙浏阳支行

行　长　戴强华

副行长　易　辉

中国人民财产保险股份有限公司浏阳支公司

经　理　刘云玲

副经理　陶　帅　田　晁　曾玲英

中国人寿保险股份有限公司浏阳支公司

党支部书记、经理　罗伟明

副经理、工会主席　吴思沙

副经理　张文丽

中国平安财产保险股份有限公司浏阳支公司

总经理　曾泽明

科学技术

浏阳市科学技术局

党组书记　孙　龙

局　长　陈　静(女)

党组成员、副局长　林永红　陈兴洪

党组成员、市纪委驻科技局纪检组组长　许运良

浏阳市科学技术协会

党组书记、主席　沈村正

党组成员、副主席　周秀星　李文英

副主席(兼)　白航空　杨林广　陈　彤　颜颂华

浏阳市水文局

支部书记、局长　吴佳忠

副局长　陈家福　谢　瑚(2020 年 6 月止)

浏阳市气象局

局　长　李春梅(女)

党组副书记　姜翠文

副局长、纪检员　李　立

教　育

浏阳市教育局

党委书记、局　长　汤显华

党委副书记、副局长　黄　朴

党委委员、纪检组组长　刘　恋(女)

党委委员、副局长　罗荣棠　苏启平

党委委员、工会主席　李　武

浏阳市第一中学

党委副书记、校长　袁章军

党委书记　卢从发

党委委员、副校长　苏飞跃　寻鹏飞　周晓波

校长助理　赖章武　赖　毓　王　睿

校长助理、艺术学校校长　罗中平

艺校党总支书记　罗世良

工会主席　苏艳龙

浏阳市田家炳实验中学

党委书记　朱玉喜

党委副书记、校长　刘会成

副校长　汤坤池　屈加亮　刘贤明

工会主席　黄玉峰

校长助理　黄玉峰(兼)　何申如

浏阳市职业中专

党总支书记　赖才腾

党总支副书记、校长　陈　奎

副校长　陈中西　易贵辉

校长助理　蔡　礼　刘继荣

湖南省浏阳高级技工学校

校　长　张　健

书　记　王茂祥

副校长　胡兴斌　梁端林

文化·体育

文化旅游广电体育局

党组副书记、局长　陈　刚

党组书记　刘家川

党组成员、副局长　李运胜　陈　庆　张孟兰
陈炉强　许　征

湖南省新华书店有限责任公司浏阳市分公司

党支部书记、经理　罗　斌

党支部副书记、副经理　陈学雷

副经理、工会主席　李玉娟(女)

副经理　贺杨扬(女)

浏阳市融媒体中心

党组书记、主任　江敦明(2020 年 3 月任)

党组副书记、总编辑　龙章平

党组副书记、副主任　王继斌

党组成员、副总编辑　陈　江

党组成员、副主任　于承明　凌　旺　郑　霞(女)

副总编辑　沈铁军

浏阳市档案馆

（浏阳市地方志编纂室　中共浏阳市委党史研究室）

馆长、主任　杨　钢

副馆长　李　异　罗　柱　陈洁璐（女）

张鲜明（2020年5月免）

卫　生

浏阳市卫生健康局

党委书记、局长　欧阳武

党委委员　罗永昌　王文斌

党委委员、副局长　肖　波（2020年3月任）

刘　冰（女）　何梅林（女）

党委委员、市纪委监委驻局纪检监察组组长

李峥嵘（女）

党委委员、工会联合会主席　周才仁

浏阳市人民医院

党委书记、院长　张　勇（2020年3月免院长）

党委副书记、院长　周明亮（2020年3月任）

党委副书记、纪委书记　周　平（2020年3月任）

党委委员、副院长　刘智勇　梁　鹏

李　沛（2020年3月任）

工会主席　戴　敏

浏阳市中医医院

党委书记　邱晓年

党委副书记、院长　周秋涛（2020年3月任）

党委副书记、纪委书记

廖　镇（2020年3月任党委副书记）

党委委员、副院长　郭　弘（女，2020年3月任）

何　卿（女，2020年3月任）

周燕飞（女，2020年3月任）

周月红（女）

副院长　刘　密（挂职）

浏阳市疾病预防控制中心

党总支书记、主任　许　欣

党总支委员、副主任　张　浩

陈建伟（2020年3月任）

娄平胜（女，2020年3月任）

浏阳市妇幼保健院

党委书记　龙湘泉

党委副书记、院长　黄其美

党委委员、副院长　李　珣　李　宇

党委委员、副院长、纪委书记　黄海霞

工会主席　黎　红

浏阳市卫生计生综合监督执法局

局　长　许　勇

社会生活

国家统计局浏阳调查队

队　长　熊明威

副队长　张伟成

纪检员　刘　倩（女）

浏阳市民政局

党组书记、局长　姜林峰

党组副书记、副局长　鲁常战　刘赋辉　熊满初

党组成员、社会救助事务中心主任　刘迪清

副局长（挂职）　邓　莹（女，2020年9月挂职期满）

浏阳市残疾人联合会

党组书记、理事长　周卫东

党组成员、副理事长　王柏林

张鲜明（2020年10月任）

浏阳市退役军人事务局

党组书记、局长　刘　刚

党组成员、副局长　黎玉立　陈　平

浏阳市人力资源和社会保障局

党组书记、局长　陈国强

党组成员、副局长　姜怡明　钟　伟

总会计师　李　艳（女）

工伤保险中心主任　谢雪菲（女）

失业保险中心主任　袁远航

社会保险中心主任　许超群（女）

人力资源服务中心主任　周水波

浏阳市医疗保障就局

党组书记　余海波

局长　张　晔

党组成员、副局长　陈　全　冷长征（女）

浏阳市库区移民事务中心

党组书记、主任　卢清红（女，2020年3月任）

谭　力(2020年2月止)

党组成员、副主任　何昌全　甘新辉(2020年3月任)

街道（乡镇）

·淮川街道·

中共淮川街道工作委员会

党工委书记　孙　谦（2020年3月任）

党工委副书记　熊宜武　张艳平（女）

张泱泱（2020年11月任）

纪工委书记　易显旺

党工委委员　周奇志　唐青山　易显旺

陈志刚　陈　珍（女）

人大工作委员会

主　任　周奇志

副主任　邱林峰

街道办事处

主　任　熊宜武

副主任　唐青山　陈志刚　余忠国

政协联络工作负责人　张艳平(女)

·集里街道·

中共集里街道工作委员会
工委书记　胡汉堂
副书记　张文初　高让波　张　虎
纪工委书记　刘翔宇
工委委员　罗亚平　刘宗斌　吴维全(2020年6月止)
　　刘翔宇　周健芝(女)
人大工作委员会
主　任　罗亚平
副主任　吴高松
街道办事处
主　任　张文初
副主任　寻　婷(女)　周水波　古善良
政协联络工作负责人　高让波

·荷花街道·

中共荷花街道工作委员会
党工委书记　刘守德
党工委副书记　潘擎炬　张海丰
纪工委书记　张　青
党工委委员　任飞跃　谭日红　宁志强
　　卢义兵　张　青　牛春旭
人大工作委员会
主　任　任飞跃
副主任　吴光伟
街道办事处
主　任　潘擎炬
副主任　宁志强　卢义兵
牛春旭　戴学文
政协联络工作负责人　牛春旭

·关口街道·

中共关口街道工作委员会
工委书记　李　锋
工委副书记　吴　兵(2020年12月任)　李升稳
刘佳富　刘　鹏
纪工委书记　寻梓辉
工委委员　刘玉丰(女)　朱　敏　钟宏亮
人大工作委员会
主　任　李升稳
副主任　肖桂炎
街道办事处
主　任　吴　兵(2020年12月任)
副主任　朱　敏　钟宏亮　于焕民
　　胡　南(女,2020年12月任)
　　陈学远(2020年9月止)　吉红霞(女)
政协联络工作负责人　刘佳富

·古港镇·

中共古港镇委员会
党委书记　陈　建(2020年2月止)
　　刘飞舞(2020年3月任)
党委副书记　袁柏林(2020年3月止)
　　陈　勇(2020年3月任)
纪委书记　杨　璐(女)
党委委员　何启成　陈桂伍　沈水艳(女)
　　李　胜　张　轲　杨　璐(女)
镇人大主席团
主　席　何启成
副主席　黄明锬
镇人民政府
镇　长　易先超
副镇长　陈桂伍　沈水艳(女)　李　胜
　　谭景祥　徐伟星
　　李　艳(女,2020年10月止)　周继光
政协联络处工作负责人　陈桂伍

·高坪镇·

中共高坪镇委员会
党委书记　宋国辉
党委副书记　张义根　周雯生
纪委书记　李东平(2020年10月任)
　　王性明(2020年10月止)
党委委员　雷建军　巫文根　刘　波　熊志山
　　刘　榴　李东平(2020年10月任)
　　王性明(2020年10月止)
镇人大主席团
主　席　雷建军
副主席　何　滔
镇人民政府
镇　长　张义根
副镇长　巫文根　刘　波　刘　榴　游水生
政协联络工作负责人　巫文根

·沿溪镇·

中共沿溪镇委员会
党委书记　刘正再
党委副书记　李洪湖　厉　涛
纪委书记　胡　强
党委委员　张平平(女)　杨传风　欧阳山
　　余　舟　邵　波　胡　强
镇人大主席团
主　席　张平平(女)
副主席　鲁浩杰(2020年4月任)
镇人民政府
镇　长　李洪湖
副镇长　欧阳山　余　舟　邵　波　潘剑波
政协工作联络负责人　欧阳山

·官渡镇·

中共官渡镇委员会
党委书记　张新平(2018 年 10 月任)
　　　　　李　锋(2018 年 10 月止)
党委副书记　汤　波(2020 年 3 月任)
　　　　　　刘正德(2020 年 3 月止)
　　　　　　张　巍(2019 年 6 月任)
纪委书记　李晓龙
党委委员　王安军(2020 年 9 月任)
　　　　　宋　洁(2020 年 9 月止)
　　　　　李晓龙　胡海英(女)
　　　　　戴明河　曹剑章(2019 年 5 月任)
　　　　　袁　维(女)
镇人大主席团
主　席　王安军(2020 年 9 月任)
　　　　宋　洁(2020 年 9 月止)
副主席　谢　坚(提名人选,2019 年 10 月任)
镇人民政府
镇　长　汤　波(2020 年 3 月任)
　　　　刘正德(2020 年 3 月止)
副镇长　胡海英(女)　戴明河
　　　　曹剑章(2019 年 5 月任)　彭　靖
中国政治协商会议浏阳市委员会官渡镇联络处
政协联络工作负责人　曹剑章

·永和镇·

中共永和镇委员会
书　记　傅庭信(2020 年 11 月止)
　　　　林申达(2020 年 11 月任)
副书记　祝易滔　肖志丹(2020 年 3 月任)
纪委书记　杨志前
党委委员　杨　斌　汤达愉　陈　香(女)
　　　　　黄　镇(2020 年 11 月止)　傅江涛
镇人大主席团
主　席　杨　斌(2020 年 3 月任)
副主席　陈力健
镇人民政府
镇　长　祝易滔
副镇长　汤达愉　陈　香　刘孝伟
　　　　张　凡(2020 年 3 月止)
　　　　汤志伟(2020 年 8 月止)
　　　　黎　浩　邓　鑫(2020 年 10 月任)
政协联络工作负责人　汤达愉

·达浒镇·

中共达浒镇委员会
党委书记　黄　琦(2020 年 11 月任)
　　　　　汪万江(2020 年 11 月止)
党委副书记　卢义胜　陈　经
纪委书记　胡　滨
组织委员　肖　胡
党委委员　吴中杰(2020 年 11 月任)
　　　　　龙　游(2020 年 11 月止)　胡　滨
　　　　　肖　胡　左常达(2020 年 9 月止)
　　　　　黎善录　寻　强　廖　康
镇人大主席团
主　席　吴中杰(2020 年 11 月任)
　　　　龙　游(2020 年 11 月止)
副主席　李　明(女,2020 年 9 月止)
　　　　涂　佳(女,2020 年 9 月任)
镇人民政府
镇　长　卢义胜
副镇长　左常达(2020 年 4 月止)　黎善录　寻　强
　　　　廖　康　李　明(女,2020 年 9 月任)
政协联络工作负责人　寻　强

·大围山镇·

中共大围山镇委员会
党委书记　傅爱华(2020 年 3 月止)
　　　　　黄珍敏(2020 年 3 月任)
党委副书记　邵　劲(2020 年 12 月止)
　　　　　　贺云鹏(2020 年 12 月任)
　　　　　　易　亮(2020 年 6 月止)
　　　　　　罗　伟(2020 年 9 月任)
纪委书记　卢　义
党委委员　陈　勇(2020 年 3 月止)
　　　　　易　亮　卢　义　胡　亮　张宋姣(女)
　　　　　陈敏林　周　波(2020 年 11 月任)
镇人大主席团
主　席　陈　勇(2020 年 3 月止)
　　　　易　亮(2020 年 6 月任)
副主席　周　波(2020 年 11 月止)
　　　　黎　娟(女,2020 年 12 月任)
镇人民政府
镇　长　贺云鹏
副镇长　胡　亮　陈敏林　周　波　朱礼锋
政协工作联络负责人　周波

·张坊镇·

中共张坊镇委员会
书　记　张贤前
副书记　汤　卓　黄　镇(2020 年 12 月任)
纪委书记　康兆祯
党委委员　袁思来　何俊雄　彭　浩
　　　　　康兆祯　彭传初　李雪华(女)
镇人大主席团
主　席　袁思来
副主席　张　果
镇人民政府
镇　长　汤　卓
副镇长　何俊雄　彭传初　李雪华(女)
　　　　林晓炜(2020 年 9 月提名)

彭　鼎(2020 年 9 月提名)
政协联络工作负责人　彭传初

·澄潭江镇·

中共澄潭江镇委员会
党委书记　潘定一
党委副书记　刘　科　唐建华(2020 年 1 月止)
刘雨成(2020 年 1 月任)
纪委书记　刘　辉
党委委员　张　征(2020 年 1 月任)
陶　亮(2020 年 1 月任)
刘　康(2020 年 1 月任)
周晔虹(女,2020 年 3 月任)
刘鸽飞(女,2020 年 11 月任)
尹灿文(2020 年 1 月止)
伍昶林(2020 年 1 月止)
龚　娜(女,2020 年 11 月止)
王挺攀(2020 年 6 月止)
陶长富(2020 年 1 月止)
镇人大主席团
主　席　尹灿文(2020 年 1 月止)
张　征(2020 年 1 月任)
副主席　易艳红(女)
镇人民政府
镇　长　刘　科
副镇长　陶　亮(2020 年 1 月任)
刘　康(2020 年 1 月任)
周晔虹(女,2020 年 3 月任)
罗晓晖(2020 年 1 月任)
伍昶林(2020 年 1 月止)
陶长富(2020 年1月止)
王挺攀(2020 年6月止)
刘守龙(2020 年1月止)
政协联络工作负责人　陶亮

·中和镇·

中共中和镇委员会
党委书记　何　勇
党委副书记　袁柏林　余子牛
纪委书记　钟立柱
党委委员　王立志　汤凯希　陈　涛　何　强
暨喜喜(女)　钟立柱
镇人大主席团
主　席　王立志
副主席　卜　敏
镇人民政府
镇　长　袁柏林
副镇长　汤凯希　陈　涛
何　强　熊　斌
政协联络工作负责人　汤凯希

·文家市镇·

中共文家市镇委员会
书　记　谢　波
副书记　张继龙　历　昶
纪委书记　彭　伟
党委委员　历　昶　胡　南(女,2020 年 11 月止)
龚　娜(女,2020 年 11 月任)　彭　伟
周飞江　陈馨伊(女)　刘艳林　朱　敏
镇人大主席团
主　席　胡　南(女,2020 年 11 月止)
龚　娜(女,2020 年 11 月任)
副主席　张江林
镇人民政府
镇　长　张继龙
副镇长　周飞江　刘艳林　汤德刚　朱　敏
政协联络工作负责人　刘艳林

·大瑶镇·

中共大瑶镇委员会
党委书记　周森源
副书记　刘正德(2020 年 4 月任)
雷　健(2020 年 4 月止)
叶绍秋(2020 年 4 月任)
纪委书记　刘凤娥(女)
党委委员　肖长春(2020 年 4 月止)
雷　健(2020 年 4 月任)
林健美(女)　刘凤娥(女)
刘敏中　陈和龙
人大主席团
主　席　肖长春(2020 年 4 月止)
雷　健(2020 年 4 月任)
副主席　龚穗滨
镇人民政府
镇　长　刘正德(2020 年 4 月任)
副镇长　钟圣家　陈和龙　周意平
杨　志(挂职)　刘敏中　钟　美(女)
危建红　左春林
浏阳市花炮材料制造产业基地管委会
主　任　杨　志
副主任　刘华杰　李永强(2020 年 9 月止)
唐柱辉(2020 年 9 月任)

·金刚镇·

中共金刚镇委员会
党委书记　黄　武
党委副书记　罗　武　谢祥华
纪委书记　罗其宴
党委委员　曾　义　罗其宴　何焱庭
钟　慧(女)　王　广(女)　宋力强
镇人大主席团
主　席　曾　义
副主席　孙长根

镇人民政府
镇　长　罗　武
副镇长　何焱庭　钟　慧(女)　王　广(女)
　　　　宋力强　王升华
政协联络工作负责人　王　广(女)

·葛家镇·

中共葛家镇委员会
党委书记　陈飞虹(2020年3月任)
党委副书记　梁志明(2020年12月任)
纪委书记　李　森
党委委员　喻　鍠　王　成(2020年12月任)
　　　　　曾祥浩　江　新
　　　　　周清萍(女)　张　啸
镇人大主席团
主　席　王　成
副主席　柳　鑫
镇人民政府
镇　长　梁志明
副镇长　曾祥浩　江　新　张　啸　唐银亮
政协联络工作负责人　曾祥浩

·枨冲镇·

中共枨冲镇委员会
党委书记　杨品正
党委副书记　邱　可　余培飞
纪委书记　黎　烨(女)
党委委员　周　剑　徐红星　黎　烨(女)
　　　　　王　罗　赖　和　唐志纲
镇人大主席团
主　席　周　剑
副主席　江　雀(女)
镇人民政府
镇　长　邱　可
副镇长　徐红星　王　罗　唐志纲　陈招兴
　　　　邓陈陈(女,2020年9月止)
政协联络工作负责人　王　罗

·镇头镇·

中共镇头镇委员会
党委书记　刘国泰(2020年3月任)
　　　　　孙　谦(2020年3月止)
党委副书记　赵舟飞　黎　志(2020年11月任)
纪委书记　晏　武
党委委员　何志刚(2020年9月任)
　　　　　罗红艳(女,2020年9月止)
　　　　　袁海军(2020年9月止)　晏　武
　　　　　蔡伟来　李　银(女)
　　　　　李云峰(2020年9月任)
　　　　　张　瑶(2020年9月任)
人大主席团
主　席　何志刚(2020年9月任)
　　　　罗红艳(女,2020年9月止)
副主席　陈　立
镇人民政府
镇　长　赵舟飞
副镇长　蔡伟来　李云峰　张　瑶(2020年9月任)
　　　　朱开田
政协联络处负责人　蔡伟来

·普迹镇·

中共普迹镇委员会
党委书记　唐万明
副书记　陈飞虹(2020年3月止)
　　　　肖长春(2020年3月任)　高　优
纪委书记　高成志
组织委员　肖志丹(2020年3月止)
　　　　　罗　超(2020年3月任)
党委委员　卢长发　唐世标　高成志
　　　　　肖志丹(2020年3月止)
　　　　　罗　超(2020年3月任)　邹　智
　　　　　刘　琼(女)
镇人大主席团
人大主席　卢长发
副主席　刘萌春(2020年4月任)
镇人民政府
镇　长　陈飞虹(2020年4月止)
　　　　肖长春(2020年4月任)
副镇长　唐世标　邹　智(2020年4月任)
　　　　刘　琼(女)　张　晓(女)
政协联络工作负责人　唐世标

·官桥镇·

中共官桥镇委员会
党委书记　章学良
党委副书记　李爱萍(女)　张世敦(2020年10月任)
党委委员　余耀东　彭书恒　饶弟明　廖　冰(女)
　　　　　刘　琼　周亮明(2020年12月任)
纪委书记　彭书恒
镇人大主席团
主　席　余耀东
副主席　周大祥
镇人民政府
镇　长　李爱萍(女)
副镇长　饶弟明　刘　琼　周亮明(2020年12月任)
　　　　李　原　钟疏影
政协联络工作负责人　周亮明

·柏加镇·

中共柏加镇委员会
党委书记　唐文华
党委副书记　周　曦　陈崎辉
纪委书记　潘盛开
党委委员　何志刚(2020年10月止)

袁海军(2020年10月任) 潘盛开
陈啸林 凌 欣
李 倩(女,2020年11月止)
鲁彩虹(女,2020年12月任)
镇人大主席团
主 席 何志刚(2020年10月止)
袁海军(2020年10月任)
副主席 章朝晖
镇人民政府
镇 长 周 曦
副镇长 陈啸林 凌 欣
胡录明(2020年10月止) 毛科宇
朱玉红(女,2020年10月止)
郑腾飞(2020年10月任)
李博涵(女,2020年10月任)
政协联络工作负责人 凌 欣

·洞阳镇·

中共洞阳镇委员会
党委书记 唐建国(2020年8月止)
王 海(2020年8月任)
党委副书记 刘康奇(2020年11月止)
陈满红(2020年11月任) 周 毅
纪委书记 孔 江
党委委员 罗建云 曹 广 吴尚水 孔 江
胡学文 邱 蓓(女)
镇人大主席团
主 席 罗建云
副主席 刘 永
镇人民政府
镇 长 刘康奇(2020年11月止)
陈满红(2020年11月任)
副镇长 曹 广 胡学文 邱 蓓(女)
姜雨薇(女) 张开成 张 勇
何伟林(女,2020年9月止)
政协联络工作负责人 曹 广

·永安镇·

中共永安镇委员会
党委第一书记 喻 辉
党委书记 陈训武
党委副书记 周建国 周光义
纪委书记 周正阳
组织委员 张宇琪(女,2020年3月止)
李艺探(女,2020年3月任)
党委委员 暨朝佐(2020年3月止)
赵 炜(2020年3月任) 陈 琳
王 锐(2020年12月止)
李 倩(女,2020年12月任) 肖志强
镇人大主席团
主 席 暨朝佐(2020年3月止)
赵 炜(2020年3月任)
副主席 任修乾(2020年10月止)
陈泓予(2020年10月任)
镇人民政府
镇 长 周建国
副镇长 陈 琳 王 锐(2020年12月止)
李 倩(女,2020年12月任)
肖志强 任修乾(2020年10月任)
施海滨 吴冀婧(女,2020年10月任)
周 文(2020年10月任)
政协联络工作负责人 王 锐(2020年12月止)
李 倩(女,2020年12月任)

·北盛镇·

中共北盛镇委员会
党委书记 戴圣伟(2020年3月任)
党委副书记 王 瑞(2020年12月任)
吴 兵(2020年12月止)
邹江莲(女)
贺云鹏(2020年12月止)
纪委书记 周岳峰
党委委员 龙明胜 彭继有
黄银凤(2020年3月任) 罗钦伟
暨皓明
镇人大主席团
主 席 龙明胜
副主席 沈 伟
镇人民政府
镇 长 王 瑞(2020年12月任)
吴 兵(2020年12月止)
副镇长 彭继有 罗钦伟 暨皓明(女)
浏阳市政治协商会议北盛镇联络处
政协联络工作负责人 罗钦伟

·沙市镇·

中共沙市镇委员会
党委书记 罗拥军
党委副书记 陈 科 苏小麟
纪委书记 谢伟明
党委委员 彭 礼(2020年5月任) 李 双(女)
邱凯章 李 晓(女)
董爱众(2019年4月挂职浏阳市蓝天碧水办)
谢伟明
镇人大主席团
主 席 彭 礼(2020年5月任)
副主席 张长发(2020年5月任)
镇人民政府
镇 长 陈 科
副镇长 李 双(女) 邱凯章
董爱众(2019年4月挂职浏阳市蓝天碧水办)
朱纯清(2020年5月任)

政协联络工作负责人　李　双(女)

·淳口镇·

中共淳口镇委员会
党委书记　殷志民
党委副书记　张　竞(女)　李道江
纪委书记　陈　奇
党委委员　付　湘　张辉暑　陈　奇　金传芳
　　　　　汤　洋　周振芬(女)
镇人大主席团
主　席　付　湘
副主席　张　松
镇人民政府
镇　长　张竞(女)
副镇长　张辉暑　汤　洋　周振芬(女)
　　　　鲁　进　张锦文(2020年9月止)
政协联络工作负责人　汤　洋

·蕉溪镇·

中共蕉溪镇委员会
党委书记　傅爱华(2020年3月任)
党委副书记　黄杰伟　俞　凌(2020年11月任)
纪委书记　徐江洪
党委委员　罗　严　吴劲文　徐江洪　熊　辉
　　　　　胡录明(2020年9月任)　李彩凤(女)
镇人大主席团
主　席　罗　严
副主席　戴　婷(女,2020年9月提名)
镇人民政府
镇　长　黄杰伟
副镇长　吴劲文　熊　辉　胡录明(2020年9月任)
　　　　陈建敏
政协联络工作负责人　胡录明(2020年9月任)

·龙伏镇·

中共龙伏镇委员会
党委书记　黎　靖
党委副书记　黄珍敏(2020年3月止)
　　　　　　暨朝佐(2020年3月任)　高积义
纪委书记　石　盼
党委委员　徐伟才　寻瑾瑜　肖许兵
　　　　　彭　礼(2020年3月止)
　　　　　黎　涛(2020年3月任)　石　盼
　　　　　汤志伟(2020年9月任)
　　　　　吉智取(2020年8月止)
镇人大主席团
主　席　徐伟才
副主席　张成芳(女)
镇人民政府
镇　长
暨朝佐(2020年3提名,2020年5月18日选举产生)
副镇长　寻瑾瑜　肖许兵
黎　涛(2020年3月提名,2020年5月18日选举产生)
陈雄伟(2020.12止)　陈　静(女,2020年12月提名)
政协联络工作负责人　寻瑾瑜

·社港镇·

中共社港镇委员会
党委书记　王　海(2020年8月止)
　　　　　梁　民(2020年8月任)
党委副书记　罗定坤　肖　斌
纪委书记　邓　磊
党委委员　周熊晏　阳　鹏　张　敏
　　　　　汤晓丽(女)　邓　磊　暨诚姿(女)
镇人大主席团
主　席　周熊晏
副主席　欧阳意
镇人民政府
镇　长　罗定坤
副镇长　阳　鹏　张　敏　暨诚姿(女)
　　　　张金辉　向兴峰
政协联络工作负责人　暨诚姿(女)

·小河乡·

中共小河乡委员会
党委书记　梁　民(2020年8月止)
　　　　　邵　劭(2020年11月任)
党委副书记　罗　平　罗　明
纪委书记　章伟锋(2020年11月止)
　　　　　吴　骏(2020年11月任)
党委委员　毛先知　毛雄伟　章伟锋
　　　　　魏兆义　杨　林　周建华
乡人大主席团
主　席　毛先知
副主席　刘婷远(女)
乡人民政府
乡　长　罗　平
副乡长　毛雄伟　杨　林　周建华　陈　佳
政协联络工作负责人　杨　林

秋收起义会师纪念馆 （彭红霞　摄）

中国共产党浏阳市委员会

综　述

【概况】 2020年,中共浏阳市委面对错综复杂的宏观形势、艰巨繁重的发展任务特别是新冠肺炎疫情的重大考验,带领全市上下坚持以习近平新时代中国特色社会主义思想为指导,深入贯彻中央、省、市决策部署,全力夺取疫情防控和经济社会发展"双胜利",推动浏阳发展取得新成效、开创新局面。全年实现地区生产总值1510亿元,增长4.5%;完成地方一般公共预算收入93.3亿元,增长5.1%;固定资产投资增长10%;规模工业增加值增长6%,经济社会保持稳中有进、逆势上扬的发展态势。浏阳在县域综合发展、县域经济基本竞争力全国百强县排名中跃升至第9位、第11位,工业百强县、营商环境百强县居第11位、第19位。全市获国家级荣誉103项、省级奖项207项,获得"2020胡润中国最具投资潜力区域百强""国际化营商环境建设示范县(市、区)"等系列荣誉,浏阳的综合竞争力、城市美誉度、群众获得感、队伍精气神进一步提升。

【新冠肺炎疫情防控】 2020年,浏阳市面对突如其来的新冠肺炎疫情,坚持联防联控、群防群控,紧盯重点区域、重点场所、重点环节、重点人员,切实做好健康摸排、追踪监控、核酸检测、集中隔离、医疗救治等工作,筑牢疫情防线。面对常态化防控新要求,坚持"两防三不"(外防输入、内防反弹,思想不松、机制不变、队伍不散)策略,严格实施"三量三控",取得疫情防控的阶段性成果。全市累计摸排追踪被疫情突袭的湖北、境外等到(返)浏阳人员1.4万人,实施核酸检测30余万人,确诊病例4例,实现无死亡病例、无二代病例、无聚集性疫情、无院内感染,被省疾控中心划定为第一批低风险区。

【三大攻坚工作】 2020年,浏阳市剩余贫困对象913户1671人全部脱贫,"个十百千"产业扶贫工程入选全国产业扶贫优秀典型案例,达浒镇椒花村农民李忠国获"全国脱贫攻坚奋进奖"。以打赢蓝天碧水净土保卫战为统揽,扎实推进生态环境综合治理,顺利迎接省级环保督察"回头看",全年空气优良率达到100%,创历史新高;浏阳河出境断面水质均值保持Ⅱ类,成功创建全国示范河湖;捞刀河、南川河出境断面水质均值保持Ⅲ类。加快推进政府性债务风险防范化解、平台公司市场化转型,建立市、乡、村三级债务管理风险预警体系,三类债务之和同比下降32.76%,债务风险稳定可控。

【产业升级发展】 2020年,浏阳市显示功能器件、智能装备、碳基材料、5G应用产业链规模工业总产值分别增长66.6%、22%、15%、67%。全年新增高新技术企业130家,高新技术产业增加值占GDP比重达到29%;新增规模工业企业50家、上市企业2家。着力推动园区提档升级,顺利完成经开区、高新区合并,经开区(高新区)获批国家新型工业化产业示范基地、国家绿色工业园区和国家再制造高新技术产业化基地;两型产业园被评为长沙市创业孵化基地;文化产业园被评为"国家级众创空间"。大力发展"三间"经济,在全省率先建成"网间经济集约孵化平台"和5G直播基地,全年网络零售交易总额增长18.9%。

【项目建设】 2020年,浏阳市项目建设加速提效。创新实施"三提前"(把46个二季度开工的项目提前到一季度、38个下半年开工的项目提前到上半年、24个预备项目提前到年内开工)铺排、"三层级"调度、"三清单"管理、"三集中"审批机制,214个重点项目完成投资654.38亿元,占年度投资计划的135.5%,一批重大项目建设全面提速。惠科光电项目完成投资173.6亿元,2021年1月份可点亮投产,将创造14个月建成一座超高清面板生产基地的行业最快速度;豪恩声学、蓝思新材料、泰科天润、韵达物流湖南总部基地、盐津铺子休闲食品智能制造基地、高朗烈酒等项目顺利投产;天地恒一智慧工厂、欧智通二期、华恒机器人二期等项目加速推进。椒花水库大坝主体工程正式开工建设,金阳大道三期、天马山隧道改扩建工程等加速推进。突出招大引强,新引进项目200个,其中过100亿元项目2个,"3类500强"项目4个。

【城乡发展】 2020年,浏阳市谋划建设"一体两翼、一河两岸、一城两站",坚持专题调度、专项规划、专班推进,推动金阳新城建设迈出新步伐;高起点规划浏阳河"一河两岸"城区段建设,项目战略投资加快实施;成功争取长赣高铁浏阳站城北设站,浩吉铁路浏阳东货运站场建设有力推进。加快主城区有机更新,完成棚户区改造项目10个、老旧小区改造21个,成功入选国家县城新型城镇化建设示范县(市)。深入实施乡村振兴战略,社港正骨医药小镇创建为省级特色产业小镇,大瑶花炮小镇、文家市红色文旅小镇、柏加花木小镇建设以及永安、镇头、大围山、沿溪等特色乡镇建设加快推进;全市村级集体经济总收入突破1.92亿元,超20万元的村(社区)占比达到87.8%;完成"改厕"10万座,实现垃圾分类行政村全覆盖。

【民生保障】 2020年,浏阳市新(改)建学校23所、幼儿园40所,新增学位8530个,义务教育阶段"大班额"全面消除。公共卫生服务体系进一步完善,浏阳市人民医院新院投入使用,成功创建国家卫生城市。苍坊旅游区成功通过国家AAAAA级旅游景区景观质量评审。被评为全国"书香城市"。全力做好稳就业工作,城镇登记失业率为2.89%。着力提升食品全链条安全保障水平,成功创建全省首批食品安全示范市。深入开展安全生产顽瘴痼疾整治专项行动,加快花炮产业转型升级,安全生产形势保持稳定。纵深推进扫黑除恶,全面加强新时代县域警务和禁毒工作,确保社会大局和谐稳定,群众获得感、幸福感、安全感进一步提升。

【党的建设】 2020年,浏阳市党建引领得到全面强化。坚持以政治建设为统领,深化政治建设考察,引导全市党员干部增强"四个意识"、坚定"四个自信"、做到"两个维护"。深入实施

"党建+微网格",基层社会治理效能显著增强，全市信访总量同比下降31.8%。严格落实意识形态工作责任制,确保意识形态领域安全。健全大统战工作格局,统一战线党派团体作用充分彰显。党管武装工作持续深化。全力配合省委巡视和经济责任审计工作,得到充分肯定。持之以恒正风肃纪,深入开展违反中央八项规定及其实施细则精神问题、脱贫攻坚责任落实问题、形式主义、官僚主义等专项整治;发挥巡察利剑作用,实现巡察全覆盖,进一步营造风清气正的政治生态。

重要会议

【市委全体会议】 12月28日，中共浏阳市委十二届十六次全体（扩大）会议暨经济工作会议召开。会议坚持以习近平新时代中国特色社会主义思想为指导,深入贯彻党的十九届五中全会、中央经济工作会议、省委十一届十二次全会和省委、长沙市委经济工作会议精神,总结2020年工作,分析当前形势,研究部署"十四五"及2021年工作,动员全市上下进一步坚定信心、鼓足干劲,奋力担当践行"三高四新"战略县域排头兵。中共长沙市委常委、浏阳市委书记黎春秋代表市委常委会向全会作工作报告;浏阳市委副书记、市长吴新伟就《中共浏阳市委关于制定浏阳市国民经济和社会发展第十四个五年规划和二〇三五年远景目标的建议》向全会作说明。会议认为,2020年是极不平凡、极其不易的一年。面对错综复杂的宏观形势、艰巨繁重的发展任务,特别是新冠肺炎疫情的重大考验,全市上下坚持以习近平新时代中国特色社会主义思想为指导,深入贯彻中央、省、长沙市决策部署,全力夺取疫情防控和经济社会发展"双胜利",县域综合实力迈上新台阶,疫情防控取得重大战略成果,"三大攻坚战"取得决定性成就，产业高质量发展迈出坚实步伐,项目建设在超常规推进中加速提效，城乡发展呈现新格局新亮点,民生保障更加有力有效,党建引领得到全面强化。会议指出,2020年是"十三五"收官之年。经过五年接续奋斗,浏阳经济社会发展取得重大成就,"十三五" 规划主要目标任务即将完成。全市经济实力、综合实力和人民生活水平跃上新台阶,全面建成小康社会胜利在望,为县域高质量发展、现代化建设奠定坚实基础。会议指出,跨入"十四五",要深入学习贯彻习近平总书记考察湖南重要讲话精神和党的十九届五中全会精神,对标对表省委、长沙市委部署要求,以此作为谋划和推动浏阳"十四五"和更长时期发展的根本遵循和行动指南。未来十五年,要朝着将浏阳打造成为"中西部首善、现代化样板"的宏伟目标努力奋斗。到2035年,率先基本实现社会主义现代化,率先基本建成经济强市、科教强市、文化强市、生态强市、开放强市、健康浏阳,成为中西部县域最具实力、最具活力、最具幸福感的城市。会议明确全市2021年工作的总体要求是:坚持以习近平新时代中国特色社会主义思想为指导,全面贯彻党的十九大和十九届二中、三中、四中、五中全会精神,深入落实习近平总书记对湖南工作系列重要讲话指示精神,坚持稳中求进工作总基调,立足新发展阶段,贯彻新发展理念,融入新发展格局,以推动高质量发展为主题,以深化供给侧结构性改革为主线，以改革创新为根本动力,以满足人民日益增长的美好生活需要为根本目的,坚持系统观念和底线思维,深入践行"三高四新"战略,紧紧围绕"引领中西部,迈向现代化"目标,坚持"在区域谋发展,在全国争地位,在全球引资源"战略定位,巩固拓展疫情防控和经济社会发展成果,扎实做好"六稳"工作、全面落实"六保"任务,统筹做好稳增长、促改革、调结构、惠民生、防风险、保稳定工作,推动经济平稳健康运行、社会和谐稳定,确保"十四五"开好局,以优异成绩庆祝建党100周年。会议确定做好2021年工作的七个方面主要任务:一是聚焦产业转型升级,加快打造智能制造强市；二是聚焦强化科技支撑,加快打造区域科创中心;三是聚焦深化改革与湘赣边区域合作,加快打造湘东开放门户;四是聚焦乡村全面振兴,加快打造乡村振兴标杆;五是聚焦功能品质提升,加快打造生态文旅名城;六是聚焦社会治理创新,加快打造现代治理样板;七是聚焦增进民生福祉，加快打造最具幸福感城市。会议审议通过《中共浏阳市委关于制定浏阳市国民经济和社会发展第十四个五年规划和二〇三五年远景目标的建议》。

【市委常委会会议】 2020年,中共浏阳市委共召开市委常委会会议49次。

1月15日，市委常委会2020年第2次会议,会议传达学习习近平总书记发表的2020年新年贺词和在全国政协新年茶话会上的重要讲话精神，中组部关于进一步激励干部担当作为有关具体措施和通知精神，市州和省直行业系统党(工)委书记抓基层党建暨落实意识形态工作责任制述职评议会议精神，全省干部监督工作会议精神；研究浏阳市污染防治攻坚战有关工作；听取关于筹办红一方面军成立九十周年暨第六届湘鄂赣苏区历史研讨会的情况汇报;传达省纪委、省监委关于"12•4"重大安全生产事故的处理意见;听取李某某违纪案处理意见的报告;研究有关人事任免。

1月21日，市委常委会2020年第3次会议,会议传达学习习近平总书记关于新型冠状病毒感染的肺炎疫情的重要指示精神和李克强总理有关批示精神、国务院有关会议精神,省委常委会会议有关精神和中共长沙市委常委会会议有关精神,听取本市有关情况汇报。

1月27日,市委常委会(扩大)会议,会议传达学习习近平总书记在中共中央政治局常务委员会会议上的重要讲话精神及相关重要指示批示精神和省委常委会会议、省政府电视电话会议、中共长沙市委常委会(扩大)会议精神,听取浏阳市新型冠状病毒感染的肺炎疫情防控工作情况汇报,研究部署下一步疫情防控工作。

1月30日,市委常委会(扩大)会议,会议传达学习习近平总书记1月27日对当前新型冠状病毒感染的肺炎疫情防控工作所作重要指示批示精神及省委书记杜家毫和省委常委、长沙市委书记胡衡华有关批示精神，《中共中央关于加强党的领导、为打赢疫情防控阻击战提供坚强政治保证的通知》《中共湖南省委关于加强党的领导、坚决打赢疫情防控阻击战的通知》精神，1月29日省委书记专题（扩大）会议、全省组织部长视频会议和中共长沙市委常委会（扩大）会议精神，听取全市新型冠状病毒感染的肺炎疫情防控工作情况汇报，研究部署下阶段工作。

2月5日，市委常委会2020年第7次会议，会议传达学习习近平总书记在“不忘初心、牢记使命”主题教育总结大会上的重要讲话精神及全省有关会议精神，省十三届人大三次会议、省政协十二届三次会议精神，《中共湖南省委办公厅关于集中精力打赢疫情防控阻击战的通知》（湘办发电〔2020〕7号）精神；传达学习2月3日中共中央政治局常务委员会会议、省委常委会会议和2月4日省委常委会会议、中共长沙市委常委会会议有关精神，听取全市新型冠状病毒感染的肺炎疫情防控工作情况汇报，研究部署全市新型冠状病毒感染的肺炎疫情防控工作；听取2020年部门预算编制情况汇报；研究讨论中共浏阳市十二届委员会部分委员、候补委员异动事项。

2月25日，市委常委会2020年第9次会议，会议传达学习习近平总书记就关心关爱参与疫情防控工作的医务人员作出的重要指示精神和2月21日省委常委会会议有关精神，2月21日中共中央政治局会议精神，习近平总书记在统筹推进新冠肺炎疫情防控和经济社会发展工作部署会议上的重要讲话精神和2月23日省委常委会会议有关精神、2月24日中共长沙市委常委会会议有关精神，《关于毫不放松抓好疫情防控工作的通知》（湘疫防〔2020〕18号）精神，听取全市疫情防控工作和复工复产工作情况汇报，研究部署统筹推进疫情防控和经济社会发展工作；传达学习习近平总书记在1月3日中央财经委员会第六次会议、2月5日中央全面依法治国委员会第三次会议、2月14日中央全面深化改革委员会第十二次会议上的重要讲话精神及省委常委会会议有关精神；听取全市“不忘初心、牢记使命”主题教育工作汇报；听取关于邝某违纪案处理意见的报告；研究有关人事议题。

3月2日，市委常委会2020年第10次会议，会议传达学习习近平总书记在2月26日中共中央政治局常务委员会会议上的重要讲话精神、对全国春季农业生产工作作出的重要指示精神和2月28日省委常委会会议有关精神，李克强总理在2月27日中央应对新冠肺炎疫情工作领导小组会议上的讲话精神；传达学习长沙市经济运行视频调度会议精神，研究部署全市“大干一百天、实现双过半”竞赛活动；听取全市烟花爆竹产业转型升级工作情况汇报，研究部署下阶段工作；传达学习全国、全省、长沙市组织部长会议精神，听取全市组织工作情况汇报；传达学习中央、省委、长沙市委政法工作会议精神，听取全市政法工作情况汇报。

3月9日，市委常委会2020年第11次会议，会议传达学习习近平总书记3月2日在北京考察新冠肺炎防控科研攻关工作时的重要讲话和在3月4日中共中央政治局常务委员会会议上的重要讲话精神，3月6日省委常委会会议有关精神；习近平总书记在决战决胜脱贫攻坚座谈会上的重要讲话精神和省委有关会议精神；3月5日中央应对新冠肺炎疫情工作领导小组会议精神，《中共湖南省委关于深入贯彻落实习近平总书记重要讲话精神 在统筹推进新冠肺炎疫情防控和经济社会发展工作中更好发挥各级党组织和党员干部作用的意见》（湘发电〔2020〕9号）精神，听取全市疫情防控工作情况汇报；研究审议《浏阳市2020年重点建设项目计划（草案）》《浏阳市2020年政府投资项目计划（草案）》；研究审议《关于推进党建引领基层社会治理创新的实施意见（送审稿）》《关于全面推行“党建＋微网格”的实施方案（送审稿）》；听取关于2019年度示范化“五化”党支部、“三零”村（社区）创建情况汇报；传达学习十九届中央纪委四次全会、十一届省纪委五次全会、十三届长沙市纪委五次全会精神，听取全市党风廉政建设和反腐败工作情况汇报；听取关于浏阳市公务员职级晋升工作建议的汇报；研究有关人事任免。

3月13日，市委常委会2020年第12次会议，会议传达学习习近平总书记在湖北省考察新冠肺炎疫情防控工作时的重要讲话精神，3月9日中央应对新冠肺炎疫情工作领导小组会议精神，长沙市防控境外疫情输入专题会议精神；听取全市平台公司转型发展工作情况汇报；研究有关人事任免。

3月30日，市委常委会2020年第14次会议，会议传达学习习近平总书记在3月18日中共中央政治局常务委员会会议上的重要讲话精神，3月27日中共中央政治局会议精神，中共湖南省第十一届委员会第十次全体会议精神，《中共湖南省委新型冠状病毒感染的肺炎疫情防控工作领导小组关于加强复工复产安全生产工作的通知》（湘疫防〔2020〕23号）精神；研究审议《2020年巡察工作计划（送审稿）》；传达学习全国、全省宣传部长会议和长沙市宣传网信工作会议精神，听取全市宣传思想工作情况汇报；传达学习全国、全省、长沙市统战部长会议精神，听取全市统战工作情况汇报；听取2020年领导干部报告个人有关事项工作情况汇报。

4月7日，市委常委会2020年第16次会议，会议传达学习习近平总书记在浙江考察时的重要讲话和对四川西昌市经久乡森林火灾作出的重要指示精神，中共中央组织部抓党建促决战决胜脱贫攻坚电视电话会议精神；传达学习省委常委、长沙市委书记胡衡华来浏调研讲话精神，研究审议《关于贯彻落实胡衡华同志4月2日来浏调研讲话精神的任务分解和责任分工方案（送审稿）》。

4月17日，市委常委会2020年第17次会议，会议传达学习习近平总书记在4月8日中共中央政治局常务委员会会议上的重要讲话和对安全生产作出的重要指示精神，中央、长沙市统计工作有关文件精神；传达学习习近平总书记关于全面从严治党和巡视工作的重要论述精神，党章和《关于新形势下党内政治生活的若干准则》《中国共产党廉洁自律准则》《中国共产党纪律处分条例》《中国共产党党内监督条例》《中国共产党巡视工作条例》《中国共产党问责条例》及省委关于被巡视党组织配合省委巡视工作有关文件精神，研究审议《浏阳市配合省委第六巡视组巡视工作方案（送审稿）》，安排部署配合省委巡视工作；传达学习 4 月 10 日省委常委会（扩大）会议、长沙市委一季度经济形势分析会议精神，听取市人民政府党组关于一季度全市经济形势的汇报，研究部署下阶段经济工作；研究有关人事议题。

4 月 23 日，市委常委会 2020 年第 18 次会议，会议传达学习 4 月 17 日中共中央政治局会议和 4 月 20 日全省市州委书记座谈会精神，《党委（党组）落实全面从严治党主体责任规定》、省委党建工作领导小组第一次会议及 3 月 20 日省委常委会会议有关精神；听取有关党组 2019 年工作情况汇报；听取办公室工作情况汇报；听取 2019 年度绩效考核情况汇报。

5 月 21 日，市委常委会 2020 年第 22 次会议，会议传达学习 4 月 29 日、5 月 6 日中共中央政治局常务委员会会议精神及 5 月 8 日省委常委会会议有关精神，5 月 14 日中共中央政治局常务委员会会议精神及 5 月 15 日省委常委会会议有关精神，习近平总书记在山西考察时的重要讲话精神，5 月 15 日中共中央政治局会议精神，中央全面深化改革委员会第十三次会议精神，省纪委《党风政风监督工作简报》（以案促改专刊第 2 期）精神；听取浏阳市“月调度、季讲评、年评价”违法用地整治工作有关情况汇报；听取香港新太阳地产集团有限公司全面退出浏阳开发有关情况汇报；研究审议绩效考核办法修订建议和《2020 年度绩效考核指标体系（送审稿）》；研究审议《浏阳市乡镇（街道）“党建＋微网格”工作考核管理办法（试行）（送审稿）》。

6 月 4 日，市委常委会 2020 年第 25 次会议，会议传达学习习近平总书记在全国“两会”期间的重要讲话精神和全国“两会”精神及全省领导干部会议精神，习近平总书记在中共中央政治局第二十次集体学习时的重要讲话精神；研究审议《浏阳市高水平全面建成小康社会决胜年行动方案（送审稿）》；听取整顿软弱涣散基层党组织的情况汇报；研究审议《关于深化市纪委监委派驻机构改革的实施意见（送审稿）》《市纪委监委派驻机构改革方案（送审稿）》《浏阳市监察委员会向乡镇（街道）派出监察办公室实施方案（送审稿）》；听取关于刘某某、王某某、王某某、赵某某、吴某某严重违纪违法案拟处理情况的报告。

6 月 12 日，市委常委会 2020 年第 26 次会议，会议传达学习全省县委书记抓党建促决战决胜脱贫攻坚培训班精神，研究部署全市抓党建促决战决胜脱贫攻坚工作。

6 月 23 日，市委常委会 2020 年第 28 次会议，会议听取全市安全生产工作情况汇报，研究部署下阶段安全生产工作。

6 月 23 日，市委常委会 2020 年第 29 次会议，会议专题研究全市食品安全工作。会议听取市食安办关于全市食品安全工作情况的汇报，并就下阶段食品安全工作进行了安排部署。

7 月 17 日，市委常委会 2020 年第 31 次会议，会议传达学习 6 月 29 日中共中央政治局会议精神，习近平总书记在中共中央政治局第二十一次集体学习和中央全面深化改革委员会第十四次会议上的重要讲话精神，习近平总书记对进一步做好防汛救灾工作作出的重要指示精神和省委常委会会议及长沙市委常委会会议有关精神，省委常委、长沙市委书记胡衡华 7 月 15 日来浏调研讲话精神，省纪委有关通报精神；研究审议《浏阳市严格烟花爆竹安全生产条件促进产业转型升级实施方案（送审稿）》；传达学习习近平总书记关于长江“十年禁渔”重要指示批示和党中央、国务院相关部署精神，听取浏阳市渔民禁捕退捕工作情况汇报；研究有关人事议题。

7 月 29 日，市委常委会 2020 年第 33 次会议，会议传达学习习近平总书记在 7 月 17 日中共中央政治局常务委员会会议、企业家座谈会和吉林考察时的重要讲话精神，省委办公厅有关文件精神；传达学习全省产业项目建设推进现场观摩会精神、长沙市委上半年经济形势分析暨“大干一百天、实现双过半”竞赛活动总结会议精神，分析上半年经济形势，研究部署下阶段经济工作；听取关于面向村（社区）党组织书记考核招聘乡镇（街道）事业编制人员的情况汇报；研究有关人事议题。

8 月 28 日，市委常委会 2020 年第 35 次会议，会议传达学习习近平总书记在扎实推进长三角一体化发展座谈会和经济社会领域专家座谈会上的重要讲话精神、全省市州委书记市州长座谈会精神、中共长沙市委十三届十次全体会议精神、《中共长沙市委办公厅长沙市人民政府办公厅关于印发〈长沙市党政领导干部食品安全工作责任清单〉的通知》（长办〔2020〕17 号）精神；研究审议《湖南省浏阳市自然保护地整合优化预案（送审稿）》；研究有关人事议题。

9 月 11 日，市委常委会（扩大）会议，会议听取浏阳河“一河两岸”（以下简称“一河两岸”）开发建设推进工作情况，研究讨论浏发集团提出的“一河两岸”文旅项目策划方案，并就下阶段工作进行安排部署。

9 月 17 日，市委常委会 2020 年第 37 次会议暨市委巡视整改工作领导小组会议，会议听取市委巡视整改办关于市委巡视整改工作进展情况的汇报、市委巡视整改督查办关于对市委巡视整改工作开展督促检查的情况汇报，以及对市委落实意识形态工作责任制专项检查的反馈意见和对浏阳市选人用人专项检查反馈意见、对浏阳市选人用人专项检查发现机构编制问题线索、对市委巡察工作开展专项检查的反馈意见整改进展情况汇报，并就下阶段工作进行安排部署；研究审议并原则通过市委巡视整改办提出的《关于省委第六巡视组巡视浏阳市反馈意见的整改工作销号表》，要求根据会议讨论的意见进一步修改完善。

9 月 18 日，市委常委会 2020 年第 38 次会议，会议传达学习习近平总书记在纪念中国人民抗日战争暨世界反法西斯战争胜利 75 周年座谈会、全国抗击新冠肺炎疫情表彰大会和科学家座谈会上的重要讲话精神；研究审议《浏阳市城镇生活污水处理提质增效 PPP 项目实施方案（送审稿）》；听取公安局“坚持政治建警全面从严治警”教育整顿工作情况报告；传达中共长沙市纪委对浏阳监督执纪情况的通报。

9 月 22 日，市委常委会（扩大）会议，会议传达学习习近平总书记在湖南考察调研时的重要讲话精神和省、长沙市有关会议精神，并就下阶段工作进行安排部署。

9 月 25 日，市委常委会 2020 年第 40 次会议暨市委巡视整改工作领导小组会议，会议听取市委巡视整改工作进展情况，研究部署下阶段工作；听取全市农村乱占耕地建房问题摸排工作情况汇报；研究有关人事任免。

11 月 19 日，市委常委会 2020 年第 44 次会议，会议听取浏阳市食品安全工作情况汇报；研究审议《浏阳市农村宅基地制度改革试点实施方案（送审稿）》；研究审议《浏阳市推行工程建设项目“三集”审批长效机制的实施意见（送审稿）》；听取浏阳市科协第十二次代表大会筹备工作情况汇报；研究有关人事议题。

12 月 17 日，市委常委会 2020 年第 46 次会议，会议传达学习习近平总书记在全面推动长江经济带发展座谈会上的重要讲话精神，习近平总书记对平安中国建设作出的重要指示精神，习近平总书记在中央全面依法治国工作会议上的重要讲话精神，12 月 11 日中共中央政治局会议精神，习近平总书记在党外人士座谈会上的重要讲话精神；研究贯彻落实省委书记许达哲在长沙市宣讲党的十九届五中全会精神报告会精神的具体意见。

12 月 22 日，市委常委会 2020 年第 48 次会议，会议研究审议《市委十二届十六次全体（扩大）会议暨经济工作会议报告（讨论稿）》；听取全市村（社区）党组织和村（居）民委员会换届人选的情况汇报；听取应急管理局党组改设党委及相关人事调整汇报。

（梁　勇）

3 月 12 日，浏阳市 2020 年安委会第一次例会暨全市安全生产工作会议召开

（市委办　提供）

【安委会第一次例会暨全市安全生产工作会议】 3 月 12 日，浏阳市 2020 年安委会第一次例会暨全市安全生产工作会议召开。中共长沙市委常委、浏阳市委书记黎春秋强调，要时刻绷紧安全生产这根弦，以铁的手腕、铁的决心、铁的担当、铁的纪律，推动安全生产形势持续向好，坚决守住安全生产底线，为实现“双过半”、夺取“双胜利”创造安全稳定的良好环境。中共浏阳市委副书记、市长吴新伟主持会议。会议以视频会议形式召开，各园区、乡镇（街道）和应急管理局设分会场。会议印发《浏阳市安全生产委员会关于印发〈浏阳市安全生产委员会工作规则的通知〉》和《关于调整浏阳市安全生产委员会组成人员的通知》，市工信局、市场监督管理局、交通运输局分别就安全生产工作现场述职。就做好下一步安全生产工作，黎春秋强调，安全生产必须背水一战。要深刻分析“12•4”爆炸事故原因，汲取爆炸事故教训，不能好了伤疤忘痛，“前事不忘，后事之师”。针对制度虚设、整治虚抓、监管虚转，特别是只检查、不执法，只执法、不处罚，只处罚、不整改等现象，必须高度警觉，彻底整治。黎春秋强调，顽瘴痼疾必须刮骨疗毒。要动真碰硬，加大对顽瘴痼疾的整治力度，绝不能网开一面、退避三舍、视而不见，要加强安全文化建设，让安全意识入脑入心。要追根溯源，对于花炮行业“转包分包、三超一改”等毒瘤、交通领域的超限超载以及马路市场的整治，要找到问题的根源和症结所在。要常态长效，探索建立一套“排查预警 + 快速反应 + 回头看”的长效机制，全面彻底根除顽瘴痼疾。黎春秋强调，安全监管必须脱胎换骨。监管执法要严上加严，在执法过程中必须严格落实“四个一律”制度，真正做到推得开面子、开得出单子。监管制度要硬核执行，对于已出台的制度要刚性执行，并严格落实“一企双查”“事前问责”“事故单位述职”等制度。监管末梢要彻底打通，通过评比、考核等方式，压实派驻员、企业安全员等责任，同时要将“微网格”与安全监管结合起来，让每名联户党员都当好安全的信息员。转型升级要大刀阔斧，要加快花炮、非煤矿山、建筑等行业转型升级，提高行业本质安全。黎春秋最后强调，安全责任必须铁肩担当。要坚决杜绝责任落空，市级领导要作好表率，各园区、乡镇（街道）要扛起属地责任，应急办（安监站）、派驻员要担负 10 条监管职责，每一条都要上肩。要坚决杜绝工作落空，抓工作落实要像钉钉子一样，一个钉子一个眼，一锤一锤地钉。要坚决杜绝要求落空，戴好“紧箍咒”，将安全生产的法律法规及各项规章制度，一条一条落实到位。浏阳市领导邓阳锋、邓雪琴、周耀辉、王坤球、李翔、刘一斌、周明参加会议。

【新冠肺炎疫情防控工作领导小组会议】 11月16日，中共长沙市委常委、浏阳市委书记黎春秋主持召开市委新冠肺炎疫情防控工作领导小组会议，分析研判当前疫情形势，落实落细常态化疫情防控举措，安排部署秋冬季疫情防控工作。黎春秋强调，要把思想和行动统一到中央、省、长沙市决策部署上来，保持“思想不松、机制不变、队伍不散”，聚焦“存量加强管控、增量入口把控、变量动态监控”，切实筑牢疫情防控的铜墙铁壁。2020年，全市各级各部门严格按照外防输入、内防反弹和“两防三不”总体要求，抓紧抓实抓细各项疫情防控工作，截至11月16日，全市连续287天无新增确诊病例，连续277天无新增疑似病例，保持疫情防控“四无”良好态势。就如何做好秋冬季疫情防控工作，黎春秋指出，要高度警觉，把防控之弦绷得紧而又紧。要看到疫情防控的严峻性、复杂性、艰巨性。目前全球累计确诊病例超过5200万例，全球单日新增病例突破60万例，近期国内部分省市先后出现由散发病例引起的聚集性疫情以及零星散发病例，同时随着长沙黄花国际机场国际定期航班的有序恢复，给浏阳外防输入带来了一定压力。黎春秋强调，要人物同防，把防控之网织得密而又密。要把防输入作为重中之重，坚持人物并重、人物同防，抓好“三个重点”：抓重点人群监控，严格落实“入境严检测、落地速报告、异常早收治”，加强对境外和中高风险地区到（返）浏阳人员精准摸排；抓重点场所监管，聚焦养老机构、农贸市场、大型超市、冷链仓储等重点场所；抓重点产品监测，严把进口冷链食品口岸入境关、运输出入库关、流通交接关、市场销售关“四道关”。要守护“四道门槛”，盯紧酒店“店门”，看紧社区“大门”，护紧医院“院门”，锁紧学校“校门”。要落实“三个预案”，落实好应急物资预案、大型活动预案以及医疗救治预案。黎春秋要求，要慎终如始，把防控之堤筑得牢而又牢。要严实责任，压实压紧属地、部门、单位、个人“四方责任”。要严明纪律，两办督查室、干部效能中心、卫健、疾控等部门要采取不打招呼、直插一线的方式，强化疫情防控工作监督检查，对安排部署工作不重视、不落实，行动迟缓、措施不力的，必须通报到人、追责到人。要严密组织，继续坚持“联防联控、群防群控”疫情防控策略，特别是要充分发挥好“党建＋微网格”的“探头”和“触角”作用，让微网格真正运转起来，及时发布防疫信息，确保对网格内动态快发现、快掌控、快反应、快处置。市领导李爱民、喻辉、邓雪琴、李翔、刘一斌参加会议。

（梁　勇）

重大决策

【出台《关于坚持党建引领确保打赢疫情防控阻击战的通知》】 1月27日，中共浏阳市委办公室下发《关于坚持党建引领确保打赢疫情防控阻击战的通知》，要求党员干部做好“六个带头”，即带头站在防控斗争第一线；带头发扬无私无畏精神；带头做好群众思想工作；带头落实防控措施；带头顾全大局；带头坚守岗位。建立“三包”机制，即乡镇（街道）班子成员包村，由班子成员、联村（社区）干部、村（社区）党组织组成包村工作组；党支部包片，农村下辖党支部对所在片区履行好包片职责；党员包户。落实“三全举措”，即多管齐下，做好全方位宣传；多措并举，做好全覆盖排查；多方并进，做好全天候服务。号令之下，全市坚决抗击疫情的“作战图”迅速铺开。各级党委（党组）主要领导到岗带班，取消休假，全力以赴投入防疫之战，乡镇街道建立疫情防控领导机构和联防联控工作机制，24小时值班值守；卫健、工信、公安、交通运输、商务、市场监管、医保等部门和单位全面响应，全力构建群防群治的严密网络，努力把各项防控措施落实到每一个街道、每一个乡镇、每一个社区、每一个村、每一个网格。

【出台疫情防控工作责任追究暂行办法】 2月5日，浏阳市出台《新型冠状病毒感染的肺炎疫情防控工作责任追究暂行办法》（以下简称《办法》），用严格的制度、精准的问责倒逼全市各级党组织和党员干部落实防控责任，坚决打好打赢这场没有硝烟的人民战争。《办法》由适用对象、坚持原则、责任追究、问责程序等部分构成，共计10条，列出疫情防控工作中追究责任的9种情形，明确对党组织和单位问责的2种方式以及对党员和公职人员责任追究的5种方式。此外，《办法》明确指出，领导干部存在重大失职渎职行为，造成重大损失或恶劣社会影响等严重后果的，一律先免职并依纪依法从重或加重处理。

（梁　勇）

市委督查

【落实重大决策督查】 2020年，浏阳市委督查工作聚焦决策部署，紧盯决策督查。对市委作出的重大决策部署、安排的中心工作和重要事项紧抓不放，跟踪问效，开展疫情防控工作、安全生产工作、脱贫攻坚工作、“党建＋微网格”工作、防控化解政府债务风险工作等专项督查38项，有力促进各项工作落地落实。对市委主要领导在市委全会、市委常委会会议、月工作碰头会等会议上的部署事项实行台账管理，动态跟踪督办，开展市委常委会会议议定事项落实情况专项督查1次、月工作碰头会部署工作落实情况督查7次。对省委常委、长沙市委书记胡衡华到浏阳调研指示事项等持续跟踪督办，督促相关单位整改、落实，确保上级决策部署在浏阳落地生根。

【领导批办件督查】 2020年，浏阳市委督查工作坚持有批必办，狠抓专项查办。全年共办理专项查办件207件，其中省委常委、省委秘书长张剑飞批示件2件、省委常委、长沙市委书记胡衡华批示件及网络问政件47件，长沙市委常委、浏阳市委书记黎春秋批示件及交办件158件。黎春秋先后4次在督查专报上作出批示，对专项查办工作表示肯定。

【督查调研工作】 2020年，浏阳市委督查工作积极辅政献策，开展督查调研。就市委主要领导关心的建立“网上群众工作站"事项开展调研，全面摸清全市网络问政投诉渠道和办理情况，组织网信办、教育局、行政审批局、信访局、退役军人事务局等单位集体探讨建设"网上群众工作云平台"的可行性和具体方案，形成《关于网络问政投诉办理情况及"网上群众工作站"建设模式探索的调研报告》呈报市委主要领导。

【整治"两个主义"督查】 2020年，浏阳市委督查工作为推进减负再发力，整治"两个主义"。在去年工作基础上，进一步深化巩固基层减负成果，深度整治形式主义官僚主义。持续优化"督检考"，制订下发2020年督查考核年度计划，共计20项，较2019年再减少3项，全年"两办"督查室组织开展明察仅8次，督查考核年度计划外事项均以暗访形式开展。持续精简"文山会海"，严格执行年度重要文件清单管理、会议"警戒线"等制度，从源头上规范发文、开会。以市委、市政府和"两办"名义下发文件同比减少30.55%。市委、市政府召开的全市性会议较去年同比减少20.92%。持续推进"网络减负"，组织清理全市政务微信、QQ工作群，共清理微信、QQ工作群1228个，其中解散群828个，整合群400个，乡镇（街道）共减少群734个，市直单位减少群494个。此外，梳理出全市存在苗头或应当注意防范的形式主义官僚主义问题具体表现，形成《形式主义官僚主义问题十二忌》，呈市领导参阅，以提醒提示在工作中以上率下带动各级各部门求真务实、真抓实干。

【中心工作落实督查】 2020年，浏阳市委督查室工作人员积极作为顾大局，当好"落实尖兵"。积极参与中心工作，以"督促别人落实，自己率先落实"的责任感完成好各项工作任务。牵头完成省委巡视反馈意见的1-1-(2)问题、2-10-(36)(37)问题整改任务，并积极配合纪委监委开展巡视整改情况督查，共开展巡视整改督查20次，其中走访式督查9次，电话督查11次，共涉及督查单位15个。牵头办理市十七届人大六次会议第146号建议、266号建议，组织网信办、政府办、淮川街道、沙市镇及市委办相关科室，就代表所提建议开展调研，督促公安局、司法局等单位加强对村级法律顾问、驻村辅警的管理。

（戴高奇）

政策研究

【文稿服务】 2020年，市委政研室坚持把起草精品文稿作为第一标准，学深悟透习近平新时代中国特色社会主义思想，精准把握中央、省、长沙市决策部署，切实将上级的大政方针与浏阳经济社会发展高度统一起来，将市委意图与浏阳改革发展稳定任务紧密结合起来。全年共完成各类讲话、汇报、致辞等文稿532篇，文稿字数超过400万字。圆满完成市委全会暨经济工作会议讲话，省、市主要领导来浏阳调研汇报材料等重要文稿起草；高质量完成全国退役军人工作会议典型发言、红一方面军成立90周年暨第六届湘鄂赣苏区历史研讨会、椒花水库工程开工仪式等重大活动的文稿撰写。撰写的巡视信访件办理工作、金阳新城战略规划、"大干一百天、实现双过半"竞赛活动、省委巡视整改等文稿材料得到省、市领导充分肯定；自贸区建设对浏阳发展的影响、党的十九届五中全会精神解读等文稿得到浏阳市委主要领导的高度赞扬。

【调查研究】 2020年，市委政研室聚焦市委重大战略和中心工作，做深做实参谋辅政工作，积极创新工作机制，深入基层一线开展调查研究40余次，努力当好市委的"智囊团"。全年共撰写各类调研文章13篇，《"四个升级打造"推进全面脱贫与乡村振兴有效衔接》《在总书记赋予湖南的战略定位实施中争当县域发展排头兵》《深入实施"党建＋微网格"，探索党建引领基层治理创新的"浏阳路径"》等多篇文章刊发于中央、省、市媒体、内刊，有效推介浏阳的工作经验、典型做法，扩大对外影响力。

【信息收集报送】 2020年，市委政研室主动掌握省、长沙市对基层信息的需求，准确把握信息工作规律，挖掘上报具有浏阳工作特色、能够展示浏阳发展形象的信息。全年共向省、长沙市上报信息347篇，被省委办公厅、长沙市委办公厅内刊单条采用230篇，其中《浏阳市"四高四抓"全力推进显示功能器件产业链发展》《浏阳市强化"三间"经济联动促消费企稳回升》等信息被省办单条采用，《浏阳市认真落实衡华书记指示精神全力推进金阳新城发展》《浏阳市以"四个三"为抓手推动"百日竞赛"活动》等信息被编为《长沙要情》头条。及时准确做好紧急信息上报工作，向省、长沙市上报紧急信息40余条。持之以恒、高标准办好《浏阳要情》，共出刊198期，提供各种信息1188条，上报领导活动118期。

（王　超）

组织工作

【概况】 2020年，中共浏阳市委组织部把学习贯彻习近平新时代中国特色社会主义思想作为首要政治任务抓好落实。积极动员全市各级党组织和广大党员干部全力投入疫情防控、复工复产和脱贫攻坚，真正做到党旗插在最高处、堡垒建在最前沿、党员冲在第一线。全面推行"党建＋微网格"工作。稳妥有序推进村（社区）"两委"换届工作。积极落实"1+5"文件[《中共湖南省委关于全面加强基层建设的若干意见》和《规范乡镇（街道）职责权限实施方案》《拓展基层干部晋升通道实施方案》《提高基层干部待遇实施方案》《促进人才向基层流动实施方案》《切实减轻基层负担实施方案》]精神，明确乡镇机关工作人员收入水平高于市直机关同职级干部20%标准，面向村（社区）党组织书记择优选拔3名事业编制工作人员，积极落实社区员额管理，稳步提升基层队伍待遇。推出"金融村官"驻村服务机制，面向32个乡镇（街道）的323个村（社区）选派330名政治素质优、业务能力强的银行中高层管理人员和一线业务骨干担任"金融村官”。深化公共服务“一门式”全覆盖，制定村（社区）公共事务准入制度，统筹推进基层公共服务信息化清单化规范化，打造示范化综合村级服务阵地。官渡镇竹联村党总支部被评为湖南省基层党建工作示范点，官渡镇退休干部党支部被评为第五批全省示范离退休干部党支部。大围山镇楚东村和文家市镇文家市村入选中组部推动红色村组织振兴建设红色美丽村庄试点村，中央财政补助 300 万元/村。关口街道升平村、官渡镇南岳村、大围山镇楚东村、枨冲镇才常村、金刚镇丹桂村、葛家镇葛家园村、官桥镇石灰嘴村、北盛镇窑金村、洞阳镇长东村、淳口镇狮岩村、淳口镇向坪村、沙市镇莲塘村、龙伏镇龙伏村等 13 个村成功申报 2020 年中央扶持壮大村级集体经济项目。全市 302 个涉农村（社区）集体经济收入超过 2 亿元，村均 66.35 万元，264 个村收入达到 20 万元以上，占比 87.42%（其中总收入达 100 万元以上村 50 个），超额完成长沙市提标任务。成立非公有制经济组织综合党委、鞭炮烟花行业党委、社会组织综合党委、商协会组织联合党委和物业管理行业党委等 5 个市直行业党委，健全两新党建分类指导工作网络。在湖南方锐达科技有限公司等 4 家企业开展非公企业技能安全教育委员会试点工作，实现非公党建与安全生产深度融合。新成立“两新”党组织 49 个，实现基层商会组织全覆盖。学校、医院、国企、离退休等领域党建工作质量不断提升。举办村（社区）党组织书记培训班、党员致富带头人示范培训班 22 期，培训 5104 人。2020 年，全市共发展党员 1101 人，其中女性党员 440 人，35 岁以下年轻党员 655 人，大学本科学历（含以上）355 人。被长沙市确定为农村党员分类管理试点县，探索将农村党员分为有职党员、无职党员、年老体弱党员和流动党员四类，分别制定各类别党员管理措施，激发先锋模范作用。

【干部工作】 2020 年，市委组织部对 79 个市直单位进行政治建设考察。选人用人、机构编制工作接受省委巡视组专项检查，按要求整改销号巡视反馈问题。突出政治标准，树牢“以实绩论英雄”的鲜明导向，全年完成干部调整交流 9 批次，涉及干部 1249 人次（含职级晋升），其中提拔重用“85 后”干部 122 人。严格执行出国（境）、请销假、提醒函询诫勉制度。分 4 批次对 42 个单位开展选人用人专项巡察检查，抓好问题清单销号整改。举办年轻干部培训班等各类干部培训班 65 期，培训干部 1 万余人次。贯彻落实中组部《关于改进推动高质量发展的政绩考核的通知》，强化对党的建设、推动高质量发展、疫情防控、复工复产、民生事业等工作的考核。下发预警通知、效能通报 15 期。稳妥有序推进参公涉改单位人员转隶，选调及招录公务员 133 人。切实关爱基层，开展乡镇干部交流，首批 37 名长期扎根基层一线的优秀乡镇干部自主选岗回到家庭所在地或原籍乡镇工作，有效激发干部队伍活力。依法依规做好公务员登记、调任、转任、奖惩、工资福利、信息采集等工作。坚持用心用情，做好老干部及关心下一代工作，举行形势报告会及银发先锋大课堂，听取老干部意见建议。举办湘鄂赣毗邻县（市）老干部书画联谊会，150 余名来自湘鄂赣毗邻县市的老干部书画协会会员齐聚一堂，共同分享书画创作经验、心得，促进区域文化交流。擦亮“五老四教”活动品牌，培育建设 1 个长沙市老党员之家和 8 个浏阳市级示范点。

5 月 22 日，浏阳启动 2020 年高校毕业生就业服务季“百千千万”系列活动
（市委组织部 提供）

【人才工作】 2020 年，市委组织部组织开展 2020 年高校毕业生就业服务季“百千千万”（招录 100 名左右公务员，分批招录 1000 名左右机关事业单位工作人员，分批提供 1000 个左右见习岗位、10000 个左右就业岗位）系列活动，引进机关事业单位工作人员 1123 人，提供见习（实习）岗位 1310 个，提供就业岗位 2.1 万余个。精准对接企业用人需求，上线“云校招”智能招聘系统平台，全年组织开展社会招聘、春秋季校招等企业人才招聘活动 60 余场次，引进企业人才 4 万余人，企业人才中长沙高层次人才达 75 人。选派 65 名科技特派员到全市精准扶贫村、种养专业合作社进行驻点服务，举办农业生产、医卫类技术培训和科技服务 356 场次。成功承办创新湖南第三届高峰论坛，举办“创客中国”浏阳创新创业大赛，为 8 个项目融资 1.7 亿元。启动科技专家服务团“村播带货”科技服务活动，指导建成 1 个 5G 直播基地、10 个主题直播间和 1 个“村播”平台，评选一批“村播带货达人”，带动农民创业就业和增收。组织全省烟花爆竹中高级职称特殊评审工作，3645 人被评为中高级职称。落实领导干部直接联系服务专业英才制度，300 余名领导干部与 813 名专业英才结成对子。开设专业英才“绿色通道”，发放“英才绿卡”924 张。

【党建引领疫情防控阻击战】 2020年 1 月，市委组织部发布《疫情就是命令，防控就是责任——致全市各基层党组织和广大党员的倡议书》，中共浏阳市委办公室下发《关于坚持党建引领确保打赢疫情防控阻击战的通知》(浏办通知〔2020〕3 号),要求以党支部为作战单位,党员带头,全力以赴投入疫情防控工作,并积极推行"党政领导包村、党支部包片、党员包户"的"三包"机制,累计上户走访宣传 40 余万户。下发《关于在职党员参与疫情防控的工作提示》,6200 名在职党员参与上户摸排工作,摸排登记 5.2 万人次。选派 564 名干部组成 36 个防疫联络组,深入企业、重点项目,解决问题 1909 个。成立 20 个援企稳岗赴外招聘小组,累计协助蓝思科技招聘员工 3.2 万余人。疫情防控和经济社会发展取得"双胜利",7 名个人以及浏阳市澄潭江镇洲田村党总支部在湖南省抗击新冠肺炎疫情表彰大会上受到表彰。

9 月 25 日,长沙市老干部(老年)大学 2020 年下半年校长联席会议在浏阳市召开,与会人员实地考察浏阳市老年教育基层教学点集里桥街道集里桥老年学校 (市委组织部 提供)

【出台疫情防控"十条措施"】 2020年2 月,市委组织部出台《进一步激励关爱疫情防控一线工作人员的十条措施》(浏组通〔2020〕2 号),把防控一线作为淬炼干部、检验干部、识别干部、选拔干部的重要阵地,从大力发现一线优秀基层人员、大胆选拔重用一线优秀基层干部、积极落实一线人才培养政策、鲜明倡树倾斜一线的考核导向、及时落实一线人员临时性工作补助、切实保障一线人员身心健康、科学调配一线工作力量、认真做好一线关怀帮扶、扎实解决一线人员后顾之忧、不断浓厚一线奋战氛围等十个方面进行细化,激励疫情防控一线工作人员不忘初心、牢记使命,勇于担当、奋勇向前,坚决打赢疫情防控的人民战争、总体战、阻击战。根据工作需要,市委组织部转拨上级组织部门下拨专项党费、紧急下拨代市委管理党费共计 100 万元,发放疫情防控一线工作人员补助 696.43 万元,在抗疫一线发展党员 12 人。

【"党建 + 微网格"工作】 2020 年3月,"党建 + 微网格"工作全面铺开。按照"化整为零、以小搏大"的思路,全市划分为 3.2 万个微网格,每个微网格一般包含 10～15 户(最多不超过 30 户),覆盖全市 41.92 万户,全部由党员担任微网格长,并明确微网格长"四员"定位(政策法规宣传员、民情信息收集员、和谐稳定促进员、推动发展引领员),每个微网格建立一个线上微信群,并建立全市党建微网格综合治理调度平台,强化智治水平。通过党员带头,把分散的"社会人""单位人"再组织化,全市共有 3.5 万名党员、3725 名入党积极分子、950 名非党员乡村能人和 6809 名志愿者参与进来。2020 年,通过"党建 + 微网格"收集意见建议 9873 条,累计解决群众身边的实际问题 28123 个,全市信访总量同比下降 31.8%,"三零"(零上访、零事故、零发案)村(社区)占比由 2019 年的 71%提高到 2020 年的 82.4%。"党建 + 微网格"工作先后被新华社、《中国组织人事报》、中组部"共产党员"公众号、省委《湖南工作》等权威媒体广泛推介,并被中组部、中宣部确定为党建引领基层社会治理工作经验宣传点。中组部组织二局局长石军,省委副书记乌兰,省委常委、组织部部长王少峰,省委常委、长沙市委书记胡衡华,长沙市委常委、组织部部长张宏益等各级领导给予"党建 + 微网格"高度评价。

【村(社区)党组织换届】 2020 年 9—11 月,市委组织部在中和镇开展村(社区)"两委"换届工作试点。12 月 4 日,全省村(社区)"两委"换届工作电视电话会议召开,浏阳市正式启动村(社区)"两委"换届工作。村(社区)党组织换届共选举产生新一届党组织班子成员 1631 人,平均年龄 42.53 岁,其中 35 岁以下 372 人;大专以上文化程度 1000 人,较上届提高 18.63%,本科以上学历 227 人,硕士研究生 4 人,年龄、学历"一降一升"目标顺利实现。

【老年教育】 2020 年下半年,市委组织部抢抓疫情好转的机遇,开办 25 所基层老年学校,圆满完成省、长沙市"60%的乡镇街道建有老年学校"工作目标,将老年教育送到老年朋友家门口,方便老年人老有所获、老有所乐。2020 年,长沙市、浏阳市从两级党费中拿出 40 万元补助基层老年学校建设,充分调动有关乡镇街道工作积极性。9 月 25 日,长沙市老干部(老年)大学 2020 年下半年校长联席会议在浏阳市召开,长沙市老年大学校长范小新、长沙市委组织部副部长、老干部局局长周海毅,长沙市九区(县、市)的老干部大学校长、老干部局局长出席会议,会上,浏阳市委组织部副部长胡国平作基层老年大学建设工作经验介绍。10 月 15 日,湘鄂赣毗邻县(市、区)第五届老年书画联谊会在浏阳开幕,省、长沙市、湘鄂赣书画名家及嘉宾 200 余人参加会议,交流创作经验、促进文化传承。

截至 2020 年年底,全市 25 所基层老年学校共计开设专业 117 个,办班135 个,共 4525 名学员。

(崔月龙)

宣传工作

【概况】 2020年，市委宣传部在中共浏阳市委的坚强领导下，高举习近平新时代中国特色社会主义思想伟大旗帜，认真贯彻党的十九届四中、五中全会精神和习近平总书记考察湖南重要讲话精神，深入践行“三高四新”战略，守正创新、担当作为，各项工作取得新进展新成效，为推动浏阳高质量发展、现代化建设提供有力的思想保证、精神力量和文化支撑。

【理论学习】 2020年，市委宣传部坚持不懈用习近平新时代中国特色社会主义思想凝心铸魂，充分发挥市委理论学习中心组“头雁效应”，制定《进一步加强和改进党委（党组）理论学习中心组学习的措施》，高质量开展市委理论学习中心组集体学习10次，带动各级党委（党组）中心组开展集中学习2000余次，并通过“三个一”形式（开展一次座谈交流、撰写一篇调研报告、组织一场知识测试）巩固深化学习成果，实现“关键少数”带动“绝大多数”。围绕学懂弄通做实党的十九届四中、五中全会精神和习近平总书记考察湖南重要讲话精神，面向基层深入开展大学习、大宣讲、大实践活动，让党的创新理论“飞入寻常百姓家、飞入群众心坎里”，淮川街道“睦邻微课堂”微宣讲被央视《新闻联播》报道推介。创新开发《胡子将军》《布衣上将》《电波声声》等红色戏曲“微宣讲”，通过文艺形式，把浏阳的红色故事讲得生动形象，全年累计展演70余场次，观众达4000余人。把推广“学习强国”学习平台作为活化学习方式、强化理论武装的重要载体，持续提升“学习强国”平台的覆盖率、活跃度和供稿数，全年推稿上稿量位列长沙九区县（市）第一，上强国、学时政、答试题、亮积分、晒排名成为全市广大党员干部群众的学习新风尚。

【意识形态工作】 2020年，市委宣传部着力严守阵地、守土尽责，牢牢掌控意识形态工作，层层传导抓责任落实。严格落实属地管理和主管主办职责，制定《浏阳市党委（党组）意识形态工作责任清单》《浏阳市意识形态“七大阵地”管理工作流程》等制度，充分发挥“党建＋微网格”效能，织密织牢风险排查防控网，着力构建横向到边、纵向到底的意识形态工作责任体系。定期召开意识形态工作联席会议，分析研判全市意识形态形势，通过一级抓一级、一级促一级，压紧压实意识形态工作责任。寸土不让抓阵地管理。盯紧看牢“七大阵地”日常监管，严格落实新闻阅评、社会宣传管理等制度，围绕全面整治宣传标语横幅悬挂乱象、规范文化阵地管理等开展督查6次，印发《督查情况通报》3期，社会宣传阵地规范有序。深入开展“扫黄打非”行动，全年检查经营单位（场所）3564家次，立案结案1件，没收非法音像制品、出版物180余册（套）。建立24小时网络舆情监测应急机制，全年共摸排舆情风险隐患206个，处置重点网络舆情12起，90%以上舆情实现24小时线上线下处置到位，网络综合治理工作得到中央网信办、《湖南网信动态》推介。从严从实抓问题整改。把省委意识形态工作责任制巡视整改作为一项重大的政治任务，针对巡视反馈的4个类别9项问题概况13个具体问题线索，细化问题清单、任务清单和责任清单，确保责任到人、任务到岗，高质量完成整改任务，整改成效获省委宣传部肯定。用足用好本级巡察利剑，下沉34家单位开展意识形态工作巡察，进一步压实各级党委（党组）主体责任。

【新闻宣传】 2020年，市委宣传部紧紧围绕疫情防控与复工复产、决战决胜脱贫攻坚、“党建＋微网格”等中心大局，推出一大批有力度、有深度、有温度的主题宣传，全年在《人民日报》、新华社、央视《新闻联播》等中央、省市主流媒体累计刊发报道2412篇（条），在全国县级市传播热度榜单中，浏阳位列第7位。新华社“浏阳超级乡镇医院群”深度报道，获国务院副总理肯定批示。新华社连续刊发《老手艺撑起“脱贫伞”》《农民画师绘就脱贫路上“美丽事业”》等4个脱贫攻坚故事，以李忠国故事为原型的短剧《撑起幸福》登上央视舞台。浏阳市利用“村村响”广播广泛宣传疫情防控知识的举措，被央视《新闻联播》作为湖南典型案例进行宣传推介。“一河两岸”文旅项目融合城市宣传、IP推广，通过新华丝路等平台在2000家海外媒体推介。对标“打造主流舆论阵地、基层治理平台、新兴产业业态的全国样板”目标，持续推进媒体深度融合，形成“合二为一、统一管理、协调联动、高效运转”的媒体融合运行机制，融媒体中心被评为“第八届全国服务农民、服务基层文化建设基层广播电视传输覆盖机构先进集体”。坚持和完善突发事件舆情交办机制，修订《浏阳市突发事件新闻发布应急预案》，进一步明确报道口径、送审流程及发布时间，严格执行审核、归口发布原则。组织开展新闻宣传与舆情引导培训、宣传专干专题培训，切实提升宣传思想文化战线干部在舆情应对、媒体沟通、新闻写作等方面能力实力。

【文明创建】 2020年，市委宣传部以创建全国文明城市为总抓手、铁目标、高荣誉，聚焦群众最关心、最直接的民生问题，紧扣设施提升、素质提升、秩序提升三大关键，集中整治重点难点热点问题，不断提升常态化创建水平，在全省测评中，三年综合成绩排名第一。大瑶镇南山村、永安镇坪头村入选“全国文明村镇”，3家单位被评为湖南省文明行业荣誉，50余个单位或个人获得省、长沙市文明荣誉。推进新时代文明实践中心建设，挂牌成立实践所32个、实践站323个、实践点163个。开展“四季同行·雷锋家乡学雷锋”“爱心涌动浏阳河”学雷锋志愿服务等主题活动，组织全市800多支志愿队伍、16万名注册志愿者积极投身疫情防控，助力经济社会发展，《勇当疫情防控新时代文明实践“十大员”》获《人民日报》推介。广泛开展“移风易俗　文明祭祀”“文明毕业季　拒绝升学宴”“你文明的样子真美”等倡导文明新风活动，文明风尚持续向好。不断夯实好人之城根基，涌现出一大批事迹感人、反响强烈的道德模范和身边好人，1人被评为“中国好人”，16人被评为“湖南好人”，1人被评为省新时代好少年，1人被评为省最美志愿者。举办“感动浏阳”第五届道德模范交流活动，推出“礼遇十条”，在全社会形成尊崇、关爱道德模范和“身边好人”的浓厚氛围。

【文化事业】 2020年，浏阳市广大文艺工作者围绕浏阳历史文化、社会发展变化及脱贫攻坚等现实题材，创作出一大批有筋骨、有情怀、有温度的文艺精品。全国首部反映河长制的现实题材电影《浏阳河上》在浏阳拍摄；有4人入选“第二届湖南中国画双年展”；伍艳辉中国画《乡村美如画》入选“悲鸿精神——第四届全国中国画作品展”；散文集《寻访谭嗣同》获第十届省优秀社科读物奖；戏曲《胡子将军》获长沙“五个一工程”奖；演讲学会在“魏源杯”全国演讲大赛斩获金奖；书协5人、11次入展国家级书法赛事。有6人分别加入中国作家协会、中国美术家协会、中国书法家协会、中国音乐家协会。原创作品《蹚出新路子》入选2020年湖南省欢乐潇湘精准扶贫专场晚会展演，并在全省巡演。制定出台《浏阳市非物质文化遗产保护传承十条》，策划组织举办浏阳市“匠心守艺‘非遗’焕新”“非遗”宣传月活动，评定第一批示范性“非遗”保护传承乡镇（街道）、传习所、传承学校，“非遗”文化不断焕发活力。完善公共文化服务体系，新建长沙市标准化村（社区）综合文化服务中心20个、文旅大舞台4个、全民健身中心2个，完成新博物馆内容和形式设计招标工作。精心举办2020中国红色旅游博览会浏阳分会场、第四届湖南文化旅游创新创意大赛等活动，持续开展送戏下乡、经典剧目惠民演出、“文艺大讲堂”“欢乐浏阳河”等群众性文化活动180余场，为市民奉献一道道丰盛的“文艺大餐”。

【文化产业】 2020年，全市文化产业增加值稳居长沙市各区（县市）第一。建成全省首个网间经济集约孵化平台，“智慧浏阳河”文化创意孵化中心被评为“国家级众创空间”。培育创意烟花新业态，9月，市级重点项目“智能光电特效产业基地”一期封顶。新建1200平方米创意烟花场景展演空间，启动开发“大型城市表白智能互动烟花项目”。浏阳夏布深度融入文旅消费，与湖南省博物馆、炎帝陵景区、耀邦景区达成深度合作。

（彭美霞）

统战工作

【概况】 2020年，中共浏阳市委统战部严格按照中央、省委和长沙市委关于统一战线系列重大决策部署，聚焦思想引领发力、紧扣中心大局作为、围绕基层基础用功，统一战线各领域工作得到不同程度提升。举办各领域代表人士集体谈心暨理想信念教育活动5场，取得良好反响。扎实推进民营经济统战工作，成立长沙市首个商（协）会组织联合党委，高质量完成基层商会换届工作，并建立基层商会统战工作联络员制度。完成民间信仰活动场所第六届管理小组集中换届，引导118个场所成立监事会。4月22日上午，组织举办全市中小微企业代表座谈会，长沙市委常委、浏阳市委书记黎春秋与来自不同行业、不同领域的35家民营企业代表面对面座谈，听取抗疫和复工复产的意见建议。5月8日，浏阳市商（协）会组织联合党委成立。7月16日下午，市委理论学习中心组（扩大）举行集体学习习近平总书记关于民族宗教工作的重要论述、党的民族宗教方针政策和中央、省委关于民族宗教工作的重大决策部署。12月24日，浏阳市总商会商事调解中心成立。2020年，“浏阳和•星公益”被评为首批省级新的社会阶层人士统战工作实践创新基地。打造省、长沙市级“同心美丽乡村”4个，湖南省华侨文化交流基地1个，省级“侨胞之家”1个，长沙市级“五进五好”宗教场所5个。浏阳市建设总商会商事调解中心等10余项工作做法被省委统战部向全省推介。获全省统战信息工作一等奖，长沙市统战信息工作一等奖。

【共产党领导下的多党合作工作】 2020年，民革浏阳工委、致公党浏阳工委顺利换届。市委统战部支持引导民主党派、工商联和无党派人士参政议政，举行参政议政和民主监督工作座谈会，向各级两会提交建议提案70余件，报送建议信息60余篇。特约人员积极履职，围绕“优化营商环境•助力强盛浏阳”主题，向19个部门提出工作建议20余条。引导党派团体和成员在乡村振兴、脱贫攻坚等中心工作中积极作为，开展社会服务活动20余场次。

【党外代表人士工作】 2020年，市委统战部落实市委常委、统战部干部与党外代表人士联谊交友制度，深入开展“深化走访、深入宣传、深度谈心”主题活动，先后走访基层商会、统战团体30余个、代表人士300余人次。先后举办习近平总书记关于加强和改进统一战线工作的重要思想、全国“两会”精神，中共十九届五中全会精神等专题学习活动6期。指导统一战线团体协会通过读书分享会、主题沙龙、专题论坛等形式开展主题教育10余场次，组织各领域代表人士开展集体谈心暨理想信念教育活动5场。

【非公有制经济领域统战工作】 2020年，市委统战部持续推进理想信念教育活动和企业家素质能力提升工程，依托商（协）会、浏商大讲堂、“继创者联盟”、长沙市经理进修学院等平台培训民营经济代表人士1100余人。成立长沙市首个商（协）会组织联合党委，高质量完成基层商会换届工作，并建立基层商会统战工作联络员制度。持续助力优化营商环境，组织开展全市中小微民营企业座谈会、成立总商会商事调解中心、举办“民企大走访•同心促发展”行动和6场次“政企面对面”专场活动，累计收集并解决企业难点问题260余个。民营企业意见和建议快速处置机制被评为全国工商联最佳案例。稳步推进7个异地商会建设工作，协助举办佛山浏阳商会周年庆典暨招商推介会。深化“万企帮万村”行动，引导民营企业新建扶贫车间66个。

【民族宗教事务】 2020年，市委统战部扎实推进民族团结进步创建工作，举办“民族团结一家亲”等民族“三交”主题活动4次，高标准建成少数

12 月 31 日，浏阳市海归人士联谊会换届会议　　（市委统战部　提供）

民族群众服务站 2 个，全力做好相关企业务工人员转岗安置及技能培训工作。压实宗教工作“三级网络两级责任”，通过专项整治、暗访巡查等做实宗教领域安全生产工作，有效实施疫情防控期间宗教活动场所“两个暂停”。扎实开展场所非法改扩建，非法宗教活动和佛道教商业化等专项治理行动，宗教抵渗长效机制建设更加深入。创新形式推进“五进五好”活动，打造长沙市级“五进五好”宗教场所 5 个；发挥民间信仰活动场所助力乡村治理的正向功能，推进示范场所创建，完成民间信仰活动场所第六届管理小组集中换届，引导 118 个场所成立监事会。

【新的社会阶层人士工作】 2020 年，市委统战工作着力将新的社会阶层人士“组织起来”，持续深化统一战线成员实践服务基地建设，通过主题沙龙、公益集市等为统战成员的学习交流、参与社会服务、脱贫攻坚、疫情抗击提供互动平台，新的社会阶层人士服务团把新阶层人士聚焦到“夜间”“网间”“民间”“乡间”，在助力乡村振兴中贡献“新”力量，该做法被中央统战部《中国统一战线杂志》和省委统战部三湘统战网推介。

【港澳台及海外统战工作】 2020 年，市委统战部积极搭建共同应对新冠肺炎疫情的互动平台，深化与港澳台同胞、海外侨社团和华侨华人的联络联谊。12 月 31 日，浏阳市海归人士联谊会举行第二次会员大会暨换届选举大会，会议审议通过《浏阳市海归人士联谊会章程》，并选举产生第二届理事会、监事会。

【全市统一战线学习贯彻全国“两会”精神】 6 月 12 日，市委统战部组织举行全市统一战线学习贯彻全国“两会”精神活动。会议邀请民革党员、第十三届全国人大代表、全国工商联第十二届执委、盐津铺子食品股份有限公司董事长、总经理张学武从会议概述、推动企业高质量发展两方面对全国“两会”精神进行传达。

【习近平总书记讲话和中共十九届五中全会精神宣讲报告会】 12 月 18日，市委统战部组织全市统一战线举行中共十九届五中全会精神和习近平总书记考察湖南重要讲话精神宣讲报告会，全市共 140 余名代表参会。宣讲报告会结合浏阳发展状况，围绕深刻认识国家全面进入新发展阶段的重大意义、有利条件和重要特征，2035 年远景目标和“十四五”时期发展的指导方针、主要目标、重点任务，习近平总书记在湖南重要讲话精神及湖南“十四五”规划建议等多个方面进行全面宣讲和解读。

【市委第三巡察组巡察市委统战部】 6 月 8 日至 7 月 3 日，市委第三巡察组对市委统一战线工作部进行巡察。巡察组通过广泛开展个别谈话，调阅相关文件资料，深入乡镇（街道）、场所了解情况，顺利完成巡察任务。市委统战部根据巡察组反馈的意见迅速做好整改工作。

【党外干部培训暨谈心活动】 9 月 21 日，市委统战部组织举办为期 5 天的 2020 年全市党外干部培训暨谈心活动，69 名党外科级干部、部分乡镇（街道）统战委员和统战部机关干部参加。本次培训采用专题教学、现场教学及影像教学等方式，组织学员到株洲市炎陵县，郴州市桂东县、汝城县等地，参观红军标语博物馆、汝城旧址群、“半条被子的温暖”专题陈列馆、湘南起义纪念塔等红色景点，现场体会和感悟中国共产党革命历史和优良传统。

【“同心创建”工作】 2020 年，市委统

12 月 18 日上午，举办全市统一战线党的十九届五中全会精神和习近平总书记考察湖南重要讲话精神学习宣讲会　　（市委统战部　提供）

战部继续组织推进"同心园区""同心基地""同心项目""同心社区""同心乡村"创建工作。古港镇梅田湖村成功创建省级同心美丽乡村，社港镇淮洲村创建长沙市级同心创建示范点，沿溪镇沙龙村、张坊镇田溪村创建长沙市级同心乡村。成功创建6个浏阳市级同心乡村、社区。

【全市统战工作会议】 4月15日，全市统战工作会议召开，会议传达学习全国、全省、长沙市统战部长会议及市委常委会关于统战工作专题的会议精神，研究分析当前统一战线面临的形势，全面总结2019年统战工作，安排部署2020年统战工作。会议明确，2020年全市统战工作将进一步强化思想政治引领，服务建设全面小康社会决胜攻坚。加强统一战线制度和治理能力建设，继续深化凝心聚力新时代行动，大力推进"同心创建"工作；加强民营经济统战工作；切实维护民族宗教领域和谐稳定；拓展党外知识分子和新的社会阶层人士工作；深化港澳台、海外统战工作。

【"民企大走访　服务双过半"活动】 3月18日，市委统战部联动工商联、营商环境优化服务中心全面启动为期一个月的"民企大走访　服务双过半"活动，围绕宣讲政策、摸排情况、征集意见、核增绿卡4项内容，抽调工作人员分成4个工作组，采取个别走访与分片座谈相结合的形式，重点深入骨干企业以及商会协会、各基层商会会长、优化营商环境特邀监督员等416家单位和个人进行深入走访，收集解决企业问题160余个。

【总商会商事调解中心成立】 12月24日，浏阳市举行总商会商事调解中心成立仪式。长沙市工商联副主席田桂元，浏阳市委常委、统战部部长周耀辉，浏阳市人民法院党组书记、代院长伍玉联、浏阳市司法局党组书记、局长肖柏林等领导共同为商调中心揭牌，仪式由浏阳市委统战部副部长、工商联党组书记周树成主持。浏阳市商事调解中心由市工商联负责日常工作的综合协调，浏阳市人民法院、浏阳市司法局分别安排专人现场办公并负责业务指导。商调中心配有3名专职和若干名兼职调解员。与此同时，为保障商调中心运营，还建立总商会商事调解工作联席会议制度，联席会议每季度召开一次。

（钟馨星）

市直机关党建

【概况】 浏阳市市直机关工委是中共浏阳市委的派出机构，在市委办挂牌，负责领导市直属机关党的工作，下设市直机关工委办公室。2020年，全市组织关系隶属市直机关工委的市直单位共72个（其中设党组的单位共56个），工委下辖机关党委20个，党总支部36个，党支部294个，党员5656人。1月中下旬和6月底，开展春节和"七一"前夕困难党员慰问工作，对相关市直单位上报的困难党员进行走访慰问。4月13日，组织开展2019年度市直单位党组（党委）书记抓基层党建和落实意识形态工作责任述职评议考核会议，64个市直单位党组（党委）书记评为"好"等次。5月27—29日，在市委党校举办市直单位2020年党员发展对象培训班，组织市直单位110余名党员发展对象进行集中培训，培训期间，全体参培人员到企业开展实践调研活动，并召开调研成果分享会。

【思想政治建设】 2020年，市直机关工委抓实政治建设，把理论武装融入日常。指导市直各单位严格按照"三定五联"（"三定"，是指定主题、定措施、定时间；"五联"，是指部门联商、四级联动、城乡联建、问题联改、效果联评）制度过好"主题党日"，丰富组织形式，自主落实党员政治理论集中学习计划。9月29—30日，对400余名市直机关基层党组织书记开展为期2天的集中培训，邀请省委党校党建教研部教授谭鹏现场授课。年内分层分类培训市直机关基层党组织书记、副书记和委员1200余人次，不断增强机关党务干部政治业务素养和履职能力。高质量开展入党积极分子和发展对象培训班3期。以新修订出台的党建制度落实为重点，结合党员干部应知应会知识，策划组织机关党员闭卷考试、在线有奖答题等系列活动，检验提升政治学习效果。

【党建引领服务】 2020年，市直机关工委抓好党建引领，把服务发展引向深入。以财政局、水利局等优秀单位为模板，督促指导市直各单位优化"两项指数（党组织堡垒指数、党员先锋指数）"季度考评办法，科学增加工作实绩考核权重，在选树"标兵党员"和"先进支部"中提升创先争优、比学赶超的氛围。坚持强发动、强督促、强考核，督促机关在职党员百分百参与社区疫情防控和"党建＋微网格"工作，其中55.2%的在职党员担任微网格长，涌现出大批先进典型，体现机关党员担当。6月28日至7月4日，在"浏阳党建"微信公众号上开辟"机关党建知识答题竞赛"专栏，开展有

9月29—30日，市直机关工委组织对400余名市直机关基层党组织书记开展为期2天的集中培训　　（市直机关工委　提供）

5月27日，市直机关工委组织市直单位110名党员发展对象到企业开展实践调研活动。图为第22组学员在浏阳市海胜出口烟花制造有限公司调研　　（市直机关工委　提供）

奖答题活动，2000余名机关党员踊跃参与，达到近3万人次。

【基层党建工作】　2020年，市直机关工委抓住关键少数，把领导责任落到实处。根据机关党建新形势、新要求，坚持每半年开展一次市直单位全覆盖的党建工作走访调研，形成一对一的问题反馈清单，督促整改落实。7月1日，组织市直机关党支部以“用微网格凝聚基层治理大能量”为题“同上一堂党课”，进一步动员全市机关党员更好地参与“党建＋微网格”工作，更好地落实市委党建引领基层社会治理创新的精神；11月16—18日，分期分批对市直机关基层党组织副书记、组织委员、宣传委员和纪律检查委员开展培训，实现市直单位党务干部培训全覆盖；4月24日和12月10日，先后举办两期2020年度入党积极分子培训班，相关市直单位的近200名入党积极分子参加培训；7月和12月，对82个市直单位进行2轮全面的党建工作走访调研，为党建考核提供依据，年内，分组走访调研市直单位机关党组织180余个，与市直各单位党组（党委）书记或分管领导反馈交流100余次。组织市直单位党组（党委）书记履行基层党建和意识形态工作责任述职评议工作，督促指导各单位按要求抓好机关基层党组织书记述职评议考核工作，科学评定等次，强化结果运用。通过压实责任、统筹推进，市直机关党建工作水平进一步提升，机关党支部“五化”建设合格率进一步巩固。

【党员参加疫情防控】　2月，市直单位在职党员到居住地社区报到，积极参与社区疫情防控；3月，机关党员自愿捐款支持新冠肺炎疫情防控工作，5591名党员共计捐款695511.46元。年末，组织开展在职党员进社区参与疫情防控评议工作，1734名市直单位在职党员在社区疫情防控工作中被评定为“优秀”。

（胡　珊）

机构编制

【概况】　2020年，市机构编制委员会办公室为加强基层治理，在全市32个乡镇（街道）基层党建办公室加挂微网格管理中心牌子，调剂69名行政编制用于基层“党建＋微网格”；为服务“三大攻坚战”和“大干一百天”，调增应急、医保、旅游等领域编制近30名，下达市场监管、自然资源、应急等部门用编计划80余名，增设安委会28个重点成员单位的安全监管机构；为服务民生大业，下达教育、卫健等民生事业用编计划近1000名；为服务抗击新冠肺炎疫情复工复产，组织人员赴安化、花垣等县帮企业招工，选派3名干部到永和镇担任企业防疫联络员，调剂解决吴美玲等8名一线抗疫优秀医务人员的编制；为提升城市管理品质，增设地下管线管理服务中心并成功升格，争取永安镇综合行政执法大队升格。坚持“设身处地、顶格关怀、科学解决”的原则，主动对接相关当事人，妥善解决10余个重点难点问题。针对机构改革以来少数部门职责界限模糊、调整滞后、运行不畅等问题，实行“调查、调研、协商、协调”的办法，厘清发改与工信的电力职能、市场与发改的粮食执法职能、农业农村与自然资源的农村宅基地职能等8个职责边界，并相应调整机构编制资源配置，机构运行不畅、部门职能冲突的状况已经扭转。

【体制机制改革】　2020年，市机构编制委员会办公室积极推进园区融合改革。根据市委安排，牵头拟订经开区和高新区融合改革方案，对接协调上级认可园区内设机构筹建及科级职数配备建议，帮助指导经开区向省政府申报相对集中行政许可权改革试点，全力支持园区实现“1+1＞2”（指浏阳经开区与浏阳高新区合并）。推进基层体制改革。积极指导大瑶、永安、镇头、淮川开展分类试点，并分别给予一定数量的编制鼓励，其中大瑶镇综合执法局为全省首个，年内，中央、省、长沙市编办到浏阳调研3次；永安镇获批为省内第三家相对集中处罚权改革试点，行使730项执法权限，基本实现“一支队伍管执法”。建立市乡联动机制，在市司法局设立矛盾纠纷多元化解指导中心，加强对基层指导。推进综合执法改革。率先在全省印发交通、农业、市场监管、文化市场等领域的综合行政执法改革实施方案，对标上级印发四类执法领域有关机构编制事项的通知，及时完成272人的转隶，保障执法队伍力量，明确执法队伍领导职数。推进事业单位改革。积极协同开展经营类事业单位改革，把好政策关、明确改革方向，与涉改单位职工面谈交流，主动做好维稳工作；对“小”“弱”“散”三类单位进行初步摸排和统计，为公益类事业单位改革夯实基础。

【机构编制管理】　2020年，市机构编制委员会办公室建立编制周转池。浏阳在省内率先建立编制周转池，确保记账更清晰、风险可防范、调度有空间、收支有规矩。这一全新做法,实现全市编制底数时刻清晰,确保市直单位和乡镇(街道)两个层级均暂余适当编制可调剂使用,既能绝对服从市委决策,又能及时服务单位急用,用活有限的编制资源。畅通人才引进渠道。实行季度用编方式,首次对用编计划实行制度化管理,将以前的无规可循调整为每季一次,即季初申报、季中下达、季末进人,确保有规可循、服务及时,得到各单位充分认可。2020 年全年分四季度共下达用编计划 1314 名,较 2019 年同比增加 13.86%,更好地保障全市人才需要和各单位空编补员需要,提高各单位编制使用率。2020 年公开招录和面向市外选调公务员(含参公人员)共 136 名,公开招聘事业编制人员共 1036 名。另外,畅通逆向流转渠道,全年共有 20 名乡镇(街道)事业编制人员考入行政编制,共有 32 名差额和自收自支人员考入全额事业编制,共有 155 名代课老师招聘为公办老师。促进机构优化调整。按照机构"只减不增"的要求,对机构设置更注重科学化和精简化,全年撤销 20 个,新设 7 个,调整 32 个,新批副科级机构 2 个,核增副科级领导职数 6 名。率先在全省探索调整自然资源所管理体制,实现自然资源所与自然资源和生态环境办公室集中联合办公,强化乡镇管理力度,减少村民建房审批环节。

【事业单位登记管理】 2020 年,市机构编制委员会办公室严格落实事业单位登记管理业务"三审"工作制度。全年共办理法人单位设立登记 6 个、变更登记 272 个、注销登记 29 个。组织全市 858 家事业单位做好年度报告申报、审核、公示工作,实现申报率、合格率、公示率 100%。按 3%比例抽查全市 25 家事业单位法人信息公示情况,有力提升对事业单位法人的监管效力。

【突出"三个导向"机构编制专项督查】 为强化机构编制政策法规意识,严肃机构编制纪律,2020 年 5 月,市委编办在全市范围开展突出"三个导向"机构改革和机构编制执行情况专项督查。突出目标导向,认真自查自纠。为检验机构改革成效,规范机构编制事项执行情况,维护机构编制权威性和严肃性,提高机构编制工作规范化、法制化水平,市委编办在全面宣传《中国共产党机构编制条例》的同时,要求全市机关事业单位认真开展机构改革和机构编制执行情况自查自纠,如实填报《浏阳市机构改革和机构编制执行情况自查表》。突出问题导向,积极整改落实。要求全市机关事业单位针对"加强党的统一领导和强化机构编制法规意识""执行和落实机构改革方案""机构编制事项的执行情况"、机构编制实名制系统管理等方面存在的问题进行全面整改,确保不回避问题、不搁置矛盾,逐项施策、逐条整改。突出成果导向,扎实督查督办。组建专门班子、明确专人对自查问题、整改情况全面开展督查督办。依托实名制管理系统,运用系统校验功能,梳理公布问题清单,逐一反馈至部门单位,并限期整改,切实提高督查督办的质量和效率。联合组织、财政、人社等部门深入单位开展实地核查,督促各部门全面清理自查不到位、整改不彻底方面问题,确保督查整改实效。

【《人民日报》专题报道浏阳市基层行政管理体制改革】 8 月 20 日,《人民日报》政治版头条以《负担小了 作用大了》为标题专题报道浏阳市基层行政管理体制改革。近年来,浏阳市镇域经济快速发展,如何改革和完善基层行政管理体制,适应乡镇和街道工作特点及便民服务需要,成为浏阳发展过程中的一道考题。市编办牵头组织探索基层行政管理体制改革,通过赋予乡镇街道更多权限,不断将人力、物力、财力等资源下沉,并做好统筹协调,确保基层能把下放的权力接得住、用得好,减轻干部负担,满足服务群众需要,促进基层办事效率提升,干部服务水平提高。浏阳的一枚公章管审批、一支队伍管执法、一个平台强监管、一支话筒畅民意、一只哨子解难题、一个"党建 + 微网格"优服务等"六个一"基层治理体系和治理能力现代化建设同时被《人民日报》推介。

(罗　铭)

党　史

【宣传贯彻总书记指示精神】 1 月份,浏阳市委党史室召开"不忘初心、牢记使命"总结会议,强调在巩固深化主题教育成果基础上,全体党员干部再进一步深化主题教育的成果转化,增强行动自觉,践行为民服务宗旨,创新红色文化宣讲,浓厚爱国氛围。9 月,市委党史联络组和党史室组织解读习近平总书记视察湖南重要讲话指示精神,要求党员干部学深悟透"共产党员就是只有半条被子也要留给老百姓的人",弘扬传统革命精神,推动红色基因传承。2020 年浏阳掀起一股宣传红色精神,传承红色基因,保护红色资源的热潮。

【党史资料征集编辑】 2020 年,市委党史研究室配合长沙党史办做好历史馆陈列工作,征集到党史文物 80 余件,资料文照等 100 余份,均已移交给中共长沙历史馆。组织编写《中共浏阳党史大事记(2013—2018)》《浏阳市委执政纪要(2018)》,为百年地方党史正本编辑做充分准备。组织审阅《永不磨灭的红色印记——浏阳不可移动革命文物图册》。完成《湘鄂赣革命根据地》《浏阳市革命斗争史》《浏阳改革开放 40 年》《第六届湘鄂赣苏区历史研讨会论文集》的出版发行工作。配合长沙市党史研究室开展浏阳大光洞苏区专题调研,研究该苏区长期存在的历史意义。启动《浏阳红色人物故事汇》《中共党史人物传》丛书编撰工作。

【党史宣传教育】 2020 年,市委党史研究室充分发挥浏阳地方党史的资政育人功能,依托"浏阳记忆"展厅,开辟爱国课堂,为社会提供优质地方党史视听课程,2020 年接待各界人士 1 万余人次。组织人员向部分党支部、学校等免费发放《中共浏阳地方史》《红色浏阳》及口述史专题片等浏阳党史成果,宣传"红色浏阳"事迹,激

8月19日，纪念红一方面军成立90周年暨第六届湘鄂赣苏区历史研讨会在浏阳举行

励学生、勉励干部群众学好历史、延续根脉，努力奋发。党史联络组老干部以“五老宣讲团”为平台，宣传党的十九届五中全会精神，先后为基层、单位讲授《坚定信仰》的党课10余次，并将党史作为老年大学教学课程，宣传和推介浏阳红色历史；参与浏阳市博物馆党史专题陈列的布展方案评定，帮助核对史实。党史研究室有效开发利用馆藏资源，配合宣传部、浏阳日报、文旅局等单位做好爱国宣传工作，为红色文保单位提供讲解词，在《浏阳日报》开辟“浏阳红色故事汇”专栏，宣传浏阳红色党史，发挥地方党史以史铸魂、资政育人的作用。

【红色旅游景点开发保护】 4月27日，浏阳市召开红色资源保护与利用研究会议，深入了解全市红色资源现状，研究解决当前问题与困难，全面推进红色资源保护与利用工作等。中共长沙市委常委、浏阳市委书记黎春秋出席会议并讲话，市委副书记、市长吴新伟主持会议。作为红色热土、将军之乡，浏阳现有革命类不可移动文物74处、革命类可移动文物9937件（套）、革命文物类爱国主义教育基地24处、革命类纪念馆4家、全国红色旅游经典景区2个、省级红色文旅小镇1个，红色资源无论在数量上还是质量上均位居全省前列。年内，先后完成红一方面军成立旧址——李家大屋、湖南省苏维埃政府旧址——锦绶堂、中共湘鄂赣省第一次代表大会旧址——楚东山大屋、秋收起义三团驻地旧址——围山书院等革命类文保单位的修缮、三防和展陈等项目。

【党史业务交流】 2020年，市委党史联络组和党史研究室通过组织人员撰写党史论文，参加党史纪念、专项课题研究等活动，与省内张家界市、株洲市，宁乡县、长沙县、平江县、衡山县等，江西省宜春市、九江市、铜鼓县、万载县、修水县、新余县，湖北省通城县、阳新县等地党史部门开展业务交流，提升党史干部业务素质和政治素养，激发党史研究与学术交流新活力。

【纪念红一方面军成立90周年暨第六届湘鄂赣苏区历史研讨会】 8月19日，由中共中央党史和文献研究院第二研究部、省委宣传部、湘鄂赣3省党史研究院（室）、省中共党史学会主办的纪念红一方面军成立90周年暨第六届湘鄂赣苏区历史研讨会在浏阳举行。来自全国各地的95名代表参加本次研讨会，共同回顾红一方面军和湘鄂赣苏区革命历史，缅怀革命先辈的丰功伟绩，弘扬伟大崇高的革命精神。全国人大外事委员会委员、中央党史和文献研究院原院务委员陈晋，湖南省委常委、宣传部部长张宏森，老一辈革命家朱德之孙、空军指挥学院原副院长朱和平出席并讲话。中央党史和文献研究院第二研究部副主任、一级巡视员卢洁主持。长沙市委常委、浏阳市委书记黎春秋，长沙市委常委、宣传部部长陈刚参加。90年前，毛泽东、朱德带领的红一军团，与彭德怀、滕代远带领的红三军团，在浏阳永和李家大屋胜利会师，合编成立红一方面军。从此，这支中国共产党领导下的红军主力部队，转战大半个中国，蹈赴无数次战火，为党和人民立下赫赫战功，成为中国革命武装斗争的中流砥柱。红一方面军的成立，是人民军队建军史上的一个伟大事件，是中国共产党对党政军实行集中统一领导的伟大开端。中国红色区域的革命斗争由此推进到一个全新阶段，湘鄂赣苏区革命斗争进入一个全盛时期。会议当天，与会代表还到浏阳永和镇、大围山镇参观红一方面军成立地旧址、秋收起义红三团驻地旧址、湘鄂赣省第一次党代会旧址、湖南省苏维埃政府驻地旧址等相关红色革命遗址。

（罗腊英）

党校教育

【概况】 2020年市委党校内设办公室、教研室、培训部、后勤科4个职能科室。有在职在编教职工22人，其中专兼职教师19人，研究生以上学历8人，中高级以上职称11人。2020年，市委党校围绕打造“组织满意，学员点赞，全国一流”的县级党校目标，聚力主业主课，拓宽干训领域，提升办学水平，提质校园环境，奋力开创党校工作新局面。

【教育培训】 2020年，市委党校对标培养“政治过硬，本领高强”新时代干部要求，加强领导干部、党员教育研究，建立常态化送课下基层工作机制，充分彰显浏阳党员干部培训主渠道作用。2020年完成主体班次14期，培训干部2079人次；完成部门班45期，培训干部8790人次；承办省直机关工委、省直机关党支部书记轮训班等省直机关党务业务水平培训班4期。培训班开设《十九届五中全会精神学习辅导》《习近平总书记考察湖南重要讲话精神》《提高政治站位，加强机关党建》等系列专题讲座，通过学习进一步增强学员的能力本领，强化学员的责任担当，在推动习近平总书记在湖南考察时的重要讲话精神

12 月 9 日，国家林业和草原局中南调查规划设计院 2020 年度党务干部培训班开班授课（市委党校　提供）

落地落实等方面发挥重要作用，得到各单位的高度肯定，学员的满意率达到98%。12 月，承办国家林业和草原局中南调查规划设计院 2020 年度党务干部培训 1 期。全年开展送课到单位、入乡村理论宣讲 117 场次，培训党员干部 1.2 万余人次。

【教学科研】 2020 年，市委党校出台《中共浏阳市委党校（行政学校）教学科研咨政一体化建设实施方案》，明确科研成果认定办法和奖励方案，构建“党校教师 + 兼职教师 + 学员”开放科研团队，形成科研合力，提升研究水平。全年开展课题研究 14 项。其中，成功申报省级课题 3 项、长沙市级课题 2 项；完成省级课题 3 项；开展校内课题研究 6 项；2020 年，全校专兼职教师在《新湘评论》《长沙晚报》等公开发表理论文章 29 篇，论文获省市以上奖项 22 项，其中一等奖 3 项，二等奖 4 项，三等奖 6 项，优胜奖 7 项，入选研讨会征文 2 项。连续第 5 年被评为长沙市党校系统“科研工作先进单位”。

【教师队伍建设】 2020 年，市委党校通过内培外聘结合，实施“名师工程”，支持骨干教师钻研业务，提升水平；实施“青年教师成长计划”，聘请上级党校名师任导师，通过集体研学、培训进修、竞赛历练、一线挂职等方式，提高教学科研能力。组建青年学习班，将 45 岁以下教师纳入学习班，实施导师帮扶，组织开展教学交流、新课试讲、培训进修、科研论坛等活动；要求青年教师都做到每年教学有新专题，科研有新课题，党报党刊有新文章。选派 5 名青年教师参加长沙市名师名课教学竞赛，其中 1 人被评为长沙市名师，选派 2 名教师参加长沙市党校系统教学比赛暨精品课评选活动，其中 1 人获三等奖。

【疫情防控隔离点工作】 2020 年疫情期间，市委在市委党校设立隔离点，市委党校坚决执行市委决策，发挥党校人顾大局讲政治作表率作用。积极做好隔离点的后勤保障工作，助力社区防疫和复工复产。全年校隔离点共接收确诊病例密切接触者、疑似病例密切接触者、武汉返浏、境外返浏等人员共计 3383 名，为浏阳市疫情防控筑牢第一道防线。

【被评为首批“湖南省党员教育培训示范基地”】 浏阳市委党校聚焦主业主课，结合浏阳特色，充分发挥党校干部培训、思想引领、理论建设、决策咨询作用，打造精品课程，推进精准咨政，建设精干队伍，实现精细管理，在全省党员全员轮训中发挥示范带动作用。2020 年 10 月，市委党校被评为“第一批全省党员教育培训示范基地”(共 14 家)，是浏阳市被评为的唯一一家省级党员教育培训示范基地。

【年轻干部培训班】 2020 年 6 月 28 日至 7 月 31 日，中共浏阳市委党校举办浏阳市 2020 年年轻干部训练营，为期 33 天，全市各机关事业单位 52 名年轻干部参加培训。课程体系围绕理论教育、党性教育、能力提升、知识培训四大方面，安排专题授课、现场教学、分组研讨等灵活多样的环节，旨在提升年轻干部的各项能力，为全面建设现代化浏阳提供智力支撑和人才保障。

（罗　丹）

5月11日，浏阳市第十七届人民代表大会第六次会议在浏阳城区欧阳予倩大剧院开幕　　（市人大办公室　提供）

浏阳市人民代表大会

综　述

【概况】 2020年,市人大常委会在中共浏阳市委的坚强领导下,认真贯彻落实习近平新时代中国特色社会主义思想,忠实履行宪法和法律赋予的职责使命,全年召开人民代表大会1次,召开人大常委会会议11次,人大常委会主任会议12次;收集市人大代表提交建议批评意见301件;依法任免国家机关工作人员46人次。在加强财政预算审查监督、强化执法和司法监督、促进部门工作作风转变、推进科技创新和传统中医药保护等方面积极有效开展工作,为推进浏阳经济社会发展和民主法治建设做出新的贡献。

【人大代表构成】 2020年,域内共有全国人大代表1名,省人大代表7名,长沙市人大代表75名,本级人大代表386名,乡级人大代表1906名。其中本级人大代表按职业构成分类包括公务员102人,占比26.42%,企业单位负责人49人,占比12.69%,工人38人,占比9.8%,农民149人,占比38.6%,村委会村支部组成人员107人,占比27.72%,专业技术人员37人,占比9.5%,解放军或武警1人,占比0.2%(其中有工人、农民、专业技术人员或其他等多重身份人员97人)。

重要会议

【人民代表大会会议】 2020年召开人民代表大会会议1次。

5月12—14日,浏阳市第十七届人民代表大会第六次会议在浏阳市欧阳予倩大剧院召开。此次大会应到代表382人,实到代表370人,会议议程共7项:听取和审议市人民政府市长吴新伟《关于浏阳市人民政府工作报告》;书面审查市发展和改革局局长卢铓《关于浏阳市2019年国民经济和社会发展计划执行情况与2020年国民经济和社会发展计划(草案)的报告》;审查和批准《浏阳市2019年国民经济和社会发展计划执行情况的报告与2020年国民经济和社会发展计划》;书面审查市财政局局长唐洪胜《关于浏阳市2019年财政预算执行情况和2020年财政预算(草案)的报告》;审查和批准《浏阳市2019年财政预算执行情况的报告和2020年财政预算》;听取和审议市十七届人民代表大会常务委员会主任吴震《关于浏阳市人大常委会工作报告》;听取和审议市人民法院院长李波《关于浏阳市人民法院工作报告》;听取和审议市人民检察院检察长陈芳《关于浏阳市人民检察院工作报告》;通过浏阳市第十七届人民代表大会有关专门委员会主任委员名单。

【人大常委会会议】 2020年召开人大常委会会议11次。

1月10日,市十七届人大常委会第二十九次会议召开。会议听取和审议市人民政府副市长李翔受市长吴新伟委托宣读的《关于提请审议刘一斌等同志职务任免的议案》。会议通报拟任人选的任前法律考试成绩。经会议表决通过,决定任命刘一斌为浏阳市人民政府副市长、市公安局局长,任命周明为浏阳市人民政府副市长,免去沈学军的市公安局局长职务。会议听取和审议市人民政府《关于2019年国民经济和社会发展计划执行情况与2020年国民经济和社会发展计划(草案)的报告》、市人民政府《关于2019年财政预算执行情况和2020年财政预算(草案)的报告》。会议听取和审议浏阳市人民代表大会常务委员会《关于召开浏阳市第十七届人民代表大会第六次会议的决定(草案)》。会议表决通过《浏阳市人民代表大会常务委员会关于召开浏阳市第十七届人民代表大会第六次会议的决定》。会议原则通过市人大常委会2020年工作要点。

1月20日,市十七届人大常委会第三十次会议召开。会议通报拟任人选的任前法律考试成绩。经会议表决通过,决定接受尹灿文、刘科、陈建3人辞去浏阳市第十七届人民代表大会代表职务的请求;决定任命陈建为浏阳市应急管理局局长。会议决定批准市人大常委会代表资格审查委员会关于个别市十七届人大代表的代表资格审查报告。确认罗亚平、陈勇、王立志、黄武、曾义、潘定一、杨品正、张会连、余耀东等9人的浏阳市第十七届人民代表大会代表资格有效。会议原则通过《人大常委会工作报告》(征求意见稿)。

3月26日,市十七届人大常委会第三十一次会议召开。会议审议市十七届人大常委会主任会议《关于提请补选郑建新同志为长沙市第十五届人民代表大会代表的议案》《关于提请接受李声义同志辞去浏阳市第十七届人民代表大会民族华侨外事委员会主任委员职务请求的议案》《关于提请接受傅丹阳同志辞去浏阳市第十七届人民代表大会财政经济委员会主任委员职务请求的议案》《关于提请审议黄龙明同志免职的议案》《关于提请审议傅丹阳等同志职务任免的议案》《关于提请接受卢铓等7名同志辞去浏阳市第十七届人民代表大会代表职务请求的议案》和副市长邓雪琴受市长吴新伟委托宣读的《关于提请审议邓阳锋同志任职的议案》《关于提请审议卢铓等同志职务任免的议案》。经会议表决,全票通过市十七届人大常委会主任会议《关于提请补选郑建新同志为长沙市第十五届人民代表大会代表的议案》,选举结果将报长沙市人大常委会代表资格审查委员会审查。经会议表决通过,免去黄龙明的市人大监察和司法委员会(法制委员会)副主任委员职务,傅丹阳的市人大常委会预算工作委员会主任职务;决定免去李翔的市发展和改革局局长职务,谢波的市农业农村局局长职务;决定任命邓阳锋为市人民政府副市长,卢铓为市发展和改革局局长,李斌为市农业农村局局长;任命李声义为市人大常委会预算工作委员会主任。会议表决通过,接受李声义辞去浏阳市第十七届人民代表大会民族华侨外事委员会主任委员职务的请求;接受傅丹阳同志辞去浏阳市第十七届人民代表大会财政经济委员会主任委员职务的请求;接受卢铓、江敦明、李斌、肖长春、陈勇、暨朝佐、戴伟平等7人辞去浏阳市第十七届人民代表大会代表职务的请求。会议听取和审议市发改局局长卢铿受市人民政府委托所作的《关于浏阳市 2020 年政府重大投资项目计划(草案)编制情况的报告》;市人大财政经济委员会副主任委员邵新文作的《关于浏阳市 2020 年政府重大投资项目计划(草案)编制情况的初审报告》。

4 月 29 日,市十七届人大常委会第三十二次会议召开。会议听取和审议市人民政府关于贯彻落实《归侨侨眷权益保护法》《归侨侨眷权益保护法实施办法》《湖南省实施〈归侨侨眷权益保护法〉办法》情况的报告。听取和审议市人民政府《关于 2019 年度环境状况和环境保护目标完成情况的报告》。会议表决通过浏阳市人民代表大会常务委员会《关于召开浏阳市第十七届人民代表大会第六次会议的决定(草案)》。会议决定:浏阳市第十七届人民代表大会第六次会议于 2020 年 5 月 12 日在浏阳城区召开。会议听取和审议市人大常委会代表资格审查委员会关于个别市十七届人大代表的代表资格审查报告,经表决,会议决定批准市人大常委会代表资格审查委员会关于个别市十七届人大代表的代表资格审查报告。确认杨斌、易亮、黄珍敏、张贤前、谢波、张征、雷健、陈飞虹、刘国泰、彭礼等 10 人的浏阳市第十七届人民代表大会代表资格有效。会议审议有关人事任免,经表决,会议同意免去:陈花梅的市人民法院副院长、审判委员会委员、审判员职务;苏逢连的市人民法院民事审判一庭副庭长、审判员职务;黄国年的市人民法院审判员职务;张元江的市人民法院审判员职务。同意任命:刘罗波任市人民法院副院长、审判委员会委员、审判员;朱可可任市人民法院审判委员会委员。

6 月 29 日,市十七届人大常委会第三十三次会议召开。会议听取和审议《街道人大工委工作报告》。听取和审议部分市直单位 2019 年预算执行和 2020 年预算安排情况的报告,并进行票决。会议审议有关人事任免,经表决,会议同意免去:吴暄的市人民检察院检察员职务;黎茂东的市人民检察院检察员职务。同意任命:胡海军任市人民检察院检察委员会委员;刘翠玲任市人民检察院检察委员会委员;彭勃任市人民检察院检察委员会委员。会议听取和审议市人民政府关于农产品质量安全工作情况的报告。

7 月 31 日,市十七届人大常委会第三十四次会议召开。市人民政府副市长周明受市长吴新伟委托宣读《浏阳市人民政府关于提请审议彭邵锋任职的议案》,市人民法院副院长周超受院长李波委托宣读《浏阳市人民法院关于提请审议伍玉联任职的议案》,经表决,会议决定任命彭邵锋为市人民政府副市长(挂职二年),任命伍玉联为市人民法院副院长、审判委员会委员、审判员。市人大常委会主任吴震宣读《浏阳市第十七届人民代表大会常务委员会主任会议关于提请接受李波辞去浏阳市人民法院院长职务请求的议案》和《浏阳市第十七届人民代表大会常务委员会主任会议关于提名伍玉联副院长为浏阳市人民法院代理院长的议案》。经表决,会议决定:接受李波辞去浏阳市人民法院院长职务的请求;伍玉联副院长为浏阳市人民法院代理院长。会议决定接受张友根辞去浏阳市第十七届人民代表大会常务委员会副主任职务的请求。

9 月 10 日,市十七届人大常委会第三十五次会议召开。会议听取和审议市人民政府《关于科技创新工作情况的报告》。会议审议有关人事任免,经表决,会议决定任命冯赛军为市人民政府副市长;决定免去周耀辉的市人民政府副市长职务;任命龙花明为市人大常委会选举任免联络工作委员会主任;免去:邓立波的市人大常委会选举任免联络工作委员会主任职务,蔡晨波的市人民代表大会教育科学文化卫生委员会副主任委员职务,王辉文的市人民代表大会环境与资源保护委员会副主任委员职务。

10 月 15 日,市十七届人大常委会第三十六次会议召开。会议听取和审议市人民政府《关于 2020 年上半年国民经济和社会发展计划执行情况的报告》;听取和审议《浏阳市 2019 年财政决算和市人民政府关于 2020 年上半年财政预算执行情况的报告》;听取和审议市人民政府《关于 2019 年财政"同级审"情况的报告》。会议听取和审议市人民政府《关于 2018 年至 2019 年失业保险重点支出情况的报告》、市人民政府《关于国有资产管理情况的报告》。

10 月 28 日,市十七届人大常委会第三十七次会议召开。会议听取和审议市人民政府《关于市十七届人大六次会议代表建议办理情况的报告》,会议听取浏阳联组部分长沙市十五届人大代表述职。会议进行相关人事任免,经表决,会议决定免去吕正红的市信访局局长职务,赵文兵的市林业局局长职务;决定任命凌剑为市信访局局长,傅庭信为市林业局局长;任命罗红艳为市人大教育科学文化卫生委员会副主任委员,宋洁同志为市人大环境与资源保护委员会副主任委员。会议还表决同意:接受王承水、张会连、唐建国、傅庭信、潘礼寿等 5 人辞去浏阳市第十七届人民代表大会代表职务的请求,并报浏阳市第十七届人民代表大会第七次会议备案。会议听取和审议市人大常委会执法检查组关于《中华人民共和国消防法》实施情况的执法检查报告、"两官"履职评议情况的报告。

11 月 30 日,市十七届人大常委会第三十八次会议召开。会议审查批准市人民政府《关于 2020 年财政预算调整方案》。会议听取和审议市人民政府关于浏阳市国土空间规划编制情况的报告,会议还讨论市十七届人大七次会议有关事项。

12 月 14 日,市十七届人大常委会第三十九次会议召开。会议听取和审议市人民政府《关于市十七届人大四次会议议案办理情况的报告》。会议听取和审议市人民政府《关于百宜河综合整治项目情况的报告》,经会议表决,浏阳市百宜河综合整治项目预算绩效评价为基本满意。会议听取和审议市人民政府关于配合惠科股份有限公司上市有关事宜的议案,表决通过《浏阳市人民代表大会常务委员会关于浏阳市人民政府配合惠科股份有限公司上市的决议(草案)》。会议听取和审议市人大常委会代表资格审查委员会关于个别市十七届人大代表的代表资格审查报告,经表决,会议通过《市人大常委会关于批准〈市人大常委会代表资格审查委员会关于个别市十七届人大代表的代表资格审查报告〉的决定(草案)》。确认王成、王强、王安军、龙花明、吕正红、饶岚、唐学锋等7人的浏阳市第十七届人民代表大会代表资格有效。会议还讨论有关人事事项，经表决，会议同意接受李波辞去长沙市第十五届人民代表大会代表职务的请求，报长沙市人大常委会代表资格审查委员会。同意汪万江、胡南、龙游、黄海军等4人辞去浏阳市第十七届人民代表大会代表职务。同意免去：唐小红的市商务局局长职务；周宏建的市人民法院人民陪审员职务；张水生的市人民检察院检察委员会委员、检察员职务；刘先玲的市人民检察院检察员职务。同意：汪万江任市商务局局长；唐学锋任市人大监察和司法委员会(法制委员会)副主任委员；雷博任市人民法院审判员；陈刘阳晖任市人民检察院检察员；陈炜任市人民检察院检察员；李诗悦任市人民检察院检察员。

【人大常委会主任会议】 2020年召开市人大常委会主任会议12次。

1月9日，市十七届人大常委会第三十七次主任会议召开。会议研究确定2020年票决部门预算的市直单位名单；讨论表彰2019年度市十七届人大代表履职先进个人有关事项；研究确定纳入2020年人大评议的部门专项工作内容；讨论市十七届人大常委会第二十九次会议有关事项；讨论机关干部职工年终考核结果。

1月20日，市十七届人大常委会第三十八次主任会议召开。会议讨论市十七届人大常委会第三十次会议有关事项；讨论市十七届人大四次会议代表优秀建议和建议办理先进单位评选结果；讨论年终走访慰问的生活困难的代表和人大工作者名单。

3月26日，市十七届人大常委会第三十九次主任会议召开。会议对《浏阳市人大设立常委会40周年纪念活动方案(草案)》进行研究。会议还讨论市十七届人大常委会第三十一次会议有关事项，研究《浏阳市人大会议服务系统建设方案（草案)》。

4月24日，市十七届人大常委会第四十次主任会议召开。会议研究并确定重点支出和重大财政投入预算绩效评价监督内容。2020年，市人大常委会将对浏阳市社保重点支出和百宜河综合整治项目进行监督审查和预算绩效评价。会议还讨论市十七届人大常委会第三十二次会议有关事项，研究人大预算联网监督工作。

6月23日，市十七届人大常委会第四十一次主任会议召开。会议讨论市十七届人大常委会第三十三次会议有关事项，研究人大常委会机关管理的有关事项。

7月31日，市十七届人大常委会第四十二次主任会议召开。会议听取人事任免有关情况；讨论市十七届人大常委会第三十四次会议日程安排(草案)。

9月8日，市十七届人大常委会第四十三次主任会议召开。会议听取市人民政府关于《中华人民共和国档案法》贯彻实施情况的报告。会议听取市人民政府关于《中华人民共和国人民陪审员法》贯彻实施情况的报告。会议还讨论市十七届人大常委会第三十五次会议有关事项。

10月13日，市十七届人大常委会第四十四次主任会议召开。会议听取旁听评议庭审情况的报告。会议还讨论市十七届人大常委会第三十六次会议有关事项。

10月26日，市十七届人大常委会第四十五次主任会议召开。会议听取市政府关于公共工程建设情况的报告。会议还讨论相关人事任免和市十七届人大常委会第三十七次会议有关事项。

11月30日，市十七届人大常委会第四十六次主任会议召开。会议讨论市十七届人大常委会第三十八次会议有关事项。

12月14日，市十七届人大常委会第四十七次主任会议召开。会议讨论市十七届人大常委会第三十九次会议有关事项。会议讨论《浏阳市民生实事项目人大代表票决制工作实施方案》。

12月30日，市十七届人大常委会第四十八次主任会议召开。会议听取市政府关于少数民族流动人口服务与管理工作情况的报告。会议还讨论市十七届人大常委会第四十次会议有关事项，审定2020年度市十七届人大代表履职先进个人名单。

专门委员会工作

·民族华侨外事委员会工作·

【归侨侨眷合法权益保护】 2020年，市人大民族华侨外事委员会做深侨务工作议题，切实维护归侨侨眷合法权益。4月份，委员会在市人大常委会副主任刘旭带领下，采取实地走访、听取汇报、召开座谈会的形式，到华盛烟花、集里街道集里桥社区等侨资企业和社区，对全市贯彻实施《中华人民共和国归侨侨眷权益保护法》《中华人民共和国归侨侨眷权益保护法实施办法》《湖南省实施〈中华人民共和国归侨侨眷权益保护法〉办法》(以下简称“一法两办法”)的情况进行调研。4月下旬，市十七届人大常委会第三十二次会议听取和审议市政府贯彻落实“一法两办法”的情况报告。会议提出政府要提高认识，更加重视归侨侨眷权益法律法规的贯彻落实；要加强宣传，使社会知晓、共同保护归侨侨眷的权益；要以解决个案、解决实际问题为突破口，提高浏阳侨务工作水平等审议意见。11月下旬，华侨外事委员会对市政府及有关部门办理审议意见的情况进行督查。认为市政府非常重视审议意见的办理工作，采取积极有效的措施，“一法两办法”得到贯彻落实，涉侨部门和单位聚焦审议意见，狠抓整改落实，成绩可圈可点。针对不足之处，补短板、强弱项，工作有特色、有创新，提升层次，拓展空间，取得实在的成效，切实维护广大归侨侨眷的合法权益。

【民族融合工作】 2020年，市人大民族华侨外事委员会做实流动少数民族调研，扎实推动民族融合发展。浏阳是一个多民族散居地区，少数民族流动人口日益增多。为促进民族团结进步，年内，委员会先后走访调研市民宗局、城区社区、经开区蓝思科技等部门单位及企业，认真开展浏阳市少数民族流动人口服务与管理工作情况的调研。市人大常委会第四十八次主任会议听取《浏阳市少数民族流动人口服务与管理工作情况报告》。建议政府更加重视对少数民族流动人口的服务与管理，通过完善机制、加强指导、重心下移，真心尊重，贴心服务，依法管理，促进少数民族流动人口在社区嵌入式地融合发展。

【《湖南省宗教事务条例(修订草案)》立法调研】 8月20日，湖南省人大常委会法制委员会副主任委员、常委会法工委主任吴秋菊等一行到浏阳开展《湖南省宗教事务条例(修订草案)》(以下简称《条例》)立法调研。市委常委、统战部部长周耀辉，浏阳市人大常委会副主任刘仙娥，长沙市人大法制委办公室主任周延赞，浏阳市委统战部副部长、民宗局局长张旭等参加调研。调研组实地走访沙市镇仁寿山陈大仙人庙、古港镇宝盖寺等民间信仰和宗教场所，现场听取属地乡镇相关负责人及场所负责人的情况汇报。座谈会上，围绕基层宗教事务部门人员、机构、编制情况及执法力量现状、宗教活动场所成立管理组织和实行民主管理的情况、公安机关在宗教事务管理工作中履行的职责、民间信仰的管理是否需要在《条例》中作出规定、宗教不动产登记政策落实情况等方面的重点调研内容进行交流。市委统战部副部长、民宗局局长张旭汇报浏阳的宗教（民间信仰）工作的主要做法，并对此次调研重点内容提出有关工作建议；市人大民侨外委、大围山森林公园、公安局国保大队、自然资源局不动产登记中心、古港镇、沙市镇等单位负责人以及相关场所负责人围绕调研重点内容依次进行交流发言。吴秋菊指出，浏阳的宗教工作氛围浓厚，在法治化、规范化、标准化方面成效明显，对立法调研工作有很多启发，并对与会部门提出的部分意见建议进行回应答复。

·监察和司法工作·

【《人民陪审员法》贯彻实施】 2020年3—8月，市人大监察司法委员会根据市人大常委会年度工作要点安排，先后组织市人民法院、市公安局、市司法局、部分人民陪审员分别召开座谈会，组织委员、代表到基层法庭调研，详细了解浏阳市243名人民陪审员选任、管理和履职情况，撰写书面材料并向主任会议专题报告形成《主任会议纪要》，建议市人民政府、市人民法院要进一步加大宣传教育力度，不断提高对贯彻实施《中华人民共和国人民陪审员法》重要性的认识；要不断总结探索，建立适合浏阳市人民陪审员的管理机制；要加强考核监督，确保人民陪审员依法履行职责；要强化保障措施，为人民陪审员履职创造良好环境，要求市人民政府每年拨付专项资金为人民陪审员购买意外伤害保险。

【"两官"履职评议】 2020年3—8月，市人大监察司法委员会采取随机抽选的方式，抽选市人民法院、市人民检察院各4名人员进行履职评议。评议过程历时10个月，通过自评自查、集中评查、查阅案卷（每人随机抽取近三年已结案件20本）、回访当事人、情况反馈、进行法律专业知识考试等方式形成对抽选人员的评议报告，并对其提出整改意见。调研组、评查组在肯定被评议单位及人员的工作成绩、总结好的经验、推介优秀典型的同时，直面问题，将调查中了解到的情况如实写入报告，精准地指出存在的突出问题，有针对性地提出改进工作的意见与建议。对评议过程中反映出来的问题，按照市人大常委会的审议意见，加强督促整改力度，确保监督实效。

【旁听评议庭审】 2020年，市人大监察司法委员会共组织110余名代表，参加各类庭审旁听活动12场次。9月16日，市人大常委会副主任陈清及部分市人大常委会成员、市人大监察司法委委员、部分市人大代表共22人通过视频直播的方式旁听胡某继涉嫌拒不支付劳动报酬罪一案的开庭审理情况。庭审前组织法律专业人员仔细查阅胡某继涉嫌拒不支付劳动报酬罪一案的案卷材料；组织旁听代表进行刑事案件、拒不支付劳动报酬罪案件的审理程序和流程以及相关法律知识庭前培训。庭审过程中代表们认真进行旁听观摩，庭审结束后对审判人员、公诉人、辩护人的司法礼仪、庭审驾驭能力等方面充分地发表评议意见并结合各方意见建议形成书面材料向主任会议进行旁听评议庭审反馈意见的专题报告，得到主任会议成员的高度认可。

【见证民商事案件执行】 2020年，市人大监察司法委员会共组织120余名省、市各级代表6次参与见证32件民商事案件执行活动。活动中既提升代表的履职能力，同时在活动中通过被执行人所在乡镇的代表现场与被执行人和申请执行人沟通协调，有效地提高案件的办结率。

【检察工作监察】 2020年，市人大监察司法委员会积极组织代表参与检察开放日、案件听证会、公益诉讼等检察工作。全年共组织30余名省、市各级代表参加市人民检察院检察开放日活动、9个案件听证会、公益诉讼浏阳河鱼苗增殖放流等活动。

【信访案件调解】 2020年，市人大监察司法委员会积极调解人民群众涉法涉诉信访案件。年内，通过面访、书信等方式收到人民群众涉法涉诉信访案件20余份，均已办结并回复来访者。其中，针对官渡镇某村民小组诉某烟花公司山岭租用合同无效案，及时主动与长沙市人大监察和司法委员会、长沙市中级人民法院进行沟通汇报。请求在维护法律尊严的同时，兼顾人情法理的有机统一，审慎处理地方企业土地流转案。长沙市中级人民法院二审维持浏阳市人民法院一审判决，被纳入最高人民法院《民法典新规则案例适用》，为处理浏阳烟花爆竹企业土地历史遗留问题开创案例适用典范，为维护社会稳定和优化营商环境作出人大贡献。

【法律法规监督】 2020年，市人大监察司法委员会共组织干部任前法律知识考试8次22人，进行规范性文件备案审查7件。对《浏阳市烟花爆竹生产企业自愿退出办理程序及资料清单》启动规范性文件前置审查，督促调整相关条款，维护企业在退出过程中的合法权益。对《浏阳市建设领域农民工劳动报酬保证金实施办法》进行审查，督促纠正问题条款，被纳入《湖南省规范性文件备案审查案例汇编》。

【配合上级立法调研】 2020年，市人大监察司法委员会积极配合省人大法制委对《湖南省实施〈中华人民共和国公共文化服务保障法〉办法（草案）》《湖南省宗教事务条例（修订草案）》到浏阳进行立法调研；配合长沙市人大法制委对《长沙市居家养老服务条例（草案）》到浏阳进行立法调研，开展《长沙市养犬管理条例》执法检查工作。先后4次陪同《长沙市烟花爆竹安全生产与产业发展条例（草案）》立法调研组到浏阳市各类烟花爆竹生产企业实地调研，组织相关部门、行业协会、生产企业、专业人士、人大代表召开7次征求意见座谈会，广泛收集群众代表意见、建议并向长沙市人大法制委反馈，为立好浏阳烟花爆竹产业优法良法奠定基础。

·财政经济工作·

【预决算审查监督】 2020年，市人大财政经济委员会扎实开展预算初步审查。提前介入政府预算编制，对改进和完善预算草案初步方案提出要求。召开初步审查会议，对2020年预算草案进行认真初审，细化预算编制，科学制定预算定额。协助人大及其常委会批准预算和预算调整方案。对2019年财政预算执行情况和2020年财政预算草案进行审查，向大会主席团提交审查结果报告。根据全市财政预算执行的完成情况，组织对2020年财政预算调整情况进行调研，在市十七届人大常委会第三十八次会议上进行汇报，并协助做好相关决议。强化部门预算重点监督。组织对市教育局、商务局2个部门的2019年度部门预算执行情况和2020年度部门预算编制情况进行审查和专项审计，市十七届人大常委会第三十三次会议对上述2个部门预算进行表决，提高部门预算编制的完整性和科学性。加强预算执行监督。动态关注财政预算执行情况，形成《关于浏阳市2019年市本级决算的审查报告》《关于浏阳市2020年上半年财政预算执行情况的调查报告》，在市十七届人大常委会第三十六次会议上进行提交，形成审议意见，交送政府相关部门办理。抓好审计查出问题整改工作。协助市十七届人大常委会第三十六次会议听取和审议市政府《关于2019年度市级预算执行和其他财政收支的审计工作报告》。跟踪监督2019年“同级审”发现的五大类65个问题的整改，落实整改或基本整改到位42个。加强对重点支出监督。会同审计部门对浏阳市2018年至2019年失业保险基金进行专项审计，并在市十七届人大常委会第三十六次会议上进行满意度表决，发挥各级人大在财政重点支出中的监督职能。开展重大投资项目预算绩效评价。组织审计部门对百宜河综合整治项目进行阶段性跟踪审计，首次开展事中监督，并在市十七届人大常委会第三十九次会议上进行预算绩效评价表决，有效促进对政府投资项目的监管。

【计划审查监督】 2020年，市人大财政经济委员会围绕中心工作，加大计划审查监督力度。协助市人代会审查批准2020年计划草案。对全市2019年计划执行和2020年计划安排情况及政府重大投资项目编制情况开展专题调研和审查，提出初审意见，为人代会审查批准全年国民经济和社会发展计划草案提供决策参考。加强计划执行监督。深入了解计划执行情况，对2020年上半年计划执行情况进行认真分析和调研，在市十七届人大常委会第三十六次会议上进行汇报，形成审议意见，交送政府相关部门办理。落实国有资产管理情况报告制度。组织对全市国有资产管理情况开展专题调研，摸清国有资产家底，厘清国有资产管理体制机制，并提请市十七届人大常委会第三十六次会议进行听取和审议。开展“十四五”规划纲要编制专题调研。围绕“十四五”时期全市经济发展形势，深入分析发展环境、发展定位、发展症结、发展目标和重点任务，对浏阳市“十四五”规划编制工作提出科学合理的意见和建议，为市人代会审查批准“十四五”规划纲要做好充分准备。强化经济运行监管。对非税收入、政府性债务、重点工程项目等方面进行调查和跟踪监督，提请市十七届人大常委会第三十九会议听取和审议市人民政府关于配合惠科股份有限公司上市有关事宜的议案，确保监管落到实处。

【议案办理督办】 市十七届人大六次会议期间，大会议案组决定2020年继续办理《关于精准施策，推动烟花爆竹产业持续健康高质量发展》议案。对此，市人大财政经济委员会组织各承办单位召开花炮议案办理督办工作会议，对议案办理进行安排部署。为进一步促进议案所涉问题的解决落实，通过专项督查、专题调研、集中约谈督办、参与面商等形式开展督办工作。及时跟踪议案的办理进度，对相关议案内容开展调研，会同主办、会办单位多次与代表协商，听取办理情况和代表意见，督促政府相关部门落实议案内容，解决相关问题。3月26日，市十七届人大常委会召开第三十九会议，听取和审议议案办理情况，议案办理工作取得阶段性成效。

·教育科学文化卫生工作·

【科技创新】 2020年，市人大教育科学文化卫生委员会积极开展科技创新工作调研，促进全市科技创新工作更优更实发展。深入聪厨食品、五犇新材等15家高新技术企业进行实地调研，组织20多个乡镇街道的分管负责人座谈交流，了解到全市科技创新工作的发展环境不断优化、平台载体不断完善、成果转化不断加快，驱动经济发展作用不断提高。但也存在科技部门队伍力量薄弱、科技人才严重不足、财政科技投入力度不够、考核指标与基层实际有偏差、创新型县（市）建设合力不够等问题。特别指出围绕上级考核抓科技创新工作的做法，不符合基层实际，容易产生R&D经费（指研究与试验发展经费）、发明专利和知识产权保护等指标弄虚作假的现象。提出要进一步加强领导，营造良好科技创新氛围；要进一步加大投入，为科技创新提供有力保障；要进一步加强科技人才队伍建设，为企业技术创新提供人才支撑等意见建议，为常委会会议审议提供参考。

【档案工作调研】 2020年，市人大关注档案工作薄弱环节，努力推动档案事业高质量发展。将依法治档工作纳入重要议题，教育科学文化卫生委员会组织档案工作调研，先后调研市档案局等19个市直部门贯彻执行档案法及其实施办法有关情况，到富岭水库、板贝水库等地实地察看档案室建设情况。通过听取汇报、实地调研、座谈交流等形式，了解全市贯彻执行档案法的有关情况。在主任会议审议时，指出本市档案工作还存在学习宣传氛围不浓、重视程度不够、行政管理体制机制需进一步理顺等问题和不足。结合会议审议意见，以2020年第1号主任会议纪要的形式，将有关问题和意见建议向相关部门进行交办，并持续跟踪问效。档案、发改、水利等部门认真落实会议纪要要求，不断完善工作体制机制，优化软件硬件环境，持续加大投入力度，全市档案管理工作整体水平得到提升。

【传统中医药保护】 2020年，市人大教育科学文化卫生委员会组织市人大常委会组成人员视察全市中医药工作情况，并根据实地视察意见建议，撰写视察意见，向市政府交办。针对当前浏阳市中医药事业面临的经费投入不多、人才队伍不强、传承创新不足等问题，强调要从加强中医药事业组织领导、抓实中医药倾斜医保政策、加快中医药人才队伍建设、提升中医药传承创新能力等方面着手，切实解决中医药工作的痛点、难点和堵点问题。

【教育局工作评议】 2020年，市人大教育科学文化卫生委员会根据市人大常委会的安排，对市教育局教师队伍建设、教育经费管理、教育教学等三个方面工作进行评议。先后联系乡、镇调查研究，深入荷花中学、集里中学、澄潭江中学、大瑶中学等学校进行走访了解，撰写集中评议材料。在交办评议意见后，前往评议意见较集中的南区、东区和城区各乡镇（街道）实地了解整改落实情况。组织教科文卫委委员和专业代表对市教育局整改工作进行实地验收测评，促进教育局评议整改真正取得实效。

【消防执法检查】 2020年，市人大教育科学文化卫生委员会委员积极参加《中华人民共和国消防法》执法检查活动，年内，组织教育科学文化卫生委员会委员和专业代表先后专门视察图书馆、博物馆和人民医院消防安全工作，较好地促进政府职能部门相关工作。

·环境与资源保护工作·

【生态环境监管】 2020年，市人大环境与资源保护委员会依据法律赋予监督环境状况和环境保护目标完成情况的权力和责任，认真组织和开展卓有成效的工作。精心组织成员单位开展“环保世纪行”活动。制定2020年“环保世纪行”详细工作方案，并责成各成员单位细化方案、强化措施、加大宣传、动员全社会参与保护，从而加大全市环境保护的力度。深入调研，切实掌握全市环境状况和环境保护目标完成情况。环资委在市人大常委会主管副主任刘旭带领下，多次现场勘察浏阳河等市域内主要河流和城市内河水质情况；检查市镇污水处理厂和相关企业的排污情况，下到施工场地察看等，监督取得良好的成效。继续委托第三方环境监测公司检测环境质量，客观掌握全市环境真实状况。环资委委托第三方监测公司对全市环境状况进行检测，采样过程在部分市人大代表及乡镇相关负责人的见证下进行，检测数据为人大常委会听取和审议市人民政府关于2020年度环境状况和环境保护目标完成情况的报告提供专业数据和一手材料。年内，环境与资源保护委员会还先后对浏发集团、交通局、公路建设和养护、住房保障等工作进行调研，并对相关单位提出调研意见。

【镇、村国土空间规划编制监督】 2020年，市人大环境与资源保护委员会先后到自然资源局、经开区、部分镇、村通过现场走访、听取汇报、召开座谈会等方式掌握全市镇村国土空间规划编制的真实情况和存在的问题。环资委提出做好镇村国土空间规划编制工作要更新理念、加强领导、加大宣传、深入调研、能管用接地气等要求，为市人大常委会审议此项工作，交办审议意见奠定基础。

【公共工程建设监督】 2020年，市人大环境与资源保护委员会进一步加大对公共工程建设的关注，先后到集里街道百宜学校、道吾学校、关口街道长兴湖小学、官渡镇芙蓉学校等学校和达浒镇卫生院等公共工程现场调查，发现不同程度存在墙面开裂、路面沉降、瓷板不防滑、消防水池不规范、水泥自然硬化周期无保障、隐蔽工程监理不到位等问题。环资委提出进一步强化公共工程建设计划引导，健全公共工程建设工作的协调机制，不断提高公共工程质量等建议，并撰写材料向市十七届人大常委会第四十五次主任会议进行报告。会后跟踪督促政府相关部门及时进行整改。

【人民防空工作调研】 2020年，市人大环境与资源保护委员会采取听取汇报和实地察看、听取意见等方式对本市人防工作进行调研，调研发现部分工程存在没有按要求建立人防指挥所、没有建立人防专业队伍、人防经费没有完全落实到位、人防宣传力度不大等问题，环境与资源保护委员会向市人民政府提出建议要求尽快解决以上问题。

【数字化城管建设情况调研】 2020年，市人大环境与资源保护委员会组织开展数字化城管建设情况调研，先后到市城市管理局和部分街道、单位对数字化城市管理工作进行调研，调研发现，虽然人行道违停智能终端抄牌系统、规模以上餐饮单位油烟在线监测平台、重点储气场所视频监控系统已建立，但城市管理中心和指挥中心并未真正搭建，大数据信息分享并未形成。对比长沙市各区县，浏阳此项工作相对滞后。针对这种情况市人大环境与资源保护委员会向市人民政府提出建议加快浏阳市数字化城管建设工作。

·农业与农村工作·

【服务企业发展】 2020年疫情期间，市人大农业与农村委员会组织人员从2月12日起进驻葛家镇，联点20余家规模企业，为企业领取防疫中药材，邀请市疾控中心专业人员对企业负责人进行疫情防控专业培训，全力服务企业做好疫情防控和复工复产工作，为企业购买抗疫必备器材物品，2月至5月共帮助企业购买口罩5000多个，测温枪12把，消毒剂300千克，医用酒精50多千克。市人大领导带领农业与农村委员会全体人员认真做好联系烟花爆竹等重大项目、重点企业工作，全年督导12次，协调解决企业发展中的突出难点问题6个。

【农产品质量安全监督】 2020年，市人大农业与农村委员会始终坚持抓农产品质量安全工作不放松，持续推动中高毒农药溯源体系建设、农药包装废弃物回收等工作，6月初再次对全市农产品质量安全工作开展调研，撰写《浏阳市农产品质量安全工作调查报告》，为第三十三次市人大常委会会议召开提供高质量的参考意见。会后，市农业农村局对交办情况进行办理，争取市财政局安排805万元，用于日常检测、监管、执法和标准化生产等工作，获得财政局同意用专项资金购置一台农药残留快速检测车，重点打造古港镇、沿溪镇、普迹镇等8个乡镇蔬菜产业示范区，发放蔬菜、水果等标准化技术宣传资料1.5万份，农产品质量安全检验检测合格率达99%。

【支持绿色食品产业发展】 2020年10月，市人大农业与农村委员会牵头组织市第十七届人大常委会组成人员对浏阳市两型产业园进行集中视察，详细了解园区关于绿色食品产业发展的情况。根据视察意见办理情况反馈，2020年年末园区已引进盐津铺子、九丰斋等绿色食品产业链项目10个，新增原材料生产基地10086亩，为合作社、农户创收4655万元；年内，市人大农业与农村委员会先后协调市自然资源局在国土空间规划上统筹考虑，新增南泥湾路，加强浏阳主城区与园区的交通联系；协调市交通局完成浏东公路路面改善硬化工程。

【水利建设建议督办】 2020年，市人大农业与农村委员会将《关于中和旸谷河道改造的意见》《关于加大对书院新村山塘清淤维修支持力度的建议》纳入重点建议办理范围，市人大领导带队督促工作落实。《关于中和旸谷河道改造的意见》重点建议办理，其中协调获得市水利局安排5万元资金补助用于中和旸谷河道改造，市农业农村局安排10万元用于书院新村山塘清淤建设。

【乡村振兴工作调研】 2020年，市人大农业与农村委员会先后到涉农机构调研8次，提出意见和建议26条，指导做好“三农”工作。市人大领导带领农业与农村委员会人员到普迹镇王家坝河巡河12次，指导督促乡镇及部门做好河流综合整治工作。制定《浏阳市农村耕地保护与利用专题调研的工作方案》，在葛家镇金源村开展实地调研，撰写《浏阳市农村耕地保护与利用专题调研报告——以葛家镇金源村为例》，将调研成果上报长沙市人大常委会。

【野生动物保护】 2月24日，第十三届全国人民代表大会常务委员会第十六次会议通过《关于全面禁止非法野生动物交易、革除滥食野生动物陋习、切实保障人民群众生命健康安全的决定》，市人大农业与农村委员会迅速做好贯彻落实。在上级人大常委会的调研中，广泛邀请养殖户尤其是养殖行业中的贫困户和边缘户参会，为全市特种养殖户积极呼吁退养政策支持。5月15日，湖南省人民政府办公厅出台《关于全面禁止非法野生动物交易、革除滥食野生动物陋习、切实保障人民群众生命健康安全的意见》，市人大农业与农村委员会积极督促市林业局、森林公安局、市场监督管理局打击各类违法行为，年内，封控野生动物驯养繁殖场所181家，野生动物经营利用单位30多家，检查农庄、饭店等单位80家，提前完成第一批和第二批禁食人工驯养野生动物退出补偿处置工作，共计补偿资金812.5万元。

·社会建设工作·

【《中华人民共和国消防法》执法检查】 2020年6月，市人大常委会成立以市人大常委会主任吴震为组长的《中华人民共和国消防法》执法检查组，制定执法检查工作方案，召开执法检查动员会议，明确执法检查的重点和工作要求。中共浏阳市委高度关注本次执法检查，中共长沙市委常委、浏阳市委书记黎春秋对执法检查工作提出“检查要深入、标准要从严、问题要尖锐”的具体指示和要求。在各有关单位自查自纠的基础上，7—8月执法检查组分成五个小组，分别由市人大常委会主任、副主任带队，紧扣法律责任清单，对照重点检查清单，先后对“一府两院”、经开区（高新区）及政府相关21个职能部门、32个乡镇（街道）、32所学校（教育培训机构）、32所养老院、35所医院、33个基层公安派出所、42家公众聚集场所、32个村（社区）共269家单位开展执法检查。在执法检查过程中，采取必检与随机抽检相结合，明察与暗访相结合，采取听、查、访、看等多种方式，深入基层、深入现场调查了解各单位真实工作状况。同时，在全市32个乡镇（街道）开展《消防法》及消防安全公众民意调查问卷。本次执法检查共指出“监管体制不够顺畅、部门合力尚未形成、法律责任仍未压实、消防形势十分严峻、基础设施欠账不少、消防队伍力量不足、消防事业投入不足”等16个方面存在的121个具体问题，列出详细的“问题反馈清单”，为全市消防安全摸清底数、分析形势，指出问题，提出具体的工作建议。

【电商建设和电商扶贫专项工作评议】 2020年，市人大社会建设委员会第六评议小组主动与商务局开展工作对接，发动代表深入村社区了解

11月3日，市人大常委会主任吴震(前中)率主任会议成员调研退役军人事务工作
(市人大办　提供)

情况，深入电商企业和村级电商站点调研，在此基础上，提出“点的作用未充分凸显、线的串联未充分衔接、面的推广未充分铺排”3个方面共36个具体问题，列出问题整改清单，跟踪整改督办，为促推全市电子商务建设和全市脱贫攻坚战役的胜利发挥人大的作用。

【退役军人事务调研】　11月3日，市人大常委会主任吴震率主任会议成员，实地走访关口街道长兴社区退役军人服务站、市退役军人就业创业孵化基地、市退役军人服务中心，对全市退役军人事务工作进行调研。浏阳市认真贯彻落实习近平总书记讲话精神，围绕“让军人成为全社会尊崇的职业”的目标，按照中央、省、长沙市决策部署，成立市退役军人事务局，全市退役军人事务工作稳居全省第一方阵，正迈入全国先进行列。在2020年8月举行的全国退役军人事务系统学习推广新时代“枫桥经验”现场推进会上，浏阳是湖南唯一在会上作典型经验发言的县(市、区)代表。主任会议指出，退役军人事务局要主动服务，热情服务、用心服务，把服务做充分、做出色；要依法保护退役军人权益，将管理和服务相结合，把退役军人事务局建设成为退役军人的“娘家”。要通过培育典型，多途径、全方位建设具有鲜明浏阳地方特色的退役军人文化。

代表工作

【建议督办】　十七届人大六次会议期间，市人大共收集代表提出建议301件，其中党群系统8件，市政府系统293件。这些建议，围绕改革发展稳定大局，突出“六个紧盯”，比较集中地反映人民群众关心的热点、难点，反映改革发展中出现的新情况、新问题。6月10日，市人大常委会与市政府共同召开代表建议交办会，将代表建议交由45个承办单位办理。截至9月30日，代表提出的301件建议全部办结。市政府部门办理的293件建议中，A类建议179件，占61.1%；B类建议78件，占26.6%；C类建议36件，占12.3%。9月底，市人大常委会选举任免联络工作委员会组织市人大代表对市政府部门承办的293件建议的办理情况进行“背靠背”满意度测评，其中满意278件，占94.9%；基本满意12件，占4.1%；不满意3件，占1%。

【专项工作评议】　2020年，市人大组织评议教育局、工信局、司法局、住建局、文旅广体局、商务局共6家单位专项工作，各评议小组深入走访代表、群众和基层单位，收集反馈32类195个具体问题或意见。被评议单位主动接受评议、认真抓好整改。教育局义务教育阶段教师队伍有关待遇、生均公用经费、代课教师待遇、学位紧张、学校负债、食堂伙食等50多个具体问题得到整改。工信局紧盯扶企政策落实力度不够等问题，指导帮助480多家企业争取各级奖补资金1.25亿元，完成3批120处网络信号薄弱点位电信普遍服务试点建设，服务企业、产业指导和信息化推进等工作得到整体提升。司法局高度重视评议组反馈的法律援助申请手续太繁杂、从业人员监管不到位等问题，积极开展法律援助惠民生活动，加大对“黑土律师”和非法执业行为的打击力度，法律服务市场秩序进一步规范。住建局在着力解决嘉悦小区地下车库严重漏水等26个历史遗留问题的同时，针对部分小区房屋外墙瓷砖脱落、一些楼盘建筑密度过大等问题，出台关于商品房项目质量安全管理、城市建设品质管控导则等文件，加强对建筑行业和住房品质的监督管理。文旅广体局筹措资金2600万元，抓好有关文化下乡质量不高、健身器材分配不均等23个具体问题的整改，组织开展各类文化惠民下乡演出活动180多场，购置体育器材140多套发放到空白乡村，有力促进基本公共文化服务均等化。商务局对22条评议意见分门别类，采取引导电商园区创新聚集发展、加快传统企业触网升级转型等措施，有力推动关于职能部门对电商产业园区建设和运营重视不够等问题的整改。年终测评中，6家被评单位均以91.7%以上的高分被评为满意等次。

【履职能力建设】　2020年，市人大坚持把政治建设摆在首位，先后组织人大常委会组成人员、机关干部赴湖南大学、郴州汝城“半条被子的温暖”专题陈列馆、胡耀邦故里廉洁文化陈列馆进行履职培训、红色教育、廉政教育。举办党的十九届五中全会精神和《中华人民共和国民法典》等专题学习讲座，履职素质进一步提升。坚持委、办联系指导基层人大工作制度，先后听取荷花、集里两个街道人大工委工作报告。广泛宣传人大制度优势，人大微信公众号全年推送稿件300多篇，阅读量达16万人次以上，代表抗疫通讯荣获省人大新闻奖三等奖，《把握新时代人大工作高质量发展的本质要求》获长沙市人大新闻奖一等奖，民生监督等10多项工作被《人民代表报》等刊物宣传推介。

【纪念浏阳市人大设立常委会40周年】 12月23日，浏阳市举行纪念市人大设立常委会40周年会议。1979年，五届全国人大二次会议通过宪法修正案和地方组织法，决定在县级及其以上各级地方人大设立常委会，作为地方国家权力机关的常设机构。1980年12月，浏阳县第八届人民代表大会第一次会议召开，会议选举产生浏阳县第八届人民代表大会常务委员会，拉开浏阳社会主义民主政治建设的历史帷幕。40年来，历届人大常委会在市（县）委的坚强领导下，高举中国特色社会主义思想伟大旗帜，坚持以习近平新时代中国特色社会主义思想为指导，深入学习贯彻习近平总书记关于坚持和完善人民代表大会制度重要思想，坚持党的领导、人民当家做主、依法治市有机统一，紧扣全市（县）工作大局，认真履行各项职权，在发展社会主义民主政治、全面推进依法治市、推动经济社会发展、保障和改善民生等方面发挥重要作用。市人大常委会主任吴震总结回顾人大常委会40年来的履职历程，并强调以40年的成功实践为新的起点，进一步焕发奋进动力，扎实有效履行人大法定职责，紧盯发展环境优化、民本民生改善、预算编制执行、生态环境保护、社会公平正义、城乡规划建管等重点工作，奋力谱写新时代浏阳人大工作新篇章。中共长沙市委常委、浏阳市委书记黎春秋充分肯定市人大及其常委会40年来所做出的突出贡献。就进一步做好人大工作，黎春秋指出，要牢牢把握人大工作的根本遵循，要以习近平总书记关于坚持和完善人民代表大会制度的重要思想为做好新时代人大工作的方向指引和根本遵循，认真贯彻落实其中指明的新时代人大工作方向、工作使命、工作任务，并以此来指导和统领新时代人大工作，不断推动人大工作实现新发展、迈上新台阶。市委副书记、市长吴新伟就如何贯彻落实会议精神作出强调。市领导王强、李家喜、秦跃平、周文舜、邓阳锋、戴武明、李爱民、喻辉、周耀辉和市人大原主任李定国等老同志参加会议。

【“三讲三做当表率”活动】 4月24日，市人大常委会召开主任会议，部署启动人大代表“三讲三做当表率”（讲政治、做坚守初心的表率，讲担当、做推动高质量发展的表率，讲奉献、做服务人民群众的表率）活动。各级人大代表和人大工作者积极参加各项活动。疫情防控期间，人大代表黎洪武充分调动和利用资源，多方筹措，向市红十字会、市城管局、市卫健局、市物业管理协会捐赠总价值超过50万元的防疫物资；周开明代表发动企业员工向各级政府捐赠抗疫资金100万元，其中他带头向浏阳红十字会捐赠40万元用于购买防护物资驰援武汉；邱练代表推进“党政领导联社区、基层党支部联网格、业主代表联楼栋单元、党员联户”的四级网络建设，进一步落实疫情防控工作。疫后复工复产、助推经济发展的关键时刻，潘凤明代表积极入户走访，将在家为生计发愁的村民安排往辖区内的企业就业。周开明代表所开办企业新中标项目6个，中标价值2.2亿元，项目开工率达100%。王武代表赴江西上栗县为浏阳企业招工300余人。刘庆华代表带头复产不忘扶贫，全力推动鲜花种植示范基地建设，设置15个公益性岗位和10个临时性岗位，满足贫困户的就业需求。胡厚麟代表主动与村级对接，四处调研后，确定将水鸭养殖作为中和镇雅山村发展的扶贫产业，该产业预计将带动65户贫困户脱贫，平均每户年收入可增长5000元。杨喜华代表带领支村《两委》发展荷花产业，带头种植荷花20亩，带动村上25户建档立卡贫困户每户种植3亩，每亩纯收入可达3000元。

（李 振）

山水浏阳城　　（浏阳市档案馆　供图）

浏阳市人民政府

综　述

【概况】 2020年，浏阳市人民政府全面贯彻落实习近平新时代中国特色社会主义思想，深入贯彻中央、省、长沙市决策部署，在市委的坚强领导下，在市人大的法律监督、工作监督和市政协的民主监督下，紧紧围绕全面建设现代化浏阳的奋斗目标，统筹推进疫情防控和经济社会发展，扎实做好"六稳""六保"[1]工作，攻坚克难、砥砺奋进，开创发展新局面。全市上下众志成城、并肩作战抗击突如其来的新冠肺炎疫情，广大医务工作者、疾控工作人员、公安干警、村（社区）工作者、党员干部等挺身而出、冲锋在前；社会各界风雨同舟、守望相助，涌现出张更姣、周明亮等一批全国、全省先进典型；全市以"党建+微网格"为抓手，坚持"两防三不"[2]，实施"三量三控"[3]，常态化抓牢抓实疫情防控，实现"四无"[4]，被认定为全省首批低风险区。经济社会发展实现新突破。节约集约用地、农村人居环境整治两项工作被推荐申报国务院真抓实干督查激励，高质量发展、工业高质量发展、质量强省、"双创"、财政管理、高标准农田建设、河长制、文化旅游八项工作获省政府真抓实干督查激励。全年实现地方一般公共预算收入93.4亿元，增长5.33%（同比，下同），税收占比达76.87%；地区生产总值、规模工业增加值、固定资产投资分别增长4.7%、6.3%、9.3%，城乡居民人均可支配收入增长6%，完成进出口总额25.5亿美元，增长24.7%。全市新引进项目200个，其中投资100亿元以上项目2个。214个重点项目完成投资684.5亿元，占计划投资141.7%。投资320亿元的惠科项目主厂房提前1个月封顶，1月23日点亮投产；泰科天润、豪恩声学一期、韵达物流、蓝思新材料建成投产，金阳大道三期加快推进，椒花水库工程顺利开工，长赣高铁确定浏阳城北设站。在全国百强县排名中，县域综合发展、县域经济基本竞争力、工业百强县、营商环境百强县分别跃升至第9位、第11位、第11位、第19位；被评为"国家卫生城市""2020胡润中国最具投资潜力区域百强"，蝉联"国际化营商环境建设示范县（市、区）"。

【产业发展】 2020年，浏阳市深入开展百日竞赛活动，突出干部驻企、服务暖企、政策惠企，率先推出15项助企措施，组建20个工作队赴外地招工，派出564名联络员驻企帮扶；积极落实上级惠企政策，减免企业租金、社保及相关税费10.44亿元，让企业心更暖、劲更足。工业经济稳步复苏，15条新兴及优势产业链总产值增长9.4%，显示功能器件、智能装备、碳基材料、5G应用产业链规模工业总产值分别增长85.2%、22.7%、12.6%、41.3%；新增规模工业企业50家、高新技术企业130家、智能制造试点企业75家、上市（过会）企业2家，培育省级以上"小巨人"企业33家、国家级"两化"融合管理体系贯标试点企业28家；经开区、高新区成功合并，获批"国家新型工业化产业示范基地""国家绿色工业园区"和"国家再制造高新技术产业化基地"。农业经济稳中提质，实现总产值193亿元，粮食播种面积79066.6公顷，年产量55.67万吨，蔬菜种植面积（含复种）42566.6公顷，出栏生猪99.41万头、家禽1129.8万羽，全面完成禁捕退捕任务，提质改造油茶林9333.3公顷，被评为湖南综合油料大县和茶油大县，浏阳茶油获批国家地理标志商标，达浒书香村"书香龙泉酒"荣获第105届美国巴拿马太平洋万国（国际）博览会（中国区）金奖。服务业企稳回升，大力发展"三间"经济[5]，推进"烟花进景区"，举办红博会、消费节、大围山杜鹃花节、首届花木博览会、省文化旅游创新创意大赛等节会活动，被评为"省全域旅游示范区"，张坊田溪村被评为"全国乡村旅游重点村"，葛家金源村、淳口狮岩村、张坊富溪村、官渡观音塘村、沿溪沙龙村被评为"国家森林乡村"；胡耀邦同志纪念馆晋升国家一级博物馆，苍坊旅游区通过国家AAAAA级旅游景区景观质量评审，新增国家AAA级旅游景区4个；在全省率先建成网间经济孵化器和5G直播基地，实现网络零售交易额81.27亿元，增长18.9%；销售商品房154.97万平方米，增长3.76%；"智慧浏阳河""睿空间"被评为国家级众创空间。

【城乡建设】 2020年，浏阳市升级打造"一体两翼、一河两岸、一城两站"[6]承载平台，出台《浏阳市城市建设品质管控导则（试行）》，精准做好城市规划工作。完善"15分钟生活圈"13个，新建停车场15个，新改建农贸市场2个，创成"全国无障碍环境示范县（市）"。拉通燎原路、胡家路等9条城市道路，推进天马山隧道改扩建工程，建成红色旅游公路，完成浏大、浏永、开元路路面大修，新改建农村公路414.4千米。完成百宜河主管网、长兴湖片区雨污分流和净溪河截污工程，新建城镇污水管网116千米。建成道吾110千伏、永和220千伏等输变电工程，累计投资25亿元完成首轮电网"630"攻坚[7]。推进新型城镇化建设，入选"国家县城新型城镇化建设示范县（市）""中国城市创新百佳示范县市"。深入实施乡村振兴战略，突出抓好"四型""两治"[8]，扎实推进特色小城镇建设，全市村级集体经营性总收入4580万元，涌现官桥苏故村、沙市东门村以及永安芦塘村、西湖潭村和礼耕村等一批集体经济强村。创新"首厕过关制"，完成无害化改厕[9]10万座，实现垃圾分类行政村全覆盖，被评为"全国农村生活污水治理示范县（市）"。投入7800万元开展农村宅基地房地一体确权登记，实现应登记颁证率100%。组建260个村级供销合作社，吸纳农户2.4万户。狠抓人居环境整治和乡风文明建设，创建国家、省卫生镇18个，大瑶南山村、永安坪头村入选全国文明村，4家单位被评为省级文明单位，城乡精细管理和文明程度不断提升。

【三大攻坚战】 2020年，浏阳市深入开展脱贫质量"回头看"，建立"三表一单"[10]机制，持续推进"个十百千"[11]产业扶贫工程和"15公里就业圈"建设，贫困劳动力域内转移就业10506人，就地就近就业率达71.2%，贫困户李忠国被评为"2020年全国脱贫攻坚奋进奖"，对口帮扶邵阳县、龙山县茅坪乡，高质量完成新时代脱贫攻坚目标任务，全省新阶段扶贫试点工作扎实推进。以打赢蓝天碧水净土保卫战为统揽，扎实推进生态环境综合治理，顺利通过省级环保督察“回头看”，全年空气质量优良率达99.7%；浏阳河成功创建全国首批示范河湖，出境断面水质均值保持Ⅰ类；捞刀河、南川河出境断面水质均值达Ⅱ类；饮用水水源地水质达标率100%；宝山河市控断面稳定达标，铁山桥断面稳定向好；污染源普查工作获国务院表彰，浏阳河湿地公园晋升国家级湿地公园。加快推进政府性债务风险化解、平台公司市场化转型工作，组建浏发集团、金发集团，交建投获AA级信用评级；建立市镇村债务管理风险预警体系，三类债务之和下降32%，风险稳定可控。

【民生实事】 2020年，浏阳市落实就业优先政策，新增城镇就业1.5万人，新增农村劳动力转移就业8100人，城镇登记失业率为2.89%。改造农村危房396户、棚户区1245户、老旧小区24个，新建公租房3244套，完成租赁住房市场发展房源筹集4644套。新改建学校23所、幼儿园40所，创建标准化学校43所，新增学位10310个，义务教育阶段“大班额”全面消除，高考质量评价蝉联长望浏宁四县(市、区)“十三连冠”。公共卫生服务体系进一步完善，完成人民医院整体搬迁工程，中医医院危急重症大楼、集里医院门诊综合大楼项目顺利推进，共建医联体56个，获批省级重点专科7个、长沙市深化医学重点建设专科5个，创建二级医院1家，乡镇卫生院发展经验获新华社等国家级媒体推介。完成市社会福利中心主体工程，发放低保金1.5亿元、特困供养金1亿元、其他各类救助资金0.6亿元；发放养老保险待遇22.55亿元、支付医保资金14.9亿元，贫困人口住院综合保障后报销比例达90%，被评为“中国社会保障百佳县市”。建设标准化村(社区)综合文化服务中心20个，举办“薪火相传”中国健康跑、全民读书月等活动，开展送戏下乡、经典剧目惠民演出、文艺大讲堂、欢乐浏阳河等群众文化活动180余场，入选2020年全国“书香城市”。在全省率先建立退役军人就业创业孵化基地，退役军人矛盾纠纷化解工作在全国学习“枫桥经验”工作大会上作典型发言。着力提升食品安全保障水平，成功创建全省首批食品安全示范市。全力推动烟花爆竹产业转型升级，完成“一证多厂”顽瘴痼疾专项整治任务，安全生产形势平稳向好。纵深推进扫黑除恶，持续深化禁毒人民战争，打掉涉黑涉恶犯罪团伙6个，查破涉毒案件576起。深入推进“最多访一次”改革，全市信访总量下降31.8%，实现各特护期进京非访“零登记”。

【建议提案办理】 2020年5月12日至14日浏阳市第十七届人大第六次会议期间，市人民政府收到会议交办的建议293件。在市人大的指导支持下，市政府各承办部门严格贯彻落实办理工作的各项规章制度，真抓实干，尽职尽责，于9月30日前全部办复，并通过市人大代表对承办建议办理情况进行“背靠背”满意度测评，其中满意278件，占94.9%，较2019年提高10.2个百分点；2020年市人民政府办理政协提案151件，综合满意率98.7%。

【机关作风建设】 2020年，浏阳市全面完成经济责任审计和省委巡视反馈意见整改任务。依法审查政府文件554件、政府合同112件，依法办理行政复议案件54件、行政应诉案件88件。推进“一件事一次办”，建设“五零城市”[12]，提供政务服务300余万次，帮代办事项44万件，办理市长信箱、“12345”反映事项3.2万件，顺利通过政务公开与政务服务标准化国家级试点验收，“三集”[13]审批机制被评为中国营商环境特色评选50强创新案例奖。大力压减“三公”经费和一般性支出，强化审计监督力度，审计收缴财政资金2028万元。严格执行作风建设规定，查处各类违纪违法案件333起。

【“十三五”规划发展成就】 “十三五”规划期间浏阳市地区生产总值年均增长8.8%，地方一般公共预算收入年均增长12.4%，规模工业增加值年均增长11%，农业总产值年均增长4.7%，服务业增加值年均增长9.2%，固定资产投资年均增长14.2%，社会消费品零售总额年均增长9.8%，金融机构存贷款年均增长13.3%、15.8%。在全国百强县排名中，县域综合发展从第28位跃升至第9位，实现“五连跳”。15条新兴及优势产业链不断壮大，产业集聚成势。电子信息、智能装备制造等产业快速崛起，“芯屏器合”[14]产业体系初步形成；烟花爆竹产业加快升级，累计颁布12项国际标准和1项技术报告。新增市场主体4.5万户，总量突破11万户；高新技术企业由22家增至300家；新增上市(过会)企业5家，总量稳居全省县(市)第一。经开区(高新区)综合竞争力领跑全省产业园区，两型产业园被评为“国家农村创新创业园”。累计引进项目1022个，其中百亿元以上项目5个；惠科、DITO触控传感器、蓝思3D、华域视觉等一大批重点项目开工建设、竣工投产，发展势头强劲、活力充沛。高质量完成农村土地制度改革等15项中央、省级重要改革试点，创新实施“最多跑一次”“涉农资金整合”“就医一卡通”等改革，打造“无改革、不浏阳”品牌，被评为“全国县域综合改革十佳城市”。推动湘赣边区域合作走深走实，成员单位由10个扩展至24个，签署专项协议40个。累计获得上千项国家级、省级荣誉，长沙对浏绩效考核稳居县(市、区)前列，21次获国务院、省政府真抓实干督查激励通报表扬，浏阳工作、浏阳作为、浏阳经验备受关注、广受赞誉。浩吉铁路建成通车，荷文公路、西北环线等有序拉通，全市新改建城乡道路65条、农村公路3000千米。道吾、长兴湖等片区崛起，新建公园3个，提质提档社区18个，改造老旧小区24个、棚户区1.1万户。建成35千伏以上输变电工程20个，建设污水处理厂14个、污水管网205千米。创建国家级重点镇、历史文化名镇、特色镇5个，国家卫生乡镇5个，城镇化率达66.2%。全面消除集体经济薄弱村，超额完成改厕任务，基本实现美丽乡村全域覆盖，城乡更美、品质更高。三大攻坚战纵深推进，累计偿还债务291.4亿元，33个贫困村共15744贫困户总计49387贫困人口全部实现脱贫，蓝天白云绿水青山成为浏阳最鲜明的底色。城乡居民人均可支配收入由30877元增至45840元；新改建学校60所，创建标准化学校324所，新增学位4.6万个，化解“大班额”774个；人民医院新院建成投入使用，新建乡、镇卫生院6所，改扩建卫生院5所，标准化村卫生室实现全覆盖，成功创建公立医院综合改革国家级示范县。

（肖圣林）

【政务督查】 2020年政务督查坚持以更高站位服务大局。新冠肺炎疫情期间，政府督查室围绕全市疫情防控持续开展暗访督查，复工复产后，围绕长沙市“大干一百天、实现双过半”竞赛活动，统筹热点难点问题，开展督查督办，全力为基层和企业排忧解难；主动承担主要领导任中经济责任审计迎检工作，高效完成审计组交办的各项工作任务，共计办理审计取证单343份；统筹做好省委第六巡视组巡视浏阳反馈意见整改工作，牵头负责政府系统4个具体问题、7个具体表现、23个具体事项的整改工作，如期如质实现交账销号，并积极参与市委巡视整改督查督办，推动整改任务落实落地。真抓实干。围绕国务院第七次大督查、省政府年度真抓实干综合大督查和上级各项专项督查，统筹调度各级各相关部门积极做好迎检备查工作，顺利通过上级各项督查。同时，以上级督查为抓手，督促各职能部门补齐短板、提档升级。主动作为。坚持早介入、早调度，认真研读国务院、省政府督查激励有关文件精神，全面分解任务，专项进行督办，及时传递信息，推动各职能部门提早对接，积极汇报浏阳市工作亮点，在争取国务院、省政府督查激励工作中赢得主动，浏阳市共获得省政府2020年度督查激励通报表扬8次。

坚持以更严标准服务中心。抓重点。分解下发长沙市、浏阳市两级《政府工作报告》既定的全年目标任务，及时跟进各项目标任务落实情况。高度关注政府常务会议、市长办公会议、市委会会议等市政府重要会议决策事项和市政府领导批示件落实情况，全力推动政府工作落细落实。抓热点。密切关注“三大攻坚战”目标任务落实情况，联合市委督查室多次开展督查督办；密切关注人大代表建议和政协委员提案，开展督查督办，推动办理工作高标准、高质量、高效率；密切关注群众呼声，积极化解信访矛盾，较好地完成群众来访接待相关工作。抓难点。围绕安全生产、卫片执法、防汛抗旱、森林防火、森林资源管理、创卫迎检等阶段性工作，组织开展暗访督查60余次，及时通报问题、督促整改。全年下发各项工作《交办函》《督办函》106次（份），印发《政府督查》6期，联合市委督查室编发督查通（专）报13期，有力有效有序推进各项工作任务落实。

坚持以更实作风服务基层。持续推进减负。严格执行年度督查计划，年度综合性督查事项由2020年的5项减少至3项，同比精简40%，全年开展综合性实地督查3次，无计划外综合性督查，未列入督查计划的事项，均按照市政府领导安排以“四不两直”方式、突出问题为导向，开展“点穴式”暗访督查。持续预警提醒。充分发挥督查短信平台作用，对于重点工作、重点任务、重点事项，适时按照时间节点进行预警，提醒相关责任单位抓好落实。持续优化考核。一方面，严格执行工作标准，对完成进度靠后的单位，综合采取交办、督办、通报、考核等举措予以问效。另一方面，对于一些阶段性工作任务，坚持先督促、再检查，始终以推动工作为目的、以实际成果为导向开展政务督查，杜绝“一督了之”“一扣了之”，与基层单位共同推动工作落实。

（黄如意）

【征拆工作】 2020年浏阳市征拆工作依法依规推进征拆。按照新修订《中华人民共和国土地管理法》和有关法律法规规定，依法开展征地公告程序，确保项目征地依法推进。按照征地拆迁“三榜公示”要求，强化部门联合审核，严把政策执行关和资金审核关，确保全市征拆工作公平公正、公开透明、平稳有序推进。全年共计完成征地15095亩，拆迁房屋1390户，实现157个项目征拆清零。认真做好被征地农民纳入社会保障人员资格的审核，全力督促各项目平台公司及时足额缴纳社保资金，全年共计收缴社保资金16.576亿元，11180名被征地农民纳入社保。深入推进保障性房源指标回购，全市547户共2890人选择纯货币安置，发放指标回购资金56317万元，实现“零过渡期”安置。

（江立峰）

名词解释

[1]“六稳”“六保”：稳就业、稳金融、稳外贸、稳外资、稳投资、稳预期；保居民就业、保基本民生、保市场主体、保粮食能源安全、保产业链供应链稳定、保基层运转。

[2]“两防三不”：“两防”指外防输入，内防反弹；“三不”指队伍不散、机制不变、思想不松。

[3]“三量三控”：存量加强管控、增量入口把控、变量动态监控。

[4]“四无”：无死亡病例、无二代病例、无聚集性疫情、无院内感染。

[5]“三间”经济：夜间经济、乡间经济、网间经济。

[6]“一体两翼、一河两岸、一城两站”：“两翼”指浏阳主城和金阳新城；“两岸”即做好浏阳河两岸的保护与开发；“两站”指长赣高铁浏阳站和浩吉铁路浏阳东站。

[7]“630”攻坚：湖南电力提出在2018年至2020年，以每年的6月30日为时间节点，建成一批、开工一批、储备一批电网建设项目。

[8]“四型”“两治”：“四型”指土地合作型、资源开发型、乡村服务型、物业经营型；“两治”指治厕所、治垃圾。

[9]无害化改厕：指将农村居民家庭传统的旱厕和其他厕所改造成清洁、卫生、文明的无害化卫生厕所。

[10]“三表一单”：“三表”指建档立卡贫困户未脱贫对象脱贫困难情况统计表、建档立卡贫困户存在返贫风险情况统计表、档外“四类”人员致贫风险情况统计表；“一单”指扶贫领域形式主义、官僚主义问题清单。

[11]“个十百千”：建设1个产业扶贫服务中心，发展10个长效扶贫产业，打造100个以上较大的特色产业和就业基地，树立1000名通过产业和就业脱贫致富典型。

[12]“五零城市”：“五零”指零成本开办企业、零证明办理事项、零见面审批服务、零收费园区政务、零干扰企业发展。

[13]“三集”：集中办公、集合查验、集成审批。

[14]“芯屏器合”：“芯”指芯片（集成电路）产业，“屏”指平板显示产业，“器”指装备制造及工业机器人产业，“合”指人工智能和制造业融合。

重要会议

【市政府全体会议】 5月13日下午，浏阳市人民政府召开市第十七届人民政府第四次全体（扩大）会议，对长沙市第十五届人民代表大会第五次会议《政府工作报告》、5月12日召开的浏阳市十七届人大第五次会议《政府工作报告》所确定的各项目标任务，进行全面部署、责任分解，推动决策落实落地。中共浏阳市委副书记、市人民政府市长吴新伟强调，全市各级各部门要立即行动，以对人民、对代表高度负责的态度，拿出过硬措施，把“两会”精神传达好、落实好，把《政府工作报告》明确的各项目标任务全面完成好，以扎实高效的工作推动浏阳高质量发展与现代化建设。为确保全面完成两级《政府工作报告》目标任务，市政府对2020年主要目标任务进行分解，实行目标责任考核，每一项任务都明确责任领导、牵头单位和责任单位。吴新伟要求，疫情趋缓，国内形势持续转好，利好政策密集出台，浏阳经济也在加速回暖，从一季度情况来看，浏阳主要经济指标都远超预期，增速高于全国、全省和长沙市平均水平。要强化执行，推动决策的落实落地。要聚焦目标，严格按照时间节点要求，不折不扣、高质高效地完成；要履职尽责，细化各自任务分工，做到各项工作责任全覆盖、管理无真空、落实无死角；要求实求效，形成专门的调度机制和督查机制，做到一月一跟踪，一季一汇总。要创新突破，提升治理现代化水平。要持续深化“放管服”改革，推进“一件事一次办”全覆盖，深入实施“三集”审批机制，进一步理顺工作机制，积极推进政府管理和社会治理模式创新，加大基层社会治理创新力度，提升社会治理的精细化水平。要真抓实干，锤炼干事的务实作风。要把每一项任务不折不扣落到实处，把政策红利变成民生福利，要牢固树立“一盘棋”思想和争先创优的意识，展现浏阳风采、浏阳作风、浏阳水准，向全市人民交上一份满意答卷。会议还对疫情防控工作、“大干一百天、实现双过半”竞赛工作、信访维稳工作、安全生产工作等进行强调和部署。

【市政府常务会议】 2020年全年召开市政府常务会议22次。

1月9日，市政府召开17届第59次常务会议，会议传达学习习近平在中央政治局第十九次集体学习时的讲话精神；中央、湖南省委、长沙市委经济工作会议精神；《中央密码工作领导小组关于认真学习贯彻党的十九届四中全会精神全面贯彻实施〈中华人民共和国保密法〉的通知》精神；《中共湖南省委办公厅湖南省人民政府办公厅关于做好2020年元旦春节期间有关工作的通知》和《长沙市安全生产委员会办公室关于切实抓好“两节两会”期间和岁末年初安全生产工作的通知》精神。会议审议《政府工作报告（送审稿）》；审议《浏阳市2019年国民经济和社会发展计划执行情况与2020年国民经济和社会发展计划（草案）》；审议《浏阳市2019年财政预算执行情况和2020年财政预算（草案）》，听取2020年部门预算编制情况汇报；审议《浏阳市集体土地上房屋拆迁安置人口认定暂行办法（送审稿）》；审议《进一步加强“空心房”清理整治工作方案（送审稿）》；审议《浏阳市以病种分值为核心的总额控制体系建设工作方案（送审稿）》。会议研究森林防火工作；研究浏阳市污染防治攻坚战工作；审议浏阳市第二次全国污染源普查数据；研究平台公司融资有关事宜。

2月5日，市政府召开17届第60次常务会议，审议《关于应对新型冠状病毒感染的肺炎疫情促进企业健康发展的实施意见（送审稿）》。

2月12日，市政府召开17届第61次常务会议，传达学习中央、省、长沙市关于新冠肺炎疫情的重要指示和会议精神；习近平总书记在“不忘初心、牢记使命”主题教育总结大会上的重要讲话精神及全省有关会议精神；省、长沙市“两会”精神。会议审议《浏阳市2020年重点建设项目计划（草案）》《浏阳市2020年政府投资项目计划（草案）》；审议《浏阳市全域土地综合整治工作方案（送审稿）》。会议研究规划执法工作；研究湖南浏阳南方水泥有限公司易地搬迁有关事宜。会议审议《关于进一步强化黑火药生产企业管理的工作方案（送审稿）》。会议研究胡耀邦同志文物资料保护研究中心周边环境治理升级工程变更有关事宜。

3月5日，市政府召开17届第62次常务会议，传达学习习近平、赵乐际在第十九届中央纪律检查委员会第四次全体会议上的讲话和报告精神；《中共湖南省委湖南省人民政府关于建设现代化经济体系推动高质量发展的实施意见》；《中共长沙市委常委会2020年工作要点》。会议审议《浏阳市加速推进烟花爆竹产业转型升级实施办法（送审稿）》《浏阳市烟花爆竹产业顽瘴痼疾集中整治工作方案（送审稿）》。会议研究博物馆项目有关事宜；研究城市发展历程展示区项目有关事宜。会议审议《关于加快推进夜间乡间网间经济发展的实施意见（送审稿）》；审议《关于应对新冠肺炎疫情影响促进房地产市场平稳健康发展的通知（送审稿）》。会议研究防范化解政府性债务风险工作；研究平台公司市场化转型工作；研究大瑶镇招商引资有关事宜。

3月26日，市政府召开17届第63次常务会议，会议传达学习习近平总书记关于新冠肺炎疫情防控工作的重要讲话精神；2020年全省投资暨重点建设项目推进电视电话会议精神。审议《浏阳市污染防治攻坚战2020年度工作方案（送审稿）》《浏阳市2020年度生态环境保护工作要点（送审稿）》《2020年浏阳市生态环境保护（蓝天碧水保卫战）工作目标考核办法（送审稿）》，研究固定污染源清理整顿和排污许可发证登记工作。研究第七次全国人口普查工作，审议《关于进一步加强依法统计依法治统工作的通知（送审稿）》。审议《湖南浏阳河国家湿地公园管理办法（送审稿)》《湖南浏阳河国家湿地公园迎检工作方案(送审稿)》;审议《浏阳市2019年度松材线虫病除治实施方案(送审稿)》;审议《浏阳市规范农村宅基地用地建房审批管理办法(送审稿)》。研究赋予乡镇(街道)部分市级经济社会管理权限有关事宜。研究大瑶镇招商引资有关事宜。

4月30日,市政府召开17届第64次常务会议,会议传达学习习近平总书记在决战决胜脱贫攻坚座谈会上重要讲话精神;《中国共产党机构编制工作条例》精神;全国全省安全生产电视电话会议精神;全国全省防汛抗旱工作电视电话会议精神;统计工作有关文件精神。会议审议《浏阳市"月调度、季讲评、严处置"违法用地整治工作方案(试行)(送审稿)》;审议《浏阳市全面加强土地批后管理工作方案(送审稿)》;研究预算绩效评价工作有关事宜;审议《浏阳市政府投资工程建设项目价款结算办法(送审稿)》;传达学习全国信访局长电视电话会议、全省信访工作电视电话会议精神,听取信访工作情况汇报;审议《"扶创业、稳就业"社区商铺创业活动实施方案(送审稿)》。

5月25日,市政府召开17届第65次常务会议,传达学习全国、全省禁毒工作电视电话会议精神;全省扫黑除恶专项斗争工作推进会会议精神。研究湖南省浏阳中和旅游区创建国家5A级旅游景区有关事宜。审议《浏阳市城乡发展集团有限责任公司组建实施总体方案(送审稿)》;研究湖南省椒花水库工程建设征地与移民安置投资协议有关事宜;审议《浏阳市禁食陆生野生动物人工繁育主体退出补偿及动物处置工作方案(送审稿)》和《浏阳市禁食陆生野生动物人工繁育主体中贫困户和边缘户精准帮扶工作方案(送审稿)》。研究浏阳市自然保护地整合优化有关事宜。审议《浏阳市城镇生活污水处理提质增效PPP项目实施方案(送审稿)》;审议浏阳市污水处理厂网一体PPP项目(新建)招标文件修改部分条款;审议《关于优化建设领域营商环境促进建筑业高质量发展的实施意见(送审稿)》。

5月28日,市政府召开17届第66次常务会议,审议《浏阳市高水平全面建成小康社会决胜年行动方案(送审稿)》;审议《浏阳市营商环境优化工程2020年行动方案(送审稿)》;审议《浏阳市镇、村国土空间规划编制工作方案(送审稿)》;审议《浏阳市城乡建设用地规划指标交易管理办法(送审稿)》;审议《新能源汽车充电桩战略合作框架协议(送审稿)》;研究老永安中学资产处置有关事宜;研究统筹整合涉农资金推进乡村振兴示范村有关事宜。

6月17日,市政府召开17届第67次常务会议,集中学习《中华人民共和国民法典》;传达学习《中共湖南省委办公厅　湖南省人民政府办公厅关于进一步提升工业新兴优势产业链现代化水平的意见》;研究全市污染防治攻坚战工作;审议《浏阳市普通建筑材料用砂石土矿专项规划(2019—2025年)(送审稿)》和《浏阳市非煤矿山依法整顿工作方案(修改稿)》;研究供应链项目引进合作有关事宜。

6月24日,市政府召开17届第68次常务会议,审议《浏阳市城镇老旧小区改造三年(2020—2022年)实施方案(送审稿)》《浏阳市城镇老旧小区改造工作指南(送审稿)》,审议《浏阳市河道砂石资源统一经营管理实施方案(送审稿)》;研究水佳片区土地开发经营权公开招商有关事宜;研究杉松、金桥片区土地开发有关事宜;审议《浏阳市生态保护红线评估调整方案(送审稿)》。

7月6日,市政府召开17届第69次常务会议,传达学习习近平总书记在中央政治局第二十次集体学习时的讲话精神,审议《浏阳市严格烟花爆竹安全生产条件促进产业转型升级实施方案(送审稿)》,研究盐津铺子休闲食品项目有关事宜。

7月20日,市政府召开17届第70次常务会议,集中学习《防范和整治统计造假、弄虚作假重要文件选编(上/下册)》,传达学习习近平总书记关于进一步做好防汛救灾工作重要指示精神、7月17日中央政治局常务委员会会议精神,传达学习国务院副总理韩正在农村乱占耕地建房问题整治工作电视电话会议上的讲话精神、全省有关会议精神,研究森林督查问题整改工作;审议《浏阳市烟花爆竹产业退出企业转型服务工作方案(送审稿)》《浏阳市黑火药生产企业转型升级实施方案(送审稿)》《浏阳市引火线生产企业转型升级实施方案(送审稿)》。研究两型产业园创建省级工业园区有关事宜。

8月21日,市政府召开17届第71次常务会议,传达学习:习近平总书记关于脱贫攻坚工作重要指示精神和国家、湖南省脱贫攻坚普查电视电话会议精神;习近平总书记重要指示精神以及国务院长江流域重点水域禁捕和退捕渔民安置保障工作推进电视电话会议精神、省委书记杜家毫的批示精神和全省市州长视频会议精神;习近平总书记关于粮食安全系列重要指示批示,以及全国夏粮收购工作视频会议等有关会议精神;习近平总书记在专家学者座谈会上的讲话精神;《长沙市党政领导干部食品安全工作责任清单》。审议《湖南省椒花水库建设征地补偿和移民安置政策体系(浏阳部分)(送审稿)》。研究大围山区域生态和人文资源保护管理机构有关事宜。审议《浏阳市2020年水质达标提升生态补偿奖罚方案(送审稿)》。审议《浏阳市水土保持规划(2021—2030)(送审稿)》。研究全市农村治厕治垃圾工作。

8月21日,市政府召开17届第72次常务会议,审议《浏阳市创建国家园林城市工作方案(送审稿)》,研究2020年重点民生实事工作,审议《浏阳市生态环境保护委员会工作规则(送审稿)》《关于调整成员单位组成的通知(送审稿)》《浏阳市生态环境保护委员会成员单位工作职责(试行)(送审稿)》,审议《浏阳市2020年上半年国民经济和社会发展计划执行情况报告(送审稿)》;研究浏阳市"十四五"综合交通发展规划;审议《浏阳市城区道路货车禁限行管理工作实施方案(送审稿)》。

9月9日,市政府召开17届第73次常务会议,专题研究巡视整改工作。

9月9日,市政府召开17届第74次常务会议,审议《浏阳市农村乱占耕地建房问题摸排工作方案(送审稿)》;研究2020年国家自然资源督察武汉局土地例行督察整改有关事宜;审议《浏阳市城市建设品质管控导则(送审稿)》;研究大圣等6座水电站退出补偿奖励有关事宜;听取消防工作情况汇报;研究浏阳市博物馆基本陈列装饰装修(含临展)经费有关事宜。

10月13日,市政府召开17届第75次常务会议,传达学习习近平总书记考察湖南重要讲话指示精神;中央有关农村宅基地制度改革试点相关文件和国务院深化农村宅基地制度改革试点电视电话会议精神;《中共湖南省委湖南省人民政府印发〈关于建立全省国土空间规划体系并监督实施的意见〉的通知》;湖南省有关粮食储备管理工作相关文件精神。研究全市污染防治攻坚战工作,审议《浏阳市配合湖南省生态环境保护督察"回头看"总体工作方案(送审稿)》《浏阳市石灰土窑专项整治行动实施方案(送审稿)》《浏阳市人民政府办公室关于切实加强森林资源保护管理工作的通知(送审稿)》;审议《浏阳市城区环境卫生"二清一保"项目第四轮市场化服务实施方案(送审稿)》《浏阳市城区水域保洁项目第三轮市场化服务实施方案(送审稿)》《浏阳市城区餐厨垃圾无害化收运处置第二轮市场化服务实施方案(送审稿)》。研究浏阳市城区道路路灯和景观亮化维护招标工作有关事宜。

11月3日,市政府召开17届第76次常务会议,传达学习:中央关于妥善防范化解"邻避"问题推进重大项目实施的文件精神;《中共长沙市委办公厅长沙市人民政府办公厅关于印发〈长沙市重大决策事项风险评估办法(试行)〉的通知》精神。审议《浏阳市2020年森林督查整改工作方案(送审稿)》;研究浏阳市深化农村宅基地制度改革试点启动工作有关事宜;审议《浏阳市浏阳河城区段"一河两岸"文化旅游ABO项目实施方案(送审稿)》;研究集里医院新建门诊综合楼建设项目变更有关事宜;研究浏阳市强制戒毒所建设项目结算审计有关事宜;研究2019年度招商引资中介人奖励有关事宜。

11月13日,市政府召开17届第77次常务会议,传达学习《湖南省安全生产委员会办公室关于印发杜家毫同志在十一届省委理论学习中心组第35次集体(扩大)学习时讲话的通知》精神;审议《浏阳市2020年度松材线虫病除治工作实施方案(送审稿)》;研究食品安全工作有关事宜;审议《关于进一步规范公共资源交易活动的管理办法(送审稿)》;审议《浏阳市深化"一件事一次办"改革推进"五零城市"建设实施意见(送审稿)》;审议《浏阳市推行工程建设项目"三集"审批长效机制的实施意见(送审稿)》;审议《浏阳市历史遗留建设工程消防验收备案问题处理方案(送审稿)》;审议《浏阳市城镇房屋安全隐患排查整治实施方案(送审稿)》;研究浏阳市校车安全管理及运行有关事宜;研究浏阳市行政事业单位资产清查工作有关事宜;研究浏阳市金鸡水库扩建工程征地移民补偿概算调整有关事宜。

12月4日,市政府召开17届第78次常务会议,传达学习党的十九届五中全会和《中共湖南省委湖南省人民政府关于印发〈长株潭区域一体化发展规划纲要〉的通知》精神;审议《浏阳市国民经济和社会发展第十四个五年规划纲要(送审稿)》;审议《浏阳市退捕渔民分类安置保障方案(送审稿)》。

12月9日,市政府召开17届第79次常务会议,研究有关企业上市工作。

12月18日,市政府召开17届第80次常务会议,审议《浏阳市突发事件总体应急预案(修订送审稿)》;研究乡镇(街道)应急能力建设有关事宜;审议《进一步完善新时代义务教育管理体制激发办学活力的方案(送审稿)》;研究湘江流域禁采区内露天开采非金属矿山处置工作有关事宜;研究市园财政管理体制有关事宜。

(丁洁琼)

重要文件

【市政府文件】 2020年浏阳市人民政府发布浏政发文件7件。

表2　浏政发文件一览表

文　号	文　件　名　称
浏政发〔2020〕1号	关于应对新型冠状病毒感染的肺炎疫情促进企业健康发展的实施意见
浏政发〔2020〕2号	关于授予2019年度全市见义勇为奖的决定
浏政发〔2020〕3号	关于城东棚户区改造项目房屋征收的决定
浏政发〔2020〕4号	关于经开区大型商住综合体项目房屋征收的决定
浏政发〔2020〕5号	关于做好第七次全国人口普查工作的通知
浏政发〔2020〕6号	关于2020年《政府工作报告》主要目标任务实施责任管理的通知
浏政发〔2020〕7号	关于印发《浏阳市加速推进烟花爆竹产业转型升级实施办法》的通知

【市政府办文件】 2020年浏阳市人民政府办公室发布浏政办发文件9件、浏政办函21件。

表3 浏政办发文件一览表

文号	文件名称
浏政办发〔2020〕1号	关于印发《浏阳市政务信息资源共享管理办法》的通知
浏政办发〔2020〕2号	关于印发《浏阳市畜禽养殖禁养区管理办法》的通知
浏政办发〔2020〕4号	关于印发《湖南浏阳河国家湿地公园管理办法》的通知
浏政办发〔2020〕5号	关于印发《浏阳市智慧教育行动计划(2020—2022年)》的通知
浏政办发〔2020〕6号	关于印发《浏阳市全面推行行政执法公示制度执法全过程记录制度重大执法决定法制审核制度的实施方案》的通知
浏政办发〔2020〕7号	关于印发《浏阳市严格烟花爆竹安全生产条件促进产业转型升级实施方案》的通知
浏政办发〔2020〕8号	关于优化建设领域营商环境促进建筑业高质量发展的实施意见
浏政办发〔2020〕9号	关于印发《浏阳市规范农村宅基地用地建房审批管理办法》的通知
浏政办发〔2020〕10号	关于进一步加强砂石资源管理的通知

表4 浏政办函文件一览表

文　号	文　件　名　称
浏政办函〔2020〕1号	关于公布第二批浏阳市(县)级非物质文化遗产代表性项目代表性传承人认定名录的通知
浏政办函〔2020〕3号	关于印发《浏阳市人民政府领导班子成员分工》的通知
浏政办函〔2020〕4号	关于印发《浏阳市本级财政资金竞争性存放管理办法》的通知
浏政办函〔2020〕5号	关于成立浏阳市城乡规划执法工作领导小组等议事协调机构的通知
浏政办函〔2020〕8号	关于赋予乡镇(街道)部分市级经济社会管理权限的通知
浏政办函〔2020〕9号	关于印发《永安镇财政管理体制改革实施意见》《永安镇金融服务体系建设实施意见》《永安镇建设用地管理改革实施意见》的通知
浏政办函〔2020〕10号	关于下达2020年政府投资项目计划的通知
浏政办函〔2020〕11号	关于成立浏阳市全域土地综合整治工作领导小组等议事协调机构的通知
浏政办函〔2020〕12号	关于印发《浏阳市禁食陆生野生动物人工繁育主体退出补偿及动物处置方案》《浏阳市禁食陆生野生动物人工繁育主体中贫困户和边缘户帮扶工作方案》的通知
浏政办函〔2020〕13号	关于印发《浏阳市政府投资工程建设类项目价款结算办法》的通知
浏政办函〔2020〕14号	关于做好2020年人大代表建议和政协提案办理工作的通知(未下发)
浏政办函〔2020〕15号	关于公布实施浏阳市城镇公共管理与公共服务用地基准地价评估成果的通知
浏政办函〔2020〕19号	关于印发《浏阳市人民政府领导班子成员分工》的通知
浏政办函〔2020〕20号	关于印发《浏阳市镇、村国土空间规划(2019—2035年)编制工作方案》的通知
浏政办函〔2020〕21号	关于建立预防学生溺水事故长效机制的通知
浏政办函〔2020〕22号	关于印发《浏阳市2019年度破坏森林资源问题整改工作方案》的通知
浏政办函〔2020〕23号	关于落实义务教育教师工资收入长效机制的通知
浏政办函〔2020〕28号	关于切实加强森林资源保护管理工作的通知
浏政办函〔2020〕30号	关于印发《浏阳市农村房屋安全隐患排查整治工作方案》的通知
浏政办函〔2020〕32号	关于进一步加强涉爆企业林地管理的通知
浏政办函〔2020〕33号	关于印发《浏阳市加快推进5G网络建设工作方案》的通知

（陈　畅）

行政审批服务

【概况】 2020年，行政审批服务局政务服务大厅有36个窗口单位，145个办事窗口，300余名工作人员入驻，全年共办理审批服务事项174.5万余件，收费(税)约33.61亿元。浏阳市连续两年被评为“国际化营商环境建设示范县(市区)”。工程建设项目“三集”(集中办公、集合查验、集成审批)审批长效机制被评为“中国营商环境特色评选50强创新案例奖”。政务公开与政务服务标准化试点顺利通过国家评估验收。12345政务热线工作年度考核居长沙四县(市区)第一名。浏阳市行政审批服务局在2020年度浏阳市绩效考核中评为优秀单位。

【“一件事一次办”改革】 2020年，行政审批服务局公布浏阳市“一件事一次办”事项269项，全年办理业务300余万件。设立两个复工复产政策兑现专窗，69项复工复产、32项“六稳”“六保”(稳就业、稳金融、稳外贸、稳外资、稳投资、稳预期；保居民就业、保基本民生、保市场主体、保粮食能源安全、保产业链供应链稳定、保基层运转)政策兑现“一件事一次办”。全年总办件9万余件，惠及企业1.2万家，为企业减免各类费用金额超过5亿元。开展“对标一流再提升、跨越赶超促发展”活动，推进事项办理“减流程、减材料、减时间、减跑动、减费用”。185个“一件事一次办”事项实现跨域通办。浏阳市率先与铜鼓县、万载县、上栗县、分宜县、宜丰县签订56项政务服务“跨省通办”合作协议，覆盖社保医疗、居住出行、企业登记注册等高频事务。互认电子证照和电子材料，开设线下专窗，采用“收受分离、异地可办”模式，通过“人工+线上”方式共享异地数据，再采用远程视频会商、邮寄物流等方式完成事项办理。推进“一门式”服务改革，将与群众密切相关的44项高频事项受理权限下沉到村(社区)，率先在长沙地区实现“个人办事不出村(社区)”全覆盖。做实赋权实施工作，重点落实好向经开区(高新区)、永安镇分别赋权185项、50项，向乡镇(街道)赋权41项的承接办理工作，让更多“一件事”在乡镇(街道)、园区“一次办”。

【推行“三集”审批机制】 2020年，行政审批服务局参与全市“大干一百天、实现双过半”大竞赛，创新“三集”审批机制，设立“三集”审批服务区，将发改、自然资源、林业、住建等8个部门涉及工程建设项目的审批人员集中办公。建立各类项目审批通用模型，为新项目提供“一对一”全流程模拟审批方案，使工业项目审批时限压减至26个工作日，工程建设项目测量时间和费用压缩30%。对6个部门的20个事项、59项材料实施容缺受理，63项列入豁免清单。将审批过程中难点、堵点问题进行归集，定期调度，对重大招商引资项目提前介入，靠前审批。成立工程建设项目服务中心，将“三集”审批机制常态化，加快项目审批，助力全市300多个重点项目实现早开工。工程建设项目“三集”审批长效机制被评为“中国营商环境特色评选50强创新案例奖”。

【建设“五零城市”】 “五零城市”是指零成本开办企业、零证明办理事项、零见面审批服务、零收费园区政务、零干扰企业发展。2020年7月，行政审批服务局市民之家三楼设立企业开办服务中心，实现营业执照、公章刻制、税务登记、银行开户、人社保险、公积金等6个环节一站式办理，并对新开办企业实施公章刻制、打印复印、证照寄递全免费服务。公布保留证明事项清单34项，全面推行证明事项告知承诺制。提升网上政务服务能力，“互联网+政务服务”一体化平台事项接入率100%，平台办件总量达72万多件。推广“岗岗通”、365预约、上门代办、快递证件免费送达等服务。经开区(高新区)从行政审批收费和其他服务性收费两方面对企业费用进行代缴或减免，平均每年为企业减免费用2000多万元。做好企业服务，减少干预企业行为。

【政务公开工作】 2020年，行政审批服务局全面推进基层政务公开标准化规范化，梳理形成涉农补贴、义务教育、医疗卫生、市政服务等26个试点相关领域政务公开事项，编制完成本级政务公开事项标准目录1365项。11月，浏阳市基层政务公开专栏在长沙市政府门户网和浏阳市政府门户网站正式上线，公开内容居九区县(市)前列。强化市政府门户网站作为信息公开的主阵地，主动公开各类政府信息。认真做好依申请公开工作，全年共受理依申请公开42件，均按规定回复。设立政

12月，市民之家一楼设立政务公开专区，供市民查询政务公开资料
(行政审批服务局　供图)

务公开专区，配备查询电脑、政策法规、“一件事一次办”办事指南等政务公开资料。

【“12345”政务热线服务】 2020年，行政审批服务局建立“特事特办”“榜样激励”“流水线作业”“月考核预扣分”热线工单办理工作机制，高质量做好“12315”“12333-1”热线并入“12345”热线后工单办理工作。全年累计签收长沙市交办的12345政务热线工单31253件，按时签收率100%、按时办结率100%，回访满意率98.56%，超考核指标2.56个百分点，在长沙四县（市区）年度考核排名第一。浏阳市市长信箱共收到有效信件505件，办结505件，及时回复率达100%。

【行政效能监督】 2020年，行政审批服务局协调、督促完成优化营商环境—效能提速指标落实、自评价、测评等工作。“互联网＋政务服务”一体化平台累计受理办件咨询业务75件，受理办件时限监管事项1585个，成效管理＋分析决策系统办结预警60460项，无因行政过失而导致发“黄牌”或“红牌”现象。“互联网＋监管”人员信息系统注册、监管事项目录清单梳理、行政检查实施清单填报以及风险线索统计按时完成率100%。推行政务服务“好差评”制度，政务大厅设置“好差评”二维码评价牌，由帮代办工作人员引导办事群众进行办事服务评价。政务办事App，小程序均实现服务评价全覆盖，全年评价总数233587条，主动好评率达99.99%。

【24小时政务自助服务区启动运行】 2020年5月18日，行政审批服务局市民之家一楼的浏阳政务自助服务区正式运行，为广大市民在下班后、周末或节假日办事提供24小时的一站式政务服务。政务自助服务区面积约50平方米，分为自助设备区和网上办理区。自助设备区统一安装自然资源、人社、公安、燃气公司等单位的8台自助受理机。市民可24小时自助办理不动产信息查询打印、社会保险信息查询和参保证明打印、身份证自助申领、燃气缴费等13项业务。网上办理区提供办公电脑、打印复印机和高拍仪等自助办公设备，办事群众和企业可自助办理211项“一件事一次办”事项和1531项依申请类审批服务事项。

【政务公开与政务服务标准化试点通过国家评估验收】 2018年3月，浏阳市行政审批服务局（原浏阳市政务服务中心）被确立为政务公开与政务服务标准化国家级试点单位，通过学习借鉴先进经验，邀请省、长沙市市监局专业指导，结合浏阳实际，市行政审批服务局对政务事项、规章制度、岗位职责、服务流程等进行全面梳理，编制完成浏阳市政务公开和政务服务标准化体系，涉及标准1638项，其中服务通用基础标准24项，服务提供标准1550项，管理标准59项，岗位工作标准5项。2020年11月20日，浏阳市政务公开与政务服务标准化试点工作顺利通过国家评估验收，被评为政务公开与政务服务国家级标准化试点合格单位。

（邱双喜）

优化营商环境事务协调

【概况】 2020年，市优化营商环境协调事务中心对标杭州、对标国家营商环境评价标杆城市（简称“双对标”），围绕“三化六最”目标[聚焦法治化、国际化、便利化目标，致力打造全国县域机制最活、审批最少、流程最短、成本最低、服务最优、诚信最好的县（市）]，建立“一把手”“双对标”“指标长”工作机制，梳理“双对标”工作举措223条，全年召开9个场次23个指标培训会，深入一线重点调度走访部门30余次，开出指标整改任务清单56个，收回样本企业满意度调查问卷384份。10月23日，长沙市启动对各区县（市）的营商环境评价工作，市优化营商环境协调事务中心组织49个指标涉评单位开展业务培训、集中填报、材料归档。8月30日，第二届中国国际化营商环境高峰论坛暨《2020中国城市营商环境投资评估报告》发布会在北京举行。继2019年被评为“国际化营商环境建设示范县（市、区）”之后，浏阳再次获得这一荣誉；11月16日，中华人民共和国工业和信息化部赛迪顾问县域经济研究中心发布2020年赛迪县域营商环境百强县榜单，浏阳排名第19位，较去年上升6位；11月26日，浏阳推送“三集”审批机制，被评为第三届（2020）中国营商环境特色评选50强创新案例奖和营商环境进步奖；12月6日，浏阳市上榜《2020胡润中国最具投资潜力区域百强榜》。年内，浏阳市优化营商环境在人民网、新华网等50余家主流媒体平台发布报道500余篇，阅读点击量突破1800万次；湖南卫视新闻联播推介报道2次；新湖南客户端开设“营商福地看浏阳”专题，推介改革经验58条，点击量200多万；全国“两会”期间，浏阳市代表长沙牵头组稿汇总浏阳市、雨花区、长沙县等相关区县营商环境经验做法在“亚洲联盟”发布，转载总量逾510次。

【营商环境优化】 2020年，市优化营商环境协调事务中心坚持以评促改、以评促优，打造6个硬核指标，推动25项集成改革。推广速裁模式，民商事案件平均审理周期仅14.8天，此项工作在全国领先；加强知识产权创造、保护和运用，在全国县域经济和地理标志专业研究机构和社会智库——北京中郡经济发展研究所发布的《2020县域经济品牌化发展实证分析报告》显示，浏阳在“2020中部地区县域商标有效注册量前十名县市”中列第1位，并十年蝉联中部地区县域城市榜首；培育投资上市沃土，域内上市企业9家，在全省县（市）排名第1；健全常态化政企沟通机制，促民营经济高质量发展，域内规模工业企业总量1002家，居全省县（市）第一。

【建言献策】 2020年，市优化营商环境协调事务中心拟写汇报材料、工作信息共60余篇，8万余字。在长沙市委等内刊发表文章3篇，《统筹好疫情防控与经济社会发展 浏阳市以

“五快”举措优化营商环境》在新华网客户端点击量 107 万 +。对标中国营商环境评价指标开展自评价，分两个阶段提出整改举措 27 条呈市领导；围绕“十四五”规划、湖南自贸区建设浏阳营商环境机遇与挑战、金阳新城和产业转型升级等方面建言献策 25 条。

【涉企问题协调处置】 2020 年，市优化营商环境协调事务中心通过政府门户网首页公示、99.5 广播电台播报、印发宣传折页等方式广泛告知营商环境投诉举报电话(83601333)拓展涉企问题收集渠道。成立营商环境特约监督员工作秘书处，7 月 6 日，组织召开 2020 年上半年营商环境特约监督员培训暨测评会议，邀请营商环境特约监督员对现场随机抽取的 6 家市直单位进行测评，并现场公布测评结果，第一时间整理分析测评结果呈报市领导。2020 年，市优化营商环境协调事务中心联合市委统战部、工商联集中走访调研企业，收集问题 163 个，其中当场解释说明问题 41 个、交办问题 61 个，跟踪服务问题 24 个、直通市级层面协调问题 37 个。建立健全常态化投诉举报机制，以“三个一”(一个专号接单，一本台账跟踪，一套机制落实) 投诉举报长效管理为基础，创新建立“四流程两回复”工作机制和“一事一议、有事就议、联动合议”多方联动协商平台。共开展协调议事 15 次，解决难点问题 10 个，交办问题 94 个，回复率 100%。建立“市级—行业部门—乡镇(街道)”企业座谈恳谈机制，市委、市政府组织召开全市中小微企业(行业)代表座谈会，倾听企业诉求，加强涉企问题解决；行业部门组织“政企面对面、沟通零距离、服务一对一”活动 8 次，现场解决共性问题 18 个，个性问题 56 个；全市各乡镇(街道)、市直有关单位（不含园区）收集问题 2300 个，问题解决率 95%。

【涉企政策落实】 2020 年，市优化营商环境协调事务中心梳理编印《大干一百天实现双过半涉企政策汇编》1000 余本，发送至企业家。用好“长沙扶持通”平台，征集惠企政策意见 12 条，公示涉企政策 49 条，全面贯彻落实涉企政策听取企业家意见工作制度。在政府门户网开设的“营商福地看浏阳”专栏，全年发布办事流程、解读政策、公开投诉等 43 条；联合市发改局、行政审批局、工信局等 20 家单位设立“复工复产政策兑现专窗”，对省级和市级 56 件“一件事”集中办理，打通惠企政策从部门到企业的绿色通道，惠及企业 1.2 万家，兑现各类奖补资金 8.09 亿元。

【《优化营商环境条例》宣传实施】 2020 年，市优化营商环境协调事务中心以国务院《优化营商环境条例》颁布实施为契机，将《优化营商环境条例》纳入市委理论中心组和全市主题党日学习。设计转发“营商红”微信朋友圈九宫格、印发规章篇手册、鼠标垫 20000 余份，采取纸媒 + 新媒体宣传等推动营商环境法治化建设。12 月 3 日，“赢商之城 大美长沙”2020 年长沙市优化营商环境法规政策知识竞赛在浏阳市融媒体中心演播大厅举行，长沙市委常委、市委统战部部长、市优化营商环境领导小组办公室主任谭小平出席并讲话。此次竞赛活动共有来自长沙市各区(县、市)、园区的 24 支代表队参与，在三轮角逐后，6 支代表队脱颖而出进入决赛。最终，经过个人必答题、抢答题、风险题等激烈的比拼环节，浏阳市代表队获得一等奖，竞赛活动网络直播观看量超 21.08 万人次。

（王松柏）

数据资源管理

【概况】 2020 年，数据资源中心在浏阳市委、市政府的坚强领导和长沙市数据资源局的精心指导下，全面落实从严治党，班子队伍建设取得新成效；强化统筹规划，新型智慧城市建设取得新进展；积极打造数字政府，社会治理能力提升取得新突破；利用大数据助力抗“疫”，应急管理处置能力得到新提升；夯实政务服务基础，电子政务服务应用实现新进步。

【智慧城市建设】 2020 年，数据资源中心联合专家技术团队开展专项摸底调研，编制《浏阳市智慧城市信息化建设“十四五”区域规划顶层设计》，11 月 27 日，浏阳市数据资源中心组织召开《浏阳市智慧城市信息化“十四五”区域规划顶层设计》评审会，邀请省人民政府发展研究中心(省电子政务中心)、长沙市数据资源管理局、浏阳市财政局、浏阳市发改局等单位专家进行评审，评审专家组一致认为，规划整体情况内容翔实，编制规范，同意通过评审，并获长沙市批复。高质量打造新型智慧城市云底座，坚持利旧、兼容、开放、安全的推进模式，遵循适度前

12 月 3 日，2020 年长沙市优化营商环境法规政策知识竞赛在浏阳举行，浏阳市代表队获得一等奖

（长沙晚报全媒体记者 颜开云 摄）

瞻、先进适用、网络安全与信息化工作同步建设的原则，完成浏阳市新型智慧城市云底座(一期)可行性研究报告编制。12月31日，由市发改局组织包括长沙理工大学教授、湖南省交管局高级工程师以及浏阳市本级相关单位在内的专家组成评审组，对《浏阳市新型智慧城市云底座(一期)项目可行性研究报告》进行评审并获得通过。聚焦"善政、兴业、惠民"，推动新一代信息技术与城市发展深度融合，重点推进智慧党建、智慧应急、智慧政务、智慧交通等应用场景在浏阳落地，不断提升城市治理现代化水平。

【数据归集共享】 2020年，数据资源中心持续抓好数据汇聚与对接，全年收集整理25个单位的130个电子证照、41万余条存量电子证照数据比上年度的18.4万余条增加22.6万余条，采集制作电子印章418枚。进一步梳理完善信息资源目录，编制涉及市财政局、城管局等13个单位的363条政务信息资源目录、8483条数据项(上年度为8284条)。深入推进不动产登记、政务信息数据共享交换平台等系统与长沙数据中台的数据共享交换对接，共订阅38类数据接口，调用次数达22万余次。组织完成浏阳市一站式管理服务平台系统、浏阳市不动产登记信息化管理平台与长沙电子库整合对接，实现不动产权证、不动产登记证明等7类、19万余条证照数据的汇聚上传。加速推进政务信息数据共享交换平台建设，依托共享交换平台实现市民政局、行政审批服务局、财政局、人社局等10家市直单位信息资源录入，实现本级90余万条人口数据入库。

【政务平台优化】 2020年，数据资源中心电子政务服务水平全面提升，12月10日，一体化平台实现省—市—县—乡—村(社区)的五级互通，入驻平台的依申请类服务达2061项，电子政务服务水平全面提升，"互联网+政务服务"平台事项接入率达100%(上年度为99%)，平台办件总量达70.3万余件，平台办件量居长沙市各区县(市)第一。年内，会同市委组织部、民政局、行政审批服务局全面落实基层办事"一门式"服务，实行"村受理—镇(市)审批—村出件"的服务新模式，截至2020年年末，事项办理量达29.5万余件；完成多规合一、湖南省老龄业务系统、长沙市人社系统等上级28个业务系统与一体化平台的对接和个性化部署，全面拓宽"一件事一次办"范围，进一步优化营商环境，切实提升惠民利企服务水平。常态化推广应用"我的长沙"App和小程序，成立工作专班，组建线上交流群，全天候释疑答惑，日常通报与下沉督导相结合，"我的长沙"App和小程序累计实名认证分别达20.8万人(上年度为15万人)、10.4万余人，注册和实名认证数均居长沙市各区县(市)第一。

【政府门户网站建设与管理】 2020年，浏阳市数据资源中心在长沙率先示范完成政府门户网站集约化建设，政府网站服务能力更加智能高效，全年共审核把关发布各类政务信息7.5万余条(上年度为4.3万余条)。信息查错纠错能力进一步提升，全年审核发现各单位上报政府网站信息中的错别字、错链接5500余次(上年度为4000余次)，并全部及时整改到位，全年政府门户网站运行稳定、高效，未发生门户网站信息安全事件。做好财政预决算、村级"小微权利"、执法公示、生态环境保护督查回头看、营商福地看浏阳、政务公开工作要点的专栏展示，确保政务信息及时准确发布。浏阳市人民政府门户网站连续三年被评为长沙市优秀政府门户网站。11月，浏阳市政府门户网站"市政府机构信息公开"栏目被全国电子政务理事会评为"2020年政府网站信息公开类精品栏目奖"。

【电子政务服务】 2020年，数据资源中心依托浏阳市党政协同办公专网，继续推进全程无纸化办公，共计148个单位制发、流转公文30余万份(上年度为10万余份)，初步估计节约财政资金约160万元。推进完成政府视频会议系统幻真化改造与优化升级，全年共计运维保障上级和市本级视频会议110次(上年度为82次)，共计6800余人次参会(上年度为6000余人次)。电子办文办会系统的高效使用，切实提高行政办公效率，特别是在疫情期间，为减少人员聚集、提高工作效率发挥至关重要的作用。

【基础设施安全运行与维护】 2020年，浏阳市核心政务基础设施及业务系统运转稳定安全，数据资源中心日常运维保障实现全天7×24小时专业化运维，全年巡检排查政务网络及业务系统等各类基础设施463次，比上年度的300余次多163次，排查出各类故障30余起，比上年度20余起多10余起、排查重大故障4起，比上年度多2起，并全部及时处理到位。做好安全保障工作，及时封堵上级安全监测和本级安全监测发现的安全隐患漏洞25次，比上年度多7次。积极协调上级主管部门和华中测评、金盾测评等安全团队的技术支持，对政务网络及系统开展常态化安全检测与监控，对发现的安全隐患及时整改加固，全年全市政务网络与业务系统未发生安全事件。

【数据抗疫服务】 2020年疫情期间，数据资源中心成立数据抗疫专班。牵头制定《浏阳市防控指挥部数据分析组联合运行工作方案》，成立疫情防控数据分析组，通过充分发挥"党建+微网格"基层治理的引领作用，形成"大数据分析+网格化"的排查机制，做到疫情数据流转、核查、结果反馈第一时间到位。组织开发浏阳市疫情防控信息系统，系统在全省率先实现市—乡镇(街道)—村(社区)—小区(组)—楼栋(片)五层级全覆盖管理，通过手机端扫二维码和自动发送信息提示的方式，督促来(返)浏人员主动填报，全年共采集21万余人次到(返)浏人员信息。有效解决基层抗疫一线重复填表、反复统计的状况。数据核查反馈实现日清日结。全年承接、分析整理长沙市下放的各类人员数据5万余条,全部及时安排核查和反馈上报,为疫情防控提供第一手参考数据,同步核查反馈长沙下发的重点疫情人员数据共计 2.2 万余条,其中境外核查数据 3545 条,涉嫌中高风险地区漫入手机数据 18669 条,全部及时核查反馈到位。通过数字化赋能的"大数据分析 + 网格化"排查机制,是浏阳市智慧城市建设、推进城市治理水平提升的创新之举,为全市疫情防控和复工复产恢复生活秩序提供高效而强有力的支撑服务,人民日报、湖南日报、湖南卫视、掌上长沙等主流媒体对浏阳市数据抗疫情取得的良好成效进行报道。

市人民来访接待中心被授予 2020 年度全省信访部门"人民满意窗口" (信访局 供图)

【"我的长沙"App 平台建设】 2020年,市数据资源中心常态化推广应用"我的长沙"App 和小程序。"我的长沙"App 是政务服务掌上办事平台,2020 年年末已实现涵盖全市户籍护照、教育、医疗、婚育、住房等各个领域,涵盖 1900 项政务民生服务业务"掌上办""指尖办"。2020 年末累计实名认证分别达 20.8 万、10.4 万余人。浏阳市"我的长沙"App 平台注册和实名认证数均居长沙市各区县(市)前列。

(杨 玲)

信 访

【概况】 2020 年,市信访局紧紧围绕"为民解难、为党分忧""工作一流、群众满意"目标,深入贯彻习近平总书记关于进一步加强和改进人民信访工作重要思想,认真落实中央、省、长沙市关于信访工作的决策部署,深入推进"领导接访下访推动矛盾化解"攻坚年活动,巩固落实领导公开接访、"三联三保"工作制度,认真开展集中治理重复信访、化解信访积案专项行动,信访工作继续走在省、长沙市前列,信访工作经验先后被长沙市委政策研究室 2020 年第 7 期《长沙调研》、省信访工作联席会议 2020 年第 7 期《工作简报》、国家信访局 2020 年第 10 期《人民信访》推介宣传。全市全年信访总量同比下降 31.8%,治理重复信访、化解信访积案完成年度任务的 105%(位列长沙地区第一位),各特护期进京非访保持零登记,为浏阳经济社会和生态文明建设营造和谐稳定的社会环境。

【领导公开接访工作】 2020 年,浏阳市信访局进一步巩固领导公开接访机制,年初通过《浏阳日报》、浏阳网等平台,及时对市级领导年度公开接访安排进行公开公示,四大家主要领导带头到市人民来访接待中心坐班接访,其他市级领导轮流接访,乡镇街道、市直单位班子成员在本单位信访接待场所坐班接待群众,市信访工作联席办常态化开展领导接访明察暗访,确保领导公开接访落实到位,领导公开接访保持常态、形成品牌。全年市级领导接访 449 批 1168 人次,乡镇街道、市直单位领导接访 2677 批 4692 人次。

【信访案件办理】 2020 年,浏阳市信访局认真开展集中治理重复信访、化解信访积案专项行动,点对点交办重复信访、信访积案 194 件,全年办结 41 件,超额完成年度任务,完成情况位居长沙市第一。深入推进"领导接访下访推动矛盾化解"攻坚年活动,扎实做好长沙市领导下沉督访工作,认真筛选案源,周密组织接谈,督促跟踪落实,全年接谈督导信访问题 19 个,化解 13 个,程序办结 3 个,同时,精心组织本级市领导下沉督访,将省委第六巡视组移交的 573 个信访问题全部纳入攻坚范畴,督导化解信访事项 248 个,集中资源力量,按照"五个一"(一个问题、一名领导、一套班子、一个方案、一抓到底)攻坚要求,上级交办的 6 件"四重攻坚"和 4 件稳控类案件均得到化解。巩固"三联三保"工作制度,下移工作重心,压实工作责任,全年交办"三联三保"信访问题 700 个,化解 498 个。

【网上信访】 2020 年,浏阳市信访局强化网上信访宣传,在浏阳日报设立信访直通车、浏阳交通频道设立定点播报宣传网上信访相关内容,常态开展点对点网上信访业务培训,科学应用湖南省网上信访信息系统,突出网上信访件的交办转送督办工作,网上信访及时受理率、按期办结率、群众满意率、参评率、网信占比率分别达 99.9%、99.9%、98.4%、74.3%、71.6%,其中及时受理率、群众满意率和网信占比率居长沙九区县(市)前列,网上信访逐渐成为群众信访主渠道。

【"人民满意窗口"示范单位创建】 2021 年 4 月,湖南省信访局下发关于授予 2020 年度全省信访部门"人民满意窗口"创建示范单位的通报,市人民来访接待中心成功入选。2010 年 9 月,浏阳市挂牌设立市人民来访接待中心，负责集接待受理、分流处理、协调调度、督查督办信访事件；承担来信来访接待、信访事项交办、指导重大疑难案件化解等工作，并为市委、市政府研究部署处置重大信访突出问题和群体性事件提供决策性建议。近年来，市人民来访接待中心以“服务一流、群众满意”为目标，落实“六个一”工作要求，践行“四家工作法”理念，坚持领导公开接访制度，推行“三联三保”工作机制，实施“最多访一次”改革，进一步完善硬件设施，大力优化窗口环境，提升服务水平，打造有温度的群众来访接待窗口，有效化解一批信访问题，全市信访工作取得较好成效。2020 年，全市信访总量同比下降 31.8%，群众满意率提高至 98.4%。

（周永奇）

应急管理

【概况】 2020 年，市应急管理局坚持以习近平新时代中国特色社会主义思想为指导，深入贯彻中共十九大和十九届二中、三中、四中、五中全会精神，坚决落实中央、省、长沙市重大决策部署，围绕安全生产、防灾减灾、应急救援三大主线，推进各项工作落实，实现烟花爆竹、危险化学品、矿山、工贸等行业领域安全形势的总体稳定。

【安全生产】 2020 年 1 月 20—21 日，市应急管理局组织安全生产业务“冬训”，举办全市安全生产培训班。2 月份，出台并实施《关于进一步强化黑火药生产企业管理工作方案》。2 月 7 日，市应急管理局召开高危行业复工复产工作部署会议。部署“企业复工备案 + 乡镇（街道）监管方案”双审批制度，开展“双责双查”（安全、防疫双向检查）监管审核模式，年内，市安委办牵头组织落实部门责任清单制，坚持讲评考评、约谈问责等机制。组织实施“三统一两公开”（统一资产、统一生产经营、统一安全管理；公开承诺、公开方案）、“四看四查四必须”（“四看”：即看企业组织架构是否合理并在各生产区的醒目位置上墙公示；看企业公开承诺书是否表述清晰，并在各生产区上墙公示；看企业是否将市局统一举报电话在各生产区上墙公示；看企业各生产区的视频监控是否接入主厂区，主厂区是否对各生产区的生产情况进行线上监管。“四查”：即查企业对各生产区的内部检查记录是否符合要求；查企业培训记录是否将各生产区全部纳入培训范围；查企业会议记录是否将各生产区的生产经营和安全管理纳入议事内容；查企业的应急救援演练记录是否将各生产区均纳入演练范围。“四必须”：即企业法定代表人和安全生产主要负责人必须是由企业注册股东担任；企业法定代表人和安全生产主要负责人对各生产区必须每月不少于一次安全检查；生产区的开复工必须由企业法定代表人和安全生产主要负责人现场签字确认；企业法定代表人和安全生产主要负责人必须如实报告事故情况等措施），251 家烟花爆竹生产工区完成“三统一”工作，在静电风险防控上实施“三个必须三个一律”，即涉药工序作业人员必须从里到外、从上至下穿戴防静电工作服（或纯棉工作服）和防静电鞋袜，凡未配齐配足静电防护用品或着装不规范的，一律责令停产；涉药工序作业人员必须每二十分钟洗一次手、触摸一次静电消除仪，凡未按规定频次采取有效措施消除静电的，一律暂扣特种作业资格证；涉药工序喷淋系统必须保持开启状态，时刻保持工房、路棚地面潮湿，凡工房、路棚未保持潮湿的，一律立案查处管理，有效控制风险源，消除风险点，极大降低事故发生率。

【监督执法】 2020 年 6 月 15 日，市应急管理局成立烟花爆竹经营监管中队，专职负责烟花爆竹经营、仓储等领域的安全监管工作。自 6 月 16 日开始，烟花爆竹生产企业安全生产许可证换证工作由原来的市、镇两级分级核查调整为市镇两级合并核查。7 月 20 日开始，全市烟花爆竹生产企业进入高温停产状态，市应急管理局通过烟花爆竹企业视频监控系统实行 24 小时在线监管。秋季复工现场核查时，将鞭炮生产企业的机械装药部位均须安装湿度计和增湿喷淋系统作为烟花爆竹生产企业（含黑火药、引火线企业的药物生产线和涉裸药生产线）复工条件之一。11 月 19 日，市应急管理局从乡镇（街道）应急办抽调人员，与市烟花爆竹安全监察大队组成 8 个工作组，分赴全市产区乡镇（街道）开展为期 2 个月的交叉检查。2020 年，市应急管理局推行线上监管，打造市级总控平台、乡镇（街道）分控平台、企业监控室三级监控系统，年内，线上监管排查整治隐患问题 6500 余处，立案 35 起；122 家企业受到处罚。组织开展 9 个专项整治行动，共约谈单位 16 家，诫勉谈话 6 人，政务警告 4 人，责令检查 5 人。2020 年，下达各类执法文书 26628 份，行政处罚立案 458 起，罚款 1433.8 万元，同比分别增长 26.5%、77.1%，行政拘留 253 人，刑事拘留 21 人。线上监管发现并整改隐患 6258 条，立案查处 30 家次；在烟花爆竹行业启动监管执法顶格处罚措施，全年共有 127 家次烟花爆竹生产企业受到顶格处罚。

【防灾减灾】 2020 年，市应急管理局坚持“早谋划、早部署、重防范、重基础”，全面压实防灾减灾责任，4 月 10 日，组织全市 9 支社会救援队 200 余人开展防汛集训，全年培训抢险救援队伍 2 万余人。6 月 2 日 8 时至 3 日 8 时，浏阳东区北部、西区南部、南区南部及北区大部乡镇大暴雨，其他地区暴雨，最大累计降水量为古港宝盖寺 194.7 毫米。全市各级各部门严阵以待，有关工作人员加强值班值守，连夜巡查山塘水库，对切坡建房户发出预警，将重点对象及时转移安置。6 月 2 日 18 时，市住建局当即启动应急预案，组织防汛排涝抢险人员，赶往城区各易涝点进行排涝抢险，并对城区所有主次干道进行排水巡查。市防汛抗旱指挥部要求对于全市切坡建房户、地质灾害隐患点，相关部门要加强预警信息发布，镇、村联户责

6月16日，浏阳市2020年"安全生产月"宣传咨询日暨应急救援队伍集结点验活动在城区政东广场举行
（浏阳市应急管理局 供图）

任人要对切坡建房户进行全面巡查，发现险情及时处置；加强对交通道路的巡查，发现塌方及时疏通，并在道路塌方处设立警示标识；严格按照要求对骨干山塘、水库进行全面巡查；强化值班值守纪律，确保安全防洪度汛，保障人民群众生命财产安全。2020年，市政府对全市137户损房户、倒房户拨付救灾资金180余万元。

【应急救援】 2020年，市应急管理局按照"专业化、差异化"发展原则，突出抓好全市10支应急救援队伍建设，1月27日，市应急管理局全体干部职工取消休假，返回岗位值班备勤。由市应急管理局领导班子成员带队，分成6个督查组，深入全市各乡镇（街道），对疫情防控应急工作开展督查。5月，浏阳编制完成《2020年城市防洪应急预案》和《南川河流域2020年超标洪水防御预案》，并协助长沙编制浏阳河流域和捞刀河流域的超标洪水防御预案，这是浏阳历史上首次编制超标洪水预案，预案编制立足防御特大洪水，提前摸清防洪风险底数，落实各项防御措施和责任人。全年共开展救援行动442次，挽回经济损失2000余万元。

【出台《关于进一步强化黑火药生产企业管理工作方案》】 2020年2月，市应急管理局出台并实施《关于进一步强化黑火药生产企业管理工作方案》。明确强化黑火药生产企业管理"五统一"：统一资金投入、统一组织生产、统一安全管理、统一经营销售、统一财务管理；"五道关口"：严把股权登记关、严把核产限量关、严把开证运输关、严把会计核算关、严把质量价格关；以及查处违法生产黑火药的"三种情形"：重处虚假统一、重处非法买卖、重处安全事故。

【安全生产宣传教育】 2020年，市应急管理局加强对安全生产的宣传教育，6月16日，在城区政东广场组织举办浏阳市2020年"安全生产月"宣传咨询日暨应急救援队伍集结点验活动。各乡镇（街道）、园区、重点安委会成员单位分管安全生产负责人、应急办（安监站）主任（站长），市应急管理局全体干部职工，以及200余家重点企业负责人等参加了活动。7月18日，组织举办全市烟花爆竹安全知识大竞赛。全市应急系统执法人员、烟花爆竹生产企业安全厂长（安全员）700余人参加。11月18日，开设举报热线0731-83123123，专门负责受理包括烟花爆竹企业违法违规、虚假整合、转包分包、安全事故、非法生产等问题。2020年，推出《小范说安全》宣传片5期，制作《殷鉴不远警钟长鸣》《不可逾越的红线》警示片2部，组织开展"12·4"事故"百日祭"和周年警示教育活动。充分利用"安全生产月""防灾减灾日"等重要时间节点，组织宣传教育、集结点验、应急演练等活动20余场，"生命至上、安全第一"更加深入人心。

【成立烟花爆竹重点县（市）安全监管协作产业联盟】 湖南省长沙市的浏阳市（县级）、株洲市醴陵市（县级），江西省萍乡市上栗县、宜春市万载县彼此相邻，又是全国烟花爆竹重点县（市）。9月1日，由浏阳市倡导设立的浏阳市、醴陵市、上栗县、万载县共同参与的湘赣边烟花爆竹重点县（市）安全监管协作产业

9月1日，由浏阳市倡导设立的浏阳市、醴陵市、上栗县、万载县共同参与的湘赣边烟花爆竹重点县（市）安全监管协作产业联盟（简称F4产业联盟）成立并在浏阳召开首次会议
（浏阳市应急管理局 供图）

联盟(简称F4产业联盟)成立并在浏阳召开首次会议。应急管理部危化司,湖南省、江西省应急管理厅,长沙市、株洲市、萍乡市、宜春市应急管理局等相关负责人出席指导。会议由浏阳市、醴陵市、上栗县、万载县应急管理局共同制定《湘赣边烟花爆竹重点县(市)安全监管协作(F4产业联盟)协议》,重点聚焦建立安全监管联动机制、产业发展融合机制、政策标准协同机制和应急处置互助机制。

【烟花爆竹产业转型工作】 7月29日,浏阳市出台《严格烟花爆竹安全生产条件促进产业转型升级实施方案》,方案明确按照"企业自愿、依法规范、支持转型"原则,启动新一轮烟花爆竹生产企业退出工作,2020年全市133家烟花爆竹生产企业和工区退出转型。

【全省推进烟花爆竹专项整治三年行动会议在浏阳召开】 9月14日,湖南省推进烟花爆竹专项整治三年行动计划方案实施会议在浏阳市召开,副省长陈飞出席会议并讲话。会议要求,全省烟花爆竹行业要加大力度调结构,深入实施"三个一批"(坚决关闭一批、巩固提升一批、淘汰退出一批),实现烟花爆竹行业安全环保上台阶。会议指出,烟花爆竹既是传统产业,也是传统文化,要通过推进烟花爆竹专项整治三年行动,推动烟花爆竹行业转型升级。三年后,湖南所有烟花爆竹生产企业要达到国家安全生产二级以上标准,其中10%的生产企业要达到国家一级标准,涉危、涉药岗位机械化替代率达到90%以上,"一证多厂""非法分包转包""三超一改"等顽瘴痼疾彻底消除。会议要求,各产区市、县要加大结构调整力度,加大研发创新、产业链上下游建设、专业人才培养和标准化建设力度,通过标准化创建、机械化改造,研发推广应用新工艺、新技术、新材料,提升安全生产条件,巩固烟花爆竹传统特色产业优势地位。要打通运输通道,确保运输过程安全;要严格落实责任,加大执法力度,对存在重大安全隐患的企业列入"黑名单"管理,逐步引导退出,确保安全。

(朱松连)

2020年5月11日政协浏阳市第十届委员会第六次会议在浏阳市城区欧阳予倩大剧院召开

（市政协办公室　供图）

中国人民政治协商会议
浏阳市委员会

综 述

【概况】 2020年,政协浏阳市委员会在市委的坚强领导下,团结各界委员,坚持以习近平新时代中国特色社会主义思想为指导,深入学习贯彻习近平总书记关于加强和改进人民政协工作的重要思想和对湖南工作系列重要讲话指示精神,紧紧围绕中心,自觉服务大局,强化政治引领,注重双向发力,组织各类履职活动207次,开展协商活动14项,民主监督12项,调查研究69次,报送调研报告、协商意见、社情民意信息等87件,立案提案159件,采纳办结的A类提案占71.1%,创历史新高,展现新时代人民政协的新样子,谱写推动浏阳高质量发展、现代化建设的政协新篇章。

【政协委员构成】 中国人民政治协商会议浏阳市第十届委员会共有常委55人,其中民主党派8人,无党派28人,非公经济人士12人,新的社会阶层人士3人,党外比例65%;委员368人,其中民主党派29人,无党派192人,非公经济人士72人,新的社会阶层人士35人,党外比例60%。

【文史与文艺创作】 2020年,政协浏阳市委员会主编的《浏阳历史文化丛书》全套10册完成初稿和审稿。政协委员周永红完成创排小型花鼓戏《电波声声》;政协委员刘正初创作出版民间故事集《浏阳河畔播火人·潘心元》、创作弹词作品《众志成城战疫情》;政协委员熊剑以摄影方式记录一幅幅全民战"疫"的感人瞬间;申和平委员创作油画《抗疫者之浏阳面孔》被省、长沙市多家媒体报道转载。

【政协宣传】 2020年,政协浏阳市委员会加强政协工作宣传,全年刊发《浏阳政协》4期,"政协云"、微信公众号发布资讯226条。中国文明网、《湖南日报》《湘声报》等多家媒体对浏阳市政协民主协商、凝聚共识工作进行深度报道,《浏阳日报》"献策'十四五'"专栏刊登系列委员建言文章,浏阳政协履职影响力不断扩大。

重要会议

【政协全委会议】 2020年全年召开政协全委会议1次。

5月11—12日,中国人民政治协商会议浏阳市第十届委员会第六次会议在浏阳城区召开。会议听取并审议通过市政协主席李家喜代表政协浏阳市第十届委员会常务委员会所作《政协工作报告》,政协副主席张葵红代表政协浏阳市第十届委员会常务委员会所作的《关于提案工作情况的报告》;列席浏阳市第十七届人民代表大会第六次会议,听取并协商吴新伟市长代表市人民政府所作的《政府工作报告》;分组讨论协商计划、财政工作报告,市人民法院、市人民检察院工作报告。会议就"关于加强基层卫生人才队伍建设的建议""全面优化营商环境,增强民企定力信心""发挥行业协会商会引领作用,促进产业持续健康发展""强化协商民主意识,构建基层社会治理新格局""推进养老服务体系建设,实现更高水平老有所养""加强融合创新,推进非物质文化遗产更好传承发展""积极探索,精准突破纵深推进我市城区生活垃圾分类"等7个方面进行大会发言,受到与会领导和委员们的高度认同。大会讨论通过本次会议政治决议。会议期间,委员们以分组讨论形式对浏阳市经济社会发展中的重大问题积极协商议政,提出许多建设性的意见和建议。

【政协常委会会议】 2020年全年召开政协常委会议4次。

1月9日,市政协召开十届十三次常委会议,协商《浏阳市2020年重点建设项目和政府投资项目及国有企业投资项目计划(草案)编制》《2019年财政预算执行情况和2020年财政预算情况报告》,协商市政协十届六次会议有关工作。市政协主席李家喜对市发改局的项目计划编制工作,市财政局的财政预算工作给予充分肯定,要求市发改局提高项目计划的科学性、可行性,加强项目实施的精细化,提高政府投资的效益;要求市财政局加强财政收入的培植,提高财政质量,严格财政支出,重点向民生产业、民生支出倾斜。会议协商并审议通过《市政协十届六次会议议程及日程(草案)》,协商并审议通过《政协浏阳市第十届委员会常务委员会工作报告(草案)》《提案工作报告(草案)》及《政协浏阳市委员会2020年协商工作计划(草案)》。会议决定,政协浏阳市第十届委员会第六次会议于2020年2月10日至11日在浏阳城区召开。

4月9日,市政协召开十届十四次常委会议,专题协商政协政治引领能力提升工作,协商相关人事安排和市政协十届六次会议有关事项。会上,李家喜组织学习《中共中央关于新时代加强和改进人民政协工作的意见》。随后,4位常委分别就如何加强政协党的建设提出意见和建议。对于如何落实相关工作,李家喜要求,全体主席会议成员和常务委员要认真学习、深刻领会,结合上级文件和当前形势主动开展学习;围绕中心,积极作为,立足各自岗位,积极参与市委、市政府的中心工作;践行使命,提升水平,在履职过程中不断强化责任担当。会议还协商有关人事任免,协商通过各专门委员会组成人员名单,协商通过市政协十届六次会议议程、日程、日程安排表。

7月21日,市政协召开十届十五次常委会议,听取2020年上半年全市经济社会发展情况通报。会上,7位政协委员分别就如何进一步推动浏阳经济社会高质量发展提出意见和建议。李家喜指出,2020年上半年,在突发疫情的大背景下,市政府做大量工作,疫情防控成功,产业发展在艰难中稳住阵脚,项目建设步入快车道,三大攻坚战战果巩固有力,民生保障取得良好成效,交出完美答卷。对于下半年工作开展,李家喜建议市政府审慎稳妥做好花炮转型升级工作,确保产业发展得更强、更大;持续改善营商环境,为企业发展创造良好的环境;扎实推进重点基础项目,确保金阳大道三期、一河两岸、椒花水库等项目取得实质进展。会议还协商通过《政协浏阳市委员会常务委员会会议制度》《政协浏阳市委员会关于政协委员履行职责的规定》，协商有关人事任免。

10 月 10 日，市政协召开十届十六次常委会议暨重点提案办理工作满意度测评会，听取浏阳市人民政府 2020 年政协提案办理工作汇报、各承办单位重点提案办理工作情况汇报。对市政协十届六次会议以来的 11 件重点提案办理工作进行测评，11 件重点提案办理满意率均超过 90%，其中 4 件重点提案办理满意率为 100%。市政协主席李家喜充分肯定今年市政协提案办理工作取得的成绩，认为提案办理时间短、行动快、效果好。他表示，市政府对政协提案办理工作高度重视，切实抓好办理责任落实；各承办单位认识到位，办理工作取得明显成效；市政协督办指导有力，促推政府和相关部门的办理工作。李家喜指出，下阶段各承办单位要按照计划，继续将提案办理工作落实到位；要加强与提案撰写人的联系，不断提升提案办理水平；政协要加强与政府的联系，及时掌握提案办理进度并进行指导，切实把重点提案办出最好效果。会议研究有关人事任免事项。

委员工作

【政治引领能力提升】 2020 年，政协浏阳市委员会认真贯彻落实中央、省、长沙市和市委决策部署，紧扣党政中心大局制订年度协商计划，确保方向不偏、焦点不散。始终坚持在市委领导下开展政协工作，落实重大事项请示报告制度。举办“提升政协政治引领能力”专题协商，推动政治引领、广聚共识意识入脑入心。组织“委员进社区（村）”活动，结合“党建 + 微网格”工作，推出系列“微课堂”讲座，大力宣传党委政府决策部署，主动回应群众关切。开展政协党组成员联系民主党派和无党派委员、党员委员联系党外委员的“双联”活动，走访党外委员 211 人，引导广大委员坚定践行“四个自信”“四个意识”和“两个维护”，万众一心加油干，以每个人的“精彩一笔”绘就浏阳高质量发展的“崭新篇章”。

【“书香政协”建设】 2020 年，政协浏阳市委员会深入学习习近平新时代中国特色社会主义思想、习近平总书记关于加强和改进人民政协工作的重要思想和对湖南工作系列重要讲话指示精神，以及中央、省、长沙市和市委重要文件、会议精神，着力学懂弄通、学深悟透。全年开展 12 次市政协党组理论学习中心组学习，4 次常委会会议集体学习，举办 1 期委员履职能力提升班。依托“政协云”搭建“互学互比互促”委员履职学习平台，举办 4 期青年干部“读书沙龙”，90 余场政协联络处、界别工作组委员学习交流活动，“书香政协”氛围日益浓厚，广大委员理论水平和履职能力进一步提升，“四个认同”进一步增强，团结奋斗的共同思想政治基础进一步夯实。

【智慧委员工作室建设】 2020 年，政协浏阳市委员会依托“政协云”建立 12 个智慧委员工作室，200 多名委员通过线上线下方式开展履职活动，履职平台更加广阔，渠道更加畅通，效率得到提升，打通政协组织和政协委员联系服务群众的“最后一公里”。民族宗教社会福利侨联工作组、荷花街道建新村委员工作室被评为“湖南省示范性政协委员工作室”。个人标准化委员工作室建设成效初显，杨广泉委员工作室成功创建并开展常态化履职，社会反响良好。

【助力疫情防控与复工复产】 2020年，政协浏阳市委员会围绕疫情防控和经济社会发展“双胜利”目标，市政协主席会议成员迅速贯彻落实市委决策部署，先后 30 多次分赴各乡镇（街道）和企业，督导疫情防控、复工复产等工作。机关干部积极参与驻点招工、驻企帮扶，为企业发展纾困解难。广大委员企业投身百日竞赛活动，为达产稳产、“六稳”“六保”注入强劲动能。广大委员主动参与防疫宣传、捐款捐物、稳产稳岗、纾解情绪等工作。

协商议政

【概况】 2020 年，政协浏阳市委员会组织召开全体会议 1 次、主席会议 16 次、常委会会议 4 次、各类专题会议 40 余次。5 月 12 日至 14 日，市政协十届六次全会期间，组织委员就政府工作报告、“两院”工作报告、计划、财政预决算报告开展政治协商，围绕关于做优做强实体经济、持续优化营商环境、打赢三大攻坚战、推进乡村振兴、培育壮大第三产业、着力建设美好家园（城市建管）、筑牢民生幸福根基、加强职能部门自身建设等工作开展小组讨论，提出意见建议 280 余条，并以《委员进言》形式呈报给有关领导和部门，许多建议意见得到重视和落实。选择发挥行业协会商会引领作用，促进产业持续健康发展、加强中小企业公共服务平台建设、多措并举，推动养老服务高质量发展、加强县域公共卫生能力建设等议题开展对口协商；选择激活消费潜力，打造浏阳特色夜间经济、推动非物质文化遗产活态传承与有效转化、推动“一县一特”农业产业化发展等议题开展界别协商，相关协商成果得到落实转化。

【咨政建言“十四五”规划】 2020 年，政协浏阳市委员会聚焦“十四五”规划，助力擘画发展蓝图。站在“十三五”与“十四五”的历史交会点上，市政协将“献计‘十四五’”列为年度重点履职内容，动员全市政协组织和委员全员参与，着眼长远把握大势、广开言路广集民智，精选 43 个课题，通过走访、座谈、考察、专家咨询等多种方式，开展为期 3 个月的专题调研，形成 43 篇建言材料，内容涵盖自主创新、产业转型、区域合作、项目建设、基层治理、乡村振兴、公共服务、资源环境、深化改革等诸多领域。履职成果得到中共浏阳市委、市人民政府高度评价，认为“课题选得好、建议谋得深、措施定得实”。其中，“建设高品质金阳新城”“打造中国烟花乐谷”“建设湘赣边合作产业园”“提质升级红色旅游”“做强现代中药产业”“打造道吾山城市公园”“擦亮营商福地名片”等36条建议已纳入浏阳市“十四五”规划纲要，为科学绘就浏阳市宏伟蓝图，以高质量规划引领高质量发展贡献政协智慧。

【助力产业增效提质】 2020年，政协浏阳市委员会围绕重点建设项目和政府投资项目计划以及财政预算编制情况开展常委会专题协商，围绕“发挥行业协会商会引领作用，促进产业持续健康发展”“加强中小企业服务体系建设”等议题开展对口协商，提出的“装配式建筑先行先试”“畅通商协会参政议政渠道”等7条协商意见得到研究采纳。组织“激活居民消费潜力，打造特色夜间经济”界别协商，从“顶层设计，把规划做实”“整合要素，把特色做足”等5个方面提出26条建议，为浏阳市夜间经济持久“点亮”繁荣集思广益。市人民政府市长吴新伟领办《对接粤港澳大湾区科技创新发展，推动浏阳高质量发展》重点提案，推动浏阳与粤港澳商会和企业频繁互动，新引进粤港澳大湾区项目13个。相关部门高度重视《促进浏阳市私募股权投资基金发展》《打造“网红”经济，推动现代服务业发展》等重点提案，推动8家私募股权投资基金为浏阳市实体经济注入社会资本，“网红矩阵+直播带货+新电商+云展会”全体系直播产业集群迈上新台阶。

【助力建设美好家园】 2020年，政协浏阳市委员会围绕攻坚战役，积极参与“湖南政协人助力巩固脱贫成果万户帮扶行动”，组织96个委员小组结对帮扶96户贫困户，帮助解决困难问题109个；继续发挥市政协助学基金扶困助学作用，为38名贫困大学生发放助学金7.6万元；就“河长制”工作开展民主监督，推动落实“河长制”促进“河长治”，助力浏阳河成功入选全国示范河湖。围绕乡村振兴，开展“‘一县一特’农业产业化发展”界别协商，组织委员视察“农村土地制度改革三项试点”工作，为壮大农村支撑产业，激活农村资源要素，化政策红利为群众获得感出谋划策。围绕城镇管理，提交《创建全国全域旅游示范县，推动实现“旅游强市”目标》《增设西区交通违法处理点》等重点提案，组织委员视察城市管理、社区矫正、消防安全等工作，推动浏阳市全域旅游集散中心、西区电子警察交通违法处理点建成运行，“所长制”、垃圾分类、老旧小区消防设施维护等工作稳步推进，城市管理精细化、规范化、智慧化水平不断提高。

【助力民生福祉提高】 2020年，政协浏阳市委员会紧扣公共卫生能力建设主题，在全会协商分组讨论中，10名政协委员从“加强公共卫生应急体系建设”“加强县域疾病预防控制机构能力建设”“推进健康教育与健康促进工作”“提升基层公共卫生能力”“将公共卫生融入湘赣边区域性中心城市规划”等方面精准建言，中共长沙市委常委、浏阳市委书记黎春秋给予高度肯定，直接推动浏阳市十大公共卫生体系建设相关举措和政策出台，浏阳成功上榜国家卫生城市。围绕养老服务体系建设，开展“多措并举，推动养老服务高质量发展”对口协商，提出“建立联动机制”“出台实施意见”“加强机构建设”“推进医养融合”等意见建议，得到市人民政府积极采纳，为老年人生活有品质有尊严提供政协方案。围绕食品安全、儿童福利、安居工程，提交《规范食品产业招商，避免爆发式环保事件》《加强村级儿童之家建设和管理》《关爱外来务工人员》等重点提案，推动浏阳市成立首个市场监管工作站，新增12所村级儿童之家和3244套公租房。

【基层协商工作】 2020年，政协浏阳市委员会开展推进生活垃圾分类、创新流动摊贩管理与服务两项基层协商，组织城管局、两治办、乡镇（街道）和村（社区）相关负责人，分别到9个乡镇（街道）、12个村（社区）走访调研，与商户、环卫工人、村（居）民代表面对面协商，心连心交流，参与群众累计150余人，收集意见建议220余条，为推进生活垃圾分类、助力人居环境整治汇集众智、广聚人心。推动市城管局出台《关于规范城区摆摊设点的实施意见》，“小店经济”走出“一放就乱、一管就死”的怪圈。

【政协界别合作协商】 2020年，政协浏阳市委员会为民主党派、工商联、人民团体、无党派人士、宗教界人士和社会各界搭建参政议政平台，邀请他们参加政协调研、视察、监督等活动28次，提交大会发言材料4篇，集体、联名提案32件，反映社情民意信息14条。围绕“推动非物质文化遗产活态传承与有效转化”等3个议题开展界别协商，相关协商成果得到市委书记黎春秋批示，促成浏阳市出台《“非遗”保护传承十条》、启动“非遗”宣传月系列活动，彰显政协界别特色优势，汇聚“守护匠心匠艺、焕发‘非遗’活力”的正能量。

提案工作

【概况】 2020年，政协浏阳市委员会全体政协委员、政协各参加单位，紧紧围绕事关浏阳经济社会发展、百姓民生福祉、社会综合治理等重点、难点和焦点问题，深入调查研究，积极撰写提案，共提交提案177件，审查立案159件，立案率89.8%，所有立案提案交由43个部门单位承办；未予立案的18件提案中，1件作并案处理，7件作来信转相关单位办理，4件转作社情民意信息处理，6件作撤案处理，未予立案的提案处理结果均向提案委员作出说明。经与市政府办充分协商、领办市级领导勾选、市政协主席会议决定，确定11件2020年度重点督办提案；按照重点提案督办机制要求，主席、副主席带队对11件重点提案进行全程督办，提案委组织媒体记者进行办理成效跟踪报道，政协常委会召开专题会议进行效果测评，11件重点提案办理满意度均在90%以上。

【重点提案督办】 2020年，政协浏阳市委员会持续开展重点单位一对一督办。主席、分管副主席分别带队前往主办10件以上提案的单位，逐件协商提案办理情况，提出督办意见，有效提高提案办结率。首次进行重要提案专项督办。提案委选取2件办理难度大、关注度高的提案，组织部分提案委专委成员和提案委员与承办单位进行办理协商，开展专项督办。通过联合督办实现全覆盖。提案委联合政府办、人大联工委对所有提案进行分线督办，确保提案督办不漏一件提案、不缺一个单位，有效推动提案办理进程，提高提案办理成效。

民主监督

【概况】 2020 年，政协浏阳市委员会向浏阳市人社局、住建局、交通局、水利局、市场监管局、城管局派驻 57 名委员担任民主监督员，全年收集意见建议 159 条，集中反馈 26 条。年内，分别选择“一河两岸”建设、科学精准治污体系建设、职工文化阵地建设、医疗保障工作、供销工作等议题，开展政协主席专题监督性视察活动，确保民主监督实效。围绕城市管理、农村土地制度改革、消防安全、食品安全、河长制、市政基础设施项目建设、社区矫正等工作组织委员视察，提出许多促进工作落实的意见建议，收到良好效果。如在“农村土地制度改革三项试点”工作考察中，提出“为壮大农村支撑产业，激活农村资源要素”“化政策红利为群众获得感”等意见建议均得到采纳落实。

【监督水生态环境治理】 11 月 18日，市政协主席李家喜率队到高坪镇视察河长制工作，查看浏阳河河流管护以及沿河景观打造情况。浏阳河九曲湾段位于浏阳河国家湿地公园核心区内。2015 年实施河长制后，该河段得到全面治理，水生态环境得到修复，水生生物资源受到保护，河水水质明显改善。2020 年初，市政协委派民主监督小组进驻市水利局开展民主监督。民主监督小组通过走访调研，发现工作缺乏中长期规划、小微水体治理力度不大等四类问题，并及时反馈给市水利局。收到反馈意见后，市水利局制定整改方案，并逐条整改落实。2020 年，浏阳河成功创建全国首批示范河湖，出境水质均值保持Ⅱ类；饮用水水源地水质达标率 100%。

【考察市政基础设施项目建设】 12月7 日，市政协主席李家喜率队考察市政基础设施项目建设情况，听汇报、提建议，助推城市发展。

李家喜先后到菊花石路和燎原路项目、西湖山市民公园配套设施项目和长兴湖（东岸）滨水公园项目现场，实地察看项目建设情况，听取有关情况介绍。菊花石路和燎原路项目已完成总工程量的 90%，正在进行人行道和绿化等扫尾工程，将于 12 月 30 日前全部完工。西湖山市民公园和长兴湖（东岸）滨水公园通过完善各项景观配套设施，丰富提升市民游客的休闲体验。2020 年，全市铺排 39 个市政基础设施建设项目，总投资 18.4 亿元。截至 11 月底，已有 21 个项目竣工，未竣工的项目均进入扫尾阶段，完成投资额占总投资比例达 98%。

李家喜对市政基础设施项目建设工作给予充分肯定。他指出，市政基础设施项目建设高效推进，提升城市品质，让人民群众生活更美好。市住建局是派驻委员担任民主监督员单位之一，对市政协委派民主监督小组反馈的建议高度重视，整改工作也取得良好成效。李家喜表示，要高度重视城市建设规划，统筹做好主城区和金阳新城“一体两翼”的规划设计；要加大不同项目间的规划建设统筹力度，提升城市建设品质；要加大对乡镇城建的指导力度，确保项目建设按规划有序推进。

11 月 18 日，市政协主席李家喜(右二)率队到高坪镇视察河长制工作，察看浏阳河河流管护以及沿河景观打造情况

（政协办公室　供图）

【市政协考察社区矫正工作】 12 月10 日，市政协主席李家喜率队考察社区矫正工作，了解浏阳社区矫正工作开展情况。先后到荷花街道办事处、市司法局社区矫正中心，查看社区矫正人员的日常管理及行为规范训练，观摩社区矫正中心设施以及社区矫正人员入矫宣告仪式，听取工作开展情况介绍。近年来，市司法局积极探索“智慧矫正”，通过手机定位 App 和电子腕带实时定位社区矫正人员所在位置，并严格落实每季度“三小时”不定时点训，杜绝社区矫正人员“脱漏管”的情况发生。同时，市司法局还落实社区矫正人员请销假、迁居、进入特定区域制度，在不违反监管原则的基础上，对社区矫正人员实行人性化管理。截至 2020 年 11 月 30 日，全市共接收社区矫正人员 5704 名，依法解除社区矫正人员 5199 名，在册 505 名，社区矫正人员重新犯罪率低于 0.01%。

调研交流

【联动协商调研】 2020 年，政协浏阳市委员会主动争取上级政协指导和支持，积极参加省、长沙市政协组织的重要会议和活动，及时汇报学习贯彻落实情况，为省、长沙市政协到浏阳考察调研做好服务。完善主席会议成员、各委、办分片联系制度，加强对乡镇(街道)政协联络处、界别工作组的工作指导。健全重要协商议题协同调研、联动协商机制，召开基层政协组织工作会议 3 次，开展联合调研32次。上下贯通、联动共进的工作机制更加成熟定型。

【各地政协到浏阳交流】 2020 年，政协浏阳市委员会全年接待各级各地政协来访 31 批次、200 余人，协助开展调研，展示创新开放包容、宜居宜业宜游的城市形象，推介“浏阳模式”和“浏阳经验”。积极参加湘鄂赣边境毗邻县政协工作研讨会第 49 次会议，共叙近邻友谊、共话合作良谋，会议确定由浏阳等四地政协牵头，建立湘鄂赣边境毗邻县(市、区)政协合作沟通平台，推动打造贯通湘鄂赣、连接“中三角”的精品旅游线路，为实现湘鄂赣三省文化、旅游产业高质量协同发展注入新的动力和活力。

【市政协调研浏阳道教协会】 6 月 12 日，浏阳市政协副主席谢建国率民族宗教委员会委员、民宗社福侨界别委员一行到浏阳市青阳山，对浏阳道教协会工作进行调研。调研组先后来到青阳山道院宫殿、金友道教博物馆等场馆，观摩文化建设成果，详细了解道教文化传承、政治学习、法制法规建设情况；观赏道教音乐团演出、太极拳、太极扇及由青阳山道院“非遗”传习所的《铙钹花》“非遗”功夫表演；对道院场所均衡布点、道教人才培养、对外交流、公益慈善等问题提出意见和建议。座谈会上，调研组对浏阳道协近年来开展的道教工作给予充分肯定，勉励道协继续弘扬好传统文化，加强对道教活动场所、道教活动、道教教职人员的日常管理，引导信教群众爱国爱教，做好疫情期间防控工作，积极参与浏阳经济社会建设，维护社会和谐稳定，为构建宗教和顺、社会和谐的良好格局做贡献。

(余　涛)

2 月 12 日，道教协会会长唐金友(左一)向调研组介绍道教文物展览馆文物情况

(政协办公室　供图)

3月20日，中国共产党浏阳市第十二届纪律检查委员会第五次全体会议召开 （纪委办公室　供图）

中国共产党浏阳市纪律检查委员会 浏阳市监察委员会

综　述

【概况】 2020年，中国共产党浏阳市纪律检查委员会、浏阳市监察委员会（简称浏阳市纪委监委）机关内设办公室、组织部、宣传部、党风政风监督室、信访室、案件监督管理室、第一至第六纪检监察室、案件审理室、干部监督室等14个部室，下设信息中心1个事业单位。巡察机构设市委巡察办以及市委第一至第四巡察组。派驻机构设驻市委办、组织部、宣传部、政法委、政府办、发改局、工信局、教育局、科技局、住建局、公安局、交通运输局、农业农村局、卫健局14个纪检监察组。

【纪检监察队伍建设】 2020年，浏阳市纪委监委把讲政治要求贯穿纪检监察工作的各方面全过程，严格落实重大事项请示报告制度，及时主动向市委和长沙市纪委监委请示报告工作，既报告结果又报告过程，重大事项提请市委决策、决定。把加强专业能力建设作为一项持续性工作来抓，常态化开展全员培训、实战练兵、跟班轮训，建立新进人员信访接访轮训制度，完善全员办信办案和片组会审制度，进一步提高执纪执法专业化水平。不断完善自身权力运行机制和管理监督制约体系，针对纪检监察干部岗位廉政风险问题开展专题调研，研析不同岗位风险点，有针对性地开展监督管理，采取有效措施防范化解风险挑战。自觉主动接受市人大和社会各界监督，把权力运行置于有效的制约和监督之下。坚持刀刃向内，查处2名纪检干部酒驾案，深刻剖析1名纪检干部醉驾背后违反中央八项规定精神问题并向全市通报。

【省委第六巡视组巡视浏阳】 根据省委关于巡视工作的统一部署，4月21日上午，省委第六巡视组巡视浏阳市工作动员会召开。省委第六巡视组组长杨晓喻于正式会议召开前主持召开与中共长沙市委常委、浏阳市委书记黎春秋和浏阳市委副书记、市长吴新伟的见面沟通会，传达中央和省委关于巡视工作的指示精神。会议由杨晓喻就即将开展的巡视工作作讲话，省纪委常委、长沙市委常委、市纪委书记、市监委主任蔡亭英对配合做好巡视工作提出要求。黎春秋主持会议并作表态讲话。7月30日，本轮巡视结束，杨晓喻传达中共湖南省委书记杜家毫关于巡视工作的讲话精神，代表省委巡视组向中共浏阳市委反馈巡视查出的6个方面49个具体问题。省纪委常委、长沙市委常委、市纪委书记、市监委主任蔡亭英对抓好巡视整改工作提出要求。长沙市委常委、浏阳市委书记黎春秋主持反馈会议并作表态讲话。浏阳市委迅速将整改任务落实到相关市领导、12个牵头单位和相关责任单位。在整改过程中，一项一项拉条挂账、对账销号，立行立改、标本兼治，确保取得实效。至12月4日，巡视反馈的49项具体问题，已完成整改40个，基本完成整改6个，长期整改3个；巡视移交的14个立行立改问题，已全部完成整改；交办的573件信访件，已全部办结。

【派出乡镇（街道）监察办公室授牌】 6月29日，市监察委员会在市委党校举行向32个派出乡、镇（街道）监察办公室授牌仪式。中共浏阳市委常委、纪委书记、监委主任秦跃平出席授牌仪式并讲话。新成立的乡镇（街道）监察办公室与乡镇（街道）纪（工）委合署办公，向市监委负责并请示报告工作，对镇（街道）管理的行使公权力的公职人员、辖区内基层群众性自治组织中从事管理的人员、经市监委授权管辖的行使公权力的公职人员以及其他有关人员进行监察。乡镇（街道）监察办公室依据市监委授权，履行监督、调查、处置职责，重点是日常监督。

重要会议

【纪委全委会议】 3月20日，中国共产党浏阳市第十二届纪律检查委员会第五次全体会议召开。出席全会的市纪委委员18人，列席243人。中共长沙市委常委、浏阳市委书记黎春秋出席全会并讲话。市委副书记、市人民政府市长吴新伟主持会议。市委常委、市人大、市政府、市政协领导出席会议。全会深入学习贯彻习近平新时代中国特色社会主义思想和党的十九大精神，按照十九届中央纪委四次全会、十一届湖南省纪委五次全会和十三届长沙市纪委五次全会要求，回顾总结2019年纪检监察工作，研究部署2020年任务，会议审议通过中共浏阳市委常委、市纪委书记秦跃平代表市纪委常委会所作的《维护制度权威提升监督实效为决胜全面建成小康社会提供坚强保障》工作报告。会议组织与会人员集中观看警示教育片《迷航——长沙典型贪腐案件警示录》。

【纪委常委会议】 1月3日，中共浏阳市委常委、市纪委书记秦跃平主持召开2020年第1次市纪委常委会，会议主要审议2019年度机关干部考核划等情况和有关违纪违法案件。

1月14日，中共浏阳市委常委、市纪委书记秦跃平主持召开2020年第2次市纪委常委会，会议主要审议有关案件、全市各单位党风廉政建设责任制考核情况和市委人事任免廉洁性意见审查情况。

1月21日，中共浏阳市委常委、市纪委书记秦跃平主持召开2020年第3次市纪委常委会，会议主要审议2019年度纪检监察干部年度考核情况以及市纪委市监委选调干部考察情况。

2月27日，中共浏阳市委常委、市纪委书记秦跃平主持召开2020年第6次市纪委常委会，会议主要学习习近平总书记在统筹推进新冠肺炎疫情防控和经济社会发展工作部署会议上的重要讲话精神，审议有关违纪违法案件。

4月16日，中共浏阳市委常委、市纪委书记秦跃平主持召开2020年第9次市纪委常委会，会议主要审议“大干一百天、实现双过半”竞赛活动一季度考评结果、《浏阳市纪委市监委立案相关工作程序规定（试行）》《浏阳市2019年1月至2020年3月纪检监察信访举报形势分析报告》，审议有关违纪违法案件。

7月15日，中共浏阳市委常委、市纪委书记秦跃平主持召开2020年第13次市纪委常委会，会议主要审议《市纪委监委机关(机构)晋升四级主任科员实施方案》、纪委监委机关(机构)和市委巡察机构晋升四级主任科员人员名单。

9月9日，中共浏阳市委常委、市纪委书记秦跃平主持召开2020年第14次市纪委常委会，会议主要审议《浏阳市2020年度党风廉政建设责任制考核细则》和有关违纪违法案件。

重要文件

【出台《疫情防控工作责任追究暂行办法》】 2月5日，浏阳市纪委出台《新型冠状病毒感染的肺炎疫情防控工作责任追究暂行办法》(以下简称《办法》)。《办法》由适用对象、坚持原则、责任追究、问责程序等部分构成，共计10条，列出疫情防控工作中追究责任的9种情形，明确对党组织和单位问责的2种方式以及对党员和公职人员责任追究的5种方式。《办法》明确指出，领导干部存在重大失职渎职行为，造成重大损失或恶劣社会影响等严重后果的，一律先免职并依纪依法从重或加重处理。《办法》的出台旨在用严格的制度、精准的问责倒逼全市各级党组织和党员干部落实防控责任，坚决打好打赢疫情防控这场没有硝烟的人民战争。

执纪监督

【政治监督】 2020年，浏阳市纪委监委聚焦"两个维护"，推进政治监督具体化常态化。坚定不移举旗护核，把学深悟透习近平新时代中国特色社会主义思想作为长期政治任务，自觉带头并监督推动各级党组织和广大党员干部系统深入学习，对巡察中发现存在学习搞形式走过场、贯彻跑偏走样等问题的6个单位责令限期整改到位。坚决保障政令畅通，坚持中央、省、市委重大决策部署到哪里，政治监督就跟进到哪里，统筹抓好疫情防控和经济社会发展保障工作，疫情期间严肃查处履责不力玩忽职守、脱岗缺勤作风懒散、不听调度肆意妄为等问题，给予党纪政务处分7人，保证中央、省、市委决策部署得到精准执行。坚决捍卫党的政治纪律政治规矩，积极主动配合做好省委巡视工作，以及长沙市委对浏阳相关单位交叉巡察工作。高质量按时办结省委巡视组交办件69件，协助市委抓好巡视整改工作，按照"一次整改不到位问因、二次整改不到位问效、三次整改不到位问责"的举措抓实巡视整改督查工作，整改经验被省委巡视办推介。

【权力运行监督】 2020年，浏阳市纪委监委做实监督首责、凝聚监督合力，有效规范权力运行。认真履行监督基本职责、第一职责，通过强化对选人用人的任前廉政把关，对新任领导干部开展任职廉政知识测试，以及从严督导民主生活会、精准提出纪检监察建议等方式，抓实近距离常态化监督。持续深化纪检监察体制改革，实现对园区、国企派驻监督全覆盖，全市乡镇(街道)全部设立监察办公室。充分发挥派驻机构"探头"作用，共处置问题线索1037件、立案90件、处分90人。不断提高巡察监督质效，本届市委巡察提前实现全覆盖，巡察对象覆盖至村一级党组织，巡察工作被评为全省A类。加强对权力运行的监督和制约，组织对15个乡镇(街道)、17个市直单位贯彻落实"三重一大"事项(重大决策、重要干部任免、重大项目安排和大额度资金使用)集体决策制度情况进行监督检查，督促各级各部门进一步健全完善民主集中制，厘清权力边界，规范决策程序。狠抓专项监督，集中力量做好人防系统腐败问题、工程建设项目招投标突出问题等专项整治工作。

【"四风"问题纠治】 2020年，浏阳市纪委监委精准纠治"四风"(形式主义、官僚主义、享乐主义和奢靡之风)、破除顽瘴痼疾，持续弘扬新风正气。持之以恒落实中央八项规定及其实施细则精神，对屡教不改、以身试纪滥发津补贴和违规吃喝者加大惩处力度，对顶风违纪者特别是党的十九大后不收敛、不收手行为从严处理，全年共通报曝光党员干部违纪违法问题12起73人。持续整治形式主义、官僚主义问题，深刻汲取澄潭江镇碧溪烟花制造有限公司"12·4"爆炸事故惨痛教训，对"12·4"爆炸事故后4起安全生产领域形式主义、官僚主义典型案例进行查处通报。改进信访接访形式，创新实施领导驻点信访局接访制度，既让群众信访更方便更有效，又规范行政中心群众来访工作秩序。坚持正向激励与警示惩戒并重，把思想教育、纪律约束、监督查处融为一体，精准开展问责工作，共问责132人，通过追责问责更好地督促责任压实与推动担当作为。

【惩治腐败案件查处】 2020年，浏阳市纪委监委突出法纪震慑、注重政策感召，一体推进"三不"(不敢腐、不能腐、不想腐)机制。始终保持惩治腐败高压态势，全年共立案查处333件，同比下降23.4%，党纪政务处分366人，收缴违纪违法资金并上交市财政9632万元。突出对领导干部腐败案件的查处，查处官桥镇原党委委员、副镇长赵某林贪污案。督促严格执行领导干部配偶、子女及其配偶经商办企业有关规定，查处公路养护中心原党组成员、副主任娄某明利用职务便利违规收受好处费、经商办企业案，以及融媒体中心(原市广播电视台党委副书记、台长)张某等6人违规从事营利活动案。在法纪震慑、政策感召下，2名市管干部主动投案。在公安机关协助下，1名在逃21年涉嫌职务犯罪的原交通系统干部落网，追逃工作取得阶段性进展。高质量做好上级指定管辖案件办理。优化案件质量评查机制，以评促改规范办案程序。着力营造崇廉尚洁良好氛围，与胡耀邦故里管理局联合打造"胡耀邦故里廉洁文化专题陈列"，成功举办第三届"廉政文化周"活动。

【扶贫领域腐败和作风问题入村督查】 5月15—18日，浏阳市纪委监委抽调机关及派驻纪检监察组干部

5月15日，浏阳市扶贫领域腐败和作风问题入村督查工作部署会议召开

（市纪委办公室　供图）

84人组成42个督查组，到域内33个省定贫困村及9个重点村开展扶贫领域腐败和作风问题入村督查。为提高督查的针对性、有效性，市纪委监委党风政风监督室将前期脱贫质量“回头看”发现的问题和“三表一单”（对未脱贫户有脱贫困难、已脱贫户有返贫风险、档外户有致贫隐患三类对象进行摸底造表，并梳理扶贫领域形式主义官僚主义“问题清单”）情况分门别类、分村到户，为各组列出督查重点清单，让大家带着问题下沉一线。通过下沉督查，全市共排查出脱贫质量“回头看”未完成整改的问题及重点对象存在的实际困难54个，发现帮扶走访、扶贫项目、扶贫措施制定等方面问题78个，收集问题线索2条，已全部建立台账并交办。

【集中整治群众反映强烈的突出问题】 2020年，浏阳市纪委监委深入整治扶贫领域腐败和作风问题，查处扶贫领域腐败和作风问题3起5人。认真落实省、长沙市纪委“力量下沉，尽锐出战”要求，对33个省定贫困村及9个重点村组织开展2轮扶贫领域腐败和作风问题入村督查，共排查出各类问题54个并责令按时整改到位，全力保障脱贫攻坚决战决胜。深入整治民生领域损害群众利益的突出问题，充分发挥“互联网+监督”平台作用，引导群众有序参与监督，既抓惠民补贴、生态环保、医保基金等领域的顽瘴痼疾，又抓苗头性倾向性问题，及时回应群众关切。深入整治彻查涉黑涉恶腐败和“保护伞”，对2起涉黑涉恶重复越级信访举报件进行复核，针对关于金刚镇金刚大道的实名信访举报问题，通过精准研判、从严执纪，追究相关责任人责任，解决深层次矛盾纠纷，成功化解该信访问题。

（蔺绍桃）

巡察工作

【概况】 2020年中共浏阳市委巡察工作领导小组办公室在中共浏阳市委的领导下，先后组织开展5轮巡察，共巡察46个单位、205个村（社区），实现十二届浏阳市委巡察工作全覆盖。全年共进行个别谈话5656人次，接待群众来信来访来电383件次，明察暗访1082次，发现问题3515个，移交问题线索79条，立案查处干部25人，其中副科级及以上干部3人。实行通报批评、提醒谈话、诫勉谈话等组织处理129人。对市委、市政府相关职能部门提出意见建议4条。对村巡察中建议撤换或调整“两委”班子成员46名，2020年全市村（社区）换届过程中，信访举报较2018年村级换届下降近八成。在2020年省委巡视浏阳及省委巡视办现场指导督导中，浏阳市委巡察工作被评为全省“A”类。浏阳市委巡察组承担省委巡视办安排的对村巡察和巡察工作领导小组成员分工等2项试点任务，得到省委巡视办的高度肯定。

【十二届市委第十三轮巡察】 4月10日至5月29日，经市委巡察工作领导小组批准，市委巡察组开展第十三轮巡察。巡察对象为市财政局、发展和改革局、自然资源局、交通运输局、住房和城乡建设局（人民防空办公室）、应急管理局、公共工程建设中心、公路建设养护中心共8个单位。

【十二届市委第十四轮巡察】 5月9日至6月10日，经市委巡察工作领导小组批准，市委巡察组开展第十四轮巡察。此轮巡察配合省委巡视，对市公安局开展“扫黑除恶”专项巡察，对株树桥水库管理局开展巡察“回头看”。

【十二届市委第十五轮巡察】 6月8日至7月31日，经市委巡察工作领导小组批准，市委巡察组启动对市人大机构、市政协机构、宣传部、统战部、政法委、编办、党校、审计局、信访局、统计局、司法局、科技局、机关后勤服务中心、两型产业园、商务局、招商引资服务中心共16个市直单位党组织、淮川街道、集里街道、沿溪镇、官渡镇、达浒镇、金刚镇、葛家镇、镇头镇、柏加镇、蕉溪镇、洞阳镇、永安镇、北盛镇、小河乡14个街道、镇、乡的103个村（社区）级党组织的巡察工作。6月8日，各巡察组进驻被巡察单位。

【十二届市委第十六轮巡察】 9月7日，经市委巡察工作领导小组批准，市委16个巡察组对文化旅游广电体育局、工业和信息化局、田家炳实验中学、职业中专、城市管理和综合执法局、高级技工学校、市场监督管理局、融媒体中心8个市直单位党组织，关口街道、荷花街道、普迹镇、古港镇、高坪镇、永和镇、大围山镇、张坊镇、大瑶镇、澄潭江镇、沙市镇、淳口镇、龙伏镇、社港镇14个街道、镇的102个村级党组织开展巡察。本轮巡察为期两个月。同时，配合长沙市委巡察组对镇头镇、法院等 2 个单位开展提级交叉巡察。

【十二届市委第十七轮巡察】 11 月 23 日至 2021 年 1 月 15 日，经市委巡察工作领导小组批准，市委巡察组开展第十七轮巡察。本轮巡察对象为交通建设投资有限公司、数据资源中心、退役军人事务局、国有资产事务中心、医疗保障局、优化营商环境协调事务中心、水利建设投资有限公司、网信办、农业发展事务中心、长沙市生态环境局浏阳分局共 10 个市直单位。

【巡察工作获《湖南日报》等媒体推介】 2020 年，市委巡察办对 2017 年以来开展的 12 轮巡察发现的共性问题分类汇编，梳理出 3 大类 7 个方面 91 项，在 2020 年 3 月 20 日的市纪委全会上印发通报，要求各级党组织对照问题检视整改，揽镜自照治未病。全市各级党组织对照汇编通报查找类似问题 2100 多个，以问题大查找实现检视全覆盖，有效推动经济社会健康发展。相关经验做法得到《湖南日报》《湖南巡视巡察》等媒体刊物的宣传推介。

（李梦琴）

廉洁教育宣传

【胡耀邦故里廉洁文化专题陈列展馆建设】 2020 年，浏阳市纪委监委为集中讲好浏阳廉政故事，弘扬廉政文化，涵养清风正气，在胡耀邦故居组织建设胡耀邦故里廉洁文化专题陈列展馆。展馆以“公道正派 廉洁自律”为主题，分为“红色热土 廉范长存”和“继往开来 浏其清矣”上下两个展厅。展馆内通过展陈 2015 年中共中央总书记习近平在胡耀邦同志诞辰 100 周年纪念座谈会上的重要讲话摘要、胡耀邦同志生平事迹、公审黄克功案的场景，本地古今勤廉人物家训摘录、以非物质文化遗产为载体，创作的清廉文艺作品和浏阳市深化全面从严治党的工作实践等内容，将本土“红”“廉”文化紧密结合、串点成线，展示浏阳从古至今一脉相承的廉洁文化和廉政风尚。展馆占地面积 333.9 平方米，建筑面积 1200 平方米。

【第三届廉政文化周】 11 月 20 日，浏阳市第三届廉政文化周活动正式拉开帷幕。中共中央原总书记胡耀邦长子胡德平，省纪委监委宣传部部长吴旭鹏，中共长沙市委常委、浏阳市委书记黎春秋，长沙市纪委常委瞿浩出席开幕式，并为胡耀邦故里廉洁文化专题陈列揭牌。浏阳市四大家班子成员及有关领导干部、当地部分群众代表共同参加开幕式。本届廉政文化周将推出系列活动，包括胡耀邦故里廉洁文化专题陈列开馆、聆听耀邦廉洁故事、市委书记与各单位主要负责人谈心谈话、组织全市党员干部参观专题陈列和举办“传承红色基因·践行时代使命”分享会等。2018 年浏阳市举办首届廉政文化周活动，展示红色廉政文化，让廉洁清正成为社会共识，此后，按照一年一届在每年11 月举办。

（蔺绍桃）

11 月 25 日，浏阳市第三届廉政文化周“传承红色基因·践行时代使命”主题分享会在欧阳予倩大剧院举行

浏阳河蒲樟港　（朱云志　摄）

民主党派

民革浏阳市工作委员会

【概况】 2020年，民革浏阳市工委下设4个支部委员会，共81名党员。工委和工委下设的3个支部顺利进行换届，成立新的工委班子和支部班子。分支部组织“重温红色记忆”“温历史、忆初心”等活动。开展“为党做什么”大讨论，组织党员参与民革长沙市委“头脑风暴”“向上而生——民革青年党员论坛”“讲好中国故事”“传承湖湘文化体验‘非遗’魅力”等活动，发动党员撰写理论文章，谭娟的《用脚步丈量，让镜头记录，给老兵存史，为真情澎湃——周利和关爱抗战老兵的先进事迹》获民革省委二等奖，唐文波的《新的社会阶层人士思想政治建设问题研究》获长沙市委统战部理论政策研究创新成果二等奖，张丽萍的《抓普及，惠民生，我市高中阶段教育实现高质量发展——浏阳市第十七届人大助推高中教育发展结硕果》入选纪念浏阳市人大设立常委会40周年文集。

【组织建设】 2020年，民革浏阳市工委对工委班子成员进行人事调整，对三个支部全面进行换届，明确工委和支部班子分工以及各工作委员会的工作职责，顺利完成政治交接。对照《基层组织评估办法》要求，提升四个支部自身建设和履职能力建设。一、二支部被评为2019年度民革长沙市委优秀支部，唐文波、李瑶瑶被评为上年度民革长沙市委优秀党务工作者，吴海宁、袁波被评为上年度民革长沙市委优秀党员。一支部与广东省直属第八总支部握手共建示范支部，组织党员到省直属质监局支部、雨花区四支部、二轻系统支部等省市示范支部、优秀党员之家学习交流。关怀关爱党员干部，对支部老党员进行春节慰问，为每一位支部党员送上生日祝福；丰富体艺活动，组织党员参加民革长沙市委组织的“中山杯”第五届羽毛球比赛，获得季军，成立金利合唱团，不定期组织演唱技巧培训；摄影家协会组织会员开展采风摄影活动。

【参政议政】 2020年，民革浏阳市工委党员人大代表、政协委员共23人，2020年“两会”期间，工委牵头组织开展的《关于加强基层卫生人才队伍建设的建议》调研课题，由肖迎春在政协大会上代表民革发言，袁波代表工商联组就《全面优化营商环境，增强民企定力信心》在政协大会上发言，7个大会发言材料中占据2席。获立案的人大建议10篇、政协提案36篇，袁波的《新形势下运用云科技手段实施社区管理很有必要》(获得市委书记黎春秋批示)、《关于规范食品产业招商区域，引导黑、小作坊退城入园，避免爆发式环保事件的提案》、彭正平、易征、李红共同执笔的《关于将公共卫生融入湘赣边区域性中心城市规划的提案》、朱树昌的《关于加强居民健康教育，助推健康浏阳建设的提案》、唐文波的《关于加强对城区快递和外卖行业车辆交通安全监管的提案》、肖迎春的《关于关注中学生心理健康教育工作的提案》等6篇提案被评为市政协优秀提案。2020年，谭娟、林华根被评为长沙市优秀人大代表，张丽萍被评为浏阳市人大代表履职先进个人，袁波、金先林、肖迎春、刘琳、唐文波、李瑶瑶、吴海宁、邓秀丽8位党员被评为浏阳市优秀政协委员。一支部和二支部被评为上年度民革长沙市委参政议政先进集体三等奖，唐文波、黄焕华、袁波、吴海宁、谭晓琴、张丽萍、李瑶瑶7人被评为上年度民革长沙市委参政议政先进个人。黄焕华的《关于加强老旧小区电梯改造，提升居住品质的提案》《关于解决“三点半放学难题”的提案》、唐文波的《关于鼓励和支持使用本地名优产品的提案》、袁波的《关于加大对两型产业园扶持力度　打造全国食品工业样板的提案》、吴海宁的《关于城区严重缺少公共厕所影响全国文明城市国家卫生城市创建的提案》、谭晓琴的《关于尽快开通浏阳市区经荷文公路至文家市镇秋收起义馆旅游公共交通线路的提案》6篇提案被评为民革长沙市委上年度优秀提案。将社情民意和统战信息有机结合，要求“一委员一建议”，袁波的《尽快采取措施缓解民营“园中园”产业平台运营危机》《疫情期间企业和个人降租行为视同捐赠行为给予税费减免的建议》《关于规范地摊经济的几点建议》、龙飞翊的《防腐剂变身为“功能性食品用香精”问题亟待规范》4篇信息被民革省委采用。朱建军和张丽萍共同执笔的《党外人士建议提高事业单位工作人员和离退休人员死亡一次性抚恤金标准》被评为民革长沙市委2019年度优秀社情民意和统战信息。利用新闻媒体、“长沙民革”微信公众号及网站，围绕参政议政、社会服务及先进典型等做好宣传报道，《团结报》发表报道1篇、省民革报及网站刊载报道4篇、长沙民革市委网站发表报道26篇，超额完成《团结报》征订任务，被评为长沙民革市委《团结报》订阅先进集体一等奖。工委提出“一支部一调研”，工委及各支部积极开展调查研究，完成《关于我市民营企业合法权益维权平台建设的思考》《关于两型产业园建设湘赣边电商物流园的建议》《关于规范地摊经济的几点建议》等调研课题。刘琳、肖迎春共同执笔的《借长株潭一体化之势，助浏阳西区跨越式发展》在市政协“献计‘十四五’”建言献策会议上发言。

【社会服务】 2020年，民革浏阳市工委发出《民革浏阳工委募捐倡议书》，组织开展抗击疫情捐赠活动，号召党员共计募捐6.6万元，同时调动资源在医疗物资紧缺的时期购买到医用口罩、防护服等防疫物资送到一线医护人员手中，刘勇在“同心抗疫、同舟共济”行动中获民革省委表彰；杨天羽捐赠油画义卖助武汉抗疫；谭晓琴精心制作的《等你凯旋》短视频讴歌抗疫英雄、赞美抗疫义举、传递抗疫正能量，在湖南公共文旅云上宣发获得超十万点击量；唐文波、肖恒松、于华明、熊海燕、周利和、邓秀丽、徐伟星、赵志群、曹湘黔、武滔滔等党员疫情期间坚守在一线维系人民群众的健康安宁。启动抗战老兵健康保卫计划，为每位抗战老兵“一对一”配备专属家庭医生。联系中国人寿保险有限公司长沙分公司、建设银行浏阳支行等社会企业、银行对老兵开展慰问活动，坚持做好对老兵的端午、中秋、春节慰问，开展“为老兵送生日祝福”和“送最后一程”等活动，没有落下任何一个老兵的任何一次慰问和祝福；组织党员前往唐人万寿园参加抗战老兵集体安葬仪式；陪同抗战老兵朱洪斌参加纪念黄埔军校建校96周年活动；联系浏阳三口骨科医院免费为百岁抗战老兵肖敦信老兵实施骨头置换手术及后续康复治疗。谭娟代表工委讲述以党员周利和关爱抗战老兵事迹为蓝本的《用脚步丈量，让镜头记录，给老兵存史，为真情澎湃》的中国故事，获得良好的社会反响。组织开展“感恩城市美容师、共建亮丽新浏阳”慰问环卫工人活动，送上雨衣雨靴等慰问物资，并邀请环卫工人们观看湖南花鼓剧院演出的经典剧目《桃花烟雨》。组织党员看望慰问“小海豚”关怀计划服务对象。向中山希望书屋捐赠书籍1000余册。联系省肿瘤医院专家教授来浏阳市人民医院会诊疑难病例，开展学术讲座，对口专业结成手牵手协作关系。唐文波担任市人民法院人民陪审员、教育局民主监督员，李瑶瑶担任财政局统战特约监督员，于华明联系市人民检察院，谭娟、林华根担任民主(统战)监督员，履职积极，作用发挥好。开展送法律服务进社区活动，进驻龚家桥社区为居民多次解答法律咨询。

(李瑶瑶)

致公党浏阳工委

【概况】 2020年，致公党浏阳工委围绕建设现代化浏阳工作大局，秉承“致力为公”的理念履行各项职能。致公党浏阳工委根据《中国致公党章程》要求和致公党长沙市委2020年工作安排，于2020年8月组织召开支部委员会换届选举会议，对支部进行拆分，新增加致公党浏阳工委四支部，按照选举办法，通过不记名投票，分别选举产生四个支部的主委、副主委和委员。李亚清、李明、孔伟兴、龙科分别当选一、二、三、四支部主委。1月，时任工委主委陈静带队到水建投、文旅投等单位调研浏阳河“一河两岸”开发进展和浏阳夜经济发展现状，组织党员撰写《做好水火交融文章，打造浏阳特色夜经济》的调研报告，全年组织党员撰写建议、提案和社情民意20余件。其中周志勇撰写的《关于对接粤港澳大湾区科技创新发展、推动金阳高质量发展的建议》获长沙市委常委、浏阳市委书记黎春秋批示；周志勇撰写的《加强县域公共卫生应急体系建设，提升公共卫生安全治理能力的建议》和龙科撰写的《关于促进浏阳市私募股权投资基金发展的提案》获得浏阳市委副书记、市长吴新伟批示；副主委李明合作撰写的《关于思邈公园提质改造的建议》由副市长冯赛军领办；副主委孔伟兴撰写《关于加强突发公共事件应急物资储备的建议》列入2020年市人大20件重点建议；陈静和彭晓玲分别向长沙市政协十二届四次会议提交《关于拓展长沙市域发展空间，重新启动南北横线建设》和《关于由政府牵头统筹通信基础设施共建共享加快推进5G网络建设发展》的提案，均得到长沙市有关部门的重视和办理。年末工委共有80名党员。

【社会服务】 2020年，浏阳市副市长、致公党长沙市委副主委邓雪琴担任浏阳市抗疫领导小组常务副组长，被评为湖南省抗击新冠肺炎疫情先进个人。时任工委主委陈静在疫情期间，带队赴劳务输出地辰溪县为浏阳企业招工，半个月内完成招工任务。孔伟兴抽调参加全市驻企防疫员，帮助企业复工复产、生产防疫工作。党员彭卫新、周志勇、刘志坚、李亚清、李明、戴学文、吴光伟等均在防疫战线无私奉献。党员甘艳平策划并领衔主演的《最温暖的阳光》和歌伴舞《此行有你我》在湖南教育电视台录制的“致敬最美逆行者”大型文艺晚会中得到完美演绎，获得主办单位和导演团队的高度评价和盛赞。新冠肺炎疫情发生后，党员组织捐款活动。1月，工委发动党员捐款，筹集价值8万多元紧俏物资，赠送到市浏阳新冠肺炎定点救治医院——浏阳市人民医院；绿之韵集团董事长胡国安先生先后捐赠现金51万元、价值100万元抗疫紧缺物资。

【思想建设】 2020年，致公党浏阳工委结合“不忘合作初心，继续携手前进”主题教育活动，通过报告会、研讨会、培训班等形式，组织党员加强政治理论学习，增强“四个意识”、树牢“四个自信”、坚决做到“两个维护”，加强思想政治建设，增强对社会主义核心价值体系的认同。5月份，组织党员积极参加本党省委会理论学习中心组(扩大)专题线上学习。12月，组织工委全体班子成员参加浏阳市统一战线党的十九届五中全会精神学习会议，陈静主委代表工委在会议上做主题发言。党员危丽霞、江卫参加新党员培训；党员孔伟兴、柳孟兰、李亚清参加“不忘合作初心，继续携手前进”2020年骨干党员培训班，赴汝城参观“半条被子的温暖”陈列馆；组织工委班子成员、党员参加致公党省委会思想政治建设和基层组织建设浏阳调研座谈会。一支部组织党员在浏阳寻淮州故居开展“不忘初心合作，共担时代使命”的主题活动，接受红色教育；二支部和三支部结合九九重阳节活动，组织党员学习致公党省委会思想政治建设和基层组织建设工作精神；四支部结合政治学习，探讨推动“三高四新”战略落实落地。

【“致公·威尔保”杯羽毛球团体赛】 2020年10月31日，由致公党长沙市委主办，致公党浏阳市工委、浏阳市羽毛球协会承办的“致公·威尔保”杯羽毛球团体赛在浏阳市举行。当天，致公党湖南省委领导向佐谊、王国海、罗双全、骆伟、伍中信，中共长沙市委统战部副部长刘佳勇，致公党长沙市委专职副主委枭燕，中共浏阳市委常委、统战部部长周耀辉等领导出席活动。来自致公党省直工委，长沙市各基层组织共9支参赛队伍160余名致公党员运动员参加比赛，经过一天的激烈角逐，致公党浏阳市工委夺得亚军。

(易守珍)

浏阳河——樟树潭湾

（浏阳市档案馆　供图）

群众团体

总工会

【概况】 2020年，市总工会机关内设办公室、经济服务部、基层工作部、权益保障部4个科室，下辖工人文化宫和职工服务中心，共有在职干部职工19名。全市共有工会联合会51家，其中市直工会联合会17家，乡镇工会联合会28家，园区2家，街道工会联合会4家。全市基层工会4200家，其中行政事业单位、国有企业工会275家，非公企业工会3925家，全市共有工会会员29万人，已建工会职工入会率达99%。

【劳模精神弘扬】 2020年，浏阳市总工会推荐江林、周奇志、杨海明、彭洁、伍国强、王小明、周开明7人被评为湖南省级劳动模范。组织开展“五一”劳模和职工代表座谈会，在《浏阳日报》和浏阳电视台开设“致敬劳动者•奋进新时代”专栏，制作劳模宣传海报和短视频，大力弘扬劳模精神、劳动精神和工匠精神。组织李远护等20位劳模到黄山、张家界等地参加疗休养活动，对全国、省、市三级劳模进行收入摸底统计，并做好资料收集、整理、核实与上报工作。走访慰问沈华金等26名劳模，发放劳模专项补助40余万元。发动全市各基层工会积极开展“工人阶级宣传月”活动，悬挂宣传横幅、标语800余条，电子宣传标语2000余条，并结合《浏阳日报》、浏阳电视台、微信公众号等媒体对“工人阶级宣传月”活动进行多渠道宣传。

【职工岗位能力建设】 2020年，浏阳市总工会联合人社局等部门开展“春风行动”“就业援助月”系列活动，组织14场就业招聘会，帮助4000多名农民工就业。组织优秀技能人员参加长沙市“十行百优”劳动竞赛，周海涛、朱希等获长沙市“百优工匠”称号。开展“一户一产业工人”培养工程，举办蒸菜技术、直播销售等农民工技能培训班，培训学员350名，推荐学员到蒸浏记、浏水蒸香等本地蒸菜店就业，实现学员在家门口就业创业。组织开展“名师带高徒”活动，113对师徒进行结对，4人被评为长沙市优秀师徒对子。深化职工岗位技术创新，杨海明劳模工作室成为长沙市级劳模创新工作室。

【疫情防控】 2020年，浏阳市总工会积极参与新冠肺炎疫情防控，对奋斗在防疫一线的防疫物资生产企业、医务工作者、交警等开展慰问活动。面向抗疫一线的企事业单位工会，下拨211万元防疫专项资金。动员广大职工积极消费繁荣市场发展经济，动员全市各级工会通过“和包支付”和“羊淘商城”发放电子消费券4200余万元。

【帮扶服务】 2020年，浏阳市总工会广泛开展“春送岗位、夏送清凉、秋送助学、冬送温暖”工会品牌服务活动，为109名困难职工子女发放助学金45万元，为600余名困难职工发放大米6000千克、植物油3000千克、帮扶资金110余万元。做好女职工关爱工作，建设母婴关爱室7个。推进职工医疗互助保障工作提质扩面，职工参保总数达3.3万人，为2100余名职工报销住院医疗费用80余万元。精准发力城市困难职工解困脱困工作，组织开展“访民情民意、助解困脱困”大走访活动，对城镇困难职工建档立卡户进行全面走访。聘请法律顾问每周二、周四在职工服务大厅坐班，为职工和农民工提供免费咨询和援助。建设职工心理咨询服务站，开通职工心理援助热线，举办公交车驾驶员等心理疏导专题讲座，帮助职工疏解不良情绪。举办4期“尊法守法携手筑梦”服务农民工法治宣传和公益法律行动，发放普法宣传资料3000余份，化解劳资矛盾100余起。联合市人民医院打造市职工健康之家，免费提供健康科普、咨询和体检等服务，得到《湖南工人报》头版报道。

【职工文体活动】 2020年，浏阳市总工会工人文化宫所有培训和活动项目均免费向工会会员开放，公益大课堂开设14个项目26个培训班，培训学员900余人，到文化宫开展文体活动的会员达2万余人次，真正做到工人文化宫里有工人，工人文化宫里有文化。邀请国家、省市级书法会员和文化宫书法班的学员到乡镇、社区开展“送春联”等活动，组织声乐、萨克斯班学员开展“送演出”活动。开展职工读书月、气排球赛、羽毛球赛、篮球赛、包粽子DIY、夏布香囊DIY等系列文体活动。实施职工素质工程，将永安镇职工书屋打造成为长沙市级“职工书屋”示范点、金阳投资集团有限公司职工书屋打造成为长沙市职工书屋示范点宣传典型，并将这两个职工书屋的学习活动项目打造成为长沙市职工阅读学习活动优秀项目。

【基层组织建设】 2020年，浏阳市总工会全面完成工会组建和会员发展任务，新建工会71家，新增会员6800人。深入开展“强基层、补短板、增活力”行动，市场监督管理局大瑶分局工会小组创建为全国模范职工小家，浏阳市仁爱残疾人服务中心创建为省模范职工之家，市税务局淮川税务分局工会小组创建为省模范职工小家，市人民检察院等7家工会创建为长沙市级模范职工之(小)家，打造32个村(社区)级示范工会。深化企事业单位民主管理，推动职代会、集体协商、厂务公开等民主管理制度落到实处，引导职工依法有序表达利益诉求。完成签订工资集体协商企业数1700余家，覆盖职工3.6万人。选树大溪河旅游开发公司作为乡村旅游企业工资集体协商典型培育，工作经验得到《工人日报》的宣传报道。

【浏阳市职工健康之家开放】 2020年12月9日，浏阳市总工会浏阳市职工健康之家正式建成开放。浏阳市职工健康之家由市总工会联合市人民医院成立，设于市人民医院门诊大厅三楼，分健康科普、健康体验、健康咨询、健康警示、特色健康评价五大区域。在成立会议上，浏阳市委副书记王强指出，在全面推进健康中国建设的背景下，成立职工健康之家，将优质医疗资源与工会力量有机融合，为广大职工群众提供更优质高效的医疗保健服务，这既是落实上级决策部署的探索实践，也是扎实推进健康浏阳的务实之举和创新之举。王强表示，希望市总工会和市人民医院以此为契机，进一步厘清思路、明确目标、强化举措，加快实现与高水平全面小康相匹配的高水平全民健康，不断增强职工群众的获得感、幸福感、安全感，通过全方位、全周期保障人民健康，努力打造健康中国建设的“浏阳样本”。

（陈纯清）

共青团

【概况】 截至2020年12月，浏阳市青少年数量39.8万人，共青团员6.3万人，各级团组织1772个，其中乡镇团委28个，街道团（工）委4个，村（社区）团组织323个，市直机关单位团青组织70个，“两新”团组织（新经济组织和新社会组织）70家。共青团浏阳市委设置行政编制6名，事业编制3名，在编在岗干部6名，专职副书记2名，挂职副书记1名，兼职副书记3名，挂职干部1名。委员会设常务委员12名，委员会委员26名。共青团浏阳市委下设青年联合会，共有青联委员122名。主管浏阳市志愿者联合会、浏阳市义工联合会、浏阳市紧急救援协会、浏阳市青年创业者协会、浏阳市爱心助学行动协会、浏阳万众学雷锋志愿服务大队、浏阳市青年电子商务创业协会、浏阳市畅心心理公益服务中心、浏阳市蓝色天使爱心协会、浏阳市农村青年致富带头人协会等青年社会组织。

【强化青少年思想引领】 2020年，共青团浏阳市委员会开展青少年“四史”教育，举行“青年大学习”征文活动，组织青年思政课程竞赛，“青年大学习”线上线下学习达到20余万人次；将“青马工程”与大学生暑期实践有效融合，相关做法获《中国青年报》刊载推介。宣传推介在疫情防控、“大干一百天”等工作中涌现出的青年先进典型，邀请优秀青年代表讲述抗疫主题微团课，组织“向日葵”青年讲师团、“浏 young”青年讲师库成员开展主题宣讲37场，“五四”期间举办“建功双胜利　筑梦新时代”青春故事分享会，吸引20余万人次收看。组织创业青年新媒体网络宣传培训，开通青少年普法直播课，创作“你好，大学生”微电影等文化产品，开展“卡路里消费”全民运动打卡等线上活动，浏阳共青团微信公众号被授予“青媒奖湖南十大共青团微信”。

【助力党政大局工作】 2020年，共青团浏阳市委员会创作浏阳青年版《防疫disco》助力疫情防控，组织公益线上直播讲座12场次，发动青年参与疫情防控志愿服务6万余人次，推介出全国抗击新冠肺炎疫情先进个人张更姣、“90后”口罩厂长伍海湾等一批青年抗疫先进典型。深入开展青年突击队建功竞赛行动，围绕“规模工业生产、固定资产投资、重大项目建设”等领域组建青年突击队21支，被评为长沙市优秀组织单位。通过希望工程“一元捐”“爱心捐赠零花钱”等项目汇集爱心款76.5万余元助力实现全面小康，帮扶困难青少年800余名。实施“微志愿＋微心愿＋微网格”行动，帮助100余名困难青少年实现成长愿望。开展“长龙青年心连心·图书捐赠”活动，向龙山县贫困学校捐书1万册。创新“圆梦小屋”项目，完成第一批30户困难青少年生活学习空间的提质改造，获《湖南卫视新闻联播》等推介。组织6000余名志愿者参与“党建＋微网格”助力基层社会治理，组织青年志愿者送课进“格”20余次，组建浏阳市青年志愿宣讲队，完成“纪念红一方面军成立90周年”“第三届创新湖南高峰论坛”“湘赣边首届花木博览会”节会活动志愿服务，组织防汛救灾、净滩行动、心理咨询等各类志愿服务活动110余场次。

【紧密联系服务青年】 2020年，共青团浏阳市委员会先后提交乡村青年人才、青年志愿者队伍建设等多条建议提案，开展共青团与人大代表、政协委员“面对面”活动；优化青年人才发展环境，制定《〈中长期青年发展规划（2016—2025年）〉浏阳市实施工作联席会议制度》，建设浏阳“青年人才驿站”，推介3人被评为“湖湘青年英才”、11人被评为“长沙市青年岗位能手”。打造“浏阳市青年创新创业孵化基地”，第一批入驻青创企业11家；组建浏阳市农业创业者联合会，培育一批“农村青年领头雁”“青年致富带头人”；开展2020年“燕归巢”暑期大学生社会实践活动，募集见习岗位130个，促成7名大学生就业签约，获《湖南卫视新闻联播》推介。全市建成“青年之家”64家；针对青少年心理健康需求，组建浏阳市青年心理辅导志愿服务队，提供个案辅导20余人次，组织心理健康宣讲培训11场次；开展“一乡一课”禁毒宣教32堂、儿童“五防”教育公开课72堂，组织青少年“模拟法庭”等各类活动50余场次。

【推进团的自身建设】 2020年，共青团浏阳市委员会对全市1200个基层团支部进行对标定级，创建全省基层团建示范点1个、全省基层团建联系点1个，被评为长沙市2020年度“两红两优”荣誉29个；扩大团的组织覆盖，打造团中央联点示范性“团代表联络站”，新建社会领域团组织120个；强化“推优入党”和发展团员调控，全市2600名新团员严格按“十部曲三公示”程序发展，初高中团学比分别下降为5.9%、45.97%，全年“推优入党”178人，“推优入党”率达到100%。推进中学共青团改革课题项目2个，打造学校特色团支部2个，被评为长沙市共青团改革创新项目大赛一等奖，浏阳共青团改革经验得到长沙市政府办公厅《决策咨询》推介。召开首次浏阳市少代会，完成浏阳市少工委换届选举，明确少先队专项工作经费，建设“名师工作室”，将辅导员培训纳入团队干部培训主体班，推树少先队优秀集体和个人荣誉86个；组织微团、队课竞赛和中学团委书记技能比武，获长沙市特等奖。

【助力春耕春种活动】 2020年2月28日，共青团浏阳市委员会组织农

2020 年 4 月 29 日，共青团浏阳市委员会举办“建功双胜利·逐梦新时代”浏阳市纪念五四运动 101 周年活动 （共青团　供图）

创联青年突击队 40 余名队员来到浏阳市合力蔬菜种植专业合作社、新期绿种植专业合作社联合社蔬菜基地，帮助企业搭建大棚、培土除草，有效解决企业人手不足的燃眉之急。疫情防控特殊时期，为服务农业企业复工复产，助力春耕春种工作，团市委组建农创联青年突击队，组织队员 350 余人次，帮助 15 个人手短缺的农业企业进行整土、施肥、采摘包装等工作，同时，积极对接农药化肥等农用物资，全力服务农产品供给，有效缓解企业复工复产和春耕备耕压力。

【学雷锋志愿活动】 2020 年 3 月 6日，共青团浏阳市委员会在全市广泛开展“爱心涌动浏阳河　关爱帮扶暖人心”志愿服务活动。活动期间，全市共设置 21 个学雷锋志愿服务岗，组织近百名志愿者深入社区、乡村为群众提供免费理发服务。同时，团市委和浏阳市义工联组织志愿者奔赴多个乡镇，为 100 多名有需求的困难青少年和困难儿童送去抗疫“暖心包”。“暖心包”里除准备学习用品、慰问金外，还装了酒精喷雾、一次性口罩等防护用品，帮助孩子们做好开学前的防疫准备。“3•5”学雷锋日期间，团市委发动各级团青组织和广大团员青年积极开展爱心代购、心理疏导、护苗助学等学雷锋志愿服务活动。

【青春故事分享会】 2020 年 4 月 29日，共青团浏阳市委员会举办“建功双胜利•逐梦新时代”浏阳市纪念五四运动 101 周年活动，多角度传递从疫情防控阻击战到“大干一百天、实现双过半”大竞赛中涌现出来的故事，活动还通过网络直播的方式吸引 20 万人次点击观看。活动现场，来自志愿者、公安、医护人员、媒体工作者、社区工作人员、基层干部、创业者中的青年代表来到活动现场，分享自己的故事。涉及招商、征拆等 7 项重点工作，覆盖惠科、蓝思等 9 大重点项目、企业的 21 支浏阳青年突击队队长集合亮相，浏阳市委副书记邱山东为队长代表授旗，宣誓在“大干一百天、实现双过半”的“新战场”上贡献青春力量。

【“绽放青春·不负韶华” 主题团日活动】 2020 年 6 月 11 日，由共青团浏阳市委员会主办，市教育局团委承办，道吾中学协办的浏阳市“绽放青春•不负韶华” 主题团日活动举行。教育系统团组织书记、乡镇（街道）团委专职副书记、新老团员代表共 200 余人参加活动。近年来，团市委不断加强团的先进性建设，坚持把团员仪式教育作为夯实基层团建的重要抓手，通过常态化开展 18 岁成人礼、离队入团、“三会两制一课”等示范性集中仪式活动，激励和引导广大团员青年团结在共青团的旗帜下紧跟党走。2020 年全市 2600 名新发展团员全部按照规范化要求入团。

【第十八届二次全委（扩大）会议】 2020 年 6 月 24 日，共青团浏阳市第十八届二次全委（扩大）会议举行。会议深入学习宣传贯彻中共十九届四中全会精神，贯彻落实中央、省委、市委党的群团工作会议精神，总结 2019 年全市团工作，研究部署 2020 年全市共青团工作任务。根据《中国共产主义青年团地方各级代表大会组织选举规则（暂行）》规定，因工作变动，王涛等 7 人卸去团市委第十八届委员会委员职务。会议增补刘泽南、彭

2020 年 6 月 11 日，教育系统团组织书记、乡镇（街道）团委专职副书记、新老团员代表共 200 余人参加由共青团浏阳市委员会主办，市教育局团委承办，道吾中学协办的浏阳市“绽放青春·不负韶华”主题团日活动 （共青团　供图）

育智2人为团市委第十八届委员会委员，增补刘泽南、张宇琪、彭育智3人为团市委第十八届常务委员会委员。

【2020年“燕归巢”暑期大学生社会实践活动】 2020年7月，浏阳市“燕归巢”暑期大学生社会实践活动启动，7月29日上午，返乡大学生走上浏阳市58家企事业单位130个岗位，开展为期一个月的暑期实践。除岗位实习外，在暑期实践中还安排现场观摩学习、“微网格+微心愿+微志愿”服务及创就业指导暨结业仪式等集中活动，帮助浏阳在外高校大学生深入了解家乡的发展和变化，鼓励在外学子返乡发展、服务基层，用实际行动支持家乡建设。

【湖南省青联、青科协会员培训班到浏调研】 2020年9月10日，湖南省青联委员会、青科协会员培训班一行约90人到浏阳市经开区开展活动，先后参观经开区规划展示馆和盐津铺子、蓝思科技总部、九典制药等企业，并开展青联委员谈优化营商环境助力制造业高质量发展座谈会，浏阳市青年企业家与湖南省青联委员互相交流、建言献策。

【中国少年先锋队浏阳市第三次代表大会召开】 2020年10月20日，中国少年先锋队浏阳市第三次代表大会召开。全市少先队员代表、少先队工作者和市直有关单位代表共计251人参加大会。会议总结过去5年来浏阳市少先队工作，对下阶段少先队工作进行安排部署。会议选举产生中国少年先锋队浏阳市第三届工作委员会主任、副主任。主任：邓雪琴（女），副主任：冯早成、李林、刘泽南、苏启平、贺军、张洁（女）。

【共青团干部培训班】 2020年11月5日，浏阳市2020年共青团干部培训班顺利结业。来自乡镇（街道）团（工）委和各中学团组织共计110余名骨干团干参加本次培训。除理论教育、业务培训等课程以外，本次培训还增加现场教学环节，学员们前往马栏山视频文创产业园、芙蓉区荷花园街道德政园社区“青年之家”、长沙县福临镇“青年之家”、陈树湘烈士纪念广场，与企业和周边区县青年团干展开深入交流。针对基层团（工）委、团支部的工作特点及薄弱环节，团市委制作《基础团务工作指引汇编》《基层团组织工作手册》，对基层团组织工作进行全面梳理，重点解决基层团组织现实问题。

【“圆梦小屋”青少年关爱项目】 2020年11月28日，团市委开展的“圆梦小屋”青少年关爱项目在葛家镇启动。“圆梦小屋”关爱项目资助对象为小学生或初中生，每年至少30户，预计投入30万元/年。这一公益活动推出后，浏阳市家具行业商会、卡乐书城等众多爱心企业踊跃报名参与，第一批资助对象于12月底全部完成改造。“圆梦小屋”关爱项目旨在给贫困家庭的孩子们一间整洁的住房、一套合适的桌椅、一张舒服的小床、一盏明亮的台灯，营造充满希望的“筑梦空间”。同时，浏阳还组织爱心志愿者团队跟踪服务，结合“燕归巢”大学生暑期实践、“大爱浏阳困境儿童成长援助”等项目，做好对这些青少年的后续关爱帮扶工作。

【农业创业者联合会正式成立】 2020年12月9日，浏阳市农业创业者联合会成立大会在市民之家召开。会议选举产生浏阳市农业创业者联合会会长、常务副会长、副会长、秘书长。浏阳市农业创业者联合会是团市委发起成立的，由全市各类农民企业家、农村致富带头人、农产品经纪人等各类涉农创业者，全市各类涉农行业性组织、涉农企业、农村经济合作组织自愿组成的、具有独立法人资格的非营利性社会组织，至2020年年末已有106名会员。

（熊　奨）

妇女联合会

【概况】 2020年，浏阳市妇女联合会共有妇女组织642个，市级为浏阳市妇女联合会，32个乡镇（街道）妇女联合会，市直妇委会或妇女小组88个，村（社区）妇联325个，积极探索在工业园区、社会组织、农村合作组织、商务楼宇、专业市场等领域建立灵活多样的妇女组织196个。2020年，浏阳市妇女联合会承接湖南省女农民工培训启动会议，全省万名女农民工技能示范培训活动从浏阳拉开帷幕；举办妇女职业技能培训班40期，培训2000人，引导贫困妇女技能脱贫；培育“浏嫂子”巾帼家政服务品牌，推进家政服务提质扩容；开展巾帼建功评选，3家被评为省市“巾帼建功先进集体”，17家单位被评为省市“巾帼文明岗”荣誉。完成“‘十三五’妇女儿童发展规划”目标。做好31个村（社区）特色品牌“儿童之家”示范点培育工作，指导开展家庭科学养育参与式培训，编印《浏阳市儿童之家创建与服务工作指南》在全省推广。以“家家幸福安康工程”为统领，指导各级妇联推荐群众身边的“最美家庭”“最美女性”典型，71户被评为“最美家庭”，6户被评为省市“五好家庭”，31人被评为“最美女性”，营造学习“最美”、争当“最美”的浓厚氛围。引领妇女参与“美丽庭院”建设和垃圾分类，倡导文明新风。组织“美家庭·好家风”家庭教育主题讲座100场次，3万余名家长受益，举办“母亲夜话沙龙”主题活动10场次，提升家长教育智慧。淳口镇“户帮户亲帮亲·美家美妇暖童心”农村留守儿童关爱服务试点中形成的“妇联牵头、执委带头、家庭参与”关爱服务新模式在全省推介。《让爱回家·伴我成长》案例获长沙市未成年人思想道德建设创新案例二等奖。2020年，浏阳市35～64岁的农村和城镇低保妇女“两癌”免费检查目标任务数为30000人，浏阳“两癌”免费检查共完成39012人，目标完成率为130.04%，超额完成项目任务。召开全市村（社区）妇联换届动员会、现场观摩会，换届工作有序推进；在新领域新业态新阶层新群体中新建妇联组织66个；优化示范“妇女儿童之家”综合服务功能，组织创建培训，17家被评为示范“妇女儿童之家”，使村（社区）“妇女儿童之家”真正成为妇女儿童的坚强阵地和温暖之家。培育3家女性社会组织，推动妇女儿童专业社会队伍建设。实施“基层妇联领头雁行动计划”，全年组织妇联主席、执委培训班5场605人，征集宣传20个优秀妇联执委履职故事，提升妇联干部队伍政治能力和群众工作本领。围绕“党建+微网格”，扎实推进“微网格+美家美妇”工作，评选32位最美巾帼微网格长。“美家美妇”工作作为湖南省妇联创新案例报送至全国妇联，浏阳市妇联荣获湖南省“扶贫扶志我先行”活动先进县（市）区妇联、湖南省妇联“宣传工作先进集体”、“长沙市文明标兵单位”等多项荣誉，在长沙市妇联年度综合绩效考评中以长沙市总分第一的成绩被评为长沙市红旗单位。

【春节系列关爱活动】 2020年春节前夕，浏阳市妇联组织开展“把爱带回家”“户帮户亲帮亲　姊妹互助暖心行”“为了母亲的微笑”等系列活动，在全社会营造关心关爱困境妇女儿童的氛围，使他们度过一个安全、祥和、温暖的春节。浏阳市文明办、浏阳市妇联共同发起“我为贫困家庭添一物·团圆温暖行”爱心活动，发布贫困家庭微心愿，得到全市各级妇联组织、众多爱心人士、企业、单位的积极响应和热情参与，捐资捐物，上户慰问，为1000余户贫困家庭圆梦微心愿，帮助他们温暖过冬。全市各级妇联组织深入开展“把优良家风带回家”“把法治安全带回家”“把社会关爱带回家”三项主题活动，让广大儿童及家庭过一个蕴含中国传统文化、富有爱心、充满童年快乐的假期。为认真贯彻落实党的十九届四中全会和中国妇女十二大精神，关心关爱特困妇女群众，2020年春节期间，市妇联联合市慈善会在全市妇联系统内继续开展“为了母亲的微笑”特困妇女慰问走访活动。把党和政府的关怀与温暖以及来自“娘家人”的问候送到贫困妇女、困境儿童家中，浓厚全社会关心、关注贫困妇女儿童、关爱弱势群体的氛围，切实增强妇女儿童的获得感与幸福感。

【“巾帼暖人心”维权创新项目】 2020年，浏阳市妇联以湖南省妇联2020年“巾帼暖人心”维权创新项目申报为契机，依托浏阳市反家暴一站式服务模式与健全的专业团队等基础，从人文关怀的角度出发，选取对家庭暴力施暴者这一特殊群体进行综合干预的方式，创新推出浏阳市“关爱家庭·构建和谐”施暴人综合干预与教育矫治服务项目，并积极向湖南省妇联申报。在2020年2月27日召开的湖南省妇联2020年“巾帼暖人心”维权创新项目评审会上，经过专家现场评审，浏阳市妇联申报的项目，以总评分第一的成绩，入选全省各地38个维权创新项目中。

【“致敬三八红旗手（集体）、送奖到基层”】 2020年，浏阳共有三人被评为“长沙市三八红旗手”，两个单位被评为“长沙市三八红旗集体”。浏阳市妇联授予黄炼等10人“浏阳市三八红旗手”、浏阳市妇幼保健院等5个单位“浏阳市三八红旗集体”、冯红等16人“浏阳市最美巾帼奋斗者”荣誉称号。3月5日上午，浏阳市妇联开展“致敬三八红旗手（集体）、送奖到基层”活动，浏阳市委副书记邱山东为部分获奖代表送上荣誉奖牌，向她们致以崇高敬意和节日祝福，激励她们立足岗位，积极建功新时代。在此次疫情防控阻击战中，浏阳市人民医院感染科这支女性成员占到80%的团队，没有休息过一天，在隔离病房、发热门诊、乡镇卫生院等战“疫”一线留下最美的身影。邱山东为浏阳市人民医院感染科送去“长沙市三八红旗集体”荣誉奖牌，并对她们的辛勤付出致以诚挚的敬意。他表示，在疫情防控期间，广大女性医务人员舍小家、顾大家，守护浏阳人民的生命健康安全，希望大家再接再厉，继续打好疫情防控阻击战。浏阳市妇联通过“致敬三八红旗手（集体）、送奖到基层”活动，将荣誉奖牌送到基层、送到岗位，激励动员全市广大妇女以更加饱满的热情、更加昂扬的状态在全面建设现代化浏阳中贡献巾帼力量，彰显巾帼作为。

【庆“六一”暨“美家庭·好家风”表彰会】 2020年5月29日下午，浏阳市妇联、浏阳市文明办联合举办庆“六一”暨“美家庭·好家风”表彰会。浏阳市2020年“最美家庭”代表、儿童代表以及各乡镇（街道）妇联工作分管领导、妇联主席、经开区（高新区）妇联主席和市直各单位妇委会主任（妇女小组长）以及网络报名家长代表共300余人参加会议。浏阳市人大常委会党组成员、副主任陈清，浏阳市人民政府副市长、市妇儿工委主任邓雪琴，浏阳市政协党组成员、副主席谢鹤林，浏阳市妇联党组书记、主席龙花明出席会议。会议由浏阳市政府办党组成员、副主任、市妇儿工委副主任冯早

3月5日上午，浏阳市妇联开展“致敬三八红旗手（集体）、送奖到基层”活动，浏阳市委副书记邱山东（左六）为浏阳市人民医院获奖代表送上荣誉奖牌　（市妇联　供图）

成主持，龙花明致辞。会上向10位困难家庭儿童代表发放慰问金，送上书籍，给10位抗疫家庭儿童代表送上“六一”儿童节的礼物。陈清宣读《浏阳市妇女联合会关于2020年浏阳市“最美家庭”的表彰通报》文件，并现场为20户“最美家庭”代表颁发奖牌。大瑶镇副镇长钟美、关口街道金湖村妇联主席陈发英、官桥镇妇联主席郑春利分别作《让“美家美妇”唱响每家每户》《凝聚巾帼力量，打造基层善治新样板》《醇美官桥，至善至真》典型发言。邓雪琴向全市广大少年儿童致以节日的问候。会议还邀请全国德育先进个人、湖南省首届家庭教育讲师团成员杨智钧老师作《家是最好的学校》专题讲座。

【儿童之家项目推广运行培训会】 2020年6月17—18日，浏阳市人民政府妇儿工委办组织召开2020年儿童之家项目推广运行培训会，全市各项目建设及项目推广村（社区）支部书记、妇联主席、志愿者共180余人参加培训。开班仪式上，来自澄潭江镇山下村儿童之家志愿者王江涛和浏阳市妇联儿童之家志愿者徐平凡，分享在儿童之家担任志愿者以来的经验和感想。浏阳市妇联党组书记、主席、市政府妇儿工委副主任龙花明出席开班仪式并讲话。此次培训邀请国务院妇女儿童工作委员会办公室儿童工作智库专家杨海宇老师进行授课。杨老师从儿童之家可持续发展、儿童之家服务中的儿童参与、市级儿童工作志愿者队伍能力建设三个方面，通过参与式培训的方式，指导与会人员如何推动儿童之家的可持续发展以及利用志愿者的力量来建设儿童之家。培训之余，杨老师前往官渡镇竹山村、洞阳镇砰山村、沙市镇东门村、蕉溪镇早田村、沿溪镇沿溪桥村、小河乡乌石村进行现场督导，结合各点的特色，分别给予儿童之家建设与运行的建议。此次培训拓宽各村（社区）创建儿童之家的思路，激发志愿者参与儿童之家工作的热情，为培育“儿童之家”示范点奠定坚实基础。

【市各级妇联扶贫助农大直播】 2020年，浏阳市妇联积极响应湖南省妇联《出手吧，姐姐！》扶贫助农大直播活动，发挥妇联组织的“联”字优势，凝聚社会各界的力量参与扶贫助农活动，助力浏阳扶贫产品销售与品牌升级。在此次“巾帼心向党，姐姐来带货”扶贫助农大直播活动中，按活动期间直播间的累计成交额、直播间观看量、直播时长综合维度对直播间进行全省综合排位，浏阳妇联推介的公司有3家进入全省前20名，为全省区县入围数量之最。其中湖南德旺农业科技发展有限公司在全省直播排位赛中获得全省第1名，浏阳市销售额遥遥领先全省其他13个市州，获全省区县（市）销售额第一名的好成绩。此次直播关注浏阳粉丝高达120多万，共收获762万个点赞，人气火爆，订单满满，上架的182款浏阳特色农副产品销路大开。浏阳地标优品、农特精品、特色农产品、扶贫产品的品牌影响力和产品认知度都在此次活动中得以提升。

【“儿童参与《中国儿童发展纲要》编制公益夏令营”活动】 2020年，浏阳市妇联根据省级儿童工作资源中心项目2020年国家级课题研究计划，在浏阳市政府妇儿工委办的前期对接下，国务院妇儿工委办委托湖南省政府妇儿工委办在浏阳市北盛镇亚洲湖村儿童之家开展儿童参与《中国儿童发展纲要》编制公益夏令营活动。8月17—21日，湖南省政府妇儿工委办协同湖南省儿童工作资源中心专家万湘桂、肖圆及浏阳市政府妇儿工委办工作人员，前往亚洲湖村儿童之家开展公益夏令营活动。此次公益夏令营活动共招募亚洲湖村30多名儿童参与。活动中，儿童们通过教师授课、小组自主学习讨论、与相关领域的专家学者和工作人员进行访谈等方式，学习《中国儿童发展纲要》《儿童权利公约》等文件。同时，他们根据感兴趣的内容充分表达各自的观点，初步了解中国儿童工作的进展与成就，并为新周期《中国儿童发展纲要》的制定提出自己的建议。此次活动的开展，也为儿童参与社会生活起到积极的示范引导作用。

【“11·25”国际反家庭暴力日活动】 2020年11月25日，浏阳市妇联在大瑶镇汇丰村组织开展家庭暴力施暴者综合干预与教育矫治技能培训会，浏阳南区五个乡镇妇联主席、部分村（社区）妇联主席和辅警，以及浏阳市反家暴志愿支持小组成员参加培训。培训邀请湖南省家庭暴力危机干预中心主任、长沙市鑫晨婚姻家庭综合服务中心主任周瑶讲授《家暴案例的介入与服务》，切实提升一线工作人员参与反家暴工作的技能。同时，浏阳市妇联邀请浏阳市妇儿维权法律宣讲团讲师，在洞阳等四个乡镇开展反家暴普法知识讲座，发放《中华人民共和国反家庭暴力法》和《中华人民共和国民法典》婚姻家庭编宣传手册2000份，提升妇女群众反家暴意识和自我维权的能力。全市各级妇联组织积极响应，利用电子显示屏滚动播放反家暴标语，通过设立咨询台、发放宣传册等方式，走家入户宣传反家暴知识，营造全社会共同反对家暴的浓厚氛围。

【“美家美妇”工作推进大会暨女微网格长故事分享会】 2020年12月1日，浏阳市“美家美妇”工作推进大会暨女微网格长故事分享会在机关会议中心召开。长沙市妇联党组书记、主席文方，浏阳市委副书记王强出席会议并讲话。浏阳市委常委、组织部部长周文舜，浏阳市人大常委会党组成员、副主任陈清出席会议。浏阳市人民政府副市长邓雪琴主持会议。来自各乡镇（街道）妇联工作分管领导、妇联主席、妇联执委代表、女微网格长代表等200余人参加会议。会议分为两个阶段，第一阶段是主题会议，第二阶段是业务培训。浏阳市妇联党组书记、主席熊赛作《美家美妇聚合力，微网格里展风采》主题报告。会上，来自官渡镇、小河乡等6个乡镇（街道）的女微网格长分享她们在当好政策法规宣传员、民情信息收集员、和谐稳定促进员、推动发展引领员的网格故事。在全市3.2万个微网格中，有7486名女微网格长，经各乡镇（街道）推荐、浏阳市妇联综合评定，32位女微网格长被评为浏阳市首批最美巾帼微网格长。王强在讲话中强调四点意见：一是“情”字守初心，做妇女冷暖的知心人；二是“担”字践使命，做服务发展的领头雁；三是“联”字展优势，做乡风文明的宣传员；四是“和”字善作为，做一方平安的守护者。文方在讲话中对浏阳市妇女工作给予高度肯定，并对下阶段工作提出殷切希望。会议第二阶段，邀请国务院妇儿工委儿童工作智库专家杨海宇作《基层妇女儿童工作知与行》、湖南省妇联权益部兼职副部长舒蓉月作《民法典时代下的家庭权益》专题培训。

【救助农村“两癌”贫困妇女】 2020年，浏阳市妇联在全面实施好“两癌”免费检查的基础上，为进一步减少因病致贫、因病返贫现象的发生，浏阳市妇联扎实推动“两癌”患病贫困妇女的救助工作，加大对贫困“两癌”患病妇女的关爱帮扶力度。浏阳市妇联主动发挥自身职能优势，做好全市农村贫困“两癌”患病妇女摸底、登记、建档、申报等工作，以扎实的基础工作积极对接上级妇联专项救助资金。2020年，浏阳市妇联共争取中央和省级、市级“两癌”专项救助金113.7万元，惠及120名贫困妇女，实现建档立卡、农村低保妇女救助全覆盖，浏阳救助总金额与总人数为长沙9个地区第一。

（戴四辉）

浏阳市工商业联合会（总商会）

【概况】 2020年，浏阳市工商联在编干部11名，临聘人员2名。截至年底，第十五届工商联共有执委170人，其中常委72人，市工商联兼职副主席12人，市总商会兼职副会长18人。截至2020年12月底，全市新增个体工商户7771家、农民专业合作社（不含农场）230家、私营企业5025家、工商联会员380名，同比增长率分别为10.2%、3.9%、25.3%和8%。

【社会服务】 2020年，浏阳市工商联组织广大民营企业家参加10期长沙市工商联开设的“疫情防控——民营企业风险应对”线上学院课程；组织企业家代表前往深圳前海自贸区考察学习大数据经济，组织部分企业负责人赴长沙马栏山视频文创产业园考察学习新经济领域的先进经验和做法。新增“企业家绿卡”67张，截至2020年12月，全市核发“企业家绿卡”480张。将“绿卡企业家”纳入工会会员名录，享受工会会员同等待遇。推荐绿之韵、芙蓉口罩被评为全国工商联抗疫先进集体，推荐陈飞豹参选“全国关爱员工优秀民营企业家”的评选，推荐张学武被评为全省抗疫先进个人，推荐伍海湾被评为长沙市“雷锋家乡学雷锋疫情防控我先行”最美逆行志愿者。推荐淮川街道商会、女企业家商会等一批商协会和绿之韵、安邦制药、永和阳光、庆泰烟花等民营企业被评为长沙市工商联抗疫情先进单位。动员各商（协）会、民营企业和广大非公经济人士为应对疫情捐款捐物达1687万余元，发出倡议促成各类业主为商户、企业减免房租2786万余元。全市新增扶贫车间（基地）66家，“户帮户 亲帮亲 互助脱贫奔小康”精准扶贫行动共帮扶857户，帮扶人数1292人，捐赠物件762件、资金15.7万元，组织就业培训1900人次。绿之韵和永安建筑被评为湖南省“最具爱心捐赠企业”，盐津铺子、蜜蜂哥哥、德旺农业三家企业入选省扶贫龙头企业，引导广大企业积极参与长沙市“百企入驻、千品上架”消费扶贫暨浏阳两型产业园产销对接活动和湖南浏阳•淳口（枫林湖）首届“消费扶贫社群节”。社群节当天，线上线下销售总额为247.15万元，其中企业定制团购205.02万元，5场直播观看总人数89.67万人。

举办经开区、检察院、自然资源局、住建局、市场监督局六个专场“政企面对面、沟通零距离、服务一对一”活动。组织金融事务中心负责同志与全市楼宇商圈负责人进行面对面交流，并组织专场金企对接活动，111家企业实现与银行意向融资金额23.42亿元，助推国有担保公司——恒信担保开展为中小微企业提供融资担保。

【参政议政】 2020年，浏阳市工商联组织工商联界别政协委员就商圈经济、花炮企业转型升级、智慧城市建设、优化营商环境等开展专题调研，开展“十四五”规划建言献策活动，提交《持续优化环境 破解瓶颈难题 以更有力行动推动民营经济高质量发展》《探索智慧城市建设新模式 推进浏阳社会治理现代化》等多篇调研文章和重点提案，前往荷花园社区、禧和社区开展委员进社区活动。组织“发挥行业商协会引领作用 促进产业持续健康发展”政协大会

7月23日“政企面对面、沟通零距离、服务一对一”住建局专场活动 （工商联 供图）

4 月 22 日，工商联牵头组织全市中小微民营企业代表座谈会　（工商联　供图）

发言的对口协商会议，还与多部门就相关问题进行对口协商。并组织委员到深圳考察调研中小企业服务工作，为成立市中小企业服务中心提出合理建议。

【商会组织建设】 2020 年，浏阳市工商联拟定《浏阳市关于促进工商联所属商会改革和发展的实施方案》，出台《关于承接政府转移事项　参与政府购买服务的指导意见》。32 个乡镇街道商会全部完成换届选举，全市工商联会员达到 4106 个。邀请省市专家对基层商协会会长、秘书长进行专题培训，加强基层商会领导班子建设。各基层商协会参与“四好商会”创建工作，“一会一品”特色工作成绩突出。大瑶镇花炮产业商会被评为省级“四好标杆商会”，陈飞豹、王藏兵、曹银汉、黄亿昌等被推荐为长沙市最美商协会会长宣传对象。

【举办自然资源局专场活动】 2020年，浏阳市工商联为帮助企业解决用地、规划、不动产登记等问题，4 月 16 日，浏阳市工商联举办 2020 年首期“政企面对面、沟通零距离、服务一对一”活动，邀请自然资源局局长与 60 名企业家面对面交流。活动由市政协副主席、市工商联主席刘来宏主持。自然资源局局长寻文介绍自然资源局优化营商环境工作情况，并针对企业在规划用地、土地入市、不动产登记等方面存在的共性问题进行政策解读，同时给出合理建议。企业家们还就企业发展过程中遇到的办证难、审批难等个性问题进行交流座谈；同时市工商联、自然资源局、优化营商环境服务中心和干部效能促进中心相关负责人现场进行问题答复，并将问题汇总逐一进行跟踪办理。市委常委、统战部部长郭瑞要求自然资源局加强政策宣讲力度，简化审批流程、集中办理，优化企业办证程序，同时希望企业家在发展过程中增强法律意识、规矩意识和权益保护意识，与职能部门共同营造公开、公平、公正的法治化和营商环境。

【中小微民营企业代表座谈会】 2020年 4 月 22 日，浏阳召开全市中小微民营企业代表座谈会，长沙市委常委、浏阳市委书记黎春秋与来自不同行业的 35 家民营企业代表面对面座谈，听取他们关于应对疫情影响、企业发展的意见建议，为应对此次疫情的冲击，市级领导带头联点，党员干部驻点帮扶，推出金融支持、“三集”审批、减税降费等系列帮扶措施，座谈会上，14 名民营企业代表现场发言，提出对浏阳未来发展的建议。浏阳市委书记黎春秋指出，从区域来看，疫情之下必将带来新一轮的产业变革机遇；浏阳市委、市政府将与广大中小微民营企业同舟共济、携手并进，一是打通“链循环”，把平台搭建起来，把产业集群建起来，把配套完善起来，从而构建完整的产业发展链条；二是降下“及时雨”，将政策的制定与企业的需求紧密结合起来，确保真真切切回应企业家期盼，让企业有实实在在的获得感；三是开辟“直通车”，与企业抱团取暖，畅通企业及时反映问题、部门快速反应行动的机制，打造零成本开办企业、零证明办理事项、零见面审批服务、零收费园区政务、零干扰企业发展的“五零城市”。广大企业要加强人才建设、完善内部管理、降低运行成本；又要守住底线，保持高度敏感，牢牢把住防疫、安全、环保、质量的底线。浏阳市领导邓阳锋、郭瑞、喻辉、刘来宏出席座谈会。

【到马栏山视频文创产业园学习】 2020 年 4 月 29 日下午，长沙市委常委、浏阳市委书记黎春秋带领浏阳园区、相关部门及企业负责人赴长沙马栏山视频文创产业园，实地探

5 月 9 日，省政协副主席、工商联主席张健（前左三）带队到两型产业园调研产业化建设
（工商联　供图）

访园区企业，考察学习5G技术应用、视频产业、网红直播等新经济领域的先进经验和做法，以助推浏阳“三间经济”发展。当天，浏阳市政府与马栏山视频文创产业园管委会签订产业发展合作协议，将在产业协同、人才培育、招商引资方面，以及大数据、云计算、云存储等领域开展合作。

【举办基层商会会长、秘书长、专干培训班】 2020年，浏阳市工商联为学习贯彻全国民营经济统战工作会议精神，扎实抓好商会建设，根据浏阳市委干部教育联合班次安排，10月20日，浏阳市工商联举办基层商会会长、秘书长、专干培训班。湖南省工商联二级巡视员、商会协会党委专职副书记刘建平，长沙市工商联党组成员、副主席张明刚，浏阳市委常委、统战部部长周耀辉出席开班仪式。

浏阳市委组织部副部长邹芳主持开班仪式。周耀辉做动员讲话，培训班上，省联刘建平副书记对《关于加强新时代民营经济统战工作的意见》(以下简称《意见》)出台的背景、重要任务和工作要求及政策措施做详细解读，并就与会人员如何深入推进《意见》精神的贯彻落实，在政策方面进行引导。此次培训，还邀请市工商联副主席张明刚就如何加强商会组织建设进行授课，通过介绍商会定义、商会的功能、商会建设目标等方面，以及分析长沙优秀商会建设案例，就基层商会如何在新时代商会建设过程中选好配强班子、强化党建引领、做好会员服务、发挥商会作用，提出建议。培训当天，浏阳市委统战部副部长、工商联党组书记周树成带队，各基层商会会长还来到长沙县长龙街道商会开展现场教学。

【护航民企发展】 2020年10月28日，浏阳市工商联、市人民检察院开展“服务‘六稳’‘六保’护航民企发展”为主题的企业与检察长“面对面”活动，20余位重点行业的民营企业家代表走进检察机关，与检察院检察长陈芳交流，探讨新常态下检察机关服务民营企业的新举措、新方法，协调解决企业发展难题。浏阳市委统战部副部长、工商联党组书记周树成主持召开座谈会。浏阳市人民检察院党组书记、检察长陈芳进行法治宣讲。与会企业家们对检察机关如何创造良好的经济发展环境，如何齐心协力护航民营经济健康发展，提出意见和建议。市人民检察院相关负责人对问题、建议进行释疑解惑。周树成表示，市工商联下一步将加强与法检部门的合作，为化解矛盾纠纷提供更多渠道，为民营企业家维护合法权益提供优质服务，同时要求企业家加强法律知识的学习，提高合法合规经营意识，共同营造良好的法制营商环境。

【浏阳市总商会商事调解中心成立】 2020年12月24日，浏阳市总商会商事调解中心在浏阳市商会大厦正式揭牌成立。浏阳市总商会商事调解中心依托浏阳市工商联（市总商会）依法组建的商事纠纷调解机构。调解中心设浏阳市工商联，由浏阳市工商联负责日常工作的综合协调，浏阳市司法局、市人民法院各安排专人现场办公并负责业务指导，将通过说服、疏导和调解等办法，促使非公有制企业当事人在平等协商基础上自愿达成调解协议，解决商事纠纷。当天，浏阳市委统战部副部长、工商联党组书记周树成主持成立仪式，浏阳市司法局党组书记、局长肖柏林宣读成立文件，浏阳市人民法院副院长肖永林组织学习《浏阳市总商会商事调解中心调解规则》。浏阳市委常委、统战部部长周耀辉出席成立仪式并指出，商事调解中心的成立是新时期为满足市场主体需求的实践创举。长沙市工商联副主席田桂元，浏阳市人民法院党组书记、代院长伍玉联参加活动。

（罗永昌）

残疾人联合会

【概况】 截至2020年12月31日，浏阳市共有持证残疾人36722人，其中肢体残疾17730人，智力残疾4693人，视力残疾4424人，听力残疾2921人，精神残疾4493人，言语残疾648人，多重残疾1813人，属一级二级（重度残疾人）的有12578人。2020年，市残联主动协调税务、财政部门，征收残疾人就业保障金2070万元；配合市住建局，创建全国无障碍环境示范县(市)；残疾人证办理工作在湖南省残疾人工作会议上作典型发言；推进按比例安排残疾人就业工作，浏阳市用人单位共安置残疾人680多人；为63名自主创业残疾人发放扶持资金66.64万元；在全市机关事业单位倡导“一日工资助残”活动，全年收到捐款70余万元。

【扶贫帮困】 2020年，浏阳市残联落实困难残疾人生活补贴和重度残疾人护理补贴政策，为16000多名贫困残疾人发放补助3320多万元。落实残疾人参加城乡居民医疗和重度残疾人参加基本养老保险由政府代缴政策，“两险”目标覆盖率100%。落实残疾学生、贫困残疾人家庭子女专项助学政策，为1502名贫困残疾学生及贫困残疾人家庭学生发放补助319.98万元。实施“阳光增收”计划，按照每户2000元的标准，为340户贫困残疾人家庭免费提供技术培训与生产资料扶持。开展居家托养项目，投入25.6万元购买社会服务，免费为80名残疾人提供上门照料服务6488小时。落实残疾人危房改造户补贴政策，对86户符合条件的残疾人家庭给予34.4万元资金补助。

【康复救助】 2020年，浏阳市残联实施“0～17岁贫困残疾儿童抢救性康复”项目，免费为445名贫困残疾儿童提供康复训练服务。实施“光明·关爱”工程，免费为235名低视力患者和白内障患者配发助视器、实施康复治疗手术。实施“义肢助残”项目，免费为87名肢体残疾人装配假肢、矫形器92例。实施辅具适配项目，免费为1906名残疾人家庭配备各类辅助器具1998件。

【权益维护】 2020年，浏阳市残联实施无障碍改造工程，投入550余万元，免费为856户残疾人家庭和2个社区服务中心进行无障碍改造。加强残疾人证核发管理，全年新办各类残疾人证2784本。做好残疾人机动车燃油补贴发放工作，为28名符合条件的残疾人发放补贴7280元。推进残疾人法律救助站规范化建设，全年为残疾人免费提供法律咨询236人次，提供法律救助57人次。

（兰词贵）

市红十字会

12月7日下午，中国红十字会党组书记、常务副会长梁惠玲（中）一行来到浏阳，实地考察澄潭江镇荆坪村博爱家园项目。副省长吴桂英，长沙市委常委、浏阳市委书记黎春秋，长沙市副市长刘明理参加考察

（红十字会　供图）

【概况】 2020年，浏阳市红十字会在新冠肺炎疫情期间先后3次组织浏阳市红十字蓝天救援队队员将尔康制药、威尔曼制药、盐津铺子等爱心企业近500万元药品、防护用品、消毒设备等紧缺物资送到武汉。开通《"聚浏阳大爱，为武汉加油"红十字众筹活动期待您的盛情参与》众筹链接，线上线下共募集1974.74万元的疫情防控资金和物资。在复学复课前，浏阳市红十字蓝天救援队对全市180所中小学、幼儿园开展消毒杀菌工作。通过工作指导、业务培训、购买服务等方式推动志愿队伍建设，2020年浏阳市红十字蓝天救援队参与志愿服务165次，红十字志愿服务队参与志愿活动520人次。澄潭江镇荆坪村再次成功申请博爱家园项目，淳口镇高田村博爱家园项目和枨冲镇和平村博爱卫生站顺利建成、投入使用。

【救护工作】 2020年，浏阳市红十字会共举办应急救护知识培训、应急救援演练60余场，培训16000余人；开展"5•8"世界红十字日、"5•12"全国防灾减灾日、"6•14"世界献血者日、世界急救日、造血干细胞巡回宣讲等大型宣传活动9次。开展救护员培训班八期，共培训293名救护员，开展CPR+AED救护技能培训6期，共培训152人。

【救助工作】 2020年，浏阳市红十字会通过总会的"小天使基金"、省级的"人道救助金"、长沙市级的"友阿基金"、本级的"浏阳和•同心基金"等项目进行人道救助、扶贫助学，开展"博爱送万家"、慰问器官捐献贫困家庭等活动，全年共发放救助物资27.3万元、资金82.71万元。由浏阳市人民医院捐款10万元成立新人医关爱基金，专门为在人民医院住院的困难患者提供救助。

【三献工作】 2020年，长沙市下达浏阳市的无偿献血任务数为5400人次，实际完成6629人次。组织遗体和人体器官（角膜）捐献者家属和志愿者参加长沙市红十字会组织的清明节缅怀活动。全年书面签订《湖南省遗体、角膜捐献自愿书》和"中国人体器官捐献志愿登记表"，或通过中国人体器官捐献管理中心网上登记的爱心志愿者共有1014人，成功捐献器官、遗体、角膜的共19例。

（周建国）

法　治

政法委与综治

【概况】 2020年，浏阳市全年未发生影响重大的群体性事件、影响恶劣的不稳定事件和重大安全事故。浏阳市平安建设（综治工作）被评为“全省综治工作先进市（区、县）”“长沙红旗等次市（区、县）”，连续八年保持省“平安市（区、县）”荣誉。

【维护社会稳定】 2020年，浏阳市委政法委严格落实重大决策事项社会稳定风险评估制度，共评估各类投资项目100余个、重大决策事项29个，风险控制率达100%，从源头上防范化解社会稳定风险。突出抓早抓小，强化预警预防，共获取第一手“信息源”240条，赢得维稳主动权。大力推进阳光信访、责任信访、法治信访，持续深化“三联三保”和“最多访一次”，全面推行积案化解三个“一抓到底”、常态处访五大责任机制、源头治理四项固本举措，信访工作呈现“一降两升”（信访投诉率下降、事项办结率升高、群众满意率升高）良好态势，保持全年特护期进京非访零登记。持续深化“红袖章+”工程，抓实抓细“互联网+群防群治”工作，社会治安防控体系不断健全。特别是针对道路交通安全和禁毒工作等社会治安形势方面存在的问题，全面深入开展“六大清查”行动，对矛盾风险乱源进行全覆盖、地毯式、无盲区的“大排查、大清扫”，逐一进行登记造册，做到澄清底数，心中有数。扎实开展“降车速、降事故、保畅通”专项整治行动，全市交通事故总量和事故死亡人数逐年下降，交通安全事故得到有效遏制。打好打赢禁毒人民战争，吸毒人员新滋生人数及污水涉毒成分监测指数大幅下降，全市毒品滥用整治效能、缉毒执法效能及群众满意度调查稳居长沙第一。

【扫黑除恶工作】 2020年，浏阳市委政法委聚焦三年为期目标，聚力开展“六清”行动（线索清仓、逃犯清零、案件清结、伞网清除、黑财清底、行业清源），形成严打高压态势。深入开展“十大”重点行业领域专项整治行动，强效治理行业乱象和治安乱源，社会治安持续好转。以“专案专班”为抓手，强化合力攻坚、合成作战，实行联合“会诊”、集中会商，成功侦破“9•06”“8•20”等一批有影响的案件，打掉涉黑涉恶犯罪团伙18个（其中涉黑组织1个，恶势力犯罪集团9个，恶势力犯罪团伙8个），破获“九类”涉恶案件255起，重挫黑恶势力犯罪的嚣张气焰。坚决“打财断血”，共查处扣押财产1626万元，有力铲除黑恶势力经济基础。注重强基固本，整顿提升软弱涣散基层党组织52个，排查在职村（居）“两委”违法违纪干部112人，增强基层组织的凝聚力和战斗力。注重建章立制，重点围绕预防、发现、查处、追责四个方面，共出台、完善固根本、管长远的常态工作制度22个，为常态化推进扫黑除恶提供坚实保障。中央督导组交办线索，全国和省、长沙市扫黑办直接核查线索均已全部办结。浏阳市在长沙市扫黑除恶专项斗争推进会上作典型发言。

【基层治理工作】 2020年，浏阳市委政法委坚持党建引领，将党的组织优势更好转化为基层治理效能。创新设置组织机构，强化基层党建的治理功能，把党支部建在法律服务站、律师工作协会，党小组设在法律服务窗口、专（兼）职调解队伍，积极探索“基层党建+”工作模式，鼓励基层党组织与法律工作者同步参与调解，实现党建全面引领、治理全面提升。充分依托“党建+微网格”的“探头”和“触角”作用，深入依靠和发动群众，搭建“把话筒交给群众”“屋场夜话”等交流平台进行政策宣传、民情收集，为矛盾排调和信访工作打造一道前置“关口”，大幅降低矛盾纠纷和信访问题的发生。全年依托“党建+微网格”排查录入矛盾纠纷2978件，调处矛盾纠纷2865件，调解成功率达96.76%，群众满意率达97.75%。实行“一站统调”，打造浏阳新样板。创新打造浏阳市矛盾纠纷多元化解指导中心，作为推进全市矛盾纠纷多元化解工作的综合协调、指导调度、监督考评的专门机构，形成“三四五”的矛盾纠纷多元化解模式。以矛盾纠纷源头治理为切入点，依托“党建+微网格”和“互联网+大数据”搭建乡镇（街道）、村（社区）两级社会治理服务中心，对全市矛盾纠纷实行集中收集、分类管理、分级指派、精准研判、联动调处、监督回访一站式服务，积极打造“枫桥经验”浏阳样板，获得省、长沙市领导的一致肯定。坚持德治教化。注重道德教化在基层社会治理中的引导作用，吸纳1000余名社会贤达加入各地乡贤联谊会、乡贤理事会，积极开展形式多样的道德典型评选活动，激励人们向上向善。坚持自治强基。健全充满活力的群众自治制度，广泛搭建服务性、公益性自治平台，推动建立以群众自治组织为主体、引导社会力量参与的社会治理体制。坚持智治支撑。大力推进“雪亮工程”“天网工程”建设，完善“中心城区、周边乡镇、环浏边界”三道防线，公共安全社会视频联网达20774个。

【深化改革】 2020年，浏阳市委政法委严格按照中央、省市关于深化司法体制改革的部署要求，积极推动涉法涉诉信访、诉讼制度、警务体制和司法行政体制改革，有力促推执法公开化和司法规范化，确保改革实效。检察院创新开展看守所巡回检察“浏阳模式”、定点联系派出所等品牌亮点建设，基层基础建设实现跨越式发展，得到上级部门的充分肯定。公安局积极推进县域警务改革，推行刑事案件“三统一”（统一审核、统一出口、统一入口）和执法办案积分管理制度，办案效能大幅提升。

【护航发展】 2020年，浏阳市委政法委主动服务高质量发展，通过“服务经济月”“千人帮千企”“助力民营企业发展”活动等载体，全面护航浏阳经济社会发展。法院、检察院深入推行“送法进企”和“服务实业”行动，为全市200余家重点项目和企业量身定制长效法律服务；森林公安局围绕重点工程、重点项目扎实开展“利剑”“绿盾”等专项行动，帮助 205 家涉林企业排查森林火灾隐患，整改问题 79 个，及时为企业挽回经济损失，政法系统护航实体经济发展的法治张力进一步彰显。疫情期间，全市政法系统闻令而动、听令而行，统筹推进疫情防控和经济社会发展，为推动“双统筹”、夺取“双胜利”贡献政法力量。

【服务民生】 2020 年，浏阳市委政法委始终坚持以人民为中心的发展思想，实施“最多跑一次” “一件事一次办”改革，着力解决政法领域人民群众“急难愁盼”问题，人民群众对执法为民、司法为民的获得感、认同感显著增强。法院建立健全现代化诉讼服务体系，大力推进网上立案、网上开庭、在线调解工作，全年共网上立案 1407 件，在线调解 5446 件。司法局结合“法律七进”，组织机关干部、普法志愿者开展普法骑行活动，将《中华人民共和国宪法》《中华人民共和国物权法》《农村法律知识读本》等与群众生产生活密切相关的法律法规送进千家万户，司法为民质效进一步提升。

【政法队伍建设】 2020 年，浏阳市委政法委组织政法系统加强政治建设。深化理论学习，集中学习习近平新时代中国特色社会主义思想、党的十九届五中全会精神、《中国共产党政法工作条例》《中华人民共和国民法典》60 多场次，政治轮训政法干警 40 批次 3000 余人次，政法队伍的“四个意识”不断增强、“四个自信”不断坚定、“两个维护”更加牢固。配齐全市 32 个乡镇（街道）政法委员，通过政法大讲堂、全员大培训、理论大研讨等多种形式，抓实抓细思想政治建设，政法队伍高举旗帜、听党指挥、忠诚使命的思想根基进一步筑牢。加强能力建设。注重培养高素质政法干部，推动全市政法各部门开展轮值轮训、实岗练兵、技能比武等活动，政法队伍的战斗力得到进一步增强。全面落实“三同步”机制，牢牢占据意识形态领域主阵地，大力宣传政法系统典型人物、见义勇为良好风尚、社会治理亮点特色，在《长安》《湖南日报》《长沙晚报》等中央、省市内刊和媒体推介经验文章 900 余篇，政法工作的话语权和影响力不断扩大。加强作风建设。以开展“教育整顿”为抓手，以落实市委巡察整改为契机，持续正风肃纪，政法系统不敢腐、不能腐、不想腐的长效机制持续稳固。强化廉政勤政教育，力戒形式主义、官僚主义，共开展集体廉政谈心谈话 10 次，廉政防火墙不断筑牢。强化监督检查，实行驻点办公，廉政风险全面防控。强化执纪问责，开展专项督查 23 次，下发通报或建议函 6 期，通报批评、组织处理 50 人次，政法队伍作风持续好转。

【平安创建工作】 2020 年，浏阳市委政法委积极组织开展“十大平安”（平安乡镇街道、平安村社区、平安小区、平安屋场、平安单位、平安企业、平安学校、平安医院、平安交通、平安市场）创建、“三零”社区（村）创建（零上访、零事故、零发案）、“平安家庭”创建等活动，对“十大平安”创建各牵头责任单位进行重点调度，推动工作落实，评选表彰“十大平安”创建先进单位 100 个、“平安家庭示范户”12800 余户。深化平安建设市直单位联乡创点工作，对联点单位、联系点进行新一轮调整，加强典型培育，集里街道龚家桥社区、社港镇秧田村被评为长沙市平安社区（村），集里街道、荷花街道被列为 2020 年长沙市基层典型培育示范点。

【维稳工作】 2020 年，浏阳市委政法委坚持预警预防，强化源头防控，深入推进维护国家政治安全“三大工程”，依法稳妥高效处置涉及征地拆迁、经济纠纷、交通事故、医患纠纷、安全事故等不稳定问题 300 余起，圆满完成全国“两会”、中共十九届五中全会等重点时段的安保维稳工作，实现“五个不发生”。深入开展“领导接访下访推动矛盾化解”攻坚年活动，坚持领导干部公开接访、下沉督访，共接访群众 355 批 941 人次，治理重复信访完成年度任务的 105%（位列长沙第一），信访工作呈现“一降两升”良好态势。扎实开展反邪防邪工作，连续 21 年实现“三零”目标。

【矛盾纠纷化解】 2020 年，浏阳市委政法委加强涉疫情期间矛盾纠纷排查化解工作，强化“三调联动”，以道路交通事故、医疗、物业、婚姻家庭等专业矛盾纠纷调处中心依托，对接法院“多元调解平台”，推行“互联网 +”调解，大力推进人民调解进驻派出所工作，在 13 个派出所设立矛盾纠纷调解室，形成行政调解、人民调解、司法调解、法律服务、诉调对接“五位一体”一站式服务的调解体系。积极引导社会力量、社会组织成立志愿者调解组织 300 多个，打造“老陈工作室”“调解帮帮团”“乡贤理事会”等一批民间调解品牌，乡、村、组三级调解组织体系日益完善。全年共调解纠纷 5277 起，其中重大疑难纠纷 152 起，成功率达 97%，矛盾纠纷案件同比下降 7%，诉讼案件增幅由过去的 27% 下降至 7%，无群体性纠纷和“民转刑”案件发生，《打造矛盾纠纷化解“345”模式》作为“浏阳经验”被中央政法委《长安》杂志刊发推广。

【重点人群服务管理】 2020 年，浏阳市委政法委加强定位监管，对社区矫正对象定位率达 98%，全市 476 名社区矫正对象无一人脱管漏管和重新犯罪。加强精神障碍患者服务管理，由市财政出资 44 万余元为全市 3028 名精神障碍患者购买监护人责任险，实施严重精神障碍患者监护奖励政策，有效降低全市精神障碍患者肇事肇祸风险。加强青少年法治教育和安全自护教育，开展“珍爱生命　远离毒品” “防溺水” “中高考减压”等主题活动 350 余场，推动儿童“五防”安全教育公开课送课进校园 12 堂，广泛开展送法进校园、送法进社区活动 150 余场次。加强校园及周边治安综合治理，深化高峰护学岗建设，深入开展平安校园建设，申报创建长沙市安全文明校园 4 所、长沙市平安校园 7 所、浏阳市安全文明校园 25 所，全市完小以上的学校创建长沙市平安校园比率达 100%，创建浏阳市安全文明校园比率达 95%，严防涉校园安全案（事）件发生。

【综治中心建设】 2020 年，市委政法委以信息化为引领、以基础建设为支

3月10日，市委政法工作会议在机关会议中心召开　　（政法委办公室　供图）

撑，重点推进“平安浏阳”“平安乡村”视频安防工程，全年在各乡镇（街道）安装摄像机点位共20774个，“封闭成环、纵横成网”的立体监控网络正得到逐步完善。“两车”（摩托车、电动车）防控体系建设有序推进，开展智能车门岗建设，在涉“疫”小区淮川街道金都大厦、涉“诈”小区永安镇永盛家园安装智能车门岗，大力推动出租房屋智能门锁安装工作，完成出租房屋“星城园丁”实名认证24687间，完成率99.9%，安装智能门锁2385把。

【专项整治工作】 2020年，市委政法委以扫黑除恶专项斗争为牵引，持续开展“大清查、大化解、大整治”专项行动，全面摸清全市娱乐场所、宾馆旅社、出租房屋、寄卖典当行、流动人口、重点对象等底数，摸排化解一批热点矛盾纠纷，打击整治一批影响社会治安形势的重点突出问题，社会风气明显好转。深入推进打击整治“发卡招嫖”专项行动，切实整治“黄赌毒”社会乱源，重点打击电诈、涉毒等突出案件，成立市打击治理电信网络新型违法犯罪中心，加强反电诈宣传，切实保障人民群众财产安全。全年共立刑事案件3420起，破案1409起，同比上升42.6%；破案率41.2%，同比提升7个百分点；现行破案率32.9%；刑事拘留1097人，逮捕直诉1431人，行政拘留1638人。强力推进交通问题“顽瘴痼疾”整治行动，交通事故数量持续下降，全年共发生交通事故19275起，同比下降6.95%；交通事故死亡139人，同比下降7.95%。加强对麻将馆等棋牌娱乐场所动态管理与整治，严防临街门面麻将馆反弹，减少治安乱源。加强重点地区治安整治，淮川街道被列为长沙市重点预警整治地区，针对辖区内重点突出问题（电诈、涉黄等），制定专门方案，坚持全面排查，整治措施有力，即将完成验收。

【市委政法工作会议】 3月10日，市委政法委在机关会议中心召开市委政法工作会议，会议总结2019年全市政法工作，分析当前形势，对2020年政法工作进行安排部署。2019年，浏阳社会大局持续和谐稳定，综治民调满意度大幅攀升，连续7年被评为省“平安县市区”荣誉。会议确定2020年全市政法工作将紧紧围绕“全面小康决胜年”总体目标，以加快推进政法工作现代化为主线，聚焦政治引领、社会稳定、扫黑除恶、社会治理、法治保障和队伍建设，为浏阳高质量发展、现代化建设创造更加安全稳定的社会环境、公正规范的法治环境和优质高效的服务环境。淮川街道、高坪镇、卫健局等单位分别在会议上作交流发言；会议对新冠肺炎疫情防控和服务经济社会发展工作、全国“两会”期间有关工作进行安排部署。

（李碧文）

公　安

【概况】 2020年，浏阳市公安局以习近平新时代中国特色社会主义思想为指导，全力推进新时代县域警务、教育整顿、“党建+微网格”三个“一号工程”，打好打赢重大风险防控攻坚战，实现“五个不发生”（不发生政治性事件、重大群体性事件、重大安全生产方面的事故、特种刑事案件和特种重大治安案件、不实舆情炒作），开创公安工作和队伍建设新局面，为浏阳高质量发展、现代化建设营造安全稳定的政治社会环境。获长沙市公安局绩效评估优秀单位、县域警务先进单位、六项工作成绩突出集体的“双丰收、大满贯”的好成绩。《浏阳窗口前移服务企业》《浏阳公安“十微”举措强化社会治安防控》被《人民公安报》作典型推介，县域警务工作在长沙市作先进发言，禁毒民调排名长沙九个区（县、市）第一。

【县域警务工作】 县域警务工作主线是加强县域风险监测预警，通过加强情报指挥工作、升级风险防控平台、推动县域精准防控。4月22日，全省新时代县域警务工作会议在长沙召开，会议明确要求全省公安机关要把县域警务作为贯穿风险防控攻坚战和公安工作现代化两条主线的交会点，“四个大抓”警务战略的承接点，夯实筑牢全省安全稳定根基。浏阳市公安局积极向浏阳市委、市政府汇报会议精神，提请浏阳市委常委会专题研究。成立以书记、市长为“双组长”的领导小组，中共浏阳市委办公室、市人民政府办公室印发《浏阳市政治安全和社会稳定风险工作实施方案》，健全维护政治安全、毒品问题整治、道路交通安全、反恐怖、维稳、打击违法犯罪、社会治安防控、舆情应对处置等八大机制，分别明确1名市委常委牵头负责，将县域警务工作纳入“党建+微网格”“平安浏阳”等重点内容，严格考核，强力推进。从政法委、公安局抽调5名人员成立专班，负责整体调度，精准推进，成效明显。浏阳县域警务工作先后在长沙市县域警务部署会、长沙市公安工作会、市局局务会上作典型发言，工作经验被省公安厅、《人民公安报》推介。

【维稳保安】 2020年，浏阳市公安局坚持把人民的生命安全和身体健康放在第一位，把维护政治安全摆在突出位置，坚持最高标准、最严要求、最强措施，切实维护政治安全和社会稳定，全力服务疫情防控，打好全国“两会”、十九届五中全会等维稳硬仗，圆满完成“910”一级警卫增援任务，“浏阳三馆（博物馆、图书馆、规划馆）开馆仪式”、浏阳焰火大会等100余起安保任务。全年收集预警性信息481条、行动性信息168条，协助查控重点人员136人次，核查人员轨迹463人次、票务信息85人次，实现全国“两会”、十九届五中全会特护期进京非访“零登记”。督促反恐重点目标单位加强人防、物防、技防建设，做好蓝思科技少数民族务工人员管理与服务工作；在重点部位开展巡逻防控，切实加强社会面防控，组织开展最小作战单元处置等实战化、常态化反恐怖训练演练，不断提升反恐怖应急力量实战效能，确保全年暴恐案事件“零发生”。

【疫情防控】 2020年疫情发生期间，浏阳市公安局成立以局长任指挥长、政委任常务副指挥长的疫情防控工作指挥部，全力以赴做好新冠肺炎疫情防控工作。认真组织人员查控，设立29个检查点，检查进入浏阳车辆18万余辆、人员37万余人；结合“百万警进千万家”活动开展巡查，排查场所14万余家次、人员15万余人次。严格实施场所管理，在定点治疗医院、定点隔离医学观察点等重点场所部署警力，全力维护现场及周边秩序，做好3批迪拜至长沙国际客运航班旅客医学观察和集中隔离工作。实行封闭式管理，落实新收押收治人员隔离制度，确保监所疫情“零感染”、安全“零事故”、队伍“零违规”。

6月11日，浏阳市警务工作暨整治毒品问题三年行动动员大会在欧阳予倩大剧院组织召开
（公安局办公室　供图）

【刑事案件侦查】 2020年，浏阳市公安局始终保持严打整治高压态势，破获刑事案件1637起，查处行政案件4562起，刑事拘留1389人，行政拘留2035人，抓捕网上在逃人员216人，7起命案全破。紧盯深挖根治目标，推进扫黑除恶专项斗争，办结涉黑涉恶线索506条，打掉黑恶势力团伙18个。开展专案攻坚，深化“打伞破网”“打财断血”，铲除黑恶势力滋生土壤，成功侦破“9•05”套路贷专案、2006年李某章等人故意伤害（重伤）案、钟某国等人虚假立功案等系列案件。对重大现行案件，同步上案、合成作战，先后破获“2•10”特大保险柜盗窃案、“10•29”柏加金店被盗案、“12•05”集里抢劫案，横跨5省13市，破获部督“3•24”网络开设赌场案。推进云剑行动，严厉打击整治“民族资产解冻类”诈骗犯罪，破获部督刘玄志等人诈骗案。开展专案经营，组织警力兵分8路成功侦破浏阳生产、销售、运输假烟犯罪团伙案，取缔生产加工窝点6个、仓库2个，现场扣押伪劣卷烟七个品种共计104.1万支。深入推进积案、命案攻坚，现行命案6起，均实现快侦快破，成功破获2005年“3•30西湖山女尸案”、1989年“9•09文家市故意伤害致人死亡案”。深入推进“断卡”行动（打击整治“非法开办贩卖银行卡、电话卡”违法犯罪行动），严厉打击非法开办、买卖“两卡”违法犯罪，共办结部推线索348条，取缔涉诈窝点5个。

【禁毒、缉毒工作】 2020年，浏阳市公安局将整治突出毒品问题三年行动作为“第四大攻坚战”全力推进，厉行10项专项治理举措，严厉打击涉毒犯罪，加强涉毒人员管控，每季度对街道、镇、乡开展污水检测，对吸毒人员、党员干部、货车司机等重点群体进行毛发检毒，全力遏制毒品问题蔓延发展。2020年，共查破涉毒案件576起，刑事拘留193人，逮捕直诉202人，强制戒毒277人，社区戒毒88人，行政拘留504人，全年污水涉毒成分监测季度环比平均值四区县降幅第一。

【护航发展】 2020年，浏阳市公安局认真贯彻落实市委、市政府“全面小康决胜年”工作部署，不断营造企业发展“法治化”营商环境，为全面建成小康社会和“十三五”规划圆满收官创造安全稳定的政治社会环境。全年协助调处涉企纠纷500起，破获各类涉企案件45起，抓获犯罪嫌疑人66名，为企业挽回经济损失8000万元。建成省内县级设计最先进、功能最齐全的一体化车辆管理所，实现“一件事一次办”。深化“放管服”改革，先后推出容缺受理、免费邮寄身份证、出国境证件和免费照相等便民措施，优化行政审批流程，实行烟花爆竹运输许可证首次申请备案制，再次申报资料由原来的33页简化为4页，在华洋仓储设立出口烟花爆竹道路运输办证窗口，极大地方便出口烟花爆竹企业，实现窗口前移、服务进门和“一次也不跑”目标。

【户政管理服务】 截至2020年年末，全市户籍人口148.7962万人，全年办理人口“四项变动”（出生登记、死亡登记、迁入登记、迁出登记）9122人、二代身份证75912张、居住证3617张、出国境申请7811人次，新登记流动人口5万余人。大力推动出租房屋智能门锁安装工作，完成出租房屋“星城园丁”实名认证24687间，完成率99.9%，安装智能门锁2385把。开展智能车门岗建设，在涉疫小区淮川金都大厦、涉诈小区永安镇永盛家园安装智能车门岗。抓好二代身份证指纹核验补采工作，补采指纹501798条，占全年任务119.47%。

【道路交通安全管理】 2020年，浏阳市公安局推进“交所合一”（交警中队和派出所整合在一起，建立一警多用的基层公安队伍）改革，建立健全农村派出所管交通、“路长制”“两站两员”“一村一辅警”“警保合作”“事故预防网格化”等联动机制，以乡镇（街道）、村（社区）为依托，打通交通安全管理“最后一公里”，构建风险防控型县域警务道路交通安全工作新模式，坚定打赢交通安全风险防控攻坚战。强力推进交通问题“顽瘴痼疾”整治行动，全年排查道路交通安全隐患332处，整改完成327处；现场查处交通违法81566起，其中酒驾819起、醉驾315起，超载超限2082起，超速774起，超员314起，涉牌涉证15269起，摩托车违法24932起，客运机动车违法1620起，危货车违法327起，校车违法5起，面包车违法4240起，刑事拘留208人，移送起诉348人，行政拘留63人，交通事故数量持续下降。2020年，全市共发生道路交通事故24694起，受伤6166人，死亡156人，同比分别下降3.74%、12.52%、10.34%。

【危爆物品和枪支管理】 2020年，浏阳市公安局破获涉爆刑事案件20起，移送起诉25人，行政拘留225人；破获涉枪刑事案件30起，移送起诉54人，收缴杀伤力枪支301支。制定《浏阳市公安局关于明确危险爆炸物品安全监管工作职责的规定》，明确公安机关危爆物品安全监管职责。狠抓安全监管和隐患排查，全年检查民用爆炸物品、易制爆危险化学品、剧毒化学品、放射源从业单位605家次，整改隐患761处。深入开展“打非治违”专项行动，破获涉爆刑事案件20起，刑事拘留21人，移送起诉29人，提请逮捕22人；查处行政案件253起，行政拘留307人，累计收缴烟花爆竹成品、半成品85099.5件。

【警务改革】 2020年，浏阳市公安局坚持改革强警、科技兴警，推进“情指行”一体化建设，完善运行机制，提升警务效能。实体运行指挥作战中心，持续迭代升级“浏阳公安实战研判平台”，通过合成作战、一体打防，破案作用率达70%以上。完善警种、派出所（分局）、村（社区）、组（小区）四级公安新媒体宣传网络，开展主题宣传活动100余场次，在中央、省、市主流媒体刊发正面宣传稿件700余条，在抖音、快手、头条等新媒体平台连续推出反电诈、禁毒、交通安全、安全防护提示图文稿件430余篇。深化刑事案件“三统一”，加强执法监督，规范执法权力运行，有效解决了执法中存在的苗头性问题；全面落实执法“三项制度”，规范执法行为，新增配发执法记录仪136台，现场执法使用率达到100%；建立行政案件快速办理工作机制，2020年快速办理行政案件1897起，快办率在长沙十个分县市局排名第一。督察大队信访窗口受理各类信访投诉件412起，办结率、回复率均达99%，停访息诉率达96.56%。

【警察队伍建设】 2020年，浏阳市公安局认真组织学习中共十九届五中全会精神和习近平总书记考察湖南讲话精神，筑牢忠诚警魂，确保“刀把子”牢牢掌握在党和人民手中；突出党建引领，深化“1228”党建工程，推进党支部“五化”建设和星级评定。将政治建警贯穿于队伍建设和公安工作全过程，开展“不忘初心、牢记使命”主题教育和“践行新使命、忠诚保大庆”实践活动，锻造“四个铁一般”队伍。常态开展政治理论学习，利用主题党日组织全警学习中央、省、市文件精神，教育引导全警增强“四个意识”、坚定“四个自信”、做到“两个维护”。扎实推进警察队伍教育整顿，落实严密动员部署、严实学习教育、严细问题检视、严格整改提升“四严”举措，实现“四个进一步”目标。结合市委巡察组反馈意见的4个方面33个问题和教育整顿问题整改清单190项17307个问题。认真落实全面从严管党治警和“三治”大讨论活动，以“钉钉”警务平台为抓手，落实“六个一律”问责规定和“三不”要求，压紧压实“第一责任”“一岗双责”，不断提高基层支部制度执行力和组织凝聚力。深化警示教育，编发警示教育材料10期、队伍建设负面清单4期，常态开展执法检查、网上督察、专项督察，发布执法情况通报60期、督察通报18期，运用“第一种形态”对85人进行监督执纪问责。浏阳市从严治警经验被《人民公安报》推介。

【省委政法委调研浏阳维稳工作】 4月3日，省委常委、政法委书记李殿勋等一行到浏阳调研维护社会稳定工作，看望慰问基层民警和社区工作人员。省委政法委常务副书记田福德，省公安厅副厅长胡长春，长沙市委常委、政法委书记钟钢，长沙市委常委、浏阳市委书记黎春秋，长沙市公安局党委委员、副局长徐波跃等陪同调研。李殿勋一行先后到集里桥社区、浏阳市公安局受立案管理室、侦查作战中心调研督导社会矛盾纠纷化解和清明期间安保维稳工作，对浏阳公安工作给予充分肯定。李殿勋强调，新冠肺炎疫情影响重大而复杂，长尾效应更难以预判，对安保维稳工作提出新的挑战，要准确识变、主动应变，创造性开展工作。清明期间，要突出“文明祭扫与安全出行”两个重点，加大防控力度，做好应急准备，坚决防止规模化稳定事件与重特大安全事故发生，切实维护好社会安定与人民安宁。

【长沙市公安局督导调研浏阳县域警务工作】 5月11日，长沙市人民政府副市长、公安局党委书记、局长唐向阳率警令部、政治部等部委、支队负责人赴浏阳市公安局督导调研县域警务工作。浏阳市人民政府副市长、公安局党委书记、局长刘一斌，公安局党委副书记、政委罗湘艺陪同调研。座谈会上，唐向阳副市长高度肯定浏阳公安取得的成绩，对标对表新时代县域警务工作标准，并对浏阳县域警务工作提出要持续强化打防协同，督促相关部门履行监管职责，严厉打防电信网络诈骗，严肃倒查追责；要深入推进警务改革，落实省厅县域警务“三办合一”工作要求，积极整合中心警力，强化中心赋能，合理调配职数，不断充实基层警力；要坚持抓好学习提升。开展政治业务双比武，充分利用平台，激发民辅警学习主动性；要加强科技支撑应用，做实“警务中台”，协同政府职能部门下达指令，为一线提供炮火支撑，积极向科技借力，实现实时监控；要全面落实严优并举，全面落实从严管党治警责任，加强从优待警，积极协调市委市政府提高辅警待遇保障，关心关注全警身心健康，不断实现民辅警健康幸福目标五点要求。

【省委政法委、省禁毒委督导浏阳禁毒工作】 10月30日，省委政法委副书记、省禁毒委副主任熊晓强率省督导组一行到浏阳督导禁毒工作。先后到集里街道社区戒毒（康复）工作站、集里街道社会治理综合服务中心、关口街道长兴社区等地实地检查浏阳的禁毒戒毒和吸毒人员管控等工作，并听取浏阳禁毒工作情况汇报。近年来，浏阳市深入落实省、长沙市禁毒委部署要求，深入开展新一轮禁毒人民战争，连续七年被评为“湖南省禁毒先进单位”。2020年，浏阳先后开展毒品问题专项治理、公职人员涉毒吸毒检测、“百日攻坚”打击毒品违法犯罪等专项行动，严厉打击毒品犯罪，强化检测效能。同时，依托“党建＋微网格”工作机制，加强涉毒行业管控；积极推广“团队戒毒”模式，实行多元化帮扶；通过健全禁毒机制，深化打击管控，强化宣教提高禁毒意识。熊晓强对浏阳前阶段的禁毒工作成效给予充分肯定。要求浏阳要进一步提高政治站位和思想认识，增强责任感和紧迫感；进一步落实责任，统一部署把各项禁毒工作抓实抓细；进一步创新手段，打好打赢新一轮禁毒人民战争。长沙市委常委、浏阳市委书记黎春秋参加座谈会，浏阳市委副书记、市长、市禁毒委主任吴新伟主持会议。

【“万人巡逻集中清查”行动】 2020年，市公安局为确保国庆安保特护期间全市社会治安稳定，9月24日晚，浏阳全市近万名公安民警、警务辅助人员、乡镇（街道）和村（社区）巡逻力量，从33个指定地点集结出发，开展“万人巡逻集中清查”行动。晚上6点30分，600余名警力在浏阳政东广场集结完毕，各集结点的巡逻警力分为10人一组，通过“星城园丁”App接单开始巡逻防控，集中排查重点行业场所存在的各类隐患，排除影响公共安全的各类不安全因素。同时，各乡镇、村、组巡逻志愿者在辖区范围内进行巡逻。当晚，浏阳公安共对600余家旅馆、网吧、KTV、麻将馆及出租房屋等场所部位进行集中清查，查处涉嫌电信诈骗20余人、饮酒驾驶9人、吸食毒品1人。此次活动依托“星城园丁”App进行。通过“星城园丁”App，每一位市民都可以参与到社会治安治理，如参与巡逻防控、举报交通违法等。

【部督“3·24”专案】 2020年3月，杭州阿里巴巴旗下蚂蚁金融服务集团将刘某等人35个账户涉嫌参与赌博洗钱的案件线索交到公安部。公安部治安局九处将该线索交湖南省公安机关侦办。3月24日，省公安厅领导研究决定，由厅党委委员、副厅长胡长春任总指挥长，治安总队指挥、长沙市公安局牵头、浏阳市公安局主办。7月，专案组加大研判分析力度，运用支付宝数据拓展国内窝点的思路，分析出以出租“机器人”的形式，在越南，湖南怀化，广东广州、汕尾、湛江，湖北武汉，浙江嘉兴等地进行网络赌博的18个窝点。为查清“机器人”与赌博集团关系及赌博集团操作模式，专案组选择其中两个窝点先行收网。8月11日，专案组开展第一次跨省集中收网行动，抓获涉案人员16人，扣押一批涉案物品。10月，专案组向胡长春专题汇报灰产“机器人”主线下第二阶段四类（机器人销售团伙、开设赌场团伙、第三方资金通道团伙、团长、拉手、赌客团伙）18个目标团伙组织结构、涉案人数、人员基本情况和窝点位置具备收网条件的情况。经请示公安部同意，11月12日，在公安部的统一指挥下，专案组先后在浙江、湖南、福建、广东、贵州等5省13市，对涉案人员进行两次集中收网，共抓获犯罪嫌疑人53人，其中刑事拘留43人，行政拘留2人，教育释放8人；扣押涉案银行卡135张、流量卡1000

9月24日，浏阳市公安局举行“万人巡逻集中清查”活动，调动全市“星城园丁”巡逻志愿者参与社会巡逻防控

（公安局办公室 供图）

余张、涉案手机150台、电脑11台、笔记本电脑5台。

【生产、销售、运输假烟犯罪团伙案】 2019年1月3日，浏阳市公安局接到浏阳市烟草专卖局移送的黄某涉嫌销售伪劣卷烟的线索，并联合开展执法行动，当场查扣价值9万余元的卷烟1048条，该批卷烟量大且包装粗糙，图案不清，经鉴定系假冒商标且伪劣的卷烟。黄某在未取得烟草专卖许可证的情况下销售卷烟，涉嫌非法经营犯罪。2019年5月24日，浏阳公安决定立案侦查。通过缜密侦查，一个生产、销售、运输伪劣卷烟的团伙浮出水面，销售网络涉及湖南长沙、浏阳、江西、福建漳州等十余个省市，涉案金额200余万元。为全链条摧毁犯罪团伙，在长沙市公安局食药环支队的指导下，浏阳公安市局抽调精干力量成立专案组，开展专案攻坚。专案民警综合运用情报研判、数据分析、落地侦查等工作措施，全面掌握犯罪团伙的组织结构、人员身份、生产窝点、仓库及落脚点。2020年12月15日凌晨3点，长沙市公安局网技支队、浏阳市烟草专卖局、浏阳市公安局食药环、刑侦、网安、情报、法制支队、淳口、官桥、洞阳、沿溪、官渡、金刚、中和、关口、社港、普迹派出所等多警种、多部门联合作战，组织100名警力兵分8路在福建漳州市、湖南长沙市以及浏阳淳口镇、镇头镇、蕉溪镇等地实施统一抓捕收网，共抓获违法犯罪人员12人，刑拘9人，捣毁生产加工窝点6个、仓库2个，现场扣押伪劣卷烟12个品种共计5311条(106.220万支)、散装烟丝及包装若干，扣押交易货款10万余元。

【“2·10”特大盗窃案件】 2月10日17时许，市公安局永和派出所接群众报警称2020年1月，其与父亲张某永埋在自家田地内的保险柜被盗，内有现金200万元。接报警后，永和派出所立即将该警情上报。浏阳市公安局党委高度重视，依托三级侦查模式，抽调指挥作战中心、刑侦大队、永和派出所等单位精干警力，迅速开展专案侦查。专案民警初步勘查现场后发现案发现场地处农村偏僻处，疫情期间过往人流量小，现场及周边视频探头稀缺，科技支撑条件不佳。专案组民警抓住侦查破案的“黄金24小时”，以现场勘查为突破口，由中心现场向外包围，连夜开展调查走访、摸底排查等工作，并将案情上报长沙市局刑侦支队，刑侦支队六大队、技术大队、警犬大队连夜前来支援，加大现场侦查力度。2月11日12时许，在刑侦支队大力支持下，利用警犬追踪技术，成功在受害人父亲张某永家中废弃井内找到被盗保险柜，并同时打捞出另一个与被盗保险柜相同颜色、相同型号已被切割的保险柜。专案组迅速开展案情分析研判，结合现场打捞物证和受害人陈述等情况，锁定张某永有重大作案嫌疑，并立即对张某永传唤突审，在强大的攻势面前，犯罪嫌疑人张某永如实供述犯罪事实。至此，“2·10”特大盗窃案19小时内告破。

（杨　思）

【森林公安】 2020年11月30日，浏阳市森林公安局管理体制调整会议召开，根据市委机构编制委员会印发《关于森林公安机关管理体制调整以及相关机构编制事项的通知》文件，浏阳市森林公安局由市林业局、市公安局双重管理调整为市公安局直接领导管理；全部政法专项编制划转至市公安局管理，记入市公安机关政法专项编制总量，暂实行单列。市森林公安局及其内设机构、直属机构和派出机构的规格，以及原核定的领导职数等，均暂时维持现状。市森林防灭火指挥部及其办公室的职责划至市应急管理局；继续承担森林防火相关工作，负责火场警戒、交通疏导、治安维护、火案侦破等，查处森林领域其他违法犯罪行为，协同林业部门开展防火宣传、火灾隐患排查、重点区域巡护、违规用火处罚等工作；增加“掌握生态环境、生物安全等领域犯罪动态，拟定预防、打击对策；组织开展对生态环境、生物安全等领域犯罪案件的侦查工作”职能，其他职责保持不变。2020年，市森林公安局全年共接、处警396起，查破各类案件221起，移送起诉刑事案件116起124人，调处矛盾纠纷100余起，共为国家、集体和个人挽回经济损失1000余万元；全年办结涉林信访案件7起，其中省委巡视组交办件2起，调处矛盾纠纷100余起。组织开展集中普法宣传活动8次，印发普法宣传资料2万余份。在国家级媒体宣传报道2篇，省级媒体报道21篇，本级媒体报道120余篇，年内分别完成“N3017”“焰火大赛”等警保卫活动6次。森林防火连续5年实现“四不两确保”(不发生森林火灾、不发生人员伤亡事故、不发生风景名胜区内的森林火灾、不发生因森林火灾引起的涉爆企业爆炸事故，确保人民群众生命财产安全，确保森林生态安全)目标；被省森林公安局记“集体三等功”、执法质量考评被省森林公安局评为“先进单位”，参加长沙市公安局和浏阳市委政法委案卷评查均被评为一类单位，5人荣立省三等功，1人获长沙市森林公安局嘉奖。

【森林防火】 2020年，浏阳市森林公安局将森林防火工作纳入市委绩效考核、纳入“党建＋微网格”工作体系，发文明确乡镇街道和成员单位森林防火职责，全年召开3次全市防火大会、2次分片工作调度会，层层压实各级责任；实行“领导下片区、民警联乡镇”工作机制，全年累计暗访督导900余人次。春节、清明及秋冬季等重要节点，联合两办督查室和市纪委监委、应急、林业等部门，深入林区暗访督导森林防火，累计督导暗访100余人次，发督查通报5期；加强森林防火宣传，推行“三个结合”(结合“党建+微网格”、村村响、入户送)，分别于3月、9月组织开展“森林防火宣传月”活动，累计发放防火宣传资料80余万份，主流媒体宣传报道30余篇，推发网文100余篇，点击100余万次；依法推进森林防火，开展“净烟”行动，严查火灾案件，严惩涉火犯罪，全年办结涉火案件39起，侦破火灾刑事案件2起，火灾案件办结率100%。2020年，共接处火情火警49起，较2019年54起下降10%，发生火灾6起，过火面积33.4公顷，森林过火面积0.0098%。

【野生动物保护】 2020年，浏阳市森林公安局依法开展“打击破坏野生动物违法犯罪”行动，加强对野生动植物管控，全年共开展执法行动170余次，出动警力800余人次，摸排各类野生动物场所500余处，封控各种人工驯养繁殖野生动物300余万只；侦破野生动物刑事案件13起，办理林业行政案件1起，收缴解救国家二级保护动物“角鸮”1只、白鹇8只、红腹锦鸡2只，“三有”动物环颈雉2只、舟山眼镜蛇1条，查获蛙类18只、龟1只，没收猎枪2支，猎具20余件，拆除野生动物经营广告牌2个。

疫情期间，浏阳市森林公安局组织摸排各类涉野生动物场所 （森林公安局办公室 供图）

【林业治安秩序整治】 2020年，浏阳市森林公安局先后组织“昆仑2020”“国检执法”“林业秩序整治”等专项行动8次。“昆仑2020”专项行动中，查破案件116起，其中刑案85起，收缴、解救野生动物32只，没收猎枪2支、猎具10余件。侦破部督“8•09”生产、销售有毒、有害食品案，涉案金额5000余万元，抓捕犯罪嫌疑人13名，刑拘7人，搜查场所12处，扣押涉案产品3万余件、半成品1.5吨；“国检执法”专项行动中，核查图斑200余个，侦破刑案72起；“林业秩序整治”专项行动中，侦破枨冲镇“张某如非法收购林木系列案”等案件14起，其中刑案11起，打掉团伙2个。“重点区域护绿”行动中，查破“绿心区”案件4起，制止破坏森林资源行为30余起。

【林地资源保护】 2020年，浏阳市森林公安局组织开展林地生态保护巡回宣传50余次；先后组织开展“两区三园”（自然保护区、风景名胜区、地质公园、森林公园、湿地公园）专项整治行动，查处“两区三园”内涉林违法犯罪案件17起；开展“绿心区”专项行动，在与柏加镇综合执法大队、西区林业执法中队开展联合执法行动，共查处涉林案件4起，制止破坏森林资源行为30余起。整治西区油茶采摘秩序，组织西区6镇和长沙县江背镇召开“油茶采摘联防会”，统一油茶采摘时间，印发《关于做好油茶采摘、森林防火工作通告》，西区油茶采摘期间实现“零案件、零火灾”。全年共办理破坏林地资源违法犯罪案件115起，其中刑事案件81起，林业行政案件34起。

【森林火灾应急管理】 2020年，浏阳市森林公安局编制出台《浏阳市森林火灾应急预案》并组织演练，督促并派出教官指导各乡镇街道、重点单位制定《森林火灾应急方案（办法）》并组织演练。组织市森林消防总队110人参加长沙业务培训，开展森林消防总队和一线指挥员培训2次，督促并派出教官指导乡镇街道、重点单位开展森林防火培训35场次，参训4000余人次。

【疫情期间查办涉野违法案件】 2020年新冠肺炎疫情期间，为做好新冠肺炎疫情防控工作，阻断可能的传染源和传播途径，浏阳市森林公安局将打击非法养殖、猎杀、收购、运输、出售野生动物及其制品等违法犯罪行为，作为防疫工作的重中之重。联合浏阳市林业局在全省率先出台《浏阳市关于新冠肺炎疫情防控期有奖征集破坏野生动物资源违法犯罪线索的通告》，发动人民群众积极提供涉野线索，对举报有效线索的市民，视情况给予200元到2000元不等的现金奖励。累计开展执法检查行动97次，出动警力327人次，车辆97台次；共受理刑事案件5起，侦破案件3起；排查线索8条，移交市林业局行政执法大队线索4条。暗访督导餐饮场所79家，城乡集市61家，联合林业局检查野生动物人工繁育场所181处，发现无证经营企业21家，共封控存栏蛙类325.914万只、259050千克，其他动物141743只。

（张华强）

检 察

【概况】 2020年，浏阳市人民检察院坚持以习近平新时代中国特色社会主义思想为指导，全面贯彻中共十九大和十九届二中、三中、四中、五中全会精神，认真落实浏阳市十七届人大第六次会议决议，坚持“讲政治、顾大局、谋发展、重自强”的检察工作总体要求，自觉为大局服务，为人民司法。全年共办理刑事类案件2113件，民事行政类案件261件，公益诉讼类案件198件，办案数量居全省前列，全年发送各类检察建议321份，与2019年同比上升167%。获得全国检察宣传先进单位、长沙市文明标兵单位、长沙市先进基层检察院等荣誉和称号。

【检察工作改革】 2020年，浏阳市人民检察院进一步完善检察权运行模式，在全省率先完成内设机构改革，将原有的11个内设机构整合为8个，推动“四大检察”（刑事、民事、行政和公益诉讼四大检察）全面协调充分发展，经验做法获全省推介。全面推行"捕诉一体"办案模式，以案件类型划分刑事检察部门工作职责；统筹优化新增职能，分设民事行政检察部门和公益诉讼检察部门。深化司法责任制改革，规范检察官办案权限，落实129项案件质量考评指标，细化量化员额检察官业绩考评细则，压实"对案件终身负责"的司法责任。进一步健全检察机关法律监督体系。严格落实上级院降低"案—件比"相关要求，加大提前介入、引导侦查取证等工作力度，严格控制"两退三延"(两次退查，三次延期)，全链条压缩办案"往复"，减轻当事人的诉累。加强检警协作，与公安机关联合出台深化检察官定点联系派出所工作机制，实现全市33家派出所全覆盖，为公安民警开展《依法打击电信诈骗及其衍生犯罪》《规范执法行为提升办案质效》等专题培训，引导和规范侦查活动。监督公安机关立案8件10人，撤案11件12人；追捕15人，追诉33人，追诉漏罪48笔。

【人民监督】 2020年，浏阳市人民检察院贯彻落实《湖南省人民代表大会常务委员会关于加强新时代人民检察院法律监督工作的决议》，认真对待"两官"履职评议活动，组织4名员额检察官接受市人大常委会的履职评议，以点带面落实评议意见，不断提升检察履职能力。开展公开听证、公开审查、公开答复，邀请人大代表、政协委员、人民监督员等社会力量参与化解信访案件，促进案结事了人和。全年开展案件公开听证活动11次，邀请人民监督员参加9次。

【扫黑除恶工作】 2020年，浏阳市人民检察院扎实开展"线索清仓、逃犯清零、案件清结、伞网清除、黑财清底、行业清源"六清行动。院领导带头包案，专案组加班加点，确保按时完成全部涉黑涉恶案件的清结工作。立足建立长效机制，针对黑恶案件中暴露出来的涉赌、涉毒等治安问题以及金融、建材等行业问题向相关职能部门发送检察建议，促进行业清源。林某某等人网络敲诈勒索案入选全国扫黑除恶专项斗争指导案例，"3·08""9·07"两案被作为涉黑涉恶财产刑执行监督典型案例在全省推介。

3月5日，浏阳市人民检察组织召开危险驾驶(醉驾)案件检察听证会

(检察院办公室　供图)

【涉企案件办理】 2020年，浏阳市人民检察院加大对民营企业和企业家合法权益的保护力度，能不捕的不捕、能不诉的不诉、能不判实刑的就提出适用缓刑建议。全年共办理涉企案件230件264人，涉及122家民营企业。办案中，综合考量企业发展等因素，依法审慎采取强制措施，不捕不诉率是普通案件的4倍，最大限度减少办案对企业的影响。针对办案中发现的相关问题向有关企业制发检察建议，帮助规范管理、堵塞漏洞，引导企业在法治轨道上行稳致远，获得企业的积极回应和充分肯定。邀请工商联及企业代表参与"检察职能与企业法治环境优化"检察开放日活动，主讲《优化营商环境之检察谈》公开课，为企业列出负面清单，引导企业坚守底线、树立信心。针对某花炮企业与当地村民因2018年矛盾纠纷引发的聚众扰乱社会秩序案件，着力化解矛盾，在有效调处村民与企业之间多年纠纷的基础上，依法对村民卜某某等4人从宽处理。促成刑事和解经开区(高新区)两相邻企业员工互殴伤人等问题。

【刑事检察】 2020年，浏阳市人民检察院全年共受理各类刑事案件1449件2134人，其中审查逮捕案件793件1173人，批准逮捕案件656件961人，不批准逮捕案件143件223人；审查起诉案件1398件1965人，提起公诉1109件1572人，不诉297件450人。适用认罪认罚制度审结案件1279件1732人，认罪认罚适用率91.4%。开展提前介入，引导侦查机关取证案件45件，开展立案监督案件13件13人，发出检察建议书53份，追诉漏捕、漏犯49件59人，纠正侦查机关违法行为6件。

【民事检察】 2020年，浏阳市人民检察院共办理民事检察200件，支持起诉案件128件、审判活动违法监督案件38件、诉讼结果监督案件7件、民事执行活动监督案件11件、虚假诉讼监督案件16件。民事诉讼结果监督案件同比增长75%，民事审判活动违法监督案件同比增长1800%，民事执行活动监督案件同比增长175%，支持起诉案件同比增长167%，综合类检察建议案件同比增长4100%，依法保护弱势群体合法权益，严厉打击恶意欠薪刑事犯罪，在市人大常委会的监督支持下，依法办理胡某某拒不支付劳动报酬案，帮助134名农民工追回劳务工资近200万元。

【行政检察】 2020年，浏阳市人民检察院共办理行政检察案件77件，行政执行活动监督案件35件、社会综合治理类检察建议案件42件。其中，行政执行活动监督实现案件从破零到办案35件的巨大突破。充分发挥支持起诉职能，支持起诉的 52 名农民工追索劳动报酬纠纷案，帮助农民工追回劳动报酬 75 万余元。办理工伤赔偿支持起诉案件，帮助当事人追回工伤赔偿 11.6 万元。

【公益诉讼案件】 2020 年，浏阳市人民检察院共办理各类公益诉讼案件 198 件。办理涉疫案件 4 件，督促市场监督管理局对三起批发、零售不符合医用器械标准口罩的违法行为进行查处和召回，督促对非法捕获、收购无合法来源证明的野生蛙行为予以查处；办理涉及消防安全管理案件 64 件，督促应急管理局和相关乡镇对加油站手机支付违法行为依法处理；办理涉及公共交通安全案件 84 件，督促市交警大队及时报批吊销驾照，消除安全隐患，维护人民群众的人身财产安全；办理行政公益诉讼 9 件，督促对饲养鸵鸟及垃圾站露天焚烧污染环境的行为予以查处，对野生动物、渔业资源保护提起刑附民公益诉讼案件 2 件，办理民事公益诉讼 2 件，责令被告人公开道歉并承担修复费用 10 万余元；督促对 24 件套骗特殊门诊医疗基金追回冒领资金近 7 万元；对周某等八人非法销售毒害食品提起刑附民公益诉讼案件 1 件；办理某公司系列案提请抗诉 8 件。

【监所检察】 2020 年，浏阳市人民检察院共发出检察建议 11 份、书面纠正违法 8 份、口头纠正违法 7 次。共进行戒具检查 52 人、开展安全防范检查 13 次、指定居所监视居住检查 9 次、进行看守所专项巡回检查（收押体检）1 次、看守所法治宣传（认罪认罚）1 次、重大案件侦查终结前讯问合法性核查 4 人、查处看守所干警违法违纪案件 1 起、发现暂予监外执行对象病历资料不齐、社区矫正人员不专等问题，制发检察建议、纠正违法通知书 24 份。办理的“3·08”陈某等人涉恶专案财产刑执行监督作为典型案例写入湖南省检察院涉黑涉恶财产刑执行监督工作总结。

6 月 11 日，浏阳市人民检察院组织开展“民有所呼，我有所应——群众信访件件有回复”检察开放日活动
（检察院办公室　供图）

【控告申诉检察】 2020 年，浏阳市人民检察院共办理刑事申诉案件 3 件、立案监督案件 3 件、民事监督案件 10 件、国家赔偿案件 1 件、阻碍律师行使权利案件 2 件、通过律师参与信访矛盾化解 12 件，开展司法救助 3 起，将司法救助与精准扶贫工作深度融合，做到救助有温度、有尺度、有深度，注重政治效果、社会效果和法律效果相统一。共接待来访人员 167 人次，现场答复率为 95%，检察长参加固定接待日接待和预约接待 24 次，接待来访 20 人次，现场答复率 100%。

（谭玉芳）

法　院

【概况】 2020 年，浏阳市人民法院在市委的坚强领导和上级法院的正确指导下，在市人大及其常委会的有力监督、市政府的大力支持、市政协的民主监督和社会各界的关心理解下，坚持以习近平新时代中国特色社会主义思想、习近平法治思想为指导，贯彻落实省法院“审判质量、效率和公信力巩固年”活动要求，一手抓疫情防控，一手抓审判执行，整体工作持续向好。全年共受理各类案件

11 月 18 日，最高人民法院召开第四次全国人民法庭工作会议，浏阳市人民法院党组书记、院长伍玉联通过视频连线方式作典型经验发言
（市人民法院办公室　供图）

28209 件，结案 27769 件，结案率 98.44%，员额法官人均结案 396 件，司法绩效排名全省一类基层法院第一，因执行工作突出被省高级人民法院荣记集体二等功。获全国法院“一站式”建设先进单位，6 月 11 日至 12 日，全国民事审判工作片会在浏阳召开，人民陪审员工作经验被最高人民法院推介，11 月 18 日，最高人民法院第四次全国人民法庭工作会议召开，浏阳市人民法院院党组书记、院长伍玉联通过视频连线方式作典型经验发言，服务民营企业审判工作获最高人民法院院长周强表扬。速裁审判工作入选省高级人民法院司法改革经验。园区法庭被评为“全国法院人民法庭工作先进集体”，2020 年浏阳市人民法院有 46 人次获上级表彰，其中 4 人获省级以上表彰，余园静获“全国法院办案标兵”。

【刑事审判】 2020 年，浏阳市人民法院全年共受理刑事案件 1087 件，审结 1081 件。打好扫黑除恶收官之战，全年共审结涉黑涉恶案件 8 件 28 人，涉黑涉恶案件率先在长沙地区实现清零，相关工作经验在长沙市法院系统推广。保持对严重刑事犯罪高压打击态势，依法严惩故意伤害、抢劫、非法拘禁等危害社会治安犯罪，对 83 人判处五年以上(含五年)有期徒刑刑罚。迅速部署开展“断卡”(电话卡、银行卡)行动，依法严惩利用电话卡、银行卡实施的网络电信犯罪，审结此类案件 8 件 34 人。有力维护公共安全利益，依法惩治危害食品药品安全、醉驾犯罪，审结相关案件 186 件 186 人，依法保障人民群众生命健康安全。坚决落实市委反腐败斗争决策部署，加强与监察机关、公诉机关的沟通衔接，畅通刑事诉讼与监察程序的衔接机制，审结职务犯罪案件 4 件 4 人，推动反腐败斗争向纵深发展。

【民事审判】 2020 年，浏阳市人民法院共受理民商事案件 12965 件，审结 12885 件。促进和谐家庭建设，推进家事审判方式改革，审结婚姻家庭案件 1210 件。注重保护妇女、儿童及弱势群体合法权益，强化诉后司法保护，周某诉被告张某、第三人张某某健康权纠纷案入选最高人民法院保护未成年人典型案例。注重民生民权保护，审结教育、就业、医疗、住房、消费、社会保障等民生领域案件 1295 件。畅通劳动者维权绿色通道，审结劳动争议案件 359 件，诉前调解追索劳动报酬案件 600 余件，结案标的额达 700 余万元，其中通过审执联动，一次性解决 400 余名农民工工资问题，有效维护劳动者合法权益。

【商事审判】 2020 年，浏阳市人民法院依法维护市场经济秩序，发挥商事审判的规制指引作用，审结买卖合同、民间借贷、建设工程施工合同等经济类纠纷案件 3985 件。依法认定“职业放贷”行为无效，有力维护经济秩序。成功调解历时 12 年、涉案标的 9700 余万元的湖南省永安建筑股份有限公司与湖南诚达建设有限公司建设施工合同纠纷案，实现法律效果与社会效果的统一。聚焦传统产业保护。积极回应市人大常委会的关切，加强与上级法院沟通，依法从利益平衡、历史因素等方面考量，审慎处理花炮企业土地遗留问题。其中官渡镇某村民小组诉某烟花公司山岭租赁合同案入选最高人民法院《〈民法典〉新规则案例适用》。

【执行工作】 2020 年，浏阳市人民法院共受理执行案件 10415 件，执结 10215 件，有财产可供执行案件法定审限内结案率为 99.73%，无财产可供执行终本案件合格率 100%，执行信访办结率 100%。贯彻“六稳” “六保”要求，对于确需查封、扣押、冻结企业财产的案件，坚持依法慎重原则，原则上依法采取“活查封”的方式，最大限度减小对企业生产经营的影响，全年共依法驳回当事人保全申请 15 次，如在处理涉某企业 3 起案件过程中，经审慎审查，驳回申请人的财产保全申请，并最终促成双方达成调解，保障域内重点企业的正常经营。如某科技有限公司劳动争议案件，对被执行人的设备进行登记查封并允许企业继续使用机械设备生产运转。经过几个月的经营，执行款全额兑现。完善执行联动机制，健全执行网络查控平台，在原有查控方式的基础上，与浏阳市不动产登记中心完成数据对接，实现快速查询被执行人在域内登记的不动产信息。依法打击拒执行为，对 38 人采取司法拘留，对 1020 人进行拘传，7393 人限制高消费，将涉嫌拒执犯罪的 25 案 27 人移送公安机关立案侦查。推动失信被执行人联合惩戒，公布 3450 名失信被执行人信息。加大司法救助力度，针对疫情期间出现的合同履行、劳动争议案件，考虑到中小企业生存能力，加大司法救助的力度，全年救助 52 案 52 人共计金额 76.215 万元。

【审判管理】 2020 年，浏阳市人民法院加强“四类案件”监管，发挥院庭长直接审理“四类案件”的示范作用。精准对接群众司法需求，组建涉花炮案件、民间借贷、交通事故、劳动争议、金融案件等 10 个专门审判团队。定期组织召开法官会议，针对类型化案件统一法律观点，实现“类案同判”。在提升办案效率上深挖潜力。加强速裁团队建设，全年共结案 4365 件，结案率 99.79%。注重审理全流程标准化，明晰庭前告知、开庭审理、归纳判决等审判流程，庭审时间从以往的 2 个小时以上缩短为 20 分钟以内，当庭宣判率达 80%以上，速裁案件平均审理周期仅 13 天。

【助力“三大攻坚战”】 2020 年，浏阳市人民法院注重金融风险防控，审结肖某某非法集资等涉众型经济犯罪案件 6 件。审执结金融民事案件 2219 件。11 月，省地方金融监管局局长张世平考察浏阳市人民法院金融速裁庭，对浏阳金融民事案件审理工作给予高度评价。强化环境资源审判，坚持惩治与修复同步，共审结盗伐林木、非法占用林地等破坏环境资源犯罪案件 44 件 83 人，促使被告人主动复绿 83.8 亩，主动缴纳生态环境修复费用及保证金 36.3 万元。服务精准脱贫攻坚。多次召开专题会议，筹集专项资金，选派精干力量，帮助 3 个驻点村 179 户 602 人全部脱贫。2 个工作队和 2 名队长获全市优秀。加大涉贫人员案件的审判执行力度，为涉贫人员追回合法债权 110 余万元。

8 月 12 日，最高人民法院政治部副主任李广宇（前左二）等一行到浏阳调研督导诉源治理、“一站式”建设工作
（市人民法院办公室　供图）

【服务项目建设】 2020 年，浏阳市人民法院开展“百日联合攻坚”行动，深入到经开区、关口等拆迁一线，做好拆迁户的法律宣讲工作，共促成150余户签订拆迁协议，推动关口街道水佳片区 1、2 号地块征拆工作基本清零。实施快审快裁，组建专业审查团队，简化流程，加速案件办理，所有征拆审查案件均在 20 个工作日内办结，确保重点项目有序推进。强化法律保障，多次参与金阳大道三期项目建设协调推进会，提供法律意见，保障项目如期复工。贯彻省、长沙市涉房产办证化信工作会议精神，制定工作方案，成立工作专班，稳妥化解浏阳市鸿宇城等 10 余个项目遗留问题，为 2000 余户业主的办证工作提供法律保障。

【现代化诉讼服务体系建设】 2020年，浏阳市人民法院认真落实最高人民法院“一站式”建设要求，制定《关于建设现代化诉讼服务体系工作实施方案》，投资 120 余万元，配齐远程视频接访终端、自助立案机、收转发系统等设备。全面启用移动微法院、人民法院调解平台，网上立案 1584 件，跨域立案 59 件，线上开庭 358 件，在线调解 5332 件，电子送达 18160 次。8 月 12 日，最高人民法院政治部副主任李广宇、立案庭庭长钱晓晨等一行到浏阳调研督导诉源治理、“一站式”建设工作，先后到诉讼服务中心，体验自助立案服务、网上立案、跨域立案、虚拟导诉等便民措施，了解浏阳法院在“一站式”建设工作方面的情况；参观法官余园静工作室，钱晓晨就速裁工作的举措与效果及繁简分流工作存在的问题与困难，与余园静进行交谈。钱晓晨对浏阳取得的成效给予充分肯定。11 月，浏阳市人民法院派干警赴西藏山南中院支援“一站式”建设，并取得明显效果，获得最高人民法院和湖南、西藏高院表扬及感谢。

【人民监督】 2020 年，浏阳市人民法院始终把接受监督作为依法履职的重要保障。严格贯彻落实市人大及其常委会决议决定，加强代表委员意见建议办理工作。组织 4 名员额法官接受市人大开展的“两官评议”。出台代表联络工作方案，组织代表委员座谈会 20 余场，认真听取代表委员的意见和建议。先后邀请代表委员 230 余人次旁听庭审、见证执行 12 场次。认真落实检察长列席法院审委会制度，积极接受检察监督，共同维护司法公正。认真接受社会公众和新闻媒体的监督，常态化开展法院开放日活动，及时回应社会关切。增强主动公开意识，全年公布裁判文书 25616 件，庭审直播 6172 场，审判执行流程信息公开率超过 98%。

（邢　宇）

司法行政

【概况】 2020 年，浏阳市司法局内设 9 个科室机构，下辖市普法与依法治理中心（市法律援助中心）、市矛盾纠纷多元化解指导中心、公证处 3 个事业单位和 33 个司法所。在中共浏阳市委、市人民政府领导和上级司法行政机关指导下，坚持以习近平新时代中国特色社会主义思想为指导，牢牢把握新时代司法工作的职责使命，认真开展工作，并取得较好成效，先后被评为“司法部法律援助案件质量评估先进单位”“全国组织宣传人民调解工作先进集体”；浏阳市法律援助工作在全省公共法律服务管理工作

8 月 25 日，司法部党组成员、副部长熊选国（前左二）调研浏阳市公共法律服务中心和浏阳市矛盾纠纷多元化解指导中心
（司法局办公室　供图）

会议上作典型发言;年内,司法部副部长熊选国、省司法厅厅长范运田、长沙市委政法委书记廖建华等先后到浏阳专题调研矛盾纠纷多元化解指导中心工作,并给予高度肯定;永安镇永新村调委会被评为“全国模范人民调解委员会”,沙市镇秧田村被评为“湖南省民主法治示范村(社区)”;沙市司法所所长胡义芳被评为“湖南省疫情防控普法宣传先进个人”。

【依法治市工作】 2020年5月7日,浏阳市召开市委全面依法治市委员会第二次会议,印发《浏阳市委全面依法治市委员会2020年工作要点》《关于为统筹推进疫情常态化防控和经济社会发展提供法治保障的实施方案》;年内分别组织召开依法治市委员会司法协调小组会议、普法与守法协调小组会议,协调推进全市司法和普法守法工作。组织开展“营造法治化营商环境保护民营企业发展”专项督察整改工作,督促各单位整改,优化法治环境。对全市32个乡镇(街道)、23个市直单位开展党政主要负责人履行推进法治建设第一责任人职责及法治政府建设督察工作,确保依法治市各项部署全面落实。

【法治政府建设】 2020年,浏阳市全面推行行政执法“三项制度”,印发《浏阳市全面推行行政执法公示制度执法全过程记录制度重大执法决定法制审核制度的实施方案》,建立工作联席会议,实施行政执法数据定期报告制度,规范各单位行政执法行为。指导永安镇开展相对集中行政处罚权工作,对14大类730项行政处罚权予以规范明确。持续推进大瑶镇相对集中行使行政处罚权工作。3月25日,省司法厅党组成员、副厅长张维杰到浏阳市调研,对永安镇、大瑶镇综合行政执法体制改革工作予以充分肯定。2020年,梳理全市证明事项48项,保留34项。加强行政执法机关人员培训,提高依法行政水平和能力,组织开展全市行政执法资格考试,116人取得行政执法资格证。组织开展2020年行政执法案卷评查,案卷质量在长沙市长沙县、望城区、浏阳市、宁乡市四县(区、市)中排名第一。规范文件合同管理。严格执行规范性文件的可行性论证、“三统一”(统一登记、统一编号、统一公布)和备案审查等制度,加强文件和合同合法性审查,积极参与依法防疫,重点做好市场公平竞争类和野生动物保护相关规范性文件清理工作。审查备案政府规范性文件7个,审查政府常务会议议题、领导批示件等220余个,请示性文件562份,各类招标文件、合同82份。办结行政复议案件54起,代表市政府出庭应诉32起,均无败诉案件。

【普法与依法治理】 2020年,浏阳市司法局编印疫情防控法律知识口袋书3万余本,发至全市各单位和重点行业,为科学依法防控提供保障。深化法治乡村建设,推动构建政治、自治、法治、德治、智治“五治”结合的乡村治理体系,沙市镇秧田村被评为首批“全省法治宣传教育基地”称号。围绕扫黑除恶、环境保护、国家安全、禁毒等工作,开展全市性普法活动10次,发放宣传资料50万余份。开展《中华人民共和国民法典》专题宣讲活动,授课50余场次。结合“法律七进”,组织机关干部、普法志愿者开展普法骑行活动8次,将《中华人民共和国宪法》《农村法律知识读本》等送进千家万户。深入实施“谁执法谁普法”责任制,督促各执法单位按照时间节点开展法治宣传活动。在“村村响”广播全方位、广角度、多层次开展法治宣传,全年播放300余期。做好国家工作人员“学法考法”工作,参学率、报考率、通过率均达100%。全面总结“七五”普法工作,顺利通过上级验收。

【法律服务】 2020年疫情期间,浏阳市司法局开通法律援助绿色通道,加快援助审批进度,对企业员工实行优先办理,全年办理法律援助案件772件。切实加强案件质量管理,成立案件质量评估团队,制定评估标准,严格开展案卷质量评估,2020年法律援助案件质量优秀率居全国各区县前列,2020年共办理法律援助案件839件,法律援助工作被司法部评为“全国法律援助工作先进集体”。年内,市人大组织对司法局等6家单位进行专项工作评议,司法局以此为契机,党组成员先后3次带队走访各乡镇(街道)人大代表,征求工作意见,切实解决重点、难点问题18个,被评为“市人大常委会专项工作评议满意单位”。公共法律服务中心接待来访群众12000余批次,接听12348法律咨询热线电话1306个。公证处办理公证案件2300余件,无一错证。组织律师、法律服务工作者成立法律服务志愿团,深入企业免费开展法治体检40余次,帮助解决复工复产中的矛盾纠纷上百件。开展律师队伍违规兼职等行为专项清理和法律服务市场秩序清理整顿活动,查处违规兼职律师8名,查处私自收费案1件。4月9日,省司法厅常务副厅长方华堂到浏阳调研县级公共法律服务体系建设,通过实地查看以及与窗口工作人员和来访群众进行交谈了解,对浏阳市公共法律服务工作给予高度评价。

【人民调解】 2020年,浏阳市司法局设立市矛盾纠纷多元化解指导中心,承担全市矛盾纠纷化解的综合协调、业务指导等工作。投入100余万元开发“党建+微网格”社会治理平台,组织全市2.9万余名网格长统一下载注册,利用平台收集社情民意,化解矛盾纠纷,被新华社、《湖南日报》、《长沙晚报》等专题报道。组织基层司法所、调委会开展“查隐患、解纠纷、护稳定、促发展”专项活动,排查纠纷746起。全市各级人民调解组织共调解纠纷10979起,其中重大疑难纠纷289起,成功率达97%,实现无群体性纠纷和“民转刑”案件。加强诉调对接,在法院及3个法庭设立调解室。大力推进人民调解驻公安派出所工作,在13个公安派出所设立调解室,道路交通事故调解实现全覆盖。2020年,浏阳市交通、医疗、物业纠纷、婚姻家庭四个行业性专业性人民调解委员会,共调处纠纷3364件,调解成功率达96%以上。充分发挥工会、妇联、工商联和行业协(商)会的作用,参与相关行业、专业领域矛盾纠纷化解。沙市人民调解帮帮团获“法润三

11月19日，浏阳市社区矫正委员会第一次会议召开　　（司法局办公室　供图）

湘公共法律服务志愿者年活动先进志愿者组织"荣誉。

【社区矫正与安置帮教】 2020年，浏阳市司法局加大《中华人民共和国社区矫正法》的宣传实施力度，理顺工作机制，11月19日，成立社区矫正委员会，召开第一次会议，强化社区矫正工作的组织领导和协调指导。严把社区矫正审前调查关，完成审前调查515例。积极探索实施"智慧矫正"，大力推进社区矫正数字化、网络化、智能化发展，社区矫正对象信息化核查率达100%，被省司法厅确定为"智慧矫正"建设试点单位。坚持教育学习不放松，全年开展集中教育5场，线上教育10场，开展心理测评200余人次。12月10日，市政协视察社区矫正工作并给予高度赞扬。建设远程探视系统，至2020年末为20余名服刑人员与亲属视频会面提供便利。严格落实必接必送制度，接送浏阳籍刑满释放人员106人。多措并举开展安置帮教工作，年内成立新的安置帮教基地。对66名社区矫正对象和刑满释放人员进行帮扶，提供补助经费39600元。

【成立矛盾纠纷多元化解指导中心】 2020年2月，经市机构编制委员会办公室批准，浏阳市成立矛盾纠纷多元化解指导中心，为司法局所属事业单位，核定全额事业编制6名。指导中心承担全市矛盾纠纷化解的综合协调、业务指导、督查督办、考核评价和重大矛盾纠纷化解等工作，设置速调工作室、专家顾问室、律师调解室、综合调解庭等多个功能区，实现矛盾纠纷多元化解一体化管理、一盘棋推进。司法部副部长熊选国、省司法厅厅长范运田、长沙市委政法委书记廖建华等先后到浏阳调研，对浏阳市创新成立矛盾纠纷多元化解指导中心、依法推进人民调解和各类矛盾纠纷化解给予高度肯定。

【市委全面依法治市委员会第二次会议】 5月7日，中共长沙市委常委、浏阳市委书记、市委全面依法治市委员会主任黎春秋主持召开浏阳市委全面依法治市委员会第二次会议，贯彻落实中央、省委、长沙市委有关会议精神，进一步统一思想、凝聚共识，把全面依法治市工作纵深推进、抓出实效，为全市经济社会高质量发展提供有力法治保障。会议传达学习中央全面依法治国委员会第三次会议、湖南省委全面依法治省委员会第三次会议、长沙市委全面依法治市委员会第三次会议精神。审议并通过《浏阳市委全面依法治市委员会2020年工作要点》（以下简称《要点》）和《浏阳市委全面依法治市委员会关于为统筹推进疫情常态化防控和经济社会发展提供法治保障的实施方案》（以下简称《方案》）。会议充分肯定2019年4月15日市委全面依法治市委员会第一次会议召开以来，特别是疫情防控期间，浏阳全面依法治市工作取得的成绩、作出的贡献。会议指出，全面依法治市是推进现代化浏阳建设的坚强保障，是实现疫情常态化防控的有效手段，是促进高质量发展的务实举措，是推动治理现代化的重要内容。为此，必须从战略全局来看待全面依法治市工作，把法治工作和促防控、促发展、促治理有机结合，以依法治市的显著成效为浏阳发展稳定保驾护航。会议要求，要突出重点抓好全面依法治市工作。要强化法治意识，领导干部要带头树立法治思维，争当强化法治意识的典范；要健全法治体系，跟踪跟进《要点》《方案》的执行，将营商环境优化、打造诚信浏阳纳入全面依法治市法治体系建设，深化"枫桥经验"的浏阳实践；要提升执法水平，进一步强化法治教育，坚决杜绝执法过程中的不作为、乱作为，进一步加大投入力度，配齐执法硬软件，提升执法效能；要维护司法公正，加强司法队伍的廉政教育，努力让人民群众在每一个司法案件中感受到公平正义；要浓厚守法氛围，在进一步创新普法宣传的同时，加大对违法行为的曝光和惩处。会议强调，要把党的领导贯穿于全面依法治市工作。要聚焦党的建设强引领，发挥"党建+微网格"作用，发动党员深入开展普法宣传；要坚持以上率下做示范，领导干部带头坚定法治信仰，正确处理权与法、情与法、利与法的关系；要推进协同联动聚合力，形成更加科学系统、协调合作的长效机制。中共浏阳市委副书记、市长、市委全面依法治市委员会副主任吴新伟出席会议，市领导邱山东、秦跃平、周文舜、戴武明、尹乐平、喻辉、陈清、刘一斌、张葵红、李波、陈芳参加会议。

（梁　振）

中国工农红军第一方面军成立旧址——浏阳市永和镇永宝村(原石江村)李家大屋　　(永和镇　供图)

军　事

市人武部

【概况】 2020年，浏阳市人民武装部深入学习习近平新时代中国特色社会主义思想和强军思想，认真贯彻落实省军区、警备区党委全会精神，按照警备区党委提出的“争创一流业绩，树立窗口形象，擦亮长沙名片”的决策部署，遵循“忠诚为本、强能为要、务实为径、担当为责”的思路要求，积极开展“传承红色基因，担当强军重任”和“不忘初心、牢记使命”主题教育活动，围绕强军目标，紧贴使命任务，聚焦备战打仗，持续转变作风，围绕年度工作大项任务，狠抓末端落实，保持安全稳定，人武部建设持续向上向好。

【政治建设】 2020年，浏阳市人民武装部始终把思想政治建设摆在首位，紧紧围绕听党指挥、能打胜仗、作风优良强军目标要求开展政治工作，确保部队建设的正确方向。抓好上级党委全会精神学习传达和贯彻落实。在省军区和警备区党委全会结束后，利用2天时间，先后召开部党委会、办公会和专武干部会议，组织全体干部职工和专武干部传达学习上级党委会精神，结合工作实际，确定年度重要工作任务，落实措施和责任人，为高效开展新年度工作打下坚实基础。开展年度主题教育和政治教育。按照“学懂弄通做实”总要求，开展“传承红色基因，担当强军重任”和“不忘初心、牢记使命”主题教育活动，同步参加省军区、警备区、浏阳市党委中心组理论学习，部长、政委带头讲党课、带头一线调研，机关党支部组织全体党员开展主题党日活动，集体参观红色教育基地，重温入党誓词、观看红色电影、品读红色书刊、撰写心得体会，深化学习教育效果。召开专题组织生活会、民主生活会，针对存在问题和不足，制定对策措施，及时校正工作方向。统筹抓好党委中心组理论学习、民兵宣讲、两项主题教育等活动，部领导分别进行5次辅导授课，学习教育制度落实更加到位，官兵理论武装水平进一步提升。严格党的组织生活，开展“七一”“明初心、守初心、践初心”主题党日活动，精心筹划国防军事频道“老兵你好——红色誓言·薪火相传”“八一”特别节目活动，官兵精气神进一步提振。加强人员思想建设，打好意识形态领域主动仗，组织4次战备形势和政策教育，进一步筑牢官兵思想防线。

【战备训练】 2020年，浏阳市人民武装部着眼应急应战要求，整治战备秩序、抓实军事训练及业务培训，升级改造作战值班室，进一步调整配齐民兵应急连装备器材，促进战备水平不断提高。广泛参与群众性练兵比武活动，基干民兵参加市新质力量比武竞赛，年内，分别获得长沙警备区舆论法理斗争和心理攻防情况处置科目第二名、综合救援装备操作课目第三名。积极组织民兵执行疫情防控、扑灭山火、抗洪抢险等急难险重任务，赢得地方党委、政府和人民群众广泛赞誉。

【国防动员】 2020年，浏阳市人民武装部按照深化民兵调整改革“好起来”“强起来”的要求，走深走实民兵整组潜力调查，挖掘新质力量资源，深入重点编组企业对接新质力量编兵工作，签订预征协议，预征预储各类装备。圆满完成警备区军地联合检查组对浏阳市民兵调整改革检查验收工作，考评成绩在长沙警备区位列第三。顺利完成年度兵员征集任务。

【正规化建设】 2020年，浏阳市人民武装部按照“四个秩序”正规化建设要求，全力推进本级正规化建设，人武部战备、训练、工作、生活秩序日趋正规，营造良好生活环境，提升管理水平，促进战斗力生成。有序推进基层武装部星级达标和村级民兵（营）连建设，2020年共表彰4个五星级和10个四星级基层武装部，基层阵地建设水平不断提高。

【国防教育】 2020年，浏阳市人民武装部认真落实国防教育进党委中心组理论学习、进党校和行政学院培训课程，部领导坚持每年给市委党校青年干部培训班学员进行国防教育授课。积极推介浏阳国防教育工作成果，浏阳国防教育经验做法连续两年在省国教委全会上展播推介。立足县域实际，挖掘以“红色浏阳”“学生军训”“国防小镇”“示范学校”为代表的四张国防教育名片，相继被《人民日报内参》《解放军报》《国防报》宣传报道，打出浏阳国防教育特色品牌。

【基层人民武装部建设】 12月29日，浏阳市人民武装部举行专题授牌仪式，为在“基层人民武装部全面建设星级达标活动”中10个被评为“四星级”的街道、镇、乡人民武装部授牌。为进一步推动基层人民武装部快速和高质量发展，2019年，中共湖南省

12月29日，浏阳市人民武装部举行“基层人民武装部全面建设星级达标活动”授牌仪式

（浏阳市人民武装部　供图）

委组织部、省人社厅和省军区动员局联合发文开展基层人民武装部全面建设星级达标活动。浏阳市人民武装部党委把抓好星级达标活动作为推动基层人民武装部全面建设的有力抓手，认真分析市内各街道、镇、乡人民武装部全面建设中存在的短板漏项，专门成立领导小组，采取部门领导分区包片、科室人员蹲点帮建、主管科长先行试点的方法，先后请示中共浏阳市委、市人民政府，协调各相关部门，安排试点建设经费，全面规范基层人民武装部“三室一站一家”建设。关口街道人民武装部成功打造成为基层正规化建设试点单位，接待全市专武干部观摩学习。通过典型抓建、示范引路、上下联动、软硬齐抓、全面推进等方式，浏阳市基层武装部建设水平全面跃升，超额完成星级达标建设任务。2020 年末，全市 32 个街道、镇、乡中共有 4 个五星级、10 个四星级、18 个三星级人民武装部。授牌仪式上，浏阳市人武部领导讲评各单位星级达标情况，并对如何巩固星级达标建设成果，进一步推进基层人民武装部全面建设提出具体要求。各单位党委、政府进一步强化党管武装思想，树立争创一流鲜明导向，以“星级达标”活动为牵引，深入学习《基层武装部正规化建设实施细则》《村级民兵营连建设要则》内容和标准，成立相应组织，常态落实各项制度，研究制订契合单位实际的工作方案计划，制定本单位全面抓建的具体措施，切实提升基层武装部全面建设水平。要求各单位要通过常态抓建，把基层武装部的经常性活动组织好、工作开展好、制度落实好，把基层的全民国防教育、动员潜力统计调查、兵役登记征集、民兵整组训练等工作常态化抓起来，切实打牢基层武装部建设的基础，不断提升打仗能力，为建设全面过硬一流民兵队伍做出新的更大贡献。

【抗洪抢险应急集训】 4 月 13—25 日，浏阳市人民武装部组织民兵开展为期 12 天的防汛抗洪应急集训。4 月 15 日下午，水域救援实战演练在浏阳河镇头段开展。演练模拟暴雨后，浏阳市镇头镇多名群众被困，接到支援请求后，民兵防汛抗洪骨干联同应急、海事、水利等部门人员迅速前往指定水域开展救援。在现场应急指挥中心的组织下，救援人员迅速编队。随即，救援人员迅速准备好漂浮绳、救生衣等救援器材，操舟机骨干民兵娴熟地驾驶冲锋舟前往人员被困水域。赶到被困人员附近后，救援人员迅速将被困者转移到冲锋舟上。整个演练过程，各救援小组分工明确、配合默契，在较短时间内顺利地完成水上编队、水上救援、转移受困群众等任务。在此次民兵防汛抗洪骨干训练期间，实战化演练在浏阳多个防汛隐患点开展。训练完全对照实际抗洪的要求和程序，训练注重理论与实践结合，注重多点位联动式作训，训练期间参训队伍全天候随时受领实战任务。3 月初，市人武部对全市水域进行摸底排查，并结合 2017 年汛情进行综合分析，确定 6 个有可能发生汛情的点位，从而制定完善的抢险救援方案。此次训练科目包括人员部署、装具发放、水面搜救、转移群众、孤岛救援、医疗应急抢救等。训练方式完全对照实际抗洪的要求和程序，从难、从严、从实战出发下达训练任务。此外，还按照夜训时间不低于总训练时长 15%的要求，进一步增强复杂环境下完成救援任务的能力。通过训练，检验参训人员多岗位、高难度、长时间训练效果，提升队员的整体素质和连续作战能力，检验民兵队伍与全市应急力量、水务、海事、地方救援组织和乡镇的无缝对接情况，提升全市各支力量综合协调水平，检验全市防汛抗洪装备器材的数量和质量情况，为器材装备的补充提供依据。

【组织抗疫救援】 2 月 14 日，浏阳市人民武装部组织 4 辆共载有 80 吨新鲜蔬菜的爱心货车从浏阳出发，运往驻湖北武汉的陆军总医院。此为浏阳市人民武装部协调驻地企业向疫情防控一线医疗官兵捐赠的首批物资。2 月 11 日，浏阳市人民武装部通过与陆军总医院前期对接，了解到医院比较缺乏生活物资，特别是新鲜蔬菜。通过协调浏阳驻地企业和蔬菜种植大户，筹划从本地蔬菜基地进行采购运送。湖南浏阳庆泰烟花制造有限公司董事长黄蔚德以公司名义捐赠 100 万元，并在两天时间内采购好 100 吨新鲜蔬菜运往武汉。新冠肺炎疫情期间，浏阳市人武部主动对接武汉抗疫一线部队和医院，协调浏阳拥军企业共向驻扎在武汉的军地医疗机构捐赠 5 批次总价值近 300 万元的蔬菜、食用油、大米、面粉等生活必需品共 200 多吨。

【国防特色小镇建设】 浏阳市古港镇是开国将军饶子健、刘子奇的故乡。《浏阳烈士英名录》收录的古港籍革命烈士有 1217 名。为有效发挥红色资源育人功能，进一步推进国防教育，2017 年 7 月，驻辖区内浏阳市第三中学设立湖南省首个高中国防班。学校从退役军人中择优招聘专职教

4 月 15 日下午，浏阳市人民武装部组织民兵在浏阳河镇头段开展水域救援实战演练
（浏阳市人民武装部　供图）

2 月 14 日，浏阳市人民武装部组织 4 辆共载有 80 吨新鲜蔬菜的爱心货车从浏阳出发运往湖北武汉 （浏阳市人民武装部 供图）

官，选聘思想与业务过硬的文化课教师，加强国防班的国防教育。校园内设有国防教育展厅、陈列室、讲武堂等。近年来，浏阳三中先后获得“全国中小学国防教育示范学校”“全国国防教育特色学校”等多项荣誉，并被空军工程大学确立为“优质生源基地”。自 2017 年开展国防特色教育以来，应征入伍的学生连续 3 年保持增长趋势。2018 年下半年开始，古港镇政府启动打造国防小镇，按照“一体三翼”工作方案推进国防教育，“一体”是指以全民国防教育为主体；“三翼”即以浏阳市第三中学特色国防教育，国防教育主题公园，镇、村国防文化建设为切入点，从中小学国防教育、国防素质培训、美丽乡村建设等多方面推进全民国防教育。2020 年，古港镇国防教育主题公园被作为青少年国防素质拓展训练的首选地，吸引浏阳市周边包括江西省部分县、区在内的 10 多个县、区的中小学组织学生开展培训。

（汤德法）

人民防空

【工程管理】 2020 年，浏阳市人防办坚持依法审批防空地下室建设项目，审批易地建设项目，征收易地建设费。完成竣工项目验收，全市防空地下室工程体量不断增大，质量不断提高，战备功能持续强化。进一步加强人防工程维护管理工作，已竣工工程按规范悬挂人防标识标牌，在重点时段、重要节日前与相关部门开展联合检查，落实安全隐患排查“一单四制”（建立重大事故隐患清单，对重大事故隐患治理任务实行交办制、台账制、销号制、通报制）工作机制，继续保持安全生产零事故佳绩。

【行业整治】 2020 年，浏阳市人防办成立人防行业整治工作领导小组，对 2013—2019 年规划台账中的项目进行“不断号”式排查，建立人防审批问题台账，并从履行主体责任、工程建设管理、行政执法、从业企业监管等四个方面进行自查自纠。将欠缴的易地建设费全部追缴到位，漏报建项目全部补办审批手续，实现问题全部“清零”，人防行业整治工作取得阶段性胜利。

【指挥通信】 2020 年，浏阳市人防办加强对全市防空警报器的检查维护工作，进一步强化警报系统升级改造后的操控演练。每周与长沙市人防办进行互联互通，移动车载通信设备状态良好、信号稳定，参加省市组织的指挥通信演练任务，精准完成“11•1”防空警报试鸣，试鸣准确率和鸣响率均达到 100%。

【宣传教育】 2020 年，浏阳市人防办发挥和凸显中澳蓝鹰国防主题公园的宣传主阵地作用，持续为各系统各行业培训国防、人防知识技能。将人防教育深入学校，以关口中学、人民路二小为试点，定期进行人防公开课展示和组织人防疏散演练，积极培育新一代人防主体力量。组建浏阳市飞虎人防志愿服务队，深入社区开展人防知识讲座，开展各种应急救援任务，打响浏阳市人防应急救援品牌。精心谋划铺排“5•12”“11•1”人防集中宣传活动，制作《浏阳宣传》人防专版画报、《新时代、新人防》人防知识宣传手册进行张贴和发放，社会各界对人防工作的知晓率大幅提高。

【浏阳市飞虎人防志愿服务队成立】 12 月 12 日，集里街道办事处举行浏阳市飞虎人防志愿服务队授牌仪式，市人防办、集里街道办事处相关负责人分别向浏阳市飞虎人防志愿服务队（以下简称“飞虎人防志愿队”）授牌、授旗。浏阳市飞虎人防志愿队前身为集里公益应急救援队，是浏阳市第一支由人防办主管的民间公益队伍，按职能分为水上、防火、特勤、医疗、后勤 5 个小分队，共有队员 60 人，其中正式队员 36 人，预备队员 24 人。业务范围主要包括宣传防空防灾知识，积极配合政府部门开展防空防灾、应急救援、公共安全等宣传教育，为群众提供防空防灾信息，普及防空防灾知识，为居民提供其他公益服务等方面。多次参加各种救援与培训，2020 年疫情防控期间，志愿队所有队员坚守在集里 3 个疫情监测点一线，深入社区进行疫情排查和监控工作。为助力社会复工复产，队员们穿着厚厚的防护服，提着弥雾机，为辖区所有小区、中小学、幼儿园提供免费的消毒服务。5 月 15 日，双拥路因暴雨出现路面积水，接到求助后，队伍立即赶往现场，在大雨中协助社区转移人员，为附近居民和车辆通行提供安全保障。被邀请做减灾培训超过 40 场，累计参训人数 900 余人次。

【“5•12”全国防灾减灾日集中宣传活动】 为切实提升广大人民群众的防灾减灾意识，增强应急避险自救互助能力，进一步普及防灾减灾知识和技能，提高居民防灾减灾能力，5 月 12 日，浏阳市多部门联合在浏阳市淮川街道才常广场开展以“防范化解灾害风险，筑牢安全发展基础”为主题的防灾减灾集中宣传活动。“教娱结合”是此次防灾减灾集中宣传活动举办的初衷。应急局、教育局、公安局、住建局、交通运输局、红十字会、消防救援大队等部门设立多个宣传展点和防灾知识宣传展板。活动项目设置增强受众群体学习的热情，动员更多市民群众积极参与，营造良好的救灾、减灾、防灾氛围。

9月20日，中澳蓝鹰国防主题公园的教官为学生们讲解人防知识　（汤　永　摄）

【“11·1”人防集中宣传活动】 11月1日上午9点30分，浏阳市举行防空警报试鸣。近年来，浏阳市扎实推进人防宣传“五进”(进机关、进学校、进企业、进社区、进媒体)工作，采取“以奖代补”的形式，建设人防宣教基地——中澳蓝鹰国防主题公园。指导关口中学编制以人防为主题的国防校本课程，定期进行人防公开课展示和组织人防疏散演练，关口中学也成功挂牌“全国国防教育特色学校”；在社区建设人防文化墙和陈列室，积极开展全民国防教育日、人防宣传月、人防应急救灾主题讲座活动。10月25日至11月1日，全市开展一系列人防宣传活动。20个乡、镇、街道以及社区设计并制作宣传展板，宣传人防法律法规和防空防灾技能知识，并组织市民观看人防知识电教片，利用电子显示屏和多种宣传载体加大人防知识宣传教育力度，营造浓厚的工作氛围。11月1日，集里桥社区组织市民进行防空疏散演练和人防宣传活动。同日，人民路二小、关口中学举行人防紧急疏散演练，增强市民防空防灾安全意识。市人民防空办公室在才常广场、浏阳河广场、大润发超市外坪组织大型宣传活动，为市民宣讲人防知识，发放人防宣传资料1万多份，联合《浏阳日报》小记者举办系列宣传活动。

（李鹏飞）

风光桥夜景　　（浏阳市档案馆　供图）

经济管理

综　述

【概况】 2020年是全面建成小康社会和"十三五"规划收官之年，也是经济形势错综复杂、经济下行压力较大的一年。面对突如其来的新冠肺炎疫情，在市委的坚强领导下，在市人大的监督支持下，全市上下坚决贯彻落实中央、省、长沙市各项决策部署，紧紧围绕浏阳市十七届人大六次会议确定的年度发展目标，扎实做好"六稳"工作，全面落实"六保"任务，全力以赴统筹推进疫情防控和经济社会发展工作，经济运行呈现"稳中向好、稳中育新、稳中提速"的良好态势。全市实现地区生产总值增长4.7%（同比，下同）；规模以上工业增加值、固定资产投资、地方一般公共预算收入分别增长6.3%、9.3%、5.33%；社会消费品零售总额下降3.5%；城镇登记失业率2.89%，低于4%控制目标；城乡居民人均可支配收入增长6.0%；主要经济指标增速均排名长沙市长沙县、望城区、浏阳市、宁乡市四县（市）前列。高质量发展、工业高质量发展、质量强省、"双创"、财政管理、高标准农田建设、河长制、文化旅游8项工作获省政府真抓实干督查激励。县域经济实现高位再进位，居全国县域经济与县域综合发展百强县第9位。

【全面小康社会建设】 2020年，浏阳市制定出台《浏阳市高水平全面建成小康社会决胜年行动方案》，落实落细"一脱贫三促进六覆盖"举措，加快补齐全面建成小康社会短板弱项。"一脱贫"顺利完成，全市33个贫困村全部出列，建档立卡15744户49387人全部脱贫；"三促进"成效显著，跃升全国县域经济与县域综合发展百强县第9位；污染防治稳步推进，全年空气优良率达99.7%，浏阳河出境断面水质均值达Ⅱ类，捞刀河、南川河出境断面水质均值达Ⅲ类；社会安全全面增强，交通事故同比下降3.58%，成功创建湖南省首批食品安全示范城市；"六覆盖"大幅提升，义务教育就学保障率为100%，公办幼儿园在园幼儿占比达46.8%，消除教育大班额全面清零，社会保障、农村饮水安全、基层公共服务（一门式）、住房安全保障、农村通组道路等5个方面实现全覆盖。

【宏观经济研究与管理】 2020年，浏阳市发改局编制出台《2020年国民经济和社会发展计划》，强化经济运行情况预测预判，全力做好经济形势分析和相关工作建议。宏观经济稳中有进，全力以赴统筹推进疫情防控和经济社会发展工作，经济运行呈现"稳中向好、稳中育新、稳中提速"的良好态势；通过深入调研、专家咨询、座谈交流和广纳民意等方式，编制形成《浏阳市国民经济和社会发展第十四个五年规划和二〇三五年远景目标纲要》，并经浏阳市十七届人大七次会议审议通过。

【优化营商环境】 2020年，浏阳市围绕服务经济高质量发展主线，紧盯建成营商环境"三化六最"（聚焦法治化、国际化、便利化目标，致力打造全国县域机制最活、审批最少、流程最短、成本最低、服务最优、诚信最好的市县）县市目标，从效能提速、成本降低、权益保障、服务优化等方面全面发力，优化营商环境工作取得明显成效，全年获得4项"国字号"营商环境大奖，分别为蝉联中部唯一中国国际化营商环境建设示范县（市、区）；《2020胡润中国最具投资潜力区域百强榜》；"三集"审批机制被评为第三届（2020）中国营商环境特色评选50强创新案例奖；营商环境百强县排名跃升至第19位。在长沙市优化营商环境绩效考核排名中获第一名。

【项目建设管理】 2020年，浏阳市共计铺排214个重点项目，完成投资684.51亿元，占年度投资计划的141.74%。其中，省重点项目3个，省100个重大产业项目4个，长沙市制造业标志性重点项目3个，项目均超额完成年度目标任务。惠科第8.6代超高清新型显示器件项目已点亮投产，创造14个月建成一座超高清面板生产基地的行业最快速度；泰科天润项目、豪恩声学、蓝思新材料、韵达物流湖南总部基地、盐津铺子休闲食品智能制造基地等项目投产；椒花水库大坝主体工程9月28日正式开工建设；金阳大道三期、天马山隧道改扩建工程等加速推进；长赣铁路建设项目北线方案确定。

【易地扶贫搬迁】 2017年以来，浏阳市易地扶贫搬迁工作在省、市各级领导的精心指导下，在市委、市政府的正确领导下，紧扣"搬得出、稳得住、能致富"的搬迁目标，把易地扶贫搬迁作为精准扶贫工作的重中之重推进，至2020年年末，圆满完成易地扶贫搬迁工作任务，按期完成易地扶贫搬迁户安置住房、配套基础设施和相关公共服务设施建设，实现304户1042人搬迁入住和精准脱贫。

【投资项目管理】 2020年，浏阳市政府投资项目方面，贯彻落实《政府投资条例》，坚决执行化债要求，科学合理编制年度政府投资项目计划，全年政府投资项目539个，计划投资约21.81亿元；国有企业投资项目196个，计划投资约49.89亿元。加大项目审查力度，严把审批关，有效稳控政府投资，全年共办理项目立项审批319件，投资总额111.42亿元，概算审查106个，节约财政资金9785万元。社会投资项目方面，积极实施"集中办公、集合查验、集成审批"三集机制，实现服务力量再整合、服务环节再优化、服务效率再提升。对进入"三集"审批办理的193个重点项目，备案（立项）手续完成率100%；开展"对照一流再提速，跨越赶超促发展"活动，对照杭州等"放管服"工作先进地区做法，将项目核准由原来的5个工作日缩短为3个工作日，全年共受理固定资产投资备案（核准）事项1100件，投资1000亿元。

【争资工作】 2020年，浏阳市共争取到位资金63.2亿元，首次突破60亿元大关，占争资计划的124%。其中，浏阳市发改局完成争资5.52亿元，占发改局全年目标任务的172.6%，老旧小区配套三批次争资额度为全省区县（市、区）第一，有效缓解财政支出压力，强力保障浏阳市项目建设。

【“两型”社会建设】 2020年，浏阳市强力推进示范创建，文家市秋收起义纪念馆获省“两型”清洁低碳技术推广试点；古港镇范市村被评为长沙市“两型”示范村庄；高坪镇船仓村、沿溪镇建设村被评为长沙市“两型”创建村庄；安排“两型”示范创建专项资金，引导学校、村（社区）积极参与，评选“两型”示范学校1所、“两型”创建学校4所；“两型”示范村庄8个，“两型”创建村庄29个；“两型”示范社区2个，“两型”创建社区4个；“两型”示范企业3家。创新开展“两型”宣传，邀请公益宣讲员在14个社区、村开展“两型”公益宣讲活动。完成餐厨油烟治理，7月中旬，2000户老旧小区餐厨油烟治理通过浏阳市初步验收，提前完成上级下达的治理任务。全力保护生态绿心区，坚持常态化巡查，按照“村周巡、镇月巡、市季巡”制度，加强生态绿心区巡查，实现零违规；强化政策宣传，印发8000份新版《湖南省长株潭城市群生态绿心地区保护条例》进村入户；完善界牌界桩，智能化改造绿心地区保护标识，新建2块双面立柱界牌（镇头镇1块，柏加镇1块），修缮1块双面立柱界牌（柏加镇）。新建界牌11块（柏加镇），界桩67根（镇头镇11根，柏加镇56根），界牌界桩全部安装智能终端设备。

【服务业发展】 2020年，浏阳市服务业发展稳中有进，总计31个服务业重点项目纳入2020年度长沙市服务业重点项目库；大力培育服务业新增市场主体，全年新增“四上”服务业单位110家；加速第一、二、三产业融合发展，实现服务业增加值599.61亿元，同比增长3.2%，位列长沙市四区县（长沙县、望城区、浏阳市、宁乡市）第一。

【物价管理】 2020年，浏阳市发改局按照着力疫情防控和复工复产，着力保障和改善民生，着力优化经济发展环境，对本市教育、旅游、电力等行业开展全面的价费巡查工作，有效规范价费行为。积极回应民生诉求，全年共处理“12345”举报32件，网上回复1件，电话咨询63起，解释价格政策80余次，为群众解决实际问题34余件；继续落实房价调控政策，对80余个房地产项目进行价格监制，确保房价在合理区间运行。科学开展价格认定，进行涉案、涉税等价格认定645起，标的11500万余元。

【湘赣边区域开放合作】 2020年年初，湘赣边区域合作分别列入湘赣两省2020年《政府工作报告》，初步纳入国家“十四五”特殊类型地区发展规划；7月，湖南省人民政府印发出台《湖南省推进湘赣边区域合作示范区建设三年行动计划（2020—2022年）》，其中33个涉浏阳市项目纳入百大项目，覆盖十大工程，在湖南省10县（市、区）中比重最大；12月29日，第五届湘赣边区域开放合作交流会在江西省莲花县召开，会上审议通过《湘赣边区域开放合作工作情况报告》《湘赣边红色教育培训合作框架协议》；会议同意接收安源区、芦溪县为交流会成员单位，湘赣边区域合作示范区范围扩充至24个县（市、区），会议着重就不断深化湘赣边乡村振兴、红色文旅、产业发展、生态环保、基础设施等领域务实合作，合力包装推介有关项目推动湘赣边区域合作示范区建设上升为国家战略等方面达成共识。

【能源工作】 2020年，浏阳市发改局围绕“绿水青山、节能增效”，开展线上“节能宣传”，严控新增高耗能项目，上报批复年综合能耗千吨标煤以上项目节能审查1个，指导经开区（高新区）开展区域能评。出台《浏阳市公共机构生活垃圾分类示范单位创建工作方案》，督导全市公共机构开展生活垃圾分类。强化管行业管安全，修订《浏阳市油气长输管道突发事件应急预案》，出台《浏阳市油气长输管道保护专项整治三年行动实施方案》。牵头开展燃煤污染整治，出台《浏阳市2020年燃煤污染整治工作方案》《关于开展燃煤污染源头专项整治行动工作方案》。2020年9月接手电力运行管理职能，调整出台《浏阳市电力工作领导小组》《浏阳市电力安全生产专项整治三年行动实施方案》，修订《浏阳市处置电网大面积停电应急预案》，组织开展浏阳电网2020年迎峰度冬有序用电工作，启动南昌—长沙1000千伏特高压线路工程建设，顺利完成长沙对浏阳电力630攻坚年度绩效考核。

【铁路建设】 浩吉铁路于2019年9月28日通车，其浏阳货运站场（浏阳东站）完善建设工作于2020年12月初开始组织施工，总投资3723万元，计划于2021年6月20日竣工。长赣铁路经市委、市政府积极争取，2020年12月15日，国、省两级同意长赣铁路浏阳北站线建设方案，该铁路湖南省境内线路长132.13千米，浏阳境内线路长62千米，预计总投资约108亿元，其浏阳站为高架站，采用线侧下式站房，车站按2台6线地级站规模布置，以通过作业为主，站房面积为15000平方米。

【招标投标监管】 2020年，浏阳市发改局共完成176个国有投资项目招投标全过程监管，涉及交易金额约17.38亿元，节约资金约1.35亿元。加强市场监管，推动本市工程建设项目招投标突出问题专项整治工作，采用“双随机、一公开”方式对部分项目开展专项检查，对检查中发现的各类问题进行通报，参与市纪委移交的招投标领域大数据分析问题线索调查，核查投标文件66份，约谈投标人员45人，高质量地完成了52条线索的核查任务；对履职出错的专家评委，上报并处罚13人次；对发现的围标、串标等违法行为采取零容忍态度，全年共查办案件15起，共处罚金39.5万元。服务公共资源交易，招标投标事务中心共开展各类公共资源交易活动491个，交易金额5.17亿元，其中小额建设工程项目141个，交易金额2.25亿元，政府采购项目350个，交易金额3.17亿元。

【重点项目招标】 2020年，浏阳市创新工作举措，全力推进工程建设项目新技术，浏阳市中医医院危急重症大楼建设项目、椒花水库达浒集镇安置点配套基础设施项目等4个项目采用全过程工程咨询，浏阳市中医医院危急重症大楼建设项目使用BIM技术，浏阳市新屋岭学校建设项目采用

EPC招标和装配式建筑，共完成国有投资项目中标通知书备案154份，施工合同备案149份。规范制度建设，规范公共资源交易活动，出台《关于进一步规范公共资源交易活动的管理办法》《浏阳市国有投资项目招标代理机构考评管理办法》。全年完成浏阳市中医医院危急重症大楼项目、第四水厂建设项目、新屋岭小学建设项目、南泥湾路（龚家桥—道吾山路）建设项目、燎原路（道吾山路—予倩路）建设项目、博德路建设项目关口街道长兴社区长兴福盛小区配套工程、渭川河下游整治项目等全市重大民生项目招投标。

（陈　敏）

财　政

【概况】 2020年，市财政局顶住经济下行压力，克服新冠肺炎疫情、减税降费政策和花炮企业转型退出影响，圆满完成全年各项工作任务。获省财政厅市县财政管理工作绩效评价情况AA类单位（属九区县唯一入围单位）；财政管理工作被省财政厅纳入2020年度省政府真抓实干表扬激励推荐名单；绩效管理工作连续7年获全省先进；化债工作分别在全省防范化解政府债务风险电视电话会议和全省财政工作大会上作典型推介；“三资”盘活工作、乡镇财政管理工作、预算绩效管理工作、办公室工作分别在长沙市大竞赛专场活动、全省乡镇财政管理工作会议、全省预算绩效管理业务培训会议、全省办公室经验交流会议上作典型发言。市县财政管理、预算绩效管理、财政信息宣传、暂付款清理、乡镇财政管理等20余项工作被评为省、长沙市先进。

【一般公共预算执行情况】 2020年，浏阳市地方一般公共预算收入完成93.44亿元，为调整预算的102.26%，增长5.3%。地方一般公共预算收入中的税占比为76.87%。一般公共预算总支出完成151.50亿元，比上年增加9.42亿元，增长6.63%，其中：民生支出118.03亿元，占一般公共预算支出的78.06%。

【政府性基金预算执行情况】 2020年，浏阳市本级政府性基金预算收入完成84.44亿元，其中国有土地使用权出让收入83.19亿元。政府性基金预算本年支出完成87.57亿元，剔除上级专项追加和上年结转项目4.47亿元，市本级政府性基金预算支出83.10亿元。

【国有资本经营预算执行情况】 2020年，浏阳市国有资本经营预算收入完成1.62亿元，安排国有企业资本金注入支出1.49亿元，调入一般公共预算统筹安排支出0.13亿元，收支相抵，年终结转10万元。

【社保基金预算执行情况】 2020年，浏阳市社保基金预算收入完成51.70亿元（含被征地农民补缴养老保险费12.28亿元），比上年同口径增加8.95亿元；社保基金预算支出完成39.33亿元，比上年同口径增加2.25亿元。

【经批准的政府债务情况】 2020年，省财政厅下达浏阳市地方政府债券资金22.70亿元，其中：新增一般债券1.58亿元，按照上级要求主要用于义务教育“大班额”化解、农村公路、城乡社区等项目；新增专项债券21.12亿元，按照上级要求用于经开区配套公共基础设施、第四水厂建设、人民医院整体搬迁等项目；再融资债券5.31亿元，全部按规定用于置换存量政府债务。2020年年末，地方政府债务限额151.85亿元，实际债务余额151.77亿元。

【疫情防控资金安排】 2月11日，市财政局与人民银行浏阳支行密切对接，建立“绿色通道”，确保新冠肺炎防控物资企业采购专户账户在两小时之内开立成功，保障全市企业的疫情防控物资供应在全面复工前及时到位。2020年，浏阳市财政统筹安排各类疫情防控资金2.4亿元，支持做好防疫物资采购、疫情联防联控、一线防疫人员补助、门面商铺减租补助、禁食野生动物补助、隔离安置点建设工作，健全完善公共卫生应急物资保障体系，全力支持打好打赢疫情防控阻击战，率先被认定为低风险地区。

【专项债券资金安排】 2020年，浏阳市争取并拨付专项债券资金64.12亿元（含惠科项目专项债券资金43亿元）、抗疫特别国债资金2.33亿元、特殊转移支付1.61亿元，加快各类资金拨付使用进度，持续扩大有效投资，全力支持重大项目建设，支持惠科项目主厂房提前1个月封顶，豪恩声学一期、蓝思新材料、泰科天润、韵达物流湖南总部基地、盐津铺子休闲食品智能制造基地、高朗烈酒等项目顺利投产，金阳大道三期建设顺利推进，椒花水库大型水利枢纽工程顺利开工。

【惠企帮扶工作】 2020年，浏阳市坚决贯彻落实上级各项减税降费政策，全年减税降费共6.8亿元，其中减税降费政策翘尾效应减税3.2亿元、新冠肺炎疫情税收优惠政策减税3.6亿元，用“真金白银”为企业“减负”；全面落实阶段性减免企业社保费政策，通过“减、免、缓”的政策叠加，共为企业社保减费6.9亿元，发放失业保险稳岗返还、阶段性失业补助金、创新创业带动就业等补助资金4536万元，为企业发展赋能添力。全面贯彻国家、省、长沙市各项惠企政策，落实长沙市稳定经济运行26条措施，在长沙地区率先出台浏阳市15条应对疫情助力企业发展措施，全面贯彻《关于加快推进夜间乡间网间经济发展的实施意见》《浏阳市优化企业服务十二条措施》等政策。全力开展暖企惠企行动，支持选派564名联络员驻企帮扶，组建20个专项招聘小组奔赴劳务输出大县，疫情期间为蓝思科技等企业招聘员工3.9万人。

【财源培育】 2020年，浏阳市财政局坚持财源培植和财税征管“两手抓、两手硬”，按照“分段定目标、聚力保全年”的要求，积极应对新冠肺炎疫情给经济社会发展带来的不利影响和减税降费政策翘尾带来的减收冲击，实现财税收入的逆势突围、逆势增长，经济发展基础不断夯实。支持出台“三间”经济发展扶持政策，培育打造浏阳5G直播基地和浏阳网间经济孵化器，实现网络交易零售额81.27亿元，增长18.9%。安排招商引资专项经费850万元，全力支持招大引强，引进项目200个，其中投资100亿元以上项目2个；支持新增规模工业企业50家、高新技术企业130家、智能制造试点企业75家、上市（过会）企业2家，培育省级以上“小巨人”企业33家、国家级两化融合管理体系贯标试点企业28家；214个重点项目全速推进，完成投资684.5亿元，占计划投资的141.7%。

【脱贫攻坚工作】 2020年，浏阳市财政统筹投入财政专项扶贫资金8153万元，持续推进“个十百千”产业扶贫工程和“15公里就业圈”建设，全市15744户49387人建档立卡贫困户已全部脱贫，33个贫困村全部退出，全面完成精准扶贫攻坚任务。支持开展“优先本地购、消费促扶贫”“全民消费、全民助力”“全国扶贫日”等主题活动，率先在长沙地区完成“三专”（专馆、专区、专柜）平台建设并投入运行，发动各预算单位预留份额采购贫困地区农副产品，打通扶贫产品销售“最后一步路”。深入推进健康扶贫，全面落实贫困人员参保补助政策，实施健康扶贫一站式结算、困难人群代缴保费等医疗救助政策，实现健康扶贫应保尽保。

【民生保障投入】 2020年，浏阳市聚焦民生福祉，持续加大民生投入，全年民生支出达118.03亿元，比上年增加7.23亿元。城乡居民基础养老金实现十五连涨，达到每人每月208元，城乡居民基本医保财政补助标准从每人每年520元提高至550元，计划生育特别扶助金由每人每月800元提高至910元。发放低保金1.5亿元、特困供养金1亿元、其他各类救助资金6000万元，社会福利持续有效保障。落实就业优先政策，新增城镇就业1.5万人、农村劳动力转移就业8100人，就业局势总体平稳。投入退役军人事务支出1448万元，支持率先建立退役军人就业创业孵化基地，接收3家退役军人小微企业进驻孵化，积极开拓退役军人就业创业新途径。落实重点民生实事，完成3万名农村适龄妇女“两癌”免费筛查、1万名孕产妇免费产前筛查，支付医保资金14.9亿元，贫困人口住院综合保障后报销比例达90%，被评为“2020年中国社会保障百佳县（市）”。

【教育事业投入】 2020年，浏阳市统筹投入教育项目建设专项资金5.9亿元，新建小学2所，改扩建学校21所，创建标准化学校43所，新增学位10310个，全面消除义务教育“大班额”；新改建幼儿园40所，公办园及在园幼儿占比均达50%，公办园和普惠性民办园占比达89.7%。免除各项入学经费8148万元，惠及学生339382人次；投入贫困学生资助资金3332万元，全年共资助贫困学生51076人次，全面落实家庭经济困难学生国家资助政策。生均公用经费标准再提高，城乡义务教育阶段学校生均公用经费提标50元，高中阶段生均公用经费提标400元。大力推进长沙市智慧教育示范区建设，支持新建网络联校主讲及听讲教室140间，入选湖南省县域网络校联体试点县（市）、湖南省信息技术应用能力提升工程2.0试点县（市）。

【污染防治投入】 2020年，浏阳市统筹资金1.53亿元，完成百宜河主管网、长兴湖片区雨污分流和净溪河截污工程，新建城镇污水管网116千米。统筹投入1亿元，完成畜禽粪污资源化利用整县推进项目建设，畜禽粪污综合利用率达到93.06%，规模养殖场畜禽粪污处理设施装备配套率达100%。大力推进浏阳市污水处理厂网一体PPP项目和浏阳市城镇生活污水处理提质增效PPP项目建设，助力浏阳河成功创建全国首批示范河湖，保持出境断面水质均值为Ⅱ类，捞刀河、南川河出境断面水质均值达Ⅲ类，饮用水水源地水质达标率100%。支持推进蓝天碧水净土保卫战，秸秆综合利用率达91.2%，空气质量优良率达99.7%。统筹投入财政专项资金1.9亿元，全力推进农村治厕治垃圾工作，创新“首厕过关制”，完善设施设备、建立专职队伍、健全管护机制，完成无害化改厕10万座，生活垃圾分类行政村覆盖率达100%，被评为“全国农村生活污水治理示范县（市）”。

【城镇建设投入】 2020年，浏阳市统筹投入资金8000万元，深化“一圈两场三道”（15分钟生活圈，停车场、农贸市场，人行道、自行车道、历史文化步道）建设，完善“15分钟生活圈”13个，新建停车场15个，新改建农贸市场2个，成功创建全国无障碍环境示范县（市）。统筹投入交通基础设施建设资金3.48亿元，拉通燎原路、菊花石路、水佳路等9条城市道路，推进天马山隧道改扩建工程，完成浏大、浏永、开元路、浏阳河东路提质改造，新改建农村公路414.4千米。全力支持“一体两翼、一河两岸、一城两站”建设，金阳新城建设步伐加快，浩吉铁路浏阳东货运站场开工建设，浏阳河城区段“一河两岸”文化旅游ABO项目成功招标，总投资约100亿元的水佳片区土地开发项目开工建设。创建国家、省卫生镇18个，建设标准化村（社区）综合文化服务中心20个，入选2020年全国“书香城市”，城市文明和精细管理水平进一步提升。

【乡村振兴工作】 2020年，浏阳市围绕乡村振兴战略，实施新一轮涉农资金整合，整合涉农资金3900万元，支持13个项目村建设。投入村级运转保障经费、村级集体经济发展奖励、村级公益事业建设一事一议等资金1.2亿元，支持新增长沙市农业产业化重点龙头企业22家；组建260个村级供销合作社，吸纳农户2.4万户；全市村级集体经营性总收入4580万元。投入7800万元，大力开展农村宅基地房地一体确权登记，实现应登记颁证率100%。支持举办湘赣边首届花木博览会，打造张坊镇田溪村、小河乡乌石村、葛家镇金源村等一批特色产业村，“浏阳黑山羊”“大围山梨”等5个产品获国家地理标志农产品品牌认证，“大围山梨”获全省首个“国家级农产品地理标志示范样板”。

【债务风险防控】 2020年，浏阳市创新出台《浏阳市乡镇（街道）债务风险预警管理办法》《浏阳市村级债务风险预警管理办法》，建立市、乡镇（街道）、村（社区）三级全覆盖的债务风险预警管理体系。推动水建投完成市场化转型工作，完成省、长沙市下达的保留平台公司再压减1/3目标任务，市级按照“1+1+1”模式组建浏阳市城市发展集团，园区将8家国有企业整合成3家。充分利用资产资源聚集效应，激发国有企业市场化发展潜能，实现以发展促化债。全年到期债务全部偿还，隐性债务超进度化解，65.96%的关注类债务据实明晰为经营性债务，有力推动三类债务之和及综合债务率的持续下降，浏阳市债务风险可防可控。化债工作在全省防范化解政府债务风险电视电话会议上作典型经验推介。

【财政改革工作】 2020年，浏阳市持续深化零基预算改革，把预算编细、编实、编准，提高年初预算到位率，坚持有多少钱办多少事，突出“保重点、压一般”，不断提升预算编制的科学化精细化水平。切实当好“铁公鸡”、打好“铁算盘”，大力压减一般性支出和非急需、非刚性支出，全年压减一般性支出预算1.66亿元，压减率达21%；压减“三公”经费预算2237万元，压减率达31%。进一步完善全面实施预算绩效管理工作体制，继续探索事前绩效评估机制，逐步建立“四本预算”全覆盖绩效管理体系，强化评价结果应用力度，进一步落实将绩效评价结果纳入单位年度考核及评价结果与资金安排挂钩机制。进一步强化预算刚性约束，从严审核各类支出政策，加强对支出政策的财政可承受能力评估，充分考虑当前财力和长远影响。

【“三资”盘活工作】 “三资”是指资金、资产、资源。2020年，浏阳市财政局坚持“盘活存量就是做大增量”的理念，把盘活存量资金、资产、资源作为拓宽财政支出来源、应对财政收入增速放缓和平衡财政收支的重要举措，最大限度地发挥全市资金、资产、资源的使用效益，全年共盘活“三资”17.21亿元。组建市级盘活“三资”工作专班，建立市级联席会议制度，对市直部门、国有企业等单位，从盘活存量资金、国有资产盘活、土地整理出让、城市资源盘活等方面进行具体任务分解，做到责任落实到岗到人、工作措施到位到点。盘活“三资”工作在长沙市专场活动中作典型经验推介。

【省政府发展研究中心调研组到浏阳调研】 12月7日，省政府发展研究中心调研组到浏阳开展涉农资金统筹整合长效机制实施效果专题调研。浏阳市财政局、发改局、农业农村局、自然资源局、水利局、林业局等单位参加座谈。市财政局对浏阳市探索建立涉农资金整合工作进行情况汇报，对《湖南省人民政府关于探索建立涉农资金统筹整合长效机制的实施意见》（以下简称《意见》）完备性、规范性、可操作性、有效性方面展开整体评价，围绕《意见》统筹力度、改革深度、整合效果上进行分析。同时，从出台实施方案，强化统筹整合；建立组织保障，强化协同配合；制定管理办法，强化绩效管理等方面全面剖析浏阳市对《意见》落实情况，并提出存在的问题及建议。另外，通过实例、数据等进一步展现浏阳市开展涉农资金整合工作成效，浏阳市通过开展涉农资金整合工作，建立源头整合、集中投入、高效使用的长效机制，切实提升财政涉农资金使用效益，有效打通制约整合村发展瓶颈，促使整合村因地制宜强化基础，创新模式壮大产业，建成一批产业兴、环境美、经济强、村民富的示范引领村。截至2019年年底，累计整合涉农资金1.4亿元，撬动社会资本投资近3.8亿元，2020年开启新一轮整合工作，明确全年整合资金3900万元，支持13个项目村建设。浏阳市涉农资金整合工作被《湖南日报》等多家媒体宣传并纳入省深改办专报。调研组与各参会单位就涉农资金整合工作进行深度探讨，并对浏阳市涉农资金整合工作开展及所取得成效给予充分肯定。

（杨　丽）

税　务

【概况】 2020年浏阳市税务局下辖第一税务所、第二税务所、淮川税务分局、古港税务分局、官渡税务分局、大瑶税务分局、镇头税务分局、经开税务分局、沙市税务分局。全年累计完成浏阳市政府口径税费收入1225214万元（含社保费和非税收入）。累计完成省口径县级地方收入731716万元，为年度计划725800万元的100.82%，同比增加51127万元，增长7.51%，有效保障地方财力，维护国家税收安全。

【税费征收】 2020年，浏阳市税务局坚守依法组织收入的底线和红线，坚持应收尽收、应退快退、应减全减，努力保障收入高质量、可持续增长。按照市委、市政府“大干一百天、实现双过半”竞赛活动和高质量组织税收收入工作方案要求，集中力量对房地产、医药、金融、建安、非煤矿山等行业开展税收风险应对，全年共组织开展中低风险应对254户；处置反馈个人所得税等各类风险信息1699条，核查税收违法举报信息13户，共查补入库各项税费9841万元，滞纳金268万元。完善“政府主导、税务（人社、医保）主责、银行主办、部门协作、乡镇主抓、村组配合”的城乡居民两险集中征缴机制，不断提高主观努力程度，全面加快社保征缴进度，城乡居民两险征收进度和征缴率均位列长沙地区第一。深化督导考核，加强宣传辅导，想方设法解决难点，打通堵点，积极争取扶贫办、民政、残联等部门的支持配合，及时联系财政、人社、医保等部门做好资金代缴工作，确保特殊人群充分享受社保优惠政策，城乡居民两险覆盖率分别达到94.94%、99.05%，基本实现“有意愿参保人群全面覆盖”的目标。稳步推进机关事业单位自主测算及申报征缴工作，顺利承接企业社保费征管职责划转，全年征收社会保险费134781万元。同时，稳步承接4项省级、2项中央级非税收入。

【税制改革】 2020年，浏阳市税务局积极开展税制改革，稳妥有序做好增值税专用发票电子化试点扩围工作，成立专门机构，细化工作任务和责任分工，做足准备应对新办纳税人

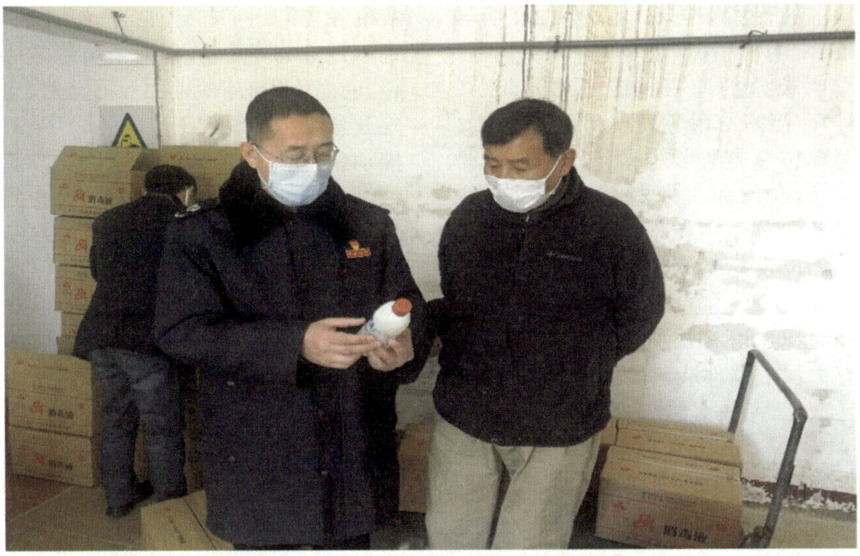

2月18日，经开区税务分局工作人员到区内企业长沙雨花消毒药有限公司了解生产经营情况并辅导税收优惠政策（浏阳市税务局 供图）

开展专票电子化试点。按照“个税改革稳步推进，个税汇缴有效开展”的总体思路，严格落实网格化管理，圆满完成个税改革首个综合所得汇缴工作。客户端使用率和明细申报率均达到100%，汇缴期退税1390万元，补税975万元。落实企业所得税汇算清缴闭环管理机制，加强高风险行业和事项管理，年度汇算清缴企业同比增长29.38%，应纳所得税额增加7773万元。

【优化营商环境】 2020年，浏阳市税务局全员全程全覆盖支持企业发展，支持各类市场主体有效应对疫情，尽快恢复生产经营。建立点面结合、条块管理的“网格化”政策辅导机制，线上线下多渠道开展政策宣传，全局66.33%纳税人接受辅导，有效宣传17130户，基本完成政策辅导宣传全覆盖的目标。对6家省级、19家县级疫情防控重点保障企业建立“一对一”工作机制，从发票用量、个税申报到损失补偿、资金融通等方面提供专业辅导。同时，建立健全上市和挂牌后备企业“营商专员”制度，创新开展“三间经济”专题纳税服务活动，获得中央级媒体和总局宣传平台多次推介。全年新增减税降费（不含社保费）65946万元。全年增值税留抵退税54831万元，其中省级疫情防控重点保障企业惠科光电留抵退税43835万元。对受疫情影响较大的企业给予充分的政策支持和轻微违法豁免，38334户次纳税人享受1%征收率政策减免税款5318万元；受理办结纳税人延期缴纳税款申请41户次4254万元；全年房、土两税疫情减免639户次，减免税额1298万元。全年办理出口退税236623万元。大力推行“非接触”办税，引导纳税人通过电子税务局、手机App等渠道线上办理业务。2020年发票业务网办率居长沙地区第一，网络申报率高于全省平均水平。千方百计压缩窗口办税时间，按照“最多跑一次”“一件事一次办”的要求，调整资源配置，简化办理流程，实现窗口办税再提速，市民之家窗口基本实现“取号即叫号”。开展纳税人满意度百日大提升活动，创新采用“外评＋内督”“前台＋后台”“实体＋线上”等工作方式，全员全域全过程提升纳税人获得感，实现纳税人满意度全省排名靠前，长沙地区领先的目标。

【税收监管】 2020年，浏阳市税务局全面推行税务行政执法三项制度，完善法制审核制度，依法妥善办理行政复议和应诉案件。依托内控平台开展执法督察工作，有效规范税务执法行为。组织学法考法工作和税收执法资格证考试，两项测试参与率和通过率均达到100%。加强信息管税，结合产品分类和黑火药使用量，对内销烟花企业年产值进行合理测算，努力为内销企业创造公平竞争的税制环境。完善“4+2”六大行业管理模式，不断拓展行业管理的广度和深度，采矿（采石）、混凝土（水泥）行业入库分别增长40.98%、50.94%。加强欠税管理，2020年追缴陈欠1562万元，新增欠税规模实现两连降。完善风险管理机制，推广金税三期数据质量监控平台，构建事前、事中、事后全流程数据质量监控体系，监控异常数据11711条，全部在规定时限内进行修改，处理率达100%。做好环保税扩围工作，抓好零申报户管理，入库环保税2364

4月23日，税务工作人员与浏阳北正西商场总经理陈文斌（右一）讨论税收减免的适用问题（浏阳市税务局 供图）

万元。以房地产企业为重点，做好土地增值税日常管理、预征管理、清算审核及清算后续管理，全年土地增值税清算及审核共计查补入库各税5108万元，其中查补入库土地增值税4541万元。开展房土两税疑点核查工作，入库税款865万元。

【浏阳市税务局通过全国文明单位复查确认】 2020年12月，根据中央精神文明建设指导委员会《关于复查确认继续保留荣誉称号的全国文明城市、文明村镇、文明单位、文明家庭、文明校园的通报》（文明委〔2020〕9号），浏阳市税务局顺利通过全国文明单位复查验收保留全国文明单位称号。2018年7月22日，浏阳市国家税务局与浏阳市地方税务局合并为浏阳市税务局，依托原合并前文明创建成果，通过党支部"五化"建设、群团组织建设等工作，以党建带创建，有力促进干部队伍凝聚精气神、熔铸新税务文化。同时，通过"薪传"计划、青年开讲啦等活动，营造全员赶学比超、创先争优的浓厚氛围，将向上、向善理念渗透到税收工作的各个环节，推动税收事业迈向高质量台阶。此外，倡导全局干部及家属充分参与到文明城市创建。围绕党员先锋服务、橙色救助服务等7个志愿主题，常态化开展交通文明劝导、爱心助学、扶贫帮困、孝老护幼等活动，推进文明创建。

表5　　2020年浏阳市税务局各项收入分税种分级次入库情况

单位：万元

项目	本月入库			年度计划	累计入库			
	税额	比上年同期			税额	为年计划(%)	比上年同期	
		增减额	增减(%)				增减额	增减(%)
各项收入总计	167179	14041	9.17		1225214		−13539	−1.09
其中：中央级收入	33888	−15657	−31.60		357738		−60416	−14.45
县级收入	107171	28542	36.30	689308	753249	109.28	45421	6.42
其他收入	40817	15853	63.50		141607		28836	25.57
省局计划口径收入	122018	−1795	−1.45		1043732		−33872	−3.14
一、政府口径收入	124523	−1867	−1.48		1065265		−39578	−3.58
1.增值税	45175	−20471	−31.18		354957		−147405	−29.34
2.消费税	4705	−6787	−59.06		41769		−19679	−32.03
3.营业税		−2674	−100.00		30		−2450	−98.79
4.企业所得税	1695	729	75.47		154633		57020	58.41
5.个人所得税	6233	3684	144.53		45590		4610	11.25
6.资源税	284	171	151.33		2083		762	57.68
7.土地使用税	3907	−584	−13.00		11613		−2640	−18.52
8.城市维护建设税	2671	−345	−11.44		22845		−7513	−24.75
9.土地增值税	38415	14748	62.31		179971		76312	73.62
10.印花税	904	408	82.26		6216		−210	−3.27
11.车船税	2533	461	22.25		27291		7071	34.97
12.房产税	4452	908	25.62		16383		1187	7.81
13.烟叶税					4135		761	22.55
14.契税	10302	7499	267.53		46927		−82500	−63.74
15.耕地占用税	639	419	190.45		126925		80664	174.37
16.环境保护税	103	39	60.94		2364		138	6.20

续表 5-1

项目	本月入库 税额	本月入库 比上年同期 增减额	本月入库 比上年同期 增减(%)	年度计划	累计入库 税额	累计入库 为年计划(%)	累计入库 比上年同期 增减额	累计入库 比上年同期 增减(%)
二、车辆购置税	1839	55	3.08		18342		−2787	−13.19
三、出口退税	56397	3723	7.07		236623		11684	5.19
四、其他费金合计	43320	15898	57.98		163120		23284	16.65
1.教育费附加	1501	−1	−0.07		12836		−3377	−20.83
2.地方教育附加	1004	−71	−6.60		8697		−2329	−21.12
3.残疾人就业保障金	465	329	241.91		2070		−224	−9.76
4.水利建设基金	391	98	33.45		3712		36	0.98
5.文化事业建设费		−4	−100.00		10		−78	−88.64
6.社会保险费	39722	15422	63.47		132806		29256	28.25
7.价格调节基金								
8.工会经费	237	125	111.61		2984		5	0.17
9.国家重大水利工程建设基金收入							−2	−100.00
10.可再生能源发展基金					5		−3	−37.50
五、其他罚没收入	2	−117	−98.32		20		−164	−89.13
六、省口径县级地方税收	104666			725800	731716	100.82	51127	7.51

说明：1. 各级收入均不含出口退税；2. 政府口径收入合计 = 各项税收合计数（不含车辆购置税）+ 教育费附加 + 地方教育附加；3. 编报单位：收入核算科（填报时间：2020 年 12 月）。

（刘　强）

自然资源管理

【概况】 2020 年，浏阳市自然资源局坚持以习近平新时代中国特色社会主义思想为指导，在市委、市政府的坚强领导下，统筹推进疫情防控和经济社会发展，扎实做好“六稳”工作，全面落实“六保”任务，认真履行“两统一”职责（统一行使全民所有自然资源资产所有者职责；统一行使所有国土空间用途管制和生态保护修复职责），圆满完成各项目标任务，在全市季度绩效考核中四个季度均被评为执法服务类一类单位；浏阳市在落实省政府大督查节约集约用地先进单位评选中被推荐为国务院督查激励工作受表彰先进单位；违建别墅清理、违法用地管控工作分别以排名第一和第二获全省先进单位；卫片执法、闲置地处置、“净地”攻坚等工作经验在省、长沙市得到典型推介；房地一体确权登记工作排名长沙第一、全省第六。年内，《人民日报》、中央电视台等中央和省、长沙市多家媒体对浏阳市自然资源局工作进行宣传推介。人大建议和政协提案办理工作面商率、办复率、满意率均达到 100%。

【国土空间规划】 2020 年，浏阳市自然资源局全面开展市级国土空间总体规划、中心城区外 24 个镇、乡国土空间规划和城镇开发边界外 263 个“多规合一”村庄规划的具体编制工作，2020 年年末，已完成市级国土空间总体规划大纲，24 个镇、乡国土空间规划大纲和 40 个省级村庄规划试点成果送审。优化规划服务，总投资逾 1.05 亿元，打造“15 分钟生活圈”13 个，铺排项目 31 个，着力提升城市品质；完成江湾学校、椒花水库等 43 个项目土地利用总体规划修改，有力推动项目落地。优化测绘服务，大力推进“多测合一”，完成测绘业务 1.29 万笔，面积 11200 公顷，实现收入 2074 万元，按政策免收企业测绘业务费用 1200 余万元，浏阳不动产统一登记暨自然资源确权登记试点工作获全国优秀测绘工程奖铜奖，鸿宇城 B 区规划竣工测量项目获湖南省优秀测绘工程奖三等奖。

【耕地保护】 2020 年，浏阳市自然资源局划定永久基本农田储备区 706.6 公顷、补划永久基本农田 6543.3 公顷，推进开发复垦，完成土地开发、增减挂钩项目验收确认 14 个（批次），新增耕地 114.9 公顷，并在全省率先对新建增减挂钩、占补平衡项目开展落实栽种核查，强化耕地后期管护。积极推进全域土地综合整治试点，永安、洞阳等 2 个试点项目获自然资源部批复。4 月 27 日，湖南省自然资源

4月27日，省自然资源厅副厅长金勇章(后排右四)一行到浏阳调研乡镇规划编制工作
(自然资源局 供图)

厅下发《关于转发浏阳市改革创新农村建房耕地占补平衡有关工作做法的通知》，对浏阳改革创新农村建房耕地占补平衡有关工作在全省进行推介。7月16日，农业农村部调研组到浏阳开展农村乱占耕地建房问题联合调研，对浏阳农村房地一体确权登记工作进展和成效给予充分肯定。10月29日，自然资源部耕地司土地征收征用管理处处长孙鲁平一行到浏阳调研耕地保护政策问题。调研组一行先后到柏加山智加花卉苗木有限公司、汇智精品苗木基地、仙湖村石牛塘苗木基地、镇头镇牛头坝中潇建工集团、中潇建工集团苗木基地等地向当地企业、群众了解有关情况，并召开座谈会。

【执法监察】 2020年，浏阳市自然资源局全面落实“月清三地”要求，建立健全“月调度、季讲评、年评价”违法用地整治机制，建立联合惩戒机制，推行有效举报有奖，开展农村乱占耕地建房问题摸排、违法用地整治专项行动，全市存量违法用地全面“清零”，新增违法用地同比下降95%。违建别墅清理、违法用地管控工作在落实省政府大督查节约集约用地先进单位评选中分别排名第一和第二，卫片执法、闲置地处置、“净地”攻坚等工作经验在省、长沙市得到典型推介。

【不动产登记】 2020年，浏阳市自然资源局优化登记服务，同步上线不动产预审、电子证照、在线缴费，所有不动产登记业务实现3个工作日内办结，全年发放不动产权证书7.6万本；投入7800万元，大力开展农村宅基地房地一体确权登记，全面完成调查率100%、应登记颁证率100%的目标。

【用地保障】 2020年，浏阳市自然资源局批回建设用地64批次、5745亩，已进窗待批建设用地53批次、308.7公顷；争取追加城乡建设用地指标333.3公顷，9月8日，自然资源部向省自然资源厅正式复函批复浏阳市椒花水库工程建设先行用地。年内，统筹解决椒花水库项目部分补充耕地指标，减免耕地补充指标费用1.95亿元。完成腾地1201.2公顷、拆迁1302户，实现134个项目征拆“清零”。完成国有土地出让447.6公顷，实现土地出让收入77.4亿元。9月24日，由农业农村部乡村产业发展司副司长刁新育带队、农村第一、二、三产业融合发展用地保障国家联合调研组到浏阳市调研。刁新育充分肯定浏阳在农村第一、二、三产业融合发展用地保障所取得的成效，他表示调研结果将为国家层面制定第一、二、三产业融合发展、促进乡村振兴政策奠定良好基础。11月24日，根据市委、市政府安排部署浏阳市自然资源局向省自然资源厅申请追加的农村居民点用地指标正式获得省自然资源厅批复同意，共追加浏阳市农村居民点建设用地指标约346.9公顷，该指标全部由市人民政府按有偿使用原则统筹管理、统一调配，这是湖南省唯一获得省厅追加指标市(县、区)。

【矿山管理】 2020年，浏阳市自然资源局强化矿山管理，统筹推进非煤矿山依法整顿、砂石土矿专项整治和绿色矿山建设。做好安全生产，严厉打击非法开采，出动人员675人次，扣押作案设备30余台（件），立案16起，移送公安机关7起，追究刑事责任8人，力保全年安全生产无事故。做好地灾防治，全年关闭注销矿山19家，5家矿山企业达到省级绿色矿山建设标准，在全省率先完成绿色矿山建设年度任务，绿色矿山创建经验得到省自然资源厅典型推介。

【地质灾害防治】 2020年，浏阳市自然资源局积极开展地质灾害科普知识宣传，落实汛期地质灾害巡查和24小时值班值守，全年发送地质灾害预警短信286万条，实地调查地质灾害隐患100余次，出具地质灾害调查简报76份。稳步推进山水林田湖草沙整体保护、系统修复和综合治理，67家持证矿山存缴矿山地质环境治理恢复基金6110万元。

【集体经营性建设用地入市工作】 为切实保障农民权益，激发集体经济组织活力，促进乡村振兴，2020年，浏阳市自然资源局用活改革政策，加强入市业务指导，采取多种方式促进集体经营性建设用地灵活入市，实现农民、村集体、企业三方共赢。一方面，支持调整入市。对拟入市项目占用地类为农用地且符合规划的地块，通过购买异地建设用地指标，取得拟入市项目新建地块的建设用地审批文件，可实现调整后入市。另一方面，鼓励就地入市。对符合国土空间规划、用途管制要求，且依法取得的存量集体建设用地和新增建设用地的地块均鼓励入市。2020年共完成集体经营性建设用地入市156宗，面积3343.16

3月31日，省自然资源厅党组副书记、副厅长赖馨正（右二）一行到浏阳调研违建别墅清理和地质灾害治理工作
（自然资源局　供图）

亩，成交总价款6.0511亿元，农民及农村集体获得收益达1.8亿元，惠及村集体经济组织97个，受惠农民达30万人。12月24日《中国自然资源报》专题报道浏阳集体经营性建设用地入市工作。

【惠科长沙基地项目土地利用总体规划获得审查通过】 1月9日，国家级浏阳经济技术开发区惠科长沙基地项目涉及永安镇土地利用总体规划的修改成果，经省自然资源厅审查通过并备案，为项目落地提供用地保障。该项目位于永安镇礼耕村，总用地79.09公顷，是湖南省2019年重点建设项目之一，计划投资130亿元，投产后预计实现年产值320亿元，年创税收15亿元。项目的实施将进一步补充完善长沙市显示功能器件产业链，对推动浏阳地区产业转型升级、打造全国技术领先的显示功能器件产业集聚区具有重大意义。

（胡颖博）

审　计

【概况】 2020年，浏阳市审计局在市委、市政府和上级审计机关的正确领导下，紧紧围绕全市发展大局，大力加强审计队伍思想政治建设、能力建设和反腐倡廉建设，始终坚持“依法审计、服务大局、围绕中心、突出重点、求真务实”的工作方针，圆满完成各项审计工作任务。全年完成审计项目29个，发现问题354个，提出审计建议91条，查出问题金额319746万元，其中：违规金额2597万元，损失浪费金额106万元，管理不规范金额317043万元，审计收缴资金2319万元。全年累计发表信息24篇，其中《中国审计报》刊登15篇，《区县动态》刊登4篇，《时刻新闻》2篇，《中国审计》杂志3篇。继2019年荣获全国审计联通宣传工作先进单位之后，在2020年度再次获此荣誉。“浏阳市2016—2018年度强农惠农财政补贴资金‘一卡通’专项审计调查”项目分别获得长沙市优秀审计项目一等奖、湖南省审计厅优秀审计项目。2月8日，湖南省文明精神建设指导委员会印发《关于表彰2020届湖南省文明城市、文明村镇、文明行业、文明单位、文明标兵单位、文明家庭、文明校园、文明标兵校园的决定》（湘文明委〔2021〕3号），浏阳市审计局被评为湖南省级文明单位。

【助力全面从严治党】 2020年，浏阳市审计局深入推进规范权力运行的审计监督，重点关注违反中央八项规定精神及反“四风”工作要求的现象和行为。查出审核把关不严、虚报冒领、违规发放津补贴、违规经商办企业等问题，出具移送文书14份（含专报），追回违规资金152.5万元，党纪立案3人，诫勉谈话13人，提醒谈话13人，通报批评2人，监委发出监察建议1份。支持配合市委、市政府重点工作，长期抽调5人参与市委巡察、5人参与省委巡视，20余人次参与全市作风督查、民生资金检查等，为浏阳市案件查办、巡视巡察、督查检查等提供强有力的人才支持。

【领导干部履行经济责任能力培训】 为规范权力运行，发挥审计风险预警作用，12月26日，中共浏阳市委组织部和浏阳市委审计办联合举办“浏阳市领导干部履行经济责任能力培训”，培训对象为乡镇（街道）、市直单位领导和财务负责人。市审计局党组成员、副局长杨旭主讲，培训主要内容新时期领导干部经济责任审计工作和中央两办新规定解读，从两办新规定修订背景、主要内容以及新旧对比等方面对两办新规定进行全面、客观的讲解，同时对近年来经济责任审计的重点事项和风险点进行梳理归类，并以案释法。

【预算执行情况审计】 2020年，浏阳市审计局围绕政府预算体系的规范性和完整性，预算编制与执行的真实性、合法性、效益性，以及国家财税政策措施贯彻落实情况，完成对市本级、教育系统、商务局、民政局、市容环境卫生维护中心、公路建设养护中心进行重点审计，5个预算执行部门预算执行情况的审计，发现资金闲置、资金效益不佳等问题，推动盘活闲置资金资产，促进政府部门单位精打细算过紧日子。

【领导干部经济责任审计】 2020年，浏阳市审计局贯彻落实《党政主要领导干部和国有企事业单位主要领导人员经济责任审计规定》的新要求，及时调整和完善经责审项目的审计内容、程序和报告。按照“党政同责、同责同审，突出重点、聚焦关切，任中为主、频次适当，注重结合、资源统筹”的原则，聚焦权力集中、资金资产资源富集、关系民生的重要部

12月26日，中共浏阳市委组织部和浏阳市委审计办联合举办浏阳市领导干部履行经济责任能力培训（浏阳市审计局　供图）

门和岗位，围绕领导干部权力运行和经济责任落实情况，对7个单位、11名领导干部开展经济责任审计。重点关注领导干部任职期间公共资金、国有资产、国有资源的管理、分配和使用情况，共发现问题116个，查处违规金额637.01万元，管理不规范金额14903.58万元，向纪检监察部门移送案件线索文书1份，提出审计建议22条。

【政府投资审计】　2020年，浏阳市审计局按照政府投资审计项目“三转变”要求，围绕政府投资项目的程序、资金、管理、绩效等情况，开展对市经开区北园污水处理厂项目阶段性跟踪审计、2020年重点建设项目阶段性跟踪审计，同时对市高新区2018年至2019年政府投资项目专项审计、市财政评审中心2019年7月至2020年6月结算(决算)评审项目质量情况专项审计调查，发现存在项目建设前期准备不足、项目实施现场管理不规范、项目资金使用不合理等问题。

【民生专项资金审计】　2020年，浏阳市审计局加强对“六稳”“六保”任务落实情况的审计，重点关注惠农补贴资金、就业、疫情防控专项资金和复工复产相关政策落实情况，发现向政策落实不到位、失业保险基金使用不合规、应急物资采购不规范等问题，促进政令畅通、令行禁止。

【财政债务审计】　2020年，浏阳市审计局围绕防范化解债务风险，开展对浏阳市本级（含经开区、高新区、乡镇、教育系统、卫生系统）2019年度政府性债务情况进行专项审计调查，重点抽查2家医院、3家平台公司及其子公司，7家国有企业政府性债务举借、使用、债务风险及防范化解，融资平台公司转型等方面情况。发现贯彻落实中央、省委省政府要求不够到位、新增债务举借不够规范、债务风险及防范化解难度较大等问题。

【扶贫攻坚审计】　2020年，浏阳市审计局对浏阳市2019年度脱贫攻坚政策措施落实、扶贫资金分配管理使用，以及扶贫项目建设运营等情况进行专项审计调查。审计共抽查16个乡镇、44个行政村、38个扶贫项目，入户调查农户119户。发现存在精准扶贫政策措施落实不到位、扶贫资金管理使用不规范、扶贫项目建设管理不到位、绩效不佳等问题。

【自然资源资产和环境保护审计】　2020年，浏阳市审计局对浏阳市大围山国家森林公园自然资源资产进行专项审计调查，重点审计调查湖南省浏阳大围山国家森林公园管理处及相关单位对森林公园自然资源资产保护、利用和管理等方面情况。发现规划实施、自然资源资产管理不够到位、自然资源资产开发利用不够规范、自然资源资产保护有待加强等问题。

【国有企业审计】　2020年，浏阳市审计局围绕落实改革任务情况、重大投资决策及投资绩效以及企业资产负债损益情况，开展市国有企业资本经营管理情况专项审计调查和市城市建设集团有限公司资产负债损益情况的审计，审计重点抽查29家国有企业及其子公司，查出国有企业监督管理不到位、运营管理不够规范、资产管理有待加强、有关法律法规和财经纪律执行不够严格等问题22个，提出审计建议7条。

【审计整改】　2020年，浏阳市审计局督促被审计单位对审计提出的问题和建议整改到位，2019年度市本级预算执行和其他财政收支审计工作报告主要反映五大类20项65个具体问题，截至2020年末，已整改或基本整改到位49个、尚在整改中16个。针对审计提出的建议，市政府及相关部门出台8项制度进行规范，审计“治已病、防未病”作用得到进一步彰显。继续加大案件线索移送力度，全年出具移送处理书14份(含专报)，追回违规资金152.5万元，党纪立案3人，诫勉谈话13人，提醒谈话13人，通报批评2人，监委发出监察建议1份。

【审计基础工作】　2020年，浏阳市审计局精准把握审计机关首先是政治机关的定位，坚持党对审计工作的集中统一领导，树牢“四个意识”，坚定“四个自信”，做到“两个维护”。构建顺畅的审计委员会工作机制和经济责任审计联席会议制度，严格执行重大审计事项请示报告制度，及时呈报审计要情专报，推动解决突出问题，发挥审计风险预警和决策参谋作用。主动协助配合上级审计机关对浏审计事项，牵头召开迎审调度会10余次；对市党政主要领导干部经济责任审计、2020年第三季度区县（市）重大政策措施落实情况跟踪审计等涉浏审计项目，市审计办积极做好牵头联络，做好征求意见和整改情况反馈，保证问题整改到位，并得到上级审计机关的认可。

12月，市审计局组织开展2020年度审计项目业务质量评比活动

（浏阳市审计局　供图）

【审计项目质量评比】 为进一步规范审计行为，提升审计项目质量，打造精品审计项目。12月，市审计局组织开展2020年度审计项目业务质量评比活动。由法规审理科牵头，从各科室抽取业务骨干组成3个评分小组，严格以优秀项目评分标准为依据进行评分；围绕审计程序、审计实施方案、审计证据与工作底稿、审计文书、审计整改检查等11个方面46项具体要求，进行全面细致的检查评审；在评选工作中，逐一注明扣分依据及事项，并实施交叉复核，确保评审结果客观公正；对评选结果进行通报，对自检出来的问题进行汇总点评，并深刻分析产生的原因，督促各科室及时整改。通过评选活动，找项目质量差距，补审计质量短板，切实增强审计人员的创先争优意识，充分发挥优秀审计项目的示范引领作用，全面提升审计项目质量。

（张　丽）

统　计

【助力高质量发展】 2020年，浏阳市统计局扎实抓好13个专业报表和7个抽样调查，圆满完成全年各项调查任务。2020年全市GDP增长4.7%，规模以上工业增加值增长6.3%，固定资产投资增长9.3%，社会消费品零售总额下降3.5%，各项数据指标在长沙排名前列。全力服务“大干一百天、实现双过半”竞赛活动，实行统计数据日报告、周调度、月分析制度，全年撰写《决策参考》25期，创历年之最，精心编制年度《数据浏阳》，为市委、市政府科学决策提供高效服务。疫情期间，围绕助力企业复工复产撰写多期专题分析，受到中共长沙市委常委、浏阳市委书记黎春秋在全市会议上表扬；全面建成小康监测分析获得黎春秋批示，要求市委常委会会议专题研究。

【疫情对经济运行影响监测预警】 2020年，浏阳市统计局组织人员对企业进行线上调研，就疫情对全市经济运行的影响进行监测预警，撰写《疫情对企业复工复产影响的调研分析》等报告，得到市领导的认可。2月15—18日，浏阳市民意调查中心开展新冠肺炎疫情防控宣传工作情况民意调查，为市委、市政府了解掌握疫情动态，部署疫情防控工作提供重要参考。同时，密切关注重点行业、重点区域、重点企业，采取一周一调度的形式，主动及时地抓好监测预警，紧扣与乡镇（街道）、部门对接衔接做好疫情防控服务。

【重大普查工作】 2020年，浏阳市统计局认真做好第七次全国人口普查工作，选聘“两员”（普查指导员、普查员）4080人，组织开展人员培训共35场近5000人次，划分普查区324个，普查小区3975个，标绘建筑物32.9万个。完成全市短表登记人口信息197万余条，长表登记4.1万多户。本级在长沙专项试点基础上，增设4个在人口分布上较有代表性的试点村，并安排专项经费24万元，高质量完成占长沙市近1/3工作量的建筑物标绘工作。统筹推进统计数据发布和共享，围绕“十四五”规划编制、三大攻坚战等重要工作，积极开发普查数据，提前完成第四次全国经济普查成果开发课题选择及浏阳市统计年鉴编辑相关工作。

【统计改革创新】 2020年，浏阳市统计局全面落实GDP（国内生产总值）核算、“一县一特”、固定资产投资、劳动工资、服务业等重点领域统计方法制度改革，组织专班专题研究，确保改革平稳过渡。创新推进基本名录库和联网直报数据库建设，按照“三个一批”原则，全面清理整顿在库企业，全年退库386家，数据库质量全面提升。率先推行“四上”企业入库“四严”管理标准，新增单位入库实现100%现场核查，全年新增“一套表”单位309家，位列长沙九区县第一。

【基层基础工作】 2020年，浏阳市统计局以“两办”名义出台下发《关于进一步加强依法统计依法治统工作的通知》文件，制定《深入推进统计基层基础规范化建设工作实施方案》，系统提出基层统计规范化建设标准和要求，从制度层面为全市统计基层工作提供有力保障，创建省级示范统计站1个，长沙市优秀统计站10个，源头统计数据质量明显提高。实行领导联区干部联乡制度，全年到乡镇、企业开展统计业务指导120余次，统计数据核查300余次，统计基层基础工作更加规范。创新统计业务培训方式，采取“圆桌”讨论、经验分享、专家授课等形式，分批次分专业分区域对基层统计员开展培训，基层统计队伍专业素养全面提升。

【依法治统工作】 2020年，浏阳市统计局以“统计开放日”“统计法治宣传月”“重大普查”等特色活动为载体，开展形式多样的统计法律法规“七进”活动，发放《领导干部统计法律知识小读本》《2020年统计法律法规和统计业务知识汇编》等宣传资料1万余份，全市关心支持统计的氛围不断浓厚。严格统计监督，严守联网直报“四条红线”，对20家报表单位开展“双随机”执法检查，立案查处1家；邀请上级统计执法监督机关对16家报表单位开展统计执法检查，统计数据质量的保障不断加强。选派2人参加省统计局组织的国家统计执法证培训和考试，全局持有国家统计执法证的人员增至3人，统计执法监督力量不断充实。

【社情民意调查】 2020年，浏阳市统计局围绕国家、省级创建和长沙对浏绩效考核开展民调工作，全年承接和开展复工复产、居民幸福感、社会治安综合治理、园林绿化满意度、疫情防控宣传、“党建+微网格”、绩效考核、人大、公安禁毒、财政保险公司等社情民意调查项目10个，累计有效调查36900多人次，为考核和创建工作提供了坚强统计保障。精准开展百强县（市）评比指标预测预警动态分析，2020年《第二十届中国县域经济与县域综合发展报告》中，浏阳县域经济基本竞争力名列第11位，县域经济与县域综合发展名列第9位，较上年均前进1位，圆满实现“十三五”目标。

【“五查五看”专项行动】 2020年，浏阳市统计局为防范和惩治统计造假弄虚作假，切实提高统计数据质量，2—4月，浏阳市统计局组织开展统计工作“五查五看”专项行动。制定《浏阳市统计工作“五查五看”专项行动工作方案》，明确具体措施，具体责任人员，确保专项行动落实到位。分四批组织辖区所有乡镇、街道统计人员开展统计法律法规和统计业务知识专题培训，制定并发放法律读本200余册；组织开展排查整改，针对五个方面的重点工作，对标对表，逐项逐条摸排自查，对排查存在的问题和不足及时制定相关措施，做到立查立改，即知即改，确保专项行动取得实效。

【第七次全国人口普查专项试点工作】 5月20日，浏阳市第七次全国人口普查专项试点工作在集里街道星镇村启动，市人普办指导试点村高标准选聘“两员”（普查指导员、普查员），点对点对选聘的“两员”开展普查小区划分、绘图和入户摸底培训，同时，加强与公安、民政等部门对接，获取有效部门行政记录。通过《浏阳日报》等媒体，加强对人口普查工作的宣传力度，不断提升公众知晓度。在市普查办的指导下，通过普查人员入户摸底，截至6月15日试点工作圆满结束，集里街道星镇村共计普查575栋建筑物，555户2810人。

【“党建+微网格”工作民意调查】 2020年，浏阳市统计局为深入推动“党建+微网格”工作，全面了解全市基层党员群众对“党建+微网格”的工作评价，按照中共浏阳市委组织部安排部署，浏阳市民意调查中心分季度对“党建+微网格”工作开展民意调查。调查采用计算机辅助电话访问系统（CATI），面向32个乡镇街道开展随机抽样调查，累计完成1920个成功样本。调查问卷共分为微网格长、被联系对象两部分，重点了解微网格长联户、收集解决问题、工作培训情况，及被联系对象满意度、联户微信群活跃度等。浏阳市“党建+微网格”工作在全市疫情防控、基层治理等工作中发挥至关重要的作用，通过开展“党建+微网格”工作调查，为推进党建引领基层社会治理创新提供重要的民意参考。

【开展校企研讨交流活动】 2020年8月18日，浏阳市统计局组织开展乡村产业振兴的金融支持及其溢出调查交流活动，邀请湖南工商大学财政金融学院院长刘赛红和部分涉农企业家代表参加活动。座谈会上，市统计局负责人介绍浏阳市特色农业产业发展状况。刘赛红通过与企业家代表深入交流，探讨分析企业发展中遇到的各种金融难题。活动中先后到镇头镇油茶基地和柏加镇苗木基地实地调研，了解油茶产业、花卉苗木产业的发展现状。刘赛红就农村金融产品种类少、产业链附加值增值难、资金周转周期长等具体问题与合作社负责人展开探讨，一起为解决企业实际问题出谋划策。通过此次交流活动，进一步加强企业与高校的沟通联系，提高农业统计服务水平，助推乡村产业振兴发展。

【统计宣传月活动】 9月20日，由浏阳市统计局在天虹商业广场举行“大国点名没你不行”的第十一届“中国统计开放日”暨第七次全国人口普查宣传月启动仪式，现场设立宣传台、展板、签名墙，工作人员通过发放人口普查宣传彩页、手提袋等宣传资料向过往群众宣传统计知识、统计法律法规，促进社会各界了解和支持统计工作。“中国统计开放日”是由国家统计局创办，旨在庆祝“世界统计日”成立，同时推动中国统计公开透明，更好地服务于社会。从2010年起，每年9月中旬即为“中国统计开放日”。2020年“中国统计开放日”恰逢本年度开展的第七次全国人口普查，市统计局通过举办现场宣传活动、媒体发布信息造势以及线上线下联动等方式组织开展统计宣传和人口普查宣传。

【省统计局到浏阳调研】 10月28日，省统计局党组书记、局长刘文杰一行7人到浏阳调研经济社会发展和统计工作。调研组一行先后实地察看经开区盐津铺子食品股份有限公司、湖南泓瑞中药饮片有限公司、长沙义和车桥有限公司，了解企业生产经营现状，并与企业统计工作人员交谈，深入了解企业统计工作组织、人员配备、联网直报等情况，督促企业夯实统计基础工作，完善统计台账，抓好统计业务培训等工作；到浏阳市网间经济孵化器，了解浏阳数字经济发展情况；由长沙市统计局局长汤建尧主持召开汇报座谈会。会议由中共浏阳市委常委、常务副市长邓阳锋就浏阳经济社会发展和统计工作作汇报。调研组对浏阳经济发展和统计工作给予充分肯定，并就走访过程中发现的问题和不足进行充分沟通和深入交流。围绕习近平总书记到湘考察的重要讲话精神，对标高质量发展目标，调研组对浏阳统计工作提出要持续深入推进依法统计和依法治统，提升数据质量；要深化统计制度、体系改革；要夯实基层基础工作，加强队伍建设；要加强分析研究提升统计服务水平和能力，为经济社会发展贡献统计力量四项要求。长沙市委常委、浏阳市委书记黎春秋，浏阳市委副书记、市长吴新伟，长沙市统计局党组成员、副局长扶文武，浏阳经开区（高新区）党工委委员、管委会副主任张浩平，浏阳市统计局党组书记、局长李峰等陪同调研。

【第七次全国人口普查操作系统业务培训】 10月13日，浏阳市第七次全国人口普查（以下简称"七人普"）领导小组办公室组织开展七人普操作系统业务培训，全市32个乡镇街道共70余名负责人员参加培训。此次培训主要讲解七人普数据处理软件并在现场操作演示，同时针对前期入户摸底工作中存在的主要问题再作强调。浏阳市统计局党组成员、副局长夏广奎要求：一是担责任。要求各人普办主任及专干一定要担当好岗位责任、管好自己的人和事。二是建机制。要求各地要严格执行日报告制度，在值班调度、问题解答、风险防控、安全保密等方面要结合各乡镇街道实际情况建章立制，确保所有事项均有章可循。三是抓重点。对于重点区域（学校、企业等）、重点人群（外地人员、租户、高中以上住校生等）、重点数据（常住人口、出生及死亡人口、外籍人口等）、重点环节（入户采集、数据比对、排重等）要科学铺排、统筹推进。四是补业务。对实际工作中出现的各类问题要及时总结、认真研究与答复，确保口径一致、执行准确，尤其对于工作流程、工作要求、登记方式、指标口径、程序使用等都要精通。五是强质量。真正做到绘图完整、标注清晰、不重不漏，确保本次普查数据与全市人口现状相符合。

（张辉珍）

市场和质量监督管理

【概况】 2020年，浏阳市市场监督管理局在市委、市政府的正确领导下，创新工作机制，强化工作举措，将企业开办时间、企业注销时间压缩至1个工作日，实现企业开办"零成本"。全市新增商事主体19741户，商事主体总数达到116090户，同比增长19.44%；办理各类许可8910件，全市后置审批办证率达到85.36%；指导企业办理专利权质押融资2.048亿元，动产抵押融资3.2亿元；全市有效商标注册量达17154件，商标有效注册总量十年蝉联中部县市榜首；全年企业上报620项标准，领跑长沙地区。全年完成计量器具强制检定11580台（件）；加大案件查处力度，立案914起，受理投诉8652起，为消费者挽回经济损失519万元。9月23日，市市场监督管理局驻园区服务产业发展工作站在市两型产业园成立。6月30日，在省食安委组织召开的全省深化民生领域突出问题整治统筹做好疫情防控和食品安全工作会议上，浏阳以总得分第一名的成绩，成功创建湖南省首批食品安全示范市；年度食品安全公众认知和满意度位列长沙九个区（市、县）首位；12月28日，浏阳市市场监督管理局被评为全省特种设备安全监察工作优秀单位；2021年1月26日，湖南省人民政府办公厅下发《关于印发2020年真抓实干督查激励措施的通知》，浏阳市质量工作以排名第一被通报表扬；2021年2月21日，省食安委通报2020年湖南省食品安全工作评议考核结果，公布2020年湖南省食品安全工作A级（先进）单位，浏阳继2019年后再次成功被评为A级（先进）单位。

【疫情防控】 2020年，浏阳市市场监督管理局立足部门职能，加强疫情防控工作做好稳价保供工作。加强对农贸市场巡查，严查野生动物交易行为；加强对冷链食品的监管，对全市冷库进行全面排查，将食品生产经营单位的进货查验和消毒落实情况作为检查重点，对来源不明的、无消毒证明的进口冷链食品进行依法处置；加大对防疫用品、民生用品等重要商品的价格监管力度，严厉打击哄抬物价、制售假劣防疫产品等违法行为，查办疫情相关违法案件49起，其中张某销售无产品质量合格证明、无中文标示的口罩案被国家市场监管总局评为"双打"典型案例。

【夜间餐饮市场与网络外卖管理】 2020年，浏阳市市场监督管理局坚持服务执法并举，加强疫情期间食品安全监管，有效防范食品安全事故的发生；加强对餐饮行业的监督指导，提升餐饮行业管理水平，围绕北正西商圈、君悦城美食街等五个夜间餐饮主题街区，打造"杯莫停" "青悦溪"等一批特色鲜明的网红打卡点。同时，加强网络外卖、网络超市等新兴业态环节的监管，制定《网络外卖标准化配送站点必达标准》，推进外卖标准化配送站建设，全面清理查处无证、假证、套证等"黑外卖"，促进网络餐饮行业的发展。

【服务大竞赛活动】 3月2日，浏阳市启动"大干一百天、实现双过半"竞赛活动，将303个重点项目（含长沙、浏阳两级）纳入竞赛调度考核，全力推动社会经济快速全面恢复。浏阳市市场监督管理局抓好生物医药产业链工作，积极主动作为，加强与上级部门的衔接协调，在疫情期间协助23家口罩企业申请办理医用口罩注册证、备案证，推动生物医药产业的发展；在市场主体增数量提质量上下功夫，配合抓好综合治税、总部经济、企业上市、小升规、个转企等工作。上半年，市场主体逆势增长，同比增长23.29%，为"大干一百天、实现双过半"大竞赛活动作出积极贡献。

【商事改革工作】 2020年，浏阳市市场监督管理局深化商事改革，构建宽松便利的准入体系。着力"一次办"：推行"一业一照" "一业一证"改革，对药品经营、医疗器械经营、食品经营、小餐饮4个行业，实行经营许可和市场主体登记事项合并办理，"准入容易准营难" 现象得到根本改变；全面推行食品经营许可告知承诺制，共受理告知承诺件2178个；实行容缺受理，对具备基本条件、主要申报材料齐全且符合法定条件的予以容缺受理，共接收容缺受理材料160余份。着力优流程：推行一窗综合受理，实行集成服务，实现"一窗受理、一套表单、内部流转"。将企业设立登记时间压缩至4个小时，实行并联审批，企业开办时间压缩至1个工作日。推进企业综合注销改革，5个注销环节可1日办结，企业开办、注销实现"一日办结"。今年全市新增商事主体19741户，总数达到116090户，同比增长19.44%。着力强服务：采取政府购买服务的方式，对新设立登记注册的企业实施印章刻制、打印复印、帮代办、证照寄递免费，实现企业开办环节"零成本"；加快推广全程电子化登记，采取"不见面"审批方式开展全程线上指导，推动市场登记服务从窗口办理向线上、线下同步办理延伸，让企业登记"零见面"成为现实，网上审核4243户；实施集群注册，突破传统"一址一照"限制，实现了"一址多照"，企业、个体户集群注册629户。

【市场监管改革创新】 2020年，浏阳市市场监督管理局推进事中事后监管，打造公平竞争的市场环境。创新事中事后监管模式，推进"双随机、一公开"(随机抽取检查对象，随机选派执法检查人员，抽查情况及查处结果及时向社会公开)监管，对"学校食堂、企业、养老机构"等重点领域的29项事项开展"双随机、一公开"抽查；充分发挥牵头抓总作用，推进部门联合"双随机、一公开"抽查工作，开展部门联合双随机抽查12项，拓宽抽查范围，逐步实现"进一次门，查多项事"。同时，加强公平竞争审查工作，审查存量文件90个。其中，继续保留77个，因发文机构变更修订6个，因时限有效性到期而废止6个，因妨碍统一市场和公平竞争文件而废止1个。在省交叉督查中，浏阳市公平竞争审查工作得到省交叉督查组领导的高度肯定。

【市场诚信体系建设】 2020年，浏阳市市场监督管理局进一步完善信用监管机制，营造知信守信的社会氛围。加强诚信体系建设，做好企业年报工作，企业年报率达89.69%；大力推进信用宣传，弘扬诚信文化，配合做好"诚信建设万里行""诚信之星"评选工作；加强信用修复工作，及时处理"信用长沙""信用浏阳"反馈的修复信息，为企业打造良好的信誉度保驾护航；推进"守合同重信用"企业评选工作，规范管理经营异常名录，逐步建立"守信激励、失信惩戒"的信用监管机制。

【食品安全监管】 2020年，浏阳市有食品生产企业478家，食品相关产品生产企业75家，食品流通单位14780家，社会餐饮服务单位9159家，获证单位食堂1449家，规模种植养殖基地519家。加强食品安全监管，出台《浏阳市党政领导干部食品安全责任清单》，市委常委会、政府常务会专题研究食品安全工作4次，市委、市政府主要领导采取"四不两直"检查食品安全工作8次。加强村社区协管员队伍建设，划分基础监管网格1800余个，巩固食品安全监管横向到边、纵向到底的监管体系。严格日常监管。对2.5万余户食品及食用农产品生产经营单位建立重点监管台账。强化靶向监管，全年开展食品定量抽检6149批次。针对群众关注度高的问题，开展有针对性的食品专项整治行动，实现对风险领域的靶向监管，2020年全市无Ⅳ级及以上食品安全事故发生。

【食品安全依法治理】 2020年，浏阳市市场监督管理局组织开展食品安全风险等级评定，推行问题隐患销号制度，实施农村聚餐活动申报备案，有效防范食品安全风险。完善食品安全事故应急预案，开展食品安全示范性应急演练，应急处置能力大幅提升。坚持违法严惩。始终保持对食品安全违法犯罪行为的高压态势，加强行刑衔接，推进执法信息共享，狠抓大案要案查处，办结食安案件427件，涉刑移送公安机关案件5件。坚持问题严治。围绕食安监管热点难点，对食用油、米面及制品、学校及周边、"三小"等重点品种和重点场所开展专项整治，推进"护源""护苗""护老"等12大攻坚行动。畅通投诉举报渠道，受理各类食品安全投诉举报546起，兑现举报奖励5万余元。

【质量认证服务】 2020年，浏阳市市场监督管理局引进2家第三方质量认证服务机构，实现省内县级质量认证服务机构零突破，开展认证服务100余次，质量认证数量、质量领跑全省；推进"百城千业万企对标达标提升专项行动"，以烟花爆竹行业为试点，组织烟花爆竹企业开展326项标准比对。持续推进标准自我声明公开，全市企业标准自我声明公开1592项，涵盖2527种产品，居全省县域首位；推进检测服务，强制检定计量器具1.1万余台，25个农贸市场开展食品快检59000余批次。

【品牌产品保护】 2020年，浏阳市市场监督管理局积极引导企业增强品牌意识，指导企业提升质量管理水平，为企业增强市场竞争力。"浏阳茶油"成功注册国家地理标志证明商标，成为浏阳市第7个国家地理标志证明商标；盐津铺子被评为"省长质量奖提名奖"，浏阳市骨伤科医院名誉院长江林被评为"第二届长沙市市长质量奖"；大瑶镇南山村、淳口镇源佳油茶基地被确立为省级标准化示范区。

【产品质量监管】 2020年，浏阳市市场监督管理局严管严控产品质量，深入推进联合执法，重点工业产品评价性监督抽检合格率稳定在94%以上，全年未发生产品质量安全事故。深入开展烟花爆竹质量提升行动，完成烟花爆竹及原辅材料产品质量监督抽检596家、产品984批次，立案查处烟花爆竹质量违法行为130起，没收并销毁烟花爆竹产品1000余件。

【知识产权保护】 2020年，浏阳市市场监督管理局加强知识产权保护，维护企业合法权益，组织开展知识产权执法"铁拳"行动和假冒"浏阳河"酒等专项整治行动，严厉打击侵犯商标、专利、地理标志知识产权等违法行为。全年共查处专利行政执法案件78件，专利行政处罚案件3件，商标侵权行政处罚结案30件；积极推进"品牌兴市"战略，推动出台扶持政策，鼓励、支持企业和行业协会申报地理标志，协助孝文电子成功注册马德里商标。全年共申请商标注册3942

件，有效商标注册量已达 17154 件，商标有效注册总量十年蝉联中部县市榜首;促进知识产权与金融资源有效对接,进一步推进知识产权质押融资工作,通过政府网站向全市企业发布通知,收集企业融资需求,为兴嘉生物等 21 家企业办理知识产权质押融资 2.048 亿元。充分发挥动产抵押职能,办理动产抵押 69 件,为企业融资 3.2 亿元。

【市场领域监管】 2020 年，浏阳市市场监督管理局抓好成品油市场、农资市场监管，推进蓝天碧水保卫战和交通顽瘴痼疾专项整治行动，查处环境违法案件 14 件、交通顽瘴痼疾违法案件 7 件;深入开展禁毒、扫黄打黑、打击传销、扫黑除恶工作,净化市场环境;全面加强广告巡查工作，检查广告发布单位 57 家，立案查处广告违法案件 23 起;深入开展合同、网络监管,查处网络交易违法案件 7 起;强化物价监管,将医疗服务价格、转供电等作为重点检查内容，查处价格违法案件 36 件;始终保持打击市场监管领域内违法犯罪行为的高压态势，加强行刑衔接,实现执法信息共享,拓宽案源渠道,狠抓大案要案查处。9 月份,联合公安部门对公安部、市场监管总局挂牌督办的“8•09”食品非法添加案”展开集中收网行动,捣毁生产加工窝点 12 个、仓库 8 个,抓获违法犯罪分子 26 人。

【消费者权益维护】 2020 年,浏阳市市场监督管理局完善投诉举报受理、处理机制,强化数据分析,联合新闻媒体发布消费警示和提示 8 篇,引导消费者科学理性消费,接受消费者咨询 7695 件，受理投诉举报 8652 件，办结率为 100%,为消费者挽回经济损失 519 万余元。

【“二品一械”安全】 2020 年,浏阳市市场监督管理局加强“二品一械”(药品、化妆品、医疗器械)安全监测检查，深入开展全市农村药械市场专项整治行动,加强对疫苗、冷链药品、中药饮片质量的监督检查,突出对医疗器械植入介入类、无菌类等高风险重点品种的监管，药械市场监管覆盖面达 100%。加强对药品、医疗器械、化妆品监测,上报药品不良反应报告 624 例、医疗器械不良事件报告 231 例、化妆品不良反应报告 27 例,确保无药械安全事故发生。

【特种设备安全】 2020 年,浏阳市市场监督管理局加强对电梯重点使用单位的电梯维保质量环节监察工作,强力维护电梯使用安全;坚持问题导向,开展快开门式压力容器、电梯安全专项整治，组织对食品生产企业、造纸企业、竹木加工企业的在用锅炉、烘缸等特种设备开展监督抽查。全年共检查各类特种设备使用单位 840 余家,特种设备 780 余台(套),排查安全隐患 388 处,封停特种设备 57 台（套)，查处特种设备违法行为 13 起。12 月 28 日,省市场监管局下发表彰通报,浏阳市市场监督管理局被评为“2020 年度全省特种设备安全监察工作优秀单位”。

【重点工业产品质量安全】 2020 年,浏阳市市场监督管理局强化重点工业产品质量检查,保障产品质量。对与人民群众生活密切相关的农资化肥、成品油等产品加强监督抽检;深入开展小衡器检测、食品快检等检验检测服务，免费检定小衡器 312 台，医用血压计等医用计量器具 396 台件(套),完成食品快检 2027 批次。

【创建湖南省食品安全示范市】 6 月 30 日,在全省深化民生领域突出问题整治统筹做好疫情防控和食品安全工作电视电话会议上，浏阳以总得分第一名的成绩，成功创建湖南省首批食品安全示范市。2016 年，浏阳被确定为全省首批省级食品安全示范县市区创建单位，全市上下紧扣创建要求、立足浏阳实际、突出问题导向，坚持以群众满意为标准，扎实推进创建工作。先后建成 26 个农贸市场(生鲜超市)快检室,打造 2439 家“明厨亮灶”餐饮单位,建成 20 个省级、长沙市级“放心粮油”示范加工企业、销售网点，2019 年 6 月 20 日浏阳成功承办全国食品安全宣传周湖南启动仪式暨“双安双创”现场会。此外，以创建为民、创建惠民为工作理念,压实主体责任、突出宣传教育、注重社会监督，积极动员全社会共同参与示范创建工作，构建出全方位、多元化的食品安全社会共治格局。通过四年的探索与实践，全市食品安全水平得到大幅提升，创建工作取得明显成效,群众对创建工作的知晓率、支持率分别达 80.2%和 99.7%，食品安全总体满意度达 86%，较创建前提高 26 个百分点。

【“浏阳茶油”成功注册国家地理标志证明商标】 7 月 21 日,国家知识产权局正式下发浏阳茶油地理标志证明商标注册证,“浏阳茶油”成为浏阳市第七个国家地理标志证明商标。油茶是浏阳传统的优势产业，全市共有油茶林 78 万亩,年设计加工产能达到 10 万吨。浏阳独特的气候、土壤、地形、水文条件,油茶籽加工过程中对加工工艺的细节掌控，以及独特的人文因素，成就浏阳茶油“不饱和酸、油酸、亚油酸和烟点均较高，优于普通茶油”的独特品质。近年来，国家对油茶产业的扶持力度不断加强，为浏阳茶油产业发展提供新的契机。2018 年 3 月，浏阳多家企业牵头发起成立浏阳市茶油产业发展促进会。同年 12 月,协会申请注册“浏阳茶油”地理标志证明商标，历时近两年时间，终于注册成功。地理标志证明商标是一笔无形财富。浏阳坚持“品牌兴市、质量强市”战略,依托地理标志，培育培优特色产业，让地理标志成为金字招牌，让地标产业成为富民产业。除浏阳茶油外,浏阳市还有浏阳花炮、浏阳烟花、浏阳鞭炮、浏阳夏布、浏阳蒸菜、浏阳菊花石雕等国家地理标志证明商标。

【被评为湖南省食品安全工作 A 级(先进)单位】 2021 年 2 月 9 日,湖南省食品安全委员会下发《关于 2020 年湖南省食品安全工作评议考核结果的通报》,浏阳被评为“2020 年食品安全工作 A 级(先进)单位”。2020 年,浏阳市委、市政府严格按照上级有关文件要求，认真落实“四个最严”，坚持稳中求进的总基调，提出“探索加强食品安全监管的有效措施和工作机制，形成政府属地责任落实、部门依法履职履责、企业依法生产经营、社会各界积极参与”的良好格局，构建“责任明晰、运行高效、保障有力、全程监管、社会共治”的食品安全治理体系，积极推进实施食品安全战略，促进食品产业高质量发展，全力确保人民群众“舌尖上的安全”，全年未发生食品安全事故，年度食品安全公众认知和满意度位列长沙区县首位。

【商标有效注册总量十年蝉联中部县市榜首】 商标有效注册量是县域经济发展水平和竞争力的“一面镜子”。5月8日，全国县域经济和地理标志专业研究机构和社会智库——北京中郡经济发展研究所发布《2020县域经济品牌化发展实证分析报告》。报告显示，截至2019年底，浏阳有效商标注册量为15396件，在“2020中部地区县域商标有效注册量前十名县市”中列第1位，这也是浏阳十年蝉联中部地区县域城市榜首。报告指出，东部、中部、西部各地区县域商标有效注册量排名第一的县市均为全国县域经济百强县，东北地区县域商标有效注册量排名第一的县市也位居东北地区县域经济前十强，都是全国县域经济品牌化发展的参照坐标县。2020年上半年，浏阳新增企业商标注册申请量为2326件，新增注册量为1387件，全市有效商标注册总量达到16469件，成功调解4起商标侵权投诉，查处3件假冒专利案件，对49个专利产品专利号标识不规范行为下达责令整改通知书，完成商标侵权案件立案27件，结案24件。4月，“浏阳茶油”地理标志证明商标申请通过国家知识产权局初审。

（傅立平）

海　关

【概况】 星沙海关驻浏阳办事处位于浏阳市白沙路与复兴路交会处，是经海关总署批准的副处级机构。主要负责浏阳辖区各项海关业务，具体包括出入境检验检疫、一般贸易进出口、加工贸易进出口、外贸企业注册及变更、减免税等海关业务。2020年，星沙海关驻浏阳办事处共检验2万批次烟花爆竹，货值29.52亿元；对6796个集装箱货柜进行监装作业，让浏阳烟花通过海关监管顺利走向世界。中共星沙海关驻浏阳办事处支部被评为2020年度长沙海关“四强支部”。

【烟花爆竹出口监管】 2020年，星沙海关驻浏阳办事处加大抽样力度，保障抽样范围涵盖所有企业及其全部类别，同时规定抽样必须是从大批货物中随机抽取，抽样人员持证上岗双人作业，加贴标识，专用危爆车专人运输，确保样品的合法性、真实性、有效性。全年通过抽样共检出不合格烟花爆竹160批；通过包装性能检验1.3万批，检出不合格烟花爆竹2批；及时移送案件及线索，星沙海关驻浏阳办事处抽样送检超过2000件，发现16起超安全生产许可范围的情事，全部移交至浏阳市应急管理部门；重点打击高危低报行为，针对部分烟花烟火药剂超量超规等“高危低报”现象，星沙海关驻浏阳办事处认真施检、严格把关，鼓励企业通过包装改善方式解决问题；加大对礼花弹等高风险产品的检验、监装力度，确保海关严管规则不走样，保障产品的储存、出运安全。

【支持县域经济发展】 2020年，星沙海关驻浏阳办事处助力湖南省重点项目，与长沙惠科光电有限公司深入对接，指导企业用足海关优惠政策，为企业节省税费数百万元；应对新冠肺炎疫情影响，多次召开烟花爆竹监管政策宣讲会，积极开展“三问三送”（问需、问计、问效，送政策、送服务、送建议）调研走访活动，帮助外贸企业复工达产，促进外贸稳增长。上半年，海关多次深入厂房车间，及时了解企业疫情期间和疫情后期生产、进出口等方面的需求，帮助企业寻求解决办法，扩大出口；参加浏阳市人民政府供应链招商活动，宣讲海关政策，为促进浏阳市外贸稳增，赴湖南一喜科技、湖南谦之臻医疗器械等公司调研，了解企业疫情期间复工复产情况、防疫物资出口存在的问题和困难，宣讲海关支持扩大疫情防控物资出口的相关政策，现场解答企业提出的问题。浏阳市政府领导多次慰问加班加点检验监装烟花爆竹的关员，对星沙海关驻浏阳办事处大力支持烟花爆竹安全监管、促进浏阳市外贸稳增长所做的工作表示感谢。

7月6日，星沙海关驻浏阳办事处到湖南庆泰烟花制造有限公司开展“三问三送”调研

（星沙海关驻浏阳办事处　供图）

6月10日，星沙海关驻浏阳办事处"安全生产月"烟花爆竹安全监管宣讲会在官渡镇举行　　（星沙海关驻浏阳办事处　供图）

【开展"安全生产月"活动】 6月17日，星沙海关驻浏阳办事处开展"查找隐患不含糊，落实整改不懈怠"主题活动，组织海关关员前往监装仓库、出口烟花爆竹企业仓库等地进行安全隐患排查。这是星沙海关驻浏阳办事处积极开展"安全生产月"活动的内容之一。6月是全国第19个"安全生产月"，为强化安全生产监管，星沙海关驻浏阳办事处以"消除事故隐患，筑牢安全防线"为主题，开展内容丰富、形式多样的安全生产宣传活动，全力为烟花爆竹出口监管安全"把脉问诊"。通过举行"安全生产月"安全知识抢答赛，推进安全生产宣传教育全覆盖。同时，通过深入浏阳烟花爆竹生产企业、监装仓库，组织开展"安全生产咨询日"活动、安全生产线上"云课堂"、"安全生产月"烟花爆竹安全监管宣讲会等活动，推动安全发展理念更好地入脑入心、落到实处。通过开展"安全生产月"活动，解决烟花爆竹在出口监管各环节存在的安全隐患。6月，约谈发现超安全许可范围生产的12家生产企业和发货人，通报星沙海关函告市应急管理局出口烟花爆竹企业超级别、超类别生产情况，要求企业严格按照安全生产许可范围承接外贸订单，切实落实安全生产企业主体责任。

【出口美线烟花爆竹合格检验工作】 每年1—4月，是美线产品生产和发货的高峰期，2020年，受新冠肺炎疫情影响，许多花炮企业仓库积压大量货物待报关发货。针对这一情况，星沙海关驻浏阳办事处按照应对疫情影响促进外贸平稳增长的相关要求，组织开展提供"零接触"服务，通过与企业建立视频连接，实施远程检验，检验人员无须到企业现场，即可对申报的产品进行检验；组织各科室工作人员开展实行出口美线烟花爆竹合格评定集中办公，为企业在出口检验等过程中遇到的问题答疑解惑，缩短企业申报后的检验检疫时间；开通专门的微信工作号等方式，做到当日申报、当日查检或监装、当日出证，确保货物快速验放、顺利启运，有效缓解烟花爆竹生产企业库存压力，减轻企业负担，提高检验效率，货物由以往从申报到完成检验检疫需要1.5～2天的时间缩短在24小时之内。5月1日至5日，星沙海关驻浏阳办事处共监装集装箱86个，受理出口报检单160票，检验出口烟花爆竹8.3万余箱。

（陈　昱）

国有资产监管

【概况】 2020年，浏阳市国有资产事务中心统筹推进疫情防控和企业复产复工，紧扣"保值增值、做强做优、激励激活"总方向，进一步解放思想，攻坚克难，大力推进企业转型发展，稳步提升国资监管水平，国资国企改革发展取得积极成效。10月15日，市十七届人大常委会第三十六次会议召开，会议听取和审议国有资产事务中心受市政府委托向会议所做的《关于国有资产管理情况的报告》。12月4日，2019年度行政事业单位国有资产年度报表编报工作获湖南省财政厅通报表扬。在湖南省财政厅2020年度国有资产报告培训会上，浏阳市国有资产事务中心作为区县代表（全省4家）进行典型发言。

【助力复工复产】 2020年，为应对疫情影响，推进企业复工复产，浏阳市国有资产事务中心按照浏阳市人民政府《关于应对新型冠状病毒感染的肺炎疫情促进企业健康发展的实施意见》，积极开展复工复产，引导国企落实减租金、减税费利民政策，摸底全市租金减免情况，制定国有资产租金减免补助方案，实施减租减负，全市园区、行政事业单位及国有企业、部分爱心民营企业减免租金共计2978.64万元，惠及企业及个体工商户2471户。印发补助资金通知，发放补助金额1685.34万元，惠及1755户企业（个体工商户），有效降低疫情对全市小微企业与个体工商户影响。

【公车处置】 2020年，浏阳市国有资产事务中心积极落实公车改革政策，妥善做好车辆处置工作，公开处置事业单位公务用车制度改革取消车辆163台，形成处置收入303.53万元，严格程序完成拍卖车辆过户手续，顺利完成市属事业单位公务用车制度改革取消车辆处置工作。

【小水电清理整改】 2020年，浏阳市国有资产事务中心实地走访2019年退出类小水电站，聘请评估机构对6家退出类小水电站进行评估，联合财政、水利等部门与退出类小水电站磋商补偿事宜，完成退出补偿协议签订工作，全年小水电站退出工作圆满完成。

【国有企业转型】 3月13日，市委常委会召开2020年第12次会议，会议听取和审议全市平台公司转型发展工作情况汇报，通过市平台公司转型发展方案，同意整合浏阳市城市建设投资集团(城建集团)、浏阳市水利建设投资集团(水建投)、浏阳市文化旅游投资公司(文旅公司)3家平台公司组建浏阳发展集团，成立合并重组领导小组，组建浏发集团筹备委员会具体负责开展平台公司转型工作。由浏阳市国有资产事务中心统筹推进浏阳市平台公司转型工作；督导浏发集团拟定《浏阳市水利建设投资有限公司退出融资平台转型为经营性公司方案》，明确水建投退出融资平台转型为经营性公司。5月18日，浏发集团正式挂牌成立。

【国有资产布局优化】 2020年，浏阳市国有资产事务中心制定《浏阳市国有资产注入工作方案》，年内多次召开国有资产注入工作推进会，积极推进资产、股权、资源注入和特许经营权授权的有关工作落地落细，完成192处国有资产、1家国有企业和5处水库资源的盘活注入工作，预计盘活价值9.05亿元；交建投完成17.64亿元的鑫农公司资产过户手续并取得注入资产产权证11本。积极引导国有企业股权多元化改革突破，国有企业经济活力、竞争力、影响力、抗风险力不断增强。

【国企退休人员社会化管理】 2020年，浏阳市国有资产事务中心组建专班、完善机制、加强指导，加速推进国有企业退休人员社会化管理工作。年内圆满完成3批32家国有企业退休人员移交协议签订，共接收国有企业退休人员914人，其中党员234人，退休人员移交完成率100%，党员移交完成率100%。浏阳市国有企业退休人员社会化管理工作在长沙地区率先完成目标任务，得到长沙市国资委的充分肯定。

【融资风险防控】 2020年，浏阳市国有资产事务中心印发融资管理方案和规范担保管理有关文件，规范市属国企融资行为，从严把控融资事项，科学防范融资风险。2020年，共审核备案国有企业融资事项62笔，备案金额238亿元；浏发集团已顺利完成全年隐性债务化解任务共计3.6780亿元；交建投全年化债任务目标1.1650亿元，已化解1.7150亿元。

【国有资产清查】 2020年，浏阳市国有资产事务中心完成756家行政事业单位及所属国有企业资产清查核实任务，进一步夯实资产管理基础。探索研究国有资产清查结果处理方式，成立浏阳市行政事业单位资产清查工作领导小组，督促各单位完善国有资产内控制度，积极推进资产管理与预算管理、政府采购的有机结合。联合有关部门，对出租出借审批流程不规范的8家单位进行实地走访、现场督促，确保国有资产出租公开、公平、公正。多次深入企业督查安全生产及根治拖欠农民工工资工作，确保国有企业不发生失信行为。严格审核程序，完成国有企业投资项目备案68笔，投资总额236.93亿元。妥善解决浏阳市原驻北京办事处4套房屋（价值约3000万元）产权权属问题，有效防止国有资产流失，确保国有资产保值增值。严格履行国有资产处置与出租审批手续，盘活国有资产15808万元，其中处置收入7651万元（不含土地处置收入）、出租收入8157万元，助力“三资”(资金、资产、资源)盘活任务圆满完成。

【国有资产报告编制】 2020年，浏阳市国有资产事务中心扎实做好公共基础设施等行政事业性国有资产报告编制工作，进一步建立健全市国有资产报告制度体系；根据预算编制范围内企业预算情况，编制2021年浏阳市国有资本经营预算建议草案及预算报告。

（廖旭　彭燕）

农　业

综　述

【概况】 2020年，全市实现农林牧渔业总产值222.4亿元，增长4.9%。其中，农业产值116.5亿元，增长5.6%；林业产值25.1亿元，增长7.8%；牧业产值63.9亿元，增长0.3%；渔业产值4.4亿元，增长8.3%；农林牧渔服务业产值12.4亿元，增长7.2%。实现农村居民人均可支配收入3.71万元，增长7.5%。全年粮食种植面积7.97万公顷；蔬菜种植面积4.21万公顷，增长40.8%；烟叶种植面积3253公顷，增长12.2%。全年粮食总产量55.7万吨，比上年增长0.47%；烟叶0.67万吨，增长18.01%；蔬菜137.76万吨，增长45.01%；出栏肉猪103.81万头，下降7.22%；出笼家禽1039.8万羽，增长26.77%。浏阳被评为"第二批全国农业综合行政执法示范单位""2020全国县域数字农业农村发展先进县""全国深化农村宅基地制度改革试点""全省畜牧水产和生猪稳产保供工作先进县市区"，脱贫攻坚、农村改革、农村人居环境整治、农药包装废弃物回收、高标准农田建设、家庭农场培育等多项工作位居全省前列。成功争取农业绿色发展先行区、官渡农业产业强镇、湖南省浏阳市羊育繁推一体化示范项目等各类产业项目30批次，争取中央、省政策资金2.4亿元。2020年，市农业农村局内设办公室、计财审计科、法规科（行政审批服务科）、乡村产业发展科、农村社会事业促进科、畜牧兽医科、农田建设科、农产品质量安全监管科（农药管理科）、市场信息和项目科、科技教育科、乡村环境整治科、政工人事科12个科室。下设浏阳市农业综合行政执法大队、浏阳市动物疫病预防控制中心（浏阳市畜禽水产检测中心）、湖南省农业广播电视学校浏阳分校（浏阳市农科教中心）、浏阳市农产品质量监测中心、浏阳市扶贫事务中心、浏阳市农村经营管理站、浏阳市农业环境保护站、浏阳市农业科学和农业机械研究所、浏阳市蚕种园艺特有鱼类保护中心、浏阳市农业试验示范中心、浏阳市农田建设事务中心11个二级机构。主要职责：贯彻执行上级有关农业、农村有关工作的政策法规，拟订全市农业发展计划并组织实施。组织指导全市农产品质量安全监督管理、乡镇农业企业管理、农机安全监管、农业行政执法、农业环境保护、农村社会治理、牵头组织改善农村人居环境、农业现代化建设、农村土地承包管理、扶贫开发工作、农村基层党风廉政建设、农民培训等职能。

【实施乡村振兴】 浏阳市围绕打造"全国乡村振兴引领区、城乡融合发展排头兵、农村综合改革示范县"目标，统筹推进乡村振兴，取得阶段性成效。2020年，全市粮食播种面积7.87万公顷，蔬菜种植面积4.31万公顷，生猪出栏103.9万头，基本形成以浏阳市北区发展水稻、烤烟和油茶，西区发展蔬菜和花木，东区发展蔬菜和水果的产业布局。推动5个企业5个产品获第一批"湘赣红"公用品牌认证。全市农产品加工业产值超570亿元，农产品进入中高端市场销售量占比达到30%以上。2020—2022年，每年投入3900万元，集中打造13个整合涉农资金示范村。创建长沙市级五星美丽屋场11个、四星美丽屋场25个，省级美丽乡村示范村3个、特色精品村2个。打造出官渡镇竹联村、古港镇梅田湖村等一批农旅融合、特色鲜明的美丽宜居乡村。完成无害化厕所改造10万座，创新推出"首厕过关制"。农村生活垃圾分类减量示范村302个，实现全覆盖。

【农田建设】 2020年，共完成2019年高标准农田建设2686.67公顷（含湘赣边区域合作示范区项目），新增节水灌溉面积853.33公顷，主要建设内容包括绿肥种植1428.8公顷，撒生石灰1924.8公顷，灌水渠76252米、排水渠12971米、灌排两用渠12895米、高效节水管道20388米，机耕路29752米、取水堰1座、机埠1处、山塘3座。推进2020年高标准农田项目实施，项目总投资13053万元，建设面积5360公顷（包括湘赣边区域合作示范区项目），于2020年10月22日开工建设。

【农产品加工】 2020年，全市乡镇共有农产品加工企业2231家，其中规模以上企业144家，实现总产值608.34亿元，同比增长11.5%。全市共有休闲农业经营主体个数395家，实现营业收入17.46亿元，接待人次1060万人次。全市有农业产业化国家重点龙头企业1家、省级龙头企业25家、长沙市重点龙头企业35家。开展"春暖花开"主题活动，通过新湖南、微浏阳等新媒体宣传推介浏阳市休闲农业100余次，组织举办节会活动50多场，重点推介浏北和浏东2条休闲旅游精品线路。打造精品休闲农庄和休闲农业聚集村，创建国家级五星农庄1家、国家级四星农庄2家、省五星级休闲农庄5家、省四星级休闲农庄4家和省三星级休闲农庄1家，创建省休闲农业集聚发展示范村和休闲农业示范农庄各1个。推进农村创业创新，引导入乡创业，推荐指导9个项目参加长沙市农村创新创业选拔赛，浏阳梅田湖研学实践基地项目获长沙市选拔赛初创组第一名和2020年第四届湖南省农村创业创新大赛三等奖。

【农业环境保护】 2020年，全市重金属污染耕地安全利用区修复治理任务面积666.66公顷，其中轻度污染区333.33公顷，中度污染区333.33公顷，实行"淹水法"综合农艺措施示范推广面积1666.67公顷。严抓严控秸秆禁烧和综合利用工作。在全市31个乡镇（街道）、303个涉农村（社区）实现全覆盖宣传发动，张贴海报公开书信宣传手册通告等6.5万张，市、镇两级共出动宣传车2294台次，巡查8031人次，处罚27起，处罚金额12400元。利用13个乡镇收储运中心，39个村级收储网点开展秸秆收集，全市农作物秸秆切碎还田及收集打捆移除8.10万公顷，农作物秸秆综合利用率91.2%。推进农业面源污染防治工作，有序推进大溪河流域山水林田湖草沙生态保护修复治理试点项目建设。组织大中型沼气工程企业开展安全生产月宣传活动和组织有限空间作业安全培训，对全市11家大型养殖场开展专项督查，确保沼气区域安全形势持续稳定。推进废弃农膜回收利用工作，发放《农用薄膜管理办法》《农药包装废弃物回收处理管理办法》宣传手册14000多份、倡议书32000多份、张贴公告3500余份，全市农膜回收利用率达到84.7%。推进市农业资源保护与利用工作，遴选普迹镇书院新村、葛家镇新建村、大瑶镇南川社区、镇头镇柏树村承担浏阳市2020年农业资源保护与利用重点工作任务。

【农村综合改革】 2020年，农村集体产权制度改革：313个集体经济组织完成换届选举和法人代表变更登记，组织集体经济组织开展清产核资，核定集体资产19.61亿元(其中流动资产4.54亿元，固定资产14.03亿元，农业资产合计0.78亿元，长期资产合计0.22亿元，其他资产0.03亿元)，流动负债5.57亿元(短期借款0.22亿元，应付账款5.35亿元)，所有者权益13.53亿元。农村承包地确权登记颁证工作：2020年29.8万户农户农村承包地确权登记颁证纸质档案全部移交市档案馆，纸质档案扫描信息化基本完成，纠错修改后的确权数据重新整合汇交至省农业农村厅，并导入信息平台，完成省、市、县信息平台互联互通；农村宅基地管理和改革试点工作：2020年出台《浏阳市规范农村宅基地用地建房审批管理办法》，完善《浏阳市农村宅基地使用权流转试行办法》等7项制度，印制5万本《农村宅基地批准书》、1000本《农村宅基地管理相关法律法规及文件选编》、500本《新农村住宅设计图集》，组织市、乡、村三级宅基地管理业务培训。全国农村改革区试点试验工作：2020年将发展新型村级集体经济作为实施课题，探索实践路径，推行“土地合作型”“资源开发型”“乡村服务型”“物业经营型”四种集体经济发展模式，全市村级集体经济综合实力增强。2020年，全市302个涉农村(社区)总收入超2亿元，其中收入20万元以上的村264个，占比87.42%，180个村完成新增提标20万元任务，集体经营性收入4580.3万元，村均15.17万元，50万元以上的村17个。新型农业经营主体培育：全市新注册农民合作社364家、家庭农场375家，新增国家级示范社4家、省级示范社2家，25家合作社被认定为长沙市示范社，35家家庭农场被认定为长沙市示范家庭农场，创建本级示范社40家和示范家庭农场58家，并予以财政奖补，对164家农民合作社、家庭农场和种养大户予以贷款贴息，贴息资金189万元，组织82家新型农业经营主体申报省级贷款贴息，共获贴息资金460万元。

【扶贫工作】 浏阳有贫困人口的乡镇(街道)31个、村(社区)307个，其中贫困村33个。2020年年底，15728户49267人建档立卡贫困户全部脱贫，33个贫困村全部退出。市扶贫事务中心被评为“省脱贫攻坚专项奖励记大功集体”“省巾帼建功先进集体”；达浒镇贫困户李忠国被评为“全国脱贫攻坚奋进奖”，市扶贫事务中心主任罗永志被评为全省“最美扶贫人”；浏阳市连续5年被评为“脱贫攻坚先进县市区”，连续4年被评为“携手奔小康先进单位”。发展产业就业，持续推进“个十百千”(建设1个产业扶贫服务中心、培育10个长效产业、打造100个特色产业基地、树立1000名产业就业脱贫典型)产业扶贫工程，2020年实施产业就业项目246个，建成产业扶贫基地131个，就业扶贫车间(基地)172个，带动贫困户稳定增收。“个十百千”产业扶贫工程入选全国产业扶贫典型案例。激活消费扶贫，完成专馆、专区、专柜“三专”平台建设，43家企业(合作社)的153个产品通过全国扶贫产品目录认定，累计销售1.38亿元。探索衔接升级，开展新阶段扶贫工作试点，开启全面脱贫向乡村振兴有机衔接的探索。根据省委、省政府统一安排，与邵阳县开展“携手奔小康”行动，2020年投入帮扶资金1788万元，实施“推进一批项目、援建一批设施、培训一批人才”“三个一”工程，建成九公桥敬老院、岐山公路、河伯乡济公岩溶洞旅游项目等，较好完成帮扶任务。此外，根据长沙市委市政府要求，浏阳市积极落实与龙山县茅坪乡对口帮扶任务，全年投入帮扶资金1060万元。

【科教兴农】 2020年，浏阳市共培育新型农业经营主体带头人550人，其中花卉苗木专题班150人、电商专题班192人、畜禽养殖专题班54人、设施农业发展专题班54人、农机操作手100人，共开设10个专题培训班。分8次对485名新型农业经营主体带头人开展现场教学和实习实训等活动；举办现代农业农村人才示范培训24期，培训农民2710人，其中精准扶贫户1445人。新建浏阳市发安养殖专业合作社等4所乡村振兴现代农业农民田间培训基地(农民培训田间学校)，开辟乡村振兴农技新讲堂，接待学习参观学员近1860人次。市农广校被省农业广播电视学校(农科教中心)评为“2020年度农民教育培训工作先进单位”。

【农机安全生产】 开展拖拉机安全顽瘴痼疾专项整治，2020年共排查各类拖拉机3698台，其中存在问题(逾期未年检、未报废)的变型拖拉机715台，其他在用拖拉机388台，截至2020年年底，所有存在问题的拖拉机已全部整改到位。强化安全培训，全年举办拖拉机、联合收割机驾驶考试3期，共考试通过228人。举办驾驶(操作)人员安全教育学习培训35期，培训2100余人。加强安全宣传，组织开展农机安全宣传活动100余次，发放宣传资料14300余份，悬挂横幅320条，发送信息38000条，同时，联系浏阳日报社、浏阳电视台报道11次，在全市形成高压态势，达到教育警示震慑效果。抓农机执法，全年开展联合执法56次，农机安全检查52次，出动执法人员420人次，检查各类农机生产经营单位40家，各类农机800多台(套)，查处违法违章50起，强制拆解报废拖拉机15台。

【全省市州农业农村局长会议在浏阳举行】 2020年9月1日，全省市州农业农村局长会议在浏阳举行，省委农办主任、省农业农村厅厅长袁延文出席会议并讲话。袁延文指出：“这次会议选择在浏阳召开，现场观摩令人耳目一新、深受启发。浏阳市委、市政府多年来高度重视农业农村工作，创造了很多好的典型经验，值得学习借鉴。”会上，各市州农业农村局主要负责人就上半年农业农村工作情况作交流发言，浏阳市委副书记、市长吴新伟作典型发言。会前，与会人员实地观摩浏阳市古港镇梅田湖村、官渡镇竹联村和两型产业园湘典（新聪厨）食品有限公司，重点了解浏阳农村人居环境整治和产业发展等情况。省农业农村厅相关负责人、各市州农业农村局负责人，市领导周耀辉、王坤球参加活动。

【全省“首厕过关制”培训班在浏阳开班】 2020年9月3日，全省“首厕过关制”培训班在浏阳开班，湖南省委农办专职副主任，省农业农村厅党组成员、副厅长唐道明出席活动并讲话。“首厕过关制”是指按照农村改厕统一的质量目标要求，科学确定改厕模式、工程施工总承包方式、工程监理及运维方式，建立全过程的质量控制体系，形成一整套规范的农村改厕模式并实践于第一个厕所，经过验证切实可行后再面上推开的工作机制。培训活动持续至12日，共分五批次对全省14个市州农业农村局分管负责人、科室相关负责人和18个一类县市区政府分管人员，以及部分乡镇、行政村、改厕施工总承包方的负责人进行轮训，以现场观摩教学和集中学习为主，系统学习“首厕过关制”及工作流程解读、农村改厕项目管理与评估、农村厕所粪污无害化处理或资源化利用等内容，共计1000余人参加培训。开班当天，第一批培训人员观摩官渡镇竹联村、古港镇梅田湖村农村人居环境整治和“首厕过关制”工作的基本情况，并在竹联村进行湖南省“首厕过关制”现场教学，唐道明对大家提出的问题进行现场答疑解惑。

9月3日，2020年全省“首厕过关制”培训班在浏阳开班　（市农业农村局　供图）

【“两项工作”获2020年国务院真抓实干督查激励】 2021年5月7日，国务院办公厅印发《关于对2020年落实有关重大政策措施真抓实干成效明显地方予以督查激励的通报》，对216个地方予以督查激励。其中，浏阳“开展农村人居环境整治成效明显”“土地节约集约利用成效好、闲置土地少且用地需求量较大”两项工作榜上有名，并获得相应奖励支持。具体激励措施包括：2021年在中央财政分配年度农村综合改革转移支付时，浏阳将获得2000万元激励支持，主要用于“厕所革命”整村推进、村容村貌整治提升等农村人居环境整治相关建设；同时，按照标准奖励用地计划指标，浏阳将获得1000亩的标准奖励。浏阳以农村改厕、垃圾治理为主攻方向，近年来，浏阳以提升农民生活品质为核心，以农村人居环境整治为抓手，全力推进“美丽屋场”建设，以“美丽屋场”激活“美丽乡村”，带动“美丽经济”。聚焦农村治厕、治垃圾、治水、治房、治风，人居环境整治成效明显。2020年，浏阳市以创建湘赣边区农村“厕所革命”示范县（市）为契机，创新实施“首厕过关制”，建立健全农村改厕质量管控和长效管护体系，以首厕过关带动每厕过关，首厕过关获全省推广。全年完成农村改厕10万座，全市无害化厕所普及率91.6%。坚持“源头分类、就地减量”，全面推行“户分类、村收集、镇转运、市处理”模式，实现全市农村生活垃圾收集转处全覆盖。全市共配置户分类桶61.7万个、村级收运车306辆、保洁车1434台，建成村垃圾分拣站302个、镇资源回收中心31个、镇压缩式中转站31个、市无害化填埋厂1个、市资源回收处理总站1个；有效健全农村生活垃圾收运处置体系，全市农村生活垃圾分类覆盖率100%、减量率60%。成功创建长沙市生活垃圾分类减量示范村302个，实现示范村覆盖率100%；治水方面，新改建乡镇污水处理厂23家、农村分散式污水处理设施10座，建设乡镇污水主支管网380千米，农村污水处理能力得到大幅提升，浏阳河持续稳定达到Ⅱ类水质，2020年成功创建全国示范河湖；治房方面，深入开展“一户多宅”和“空心房”专项清理整治行动，累计拆除14673户；治风方面，以创建全国文明城市为抓手，多措并举弘扬文明新风。2020年浏阳成功创建美丽屋场36个，其中11个屋场被评为长沙市“五星级美丽屋场”，25个屋场被评为长沙市“四星级美丽屋场”。在提升土地利用水平方面，浏阳落实国家重大政策措施，全面完成违建别墅问题清查整治、国家耕地保护督察反馈问题整改和农村乱占耕地建房问题摸排等专项任务，全域推进“多规合一”实用性村庄规划编制，为全省推进村庄规划编制提供借鉴和参考；同时深化土地供给侧结构性改革，强化土地高效供给，推行“周转用地+标准地+弹性供地”园区用地政策；全面打响批而未供、闲置用地处置攻坚战，深化节约集约用地，土地节约集约利用水平显著提升；划定永久基本农田储备区706.667公顷，创新村民建房耕地占补平衡，出台《浏阳市进一步加强耕地占用管控工作的通知》，严格落实耕地保护制度，使土地利用秩序持续向好。

（瞿　希）

种植业

【概况】 2020年，全市粮食种植面积

7.98 万公顷，实现粮食总产 55.27 万吨，同比增长 0.47%；油菜播种面积 3.27 万公顷，同比增长 9.25%，全面完成 2066.67 公顷的“稻油” “稻稻油”水旱轮作试点任务，被评为全省“综合油料大县”；蔬菜播种（复种）面积 4.26 万公顷，产量 137.76 万吨，同比分别增长 49.95%、45.01%。全市农机拥有量 15.3 万台（套），农机总动力 162.4 万千瓦，同比增长 2.01%，水稻、油菜耕种收综合机械化率分别为 82.7%、72.6%，同比分别增长 0.2%、0.94%；发展农机专业组织 201 家，全年农机社会化服务面积 5.248 万公顷，居全省前列。

【粮油作物生产】 2020 年，全市粮食生产面积 7.98 万公顷，其中早稻播种面积 10866.67 公顷，中稻及一季晚稻播种 34800 公顷，双季晚稻 18800 公顷，玉米、高粱、红薯等旱杂粮播种面积 8133.33 公顷。按照“市场+基地+主体+品牌”产业化开发模式，重点打造 50 个“一企一片一种”高档优质稻生产基地，促进粮油生产由数量增产向质量提升。全市油菜播种面积 32266.67 公顷，成功申报 2020—2021 年综合油料大县。开展“稻油、稻稻油”水旱轮作试点面积 2066.67 公顷。粮油生产情况均达到或超额完成长沙市对浏考核指标任务。

【经济作物生产】 2020 年，全市蔬菜种植（复种）面积 42566.67 公顷，总产量 137.76 万吨，总产值 13.5 亿元。种植结构调整巩固任务 4380 公顷全面完成，种植结构调整区替代种植作物种类多样，其中花卉苗木、草皮、果树、湘莲等多年生作物种植 2193.33 公顷，高粱、烤烟、大豆、蔬菜等一年生作物种植 1840 公顷，水产养殖 120 公顷，稻渔综合种养 226.67 公顷。种植结构调整区多年生作物和水产养殖比上年增加 10%以上。全市果树种植面积 12533.33 公顷，扩建改造低产果园 666.67 公顷，推广优良品种、有机肥、绿色生态栽培面积约 1333.33 公顷。全年水果总产量约 20 万吨，总产值 8.2 亿元。中草药生产总面积 2800 公顷，总产量 1.71 万吨，产值约 0.6 亿元。花卉苗木总面积 5373.33 公顷，推广非洲菊、百合等鲜切花品种和栽培技术，销售总产值 2.9 亿元左右。茶园总面积 2900 公顷，改造低产茶园 133.33 公顷，推广黄金茶等茶叶新品种 66.67 公顷，茶叶总产量 1850 吨，总产值 0.52 亿元。

【农业机械化发展】 2020 年，全市农机总动力达到 162.4 万千瓦，农机拥有量 15.3 万台（套），农机专业组织 201 家，其中农机原值 50 万元以上 154 家。全市水稻、油菜耕种收综合机械化率分别达到 82.7%、72.6%，农机社会化服务面积 52300 公顷，占作业总面积的 73.3%，服务化水平居全省前列。2020 年度农机购置补贴共使用补贴资金 1259.8556 万元；机抛秧作业补贴试点 2000 公顷任务已完成；浏阳市水田深翻耕作业补贴试点、钢架大棚补贴试点工作相继展开。加强培训和推广，湖南省水稻油菜机械化生产技术现场培训暨第一届水稻机插秧技能竞赛、湖南省 2020 年连栋钢架大棚购置补贴试点现场培训会和长沙市 2020 年有序抛秧机抛秧技术培训暨现场演示会在浏阳市成功举办，共 300 余人参加培训，湖南经视、浏阳电视台、《浏阳日报》等多家新闻媒体进行报道。

【农作物病虫防控】 2020 年，市农业发展事务中心坚持定点调查与面上普查相结合，全年发布《病虫情报》11 期，《病虫情报》进村率 100%，防控信息入户率 98%以上。全市全年农药使用量 830.1 吨，较 2019 年减少 30.89 吨，降幅 3.7%。共完成农作物病虫专业化统防统治面积 47333.33 公顷，农作物病虫害绿色防控面积 49667 公顷次，与 2015 年的 1145.8 吨相比，2020 年农药使用量同比减少 27.55%，超额完成“浏阳市农药使用量零增长行动实施方案 5 年计划”要求。主要农作物病虫草鼠害中等偏重发生，发生面积 59.21 万公顷次，防治面积 68.43 万公顷次。开展检疫性病虫害普查 2 万公顷；开展外来物种“加拿大一枝黄花”清除行动，共清除为害地块 76 处、29 万株，保护生物多样性。推广应用新农药 2.53 万公顷次，推广应用农药减量助剂 46666.67 公顷；新增购置担架式机动喷雾机 13 台、新型大功率机械 11 台（含自走式 5 台和植保无人机 6 台），提升防治效率。

【农业资源保护与利用】 2020 年，市农业发展事务中心推进畜禽粪污资源化利用整县推进项目，采取“四不两直”（不发通知、不打招呼、不听汇报、不用陪同接待，直奔基层、直插现场）方式开展巡查 22618 人次、14350 场次，发现问题 774 个，均已整改到位。截至 2020 年年底，全市畜禽粪污综合利用率 93.77%，规模养殖场粪污处理设施装备配套率 100%。根据浏阳

5 月 28 日，由省农业农村厅举办，省农机事务中心、浏阳市农业发展事务中心举办的湖南省 2020 年水稻油菜机械化生产技术现场培训暨第一届水稻机插秧技能竞赛在浏阳市淳口镇狮岩村喜红农机专业合作社举行，来自湖南省 14 个市州的 100 余名机手参加竞赛
（市农业发展事务中心　供图）

市2020年受污染耕地安全利用和严格管控总目标任务，落实安全利用措施6026.15公顷，落实严格管控措施329.27公顷，完成上级下达目标任务的100%。开展测土配方施肥、耕地保护与质量提升促进化肥减量增效、耕地质量监测与土壤墒情监测预报等工作，全市完成测土配方施肥技术应用面积14.07万公顷，推广配方肥2万吨；推广普及秸秆还田面积11.33万公顷次；推广有机肥16000吨。持续推进化肥减量行动，2020年化肥用量53103.6吨，比2019年减少640吨，有效提升科学施肥水平。做好耕地质量与土壤墒情监测预报工作，适时上传监测数据154条，发布土壤墒情简报14期。

（陈秋香）

养殖业

【概况】 2020年，全市生猪累计出栏103.81万头，同比下降7.22%；牛出栏1.89万头、羊出栏27.08万只、禽出笼1039.75万羽，分别同比增长7.14%、24.65%、25.55%。新建和改扩建万头规模养殖场11家，新增规模化生猪产能35万头。动物疫病防控绩效考核分别获湖南省、长沙市先进，被评为“全省畜牧水产工作先进县市”“生猪稳产保供工作先进县市”；浏阳市2019—2020年度全省畜牧业统计监测工作被湖南省畜牧水产事务中心评为“优秀市场监测县”。

【养殖业生产】 截至2020年12月底，全市生猪存栏63.65万头，其中能繁母猪存栏6.85万头；年度累计出栏103.9万头，生猪存、出栏分别完成年度目标任务的105.6%、103.3%，12月17日，在全省畜牧水产工作现场会上，浏阳市被评为全省畜牧水产工作先进县市、生猪稳产保供工作先进县市；牛存栏3.66万头、出栏1.5万头，羊存栏29.35万只、出栏28.74万只，家禽存笼656.97万羽、出笼818.26万羽。全年新增万头规模养殖场11家，新增生猪产能35万头。成功推荐浏安农业科技综合开发有限公司进入长沙市畜禽标准化生态养殖示范等项目；成功引进湖南省产业体系草食动物湘东实验站落户浏安农业科技综合开发有限公司。

（陈秋香）

【动物防疫工作】 2020年，浏阳市未发生非洲猪瘟等重大动物疫情，养殖产业发展总体平稳，浏阳市动物疫病防控绩效考核分别获湖南省、长沙市先进，畜牧水产工作获湖南省先进。全市生猪养殖场实行网格化管理，组织全市辖区内畜禽疫病排查，共排查生猪养殖场（户）11.9万户次、屠宰场364场次、无害化处理中心364场次，排查生猪902.9万头次；排查规模养禽场和养禽合作社90余家，排查家禽400万羽次。组织对全市养殖、屠宰、无害化处理等环节共284个场点采样6149份次进行非洲猪瘟专项监测；对40个场点采集585份次样品进行禽流感（H5、H7亚型）专项监测。开展社会服务性检测，检测复养养殖场、屠宰及调运环节送检的非瘟病原学样品2689份次，禽流感紧急流调病原学样品95份次，动物布病紧急流调病原学样品443份次。继续推行春秋季强制防疫劳务外包，根据养殖分布、辖区面积等综合分析，设定各乡镇（街道）村级防疫员总职数138人，组织实施春秋季重大动物疫病强制免疫，动物应免免疫率均100%，常年免疫密度在90%以上。全市春、秋防免疫抗体检测共6080份，省、长沙市到浏阳抽检采样670余份次，高致病性禽流感、牲畜口蹄疫、羊小反刍兽疫等免疫抗体平均合格率全部达标（农业农村部标准≥70%）。开展为期三个月的消毒灭原，对全市重点场所消毒14643场次，消毒面积561.3万平方米。加强生猪运输车辆备案管理，备案车辆116辆，备案车辆“点对点”行驶路线。加强检疫环节“瘦肉精”监督抽检工作，产地检疫生猪60.6万头、禽652万羽，屠宰检疫生猪6.3万头，出具动物A证527张、动物B证19137张，检疫环节共抽检40711例，阳性率为零。加大对违规调运生猪行为的打击力度，开展动物卫生监督执法行动152次，立案24起，查处违规调运生猪及生猪产品行为案件16起。病死动物无害化处理率100%，全年无害化处理病死猪63113头、动物产品142吨。设立2个入湘生猪及生猪产品指定通道。全市设置动物狂犬病授权免疫点37个（严格管理区4个），发放狂犬病防治宣传手册1000余本，组织乡镇（街道）开展犬只狂犬病免疫3万余只，办理“宠物免疫证”755本，完成免疫效价评估送样任务。组织技术专家到19个养殖重点乡镇培训动物防疫和监测检测技术人员130人次；组织对257名乡村兽医和138名村级动物防疫员开展疫病防控技术培训；组织科技特派员下乡培训贫困户和养殖场（户）680余人次。对全市390余名乡村兽医由登记许可改为备案，做好乡村兽医从业服务管理，建立健全乡村兽医备案制度。组织开展特聘动物防疫专员工作，招聘20个动物防疫专员到养殖重点乡镇开展动物防疫技术帮扶与咨询服务。从市、镇两级选拔技术尖子组队参加长沙市、湖南省动物防疫职业技能竞赛，获长沙市级“优秀团体奖”“个人一等奖”“个人二等奖”及湖南省级“个人一等奖”“个人二等奖”等奖项。

【水产渔政管理】 截至2020年年底，全市132户持证渔民全部实现退捕上岸，100%完成船网拆解回收处置、证件回收、资金发放等工作，以及落实转产转业等安置保障。2020年，全市有大鲵繁育户1户、龟类繁育户1户，经营利用户3户（其中1户餐饮加工户，2户经营销售户），海洋生物展演1场。大鲵和龟类繁育户均办理水生野生动物驯养繁殖许可证，经营利用户均登记备案，实行标识管理。新冠肺炎防疫期间，浏阳市严格按照国家、省市要求对水生野生保护动物执行封存、禁止运输售卖和经营利用等措施，相关执法部门多次开展市场等方面的检查，繁育户、经营利用户均按相关要求落实到位，无违法违规现象。全年组织打击非法捕捞联合执法行动25次，专项执法巡查564次，收缴违法放置网具456张、地笼网1368个、背包式电鱼机108套，涉渔“三无”（无合法有效船名号、无船籍港、无渔业船舶证书）船舶326艘，轮胎筏12个，拆除非法钓鱼台118处，处置违规钓具96件，立案18起（行政处罚11起19人，行政处罚罚款金额3.5万元；移送公安7起13人）。救助放流国家级二级野生保护动物娃娃鱼1尾。6月5日，浏阳市2020年鱼类人工增殖放流活动在浏阳河城区河段举行，人工放流投放青、草、鲢、鳙、细鳞斜颌鲴等鱼种的春片、夏花共计502.33万尾，资金15万元。

（瞿 希）

林 业

【概况】 浏阳是湖南省重点林区县、全国集体林权制度改革试验区。2020年，全市林地面积34.47万公顷，森林蓄积量1558万立方米，森林覆盖率66.2%，封山育林13.33万公顷，保护湿地1.1万公顷，古树名木2130株，拥有2个国有林场，7个国家、省级自然保护地。全市林业产业兴旺，总产值超过300亿元，种植花卉苗木1.19万公顷，拥有各类花卉苗木经营主体3000余个，从业人员10万余人，年产值超40余亿元；种植油茶5.2万公顷，拥有专业合作组织136家，规模加工企业6家，“湘纯”“金霞”等一批知名品牌，年产茶油1万余吨；拥有木竹加工企业300余家，国家级龙头企业3家，家具产业产值突破60亿元，晋升全国五大家具产业集散地；发展林下经济2万余公顷，产业规模效益40亿元；建设生态旅游地12.2万公顷。湖南浏阳河国家湿地公园通过省级验收评审；浏阳湖国有林场被湖南省林业局授予“2019年度国有林场管理十佳单位”称号。

【林业生态建设】 全年营造林1666.67公顷，修复退化林1333.33公顷，自然修复20余万公顷，森林抚育6666.67公顷，森林质量精准提升133.33公顷；建成景观生态廊道153.33公顷，提升公路游道、景区通道等沿线森林景致20公顷，浏阳湖国有林场被评为湖南省“十佳国有林场”“全省绿化先进集体”；创建长沙市美丽宜居示范村庄2个，评价认定国家森林乡村111个，建立义务植树基地33个，植树312.48万株；科学修复浏阳河国家湿地公园沿线湿地66.67公顷，提质九曲湾河、南车湾等两岸湿地景观，通过国家林草局试点验收。

【制度体系建设】 推出林长制改革、严处重罚、考核奖惩、有奖举报、智慧林业、追责问责、林地审批、日常监管、宣传教育、队伍建设十大资源管护机制和举措，开创林业现代治理新局面；统筹攻坚2019年度、2020年度森林督查整改，依法查处各类案件416起，签订152份承诺书和复绿方案，缴纳复绿保证金2171.7万元，责令收回林地92.65公顷，采伐造林项目恢复植被233.48公顷，追责问责51人次。

【资源保护管理】 2020年，全市发放各级生态补偿资金3500余万元，惠及林农7.5万余户；全年征占用林地审批审核317宗、面积717.25公顷；出台《浏阳市自然保护地整合优化预案》，整合优化自然保护地19处，保留自然保护地7处，落图175平方千米；应对疫情防控，全面封控隔离人工繁育陆生野生动物养殖经营场所210家，免费派送消毒防护物资10余万元，查处无证繁育12家；依法退出补偿禁食人工繁育主体39家，被评为“全省禁食野生动物工作先进集体”；清除枯死松树13.6万株，飞防作业3333.33公顷，防控成效获省级优秀单位；推行“一树一码”，对症救治濒危衰弱古树42株，保护性建设古树主题公园2个、古树群11处。

【发展林业经济】 2020年，全市林地流转率60%，办理林地经营权流转证34宗，交易金额5000万元，办理林地经营权流转证抵押登记4本，企业贷款融资600万元；创建省级示范合作社1家，林下经济示范基地7家，规模效益超过40亿元；建成油茶丰产林6666.67公顷，改造低产林2666.67公顷，提质茶油小作坊示范点5个，建设油茶果初加工与茶籽仓储中心1个，被评为“湖南省茶油大县”，获批茶油产业建设专项奖励资金2000万元，成为全国、全省现场会观摩点；指导11家企业申报省林业产业龙头企业，协助15家企业获批优惠利率贷款2146.6万元；新增提质“一村一品”特色花木基地86.67公顷，年产值40亿元；成功举办湘赣边首届花木博览会，观展人数超过2万人次、销售额1.2亿元、意向销售逾4亿元、银行授信园林企业7亿元，首倡成立湘赣边区域林业生态圈联盟。

【“浏阳茶油”成功注册国家地理标志证明商标】 2020年9月18日，国家知识产权局正式下发浏阳茶油地理标志证明商标注册证，“浏阳茶油”成为浏阳市第七个国家地理标志证明商标。2018年3月，湖南聚尔康茶油生物科技有限公司、湖南贵太太茶油科技股份有限公司等浏阳龙头企业牵头发起成立浏阳市茶油产业发展促进会；同年12月，协会申请注册“浏阳茶油”地理标志证明商标。油茶是浏阳传统的优势产业，截至2020年，全市共有油茶林5.2万公顷，年设计加工产能达到10万吨。浏阳独特的气候、土壤、地形水文条件及油茶籽加工过程中对加工工艺的细节掌控，浏阳茶油具有“不饱和酸、油酸、亚油酸和烟点均较高，优于普通茶油”的独特品质。2020年9月，浏阳被确定为“湖南省综合油料大县”。

（谭 军）

烤烟生产

【概况】 2020年，全市有19个种烟基地乡镇（街道），106个村，1660户烟农，实际种植烤烟3253.33公顷，种植面积较2019年增长15.7%，2公顷以上的规模户649户，较2019年增加10%，共收购烟叶6700吨，收购均价28.52元/千克，实现烟叶收购总产值1.88亿元，较2019年增长22.8%，完成税收4135万元，较2019年增长22.5%，烟农亩均收益同比增加389元，户均收益同比增加17814元。浏阳市人民政府被评为2020年度“全省烟叶工作先进单位”。利用浏阳电视台、浏阳日报社、“村村响”广播、“掌上浏阳”App 等媒体，宣传产业生产政策、理念，推广生产技术。全年通过“村村响”播报烤烟生产疫情防控、肥料供应、烟苗发放、相关补贴政策等 4 期。围绕烤烟生产阶段工作，在《浏阳日报》报道 10 篇，其中大田管理前期，出版专刊《抢抓农时，烟叶生产掀起热潮》；收购期间，出版专刊《片片“黄金叶”，托起农民增收致富梦》。浏阳电视台报道烤烟新闻 17 次、专题报道 1 次。协调中国烟草总公司对浏阳市加大烤房、烟夹等烟基设施投入，超额完成市委、市政府下达的争融资任务 1.9 亿元，实际完成 1.9258 亿元。

【烤烟生产指导】 2020 年，市烤烟生产指导中心加强技术培训，将理论培训、实操培训和专题培训相结合，培训内容从移栽、大田管理到烘烤、分级等，做到生产过程全覆盖。全年开展培训 129 场次，4456 人次参加，培训率 100%。打造烟叶品牌。2020 年，浏阳市特色品种 G80 烟叶种植规模扩大至 1686.67 公顷，较 2019 年增长 22%，共收购 6.38 万担(3190 吨)，增长 20.6%，实现收购总产值 9101 万元。转变生产方式，打造现代农业。落实“面源污染、绿色防控、清洁烘烤”的生产技术体系，打造现代绿色烟草农业。推广绿色生产技术。全面推广蚜茧蜂防治蚜虫技术、病毒检测试纸和病毒制剂技术等，益虫防虫技术推广面积 2366.67 公顷，形成有效绿色防控体系，减少化学药剂使用。推进烟田地膜回收。全市设立 39 个临时集中点，实现 3253.33 公顷烟田 1000 余吨废旧地膜回收再利用，面源污染取得根本性好转。推动烟叶清洁烘烤。2020 年，新建和改造的烤房全部为生物质烤房，有效降低燃料成本，提高烘烤效率与质量，促进浏阳烟草农业朝着“生态农业、绿色农业、循环农业”方向健康发展。

【烟基设施建设】 增加烟基设施投入。2020 年，投入 2240 万元，新建烤房 250 座，改造烤房 299 座，新增加烟夹 240 套和 96 个编烟分级台，有效保障烟叶生产。“双保险”降低生产风险。2020 年，“烟叶种植保险”投保金额 475.8 万元，覆盖全市所有烟田；新增“农业雇主责任保险”，投保金额 29.28 万元，覆盖全市所有从事烟叶生产的“务农人员”。“双保险”全面防控化解烟叶生产自然灾害及劳动用工风险，保护烟农利益。落实烤烟生产补贴。2020 年，生产专用物资现金补贴 130 元 / 担、烟田深翻深耕补贴 20 元 / 担、育苗补贴 13 元 / 担、采购地膜补贴 2 元 / 千克和套餐生物农药补贴等，均兑现到位，提升烟农生产积极性。

（周利梅）

农产品质量安全

【概况】 2020 年，全市开展农产品质量安全定量监测抽样 1128 批次，1124 批次合格，合格率为 99.65%；开展“瘦肉精”等禁限用兽药及化合物快速检测 3000 份，种植业农产品农药残留速测 52273 份；检查农产品及农业投入品生产经营主体 2612 家次，出动执法人员 5967 人次。共查处各类农产品和农业投入品质量相关案件 3 起，其中未建立农产品生产记录案件 1 起，动物防疫或检疫相关案件 22 起，未经定点从事生猪屠宰案 1 起，兽药残留超标案件 1 起；查处各类生产经营假劣农资案 8 起。全面推动农产品质量追溯管理，截至 2020 年 12 月底，浏阳市有 513 个农产品生产经营主体纳入“国家农产品质量安全追溯管理信息平台”管理，104 个农产品生产经营主体纳入“湖南省农产品身份证信息采集系统”管理。

【“二品一标”认证】 2020 年，全市新办和续展绿色食品认证农产品 22 个品种，涉及生产主体 9 家。进一步巩固大围山梨地理标志农产品保护工程建设。

【农药包装废弃物回收处置工作】 2020 年，浏阳市依托试点县项目平台，结合实际，构建起“四级回收”+“专业处置”的“浏阳模式”。确定 1 个示范乡镇 16 个示范点，涵盖乡镇(街道)、村(社区)回收归集中心，以及水稻、蔬菜、水果生产基地(合作社)和农药经营门店等。通过示范带动，在 463 个农药经营门店和 1500 多家农产品生产基地、303 个村社区、31 个乡镇(街道)建成农药包装废弃物回收归集点，全市建成农药经营使用者、村级、乡镇、县市四级回收体系，形成上下联动、齐抓共管的工作体系。根据协议，由湖南万容固体废物处理有限公司及时收集分类进行集中无害化专业处置，全年集中处置 12.18 吨。10 月 20 日，“星辰在线”以《四级回收加专业处置　浏阳农药包装废弃物这样“清零”》为题进行宣传报道，11 月 20 日，浏阳市人民政府副市长邓雪琴，在全省农药包装废弃物回收处理工作视频会议上作典型发言，推介浏阳做法。

（瞿　希）

大围山秋色 （罗 柳 摄）

水 利

综　述

【概况】 2020年，浏阳域内有浏阳河、捞刀河、南川河三大水系，流域面积50平方千米以上的河流36条，流域面积10～50平方千米的河流115条。有各类水库187座(2019年10月官渡镇大塘冲水库降等为大山塘)，其中大型水库1座，中型水库10座，小型水库177座，域内有山坪塘6.45万口；大中型灌区28处，灌溉干渠6750千米、薄壳渡槽218处、河坝9300余座。全市共有千吨万人级规模农村水厂28处、单村供水工程88处，农村供水能力约22万吨/天。全市各类蓄水工程设计蓄水总量5.73亿立方米，控制集雨面积占全市总面积45%左右，有效灌溉面积5.946万公顷。地处湘东暴雨区，多年平均降雨量1607.4毫米，易发山洪地质灾害和洪涝灾害，有省级山洪灾害易发村75个，地质灾害隐患点309个。2020年，市水利局围绕“水利工程补短板、水利行业强监管”的总基调，坚决做好疫情防控工作，坚持打好“三大攻坚战”(精准脱贫攻坚战、污染防治攻坚战、防范化解重大风险攻坚战)，水利工作呈现出建设加快、监管加强、改革加速的格局。11月，浏阳河成功创建全国首批示范河湖，富岭水库管理所通过国家级水利工程管理单位验收；30座小型水库被评为长沙市“百座放心满意小型水库”。2020年8月13日，永安联合水厂被评为2020年度全国“农村供水规范化水厂”，椒花水库开工建设、小水电清理整改、水利工程建设管理、水行政审批改革等工作获水利部和省、长沙市肯定，《光明日报》《中国水利报》和人民网、学习强国App等主流媒体多次推介浏阳水利工作经验。市水利局作为长沙地区唯一被推荐单位，参评全国全面推行河长制湖长制先进集体，并作为长沙地区县级排名第一单位，第二次被评为全省水利真抓实干县。

【防汛抗旱】 2020年，市水利局加强值班值守和预报预警，组织防汛会商5次，启动应急响应1次，发送预警信息274万余条次，有效应对2020年5月15日、29日，6月3日、5日、24日，7月10日和9月10日共7轮强降雨过程。建立完善防汛应急响应“一镇一策”，当日降雨达到30毫米、50毫米和100毫米时，点对点发送预警信息到降雨乡镇，提前做好预警防范工作，将灾害损失减少到最低。市防指组成9个督查组，由市领导带队，采用“四不两直”(不发通知、不打招呼、不听汇报、不用陪同接待，直奔基层、直插现场）方式，多次对32个乡镇(街道)进行防汛督查工作，促进各项防汛措施有效落实。组织排查整改防汛隐患286处，开展应急演练213场次，教育培训150人次，确保防汛安全。落实水库大坝安全管理，公布全市176座小型水库大坝安全责任人名单及职责，规范水库运行调度管理，30座小型水库被评为长沙市“百座放心满意小型水库”。

【河长制】 2020年11月18日，浏阳河通过水利部长江水利委员会组织的全国示范河湖建设验收，河长制工作“浏阳经验”在全国推介。张坊镇段洞溪河、南川河文家市段2条河流被评为湖南省“美丽河湖”，镇头镇跃龙河、官桥镇涧江河2条河流被评为长沙市级美丽河流，达浒镇长丰村、高坪镇志民村等9个小微水体被评为长沙市级小微水体管护示范片区。2020年底监测数据显示，浏阳河、捞刀河、南川河三大干流33个断面水质达标率由92.5%提升至100%，77条支流112个监测断面水质达标率由51.8%提升至96%，主要饮用水水源地23个监测断面水质达标率由75%提升至100%。浏阳河镇头镇金牌村出境断面水质稳定达到Ⅱ类，捞刀河、南川河出境断面平均水质达到Ⅲ类，县级以上集中式饮用水水源地水质达标率100%，实现涵养一河碧水到湘江目标。

【水利项目建设】 2020年9月28日，总投资59.07亿元的全国重点水利工程椒花水库开工。全年全市共完成水利资金投入2.52亿元，其中烟草基金援建的金鸡水库扩建工程于2020年6月18日下闸蓄水验收，政府投资计划的6个水利工程建设项目全面开工建设，浏阳市水利建设投资规模和项目数量处于全省县级前列，工程质量和进度在全省考评中名列第一。

【农村安全饮水】 2020年，浏阳市完成省级新增农村通自来水入户2.3042万人、长沙市级新增农村通自来水入户4.1354万人工作，超额完成省级、长沙市级的任务。全市所有建档立卡贫困户饮水安全均达标，通过脱贫攻坚省级考核。

【水法宣传】 2020年3月22日是第二十八届“世界水日”，同时也是第三十三届“中国水周”的第一天。浏阳市水利局围绕“Water and climate change(水与气候变化)”“坚持节水优先，建设幸福河湖”两大主题，开展宣传活动。

【小水电清理整治】 浏阳市小水电站数量多、分布广，历史情况复杂，总数居长沙之最，排在全省前十，是小水电站清理整治重点地区之一。为全面落实长江经济带发展战略和水利部等四部委关于小水电清理整改工作部署，浏阳出台《浏阳市小水电清理整改措施标准及要求》，指导如何解决生态流量下泄和监测问题，对整改后电站的运行管理提出全面规范要求，并遴选不同类型5个水电站，进行样板示范和倒逼整改。2020年10月，浏阳市完成补办审批手续和所有132座小水电站清理整改任务，其中109座通过整改验收，21座完成退出拆除，2座签订协议限期退出，并建成县级生态流量监测平台。2020年12月7—8日，水利部农水司到浏阳调研，对浏阳市“示范引路、样点先行”的做法和独家部署开展的全市小水电安全生产及运行管理规范化建设给予肯定，认为整改标准高、效果好，小水电清理整改“浏阳模式”是全国的标杆。

【金鸡水库扩建工程进行蓄水阶段验收】 金鸡水库扩建工程位于官渡镇观音塘村，工程于2016年11月开工建设，工程概算总投资1.26亿元。2020年6月18日，浏阳市水利局组织金鸡水库扩建工程下闸蓄水验收并投入使用。水库扩建完工后，将为水库所在地官渡镇及周边乡镇2万多亩农田提供水源，大坝下游金鸡河流域防洪标准提高至十年一遇。扩建后，大坝最大坝高33米。

（罗　琳）

【椒花水库工程开工】 2020年9月28日上午，椒花水库工程开工仪式在浏阳市达浒镇举行。湖南省委副书记、省长许达哲宣布开工。椒花水库工程坝址位于浏阳河上游大溪河流域左岸一级支流椒花河下游，总投资59.07亿元，是湖南省2020年开工建设的第二座大型水利项目。水库大坝高69.5米，正常蓄水位180.0米，控制流域面积132.5平方千米，为大（二）型水库，工程任务以城镇供水、防洪为主，兼顾灌溉和下游生态环境补水。项目建成后，椒花水库将向浏阳主城区、金阳新区、长沙县城区年平均供水8130万立方米，有效解决该地域枯水期水源性缺水问题；另外可向水库下游龙潭坝灌区年平均供水490万立方米，提高灌区673.33公顷农田灌溉保证率。

（叶　进）

【"浏水悠悠"浏阳河故事传说征文大赛、"美丽浏阳河"摄影大赛活动】 2020年7月8日，浏阳市河长制工作事务中心启动"浏水悠悠"浏阳河故事传说征文大赛、"美丽浏阳河"摄影大赛活动。截至8月15日，共收到征文、摄影作品400余件。10月22日，浏阳市河长制工作事务中心举办的"浏水悠悠"浏阳河故事传说征文大赛、"美丽浏阳河"摄影大赛活动评选结果出炉。经评审小组评阅，评选出征文大赛一等奖3名，二等奖5名，三等奖10名，优秀奖20名。评选出摄影大赛一等奖3名，二等奖5名，三等奖10名，老照片特别奖5名，优秀奖10名。

【浏阳河通过全国示范河湖建设验收】 2020年11月18日，水利部长江委组织召开浏阳河示范河湖建设验收会，会议宣布浏阳河全票通过全国示范河湖建设验收。浏阳河是湘江一级支流。2019年，水利部在全国范围内启动示范河湖建设，浏阳河入围全国17个示范河湖建设名单。浏阳河全长224千米，其中浏阳境内长179.3千米，占比80%。自2017年河长制实施后，浏阳将浏阳河保护与治理作为河长制工作的重中之重。浏阳市高度重视河库管护工作，共设立河长（库长）1768名，确保所有水体责任全覆盖、监管无盲区，打通河长制"最后一公里"。浏阳建立生态奖惩机制，通过运用好补偿奖罚、绩效考核的"指挥棒"，激发各级各部门的护水积极性，压实河流管护职责，形成强大的治水合力。对浏阳河沿线11家乡镇污水处理厂进行提标改造，建设镇头跃龙、大围山白沙等5座小型分散式污水处理设施，完成浏阳河1000米范围内规模畜禽养殖场（户）退出，从源头控遏制水污染。依托"河长制"App，构建河库基础数据信息平台，对重点水域进行实时视频监控，将发现的问题及时交办；组织无人机进行航拍巡河，全方位无死角对浏阳河开展巡查，实现河库"天上看、网上管、地上查"立体化监管。充分挖掘浏阳河历史文化资源，逐步打造浏阳河国家湿地公园、浏阳河主题文化公园、"一河两岸"景观带，塑造最美水域形象。自2017年河长制实施以来，浏阳河流域支流水质达标率由51.8%提升到2020年的100%，浏阳河干流浏阳出境断面稳定达到Ⅱ类水质，创造有监测历史以来最好水质纪录。

【富岭水库管理所成功创建国家级水利工程管理单位】 2020年11月20—22日，受水利部委托，中国水利工程协会组织专家对富岭水库管理所创建国家级水利工程管理单位进行现场考核验收。富岭水库管理所通过验收，成为浏阳首个创建成功的中型水库管理所。富岭水库建成于2013年，位于大溪河沿溪段一级支流大光溪上，总库容1270.5万立方米，是一座以防洪为主，兼有发电、灌溉、供水等综合效益的中型水库工程。自2017年创建工作开展以来，管理所陆续完成信息化系统建设、大坝安全监测设施改造、水电站标准化建设等，并不断完善制度建设与资料整编工作。专家组通过现场考察、查阅资料、听取汇报后，认为富岭水库在组织管理、安全管理、运行管理和经济管理等方面达到国家级水利工程管理单位考核标准要求。

（罗　琳）

9月28日，椒花水库工程开工仪式在达浒镇举行　　（达浒镇　供图）

灌区管理

【概况】 2020年，官庄水库浏阳灌区管理所创建于1959年，按渠系布设和自然地形，分为高灌区和低灌区两大灌溉系统，引水水源为官庄水库。灌区工程自投入运行以来，几经扩建配套，已建成干渠4条，分干渠8条，支渠28条，渠线总长396千米，灌溉浏阳西区官桥、普迹、镇头、葛家、枨冲5个乡镇共9400公顷农田，占全市旱涝保收面积的四分之一。2020年，官庄水库浏阳灌区管理所机关内设办公室、财务科、工程科3个科室，下设官桥管理站、镇头水厂和普迹水厂3个二级机构。有在职干部职工39人，退休人员25人。主要担负着防汛保安、农业灌溉和城镇供水任务。全年争取水利建设资金 707 万元，全面完成维修养护、应急抢险、水损修复、省级续建配套与节水改造项目。

【灌区防汛保安】 2020 年，官庄水库浏阳灌区管理所建立管理所、管理站两级防汛责任制，落实重点工程、重点部位责任人，加强渠系、大坝巡查。严格执行 24 小时防汛值班和领导带班制度，抓好防汛督查工作。2020 年，汛期水库调洪 8 次，累计泄洪 382.1 小时，调洪库容 600 万立方米。全所全年完成水损修复工程、东西干渠和高干渠禾公冲、杨柳冲等处的清障 20 余千米，恢复渠堤 7.5 千米。灌溉期间，与官庄水库协调，科学安排，合理调度，充分利用水资源，为灌区农业保收创收提供优质服务。全年灌溉水量较 2019 年节约 300 万立方米，全灌区保收面积达到实灌面积 100%。

【安全供水】 2020 年，完成镇头水厂扩网和提质改造工程；全年新增入户 515 户，水质综合合格率保持在 99.5%以上，实现科技环保工业园二期的爱达环保、陶铝建材、千叶等多家企业供水，解决企业饮水不安全问题；落实日常水质检测制度，加强管网水的监测力度，确保水质达国家饮用水卫生标准；加强与用户联系，及时发布供水信息，保证重大活动、节假日的安全供水；提升服务水平，加强供水设备巡查、维护及抢修工作力度，处理各类供水突发事件发生，解决民生用水难题。全年维修管网漏点 146 处，及时率和满意率持续攀升。

（潘艳纯）

株树桥水库管理

【概况】 浏阳市株树桥水库管理局成立于 1990 年 3 月，2007 年机构升格为副县级事业单位，内设办公室、水资源保护科、工程管理科、经济建设科、政工人事科、财务审计科 6 个正科级职能科室，下设枢纽工程管理所、资源管理所、水电调度与灌溉管理所、水质环境监测监督管理站 4 个正科级二级机构。有干部职工 248 人。2020 年全年供水发电两项主业收入 5068.99 万元，较上年增加 441.99 万元，其中供水 1.86 亿吨、结算原水费 3251.57 万元，发电 5680 万千瓦时、结算电费 1817.42 万元。

【防汛保安】 2020 年，市株树桥水库管理局打造立体防汛抗旱体系，先后建设洪水预报及调度系统二次开发、双通信双电源配套保障、防汛及电站备用电源改造等项目。压实防汛抗旱责任，开展防汛备汛挂图作战，备足防汛物资和应急设备，执行长沙防指调度，坚持领导班子带队值守防汛一线，落实汛前、汛中、汛后检查，提升枢纽工程设施设备维护水平，科学预测预研，织密防洪预警网络，主汛期拦蓄洪量 1.76 亿立方米，最大错峰流量 542 立方米/秒，最大削峰率 92.7%。完成下游生态补水任务，在保障向长沙日均供水 50 万立方米的前提下，向下游生态补水 4.17 亿立方米，起到保障流域生态、调节改善浏阳河水质的积极作用。检验和提升流域防汛应急联动能力。6 月 7 日，承办湖南省 2020 年抗洪抢险应急演练大型水库开闸泄洪科目获成功，得到省市防指认可。

【水源保护】 2020 年，市株树桥水库管理局继续推行市水保领导小组定期调度和“一单四制”工作制度，严格落实河长制，持续做好水库水面保洁，投放滤食性鱼苗，落实水库禁钓，严守森林防火要求，协同推进流域水安全保障和湿地保护、修复工作，全年组织水陆监管巡查 2273 次，处置违规垂钓人员 557 人，查处涉水涉渔等违法违规行为 30 余起，移送公安机关训诫教育 3 人、行政处罚 7 人、行政拘留 4 人、刑事拘留 1 人。以“坚持节水优先，建设幸福河湖”为主题，开展短视频宣传和线上答题活动，带动 12.3 万人次参与，浓厚水源保护工作氛围。定期做好水质监测和污染源排查治理工作，全年水质稳定在Ⅱ类及以上。

【供水发电】 2020 年，市株树桥水库管理局全年供水发电两项主业收入 5068.99 万元，较上年增加 441.99 万元，其中供水 1.86 亿吨、结算原水费 3251.57 万元，发电 5680 万千瓦时、结算电费 1817.42 万元。

【湖南株树桥物业管理有限责任公司】 2020 年，公司以“全面优化管理，全面提升服务，全面激活队伍，确保安全可控，确保稳健经营，确保业主满意”为总目标，理顺和优化管理机制，提升管理服务专业化水平。通过政府采购方式续签浏阳市教育局、税务局、体育中心、图书馆、星沙海关驻浏办事处、张坊镇环卫、两型产业园、集里医院、妇幼保健院、自来水公司等项目，合同增量 186.7 万元；新增财苑小区项目、一喜科技公司（短期）、关口儿童医院项目，新增合同金额 175 万元，在管项目 20 个。全年实现经营产值 3121 万元，同比 2019 年增长 3%，上缴利税 181.45 万元，安排社会就业 659 人，全年零安全责任事故。

（张家榕）

株树桥水库大坝全景　（市株树桥水库管理局　供图）

（市工信局　供图）

工业和信息化

综　述

【概况】 2020年，全市入规企业50家，规模以上工业企业1005家；实现规模工业总产值2005.10亿元，同比增长5.8%；规模工业增加值545.60亿元，同比增长6.3%；完成工业税收40亿元，同比增长3.46%；工业用电38.93亿千瓦时，同比增长15.36%；工业投资712.7亿元，同比增长13.3%，占固定资产投资比重67.8%，工业技术改造投资362.5亿元，同比增长30.2%，占工业投资比重50.9%。浏阳市被评为“全国工业百强县(市)”第11名，被纳入全国8个工业经济运行调度重点县(市)，获得湖南省人民政府真抓实干成效明显地区表扬激励通报（“落实制造强省建设等政策措施成效明显的县市区”）；长沙市“大干一百天、实现双过半”竞赛制造业及工业技改专场活动在浏阳进行集中观摩。浏阳市工信局被评为“省工信系统运行监测协调工作先进单位”“省工信系统规范行政执法示范单位”、长沙市2020年工业和信息化工作目标考核四区县第1名、“创客中国”湖南省创新创业大赛优秀组织单位，浏阳市中小企业公共服务平台被评为年度最受欢迎窗口服务平台。浏阳市工业和信息化局，为浏阳市人民政府工作部门，内设办公室(政工人事)、产业规划科、运行监测科、信息化科(电力科)、综合管理科、军民融合科6个科室，辖产业链事务中心(副科级)、中小企业服务中心2个二级机构。2020年9月，按照机构改革要求，电力运行管理职能由市工信局移交市发改局。

【产业链建设】 2020年，全市15条产业链实现规模工业总产值1822.7亿元，同比增长7.0%。健全产业链帮扶机制：出台《浏阳市2020年市领导联系重大项目和重点企业实施方案》，建立市级领导联产业链联重点企业联重大项目的工作推进机制，市级领导担任“链长”，15个部门牵头联系、32个部门重企帮扶，实行“周碰头、月调度、季点评”；持续推进“千企帮扶”“双复双稳”行动，全年收集企业困难问题589个，已办结560个，办结率95.1%。加强产业链精准招商：突出建链、强链、延链、补链四大重点，瞄准产业高端和技术尖端，创新产业招商、以商引商模式，新引进武汉精测、泽睿新材等重点产业项目和葛洲坝易普力激发管生产线“3类500强”重大项目。全年新引进项目200个，计划投资总额485.39亿元，产业链项目123个，计划投资总额171.94亿元。其中计划投资100亿元以上项目2个，10亿元以上项目10个，亿元以上项目80个。推进产业链项目建设：3个省重点产业项目完成投资188.02亿元，完成率183.43%；3个长沙市制造业标志性项目完成投资174.02亿元，完成率186.44%；3个省重大产品创新项目增补计划完成投资6.7亿元，完成率103.08%。惠科光电项目完成投资173.6亿元。全市60个产业链重点建设项目完成投资229.5亿元，完成率144%。

【企业培育】 2020年，浏阳市围绕“入规、升高、上市、扩面”开展梯度培育。全年全市新增规模工业企业50家，总数达1005家（全省区县市第一）。新增高新技术企业132家，总数达300家。新增长沙智能制造试点企业75家，总数203家；智能制造示范企业总数249家。新增专精特新“小巨人”企业国家级1家、省级15家、长沙市级35家，累计国家级2家、省级32家、长沙市级63家。截至2020年，累计培育省市首台套重大技术装备产品奖励企业40家，省知识产权运用标杆企业2家，省品牌培育示范企业4家，百项专利转化3家。长沙爱达环保科技有限公司被评为2020年“省级工业设计中心”奖励。南新制药以科创板第一套标准在上交所科创板上市，华纳大药厂首发申请获上交所科创板股票上市委员会审议通过，截至2020年12月底，全市上市(过会)企业9家(全省区县市第一)，另有38家纳入长沙市上市(挂牌)后备企业资源库。

【企业服务】 落实惠企政策。2020年，市工业和信息化局搜集、整理、编印、发放《惠企政策汇编》2000余册，召开政策解读座谈会11次。指导帮助524家企业(项目)争取上级各项资金1.59亿元。组织268家企业参观长沙工业机械、智能制造会展。聘请长沙智能制造研究总院为浏阳市50家企业提供智能化改造业务指导。把握省工信厅出台花炮产业政策契机，邀请蚂蚁集团、博胜集团就花炮产业数字化、文创化转型开展专题调研，共指导65家花炮企业开展“机械化换人、自动化减人、智能化管理”，争取政策奖补资金816.73万元。聚力引才聚智。2020年共认定工业企业专业英才202人，开展“入企业、送政策、联英才”主题活动，为120多家企业发放惠企业政策书，79名英才发放浏阳市英才卡。加强企业培训。加强企业家和企业经营管理人才培训，引导中小企业建立现代企业制度。重点开展中小企业技术创新“破零倍增”进企业活动，组织15家次企业集中培训两次，对7家企业开展走访一对一服务活动；举办创业培训，服务企业30家；邀请专家对参加长沙市创新创业大赛复赛的6家企业进行3轮培训；组织企业参加湖南省中小企业银河培训工程10场共55家次企业88人次参加；组织20家次企业参加长沙市“星创同行”大讲堂。2020年新增省核心服务机构1家。畅通融资渠道。9月9日，市工信局、市金融事务中心、人民银行浏阳支行联合主办“创新产品、助力发展”浏阳市金融业支持实体经济创新产品推介会，掌上浏阳App全程直播，10.73万人次在线收看，会上18家金融机构推出18款创新金融产品，现场为9家企业授信3.85亿元，全年共为企业融资5.55亿元。浓厚双创氛围。举办“创客中国”浏阳创新创业大赛；连续两年被省工信厅评为“创客中国湖南省中小微企业创新创业大赛优秀组织单位”。

【长沙市“大干一百天、实现双过半”竞赛制造业及工业技改专场活动】 2020年5月27日，长沙市“大干一百天实现双过半”竞赛制造业及工业技改专场活动到浏阳进行集中观摩，分别到电子信息技术改造标杆企业蓝思科

年初，市工信局协调口罩全产业链供应环节，调研口罩原材料（无纺布）生产企业盛士新材料公司 （市工信局　供图）

技股份有限公司（南二园视窗防护玻璃生产项目）、健康食品技术改造标杆企业盐津铺子食品股份有限公司（烘焙二期技改升级项目）、生物医药技术改造标杆企业湖南一喜科技服务有限公司（转产口罩生产线项目），现场感受浏阳企业技改成效。市工信局推进“大干一百天、实现双过半”竞赛相关工作，坚持抓技改、促投资、稳发展。通过政策红利引导、典型示范带动、产销对接促进企业往自动化、数字化、智能化为方向加大研发和技术改造；顺应当前“宅经济”“新基建”、国外疫情等风向，指导并帮助企业向消费、投资、外贸风口改，原生产纸尿裤的湖南一喜科技服务有限公司，通过技改投资转产口罩，投资1.5亿元以上新上口罩自动化生产线150条，日产一次性及KN95型口罩达1000万个，成为湖南省最大的口罩生产企业，口罩远销德国、美国、西班牙等国家；优化产业格局，注重轻重均衡转、新旧交融转、虚实结合转。截至2020年12月，浏阳有规模以上机械制造企业118家，配套三一重工、中联重科的企业达到50家，初步形成长沙工程机械之都的配套产业集群。

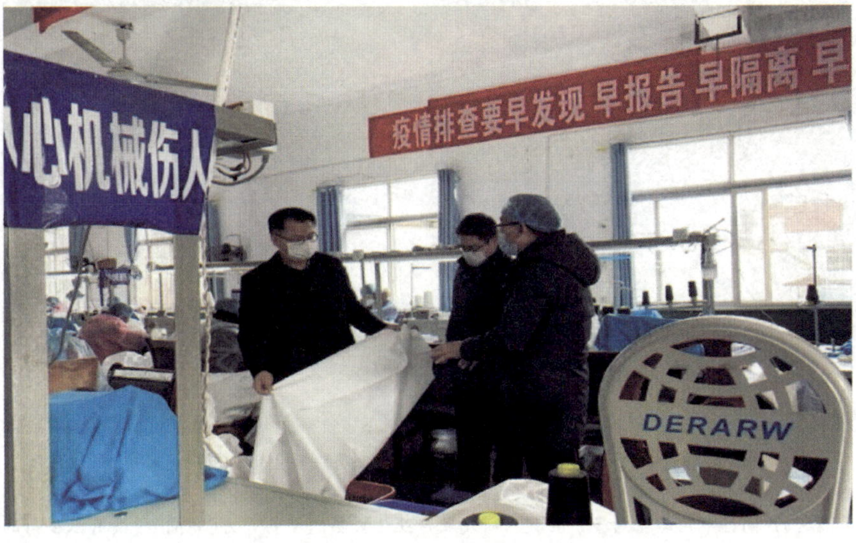

2月18日，市工信局工作人员走访浏阳市防护服生产企业长沙依乐得服装设计服务有限公司，协调解决企业手续审批问题，争取有关政策扶持 （市工信局　供图）

【防疫物资保障】 通过联企指导、联动帮扶、联盟发展，浏阳市医护用品产业链从无到有、从小到大。全市新增、转产、扩产医护用品企业50家，为全市生产筹集一次性口罩4亿个，熔喷布1273吨，医用防护服30万件，消毒剂6000吨，病毒采样管5000万个，迅速建立起品类齐全的医护用品产业链。帮扶27家企业纳入省级防疫物资重点生产企业，争取上级应急防疫物资能力建设项目资金1580万元。建立健全浏阳市公共卫生应急物资储备工作方案，依法依规招标国药控股、天士力2家企业为承储企业，是长沙地区率先完成物资储备的区县（市）。

【复工复产】 2020年，做好复工复产期间的疫情防控工作，浏阳市精准施策，建立企业复工复产“3342”机制，即压实企业主体责任、属地管理责任、行业监管责任3个责任；做到一企一策、一企一档、一人一表“3个一”；严把企业的入口关、排查关、隔离关、防控关4个关口；梳理制定支持企业复工复产政策清单和指导企业防疫工作注意事项清单2个清单。为降低疫情影响，推动出台《关于应对新型冠状病毒感染的肺炎疫情促进企业健康发展的实施意见》，从复工服务、用工服务、减负服务、金融服务、政务服务五大方面提出15条具体措施，要求有序复工复产，促进企业健康发展。倡导市域内国有企业（平台公司）减免租金、1—3月水电气不停供，减轻企业负担。配合市委组织部抓好驻企防疫联络员工作，促进企业开工率、员工到岗率、产能恢复率“三率齐升”。直面重点企业用工缺口，对接协调援企稳岗赴外招聘组，赴邵阳县、龙山县等劳务输出地，采取“专人、专车、专厂、专线”方式，为返岗复工提供“点对点”“一站式”直达服务。截至3月31日，全市非花炮类规模工业企业实现复工率100%，产能恢复率100.7%。

【电力建设】 2020年是浏阳市供电能力提升三年行动计划（2018—2020年）收官之年，全年主、配网累计投资约5.15亿元，电网“630攻坚”合计铺排项目 52 项(配套路 16 项,投产一批项目 6 项,开工一批 8 项,核准一批 10 项,储备一批 12 项)。加快推进电网“630 攻坚”项目建设,道吾 110 千伏输变电工程的投产送电有效解决道吾片区、图书馆、博物馆、市人民医院及周边商业地产的用电负荷需求。永和 220 千伏输变电工程的投产送电为大东区和两型产业园的可持续发展提供电力支撑。完成浏阳主干电网建设任务后,9 月,按照机构改革要求将电力运行管理职能移交市发改局。

【信息化建设】 2020 年,浏阳市加强农村偏远地区通信基础设施建设,争取 3 批次 120 处国家电信普遍服务试点 4G 基站建设,实现全市行政村光纤宽带和 4G 网络覆盖率 100%。将光纤到户纳入市政公用服务工程建设项目审批制度改革事项,组织光纤到户及通信基础设施报装与验收接入宣贯培训。5G 网络建设累计投入超 10 亿元,新建及改扩建 5G 机房 61 个、光交 360 个,新建 5G 传输管线 990 千米,年度新增 5G 基站 1526 个,初步实现城区、园区、景区 5G 网络广覆盖。全年出动管线整治人员 2500 余人次,整治主次干道、背街小巷、老旧小区等 160 余处,集中捆绑规整凌乱线缆超 200 千米,为成功创建国家卫生城市作出积极贡献。成立浏阳市软件与信息技术服务业发展联席会议,加快信息技术企业培育,推动数字产业化发展。通过标杆打造、组织培训、平台建设等引导企业上云上平台,推进信息技术在实体经济的应用发展和融合创新,组织 3200 家企业注册使用各类云平台,新增省级“上云上平台”标杆企业 4 家。7 家企业获选省级两化融合管理体系贯标试点企业,28 家企业通过国家两化融合管理体系贯标认定,蓝思自研工业互联网云平台获 2020 年省级工业互联网平台建设计划。助力 5G 直播电商产业基地建设,打造“网间经济孵化器”。推进四新经济产业孵化基地(5G 场景应用)建设,加快花炮云、家具云、苗木云等产业云平台建设。和包支付累计发展用户 80 万户次、商户 1.6 万户,实现党费、团费、工会会费“三费”收取,水费、电费、商超移动支付等各类场景的和包深度应用,疫情期间以“湘消费”电子券形式刺激居民消费回暖。

【绿色制造】 2020 年,浏阳市推进绿色制造,全市完成省级绿色制造计划 4 家、长沙市自愿性清洁生产审核计划 31 家。鼓励家具、印刷包装、涂装企业开展推广使用低挥发性原辅材料,指导 27 家企业申报低挥发性原辅材料替代应用项目,获奖励资金 290.2 万元。浏阳经开区获批工信部第五批绿色制造绿色园区,高新区获批国家新型工业化产业示范基地——资源循环利用(再制造),盐津铺子、威尔曼、宇环数控 3 家企业被评为工信部第五批绿色制造绿色工厂,永清环保被评为省级绿色工厂。

【安全生产】 开展安全生产专项整治三年行动,2020 年市工业和信息化局向全市乡镇、园区经发系统、规模以上工业企业发送安全生产提示信息 8700 条。制订 2020 年度安全生产监管执法计划和工业企业指导计划,并严格按照计划开展安全生产指导检查,共监督检查电力、通信行业企业和指导检查工业企业 74 家次。制定《浏阳市强弱电线路安全隐患专项整治工作方案》《强弱电线路安全隐患整治规范指引》,组织各电力、通信单位开展强弱电线路安全隐患专项整治行动,共组织开展集中整治 16 余次,督促排查整改电力和通信违章交越、搭挂及共沟等安全隐患 45 余处。

【石灰土窑专项整治】 2020 年 5 月,市工信局拟定出台《浏阳市石灰土窑专项整治行动实施方案》,组织相关部门和石灰企业召开座谈会,同时邀请石灰专家到 6 家企业现场开展转型升级规划指导。10 月,市人民政府组织召开“浏阳市石灰土窑专项整治行动调度会”,成立浏阳市石灰土窑专项整治行动工作领导小组。经各部门和相关乡镇共同督促企业按期封停,各窑主签订承诺书,明确 11 月底全面关停。12 月,市工信、环保部门组成验收组对已封停的石灰土窑整治企业逐一进行现场验收,确保土窑均已拆除到位,无复产可能。浏阳市 6 家整治企业的 12 个石灰土窑全部封存到位,共计淘汰落后石灰土窑产能 7.7 万吨,石灰土窑淘汰工作全面完成。

【“创客中国”创新创业大赛】 2020 年 5 月 12 日,“创客中国”浏阳市中小微企业创新创业大赛预赛开赛,36 支参赛企业参赛。经评选,16 家优胜企业(企业组 12 家、创客组 4 家)进

5 月 27 日,由浏阳市工业和信息化局、浏阳市财政局联合主办 2020“创客中国”浏阳赛区决赛暨首届创新创业“香樟奖”颁奖仪式在浏阳融媒体中心举行,长沙永昌车辆零部件有限公司报送的《高档乘用车密封条产品技术研发及产业化》、葛洲坝易普力(湖南)科技有限公司的《二氧化碳膨胀爆破激发管研制开发与应用推广》分别获企业组、创客组第一名

(市工信局 供图)

入决赛。5月27日，由浏阳市工业和信息化局、浏阳市财政局联合主办2020“创客中国”浏阳赛区决赛暨首届创新创业“香樟奖”颁奖仪式在浏阳融媒体中心举行。参赛的16个项目（企业组12家、创客组4家）涉及抗疫物资生产、节能环保、三产融合、文化创意、智能制造等领域。决赛邀请湖南省中小微企业产业投资基金管理有限公司创始人沈翔，中国工匠学院产业并购研究院执行院长、资本直通车创始人吴昊，“菁朝星创”“路演事务所”创始人蔡新作为评审专家，30名来自金融机构与投融资机构的大众评审现场进行投票。经角逐，长沙永昌车辆零部件有限公司《高档乘用车密封条产品技术研发及产业化》等4个企业组项目、葛洲坝易普力（湖南）科技有限公司《二氧化碳膨胀爆破激发管研制开发与应用推广》等2个创客组项目获得进入市州复赛资格，并获创新创业“香樟奖”。同时，长沙银行浏阳支行、湖南开云投资管理有限公司等投融资机构现场与湖南永清机械制造有限公司等8个创新创业企业进行签约、授信，投资意向总金额1.7亿元。

（袁利平）

电子信息产业

【显示功能器件产业链概况】 截至2020年12月，显示功能器件产业链在全市共有工业企业13家，其中规模以上工业企业4家，从业人员48843人。从产业结构来看，上游主要涉及以湖南欧智通科技有限公司为代表的Wi-Fi模块产品，中游主要涉及以蓝思科技股份有限公司、湖南利尔电子材料有限公司为代表的手机屏、平板屏、手表屏、车载中控屏及PCB沉铜系列产品、光学玻璃清洗、褪镀系列产品。从产业体量来看，2020年完成规模工业总产值207.84亿元，其中产值过5亿元以上企业1家，产值过亿元以上企业1家，产值过1000万元以上企业1家。该产业链主要有2019年度国家知识产业示范企业、智能制造示范车间等产业平台。从产业招商来看，2020年共引进显示功能器件产业链项目2个，计划投资21.95亿元，其中半导体材料研发生产基地项目投资20亿元，研磨玻璃生产基地项目投资1.95亿元。从企业培育来看，新增规模以上工业企业——“入规”1家；新增高新技术企业——“升高”8家；新增智能制造试点企业——“扩面”4家。浏阳经开区是省政府授牌的“湖南省电子信息特色产业园”，2015年，获批国家新型工业化产业示范基地（电子信息），截至2020年12月底，浏阳经开区有欧智通、利尔电路板、启泰传感、孝文科技、卓芯智能等电子信息企业40余家，形成以触控玻璃面板制造为核心，显示屏制造、触控传感器、Wi-Fi模组等为矩阵的显示功能器件产业集群，成为湖南省电子信息产业的集聚区和引领区，具备冲击千亿级产业集群的基础。2020年电子信息实现产值287.6亿元，较上年增长67.2%。其中，蓝思科技2020年完成总产值195.72亿元，税收15.79亿元，在中国民营企业500强中排名88位，在中国民营企业制造业500强中排名第47位。

【长沙惠科第8.6代超高清新型显示器件生产线项目】 长沙惠科第8.6代超高清新型显示器件生产线项目总投资320亿元，是惠科股份有限公司在国内投资的第四座液晶面板生产基地。项目采用大尺寸第8.6代IGZO氧化物半导体背板技术路线，建设月产14.2万片TFT-LCD面板（母玻璃基板尺寸2250毫米×2600毫米）和0.8万片白光OLED面板生产线、绑定贴合生产线，主要产品为8K、10K等超高清大尺寸显示面板。该项目于2019年9月在浏阳经开区（高新区）正式开工建设，2020年7月22日，该生产线项目完成主厂房封顶；年底，主厂房外墙安装施工中，总体进度达到98%以上；附属栋基本完成建设，相继交付使用；研发楼交付使用，研发人员以及办公人员可进驻办公。11月17日，长沙惠科光电首台曝光机搬入，正式转入设备安装调试阶段。项目年度计划投资85亿元，1—12月完成投资上报160.02亿元，投资完成率188.26%。

【蓝思新材电子产品辅助材料生产基地项目】 项目总占地约7.33公顷，计划总投资10亿元，基地主要研发生产及销售工业清洗剂、表面处理液、胶粘材料、抛光材料、研磨材料、工业用润滑材料、水性涂料、日用化学产品、化学试剂和助剂（不含危险及监控化学品）等产品。2019年8月开工建设，2020年10月，项目10栋主体全部竣工，两栋厂房已投产，完成年度计划。

【豪恩声学产品智能制造项目】 该项目总投资50亿元，年度计划投资6亿元，2020年1—12月完成投资10亿元，投资完成率166.67%；项目一期厂房、能源中心、宿舍主体、装修、配套建设已完成竣工验收，正在进行设备安装、调试，已有三条喇叭线、两条成品组装线、两条SMT线投入生产。2018年12月8日，深圳市豪恩声学股份有限公司声学产品智能制造项目在浏阳高新区开工建设。

【泰科天润6英寸碳化硅电力电子器件产业化项目】 总投资15亿元，年度计划投资2.4亿元。1—12月完成投资4亿元，投资完成率166.67%；项目于2019年11月启动建设，项目产线设备安装已基本完成，正在进行设备调试。项目建成投产后可形成月处理5000片6寸片碳化硅晶圆的生产及销售能力。

【湖南欧智通科技股份有限公司二期项目】 该项目总投资约2.7亿元，位于浏阳经开区利通路以东、柳冲路以南，二期项目用地面积约3.333公顷。该项目主要建设智能移动终端产业园，包括2栋生产厂房，面积36091.2平方米，倒班公寓一栋，面积9258.84平方米，并建设相关配套设施，主要用于无线物联模组的生产制造。2020年4月28日开工建设，截至年底，完成部分主体建设。

（袁利平）

生物医药产业

【生物医药产业链概况】 截至2020

年12月，全市生物医药产业链共有工业企业92家，其中规模以上工业企业46家，从业人员16045人。从产业结构看，上游主要涉及以明瑞制药、欧亚药业、守护神制药为代表的阿昔洛韦片、苹果酸舒尼替尼、盆炎净片等产品，中游主要涉及以安邦制药、威尔曼制药、天地恒一制药为代表的银黄清肺胶囊、宫环养血颗粒、阿莫西林克拉维酸钾片等产品，下游主要涉及以九典制药、泰尔制药、绿之韵生物工程为代表的盐酸左西替利嗪胶囊、保健食品、固体饮料等产品。从产业体量看，2020年完成规模工业总产值105亿元，其中产值过5亿元以上企业8家，产值过亿元以上企业24家，产值过5000万元以上企业31家。至2020年12月，该产业链主要有AAALAC认证、CBIB成分园区、生化生物药品优秀品牌等产业平台。从产业招商看，2020年共引进生物医药产业链项目5个，计划投资18.1亿元，其中以美柏医药生物无菌凝胶生产线项目、制药机械与食品机械研发及生产基地项目为代表的亿元以上项目5个，抗癌、心脑血管及皮肤病创新药原料药及部分制剂生产基地项目为代表的5亿元以上项目3个。从企业培育看，新增高新技术企业——“升高”12家；新增智能制造试点企业——“扩面”13家。浏阳经开区作为国家创新药物孵化基地和中西部地区首个国家生物产业基地，至2020年12月，有尔康制药、九典制药、南新制药、湘北威尔曼、春光九汇、安邦制药等生物医药类企业170多家，其中上市公司3家，通过GMP认证医药企业68家，产品涵盖药用辅料、化药原料药及制剂、中药、基因与蛋白质、诊断试剂、生物制品等多个领域，品种达800多个，被评为中国生物医药最具特色、最具潜力园区。全省80%的国家一类新药在园区生产，形成明显的特色优势。2020年，园区生物医药实现产值113.9亿元。

（袁利平　袁村平）

【威尔曼新药研发生产基地扩建项目】 湘北威尔曼制药股份有限公司建设北园新药研发生产基地工程项目位于浏阳市经开区（高新区）北园，占地面积为133136平方米，主体为钢结构。具体包括：建设3座合成原料药车间（同时规划建设一座无菌原料药车间），新建5条原料药生产线，同时新增一台4吨/小时天然气锅炉作为备用热源，总体建筑面积为34364平方米。配套生产设施包括有机溶剂罐区、酸碱罐区、1座综合仓库、1座危化库、1座溶剂回收车间及动力中心；配套生活设施包括员工宿舍、办公楼、食堂；配套环保设施包括一座污水处理站、事故池、初期雨水池及相应环保处理设施。2020年4月，项目正式启动，截至年底，完成投资3000万元，投资完成率60%，已完成项目图纸设计并签订合同、部分完成土地报批、腾地交地。

【湖南敬和堂制药有限公司新建中药制剂基地项目】 湖南敬和堂制药有限公司新建中药制剂基地建设项目位于浏阳经开区湘台路、灵圣寺路与北盛路交会处，总建筑面积56627.82平方米。项目分两期建设，其中一期工程主要建设内容为综合楼、质检楼、中药提取车间、固体制剂车间、埋地酒精罐区、污水处理设施等；二期工程主要建设内容为科研楼，中药材仓库、综合仓库、外用药车间、预留车间。2018年12月，敬和堂正式落户浏阳经开区，计划总投资5亿元，2020年，该项目完成投资1.8亿元，年度投资完成率180%，已完成土地报批、腾地交地，部分完成开工建设。

（袁利平）

机械制造产业

【概况】 按照产业类别划分，浏阳经开区（高新区）机械制造产业包括智能装备制造、汽车及零部件、再制造等领域。截至2020年，园区引进并集聚包括宇环数控机床股份有限公司、长沙华恒机器人系统有限公司、深圳市豪恩声学股份有限公司、湖南启泰传感科技有限公司等为代表的智能装备制造示范企业，产品包含高精数控机床、工业机器人系统集成、智能视觉系统、高端声学产品、高端压力传感芯片、智能港口装备等；汽车及零配件产业聚集华域视觉科技（长沙）有限公司、长沙博大机械零部件有限公司、长沙波特尼电气系统有限公司、长沙义和车桥有限公司、长沙市银宝山新汽车零部件有限公司、欧拓（长沙）汽车配件有限公司、（长沙）刈钣车件制造（上海）有限公司、湖南湖大艾盛汽车技术开发有限公司、湖南鹏翔星通汽车有限公司等为代表的近百家汽车零配件及专用车整车生产企业。2020年，园区已获批省级智能制造示范企业（车间）13家，市级智能制造试点企业182家，智能制造技术得到广泛应用。2020年智能装备制造产业实现产值164.4亿元。

【华恒机器人项目二期】 4月24日，华恒机器人项目二期开工建设。该项目位于浏阳市经开区（高新区）永阳路，投资3亿元，致力于智能物流核心装备和焊接自动化核心设备的研发，项目产品为广泛应用于焊接机器人、喷涂机器人、装配机器人、桁架机器人、RGV、AGV、高密度智能仓储设备、精密医疗设备及各类工业产品的精密减速器。截至年底，已完成主体竣工。

（袁利平）

绿色食品产业

【绿色食品产业链概况】 截至2020年年底，绿色食品产业链全市共有工业企业297家，其中规模以上工业企业106家，从业人员27153人。从产业结构来看。上游主要涉及以湖南加农正和生物技术有限公司、湖南百宜饲料科技有限公司为代表的康之源、饲料等产品；中游主要涉及以湖南德旺农业科技发展有限公司、湖南湘食神食品有限公司为代表的外婆菜、浏河李妈腐乳产品；下游主要涉及以长沙绝艺食品有限公司、湖南蜜蜂哥哥蜂业有限公司为代表的鸭脖、蜂蜜等产品。从产业体量来看。2020年完成规模工业总产值205亿元，其中产值过5亿元以上企业4家，产值过亿元以上企业42家，产值过5000万元以上企业58家。该产业链主要有国家农业绿色发展先行区、国家农村创新创业园区、国家农业产业强镇、全国“一村一品”示范村镇、农业产业化国家重点龙头企业、实验室认可、第六届“创青春”中国青年创新创业大赛铜奖等产业平台。从企业培育来看。新增规模以上工业企业——“入规”1家；新增高新技术企业——“升高”8家；新增智能制造试点企业——“扩面”9家。从产业招商来看。2020年共引进绿色食品产业链项目12个，计划投资22.43亿元，其中以烘焙食品智能制造生产基地项目为代表的亿元以上项目5个，吉智健康浏阳生产基地项目为代表的5亿元以上项目2个。

【德康工业园建设项目】 德康工业园项目于2013年签约落户浏阳两型产业园园区，由湖南德康慧眼控制技术股份有限公司投资建设，主要进行人脸识别系统为核心的智能产品研发、生产和总部经济、工业标准厂房建设。项目用地3.867公顷，总投资5亿元，总建筑面积22万平方米，规划布局5栋建筑，分别为：标准厂房一(12层)、标准厂房二(12层)、写字楼(24层)、综合楼(7层)、门卫楼。项目于2017年开始动工，2018年完成全部地下室两层土方工程，2019年完成地下室和两栋主体建设，2020年三栋厂房和一栋办公楼全部建成并已封顶，2020年完成投资2亿元，年度投资完成率111.1%。

【坛坛香三期生产基地项目】 坛坛香三期生产基地项目位于浏阳经开区康万路903号，总投资3亿元，总建筑面积22280平方米，总用地面积16666.75平方米，生产厂房2栋、门卫房1栋，污水处理站1座。项目产品有32个，其中含油产品10个，不含油产品22个，市场面向国内29个省市、知名KA类卖场和连锁超市。该项目于2019年12月开工建设，2020年完成主体竣工。

(袁利平)

电力工业

【概况】 2020年，国网浏阳市供电公司辖25个乡镇、4个街道，面积4700平方千米(占全市93.86%)，116万人口，52.91万户。浏阳市2020年用电构成情况为：大工业用电占比54.64%，同比增长19.37%；居民生活用电占比22.17%，非普工业占比7.29%，趸售电量占比7.40%，商业用电量占比4.12%，非居民用电占比3.85%，农业生产用电占比0.54%。其中仅蓝思科技股份有限公司1家用电量占比32.39%，全市用电量前十位的客户电量占比45.83%。国网浏阳市供电公司累计完成售电量54.71亿千瓦时，同比增长10.99%；累计应收电费34.10亿元，回收率100%；累计线损率3.96%；售电均价623.27元/千千瓦时。年度电网最高负荷1051.85兆瓦，同比增幅12.72%。公司被评为“国网公司先进集体”“2019年度湖南省文明窗口单位”“省公司安全生产优秀集体”“‘转抓强’先进集体”“市场开拓先进集体”“市公司安全生产先进单位”，同业对标居全省县公司第八、大供县第一，永安、大围山、永和所被评为“省公司示范供电所”。截至12月31日，浏阳电网实现连续安全生产6119天。

【电力生产安全】 2020年，国网浏阳市供电公司开展安全大整顿、大检查，安全警示教育100%覆盖、票卡单培训及安规考试100%过关。加强外包队伍管控，选定管理规范、承载力强的施工队伍承揽工程，明确管理边界，压实供电所主体责任。发力主网整治和“向配网开战”，“两降一控”(降低配电线路跳闸率、降低台区停运率，严控设备停电时长)指标分别下降40.23%、31.1%、50.14%，在省、市公司交流经验。获省公司35千伏变电专业、市公司输配电、继电保护专业专项奖。保障电力供应，完成椒花水库开工、焰火大会、红色旅游博览会等重大保电任务91次。

【电网发展】 2018—2020年，浏阳主网电网共计投资约25亿元，投产新改建35千伏及以上变电站17座，浏阳电网供电能力提升41%，彻底解决浏阳电网卡脖子问题，220千伏永和变投产送电，首轮“三年行动计划”完成。110千伏丰盛等7个项目完成选址选线；2035年规划33个站址纳入详细规划，率先各区县获县级人民政府批复。推进浏阳经开区电网一元化管理，签订战略框架协议，开拓政企合作空间。开展配网建设创标杆工作，在省公司“两个规划”评选中，浏阳公司和大瑶供电所分获县、所级标杆示范单位，配电网建设迎接国网公司现场调研。农网改造三年完成投资4.8亿元，质量、进度在各区县持续领先。数据治理跨入全省先进行列，初步形成“电网一张图”。

【供电服务】 2020年，国网浏阳市供电公司抓好国网公司惠企惠民政策在浏阳落地，客户应享尽享，累计减少客户用电和办电成本1.35亿元。助力营商环境优化，上门服务保障惠科等重大项目电源接入、早日投产，继续通过“三零”(零上门、零审批、零投资)、“三省”(省力、省时、省钱)服务减免或优惠居民客户和小微企业，年度累计办理“三零”业务3089件，节约办电成本530万元。持续推进阳光业扩，实现政务窗口水电气业务一次办，高压办电时长减少至30.5天，低压办电时长缩短至1.89天。抓好业扩监管、停电管控、投诉管控三项重点工作，推进业扩全流程监控，建立服务投诉直查联查、溯源分析、整改跟踪协同机制，启动供电服务问题专项治理，持续推进预警约谈、例会督办、周期通报、指标管控举措，实现投诉量同比下降57.14%，业扩满意度达到99.35%。完成脱贫攻坚行业帮扶、定点帮扶各项任务，开展贫困村农网改造、光伏扶贫、易地扶贫搬迁、教育扶贫、驻村扶贫等工作，助力全市脱贫攻坚。扶贫工作被政府评价为“A等”，被评为省公司“脱贫攻坚奖”先进集体。

(李凤姣)

北京时间8月31日和9月1日晚，浏阳市吉腾烟花集团有限公司为乌兹别克斯坦28周年独立日庆典举行焰火表演

（市鞭炮烟花产业发展中心　供图）

鞭炮烟花业

综 述

【概况】 2020年，全市花炮产业集群总产值实现202.9亿元，其中出口销售额29.8亿元，国内销售额127.3亿元，原辅材料及相关产业实现45.8亿元。截至2020年12月底，全市有烟花爆竹生产企业476家（含烟花爆竹产品生产企业456家，黑火药生产企业6家，引火线生产企业11家，单基粉生产企业3家），其中备案登记的出口烟花爆竹生产企业数为230家。另有烟花爆竹经营（批发）单位401家，危货运输企业12家，烟花爆竹出口物流仓储基地3个，危险化学品原辅材料生产经营单位153家，烟花爆竹包装、印刷、机械生产等相关企业400余家，甲、乙、丙三级燃放企业共92家。国际烟花爆竹标准化技术委员会ISO秘书处、全国烟花爆竹标准化技术委员会等标准制定权威组织均设在浏阳。浏阳花炮已形成一个集原材料供应、生产经营、科研检测、机械制造、包装印刷、仓储物流、焰火燃放、文化创意为一体的产业集群。吸纳就业人口30多万人，年发放社会工资100多亿元。

【市场开拓】 2020年，市鞭炮烟花产业发展中心加强与山东、四川、贵州等省市花炮行业协会及职能部门衔接沟通。组织400余家花炮生产企业参加福建、重庆等10多个省、直辖市烟花爆竹订货会和长沙精品烟花大会，扩大浏阳花炮市场。推动浏阳花炮启用新版地理标志专用标志，强化浏阳花炮区域品牌建设。解决融资难题，督促“银企财园通”和“花炮信贷通”项目合作银行加大放贷力度。截至2020年12月底，两个项目共放贷款9525万元。推进湘赣协作，参与组织召开湘赣边花炮主产区6次协作会议，研究应对河南、山西禁放对策，商讨安全管理、提质转型等产业发展问题，巩固和健全湘赣边协作机制。

【宣传推广】 2020年，市鞭炮烟花产业发展中心组织策划专题宣传报道15场，中央、省、市各级媒体宣传报道累计120余条，其中包括新华社《浏阳花炮助脱贫》、人民日报社《湖南浏阳：烟花里的“幸福密码”》以及央视新闻频道《新年第一晚：橘子洲浏阳焰火绽放》等，营造良好的舆论环境。加大新媒体宣传力度，“浏阳花炮”抖音发布75条视频，视频总播放量约6000万次，其中最高视频浏览量单条为316.8万次，“浏阳烟花迎英雄”为题的抖音宣传获《人民日报》官方抖音号转发，央视“八一”军旗焰火抖音播放量4300万次。接待人民网、中央广播电视总台、《中国国家地理》杂志、湖南卫视、英国独立电视台等近10批次国内外知名媒体到浏阳采访，展现浏阳花炮文化独特魅力。

【花炮产业存在的困难与问题】 烟花爆竹浏阳拼柜模式被打破：经销商出于产品地域特色考虑，会同时采购江西、湖南两省的烟花爆竹产品进行拼柜后出口。2008年以来，湘赣两省烟花爆竹主产区与上海、北海等口岸建立“产地检验、集中监装、就地封柜、转关运输”的大通关模式，即浏阳或江西上栗、万载的烟花爆竹在当地拼柜后集中监装，再运至口岸出口（拼柜产品中浏阳产品约占70%）。但2019年3月初，长沙海关改变烟花爆竹拼柜模式，所有需要拼柜的湖南烟花爆竹必须运到江西进行拼柜监装，再经浏阳运至长沙霞凝港，导致浏阳出口烟花爆竹运输时间增加1～2天。由于拼柜出口量占浏阳烟花爆竹出口总量30%以上，监装模式的改变增加浏阳烟花爆竹企业的运输安全风险和运输成本。原辅材料质量不高：由于原辅材料标准体系建设相对滞后、原材料市场无序竞争、质量监管力度不够等原因，原材料质量存在滑坡趋势，以次充好、低质滥价、掺杂使假现象较为普遍，原材料纯度不够、药物敏感度过高现象比较突出，严重影响烟花爆竹产品质量，同时带来生产和燃放环节的安全隐患。创新升级支撑不足：由于烟花爆竹属于传统高危产业，科创基因先天不足，科技人才严重匮乏，科技水平相对落后。一方面，企业自主创新思维不强，对科技创新的重视不够、投入不足，普遍停留在不以科技为核心的同质化、低端化竞争。另一方面，专业技术人才和公共科研平台等科研要素的缺乏，直接制约行业科研水平。

【组织开展烟花爆竹行业转型升级专题培训】 2020年7月30—31日，中共浏阳市鞭炮烟花行业委员会、浏阳市鞭炮烟花产业发展中心、浏阳市烟花爆竹总会、浏阳市烟花爆竹技术协会联合组织开展浏阳市烟花爆竹行业转型升级专题培训班。培训班围绕当前宏观经济形势分析以及中央经济工作会议精神、技术标准与质量、文旅焰火、企业管理、行业转型升级等内容进行授课，来自全市花炮主产乡镇（街道）企业办、经发办负责人，花炮行业中青年企业家、高层管理人员、党支部书记和安全厂长等80余人参加培训。该培训旨在以提高综合素质为目的，让企业认清当前发展形势，深入了解转型升级政策，立足大局探索发展新路径，提升行业管理水平，推动产业高质量发展。

（石慧琼）

政策调控

【概况】 2020年，市花炮中心协助长沙市人大立法委对烟花爆竹安全生产和转型发展进行立法，促进烟花爆竹安全生产有法可依。推动出台《浏阳市加速推进烟花爆竹产业转型升级实施办法》，促进烟花爆竹产业转型重塑。制定《关于落实湘赣边区域合作示范区建设三年行动计划之打造世界烟花之都工作方案》，科学编制《浏阳市烟花爆竹产业集群“十四五”规划》，为产业发展提供指南。组织召开15次转型升级工作调度会，编制烟花爆竹退出企业转型服务政策，对全市退出企业进行走访帮扶。截至2020年12月底，全市退出烟花爆竹企业125家生产场所，完成兼并重组企业17家，成功转型发展企业13家。

【召开浏阳烟花爆竹产业集群“十四五”发展规划专家评审会】 2020年10月23日，浏阳市鞭炮烟花产业发展中心组织召开烟花爆竹产业集群

"十四五"发展规划专家评审会。会议邀请相关领域的专家成立专家评审组，浏阳市鞭炮烟花产业发展中心主要领导和相关业务部室负责人参加会议。会上，浏阳市鞭炮烟花产业发展中心调控部汇报浏阳市烟花爆竹产业集群"十四五"发展规划的基本思路、主要内容、总体情况，与会专家就发展规划的各个方面展开交流讨论，提出相关修改意见和建议，出具并通过《浏阳市烟花爆竹产业集群"十四五"发展规划专家评审意见》。

（石慧琼）

质量建设

【概况】 2020年，市鞭炮烟花产业发展中心联合浏阳市市场监督局开展烟花爆竹及原辅材料产品质量专项整治行动工作，对生产、经营、使用环节的原辅材料进行抽检，严查产品质量违法行为，对列入"黑名单"的企业实施惩戒。全年共抽检花炮原辅材料产品895个批次，公示公开72个批次、立案110起，罚没款84.8万元，集中销毁假冒伪劣产品1000余件，向市应急局移送99家单位共计109批次使用不合格烟花爆竹原辅材料违法线索。组织市市场监督局、市公安局成立联合打假维权工作组，到湖北孝感市、江西万载县等地开展打假维权行动。参与《烟花爆竹 安全与质量》《烟花爆竹燃放器材 安全与质量》《烟花爆竹原材料 安全与质量》等标准修订工作，指导湖南庆泰烟花制造有限公司制定并发布全国首个城市烟花企业标准，加快推动城市烟花标准建设。

【人才培养】 2020年，市鞭炮烟花产业发展中心组织行业企业高层人员到杭州阿里巴巴进行主题游学，邀请高校教授和业内专家进行"花炮行业转型升级专题培训"，提升花炮转型升级理论水平。加深产学研合作，成立浏阳花炮象形研究院，为创新发展提供平台。开展烟花爆竹产业职称专场评审工作，2020年有92人被评为初级工艺美术师职称，为产业发展提供人才储备。

【科技创新】 2020年，成立浏阳市花炮产业研发创新工作领导小组，明确技术攻关方向，指导浏阳象形精品烟花出口制造有限公司、浏阳市中洲烟花集团有限公司、浏阳市浏花烟花有限公司等20家企业被评为"国家高新技术企业"，东信烟花集团有限公司被评为国家专精特新"小巨人"企业，提高产业科技化水平。组织开展第七届湖南省烟花爆竹新产品评比大赛（礼花弹专项）活动，评选出金奖1名、银奖2名、铜奖6名，并在2020浏阳焰火大会上进行获奖产品的集中展示。制定烟花爆竹专业技术特派员制度，到科技创新项目企业进行技术指导，密切跟进气体发射烟花、再生植物纤维烟花外筒、安全环保鞭炮等15个重点科创项目30多次。组织企业参与2020年度长沙市创意烟花专项资金等奖项申报，全年协助企业争取省市资金1920万元，为烟花爆竹产业高质量发展提供资金保障。

【传统小产品扶持】 2020年，市鞭炮烟花产业发展中心加大浏阳花炮传统小产品奖扶力度，组织浏阳花炮传统小产品专项奖励申报评审工作，有34家企业获得专项奖励，共计奖励金额340万元。指导企业研发小产品全自动化生产机械，完成浏阳花炮传统小产品纪录片的拍摄与推广。

【优化出口】 破解出口通道受阻问题：2020年，浏阳市高位协调争取湖南省、长沙市对烟花爆竹出口通道专题批示，解决霞凝港出口通道受阻问题，促成长沙霞凝港、岳阳城陵矶港成功换发"港口危险货物作业附证"，推动岳阳城陵矶港打造烟花爆竹永久性堆场和查验场。接待上海烟花爆竹外贸运输协会到浏阳考察，促成烟花爆竹上海口岸出口通道得以恢复。开辟出口新通道：到福建江阴港进行考察，探索开辟浏阳烟花爆竹出口海运新通道；加强与湖南湘欧快线物流有限公司、浩吉铁路股份有限公司的联系对接，推动烟花爆竹铁路集装箱运输，探索开辟烟花爆竹陆路运输通道。解决出口检验问题：推进镇头出口烟花爆竹试验场山火赔偿及改造升级建设，为出口产品检验提供保障，协调解决部分出口产品检验受阻和运输危险定级模式改变问题，有效缓解高峰期企业产品出口问题。

【开展烟花进景区产品燃放展示评比活动】 4月9日，浏阳市鞭炮烟花产业发展中心组织开展烟花进景区产品燃放展示评比活动。通过前期宣传和初评，有50家企业111款产品参评。经过对爆竹类、玩具类、旋转类、吐珠类、喷花类、组合烟花类、个性化定制类产品七大类适合个人消费者燃放产品的逐一燃放，现场评委评选出一批备选产品。为确保评比活动评选出的产品适用于烟花进景区项目，市花炮中心组织两组评委，一组技术专家评委对产品的安全性能、技术标准等专业内容进行评审；一组创意评委对产品的燃放效果、创意水平等内容进行评审。

【推进烟花爆竹产业研发创新】 2020年5月20日，浏阳市烟花爆竹产业研发创新工作领导小组召开花炮科创工作重点项目专题调度会，向5家花炮企业派驻5名烟花爆竹专业技术特派员，通过创新工作方式，加大浏阳市烟花爆竹产业研发创新项目推进工作力度。

【召开全国烟花爆竹标准化技术委员会第五届一次全体委员会议】 2020年7月20日，全国烟花爆竹标准化技术委员会第五届一次全体委员会议暨国家标准审查会议在浏阳开幕，重点围绕新修订的GB10631《烟花爆竹 安全与质量》送审稿及编制说明进行审查、提出修改意见。烟花爆竹新国标《烟花爆竹 安全与质量》当日通过技术审查。通过技术审查的《烟花爆竹 安全与质量》标准，对专业燃放类的A级、B级产品和个人燃放类的C级、D级产品标准的每一级、每一类都进行修订完善，其中新国标提出C2、D级产品，可适用于建筑密集区（如城镇）燃放，同时D级还包括可在室内燃放的烟花。

【开展2019年度浏阳花炮传统小产品出口生产奖申报考核工作】 根据《浏阳花炮传统小产品保护与扶持实

施办法》，2020 年浏阳市鞭炮烟花产业发展中心面向全市纳入传统小产品生产的企业开展 2019 年度浏阳花炮传统小产品出口生产奖申报工作。12 月 14—16 日，市花炮中心组织行业协会负责人、专家和花炮中心工作人员分组对申报奖励的企业进行实地考核。考核内容包括核查企业商检台账、订单合同、出库单、查看企业生产车间及仓库等，根据实地考核情况填写“传统花炮小产品生产奖实地考核表”。经过企业申报、现场核实、专家评审，确定对浏阳市文家市镇中山出口花炮厂、浏阳市华力烟花制造有限公司等 32 家在传统小产品生产上取得良好成效的企业进行奖励，对湖南花火剧团有限公司、浏阳市庆泰烟花制造有限公司 2 家在小产品制作技艺与旅游开发取得良好成效的企业进行奖励，奖金总额共计340 万元。

（石慧琼）

节会活动

【焰火燃放】 组织举办 2020 浏阳焰火大会；提振行业信心，助推浏阳“三间”（乡间、夜间、网间）经济发展，指导统筹浏阳市烟花爆竹总会、浏阳市焰火燃放协会等联合运营，成功打造以“燃情时刻，乐享青春”为主题，一场集赏焰火、听音乐、品美食为一体的“综合性烟花＋文旅盛会”，实现线上观看量 2.9 亿人；打造“烟花进景区”花炮消费燃放新模式，协助浏阳市交通建设投资有限公司，在全市设立 12 个烟花小屋，开展优质产品筛选评选活动，为花炮产业发展注入新活力。拓展小产品、城市烟花销售渠道和消费空间，指导湖南花火剧团有限公司、浏阳市银洋烟花燃放有限公司、湖南庆泰烟花制造有限公司等企业进行微焰火、城市烟花和小产品燃放。在“五一”、七夕、中秋、国庆节期间，指导企业在国内各景区景点燃放小微焰火共 800 多场，燃放业务总金额约 1 亿元。截至 2020 年 12 月底，与株洲方特主题公园、深圳世界之窗、珠海长隆海洋王国等国内18 个景区景点进行合作，推动烟花文旅融合，有效延伸产业价值链。

【举行第七届湖南省烟花爆竹新产品评比大赛（礼花弹专项）】 2020 年 9 月 24 日，第七届湖南省烟花爆竹新产品评比大赛（礼花弹专项）在浏阳举行，14 家企业 54 款产品报名参赛。评委组对参赛产品的新颖性、安全性、环保性和实用性进行综合评分，评选出金奖 1 名、银奖 2 名、铜奖 6 名、优秀奖若干名。

【举行 2020 浏阳焰火大会（LFC）】 2020 年 10 月 2 日、3 日晚，由浏阳市人民政府主办，浏阳市鞭炮烟花产业发展中心指导，浏阳市烟花爆竹总会、浏阳市燃放协会承办的 2020 浏阳焰火大会（LFC）在浏阳市花炮观礼台举行，来自意大利、荷兰、芬兰、西班牙四支世界顶级焰火燃放队伍参赛，焰火大会邀请 ISY 三亚国际音乐节、芒果音乐节、长沙橘洲音乐节、浏阳河音乐节等多家乐队，LIVE 秀同频共振，电音、摇滚、民谣、说唱、流行等各种音乐节目轮番登场。2020 浏阳烟火大会（LFC）结合浏阳河、浏阳花炮两大文化 IP，充分展现烟花的绚丽与浏阳的热情美好，深受到浏游客的关注和喜爱。最终评选结果为：芬兰队冠军，意大利队亚军，荷兰队和西班牙队优胜奖。作为浏阳花炮行业打造的一项国际性焰火赛事，浏阳焰火大会从 2018 年开始举办，通过邀请世界顶尖焰火燃放企业来浏阳参赛和交流，进一步拓宽浏阳花炮企业的国际视野，扩大浏阳花炮的全球知名度。

【开展浏阳花炮行业“烟花＋短视频直播”培训】 2020 年 10 月 2 日、3 日晚，在浏阳举办的 2020 浏阳焰火大会通过在抖音平台开设“浏阳焰火大会”话题，吸引各方投稿活动相关视频 1641 个，获总计 2.8 亿次播放量，同时在抖音平台多账号同步直播，累计观看在线人数超过 300 万。10 月 16 日，2020 年第三季度“烟花＋短视频直播”花炮宣传联盟培训会议在市鞭炮烟花产业发展中心会议室召开，培训会邀请专业新媒体传播专家顾问进行授课，浏阳市中洲烟花集团有限公司、湖南花火剧团有限公司、东信烟花集团有限公司、湖南庆泰烟花制造有限公司等 10 余家浏阳花炮企业参加。

（石慧琼）

烟花爆竹产品检测

【概况】 湖南烟花爆竹产品安全质量监督检测中心，是湖南省市场监督管理局直属副处级事业单位，中心实行主任负责制，2020 年在岗人员 42 名，分设办公室、财务科、标准科研办、综合科、检验科、产检所、业务科 7 个科室。中心主要职责为：接受全国范围内行政部门、社会团体、企业单位、个人等客户委托检验；承担国家、省、市质量技术及安全生产监督行政管理部门监督检验；承担全国范围内烟花爆竹事故调查分析、产品质量分析；开展烟花爆竹产品、原辅材料、机械设备等科研开发工作；承担 SAC/TC149 秘书处和 ISO/TC264 秘书处日常工作；承担 ISO/TC264 国内技术对口单位日常工作；承担烟花爆竹国际、国内标准的制修订及归口管理工作；完成国家、省局交办的其他工作。

【专项监督抽查】 国家监督抽查：2020 年，国家监督抽查牵头机构（国家烟花爆竹产品质量监督检验中心），共计抽查湖南、江西、河北、湖北、贵州、四川、广西、浙江共 8 个省（自治区）的 217 家企业 150 批次产品，合格 128 批次，合格率 85.3%。省监督抽查：根据湖南省市场监督管理局湘市监质〔2020〕127 号文件要求，中心对浏阳市、宁乡市、醴陵市、攸县、宜章县、永兴县、祁阳县、临澧县 8 个主产县（市）及 13 个地州市（除长沙市外）的经销公司的烟花爆竹产品及浏阳市、醴陵市的黑火药产品、引火线产品开展湖南省产品质量监督抽查工作，共计抽查 336 家企业 720 批次烟花爆竹产品，合格 646 批次，合格率 89.7%；共计抽查黑火药产品 30 批次，合格 19 批次，合格率 63.3%；抽查引火线产品

50批次，合格34批次，合格率68.0%。长沙市监督抽查：根据长沙市市场监督管理局（长市监通知〔2020〕95号）文件要求，中心对浏阳、宁乡两个主产区的烟花爆竹生产企业开展烟花爆竹产品质量监督抽查工作，共计抽查153家企业，因退出、停产、出口等原因，实际抽查80家企业的80批次样品，合格76批次，合格率95.0%。浏阳市监督抽查：根据浏阳市市场监督管理局（浏市监通〔2020〕14号）和（浏市监发〔2020〕5号）文件相关要求，中心对浏阳市烟花爆竹生产企业开展烟花爆竹产品质量监督抽查工作，共计抽查烟花爆竹产品生产企业160家89批次产品，合格93.3%，引火线32家生产企业58批次产品，合格率93.1%，黑火药34家生产企业63批次产品，合格率82.5%，原材料369家生产企业716批次产品，合格率77.1%。

【风险监测】 2020年，该中心继续承担国家市场监督管理总局烟花爆竹产品质量安全风险监测站任务（项目编号0702-20412S012-75包），全年共采集分析4286批次检验数据，舆情分析1起，完成月度安全风险监测信息报送表12份、季度安全风险监测信息报送表4份、年度安全风险监测信息报送表1份，产品质量安全形势分析报告4份，完成2020年度烟花爆竹产品质量安全风险监测站任务。

【委托检验服务】 2020年，该中心共计接受全国范围内委托检验服务6290批次，其中：烟花爆竹机械设备检验839批次；烟花爆竹防静电设备实施检查检测352批次；烟花爆竹产品委托检验3143批次；烟花爆竹原辅材料检验1358批次；公检法司等政府部门委托检验598批次。

【国际标准化工作】 2020年新颁布4项烟花爆竹国际标准，即ISO 22863-1:2020《烟花—特定化学物质检测方法——第一部分 通用标准》、ISO 22863-2:2020《烟花—特定化学物质检测方法——第二部分 气相色谱法测定六氯代苯》《烟花—特定化学物质检测方法——第三部分 火焰原子吸收法测定铅和铅化合物》和ISO 21583:2020《烟花燃放通用指南》；正在制定烟花爆竹国际标准9项，其中《烟花—特定化学物质的检测方法》第四部分至第十部分进入FDIS（批准）阶段，第十一部分至第十二部分进入DIS（询问）阶段；新的国际标准《舞台焰火》正式启动立项程序。根据国际标准化组织（ISO）因新冠肺炎疫情采取的最新限制措施，原定于2020年9月14日至17日在芬兰赫尔辛基召开的第九次全体会议暨工作组会议改为视频会议，共计6个国家（地区）25人参加会议，主要研讨《烟花—特定化学物质的检测方法》系列烟花检测标准和《烟花燃放通用指南》等10项国际标准，并研讨舞台焰火研究课题和技术委员会相关工作。

【国家标准化工作】 加快推进GB 10631《烟花爆竹 安全与质量》修订工作。2020年3月12日和4月3日，在浏阳市组织召开修订GB10631《烟花爆竹 安全与质量》征求意见会议，4月15日在全国烟花爆竹标准化技术委员会内部下发关于征求GB 10631《烟花爆竹 安全与质量》（征求意见稿）意见通知，7月19—21日，在湖南浏阳组织召开五届一次全体委员会议暨国家标准审查会议，审查《烟花爆竹 安全与质量》征求意见稿，根据审查意见起草组修改后，报至工信部在网上开展为期两个月的公开征求意见。1月15日，在浏阳召开修订GB50161《烟花爆竹工程设计安全规范》研讨会，基本明确标准关键技术指标的修订方向。5月18—23日、9月18日，联合中国兵器工业火炸药工程与安全技术研究院的专家再次在浏阳市召开修订GB50161《烟花爆竹工程设计安全规范》研讨会议，在烟花爆竹主产区湖南省浏阳市、醴陵市及江西省万载县、上栗县进行现场调研工作，广泛征求行业意见，已形成送审稿。《烟花爆竹 原材料安全与质量》和《烟花爆竹 燃放器材安全与质量》两项强制性国家标准经广泛调研、收集意见后，形成标准草案，8月，向国家工信部申报立项，正在审批中。9月3日至10月15日，分别五次在浏阳召开修订《大型焰火燃放作业人员资格及管理》（GA898）和《大型焰火燃放作业单位资质及管理》（GA899）标准的研讨会议，已进入立项审批阶段。12月23—25日，全国烟标委（SAC/TC149）在河北石家庄召开第五届第一次全体会议暨标准审查会议，会议主要审查《烟花爆竹 水路运输安全技术要求》《烟花爆竹 抽样检查规则》《烟花爆竹 产品检验检测方法》3项国家标准。发布国家标准《烟花爆竹 混药设备通用技术要求》（GB/T38721-2020）1项，完成《烟花爆竹 陆路运输安全技术要求》《烟花爆竹 烟火药发热量的测定》《烟花爆竹 环保评价方法》、ISO 26261和ISO 25947等9项国际标准转化为国家推荐性标准的报批工作，正在制修订的推荐性国家标准有《烟花爆竹 礼花弹》《烟花爆竹 组合烟花》《烟花爆竹 玩具》《烟花爆竹 升空》《烟花爆竹 架子烟花》等12项。

【国家烟花爆竹产品质量监督检验中心室外燃放检测场建设项目开工】 2020年6月16日，国家烟花爆竹产品质量监督检测中心室外燃放检测场建设项目开工仪式举行，省市场监管局局长向曙光出席活动并宣布项目开工。该项目估算总投资4992.04万元，总占地面积13.133公顷。2020年3月，国家烟花爆竹产品质量监督检测中心室外燃放检测场项目发布项目施工设计采购EPC总承包招标，4月取得建设用地规划许可证，5月与湖南梅溪湖建设有限公司签订EPC总承包合同，6月取得建设工程规划许可证，6月16日正式开工建设，12月21日完成主体工程封底。

（方 钊）

浏阳经开区　　　　（浏阳经开区　供图）

开发区与园区建设

浏阳经开区(高新区)

4月24日,浏阳经开区、高新区合并工作推进会召开　　（经开区办公室　供图）

【概况】 2020年，浏阳经开区在市委、市政府领导下，统筹推进常态化疫情防控和经济社会发展，以浏阳经开区、高新区合并为动力，以推进制造业高质量发展为引领，实现规模工业总产值832.6亿元，同比增长12.5%，规模工业增加值278亿元，同比增长8.1%；完成固定资产投资433亿元，同比增长15.2%。完成进出口总额17亿美元，同比增长29%；完成实际利用外资28014万美元，其中外商直接投资完成6380万美元。完成财政总收入76.5亿元，同比增长6.5%，其中税收收入56.4亿元，同比增长11.6%，税收收入占浏阳市的比例首次超过50%。获批国家新型工业化产业示范基地、国家绿色工业园区和国家再制造高新技术产业化基地。

存在的不足：发展空间有待进一步拓展，城镇化水平和城市载体功能亟须提升，营商环境还需进一步优化。

【疫情防控】 2020年，浏阳经开区在全省率先建立防疫督导和复工复产两支队伍下沉服务企业，提出全面落实企业签订疫情防控承诺书、员工签订返厂承诺告知书“两个100%”，探索大数据疫情预警防控，率先编制《企业复工防疫实操手册》并被中央电视台《新闻联播》宣传推介，实现企业复工复产的满员超产。在全省统筹推进新冠肺炎疫情防控和经济社会发展工作新闻发布会上，作为唯一园区代表作先进典型发言。

【复工复产】 2020年3月13日，浏阳经开区规工企业（指年主营业务收入在2000万元以上的工业企业）全面复产，42个重点在建项目全部复工。其中，蓝思科技高峰期6万多人平稳有序生产；长沙惠科项目主体工程开工后，组织施工人员近7000人大规模快速度推进建设。一季度用电量同比增长28%，工业用水量同比增长22.7%，企业在岗人数同比增长47%。6月底前，80个长沙市级重大项目中，47个新建项目100%开工，24个续建项目100%复工，9个预备项目提前开工3个。

【项目建设】 2020年，浏阳经开区紧扣“三主两特三链”(以电子信息、生物医药、智能装备制造为主导产业，以健康产业、再制造为特色产业，以显示功能器件、生物医药含基因技术、环境治理技术及应用为优势产业链)精准发力，引进项目78个。推进项目建设，144个产业项目全年完成总投资330亿元，占年度计划的116.5%。蓝思新材料、豪恩声学、泰科天润等35个项目实现竣工或投产。其中，长沙惠科项目提前35天封顶，提前1个月点亮投产，并在2020年长沙市项目建设流动观摩评比中获得园区项目第一。

4月28日，园区欧智通二期生产基地、华恒机器人二期等6大项目集中开工
（经开区办公室　供图）

【转型升级】 2020年，浏阳经开区新增规模企业37家、高新技术企业73家；南新制药登陆科创板，华纳大药厂IPO成功过会，A股上市企业达到8家；省、市级智能制造示范企业(车间)达182家，占长沙市总量的18%。规模工业研发支出达35亿元，新增发明专利申请240件、授权102件，35家企业获批省、市级“小巨人”。完成12家僵尸、低效企业处置退出，盘活土地36.33公顷。

11月19日，总投资20亿元的湖南电子科技职业学院浏阳校区项目正式开工
（经开区办公室　供图）

【“三大攻坚”】 2020年，浏阳经开区政府性债务余额同比下降14.5%，未发生区域性、系统性风险。投资3.6亿元的北园污水处理厂正式运营，全面实行排水许可制，在全省率先完成排污许可证登记率、发证率“双100%”。投资3300余万元的智慧环保应用平台建成并投入使用，引进“环保管家”对72家重点企业提供一站式环保服务。帮助对口扶持的龙山县苗儿滩镇13个贫困村整体稳定脱贫，贫困发生率由30.5%降至1%，小河乡乌石村贫困发生率由10.8%降至0%。

【营商环境】 2020年，浏阳经开区指导企业降低成本，节约资金约8200万元，减租免租约1000万元；协助企业申报各类项目扶持奖励资金近3亿元，70余家企业纳入防疫重点保障企业，完成争资3.2亿元；强化银企对接，助力86家企业融资4亿元；兑现税费征收政策，全年为企业减税约3亿元，减免社保费用2亿元。组织招聘会35场，推荐就业1.2万人。

【体制改革】 2020年，浏阳经开区、浏阳高新区两园平稳有序完成合并，机构完成调整设置，人员快速到岗到位。园区与永安镇等周边乡镇财税、管理等体制机制进一步理顺，8家国有企业整合优化为3家。开展“三集中三到位”改革，深化“一件事一次办”改革，提升“帮代办和24小时不打烊”服务。全面推行工业投资建设项目“容缺许可，拿地开工”“先建后验”审批服务，审批时限全流程压缩至30天内。

【新城建设】 2020年，浏阳经开区金阳新城被长沙市委十三届十次全会纳入长沙市“十四五”重点建设片区，空间战略规划通过长沙市委常委会审议。在长沙市工业园区中率先实现5G信号全覆盖，“智慧金阳”建设成果初显，搭建园区云计算中心和数据中台。进一步优化园区教育资源配置，浏阳首所本科院校湖南电子科技职业学院以及湘麓医药专科学校、长郡浏阳附属第二小学启动建设。

（袁村平）

7月22日，长沙惠科光电有限公司第8.6代超高清新型显示器件生产线项目封顶，实现14个月建成一座世界一流超高清面板生产基地的全球最快速度　（经开区办公室　供图）

两型产业园

【概况】 2020年，浏阳市两型产业园全年完成总产值132亿元，同比增长7.32%，规模工业增加值增长15.27%，完成财税收入4485万元，园区获“长沙市创业孵化基地”“长沙市科技企业孵化器”等称号。2020年1月，农业农村部办公厅公布《关于推介全国农村创新创业典型县及农村创新创业园区、农村创新创业孵化实训基地名单的通知》，浏阳市两型产业园入选国家农村创新创业园区名单。截至2020年年末，园区共有返乡农民工创业企业53家，创建扶贫车间6个，建有各类原材料生产基地15000余亩，辐射带动4392名农民工实现就业，惠及周边乡镇建档立卡贫困户213户，带动一大批贫困家庭走上脱贫致富的道路。

招商引资。克服疫情影响，前往省外考察对接20余次，引进项目11个，协议引资11.67亿元。其中，盐津铺子休闲食品项目总投资6亿元，预计年产值达10亿元；九丰斋食品项目从意向洽谈到签订协议仅用20天。

项目建设。推进11个项目建设，完成固定资产投资25.5亿元。抓住新增四类投资窗口期，9个重点建设项目入选中央财政预算投资项目库。污水处理厂提质改造、10千伏电力廊道等3个项目提前竣工，三口医院、高朗烈酒等3个项目投产达效，德康工业园、金燕安置区等5个在建项目有序推进。其中，高朗烈酒项目作为国内大型单一麦芽威士忌酿造基地，提前2个月运营投产。

产业发展。聚焦绿色食品产业发展，构建"从田间到车间""从线下到线上"的全产业链体系。推进原材料本地化，加快畅通食品产业内循环，7家食品生产企业建成原材料生产基地1045.73公顷，能够在浏阳实现的原材料本地化率达22.3%。培育13家以线上销售为主的"网红"企业，电商销售同比增长最高达186%，实现全年电商销售额5.37亿元。牵线搭桥促产销对接，组织开展"百企入驻、千品上架"活动，17家企业入驻步步高、千惠商贸连锁等平台。全年完成绿色食品产业链产值99.32亿元，增长10.59%。

企业服务。全年申报各类项目68个，争取到位资金1100万元。引导企业与知名院校、科研院所合作，完成中小微知识产权托管8家，创建省市小巨人企业2家，新增有效发明专利4件，争创长沙市众创空间2家，彭记轩获湖南"老字号"品牌称号，湘典被评为长沙市企业技术中心，绝艺食品有限公司、咯咯美食品有限公司等5家企业被评为国家高新技术企业。

功能配套。推进平台公司市场转型，加快推进60亿元资产注入工作，实现融资到位资金4900万元。抢抓中央政策机遇，新增电商农贸冷链物流园、5G基站等产业配套项目。从浏阳至园区30.45千米的次高压天然气管道完成铺设，全面实现管道供气。启动广宇路、东进路等基础设施提质改造项目建设，铺排20个市政工程项目、352套公租房和人才公寓建设，不断铸牢产业根基，完善产业配套，优化产业功能布局，升级改造基础设施配套，提升园区建设发展承载能力。

社会管理。争取安全执法权下放，设立市场监督管理局服务产业发展工作站，监管合力进一步提升。全面开展安全隐患排查整治，确保园区全年安全生产、环境保护、食品安全零事故。提质改造污水处理厂，疏通东西线管网泵站，污水处理持续达标排放。组建问题企业处置工作小组，聚焦湘嘴巴、科莱达、加盛等企业债权债务、涉法涉诉难题，实行全天候接访处访，做好信访人员思想疏导工作；统筹部门单位合力，线上线下联动响应，加强舆情监控，确保园区发展。

7月3日，大中型休闲食品项目盐津铺子落户两型产业园，该项目总投资6亿元

（两型产业园　供图）

【举办银企对接会】 截至2020年12月底，浏阳市两型产业园现有70多家中小微食品企业，在企业复工复产过程中普遍存在融资难、需求大的问题，园区管委会积极与各银行对接，搭建银企合作平台。3月19日，浏阳市两型产业园组织银企对接会。在当日的银企对接会上，长沙银行、邮政银行、江淮村镇银行等6家银行与园区25家企业就融资、信贷等进行深度交流，现场授信达1.3亿元。

（柳　恒）

【出台"亲清十条"】 2020年，浏阳市两型产业园围绕"亲清园区"建设，出台园企交往十条亲清条规，要求全体干部职工坚守"股份零持有、工程零干预、经营零参与、纪律零违反"的四零原则，在招商引资、项目建设、企业帮扶中切实做到与企业商人"零经济往来"。同时印制亲清园区连心卡，全覆盖发放至入园企业负责人手中，宣传亲清条规具体内容并附纪检组联系方式及办公地址，畅通社会监督渠道，邀请全园企业一起配合并参与监督评价，为园区健康发展提供纪律保障。

（贺东洋）

【九丰斋项目与两型产业园园区签约】 2020年，长沙九丰斋食品与浏阳市两型产业园签约。九丰斋项目用

三口骨科医院新院

（两型产业园　供图）

地面积45亩，计划总投资1.2亿元，主要进行粽子、月饼等系列产品的生产销售。该食品企业与华润万家、大润发、比一比等各大超市均有合作。浏阳两型产业园始终将招商引资作为发展要务，克服疫情影响，“线上线下”双线出击，招商足迹遍布重庆、河南等地。2020年1—4月，签约引进项目7个，协议引资5.02亿元。

【全市首个市场监管工作站成立】 2020年9月23日，市市场监督管理局首个工作站——市市场监督管理局驻园区服务产业发展工作站在市两型产业园成立。该工作站成立后，市市场监督管理局相关工作人员在每月的8日、23日（节假日顺延）前往工作站开展现场服务，为园区企业提供食品生产许可、生产过程管控、检验技术等方面全方位的指导和帮扶。

（柳　恒）

文化产业园

【概况】 2020年，浏阳市文化产业园管理委员会是2012年10月经浏阳市委、市政府批准成立的全额拨款正科级事业单位，有编制9人，领导班子3人，内设综合部（招商部）、产业发展部（安全管理部）两个部门。2020年，文化产业园管委会继续深化“文化产业化、产业文化化”的发展路径，加速业态创新，优化平台建设，推动产业集聚，为培育县域文化经济高质量发展找到集约孵化的增长点，“智慧浏阳河”文化创意孵化中心被评为国家级众创空间。在推动城市建设方面，深化“三区融合”理念，将文化挖掘再造、创业就业孵化、城市有机更新等多个维度结合起来。“智慧浏阳河”以文化创意为核心，网间经济孵化器以数字经济为业态，老火车站以怀旧经济为重点，浏阳夏布文创中心以“非遗”文创为特色，国际烟花创意梦工场以创意烟花为连接，形成各具特色的产业孵化平台和城市功能平台。

【“疫情过后文化消费创新”云沙龙】 2020年3月5日晚，浏阳市文化产业园“大干一百天、实现双过半”大竞赛动员会暨“疫情过后文化消费创新”云沙龙在“腾讯会议”App举行，来自台北、广东的文创嘉宾和园区30余家文创企业代表共同谋划疫情形势下文化消费如何升级。文化产业园管委会主任高志向企业传达浏阳市委市政府关于开展“大干一百天、实现双过半”大竞赛活动的精神。

【孝文科技入选湖南省第一批防疫重点保障企业名单】 2020年3月6日，湖南省工信厅公布湖南省新冠肺炎防控重点保障企业名单（第一批），园区湖南孝文电子科技有限公司被评为防疫重点保障企业。疫情防控期间，该公司推出消毒防疫业务，以每日40万～50万元的出货量向全球供应，1月、2月收入同比增长20%。

【“三间经济聚浏阳”短视频创作创业大赛】 2020年，浏阳市文化产业园启动“三间经济聚浏阳”（乡间、夜间、网间）短视频创作创业大赛，用短视频的新形式创意展现浏阳风俗风物、匠人匠心、城市故事、文创产品。大赛从4月3日开始，为期一个半月，分为报名、初选、决赛三个阶段，截至大赛结束，共收到全国各地600个作品，累计播放1100多万次。综合作品主题、内容、热度等指标，最终“蒸探007”（抖音账号，下同）、“烟花王子哥”等20名选手获奖，获得免费入驻国家级创业孵化示范基地的“门票”，第一名“如意牛郎”同时获得两万元奖金。

【参加中国文化产业园区联盟线上峰会】 2020年6月6日下午，中国文化产业园区联盟线上峰会举行，全国各地12名文化产业协会会长、代表一同论道后疫情时代的文化产业发展机遇，浏阳河文化产业园作为本次唯一的县市级嘉宾参加。浏阳市文化产业园管委会主任高志以“无地有园新生态•产业能量在网间”为主题进行主题分享。武汉动漫协会会长、文化创意协会常务副会长张敏点赞园区“清晰的目标定位、鲜明的产业特色、健全的品牌体系、有效的发展模式和突出的发展成果”，认为园区集聚发展、开放发展、特色发展、共享发展的新特点正呼应未来文化产业园区发展虚实结合、资源整合、要素集合、气质契合的新要求，为全国文化产业的特色发展提供新路径、新经验。

【2020浏阳电商好物节】 2020年6月17日，浏阳市网间经济发展渠道说明会暨2020浏阳电商好物节举行，全市各部门、乡镇街道的相关负责人和电商网红达人、企业代表共160人参加。活动现场进行“三间经济聚浏阳”短视频创作创业大赛颁奖仪式，深圳常青藤投资有限公司执行董事、微旅商学院院长李东升领衔网间发展渠道导师团对参会人员进行集中培训，浏阳河文化产业园3位文化企业代表为授课嘉宾颁发导师证书。活动还匹配直播好物节的直播实践和场景体验，从理论到实践全流程打开大家的思想格局。

【被评为华侨文化交流示范基地】 2020年7月24日，湖南省侨联发布第一批“湖南省华侨文化交流基地”名单，浏阳文化产业园名列其中，成为浏阳首家省华侨文化交流基地。近年来，文化产业园依托广泛的统战资源，以“一起来唱浏阳河”同心品牌作为连接侨胞的枢纽，通过“海外侨胞故乡行”“湘约世界”“湘约诺曼底”等系列活动，使品牌传唱活动累计辐射到50个国家、地区，分享图片700多万张。

【疫情期间市场建设】 2020年8月，文化产业园深化产业服务，根据企业开复工情况、项目进展情况、受疫情影响情况的“三原则”，对湖南孝文电子科技有限公司、浏阳市蒸浏记蒸菜文化有限公司、湖南花火剧团有限公司、浏阳心之夏文化创意有限公司等52家中小企业发放共计25万元房租、水电补贴，有效减轻疫情对园区企业特别是文旅企业的影响，发挥稳就业、保增长的积极作用。

【帮扶企业工作】 2020年8月5日，浏阳直播经济生态体系建设启动仪式举行，浏阳各相关部门、乡镇（街道）、村播代表、科技特派员和企业代表参加。活动特邀来自浙江义乌的直播领域专家进行"村播带货"课程培训，结合网红案例解析"抖音"等头部平台的直播带货技巧。活动现场还安排名为"进田间、进商圈、进市场"的三场直播实训，吸引120多万人在线互动。其中，聚集大量小微企业和个体经营户的浏阳河大市场1小时吸引70多万人观看，5G直播基地的"浏阳好物"直播实训单场播放量超35万次。随后的"村播带货"在"智慧浏阳河"村播平台先后连线高坪镇太坪村、古港镇金园村、小河乡皇碑村，线上推介当地特色农产品。

【第八届浏阳河音乐节】 2020年10月23—25日，第八届浏阳河音乐节暨"三间经济在浏阳"消费创新周活动于长兴湖南湖公园举行。活动践行"以音乐为媒，让产业融网，促消费升级"的理念，设置"一河两岸"社交时尚场景秀、"智慧浏阳河"商圈直播节、"记忆永和"特色菊花石雕发布会等六大版块，线上线下共吸引7000多万人次观看。湖中设置焰火浮台，沿湖垂挂300米烟花瀑布与湖面形成"焰火之吻"，"焰遇心表白"主题焰火秀吸引无数群众驻足惊叹。长兴湖南湖公园造境大型时尚生活场景，"非遗"文创美学展、城市表白装置体验等内容让"一河两岸"网红指数飙升。在网络端，"村播有好货"精品品鉴会在"智慧浏阳河"文化创意孵化基地举行，10位村民、企业代表现场直播带货，1小时点击量破20万次，半小时内产生80多个即时订单。

【文化产业园进入国家文旅部项目库】 2020年11月3日，第二批国家级文化产业示范园区申报完成，浏阳河文化产业园作为湖南省重点培育的后备产业园区进入国家文旅部项目库，为湖南省唯一的县级入库园区，全省仅4个名额。

【市委书记黎春秋调研园区】 2020年12月14日下午，长沙市委常委、浏阳市委书记黎春秋就科技孵化平台建设情况开展调研，先后深入文化产业园重点企业湖南花火剧团有限公司、浏阳夏布文创中心、"智慧浏阳河"文化创意孵化基地等地，实地了解众创空间发展情况。在"智慧浏阳河"文化创意孵化基地和浏阳夏布文创中心，黎春秋先后走访多家入驻企业，详细了解基地的入驻条件、运营机制、政策扶持、孵化成效等情况。黎春秋强调，要为"非遗"插上文创的翅膀，努力形成产业力量；要适当降低孵化基地的入驻门槛，积极引入创业导师、风投机构等，进一步扩大创业"朋友圈"，让创新创业者在这里能更好地实现思想碰撞、资源共享。

【加速招商引资】 2020年，浏阳市文化产业园将创意服务作为招商引资的核心竞争力，全年引进企业20多个，欢乐世界游乐综合体项目完成投资1.2亿元，2020年9月竣工开放；"智能光电特效产业基地"一期完成投资1.08亿元，基础设施全面封顶；水岸天空音乐空间新增投资300多万元，成为夜间经济的网红打卡热点。

（曾　煦）

浏阳西北环线　　（市交通运输局　供图）

交通运输

综　述

【概况】 2020年，市交通运输局完成“十三五”规划目标任务，交通运输综合行政执法改革、源头企业“十二分制”管理、湘赣边交通融合发展、公路建管养等多项工作经验分别在长沙市、湖南省以及全国推介。浏阳公路建管养信息化系统全面启用，25户100人以上自然村实现水泥(沥青)路全覆盖，被列为深化农村公路管理养护体制改革试点，代表湖南省迎接“十三五”全国干线公路养护管理评价并获得好评，源头企业全部实现联网监控，交通问题顽瘴痼疾集中整治、治超等工作在长沙市考核排名前列。市交通运输局被评为“2020年度长沙市信用建设优秀单位”，罗文被评为“2020年度长沙市信用建设优秀个人”；管辖企业浏阳市鼎顺物流集团有限公司驾驶员王小明被评为“湖南省劳动模范”，获湖南省五一劳动奖章。2020年，全市完成农村公路固定资产投资2.66亿元，完成国省干线固定资产投资6.80亿元，完成普通公路服务站(区)投资430万元。全市共计发班车辆74000台次，发班341147趟；完成包车20633趟次；加班车70趟次；完成旅客运输3744879人次，较2019年度减少33.1%。全市公路货运量2852.42万吨，较2019年增长6.76%，公路货物周转量197248.53万吨千米，较2019年增长3.96%。

【抗击新冠肺炎疫情】 2020年年初，新冠肺炎疫情发生。市交通运输局积极贯彻落实中央、省、市各级关于抗击新冠肺炎疫情的有关部署和要求，聚焦“防止通过公共交通工具和场站扩散疫情”“保障路网安全畅通”两大任务，严格落实“一断三不断”(坚决阻断病毒传播渠道，保障公路交通网络不断、应急运输绿色通道不断、必要的群众生产生活物资运输通道不断)、“三不一优先”(不停车、不检查、不收费，优先通行)要求，牵头做好全市28个健康监测点及站场、运输车辆的清洁、通风、消毒、司乘人员健康监测等工作。完善交通运输常态化疫情防控机制，落实“外防输入、内防反弹”要求，浏阳汽车站等3个汽车站场建成自动人体测温和人脸识别安检门。建立健全常态督查机制，对汽车站(场)等重点场所、重点单位、重点人群开展专项督查90余次，有效避免疫情通过交通运输环节传播。按照有关部署，2020年2月5日起，有序恢复全市长途班线、市内班线、公交车等道路运输服务。派出“驻企服务员”，“一企一策”帮助交通运输企业复工复产，截至3月6日，41家规模物流运输企业全部复工复运。同时，做好“援企稳岗”企业员工返岗运输保障工作，累计为企业员工返岗提供“点对点、一站式”包车服务212次，接回企业返岗员工4725人次，有效服务全市各行各业复工复产。

(傅琳慧)

交通建设

【干线公路建设】 2020年，浏阳蕉溪岭至黄花机场公路浏阳段(金阳大道一期)，S202、S203浏阳荷花—文家市(浏中文公路)，G354浏阳关口至集里公路(西北环线)，浏阳大瑶—普迹—长沙县跳马(柏加—仙人造水库段)，S203、S324浏阳荷花—沿溪(一期，园永公路)，大浏高速蕉溪互通—G319连接线(梁高公路)，大浏高速茶林互通至白沙公路(一期)，S324浏阳沙市镇—赤马湖(沙赤公路)，S203浏阳文家市至官渡公路一期，S319浏阳黄花洞—社港(一期，社大公路)10个项目全面完成竣工验收。胡耀邦故居和陈列馆红色旅游公路一、二期工程及G354浏阳李家湾至官渡公路建成通车。天马山隧道改扩建工程有序推进，金阳大道三期建设加快推进，项目控制性工程道吾山隧道累计掘进4395米，完成隧道总长的47.3%。

【农村公路建设】 2020年，完成省重点民生实事项目自然村通水泥(沥青)路建设17.57千米，新改建农村公路建设417.07千米，目标完成率分别为119%、143%。完成2017—2019年度268个长沙市规农村公路、桥梁、安保工程项目现场核查验收及浏阳市小河乡乌石村张家坳桥、浏阳市镇头镇柏树村院士路改建工程等25个农村公路建设项目交竣工验收。

【不停车称重和“非现场”电子抓拍系统建设】 新增建设G106线K1674+570(集里街道八仙桥路段)和荷石公路(S530K39+70)不停车称重和“非现场”电子抓拍系统，总投资570余万元。

(傅琳慧)

交通行业管理

【公路管理】 加强规划指引，按照“对内成环成网，对外互联互通”的思路，科学编制《浏阳市“十四五”综合交通发展专项规划》和《湘赣边区域交通发展规划》。强化统筹协调，组织申报长沙市农村公路建设计划项目407个/399.5千米，其中精准扶贫村计划项目81个/72.2千米，提质连通工程计划项目326个/327.3千米；安保工程计划项目65个，隐患处置153.3千米；交通安全隐患整治项目计划13个/14.707千米；危桥改造计划项目65个，分别为新改建桥梁项目8个，维修加固桥梁项目57个；路网衔接计划项目8个/19.565千米；县道大修计划项目5个/15.634千米。组织申报省“十四五”农村公路规划项目库资源产业路、乡村特色旅游公路、乡镇通三级、建制村通双车道、窄路加宽项目共287个/1158千米。采取过程监管与重点督查相结合的方式，加强对公路建设项目基本程序、市场秩序、工程质量和安全、建设资金、信用评价的监管，完成施工许可15项、施工图设计批复23项；完成国省干线公路项目设计、监理、施工单位2020年度信用评价；对在建交通项目开展质量安全检查20次，发出质量安全整改通知书53份，发现并督促整改质量安全隐患问题481处，发出检查通报5份，发出项目停工通知书4份，约谈项目参建单位4家次，20个受监在建项目，质量安全监管覆盖率100%。同时，推进农村公路信息化管理，浏阳市农村公路县级养护管理平台建成使用。

【客运行业管理】 2020年，市交通运输局牵头完成浏阳城乡客运一体化改革工作调研及论证等前期工作，制定城乡客运一体化实施方案。引导出租车企业转型升级，强辉和湘淮2家出租车公司合署办公，天安出租车公司与大鸿运汽车运输有限公司出租车业务实现联合经营。以满足群众出行需求为导向，优化调整12路、26路、27路、28路4条公交线路，方便市民前往新人民医院就医；开通恒大华府至道吾中学、道吾小学的定制公交线路，方便沿线中小学生出行。持续规范出租车运营秩序，组织开展出租车运营秩序专项整治行动7次，查处不打表乱收费、车容车貌不整洁等违规行为80余起，建立出租车违法违规及不文明行为台账，引导成立出租车志愿服务队，组织违规车辆从业人员进行停业培训30期。主动服务，优化客运行政审批和包车审核工作流程，办理道路客运行政许可70件，发放包车牌1911张、临时线路牌327张。加强网约车、共享单车监管，制定《浏阳市共享单车服务质量信誉考核办法》，配合完成浏阳市共享自行车投放规模预测与评价，组织对共享单车企业开展日常检查12次，完成共享单车企业年度质量信誉考核。同时，加强客运行业安全监管，将全市所有道路旅客运输、出租、公交等企业全部纳入安全监管计划，实行全覆盖式安全检查，完成上级交办整改销号9起，开展安全生产监督检查1152趟次，发现安全隐患54起，其中责令现场整改36起，按"一单四制"（重大事故隐患清单、交办制、台账制、销号制、通报制）督促整改销号18起。及时关注"两客智能监控平台通报"数据，督促55家涉及整改客运企业按照"两客"（公路客运、旅游客运）车辆智能监管平台管理细则落实整改，交办并督促完成整改销号安全隐患92起。深入3家"网约车"报备企业开展安全检查，交办整改问题2个，查处违规网约车60余台次。

【货运、维修、驾培行业管理】 2020年，市交通运输局主动协调湖南省、长沙市交通主管部门，为福星物流、华洋仓储、永璟物流、三和物流、兰云物流5家企业争取新增危货、危废经营范围，促推货物运输企业多元化经营。积极衔接商事登记平台，主动上门服务，促进道路运输行业商事登记向行政许可转换，商事登记办结率保持在90%以上。配合做好普通货车安检、综检、尾气检测"三检合一"工作，全面实施普货运输车辆网上年审，2020年，共许可道路普通货物运输企业32家、道路普通货物运输个体经营业户724个、道路普通货物运输车辆1430台；审验道路普通货物运输车辆3773台，其中网上审验普货车辆3035台、审验外籍车辆209台；组织经营性道路客货运输驾驶员从业资格考试28期，核发从业资格证912本；组织道路从业人员继续再教育考试21期，合格2259人；完成道路运输从业人员诚信考核4744人。推进危货运输车辆智能监管工作，全市危货运输车辆智能监管设备安装使用率100%。推进机动车维修经营备案工作，完成机动车维修企业经营备案100家，备案数量在长沙区、县（市）中排名第一。指导驾培机构新增三处摩托车训练教练场，已验收合格并投入使用；督促指导驾培机构安装计时培训终端833台，全面实施计时打卡培训。同时，纵深推进道路运输安全"隐患清零"、交通问题顽瘴痼疾集中整治和安全生产专项整治三年行动等工作，全年检查企业479家次，检查车辆2198台次，查验维修设备254台次，排查安全隐患356起，约谈企业16家次，组织开展违法违规驾驶员警示教育培训班5期，106名驾驶员参加。督促全市货运、维修、驾培行业按计划完成安全生产责任保险投保。指导货运、驾培、维修行业开展2020年度突发事故应急救援演练，提升突发事故应急救援能力和效率。

（傅琳慧）

交通运输综合行政执法

【概况】 2020年，出台浏阳市交通运输局《关于规范交通运输巡查执法工作的通知》《交通运输综合行政执法规范八条》等4份文件，从仪容仪表、工作纪律、执法程序等方面规范执法行为。编制《浏阳市交通运输综合行政执法制度汇编》《办案指南》等，规范执法、办案、处罚各个环节。将交通运输综合执法过程中常用的法律法规、21种常见违法案例及常用文书格式汇编成册，基层执法人员人手一本，组织集体培训3次，提高执法人员素质。对货车超限超载、客运非法营运、出租车及危货运输车辆违法违规行为保持高压打击态势，全年共查处超限超载车辆1551余台次，强制改型（改装）车辆恢复原状130台次，站点超限率控制在0.7%以内；立案查处危货车辆违法违规行为164起，吊销车辆证件9本，注销"从业资格证"7本；立案查处各类违法违规客运车辆341台次。健全联合执法机制，统筹安排各执法中队之间的联勤联动，有效衔接交通行业管理部门和公安交警大队各农村执法中队、乡镇（街道）综合执法队等职能部门，有针对性地开展联合执法行动4973次。持续推进科技化执法，新增G319集里段、荷石公路段等2处非现场执法系统，非现场执法系统共检测车辆532.39万台次，其中采集、审核待立案车辆共计305台次，结案188台次，罚款736625元，本地违法货运车辆结案率达到94.8%，远高于长沙市非现场执法本地违法货运车辆结案指标。同时，加强源头企业管理，以《湖南省货物运输车辆超限超载治理办法》为抓手，完善"浏阳货运源头企业违法超限运输十二分制管理"制度，进一步压实源头企业主体责任，暗访巡查企业700余家次，对超限运输行为较为突出的企业行函交办4次，下达责令改正违法行为通知书79家次，对78家源头企业累计扣管理分155分，对13家治超源头企业实施行政处罚，全年对21家道路货物运输企业实施惩戒。

【交通运输综合行政执法改革】 对标中央决策部署和部、省要求，组织实施，有序推进，整合公路路政、道路运政及工程质量监督管理等方面的行政执法职责。2020年6月8日，完成"一大队三中心"（交通运输综合行政执法大队、城乡客运事务中心、交通运输事务中心、交通建设质量安全事务中心）挂牌、人员划转和职能职责整合等工作，共转隶人员173名（路政编制94名，于2019年7月划转到位；运政编制79名），其中交通运输综合行政执法大队下设东区、南区、西区、北区、城区、园区、直属、货运、客运9个中队，以浏阳市交通运输局名义履行全市除高速公路以外的交通运输综合行政执法职责，实现“局队合一”“一支队伍管执法”的目标；城乡客运事务中心主要负责道路旅客运输、公交、出租车行业监管，维护旅客运输、公交、出租车营运秩序；交通运输事务中心主要负责道路普通货物运输经营、道路货运站（场）经营、机动车维修经营、机动车驾驶员培训经营的日常监管，并对道路危险货物运输企业履行属地监管职责；交通建设质量安全事务中心主要负责交通建设项目的质量监督。2020年8月3日，浏阳市交通运输综合行政执法大队处罚中心正式挂牌成立，与局政策法规科合署办公，集中受理所有交通运输行政执法案件的处罚，严格执行查处分离制度。交通运输综合行政执法改革经验在省、市推广。

【交通问题顽瘴痼疾整治】 自2019年12月起，市交通运输局落实“三个必须管”原则，强化交通安全管理人防、物防、技防措施，在交通运输系统内全面开展交通问题顽瘴痼疾集中整治行动，截至2020年12月，整治“两客一危”车辆隐患大、超限超载屡禁不绝、非法营运现象突出、农村公路风险路段问题较多等顽瘴痼疾1500余起，完成交办件38件，交通问题顽瘴痼疾整治工作在长沙市考核排名第一。

【接受“十三五”全国干线公路养护管理评价】 2020年11月16—17日，交通运输部“十三五”干线公路养护管理治理能力评价检查组到浏阳开展现场核查评价。评价检查组一行先后检查浏阳市G319开元路（四新技术应用）、S204永社公路（示范公路）、蕉溪岭隧道（隧道智能照明）、蕉溪管养站（G106全国生命安全防护示范工程）、荷文管养站（公路史展馆）、建新服务区等，评价检查组组长、内蒙古自治区交通运输厅副厅长雲雯婧对浏阳市公路养护管理工作给予肯定，对浏阳公路精细化养护管理、科技创新、服务区+公路文化建设等工作亮点给予高度评价。

【浏阳“路长制”做法纳入相关政策文件】 2016年，浏阳在全国首创“路长制”管理模式并加以推行，确保辖区内每条公路“工作有人抓、问题有人管、责任有人担”，全面提升公路路域环境，打造“路联管、路全管、路共管”的“浏阳样本”。2020年11月27日，交通运输部印发《关于全面做好农村公路“路长制”工作的通知》，提出到2022年，全面建立覆盖县、乡、村道的“路长制”。

（傅琳慧）

公路建设养护

【概况】 浏阳市公路建设养护中心是浏阳市交通运输局所属公益一类事业单位，为正科级，内设8个部室，暂核定事业编制195名，其中全额拨款事业编制170名，自收自支事业编制25名（人员只出不进）。现有实际在职人数185名。2020年，中心派驻文家市镇湘龙村工作队被市驻村帮扶工作管理办公室授予“优秀驻村工作队”称号。

【公路项目建设】 2020年，全年完成浏阳市公路建设项目投资2.6亿元，争取上级资金2.2亿元。推进19个计划项目，完成浏大、浏永、开元大道、G319荷文互通改造等路面大修工程，天马山隧道改扩建工程累计掘进710米（年度计划550米）。

【公路养护】 2020年，市公路建设养护中心争取上级资金2790万元，完成中修21.6千米，处治病害36552平方米，补划标线35000平方米，修补钢护栏4200米，并完善交安设施。省公路事务中心对市公路建设养护中心“十三五”迎国评工作进行通报表扬。强化干线（农村）公路日常、预防性养护，补划道路标线、完善道路标识，按干线公路标准管养道路的优良路率达到95.3%，农村公路路面PQI中等以上达到91.86%。做好低温冰雪天气和汛期道路应急抢险处置工作，被评为全省“2020年公路防汛保通先进单位”，为长沙市唯一入选单位。

【公路领域安全生产】 2020年，市公路建设养护中心加大重点领域安全监管，开展交通问题顽瘴痼疾整治行动，共排查整治道路交通安全隐患45处。开展隐患大排查，对因水毁可能引起的滑坡、沉陷、坍塌等隐患进行全面排查。制定中心三年行动工作方案，对工作内容、责任分解和细化，并按要求建立安全隐患台账。举办公路隧道消防安全应急救援现场演练，提高应急保障能力。提升道路行车安全，做好春运、汛期、低温冰雪天气公路保畅工作。

【“路长制”管理】 2020年，路长办、道安办合署办公列入年度市委全面深化改革事项之一，并成功入选省委基层改革探索100例。“两办”抓住道路交通安全的核心环节，实施联合巡查、联合处置、联合督办、联合考核。平交路口整治工作，“两办”结合S530线提质改造，整改平交路口216处。同时，为有效维护公路路产路权，将破损公路及公路设施赔（补）偿费和公路占用费不再作为行政事业性收费项目管理，改作国有资源（资产）有偿使用收入管理，探索维护路产路权的新路径。

（刘小英）

沿溪镇浏阳河第一湾　　　　（浏阳市档案馆　供图）

邮政·通信

邮 政

【概况】 2019年12月28日,经国务院批准同意,"中国邮政集团公司"改制更名为"中国邮政集团有限公司",是国有独资公司。2020年3月2日,原"中国邮政集团公司湖南省浏阳市分公司"更名为"中国邮政集团有限公司湖南省浏阳市分公司"(以下简称"分公司"),设一室六部,即综合办公室、市场营销部、金融业务部、运营管理部、包裹快递部、集邮与文化传媒部、渠道平台部,下辖44个网点(含空白乡镇网点5个)。2020年,分公司有在职职工410人,退休职工140人,退养职工9人。全年完成业务收入17863.27万元,完成年计划任务的102.05%,较上年同期增幅15.33%,其中发行、集邮、分销、保险和快递包裹业务较上年同期收入增幅较大。社港、达浒邮政所被评为2020年度长沙市邮政分公司服务质量(普遍服务)先进普服网点,浏阳分公司普邮揽投部被评为先进普邮投递班组。

【代理金融业务】 截至2020年12月31日,分公司新增金融总资产10.29亿元,较2019年同期增长5633万元,代理金融共实现收入12380.76万元,完成年计划的100.41%,占公司总收入的69.3%,其中储蓄余额新增6.36亿元,完成收入10524.5万元,排名全省区县前十强;理财新增1.19亿元;保险新增2.74亿元,完成收入1760.2万元。长期期交规模排名全省第一。2020年有8个网点总资产净增4000万元以上。2020年一季度,分公司围绕旺季营销开展"金鼠贺岁 邮储送福""疫情无情 邮政有爱""春暖花开 与您相约"等感恩客户节活动,扩大基础客群,提高客户黏度;二、三季度,统一开展"储蓄+收入"两线作战,通过ITM、CRS设备引导客户办理业务,运用CRM系统筛选目标客户进行精准营销,全面推进系统化转型工作,全年商户收单、三方绑卡、邮储花呗、手机银行、短信等重点单项均在长沙市公司排名第一;四季度,网点共开展生日宴活动100场,实现老客户推荐新客户共计200余人次,有效拉动余额和收入收官(收官是指余额任务和收入目标的最后达成),促进金融业务发展,同时,分公司开展"主人杯"及金融旺季"开门红"竞赛活动,分公司负责人与机关人员到一线帮扶,与网点人员一同走访,释放了网点的压力,助力公司业务发展。

【渠道平台业务】 2020年,分公司全年渠道专业实现收入708.09万元,完成年计划的82.43%,其中分销收入585.24万元,为年计划的85.44%,较上年同期收入增幅16.64%;简易险全年保费194.49万元,实现收入68.83万元,车险出单230单,商业险保费合计33.5万元,实现收入3.27万元;代开税务发票1015.1万元,实现收入50.75万元。渠道专业从"平台批销活动、网络零售活动、业务协同发展"三大项着手,涵盖自营批销、全网快消品、数字化站点、零售额、自营农产品、邮乐优鲜、小店日均分享、邮特惠会员发展8个指标。网络零售活动:"七八农品"(在7月、8月针对扶贫助农开展的营销活动,帮助果农销售水果,比如大围山黄金梨、炎陵黄桃等)完成销售金额30万元;炎陵黄桃完成销售金额9.6万元。9月,第四届"919电商节"活动期间,完成批销额(是指通过邮乐小店线上平台与商家合作,商家以批发价格给邮政上架产品,邮政再以零售价进行网上销售)45.65万元、自营农产品销售完成8.47万元,充分发挥邮政线上线下渠道优势。平台批销活动:7月,与泸州酒业合作举办高端客户答谢会,完成销售额75.95万元。7月31日、12月12日,分公司开展了"创维工厂订货,浏阳邮政集中代购"营销活动,共实现销售额239万元。业务协同发展:加强惠农合作生态圈建设,2020年,分公司对全市865家惠农合作社进行走访,实现4项以上业务合作19家,实现1项业务以上合作24家;实施"一门式"站点建设,全年完成资料建档、站点建设、业务叠加站点建设12个。

【快递包裹业务】 2020年,分公司新增协议客户18户,新增收入80万元。10月,加大对大客户的拜访,对重点单位实行派驻制,加强对所辖区域的企事业单位、物业小区的走访、宣传,挖掘、开发新的客户资源。截至12月31日,完成收入3350万元,为年计划117.13%,较2019年同期增长49.61%,超产490万元,排名全长沙市第二。其中:标准快递完成363万元,同比增幅45%,完成序时进度96%;快递包裹完成2973万元,同比增幅50%,完成序时进度123%;国际业务10万元,完成序时进度90.27%;其他收入(思乡月、粽子、年货节营销项目)4万元。

【集邮与文化传媒业务】 2020年,分公司集邮与文化传媒专业实现收入1348.43万元,完成年计划99%,其中报刊发行业务完成581.72万元,完成年计划的102.06%,同比增幅4.94%;集邮业务完成525.72万元,完成年计划的101.1%。集邮业务:一季度,组织全体员工在"邮乐网长沙邮政集邮文创旗舰店"通过线上营销产品,实现创收24.25万元,销售各类产品428套;4月,启动"一月一品"主题营销活动,共开展8场珍邮爆点活动,创收100余万元;8月,启动"珍邮巡展"活动,以"金融联动,珍邮巡展"为主题,联合合作公司在全市金融网点开展集藏巡展主题日活动5场,拓展线下和金融渠道,扩大生肖贺岁季品牌影响,共完成收入21.86万元。三季度,做好车邮保"一点一卡、一站一卡"项目,创收38万元。文化传媒业务:2020年,继续抓好报刊大收订日常收订工作,开展党报党刊、集团重点畅销报刊和校园报刊等重点项目的营销。2021年报刊大收订完成流转额1676.6万元,完成计划的101.8%,其中重点必保保障报刊完成241.47万元,完成计划的84.9%;行业报刊完成354.73万元,完成计划的103.8%;党报党刊完成411.2万元,完成计划的105.4%;网上订阅完成346.6万元,完成计划的113%。全年邮资封片完成收入22.7万元。7—10月,启动车优保项目,销售36张,创收34万元;12月,《聚臻佰福》钱币册销售600册,创收78万元。

【企业文化建设】 2020年7月,分公司开展党员日活动,组织全体党员到杨开慧故居参观;加深退休员工与单位的感情联络,重阳节组织全体退休职工到农庄小聚,分公司负责人全部参与;全年慰问生病职工60余人次,资助困难职工12人,共计7万余元;发放职工直系亲属生日慰问金32人(1000元/人),共计3.2万元。改善职工生产生活条件,提升网点形象,2020年对沙市支局和柏加山支局进行标准化建设。加强风险防控,人员排查及网点检查覆盖率均达100%。分公司综合办公室安保部被浏阳市公安局评为"2020年度全市单位内部治安保卫工作先进单位"。

(刘利香)

通　信

·电　信·

【概况】 2020年,中国电信湖南省浏阳分公司有职工425人,其中在职职工260人。设有三部(综合部、销售部、网络部)及19个支局、3个城区营业部。全业务收入累计完成1.6亿元(不含浏阳工业园分局)。浏阳工业园分局有职工60人,8个支局、1个商客营业部,全业务收入累计完成0.64亿元。2月,按长沙市公司要求将北区区域维护中心划给浏阳工业园县域分局;8月,撤销中共浏阳电信分公司工业园分局支部委员会,移交长沙市公司党委;9月,撤销中共浏阳电信分公司退休支部委员会;10月,完成137名退休职工的退休职工社会化管理移交工作。

【终端发展】 2020年,中国电信湖南省浏阳分公司抓终端操盘,提升合约和渠道盈利能力,让门店有货卖、愿意卖、能盈利,确保5G时代终端利润。10月、12月,终端下货较年初分别提升3倍和8倍。抓高值融合发展,通过挂靠绩效工资牵引,强化四五级移抓高值融合发展。抓存量维系。客户经理负责全公司存量维系工作,单宽转融合进一步加强,存量收入流失从2019年的9.7%下降至2020年的6.3%。

【网络建设】 4G建设:2020年前置工单共立项4批119个站点,宏站94个、25个楼盘的室分建设,启动与联通的共建共享,开通联通载波302个小区,室外257个小区,室分45个小区。5G建设:截至2020年年末,开通5G站点364个,信号覆盖浏阳主城区、浏阳经开区、洞阳镇、永安镇、大瑶镇、浏阳市两型产业园等,浏阳成为全省第一个实现电信5G覆盖的县级城市。

(陈楚麟)

·移动通信·

【概况】 2020年,中国移动通信集团湖南有限公司长沙市浏阳市分公司下设"一部三中心",分别是综合部、营销中心、政企客户中心和网络支撑中心。在职员工193人,全年完成税收1100多万元,解决就业人员4000余人。2020年,分公司党支部工作入选中国移动案例《标杆》,支部事迹登稿《人民邮电报》、今日头条,分公司获先进部门工会、安全生产先进单位等。

【移动通信网络建设】 2020年,浏阳分公司全面落实"5G+"计划,全年新建5G基站771个,共有5G基站891个,2020年(第六批)25个电普站点建设全部完成。网络部主任徐洪锟获2020湖南信息通信技能大赛5G无线技术一等奖。疫情期间,浏阳移动通信分公司为市人民医院感染科隔离病区免费开通4G高清语音服务,并赠予医院40台"和对讲";安排专人做好全网9452个小区通信保障;响应省教育厅号召,全面保障"停课不停学"以及开展线上教学手机流量帮扶行动,为浏阳9914个教师移动号码赠送50G的"助教流量包",同时为加强疫情防控宣传效果,浏阳移动推出防疫宣传视频彩铃,为1024家集团单位、17万移动用户免费开通,为上百家单位,近万名用户免费开通"云视讯"会议服务功能。

(张　宏)

·联合网络通信·

【概况】 中国联合网络通信有限公司浏阳市分公司(以下简称"浏阳联通")成立于2002年,位于浏阳市花炮大道195号。2020年,浏阳联通共有12个部门,正式员工200余人,全年运营收入超过1亿元。推进"五新"(新基因、新治理、新运营、新动能、新生态)联通建设,为浏阳人民提供高质量信息产品和全方位服务。中国联合网络通信有限公司长沙市分公司浏阳市基层单元工会被评为2020年度"全国模范职工小家"。

【联合通信网络建设】 浏阳联通加强信息通信基础设施建设,促进网络升级,实现浏阳市区和乡镇网络速率的双提升。2020年,新增4G基站106个,室分24个,新增布放传输接入层光缆300千米,整体移动网络覆盖面积较2019年同期提升13%。新建宽带端口总数2万个,宽带资源覆盖率较2019年同期提升13%。按照国家5G建设共建共享原则,对浏阳市区、重要乡镇进行5G建设规划并分批开通,2020年开通入网5G基站195个。

【信息化建设】 2020年,浏阳联通发挥5G、云计算、大数据等新技术优势,加强与政府、企业合作,着力推进"智慧+"应用。在智慧民政、智慧环卫、智慧停车、大瑶特色小镇工业互联网等方面与政府开展深度合作,并与多家企业建立战略合作关系,全面赋能各行业的数字化转型需求,推动城市、企业发展向数字化、智能化转型。

【客户服务】 2020年,浏阳联通推出"全员服务在行动"活动,引导公司全员优质服务成为自觉行为;采取"七大"举措,将触点服务与客户感知、触点末端执行与后端管控关联;落实"五不"(客户需求不及时响应、服务态度不友好主动、产品信息不清晰告知、业务办理不经客户确认、客户问题不彻底解决)红线、服务规范和重点工作,实施触点测评,提升客户满意度。贯彻落实国家提速降费的工作部署,推出宽带、电视、手机、靓号各种福利。应对和落实国家携号转网工作。从传统手机终端向生活周边辐射,包含个人终端,手机、穿戴设备等满足客户多样化需求。

(李秀华)

花炮大道　　　　（市城建局　供图）

城乡建设和管理

城乡建设

【城镇建设】 2020年，统筹推进年度投资总额18.4亿元的39个市政基础设施项目建设。建成自行车道7.81千米、西湖山游客服务中心，提质东沙路，市“一圈两场三道”(15分钟生活圈，停车场、农贸市场，人行道、自行车道、历史文化步道)工作被评为长沙市优秀。牵头推进无障碍环境设施建设，浏阳被评为“全国无障碍环境示范县(市)”，指导大瑶镇被评为“全国无障碍环境示范镇”。浏阳成功入选国家县城新型城镇化建设示范县(市)、县城建设直接联系点。加强对历史建筑、历史街区的保护与合理开发，公布第一批历史建筑3处。培育建设大瑶、永安、镇头、沿溪、文家市、大围山、社港7个特色小城镇。推进浏阳市污水处理厂网一体PPP项目 (新建)和城镇污水处理设施提质增效PPP项目实施。全面推进城区雨污分流改造，完成百宜河、长兴湖片区雨污分流和净溪河截污工程，新建城镇污水管网116千米，新建小型污水处理设施4个，浏阳被评为“全国农村生活污水治理示范县(市)”。

【民生实事办理】 2020年，市住建局推动房地产办证重点难点问题化解，第一轮摸排项目13个，化解销号6个，办理分户证1115户。受理质量安全投诉578起，办结率100%。妥善化解业主反映圣大云天、碧桂园长兴府、中央国际广场项目的有关问题。办理信访件46件、网络舆情26件、省委巡视组交办件38件、12345市民服务热线2193件，满意率98.4%。优化老旧小区加装电梯的审批流程，既有多层住宅加装电梯40台。评定“平安小区”10个。调处各类物业矛盾纠纷1344起，指导调处3257起，防止群体性事件和集体上访16起，调解案件结案率99%，有效化解住宅小区的矛盾纠纷。改造动态新增和“回头看”问题整改农村危房396户，市住房和城乡建设局获长沙市脱贫攻坚专项奖励记功集体。

【行业监管】 2020年，浏阳市新增受监工程156个(累计267个)，总建筑面积526.5万平方米，竣工备案项目89个，建筑面积193万平方米，全年未发生一般以上质量安全事故。强化安全生产部门监管责任和企业主体责任的落实，深入开展安全生产大排查、大整治专项行动。巩固深化“蓝天保卫战”成果，落实“8个100%”控尘措施。创湖南省建设工程“芙蓉奖”3个、省优质工程8个、长沙市结构优质工程和市政优良工程22个、省级质量常见问题观摩工地3个。联合出台《浏阳市城市建设品质管控导则》《浏阳市提升居住建筑设计品质的管理导则》文件，规范设计行为，提升宜居品质。建筑节能标准执行率在设计与竣工验收阶段均达100%。办结消防验收项目111个、消防备案57个、备案抽查20个。规范城建档案移交标准，收集该市2007年以前的建设工程档案866份。强化建筑工程用砂质量监管，查处整治非法搅拌站、非法散装水泥违法生产加工点、烧制砖瓦行业。督促16家预拌混凝土企业正常运行视频监控、扬尘在线监测系统。整治建筑市场和房地产市场违法行为，执法巡查200余次，下发限期整改通知书87份、停工通知书63份，行政处罚案件161宗，处罚金额424.2万元。

【营商环境】 2020年，浏阳市推进“工改”(工程建设项目审批制度改革)和“放管服”改革，优化工程审批服务系统，打通数据壁垒，实现“一网通办”。推行“承诺制+拿地即开工”容缺审批改革，明确审批事项清单和审批流程图，线上办理审批事项的增速处于长沙市领先地位。创新推出施工图审查和施工许可证办理“并联审批”，获《潇湘晨报》等媒体宣传推介。推行“三集”(集中办公、集合查验、集成审批)审批机制，获长沙市通报表扬，获第三届中国营商环境特色评选50强“创新案例奖”，湖南卫视予以报道。下达初步设计批复121个，办理施工图审查备案185个。办理施工许可证218本，建筑面积291万平方米。推行联合验收，上门指导重点难点工程项目的消防验收工作，制定《浏阳市处置建设工程消防验收备案历史遗留问题工作方案》。出台《关于优化建设领域营商环境促进建筑业高质量发展的实施意见》文件，培育建筑市场，促进建筑业转型升级。

【产业发展】 2020年，浏阳市坚持“房住不炒”战略定位，落实“稳地价、稳房价、稳预期”目标，适时调整商品房预售许可条件和预售资金监管标准，有效缓解企业资金压力。全年房地产开发投资57.7亿元、同比增长33.75%，新建商品房销售154.97万平方米，全市普通商品住宅均价为5383元/平方米，房地产入库税收17.25亿元。办理房地产资质审批26宗、商品房预售许可284宗、商品房预售资金监管业务125宗。建筑业企业完成产值68.4亿元，同比增长1.48%。4家企业获长沙市优秀建筑业企业，共获长沙市引导专项资金奖励100万元。建筑企业被评为长沙市建筑施工“AAA”“AA”信用企业分别为6家、9家。落实《浏阳市住建领域“红黑榜”实施细则》，发布红榜信息53条、黑榜信息90条。审批新办建筑业企业资质54家、资质增项79项。落实《保障农民工工资支付条例》，从根源上保障农民工权益。组织企业参与“长沙市未来城市品质家居产业博览会”，策划布置“一河诗画、满城烟花”浏阳城市馆，提升浏阳美誉度。

(唐文波)

【城市建设】 浏阳市城乡发展集团有限责任公司(简称“浏发集团”，下同)于2020年5月18日正式挂牌运营，是以浏阳市城市建设集团有限公司(简称“城建集团”，下同)、浏阳市水利建设投资有限公司(简称“水建投”，下同)、浏阳市文化旅游产业发展有限责任公司(简称“文旅公司”，下同) 为主体组建的市属国有独资企业。集团总部设置党群工作部、纪检监察室、集团办公室、财务管理部、企业发展部、资产管理部、融资管理部、风控法务部、规划建设部9个部(室)。城建集团的主营业务定位为片区开发和城市运营，部室设置为综合管理部、招商经营部、经济协作部、财务部，管理城市更新公司、恒远（花木）公司、浏金渣土公司、鸿达公司、开元公司、湘赣边（浏阳）新型城镇化建设开发公司。水建投公司的主营业务定位为项目建设、建筑业和砂石矿山等经营，部室设置为综合管理部、前期技术部、工程管理部、成本管理部、财务部，管理五环公司、长兴砂石公司。文旅公司的主营业务定位为土地指标销售、文旅产业开发，部室设置为综合管理部、乡村事务部、投资运营部、财务部，管理浏河拍卖公司、红源公司、候机厅公司。浏发集团按照“政府引导，市场运作”的原则，开展城市建设、城市运营、乡村振兴、文旅投资、产业投资、金融投资六大业务板块。浏发集团注册资金100亿元，总资产690亿元，净资产335亿元，干部职工230人，下属一级子公司4个（城建集团、水建投、文旅公司、浏河拍卖公司），二级全资子公司7个（鸿达公司、渣土公司、恒远公司、花木公司、五环公司、砂石公司、红源研学旅行公司），开元公司、第四水厂、湘赣边城市候机厅、浏发中石化能源有限公司（浏发集团、中石化长沙分公司合资组建，2020年12月15日揭牌成立）4个二级控股公司，参股公司10个（湘江现代农业、浏阳农商行、江淮村镇银行、浏阳北正西商业广场、椒花水利枢纽、北控水务、边洲田园农业、安邦制药、蓝思科技、惠科股份）。2020年，浏发集团土地经营收入24.96亿元，土地指标经营收入6.49亿元，争资到位8300万元，股权收益2697万元，资产处置和租赁收入2676万元。完成项目投资36.52亿元，其中工程投资12.07亿元、征拆投资24.45亿元。完工建设项目65个，拉通宝塔路（花炮大道—禧和路）、燎原路（道吾山路—予倩路）、菊花石路（南泥湾路—石霜路）、胡家路（禧和路—道吾山路）、集里路（西湖山防火林道入口—集里桥）、南泥湾路（临花炮大道地块侧）、道吾山路（锦程大道—水佳路）、水佳路（锦程大道—道吾山路）、石咀路（锦程大道—浏府南路）城市道路9条，12个雨污分流改造项目投入使用，新建停车场4个，新增停车位630个，建设人行道、自行车道、绿道11.3千米。推进城市更新，投入1.26亿元改造老旧小区24个，31个征拆项目清零。浏阳河城区段“一河两岸”滨水园林景观工程（涓川河口—三元宫）建设项目被评为湖南省优质工程，西北环线（浏阳大道—李畋路）建设项目被评为“2019—2020年度第一批湖南省优质工程”，予倩路（浏阳大道—复兴路）道路工程被评为长沙市优质工程。

（张金莲）

【浏阳市城市建设集团有限公司】 该公司成立于1999年4月，公司注册资本10亿元，截至2020年12月底总资产455亿元，净资产212亿元。公司信用等级为AA+，在湖南省区县级投融资平台中排名第一。2020年，公司内设综合管理部、财务部、总工办、资产运营部、招商合作部、征地拆迁部、工程管理部7个部室，下辖恒远房产公司、鸿达公司、花木公司3家全资子公司和开元发展（浏阳）公司、浏金渣土运输工程有限公司2家控股公司。全年实现经营收入22.69亿元、投资收益5400万元，完成项目投资31.91亿元（其中工程投资5.61亿元，征拆投资24亿元，批地投资2.3亿元），征地84.13公顷，拆迁523户，批回土地70.8公顷。招商经营：引进湾田集团开发道吾新城XWL-05-19-01号地块，摘牌价2.546亿元，推进道吾新城片区开发。通过公开竞争性磋商，确定江西余干县曼居实业有限公司和杭州开元物产集团公司为水佳片区土地开发经营权联合中标投资人，该项目为浏阳市2020年首个百亿招商项目。科学经营土地，成功挂牌出让西北外环加油加气三站、新屋岭片区XWL-05-12-1、2号地块、新屋岭片区XWL-03-01号地块、新屋岭片区XWL-03-15-3号地块、新屋岭片区XWL-05-19-02号地块、高力招商二期地块、西北外环加油加气四站、杉松金桥片区SJ-0521、杉松金桥片区SJ-0522-1等14宗地块，总出让面积50.37公顷，实现经营收入21.87亿元。项目建设：完成净溪河截污干管、百宜河综合整治（主管网及支管网）、南泥湾路（龚家桥路—道吾山路）建设、浏阳河路路面维修工程、浏阳河东路（七星路—观礼台）路面维修工程、涓川河下游整治等15个项目招标定队，以及65个零星项目邀标定队。向上争资。共计向上争资约12260万元，到位资金5154万元。建设优质工程。拉通宝塔路（花炮大道—禧和路）、燎原路（道吾山路—予倩路）、菊花石路（南泥湾路—石霜路）、集里路（西湖山防火林道—集里桥段）、胡家路（禧和路—道吾山路）道路工程等8条城市道路；百宜河综合整治主管网、净溪河截污干管、唐家洲公共停车场等项目完工；百宜河综合整治支管网、南泥湾路（龚家桥路—道吾山路）项目建设推进中；海威花园保障房竣工验收，建筑面积6209平方米。全年累计完成投资额约5.61亿元（含代建项目投资）。对外投资：全年新增对外投资项目6个，涉及金融、高新技术、矿产、水利等领域，投资总额为27.21亿元，完成实际投资额为21.99亿元（其中惠科项目20亿元、泰科天润项目9450万元、四水厂项目6500万元、砂石公司3000万元、江淮村镇银行1350万元，工业发展基金100万元）。完成4亿元投资参与长沙领新投资合伙企业（有限合伙）认购蓝思科技定向增发。工业发展基金和乡村振兴基金正式成立。年度实现投资收益约5400万元。

【多元发展】 2020年，鸿达公司积极推进智慧停车系统建设，中医院立体停车库、黄泥岭停车场等6个平面停车场及月池路、邮电路2条道路共计新增收费停车位1063个。完成22个公共停车场的ETC自动收费设备安装并投入使用，实现停车场无人化管理。启动城区大型广告位建设运营，通过公开拍租实现广告位收入22万元。渣土公司全面启动渣土业务，承接大汉·湖山阅、湾田·和悦家园、南崇置业 & 九颂山河、中医院危急重症大楼等土石方项目，年度实现项目收入2246万元，公司纯利润率20%以上，纯经营利润458万元。恒远公司完成新屋岭农贸市场地块以及大瑶镇花炮交易市场南侧地块的摘牌。新屋岭农贸市场项目完成可行性研究报告和生鲜市场方案设计等工作。开元公司着力开辟油站板块经营，成功摘牌西北外环线加油加气三站地块（城建加油站），完成前期手续办理和工程招标，并启动工程施工。提升经营能力，与中石化签订合作协议，注册成立联营公司。大瑶分公司完成大瑶镇商贸城项目挂牌，实现收入4900万元。

（李葵玉）

【浏阳市水利建设投资有限公司】 该公司成立于2011年9月，是浏阳市政府组建的具有独立法人资格、自主经营、独立核算的国有公司，主要负责水利工程建设项目投资、水资源综合利用开发、长兴片区开发和浏阳河文化旅游产业发展。公司设综合部、财务部、资产经营管理部、规划开发招商经营部、工程技术部、征地拆迁安置部共6个部室，工作人员30人。2020年，城市建设长兴湖中湖东岸D区景观带、水佳路及道吾山路等5个续建项目完工；长兴片区维护治理等7个新建项目完工，渭川河、长兴湖片区雨污分流改造工程等7个项目有序推进；政东广场雨污分流改造等10个雨污分流改造项目完成。浏阳市西北环线（浏阳大道—李畋路）建设项目等多个项目被评为湖南省优质工程，复兴路（菊花石路—予倩路）建设项目等多个项目被评为湖南省优良工地。全面推行建管分离，6个项目道路、绿化及17个项目路灯、亮化项目完成移交。征地拆迁征收土地263亩，拆迁房屋121户，签订青苗设施补偿协议286份，迁坟300多座，办理指标回购率100%，完成941名应保未保拆迁人员社保资金缴纳工作。浏府南路、CX-0304地块等6个项目实现清零。招商经营继续推进长兴片区滨湖地块招商，成功出让CX-0305等12宗地块，创收14.1011亿元。土地报批400.8045亩，正在报批土地386.616亩。长兴砂石公司实现独立化运作，正在按程序推进砂石资源国有化、统一化经营。五环公司全力进行资产清查和制定下一步经营初步方案，并处理多起项目矛盾纠纷、稳步推进遗留问题的欠款追偿程序。“一河两岸”ABO项目已成功开标，五矿二十三冶、苏交科等5家单位组成的联合体中标；完成观礼台的“焰遇花火”文旅项目招商。

（倪　睿）

公共工程建设

【概况】 浏阳市公共工程建设中心是浏阳市人民政府直属公益一类事业单位，为正科级。承担浏阳市政府投资建设工程项目（水利、交通除外）的组织实施和监督管理职责。2020年，市公共工程建设中心共承建项目36个（续建12个，新建24个），总投资额19.79亿元。全年计划完成投资额5.26亿元，实际完成投资额5.46亿元，占计划投资103.8%，支付建设资金5.3亿元。其中：新人民医院、百宜小学、官渡芙蓉学校、社会福利中心等20个项目全面竣工；中医医院危急重症大楼、集里医院新建综合门诊大楼、柏加镇卫生院二期等14个民生项目建设中；社港医养小镇综合项目、市妇幼保健医院整体搬迁2个项目完成前期工作的年度任务。泰安小学、沙市消防站等36个预备项目启动前期工作。新人民医院感染科楼投入使用。

【项目建设管理】 复工复产。2020年，市公共工程建设中心响应市委复工复产号召，形成“一手抓防疫，一手抓复工，两手都要硬”的工作局面。协助施工单位购买防疫物资，督促严格执行防疫制度的同时，要求其克服困难，倒排工期，加班加点抢进度。集里医院新建综合门诊大楼项目通过租用整栋宾馆安置工人，封闭管理，实现2月19日在全市率先复工。石化技校扩建、浏阳河中学附属幼儿园等12个续建项目均在2月底全线复工。确保各民生项目完成年度目标，该中心统筹谋划，挂图作战，工期倒排，责任到人。牵头组织6次与教育局、卫健局的工作碰头会，解决难点问题，扫清建设障碍。加强和住建局沟通协调，提速报批报建，所有项目报建时间控制在36天以内。省重点民生项目官渡芙蓉学校预先做好前期工作，加强现场调度，提前4个月竣工

新人民医院　　（市公共工程建设中心　供图）

交付。市十中学生宿舍楼、三中教学楼和宿舍楼、大围山中学食堂等12个应急项目实现提前完工，确保秋季开学投入使用。项目设计。引入国际建筑设计理念，邀请香港大学副教授林君翰团队设计百宜小学及四所乡村学校。新图书馆展陈及装饰工程被评为2020年度中国建筑工程装饰奖，道吾学校获湖南省优质工程奖，市人民医院新院感染科大楼、石化技校扩建、官渡芙蓉学校获长沙市结构优质工程，官渡芙蓉学校和集里医院新建门诊综合大楼获长沙市建筑施工绿色工地。全年共完成34个工程项目及17个附属工程、装饰装修的设计工作。项目施工管理。对进场材料严格执行先验收后进场，对关键部位、隐蔽工程全程旁站监管，抓好事前控制，事中监管，事后检测；对质量通病进行统计并建立台账，及时更新，有据可查；不定期邀请市质安监站开展日常质量检查，形成工作闭环；全年下达质量安全督办单280余份，下达违约处罚单9份。项目安全监管。所有项目实现先批后建，依法施工。严格执行安全生产“一岗双责”，全年召开安全生产专题会议38次，领导班子带队实地检查50余次，部室日常检查120次，排除、整治隐患155处。严格开展安全教育和培训，在各项目工地张贴宣传标语400余处，开展教育座谈120余次。所有项目施行“人脸识别考勤”，有效遏制“挂证不履职”。5个工地被评为质量安全管理标准化示范工地，安全生产保持十年零事故。投资控制。首次在中医院危急重症大楼项目采用全过程造价控制。组织学习新颁发的《湖南省建设工程工程量清单计价办法》，精益求精做好概算和招标控制价的审核。全年完成19个项目的概算编制和批复，79个项目的招标控制价编制，21个单项合同项目的结算初审和54个单项合同项目的结算终审。全年共完成84个项目的招标采购，合计金额4.85亿元。全年通过招标优惠、结算终审等为政府节约资金6503万元。

【官渡镇芙蓉学校建设项目】 该项目位于浏阳市官渡镇竹联村，由浏阳市公共工程建设中心负责承建，于2020年3月7日开工建设，项目总投资约3500万元，规划总用地面积22394.23平方米，规划总建筑面积8055.99平方米，包括新建1栋4层教学楼、1栋4层艺术综合楼、1栋2层（局部1层）食堂、1栋3层宿舍、1个风雨操场、1个门卫室、1个200米环形塑胶运动场，完善相关附属工程及设施设备等。项目建成后将开设12个班，可容纳约600名学生。8月28日，项目竣工。

【新屋岭小学建设项目】 2020年6月13日，由浏阳市公共工程建设中心负责承建的新屋岭小学建设项目开工，该项目位于城区燎原路以西、道吾山路以南，总投资约7800万元，总建筑面积15776平方米，建设内容包括1栋多功能教室、2栋教学楼、1栋生活服务楼以及风雨连廊、运动场等附属工程，规划36个班，预计可容纳1600余名学生，为周边市民孩子就近上学提供便利。11月20日，项目竣工。

【浏阳市社会福利中心项目】 2020年12月30日，由市公共工程建设中心负责承建的市社会福利中心主体建设工程项目完成建设。该项目位于荷花街道牛石岭村清泉组，占地约0.67公顷，于2019年3月启动建设。该项目总投资约2575万元，规划总建筑面积12994平方米，新建服务中心楼1栋，门卫室1栋，设置床位300张，计划打造集养老、医疗、娱乐等为一体的综合性养老服务中心。

（中心办公室）

住房保障

【概况】 浏阳市住房保障服务中心（以下简称“住保中心”）为市住房和城乡建设局所属正科级公益一类事业单位，负责全市保障性住房建设与运行相关工作、棚户区改造和城镇老旧小区等城市更新工作、住房租赁市场发展试点、保障房资产和非住宅国有房产资产管理、浏阳河市场和梅花小区农贸市场管理、住宅专项维修资金归集与代管、白蚁防治、融资担保等工作。下设办公室、政工人事室、机关党委办、规划项目室、城市更新改造室、法律事务室、财务室7个科室，城区保障性住房事务所、乡镇保障性住房事务所、公管房资产事务所（城区房地产管理所和浏阳河市场管理处整合组建）、住宅专项维修资金管理中心、白蚁防治所5个二级机构，恒信融资担保有限公司1家企业。2020年，住保中心围绕“全面建设现代化浏阳”战略目标，突出服务民生主旋律，做好疫情防控，持续改善人民群众居住生活品质，构建“多主体供给”的住房保障体系，老旧小区改造、住房保障工作、棚户区改造被省住建厅、长沙市人居环境局发文通报表彰，中心获长沙市精神文明建设指导委员会表彰“文明单位”。

【城镇老旧小区改造】 2020年9月，在市安居工程领导小组下设城镇老旧小区改造工作指挥部，统筹旧改工作，出台《浏阳市城镇老旧小区改造实施方案》《浏阳市城镇老旧小区改造工作指南》等文件，将全市319个2005年年底前建成的老旧小区纳入改造项目库，计划2020—2022年分三年实施改造。2020年改造老旧小区24个，改造面积42.43万平方米，总投资3.23亿元，完成省、市目标任务。单项工作获省住建厅通报表扬，被湖南省住建厅选定为“基层党建+城镇老旧小区改造”唯一试点县市。为有效开展试点工作，形成“5+N”模式（“5”是构建“市直各单位—街道党工委—社区党组织—小区党支部—微网格长”五级网络，“N”是充分发挥业主中党员、退休干部职工、热心业主等多方力量作用），探索新形势下基层党建与城镇老旧小区改造工作融合的组织架构和工作模式，调动城镇居民和相关职能单位的积极性、主动性和创造性，促进城市治理体系和治理能力现代化，增强人民群众的获得感、幸福感、安全感。《湖南日报》头

4月16日，省住建厅党组成员、总工程师易继红(前排左五)率厅住房保障处、房地产管理处一行到浏阳调研保障性安居工程建设管理工作 （市住保中心 供图）

版以《浏阳党建引领改造老旧小区》、专版以《浏阳老旧小区“逆生长”》介绍浏阳改造经验，浏阳作为长沙地区唯一代表在全省城镇老旧小区改造工作现场推进会议上作经验发言。

【棚户区改造】 2020年，市住保中心坚持“三榜公示”制度，抓实“早对接、早安排、早推进、早见效”行动措施，以强力问责倒逼工作推进，全年完成棚改项目10个1245户，改造面积27.42万平方米。争取中央、省、长沙市等上级资金1446万元，完成投资20.92亿元，提前完成省、长沙市目标任务要求。

【住房租赁市场试点】 2020年，根据长沙市住房租赁试点工作领导小组要求，浏阳市住保中心扎实推进住房租赁试点房源筹集工作，共完成三批次项目评审工作，有29个项目4644套房源通过评审，共计19.78万平方米，争取上级奖补资金1.1亿元，解决园区外来务工者住房问题。

【保障性住房建设管理】 2020年，浏阳市新开工建设公租房3244套，建设面积21.39万平方米，总投资7.34亿元。建成公租房1416套，争取上级公租房补助资金1.1亿元。新增住房保障对象796户，向421户发放租赁补贴101.8万元，实物配租172户，其中包含专业英才60户，退捕渔民12户。推进“三清”(清查、清欠、清退)专项行动，全年收回公租房27套，收缴公租房租金731万元，占全年目标任务的135.74%。做好公租房小区维修维护，全年受理“12345”热线工单49宗，满意率100%。实行房管员片长制，在6个公租房小区设置便民服务点，让群众在家门口享受就近服务。疫情期间，为住户送去爱心蔬菜、防疫口罩等物资，提升保障温度。统筹资金，对周家巷、甘家冲等9个公租房老化的公共线路进行更换改造，启动12个直管公房老旧小区改造建设，开展“送电影进小区”活动，播放爱国爱党、安全教育等题材电影，促进小区和谐安全稳定。

【物业维修资金管理】 2020年，市住保中心全年归集维修资金1.6亿元，年度派息2190.73万元，较2019年增长103.6%。使用维修资金约114笔，使用资金303.46万元。实行将银行到期存款统筹跨行归集为大额存储，银行到期存款实行跨行归集，优化整合大额存款，确保维修资金保值增值，让业主利息收益最大化。

【白蚁防治】 2020年，完成白蚁防治新建预防项目38个，施工面积339万平方米，其中绿色防治施工面积15万平方米。完成白蚁灭治业务252宗，面积11.6万平方米。加强宣传，开展白蚁防治知识进社区、进小区、进校区系列活动，提高群众对白蚁危害的认识，增强白蚁防治技术转型升级意识。

【集贸市场管理】 2020年，市住保中心按照创建国家卫生城市、文明城市、文明集市的标准要求，加大对集贸市场规范化管理。全年投入经费46万元，对浏阳河市场、梅花小区农贸市场进行提质改造和破损修复，优化市场硬件设施；开展“文明经营户标兵”评选活动，市场20名党员经营户亮身份挂牌经营，引导商户做到文明经营、诚信经营，提升市场软环境，强化闲置资产处置，落实安全生产主体责任，疫情期间，严防严控，全面消毒，对进入两个市场人员体温测试、核查电子健康卡、发放口罩等，按照省市相关文件精神，提请市政府批准减免三个月租金，提振承租户经营信心。投入资金59.86万元，启动浏阳河市场电商平台建设，实现线上线下商品交易同步运营，探索市场经营模式转型。2020年4月，浏阳河市场被评为“湖南省文明集市”。

【融资担保】 2020年，恒信融资担保有限公司为全市100余家中小微企业及“三农”提供融资担保3.08亿元，帮助企业节约融资成本600余万元，为全市经济社会发展增加生产值近12亿元，增加税收6000余万元。推动银企合作，获银行授信17亿元，推进“4321”体系建设，成功加入省再担保体系，被评为“2019年度湖南省优秀融资担保机构”，其“农房抵押”项目被评为“2020年融资创新考评专项资金奖补对象”三等奖，争取省、长沙市奖补资金215万元。

（罗 澜）

住房公积金管理

【概况】 长沙住房公积金管理中心浏阳市管理部负责全浏阳市住房公积金的缴存、提取、贷款等业务。管理部编制11人，下设主任岗、副主任岗、综合科和业务科。2020年，全市新增开户单位122家，新开户职工18956人，归集额8.92亿元，同比增长10.94%；公积金提取5.32亿元，同比增长 6.02%，占当年缴存额的 59.61%;全年发放个人住房贷款 1035 笔 4.06 亿元,同比增长 6.48%。截至 2020 年末，全市缴存总额 60.57 亿元,缴存余额 30.19 亿元;累计发放个人住房贷款 49.47 亿元,贷款余额 26.52 亿元，帮助 19631 户中低收入家庭解决住房困难。

【公积金归集工作】 2020 年,浏阳管理部为缓解新冠肺炎疫情给企业经营带来的困境,管理部开通线上线下途径，支持企业办理阶段性缓缴,累计为 45 家企业办理缓缴业务，月缓缴金额 171.56 万元，惠及职工 3231 人。持续开展住房公积金宣传,走进园区、企业、楼盘了解情况,宣传政策,利用《浏阳日报》、微浏阳,普及政策知识，提高职工认知率和支持率。梳理各渠道投诉单位应缴未缴、少缴、欠缴公积金工单,通过行政执法维护缴存职工合法权益,收到单位欠缴公积金投诉 7 次,协调补缴公积金 16348 元。

【公积金信贷工作】 2020 年,长沙住房公积金管理中心浏阳管理部优化审批流程,减少审批环节,贷款业务实行当日受理当日办结。推广组合贷款,做好组合贷款宣传和流程优化工作,满足刚性购房需求,全年发放组合贷款 170 笔 4565 万元，同比分别增长 73.47%、66.61%。探索惠民政策措施，研究商转公贷款顺位抵押措施，试点完成 1 笔商转公顺位抵押业务，减轻缴存职工商贷提前还款自筹资金压力。

【风险防控】 2020 年,浏阳管理部加强内部稽核,定期组织大额提取交叉专项稽核，防范出现业务风险点;对各项业务及审计问题整改落实到位,从源头化解风险疑点。规范业务办理,通过实地核查、联网核实、电话咨询、信函核查等方法,严格审查资料,对发现的骗提骗贷行为零容忍。打击骗提骗贷行为，全年处理骗提行为 4 起,立案处理 1 起,阻止及追回骗提金额 36.25 万元,有效遏制违规骗提行为,防范提取使用风险。

【优质服务】 2020 年,浏阳管理部优化窗口服务,开展业务轮岗,提升职工综合素质和业务能力,绿色通道服务、延时服务成为常态。深化“放管服”改革,贯彻“以人为本、便民优先”的服务理念，发挥“智慧公积金”优势，引导职工通过网上业务大厅、微信公众号、“我的长沙”APP 等线上渠道办理业务,让职工办事零跑腿。协调、跟踪处理全国住房公积金异地转移接续平台转移业务 629 笔,实现账随人走,钱随账走。推动湘赣边区域住房公积金异地互认行动，助力职工跨省办。协助法院进行公积金账户查询 11296 人次,办理冻结划扣 100 余笔。

（王星星）

城市供水

【概况】 2020 年,浏阳市自来水公司在编职工 182 人,日供水能力达到 10 万吨,共设 14 个科室,全年完成总产值 6287.8 万元，同比增长 10.68%;售水量 2461.2 万吨，同比增长 6.61%，水质综合合格率保持在 100%。公司统筹推进疫情防控和复工复产,做好“六稳”(稳就业、稳金融、稳外贸、稳外资、稳投资、稳预期)工作,落实“六保”(保居民就业、保基本民生、保市场主体、保粮食能源安全、保产业链供应链稳定、保基层运转)任务。公司被湖南省城乡建设行业协会供水分会授予“湖南省城镇供水行业 2020 年度先进单位”称号。

【自来水公司重点项目建设】 四水厂项目建设:在全市“大干一百天、实现双过半”大竞赛中被评为一类单位,6 月,公司代表浏阳市迎接长沙市重点项目建设考核检查，获肯定;完成土建、工艺、电气和自动化的招标和设计、株树桥引水工程原水开梯施工,完成土建项目和全过程工程咨询管理服务招标和签约,已经实质性动土建设。管网漏损控制:有序推进供水管网“漏损控制三年行动”,全年完成花炮大市场一区、七区、宜和家园、同心巷、棉麻土产小区、农副产品大市场、东方新天地等 21 个老旧小区管网改造工作,改造管网长度 4.2 千米。更换东方新天地、嘉信新城、棉麻土产、宜和家园等小区考核表共计 21 台,更换人民东路、思邈路、金沙南路等处大口径阀门 22 台。全年稽查违章用水 123 起,追补水费 24 万余元;组织专项管线巡查 76 次，查出漏点 256 处,管网漏损率较 2019 年同期下降 3.8%。

【管网建设维护】 2020 年,市自来水公司铺设宝塔路、燎原路等市政管线及碧桂园时代城、圣大云天等小区主管共计 15.1 千米,全年开展管网巡查累计 252 千米，完善阀门档案 65 台,清理阀门井室 79 处,解决表箱、表井问题 347 起。对溪江、道吾山路加压泵站设备、三水厂高压外线、反冲泵房空压机进行维护保养，对一、二、三期快开排泥阀、取水 4 号泵空气开关、送水 2 号变频器进行维修，更换送水 5 号泵电机绝缘轴承以及出厂水余氯仪检测管;对城区二次供水设施进行巡检，完成软件系统维护 45 次,硬件系统巡护 2 轮次。

【智慧供水平台建设】 2020 年,市自来水公司推进 GIS 地理信息系统项目建设,系统软件基础平台进入试运行阶段,并同步完成手机端软件开发工作。开展 GIS 探测工作,完成宜和家园、百合花园等 6 个小区的管网综合探测工作,探测总长度 4.97 千米,探测定位 650 点，完成探测荷花、淮川、集里片水表 9 万余台。完成统一抄表平台系统开发工作,并升级客服系统。优化水厂调度系统,加速供用水管理智能化、自动化。实现管网巡查、管网抢修维护、管网分区漏损的数字化和信息化。

【供水服务】 2020 年,新冠肺炎疫情期间,市自来水公司无偿为市机关单位和抗疫一线重点单位共计配送消毒液 160 余吨;对 129 家企业供水实行“欠费不断供”,累计欠缴金额 179 万余元。针对疫情期间发生自来水漏损用户酌情减免部分水费，共计 25 万余元。严把水质关,全年完成水源水检测 92 批次，出厂水检测 368 批次,管网水、纯净水检测 90 批次,水质综合合格率 100%,检测结果在政府网站发布。上线运行网上营业厅,部分业务由“最多跑一次”提升到“一次都不用跑”。压缩用水办理环节和时长,将个人和单位用户报装流程由三个环节缩减至一个环节,报装资料由三项精简为两项,个人用户和单位用户均实现 5 个工作日完成安装通水。配合相关部门做好“水电气联动过户”和用水报装业务接入市“互联网政务服务”平台及长沙市“多规合一”投资项目在线审批监管平台相关工作。开展“供水服务进万家”活动,解决用户诉求。24 小时客服热线共处理 16000 余条用户来电来访,全年进行大小维修 1846 处,维修及时率和用户满意率均在 99%以上。

(林　丹)

城市管理和综合执法

【概况】 2020 年,浏阳市城市管理和综合执法局共有在编人员 314 人(其中局机关在编人员 13 人,城市管理综合执法大队在编人员 125 人,市容环境卫生维护中心在编人员 115 人,市政园林维护中心在编人员 51 人,燃气事务中心在编人员 7 人,城市照明管理中心在编人员 3 人),内设办公室(财务科)、法规宣教科、行政审批服务科(环卫市政管理科)、基层指导科(燃气管理科)、政工人事科5 个职能科室、7 个城区执法中队,辖 5 个二级机构:城市管理综合执法大队(正科)、市容环境卫生维护中心(正科)、市政园林维护中心(副科)、燃气事务中心(副科)、城市照明管理中心。举办第二十五届环卫工人节精细化作业竞赛活动;出台《关于助力“三间”经济的十条措施》,被湖南省住建厅以文件形式向全省各地州市转发参考。城管局淮川中队、人民医院急诊科等 9 个单位被评为“2020 年度长沙市青年文明号”;城市管理综合执法大队被省住建厅评为 2020 年度“强基础、转作风、树形象”专项行动表现突出单位;刘晓玲在“全民阅读、文化中国”第三届“魏源杯”全国演讲大赛总决赛获全国金奖和“最佳文采奖”;古长根被住房和城乡建设部评为 2020 年度“强基础、转作风、树形象”专项行动表现突出个人。

【市容、市貌管理】 从严管理市容秩序,保持对流动摊担、店外经营、户外广告等违规行为的整治力度,2020 年,市城管局共查处各类案件 3000 余例。常态开展人行道违停整治行动,共计抄牌 8 万余台。强力推进生态治理,组织开展综合执法行动 300 余次,立案查处各类环保案件 1200 余件,共完成裸露黄土复绿 100 处,面积 92.4 万平方米,主城区实现裸露黄土“清零”;完成城区 100 家规模以上餐饮门店油烟在线监测平台建设,实现城区 470 家餐饮门店油烟净化设施安装率 100%。加大监管巡查力度,配合老旧小区改造工作,共拆除城市规划区内违章建筑 516 处,拆除面积 8.82 万平方米。控制新增违法建设 69 处,面积 8580 平方米。

(唐芃书)

5 月 22 日,市城管局“不忘初心、牢记使命”主题教育实践“城管进社区,服务零距离”活动

(市城市管理和综合执法局　供图)

【市容环境卫生】 实施精细化作业。2020 年,市容环境卫生维护中心坚持“四个一个样”(晚上和白天一个样、假期和平常一个样、不检查和检查一个样、背街小巷和主次干道一个样)、“六个基本看不见”(基本看不见流动摊担、基本看不见店外经营、基本看不见违规破旧广告、基本看不见垃圾、基本看不见乱搭乱建、基本看不见渣土污染)和“六位一体”(墙面、人行道、绿化带、辅道、机动车道、沟渠全覆盖)常态化标准,加大循环清洗力度,主次干道实行定时定点垃圾收运。全年中心完成城区街道 522 万平方米及河道 240 万平方米日常清扫保洁工作,机械化清扫率达到 85%;收集清运城区生活垃圾 12 万吨,运输乡镇垃圾 9 万余吨;清理城区河道垃圾 1327 余吨;收集处置餐厨垃圾 1.4 万余吨;无害化处置生活垃圾 21 万余吨,无害化处理率 100%。夯实环卫设施建设。全年中心采购垃圾桶 6000 个、不锈钢分类果皮箱 500 个,新建劳动北路停车场、甘冲路公厕等 6 个公厕并投入使用,城区所有公厕的站便器、洗手盆、坐便器加装扶手。探索环卫发展新模式。有序推进城区生活垃圾分类试点工作,鸿宇公馆、宜和家园、嘉信新城 3 个小区被评为示范小区。生活垃圾处理费随水伴征收费模式正式启动,居民生活垃圾处置费增收 472 万元。

(彭志敏)

【市政园林维护】 2020 年,市政园林维护中心日常管理。加大市政园林设施巡查与维护力度,规范公园广场管理,落实桥梁检测维修,狠抓各项安全生产,强化应急抢险处置,确保市政园林设施安全平稳运行。在荷花街道浏河村建设浏阳首个绿化垃圾处理场（园林绿化再利用中心），年绿化垃圾处理量可达1000吨，实现城区绿化垃圾“变废为宝”。截至2020年12月底，浏阳建成区绿地面积1103.83公顷，公园绿地面积305.68公顷，人均公园绿地面积11.74平方米，绿地率38.06%，绿地覆盖率43.39%。市政维护。推行自行维护与市场化相结合运作模式，通过强化5家市政园林维护服务外包公司、1个市政园林自行维护队伍的监管与考核，以零星维护加集中维护的方式，2020年完成城区行道树修剪13845株，绿化及草坪修剪除杂331.4万平方米，绿化带抽隔草沟13310米，挖乔木隔草沟8765个；维修人行道和广场地砖16000平方米，安装维修中央隔离护栏1503米。重点项目。创建国家园林城市工作取得进展，迎接省住建厅专家组到浏阳调研指导检查工作，获得向住建部推荐申报创园资格；对长兴湖中湖西岸、南湖公园、新文路步行街进行提质升级。完成9个“一圈两场三道”（15分钟生活圈，停车场、农贸市场，人行道、自行车道、历史文化步道）人行道建设和改造项目，建设和改造总长度11.6千米。

（鲁伯稳）

【燃气事务管理】 行业安全生产。2020年，市燃气事务中心联合市公安、交通、质检、安监等部门加大对黑点、黑气等违法违规行为的处理；组织各乡镇开展打非治违“百日攻坚行动”，2020年，出动执法人员700余人次，检查用气场所350余个。组织12家燃气经营企业开展各类应急演练16次，发送安全宣传资料2.5万余份。基础项目建设。加快“气化浏阳”建设，全年完成长沙县—镇头—柏加输气管道、经开区—北盛输气管道、城区门站—东区储配站管道等燃气建设项目；推动城区老旧小区改造，会同相关单位、公司开展老旧小区天然气管网改造工作，浏阳市主城区全年完成老旧小区改造居民户1480户，超指标完成改造任务，完成率148%。优化营商环境。进一步减少办理环节、压缩办理时限、简化申报资料；督促各燃气公司在微信公众号增加用气报装业务，实现企业线上报装功能，同时，用气报装业务全部接入市“互联网+政务服务”平台。

（罗　栋）

【城市照明管理】 2020年，市城管局开展对城区主次干道、背街小巷的所有照明设施进行全面摸底清查，新增移交验收合格各类亮化设备4258余个，维护各类亮化设备3000余个，保障城区照明设施主次干道亮灯率99%，背街小巷亮灯率98%。

【行政审批服务】 2020年，市城管局深化“放管服”改革，坚持“做减法”思维，推进“减证”“减时”，所有行政许可事项集中在窗口受理、办结，高频事项实现全程网办，实现不见面审批。将“最多跑一次”改革从审批领域向公共服务领域扩展、向就近办理扩展，全年窗口办理行政许可事项近4000件。

【城市管理进乡村】 2020年，市城管局按照“三个一个样、六个基本看不见”（晚上和白天一个样、假期和平常一个样、不检查和检查一个样；基本看不见流动摊担、基本看不见店外经营、基本看不见违规破旧广告、基本看不见垃圾、基本看不见乱搭乱建、基本看不见渣土污染）的基本要求，强化基层业务指导，严格要求各乡镇城管中队依法行政、文明执法、人性执法，并定期进行工作指导。推进“一支队伍管执法”体制改革，对永安镇提供现场指导、文件赋权、在线对接等协助工作，加快乡镇行政体制改革的步伐。配合完成沙市镇、永安镇两个示范乡镇的验收工作。

【推行市民服务新渠道】 2020年，市城管局开通24小时城管市民服务热线83331234，受理广大市民对城市管理方面的有关咨询、投诉、求助、批评、建议、举报类的诉求，承诺15分钟内到达现场进行处理。全年受理市民投诉案件3000余件，市民回访满意率98.5%。

【出台《关于助力“三间”经济的十条措施》】 2020年4月9日，市城管局出台《浏阳市城市管理和综合执法局关于助力“三间”经济的十条措施》。（一）优化审批流程，压缩办理时限。“一次办”“网上办”比例达95%以上，大幅提升“即办件”比例，推行容缺审批、承诺审批。（二）放宽场外促销、宣传审批条件。在确保安全，不影响行人通行的情况下允许商家开展场外促销（节假日）、形象策划、品牌宣传活动并可以搭设舞台。（三）放宽门店招牌设置标准，确保安全、不违反法律法规禁止性规定，鼓励设置特色化招牌，逐步有序将一楼户外广告招牌设置许可简化为辖区中队备案。（四）在步行街等符合条件的特色街区，允许商家在划定区域、固定时段报辖区中队备案后进行摆卖。（五）按照增加花化彩化、增加植物层次、改造种植搭配的“两增一改”方式对步行街等重点路口、场所实施绿化微改造。（六）完善浏阳河“一河两岸”风光带、公园广场、夜间经济重点区域的夜景灯光，鼓励商户在不产生光污染情况下设置特色亮化景光。（七）完善餐厨垃圾处理、餐饮油烟管理、车辆停放管理、执法监督管理等公共配套服务，为活跃夜间经济保驾护航。（八）优化用气供给，城区液化气统一配送中心送气时间延长至晚上11时；降低用气价格，至2020年6月30日管道天然气非居民用户气价下调0.4元/立方米，瓶装液化气所有用户每瓶下调5元，降至95元/瓶；保障用气安全，实行24小时维修抢修值班，工商业用户上门维修抢修服务时限缩短至30分钟（偏远乡镇50分钟）。（九）减免户外商业、文化、宣传活动城市道路占用费50%，生活垃圾处理费40%。（十）践行“721”工作法，70%的问题用服务解决，20%的问题用管理解决，10%的问题以执法解决。该措施暂定执行至2020年12月31日。6月1日，该文件得到湖南省住房和城乡建设厅转发至各州市借鉴参考。

【出台《关于规范城区摆摊设点的实施意见》】 为进一步规范“地摊经济”秩序，有序释放“地摊经济”活力，6月29日，市城管委出台《关于规范城区摆摊设点的实施意见》（以下简称《实施意见》)。《实施意见》全面考虑摊主摆摊的需求和维护市容市貌的需要,让“地摊经济”发挥便民功能但又不扰民,有序放开但坚决不放任;按照《实施意见》,为规范夜市经营行为,市城管局在城区因地制宜划定流动摊点指定经营区域,一般在约定俗成、自然形成的小区周边街区、公园、广场、空地等场所设置摊点疏导区,并划定经营区域、明确经营项目、限定经营时间;摊点经营者需持本人身份证到街道办事处登记备案,签订《文明经营承诺书》,在指定区域、规定时间内摆摊经营。市城管局在城区共划定天马桥夜宵市场、九方北正西内街、仿古步行街、开心广场、南华街、政东广场六处摊点疏导区,并明确经营时间。《实施意见》还明确,将适当放开商家场外促销,具备条件的临街商家、大型商场经批准后允许开展场外促销、形象策划、品牌宣传等活动,但场外促销不得有露天烹炒、烧烤等行为。

(唐芃书)

10月13—23日,市容环境卫生维护中心举办第二十五届环卫工人节精细化作业竞赛活动

(市城市管理和综合执法局　供图)

【举办庆祝湖南省第二十五届环卫工人节技能竞赛活动】 2020年10月13—23日,市城管局市容环境卫生维护中心举办庆祝湖南省第二十五届环卫工人节技能竞赛活动,全市环卫人员参加。该活动以清扫保洁、设施清洗、机械化作业、公厕保洁、河道保洁、生活垃圾收运、餐厨垃圾收运、设施维修等为主要竞赛项目,组织环卫工人在技能比武中展绝活,展现新时代劳动者的风采。同时开展“最美环卫人”“岗位标兵”的评选活动,选树典型性、示范性榜样,弘扬积极向上正能量。10月26日,市容环境卫生维护中心召开庆祝湖南省第二十五届环卫工人节暨表彰大会,大会宣读表彰文件,评选刘连丰、张文珍等8人为最美环卫人,李南军、王雁等23人为岗位标兵,并对陈兴平、熊有国等62人在精细化作业竞赛中获得名次的人员予以通报表彰。

(彭志敏)

浏阳河樟树湾　　（何建荣　摄）

生态环境

生态建设

【概况】 2020年，长沙市生态环境局浏阳分局围绕坚决完成“五三”战略任务，即“五个三”：聚力聚焦三类目标（环境质量持续改善、环保督察政治任务、环境风险防控）；坚决打好三场战役（蓝天保卫战、碧水攻坚战、净土持久战）；全力抓好三项整改（环保督察问题、突出生态环境问题、重点环境信访问题）；有力夯实三大格局（党政同责、城乡共治、建管并重）；着力提升三种能力（精准治污、科学治污、依法治污）。奋力推进五大攻坚行动，即“一个五”：在服务经济高质量发展方面开展“益千企”行动；在共抓长江大保护专项治理方面持续发起“夏季攻势”行动；在农村环境综合整治方面开展饮用水水源地保护行动；在打击固废乱倾乱倒、危废违法处置方面开展“雷霆”行动；在工业园区环境治理体系方面开展“智慧”行动的“1535工程”工作思路，坚决打好打赢污染防治攻坚战，全市生态环境质量持续改善，群众的环境获得感不断增强。体制机制实现新突破。全面完成生态环境保护领域制度改革；浏阳作为湖南省生态环境保护“四严四基”（严督察、严执法、严审批、严监控；基本格局、基础工作、基础数据、基本能力）制度创新工作两个试点县（市区）之一，在全省制度创新工作经验交流会上作典型发言。环境质量跃上新台阶。2020年，空气质量优良率达99.7%，创造有监测历史以来最好纪录；浏阳河、捞刀河、南川河三大河流水质均值及饮用水水源地水质达标率100%，水质综合指数达3.1959，排长沙四县（市区）首位；宝山河断面连续35个月稳定达标，铁山桥断面锰因子年均含量从2017年的0.954毫克/升下降至2020年的0.253毫克/升。污染治理迈出新步伐。长沙市生态环境局浏阳分局被国务院第二次全国污染源普查领导小组办公室评为“全国第二次全国污染源普查工作表现突出集体”，李健被评为“全国第二次全国污染源普查工作表现突出个人”；邓琴被评为“2020年全国固定污染源排污许可全覆盖工作中表现突出个人”，在全省33个行业固定污染源排污许可工作视频培训会议上，浏阳市作为唯一的县（市）级代表作经验分享；长沙市生态环境局浏阳分局作为湖南省唯一一个县级生态环境部门代表，在全国生态环境保护执法队伍建设研讨会上作典型发言。

【构建“大环保”格局】 2020年，浏阳将生态环境保护融入全市经济社会发展全局，各级各部门通力配合、协同作战，持续巩固上下联动、齐抓共管的大环保格局。抓制度谋划。市委、市政府重视生态环境保护工作，召开污染防治攻坚战工作推进会、市委常委会、政府常务会等研究部署工作，制定《浏阳市污染防治攻坚战2020年度工作方案》《浏阳市2020年度生态环境保护工作要点》等文件，明确污染防治的路线图、时间表；推行“三联三保”（实行市级领导联乡镇，保属地责任压实；实行分管市级领导联领域，保行业问题整治；实行责任单位联访件，保案件处理到位，有效解决群众提出的问题）、“两单四制”（“两单”指“工作任务单”“问题清单”；“四制”指“通报机制” “季度点评机制” “约谈机制”和“奖惩机制”）、“现场交办和挂牌督办”等制度，构建横向到边、纵向到底的污染防治工作网络。抓协同联动。相关市级领导强化调度安排，对分管领域、联系乡镇开展督导检查。各乡镇（街道）、园区、市直部门落实属地管理和行业监管责任，做到联合联动、密切协作。市人大常委会专门就环境保护工作开展专题询问和执法检查，监督新环保法贯彻实施。市政协对各项生态环境保护工作开展民主监督，助力打好打赢污染防治攻坚战。抓考核问责。市环委办将生态环境保护责任落实情况纳入全市年度绩效考核，对突出环境问题进行交办督办，对环境问题整改推进缓慢的单位和个人进行全市通报，以考核倒逼落实，以追责督促履责。

【生态环境保护宣传】 2020年6月，长沙市生态环境局浏阳分局开设《生态环境法制讲堂》专栏；9月，邀请专家学者在乡镇（街道）、村（社区）开展生态环境法制讲坛，举办普法志愿者骑行、生态环境法律知识有奖问答等活动，增强群众环保法制意识；12月，开展长沙市生态环境局“宪法宣传周”系列活动，开展宣传活动，强化媒体报道，全年在人民网、《中国环境监察》《中国环境报》《湖南日报》《长沙晚报》《浏阳日报》等报道生态环境保护相关工作共837条，开通县级环保专题栏目《环保新时空》，获社会好评。同时完善环保舆情监测预警机制，通过“舆情通”搭建环保舆情监测平台，排查舆情风险5次并及时处置到位，妥善处置网络舆情20余起。

【生态环境存在的困难与问题】 明责和强责方面。宝山河市控断面锰超标问题整改虽推进有力，但铁山桥市控断面锰因子仍未达标。城区渭川河（邹婆桥至长兴湖堤坝下100米段）、济川河（城区段）、淮川河（严家冲至入河口段）三条河流部分河段因生活污水收集、截污不到位，污水管网破损、渗漏等问题，长期为四类及以下水质，污染较为严重。发展和保护方面。经开区（高新区）企业众多、排污量大，特别是惠科项目落地投产后，排污量进一步加大，与当前经开区（高新区）污水处理厂承载量不相匹配，环境风险系数加大，应急管控能力面临考验。两型产业园和个别乡镇工业小区污水处理厂监管方式科技水平不高，环境污染应急管理仍需加强，特别是两型产业园污水处理厂因应急管理不到位，运营管理人员不专业，曾出现淤泥外溢现象，发生社会舆情事件。常抓和长抓方面。环境监管点多面广，需要各级协同作战、常抓不懈。但乡镇（街道）等基层监管力量仍较薄弱，乡镇的执法权责未全面梳理，无法有效协助开展调查、立案，环保执法“最后一公里”未全面打通，在落实日常抓、长效抓方面仍有差距。

【浏阳市第六届环保文化节】 2020年6月5日，浏阳市第六届环保文化节在市六桥游泳基地旁(六桥将军路小广场)正式启动，活动现场发布了《2019年度浏阳市环境质量状况公报》，表彰浏阳市“一线最美环保人”。第六届环保文化节以“美丽浏阳，我是行动者”为主题，由浏阳市人民政府主办，长沙市生态环境局浏阳分局承办，共有“向蓝天奔跑”徒步、“蓝天碧水，生态浏阳”主题摄影展、“一线最美环保人”评选、环保知识随手测、世界环境日主题宣讲等九大主题活动，持续至6月30日。

【浏阳经开区(高新区)智慧环保应用平台正式上线】 2020年12月31日，浏阳经开区(高新区)智慧环保平台正式上线。该平台利用物联网技术，将园区水污染源等各类数据采集到平台，构建环保“大数据”，在园区智慧环保领域，建立起全方位、多层次、广覆盖的环境监测网络。在接入原有22家重点污染源在线监控的基础上，新建49家污染源企业的在线监控、213个视频监控数据，同时接入园区2家污水处理厂、7个空气质量自动监测站点、4家重点企业污染物排放总量、1家企业污染治理设施工况等在线监控数据，实现“一网知园区，一屏看园区”。

(吴婧娟)

环评审批

【概况】 2020年，长沙市生态环境局浏阳分局完善“三线一单”(生态保护红线、环境质量底线、资源利用上线和生态环境准入清单)编制成果，全年环评通过项目432个，否定39个，为优质绿色项目落地腾足容量；疫情防控时期，采取“豁免”+承诺制、“容缺”+绿色通道、“免检”+联络指导，统筹推进复工复产和污染防治。持续深化“最多跑一次”改革，不断优化环评审批事项，助推产业转型升级。

【项目审批】 2020年，浏阳市召开建设项目联审会议12次，审查建设项目380个，其中直接通过项目181个、有条件通过项目167个、未通过项目39个。对2020年浏阳市193个重点项目环评审批手续办理情况分类梳理，对每个项目的环保需求进度进行跟踪主动服务，审批完成率100%。通过压实中介服务、优化审批流程、出台措施等，快速推进项目审批进程。

【夜间施工审批及应急预案备案】 2020年，长沙市生态环境局浏阳分局审批夜间施工149次，督促企业落实各项污染防治措施，从源头控制和减少夜间施工扰民现象；完成191家企业应急预案备案，并对全市123家应修编突发环境事件应急预案的相关单位下发关于限期完成应急预案修编工作的通知，督促企业全面落实企业环境安全的主体责任，提高企业事业单位风险防范能力和应急处置水平。

(吴婧娟)

农村环境综合整治

【概况】 2020年，浏阳市完成24个“千吨万人”饮用水水源地环境问题整治以及23处千人以上饮用水水源地划分；农村环境综合整治整县推进项目通过省级专家组验收，43个农村生活污水治理任务通过长沙市级抽检核查；115个入河排污口实行“一口一档”管理；大围山自然保护区、道吾山风景名胜区等4个“绿盾”问题已销号。浏阳市被评为“2020年全国农村生活污水治理示范县”。

【生活污水治理】 抓好农村生活污水治理工作，完成《浏阳市市域农村生活污水治理专项规划(2020—2030)》编制。完成“夏季攻势”中43个任务村治理工作。在全市开展黑臭水体大排查，对排查出来的2个黑臭水体已督促整改到位。完成农环项目的验收扫尾工作，7月，历时三年的全市域农村环境综合整治整县推进项目通过省级验收。

【农村饮用水水源地保护】 开展“千吨万人”饮用水水源地环境问题排查整治；“夏季攻势”问题已全部完成并验收，完成率100%。完成23处千人以上饮用水水源地保护区划分，并获长沙市人民政府批复。开展饮用水水源保护区划分调整；完成《浏阳市浏阳河饮用水水源保护区划分调整技术报告》《浏阳市枨冲镇—葛家镇浏阳河饮用水水源保护区划分技术报告》编制工作，获省生态环境厅批复。完成饮用水水源保护区规范化建设工作，其中三水厂2020年环境状况评估结果为优秀。强化宣传造势，抓人员培训，组织召开集中式饮用水水源地环境保护工作培训会，开展乡镇级环保业务知识宣讲。

【“绿盾”问题整改工作】 截至2020年年末“绿盾2018”34个交办问题中，除大王坑、源丰一级水电站2个问题已重新签订退出协议、需2022年年底前退出拆除外，其余32个问题已全部完成销号。长沙市生态环境局浏阳分局牵头成立浏阳市“绿盾2020”自然保护地强化监督工作小组，并制定相关实施方案，多次对问题整改情况开展“回头看”，同时到实地开展“2018—2019年”遥感动态监测中8个点位的现场核查工作。

(吴婧娟)

污染防治

【概况】 2020年，全市全年空气质量优良率99.7%，大气环境质量持续领跑长沙，创造有监测历史以来最好纪录；浏阳河、捞刀河、南川河三大流域季均值及饮用水水源地水质达标率100%，其中浏阳河作为湖南省唯一代表成功创建全国示范河湖；宝山河市控断面锰因子稳定达标，铁山桥断面锰因子浓度年均值由2017年的0.954毫克/升下降至2020年的0.253毫克/升。全面铺排并完成大气、水、土、声污染防治项目254个，推进生态环境质量持续改善。

【大气污染治理】 2020年，浏阳市常态落实“六控”“十严禁”，持续推进大气污染综合防治。整治“散乱污”企业43家，治理挥发性有机物(VOCs)58处，完成生态环境部臭氧污染防治帮扶110项反馈问题整改，全面完成

25台燃气锅炉低氮改造、32台10蒸吨及以上燃煤锅炉特别排放限值改造和290台10蒸吨以下燃煤锅炉改烧清洁能源或淘汰；建成3家机动车尾气治理站点，全市纯电动公交车比例达70.8%；施工工地全面落实“8个100%”（建筑施工工地围挡100%、路面硬化100%、100%洒水压尘、裸土100%覆盖、进出车辆100%冲洗、渣土运输100%封闭、建筑垃圾100%规范管理、机械尾气排放100%达标），复绿裸露黄土92.4万平方米；建立乡镇、村级秸秆收储点60处，农作物秸秆综合利用率91.2%，秸秆焚烧现象大幅减少；城区470家餐饮门店和32个乡镇（街道）政府食堂油烟净化设施安装率100%，创建淮川街道嗣同路绿色餐饮示范街；完成全市4座销售量5000吨以上加油站油气回收在线监测系统建设。

【水环境污染治理】 2020年，浏阳市深入推进“河长制”，全面落实“一江一湖六河”工作要求[全面落实《长沙市“一江一湖六河”（长沙市区内的湘江长沙段、团头湖、龙王港、浏阳河、捞刀河、靳江河、沩水河、沙河）综合治理三年行动计划（2021—2023年）》]。新建扩建污水处理厂2个，污水管网116千米，改造雨污分流管网15千米；对浏阳河流域内71家规模养殖场开展畜禽粪污设施设备改造，全市规模养殖场畜禽粪污处理设施装备配套率和综合利用率分别达100%、93.77%；完成24个“千吨万人”饮用水水源地环境问题整治以及23处千人以上饮用水水源地划分。

【土壤污染治理】 2020年，长沙市生态环境局浏阳分局紧盯“一废一库一品”（危险废物、尾矿库、危险化学品）等高风险领域，对469家产废单位进行现场指导帮扶，督促指导159家企业完成核与辐射利用信息录入。开展土壤污染状况调查及修复，完成173块重点行业用地调查信息系统录入和10块疑似污染地块的调查及修复。2020年开展治理与修复耕地面积1万亩，推进农业面源污染减量，完成测土配方施肥58.4万亩，病虫害专业化统防统治26万亩，绿色防控23万亩。

【排污许可核发】 2020年7月24日，浏阳市全面完成33个行业和91个行业排污许可发证及登记工作，提前2个月全面完成“清理整顿33个行业”“2020年需核发91个行业”4283家固定污染源发证登记工作，其中重点管理发证51家，简化管理发证219家，登记管理3091家，实现发证率100%，登记率100%。有效开展固定污染源排污许可全覆盖“回头看”工作，以现场监测、证后监管等方式对182家持证企业进行排污许可专项执法检查。人民网、《湖南日报》、湖南生态环境公众号等各级媒体对浏阳市排污许可工作进行宣传报道，中国排污许可公众号将浏阳市工作经验作为先进典型在全国推介，浏阳市作为唯一的县（市区）在省级排污许可专项会议上作典型发言，相关工作经验在生态环境部调研组实地考察时获认可。

【污染源普查】 2020年3月13日，浏阳市通过湖南省污染源普查验收，浏阳市污染源普查档案管理教学视频《怎样做好档案管理》被生态环境部普查办采用，在全国作经验推广。长沙市生态环境局浏阳分局被评为全国第二次全国污染源普查工作表现突出集体、李健获表现突出个人。浏阳市的普查污染源总量为4358家，其中工业源3509家，占长沙市约1/3，占全省约1/13。第二次全国污染源普查工作2017年10月起正式启动，面对污染源点多面广总量大、交叉比对任务重等难题，长沙市生态环境局浏阳分局坚持苦干实干加巧干，创新工作方法，全面完成各项任务。档案管理工作得到国家普查办肯定，清查阶段“四主四查四全”（部门主导、乡镇主体、村委主办、两员主审；省级补查、市县核查、乡镇排查、两员筛查；全民动员、全面部署、全力推进、全体行动）和入户阶段“一二三四五”（建立一企一档、围绕两个目标、坚持三方联动、完善四化管理、强化五级审查）的“浏阳模式”得到省市推广。

（吴婧娟）

环境监察

【概况】 2020年，长沙市生态环境局浏阳分局持续抓好生态环境保护日常监管执法，全年立案147起，罚款628.43万元，行政拘留10起，刑事拘留1起，长沙市生态环境局浏阳分局在全国生态环境保护执法队伍建设研讨会上作典型发言。迎接省级环保督察“回头看”，经开区废气扰民、矿山治理、洗砂制砂行业整治等重点环境问题整改推进有力。全年未发生等级污染环境事件。

【执法监管】 抓环境问题整改。2020年，长沙市生态环境局浏阳分局全年开展暗访核查34次，交办、督办问题47个，下发督查通报9期，前三轮中央、省环保督察及“回头看”交办的367个信访问题已全部销号，16个反馈问题按要求销号或持续推进。规范环保执法行为。通过“双随机、一公开”、专项执法、交叉执法等形式开展执法行动，重点对化工、造纸、食品、涉VOC、涉危险废物、医疗废物等行业，共开展执法行动49次，对辖区内1912家企业、95家射线装置使用单位进行环境隐患大排查，全年立案147起，罚款628.43万元，行政拘留10起，刑事拘留1起。

【环境信访投诉处理】 2020年，省级环保督察“回头看”浏阳信访件36件，占长沙450件的7.9%，交办件1件，无督办件、无负面典型案例，行业治理成效显著。2020年受理环境信访投诉301件，同比2019年的198件下降39.7%，同比2018年的2017件下降85%，回复处理率100%，全年未出现重大环境信访问题。

（吴婧娟）

环境监测

【概况】 2020年，长沙市生态环境局浏阳分局全年开展环境监测230次。每月对34个乡镇交界断面、7个国省控断面、3个河流出境断面、4个水功能区进行采样分析，加强对空气自动监测站和 10 个小微站的维护与管理，对空气质量一日一统计，及时报送，分析存在风险及隐患。

【水环境质量常规监测】 2020 年，长沙市生态环境局浏阳分局每月对 34 个乡镇交界断面、7 个国省控断面、3 个河流出境断面、4 个水功能区进行采样分析；完成 4 个重点流域重金属断面每月监测、23 个千吨万人饮用水水源地及 3 个农村环境质量（大气、土壤、水环境质量）试点每季度监测、5 个 10 万亩农田灌溉水每半年监测、7 家土壤污染重点监管单位周边土壤环境年度监测任务。

【城区环境空气质量监测】 2020 年，长沙市生态环境局浏阳分局完成"十四五"新增省级空气自动站的选点及站房搬迁工作，紧盯空气自动站数据及 10 个空气小微站数据，每日出具空气质量长沙四区县对比表及空气质量分析，预警预判空气污染风险并提出建议意见。2020 年空气质量优良率达 99.7%，创造有监测历史以来最好纪录。

【污染源和执法监测】 2020 年，长沙市生态环境局浏阳分局每月对 33 个污水处理厂采样分析；完成两次入河排口监测采样送样工作，涉及排污口 232 个；配合执法大队完成双随机执法监测 67 次，专项执法行动监测 5 次；完成 17 家省级重点污染源每半年监测及配合省级抽查工作，配合做好风险排查监测工作。加密监测及预警预报工作，完成对捞刀河每日及每周加密监测任务及浏阳河、南川河加密监测工作，分析存在风险及隐患。

（吴婧娟）

2020 年 6 月 11 日，国家排污许可第六包保组组长、生态环境部评估中心副主任邹世英（右五）到浏阳调研浏阳市固定污染源排污许可清理整顿和核发登记工作

（长沙市生态环境浏阳分局　供图）

2020 年 9 月 21 日，长沙市生态环境局浏阳分局在湖南省生态环境保护"四严四基"制度创新试点工作经验交流会上作典型发言

（长沙市生态环境浏阳分局　供图）

浏阳城区步行街　　（罗豪正　摄）

商　务

市商务局

【概况】 2020 年,全市实现社会消费品零售总额 382.4 亿元,同比下降 3.5%;新增规模商贸企业 80 家左右,新增单位排名长沙四区县(市)第一;2020 年全市进出口总额 25.5 亿美元,同比增长 24.7%,市辖[不含经开区(高新区)]全年完成进出口总额 8.4 亿美元,完成长沙市下达年度指导目标任务 8.25 亿美元的 102%。浏阳市商务局被评为"2020 年度湖南省商务工作(外经)先进单位"、2020 年度湖南省商务系统"两稳一促"考核优秀单位,连续五年被评为"湖南省电商扶贫工作先进单位"。

【外经外贸】 采取"一事一议"模式,出台奖励扶持政策,扩大浏阳市进出口规模,新引进南拳、凡瑞进出口等 13 家企业,全年实现进出口 4.68 亿美元;5 月,新引进湖南省瑞聪供应链有限公司,2020 年度新增进出口额 1500 万美元。加强服务指导,及时解决制约企业进出口的瓶颈问题,全市新增对外贸易经营者备案登记企业 168 家。疫情期间承担向国外购买口罩和额温枪的任务,对接国外企业,总计购买口罩 172.1 万片、额温枪 2120 支以及消毒液,同时指导贝恩医疗设备(湖南)有限公司等 15 家企业成功入围商务部防疫物资白名单,壮大企业出口,为全市抗击疫情和确保企业复工复产作出贡献。

【内需监管】 2020 年疫情期间,市商务局为全市商贸行业企业协调减免租金 2197.6 万元,惠及非国有企业及个体工商户 1062 家;帮助 216 家企业(含个体工商户)争取"有效降低疫情影响""住宿餐饮新增就业补助"等专项资金。据不完全统计,2020 年为商贸企业争取上级项目资金 4078 万元。围绕释放消费,组织特色活动。全年举办君悦商圈首届消费节、"高坪农家十大碗"评选决赛活动、长沙市汽车消费节(浏阳分会场)暨第二十二届浏阳车展、人保购车节、淮川首届国潮美食文化节、首届浏阳河乡村美食文化节、大围山水果节、龙虾节、大瑶美食节、浏阳市家居建材节,以及各类节假日主题促销活动等 40 多场大型节会促销、乡村直播带货活动,推动消费市场回暖。围绕新增入库,不断优化质量。推进产销分离和个转企工作,2020 年,对 74 家重点企业开展产销分离或个转企,成功引导 28 家企业完成产销分离,成为促进社会消费品零售额稳增长的生力军。围绕扩大规模,打造品牌项目。引进星巴克、海底捞等一批知名品牌商贸项目进驻浏阳。强化行业管理,制定下发《进一步规范汽车销售行为的通知》,全年检查汽车销售企业 20 家,整改问题 30 余个;瑞和祥二手车市场被推荐参与《诚信二手车阳光无套路》的网络直播访谈,27 万人次在线观看;落实安全生产"三个必须"(管行业必须管安全、管业务必须管安全、管生产经营必须管安全),全年对行业内 60 余家企业进行安全生产检查 326 次,发放宣传资料 1000 余份,发现并整改问题 92 个,确保商贸系统全年零事故。

【电子商务】 2020 年,浏阳市商务局被评为"湖南省电商扶贫工作先进单位"。建立直播经济生态体系。打造助农直播生态产业链,培育浏阳 5G 直播基地和网间经济孵化器,引进鼎娱文化传媒有限公司等 33 家涉及短视频服务、直播带货、跨境电商的网企入驻浏阳,以网间赋能推进高质量消费与互联网经济双循环发展;组织 10 余家企业到贵州省从江县和榕江县开展结对帮扶,采购当地农产品 2000 余吨;制定《浏阳市电子商务人才培训计划》,开展农村电商人才培育活动,全年总计培训 2000 余人次,帮助农村生产经营主体运用电商直播平台推介农产品,助推农特产品上线。鼓励传统企业触网发展。推介盐津铺子食品有限公司等传统农产品加工企业成立电子商务销售公司的成功经验做法,鼓励适合网销的企业触网转型升级。引导加盛安全食品生产中心等 50 余家企业运用互联网拓展销售渠道,2020 年实现线上销售 4.5 亿元。

【市场体系建设】 2020 年,完成长沙市民生实事项目任务,新(改)建农贸市场 8 个,生鲜门店 2 个,解决城东农贸市场及周边秩序脏乱差问题,引导经开区建设金阳、幸福泉等农贸市场,获省商务厅、长沙市商务局认可,浏阳市商务局民生实事绩效考核被长沙市商务局作为优秀(案例)推送。

【执法检查】 7 月 27 日,浏阳市委政法委牵头组织市场监督管理局、商务局、金融办联合针对城区典当、寄卖行开展全面检查整顿工作,规范市场经营秩序。10 月 28 日,为保障浏阳市冷链食品安全,浏阳市商务局联合市市场监督管理局、星沙海关驻浏阳办事处、市农业农村局等部门开展冻库专项清查整治行动,清查行动检查了提供冷链贮存浏阳市春雷农业开发有限公司、浏阳市英善冷冻食品有限公司、浏阳市荷花中转浏阳河冷库等提供冷链贮存冻库及农贸市场冷库、个体冷库经营户共 12 家,重点检查存储进口冷冻肉品进货来源、产品检验检疫等手续是否齐全且真实有效,单货是否相符等,严防无合法进口证明、未经检验检疫的冻品或为走私冻品提供保管存放及其他便利的违法行为。落实蓝天保卫战"控油"工作,全年组织 4 座年销售汽油量 5000 吨以上的加油站完成油气回收在线监测系统建设,出动 120 余人次对 70 座加油站的油气回收设备运行情况进行执法检查,降低油气分子对大气环境的污染。

【浏阳市第十三届商务节暨首届全民消费节】 3 月 28 日,浏阳市第十三届商务节暨浏阳首届全民消费节在浏阳市新文路步行街才常广场开幕。第十三届商务节以"振兴 2020"为主题,由浏阳市委、市政府指导,浏阳市商务局主办,旨在通过创造和引领新的消费狂潮,促进区域消费提档升级,同时,织密"浏阳消费"地标网络布局,培育打造"三间"(夜间、乡间、网间)经济,为全市消费平稳增长提供强大动能。商务节包括 2020 长沙市首届汽车消费节(浏阳分会场)暨第 22 届浏阳车展、浏阳家装博览会、大围山水果节等传统节会和首届全民消费节等子活动。活动持续到 5 月 6 日，覆盖城区及乡镇各大商圈、千余家商户网点，消费节以“悦享生活·Go 浏阳”为主题，推出全民消费月、夜间消费潮、消费地标游、消费新体验四大板块主题活动，满足市民的消费需求。开幕式上，浏阳市商务局、浏阳市融媒体中心联合发布《浏阳消费地图》。市民可通过《浏阳消费地图》游览北正西超市、比一比超市、天虹超市、通程超市、嘉利新世界等多个浏阳“消费地标”，线上了解到商户信息，一键查询消费节期间的优惠活动。

【浏阳市首期电子商务师职称认定考试】 2020 年 5 月 16—17 日，2020 年浏阳市首期电子商务师职称认定考试在“智慧浏阳河”文化创意孵化基地举行，400 名浏阳电商运营工作者、企业营销人员、合作社负责人和新型农民参加考试。考试现场，市文化产业园发布网间经济“脑力仓”项目。首期电子商务师职称认定依托湖南省商务人才交流中心进行。通过考试者，将获得工信部 NTC 电子商务师初级证书，进入浏阳网间经济孵化器人才库。2020 年，浏阳市《政府工作报告》提出，要建设“网间经济孵化器”，加快催生流量带货、直播电商、网红代言、场景经济等新业态。

【浏阳市副市长周明直播助农带货】 2020 年 5 月 13 日晚，由国务院扶贫办、国家广电总局、湖南省商务厅指导的“百城县长·携手助农”直播活动在浏阳 5G 直播基地开播，浏阳市人民政府党组成员、副市长周明在线“带货”助农，重点推介区域品牌“农品浏香”腐乳、剁椒萝卜条、坛装泡菜、田螺溪大米、酸菜、紫苏杨梅姜 6 款特色精品。学习强国、红网、快手、腾讯、羊淘商城等平台同步直播，吸引 1400 多万粉丝涌进直播间围观，产生即时订单 6800 多单。

【浏阳市入围 2019 年农产品电商销售全国 50 强县】 2020 年 7 月 14 日，阿里巴巴发布《2020 农产品电商报告》，浏阳市入围 2019 年农产品电商销售全国 50 强县，居全国第 23 位。近年来，浏阳市推出新举措，促进电子商务普及应用，先后跻身湖南省农村电子商务示范县（市）和长沙市电商精准扶贫试点县（市），入选“2016 年农产品电商 50 强县”、全国 10 个“推进农产品流通现代化、积极发展农村电商和产销对接成效明显的地方”之一。为化解农产品“上行难”问题，浏阳市推广由湖南省商务厅、湖南省扶贫开发办等部门指导开发的社交电商平台——“湖南电商扶贫小店”，同时通过打造农产品区域公用品牌“农品浏香”，让农产品销售从过去的单打独斗变抱团发展，推进产业扶贫和消费扶贫。2019 年，浏阳入选“推进农产品流通现代化、积极发展农村电商和产销对接成效明显”全国典型县市 10 强，浏阳市电商扶贫服务中心通过线上销售为主的形式销售扶贫农产品 1000 多万元。2020 年 3 月，浏阳市出台《关于加快推进夜间乡间网间经济发展的实施意见》，1—3 月，浏阳市农产品网络零售额 3.38 亿元，同比增长 32.8%，其中网络零售额排名前三的一级行业分别为休闲食品、粮油调味、农资，网络零售额占比分别为 71.5%、15.9%、6.5%。截至 2020 年 7 月，浏阳拥有在工商注册的电子商务企业千余家，交易额超千万元企业 20 余家。

【首届“消费扶贫社群节”在淳口镇举行】 2020 年 7 月 25 日，湖南浏阳·淳口（枫林湖）首届“消费扶贫社群节”在淳口镇举行，浏阳市商务局组织 20 多家电商企业参与。活动现场展示淳口茶叶、茶油、大米、蜂蜜、土鸡蛋、莲子制品等优质特色产品，通过“农特产品 + 互联网 + 自媒体直播”的方式，开展线上、线下一体化销售。当日，社群节线上线下销售总额 247.15 万元，其中企业定制团购 205.02 万元，5 场直播观看总人数 89.67 万人。

【两企业入选 2020 年第二批湖南省电子商务企业名单】 2020 年 8 月 25 日，湖南省商务厅公布 2020 年第二批湖南省电子商务企业名单，湖南省普迹夹洲岛农业开发有限公司、浏阳市黑土农业开发有限公司上榜。湖南省普迹夹洲岛农业开发有限公司成立于 2015 年 3 月，注册地位于浏阳市普迹镇新街村牧马片三字垛组，经营范围包括蔬菜、稻谷、水果、花卉、园艺作物、含油果、中药材的种植；农业技术开发服务、咨询、交流服务、转让服务；农产品的销售；农产品互联网销售；农业机械服务；农产品初加工服务；农产品配送；其他农产品仓储；牲畜饲养；家禽饲养；普通货物运输；物流代理服务。浏阳市黑土农业开发有限公司成立于 2015 年 11 月，地址在浏阳市淳口镇向坪村中和片大河组 69 号，主营业务包括蔬菜、花卉、水果、园艺作物、豆类、油料和薯类的种植、谷物、豆及薯类、牲畜的批发、休闲农业项目开发经营、农产品配送、园艺作物、花卉的收购。1—7

浏阳市副市长周明(右)在线“带货”助农　　（市商务局　供图）

月，全市网络零售额38.52亿元，同比增长12.1%。截至2020年8月，浏阳市共有31家企业被认定为湖南省电子商务企业。

【浏阳市网间经济孵化器正式开放运营】 2020年10月23日，浏阳市网间经济孵化器正式建成开放，涉及短视频服务、直播带货、新能源、智能化教育、跨境电商、数字化平台等领域的首批入驻企业同步开业。当日，大型城市互动表白烟花装置项目落地浏阳，成为浏阳市网间经济孵化器签约的第19个项目。浏阳市网间经济孵化器设有大学生创业空间、退役军人创业空间等。2020年3月，浏阳市人民政府出台《关于加快推进夜间乡间网间经济发展的实施意见》，推动乡间风物、夜间消费、网间经济的交互发展，推动数字经济与文化经济深度融合，推进新业态、新消费、新经济创意升级，为高质量发展提供新动能。4月23日，"浏阳5G直播基地"项目签约仪式在淮川街道北正西购物中心举行。杭州探克云象科技有限公司与浏阳市北正西商业广场股份有限公司现场签约，前者拟投资3000万元，在北正西购物中心打造浏阳最大的产业化视频直播电商基地。根据项目规划，浏阳5G直播基地将包含1个直播基地、10个直播街区，并在浏阳打造100个直播打卡点，发展1000家直播示范企业、10000名带货主播，辐射范围从前期的北正西购物中心，逐步覆盖全市各个区域。浏阳5G直播基地项目是浏阳"网间经济"孵化器引进的首个引擎项目。截至10月，5G直播基地已举办"市长带货""村播带货"等大型活动5次。2020年1—9月，浏阳市网络零售额51.57亿元，同比增长12.89%，其中农产品网络零售额11.5亿元，同比增长28.76%。

【制定"八项举措"制止餐饮浪费】 为贯彻落实习近平总书记关于制止餐饮浪费行为作出的重要指示精神，2020年9月，浏阳市商务局、市场监管局、市城管局会同市消费者协会、餐饮协会制定"八项举措"制止餐饮浪费。(一)向全社会发出"行节俭美德、树餐饮新风"倡议；(二)餐饮企业加大对点菜服务员的培训，倡导"n-1"点菜模式；(三)免费提供打包盒，倡导消费者就餐后打包；(四)推出"半份菜""小份菜"，方便顾客点餐；(五)鼓励餐饮企业厨房食材边角余料再利用，转化为餐盘花、素菜丸子、香菜根等冷碟配菜；(六)加强对餐饮企业厨余垃圾"减量"动态测评，鼓励企业内部建立厨余垃圾"减量"考评机制；(七)鼓励餐饮企业推行"节约达人"评选活动；(八)推动餐饮企业依据刚刚出炉的"浏阳十大碗"结合自身特色推出团体、宴会"光盘餐"标准菜单。

【"诚信二手车 阳光无套路"主题直播活动开播】 2020年，为树立诚信经营、守法经营意识，浏阳市组织开展"百行诚信面对面"网络直播访谈活动，选取关系人民群众切身利益、经济健康发展和社会和谐稳定的重点领域，开展以诚信建设为主题的直播访谈。10月30日，由市社会信用体系建设领导小组办公室、市发改局、市商务局联合主办的"诚信二手车阳光无套路"主题直播活动开播，直播现场邀请浏阳市商务局副局长段云鹏、浏阳市瑞和祥二手车交易市场董事长范骥、浏阳市二手车流通行业协会副会长姜时宁、浏阳奥宏二手名车负责人童世华、浏阳市繁武万顺二手车经纪服务有限公司负责人廖上武等人，分别就二手车市场的诚信建设进行畅谈。访谈中，段云鹏就市商务局在全市二手车流通行业诚信建设的情况进行介绍。为解决二手车行业交易双方信任的问题，近年来，浏阳市商务局推进全市二手车流通行业的诚信建设，主要从加大二手车流通行业的诚信宣传，提高行业诚信水平；加大监督管理力度，维护二手车交易双方的合法权益；全面推行"两公开一承诺"诚信制度，建立市场红黑榜等方面，营造二手车行业诚信经营环境，促进二手车流通行业的健康快速发展。四家企业负责人分别介绍各自企业在浏阳市商务局的指导下响应政府对二手车市场的政策要求，配合政府有关部门、行业协会共同推进二手车市场诚信建设的具体措施和成果。主题直播活动在线观看人次16万，同时观众就浏阳二手车市场发展情况在线上互动。

【浏阳市电商直播人才培训专修班开班】 2020年11月2—4日，浏阳市电商直播人才培训专修班开班，全市近200名农村电商企业、村级电商服务站点等的相关负责人和电商从业人员，接受为期3天培训，学习直播电商营销矩阵搭建与农产品直播带货新模式、直播电商筹备及高效运营等课程。近年来，浏阳市推动电商产业发展，出台促进电子商务发展相关政策文件，明确将人才队伍建设工程作为重点工程推进，通过组织开展各层次、分专题、常态化的电子商务专业培训，建设电商人才培训和实践基地，组织相关评选增强标杆带动作用等举措，培养出一批电子商务复合型、技能型和实用型应用人才。

【组织30余家企业参加第三届中国国际进口博览会】 2020年11月4日，第三届中国国际进口博览会在上海举行，浏阳市组织烟花、运动用品、商贸等30余家外贸企业、70多人参加。进博会上，浏阳市共达成交易意向企业13家，累计达成意向成交金额1086.68万美元。

【城东农贸市场完成改造】 由市商务局指导，在淮川街道、朝阳社区支持下，2020年8月1日，城东农贸市场启动改造，历时三个半月，完成改造，市场引进"智慧农贸"管理系统，安装有无线接收器、电子屏幕、云服务器及近百个新型智能电子秤。智能电子秤能打印小票，小票上有摊主姓名、电话号码、摊位号、商品交易信息等，消费者掌握上述信息可以对农产品进行溯源与监督。通过"智慧农贸"管理系统，商户信息、销售情况等能形成数据，为实现市场的智慧化管理提供数据支撑。同时，市场设置食品安全检测中心，抽检结果在市场入口的屏幕、检测信息公布栏中公示，让消费者购得放心。2018年，浏阳市启动城区农贸市场提质改造，计划用3年时间全面改造城区农贸市场。截至2020年12月，城区农贸市场提质改造工作基本完成。

【浏阳三品牌被认定为第五批“湖南老字号”】 2020年年初，省商务厅启动第五批“湖南老字号”申报工作，涉及食品、健康、餐饮、湘绣、酒业等领域。经企业申报、市州商务主管部门初审、省厅组织专家评审，并经社会公示，2020年12月29日，省商务厅发布《湖南省商务厅关于认定第五批“湖南老字号”的通知》，认定湖南大丰斋食品有限公司的“大丰斋”、浏阳市一品香食品总厂的“老一品香豆豉”、湖南省浏河彭记轩食品有限责任公司的“彭记轩”等68个品牌为第五批“湖南老字号”。湖南大丰斋食品有限公司主要产品为速冻食品、米、面制品、糕点、面包、预包装产品等，在众多商超均有销售；“老一品香豆豉”是浏阳老品牌，历经百年经验的沉淀，产品远销海外；湖南省浏河彭记轩食品有限责任公司位于市两型产业园，在30多年间，从一个小作坊成长为一家中等规模的食品加工制造企业。

【浏阳市商务工作被评为全省先进】 2021年1月26日，湖南省商务厅下发《2020年度全省商务工作目标考核完成情况的通报》《对2020年度全省商务系统“两稳一促”考核优秀单位予以表扬激励的通报》，通报2020年全省商务工作开展情况，其中浏阳市商务局被评为湖南省商务工作（外经）先进单位，浏阳经开区被评为湖南省商务工作先进园区，两者同时被评为湖南省商务系统“两稳一促”考核优秀单位。浏阳市商务局作为承担外经外贸、商贸流通、电子商务、市场体系规划建设、商品流通行业监管、物流口岸工作的职能部门，2020年，该局履职尽责，担当作为，各项事业有序推进。面对疫情，浏阳市着眼落实高质量发展要求，统筹铺排疫情防控和复工复产工作，出台《关于加快推进夜间乡间网间经济发展的实施意见》，培育壮大消费新业态，聚力社会消费、外贸发展、网间经济等方面，筑牢经济社会发展的“基石”，取得成效。2020年全市进出口总额25.5亿美元，同比增长24.7%，实现社会消费品零售总额382.4亿元，新增规模商贸企业80家左右，新增单位排名长沙四区县（市）第一。

（周 澂）

招商引资服务

【概况】 2017年8月，浏阳市招商引资服务中心挂牌成立，为市人民政府负责全市招商引资工作的直属正科级事业单位，现有编制17人（原核定编制19人，后核减2人），内设4个部室，现有在编在岗干部职工16人。招商引资服务中心职责：贯彻执行国家和省市关于对外开放、经济合作、招商引资的方针政策和法律法规；负责组织拟定并实施全市对外开放、经济合作、招商引资的中长期规划和年度计划；负责牵头组织拟定并实施促进全市招商引资和外商投资的相关政策和措施；分析研究全市外商投资情况，宏观指导全市外商投资工作；负责重大招商项目的包装和发布，建立全市招商引资项目库，并统一对外发布招商信息；负责重大招商引资活动的策划组织，重要客商的接待和项目洽谈，到浏客商的联络、邀请；承担外商投资企业的管理、服务，负责处理客商投诉，会同相关部门做好整顿、规范投资行为，优化投资环境工作；结合招商引资做好引智工作，参与对外经济技术协作；负责全市各单位招商引资工作的服务、指导、协调、督查、考核验收和统计工作；承办市委、市政府交办的其他事项。2020年，在县域综合发展与县域经济基本竞争力全国百强县排名中，浏阳分别居第9位、第11位。全年全市新引进项目200个，计划投资总额484.37亿元，其中100亿元以上2个，10亿元以上10个，三类500强项目4个，浏阳市被评为2020年长沙市外向型经济工作一类单位。市招商引资服务中心投资部被评为“2020年度长沙市青年文明号”。

【项目招引】 2020年，全市新引进亿元以上项目78个、5亿元以上项目22个、10亿元以上项目10个、100亿元以上项目2个（包含关系）。引进葛洲坝易普力科技公司激发管生产线、华电集团浏阳能源基地、杭州开元物产集团联合体水佳片区开发等多个“3类500强”项目。强链延链。新引进产业链项目135个，计划投资总额168.24亿元，其中电子信息、生物医药、智能制造、健康食品四大主导产业协议引资额占比76.35%。片区开发。“一河两岸”、水佳片区开发等重点项目签约落地。

【提高招商效力】 2020年，市招商引资服务中心加强对疫情期间招商政策、湖南自贸区建设等方面的分析研究，形成《国内各地应对疫情出台的支持企业政策分析》《湖南自贸区对我市招商引资的影响》等各类研究报告十余篇，及时更新《产业链招商指南》，为全市招商引资决策提供参考。本土挖潜。开展闲置资产调研，建立《2020年闲置资源二次招商情况台账》。推动闲置资产专项招商，截至2020年12月末，已成功推出7块闲置资产，如原永和磷肥厂地块成功引进湖南鑫跃机械制造项目等。开展主导产业链本地企业调研，编制《本地企业家需求库》，梳理落户企业上下游资源信息。拓展渠道。组织参加厦门国际投资贸易洽谈会、第三届中国国际进口博览会、湖南长三角经贸合作洽谈周和湖南异地商会联合会会员大会等节会，宣传推介浏阳市投资环境和招商资源，对接一批重点项目。疫情期间，多渠道获取武汉地区项目信息439条输送至园区，服务项目招引主阵地。首次引入中介招商机构，与谷川联行有限公司、选哪儿网合作一个季度，已推送中航锂电、大牧人机械等高质量项目信息十余条，达优医疗科技有限公司已在园区注册落户，中介招商初显成效。

【浓厚招商氛围】 2020年疫情期间，市招商引资服务中心推行“网上见、远程谈、线上签”等新型招商方式，确保招商洽谈和项目引进不断线。举办异地商会浏阳行、浏阳市（佛山）招商推介会等招商推介活动，在2020年知名企业浏阳行活动中，24个重大项目落户浏阳，签约总额246.9亿元。强化统筹调度。加强项目联审，推动云上金坑、大光湖旅游开发等多个项目开展招商联审工作。强化项目调度，理顺园区内外项目落户手续办理流程，及时跟进重大项目和外资项目落户，高效推行项目帮代办服务。开展招商项目“回头看”，对全市2017—2019年已签约项目履约率、开工率、资金到位率进行汇总分析，促推江湾教育园、盐津铺子两型产业园生产基地等项目开工建设。重奖招商“红娘”。落实《中介人奖励办法》，发放2019年度中介人奖励资金115.66万元，全面启动2020年度招商引资中介人奖励申报工作。创新宣传手段。全年在新华社等各大媒体发布活动举办、招引成果等各类典型推介80余次，其中“一河两岸”招商公告在北美、欧洲等多个地区用十几种语言发布近2000次。首创小视频线上推介项目，创下24小时内点击率破10万、72小时内点击率破100万的纪录。

【2020年知名企业浏阳行暨招商引资项目集中签约活动举行】 2020年4月16日，“大干一百天、实现双过半”2020年知名企业浏阳行暨招商引资项目集中签约活动举行，来自中国华电集团、中国葛洲坝集团、中铁建、雅士林集团等80余家世界500强、中国500强、行业100强企业及央企、上市公司的相关负责人参加活动。活动现场，长沙市委常委、浏阳市委书记黎春秋向在座客商发出到浏阳投资兴业邀约，浏阳市委副书记、市长吴新伟致欢迎词。签约现场，能源基地建设项目、半导体材料研发生产基地项目、激发管自动化生产线建设项目、工厂化生物蚕全产业链制造创新基地项目、湘赣边电商物流园项目等24个项目成功签约，计划总投资246.9亿元，涉及电子信息、生物医药、智能制造、碳基材料、健康食品、新能源等多个领域。其中，能源基地建设项目和激发管自动化生产线建设项目均为世界500强企业投资的项目。能源基地建设项目为华电浏阳燃煤电厂4×100万千瓦项目，总投资100亿元，由中国华电集团有限公司（湖南分公司）投资建设；总投资1.6亿元的激发管自动化生产线建设项目由中国能源建设集团有限公司下属单位——中国葛洲坝集团易普力股份有限公司负责投资，将以浏阳市烟花爆竹装备制造企业为依托，力争打造国内激发管产业装备制造示范基地。当日，现场还举行政银企战略合作签约活动，4家银行与长沙惠科光电有限公司、长沙华恒机器人系统有限公司等企业签订授信意向协议，现场授信122亿元。

9月26日，佛山市湖南浏阳商会周年庆暨浏阳市（佛山）招商推介会在佛山举行

（市招商引资服务中心　供图）

【佛山市湖南浏阳商会周年庆暨浏阳市（佛山）招商推介会】 2020年9月26日，由浏阳市人民政府主办，浏阳市招商引资服务中心、佛山市湖南浏阳商会承办的佛山市湖南浏阳商会周年庆暨浏阳市（佛山）招商推介会在佛山举行。浏阳市政府副市长周明、佛山市工商联领导、佛山市各地异地商会特邀代表、浏阳市各地异地商会特邀代表、佛山市优秀企业家代表、浏阳市相关市直单位、园区、家居产业链办公室代表等共计400多人参加推介会。招商推介会上，浏阳市人民政府副市长周明介绍浏阳人文历史、区位旅游、园区建设、经济社会发展成果，邀请各位企业家到浏阳投资兴业，并为疫情防控先进商会授牌。

（李　芝）

供销合作

【概况】 2020年，市供销合作社联合社坚持“服务‘三农’，振兴乡村”指导思想，围绕深化供销合作社综合改革

9月25日，浏阳市深化供销合作社综合改革培训班在集里街道合盛村开班

（市供销合作社联合社　供图）

核心，突出“构建三大体系、打造服务平台、巩固试点成果、持续推进改革”四大重点，浏阳深化供销合作社综合改革获2020年度长沙市“十佳基层探索改革案例”，《中华合作社时报》头版报道浏阳供销推进供销合作社综合改革典型案例，大围山惠农服务中心获中国供销集团“金扁担”改革贡献奖。确保疫情期间农资商品供应不断档、不脱销，发挥供销电商和物流优势，通过“浏通天下”“供销优选”“围山公社”，及时补充老百姓的“米袋子”和“菜篮子”，疫情期间平台累计销售各类农产品1500多万元。

【构建三大体系】 完善组织体系。2020年，组织召开全市深化供销合作社综合改革推进会，对乡镇（街道）供销合作社、农村合作经济组织联合会以及村级供销合作社组建工作进行安排部署，按照“四有”（有乡镇领导分管、有站所人员等兼职、有办公服务场地、有标识标牌）标准完成32个乡镇（街道）供销合作社的组建工作，按照“三有”（有村支“两委”负责人兼主任、有村专干等兼工作人员、有服务场所）标准组建村级供销合作社260个，提前一个季度完成全市镇村两级供销社建设任务，其中按照组织部门关于基层公共服务一门式全覆盖工作要求，新建示范村级供销合作社37个。完成长沙市社交办的沿溪镇大光圆村“村社共建”试点项目任务。走强服务体系。依托农资公司和湘宝地“浏通天下”“供销优选”平台，发挥桥梁纽带作用，将32个惠农服务中心以及村级惠农服务社联合起来，加强信息交流和业务培训，提升服务功能和业务水平。健全农合会体系。指导25个乡镇（街道）成立农村合作经济组织联合会，覆盖率78%。领办创办农民专业合作社5家，被评为全国总社示范农民专业合作社7家。

【巩固试点成果】 2020年，总结“规范建立社有资产管理委员会专项试点”和“三会制度”试点经验，形成常态化工作机制。完善行业指导机制。完善社有资产管理委员会议事规则，将社有企业按“管理类、经营类、物业类”进行分类管理，分别制定绩效考核细则进行差异化考核，引导社有企业向规范化、专业化、品牌化方向发展。提升社属企业竞争力。社资委下达各企业年度经营指标，每季度召开经济运行分析调度会，听取社有企业经济工作情况汇报，党组每季度听取监事履职情况汇报。努力实现社有资产保值增值。成立浏阳供销资产经营管理集团有限公司，作为社有资产投资管理运营平台，社有企业主要经济指标稳步提升。2020年，系统累计销售农资商品1.69亿元，占浏阳农资市场份额70%以上。供销电商线上销售6100万元，其中农产品销售逾3000万元，位于全省供销电商前列。

【打造服务平台】 2020年，市供销合作社联合社打造优质农资供应和农化服务平台。参与长沙市农业社会化服务平台建设，以浏阳市供销社农业生产资料有限公司为主体，抓好农资冬储和供应工作，成立农业社会化服务中心，引导各连锁加盟农资网点提升农化服务能力，全年累计开展农化服务436次，培训5421人。打造优质农产品购销服务平台。与大围山惠农服务中心合作建设农产品配送中心。发展农产品精深加工，延长产业链条，提高农产品生产的附加值。完善农产品终端销售网点，拓展单位销售、连锁经营、社区（物业）团购、配送上门、电商销售等多种渠道，实现农产品市场销售大幅度提升。建设农村电商综合服务平台。打造“浏通天下”“供销优选”本地平台，结合乡镇惠农服务中心、村级惠农综合服务社规范化建设，嵌入电子商务服务功能，加快建设乡村电子商务服务站点，逐步打通农村电子商务“最后一公里”，实现供销合作社电子商务服务网络互联互通。

【大围山惠农服务中心获中国供销集团“金扁担”改革贡献奖】 2020年12月，在2020全国供销合作社合作发展论坛暨中国供销集团杯“金扁担”“红背篓”双奖典礼上，浏阳市大围山惠农供销服务中心“围山公社”电商综合服务平台获2020年全国供销合作社“金扁担”改革贡献奖（全省仅5个）。浏阳市大围山惠农供销服务中心成立于2018年2月，是浏阳深化供销合作社综合改革以来首批成立的惠农服务中心，下辖村级惠农综合服务社和连锁网点40多个，中心打造成立“围山公社”电商综合服务平台，在长沙、株洲、湘潭等城市多个小区开展社区团购业务，向当地居民供应农产品，年实现销售收入2000万元，中心在大围山集镇成立供销物流，营业面积1400多平方米，购置货柜车和冷藏车，年均为大围山人民节省物流成本数十万元。浏阳坚持“根植沃土、服务‘三农’”的服务理念，基本建立三级供销惠农综合服务体系，组建乡镇（街道）供销合作社（惠农服务中心）32个，组建村级供销合作社260个，通过“浏通天下”“围山公社”等电商平台实现“工业品下乡、农产品进城”，致力打通农村物流“最后一公里”。

（程牧野）

粮油业

【概况】 浏阳市粮食和物资储备事务中心是市发展和改革局（市粮食和物资储备局）所属公益一类正科级事业单位。下设综合部、资产和财务部、粮食储备部、物资储备部、行业指导部，办公场所位于行政中心附二栋三楼。2020年年底，市粮储中心机关在岗国家工作人员19名。机关党组下设机关、老干、浏阳市粮食购销有限责任公司、湖南军粮储备加工有限责任公司、北盛粮站5个基层党组织，共有党员88名。粮储中心辖浏阳市粮食购销有限责任公司和北盛等5家粮站（大瑶粮站、城郊粮站、镇头粮站并入购销公司，沙市粮站未明确法定代表人）。浏阳市粮食购销有限责任公司设总经理1名、副经理4名；粮站设主任1名，兼任法定代表人，具有一级法人资格，履行一级法人的义务和职责。湖南军粮储备加工有限责任公司属合作参股企业，该公司设立董事会、监事会机构，其中董事会由1名董事长、4 名董事组成；监事会由 1 名监事会主席、2 名监事组成。

2020 年，全市稳定粮食种植面积 7.98 万公顷，其中高档优质稻面积 1.66 万公顷，保持订单面积 5400 公顷。全市商品粮油期初库存稻谷 14641 吨，本年收入 310988 吨，本年支出 306037 吨，年末库存 19592 吨；期初库存玉米 12305 吨，本年收入 348096 吨，本年支出 341321 吨，年末库存 19280 吨；期初库存豆类 4383 吨，本年收入 148399 吨，本年支出 147617 吨，年末库存 5165 吨；期初库存油料 21617 吨，本年收入 182170 吨，本年支出 200369 吨，年末库存 3418 吨。

【粮食收购】 2020 年未启动托市收购，根据地方储备粮轮换需要，完成省级和县级储备粮轮换收购。全年筹措资金 1.2 亿元专项支持粮食收购，资金供应充足，未发生一例“打白条”现象。投入 156 万元新购置一批重金属检测仪、震动清理筛、输送机等收购设施，确保满足收购需要。全市共收购粮食 10.2 万吨，在粮食收购中，严格质量监管，严格按照“先检后收、分仓储存、分类销售”原则，维护市场秩序，对收储的粮食在入库、在库、出库各环节建立信息档案，全程电子监控，实现“来源可追溯、流向可查询、风险可防范、责任可追究”，为农民增收 2000 余万元。浏阳市超标粮食溯源及收购流程设计，受到省、市高度肯定，经验在全省推广。

【储粮管理】 截至 2020 年 12 月，全市储存粮食 10.3 万吨，其中各类政策性粮食近 6 万吨，分别储存于百宜、永安、北盛、镇头、官渡等粮库。为强化储粮管理责任，确保粮食安全，建立粮食管理责任制。新粮入库封仓整理，明确保管人及其责任，机械通风降温，环流熏蒸灭虫，建立相关台账，及时记录粮温粮情，掌握基本状况，科学配备贮藏设备，严格督查粮食库存管理，落实奖惩机制。

【储备粮轮换改革】 2016 年起，浏阳市探索储备粮轮换品种改革，将县级储备粮部分品种由早稻变更为晚稻，并适当加快轮换进度，承储企业可根据市场价格，通过先购后销、边购边销、先销后购等轮换方式按计划进行轮换。根据市场行情不同，每年可减少储备粮轮换差价损失数十万元，获省、长沙市主管部门好评。2019 年起，省粮食和物资储备局在省级储备粮中拿出 10%，进行储备粮品种轮换调整。经省局批准，浏阳市承储的省级储备粮调整部分品种用于储存优质中晚稻，由原三年一轮换，变更为一年一轮换。2020 年，地方储备粮调整部分品种用于优质稻储存已列入粮食安全省长责任制工作内容。

【优质中晚稻订单农业】 2020 年，市粮食和物资储备事务中心指导浏阳河米业有限责任公司就“泰优 390、兆优 5431、野香优莉丝、玉针香”等 8 个品种，与 15 个乡镇共 253 家大户（合作社）签订 5564 公顷优质中晚稻订单，每年加工优质稻 2 万余吨，为上游种植农户创收 5000 万元以上。通过发展订单农业和优质稻基地建设，推动粮食“五优联动”和“产购储加销”体系建设，促进稻谷种植结构调整、升级，逐步形成具有地域特色的“浏阳河”大米品牌。

【粮食代储】 2020 年，市粮食和物资储备事务中心指导国有粮食企业浏阳市粮食购销有限公司、湖南军粮储备加工有限责任公司联系中国储备粮管理集团有限公司、中粮贸易公司、湖南粮食集团、湖南天下洞庭粮油实业有限公司等国有大型粮油企业，争取代储稻谷、大豆、食用油等业务，代储稻谷 2 万吨、大豆 1.59 万吨、食用油 0.6 万吨，增加收入近 400 万元。

【粮油统计】 依托国家粮油统计信息系统平台，落实粮食经营台账的建立和统计制度。粮油加工、经营企业和转化用粮企业建立粮食经营台账，加强对粮油加工的登记管理和粮食购销统计，达到“一符四无”（账和物相符，即粮食的数量和账本相吻合；无虫、无鼠雀、无霉变、无事故）和“三专四落实”（专仓存储、专人保管、专账记载，数量落实、质量落实、品种落实、地点落实）要求，并按照粮食统计制度的要求及时准确报送统计报表和有关资料。全市的粮油供需平衡调查及半年存粮工作如期完成。指导辖区内粮油加工企业申报省千亿产业及长沙市粮食项目资金，促进粮油企业发展。2020 全年粮油工业总产值为 57.33 亿元，比 2019 年增长 4.43 亿元，增长率为 8.37%。

（刘金辉）

烟草专卖

【概况】 全年实现销售收入 24.62 亿元，同比增加 1.49 亿元，增长 6.46%。实现税利 7.8 亿元，较 2019 年同期增加 5394 万元，增长 7.44%。实现各项税费 4.73 亿元（含所得税），同比增加 5177 万元，增长 12.28%。2020 年，浏阳市烟草专卖局推进基层党支部标准化规范化建设试点工作，“360 党支部标准化规范化体系”入选行业典型 30 例。

【烟叶生产】 2020 年，全市共种植烟叶 3253.33 公顷，烟农 1660 户，户均规模 1.96 公顷，分别同比增加 358 公顷、53 户、0.16 公顷，其中在永安、沙市、古港镇种植 G80 品种 1600 公顷，同比增加 186.67 公顷，同比增长 13.6%，实现“十三五”期间生产规模的首次恢复性增长。全市收购烟叶 13.18 万担，增幅 21.8%；烤烟亩均收入达到 4560 元，同比提高 331 元；烟叶税实现 4134 万元，同比增加 683 万元，浏阳市连续四年被评为全省烟叶工作优秀单位。推广绿色防控、新能源烤房，全面推广增厚地膜及回收利用。有序推进年度烟基项目，其中已完成新建烤房 250 座，配置烟夹 240 套，更换烤房设备 299 套。

【卷烟营销】 全年共销售卷烟 6.03 万箱，同比增长 6.74%；实现销售收入 23.4 亿元，增长 12.6%；单箱均价 3.88 万元每箱，同比增长 5.5%。构建“客户经理 + 职业客户 + 小组长”三级服务体系，完成小组长培训、组员会议共 2000 余场次，提升诚信互助小组建设内涵和质量。开展客户经理工作服务效能的专项调研和督查，加强市场信息传递、终端维护、秩序管控，夯实工作基础和市场基础。推进“一平台三系统”（省级营销平台和移动办公、云POS、紫荆服务系统）应用，智能终端已完成746台，超额完成全年任务。

【专卖管理】 2020年，浏阳市烟草专卖局推动成立浏阳市烟草市场综合治理领导小组，在打假破网、打击非法经营、严管物流寄递等领域，加强与公安、市场监督、邮政管理等部门合作，保持打假打私打非高压态势。全年共查获涉烟案件224起，查办1起假烟网络案，其中5万元以上案件50起，打掉仓库41个，查获各类违法违规卷烟1295.65万支，涉案总值676.06万元。统筹推进“一件事一次办”和“互联网＋政务服务”，改进工作流程和服务效能，推进网络办证、免费寄证的不见面审批模式，最大限度方便群众。压缩办证时限，除“新办”事项为5个工作日办结外，其他零售许可证事项均可为即时办结。

【烟农户均收入增加近2万元】 2020年，浏阳市烟草局发挥烟草产业的独特优势，立足实际，加强各项关键技术落实，从年初移栽开始，加强育苗管理和提早移栽，烤烟移栽期较往年提早10天，延长大田生育期；育苗质量、翻耕质量、成熟采烤和烘烤工艺落实情况明显好于往年；因户施策，推行差异化套餐供肥，帮助烟农提质量、控成本、降费用，全市烤烟收购均价1426.45元每担，同比提高9.1元每担；亩均产量为2.7担，同比提高0.2担；烟农户均收入达到13.36万元，较2019年的11.42万元增加近2万元。

【破获横跨“两省三地”假烟网络案】 2020年12月15日，浏阳市烟草专卖局联合浏阳市公安局针对侦办一年有余的非法经营卷烟案展开收网行动，现场抓获犯罪嫌疑人15人，在福建省漳州市、福建省云霄县、湖南省浏阳市取缔生产窝点2个、储存窝点3个、销售窝点9个，现场查扣假烟108万支，包装盒、烟丝等若干，标值83.9余万元。该案从生产到运输、储存、销售呈现较完整的环节，销售网络涉及福建、湖南等多省市的犯罪链条，初步查证涉案金额500余万元。截至12月末，该案已累计抓获犯罪嫌疑人15人，刑拘9人，批准逮捕9人。

（邱伏龙）

9月16日，中国烟叶公司总经理陈江华（前排右三）到浏阳调研指导工作

（浏阳市烟草专卖局 供图）

石油经营

【概况】 中国石化销售股份有限公司湖南长沙浏阳石油分公司主要从事成品油、润滑油以及便利店商品的销售工作，发挥着浏阳地区成品油供应的主渠道作用。2020年，轻油销售实际完成13.35万吨，非油品合计销售3851.21万元。

【经营管理】 分公司柴油销量自2015年起逐年下滑，2020年2月开始，受全国新冠肺炎疫情的影响，浏阳轻油销量大幅下降。分公司采用灵活经营策略，“内稳外松”抓稳本地市场的直批客户，开拓江西直批市场的省外客户；利用优价资源，以“点上狠，面上稳”“以打促和”抢占零售市场份额；“量效兼顾”汽油保效，柴油增量，采取网格化管理，区域抱团发展；抓好聚焦“最小经营单位”，落实以“一站一策”“一户一策”“一车一策”提高加油的持卡率、进站率、加满率、通过率、回头率，锁定优质客户和忠诚客户；配合市相关职能部门，坚决打击“自留黑”，维护浏阳成品油市场经营秩序；提振全员坚决打赢零售攻坚战的信心和勇气，树立“努力就是旺季，不努力就是淡季”的营销理念，出谋划策，突破销售瓶颈，实现量效双赢。

（袁 甜）

【浏发中石化能源有限公司揭牌成立】 12月15日，浏发中石化能源有限公司揭牌成立，浏阳市城乡发展集团有限责任公司党委书记、董事长张伯锋与中石化长沙分公司经理朱建红共同为浏阳市浏发中石化能源有限公司揭牌。浏发中石化能源有限公司为浏发集团、中石化长沙分公司合资组建，生产经营范围涉及成品油、充电桩（换电站）建设、车用天然气、石化产品零售等，兼营业务涵盖汽车销售、汽车美容等服务。

（张金莲）

大围山杜鹃花　　（大围山国家森林公园管理处　供图）

旅　游

旅游管理

【概况】 截至2020年，全市有A级景区15个，其中国家AAAA级旅游景区3家，国家AAA级旅游景区11家；国家地质公园1个，国家森林公园1个，全国红色旅游经典景区2家，湖南省文旅特色小镇1个，省五星级乡村旅游区（点）9个。五星级旅游饭店1家；星级乡村旅游区（点）16家，其中五星级9家；旅行社（独立旅行社、分社、网点）137家，其中5星级1家，4星级4家。全年接待游客人数3095.06万人次，旅游收入316.39亿元。2020年，省政府文化旅游工作真抓实干督查激励浏阳名列全省区县第一；浏阳苍坊旅游区通过国家AAAAA级旅游景区景观质量评审；皇龙峡生态旅游区、西溪磐石大峡谷、花炮文化博览园、石牛寨风景区成功创建国家AAA级旅游景区；田溪村被列入第二批全国乡村旅游重点村名录，梅田湖村被列入第二批湖南省乡村旅游重点村名录。全年安装乡村旅游、旅游交通、旅游厕所等标识标牌780块，新（改）建旅游厕所32座。浏阳苍坊旅游区投资6000万元建设景区环线公路、研学营地基础配套工程；田螺小镇、中华老种子博物馆、道官冲、秧田耕读文化园、梅田湖等景点提质扩容；云溪杉舍、清心谷等民宿项目落地，助力乡村旅游发展。举办2020中国红色旅游博览会浏阳分会场活动，“1+6”的活动结构，促推红色旅游与体育竞技、自驾研学、主题摄影等深度融合；举办2020“薪火传承·中国健康跑”浏阳站暨第六届浏阳市冬季马路赛跑，“旅游+体育”融合发展；文旅部红色旅游专题培训班在浏阳开班；推进烟花、文艺、美食、互动游戏、网红直播“五进”景区，主题情景剧《梦幻浏阳河》、文庙祭孔音乐进景区演出76场。湘赣边全域旅游服务中心正式运营。

【浏阳市“十大文旅网红打卡地”“十佳夜间经济示范点”评选】 为进一步推广浏阳文化和旅游资源，同时推进夜间经济消费升级、激发城市活力，2020年1月，由市委宣传部指导，市委网信办、市文旅广体局主办的“十大文旅网红打卡地”“十佳夜间经济示范点”评选活动正式启动，共收到自主报名和单位推荐的报名资料200余份。经过前期推荐报名、资质审核，活动评委会从200多个候选单位中，评选出谭嗣同故居等30个推荐地入选“十大文旅网红打卡地”入围名单，杯莫亭夜宵等30个推荐地入选“十佳夜间经济示范点”入围名单。3月2日，为期一周的网络投票通道开通。3月11日，浏阳市“十大文旅网红打卡地”“十佳夜间经济示范点”终评会召开，终评会上，15名专家评审现场对前期评选情况进行交流发言，并严格按照规则进行专家投票。工作人员根据网络投票占比40%、专家投票占比60%的评选规则对总体得分进行汇总，得出浏阳市“十大文旅网红打卡地”“十佳夜间经济示范点”最终名单。

“十大文旅网红打卡地”：

秋收起义纪念园·光辉起点——胡耀邦故里旅游区·胡耀邦故居

大围山国家森林公园·浏阳河源头古井

浏阳市新图书馆

谭嗣同故居

官渡田螺小镇·嗍螺馆

周洛大峡谷景区·天空之镜

皇龙峡生态旅游区·恐龙谷

西溪磐石大峡谷风景区·高空玻璃漂

石牛寨风景区·牛头峰

陈继武菊花石公馆

“十佳夜间经济示范点”：

杯莫亭夜宵

浏河第一湾生态旅游度假区

青悦溪音乐餐吧

梦俚民宿

帝豪足浴城

银天大酒店

浏水蒸香文旅创意店

浏阳天虹购物中心

苏故涧江河夜景夜漂

安记茶庄

【浏阳“十大特色菜”“百店招牌菜”“二十大旅游接待示范店”评选活动】 为加快推进浏阳“三间”经济发展，深入挖掘浏阳地方特色菜肴的内涵，提高旅游资源综合影响力，推动浏阳本地餐饮业转型升级，打造浏阳美食名片，2020年4月下旬，浏阳启动“十大特色菜”“百店招牌菜”“二十大旅游接待示范店”评选活动。终评会上，来自各相关单位、协会的11名专家评审严格按照规则进行专家投票。根据网络投票占比30%、专家投票占比70%的评选规则对总体得分进行汇总，得出最终名单。

“十大特色菜”：粉皮黑山羊、蒸火焙鱼、平肚全家福、蒸腊洋鸭、醋蒸鸡、茴香肉丸、白沙油豆腐、香干蒸油渣、小炒洋辣椒、墨鱼笋丝。

“二十大旅游接待示范店”：友谊大酒店、浏河第一湾生态农庄、嘉园度假山庄、庆丰楼酒店、上溪水白豆腐食府、希尔顿欢朋酒店、浏水蒸香文旅创意店、黄家姊妹餐厅、银天大酒店、镇头镇文湘生态农庄、小城大厨餐饮店、银花大酒店、吴家别院、教育宾馆、蟹形山居、长沙滨海华美达广场酒店、浏水蒸香中和店、浏阳乡村第一餐大瑶店、大围山银天玉泉湖山庄、社港镇天然居农庄。

表6　“百店招牌菜”一览表

序号	店名	菜品名称	地 址
1	友谊大酒店	平肚全家福	浏阳市人民西路66号
2	庆丰楼	金汤扣羊肉	浏阳市淮川河路3号(通程商业广场旁)
3	龙湾食府	小炒黑山羊	浏阳市翠园路浏阳河中学对面

续表 6-1

序号	店名	菜品名称	地 址
4	回家蒸好	红烧肉丸	浏阳市人民西路 66 号
5	杯莫亭思邈路店	网红生蚝	浏阳市思邈路 1 号
6	好食寨	好食肉	浏阳市翠园路 49 号
7	希尔顿欢朋酒店	鱼羊蒸鲜	浏阳市淮川街道白沙东路 28 号
8	潘家园景观餐厅	粉丝烩仔羊	淮川街道城东新村天马大桥下
9	银花大酒店	扣羊肉	浏阳市新文路 17 号
10	三乐家厨	盐菜猪脚	浏阳市淮川街道人民西路 71—81 号
11	悦会餐厅	鲜鲍煨牛掌	浏阳市白沙东路恒大华府恒大影城斜对面
12	张记卤味	木桶牛肉	浏阳市金沙路 393 号
13	乡村第一餐总店	口味牛肉	浏阳市花炮大道 242 号
14	沁园春酒店	柴火仔羊	浏阳市集里街道禧和社区工业品大市场后山坡
15	乡里人家	豆豉回锅肉	浏阳市集里街道道吾村塔前平组 242 号
16	上溪水白豆腐食府	黄金豆腐	浏阳市庆泰路生鲜市场二楼西场地及一楼一号商铺
17	黄家姊妹餐厅	口味羊蹄	浏阳市庆泰路商业街 123 号
18	一诚一味集里店	柴火猪手	浏阳东沙路 57 号
19	老浏味	大碗条子肉	浏阳市集里新高路 229 号
20	李家小灶	浸辣椒炒肉	浏阳市碧桂园路 75 号
21	浏水蒸香文旅创意店	浏阳四扣	浏阳市君悦天下 20 栋 112 号
22	皇家花园酒店	香煎翘嘴鱼	浏阳市花炮大道财智广场(皇家 1 号对面)
23	锅里味	小炒土猪肉	浏阳大道 121 号(柏建园林楼下)
24	丰顺源北正路店	爽口豆渣	浏阳北正北路 515～535 号
25	鮨之羽日式料理店	香煎厚切牛舌	浏阳市碧桂园路 52 号
26	教育宾馆	腊味合蒸	浏阳市白沙中路 51 号
27	城湘食味餐饮	臭鳜鱼	浏阳市新屋岭小区百宜路
28	赖氏龙虾	赖氏鸡汤龙虾	浏阳市集里马鞍山小区
29	熊猫晶晶年代饭店	红烧甲鱼	浏阳市白沙中路 94～100 号
30	山楂树主题餐厅	木桶鱼	浏阳市白沙中路 58 号
31	品为轩栖宫家宴	彩椒蒸鱼尾	浏阳市仿古步行街 141 号
32	禧和轩	开胃肉	浏阳市禧和路 31 号
33	食在有渔	有机雄鱼	礼花路富华大厦一楼
34	田小狗的饭店	扣肉	浏阳市碧桂园凤凰郡 2 街 1 栋 101～104 号
35	浏派剁椒鱼头餐厅	浏派剁椒鱼头	浏阳市礼花路二段 78 号
36	罗姐厨房	开心花甲	浏阳市金沙北路 657 号
37	小森林私房菜	风味毛肚	浏阳市白沙路汉塘小区 3 栋 1 号
38	聚闲居山庄	药膳养生鸭	浏阳市荷花街道浏河村
39	美林美食酒楼	油豆腐	浏阳市浏阳河广场剧院路 2～4 号
40	君品雅宴	浓汤滋补黑山羊	浏阳市碧景湾路 1—1 号

续表 6-2

序号	店名	菜品名称	地 址
41	缪师傅羊肉馆	小炒羊肉	浏阳市天马路燕窝组 88 号
42	老浏阳会馆	老浏阳回味扣肉	浏阳市新月半岛中央大街东区 2 栋 101-103A
43	银天大酒店	红椒蒸黑山羊	浏阳市将军路 1 号
44	湘东食府	蒸米糠腊肠	浏阳市天马中路 136 号
45	湖湘达人酒店	铁棍山药炖水鸭汤	浏阳市剧院路 126 号
46	浏水蒸香天马路店	蒿头蒸河虾	浏阳市天马路 184 号
47	鲜锋臻选酒店	猪肚煲鸡	浏阳市将军路新月半岛小区东区 1 栋 106 号
48	御悦堂私房菜	黄焖黑山羊	浏阳市天马路唐家洲安置区斜对面(六桥桥头)
49	蒸湘情	大碗蒸鱼块	浏阳市碧景湾东门三楼
50	旺都沁园春	金茄扣排骨	浏阳市行政中心
51	湘宴谭厨	谭厨招牌铁锅牛脚	浏阳大道 75 号
52	厨匠	霸王猪手	浏阳市奥园广场
53	蒸浏记	乡里腊肉	浏阳市浏阳大道 269 号
54	湘水人家山庄	湘水特色鱼	浏阳市关口街道金口村泉塘水库下
55	秦府大院餐饮店	秦府红烧肉	浏阳市占佳岭社区 1 号安置区
56	青悦溪音乐餐吧	坛子肉夹馍	浏阳市奥园广场 133 号
57	草堂兰苑酒店	折骨酱猪蹄	浏阳市泰安路碧桂园长兴府
58	愚公庄园	双味黑山羊	浏阳市古港镇沔江村
59	蒸正好蒸菜文化体验馆	鸭嘴鱼	浏阳市古港镇梅田湖村
60	百佳河鱼农庄	黄焖杂鱼	浏阳市高坪镇双江村
61	小围山农庄	蒸口味脚鱼	浏阳市高坪镇双江村
62	吴家别苑	土炉炖土鸭	浏阳市高坪镇双江村桃花洞 001 号
63	兄弟农庄	蒸火焙鱼	浏阳市高坪镇双江村大塘组
64	大自然农庄	辣椒炒鸡	浏阳市高坪镇双江村
65	好莱客山庄	条子肉	浏阳市高坪镇三合水村毛家山
66	浏河第一湾生态农庄	河鱼一锅鲜	浏阳市沿溪镇建设村新路组
67	南边生态农场	鱼羊鲜	浏阳市官渡镇田郊村南边片大桐庵
68	永和周记卤味	干锅口味鸭	浏阳市永和镇
69	坤仲三农庄	滋补养生鸭	浏阳市达浒镇达浒社区新桥组 103 号
70	大围山林业餐厅	黑山羊炖粉皮	浏阳市大围山镇河西街 54 号
71	唐老鸭农庄	砂锅炖土鸡	浏阳市大围山镇中岳村
72	大围山银天玉泉湖山庄	玉泉泉水鱼	湖南省浏阳市大围山国家森林公园玉泉湖畔
73	杜鹃阁餐厅	大围山红壳笋	大围山国家森林公园内
74	龙泉山庄	口味牛脚	浏阳市张坊镇田溪村
75	澄潭江镇满江红商务酒店	小炒羊肉	浏阳市澄潭江镇南川新城激情大道 1 栋
76	澄潭江镇金辉宾馆	金枪老水鸭	浏阳市澄潭江镇
77	浏水蒸香中和故居店	莲子扣肉	浏阳市中和镇胡耀邦故居游客服务中心二楼

续表 6-3

序号	店名	菜品名称	地 址
78	中和留园家宴	五层楼腊肉	浏阳市中和镇长安村
79	浏水蒸香文家市店	蒸乡村伏鸭	浏阳市文家市镇向阳路新汽车站旁
80	会师酒店	小炒黄牛肉	浏阳市文家市镇人民路 29 号(秋收起义纪念馆旧址正对面)
81	小城大厨餐饮	船夫雄鱼	浏阳市文家市镇向阳路 609 号
82	文家市茅屋上私房菜	私房烧鸭	浏阳市文家市镇
83	汇丰社区茶油农庄	盐菜扣肉	浏阳市大瑶镇汇丰村泰丰小区 99 号
84	满香园	小炒驴子肉	大瑶镇汇丰社区路东片大和坪小区 345 号
85	乡村第一餐大瑶店	乡村酥肉	浏阳市大瑶镇花炮大道
86	九驿时尚餐厅	香干蒸油渣	浏阳市大瑶镇大瑶公馆 108 号
87	料源驴肉馆	驴肉火锅	浏阳市大瑶镇李畋村(319 国道与 X111 交会处)
88	石庄饭店	巫氏羊肉	浏阳市金刚镇石霜村石庄片芭蕉组 65 号
89	葛家清雅园山庄	野山药炖土鸡	浏阳市葛家镇葛家园村徐家组
90	芸笙梦音乐餐吧	葱香鸭鸭	浏阳市镇头镇中天国际商贸城一栋二楼
91	楚成山庄	楚成河鱼一锅鲜	浏阳市镇头镇金田社区新黄组 056 号
92	官桥花园饭店	特色小炒羊肉	浏阳市官桥集镇社区裕昆路
93	尝在一起时尚餐厅	焖烧猪手	浏阳经开区(高新区)健康大道 109 号、111 号
94	筷乐逸家餐饮店	青椒炒土猪肉	浏阳经开区(高新区)健寿大道 368 号
95	杨阁湾生态农场	柴火火焰醉鹅	浏阳市永安镇中心组 148 号
96	长沙滨海华美达广场酒店	黄焖跑山鸡	浏阳市永安镇大安路 9 号
97	淳口百福酒楼	姜汁肚丝捞豆皮	浏阳市淳口镇
98	蕉溪春霆农庄	沙姜鸡	浏阳市蕉溪镇高升村大源片徐家组
99	龙伏友谊宾馆	剁椒蒸水鱼	浏阳市龙伏镇镇政府对面
100	社港镇天然居农庄	黄焖土鸡	浏阳市社港镇石牛村下屋组

【张坊镇田溪村被列入第二批全国乡村旅游重点村名录】 2020 年 8 月 26 日,文化和旅游部、国家发展改革委联合发布《关于公布第二批全国乡村旅游重点村名单的通知》,包括浏阳市张坊镇田溪村等全国 680 个村被列入第二批全国乡村旅游重点村名录。张坊镇田溪村坐落于大围山东麓,辖区面积近 48 平方千米,现有居民 1432 户 5135 人。为抢抓发展机遇,田溪村全面启动农村土地制度改革,探索以土地入股众筹共建旅游项目,依托 130 多公顷原始红豆杉林、独特的第四纪冰川石球石貌地质遗址,千年古石桥、百年榨坊、古山贡纸手工作坊等文化遗产和桃坪客家人旧聚落群民俗传承等文旅资源,发展乡村旅游,打造西溪磐石大峡谷风景区,成为乡村旅游的新标杆。

【2020 中国红色旅游博览会浏阳分会场系列活动】 2020 年 11 月 14 日,2020 中国红色旅游博览会浏阳分会场活动在秋收起义文家市会师纪念馆秋收广场开幕。该活动以"红动湘赣 薪传浏阳"为主题,旨在贯彻落实习近平总书记重要讲话指示精神,进一步推进湘赣边红色旅游合作交流,打响浏阳红色旅游品牌,强化精准扶贫成效,落实乡村振兴战略,推动"三间"(网间、乡间、夜间)经济发展,宣传推介浏阳红色旅游和传承红色文化。活动由湖南省人民政府、江西省人民政府共同主办,中共湖南省委宣传部、湖南省文化和旅游厅、江西省文化和旅游厅、中共长沙市委、长沙市人民政府、中国红色旅游推广联盟秘书处共同承办,长沙市文化旅游广电局、中共浏阳市委、浏阳市人民政府共同执行。湖南省文化和旅游厅二级巡视员喻树长宣布活动开幕,并为"铁流千里会永和"骑行赛骑行代表授旗。文化和旅游部资源开发司红色旅游指导处二级调研员赤鹏军,湖南省文化和旅游厅资源开发与全域旅游推进处一级调研员夏阳春,长沙市文化旅游广电局党组副书记、副局长彭勇,浏阳市委副书记王强出席开幕式。开幕式由浏阳市委常委、宣传部部长李爱民主持。2020 中国红色旅游博览会浏阳分会场活动

采取“1+6”(一个主体活动:11月14日举行的2020中国红色旅游博览会浏阳分会场开幕式;六个系列活动:2020中国红色旅游博览会浏阳分会场“铁流千里会永和”骑行赛、“秋收杯”湘赣边革命文物讲解大赛、革命历史文物专题展、观摩湘赣边文家市镇精准脱贫示范点、“秋收杯”湘赣边红色旅游景点摄影大赛、“红动湘赣薪传浏阳”红色自驾研学活动)的结构形式,突出“红色旅游+”主题战略,融合体育竞技、自驾研学、主题摄影等多种形式,使红色文化搭上多层次的呈现载体,好玩度更高,参与度更强,活动持续到11月底。活动设置注重湘赣联动,突出湘赣边区域的开放合作。

【浏阳苍坊旅游区通过申报创建AAAAA级旅游景区景观质量评审】 2020年11月19日,文化和旅游部组织召开申报创建国家AAAAA级旅游景区景观质量评审会,会议根据《旅游景区质量等级管理办法》和《服务质量与环境质量评定标准》,通过观看景区景观质量宣传片、景区景观质量汇报、省级主管部门推荐、专家现场提问等环节,对全国31家申报景区进行景观质量评审。经过评审,浏阳苍坊旅游区资源吸引力和市场影响力突出,红色主题鲜明、生态保护良好,达到申报创建国家AAAAA级旅游景区景观质量要求,文化和旅游部资源开发司同意将浏阳苍坊旅游区列入国家AAAAA级旅游景区创建名单。自2017年浏阳启动苍坊旅游区创建国家AAAAA级旅游景区工作以来,浏阳市委、市政府高度重视,举全市之力打响创建攻坚战。围绕创建国家AAAAA级旅游景区的目标,从旅游交通、游览、旅游安全、旅游购物等八大项全面指导景区提档升级,推动景区完善基础设施建设,包括提升景区规划、完善交通网络、升级配套设施、完善场馆建设等项目,提升苍坊旅游区的资源吸引力和市场影响力。

【“锦绣潇湘　遇见浏阳”第四届湖南文化旅游创新创意大赛】 2020年12月20日上午,“锦绣潇湘　遇见浏阳”第四届湖南文化旅游创新创意大赛启动仪式,在浏阳市“三馆”共享大厅举行。大赛由湖南省文化和旅游厅、长沙市人民政府主办,长沙市文化旅游广电局、浏阳市人民政府、华声在线股份有限公司承办,浏阳市文化旅游广电体育局、浏阳市文化产业园管委会执行,湖南文化创意有限公司全程运营。大赛共分启动期、征集期、评选期、颁奖及成果展示期、转化期五个阶段,包括资源对接大会、“诗画浏阳文旅节”暨大赛启动仪式、“遇见创动力”文创沙龙、作品征集、评选评审、大赛活动成果展暨颁奖典礼及成果转化七个环节。鼓励引导全国范围内,包括中国台湾、中国香港、中国澳门等地院校设计专业教师和学生、创意设计机构的创意设计专业人员、从事文创产品开发、生产的专业机构、对文创产品开发、IP原创开发、音乐及艺术有志趣的社会各界人士参赛。本届大赛以“锦绣潇湘　遇见浏阳”为主题,开展文化旅游创意作品征集,共设立浏阳文化旅游形象传播设计赛、浏阳城市伴手礼设计赛、浏阳“十大特色菜”“十大特色小吃”创意推广赛、“一河诗画满城烟花”LOGO设计赛、“一河诗画　满城烟花”主题音乐创作赛、“好吃好玩在浏阳”短视频创作赛六大征集子赛事。启动仪式上,湖南师范大学美术学院院长、湖南省设计艺术家协会副主席李少波公布大赛章程及大赛的六大征集题材和子赛事,主持人发布浏阳河、浏阳烟花等大赛重点设计元素,浏阳市文化旅游广电体育局与湖南文化创意有限公司签订文化创意产业发展战略合作框架协议。启动仪式后,上演舞狮表演、油纸伞秀、古筝弹奏等节目,同时,活动现场还开设夏布展区、聪厨产品区以及“非遗”展区,吸引大批现场嘉宾、媒体、读者驻足参观。

（张　晋）

【文化旅游产业发展】 浏阳市文化旅游产业发展有限责任公司于2016年12月注册成立,2018年12月,与大围山旅游投资开发有限公司合并,2020年5月,与市城建集团、水建投共同组建浏阳城乡发展集团有限责任公司(简称浏发集团),成为浏发集团的子公司之一。公司设置综合管理部、财务部、乡村事务部、投资运营部4个部室,拥有控股公司2个(浏阳市湘赣边红源研学旅行有限公司、浏阳湘赣边城市候机厅管理有限公司),参股公司4个(浏阳焰遇花火文化旅游运营有限公司、边洲田园农业、湖南安邦制药有限公司、浏阳市长兴砂石有限公司)。主要工作为:文化旅游资源综合利用和开发建设,文体旅游景区的开发和运营,文体旅游资产的经营管理,文化旅游产品的研发与经营,增减挂钩、土地开发等指标的收购出售,全域土地综合整治工作,农村宅基地改革试点工作(探索集体土地入市点状供地工作)等。2020年,公司着力打造长株潭首创体验式城市公园综合体、湘赣边旅游休闲目的地——道吾山城市公园,推进项目资源考察、规划设计、运营模式研究等工作;推进大围山森林公园龙须槽项目投资与开发,编制概念规划设计,签订项目投资合作协议。文旅项目运营。成功开办2020年夏令营,11月、12月开展研学业务,接待学生约4000人,累计完成营业收入约70万元。与教育局以及素质教育培训中心签订红源实践营地合作协议和运营合作协议,成立浏阳市青少年素质教育基地领导工作小组,全面启动项目的工程前期和运营前期工作。市场化经营。投资浏阳焰火大会、潮“浏”2021网红浏阳新年焰火演唱会活动,与湖南花火剧团有限公司合作成立浏阳花火剧场运营管理有限公司,参与和推进“一河两岸”文旅板块开发。土地经营。全年完成14个批次的城乡建设用地增减挂钩项目和5个土地开发项目指标确认,共确认指标583.2957公顷。新启动2020年第一、二、三批次增减挂钩项目,完成浏阳本级踏勘工作。完成6个新增土地开发项目踏勘,其中小河乡田心村等5个项目完成本级立项。累计完成指标收入6.4895亿元。完成异地购买旱改水指标200公顷。全域土地综合整治。完成永安、洞阳全域土地综合整治试点项目的前期勘察测量工作;启动蕉溪和集里2个全域土地综合整治试点项目勘察测量和可研、设计招标等前期工作。乡村振兴。通过集体土地开发、增减挂钩拨付资金支持乡村振兴工作，通过易地联建等形式有效保障22个乡镇街道89个经济薄弱村2020年收益156.6万元，保障集体经济稳定性经营。

（陈红梅）

大围山国家森林公园

【概况】 2020年，大围山国家森林公园管理处下设办公室、财务科、防火科、经营销售科、安全保卫科、地质研究和建设科、自然保护区管理所7个科室，1个下属企业（大围山国家森林公园森林宾馆）；并设张坊南大门、泥坞西大门、东麓园、花门工区、中岳苗圃基地5个办事处。年内，公园共接待游客86万人次，实现旅游收入3680万元，成功举办国家级节会活动，被评为"长沙市文旅产业融合发展示范区""第一批省级森林康养基地"。

【自然保护地整合优化】 2020年，公园管理处明确"保护自然、服务人民、永续发展"目标，推进国家公园体制改革，针对大围山同时为国家森林公园、国家地质公园、省级自然保护区、省级风景名胜区等多块牌子的现状，重新调整保护地区划、名称并编制方案，已经浏阳市政府常务会议审议通过并上报国务院；同时对接调整保护地生态红线范围事宜。确保重要自然生态资源、自然遗迹、自然景观和生物多样性得到系统性保护，提升生态产品供给能力，实现生态可持续发展。

【景区项目建设】 2020年，公园成功引进大围山第四纪冰川公园科普体验性项目、大型实景沉浸式光影互动文化演艺项目和电影创作基地项目，已进入落地实施阶段；加强协调对接，加速推进龙须槽景区项目和龙须别墅（红培基地）项目建设。对浏阳河源头古井和祷泉湖2处精品景点进行提质改造，打造七星峰"心形石"景点，其中浏阳河源头古井被评为"浏阳市十大网红打卡点"。完善基础设施，完成筒车湾、春秋坳桥梁检测、地勘、设计和财评工作；完成木栈道维护，旅游厕所及水电设施维修，路灯修缮安装等各类工程项目共23个，投入资金近1000万元。完成园区债券发行工作，发债资金1.25亿元，争取省市总工会、林业、文旅等相关部门项目资金近1000万元，为园区发展提供资金保障。

【生态保护】 2020年，公园管理处抓森林防火，编制《今冬明春森林防火"五个一活动"工作方案》，组织开展防火知识培训，召开全东区森林防火工作调度会，联合"一园四镇"开展森林防火宣传周活动，实行宣传、巡查、信息、监控"四个全覆盖"，全年实现零火警零火灾目标。加强森林资源管护，常态化开展护林执法行动，做好红壳笋保护和松线虫病、臭虫扩散防治工作，做好公园林、木、花、草、水等资源的管理和维护；编制森林经营方案，做好森林康养试验示范基地的认证工作；全面完成省级环保督察反馈问题整改销号工作，经浏阳市第71次人民政府常务会议研究，确定大围山国家森林公园管理处为大围山区域生态和人文资源保护管理机构，大围山自然保护区管理所有关机构编制事项整体划入管理处。

【品牌创建】 2020年，公园管理处以"春赏花、夏避暑、秋登高、冬赏雪"四季旅游品牌为主线，成功举办赏花踏青、避暑漂流、重阳登高等主题节会活动，扩大大围山品牌影响力，市场效应全面覆盖长株潭、湘赣边，辐射中南五省。重点打造品牌活动。高规格举办第十二届杜鹃花节，人民网、湖南卫视、《湖南日报》等160多家官方媒体对活动进行宣传报道，节会期间入园游客达20万人次。成功举办2020"走红军走过的路"徒步穿越系列活动（浏阳站）暨"健康星城 登高祈福"长沙重阳登高健身大会，近2000人报名参加。升级研学实践营地，共接待学生人数2万余人。推出创意主题活动。打造星空露营项目，露营游客量同比增长36%；国庆、中秋双节期间举办3场主题篝火晚会，参与人次1000余人；全国首创烟花进景区活动，成功举办3场森林"音乐焰火party"；首次尝试旅游直播新玩法，给游客带来"云观赏"新体验。创新营销宣传思路。制定医务工作者全年门票免费等系列惠民促销政策，刺激旅游消费；联合长沙9大景区开展"毕业环游记"线上云直播，在线观看人次超5万；联合"一园四镇"多家景区，推出一日游、二日游多条组合旅游路线，备受游客青睐。

【引进多个体验项目】 2020年，公园招商引资取得重大突破，引进大围山第四纪冰川公园科普体验性项目，项目投资约8000万元，规划面积约40公顷，拟建设百鸟林、管道车、丛林穿越、高空玻璃漂等体验项目；成功引

幽林生玉溪　　（大围山国家森林公园管理处　供图）

夕照杜鹃　　（大围山国家森林公园管理处　供图）

进大型实景沉浸式光影互动文化演艺项目，依托大围山栗木桥景区独特的自然生态资源，结合数字多媒体等高科技技术手段，打造集旅游观光、文化融合和创新体验于一体的大型实景沉浸式光影互动体验的夜间文化旅游演艺产品；成功引进电影创作基地项目，发展特色文化产业，致力于打造国内一流影视创作文化基地和文化旅游产业品牌。三个项目已进入落地实施阶段；推进龙须槽景区项目和红培基地项目建设，完成现场勘探设计等工作。

【第十二届长沙(浏阳)大围山国际杜鹃花节】 2020 年 4 月 20 日至 5 月 20 日，第十二届长沙(浏阳)大围山国际杜鹃花节成功举办。第十二届杜鹃花节以“最是一年春好处，围山杜鹃万亩红”为主题，共有七大活动，分别是杜鹃花海•“空中赏花”、杜鹃花海“文艺秀”、杜鹃花海•汉服体验秀、杜鹃花海•抖音 / 摄影大赛、杜鹃花海•抖音网红真人秀、大围山美食节、音乐焰火 party。节会期间首次创新引进烟花进景区焰火秀项目，受到游客热烈反响，以大围山焰火秀为首创的“烟花进景区”已纳入浏阳市旅游创新发展亮点工作。杜鹃花节期间接待游客近 10 万人，旅游收入 1275.3 万元。节会期间旅游秩序良好，未发生任何安全事故。

（曾竹林）

秋收起义文家市会师纪念馆

【概况】 秋收起义文家市会师纪念馆是直属中共浏阳市委管理的副处级事业单位。下设办公室、宣传教育部、文物保护部、对外联络部 4 个科室。2020 年有在岗工作人员 34 人，其中副科级以上领导干部 7 人，普通干部 16 人，自主用工 11 人，退休干部 6 人。纪念馆党组下设一个党支部，有党员 21 人（含 4 名退休党员、1 名预备党员）。该馆被评为“国家二级博物馆”“湖南省社会科学普及基地”、湖南文物保护利用创新发展百佳案例、长沙市未成年人思想道德建设工作创新案例等荣誉称号。文物保护和爱教宣传工作经验获国家、省、长沙市肯定，人民网、新华社、《湖南日报》、湖南卫视、《长沙晚报》等媒体聚焦报道。

【文物保护】 全年完成文家市大捷遗址革命文物保护、会师旧址白蚁防治、公租房建设、湘赣边区域合作示范区建设等 10 个项目的申报，启动馆藏油画修复工程，到位文保专项资金 543 万元；全年完成文物征集 56 件(套)，在省、长沙市公开刊物发表研究文章 4 篇，编辑制作馆刊《秋收红》；革命文物片区保护、精品党课、陈列展览等项目先后被评为湖南省“优秀文博资源拓展与文旅融合案例”“优秀文物价值发掘与传播案例”“十大陈列展览精品推介活动优秀奖”，成功创建国家二级博物馆；在常态化疫情防控期间，落实“限量、预约、错峰”和“扫码、测温、戴口罩”等防控措施，确保场馆安全有序对外开放，全年未发生任何大小安全事故。

【宣教接待】 2020 年，纪念馆全年接待游客 120.8 万人次，讲解评价满意度 100%。坚持“观众至上”理念，推出“让党员群体锤炼初心、让学生群体传承基因、让普通群体洗礼心灵”的个性化讲解服务套餐，满足不同群体观展需求；开展红色宣讲“七进”(进企业、进农村、进机关、进校园、进社区、进军营、进网络)活动 17 场次，开办 2020 年度暑期小讲解员培训班 2 期，“红色小传人馆校践学活动”入围长沙市未成年人思想道德建设工作创新案例。构筑智慧景区升级版，在微信公众号中搭建微网站平台，实现游客网上门票预订 +VR 体验 + 讲解预约等功能；引进美团供应商，有序研发集智能机器人讲解、人脸识别、测温监控、导航导览、大数据统计于一体的景区服务系统，景区逐步迈入智能时代。以活动为引领，聚焦重要节日、踩准关键节点、结合优秀节目，全年相继开展新年“鼠你最棒”游馆寻“宝”挑战赛、“清明祭英烈、共筑中华魂”网络清明祭活动、“相约文馆，畅游景区”“5•18”国际博物馆日、“5•19”中国旅游日双节活动；成功举办纪念红一方面军成立暨“文家市大捷”90周年“三个一”(接受一次党性教育、观看一部警示教育片、学习一批廉政书籍)活动，圆满承办中国红色旅游博览会浏阳分会场开幕式、讲解大赛、现场观摩等系列活动。活动新闻先后被湖南卫视、湖南经视、《湖南日报》、《长沙晚报》报道。

【秋收起义干部学院(筹建)】 2020年7月14日，秋收起义干部学院列入《湖南省推进湘赣边区域合作示范区建设三年行动计划(2020—2022年)》的通知(湘政办发〔2020〕30号)重点建设项目，长沙、浏阳两级组织部门将筹建工作列入2020年组织工作要点，市委主要领导实地考察调研，明确将其作为献礼建党100周年标志性项目。经反复研究论证，基本明确学院功能定位、主要职责、运行模式，完成三步走战略规划编制，创新打造“12345”干部教育培训体系。项目位于秋收起义文家市会师纪念馆东侧，占地面积约2公顷，建筑面积约8176平方米，投资约1.3亿元，拟建成可同时容纳400人集餐饮、住宿和部分教室于一体的综合服务楼。10月19日，2020年浏阳市教育类专业英才培训班在秋收起义党性教育基地[秋收起义干部学院(筹建)]开班。依托党性教育基地平台积累办学经验、丰富办学实践、扩大办学影响，自2020年10月以来，先后承接长沙、常德、江西萍乡等地培训班8期，完成560人次培训任务。2020年，纪念馆全力推进秋收起义党性教育基地建设，形成开展教育教学、素质拓展、农耕体验的干部教育培训板块。

【被评为第四批国家二级博物馆】 2020年12月21日，中国博物馆协会公布第四批国家二级博物馆名单，秋收起义纪念馆被评为国家二级博物馆。国家博物馆定级评估，评审指标达千项，重点考查博物馆(纪念馆)近三年综合管理与基础设施、藏品管理与科学研究、陈列展览与社会服务等方面内容。2018—2020年，秋收起义纪念馆夯实基础，狠抓特色。文物保护方面：创成3处“国保”、6处“省保”单位；新增100多件文物藏品；新建300多平方米文物库房和资料室；启动文物库房安防和油画修复等重要文保工程。科学研究方面：先后出版《红源》《秋收红》《秋收史话》《初心之旅》等书籍；在省级以上期刊发表论文多篇；牵头打造“毛泽东领导秋收起义的战略思维”“秋收起义与中国革命和建设的道路”等课题。陈列展出方面：秋收起义历史陈列主题鲜明，融思想性、观赏性、艺术性于一体，尽显红色文化底蕴，三年观展人数达到500余万人。同时，举办“专题展”4次、“临时展”12次、“巡回展”18次。

(戴宝香)

10月19日，秋收起义干部学院(秋收起义党性教育基地)开班

(秋收起义文家市会师纪念馆　供图)

浏阳苍坊旅游区

【概况】 胡耀邦故里管理局(胡耀邦同志纪念馆)，为中共浏阳市委直属副处级事业单位。2020年，该局围绕创建国家AAAAA级旅游景区的工作目标，以弘扬胡耀邦的革命精神和崇高风范为主线，高质量、高标准、高水平推进景区发展。2020年，景区更名为浏阳苍坊旅游区(胡耀邦故里)并成功通过国家AAAAA级旅游景区景观质量评审；被评为“湖南省文明风景旅游区”；胡耀邦同志纪念馆被评为“第四批国家一级博物馆”；收到中央党校教授沈宝祥捐赠的500多件(套)文物文献资料，完成1374件(套)文物定级；“心在人民——胡耀邦生平事迹陈列”获“十三五”湖南省十大陈列展览精品奖。“五一”期间，故居偏房复原陈列开放。9月，胡耀邦同志纪念馆被核准为中国博物馆协会、名人故居专业委员会会员单位；景区智慧闸机票务系统上线运行。11月，与长沙市、浏阳市纪委监委联合打造胡耀邦故里廉洁文化专题陈列。11月20日，该局作为主会场承办第三届廉政文化周开幕式暨廉洁文化专题陈列开馆活动，截至年底，廉洁文化专题陈列接待近5万人。

【文物展览】 2020年5月，故居偏房复原陈列开放。10月，在2020湖南(金秋)文物博览会上，“心在人民——胡耀邦生平事迹展”被评为湖南省十大精品陈列展，“革命文物连片保护与利用”被评为湖南文物保护利用创新发展百佳案例——优秀文博资源拓展与文旅融合案例，“‘耀邦的地图’文物故事的挖掘与传播”被评为湖南文物保护利用创新发展百佳案例——优秀文物价值发掘与传播案例。11月13日，作为2020中国红色旅游博览会浏阳分会场承办“红动湘赣　薪传浏阳”浏阳革命历史文物专题展。11月20日，胡耀邦故里廉洁文化专题陈列开馆。12 月 10 日，胡耀邦同志纪念馆邀请省市文物鉴定专家 3 人小组到馆开展第四次文物鉴定和定级工作，1374 件套藏品全部鉴定为文物，包括 383 件套珍贵文物和 991 件套一般文物。

【党性教育与红色宣讲】 2020年6—7 月，开展“讲好红色故事，传承红色基因”党课巡讲活动 20 余次。7 月 1 日，推出胡耀邦故里“七个一”（瞻仰一次伟人塑像、敬献一个纪念花篮、重温一次入党誓词、感受一段光辉历程、聆听一堂初心党课、观看一部红色影片、留下一趟红色印记）主题活动，祝福党的生日。精心打造党课《胡耀邦的富民情怀》，在长沙市党员教育本土“名师名课”竞赛中被评为“名牌课程”，被评为省委组织部“党课开奖啦”竞赛三等奖。7 月，刘水甜、陈宇婷 2 人作品均在“弘扬党史文化，传承红色基因，坚定理想信念”长沙红色文化宣讲大赛中被评为优秀宣讲作品。8 月，张嘉玲在浏阳市革命文物讲解竞赛中获二等奖。9月 28 日，举办“红色传承 文明花开”秋季红色课堂暨研学活动启动式。11 月，刘水甜在《就认这个理》“学习新思想，打造三高地，长沙微宣讲”总决赛中获二等奖，张嘉玲在“秋收杯”湘赣边革命文物讲解大赛中获二等奖。全年接待省、市各单位到馆开展主题党日活动累计 300 余批次，开展党课巡讲活动 20 余场，抽调讲解员参加市级重要接待及重大活动 10 余次。

【浏阳市“红色传承 文明花开”秋季红色课堂暨研学活动启动】 2020年9 月，习近平总书记在湖南考察时强调，“要用好红色资源，讲好红色故事，搞好红色教育，让红色基因代代相传”。为贯彻落实习近平总书记重要讲话指示精神，加强青少年爱国主义教育，9 月 28 日，浏阳市“红色传承 文明花开”秋季红色课堂暨研学活动启动式在浏阳苍坊旅游区（胡耀邦故里）红色剧场举行，来自苍坊小学、苍坊中学 400 余名学生在红旗下，许下“我们将谨记革命传统，弘扬民族精神！”庄重承诺。在现场，红色故事感人至深，红色歌舞精彩纷呈，“红色文化”“文明新风”是贯穿整场活动的关键词。来自苍坊学校、苍坊中学的学生们既是观看者，也是表演者，他们通过情景表演、情景朗诵等形式，参与到这堂特殊的秋季红色课堂中来。长沙市委宣传部相关负责人，浏阳市领导李爱民、邓雪琴参加活动。近年来，胡耀邦故里管理局致力于打造红色课堂，树立文明新风，将文明创建工作与红色文化进校园、“非遗”文化进景区紧密结合，相继推出“红色文化进课堂”“红色文物面对面”“红色经典故事”等红色课堂套餐。2020年，该局宣教部讲解员组成义务宣讲团，采用快板、情景剧、故事讲述、歌曲合唱、文物展示等形式，精心策划“讲耀邦故事，传红色基因”开学第一课，走进 10 余所学校，为 2000 余名学生讲述耀邦故事，传承红色基因。“讲耀邦故事，传红色基因”开学第一课已入选长沙市优秀教育项目示范案例。

【“红动湘赣 薪传浏阳”浏阳革命历史文物专题展开展】 2020年 11 月13—15日，2020 中国红色旅游博览会浏阳分会场“红动湘赣 薪传浏阳”浏阳革命历史文物专题展在胡耀邦故里管理局文博园开展。浏阳市最具代表性的红色革命文物和胡耀邦故里珍稀文物，以实物和“文字 + 图片”展板的形式被集中展出，现场 4 位讲解员为游客讲解革命文物及蕴含的红色故事。作为 2020 中国红色旅游博览会浏阳分会场子活动之一，该活动由浏阳市文旅广体局主办，胡耀邦故里管理局、浏阳文物保护发展中心协办。革命历史文物专题展一共分为七个内容板块，分别为序篇——红色浏阳，第一篇章——夯实基础工作，第二篇章——加大保护力度，第三篇章——拓展利用途径，第四篇章——提升展示水平，第五篇章——创新传播方式，以及结束语。

【第三届廉政文化周开幕式暨廉洁文化专题陈列开馆活动】 2020年 11月20 日，胡耀邦故里廉洁文化专题陈列开馆，浏阳市第三届廉政文化周活动正式启动。胡耀邦长子胡德平，省纪委监委宣传部部长吴旭鹏，长沙市委常委、浏阳市委书记黎春秋，长沙市纪委常委瞿浩出席浏阳市第三届廉政文化周开幕式，并为胡耀邦故里廉洁文化专题陈列揭牌。浏阳市四大家班子成员及有关领导干部、当地部分群众代表共同参加开幕式。活动中，全体党员干部参观了胡耀邦故里廉洁文化专题陈列。胡耀邦故里廉洁文化专题陈列占地面积 333.9 平方米，展馆以“公道正派·廉洁自律”为主题，分为“红色热土 廉范长存”和“继往开来 浏其清矣”上下两个展厅。展馆内通

9 月 28 日，浏阳市“红色传承 文明花开”秋季红色课堂暨研学活动启动式在浏阳苍坊旅游区（胡耀邦故里）红色剧场举行 （胡耀邦故里管理局 供图）

过展陈习近平总书记在 2015 年胡耀邦同志诞辰 100 周年纪念座谈会上的讲话摘要、胡耀邦同志生平事迹、公审黄克功案的场景、浏阳本地古今勤廉人物家训摘录、以非物质文化遗产为载体创作的清廉文艺作品和近年来浏阳市深化全面从严治党的工作实践等内容，将本土“红”“廉”文化紧密结合、串点成线，展示浏阳从古至今一脉相承的廉洁文化和廉政风尚。浏阳廉政文化周活动内容包括聆听耀邦廉洁故事、市委书记与各单位主要负责人谈心谈话以及举办“传承红色基因、践行时代使命”分享会等。胡耀邦故里管理局作为主会场承办第三届廉政文化周开幕式暨廉洁文化专题陈列开馆活动。

11 月 20 日，胡耀邦故里廉洁文化专题陈列开馆　（胡耀邦故里管理局　供图）

【胡耀邦同志纪念馆被评为“第四批国家一级博物馆”】 2020年 12 月 21 日，中国博物馆协会发布第四批国家一、二、三级博物馆名单，胡耀邦同志纪念馆被评为“第四批国家一级博物馆”。胡耀邦同志纪念馆是一家系统、完整介绍胡耀邦生平业绩的专题纪念馆，是国内外最集中的胡耀邦文物资料收藏研究中心和教育宣传阵地，2018 年，该馆被评定为国家二级博物馆。截至 2020 年 12 月，馆内共计收藏与胡耀邦有关的各个时期、各种质地藏品 2.1 万余件（套），包括胡耀邦藏书、胡耀邦手稿、讲话稿、珍贵历史照片、胡耀邦衣物、胡耀邦夫人李昭遗物等，具有极高的科学历史研究价值。

（陈宇婷）

浏阳城区　　　　　　　　　　　　　　　　　　　　　　　　　　　　　　　　　　（尹明　摄）

金　融

金融事务

【概况】 浏阳市金融事务中心为市政府直属正科级公益类事业单位，有全额拨款事业编制10名，在编工作人员10名，内设办公室、金融服务部、资本市场部三个部室，主要负责全市金融工作服务、协调和指导等。截至2020年年底，全市共有银行机构19家、保险公司59家、证券营业部5家、融资担保公司3家、小贷公司5家、典当公司5家。12月末，全市银行业金融机构本外币各项存款余额986.4亿元，较年初增加107.4亿元，增长12.22%;贷款余额890亿元，较年初增加143.8亿元，增长19.27%,存贷比达90.2%。普惠小微企业贷款余额248.22亿元，较2019年新增62亿元，普惠小微企业综合融资成本下降0.6个百分点。金融对经济社会发展的贡献力持续提升。

【防范和处置非法集资工作】 2020年浏阳市"防非处非"(防范和处置非法集资）工作连续5年获长沙市先进，2020年防范化解金融风险工作获湖南省打非办通报表扬。宣传教育。推出"党建+微网格+防非处非""抖音视频+防非处非"等专题活动，向市民宣传非法集资的特征和危害，其中自制防非宣传抖音视频获《法制日报》推荐；举办"第四届金融服务季——金融服务代言人"主题活动，由来自金融服务行业的19名一线员工为防范金融风险代言。监测预警。组织对寄卖、养老、P2P等行业开展专项摸排核查8次，摸排企业3900家次，发现风险企业34家，清退注销企业5家，浏阳市P2P平台已按要求全部清零，约谈企业负责人12次，向公安、工商等部门移交重大风险线索8条。依法打击。联合市公安局、市场监督管理局、乡镇街道对云台山茶旅、盛大金禧等公司进行查处，全年提前化解非法集资风险隐患17起；公安机关对旺湖旅游、莲圣君智涉嫌非法吸收公众存款进行立案侦查;成功化解汪某某、凌某、博文养老非法集资陈案3起，化解率100%。金融监管。中心定期聘请会计师事务所对域内融担、小贷、典当公司进行现场检查，通过系统数据核验等非现场监管方式加强风险排查，针对存在问题的机构，采取约谈主要负责人、下发整改通知等方式限期整改，确保合规经营。

【促企上市工作】 截至2020年年末，全市A股上市(过会)企业9家，居全省县(市)第一。2020年新增南新制药、华纳大药厂上市(过会)企业2家，同时有4家企业在湖南省证监局辅导备案，28家企业纳入省重点上市后备企业名单。落实促企上市绿色通道、重点企业一线服务制度，开展"上市服务在一线"活动。全年走访企业50余家次，帮助解决湘北威尔曼相关药品恢复挂网资格等问题40余个，助力企业扫清上市和发展障碍。组织湖南南新制药股份有限公司、长沙兴嘉生物工程股份有限公司等4家企业申报各级补助资金618.24万元。组织企业开展培训50家次，努力实现重点拟上市企业办事"不出门"。2020年设立规模2亿元的工业发展基金和1亿元的沃阳健康产业基金，全市共设立基金12只，规模18.7亿元。2020年企业上市工作分别获长沙市企业上市(挂牌)联席会议办公室和湖南省企业上市工作联席会议办公室通报表扬。

【金融服务工作】 金融持续完善体系。鼓励银行在乡镇开设小微支行、社区支行，长沙银行开设普迹社区支行，工商银行开设大瑶支行，建设银行开设长兴支行。引进博慧鑫、菁航私募、菁智私募3家基金公司在园区落户，引进长沙联交所在经开区设立分所，引导平安创展保险销售服务有限公司在浏阳经开区设立总部。形成以银行为主、保险机构为辅，其他金融机构为补充的金融服务组织体系。全市银行信贷规模不断增长，有效增强对实体经济的支持力度。疫情防控彰显担当。自新冠肺炎疫情发生以来，全市各金融机构积极行动，主动作为。全年发放疫情防控专项再贷款6.51亿元，加上财政贴息840万元，实际融资成本低至1.41%。为1亿元存量支农再贷款办理展期，发放支农再贷款专用额度4.7亿元，投放支小再贷款2亿元。引导恒信担保发挥融资增信作用，新增担保余额2.04亿元，下调担保费率至1%,降低企业综合融资成本。组织中国人民财产保险股份有限公司浏阳支公司为浏阳市纳税排名靠前202家企业、共计10001名员工购买防疫复产综合保险，总计金额100万元。信用建设见真章。联合市公安、市人民法院等部门，持续开展不良贷款清欠专项行动，截至12月末，市银行业金融机构不良贷款率为1.19%。发挥金融案件审判速裁庭作用，推动涉金融案件加快审结。2020年以来，速裁庭共受理金融类案件564件，已结563件，判决349件，调解撤诉199件，特别程序结案15件，结案标的约3.84亿元。持续开展信用乡镇(街道)、信用村(社区)评选工作，截至12月末，全市共有信用乡镇(街道)10个，信用村(社区)238个，占比达73.7%。9月，浏阳市获全省农村基础保险服务"村村通"试点及湖南县级农村信用服务示范中心试点。

【金融扶贫工作】 确保信贷资金"放得出、用得好、收得回",释放信贷需求，发挥扶贫小额信贷的作用。截至2020年12月31日，全市扶贫小额信贷新增贷款1706笔6521.01万元，不良贷款余额为零。推动"扶贫特惠保"全覆盖，截至2020年12月底，"扶贫特惠保"赔付案件3320件，理赔金额310.76万元，做到应赔尽赔，帮助贫困户提高抵御风险能力。为脱贫攻坚提供金融支持。11月，迎接湖南省对浏阳市脱贫攻坚金融专项工作检查，金融专项扶贫工作获长沙市脱贫攻坚专项奖励记功。

【金融宣传工作】 2020年，以"金融村官""乡村法律顾问"为抓手，组织开展"金融知识下乡活动"等活动1.8万余次、覆盖37万余人。创新推出"党建+微网格+防非处非""抖音视频+防非处非"等专题活动，向市民宣传非法集资的特征和危害。全年发送防非宣传短信12.5万余条、播放公益广告1.9万余次、发放"口袋书”等宣传资料近38万份。探索打造6个“三零八有”(零参与、零发案、零容忍,有队伍、有阵地、有制度、有保障、有宣传、有活动、有排查、有处置)防非示范小区,推动宣教知识进区入户,引导市民主动防范金融风险。指导浏阳农商行开展“‘金融村官’进万家”工作。以“金融服务季”“行长走基层”等活动为载体进行金融知识宣讲工作,组织开展大瑶镇专场等15场金融宣传工作专场,帮助233家企业获得银行授信164.39亿元。

【湖南南新制药股份有限公司成功在上交所科创板挂牌交易】 2020年3月26日,湖南南新制药股份有限公司在上海证券交易所科创板上市,股票代码:688189,公开发行股票3500万股,发行价格34.94元每股,共募集资金12.229亿元。募集的资金将主要用于创新药研发、营销渠道网络升级建设及补充流动资金。南新制药系湖南省登陆科创板的首家药企及第二家科创板上市企业,也是浏阳市第8家A股上市企业。主营业务:药品研发、生产和销售。主要产品有创新药及在研新药产品、仿制药产品。

【举办“第四届金融服务季——金融服务代言人”主题活动】 2020年为进一步优化营商环境、加大金融纾困支持力度、精准帮扶企业稳产达产,促进金融业更好地服务产业、服务民生,以“畅通金融血脉·激发民企活力”为主题,举办第四届金融服务季活动。大力开展包括产业链金融(金企对接会、支持实体经济创新金融产品推介会、搭建金融超市——金企信息服务平台)、金融特别报道、普及金融知识——守住“钱袋子”(以案说法、金融服务代言人、金融知识下乡、金融知识进校园)、“十佳服务网点”评选、金融知识抢答赛、“心微笑·爱飞扬”金融精准扶贫公益行等主题活动,有力增强金融行业的发展活力、服务产业的推进力度,营造良好的金融服务氛围和健康的融资环境。

【联合举办第四届金融服务季活动】 为进一步优化营商环境、加大金融纾困支持力度、精准帮扶企业稳产达产,促进金融业更好地服务产业、服务民生,2020年6—11月,以“畅通金融血脉·激发民企活力”为主题,浏阳市举办第四届金融服务季活动。第四届金融服务季由市金融事务中心、中国人民银行浏阳支行、市融媒体中心联合主办,围绕“强化金融服务助力‘六稳’‘六保’”主题开展活动,与往届相比,2020年的金融服务季更突出金融服务实体经济、普惠民生的作用,促进金融资源与企业需求、市民需要高效精准对接,赢得社会各界的点赞。活动包括大力开展包括产业链金融(金企对接会、支持实体经济创新金融产品推介会、搭建金融超市——金企信息服务平台)、金融特别报道、普及金融知识——守住“钱袋子”(以案说法、金融服务代言人、金融知识下乡、金融知识进校园)、“十佳服务网点”评选、金融知识抢答赛、“心微笑·爱飞扬”金融精准扶贫公益行等主题活动,增强金融行业的发展活力、服务产业的推进力度,营造良好的金融服务氛围和健康的融资环境。金融服务季期间,市金融事务中心联合浏阳多家金融机构,开展“心微笑·爱飞扬”精准扶贫公益活动,走访乡镇、社区的贫困家庭,并开展金融知识宣传和物资慰问活动。

(邹雨玲)

湖南省证监局党委书记、局长何庆文(前排右二)一行到浏阳调研工作

(市金融服务中心 供图)

银行业

【概况】 2020年年末,全市银行业金融机构本外币各项存款余额986.36亿元,较年初增加107.40亿元,同比增长12.22%;贷款余额890.04亿元,较年初增加143.81亿元,同比增长19.27%;表外融资余额157.63亿元,较年初增加35.74亿元,同比增长29.32%。全年编发《金融信息专报》12期,围绕花炮融资、房地产融资、供应链金融、货币政策执行等重点问题开展十余项调研,被中国人民银行长沙中心支行评为湖南省金融宣传工作二等奖、2020年优秀青年课题表彰奖,获湖南省人民银行系统征信柜台窗口服务标准化劳动技能竞赛三等奖,会计国库股被评为“A类营业网点”,支行及支行党支部分别被评为“先进支行”及“先进基层党组织”。

【打造“普惠金融浏阳模式”】 7月27日,联合“金融村官”开展金融知识进乡村宣传活动,在官渡镇竹联村为退役军人面对面沟通金融知识。切入金融精准扶贫与乡村振兴痛点,下沉金融服务,全市设立助农取款服务点924个、金融扶贫服务站33个,制作7项课件推动金融知识普及进乡村、进校园,金融课堂成为268名“金融村干部”5堂“进村必讲课”之一,支持交通银行长沙浏阳支行获得“湖南省金融教育示范基地”称号。推进农村信用体系建设工作，完成2019年信用乡（镇）、信用村（街道）评定工作，评定信用乡镇（村部）219个；开展“整村授信工程”，采集农户信息面达98.1%，为28.62万户农户授信139.72亿元，有效服务脱贫攻坚衔接乡村振兴。加大普惠领域信贷投放，引导浏阳农商行采集31.41万户农户信息，授信28.62万户、发放贷款41.91亿元；建档立卡贫困户1.58万户，发放扶贫信用贷款3.57亿元，在湖南省普惠金融工作总结表彰会议上作经验交流发言。

2020年8月18日，浏阳市文家市镇及耀邦故里现金服务示范区创建启动仪式
（中国人民银行浏阳支行　供图）

【货币政策工具运用】　实施稳健适度的货币政策，疫情期间开展“金融暖春”行动，在再贷款、企业债务融资工具、存量贷款基准利率转换以及支持普惠小微企业两项政策工具方面做好统筹工作，有效支持实体经济发展。落地专项再贷款政策，向8家重点企业发放防疫专项再贷款6.51亿元，加上财政贴息实际融资成本低至1.41%；支持春耕备耕发放支农再贷款10.7亿元，助力复工复产投放支小再贷款资金4亿元。支持发行企业债务融资工具50亿元用于基础设施建设。指导地方法人金融机构完成存量贷款基准利率转换工作，进一步降低融资成本，发放延期激励资金467.42万元，支持法人银行办理普惠小微企业贷款延期还本付息4.67亿元，发放支持计划资金2.16亿元，推动法人银行发放普惠小微企业信用贷款6.59亿元。

【构建政银企对接机制】　2020年，出台15条金融支持措施，联合搭建“浏阳金融超市——金企信息服务平台”，吸引19家金融机构入驻，构建新型生态产业体系。开展“金融暖春行动”，组织金融机构走访花炮中心、建材市场、产业园区等地，举办4次银企对接会、推送6类企业名单与需求表，引导发放“战疫芙蓉人才贷”2345万元，“烤烟贷”“油茶贷”“水果贷”等7项支农普惠金融信贷创新产品下新增贷款8531万元。

【防范金融风险】　关注重点领域风险防控，开展央行金融机构评级和宏观审慎评估，浏阳农商行评级为3级，浏阳江淮村镇银行评级为5级，无高风险法人金融机构。出台《浏阳市中小法人机构风险应急处置预案》。对辖内49家金融机构开展反洗钱风险评估，协助浏阳市公安局办理涉嫌妨害信用卡管理案件46起。及时归集保费和实施风险差别费率，2家法人金融机构2020年缴纳存款保险保费732.69万元。加强金融消费者权益保护，受理办结投诉8件，对17家银行开展金融消保评估，7家为A类单位。加强账户管理，堵住不合规开户共131户，优化金融生态环境。集中开展金融机构业务培训5场，实现7类业务对口从业人员全覆盖，提升金融机构专业水平与服务能力，促进金融市场合规有序发展。

【货币发行】　截至2020年年末，调拨发行基金共10笔61.01亿元，其中调入58.91亿元。全年办理出入库业务65.02亿元，其中投放52.90亿元、回笼12.12亿元，实现净投放40.78亿元。加强现金服务，在文家市镇及耀邦故里创设现金服务示范区，组织4家金融机构建立小面额人民币和不宜流通人民币兑换主办网点，开展“集中兑换零残钞”活动，对标“六个一标准”提升辖内现金服务满意度。疫情期间严格执行现金“收支两条线”和回笼现金消毒存放期规定，开展2项专项督查指导。组织人民币管理培训7次，规范银行货币鉴别、假币收缴及残破币兑换工作。做好2020版5元券发行工作，组织金融机构升级测试机具、培训人员，保障金融机构网点柜台的新版5元券对外支付和兑换顺利。

【经理国库】　2020年，疫情期间开辟业务“绿色通道”，履行经理国库职责，紧急拨付资金近4亿元。2020年，共办理国库业务106.68万笔，其中收入51.58万笔，金额192.95亿元；退库3.59万笔，金额18.22亿元；实拨、直接支付和授权支付清算共20.77笔，金额348.13亿元。服务人民储蓄及稳健理财需求，2020年组织辖内承销机构发行储蓄国债2297.78万元，扩充国家财政资金来源。

【金融为民服务】　2020年，推广移动支付便民工程，引导市农商行开通手机号码支付业务，市中医医院上线智慧医疗项目，公交完成乘车码改造，征信查询形成城乡“1+6”布局（1个征信柜台+6个自助查询网点），政务服务网上办理系统上线运行“好差评”功能，实现外汇行政许可业务一网通办。以“3·15”金融消费者权益保护日、“普及金融知识守住‘钱袋子’”“金融知识普及月”为主题，开展三次大型金融知识专题宣传活动，发放宣传资料4.12万份，受众近7万人，媒体报道10余次，微信推送阅读量近3万次。加强金融调研分析，每月向浏阳市分管

中国人民银行浏阳支行组织金融机构业务集中培训，图为2020年5月27日在长沙银行举办的培训专场
（中国人民银行浏阳支行　供图）

市领导、市金融事务中心和辖内19家银行业金融机构推送金融运行分析“白皮书”。集中业务培训，覆盖17家金融机构员工901人次，6次结合外汇新政开展专题现场指导，提升金融从业人员专业水平。建立辖内资本项目外汇收入支付便利化改革银行和企业白名单，涉及辖内10家银行和95家企业。

【国家外汇管理局浏阳市支局】2020年，国家外汇管理局浏阳市支局统筹推进“强监管”与“促便利”，提升外汇管理与服务的质效，促进地方外向型经济高质量发展。截至2020年年底，全市外汇指定银行14家；货贸名录企业642家，年度新增108家；外商投资企业115家，年度新增1家，对外投资设立企业19家，年度新增6家。全年实现进出口总额44.41亿美元，同比增长45.16%；银行代客涉外收支总额27.95亿美元，同比增长63.7%；银行结售汇总额15.34亿美元，同比增长84.89%。提升贸易便利化水平：支持疫情防控和便利政策落实，指导银企通过外汇“绿色通道”政策境外采购防疫物资，支援湖北及浏阳人民需求；助力辖内防疫物资生产企业“走出去”，参加浏阳市防疫物资产业链工作座谈会宣讲政策，2—12月，办理医疗物资出口类企业名录登记30余家，全年相关出口收汇额超1.05亿美元。促进贸易投资便利化，开展外汇管理新政现场培训6次，覆盖辖内14家外汇指定银行。强化“放管服”改革政策落实：组织银行开办资本项目外汇收入支付便利化改革业务，建立银行和企业白名单，涉及10家外汇指定银行和95家企业，引导5家外汇指定银行报送相关资料。夯实外汇服务基础，落实外汇行政许可业务一网通办，常态业务基本实现当场办结，指导辖内某重点企业参照集中收付规定办理特殊资金申报入账、办理境外放款、内保外贷登记开展并购，及时调查处理辖内企业资本项目未按规定办理登记事项并开展约谈，帮助企业解决实际困难。增强外汇监测管理实效：落实“宏观审慎+微观监管”两位一体管理框架，加强数据跟踪监测，定期开展国际收支、银行结售汇统计、个人外币现钞、重点监测企业、境外放款、存量外债等业务数据筛查，6次开展国际收支统计申报业务、个人外汇业务现场核查，暗访督查5家外汇指定银行网点个人外汇服务质量，进一步促进外汇市场环境健康有序发展。

（欧馨蔓）

【中国工商银行股份有限公司浏阳支行】中国工商银行股份有限公司浏阳支行隶属中国工商银行股份有限公司湖南长沙分行，内设综合办公室、大客户中心，业务拓展中心、大个金中心、个人贷款中心、业务管理经营部，下辖支行营业室，4个二级支行（天马路支行、城北支行、环府路支行、工业园支行），共有在职员工103人。2020年，浏阳支行把握“大、全、稳、新、优、强”发展方位，抓好服务实体经济工作，抓好存贷款和市场客户拓展，抓好内控案防和精细管理，推进疫情常态化防控和复工复产工作，推进支行健康稳定发展。截至12月31日，各项存款余额345134万元，较年初增加69781万元，其中储蓄存款时点余额173208万元、对公存款时点余额171925万元。各项贷款余额740753万元，较年初增长86656万元，其中公司贷款余额464898万元、个贷余额275855万元、小微企业贷款余额14938万元。不良贷款余额1217万元，不良率0.16%。实现中间业务收入2783万元。实现拨备前利润15949万元；实现净利润10889万元。在浏阳市第四届金融服务季各类评比活动中，浏

2020年9月25日，国家外汇管理局浏阳市支局在浏阳市行政中心会议中心举办《当前国际形势与自贸区建设》讲座
（国家外汇管理局浏阳市支局　供图）

阳支行营业室获“2020 年度浏阳市银行业十佳服务网点”奖牌；青年员工曾磊、熊甜密、李缃仪组队获“金融知识抢答赛”第二名；熊甜密获“金融创新产品推介宣讲比赛”二等奖。做好疫情期间金融服务，发挥金融服务实体经济作用。对防疫企事业单位的支持。对重点防疫企业 2 户医药生产企业授信 2.1 亿元；对 1 户消毒产品生产企业授信 1000 万元；为 1 户医药生产企业办理票据贴现 500 万元；为辖内医院授信 1.3 亿元，提款 3000 万元。对复工复产企业的支持。为烟花生产企业 8 户续贷 4468 万元；为烟花生产上下游企业 5 户续贷款 4260 万元；新增个人经营性贷款 4330 万元。对防疫物资产业链企业的支持。对重点企业，包括全国性 34 户企业名单、64 户地方性重点企业、省分行确定的 47 户企业名单，开通“简化集体审议、客户直接准入”绿色通道；名单制客户的确定，可根据业务需要，由开户行随时申报增加调整、名单内贷款，原则上做到当日报当日批当日放到位；全国性名单企业贷款利率按照目前一年期 LPR 基础利率下浮 100BP；对受疫情影响较大的零售、住宿、餐饮、旅游、娱乐、民航、铁路、城市公交、出租等行业非名单内企业，贷款利率按照目前一年期 LPR、基础利率下浮 30BP；对列入总行重点制造业客户名单的复工复产企业贷款，利率按照一年期 LPR 基础利率下浮 40BP。对政府化债平台的支持。全力缓解政府压力，支持政府平台公司发展，缓解平台公司还款压力，主动向上级行申请调整平台公司还款计划，为平台公司推迟还款 4 亿元，2020 年新增贷款 10 亿元。对个人贷款客户的支持。对疫情期间感染、隔离、参加防控或受疫情感染失去收入来源的客户人群，已办理的汽车分期业务根据总行的规定给予延长还款期、息费减免、纠改征信等服务，帮助客户渡过疫情难关；对因感染新冠肺炎住院治疗或隔离人员或配偶，疫情防控需要隔离观察人员或配偶，参加疫情防控工作人员，受疫情影响暂时失去收入来源人员办理的个人按揭、消费、经营性贷款，支行可为客户灵活调整还款安排，合理延后还款期限；对当前没有逾期且暂时还款不便客户，支行在疫情期间提供临时还款宽限期，宽限期内收取正常利息，不收取罚息，如宽限期内足额还款的，不算逾期，不报征信。对个人及企业客户所做的其他金融服务工作。支行承诺：若客户持有工行 2020 年 1 月 24 日至 3 月 31 日到期的纸质定期存单不方便到网点转存的，支行将自动为客户按原利率计息至 3 月 3 日；为减少线下操作、进一步完善线上交易功能，确保客户只需在家完成工行个人手机银行 App 注册，就可以办理捐款献爱心、转账汇款、理财、微信支付宝绑卡。

（谢　晖）

【中国农业银行股份有限公司浏阳市支行】 截至 2020 年年底，中国农业银行浏阳市支行有正式员工 170 人，内设运营财会／综合管理／风险管理部、个人金融部、公司业务部、网络金融部，下辖支行营业部、城郊支行、长兴分理处、浏阳大道分理处、集里支行、古港支行、官渡分理处、永和分理处、大瑶支行、文家市支行、永安支行、镇头支行、北盛支行、工业园支行 14 个网点，以及 37 个在行／离行式自助银行。截至 12 月末，支行各项存款余额 69.42 亿元，较年初净增 21.16 亿元，其中个人存款较年初净增 3.55 亿元，对公存款较年初实际净增 17.61 亿元。截至 12 月 31 日，累计投放贷款 86.9 亿元。“三农”服务：截至 12 月末，支行惠农 e 贷余额 3.58 亿元，整体余额与增量均排名本系统内全省第一位，其中“乡村振兴带头人贷款”“苗木贷”“蔬菜贷”净增 9887 万元，精准扶贫贷款净增 3619 万元。在全省农行率先推出“乡村振兴带头人”贷款，让浏阳客户感受到农行服务“三农”的产品便利，得到当地政府认可和社会关注，获新华社、新华网、《浏阳日报》等多家媒体报道和转载。服务小微：主动对接，加大金融供给度。全年扶持企业 207 户，其中新增普惠小微企业贷款 147 户，累计授信 34.7 亿元；分别为市中医医院、市妇幼保健院提供低成本信用贷款授信，并向 300 余名一线防疫医务人员免费提供意外险。以园区企业为切入口，推行“百园万企”攻坚，与浏阳经开区成功签订战略合作协议，营销对接优质民营企业。截至 2020 年 12 月末，浏阳国家级经开区（高新区）下辖的浏阳工业园支行和永安支行的对公存款余额 20 余亿元，其中新营销 2 家平台公司、2 家主板（创业板）上市公司。风控管理：截至 12 月末，该行不良贷款余额下降 1070 万元，不良贷款率较年初下降 0.7 个百分点。严控操作风险，防控运营风险。支行年内开展对公账户管理专项治理工作、“反假、打假、治假”专项治理活动、防范打击电信网络新型违法犯罪活动，深植合规理念，筑牢合规建设。压实责任，抓实内控案防，以“三线一网格”为抓手，开展员工行为排查，强化警示教育与合规监督管理，做好重大案件、责任性风险事件、声誉风险共三类风险的管控工作。做细做实，严控信用风险。通过抓实贷后管理、加强不良贷款管控、借助委外公司加大催收力度，确保全年平稳运行。开展文明单位、文明城市创建活动，从软、硬件上加强建设和配置。支持地方精准扶贫、精准脱贫工作，开展调研、遍访摸底和慰问工作；组织开展金融知识宣传月、反假币、反洗钱等公益宣传活动，向社会普及相关金融业务知识。

（张晓晗）

【中国建设银行股份有限公司浏阳支行】 2020 年，中国建设银行股份有限公司浏阳支行内设综合管理部、业务管理部和客户部 3 个职能部门，下辖支行营业部、集里桥支行、天马路支行、经开区支行、长兴支行 5 个综合性网点，配置离行式自助银行 5 个，年末在岗员工 73 人。截至 2020 年 12 月 31 日，一般性存款时点余额 65 亿元，比年初新增 9.1 亿元，其中对公存款时点余额 34.5 亿元，比年初新增 4.3 亿元，个人存款时点余额 30.6 亿元，比年初新增 4.8 亿元；各项贷款余额合计 92.2 亿元，比年初新增 20.8 亿元。利润总额 20950.86 万元，中间业务净收入 3845.56 万元。不良贷款余额 3661

万元，不良率 0.39%，逾期贷款余额 4630 万元，逾期率 0.50%。支持复工复产。对某重点防疫企业开通融资审批的“绿色通道”，为企业提供 1.1 亿元的授信；为 55 家小微企业成功申请 1.47 亿元“云义贷”预授信额度，企业可随时线上申请支用。普惠金融。年末普惠金融贷款余额 5.07 亿元，较年初增长 2.2 亿元，其中小微企业普惠金融贷款余额 3.00 亿元，个人普惠贷款余额 2.07 亿元；成功发放首笔“生猪贷”；有效打造烟草客户群生态圈。发力住房租赁，乡村金融生态建成。全年拓展金湘通服务点 440 户，达到 877 户，交易笔数 111823 笔，交易金额 11850 万元。着力打造乡村金融对公和个人两大服务体系，完成全市 313 个农村集体经济组织账户开户；乡村金融服务点进两个中心，实现行政村全覆盖。渠道运营管理产能提升。打造关口片区的“劳动者港湾”；支行营业部被评为 2020 年度浏阳市银行业“十佳网点”。内控合规管理。员工行为管理“二级网格”全面建立，员工 100%覆盖。全年未发生监管处罚、违规损失和声誉风险损失。安全生产平稳运营。全年实现零案件、零上访、零重大事故的目标。

（罗建国）

【中国银行股份有限公司浏阳支行】 中国银行股份有限公司浏阳支行为中国银行湖南省分行直属支行，内设综合管理部、业务管理部、公司金融部、个人数字金融部和普惠金融事业部 5 个部门，辖内有营业部、礼花路支行、浏阳大道支行、经开区支行、高新区支行、大瑶支行共 6 家经营性网点，城区、乡镇“3+3”布局覆盖，现有合同制员工 93 人。截至 2020 年年末，全行各项存款本外币余额 73.22 亿元，较年初增长 25.4 亿元，增幅 53.13%；各项贷款本外币余额 63.58 亿元，较年初增长 2.82 亿元，增幅 4.64%。获中国人民银行 2020 年金融消费者权益保护工作评估 A+ 级、2020 年外汇业务合规评估 A 级，被评为 2020 年度全市单位内部治安保卫工作先进单位，被中国金融工会湖南工作委员会评为湖南金融“模范职工之家”。业务发展：存款。该行坚持以客户理念为引导，以市场和政策为导向，结合浏阳特色经济和园区发展，研究重点行业发展情况，积极捕捉市场信息，寻找业务突破口，推动客户拓展，夯实存款基础。2020 年，支行成功为浏阳市园区知名上市制造业企业开立资金募集专户，并揽入定增资金 20.76 亿元；共营销开立碧桂园、大汉城镇、教建房地产等 14 个预售资金监管账户，合计归集资金超 3 亿元，资金沉淀 8400 余万元。贷款。支行围绕城市基础设施建设、园区建设及高新制造业等重点领域，加大对园区制造业、城市基础设施补短板等重点领域的支持。2020 年，实现浏阳鼎盛投资有限公司贷款投放 4.65 亿元、浏阳长房置业有限公司贷款投放 2.72 亿元、浏阳鸿达投资有限公司贷款投放 1.22 亿元等重点项目的投放。重视普惠金融业务的发展，成立普惠金融事业部，并举办多场普惠金融“惠三湘—百场千户”银企对接会，活动共储备公司和个人客户 89 户，授信金额合计 4.6 亿元左右。加强个贷业务拓展力度，紧贴当地实体经济、优质楼盘开展营销，重点营销并叙做长房、高力、美的、中梁、碧桂园、恒大、长兴世家等楼盘项目。风险内控管理：2020 年，支行开展为期六个月的现金与实物运营管理“雷霆”专项整治活动，组织财务合规自查、征信排雷行动、反洗钱自查自纠、数据信息治理等各项检查工作，并接受长沙地区大企业税务现场检查、湖南审计分部常规审计、会计良好标准达标验收。坚守合规底线，持续推动风险文化和队伍建设，有效提升全员合规经营意识和全辖风险防控能力，坚决控制逾期类贷款大幅增长，加大表外资产清收力度，强化过程管控，保障资产质量与业务健康可持续发展。

（涂　影）

【长沙银行股份有限公司浏阳支行】 截至 2020 年 12 月底，长沙银行股份有限公司浏阳支行下辖 19 个网点，员工 240 人。全行基础存款时点数 167 亿元，时期数 162 亿元，时期较年初新增 27 亿元，年度任务完成率 136%（已剔除案款）；其中储蓄存款时点 96 亿元，时期数 86 亿元，新增 19 亿元；总贷款 141 亿元，其中表内贷款 102 亿元，表外贷款 39 亿元。表内贷款中，民营贷款余额 36 亿元，较年初新增 8.7 亿元，超任务 0.3 亿元，年度任务完成率 124%；普惠贷款余额 29 亿元，较年初新增 3.2 亿元，年度任务完成率 108%；零售贷款余额 55 亿元，较年初新增 8 亿元，年度完成率 100%；公司核心客户 215 户，较年初新增 25 户，年度任务完成率 121%，有效对公结算户 4900 户，较年初新增 1700 户，年度任务完成率 126%；零售类中高端客户数 4.3 万户，较年初新增 8600 户，年度完成率107%；信用卡标卡 9.2 万张，较年初新增 2.1 万张，超年度任务 4000 多张，年度任务完成率 124%；高潜力客户 6.5 万户，较年初新增 1.9 万户，年度任务完成率 124%；截至 12 月底，不良贷款 5967 万元，不良率 0.63%，逾期贷款 8135 万元，逾期率 0.86%，核销贷款已收回 4735 万元，均达总行考核满分值。风险管理类各项指标均已达满分，综合考评获多次考核加分。客群管理：零售客户，支行共有 3.4 万价值客户，较年初增长 7000 户，储蓄存款时期 66 亿元，占储蓄总量 78%，时期新增 16 亿元，在储蓄新增中贡献达到 88%；2020 年新增代发学校 16 所、1500 人；三年累计营销学校 49 所，占全市公立学校的 72%，管理资产时期 5.6 亿元，较年初增长 1.8 亿元。企业客户，为 9 户重点防疫企业投放贷款超过 6 亿元，在浏阳市场占比 95%。精准助力企业复工复产，主动对接 400 多户中小企业，为 67 家企业办理无还本续贷 5 亿元，为还款压力较大的 82 户企业办理延期还款 2.5 亿元，五次召开会议下调利率，2020 年平均贷款利率收窄 48BP，保持 90%以上的续贷率。零贷客群，深入研究浏阳两大专营市场（鼎丰、欧亚达家居建材市场和浏阳河市场），逐户走访 500 多商户，新增授信 102 户、呼啦 195 户。聚焦优质行业，探索行业集群营销新模式，集中开拓加油站、苗木、生猪及楼梯扶手等“朝阳行业”,共计投放35笔6500万元。聚焦结构优化,截至2020年12月,支行个人经营类贷款23亿元,占比42%,消费类32亿元,占比58%,其中按揭21亿元,占比38%。贷款结构均衡,户均90万元。信贷资产管理:全面盘清客户底子,对风险类、转化类贷款分层施策,科学设立网点逾期不良控制目标。对风险客户快速起诉,全年累计立案78笔8900万元。严控逾期。对缴存不足客户进行提早介入。催收函送签留档,跨月逾期制定一户一策,相比2019年同期,逾期笔数下降800笔、逾期金额下降5300万元。专项行动。7月,协调浏阳市人民法院针对南区花炮行业“老赖”开展集中行动,抓捕18户19人,涉案金额431万元,当日收回现金12笔。攻坚清收。风险贷款现金收回154笔1.2亿元。

(彭　琦)

【湖南浏阳农村商业银行股份有限公司】 截至2020年12月末,湖南浏阳农村商业银行全行存款余额356.50亿元,比年初增加30.72亿元;贷款余额256.91亿元,比年初增加26.06亿元;不良贷款占比1.16%;利润总额7.36亿元,比上年同期减少0.83亿元;经营利润11.22亿元,比上年同期增加0.71亿元。普惠金融:支持复工复产。聚焦小微客户融资需求,推出工程贷、矿产贷、教育贷、医院贷、成品油经营贷、经营性物业贷、商业性资产按揭贷、工薪贷八大支持复工复产的信贷产品,2020年新增贷款90%以上投向涉农领域和小微企业;按照特事特办、急事急办的原则,加快信贷审批速度,用好用足专项再贷款再贴现、普惠金融定向降准释放资金,并通过适当下调贷款利率、办理展期或续贷等差异化金融服务方式,为企业提供低成本、普惠性的信贷支持。信贷投入。建立“敢贷、愿贷、能贷”长效机制,主动对接新农村建设和农业产业化项目,持续加大对家庭农场、农村种养殖大户和农业龙头企业等农村新型主体的扶持力度,契合地方转型及发展战略,支持市域支柱产业、战略新兴行业、绿色行业,通过动态调整授信政策指引,有效服务实体经济发展。截至2020年12月末,全行累放各项贷款357.81亿元,其中累放涉农贷款296.55亿元,涉农贷款余额为212.81亿元,涉农贷款占全部贷款的82.83%;累放小微企业195.50亿元,小微企业贷款余额145.51亿元。服务“三农”。发挥“金融村官”积极作用,加深与乡镇(街道)金融组织员、行政村(社区)金融协理员、村组网格金融联络员、“党建+微网格”网格员的联系,了解农民金融需求,瞄准新农村建设,持续开展“送金融服务进村”“送金融知识下乡”等系列活动,向村民普及金融知识,介绍支农政策和服务宗旨,提升该行品牌影响力及渗透力;推进产品服务创新,助力“一村一品”“一行一贷”品牌创建,针对不同地区特色经济推出差别化金融产品,打造“生猪贷”“紫薇贷”等特色富农产品。截至2020年12月末,该行农户评级授信覆盖面达到91%。改革创新。支持“地摊经济”发展,重视客户维护和拓展,针对创业的企业主、个体工商户、新型农业经营主体经营户、创业青年、创业女性五类人群,创新研发家庭众创贷,积极营销口袋零钱、手机银行等支付结算产品。优化客户结构。试点开办个体工商户便民卡、小微企业便民卡业务,研发银税贷、专利权质押贷款,对于创新能力强、高成长性、拥有自主知识产权的小微企业重点支持,拓宽小微企业融资渠道,增强业务竞争力。打通“线上+线下”“传统+移动”的获客渠道,研发上线非税缴费平台,成为非税征收代理银行,推广“口袋零钱”聚合支付,帮助全市297所学校实现线上收缴学费;在浏阳市车辆管理所设立ETC“一站式”服务专柜;探索推广场景营销,与浏阳北正西、通程等大型商超,杯莫亭等餐饮连锁行业进行跨界合作,增强客户黏性。发挥国际业务的联动营销优势,拓展辖内涉外企业,全年累计结汇37366.29万美元,国际结算量及结售汇量占比均位居全省农商银行之首。加快完善金融服务基础设施,消除农村金融服务“盲区”,缩小城乡金融服务差距。风险防控:强化不良管控。坚持清旧和堵新并重,改变“抵押足额、贷款无虑”的定式思维,严控行业准入,针对烟花鞭炮、花木等高风险行业,实行“有保有压、择优扶持”的管理原则,优先支持一类花炮企业,谨慎支持二类花炮企业,重点防控三类花炮企业信贷风险,持续跟进重点关注花炮企业生产经营情况,防范产业链风险积聚。加大风险预判和研判,防止正常贷款向下迁徙,组织召开不良贷款风险分析会,将全行信贷内勤转岗为风险经理,明确行领导班子、机关部室经理、支行行长清收责任,联合工、检、法部门开展集中清收,截至2020年12月末,全行通过表内外不良贷款自主现金清收行动,共计收回不良贷款10431.19万元,其中表内本息收回4847.56万元,表外本息收回5583.63万元,完成省联社不良贷款自主现金清收任务的114.48%。强化考核运用。树立“二线为一线服务,机关为基层服务”意识,制定机关部室千分制考核方案,将机关员工绩效考核与支行挂钩比例提高至30%,开展基层民主测评活动,明确年度“优秀”部室数不超过4个、“一般”部室数不少于2个,打破以往“大锅饭、走形式”考评方式。充分发挥绩效考核的激励约束和导向作用,强化人均模拟利润考核,下放支行绩效考核权限,鼓励其合理调配存贷款结构及期限,加大资金组织、贷款营销和利息清收力度,增强全行成本核算意识。按照“厉行节约、量入为出、增收节支”的原则,加强财务预算管理,进一步完善招投标机制,提升精细化管理水平。强化执纪监督。强化全面从严治党治行责任担当,牢牢抓住党风廉政建设“两个责任”,建立健全执纪监督工作运行机制,加大对信贷管理责任、大额贷款风险管控、大宗物品采购管理、资金营运风控等重点领域的监督,组织开展全行表内外不良小额信用贷款风险排查工作,聚焦信贷领域资金过桥、冒名贷款等问题,面向社会选聘行风监督员33名,搭建外部监督平台,让失责必问、问责必严成为常态，推动治党治行从“宽松软”走向“严紧硬”。社会责任。驰援疫情防控一线，向浏阳市基层卫生院定向捐赠100万元的心电监护仪等医疗设备；热心慈善公益活动，开展春季爱心助学活动，共计发放助学金17.15万元，资助112名贫困学子；主动对接建档立卡户的有效融资需求，积极推动扶持企业吸收贫困人群就业，增强贫困人群创收能力，探索就业型扶贫、受益型扶贫等多种扶贫模式。营造家园氛围。推进家园文化建设，举办“读书会”系列活动，组织全行员工学习《穷人银行家》《以奋斗者为本》《以客户为中心》《价值为纲》4本书籍，开阔视野，增加阅历；建立员工生日档案，开展困难员工走访慰问，让职工感受企业关怀；继续深化网点“五小建设”，打造精品标杆网点，启动对营业部、大瑶、淮川支行等9个基层网点的升级改造工作。

（朱良柏）

【中国邮政储蓄银行浏阳市支行】 中国邮政储蓄银行浏阳市支行以服务实体经济为出发点和落脚点，立足于服务社区、服务中小企业、服务“三农”的战略定位。截至2020年年底，该行各项存款余额11.73亿元，年增1908万元，其中个人储蓄存款余额8.8亿元，公司存款余额2.9亿元；各项贷款余额46.5亿元，年增1.69亿元，其中普惠金融贷款1312户，结余8.26亿元，年净增9689万元。业务发展：支持实体经济，助企业复工复产资金保障。涉及企业复工复产的融资业务，尽快、简便完成审查审批，保障企业资金需求；该行中小微企业客户经理团队坚持专业专营的战略，解决企业在复工复产过程中遇到的问题，一户一策解决企业难题；同时，坚持金融生态版图建设，重点聚焦复工复产重点企业名单，围绕重点新型产业链、重点园区和重点纳税企业名单，对接企业上门服务，制定解决方案，支持企业复工复产落实生产、销售等方面的资金需求；推广小微易贷等线上业务，在线办理信贷业务；对中小微企业复工复产急需的融资，执行优惠利率、减免抵押房产评估费、抵押登记等费用，支行小企业贷款下降50个BP、“三农”贷款下降50个至100个BP、信用消费贷下降60个BP，针对医务人员和公安警察的消费贷款下降100个BP。2020年，支行投放普惠型小微企业及企业主贷款964户，金额6.8亿元，较上年新增约1亿元，其中成功转贷922户，金额5.68亿元，无一笔因疫情影响导致的抽贷。金融支持乡村振兴工作。加强创新、加大投入，完善丰富涉农产品体系。适时推出金融生态版图走访活动、建立金融服务网格化工作站、信用村、信用社区、金融精准扶贫工作站等，自2015年起，该行开始建立信用村，2020年开始着手建设信用社区，实行“一行一品”工程，搭建“银政、银担、银保、银企、银协”五大平台服务模式，通过进行市场调研与摸索，已形成全方位服务特色农村产业的创新产品及服务框架体系，2020年，累计发放创新涉农贷款8.3亿元，其中家庭农场贷款累计放款2.4亿元，农房抵押贷款累计放款1.6亿元，林权抵押贷款累计放款8630万元，有效解决全市3000多农户新型农业经营主体的资金短缺困难。加快负债业务的发展转型。抓重点卡项目端，实现“三张卡”（社保卡、兵役卡、储蓄卡）的覆盖与延伸；拓展代发类业务，发掘支行小企业、公司客户及保险公司等合作方的资源，推进农民工代发项目加强获客；抓实个人客户分层分群维护，实现“分户管户、人人管户、管户到人”，综合利用理财、保险、基金、贵金属等产品配置和积分兑换、邮储食堂等权益让渡，增强客户黏性，2020年末客户数达到17.56万户；实施“手机即银行”战略，加大推广手机银行和网络金融，手机银行结存客户数达到4.59万户，快捷绑卡结存客户数达到5万户。支行管理：风险控制。严控资产质量，逐步压降不良贷款率，持续加强内控合规管理，坚决守住“六个不发生”底线；保持案防高压态势，确保全年不发生一起案件；2020年，支行组织员工向新冠肺炎疫情重灾区捐赠款项、组织全行员工开展户外拓展活动，开展全员阅读等活动。

（余　旋）

【中信银行股份有限公司长沙浏阳支行】 截至2020年12月31日，支行存款时点8.8亿元，存款日均9.66亿元；零售管理资产时点9.05亿元，较年初新增5139万元；零售贵宾客户361户，较年初减少9户，完成率-8.34%，私行客户数14户，年增1户，完成率12.5%。公司业务：对公客群。按照深度经营客户的原则，支行对照分行年度工作报告，深耕基础客群、机构客户、战略客户和普惠客户四大客群。对支行存量的对公有效户、基础户和64户花炮企业授信客户加大定期走访、营销联络工作，增强客户忠诚度、争做客户主办行，按照一户三开、五大精准行动和签约“开薪易”平台代发的要求，增强客户黏性；对小口径机构客户，按照分层对接、定期走访的工作机制，及时掌握客户信息、联络客户感情，获取营销先机。银政合作。利用对政府融资平台的融资支持尤其是隐性债务置换投放作为依据向市政府报告请求开立对公账户和财政性资金存放。通过2019年末与浏阳市教育局签订的民办教育培训机构监管服务平台合作协议，并陆续实现培训费资金的入账监管。住房维修基金归集上线已获市领导同意，实现系统对接。产品运用。2020年，在花炮客户授信续作过程，督促客户完成一户三开以及“开薪易”签约，6月，落地17户“开薪易”代发，提前半年完成对公有效户年度经营计划；推进贸融产品落地，全年分别落地0.25亿元商票保贴和0.6亿元信E融产品。零售业务：批量获客方面。公私联动营销开薪易代发户，截至10月底，增加20户代发工资客户，代发额超额完成全年任务，计划完成率132%；利用“幸福三公里”活动，开展比一比商超场景营销，获取零售客户150户，信用卡开卡220张。重点产品方面。落地中信保诚基石恒利400万；完成分行下达的基金任务，排名全行前五。个贷投放方面。碧桂园万锦棠湾项目按揭收单在同业市场份额占比第一，已储备浏阳碧桂园观园及长沙阳光城翡丽云邸两个按揭项目。

（熊飞平）

保险业

【中国人民财产保险股份有限公司浏阳支公司】 中国人民财产保险股份有限公司浏阳支公司下辖3家社区门店、6家三农营销服务部、31个保险服务站、302个保险服务点，服务网络遍及城乡。2020年，公司在浏阳地区实现保费收入8.3亿元，累计承担风险责任近8000亿元，缴纳和代收税款1.13亿元。服务实体经济：落实国家回归保障本源的方针，稳步提升企财险、科技保险等险种覆盖面，为浏阳市经济发展平稳运行提供风险保障。民生保障：公司开办民生保险、治安保险、巨灾保险等系列民生类险种，织密浏阳民生保障网。支农惠农领域：积极建立并完善覆盖全市乡镇、村两级服务网点体系，同时服务好传统农业保险需求，创新发展特色农业保险。在2020年政策性农业保险承保机构公开竞争性遴选工作中，公司取得55.4%的规模份额。防灾救灾：坚持发挥人民保险的价值属性，奋战在防灾减灾与抗灾抢险第一线。推行风控系统等防灾防损工具，做好汛期、低温冰冻等恶劣天气的防灾防损检查等工作，严格执行汛期值班制度，针对重点区域、单位进行针对性防灾防损排查与巡逻，引导基层业务人员不断提升防灾防损意识，成功应对浏阳局部发生的多起自然和意外灾害。防疫工作：疫情期间，为浏阳市新型冠状病毒定点防控机构的医护人员及家属的抗疫人身安全提供总计500万元的专属保险保障，其所属医护人员、省外参与医疗援助的医护人员均为被保障对象。5月初，浏阳支公司成功签单全市复工复产企业疫情防控综合保险，为辖区202家企业提供累计11亿元的风险责任。

（谢乃辰）

【中国人寿保险股份有限公司浏阳支公司】 2020年，中国人寿保险股份有限公司浏阳支公司(以下简称浏阳支公司)设有经理室、综合管理部、营销发展部、收展发展部、个险培训部、银行保险部、团体业务部、客户服务部1室7部，下辖19家城区、收展和农网职场。全司共有人员1049人，其中机关人员50人（签订劳动合同员工34人、离职待岗1人、退休8人、劳务派遣人员7人)，保险代理人999人。全年完成总保费收入41753.51万元，同比增长19%，其中短险保费4847.14万元，同比增长12%。为客户办理理赔案件14000余件，理赔支出13556.15万元，结案率100%，短险赔付率68.11%，风险管理良好。总保费收入占浏阳寿险市场28.88%的市场份额，持续领跑浏阳寿险市场。业务发展：个险。人力和业务均保持正增长，主管发展至96名，业务人力平稳优质，团队发展至19个职场，业务发展以十年期以上业务为主。团险。响应政府民生工程建设，设立民生工程保险，为全市公民提供保险服务；持续推进社会公益保险，学平险调责加费增加保险责任，重视校园风险，做实公益险种，让学生保障更全面。银保。银保渠道注重客户服务，送服务到家，加强银行渠道经营维护，举办多场网点沙龙，为客户提供服务。2020年，公司推出百万如意行(盛典版)、国寿福盛典版(盛典版)、盛世传家、如E康悦等风险保额大的产品，满足客户提高风险保障的需求；推出鑫享鸿福等长期险理财账户类产品，并配合养老社区，满足客户理财需求，同时享受国寿提供优质社区养老服务。优质服务：公司推出无纸化一条龙服务，中国人寿寿险、云助理、国寿E店、中国人寿双录、国寿AI健康等电子服务系统均实现掌上智能服务。风险防控：公司每月组织全员学习杜绝非法集资相关知识、反洗钱学习并签订承诺书；执行上级公司及人民银行的反洗钱工作，参加人民银行组织的培训，在人民银行评级中被评定为A级；每月不定期进行风控排查；每周五风控早会加强销售人员依法合规经营、杜绝销售误导、维护行业诚信、提高服务品质。

（李　婵）

【中国平安财产保险股份有限公司浏阳支公司】 2020年，中国平安财产保险股份有限公司浏阳支公司坚持践行保险行业核心价值理念，实现保费收入4.84亿元，缴纳和代收税款6756.67万元。公司持续健康发展。坚持多渠道平衡发展，坚持效益导向，积极参与民生保险项目；2020年，平安承保种植业、养殖业保险，为浏阳农业基础发展提供保障支持。参与省扶贫办和省保监局共同推进的“扶贫特惠保”项目，为24000余名贫困人口提供风险保障。承保老年人意外保险，为浏阳西北区7000余名老年人提供意外保障。坚持合规经营，保证公司可持续发展。持续践行合规底线思想，排查合规风险隐患，建立风险防范体系，护航公司合规健康经营；每季度组织各部门参加反洗钱反非法集资等合规学习，加强队伍合规意识，保证公司健康发展。科技创新，打造极致客户体验。个人客户方面，推进“510极速查勘”(日间50%需要现场查勘的案件在5～10分钟内开展现场查勘）和“三极”项目(极暖、极速、极爽)落地，提升查勘时效和客户感受。团体客户方面，完善风险预防服务方式、搭建专门风控团队、加强防灾防损服务，加强保险服务实体经营的稳定器作用。承担社会责任，在新型冠状病毒肺炎疫情发生后，中国平安宣布为全国800万疾控和医护人员无偿提供专属风险保障，人均保额50万元，为疫情防控一线的医护人员保驾护航，共同抗击突发疫情。

（王　颖）

蓝思科技生产车间　　　　（浏阳经开区　供图）

科学技术

科技管理

【概况】 根据《中共浏阳市委办公室浏阳市人民政府办公室关于印发〈浏阳市机构改革实施方案〉的通知》文件，明确“优化市科学技术局职责。将市人力资源和社会保障局的外国专家管理职责划入市科学技术局。市科学技术局不再加挂市知识产权局牌子”，是市人民政府负责全市科学技术和外国专家管理服务工作的市人民政府工作部门。2020年，科技局围绕全国创新型县(市)建设，编制“十四五”科技创新发展规划，承办“第三届创新湖南高峰论坛”，深入政产学研合作，浓厚创新创业氛围，被长沙市科技局授予“第七届湖南省创新创业大赛长沙市赛优秀组织奖”。全市拥有高新技术企业304家，年内新增132家；技术贸易合同登记额17.67亿元，同比增长71.6%；完成2019年企业研发经费R&D投入21.88亿元，完成规上工业企业研发经费投入32.23亿元，完成长沙对浏阳考核指标任务。

【科技企业培育】 开展企业培训，加强对高新技术企业认定、研发经费加计扣除等优惠政策的宣传、解读，帮助企业充分享受政策红利，引导扶持企业走科技型、创新型企业发展道路。2020年，市科技局牵头组织高企认定培训11场，培训企业800余家，指导163家企业成功认定科技型中小企业；指导2批次160家企业申报高新技术企业，成功认定132家，全市高企总量达到304家，其中花炮行业高新技术企业新增17家，行业高企数量实现翻番，科技助推传统支柱产业转型升级成效初显。

【科创平台发展】 开展本级科普基地认定和众创空间星创天地认定评价工作，扩大科创平台影响力和社会基础，推动本级科创平台质量提升。围绕全市工业主导产业和农业特色产业，指导“智慧浏阳河”文化创意孵化中心和睿空间成功获批国家级众创空间，全年新增省级工程技术研究中心2家、省级众创空间星创天地2家、长沙市级众创空间1家、长沙市级科技企业孵化器1家、长沙市级技术创新中心2家、长沙市级星创天地4家。12月14日，长沙市委常委、浏阳市委书记黎春秋调研科技孵化平台建设情况，并为全市科创平台发展工作指明方向。

【科技成果转化】 组织开展技术贸易合同登记增量“百日行动”，加大政策宣传和培训力度，确保每周到一个乡镇(街道)进行服务指导，深入企业挖掘合同资源，指导企业准确登记技术交易合同，全年完成技术贸易合同登记额17.67亿元，完成考核任务的136%。其中，镇头、大瑶、荷花3个乡镇(街道)技术合同成交额达到1亿元以上，花炮行业新增成交额2亿元以上，环保行业单个合同成交额达2.08亿元。开展专题调研，摸清全市87个校企合作项目基本情况。

【创新政策引领】 坚持以实施科技计划项目为着力点，支持、引导企业开展新技术、新产品和新工艺研发，下达本级科技计划项目45个，安排资金202万元。落实浏阳市科技创新“1+8”[《浏阳市人民政府关于印发〈浏阳市关于推进科技创新的若干政策措施〉的通知》,《浏阳市科技发展计划项目及专项资金管理办法》《浏阳市知识产权补助办法》《浏阳市科技特派员工作实施方案》《浏阳市技术转移(分)中心(工作站)补助办法》《浏阳市技术交易补助办法》《浏阳市企业研发(R&D)经费投入补助办法》《浏阳市科技企业培育补助办法》《浏阳市众创空间星创天地补助办法》]政策，兑现2019年度企业培育、科技特派员、平台建设等补助资金704.5万元。强化与上级部门汇报对接力度，及时掌握项目申报动态信息，指导、推荐企业申报省、市级科技项目，全年向上争取项目资金9107万元，调动企业科技创新主动性和积极性。

【科技创新氛围浓厚】 2020年，浏阳市承办第三届创新湖南高峰论坛，研究探讨浏阳科技创新和产业转型升级，在《湖南日报》等多家媒体宣传浏阳科技创新工作。围绕“科技战疫创新强国”主题，开展2020年科技活动周活动，组织各乡镇(街道)开展科学、节能、健康、防灾等方面知识普及，发放科普书籍和资料1万余册，参与活动群众4万余人次。总结工作亮点，开展对外宣传工作，在长沙市级以上媒体专题报道浏阳科技工作4次，《浏阳日报》专题报道15条。

【科技扶贫】 2020年组织省、市、县三级农业科技特派员65人到派驻单位进行业务培训和技术指导，实现33个省定贫困村科技特派员全覆盖。2020年，科技特派员开展实用技术培训465期，服务企业专业合作社193家，培养基层技术骨干203人，培训农民、大学生村干部、乡土科技人才13950人次，服务带动周边农户近万名，累计引进新品种75个，推广新技术100余项，帮扶成效显著。12月15日，“学习强国”平台和《浏阳日报》对浏阳市科技特派员工作进行专题专版报道。

【第三届创新湖南高峰论坛在浏阳举办】 9月21—22日，以“科技创新助推全面小康与高质量发展”为主题的第三届创新湖南高峰论坛在浏阳市举办，来自科技创新领域的专家学者、企业代表、中央与地方主流媒体等近300人参加。论坛由湖南省科技厅、湖南省工信厅、湖南日报报业集团共同主办，是湖南科技活动周重大活动之一。科技部战略研究院科技预测与评估研究所所长王革，第八届湖南省政协副主席、中南大学信息科学与工程学院自动控制工程系教授、博士生导师蔡自兴，中国工程院院士桂卫华、印遇龙等嘉宾，围绕人工智能、智能制造、总部经济等话题发表主题演讲，为创新型湖南建设和县域科

9月21日，第三届创新湖南高峰论坛在湖南省浏阳市举办，浏阳市委副书记、市长吴新伟在第三届创新湖南高峰论坛上致欢迎词 （市科技局 供图）

技创新，从政策、理论及实践等方面建言献策。浏阳市委副书记、市长吴新伟致欢迎词。

【“组合烟花全自动化生产线”项目获省技术发明奖一等奖】 2020年6月10日，湖南省科技创新奖励大会在长沙召开，浏阳市中洲烟花集团有限公司、浏阳市中洲机械科技有限公司“组合烟花全自动化生产线”项目获2019年度湖南省技术发明奖一等奖。该项目已获得湖南省应急管理厅的生产许可证，企业所有危险环节已实现完全自动化，在设备上做到人机、人药完全分离隔断，保障操控人身安全。在研发过程中，中洲烟花通过不断改进、提升烟花自动化水平，已获得40余项科技成果，设计年产能达到每条线120万箱，年产值超1亿元。

（肖芬姿）

科技活动

【概况】 浏阳市科学技术协会内设办公室、科普科、学术学会科，下设二级机构浏阳市艺术科技馆(浏阳市科技活动中心)，在编在岗工作人员8名，负责统筹协调全市科普工作的开展，致力于普及科学知识，推广先进技术，提高全民科学文化素质，管理和指导自然科学学会研究会业务工作，组织开展学术交流活动，反映科技工作者的意见和诉求，维护科技工作者合法权益，为广大科技工作者服务。2020年，浏阳市科协被中国科协评为2020年科普中国信息员队伍建设区县级科协优秀组织单位，被评为2020年湖南省全国科普日优秀组织单位。

【科学普及】 新冠肺炎疫情防控期间，在全市范围开展“疫情防控•科协人在行动”活动，发挥平台和人才优势，持续开展疫情防控应急科普宣传系列活动，通过科普浏阳公众号、乡村“科普e站”、社区“科普e站”屏媒等平台系统发布与传播疫情防控科普信息150多条，200余名以“三长”(医院院长、学校校长、农技站站长)为骨干的科普志愿者、科普信息员队伍投身疫情防控，进农村、入社区向群众宣传疫情防控知识和政策规定，帮助群众正确认识疫情态势，掌握科学防控办法。联合各级单位组织举办系列科普活动，开展科普知识竞赛、科学技术普及体验等活动。联合市教育局组织“科普大篷车”进校园、“中小学生科技节”，全年开展“科普大篷车”进校园活动20次。9月，举办浏阳市2020年“全国科普日”活动，围绕“决胜全面小康，践行科技为民”主题策划开展九大科普活动。普及科学技术，组织技能培训。全年开展技术服务和科技培训300余期，累计服务近万名农民，共引进新品种100余个，推广新技术80余项。

【创新驱动】 2020年，浏阳市围绕服务创新驱动中心工作，针对浏阳市重点发展的十五条产业链开展战略规划工作，邀请周其凤、何继善、陈子江等院士和南京理工大学教授潘功佩到浏阳开展科技咨询活动。截至2020年，浏阳市共建有7家院士专家工作站，7名两院院士、近30位创新团队专家开展多项研发合作项目，在智能制造、医药化工等领域实现多项全新技术突破。7月28日，“浏阳市学会服务站”在浏阳市科协正式揭牌成立，浏阳市通过成立学会服务站，与省农学会、省环境科学学会、省健康管理学会等5家省级学会签订科技服务合作合同，开展学会与本地结对帮扶，共同开展新技术、新品种开发，提高农业产业竞争力。9月，浏阳市承办“第三届创新湖南高峰论坛”，印遇龙、桂卫华2名院士出席活动并发表主题演讲。12月，浏阳市科协入选全国第二批地方科协深化改革工作试点项目。

【科普信息化建设】 2020年，市科学技术协会推动信息化与传统科普阵地深度融合，围绕“百城千校万村工程”目标，组织乡村、社区、学校“科普e站”示范建设工作，促进乡村、社区、学校科普活动常态化。提升科普工作信息化水平，探索“互联网+”科普新模式，截至2020年12月，全市建成社区科普e站5家，乡村科普e站4家，共组织开展科普讲座、技术培训活动36期，科普受众达8000人次；推动科普信息员队伍建设，科普信息员注册人数达到49619人，科普传播量逾370万次，两项指标均位居全省第一。浏阳市科协被中国科协评为2020年科普中国信息员队伍建设区县级科协优秀组织单位，在湖南省科普信息员科普信息传播竞赛活动中获优秀组织单位奖。2020年，浏阳市先后接受全省2016—2020年度全国科普示范县(市、区)总结评估和全省“十三五”实施《全民科学素质行动计划纲要》工作督查，通过验收。浏阳市科协主办的“浏阳市科普知识有奖竞答云决赛”活动被评为中国科协“2020 年全国科普日优秀活动”，浏阳市科协被评为湖南省“全国科普日”优秀组织单位。

【科协组织建设】 加强科协系统组织建设工作，持续推动基层科协“镇、村两级组织”和科技志愿者队伍建设。全市 32 个乡镇、街道以及全市 300 个行政村、23 个社区都建立有科协组织，配备 1～3 名专（兼）职工作人员，基层科协组织覆盖到村（社区）。成立浏阳市科普大篷车、浏阳市农业科技、浏阳市老科协等 52 支基层专业化科普志愿者队伍，全市科普志愿者的注册人数达到 12383 人，在全省区县市中排名第一。全年共开展社区巡展、进村服务活动 30 余次，惠及近万人。截至 2020 年 12 月，全市共建有艺术科技馆、花炮博物馆、生物医药博物馆、观赏植物园、大围山地质公园、青少年素质教育基地、科技模型厂等大型综合性科普场馆 7 处，学校综合性科技馆 13 处，长沙市级以上示范型科普活动室 30 处。2020 年 9 月，浏阳市委机构编制委员会批设浏阳市艺术科技馆为浏阳市科协下属二级机构，该馆总面积 6000 余平方米，主要承担科普展览展示、青少年科技教育等工作。12 月 2 日，浏阳市召开市科协第十二次代表大会，中国科学院院士、山东大学附属生殖医院首席专家陈子江应邀出席会议，长沙市委常委、浏阳市委书记黎春秋出席大会并讲话，大会总结回顾过去五年的科协工作，对未来五年工作进行安排部署，选举产生浏阳市科协第十二届委员会主席、副主席、常务委员。

【开展科技助力乡村振兴县域试点助推乡村振兴】 2020 年 5 月，浏阳市被确定为湖南省科技助力乡村振兴县域试点项目中首批 14 个县市试点之一，项目自 2020 年启动，为期两年。科技助力乡村振兴县域试点项目由学会服务站建设、科技志愿者队伍建设、科普小镇建设、科普信息化及基层科协组织建设 4 个子项目构成，以实现人才资源“对接”基层需求、技术资源“连接”基层发展、科普资源“嫁接”基层应用。学会服务站建设方面，7 月 28 日，“浏阳市学会服务站”在浏阳市科协正式揭牌成立，引进湖南省环境科学学会、湖南省农学会、湖南省健康管理学会、湖南省林学会、湖南省养生学会专家团队进驻，建立长期合作机制，与本县（市）的专家联合推动科技成果转化、科技普及，促进本地生态环境改善、产业发展、医疗健康和公民科学素质明显提升。科技志愿者队伍建设方面，截至 2020 年 12 月 31 日，全市共注册成立专业化科普志愿者队伍 52 支，注册总人数达 12383 人，在全省区县（市）中位列第一。科普小镇建设方面，在浏阳市古港镇规划建设湖南首个特色科普旅游小镇，包括一个科普广场、两家科普基地、三个科普公园、四个科普站点，已建成有松山科普公园、中澳蓝鹰科普公园、沔江乡村科普 e 站、市民科普广场、桃园社区科普 e 站、邹家湾蔬菜科普基地，2020 年新建匠人馆、恐龙谷和万鸟林三个科普教育基地。科普信息化及基层科协组织建设方面，截至 2020 年 12 月 31 日，浏阳市“科普中国”App 信息员注册人数为 49619 人，全市传播分享量 3742052 次，人均传播量 75 次 / 人，各项指标在全省区县（市）中均位列第一。全市 32 个乡镇（街道）都已建有镇、村两级科协组织，配备有科协专干负责具体科普工作。

【2020 年浏阳市全国科普日子活动获中国科协表扬】 浏阳市 2020 年全国科普日围绕“决胜全面小康，践行科技为民”的主题，自 9 月起陆续组织开展科普云课堂、健康科普进大瑶、“菜单式”科普讲座、科普专家在线访谈、科普队伍进社区、科普知识竞赛、打卡科普小镇、中小学生科技节、科普电影进校园、表彰行业领军人物等系列科普活动，表彰一批先进农村专业技术协会与农村科普基地、农村科普带头人、科普社区的单位和个人，为 2020 年新成立的 29 支乡镇（街道）科技志愿者服务队授旗，浏阳基层科普志愿队伍得到发展壮大。9 月 14—18 日，浏阳市科协组织开展 2020 年科普知识线上有奖答题活动，共吸引超过 8 万人次参与，其中排名前 16 位的科普中国信息员参加 2020 年浏阳市全国科普日启动仪式上的科普知识竞答云决赛活动。12 月 18 日，中国科协办公厅下发《关于对 2020 年全国科普日有关组织单位和活动予以表扬的通知》，由浏阳市科协主办的 2020 年浏阳市全国科普日子活动“科普知识有奖竞答活动”被中国科协评为 2020 年全国科普日优秀活动，是长沙区县市科协推荐的活动中唯一被评优活动。

【浏阳市召开科协第十二次代表大会】 2020 年 12 月 2 日，浏阳市召开科协第十二次代表大会，回顾浏阳科协过去五年工作，计划未来五年工作前景。长沙市委常委、浏阳市委书记黎春秋致辞，浏阳籍中国科学院院士陈子江出席大会并讲话。长沙市科协相关负责人，市领导王强、刘仙娥、彭邵锋、张葵红参加会议。大会选举出新一届科协委员 52 名，同时召开浏阳市科协第十二次代表大会第一次会议，选举产生新一届科协常委 36 人，沈村正任科协主席，周秀星、李文英任专职副主席，白航空、杨林广、陈彤、颜颂华任兼职副主席。

【浏阳市第十届自然科学学术年会召开】 2020 年 12 月 24 日，浏阳市第十届自然科学学术年会召开，年会由市科学技术协会和市自然科学学会研究会共同举办，全市各乡（镇、街道）科协主席、秘书长、市级学会（协会）秘书长、企业科协、特邀单位代表共 80 余人参会，浏阳市政府党组成员、副市长（挂职）彭邵锋出席会议。会上，对浏阳市老年科技工作者协会、浏阳市半边天健康联谊会、浏阳市青少年科技教育协会、浏阳市心理学研究会、浏阳市林学会、浏阳市珠算心算协会 6 个市级学会（协会、研究会）进行表彰，长沙市委党校教授李丽纯以“科技助力乡村振兴”为主题进行专题讲座。

【浏阳市艺术科技馆科普基地授牌仪式在浏阳五中举行】 12月24日，中国科学技术协会科学普及部和中国通信工业协会、中国卫星导航定位协会、中国遥感应用协会三家国家社团为浏阳市艺术科技馆科普基地授牌仪式在浏阳五中举行。浏阳市艺术科技馆是浏阳市科协二级机构，为公益一类事业单位，于2019年5月正式开馆，布展面积6000余平方米，以“体验科学、启迪创新、服务浏阳、促进和谐”为立馆理念，主要承担科普展览展示、科普宣传、青少年科技教育等工作。授牌仪式由浏阳市科协党组书记、主席沈村正主持，湖南省科技厅党组成员谢春、湖南省科协副主席张辉学、浏阳市人民政府副市长彭邵锋等分别致辞。中国遥感应用协会理事长、国际宇航科学院院士罗格，中国卫星导航定位协会常务副会长刘大可，遥感智库首席专家、创始人曾宪良等分别为浏阳市艺术科技馆授予“中国遥感应用协会科普基地”“中国卫星导航定位协会科普基地”“中国通信工业协会科普基地”“科普中国共建基地（2020—2021年）”等牌匾。

（谭润秋）

水文监测服务

【概况】 浏阳市水文局负责全市域内的水文监测、水环境监测及水情预测预报预警工作。2020年，管辖双江口、宝盖洞2个国家基本水文站；沙市、文家市、沿溪、金牌4个中小流域水文站；达浒、镇头、金刚、炉前、城区风光桥5个中小流域水位站；浏阳水厂、株树桥水库、大围山、宝盖洞、双江口5个水质监测断面和38个雨量报汛站（基本雨量站14个，中小流域24个）；全市共计53个水文站点。12月18日，“湖南省宝盖洞水文实验站”“国家能源水电工程技术研发中心水情测报与水电调度研究分中心宝盖洞中试基地”和“长沙理工大学实践教学与科研宝盖洞基地”在宝盖洞水文实验站揭牌。

【水文监测】 水文监测项目包括水位、水温、流量、泥沙、降雨量、蒸发、墒情。2020年，浏阳市平均降雨2177.8毫米，比历年同期均值偏多34.61%。入汛以来（4月1日8时至9月30日8时），全市平均降雨1484.7毫米，较历年同期偏多36.87%。基本水文站双江口站（水位数据采用冻结基面高程）：全年测流35次，取单沙145次；实测最大流量188立方米／秒，平均输沙率6.57千克／秒；年降雨量2143.0毫米，年蒸发量638.3毫米，全年最高水位23.97米（6月30日），全年最低水位19.19米（10月30日）（水位均为冻结基面以上水位）。基本水文站宝盖洞站（水位数据采用冻结基面高程）：全年测流28次，电波流速仪比测54次；年降水量为2379.5毫米，实测最大流量61.0立方米每秒，相应水位182.86米，实测最小流量0.114立方米／秒，相应水位181.83米，全年最高水位182.87米（6月30日），最低水位181.82米（6月19日）。

【水环境监测】 2020年，浏阳市水文局管辖浏阳水厂、株树桥水库、大围山、宝盖洞、双江口5个水质监测断面，动态监控水质变化，每月定期对以上5个监测断面进行取样送检，将检测结果和形成原因及时向浏阳市政府、水行政主管部门进行汇报，并提出水资源保护的参考意见，每月向长沙市政府、浏阳市政府及相关单位报送《长沙市株树桥水库水资源质量状况通报》。

【水文服务】 水文测报：完成双江口、宝盖洞2个国家基本水文站；沙市、文家市、沿溪、金牌4个中小流域水文站；达浒、镇头、金刚、炉前、城区风光桥5个中小流域水位站；38个雨量站的资料收集、整理和汇总，并报送省、市水文部门审定；沙市站2020年6月30日施测最大流量448立方米／秒，相应水位63.19米，为建站以来实测最大流量。水情预测：选取双江口、沙市、金刚三个站点作为浏阳三大河流的代表站进行洪水预测，对大型水库株树桥根据湖南省数值预报系统开展水库的入库洪水预测。2020年，共制作《水情分析与预测》15期、《水情快报》6期、《水文情况汇报》12期、《实时水情》24期。水文预报：借助水利部开发的中国洪水预报系统、湖南省水文中心开发的数值预报系统，加上人工经验做干预判断，开展水文预报。对风光桥站两岸的防洪道路进行GPS高程测量成图，并采用上下游水位相关法、新安江模型法制作2个预报方案。双江口和风光桥两站在2020年的洪水中进行预报，预报精度较高，预见期较长。水情预警：2020年共发布水情预警（蓝色）4次。干旱分析：利用浏阳市内站点的水温、蒸发、河道水情、土壤墒情等项目资料，制作《干旱分析与预测》材料1期。地方服务：浏阳市水文局是浏阳市防汛抗旱指挥部、浏阳市河长制、株树桥水库水资源保护、浏阳市椒花水库建设成员单位，2020年浏阳市防汛抗旱指挥部明确该局为浏阳市城区防涝排渍工作办公室成员。2020年，编写浏阳水文“十四五”规划，纳入浏阳市“十四五”水利发展规划、水安全保障规划及水利空间布局规划中；同时为浏阳市椒花水库工程项目部、发改局、住建局、浏阳市重点项目办、浏阳市河长制工作委员会、恒大置业有限公司等单位提供水文数据和技术服务。

【2020年汛期雨水情】 2020年4月，全市降雨136.6毫米，比历年同期均值（206.3毫米）偏少33.79%，月降雨总量最多的是古港镇寒婆坳，165.5毫米，全市降雨天数12天左右，日平均最大降雨量为36.0毫米（10日）。5月，全市降雨289.7毫米，比历年同期均值（221.3毫米）偏多30.94%，月降雨总量最多的是张坊镇周洛，369.5毫米，全市各站点降雨天数在15天左右，日平均最大降雨量为93.5毫米（15日）。6月，全市降雨331.1毫米，比历年同期均值（262.3毫米）偏多26.31%，月降雨总量最多的是古港镇寒婆坳，542.0毫米，6月降雨天数偏多，全市各站点降雨天数在20天左右，日平均最大降雨量为178.5毫米（30日）。7月，全市降雨

268.8 毫米，比历年同期均值(153.9 毫米)偏多 74.64%，月降雨总量最多的大围山镇，399.5 毫米，全市各站点降雨天数在 14 天左右，日平均最大降雨量为 131.5 毫米(8 日)。8 月，全市降雨 180.3 毫米，比历年同期均值(136.5 毫米)偏多 32.11%，月降雨总量最多的是社港镇浏北，320.2 毫米，8 月降雨天数偏少，全市各站点降雨天数在 9 天左右，日平均最大降雨量为 90.3 毫米(9 日)。9 月，全市降雨 209.5 毫米，比历年同期均值(74.4 毫米)偏多 181.78%，月降雨总量最多的是古港镇寒婆坳，290.5 毫米，全市各站点降雨天数在 15 天左右，日平均最大降雨量为 130.5 毫米(10 日)。

(张胤儒)

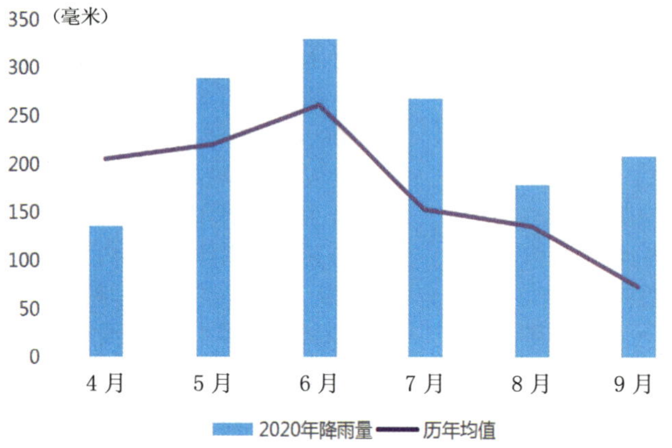

图 1　　浏阳市 2020 年汛期各月降雨量与历年均值对比

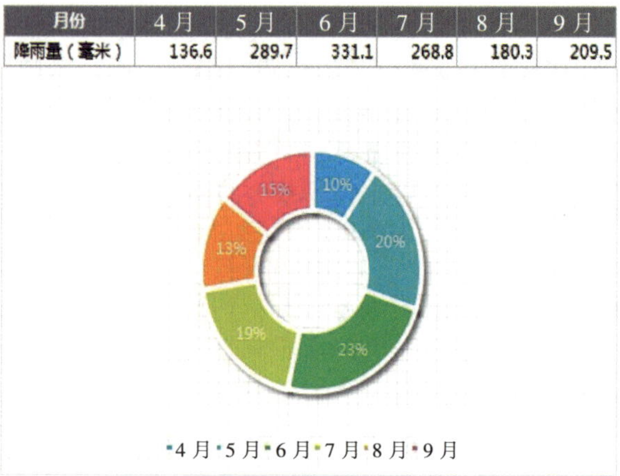

图 2　　浏阳市 2020 年汛期各月降雨量分布

表 7　　2020 年中小河流水文(位)站年最高水位及汛期降雨情况

水文(位)站	最高水位(米)	汛期各月降雨量(毫米)					
		4 月	5 月	6 月	7 月	8 月	9 月
达　浒	119.87 (8 月 8 日)	129.5	299.0	499.0	275.5	213.0	223.0
金　刚	79.70 (5 月 15 日)	138.0	314.0	316.5	245.5	94.0	160.0
镇　头	46.56 (6 月 3 日)	118.5	245.5	353.5	229.5	—	20.5
沙　市	63.22 (6 月 30 日)	123.5	278.5	104.0	141.0	51.0	121.0
文家市	139.77 (5 月 15 日)	142.0	345.5	388.5	248.0	79.0	136.0
沿　溪	92.65 (6 月 30 日)	119.5	313.5	372.5	253.5	214.0	191.0
风光桥	40.43 (6 月 3 日)	—	—	124.5	265.0	102.0	121.5
金　牌	44.00 (7 月 10 日)	145.0	234.0	395.5	288.5	71.0	220.0

气象服务

【概况】 浏阳市气象局属垂直管理事业单位，2020 年，有干部职工 18 人，其中在编 8 人，聘用 10 人。内设办公室、气象台(观测站)、气象科技服务部、防雷中心、法规与减灾科 5 个科室。主要承担地面气象观测、天气预报制播、气象灾害预警、危爆行业防雷工程设计审核、竣工验收、人工影响天气等工作。在长沙市第一届气象行业职业技能竞赛中，浏阳市气象局获团体第二名；兰娟获个人全能第一名、监测预警服务单项第一名、应急观测数据处理单项第一名、装备技术保障第二名，被长沙市人力资源和社会保障局授予“长沙市技术能手”荣誉称号。9 月，兰娟代表长沙市局参加第十五届湖南省气象行业职业技能竞赛，获得个人全能三等奖，被授予“湖南省气象行业技术能手”称号，同时被长沙市气象局授予“特别贡献奖”；12 月，被长沙市总工会授予“长沙市五一劳动奖章”。

【气象观测】 2019 年 12 月至 2020 年 11 月，浏阳国家气象观测站数据上传及时率除 6 月 99.31%、7 月 99.87%外，其余月份均为 100%；数据可用率为 100%。2020 年 1 月 8

日，浏阳市气象安装天气现象视频智能观测仪，并被选为全国13个试点站之一；4月1日起，开展天气现象视频智能观测仪与人工对比观测；9月22日，浏阳国家气象观测站完成多温多雨设备安装，并完成气温降水多传感器业务切换；11月11日，该站接受中国局2020年气象观测质量管理体系外部审核组远程视频审核，审核结果观测场南北桩为一般不符合项，其他项目获通过。截至12月，该站已完成不符合项的整改工作，并上报纠正和纠正措施。

【气象防灾减灾服务】 2020年天气气候情况复杂，年内共出现7次全境暴雨天气，29次区域性暴雨过程。该局多举措开展气象服务，拓展气象服务覆盖面，为各行各业气象防灾减灾提供信息保障。全年共启动气象灾害应急响应6次，其中5次Ⅳ级，1次Ⅲ级；共发布各类天气专题503期，其中《长期天气趋势预测》2期，《短期天气趋势预测》11期，《重要天气消息》7期，《地质灾害气象风险预警消息》10期，农业、烤烟、节假日等专题共计473期。发送各类气象预警信号61次，“强降水实况监测警报”260次，发送各类气象预报预警短信息共计395万余条。通过农村广播村村响系统发送预警信息41次。深化部门合作，做好地质灾害防御工作，配合市自然资源局对浏阳市切坡建房住户进行全面排查梳理，切坡建房服务对象增加至2020年50871户；与市自然资源局联合署名发布地质灾害气象风险预警消息10期，其中地质灾害气象风险黄色三级预警10次，橙色二级预警9次，红色一级预警1次；发送切坡建房住户预警信息19次，发送地质灾害气象风险提示75次，共计286万余条。

【防雷安全监管】 2020年，浏阳市气象局全年开展防雷安全执法检查57次，发现问题和隐患18处，立案2起，并督促整改到位；开展氢气球施放巡查10次，发现违法施放氢气球活动2起。制定《浏阳市气象局安全生产专项整治3年行动工作工作方案》，明确工作计划和工作任务，通过实施三年行动，完善从根本上消除防雷与升放气球事故隐患的责任体系，推动防雷与升放气球安全形势持续向好发展。5月，组织在浏阳从事防雷检测活动的人员开展防雷安全生产培训，培训20多人次。做好防雷行政许可工作。做好新建、改建、扩建建设工程项目的防雷装置设计审核和竣工验收工作，截至2020年10月底，共受理防雷装置设计审核和竣工验收事项149件。推进行政审批制度改革，防雷设计审批和竣工验收事项时间压缩至2.5个工作日，施放氢气球审批实行即办制。

（李立　兰娟）

浏阳文庙　　　　（浏阳市档案馆　供图）

教　育

综 述

【概况】 2020年，浏阳市有各级各类学校417所，其中小学307所，初中52所，普通高中15所，中等职业学校6所，艺术学校1所，特殊教育学校1所，教师进修学校1所，素质教育培训中心、校外活动中心各1所，民办九年一贯制学校1所，民办高级中学2所，乡镇（街道）社区学校32所。专任教师9966人，其中小学4351人、普通中学5194人、中等职业教育学校421人。在校学生202308人，其中，小学111065人、初中49859人、高中27937人、中等职业学校10610人、特殊学校216人。另有幼儿园503所，其中公办园263所、民办园240所，教职员工数6262人，在园幼儿58988人。

2020年，浏阳市加强教师队伍建设，引进招聘教师637人，其中部属师范院校和双一流高校优秀毕业生61人，新招聘教师90%以上分配至乡村学校。招录公费师范生160人，争取省市支持增加教师编制1200个。全年组织教师研训1.3万人次，应对新高考、新教材改革，聘请全国高考命题、教材编辑等专家开展教师全员培训。设立名师工作室34个、乡村教师工作坊20个。幼教人员持证率71.3%。民办学校62名编制教师全部返回公办学校或辞职。开展辖区走教，推进志愿支教，实施银龄讲学，500余党团员教师志愿送课3000余节，缓解乡村薄弱校专业教师不足。深化领头雁工程，92人被评为市级卓越教师和本级学科带头人、骨干教师和教学能手。推进国家级师德养成示范县创建，弘扬高尚师德，教师队伍整体素质整体提升。推进教育民生服务，持续巩固阳光招生政策，创新实施以小区为单位科学合理划分学区，城区公民办学校同步招生，新生统一网上报名以及超员摇号。符合条件外来务工随迁子女5964人，100%就地安排入学。认定（含升级）普惠民办园32所，发放普惠园奖补资金1846万元。帮扶教师1300余人，大病救助教师285人，慰问贫困学生家庭2000余户，累计帮扶资金达460万元。成立教师心理健康服务援助团，开展大龄青年教师联谊相亲活动，召开新聘外地教师浏阳考察座谈会，举行外地教师家乡行等活动。推进“放管服”改革，政务事项100%纳入网办，市教育局被评为市民服务热线先进单位；市教育局阳光服务中心被评为长沙市一类机构。规范课后延时服务，271所学校组织近8万名学生参与。推进学校排污整改项目、雨污分流改造项目，完善油烟净化装置，实现生活垃圾分类全覆盖。优化教育发展环境，推进各类“进校园”活动、督查、考核和评估清单式管理，经市委常委会审核，10项“进校园”督查、考核事项和8项“进校园”活动列为2020年度学校可以接纳的督查、考核和活动，较上一年减少38项。投入安保经费1200多万元，配备保安、门卫1013人，公用经费20%用于安全隐患整改，新增监控探头4000多个，全面完成安防建设“五个100%”。集中开展校车交通顽瘴痼疾专项整治行动，查处违法违规行为30起，107台问题校车平稳有序退出。联合市监管局委托第三方机构进行食堂风险评估和餐具检测，开展“护苗”行动，投资300万元提质改造食堂和饮用水设备，统一规范饮食安全管理台账，“地毯式”督查及监控巡查2300次，确保“三考”平稳及师生舌尖安全。校外培训机构和无证幼儿园整治率达100%，关停无证机构13家，整改办证6家。挂牌督导覆盖全市中小学校、幼儿园，组织春季、秋季开学工作督导，诊断式调研薄弱学校2所、过程性督导标准化学校创建43所、督导评估幼儿园办园行为114所。开展实地调研、组织基层单位座谈，科学编制教育发展“十四五”规划。教育教学质量提升。2020年，市公益普惠性幼儿园占比89.7%，举办第四届幼儿园团队专业技能大赛。义务教育适龄人口入学率、巩固率均为100%；适龄三类残疾儿童入学率99.3%；初中毕业生升学率98.1%；职校毕业生就业率100%；截至2020年，全市拥有国家级特色学校或示范学校30所、省级特色或示范学校36所。省、市两级规划课题立项16个。坚持立德树人，深化品格教育，落实“三全”（全员、全程、全方位）育人机制。科技创新竞赛获国家级成果27项，3人次获全国奥赛一等奖。7名学生在市运会上打破九项纪录，3人获国家一级运动员称号。2020年学考全科合格率99.96%，高考文理科一本和二本上线率分别为29.34%、53%，8名学子考取北大、清华，被评为长沙市高考优秀考区。产教融合、校企合作纵深推进，建立多个实习实训基地。中职师生技能大赛获省市奖励168人次。永和社区学校被评为省优秀等级，全市终身教育学习网总学分居长沙十区县（市）第一名。教育发展存在的困难和问题。城乡、校际之间仍有差距，优质均衡校际差异系数大；教育化债压力依然存在，教师编制仍然紧缺；乡村师资相对薄弱，优质教育资源供不应求；学前教育发展不均衡，存在“城镇强、乡村弱”的现象。

【学校规划建设】 2020年，投入5.9亿元，新建官渡芙蓉学校、经开区克里小学、集里新屋岭小学3所学校、公办园8所，改造薄弱学校20所，初中、小学净增面积9452平方米、89731平方米，初中、小学校舍新增24413平方米、55013平方米，创建标准化学校43个，“学改园”32所，新增学位10310个，义务教育大班额全面化解。浏阳高级技工学校二期竣工，增加学位630个；完成454间教室的5452盏护眼灯安装；完成城区学校280间厕所、1980个蹲位的全面改造；提升改造49所学校食堂和饮用水设施设备。完成常规仪器设备政府采购2188万元，添置新扩建学校设施470万元。新建雅礼浏阳二中标准化国考考点，完成全市中考考点建设。

【学校疫情防控取得胜利】 新冠肺炎疫情发生以来，市教育局成立应对疫情工作领导小组，印发《关于切实做好新型冠状病毒感染的肺炎疫情防控工作的通知》《关于2020年春季学期延期开学的通知》等文件，部署各级各类学校重视疫情防控、做好应急预案、落实“日报告、零报告”制度，分类落实防控、参与联防联控，指导学校实施校园封闭管理，实施防控精准排查，开展疫情防控宣传，开展校园场室消毒，组织应急处置演练，全市385所中小学校27万名师生（幼儿），4个批次错峰开学平稳有序，全市无一例校园防疫责任事件发生。

【“停课不停学”有序开展】 组织全市400余所各级各类学校、18万余名在校生、近万名教师，在抗击疫情和“停课不停学、不停教”两条战线上奋战。录制千余堂本地网课，内容涵盖本市各学段的所有学科，让“线上课堂”一个不漏，不落不下。线上教学、有序开学等工作，受到新华社、人民网、中国教育新闻网等媒体报道推介，工作案例《“1+N”全覆盖，不让一个学生掉“线”》获长沙市特等奖。

【教育脱贫攻坚取得成果】 打响脱贫攻坚战以来，教育系统守住“不让一个学生因家庭经济困难而失学”底线，结合疫情防控和开学复课工作，实施“五一”(为建档立卡、残疾、低保、特困供养四类学生送上：一份生活补贴、一份免费学生险、每日一个免费口罩、一个免费课后服务和一对一结对帮扶）精准帮扶计划，实行列表式清单管理。为全市近3万名家庭经济困难学生发放资助金1800余万元；为2800多名建档立卡困难家庭子女提供免费课后服务；为7900余名建档立卡户贫困学生安排“一对一”专属老师，对306名重症残疾学生开展送教上门服务。同时，向对口帮扶的邵阳县实施“三个一”(推进一批项目、援建一批设施、培训一批人才）工程，投资500万元为邵阳县第二中学新建教学楼，安排242名邵阳县教师（干部）到浏阳跟岗学习，资助邵阳县特困教师和贫困学生近4300余人。

【“网络校联体”建设获推介】 2020年11月26日，在由中央电化教育馆主办，中国电化教育杂志社、国家数字教育资源体系联盟和湖南省电化教育馆承办的湖南省“三个课堂”区域应用专题培训研讨会议上，浏阳教育信息化建设和“网络校联体”试点工作获肯定。通过信息化手段，采用“六个统一”(统一建设标准，建设教育城域网和网络联校管理平台实现硬件软件互通互动；统一技术模式，开发录播教室和视频会议模式为主、软件互动模式为辅的混合技术模式；统一开课模式，网络联校授课全部采取同步互动、同步直播、异步点播三种模式；统一管理平台，开发网络联校管理平台实现资源的互联互通；统一教学要求，在师资配备、课堂教学、教学评价等关键环节上，建立常态化应用模式；统一维护管理）推进模式，浏阳市组建37个“网络校联体”，9所优质中学和28所优质小学（长沙市7所）作为主持校，分别与浏阳市其他360所中小学和教学点建立结对关系。运用网络联校、视频会议、录播教室等信息系统，汇集远程互动教学、在线教研、视频会议、网络直播、视频资源汇聚等功能于一体，探索构建“六个统一”的县域“三个课堂”(专递课堂、名师课堂、名校网络课堂）整体推进模式，浏阳市入选省“县域网络校联体试点县（市）”“信息技术应用能力提升工程2.0试点县市”。

【“十三五”教育发展规划任务如期完成】 2020年12月，全市对“十三五”教育发展规划任务完成情况进行总结：“十三五”期间，投入资金40亿元，新改扩建学校60所，其中新建道吾学校、百宜小学、新屋岭小学等学校22所，全面改薄学校38所。创建标准化学校324所。新增学位4.6万个，消除大班额774个；新建公办幼儿园35所，完成“学改园”104所，新增普惠性民办园73所，公办园及在园幼儿占比50%，公办园和普惠性民办园占比达到88.9%。57所乡镇寄宿制学校建设全面完成，72所小规模学校建设均创建为标准化学校。普及高中阶段教育议案顺利办结，新翰、唯美等民办高中建成并招生，市第十中学恢复普高办学；长沙职业技术学院部分移交浏阳，浏阳高级技工学校二期扩建完成，中协高新科技学校建成招生。

（潘志强）

11月26日，浏阳市在中央电化教育馆主办的“三个课堂”区域应用专题培训研讨会上作经验介绍

（浏阳市教育局　供图）

学前教育

【概况】 2020年，全市有幼儿园503所（其中公办园263所，民办园240所），普惠性民办园有188所（一级12所，二级23所，三级77所，四级76所），公办园占比52.3%，普惠性幼儿园占比89.66%；在园幼儿58988人，毛入园率96.09%，公办园在园幼儿28516人，占比48.34%。评审188所民办园为普惠性民办园，发放普惠奖补资金1863.328万元。

【增加公办园学位 1892 个】 制定《增加公办学位工作方案》，2020 年新建人民路二小附属幼儿园、浏阳河附属幼儿园、淳口镇山田幼儿园、淳口镇船头幼儿园、北盛镇马战幼儿园、大瑶镇枫林幼儿园，回收黄泥湾附属幼儿园（小区配套园），有 10 个学前班改建成简易幼儿园，共增加公办学位 1892 个。

【招聘幼师 25 名】 2020 年，公开招聘幼师 25 人，同时组织 400 余名园长到长沙、岳阳、北京、成都等地参加研修培训活动。组织开展保育员培训活动。开展第四届幼儿园团队专业技能竞赛活动，以赛代训、以赛赋能，全面提高学前教育从业人员职业素养。

（潘志强）

义务教育

【概况】 2020 年，全市普通中小学 359 所，其中初级中学 52 所，小学 307 所。普通初中在校学生数 49859 人，小学在校学生数 111065 人，特殊学校学生 216 人。全市小学适龄儿童入学率 100%，小学年辍学率为零；初中入学率 100%，年辍学率为零；初中毕业会考一次性合格率 90%。

【小规模学校完成标准化建设】 2020 年，全市 72 所小规模学校全部实现标准化建设。200 人以下的小规模的村小和教学点按班师比 1∶1.7 标准足额核定编制，公办教师不足时适当补充编外合同制教师；108 名新招聘教师安排至小规模学校。按 500 元、700 元、900 元标准发放乡村教师津贴，按月足额核发校长及班主任津贴。分片区组建 10 个支教队 500 名志愿者服务小规模学校 65 所。实施辖区教师“走教”制度，每周共计走教 326 课时，有效保障小规模学校师资。湖南卫视专题报道浏阳市乡村小规模学校建设做法及成效。

【官渡镇芙蓉学校建成使用】 2020 年 9 月 1 日，新建的浏阳市官渡镇芙蓉学校投入使用，开设 12 个班共招收 560 名小学生。该学校位于浏阳市官渡镇南岳村，于 3 月 7 日开工建设，由市公共工程建设中心负责承建。学校总投资 3500 万元，其中省财政出资 1000 万元、浏阳市配套 2500 万元，建设有功能教室、体育馆、运动场、教师宿舍等设施，具备学生寄宿条件。

9 月 1 日，投资 3500 万元新建的官渡镇芙蓉学校投入使用

（官渡镇芙蓉学校　供图）

【小河中学被评为“湖南省乡村温馨校园典型案例学校”】 2020 年 6 月，浏阳市小河中学被评为由省教育厅评选的“湖南省乡村温馨校园典型案例学校”。小河中学位于湘赣边界处的小河乡新河村，有学生 490 人，10 个教学班。学校将诗词文化深度融合到校园生活中，开发实施校本课程《欣赏创作中华诗词》等，用高雅诗词环境育人，学校曾先后被评为“湖南省诗教先进单位”“长沙市文明单位”。

（潘志强）

普高教育

【概况】 2020 年，全市有普通高中 16 所（含民办新翰高中、唯美高中和嗣同高中），其中有 3 所省级示范性高中、7 所市级示范性高中，在校学生数 26372 人。2020 年秋季普高新生招生 9770 人，8582 人参加高中学业水平考试，一次性合格率 99.99%，7957 人参加普通高校招生考试，一本、二本上线 3967 人。

【2020 年湖南省青少年举重锦标赛在浏阳举行】 8 月 18—21 日，2020 年湖南省青少年举重锦标赛及省举重中心队内测试赛在长郡·浏阳实验学校举行。比赛由湖南省体育局主办，湖南省举重运动管理中心、湖南省举重协会、长沙市体育局承办，长郡·浏阳实验学校协办，来自全省各市州共 17 支代表队的领队、教练员、运动员和裁判人员参加。

（潘志强）

·中学简介·

【浏阳市第一中学】 2020 年，学校共有 98 个教学班，学生 5055 人，教职工 466 人，其中省特级教师 5 人，正高级教师 5 人，高级教师 146 人。2020 年学校普高和艺高均获浏阳市高中教育教学质量评价（高考、学考、联考）一等奖。高考普高部一本上线率 77.1%，一本、二本上线率 91.03%，7 人进入全省单科万分之一，位居湖南省第六，5 人被清华、北大录取，高二学业水平考试一次性全科合格率 100%；艺高部一本、二本上线率 73.94%，1 人被清华大学录取，1 人被中国美院录取；艺初获初中教育教学质量综合评价一等奖，2020 年中考全 A 生 100 人，28 人进入单科千分之一。学校办学成绩稳居全省同类高中前列。2020 年 10 月，清华大学授予浏阳一中“清华大学生源基地”称号。2020 年，学校坚持以办人民满意的教育为宗旨,以"培养现代文明人"为目标,落实"立德树人"的根本任务,推进学校治理,着力打造温润一中,建设"一流学术性高中"。德育活动:学校建立学生导师制度、学生综合素质评价制度、志愿服务制度,开设心理健康教育、走近谭嗣同、校友胡耀邦等校本课程,形成德育论坛、文庙祭孔、诗词大会、十八岁成人礼、家长工作日等系列德育活动。2020 年,浏阳一中主要有学子深情表白抗疫一线、"邮政杯"2020 湖南日报朗读者主题活动、高三学子成人礼、教师节告白"最亮的星"等特色德育活动。2020 年度学校通过湖南省文明标兵校园迎检,成功创建长沙市教育系统"青年文明号"、被评为长沙市教育系统文明创建工作先进集体、浏阳市中小学德育工作先进单位,并在全市德育工作会上作经验介绍。教育教学:学校实施全员晒课、听课、评课机制,深化课堂教学改革,构建优质课堂,优化学生学习过程,成立数学社等学科社团,拓宽学生学习维度。学校持续开设的特色外语类、艺体类、实践类、科技类、生涯规划等系列课程,引导学生正确认知自我,助力学生成长。创新学校体育艺术教育,被评为浏阳市体艺工作先进单位。抓心理辅导,被长沙市文明办授予长沙市未成年人心理健康辅导示范站点,并在全市作心理健康教育经验介绍。学校搭建平台,让学生在校园文化艺术节、社团文化节、科技节、阳光运动会等课余活动的体验参与中增本领、长才干。同时,举行全校篮球赛等体育竞赛活动,承办省市级体育赛事,完善学校体质健康监测,为学生身心健康保驾护航。2020 年度,浏阳一中获中小学科技节一等奖第一名、浏阳市中小学生田径运动会高中组团体总分第一名及体育道德风尚奖、获浏阳市中学生篮球赛第一名及长沙市第七名、合唱团被评为浏阳市优秀学生社团,并获第七届中国童声合唱节铜奖。学校举办的 2021 年元旦晚会,由中国网、浏阳融媒体等全球现场直播,浏阳 TV 端口观看量达 222 万。教师队伍建设:2020 年度,学校有 2 人被评为长沙市专项优秀教师、1 人被评为浏阳市优秀教育工作者、3 人被评为浏阳市优秀教师、3 人被评为浏阳市师德标兵,并有李辉明高中化学名师工作室和周闽湘高中生物名师工作室被评为浏阳市优秀名师工作室。停课不停学期间,浏阳一中录制 500 多堂视频课,通过浏阳市融媒体中心"在线教育"向全市开放;2020 年,浏阳一中全年组织教研课、公开课、示范课等 200 余堂,学校被评为浏阳市第六届教育科研工作先进单位。学校打造名师工程和青年教师工作坊等,组织参与三新探索体、湘东九校教育协作体等教育交流合作,提升教师职业获得感和团队归属感。多元办学:区域交流。学校继续领办浏阳一中高新实验中学,与浏阳六中共办"一中班"等,辐射引领区域教育,并派出骨干教师到帮扶校,驻点把脉教育教学,共享优质教育资源;2020 年度,长沙市袁章军名校长工作室"影子校长"活动在浏阳一中举行,旨在共建共享中推进区域教育协同发展。学校与湖南邵阳等老区兄弟学校签订教育培训协议,通过理念输入、干部跟班学习和管理经验分享等方式,助力老区教育。国际交流:2020 年,第七届中法环境月之"服务于生物多样性的航天技术"主题图片展在学校举行;2018 级法语班 4 位学生被法国鲁昂工程师商校联盟录取;学校继续派老师到英联邦马恩岛孔子课堂执教;开展中美网络连线课堂,拓宽学生国际视野,为素质提升赋能。其他工作:后勤服务。2020 年度,完成电路改造,教室、寝室空调安装,并改装完成 6 个录播教室,并进行学校后山提质改造。安保工作。实现全年零安全事故的目标。群团工作。本年度,学校被评为湖南省青春健康工作先进单位、长沙市"五四红旗团组织"、浏阳市妇女工作先进单位、浏阳市工会工作先进单位等。督查扶助。浏阳一中督学责任区开展常规及专项督导,发挥督学职能;教育基金稳步发展,本年度各类助学金发放近 190 万元,扶助学生近 1700 人。

(柳包华)

【浏阳市田家炳实验中学】 浏阳市田家炳实验中学创办于 1998 年,是以香港爱国儒商田家炳先生捐献的 400 万元作为启动资金,由浏阳市人民政府创建的公办学校。2004 年,学校晋升为湖南省示范性高级中学。学校占地面积 21.6 公顷,建筑面积 10 万平方米,绿化面积 90045 平方米,绿化率 44.5%。2020 年下学期,学校下设办公室、教务科、学生科、教科室、总务科、保卫科、督导室、督学区、招生办、党建科等科室。有学生 2724 人(含寄读生 143 人),在编在职教职工 259 人。2020 年,学校教师队伍新晋特级教师 1 人(王虎)、正高级教师 1 人(王意诚)、长沙市卓越骨干教师 1 人(罗良)、浏阳市卓越骨干教师 1 人(高见珍),6 人(伍庚玉、李永久、罗良、邓吕兵、邹新健、谭水霞)获浏阳市教育局表彰,1 人(吴又红)获长沙市表彰;同时学校获高考、高二学考、高一联考质量评价 3 个一等奖;一本上线 444 人,上线率 50.9%。二本以上上线 656 人,上线率 75.3%;600 分以上 113 人;全市理科前 5 名,该校占 2 人;文科前 5 名,该校占 3 人;省单科万分之一共 5 人;周雨彬被北京大学录取;学校自 2001 年第一届毕业学生参加高考以来,已连续 20 年获得浏阳市高考质量评价一等奖。学校学生参加数学、物理、化学、生物四科奥赛共有 21 人获全国二、三等奖;学生参加语文、英语各类比赛有近 50 人获国家或省市级奖励;2 名学生被评为浏阳市"最美中学生",4 名学生被评为浏阳市"优秀共青团员",2 个班级团支部被评为浏阳市"五四红旗团支部"。在"书香寒假"系列活动中,有 2 个班级被评为浏阳市"最爱阅读班级"。2020 年度,学校共获得长沙市优秀考点、浏阳市"五化"建设示范支部、浏阳市优秀督学责任区、浏阳市"停课不停学"先进组织单位等 10 多项荣誉称号。学校被评为浏阳市 2020 年度绩效考核红旗(一等奖)单位。德育工作:学校发挥党组织政治核心作用,成立德育工作领导小组,制定由学校党组织主导、校长负责、群团组织参与、家庭社会联动的德育工作机制;学校构建大德育工作网络;完善家长会、家长学校及家长委员会制度,形成齐抓共管、密切配合的教育工作机制;学校通过组织田家炳先生事迹报告会,开展校长国旗下讲话,举办学习田家炳精神征文等活动，教育学生修炼品德，完善人格，成就自己，回报社会；组织全校性德育大讲堂，利用重大节日、纪念日、每周升旗仪式和班会课对学生进行思想道德教育，开展德育专题活动，引导学生形成爱党爱国、积极向上的思想观念；学校实行导师制，为学困生安排教师进行专门跟踪和辅导，并进行考核评价；发挥学生科、校团委、年级部、班主任及学生干部对学生管理的作用，开展班级自主管理，让学生在各项活动中实现自我教育、自我成长、自我发展；加强学生心力开发研究，帮助学生做好生涯规划；对学生实行乡情关怀与心理护航，促进学生健康快乐成长。2020 年，学校有 10 名教师参加国家生涯规划师培训，并获生涯规划师资质，生涯规划工作已正式启动。教学教研：抓好常规管理。抓好“教学五环节”工作，做到突出重点、狠抓落实、保证质量，每学期集中检查两次。每学期组织家长开放日活动，开展两次学生民主评教活动，开展教师业务学习与读书活动。搞好特色教研。推行“一周三课”课堂调研活动，包括全体教师参加的课堂教学评优活动、名优教师示范课活动、教坛新秀赛课活动，邀请学校班子成员参与课堂调研；开展青年教师教研论坛，为青年教师搭建交流和学习的平台；组织各年级各学科教师参加浏阳和长沙市的教学研讨会；与友好学校浏阳市十一中开展合作共建活动，与全国田家炳系列中学、长郡中学等省内外名校开展学科共建活动，向到校参观、交流的各个学校开放课堂。围绕提高学科教学的有效性、课堂教学的高效性、学生学习的实效性开展工作，加强课堂教学研究，优化教学内容，转变教学方式，完善教学模式，构建高效课堂，促进学生高效学习，形成相对稳定的教学模式与科学有效的教学策略；加强学科建设与名师培养，打造特色学科组和备课组，现有政治、历史、地理、信息 4 个浏阳市级的名师工作室；抓好各类学科竞赛培训，提高师生创新能力，抓好学生学习习惯养成和学法指导工作，培养学生勇于探索、乐学好思、厚积薄发的能力及品质。科技创新：2020 年度，学校成功申报湖南省知识产权教育试点学校和长沙市知识产权教育示范校；学生参加 2020 年浏阳市科技节，获得一等奖 5 个、二等奖 16 个、三等奖 19 个，获浏阳市高中组团体一等奖。参加长沙市科技节，学生苏碧谦作品获得一等奖；老师屈加亮被评为浏阳市科技教育工作先进个人，谌蕾、唐铁石、周柳、张尔海等老师被评为优秀辅导员。教研教改：2020 年度，学校教师共发表论文 80 多篇，辅导学生发表论文 10 余篇。学校在高一开设 19 门校本课程。数学教研组获《浏阳日报》专版报道，1 人（邓吕兵）获《浏阳日报》专版报道。学校语文、英语教师参加在线集体备课大赛，获湖南省一、二、三等奖（一等奖：寻孝芬、沈洁、杜巧珍；二等奖：汤慧平、周玉芳、肖牡；三等奖：刘赤英、张强、罗海霞）。2 人（周柳、谢小玲）参加长沙市教学大赛获得一等奖。在浏阳市第二十五届课堂评优活动中，学校有 6 人（赖端梓、陈明亮、刘美玲、李叶、施观兰、邓吕兵）获得一等奖、1 人（黄文治）获得二等奖，一等奖获奖率居全市第一。2 人（罗良、谭水霞）被评为浏阳市“青年岗位能手”，1 人（伍艳辉）被评为“浏阳市三八红旗手”，1 人（刘明）获浏阳市团委书记技能比武大赛特等奖。体艺工作：学校举办校运会、艺术节活动，开展体艺“2+1”与大课间活动，保证学生每天一小时的锻炼时间，保证每个学生熟练掌握一至两项体艺技能，促进学生身心健康发展。学生大课间活动获得长沙市二等奖；学生代表队参加浏阳市中学生运动会获浏阳市第四名；参加浏阳市高中生男子篮球赛，获得亚军；参加长沙市篮球赛获长沙市第八名。老师饶文奇获长沙市中小学校大课间体育评比最具创意教师奖，老师罗良参加“诗教中国”微课大赛获浏阳市一等奖，同学喻豪参加长沙市中小学生新媒体主持大赛获一等奖。

（黎　凛）

职业教育

【概况】 2020 年，浏阳市有职业学校 6 所。在职教师 682 人，全市职业学校“双师型教师”占专任教师总数 40.9%。在校学生 10610 人，2020 年招录新生 4193 人，毕业学生 2188 人，毕业生就业率 99.8%，专业对口就业率 98.5%。

【新晋一所“高级技工学校”】 2020年 5 月，湖南省石油化工技工学校更名为湖南省浏阳高级技工学校，正式晋升为高级技工学校。湖南省石油化工技工学校原名为湖南省浏阳磷矿技工学校，创建于 1974 年，2001 年晋升为湖南省重点技工学校，2004 年晋升为“湖南省骨干技工学校”，2017 年学校由省经信委移交至浏阳市人民政府管理。学校现有在校学生 1800 余人，开设有机电一体化、计算机应用、模具制造等 9 个专业。学校采取产教融合“订单式”人才培养方式，与中车集团、吉利汽车、蓝思科技等大中型企业签订校企合作办学协议，开办冠名班级，学生就业率超过 98%，稳定率超过 90%，多次被评为省市招生就业先进单位。

【校企合作成立花炮研究院】 2020年 6 月 15 日，“浏阳花炮象形研究院”在浏阳市烟花爆竹发展中心成立。湖南省浏阳高级技工学校与浏阳象形精品烟花出口制造有限公司、浏阳市烟花爆竹技术协会开启三方合作，以研究院模式开展创新型花炮专业人才培养、花炮工艺实习实训、花炮科研创新等交流合作。浏阳高级技工学校配备科研检测设备，开展花炮科研升级，为行业培养高素质技能型人才。

（潘志强）

·职校简介·

【浏阳市职业中专】 浏阳市职业中专创办于 1971 年，是浏阳市人民政府主办的、浏阳市内唯一的一所国家级重点职校和湖南省首批示范性中等职业学校。学校占地面积 21.34 万平方米，建筑面积 6 万余平方米，拥有校内实训基地 3 个，实习实训室 39 个，校外实训基地 30 个。2020 年，有教学班级 64 个，全日制在籍生 3834 人。教职工 230 人，其中专任教师 220 人，省级专业带头人 3 人，长沙市级专业带头人5人。具有正高级专业技术职称的教师2名，副高级专业技术职称的教师48名。学校开设服装设计与工艺、机械加工技术、汽车运用与维修、汽车制造与检测、电子电器应用与维修、会计事务、计算机及应用、电子商务、建筑工程施工、旅游服务与酒店管理、音乐表演11个专业，其中服装设计与工艺专业为省级精品专业，电子电器应用与维修专业为市级精品专业。学校继续坚持“以就业为导向、以服务为宗旨”的办学思想，坚持面向社会、面向市场的办学方向。2020年学校技能竞赛成绩显著：学生获省学生技能竞赛一等奖3个、二等奖2个、三等奖6个，参加长沙市黄炎培大赛获2个二等奖、1个三等奖。参加艺术节，获长沙市一等奖1个，浏阳市一等奖2个、二等奖6个，学校被评为浏阳市艺术特色学校。学校组织学生参加省、市文明风采大赛，获省一等奖2项、二等奖1项、长沙市一等奖6项、二等奖10项、三等奖20项。环境发展：2020年，争取市局经费32万元，对校园田径场至后园段围墙进行改建。引进14名在编教师，12名代课教师。选派60名教师到深圳进行培训。疫情期间，进行网上交流学习，派送两批次12人次到上海群益学校进行交流学习。德育工作：构建全员、全过程、全方位“三全育人”机制，发挥思想政治课主渠道作用，落实中职学校思想政治课标准，选用国家统编教材，开足课标规定课时。校企协同开展工匠精神教育。落实德技并修，工学结合育人机制，以实习实训课为主要载体开展劳动教育；聘请历届优秀毕业生回校汇报讲演，提振学生就读职校的信心和勇气；聘请法治、安全、卫生、心理等方面专家为师生上课。推进学生养成教育。引导学生养成良好的思想品质和行为习惯；注重学生健康心理工作。建好学校德育工作队伍，把抓德育工作纳入绩效考核范畴，配齐配强班主任队伍，支持班主任参加各级德育专项培训。以活动为载体，丰富学校德育内容，组织学生参加省、市文明风采大赛，2020年获省一等奖2项、二等奖1项、长沙市一等奖6项、二等奖10项，三等奖20项。保障校园平安稳定。落实“四个一律”（外来人员一律由教职工带入校园并逐一登记，闲散可疑人员一律禁止进入校园，外来车辆一律禁止进入校园，上学、放学时段一律安排教师和保安人员在门口护送）校园准入制度，坚决贯彻“五个一律”疫情防控要求；做好学生安全教育工作，全年组织6次安全知识教育广播讲话，3次安全知识专题讲座，1次安全应急疏散演练，组织防溺水、交通安全、防火灾安全教育系列活动，营造安全文明的校园环境。教学教研：常规管理。实行日督查、周通报、月点评制度，创新以教研组为主体的课程教学点评制度。学生技能竞赛。获得长沙市学生专业技能竞赛一、二、三等奖分别为10项、27项、46项；获得湖南省一、二、三等奖分别为3项、2项、6项。教师竞赛成绩。获国家二等奖1人，省级奖励11人，长沙市级奖励63人。教学科研。学校获浏阳市教学科研先进单位，课题研究、校本课程、专著、论文四个大类六个项目被评为市级教学成果；立项建设省级精品课程2门、省优秀校本教材1门、省优秀线上教学案例2个、省优秀专业教学团队1个，省级教学改革研究项目3项，省重点规划课题1个，验收省级课题2个，省级以上教学论文评选获奖15篇，正式刊物发表论文8篇。教学质量。参加省高二年级公共基础课学业水平考试合格率100%，参加长沙市建筑、旅游专业技能抽查合格率100%，优秀率分别为79.4%、30.7%。教师培训。组织60名教师到深圳研修；与上海市群益职业技术学校开展线下、线上校际交流10轮618人次；省级“送培到校”共50人完成报名、开班工作，120人参加教育部10门公共基础课课程标准培训。创新教学方式。申报教育部、省级“提质培优”项目工程；推进机械、电子、计算机、会计四个专业的“1+X”证书省级试点工作。招生就业：2020年，共招录注册新生1494人。加强校企合作，拓展就业渠道，提高就业质量。与衡南得意、长沙博世、威胜电子、尤米制衣、徐记海鲜、湘鹏幼儿园等41家企业开展合作，建立校企合作关系，2020年，学校对接立讯精密、株洲方特、一汽大众、惠科光电等8家优质企业。2020年，391名学生参加顶岗实习与就业，其中长沙本地就业率83%，对口就业率91%，企业满意度调查82%。

（钟　浪）

【湖南省浏阳高级技工学校】 湖南省浏阳高级技工学校前身为湖南省浏阳磷矿技工学校。1974年，由湖南省浏阳磷矿创办于浏阳市永和镇。1986年，浏阳磷矿下放到长沙市，学校由湖南省石油化学工业厅管理，更名为湖南省石油化学工业厅浏阳技工学校；1995年，学校更名为湖南省石油化工技工学校。2014年8月，学校由浏阳市永和镇整体搬迁至浏阳市关口工业小区新校区办学；因湖南省石油化工行业管理办公室机构改革，2015年3月，学校改由湖南省经济和信息化委员会管理；2017年2月14日，学校移交浏阳市人民政府管理；2018年，学校晋升高级技工学校，2019年学校经省、市编委批准更名为湖南省浏阳高级技工学校。1998年经省教委批准成立湖南省石油化工职业中专；1999年经省劳动厅批准成立国家职业技能鉴定所；2000年通过竞标获浏阳市花炮学校承办权，成功创办全国第一所花炮专业技术学校。2001年由湖南省人民政府批准晋升为湖南省重点技工学校；2004年通过省劳动厅复评验收被授予“湖南省骨干技工学校”称号；2008年通过ISO9001质量管理体系认证；2013年11月，学校被评为“长沙市示范性职业学校”。2018年学校经湖南省人力资源与社会保障厅评审晋升为湖南省浏阳高级技工学校。2020年，学校获浏阳市教育系统绩效考核一等奖（红旗单位）、被评为“长沙市安全文明校园”。至2020年，学校占地7.47公顷，建筑面积3.5万平方米，资产9500多万元，教职员工109人，其中高级讲师19人、讲师47人、高级技师5人、技师7人，“双师型”教师占教师总数的60%。2020年下学期全日制在籍学生1867人，教学班级49个。开设机电一体化、模具设计与制造、机械焊接与维修、工业机器人四个高级技工专业,汽车修理与装配、计算机应用、旅游管理、电脑文秘、服装设计与制作、会计等多个中级技工专业。学校拥有电子、电工、电拖、高低压配电、计算机、多媒体教学、机床修理、车工实习、PLC控制、花炮检测分析、花炮制作、服装工艺室、画室等20多个实验室、实习室;建有数控模具实训车间、汽修实训车间、焊接工艺实训车间、机器人实训车间,配有数控加工中心、数控车床、线切割、电火花、铣床、磨床、钻床、CO_2气体保护焊机、氩弧焊机、汽车发动机实训平台、底盘实训平台等先进的实习设备;拥有各类实习设备500多台(套)、工量器具3000多件(套)、各类专业实习工位700多个。学校食堂、学生公寓、形体室、运动场、田径场等生活文体设施齐全,学校形成高等教育、技工教育、中等职业教育与短期培训相结合的职业教育体系。招生就业:2020年招录新生949人。组建冠名班,深化校企合作。2020年度校企合作新生冠名班招生数量达到全校新生就业班总数的一半,与东通电子科技公司签订合作协议,SMT(将电子零件焊接到电路板表面的技术)班完成招生计划,企业投入100多万元,建成一条实训生产线,实现"校中厂"的合作格局。调整就业服务形式和方法,帮助毕业班同学选择意向单位,解决就业问题。教学教研:提升校本培训效能,聘请专家、学者到校讲学;加强双师型队伍建设,组织教师外出研学,引领教师网络导学;组织教职工参加师资培训。坚持"以赛促教",组织教师参加浏阳市第25届课堂教学评优活动;持续推进"师徒结对"青蓝工程建设,鼓励教师参加名师工作室,发挥名师、骨干教师的示范引领和辐射作用,提高教师专业技能和教育教学水平。2020年度,27人在论文评比和在线集体备课项目中获省级奖励;获得第二届全国技工院校教师职业能力大赛长沙市团体二等奖;9人在长沙市论文和信息化教学作品评选中获奖;4人获长沙市级优课,3人获浏阳市级优课;在浏阳市师德养成教育研修评比、论文评选、教育信息化作品评选及微课评选等活动中,学校教师共获得浏阳市级一等奖7个,二等奖8个,三等奖8个。2020年,机电专业4人录取到本科学校,另有95人通过对口高考或单招升入省内大专院校。在2020年长沙市中职学生技能竞赛中,2人获二等奖,12人获三等奖。电工特种工考试、计算机应用考试、职业技能鉴定、普通话测试、"两课"(教育学、教育心理学)考试均取得较好成绩。组织学生参加浏阳市中学生田径运动会、阳光体育大课间、科技节等活动,承办浏阳市2020年中学生篮球赛,夏卫红被评为浏阳市教育系统体艺工作先进个人,杜勇被评为浏阳市中学生篮球赛优秀裁判员,肖恒玲被评为科技节优秀辅导员。德育工作:开展安全教育活动,普及安全常识,落实师生安全教育工作;推行7S管理,做好学生日常行为规范及习惯养成教育;关注学生心理健康,做好心理咨询,加强家校沟通,建设平安和谐校园。坚持"德技并举"。重视思想道德建设,开展系列仪式教育。以每天一次播音,每周一次升旗仪式及主题团课,每月一次主题黑板报评比等为基础开展爱国、爱校、感恩、理想信念教育;开展主题活动月、经典诵读、文体活动、篮球赛、排球赛等活动,丰富学生的课余文化生活。其他工作:2020年度,学校举行湖南省浏阳高级技工学校挂牌仪式,学校正式晋升高级技工学校;完成新增会计专业申报,完成长沙市语言文字达标学校评估,成功申报省人力资源社会保障厅第一批院校职业技能等级认定试点校,学校汽车维修工、工具钳工、装配钳工、机修钳工、电工五个工种具备3~5级鉴定资格。推进基础设施建设,优化办学条件。完善教学设备和设施,新增云机房1个,获吉利公司捐赠新能源汽车1辆,获东通电子科技有限公司捐赠智慧黑板38台,新教学楼教室均由TCL公司捐赠安装空调。改善教师办公条件,每名教师有固定的办公场所,配备全新的办公桌椅。完成学校篮球场和操场主席台提质改造工作。

(李耀成)

民办及社区教育

【概况】 2020年,全市有民办教育机构542所:民办高中2所,民办义务教育阶段学校2所,民办职业高中2所,民办培训学校296所。市社区学院1所,乡镇(街道)社区学校51所,长沙市示范性社区学习中心10所,长沙市级示范性老年基地4个,市优秀社区学习中心18个,特色课程18项。

【民办教育服务平台上线】 2020年8月,浏阳市民办教育服务平台正式上线,该平台是长沙市首个以服务和资金监管为主的民办教育监管服务平台。平台开发有政务公开、在线办事、实时监督、公众参与四大功能块,可开展线上机构登记、排查整改、线上年检、在线审批、机构信用等级评定等。面向社会发布校外培训机构的有关政策、白名单、黑名单等信息。为校外培训机构提供教务工作、师生信息、课程设置等日常管理服务和在线办事服务。与中信银行浏阳支行建立合作机制,开设"监管账户",内设置"最低余额",一旦账户资金低于"最低余额"标准,平台将发出预警信息,并冻结余额,防止培训机构"跑路",有效保护家长权益。校外培训机构资金监管模式获省、长沙市部门认可,在中信银行"云校e行教育共赢"全国论坛会议上作典型发言。

【首届长株潭城市群社区教育发展论坛】 为落实省委、省政府推进长株潭城市群高质量发展战略,深化长株潭三市教育领域尤其是社区教育方面的合作交流,2020年12月18日,由长沙市教育局、株洲市教育局、湘潭市教育局联合在浏阳市集里街道龚家桥社区举办主题为"加强区域交流协作,促进社区教育发展"的首届长株潭城市群社区教育发展论坛。教育部社区教育研究中心专家、株洲市、湘潭市、长沙市教育局和社区大学主管领导、部门负责人,长沙市各区县市教育局、社区学院负责人共49人参加。全国社区教育专家、教育部

12月18日，首届长株潭城市群社区教育发展论坛在浏阳市集里街道龚家桥社区举办
（市教育局　供图）

社区教育研究中心原主任周延军，以《教育现代化背景下的社区教育创新发展》为题，做主旨报告。长株潭代表结合自身实际，从不同角度介绍社区教育工作情况以及对未来工作的思考。论坛前，与会人员观摩浏阳市集里街道龚家桥社区老年教育基地。该基地是一家集悦读坊、调解室、时光影吧、健身区等于一体的文体活动场所，2020年被评为长沙市第四批老年教育基地。

（潘志强）

素质教育

【12所未来学校试点建设】 2020年1月7日，浏阳市召开未来学校工作会议，发布浏阳首批12所未来学校创建校名单，浏阳一中、职业中专、长郡·浏阳实验学校、浏阳四中、道吾学校、一中·高新实验学校、大瑶中学、进校附小、黄泥湾小学、人民路二小、长兴湖小学和李畋完小成为浏阳市首批未来学校创建校。按照总体部署，全市推出包括人工智能、智慧校园、大数据应用等18个教育信息化试点项目建设与应用，每个未来学校创建校结合自身实际，选择1个试点项目开展探索实践。市教育局在提供业务指导同时，给予奖补经费支持。

【智慧教育示范区创建】 2020年，持续推进浏阳“长沙市智慧教育示范区”建设，完成全市中学及部分小学无线网络全覆盖，统一引进学科网教学资源，新增31个信息化课改实验班。新建智慧教室54间、网络联校主讲教室64间、互动教室187间，69所中学运用大数据精准教学系统助力课堂教学和教研教改，“三个课堂”（专递课堂、名师课堂、名校网络课堂）覆盖全市农村中小学校（含教学点）。遴选首批22名种子教师成立智慧教育讲师团，面向全市中小学校和师生开展信息技术与学科教学融合的培训服务和相关应用推广活动，开发系列性、实用性数字资源及课程，启动第一轮全市中小学教师信息技术与学科教学融合应用培训。开发教职工信息智慧管理平台，实现教师培养、教师培训、教师资源配置、教师管理评价等核心工作的信息化管理，推动教师治理体系和治理能力现代化。

【第六届教育科研成果表彰】 2020年12月25日，浏阳市召开第六届教育科研优秀成果表彰大会，总结表彰全市教育科研成果。近五年，全市共立项国家级课题3项，省教科院教育科学规划课题12项，湖南省教育学会课题14项，省教育科研工作者协会课题16项，长沙市级规划课题56项，浏阳市级规划课题125项，结题优良率90%以上。全市教育科研优秀成果获省级优秀21项，长沙市级优秀43项。

（潘志强）

教师队伍建设

【概况】 2020年，全市共有在编教职工9954人，其中小学4467人、普通中学5043人、中等职业教育学校444人。其中研究生学历528人，大学本科学历7419人，大学专科学历1870人，中专及下学历137人。具有初级职称2875人，中级职称4744人，高级职称1635人，未定职称367人，管理岗位268人，技术工人65人。

【完成首批10所师德养成教育基地学校建设】 2019年3月，浏阳市入选教育部“国培计划”（2019）综合改革项目——“师德养成教育示范县（市）区”建设试点。在北师大专家团队的指导下，浏阳制定出台实施方案，开展示范基地校（园）申报，评选确定师德培训团队，推进各项建设任

12月25日，浏阳市第六届教育科研优秀成果表彰大会召开　（浏阳市教育局　供图）

务。2020 年 11 月，全市首批 10 所师德养成教育基地学校，师德养成各具特色，亮点纷呈。浏阳市教师进修学校附小"浏阳文化与师德涵养"，嗣同路小学"谭嗣同精神漫润师德"，中和中学"注重用耀邦的民本情怀修炼师德"，长郡浏阳实验学校"突出构建大师德体系，打造教师精神文化名片"，大瑶中学"设立儒雅文化涵养师德课题"，浏阳市第六中学"儒雅传统文化进校园"，金刚完小"突出挖掘湘剧剧中故事涵养师德"，新文学校"打造有爱的教育"，机关幼儿园"开展经典诵读活动"，人民路二小的"墨香润师德"等，紧扣校情。工作经验《师德养成，"浏"有芬芳》在《教师》杂志刊发。

【招聘（引进培养公费生）教师 797 人】 2020 年，全市招聘（引进）教师 637 人，其中在六所部属师范院校引进双一流高校和部属师范院校优秀毕业生 61 人，第一批高中教师专场招聘高中教师 67 人，第二批面向社会公开招聘中小学教师 233 人；下学期面向社会公开招聘第三批中小学教师 202 人，选调外县市教师 27 人，安排定向培养公费师范生 47 人。另招收初、高中起点公费师范生 160 人，其中招聘高中起点公费师范生 65 人，初中起点公费师范生 95 人。同时提高初中和 A 类小学教师的准入门槛，要求考生报考学历为全日制本科，第三批公开招聘的 B、C 类岗位均面向浏阳籍考生，畅通代课教师考编渠道。

【民办学校公办教师全部返岗】 2020 年，浏阳市教育局根据省编办《转发〈中央编、办教育部、财政部、人力资源和社会保障部关于进一步挖潜创新加强中小学教职工管理的指导意见〉的通知》文件和 2020 年市编委会议精神，督促指导各相关民办学校开展公办教师按期返岗工作。向各民办学校和借调民办学校的公办教师下发限期返岗的整改函件，分两个批次开展返回公办学校教学或办理辞职手续。截至 8 月底，浏阳市民办学校的在编教师中 47 人返回公办学校，15 人办结辞职手续和下编手续。浏阳市民办学校再无在编公办教师。

【浏阳市教职工人事信息智慧管理平台上线】 2020 年 11 月，浏阳市教职工人事信息智慧管理平台上线运行，浏阳市万余名教职工，通过手机职员端——"浏阳市教育局"服务号，完善上传个人基本信息、岗位聘任、教师资格、学习经历、技术职务等信息，单位审核后，全市每个教职工都建有个人电子档案。截至 2020 年 12 月，管理平台已建立 14362 份电子档案，收录信息近 10 万条。整合教师系统及相关教育管理服务平台生成的教师信息，形成教师队伍大数据。管理平台通过与全国教师信息系统、人社局教职工考核系统互通、衔接，教师个人考核等数据实现"自动"采集更新。

（潘志强）

升学考试

【概况】 浏阳市教育考试中心成立于 2002 年，现有在编工作人员 7 人。负责为全市各级各类学校招生考试提供指导和服务。具体负责组织实施浏阳市全国普通高校招生考试、全国成人高等教育招生考试、全国高等教育自学考试、全国公共英语等级考试、湖南省高中学业水平考试和长沙市初中学业水平考试等考试工作。

【完成各项组考任务】 2020 年，受疫情影响，各项考试均推迟，但全年完成 10 场考试，完成各项组考任务。其中有全国普通高等学校招生统一考试、全国成人高等教育招生统一考试、长沙市初中学业水平考试各 1 次；组织全国公共英语等级考试（PETS）、全国高等教育自学考试、湖南省高中学业水平考试各 2 次。涉及考生分别为高考考生 9367 人，成人高考考生 3706 人，高中学业水平考试 8582 人，中考 15742 人（另有初二 16435 人参加生物地理会考），PETS 考试考生 1882 人，自考考生 1027 人。

【完成高考组考工作】 2020 年，全市 9367 名考生参加全国性普通高等学校招生全国统一考试。成立浏阳市高等教育招生考试工作委员会，下设巡考、综合协调、纪检监察等 12 个工作小组，全程调度指挥高考组织实施工作。全市共设置浏阳一中、田家炳中学、浏阳三中、浏阳五中、浏阳六中、浏阳艺术学校 6 个考点，安排考试工作人员 1200 余人，考试组织平稳顺利，秩序井然，考风考纪良好。浏阳市被评为长沙市高考"优秀考区"。

（潘志强）

12 月 27 日，浏阳图书馆新馆建成投入使用。图为新建的浏阳图书馆、博物馆和文化馆(乐之书店)　　(彭红霞　摄)

文化·体育

综 述

【概况】 根据中共浏阳市委办公室、浏阳市人民政府办公室转发《中共长沙市委办公厅长沙市人民政府办公厅关于印发〈浏阳市机构改革方案〉的通知》《中共浏阳市委办公室浏阳市人民政府办公室关于印发〈浏阳市文化旅游广电体育局职能配置、内设机构和人员编制规定〉的通知》，将浏阳市文化体育广播电视局（市新闻出版局）的文化、体育、广播电视管理职责，以及浏阳市旅游局的职责整合，组建浏阳市文化旅游广电体育局，作为市政府工作部门，为正科级，对外使用浏阳市文物局名称。下辖浏阳市文化市场综合行政执法大队、文物保护发展中心、体育运动事务中心、文化馆、图书馆、博物馆、花鼓戏剧团、欧阳予倩文化艺术中心 8 个二级机构。2020 年，浏阳市文化旅游体育工作成果丰硕，疫情常态防控和文旅事业发展“两手抓”“两促进”。2020 年省政府文化旅游工作真抓实干督查激励名单，浏阳名列全省区县第一名；浏阳被评为 2020 年“全国书香城市”。胡耀邦同志纪念馆晋级为国家一级博物馆，秋收起义文家市会师纪念馆被评为国家二级博物馆。不足：文旅融合不够深入、公共文旅设施不够完善、文艺人才储备不足等。

【文化 + 旅游】 探索“文化 + 旅游”模式，完成“我们的节日·春节”——“我们的中国梦·文化进万家”群众文艺轻骑队走基层活动；开展“古乐进景区”文化惠民演出活动，在浏阳河第一湾、浏阳文庙、嘉园度假山庄、华盛山庄、梅田湖等景区演出 12 场；开展“匠心守艺·‘非遗’焕新”2020 年浏阳市“非遗”宣传月活动暨湘赣边（大瑶）首届烟花之“缘”欢乐节启动式（文艺演出）活动；配合景区打造大型音乐情景剧《浏河第一湾》；5 月 19 日，组织浏阳夏布参加 2020 湖南“非遗”购物节暨网红直播带货大赛，由“网红”主播推介浏阳夏布产品；完成“大围山楚东桃花”人气网红进景区拍摄；协助湖南省艺术基金会完成了大筒交响协奏曲《浏阳河畔》宣传 MV 的拍摄，推进文旅融合。

【“三间”经济发展】 2020 年，市文化旅游广电体育局与湖南师范大学共同编制文化旅游体育“十四五”规划，科学谋划文化旅游体育产业发展；参与制定《关于加快推进夜间乡间网间经济发展的实施意见》，出台“‘一河诗画 满城烟花’浏阳邀你来打卡”四大优惠政策，制定《浏阳市关于促进民宿产业健康发展的意见》，激发“三间”（乡间、夜间、网间）经济活力。举办“锦绣潇湘 遇见浏阳”第四届湖南文化旅游创新创意大赛启动仪式，设立六大征集赛事，激活浏阳丰富文旅资源，引领文旅融合新模式；举办 2020 中国红色旅游博览会浏阳分会场活动，采用“1+6”活动（一个主题活动、六个系列活动）结构，促推红色旅游与体育竞技、自驾研学、主题摄影等深度融合；举办 2020“薪火传承·中国健康跑”浏阳站暨第六届浏阳市冬季马路赛跑，“旅游 + 体育”融合发展；举办焰火大会、大围山杜鹃花节、水果节、冰雪节、风筝采茶节等特色文旅节会；文旅部红色旅游专题培训班在浏开班；推进烟花、文艺、美食、互动游戏、网红直播“五进”景区，主题情景剧《梦幻浏阳河》、文庙祭孔音乐进景区演出 76 场，丰富文旅新供给，激发文旅新消费。开展“十大文旅网红打卡地”“十佳夜间经济示范点”“因为一道菜·爱上一座城”系列美食评选活动；发布 100 集“三间”经济短视频，《人民日报》《光明日报》《中国旅游报》《湖南日报》等媒体聚焦报道，“浏阳文旅”微信公众号被评为“微服务”卓越奖，“一河诗画，满城烟花”的网红城市形象深入人心。

【服务体系建设】 2020 年，新博物馆完成内容和形式设计招标，进入施工阶段；建成开放 4 个文旅大舞台、12 个烟花小屋；一站式数字平台“文旅广体云”正式上线，建设图书馆分馆 14 个，文化馆及其 9 个分馆搭建互联互通数字平台，智慧文旅大数据平台全面升级，便捷文旅服务；湘赣边全域旅游服务中心正式运营。新建长沙市标准化村（社区）综合文化服务中心 20 个、全民健身中心 2 个，新（改）建健身步道 2 条 8.7 千米，采购 100 余套健身器材，安装至 140 处全民健身工程点；安装乡村旅游、旅游交通、旅游厕所等标识标牌 780 块，新（改）建旅游厕所 32 座。

【文体活动】 2020 年，开展“百村千场文化进万家”、经典剧目惠民演出、文艺大讲堂、欢乐浏阳河等群众性文化活动 180 余场，全民“乐享”文化大餐；原创作品《蹚出新路子》入选湖南省欢乐潇湘精准扶贫专场晚会展演，并在全省巡演；复排传统花鼓大戏《龙鳞剑》《清明案》《寻儿记》，大型现代花鼓戏《浏阳李白》获 2020 年省文化综合发展专项资金支持。推进体育场馆免费、低收费开放，全年市体育中心接待群众近 146 万人次；举办湘鄂赣边区第十九届老年人运动会、“新年杯”男子篮球赛、第六届“三对三”篮球联赛等全民健身活动 1000 余场次；推进“体育 + 互联网”，开通重大赛事线上直播，累计观看人数超 400 万人次，掀起全民健身热潮；开展农村体育运动，其中“浏北篮球之夜”被新华社、NBA 中国官方网站等宣传报道。

【文遗保护】 2020 年，红一方面军成立 90 周年暨第六届湘鄂赣苏区历史研讨会在浏阳举行，李家大屋、锦绶堂等修缮布展工作获中央、省、长沙市领导、专家好评和认可；国家文物局党组副书记、副局长顾玉才率队到浏阳调研革命文物保护利用工作，给予浏阳文保工作肯定；召开全市红色资源保护与利用研究会议，为推进红色资源保护与利用指明方向；向上争取资金 1250 万元，做好文物保护与修复；开展“秋收杯”湘赣边革命文物讲解大赛，发布湘赣边红色旅游线路，促进湘赣边互游互访；出台《浏阳市非物质文化遗产保护传承十条》，设立 100 万元市级“非遗”保护专项资金；长沙市级“非遗”项目油纸伞制作工艺传承人李忠国被评为全国脱贫攻坚奖奋进奖，成功申报长沙市级“非遗”传承人 13 人；浏阳方言童谣、浏阳烟茶制作技艺、淡豆豉制作技艺、木炭烧制技艺、徐尚医古法养疗、罗氏跌打损伤传统疗法和江公特色艾灸疗法7个项目入选第八批浏阳市(县)级非物质文化遗产代表性项目名录;召开"非遗"代表性传承人培训暨"非遗"工作推进会,提高本级"非遗"传承人传承实践能力;开展"匠心守艺·'非遗'焕新"宣传月活动、庚子年秋季祭孔大典、"非遗"进校园等活动,编制《浏阳红色旅游地图》《湘鄂赣红色旅游地图》,浓厚"非遗"传承和文物保护氛围。

【市场监管】 加强疫情防控:疫情期间关闭全市文博、体育、景区景点、网吧、KTV等经营场所;开通文旅广体空中课堂,丰富线上健身、文化慕课、在线阅读等服务;征集各类文艺作品130余件(篇)并线上展览,推送42件作品参加湖南省"艺抗疫情 云游湖南"主题活动优秀作品、人气作品评选,其中MV《把心交给你》、三句半《万众一心会胜利》等11件作品获"艺抗疫情 云游湖南"主题活动优秀作品;召开复产复业部署会、银企对接会等,助力文旅企业复工复产。规范文旅市场:提高行政审批效率,完善"互联网+监管"系统、"互联网+政务服务"一体化平台数据,建立"红黑榜";结合疫情防控、安全生产、创文创卫等工作,出动执法人员1.8万余人次,检查经营单位(场所)3500余家次,排查安全隐患85处,责令整改8家次,取缔无证经营1家;2020年,全市文旅广体领域未发生重大安全事故和疫情群体性感染事件。

【浏阳上榜2020年"书香城市(区县级)"发现活动名单】 2020年9月24日,中国图书馆学会公布2020年"书香城市(区县级)"发现活动名单,浏阳市上榜,成为全国14个入选城市之一。中国图书馆学会受文化和旅游部公共服务司委托制定并于2015年发布《书香城市(县级)、书香社区标准指标体系》,于2016年和2018年,先后举办两届"书香城市(区县级)"发现活动。截至2020年,浏阳市共建成公共图书馆1个(国家一级馆),乡镇图书分馆13家,24小时自助图书馆9家,农家书屋323个,建立市、县(市、区)、乡镇(街道)、村(社区)三级联网的公共图书馆服务体系。市委、市政府高度重视公共文化服务体系建设,加大基础设施投入,全力推进浏阳市书香城市建设。浏阳市图书馆不断完善总分馆服务体系,重视读者需求,提升服务效能,广泛开展阅读推广活动,着力打造全民读书月、"浏图·绘本手工课""国学大讲堂""书香浏阳'悦'读有我"等品牌阅读推广活动,大力倡导全民阅读,全面推进书香城市建设。

【评定第一批示范性"非遗"保护传承乡镇(街道)、传习所、传承学校】 2020年6月12日,为推进浏阳市非物质文化遗产的保护和传承,根据《中共浏阳市委宣传部、浏阳市文化旅游广电体育局关于开展第一批浏阳市示范性非物质文化遗产保护传承乡镇(街道)、传习所、传承学校评定工作的通知》,经乡镇(街道)、相关部门单位及非物质文化遗产项目保护单位申报(推荐)、评审等程序,最终评定大瑶镇人民政府等6家单位为第一批浏阳市示范性非物质文化遗产保护传承乡镇(街道)、传习所、传承学校。

第一批浏阳市示范性非物质文化遗产保护传承乡镇(街道)、传习所、传承学校名单:

示范性非物质文化遗产保护传承乡镇(街道):

大瑶镇人民政府;

官渡镇人民政府。

示范性非物质文化遗产传习所:

浏阳夏布文化展示中心;

浏阳市达兴油纸伞厂。

示范性非物质文化遗产保护传承学校:

浏阳市教师进修学校附属小学;

浏阳市金刚镇金刚完小。

【发布"非遗"保护传承十条】 2020年6月12日,2020年浏阳市"非遗"宣传月活动在大瑶镇启动,启动仪式上,浏阳发布《浏阳市非物质文化遗产保护传承十条》,从完善"非遗"保护名录体系、加强"非遗"传承人队伍建设、促进"非遗"保护活态传承、支持乡镇打造"非遗"特色品牌、加快文旅融合发展等10个方面拿出硬核举措,并设立100万元市级"非遗"保护专项资金,进一步加强非物质文化遗产保护传承和合理利用。浏阳市非物质文化遗产保护传承十条:(一)完善"非遗"保护名录体系。每年公布一批本级"非遗"项目。积极推荐具有重大价值的项目申报国家、省级、长沙市级项目名录,力争到2025年国家级项目4个、省级项目6个、长沙市级项目22个。(二)加强"非遗"传承人队伍建设。每年评定一批本级"非遗"传承人。对认定的本级代表性传承人,每年给予1000元补贴。每年举办一期"非遗"传承人培训班。(三)推进"非遗"保护数字化建设。借助现代技术手段,推动"非遗"数字化。每年完成1个以上国家级或省级"非遗"代表性项目或传承人的数字化影像记录。(四)促进"非遗"保护活态传承。建设一批示范性"非遗"传习所,每个给予2万元补贴。充分发挥中小学校在"非遗"教育和传承中的积极作用,常态化开展"非遗"进校园活动,每年评定一批示范性"非遗"传承学校,每个给予2万元奖励。(五)支持乡镇打造"非遗"特色品牌。鼓励乡镇积极培育、打造"非遗"特色品牌,每年评选一批示范性"非遗"保护传承乡镇,每个给予10万元奖励。(六)加快文旅融合发展。推荐、引导一批"非遗"代表性项目及代表性传承人入驻旅游景区(景点)进行现场表演、文创产品展销、民俗体验、手工艺互动等特色项目。精心打造浏阳"非遗"主题旅游线路,推广"非遗"主题研学旅行,对纳入旅游线路的"非遗"项目视情况给予资金支持。(七)推进"非遗"产业化发展。加大"非遗"文创产品开发力度。鼓励社会资本参与"非遗"生产性保护和市场推广开发,培育"非遗"产业龙头企业(项目),对影响力大、可持续发展的给予重点支持。(八)强化"非遗"保护宣传推广。利用节日活动、展览、观摩、培训、专业性研讨等形式,讲述传承人事迹和"非遗"故事。融媒体中心开设"非遗"专栏,征集、评选一批"非遗"题材的文学、视频、文艺作品,给予适当奖励,并积极向上级媒体推介。发动社会力量参与"非遗"保护,引导企业、景区、学校、协会等与“非遗”项目开展点对点结对。(九)开展“非遗”交流活动。大力开展以湘赣边区域合作为重点的“非遗”交流活动。鼓励支持浏阳“非遗”项目“走出去”，积极参加省内、国内、国际上有关展览展示活动，多形式、多渠道传播浏阳“非遗”。(十)建立“非遗”保护传承保障机制。制定《浏阳市非物质文化遗产五年保护规划》。设立市级“非遗”保护专项资金100万元，由市委宣传部牵头，会同浏阳市文旅广体局做好专项资金评定、拨付、跟踪监管，组织开展绩效评价。

(张　晋)

文艺活动

【概况】 2020年，文化馆免费对外开放接待人数约2000人次；举办2020中国红色旅游博览会浏阳分会场、第四届湖南文化旅游创新创意大赛等活动，持续开展送戏下乡、经典剧目惠民演出、“文艺大讲堂”“欢乐浏阳河”等群众性文化活动180余场，其中开展2020年“欢乐浏阳河”群众文艺晚会4场；开展2020年“文艺大讲堂”公益培训8期。创建总分馆建设，建成浏阳市文化馆总馆1个，乡镇(街道)文化站分馆，村(社区)文化活动中心服务点32个，建成数字文化馆分馆9所(集里、官渡、高坪、枨冲、北盛、沿溪、金刚、镇头、社港)，全年到乡镇、村(社区)、文艺团队开展文艺辅导30余次，培训人数600多人；疫情期间，录制菊花石雕、夏布、油饼制作技艺和剪纸等文化慕课进行线上教学；完成2020年长沙市社科普及基地初评资料收集整理，并参加长沙市社科普及基地考核评估工作；申报2020—2021年度文艺精品创作重点项目抗疫歌曲2首、精准扶贫题材节目1个、纪念红一方面军成立90周年题材节目1个、建党100周年歌曲1首。完成2020年长沙市群众文艺新创原创作品收集及创作作品6件：情景剧《蹚出新路子》、花鼓小戏《木盆渡江》、音乐情景剧《最美印记》、歌曲《天高地厚》、歌曲《把心交给你》、抗疫视频短片《等你，凯旋》，其中情景剧《蹚出新路子》和花鼓小戏《木盆渡江》参加“欢乐潇湘品质长沙”群众文艺会演；《蹚出新路子》入选2020湖南省“欢乐潇湘”精准扶贫优秀文艺作品展演晚会，并在湘西、怀化、株洲等地区进行巡演；市文化馆获全省欢乐潇湘活动优秀团队奖；组织、参与长沙市第六届“百姓大舞台·有艺你就来”群众文艺团队大赛，获2个金奖、2个铜奖、2个最佳人气奖，单位获最佳组织奖；《把心交给你》《等你，凯旋》等作品分别在人民网及省、市主流媒体网站进行宣传，并被评为“艺抗疫情·云游湖南”主题活动优秀作品；出版长篇小说《我曾离你这么近》。4人入选“第二届湖南中国画双年展”；伍艳辉中国画《乡村美如画》入选“悲鸿精神——第四届全国中国画作品展”；散文集《寻访谭嗣同》获第十届省优秀社科读物奖；戏曲《胡子将军》获长沙“五个一工程”奖；演讲学会在“魏源杯”全国演讲大赛获金奖；书协5人11次入展国家级书法赛事；6人分别加入中国作家协会、中国美术家协会、中国书法家协会、中国音乐家协会会员。制定《浏阳市非物质文化遗产保护传承十条》，策划组织浏阳市“匠心守艺·‘非遗’焕新”宣传月活动，评定第一批示范性“非遗”保护传承乡镇(街道)、传习所、传承学校。

【“文艺进景区”展演活动】 2020年10月2日，由浏阳市委宣传部和市文旅广体局主办、市文化馆承办的“文旅大舞台 有你更精彩”文艺进景区展演活动在浏阳古港镇梅田湖紫阳湾屋场启动。国家级“非遗”浏阳古乐展演、情景剧《蹚出新路子》、长沙弹词《新时代新浏阳》和歌舞《我和我的祖国》等原创节目走进景区，演出内容紧扣时代性，顺应主旋律，同时展示浏阳独具魅力的“非遗”文化，获游客和村民点赞。2020年，市委宣传部、市文旅广体局坚持以满足人民群众对美好生活的向往为目标，以“文旅大舞台”为平台，以助推“三间”经济发展为抓手，通过打造文艺精品与创新旅游业态相结合，精准深入挖掘优秀文化特别是“非遗”，开发迎合市场的文旅项目，引领文旅产业联动发展新趋势，着力实现文化和旅游“深融合、优发展、高成效”。全年分别在古港镇梅田湖紫阳湾屋场、淳口镇华盛山庄、官渡镇嘉园度假山庄、沿溪镇浏河第一湾等浏阳特色景区开展文艺进景区展演活动。

【《蹚出新路子》登上湖南省“欢乐潇湘”精准扶贫专场晚会展演】 2020年11月3日晚，省文化与旅游厅、省扶贫办在湖南戏曲演出中心举办“富饶美丽幸福新湖南”——2020年全省“欢乐潇湘”精准扶贫优秀文艺作品展演。浏阳市文旅广体局、浏阳市文化馆表演的小品《蹚出新路子》获观众好评。《蹚出新路子》讲述贫困户不依赖政府，自己想办法做电商，蹚出脱贫致富新路子的故事，该作品立意新，真实地反映了当下农民的思想变化，内容与主题都与时代发展结合紧密。10月20—24日，该作品代表长沙市参加湖南省“欢乐潇湘”精准扶贫优秀文艺作品巡演，先后在湘西自治州凤凰县、怀化市辰溪县、株洲市炎陵县等地上演。

(张　晋)

文物管理

【概况】 截至2020年12月，浏阳市域内登录在册的不可移动文物共有337处，其中全国重点文物保护单位13处，湖南省级文物保护单位24处，长沙市级文物保护单位28处，浏阳县级文物保护单位58处，一般不可移动文物保护单位214处。博物馆藏文物总数已达到9418件/套，其中珍贵文物1069件/套(一级文物8件/套；二级文物52件/套；三级文物1009件/套)，一般文物7941件/套。

【被评为“2019年度长沙市不可移动文物安全管理先进单位”】 2020年8月7日，长沙市2019年度不可移动文物安全管理工作总结表彰会在长沙简牍博物馆召开，浏阳市文旅广体局被评为“2019年度长沙市不可移动文物安全管理先进单位”。会上，浏阳市文物保护发展中心主任寻民初作典型发言，介绍浏阳文物安全管理工作经验和做法。截至2019年10月，浏阳市域内登录在册的不可移动文物共有337处（国保13处，省保24处，市保28处，县保58处，一般不可移动文物213处），其中革命类文物76处。浏阳市文旅广体局健全文物安全管理制度，织密文物安全网络，压实安全管理责任；每年坚持组织开展文物保护业务培训，提升文物安全人员素养；落实省、市文物安全新要求，指导开展安全隐患排查。注重文物安全巡查，平均每年出动车辆120余次，人员300余次，对全市32个乡镇、街道办事处进行不可移动文物安全巡护。在巡护过程中发现大小问题120余处，处置突发事件20起，确保全市文物安全。

【"秋收杯"湘赣边革命文物讲解大赛】 2020年11月14日下午，2020中国红色旅游博览会浏阳分会场"秋收杯"湘赣边革命文物讲解大赛在秋收起义文家市会师纪念馆报告厅举办，来自湘赣边县（市、区）14位参赛选手参加比赛。作为2020中国红色旅游博览会浏阳分会场子活动之一，该活动由中共浏阳市委宣传部、浏阳市文化旅游广电体育局、浏阳市湘赣边区域合作中心承办，湘赣边红色文化旅游共同体成员单位协办，浏阳市文物保护发展中心执行。文化和旅游部资源开发司红色旅游指导处二级调研员赤鹏军，浏阳市委常委、宣传部部长李爱民等领导参加活动。大赛邀请湖南省党史陈列馆馆长朱习文、湖南省博物馆教育中心主任李茜子、湖南革命陵园（湖南烈士纪念馆）办公室副主任高奇等担任评委。本次比赛讲解内容囊括革命旧址、遗物，涉及伟人、将军、烈士等。比赛采取现场打分评选的方式，共评选出一、二、三等奖及优秀奖，并举行颁奖仪式。经角逐，江西省湘东区周涛获比赛一等奖，浏阳秋收起义文家市会师纪念馆郭倩倩、胡耀邦故里管理局张嘉玲获二等奖，江西秋收起义铜鼓纪念馆任芳、湖南平江起义纪念馆黄乐慧、江西上栗县文广新旅局陈星获三等奖。

（张　晋）

新闻出版

【概况】 2019年3月，根据《中共长沙市委办公厅长沙市人民政府办公厅关于印发〈浏阳市机构改革实施方案〉的通知》（长办〔2019〕23号），中共浏阳市委宣传部对外加挂浏阳市新闻出版局（浏阳市版权局）牌子，统一管理全市新闻出版、版权和电影工作。2019年6月，设立新闻出版和电影科，并在浏阳市民之家设立行政审批窗口，安排专职工作人员对外行使行政审批职能。将"开办印刷企业""开办电影院""开办书店"纳入"一件事一次办"事项清单；优化审批流程、窗口设置和互联网政务服务一体化平台，实现易办理、快办理、好办理。2020年，出版物零售单位新设立审批33家；商业影院新设立审批1家，变更审批1家；印刷企业新设立审批5家，变更审批2家；落实新闻阅评制度，围绕规范文化阵地管理等开展督查6次，印发《督查情况通报》3期。开展"扫黄打非"行动，全年检查经营单位（场所）3564家次，立案结案1件，没收非法音像制品、出版物180余册（套）。挖掘浏阳红色资源，围绕"初心源""湘赣红"两大核心主题，在浏阳市取景拍摄三部影视剧。2020年10月，联合潇湘电影集团，组织拍摄全国首部反映河长制的现实题材电影《浏阳河上》；11月，联合电影华表奖获得者——张品成，拍摄抗美援朝记录电影《不会有人忘记你》；12月，协助国内著名导演伍百，拍摄电视剧《扫黑风暴》。2020年11月23—25日，举办第三届中国民营实体书店经营管理交流会，来自全国27个省（自治区、直辖市）的140多家民营实体书店及相关企业负责人260余人到浏阳，共同探讨民营实体书店突围发展之路。12月15日，中宣部印刷发行局副局长、一级巡视员董伊薇考察调研浏阳市农家书屋的建设情况，点赞浏阳市用好用活农家书屋的先进做法。

【报纸出版发行】 《浏阳报》于1956年4月1日创刊，1959年1月《浏阳报》改为日报，1961年4月27日停刊，总计出版980期。1988年1月5日，《浏阳报》正式复刊，1996年改为《浏阳日报》，2003年，在全国报刊治理整顿中纳入长沙晚报报业集团管理，成为全省唯一保留公开刊号的县（市）报，国内连续出版物号CN43-0010。2004年成立自办发行公司。2005年9月，中国县市报研究会浏阳年会上当选为副会长单位，至今连任副会长单位。2006年12月7日报庆五十周年时开通湖南唯一经省外宣办和信息产业厅批准的县级新闻门户网站"浏阳网"。2006年12月开始，《浏阳日报》改为四开十二版，2008年报纸实行双面彩，2009年扩改为四开十六版，周一至周五出版。2019年3月，浏阳日报社与浏阳广播电视台合并成立浏阳市融媒体中心，浏阳日报社更名为浏阳日报报业中心。2020年，《浏阳日报》发行量4.5万份。10月，浏阳日报社被评为"2019年度全国报纸自办发行先进集体"。12月，《浏阳日报》被评为2020全国地市主流媒体抖音传播力十强奖，浏阳日报社新闻作品《全城致敬》被评为2020全国地市新媒体抗疫新闻一等奖。

（付　苹）

【图书发行】 2020年，湖南省新华书店有限责任公司浏阳市分公司围绕发行模式创新、"书香校园·共享阅读"业务拓展、积极应对民营书业竞争、全力抓好服务和管理四个方面的工作，提升企业形象，履行"图书发行的主渠道、文化教育服务的主力军、全民阅读的主阵地、城市文化的会客厅"的社会职责。公司全年实现营业收入12810万元，同比增加616.88万元，增幅5.05%，超年度计划6.75%；实现利润1925万元，连续9年排名全省县级分公司之首。政治性图书发行。重点抓好《习近平谈治国理政》第三卷等党政读物的发行工作，全年发行政治读物3.8万余册，码洋300余万元。教材发行。2020年，公司全年发行教材4941.6万元，学习学科类、精品阅读类、期刊、主题活动用书、教师读书工程、幼儿资源包等重点图书业务均比往年同期取得显著增长。一般图书发行。浏阳中心门店一般图书完成销售2436.38万元码洋，同比上升25%，其中纯图书销售码洋1442.08万元；加大科技投入，发展线上业务，浏阳线上书城、预售商城完成平台优化38项，聚拢新媒体粉丝14.6万人，客服微信合计吸纳粉丝1.4万人，通过线上渠道累计完成销售订单16.7万笔，销售码洋1779.5万元，销售图书近58万册(套)。

【公司管理】 2020年，湖南省新华书店有限责任公司浏阳市分公司推动以市场为核心的业务创新，以科技为驱动的技术创新，从发展线上平台、加强网点建设、加大市场拓展、组织阅读推广活动、优化发行模式、强化内部管理六个方面履行新华书店国有文化企业的社会责任，提升企业整体服务水平，推动企业发展。在全市中小学、幼儿园开展共建“书香校园·共享阅读”系列主题活动相关工作，其中以“智慧·共享”校园书店(屋)学校遴选、项目建设推进工作为重点。2020年，公司加大研发投入，提高核心业务技术含量，开发智慧共享自助阅读机和共享书柜，将原覆盖全市各中学的校园书店升级成为“智慧·共享”校园平台，为学生提供阅读场所，为师生创造“好读书、读好书”的专属阅读场地和条件，获市委宣传部、市教育局以及各学校、师生、家长的认可、支持，全年启动首批“智慧·共享”校园网点20个。加强业务、财务、党风廉政建设、综治等方面建设，共获得省、市公司11个奖项，分公司被省新华书店评为“经营管理先进单位”，并获“效益贡献奖”；党支部书记、经理罗斌被湖南出版投资控股集团授予“2020年度先进个人”“优秀共产党员”荣誉称号，副经理、工会主席李玉娟被湖南省新华书店有限责任公司评为“2020年度先进个人”，副经理、副书记陈学雷被湖南省新华书店有限责任公司授予“2020年度优秀共产党员”称号。

(沈完乐)

融媒体

【概况】 浏阳市融媒体中心为浏阳市委直属公益一类事业单位，归口市委宣传部管理。2020年，中心有班子成员8人，干部职工795人(其中正式在编员工295人，聘用制人员338人，退休人员162人)。中心机关设办公室、融媒管理调度部(总编室)、技术安全部、财务部、政工人事部、机关党委、机关纪委7个内设机构。浏阳市融媒体中心拥有《浏阳日报》、浏阳电视台、浏阳人民广播电台三个传统媒体平台。拥有网络公司、无线公司、发射台等传输机构。拥有掌上浏阳、浏阳网、微浏阳、浏TV、浏阳995、浏阳日报抖音、浏阳电视台抖音等“一端一网三微两抖”新媒体矩阵。拥有“湘鄂赣市县广电合作平台”“湘鄂赣手机直播合作平台”“湘赣边网络媒体合作平台”等区域性合作平台和“全国原创节目交流中心”“供销频道节目制作中心”等全国性节目生产和发布平台。浏阳电视台设1个频道，浏阳人民广播电台设2个频点。2020年，共有75件作品获得省、长沙市以上奖励，“掌上浏阳”实现总点击量突破5.6亿元、下载注册量52万户、日均点击量48万次。浏阳媒体融合发展得到中宣部和广电总局的最高评价。被国家广电总局评为“媒体融合先导单位”，被中央宣传部、文化和旅游部、国家广播电视总局评为“第八届全国服务农民、服务基层文化建设基层广播电视传输覆盖机构先进集体”，被人力资源和社会保障部、国家广播电视总局、国家新闻出版署评为全国新闻出版广播影视系统先进集体。被评为“2019年度长沙市文明标兵单位”。

【事业融合规划、建设与发展】 2020年，市融媒体中心新闻宣传水平、节目生产能力、事业建设规模、产业发展速度稳步提升。经营收入与2019年基本持平。开设《新时代 新篇章 新作为》《牢记嘱托 砥砺奋进》等学习宣传贯彻习近平新时代中国特色社会主义思想专题专栏，在报、台、网微端的头版、首页、首屏“天天见、时时新”。推出“竞帆·浏阳之治”“精准脱贫在一线”等系列深度报道，讲好浏阳故事，凝聚浏阳力量。统筹全中心采编力量，助力疫情防控，发布6100余条新闻，全平台观看、收听、浏览量超过2亿人次。央视《新闻联播》重点报道浏阳“村村响”平台在疫情防控中发挥的积极作用，融媒作品《全城致敬》被评为全国“县级融媒 齐心抗疫”优秀案例奖。浏阳融媒在疫情防控当中的主动担当被新华社报道推介。全年共有75件作品获省、长沙市级以上新闻奖项，《人民功臣甘厚美》获湖

6月14日，由中宣部主办的“走向我们的小康生活”大型主题采访活动走进浏阳，中央和省市媒体记者围绕文化体制改革等内容，深入浏阳市融媒体中心采访 (市融媒体中心 供图)

9月2日，由湖南省委宣传部牵头，国家广电总局广播电视规划院、湖南省广电局、湖南日报社、红网新媒体集团等单位的相关领导和专家组成的浏阳市融媒体中心建设项目汇报会（市融媒体中心 供图）

南新闻奖二等奖。“学习强国”平台全年上稿超过500条，在长沙九区县排名第一。中心运行的“学习强国”平台“浏阳融媒号”正式开通，成为全国首批、全省首家在“学习强国”平台开设的县级融媒号。短视频作品创造单条1.4亿播放量记录，《浏阳女孩和武汉女孩的“神仙友谊”》全国刷屏。2020年，举办第三届廉政文化周、湘赣边首届花卉苗木博览会等活动和会展200余场，制作《旗帜》《人民至上》《围山故事》等专题片、宣传片100余部，开展《访问春天》《小康印象 浏阳答卷》等全媒体直播200余次。湘鄂赣广电联盟成员47家，全国手机直播联盟成员133家，中国市县原创节目交流中心已有401家电视台和320家手机台会员。践行省委湘赣合作战略部署，推出“乡村漫游团”和“红星好少年”项目，传承湘赣红色基因，助力湘赣乡村振兴，当好湘赣合作的融媒“领头羊”。与马栏山创业投资管理公司、湖南省金蜂音像、中广天择传媒股份有限公司三家单位签约，围绕产业合作、版权登记保护、版权交易等开展深度合作，共同完善交易中心版权市场建设，搭建版权交易产业链。

【新技术的研究、开发和利用】 按照“了解浏阳，一切尽在掌上浏阳”定位，将“掌上浏阳”打造为浏阳综合服务平台和社区信息枢纽，2020年注册用户52万户，日均访问量48万次，单日最高访问量247.1万次，总点击量超过5.6亿次，较2019年度增长2亿次，综合实力稳居全国县市媒体App前茅。建设集新闻生产指挥调度发布、融媒体数据储存分析应用和“智慧城市”项目集成展示监测三大功能于一体的中心平台，并以全省第一名的成绩通过省委宣传部验收。致力做“社区信息枢纽提供商”，开发“党建＋微网格”社会治理信息平台，实现市、镇、村、支、微五级联动办理群众诉求，助力全市基层党建和社会治理同频共振，在基层治理中主动彰显融媒担当，获市委主要领导肯定。推出“在线教育”，助力疫情期间“停课不停学”；提升“羊淘商城”，拉动“网间”经济；引资创办“融创星未来”培训基地，着力打造少儿艺术教育培训产业；搭建“智慧电台”，通过智能抓取向受众提供智慧服务；完成3684场农村公益电影放映任务，持续丰富农村群众精神文化生活。

【报纸、广播、电视、新媒体管理】 2020年，浏阳市融媒体中心推进机构、平台、项目、人才等层面的深度融合，系统优化管理架构、整体推进人事调整、建立完善薪酬体系，形成“合而为一、统一管理、协调联动、高效运转”的运行机制。坚持政治家办融媒，旗帜鲜明讲政治。用习近平新时代中国特色社会主义思想、习近平总书记关于媒体深度融合和县级融媒体中心建设的重要论述指导实践，领会中办、国办《关于加快推进媒体深度融合发展的意见》文件精神，把政治意识落实到每一个党员身上，落实到内容生产和产业经营每一个环节，确保党媒姓党，请党放心。加强报纸广播电视新媒体等系统内的国有资产监督管理，确保国有资产保值增值。

【入选“智慧广电生态体系建设与网络融合类项目”】 2020年1月2日，国家广电总局在官网公布2019年国家广播电视和网络视听产业发展项目库入库评审结果。浏阳市融媒体中心申报的“浏阳市融媒体产业生态链建设”项目入选“智慧广电生态体系建设与网络融合类项目”，入选类别是“具有示范引领作用的项目”。为充分发挥广播电视和网络视听产业项目支撑作用，培育扶持符合行业高质量创新性发展方向的重点产业发展项目，总局印发《国家广播电视总局关于建立广播电视和网络视听产业发展项目库的通知》，建立国家广播电视和网络视听产业发展项目库，每年遴选一批重点产业发展项目入库。该评审是首度评审遴选。

【“《全城致敬》融媒体报道”被评为优秀案例奖】 2020年10月20日，“县级融媒 齐心抗疫”优秀案例座谈会在人民日报社举行，浏阳市融媒体中心选送的“《全城致敬》融媒体报道”被评为“县级融媒 齐心抗疫”县级融媒体中心及主流媒体优秀案例奖。座谈会由人民日报全国党媒信息公共平台、《新闻战线》、中国人民大学新闻学院联合主办，“县级融媒 齐心抗疫”创新案例征集活动共联动全国31个省（自治区、直辖市）近500家区域性技术平台和县级融媒体中心，征集创新案例超500件。3月11日，在疫情防控关键时期，《浏阳日报》以《“医”往无前 全城致敬》为题推出一组人物照，致敬15名驰援武汉的浏阳医护人员。“微浏阳”微信公众号进行转载，阅读量迅速突破10万次，同时，浏阳城区各处的电子阅报栏、楼宇电视以及各大商场电子屏幕滚动播放“最美逆行者”面孔。

（付　苹）

地方志工作

【《浏阳年鉴2020》编辑】 2020年，浏阳市地方志编纂室按照中国地方志指导小组《关于中国年鉴精品工程实施方案的通知》（中指组〔2017〕72号）和省、长沙市地方志主管部门有关通知参加精品年鉴编修。2月19日，向长沙市地方志编纂室报送《〈浏阳年鉴（2020）〉争创中国年鉴精品的实施方案》，并向中指组报送《浏阳年鉴2020》篇目框架。3月15日，由“两办”下发《关于做好〈浏阳年鉴（2020）〉组稿工作的通知》，启动年鉴组稿，6月10日完成组稿，8月25日完成编辑、总纂，9月上旬形成评审稿报方志出版社和中国年鉴精品工程专家组评审。《浏阳年鉴2020》设图照和正文共36个类目，其中正文部分35个类目，187个分目，1369个条目，全鉴成书1288千字。为争创精品年鉴，突出时代特色、年度特色、地方传统文化特色和经济社会发展特色，本卷年鉴篇目设置、资料收集方面有较大幅度调整。10月下旬、11月下旬和12月下旬分别根据专家3轮评审意见对本鉴进行3轮修改，11月26日形成第3轮修改稿报“中国年鉴精品工程精品年鉴”参加评审。

【名村（社区）、名小区、名镇志编修】 2018年3月，浏阳市启动名村名镇志编纂工程，至2020年7月，浏阳市大瑶镇、沙市镇秧田村和淮川街道朝阳社区梅花小区等9个镇、村（社区）、小区向长沙市地方志编纂室申报参加编修并完成资料收集。8月18日，长沙地方志组织名村名镇志编纂规范和推进会，浏阳9个镇、村（社区）参加，会议结合浏阳报送稿件提出部分修改意见，会议要求把篇目章节体改为条目体。11月30日，长沙市地方志编纂室公布第一批名村名镇志名单，浏阳市大瑶镇、大围山镇2个镇和大瑶镇南山村等5个村（社区）以及淮川街道朝阳社区梅花小区入选。截至2020年年末，《梅花小区志》通过方志出版社评审已经出版发行，《沙市镇秧田村志》完成总纂并向长沙市地方志编纂室报送评审稿，其他6部名村名镇志按长沙市地方志编纂室专家意见完成篇目修改。

【《梅花小区志》正式出版】 2020年11月，由浏阳市淮川街道朝阳社区梅花小区志编委会编纂，由方志出版社出版、发行的《梅花小区志》正式出版发行。梅花小区地处淮川街道朝阳社区，它的名称缘起明清时期的浏阳梅花巷、胡家弄，这里的青砖和巷弄，还依稀存着往昔的格局和底蕴，极具历史文化气息。《梅花小区志》采用纲目体结构，全书分卷首、主体和卷末，按类目、分目、条目三个层次排列，设概述、大事记、基本地情、地方特色、社会百业、人民生活、人物家庭、民间文艺、艺文选录、参考文献、后记共11个类目。全书成书307千字，以图文并茂的形式，全面系统地记载梅花小区的人文风貌、居民生活及发展变迁。在体例规范上，根据城市居民小区的特点，《梅花小区志》侧重以社会百业、人民生活、人物家庭为主体部分，略古详今，重点记载当今好人好事；在结构、章法、语言风格等方面，也进行大胆的探索与创新，适当追求言语的风趣、活泼和可读性，有利于让地方志真正走进千家万户。《梅花小区志》的正式出版发行，对于认识、了解、研究城市小区发展变化历程，传承文明、留住乡愁，指导当代工作实践，加快城市发展水平具有十分重要的意义。

【地方志、年鉴发行与交流】 2020年，分别发行《湖南年鉴2020》20本、《长沙年鉴2019》60本、《浏阳年鉴2019》920本；发行《湖南乡镇（街道）简志（长沙卷）》300本、《浏阳乡镇（街道）简志》600本。与各省、市、县（区）交流志书28本、年鉴210本。

（唐继武）

档　案

【概况】 2020年，全市有1家国家综合档案馆、1家城市建设档案馆、1家乡镇档案馆，馆（室）藏档案280万卷（册）。2020年，浏阳市档案馆被省人社厅、省档案局授予“全省档案工作先进集体”称号，档案工作经验被《长沙内参》专题推介。

【档案业务指导】 2020年，成立由档案局牵头、局馆（档案馆）工作人员组成的全市档案管理工作业务指导小组，负责全市各单位档案管理工作的监督指导、全市重点建设项目档案验收、省级（一级、二级）档案室评价和复查及档案业务培训等工作。邀请长沙市档案局业务骨干到浏阳水利系统开展业务培训。同时，对富岭、横山头等8个水库档案管理工作进行监督指导。组织工作人员对S203—S324荷花至沿溪（沿永公路）、G106大瑶绕镇公路、S319浏阳黄花洞至社港公路（一期）等工程建设项目进行业务指导，完成沿永公路和G106大瑶绕镇公路的档案验收工作。完成社大公路等3条省干线公路建设项目档案验收；完成水利系统档案员业务培训与横山、仙人皂等8个大中型水库档案室验收工作，其中富岭水库档案室晋升省二级规范化档案室。

【档案馆数字档案建设】 2020年，市档案馆完成第三期档案信息化项目验收，40余万卷馆藏档案实现电脑查阅。完成对人社局民生档案信息化建设项目的指导和联合验收工作，完成全市人事档案数字化工作。同时启动教育局民生档案信息化建设项目。完成对全市馆室一体化数字档案系统的设备升级改造，启动申报国家数字档案馆。

【档案服务】 对市档案馆馆藏档案进行全面清点，重新登记造册，对破损变质的档案进行修复。规范档案接收，接收文书档案2.6万余件、业务档案2451卷，征集档案资料36册。深化“小窗口、大服务”活动，全年接待查阅3万余人次，调档1万余份，复印近4万页，两次收到查档人员赠送锦旗。依托市档案馆“浏阳记忆”展厅，发挥长沙市级爱国主义教育基地和全市基层党建学教基地的作用，接待国家林草局中南院等各级党组织近100批次，组织开展“知我浏阳、爱我浏阳”中小学生假期社会实践活动近 40 场次，全年接待参观 8000 余人次。

（黄　英）

体　育

【概况】 截至 2020 年，全市有单项体育社团 25 个、民办非企业俱乐部 13 个、健身驿站 5 个、乡镇全民健身中心 24 个，国民体质监测点 6 个、健身步道 7 条 110 千米、全民健身点 3500 处，基本建成城区 15 分钟、农村 30 分钟健身圈，体育场地设施覆盖率 100%。2019 年，在浏阳河沿河风光带（三元宫至六桥段）打造集篮球、网球、乒乓球、健身路径、健身步道、骑行道、门球为一体的休闲体育公园，共计 10 万平方米。

【体育赛事活动】 2020 年，浏阳市全年举办较大规模的长沙市级以上全民健身活动 8 项（次）、浏阳市级全民健身活动 52 项（次），具有一定规模的体育健身活动超过 1000 场次，直接或间接参与群众约 100 万人次。先后成功举办浏阳市第十三届“新年杯”男子篮球赛、追梦少年小篮球联赛、第四届“体彩杯”七人制足球赛、第五届羽毛球比赛、第七届职工气排球赛、“传承精髓　尚武浏阳”2020 年浏阳市传统体育“非遗”展演、“铁流千里会永和”骑行邀请赛、浏阳市 2020 年“小糊涂仙•典藏杯”乒乓球团体大赛、“国风古韵•活力浏阳”2020 年健身舞蹈展示活动、2020“薪火传承•中国健康跑”浏阳站暨第六届浏阳市冬季马路赛等赛事活动。下乡指导大瑶、金刚、北盛、澄潭江等乡镇举办村级基层篮球赛事，参与长沙检察系统、浏阳公安系统、市中医医院等企事业单位篮球比赛的举办。组队参与区域篮球交流赛事活动，在长沙区县（市）“公仆杯”男子篮球赛中浏阳市代表队获冠军，在湘赣边区第四届“碧桂园•公仆杯”男子篮球（汝城）邀请赛上获前八名。浏阳气排球代表队在湘鄂赣边区第十九届老年人运动会气排球比赛中获冠军。

【公共体育服务体系】 2020 年，按照国家体育总局与省、长沙市体育局相关要求，浏阳市全年低免开放为群众健身增加新动能，全年接待健身市民 130 万人次，全面开放篮球、羽毛球、足球、乒乓球、游泳馆、田径场及室外全部健身设施，对路灯、雨污分流、健身器材、人车分流设施进行全面升级改造。同时利用体育培训机构，市体育协会提供广场舞、围棋、柔力球、健身健美、航模、体育中考等项目的培训服务。引进“视频教学”抖音视频和其他线上直播平台，直播或转播各项赛事活动，宣传全民健身知识，营造良好健身氛围，推动全民健身事业线上线下共同发展。

【青少年体育】 深化体教融合，开展“体育项目进校园”活动，完善青少年竞赛体系，成功举办追梦少年小篮球联赛、“湾田杯”青少年武术公开赛等赛事活动。至 2020 年，全市有篮球、羽毛球、乒乓球、游泳、武术等青少年篮球培训机构 40 余家，年培训青少年 4 万余人次。2020 年暑期向中小学生免费开放游泳场所，3 万多人次参与。开展体育项目免费培训，浏阳市乒乓球协会球馆的乒乓球、赤马湖体育滑雪场的滑雪、关口绿茵阳光足球俱乐部的足球、浏阳市力冠羽毛球馆的羽毛球、浏阳市健将篮球馆的篮球项目，1 万多名青少年参与，获青少年及市民好评。

【2020“薪火传承·中国健康跑”浏阳站暨第六届浏阳市冬季马路赛跑】 2020 年 12 月 12 日，2020“薪火传承•中国健康跑”浏阳站暨第六届浏阳市冬季马路赛跑在浏阳市社港镇开跑。浏阳站赛事是 2020“薪火传承•中国健康跑”的全国第 9 站比赛。该站赛事由国家体育总局社会体育指导中心指导，湖南省体育局主办，长沙市体育局、浏阳市人民政府承办。赛事设置 12.26 千米男女经典跑项目，起点设在社港镇石牛寨风景区，终点位于周洛大峡谷风景区。经角逐，林鑫（37 分 44 秒）、佟铧、孙宗扬分别获经典跑男子组前三名；杨冰洋（44 分 34 秒）、张妮、沈青青分别获经典跑女子组前三名。

（张　晋）

道吾山天湖 （张昌国 摄）

卫 生

综　述

【概况】 2020年,全市有医疗卫生机构1176个,实有床位数11046张,拥有执业(助理)医师4478人,注册护士5333人。每千名常住人口床位数8.04张,每千名常住人口执业(助理)医师和注册护士分别为3.26人和3.88人,医护比为1∶1.19,均高于全国平均水平,处于中南地区先进水平。2020年年末人口出生率8.56‰,死亡率6.73‰,自然增长率1.83‰,人口与经济社会协调可持续发展。与2015年年末相比,2020年年末全市执业(助理)医师数、注册护士数、医疗卫生机构实有床位数分别增长43.76%、86.01%、51.92%。市居民人均期望寿命由2015年77.25岁提高至2020年78.97岁,孕产妇死亡率由14.49/10万下降到7.43/10万,婴儿死亡率由3.14‰下降到2.55‰,5岁以下儿童死亡率由5.51‰下降到5.33‰,全面达到“十三五”规划主要健康目标。

(张　星　刘　苏)

【疫情防控】 加强组织领导。面对新冠肺炎疫情,全市成立以市委书记任第一组长、市长任组长的疫情防控领导小组,并成立以市长任指挥长的防控指挥部。市委常委会、疫情防控领导小组、指挥部等共召开会议89次,发布调度令55条。强化物资保障。市财政先后两期追加专项经费,做好呼吸机、防护服、体温枪、防护口罩、消毒剂等应急物资储备。支持引导蓝思科技股份有限公司、湖南一朵生活用品有限公司、长沙芙蓉口罩厂等企业转产或扩产医疗防疫物资。坚持全市一盘棋,统筹调度、精准调配防疫物资,实行定量供应、定点购买,优先保障医护人员和一线工作人员的需求。全力救治患者。制定《新型冠状病毒感染的肺炎救治应急预案》,按照“集中患者、集中专家、集中资源、集中救治”的原则救治患者,实行个性化诊疗方案。统筹调配全市医疗救治资源,3天时间准备救治床位100张,2月3日,新人民医院感染科正式投入使用,患者全部完成转运,实现集中治疗,4例确诊病例全部治愈出院。选派28名优秀医护人员支援武汉、长沙抗疫,3人“火线”入党,15人被评为“湖南好人”,周明亮、许欣、张球、黎丁丹4人被评为“湖南省抗击新冠肺炎疫情先进个人”,张更姣被评为“全国抗击新冠肺炎疫情先进个人”。严格人群管控。1月23日武汉封城后,连夜在国道、高速公路出口等交通要道设立28个健康监测点,第一时间构筑起“外防输入”的严密防线,监测车辆16万余台,监测人数32万余人次。建立“落地速报告、接触日报告、新增零报告”的三报告机制,发挥“党建+微网格”和驻企联络员作用,发动志愿者参与抗疫,分类精准做好境外高中风险地区和到(返)浏人员摸排管控,督促其2小时内扫码登记,按要求采取管控措施。全年累计核酸检测35.6万人次,完成5趟778人的境外包机疫情防控接待任务。统筹复工复产。564名干部驻企防疫联络员下沉至1200多个企业和项目工地,助力企业复工复产。出台《关于应对新型冠状病毒感染的肺炎疫情促进企业健康发展的实施意见》,拿出15条具体措施,在财税、金融、社保等方面对企业给予支持,精准助力企业发展。出台“3342”工作机制,即落实“企业主体责任、属地管理责任、行业监管责任”三个责任,确保“一企一策、一企一档、一人一表”三个到位,严把“入口关、排查关、隔离关、防控关”四个关口,梳理制定“各级各部门支持企业复工复产的政策清单和指导企业防疫工作注意事项清单”两个清单,压实防控责任,助力企业复工复产。管好重点场所。对车站、商场、超市、农贸市场、村(社区)、厂区、办公区、学校等人员密集场所严格落实体温检测、消毒防护、通风等措施。对看守所、敬老院、养老院、福利院、精神病医院等场所实行封闭管理,严格管控人员进出,加强风险排查。做好纪念红一方面军成立90周年暨第六届湘鄂赣苏区历史研讨会、2020年浏阳焰火大会等重大活动疫情防控工作。强化宣传引导。通过324个村(社区)村村响近1万个“大喇叭”每日定时播出防疫信息,电子屏、大型标语、公开信、知识手册等形成宣传动员的“立体矩阵”,制作下发新冠肺炎防控健康知识30问宣传手册1.5万份,制作发放各类宣传资料50余万份。全面科学普及新冠肺炎防控和秋冬季传染病防治知识,鼓励预防性接种流感、腮腺炎、水痘等常见传染病疫苗。加大对疫情防控工作中的医务人员、公安、交警等先进事迹宣传,营造同心战疫的氛围。自2月3日之后,全市再无新增确诊病例,2月28日4例输入性确诊病例、1例无症状感染者、35例疑似病例全部清零,始终无二代病例、无聚集性疫情、无死亡病例、无院内感染,最先被认定为全省低风险地区,获省、长沙市领导肯定。

(蒋树龙　杨　丹)

【医政管理】 医疗质量管理:加强医政管理制度建设,健全院科两级医疗质量体系,落实医疗核心制度,强化医院感染防控,规范病案质量管理。抗击新冠肺炎疫情:制定预检分诊流程,指导9个医疗机构开设发热门诊,27个医疗机构开设发热诊室,实现发热病人闭环管理。成立由25人组成的新冠肺炎医疗救治市级专家组,储备救治人员266人,落实“四早”(早发现、早报告、早隔离、早治疗)措施,开展160次市级会诊,精心治疗4例确诊病例,排除39例疑似病例,实现确诊病例零死亡,医护人员零感染。开展医疗机构全覆盖式常态化疫情防控现场督导,对17家问题单位主要负责人进行集中约谈。提升疫情防控应急能力,新增核酸检测机构5个,9类重点人群核酸检测实现应检尽检,全年检测130余万人。医护人员培训:遴选1名骨干全科医师、7名骨干临床医师、10名骨干乡村医师参加国培项目进修培训。分13个类别实施基层卫生人员服务能力提升线上培训及考核。开展全市医护人员“三基三严”(基本理论、基本知识、基本技能,严格要求、严密组织、严谨态度)岗位练兵,分市属医院组和乡镇(街道)组进行理论和技能竞赛,遴选基层2名医师、2名护士参加省级竞赛。市人民医院护士杨艳在长沙市“血液灌流”操作技能竞赛中获一等奖。医疗服务能力：健全医疗卫生服务体系，市中医医院和市妇幼保健院分别通过三甲复评、二甲复评。市人民医院、市中医医院、市骨伤科医院加入长沙市创伤救治联盟，其中市人民医院、中医医院任副主席单位，市人民医院被评为“湖南省首批公众急救知识技能普及工作试点医院”。医疗机构管理：支持社会办医，全年新增医疗机构13个，其中医院3个，门诊部2个，医务室1个，普通诊所5个，口腔诊所2个。加强医疗机构监管，完成1120家医疗机构年度校验工作，对16家医疗机构作出暂缓校验结论。开展医疗广告自查自纠行动，集中整治“黑救护车”“医托”“号贩子”等医疗乱象，净化医疗广告市场，共清理无效救护车46台。科学核定全市公立医疗机构的住院床位数，开展医疗机构依法执业自查自纠行动，对1051家医疗机构实施综合监管信用评级，加大C、D级医疗机构的综合监管力度。医德医风建设：深化医德医风建设，实施医疗行业作风建设工作专项行动，纠正医药购销领域和医疗服务不正之风。举办庆祝“5•12”护士节和第三个“中国医师节”系列活动，共表彰医护人员83人，被评为湖南省优秀护士奖1人，长沙市优秀护理工作者6人、最佳护理工作者1人、特殊贡献护理工作者4人，被评为湖南省优秀医师奖2人，长沙市优秀医师奖10人、特殊贡献医师奖3人、德艺双馨医师奖1人。执业注册管理：完成2018—2019年度医师定期考核工作，为全市98%以上的医疗机构换发“医疗机构执业许可证”新证，为40余名医护人员勘误资格证书信息，落实全市医疗机构、执业医师和执业护士的电子证照申领工作。医疗纠纷调控：完善院内调解、人民调解、行政调解、医疗责任险分担“三调解一保险”长效机制，妥善化解各类医疗纠纷。开展医疗纠纷自查行动，落实赔偿金额2万元以上医疗纠纷个案点评和责任追究制度。全年调解医疗纠纷38起，医疗事故技术鉴定5起，未出现二级以上医方负主要责任的医疗事故。北盛镇中心卫生院和镇头镇中心卫生院创建为浏阳市平安医院，市骨伤科医院创建为长沙市平安医院。

（张 星 刘 苏）

【综合医疗改革】 2020年，浏阳市推进分级诊疗制度建设，灵活组建多样式医联体，共建成紧密型医联体29个，其中托管型4个、服务共享型25个；建成松散型医联体27个，其中科室共建21个、专科联盟4个、远程医疗2个，促进优质医疗资源下沉和基层服务能力提升。做实家庭医生签约服务，以258个标准化家庭医生团队和200个院村两级家庭医生工作室为依托，全面推行“互联网+”家庭医生签约服务，重点人群签约率60%以上，履约率、满意率持续提升。探索医防融合模式，开发上线高血压、糖尿病“两病”管理信息系统，对“两病”患者实行分级分层和规范化管理，推动数据整合“一盘棋”、服务标化“一把尺”、管理应用“一体化”，省医改办推介浏阳市医防融合经验。深化公立医院综合改革，推行现代医院管理制度，落实党委领导下的院长负责制，完成二、三级公立医院国家绩效考核。实行医疗服务价格动态调整和补偿机制，基本药物制度绩效考核位居全省前列。全市三级医疗机构、二级公立医院和基层医疗卫生机构的基本药物配备使用金额比例分别达到28%、45%、72%以上。实行村卫生室一体化管理，落实行政村卫生室运行经费575.9万元，全市352名60岁以下在岗乡村医生社会保险实现应保尽保。在长沙市2019年度医改工作评估中，浏阳市被评为“医改工作优秀区县(市)”“医改创新突出单位”(一卡通建设)，市中医医院被评为“医改工作优秀公立医院”。

（张 星 王科明）

【医学科研】 加强医学重点专科建设。2020年，市人民医院普通外科、中医医院急危重症科、妇幼保健院儿童保健科、集里医院神经内科、骨伤科医院中医骨伤科5个专科被确定为长沙市“十四五”期间深化医学临床重点专科建设项目，建设周期为2020—2025年，获长沙市财政专项经费150万元/个•年。人民医院心血管内科、普外、骨科、妇产科、儿科、急诊医学科、感染科被评为省(县级医院)临床重点专科。落实各类培训和继续医学教育学分审核。全年组织开展业务培训60余场，共培训12000余人。选派27名技术骨干人才参加妇科、产科、儿科、放射科、超声科、全科等紧缺专业培训。规范专业技术人员继续医学教育学分管理，按长沙市科教处要求完成年度学分审核工作。开展病原微生物实验室生物安全专项工作。分3批组织100余人参加长沙市卫健委病原微生物实验室生物安全岗位培训及管理人员培训，提高实验人员生物安全意识。开展全市病原微生物实验室生物安全专项检查，完成10家单位病原微生物实验室生物安全自查，随机抽查4家单位病原微生物实验室生物安全工作并提出整改意见。加大健康管理师培养。依托中南大学湘雅医院健康管理中心，联合湖南省健康管理协会举办健康管理师培训班4期，其中39人取得国家卫健委颁发的健康管理师资格证书。

【全科医生培养】 全年组织23名临床类别和12名中医类别医生参加全科医生转岗培训，组织30余名符合要求的人员参加2020年乡村全科助理医生考试，完成38名2019年第十批全科医生转岗培训学员参加毕业考核工作，督促全市医疗卫生单位取得全科医生合格证人员及时进行执业资格注册。全年新增注册全科医师62名，全市注册全科医生人数358名，实现所有建制乡镇卫生院配备2名全科医生的目标，超出每万常住人口全科医生2.4名的要求。

（朱 明）

【中医药事业】 参与新冠肺炎疫情防控。免费向全市抗疫一线工作人员、行政事业单位干部职工、复工复产企业员工等人员发放预防新冠肺炎中药36万余服。参与新冠肺炎确诊患者救治，4 名新冠肺炎确诊患者均采用中医药治疗。推广中医药适宜技术。组织编写《浏阳市中医适宜技术操作规范手册(基层版)》，促进中医适宜技术合理使用，防止中医适宜技术滥用、泛用。组织参加长沙市中医适宜技术培训 3 期，举办乡村医师中医适宜技术培训 2 期，共培训 400 多人。做好中医师承工作。完成全市 48 对中医师徒师承工作考核，淘汰不合格传承人 12 位，新增中医师徒结对 4 对。落实传统医学师承出师和确有专长人员的报名、考试考核工作。接受市人大常委会集中视察中医药工作，成立国医大师孙光荣传承工作室，邹先智、苏建斌分别被评为省名中医、省基层名中医。宣传学习中医药法。通过各种形式进行宣传，张贴宣传海报 100 余张，发放宣传折页 1000 余份、《湖南省实施〈中华人民共和国中医药法〉办法》宣传手册 1000 余本，扩大中医药法的社会影响和公众效应。弘扬中医药文化。推进“中医中药中国行——中医药健康文化推进行动”，举办中医药文化节、“冬病夏治”节、膏方养生文化节，传承发扬天人合一的传统中医药特色文化。组织参加长沙市职业技能竞赛中药炮制大赛，市中医医院和市卫健局分别获团体二等奖和三等奖，2 人获个人二等奖，2 人获个人三等奖。

（高明果）

【市中医医院通过三级甲等中医医院复核评审】 2020 年 9 月 21—23 日，湖南省中医药管理局副局长肖文明率评审复核专家组对浏阳市中医医院进行三级甲等中医医院现场评审复核工作。评审组专家分医院管理、党建、临床、重点专科、护理、药事、院感、信息 8 个小组，采取听取汇报、查阅资料、实地考察、病历抽查、现场考核、人员访谈等方式，就中医药服务功能、综合服务功能及党的建设三部分内容，进行评审复核与指导。专家们一致认为医院符合三级甲等中医医院要求，通过复核评审工作。2015 年，浏阳市中医医院被评为“三级甲等中医医院”。

【市中医医院被授予“2020 年度人文创新医院”称号】 2020 年 11 月 6—8 日，由国家卫生健康委员会指导，中国生命关怀协会医院人文建设专委会主办的“2020 年中国医院人文品牌峰会”在广西柳州举行。会上发布中国医院人文建设蓝皮书 2020 年版，公布 2020 年度人文医院、风尚案例等获奖名单，经过专业评审、推选及公示，浏阳市中医医院被中国医院人文品牌峰会组委会授予“2020 年度人文创新医院”称号。近年来，浏阳市中医医院坚持“视病人如亲人，待同事如家人”的服务理念，将人文关怀与医疗服务融为一体，打造有温度的中医院，彰显医院人文关怀。人文关怀便民惠民，建设有温度的医院。为方便患者就医，医院不断改善就医环境、优化就医流程、开展人文关怀、提升优质服务，让患者在医院诊疗更放心。人文引领育科育人，打造有竞争力的医院。重点打造特色专科，逐步形成“人有专长，科有特色，院有品牌”的发展格局。人文管理精益求精，铸就有活力的医院。提升患者满意度，增强医务人员的归属感和获得感，推动医院高质量全面发展。

（黎　亮　王金红）

9 月 21—23 日，三级中医医院评审专家组对浏阳市中医医院进行评审复核，医院通过三级甲等中医医院评审复核

（浏阳市中医医院　供图）

【爱国卫生】 统一部署，精心组织，发挥爱国卫生运动群众优势，以国家卫生城市创建、爱国卫生宣传、城乡环境卫生综合整治、健康知识普及、乡镇卫生创建、病媒生物防制等工作为重点，把爱国卫生运动与新冠肺炎疫情防控有机结合起来，为全面打赢新冠肺炎疫情阻击战创造良好环境。永安镇、普迹镇成功创建为湖南省卫生镇，淳口镇、永和镇、高坪镇成功创建为长沙市卫生镇，全年创建湖南省卫生村 27 个、长沙市卫生村 32 个、湖南省文明卫生单位 9 个、长沙市文明卫生单位 12 个、无烟党政机关 42 个。推进城乡环境整治和病媒生物防制，组织开展冬春季爱国卫生大扫除、第 32 个爱国卫生月宣传、春秋两季灭鼠、夏秋季“三灭”(灭蚊、蝇、蟑螂)等群众性爱国卫生活动，“四害”密度得到有效控制，城市建成区鼠、蚊、蝇、蟑螂密度控制达到国家病媒生物密度控制水平 B 级标准。

（杨佳利）

【国家卫生城市创建】 2019 年 3 月，浏阳市启动国家卫生城市创建，坚持高位统筹、部门联动，党员干部群众攻坚克难、齐抓共建，以设施完善、管理优化、素质提升为主抓手，统筹推进国家卫生城市创建工作，一次性通过国家暗访、技术评估、综合评审、社会公示等环节，2021 年 1 月，全国爱卫会发布《关于命名 2018—2020 周期国家卫生城市（区）的决定》，浏阳市被命名为国家卫生城市。提升城市品质：实施城市畅通、

2020年8月27日，浏阳市创建国家卫生城市技术评估汇报会现场

（市卫生健康局　供图）

保障、生态、健康四大工程，完善基础设施。2019—2020年，共拉通城市道路51条，提质背街小巷40多个，改造老旧小区60个；建设保障性住房1232套，实施棚户区改造4238户，改建城区公厕87座；空气质量优良率常年保持在90%以上；新人民医院建成投用，率先在全省推行就医"一卡通"，建成国家慢性病综合防控示范区。开展专项整治：开展农贸市场专项整治、行业管理规范、市容环境卫生提升、城中村和城乡接合部整治四项专项行动，有效解决一批"老大难"问题。新改建农贸市场7个；成功创建湖南省食品安全示范市；环境卫生实现"三个一个样"(城区和乡村一个样、老城区和新区一个样、检查和不检查一个样)；城中村和城乡接合部实现路平、地净、沟渠通。凝聚创卫合力：坚持集民智、聚民力、入民心，发挥群众主力军作用。依托3.2万个"党建+微网格"，解决群众实际问题1.5万余个，创卫志愿者8万余人；建设健康单位和场所496个；开展健康教育活动，居民健康素养水平达20.9%。

（邱正春）

【职业健康管理】 2020年，浏阳市成立浏阳市尘肺病防治攻坚行动领导小组，组建职业卫生监督协管队伍，推进尘肺病防治攻坚行动。加强宣传培训，组织开展《中华人民共和国职业病防治法》宣传周活动，发放宣传资料5万多份，参与职业病核心知识问卷调查近2000人，接受线上教育及各类宣传受众人数16万以上，完成主要负责人和职业健康管理人员专项培训820多人次。加强监测检测，落实641名职业性尘肺病患者随访调查和216名接尘劳动者尘肺病主动监测任务，对74家放射诊疗机构、13家非医疗机构放射工作单位开展基本情况调查，完成140家用人单位工作场所职业病危害因素监测和1350家企业职业病危害现状调查。加强健康管理，全市开展年度职业健康检查的用人单位共808家，总体检人数38306人。加强技术支撑体系建设，全市具备职业健康检查资质机构2家，分别是市疾控中心和集里医院。加强救治救助，在澄潭江镇试点建设尘肺病康复站，全年完成142名无责任主体的农民工尘肺病患者的救治救助，涉及医疗费用145.28万元，其中医保报销96.39万元，尘肺补助41.59万元。加强监督执法，组织开展尘肺病攻坚行动和尘毒危害专项治理执法检查，检查用人单位280多家，其中立案查处企业1家。

（潘升根）

【湖南省发育性髋关节发育不良三级防控示范基地授牌仪式举行】 2020年9月18日，由湖南省儿童医院主办的湖南省发育性髋关节发育不良三级防控示范基地建设的授牌仪式在浏阳市人民医院举行。发育性髋关节发育不良三级防控示范基地的建设是2018年国家重点研发计划"生殖健康及重大出生缺陷防控研究"专项应用及评价"项目中的重要组成部分。依托中国出生缺陷干预救助基金会，建立多地区、多民族、广覆盖，来有效降低出生缺陷的发生；提高重大结构畸形患儿的生活质量，减少致残率；让更多人群受益。湖南省儿童医院在浏阳市人民医院设立湖南省发育性髋关节发育不良三级防控示范基地后，将定期派遣专家去基地讲座、培训、手术、对基地医院进行指导；建立快速响应的网络会诊渠道，指导诊疗，指导开展科研项目；对进修骨科及超声科的示范基地人员开放绿色通道，优先安排进修学习。助力浏阳市人民医院骨科全面高质量的发展。

【三镜联合微创手术填补湘赣边空白】 2020年10月15日，一例复杂胆管及胆囊结石伴有先天畸形患者在市人民医院实施三镜联合微创手术获得成功。该技术最大限度减少患者创伤，最快速度恢复，可达到最佳效果，填补湘赣边区域空白。

【多学科合作成功接活断臂】 2020年11月22日11时，市人民医院接诊到左上臂被机械完全绞断的一名患者。急诊科医护人员立即对断肢进行处理，判断评估患者伤情，开展补液、输血等抗休克治疗，恢复重要脏器的供血，防治并发症。同时，紧急启动全院多学科会诊，急诊科、创伤医学中心、医学影像中心、医学检验中心、中心血库、麻醉科、手术中心等团队无缝衔接，全程开通绿色通道。经七大学科历时近10小时抢救，患者断臂再接成功。

【浏阳市职工健康之家建成开放】 2020年12月9日，浏阳市职工健康之家建成开放。浏阳市职工健康之家由浏阳市总工会联合浏阳市人民医

8月3日，浏阳市重点临床学科建设工作调研座谈会召开，长沙市副市长刘明理（左排第四）调研浏阳市重点临床学科建设　　（市卫生健康局　供图）

院成立，设于浏阳市人民医院门诊大厅三楼，设置健康科普、健康体验、健康咨询、健康警示、特色健康评价五大区域，依托市人民医院健康管理团队，为全市各健康管理联盟成员单位建立个人和团队健康档案，制定个性化健康管理方案，开展常态化健康管理干预。在当日召开的成立会议上，浏阳市委副书记王强指出，在全面推进健康中国建设的背景下，成立职工健康之家，将优质医疗资源与工会力量有机融合，为广大职工群众提供更优质高效的医疗保健服务，这既是落实上级决策部署的探索实践，也是扎实推进健康浏阳的务实之举和创新之举。浏阳市领导刘旭、邓雪琴、张葵红参加活动。

（刘亚玲）

·医院简介·

【浏阳市人民医院】 2020年，浏阳市人民医院门急诊医疗服务83.1万人次，较上年减少16.08万人次，下降16.22%；住院医疗服务6.84万人次，较上年增加55人次，增长0.08%；病人平均住院日7.43天，较上年减少0.08天；全年完成手术20237台次，较上年增加4731台次，增长30.51%；业务收入76111.58万元，较上年增加1422.42万元，增长1.9%；药占比及百元医疗耗材均达到国家公立医院医改示范县（市）要求。管理工作：疫情防控工作。2月3日，新院感染科楼正式投入使用。抗疫期间，作为浏阳唯一定点收治医院，建好老院隔离病房，收治4例确诊病人，隔离观察40余名疑似病人。疫情期间，200多名医生开设网络问诊平台，免费为市民问诊。同时，医院派遣4人驰援武汉、4人奔赴长沙重症病房。实现无死亡病例、无二代病例、无聚集性疫情、无院内感染、全省第一批进入低风险区，多人获上级部门嘉奖。整体搬迁工作。4月27日，浏阳市人民医院新院试运行，当日零时起，新院门急诊开诊，所有医疗业务正常开展；自5月1日起，老院停止运行，不再承担任何对外医疗救治任务，所有医疗业务转移至新院。新院总用地面积11.356公顷。一期总建筑面积15.6万平方米，包括门急诊、医技中心、病房、地下停车场等配套用房。医院功能布局按三甲医院标准，ABCD区和中央区为门诊综合楼，1号、2号、3号、4号楼为住院部，5号楼为感染科楼。医院主体项目从2017年10月15日启动。医改工作。落实医改政策，稳步推进分级诊疗和区域合作。与基层医院签订医联体成员单位11家，共建18个学科，派驻管理人员8位、医疗专家20余位到基层服务；与湘赣边上栗、铜鼓签订医疗资源共享协议；与萍乡市湘东区达成学科共建、学科托管一揽子帮扶协议。把准医改方向，调优医疗结构，强化门诊业务、优化门诊流程，调优住院病种结构，狠抓费用控制，多措并举，改善医院收入结构，提升医院运营效率。改革薪酬及绩效激励机制，形成《医师工作量单项绩效补充方案（试行）》，修订合同制同工同酬管理办法，有效提升医护人员工作积极性。医疗、护理工作：2020年，医院医疗、护理对标“三甲”要求，以人民健康为中心，以“创一流三甲医院，建湘赣边域医学中心”为目标开展工作。医疗工作。构建全面监管的医疗质量安全体系。围绕“以病人为中心、全面提高医疗质量和安全”为主题，严抓医疗规范和核心制度的落实，实现质量管理的持续改进。建立重点病人突发医疗事件提前介入机制。建立医务部夜查房机制、组织全院应急演练及安保人员应急演练等。严控医疗质量安全。全年进行“高风险谈话”共149例，医疗纠纷事件发生率明显下降，较2019年下降46%，实现全年无重大医疗纠纷发生。成立十大医学中心，提高协同作战能力。临床科室布局打破传统内外科分区模式，采用以疾病为中心进行布局，成立消化、肾脏、儿童、创伤、胸痛、神经、母婴、健康、重症、门诊十大医学中心，充分发挥多学科协同作战和团队作战联合攻关优势，有效提高疑难重症诊治能力。护理工作。完善三级护理管理架构，创新工作清单式管理方式，有效提高工作效率，保证工作质量。修订完善《危急重症患者转运评估分级标准》等多个标准，有效提升医院运转效能。多措并举提升患者就医体验，形成优质护理服务品牌，医院患者满意度达到95.28%。医院获“湖南省新冠肺炎疫情防控救治护理工作先进集体”等省市级奖项14项；13位护士获省、市级荣誉。科研教学工作：落实人才培养和学科建设三年规划。2020年，先后引进专技人员130人，其中硕士研究生36人。派出学科骨干21人次到国内一流医学院校进修学习。重点学科建设。心内科、普通外科、妇产科、骨科、急诊科、儿科、感染科7个科室通过湖南省重点专科现场验收工作。全年开展新技术新项目37项。科研教学和继续教育工作。2020年上报新技术新项目共62项；省教育厅课题立项2项；发表论文20余篇，其中SCI论文1篇，获专利发明2项；执业助理医师考试通过率95%，居全省首位。全年举办省级继续教育项目6项、各种院内学术活动100余次，吸引来自省内外40余家医疗单位及湘赣边区域的2000余名医务人员参会。

（彭建湘）

【浏阳市中医医院】 浏阳市中医医院是一所集中西医疗、急救、教学、科研、康复、预防、保健于一体的三级甲等中医医院。2020年，在职干部职工1466人（其中高、中级专业技术人员602人，博士研究生2人，硕士研究生148人），开放床位1280张，设有31个临床科室，11个医技科室，1个司法鉴定所。全年医院完成总收入64434.7万元，其中医疗业务收入61479.3万元；门急诊服务54.7万人次，住院5.62万人次，手术12018台，总药占比32.93%，西药占比23.27%，平均住院天数8.12天，百元医疗收入中卫生材料费为18.47元，患者满意率97.66%。通过三级甲等中医医院复核评审、湖南省文明标兵单位考评，被评为全国“人文创新医院”，全国县市级综合医院竞争力排名第91位，中医医院排名第6位。中医药文化建设。成立中医防治专家组，组织制定《浏阳市新冠肺炎中医药诊疗方案》，对浏阳市4例确诊与疑似病例分类指导，辨证施治，中医药治疗参与率100%。推广使用预防新冠肺炎中药，向长沙市开福区与浏阳市单位企业发放预防新冠肺炎中药43万余人份。签约成为广东省中医院协作医院，通过师徒结对搭建学术桥梁，加强专科建设、中医特色、人才培养。开设传统手法整复科（骨伤科五），设立孙光荣国医大师传承工作室，开设中医经典病房，运用多种传统中医特色疗法救治患者。开设针灸推拿康复夜间门诊，改善患者就医体验。举行杏林健康大讲堂8期，线上线下参与超47万人次。举行第九届膏方养生文化节、“三伏贴”“三九贴灸”、中医健康义诊等活动。出版《杏林风》院刊4期，发布微信公众号文章156篇，编发《杏林新常态》特刊，拍摄中医养生健教MV短视频6个，扩大中医影响。人才队伍建设。全年引进人才86人，修订合同制员工享受同工同酬待遇等制度，外出学习1412人次，进修23人次，下派锻炼17人，援藏1人，新晋高级职称19人、中级职称77人，提拔中层干部13人，实施“杏林人才”工程（第二周期）培养人才51名，并组织中层干部到邵逸夫医院轮训学习等活动。武华杰被评为“湖南省医师奖”，陈程被评为长沙市“三八红旗手”。医疗服务与质量。成立肺病科二区，开设24小时儿科急诊，完善《重点专科建设管理办法》，急危重症医学科被评为“十四五”长沙市临床重点专科建设项目，肺病科、脑病科被评为“中国中医医院优秀区县临床专科”。成立励建安院士专家工作站，推动康复医学发展。检验科获ISO15189医学实验室认可证书，检验结果实现国际互认。推进“三大”中心建设，成立介入导管室，引进5G移动卒中平台；创伤中心加入湖南省创伤急救联盟，开启创伤救治新模式。开展腰椎侧路融合+经皮椎弓根钉固定融合术等新技术6项。健全医疗质量与安全管理委员会等各委员会管理，完善《总住院医师管理办法》等制度，开展疑难病例讨论7次、医疗纠纷个案分析会2次，组织医疗核心制度、医疗安全等培训讲座30余次，进行业务查房300余次，医院管理、质量与安全持续提升。科研教学。加强师承及名医工作室建设，邹先智被评为“湖南省名中医”，苏建斌被评为“湖南省基层名中医”。申报各级科研项目55项，立项6个；发表论文114篇，编写著作4本，申报实用新型专利2个，举办学术活动10余次。优质完成580余人次的进修规培、课堂教学、见习带教与联考等工作。管理工作。智慧立体停车场投入使用，优化院内交通组织，设置车辆临时停靠亭，完善绿化美化与无障碍设施。启动危急重症大楼建设，完成主楼1区土方施工等工作。对烈士公园进行一期改造。制作《标准化服务规范手册》，修订《投诉管理办法》，举办“提升职业素养，优化服务流程”医技科室培训和职业形象、礼仪培训活动，改进服务投诉流程，有效化解投诉问题。完善安全生产制度和应急预案，每月召开安全工作联席会，每季度召开安全应急管理委员会会议，组织“安全生产大家谈”、安全知识进科室培训、应急代码演练等活动，制定安全检查“路线图”，坚决守住安全底线。进一步规范门诊管理，对血透、介入、骨科等耗材进行公开招标，引入SPD运营服务模式，引进医保管理云平台、医疗废物追溯、OA办公等系统，推进智慧管理。公益惠民。选派四批次15名医护人员驰援武汉、长沙；做好黄花机场值守转运、浏阳市委党校集中隔离人员核酸标本采集、归国来浏集中隔离人员酒店管理工作。26人次被评为“湖南省抗击新冠肺炎疫情先进个人”“湖南好人”“湖北省新时代最美逆行者”等省、长沙市级荣誉。对口帮扶邵阳县中医医院、城步苗族自治县中医医院、龙山县中医医院；精准扶贫3个村、115户。加强中医适宜技术推广和中医药知识培训，培训带教近400人次。加强医联体建设，组织培训35次，下基层指导帮扶460余次，免费远程判读疑难心电图1.65万人次，提升基层诊疗水平。“先诊疗后付费”5644人次，大病救治1227人次，大病优惠减免34.7万元。全年开展无偿献血、爱心敬老、爱心助残、乡村振兴等志愿服务活动30余次，总志愿服务时间7800余小时，服务5万余人次。被评为浏阳市“无偿献血工作先进单位”“最佳‘五老红’志愿服务组织”。

（黎　亮　王金红）

基层卫生

【概况】 2020年，全市公立医疗机构门急诊395.5万人次，出院36.6万人次，基层医疗机构药占比（中药饮片除外）＜18%，手术台次增长超30%，基层首诊、双向转诊等分级诊疗制度更加健全。持续改善医疗服务水平，大瑶镇中心卫生院成功创建二级综合医院。推进优质服务基层行活动，古港镇中心卫生院、沙市镇卫生院等 9 家卫生院被国家卫健委评为“优质服务基层行”活动推荐标准机构。实施第三轮基层医疗机构标准化建设三年行动，完成 16 个村卫生室维修改造，行政村卫生室标准化建设实现全覆盖。“浏阳超级乡镇医院”现象获新华社、《健康报》等媒体关注和报道，受到副总理孙春兰肯定性批示。

（张　星　唐好珍）

【卫生人才队伍建设】 加强人才队伍建设，全年举办干部素能培训班 4 期，组织 6 批次人才招聘，招聘专业人才 256 人，其中专业英才 24 人、面向援鄂一线临聘医务人员招聘 8 人、面向基层医疗卫生机构连续工作满 5 年的执业助理医生及以上职称的成熟型人才招聘 12 人。首次制定发布基层医疗卫生机构急需紧缺人才目录，采取直接考核、考察方式招录基层急需紧缺人才，8 人通过直接考核、考察方式入编。培养农村订单定向免费医学生 8 人。组织 42 家乡镇、街道医疗卫生机构按照中级增加 5 个百分点、高级增加 3 个百分点增加专业技术岗位结构比例，重新进行岗位设置，并及时做好岗位聘任。组织开展乡镇卫生院局管干部交流任职，公开选拔 3 名优秀年轻干部为乡镇卫生院副院长。开展仁心志愿者服务活动，助力疫情防控、脱贫攻坚、乡村振兴，系统“仁心志愿者”协会被评为“湖南省最佳志愿服务组织”和“长沙市最美逆行志愿服务组织”。

（张芳芳）

【医疗基础设施建设】 推进“健康长沙”PPP 项目，改善医疗基础设施条件。2020 年，市人民医院实现整体搬迁并投入使用，市中医医院危急重症大楼项目开工建设，集里医院门诊综合大楼建设项目主体封顶并进入装修阶段，市妇幼保健院整体搬迁项目启动土石方工程施工，官桥镇卫生院公租房项目完成竣工验收，柏加镇卫生院公租房项目启动建设。

（唐　莉）

【公共卫生推进】 2020 年，市卫健局通过强化日常督导、业务培训、量化绩效考核、精准帮扶、稳定队伍、确保待遇等措施，完成各项基本公共卫生服务项目任务。推进妇幼健康服务、传染病防控、免疫规划、慢性病管理工作。做实省市重点民生实事项目，全面完成 3 万名农村适龄妇女“两癌”免费筛查、1 万名孕产妇免费产前筛查任务。落实结核病防控工作，全市新生入学肺结核筛查 66405 人，检出肺结核病例 6 例，规范处置辖区学校结核病疫情 41 起。按要求开展食品安全风险、生活饮用水和集中式消毒餐饮具等监督检测工作。做好卫生应急工作，对突发公共卫生事件快速响应、科学处置，全年未报告一般级别事件，未发生重大食物中毒事故和重大疫情。2020 年 4 月，代表湖南省接受国家基本公共卫生服务项目检查，为全省夺得全国第五、中部第一的好成绩作出贡献。2020 年，浏阳市基本公共卫生服务项目绩效评价综合得分全省第一名，11 月，在国家卫健委推动基本公共卫生服务持续发展案例研讨会上作典型发言，12 月，在湖南省公共卫生服务项目绩点制培训班暨项目管理典型经验推介会上作典型发言。

（蒋树龙　杨　丹）

【健康扶贫实施】 政策宣传。全年在市级以上平台媒体报道典型案例 6 次，在本地媒体报道健康扶贫信息 12 次，编印健康扶贫政策宣传单 15000 余份。开展年度健康 e 线护活动，共派出 70 多位临床医学专家、护理学骨干以及健康管理学专家为贫困群众开展义诊 45 次，义诊人数 4500 余人，开展卫生科普讲座 172 次，发放健康扶贫政策宣传资料 8647 份，为贫困群众免费健康体检 6258 人。签约服务。依托全市家庭医生服务团队和家庭医生工作室，推行网络电子化签约服务，建立网上签约服务质量动态监管机制，做到应签尽签，实现“签约一人、服务一人、满意一人”。针对核准的高血压、糖尿病、结核病等慢性病患者签订个性化健康管理协议，慢性病个性化签约、履约率 100%。医疗保险。全市建档立卡贫困人口为 15741 户 49386 人，实现贫困人口应保尽保，农村贫困人口基本医疗保险参保率 100%。落实省、市要求，开展大病集中救治工作，将大病专项救治病种扩大到 33 种，确定市人民医院、中医医院、妇幼保健院、精神病医院、集里医院 5 家大病定点救治医院，全年建档立卡贫困人口大病集中救治 3999 余人。落实“先诊疗后付费”“一站式”结算等健康扶贫政策，全年“一站式”结算 71469人次，全市贫困人口住院实际补偿率 90.7%。

（杨　丹）

【医防融合工作】 探索医防融合模式，上线高血压、糖尿病管理信息系统，对全市高血压、糖尿病患者用药实行同品名、同规格、同剂型、同厂家、同价格“五同管理”，促进慢性病医防融合工作信息、政策、队伍、服务场所、考核“五个融合”，实现全市高血压、糖尿病患者治疗和用药同质同效，打通健康管理“最后一公里”，推动全生命周期健康管理落到实处。系统共筛选出“两病”确诊患者 18 万人，已纳入“两病”标准化管理患者 8 万余人，医防融合率 100%。

（唐好珍　张　星）

疾病预防控制

【概况】 浏阳市疾病预防控制中心是浏阳市人民政府设置的疾病预防控制和公共卫生检测检验公益性事业单位，加挂“浏阳市健康教育所”。主要职能是突发公共卫生事件应急处置、传染病预防控制、免疫规划、慢性非传染性疾病管理、健康危害因素监测、实验室检测分析与评价、健康教育与健康促进、技术管理与应急研究指导。2020 年，该中心发挥公共卫生专业机构作用，为浏阳市筑牢疫情防线、推进复工复产提供科学支撑，取得疫情防控的阶段性成果。做好服务浏阳市创建国家卫生城市与疾病预防控制的相关工作，浏阳市被命名为国家卫生城市。

【新冠疫情防控】 2020年年初，市疾病预防控制中心动员全体干部职工取消春节休假，提早备战，制定疫情防控工作方案，强化技术培训，加强物资储备，下定决心打赢疫情阻击战。1月20日，浏阳市确诊第一例新冠肺炎病例以来，共计出动机动队开展流行病学调查、采样送检97次，出动人次数526次，共调查处置4例新冠肺炎确诊病例、1例无症状感染者及54例排查的病例，累计追踪管理密切接触者661人，安排3人驻汽车站、10人驻党校、景天酒店隔离点开展防控工作，开展各类消毒工作。自2月3日后，全市再无新增病例，全市确诊病例4例，实现无死亡病例、无二代病例、无聚集性疫情、无院内感染，被省里划定为第一批低风险区。服务大局、平战结合。疫情防控进入常态化阶段，市疾控中心贯彻落实各级防控策略。选派专业技术队伍到企业、社区为市常态化防控做好技术指导；专业技术人员长驻黄花机场开展疫情防控、落实境外航班包机接待工作；全面开展重点人群采样和核酸检测，共计检测样品9632份；落实冷链食品、环境、从业人员开展采样和检测核酸，共计检测样品624份。科学制定全市各类会议、大型活动的疫情防控工作方案，组织撰写疫情防控评估报告，共计撰写报告116份，确保市经济社会活动有序运转。组织新冠疫苗紧急使用工作，落实新冠疫苗购置、人员摸底、安全保障培训、疫苗接种等，保障紧急接种工作有序推进，未发生严重异常反应。市疾控中心被评为“湖南省抗击新冠肺炎疫情先进委员单位”，1人被评为“湖南省抗击新冠肺炎疫情先进个人”。

【突发公共卫生事件应急处置】 加强突发公共卫生事件组织领导和指挥体系建设，落实24小时卫生应急值班工作；按照国家、省市要求落实冷链食品、高中风险岗位从业人员、医疗机构等新冠病毒监测等新冠肺炎常态化防控工作。细化应急物资储备分类，量化物资储备任务，定期清点储备的应急物资，及时更新、补充应急物资储备；加强卫生应急培训和演练，2020年，组织卫生应急培训7次，开展突发公共卫生事件应急演练3次，参加长沙市组织的突发公共卫生事件应急演练2次。对辖区内发生的突发公共卫生事件及相关信息做到动态监测、核实、报告、反馈，进行综合分析和风险评估；对于发现的各类突发事件或潜在威胁，开展专题风险评估，并提出预警及措施建议；2020年度，开展风险评估12期，其中新冠肺炎专题风险评估3期。出动机动队90余次，处置各类突发公共卫生事件10起，均为未达到突发公共卫生事件级别的事件；调查处置新冠肺炎疑似病例、确诊病例、无症状感染者44例，包括疑似病例39例、确诊病例4例、无症状感染者1例。所有疫情处置得当，未造成播散流行。全年未发生重大食物中毒和重大疫情。

【传染病预防控制】 重点传染病监测和防控。2020年，全市各疫情网络直报单位共报告乙类传染病6871例，丙类传染病10368例；开展疫情月分析12期，周分析52期；处置传染病预警信号415次。结核病防治。登记活动性肺结核（含结胸）患者944例，处置学校散发疫情41起、聚集性疫情1起，筛查学校密切接触者3000余人。艾滋病防治。报告现住址为浏阳市的HIV/AIDS（人类免疫缺陷病毒/获得性免疫功能缺陷症）127例，检测HIV抗体20万人份。开展预防接种宣传、培训和技术指导，全市全年未出现重大预防接种安全责任事故，免疫规划疫苗接种率达到上级规定要求，其中基础免疫接种率95%以上，加强免疫90%以上。被评为“2020年全省急性传染病监测工作先进集体”“全省消除疟疾行动计划中作出突出贡献的先进集体”。

【国家级慢性病综合防控示范区建设】 慢性病防控工作。管理高血压患者104395人，糖尿病患者37745人，各项工作指标均达到上级要求。死因监测工作。全市报告居民死亡信息10260人，及时审核率100%。获“中国死因登记报告工作突出贡献先进集体奖”。重大慢性病监测报告工作。登记肿瘤患者8834人，登记心脑血管事件8639人次。如期完成国家心血管病高危人群筛查与干预工作，按要求完成短期随访1437人。6月2日，国家卫生健康委办公厅《关于公布第五批国家慢性病综合防控示范区建设结果的通知》，浏阳市被国家卫生健康委办公厅授予“第五批国家慢性病综合防控示范区”称号。

【健康教育与健康促进】 完善健康教育与健康促进网络，加强健康促进长效机制。规范健康教育工作网络成员单位职责，强化业务培训，提升网络队伍履职能力。全年组织基层健康教育专干、学校、社区、机关单位、餐饮企业、医疗单位等健康教育专题培训10余场次，累计培训各类健康教育专（兼）职人员近500人次。发动工作网络，全市针对重大疾病防控印制、编辑宣传单、折页6种，制作发放2.2万份；编辑推送宣传模板10种，由乡镇自行印刷；自制宣传海报10种共2万份；推送宣传视频6种，发到乡镇、各有关单位、社区滚动播放；统一宣传标语7种，全市组织制作横幅标语4000多条；科普平台推送权威健康知识95条。开展媒体健康教育传播工作，“掌上浏阳”App发布健康科普和工作动态共110篇。“健康浏阳”微信公众号发布科普文章112篇，其中首页推送92篇。继续推进“健康管家”培养与“健康教育五送进”活动，全市完成“健康管家”培养136场次，健康教育进社区、进学校、进企业等活动112场次，惠及各类群众近3万人次。

【公共卫生危害因素监测】 城乡饮用水卫生监测项目覆盖所有乡镇（街道）规模水厂31家，农村单村供水工程10家，分散式供水10户，学校6所，共采集水样414个、创建食品安全城市工作涉及生活饮用水和集中式餐具样品，完成样品采集和检验任务312个，完成率104%。食品安全风险监测项目共采集181批次样品，其中粮食及其制品、油条、鲜湿米粉共110批次。食源性疾病病例监测项目覆盖所有乡镇（街道），建立全市县乡村级报告制度，共监测到全市食源性疾病病例2393例，采集生物标本127个，对其进行5种致病菌（病毒）检测，完成检测标本127个，共检出32个病例标本致病菌（病毒）阳性，共报告11起食源性疾病事件；完成对报告医院的监测工作督导、公共场所健康危害因素监测项目，完成10家公共场所的监测任务，其中超市8家，宾馆2家，采集空气微生物样品48个，空气理化样本6个，现场检测54批次，表面物体微生物样品44件，调查从业人员50人。农村环境卫生监测项目完成5个乡镇、20个村、100户、10所学校的现场调查和20份土壤的检验及数据上报。儿童少年视力筛查核定项目完成7所学校幼儿园的现场视力筛查近视调查工作。全市农村单村供水工程监测覆盖全市87家单村供水工程，完成样品采集87批次。全市中小学校（幼儿园）生活饮用水卫生监测覆盖全市共378家中小学校（幼儿园），采集样品1200批次。

【职业健康】 尘肺病主动监测项目。从22家企业中选取215人接尘劳动者开展尘肺病主动监测，进行免费健康检查，完成率107.5%。职业性尘肺病患者随访调查。完成对641名职业性尘肺病患者的随访调查，其中存活246人，死亡395人；22名职业性尘肺病患者未随访到，完成率96.68%。

【检验检测】 2020年，市疾控中心实验室完成突发事件应急采样与检测、食品风险监测、食源性疾病主动监测、禽流感外环境监测工作样品检测、钩体采样与检测、职业健康监护生化指标检测、健康体检大便培养与甲/戊肝检测、作业场所与室内空气检测、生活饮用水项目点水样检测、尿碘与盐碘检测工作，全年共计完成各类样品检测53050样次。所有样品均得到及时检测，无检验差错事故。

（黄振兴）

妇幼保健

【概况】 2020年，浏阳市妇幼保健院实现门诊45.6万人次，住院2.32万人次，分娩5398人，医院总收入2.47亿元。被评为“浏阳市无偿献血工作先进单位”“浏阳市三八红旗集体”“长沙市文明窗口示范单位”“长沙市妇幼保健机构绩效考核工作优秀单位”。在市卫健局组织的三基知识技能竞赛中，该院医护组获第一名，综合排名第一。12月22日，通过长沙市卫健委二甲复审。推进医院整体搬迁项目建设，完成医院整体搬迁用地手续的办理、立项、可研、环评、能评、稳评等前期工作；办好选址意见书、建设用地规划许可证、工程规划许可证。

【妇幼健康保障】 实行市乡两级协同管理高危孕产妇，确保孕产妇安全。完成孕产妇免费产前筛查、“两癌”免费检查、无创DNA检测、新生儿疾病筛查和耳聋基因检测项目。做好婚前医学检查、叶酸增补、预防艾滋病、梅毒、乙肝项目，经考核验收，均达到上级要求。开展0～6岁儿童健康管理、高危儿营养性疾病分级管理、新生儿死亡评审和托幼机构卫生保健等工作，确保儿童健康管理工作任务完成。

【打造妇幼医疗特色重点专科】 2020年，市妇幼保健院成立浏阳市妊娠期高血压疾病防治工作室，为降低妊娠期高血压疾病的发生、控制病情、延长孕周、降低母婴风险提供保障；将内科和外科整合为内外综合科，优化人力资源，整合技术力量；成立“浏阳市不孕不育诊疗中心”，邀请中国科学院院士陈子江到院现场指导，达成设立院士工作点的意向，扩大医院的影响力，提升医院的美誉度；推进实施妇幼保健机构能力建设项目，儿童保健科被评为“长沙市临床医学重点专科”。

【医院综合管理】 专业人才梯队建设：实施“妇幼之星”人才培育工程。建立“青年人才训练营”“学科骨干孵化营”“知名专家成就营”，推进人才强院战略实施。新生儿科主任黄晓亮被评为“长沙市优秀医师”“长沙市德艺双馨优秀医师”。选才育才。全年引进高校毕业生20名、规培人员33名，保障人才梯队建设。组建医院通讯员队伍，举办宣传培训班，主持拍摄的《关爱孩子成长，关注孩子身高》创意短视频，获“长沙市卫健委健康科普视频大赛优秀奖”。激发优质医疗服务驱动力：强化信息管理。医院信息系统通过长沙市公安局安全三级等保备案，“云端妇幼”平台增加四维彩超预约功能，完成电子病历系统（EMR）大版本升级。创新医保结算方式。在病区开展“一站式”医保结算，为患者就医结算提供方便。注重提升管理水平。邀请甘肃省妇幼保健院院长仇杰为全院干部职工讲授《妇幼文化和运营管理》，传递医院管理新理念，助推医院管理水平提升。

（刘　学）

人口和计划生育

【概况】 全市年末全员人口148.8万人，已婚育龄妇女260672人；年度内出生12997人，出生率8.56‰，符合政策生育率91.44%，政策外多孩率8.09%，出生人口性别比为110.55；年度内死亡10228人，死亡率6.73‰；人口自然增长率1.82‰；收养登记计划生育审核19例；全市生育服务到位率82.14%。

（甘享明）

【人口监测与家庭发展】 计划生育审查。评先评优及人员录用审查83批次，审核个人13494人，单位956个，否决个人38人、单位2个；在支村“两委”换届工作中，审查16批次3000余人，建议不纳入候选人31人。全员人口数据质量。核对“实时通”平台妊娠信息56377条，生养信息9538条，湘粤通报妊娠信息1402条，生养信息1377条，妇幼出生医学证明信息11354条，入院分娩信息10379条；核查公安、民政等部门通报信息9.4万条；登记跨省流入

16741人，省内流入34982人，流出129218人，流入人口在本地出生352人；全员与公安匹配率96.51%。计划生育奖励扶助。年度新增农村奖扶1559人，退出364人；新增特扶对象142人，退出29人；新增城市低保3人，退出7人；新增独生子女保健费26户，退出1686户；全市奖扶对象共40802人，共发放八项奖励扶助资金3455.68万元；病残儿、计划生育手术并发症均由本级组织鉴定，方便群众；全年走访200多户并发症、病残儿家庭；计生特扶家庭对象均由财政代缴合作医疗保费；全面落实计生特殊家庭联系人、家庭医生签约、就医绿色通道三个全覆盖；开展服务计生特扶家庭“火把传递”行动，通过签约社会组织、培养计生特扶“牵头人”，引导计生特殊家庭建立群体自助模式，组织参与99腾讯公益为计生特殊家庭募捐活动，在长沙市“火把传递”行动项目演示中获优秀组织奖，金芙蓉艺术团项目获二等奖。母婴设施建设和婴幼儿照护服务。对全市母婴设施建设及运行情况进行摸底调查，全市约有达标母婴室50家。按照国家要求，对全市托育服务供给情况进行问卷调查，从调查情况看，全市提供托育服务的253家机构可提供托位近万个，3岁以下婴幼儿入托3700多人；组织46名托育机构负责人参加长沙市级培训，全部通过考试获得结业证书；全市有3家机构完成托育机构备案并向国家提交年报。

（甘享明）

【老龄健康工作】 推进医养结合。全市建成两证齐全(或备案)医养结合机构4家，其中纳入医保定点的机构1家。市脑科医院被确定为长沙市第一批安宁疗护试点单位，试点工作获省卫健委好评。聚焦老年健康。为全市65岁以上老年人建立电子健康档案，开展健康状态评估、健康体检和健康指导，落实家庭医生签约服务。建立失能贫困老年人监测预警机制，对全市60岁以上建档立卡贫困老年人基本信息和健康信息进行全面核查，为失能贫困老年人提供常态化照护服务。动员社会关注。开展人口老龄化国情教育、老年健康宣传周、“敬老月”等系列活动，发放奖励慰问金8.1万元，联合集里医院到淮川街道、达浒镇、古港镇、沙市镇举办健康知识讲座和义诊活动，营造敬老爱老孝老氛围。推进“银龄安康”工程。提高老年人风险抵御能力，全市20516名老年购买意外伤害保险，其中政府出资投保11695人，社会老人投保8821人，投保总金额138.3万元，合计赔付82.52万元，受益349人次。

（方艳华）

【计划生育协会工作】 组织“5•29”会员日活动。以“服务计生家庭与育龄群众，促进家庭健康发展”为主题，开展“5•29”系列宣传活动。淮川街道北正社区与市中医院签订《家庭健康促进合作协议书》，通过现场义诊、杏林大讲堂等方式，定期向居民普及健康知识，传播健康生活方式。关爱计生困难家庭。组织“小善举•大爱心”募捐活动，捐款17.76万元；发放重病大病住院护理补贴24.28万元，计生系列保险理赔32.8万元。创新计划生育基层群众自治。以文家市镇沙溪村为样板点，探索基层计生协参与乡村振兴新路径。官桥镇、蕉溪镇，淮川街道城西社区、蕉溪镇早田村被评为全省计划生育基层群众自治先进单位。市计划生育协会被评为湖南省计生协重点工作绩效评价先进单位，张更姣被评为湖南省计生协参与新冠肺炎疫情防控工作先进个人。

【国奶养育工程】为改善婴幼儿营养状况，降低婴幼儿疾病发生率，同时减轻婴幼儿家庭哺育子女负担，巩固脱贫攻坚成果，2020年6月17日，市计划生育协会和市卫健局联合北京联慈健康扶贫基金会启动实施“国奶养育”工程。全年全额资助贫困家庭408户，免费捐赠奶粉2129罐，捐赠金额63.44万元；公益资助4000多名婴幼儿，发放奶粉18912罐，资助金额378.24万元。依托市、乡两级87个微信工作群，为16210名父母普及婴幼儿科学养育知识，发放健康教育、科学育儿资料1000余条，印发健康教育宣传彩页10600份，培养健康管理师246名，7名宝妈取得联慈家庭健康管理师证。

（曹湘黔）

卫生计生综合监督

【概况】 浏阳市卫生计生综合监督执法局于2016年9月挂牌成立，根据省湘卫办发〔2015〕25号和长编办发〔2016〕103号文件精神，由原市卫生监督所更名而来，为副科级参照公务员管理事业单位。受浏阳市卫生和计划生育局委托，负责全市卫生计生综合监督执法工作。设有一室四科，分别是综合办公室、公共场所卫生监督科、医疗执业监督一、二科、学校卫生、生活饮用水监督科。监管对象包括公共场所、自来水厂、二次供水单位、学校、各类医疗机构等，共4000余家，其中学校、托幼机构500余家，各类医疗机构1100余家，公共场所2000余家，生活饮用水、二次供水单位100余家。2020年，该局做好疫情防控常态化工作，统筹推进卫生监督体系建设，完善体制机制，提升监督执法水平，加大监管力度，有序开展各项工作，案卷评查工作获长沙市一等奖。

【基层执法体系建设】 2020年，根据职业卫生监督职能划转，新增职业卫生监督职能，内设于公共场所卫生监督科。基层卫生监督网络建设。4月15日，对全市各乡镇、街道卫计监督协管员进行综合业务知识培训；5月20日，对各医疗机构负责人开展以《树立法制观念，加强依法执业》为内容的素能培训；7月21—22日，进行为期2天的全市职业卫生监督协管培训；全年开展4次卫生监督协管督查指导，并按要求开展公共卫生后进单位精准帮扶工作，取得较好的工作实效。日常工作。通过“带案培训”“现场培训”“季度暗访”等方式提高基层卫生监督协管员和卫计监督执法人员监督、执法水平，同时利用卫生监督信息平台，督促基层执法人员进行监管对象的档卡维护、信息补录和修改、日常监督内容录入等工作。通过完善基层卫生监督网络建设，实现“卫生监督重心下移，执法监管关口前移”目标。

【新冠肺炎疫情防控监督工作】2020年，市卫生计生综合监督执法局成立疫情防控卫生监督工作领导小组，设立五个应急分队，明确职责，科学防控，按照市疫情防控工作领导小组的统一部署，开展疫情防控卫生监督督查，同时，对全市新冠肺炎病例密切接触者居家和集中医学观察情况开展专项督导。疫情期间，出动卫生监督员268人次，督查各类机构889家次，其中医疗机构254家次，公共场所618家次，汽车站2个，饮用水单位15家次，对1家未按规定落实疫情防控要求的医疗机构、4个违法接诊发热病人及未按规定管理病人资料的机构给予行政处罚，对涉及上述违法行为的医务人员给予暂停执业的行政处罚。进入常态化防控阶段后，落实常态化防控要求，坚持疫情防控和卫生监督执法两手抓、两促进，监督各类公共场所、学校、医疗机构、迪拜航班隔离观察场所等做好常态化疫情防控要求，推进复工复产安全有序运行。

【医疗行业综合监督】2020年，对全市医疗机构开展执业许可、医疗广告、放射卫生、计划生育和母婴保健、生物制品、传染病防治、院感、医疗废物及污水8个专项监督检查，开展医疗机构综合监督信用等级评定，并全面规范医疗机构招牌。立案查处70起，其中警告9起，一般程序61起，主要情形为使用非卫生技术人员及未取得处方权人员开展诊疗活动（20起）、医疗废物或废水处置不符合法规（20起）、未落实院感消毒隔离要求（9起）、超出权限使用抗菌药物（6起）、未取得处方权开具处方（6起）、超出范围或在注册执业地点以外开展诊疗活动（5起）、使用过期药品或未合理使用药品开展诊疗活动（2起）、违法发布医疗广告停业整顿（1起）、违反规章制度（1起），已全部结案，共罚款人民币22.98万元，没收器械1台。开展打击非法行医专项行动。全年非法行医立案查处30起（其中未经备案开展中医医疗执业活动1起），取缔18起，移送公安机关2起，法院均以非法行医罪进行刑事判决；申请法院强制执行11起，合议罚款545880元，没收违法所得50086元，没收药品10箱；另外，对学校周边环境进行专项整治和不定期巡查，对各乡镇、街道的灰指甲和鼻炎馆门店进督查和卫生法律法规知识宣传，立案查处1起；其中“谭某涉嫌非法行医罪案”获省级优秀案例。

【公共卫生综合监管】饮用水卫生监督专项工作：2020年，对全市32家集中式供水单位进行2次卫生监督专项检查；联合市疾控中心对集中式供水单位的出厂水和末梢水进行监督抽检，对3起检测结果不合格的单位实施行政处罚，合议罚款12000元；对存在安全隐患问题的5家自来水厂负责人进行约谈。开展全市二次供水单位卫生监督专项检查，对全市二次供水单位及老旧小区二次供水进行摸底、督查，建立分户档案，创建2家管理示范单位；联合市疾控中心对城区10家二次供水单位的水质进行抽检，合格率100%。结合《食品安全护苗行动》工作要求，对全市349所学校进行春季、秋季2次饮用水专项检查，对10所学校的分质供水进行监督抽检，对4家抽检不合格单位进行立案查处，对为学校提供分质供水服务的公司进行约谈。学校卫生监督专项工作：浏阳市各中小学分批复课后，对全市641所学校、托幼机构进行春、秋季2次专项检查。针对检查中发现的问题，监督员现场出具卫生监督意见书，汇总情况后向教育部门进行通报，要求当事单位认真整改落实并上交整改报告，进行监督回访。参与突发公共卫生事件的处置。对3所传染病处置不力的学校进行调查，并将调查情况通报至教育部门。加强校园直饮水卫生管理。对3家校园直饮水供应商的负责人进行约谈，结合行政许可，促进全市学校直饮水卫生升级改造，打造3家直饮水管理示范机房并进行推广。开展考点护考。对全市“三考”考点学校进行1次全面监督检查，对19家监督抽检饮用水不合格的中、高考考点下达卫生监督意见书，责令立即改正，并及时提交整改报告，保证考生和工作人员的饮用水安全。餐饮具消毒服务卫生监督专项工作：对原有的6家餐饮具消毒服务单位进行整改，整合至2家，并对2家单位开展2次专项卫生监督检查。上半年，抽检样品5份，2份不合格，合格率60%，将抽检不合格的检查结果向市场管理局进行通报。下半年，每月对消毒餐具进行监督抽检和结果通报。同时，对5家消毒产品生产厂家和9家消毒产品销售企业进行1次全面监督检查，提出监督意见和建议，促进消毒产品质量提升。公共场所卫生监督专项工作：组织街道办事处开展全市公共场所卫生监督检查，共检查各类单位1258家。开展美容美发、住宿、游泳场馆、洗浴场所及娱乐场所专项检查5次，出动卫生监督员580人次，书写监督文书1600余份，立案查处13家，合议罚款19500元。对公共场所经营单位进行日常监督检查，建档率100%。按照公共场所量化分级的工作要求，严格对全市的美容美发、住宿、游泳场馆、洗浴场所及娱乐场所开展量化评级，分行业创建一批示范单位，开展公共场所卫生监督量化分级单位1196家，新增量化分级单位215家，量化率达到95%。职业卫生监督专项工作：根据职能划转，开展职业卫生健康安全检查，共检查企业112家，责令限期整改80家，立案1起，合议罚款50000元。

【完成“创建国家卫生城市”等中心工作】2020年是浏阳市创建国家卫生城市评估验收年，为创新“四小行业”（小旅店、小型理发店、小歌舞厅、小浴室）监管方式，以社区微网格为抓手，做好织网填格，实现“四小行业”卫生监督全覆盖。摸清底子，突出重点。按照合格、限期改进、不达标等分类排队，确定限期整改和重点整治单位清单；实行干部职工包片联点网格化，开展全覆盖、地毯式整治，根据制定的《浏阳市重点场所“四小行业”整治方案》，规范证照办理、从业人员健康体检、清洗消毒设施、排风设施、三防设施、控烟和卫生管理档案，全面提高卫生水平；联合城管、公安等部门对车站周边、城中村和城郊接合部开展集中整治行动，关停取缔60余家无证门店；按照2019年11月1日实施的《公共场所卫生管理规范》要求，多次邀请省级专家开展业务培训和现场指导，高标准推进示范场所创建，每类公共场所均创建3～5家示范门店；在大中型旅店中推行客房打扫消毒和杯具、拖鞋消毒全过程记录制度，有效防范一块抹布抹到底现象；加大宣传，营造氛围，分区域动员、分行业签订创卫责任书，发放《创建国家卫生城市告知书》2000余份，张贴禁烟标识4000余张。8月26—28日，专家组对浏阳市创建国家卫生城市工作进行技术评估。经专家组现场审核，浏阳市达到《国家卫生城市标准》要求，通过技术评估。

【“双随机、一公开”工作】 建立健全监管对象名录库和执法检查人员名录库。根据“双随机、一公开”(随机抽取检查对象，随机选派执法检查人员，抽查情况及查处结果及时向社会公开)工作要求，全年监督抽查各类单位199家，其中公共场所58家，集中供水单位11家，学校57家，医疗卫生机构和传染病防治机构63家，放射诊疗单位5家，职业卫生技术服务机构1家，餐饮具集中消毒机构4家。监督抽查结果表明，浏阳市卫生监督管理情况大体良好，各被监管单位基本能落实相关卫生要求。针对监督抽查中发现的问题，现场下达卫生监督意见书督促限期整改，对违法违规行为依法进行立案查处。全年“双随机、一公开”工作期间共计立案6起，警告1起，一般程序5起，均已结案。各类检查数据均通过信息报告系统上报，抽检结果以及行政处罚决定书均通过政府网站向社会公示。

【智慧卫监决策支持系统工作】 推进新冠肺炎疫情防控工作常态化、规范化，加强重点场所、重点环节公共卫生监督管理，2020年，筹建“智慧卫监决策支持系统——浏阳卫监工作平台”，旨在对辖区内医疗废弃物溯源、生活饮用水自检报送、公共场所检测报告等相关内容进行智能化管理，实现线上采集分析关键数据、远程监控重点环节、实时统一调度指挥等功能。截至12月底，安全饮水工程水质自检结果报送已纳入智慧卫监系统，医疗废物溯源以市中医医院为试点加快推进。

（李先义）

聆听　　　　（杨　红　摄）

社会生活

民生社情调查

【概况】 2020年,国家统计局浏阳调查队依法依规行使独立统计调查、统计监督的职权,完成各项工作。组织实施开展国家赋予的居民收支调查、县级粮食产量抽样调查、农民工监测调查、主要畜禽监测调查、劳动力调查、农产品生产价格调查等常规调查任务;做好2020年粮食畜牧业统计调查数据归口管理工作,为经济发展数据指标提供判定依据,为粮食大县、生猪大县评定提供数据来源,为调查失业率公布筑牢数据根基,完成各项调查任务,确保数据源清洁流;承接地方专项调查、加强民生热点分析、推进文明创建、开展普法宣传等途径,以服务优环境,增强调查成果影响力,紧扣社会热点和工作大局,建言献策,获省、长沙市及浏阳市委、市政府认可,全年编辑政务信息34期,其中国家局内网发表2篇,《中国信息报》发表1篇,省总队发表20篇;撰写调研分析9期,其中省总队采用转载5篇。5月,在长沙市农民增收工作专题会议上,该队形成的《关于浏阳市农民增收基本情况的汇报》,为市委、市政府积极建言献策,获市领导认可。

(刘晓阳)

【2020年浏阳市居民收支情况分析】 浏阳市居民收支调查是由国家统计局浏阳调查队负责统计,采取分层多阶段随机抽样方式,选取12个样本点(5个城镇点、7个农村点)共计120户调查户进行调查,是居民人均可支配收入数据的重要来源,调查基础数据主要来源于调查户每日记账和调查问卷。调查结果显示,2020年浏阳市居民人均可支配收入45840元,较2019年增加2587元,同比增长6.0%,其中城镇居民人均可支配收入52811元,较2019年增加2466元,同比增长4.9%;农村居民人均可支配收入37154元,较2019年增加2592元,同比增长7.5%。(一)浏阳市居民人均可支配收入稳中有增。相比于2019年人均可支配收入的高增长态势,2020年人均可支配收入增速有所放缓,得益于疫情的迅速控制、政策的有利调控以及及时的复工复产。数据显示,浏阳市人均可支配收入全年各阶段增速稳步提升,一季度、上半年、前三季度和全年增速分别为1.9%、4.8%、6.3%、6.0%,展现浏阳较好的经济韧性。在收入类型占比方面,工资性收入在四大类收入中占比最大,经营性收入次之,再次为转移性收入和财产性收入。在收入类型增速方面,财产性收入增速在四大类收入中占据首位,达到16.7%。从城乡差别来看,城镇居民主要收入来源为工资性收入,在整体收入中占比67%,农村居民主要收入来源为经营性收入,在整体收入中占比46%。(二)2020年浏阳市居民人均支出略有增长。2020年浏阳市人均消费总支出26405元,比2019年25980.3元增长1.6%,其中城镇人均消费支出为30427元,同比下降0.6%;农村人均消费支出为21393元,同比增长5.4%。受新冠肺炎疫情等影响,2020年浏阳居民人均支出增速放缓,居住类、交通通信类以及城镇居民人均支出出现负增长。但农村居民人均支出展现出强劲、可持续的市场活力,八大类支出均呈增长态势,其中生活用品及服务、医疗保健、其他用品和服务支出增速都超过10%。总体上看,八大类收入呈现五增一平二降。其中居住类下降1.4%,交通通信下降0.1%。食品烟酒、居住、交通通信、教育文化娱乐类支出,均位列城镇和农村人均消费支出的前四位,占城镇人均消费支出比例分别为26.2%、23.6%、10.7%、18.8%;占农村人均消费支出比例分别为24.1%、20.2%、20.3%、14.9%。食品(猪肉)价格相对上涨,人居环境不断改善,使居民在满足基本生活消费需求外,更追求"锦上添花"型消费,个性化、时尚化消费支出日益增加。

(刘俊康)

表8　　2019—2020年浏阳市人均可支配收入对比情况

项目/地区	全体居民人均可支配收入			城镇居民人均可支配收入			农村居民人均可支配收入		
	金额(元)		增速(%)	金额(元)		增速(%)	金额(元)		增速(%)
	2019年	2020年		2019年	2020年		2019年	2020年	
浏阳市	43253	45840	6.0	50345	52811	4.9	34562	37154	7.5

表9　　2019—2020年浏阳居民人均支出对比情况

指标名称	金额(元)		增速(%)	占比(%)	城镇				农村			
					金额(元)		增速(%)	占比(%)	金额(元)		增速(%)	占比(%)
	2019年	2020年			2019年	2020年			2019年	2020年		
消费支出	25980.3	26405	1.6	—	30620.2	30427	-0.6	—	20295.0	21393	5.4	—
(一)食品烟酒	6481.0	6724	3.7	25.5	7677.6	7984	4.0	26.2	5014.8	5153	2.8	24.1

续表 9-1

指标名称	金额(元)		增速(%)	占比(%)	城镇				农村			
					金额(元)		增速(%)	占比(%)	金额(元)		增速(%)	占比(%)
	2019 年	2020 年			2019 年	2020 年			2019 年	2020 年		
(二)衣着	1600.3	1628	1.7	6.2	2063.8	2088	1.2	6.9	1032.5	1055	2.2	4.9
(三)居住	5994.3	5911	−1.4	22.4	7461.3	7179	−3.8	23.6	4196.7	4331	3.2	20.2
(四)生活用品及服务	1298.4	1373	5.8	5.2	1539.9	1556	1.1	5.1	1002.6	1145	14.2	5.4
(五)交通通信	3749.8	3746	−0.1	14.2	3525.0	3265	−7.4	10.7	4025.2	4345	7.9	20.3
(六)教育文化娱乐	4591.5	4592	0.0	17.4	5770.3	5717	−0.9	18.8	3147.1	3189	1.3	14.9
(七)医疗保健	1610.2	1736	7.8	6.6	1627.3	1666	2.3	5.5	1589.2	1824	14.7	8.5
(八)其他用品和服务	654.8	696	6.3	2.6	955.0	972	1.8	3.2	286.9	351	22.5	1.6

【2020 年浏阳市农作物遥感对地调查情况】 浏阳市农作物遥感对地调查由国家统计局浏阳调查队负责统计，对国家选取的 15 个调查点进行调查，是判定粮食生产大县标准的主要数据依据，调查基础数据主要来源于对地块进行逐丘调查、踏田估产、实割实测、入户调查。通过对 15 个调查点 2387 个地块调查，结合全市情况，结果显示：2020 年浏阳粮食播种面积 78.71 千公顷，较 2019 年增加 7.05 千公顷，同比增长 9.8%；粮食总产量 55.67 万吨，较 2019 年 52.01 万吨增产 3.66 万吨，同比增长 7.0%。一、2019—2020 年浏阳粮食播种面积情况。（一）早、晚稻播种面积大幅增加。2020 年浏阳市早稻播种面积 18.09 千公顷，较 2019 年 13.88 千公顷增长 30.3%；晚稻播种面积 18.92 千公顷，较 2019 年 14.44 千公顷增长 31.0%。（二）中稻及其他粮食播种面积有所减少。2020 年浏阳市中稻播种面积 35.50 千公顷，较 2019 年 36.68 千公顷下降 3.2%；其他粮食播种面积 6.20 千公顷，较 2019 年 6.67 千公顷下降 7.0%。主要原因如下：1. 政策激励和惠农措施的出台。党中央、国务院对农业工作高度重视，粮食生产扶持力度逐渐加大，促使水稻种植面积增加。浏阳市充分发挥耕地地力保护、稻谷目标价格、适度规模经营等三大补贴的支农惠农作用。按照“稳面”和“提质”两个导向，明确耕地抛荒撂荒的农户取消耕地地力保护补贴，稻谷目标价格补贴不低于 33.30 元／亩，适度规模经营双季稻补贴不低于 150 元／亩，适度规模经营主体新增双季稻面积 50 亩以上，给予 30 元／亩奖励，新增双季稻面积 100 亩以上，给予 50 元／亩奖励。2. 农业机械化持续推广。为补齐水稻机械化播栽短板，浏阳市通过积极申报，成为全省 10 个机抛秧作业补贴试点县（市、区）之一，省级财政安排每个试点县 200 万元资金，主要用于机抛秧作业补贴，在东区、北区粮食生产乡镇共 18 家农机合作社布置试点任务，全年计划购置抛秧机 26 台，推广机抛秧面积 3 万亩。3. 集中育秧覆盖面扩大。浏阳市农业发展事务中心制定《2020 年浏阳市早稻集中育秧方案》，对计划任务、育秧方式、关键技术、储备育秧点进行具体安排。落实早稻专业化育秧主体 189 个，育秧可栽大田面积 3653.33 公顷、储备育秧 333.33 公顷。4. 粮食价格上涨。据对种粮大户的调查，水稻出售价格较上年均增加，其中早稻出售价格上涨 10.0%以上，中晚稻价格有上涨 20.0%的。种粮收益增加，农户种粮积极性提升，种植面积也随之加大。二、2019—2020 年浏阳粮食总产量情况。（一）早、晚稻产量明显增加。2020 年浏阳稻谷总产量 55.67 万吨，同比增长 7.0%，其中早稻、晚稻产量明显增加，分别同比增长 28.0%和 28.5%。（二）中稻及其他粮食产量略有下降。2020 年浏阳中稻总产量 28.48 万吨，较 2019 年减产 1.62 万吨，同比下降 5.4%。其他粮食总产量 3.10 万吨，较 2019 年减产 0.02 万吨，同比下降 0.6%。主要原因如下：1. 面积增长是早、晚稻产量增加的主要原因。2020 年浏阳早、晚稻种植面积分别增加 4.21 千公顷和 4.48 千公顷，使其总产量明显增加。2. 单产基本稳定保证总产量。为最大限度的减少灾害性天气对晚稻的影响，浏阳市第一时间通过微信转发防灾预警和技术措施，安排技术人员分赴各个乡镇，重点了解种植大户晚稻遭遇寒露风危害情况，指导种植大户及时做好防灾措施。虽然受连续阴雨天气和寒露风的危害，早、中、晚稻单产有所影响，但是减产幅度不大，分别为 1.8%、2.2%和 1.9%。3. 中稻和其他粮食总产量下降的主要原因是双季稻播种面积增加使中稻面积减少。

（杨　萍）

表 10　　2019—2020 年浏阳粮食播种面积对比情况

区县（市）	年份	粮食播种面积（千公顷）	稻谷				其他（千公顷）
			总计（千公顷）	早稻（千公顷）	中稻（千公顷）	晚稻（千公顷）	
浏阳市	2020	78.71	72.50	18.09	35.50	18.92	6.20
	2019	71.66	64.99	13.88	36.68	14.44	6.67
	同比增减（%）	9.8	11.6	30.3	−3.2	31.0	−7.0

表 11　　2019—2020 年浏阳粮食总产量情况 1

区县（市）	年份	粮食总产量（万吨）	稻谷				其他（万吨）
			总计（万吨）	早稻（万吨）	中稻（万吨）	晚稻（万吨）	
浏阳市	2020	55.67	52.57	10.97	28.48	13.12	3.10
	2019	52.01	48.89	8.57	30.10	10.21	3.12
	同比增减（%）	7.0	7.5	28.0	−5.4	28.5	−0.6

【2020 年浏阳市主要畜禽监测调查情况】 浏阳市主要畜禽监测调查由国家统计局浏阳调查队负责统计，样本点分别为生猪大型规模（场）户 60 户、羊大型规模（场）户 3 户、家禽大型规模（场）户 59 户；生猪中小型样本村 15 个、牛中小型样本村 8 个、羊和家禽中小型样本村各 10 个，抽中调查养殖场（户）830 户，涉及乡镇 28 个，是判定生猪大县标准的主要数据依据，调查基础数据主要来源于生产调查表、问卷调查。调查结果显示：2020 年浏阳市生猪生产呈现存栏量及能繁母猪数上涨，出栏量下降。（一）生猪存栏量上涨。2020 年全市生猪存栏 69.81 万头，较上年度增加 20.63 万头，同比上涨 41.95%。主要原因：大型养殖场为恢复产能，前期大量购进的能繁母猪已陆续产仔，较大幅度增加全市生猪存栏；未纳入监测范围内的多家已投产新建及改扩建的大型生猪养殖场已陆续投产，增加全市生猪存栏。（二）能繁母猪存栏量上涨。2020 年全市能繁母猪存栏 6.29 万头，较上年度增加 2.09 万头，同比上涨 49.76%。主要原因是前期受非洲猪瘟和新冠肺炎疫情的影响，生猪总量大幅减少，大型养殖场已购进能繁母猪作为恢复产能的主要手段。三、生猪出栏量下降。2020 年全市生猪出栏 99.41 万头，较上年度减少 0.82 万头，同比下降 0.83%。2019 年非洲猪瘟在全国大面积暴发，重创生猪养殖业，生猪产能严重下滑。虽 2020 年能繁母猪陆续补栏，产能逐渐恢复，但母猪产仔到仔猪成育肥猪需要 8～9 个月的时间，在一定程度上影响生猪的出栏量。

（伍彦霖）

表 12　　2013—2020 年浏阳生猪生产情况

年 份	2013 年	2014 年	2015 年	2016 年	2017 年	2018 年	2019 年	2020 年
生猪存栏量（万头）	102.01	102.81	97.78	93.67	91.53	74.15	49.18	69.81
能繁母猪（万头）	10.71	10.59	10.07	9.57	9.09	6.78	4.20	6.29
生猪出栏量（万头）	150.01	155.64	147.38	142.22	133.27	132.88	100.23	99.41

【劳动力调查】 2020 年，国家统计局浏阳调查队共完成月度劳动力调查 1056 户，接受调查人数 3405 人；两次分市州劳动力调查 64 户，接受调查人数 182 人。

【专项调查】 参加全省专项调查。选派业务骨干参与全省文明城市测评、营商环境调查等专项调查，为全省文明创建、营商环境优化工作提供真实可靠的社情民意。开展本级专项调查。依法依规开展浏阳市文明指数测评工作，为全市文明城市创建工作建言献策，全年测评样本 63 个，搜集问题 135 条，照片 267 张。

（刘晓阳）

民　政

【概况】 2020 年，浏阳市民政局有在职干部职工 67 人，退休干部职工 38 人。内设 5 个科室，分别是办公室、规划财务科、养老服务科、基层政权建设和社区治理科、社会事务科（儿童福利科）。二级事业单位共 10 个，其中公益一类事业单位 9 个，分别为市社会救助事务中心（参公单位）、市生活无着人员救助管理站、市社会组织服务中心、市区划地名事务中心、市民政局婚姻登记中心、市老区经济促进中心、市慈善事业促进和社会工作服务站、市儿童福利院

(2020 年 11 月 13 日加挂市未成年人保护中心牌子)、市社会福利中心;公益二类事业单位 1 个,为市福利彩票销售管理中心。

【社会救助】 救助体系完善。2020 年 12 月,完成低保提标工作,低保标准由 650 元/月•人提高至 750 元/月•人,特困供养保障标准由 845 元/月•人提高至 975 元/月•人。全年新增低保对象 4390 人(重病、重残"单人保"649 人)、特困对象 333 人,清退低保对象 4212 人、特困对象 476 人,新纳入兜底保障对象 1673 人。建立健全低保信息网络化管理机制,搭建数字民政一体化平台,强化动态管理,确保"应保尽保、应退尽退",全面落实低保政策。资金发放规范及时。全年累计发放各类社会救助资金 2.45 亿元,其中低保金 1.26 亿元、特困供养金 8565 万元、特困人员护理补贴 987.2 万元、物价临时补贴 1933.85 万元、临时救助资金 376.23 万元、城市特殊困难群体帮扶金 14.7 万元。慈善事业发展。开展慈善助学、助医、助孤、助困活动,发放各类善款 1267.25 万元,惠及困难群众 9 万余人次。社工站全年累计入户探访 9816 户,开展个案 187 个(服务 633 人次),小组工作 18 个(服务 1094 人次),社区活动 368 场(服务 12808 人次),累计链接资源 500 余万元,发展志愿者 28802 人。组织开展第十六个长沙慈善日、第六个中华慈善日主题活动,扩大慈善事业影响力。浏阳慈善会被评为"全省慈善工作先进单位"。

【基层组织建设】 基层治理优化。推动基层公共服务"一门式"全覆盖,完成村级"小微权力"清单试点改革。探索村(社区)事项准入制度,制定出台"三清单一制度一办法",增强基层自治能力。全面完成村(居)民委员会换届选举,开展履职培训,指导帮助新班子过渡,实现规范有效运转。城乡社区建设。推进城乡社区治理体系建设,提高社区治理能力和水平。打造示范和谐社区 5 个、农村幸福社区示范村 20 个、农村社区建设试点村 57 个,全市农村社区建设覆盖率 100%。

【专项事务管理】 2020 年,浏阳市民政局成立浏阳市社会组织综合党委,推进社会组织党支部"五化"(支部设置标准化、组织生活正常化、管理服务精细化、工作制度体系化、阵地建设规范化)建设,浏阳市义工联合会被评为浏阳市示范化"五化"党支部。新成立登记社会组织 28 家、变更登记和修改章程核准 48 家、注销登记 90 家。社会组织孵化基地开展社会组织大讲堂 8 期,孵化培育社会组织 10 家。支持 20 家公益慈善类社会组织参与"三社联动"(在社区治理中,以社区、社会组织、专业社工为载体,推动多方共同参与)项目,拨付资助资金 49 万元。推荐 2 家社会组织被评为湖南省第一批"十百千"(省级社会组织 50 个以上、市级社会组织 100 个以上、县级社会组织 1000 个以上)示范社会组织。婚姻登记中心通过省级 AAA 评定,全年办理结婚登记 6526 对,离婚登记 3468 对,依法登记率 100%。发挥婚姻家庭调适服务中心作用,促进婚姻家庭关系和谐。完成赣湘线联检、本级地名图录典志编纂、《中国魅力文化古县•浏阳》校稿等工作。指导集里街道完成北城村改社区,新增新屋岭社区。完成 26 条城区道路(桥梁)命名,7 个住宅区名称预核准,1 个住宅区正式命名。安装路牌 40 块,维修路牌 66 块,补做门牌 1262 块,清洗城区路牌 3 次。成立市生活无着的流浪乞讨人员救助管理工作领导小组,将流浪乞讨人员救助管理工作纳入全市平安建设考核范畴,建立部门联动机制。持续开展"寒冬送温暖""夏季送清凉"活动,结合"6•19"救助机构开放日开展宣传活动,开展主动劝导救助。全年共接待和劝导流浪乞讨人员 925 人次,对符合条件的 618 人次给予生活救助、医疗救治或妥善安置,救助率 100%。持续推进殡葬改革,遗体火化率连续两年保持 100%,殡葬改革先进经验在全省推广。打造"绿色殡葬",启动荷花街道、澄潭江镇农村公益性墓地筹建工作。加快推进福泽园提质改造工作,开展殡葬领域突出问题专项整治工作,重点整治违规墓葬 17 座、活人墓 5 座。实施惠民殡葬,发放殡葬补助资金 984.28 万元,惠及 8864 人。

【社会福利】 全面落实孤儿、事实无人抚养儿童供养标准,全年发放孤儿基本生活费 161.93 万元,事实无人抚养儿童生活费 212.48 万元,惠及 384 人。发放残疾人"两项补贴"3321.27 万元,惠及 32.11 万人次。加强福利设施建设,儿童福利院实现无障碍设施优化升级,6 所儿童之家完成提质改造,澄潭江镇山下村儿童之家被评为 2020 年度"省级示范儿童之家"。积极应对全国福利彩票政策调整新形势,拓展发行渠道,创新营销宣传,全年销售福利彩票 1.26 亿元,销量排名全省县(市)第二。启动特困人员供养机构提质升级三年行动计划,完成市社会福利中心主体工程和洞阳区域性中心敬老院一期工程建设,新建居家养老服务中心 2 家。完成安联网项目建设,将所有养老机构纳入视频管控范围。实施养老机构安全管理"五统一",将消防设施日常维护、特种设备(电梯)日常维护、电气路线日常维护、机构责任险、食品安全责任险 5 项内容通过购买服务的方式交由第三方专业负责公司实施,确保全市养老机构安全、正常运转。全年共发放养老机构运营补贴 700 余万元,高龄津贴 5035 万元,基本养老服务补贴 107 万元。

(刘飞文　曾金平)

退役军人事务管理

【概况】 2020 年,浏阳市退役军人事务局围绕"让军人成为全社会尊崇的职业"初心使命,聚焦"全省模范、全国一流"目标定位,坚持用心用情为退役军人服务的工作主线,开展"思想政治工作年、基层基础基本建设年、信访攻坚年"三大活动,做好"服务保障、移交安置、就业创业、优待抚恤、困难帮扶、权益维护"六大重点工作,取得成效。启动抗战老兵健康保卫计划。矛盾化解工作在全国学习"枫桥经验"大会上作先进典型发言。退役军人参与新冠肺炎疫情防控工作被《退役军人工作信息参考》第 13

期推介，市级服务中心纳入全国5个重点示范服务中心建设范畴。退役军人服务中心主任陈友民被评为“全国百名优秀退役军人服务中心（站）主任（站长）”。退役军人事务部副部长钱锋、副省长谢卫江、部办公厅主任王志明到浏阳调研市退役军人事务工作，给予肯定。成功筹办全省退役军人事务局局长会议，被省委、省政府、省军区命名为湖南省第十届“爱国拥军模范单位”，打造退役军人就业创业孵化基地，举办以“赤忱”为主题的首届最美退役军人故事分享会，对模范退役军人及“十佳”最美退役军人进行现场表彰。全年接待各兄弟单位调研70余批次。

浏阳市退役军人就业创业孵化基地　（市退役军人事务局　供图）

【服务保障体系建设】 2020年，完善军人之家、心灵港湾、健康小屋等功能区块，实行老班长常态坐班。制定《浏阳市乡镇（街道）、村（社区）退役军人服务站创建及评分标准》，在全市范围内启动“10（乡级）+50（村级）示范站创建”活动，抓实机构建设、场地建设、制度建设、人员配备、内务资料、经费使用、活动开展、特色亮点等重点工作。截至年末，浏阳市市级服务中心纳入全国5个重点示范服务中心建设范畴，创建26个乡镇（街道）、90个村（社区）退役军人示范站，实现基层两站制度建设规范化、工作流程标准化、站所阵地建设特色化。

【学习培训】 夯实政策业务知识，提升全市退役军人事务系统工作人员履职能力和服务水平。召开全市退役军人事务工作会议，分7批次安排乡镇（街道）104名专职工作人员轮流到市级随岗锻炼，推行全员接访、业务轮训，在一线岗位练兵。选派1名干部到国家退役军人服务中心跟班学习，组织参加长沙市局集中培训2批次，组织外出调研2批次、集中业务培训4次。

【移交安置】 为退役军人解决“后院、后代、后路”问题，全力推进“阳光安置”，做好退役士兵信息核查工作。联合编办、人社、各乡镇（街道）分管负责人现场办公，选岗时为退役军人开具介绍信，并与选岗单位现场对接。开展岗前学习培训。加强待安置期间的管理，推荐20余人到各单位随岗学习，同时，进行全员封闭式岗前培训，采取“课堂式学习+体验式素质拓展+参观学习”的形式将理论和实践相结合，邀请市委党校专家讲授党课，提升思想境界，教授机关工作人员应知应会知识，帮助尽快适应机关岗位。以“最美退役军人”等典型带动广大退役军人为建设浏阳贡献力量，教授政商礼仪、高效沟通、团队协作等实务知识，为融入社会、适应工作尽快“破冰”，为退役军人履职新岗位做好身心调适。做好退役士兵信息核查。加强与上级部门的对接，及时反馈信息核查中遇到的困难和问题，加强与人社、医保等部门的沟通，获取相关数据。走访32个乡镇（街道）退役军人服务站，一线指导，集中培训，完成退役士兵信息核查工作。年内“阳光安置”军转干部和退役士兵。

【就业创业】 自行开发“尊崇网”就业信息服务平台，线上线下结合，“打造永不落幕的招聘会”。投入200余万元打造集人才交流中心、就业信息服务平台、就业创业促进会、劳务派遣公司及孵化企业于一体的就业创业孵化基地，全年组织专场招聘会2次、自主就业退役士兵适应性培训1次，开设定向就业专班培训1次，组织退役军人和随军随调家属赴长沙参与专场招聘会1次。做好2019年退役士兵职业技能培训工作监督管理。投入资金帮扶户籍在浏阳且下岗（失业）的转业志愿兵（士官）、退役人员和伤残军人等再就业与生活解困。为退役士兵接续社会保险。收集统计退役军人就业创业信息1.7万余条并建立台账，通过专场招聘、定向专班培训帮扶600余人成功就业创业，接收3家退役军人小微企业进驻孵化。

【双拥优抚】 2020年，开展“尊崇优待”专题调研33场，收集各类意见1684条。围绕“一封家书”“一张请柬”“一句问候”“一次走访”，开展好春节、“八一”走访慰问，发放慰问信、邀请函、各类抚恤优待和解困资金。接收评残和认定审批带病回乡退役军人。投入12万元完善双拥阵地建设，在全市的士车上播放双拥标语，提升双拥知识覆盖率。高标准组织“9•30”烈士纪念日活动，做好发放抗美援朝出国作战70周年纪念章的信息摸排核查工作。开展送医下乡活动2次，送立功喜报，为立功受奖现役军人发放奖励金。举办重点优抚对象短期疗养2期。与中医医院合作，开通退役军人医疗救治“绿色通道”。举办“最美退役军人故事分享会”，通过融媒体实况直播，在全市范围内评选出浏阳市模范退役军人甘厚美，伍国强、黄文辉、刘家扬等“十佳”最美退役军人，以及最美退役军人提名奖等一批奋战在社会各个行业的典型，以典型榜样的力量激励全市广大退役军人向榜样学习、朝先进看齐。7月29日至8月1日，在全市324个村（社区）结合“点名、整队、报数、全体起立，奏唱国歌”富有军队特色的节目，开展300余场“八一”座谈会、优秀退役军人评选、文娱晚会等活动。其中，关口街道长兴社区、占佳社区邀请少先队员参与，传承红色基因；沙市镇沙市村、秀山村邀请军鼓队现场奏乐迎接；活动人数参与率98%，获老兵们及社会各界赞誉、好评。成立浏阳市“薪火退役军人”公益志愿服务队。

【部署“致敬·2020清明祭英烈”工作】 退役军人事务部下发《关于做好“致敬·2020清明祭英烈”网上祭扫活动的通知》，倡导开展网上祭扫活动。3月26日起，浏阳市退役军人事务局向全市32个乡镇（街道）、324个村（社区）退役军人服务站开展工作指导。宣传引导。号召乡镇、街道通过广播、会议引导退役军人、烈属、市民、学生到退役军人事务部门户网站、中华英烈网的清明祭祀专区进行网上祭祀。分类引导。对要求进入市内各处烈士纪念设施祭扫的烈士遗属和祭扫市民（单人），按疫情防控要求做好检测和登记，及时提供便民服务。文明祭祀。引导祭扫人员遵守公德、弘扬新风，禁止燃放烟花爆竹和焚烧香烛纸钱，鼓励祭扫人员用白花、鲜花等向烈士纪念设施祭祀。作为浏阳市退役军人事务局二级机构的浏阳市烈士陵园，现为国家AAAA级旅游景区，主要承担将部分散葬烈士墓迁葬入园，实施集中管理和保护职能，规划建设用地7.87公顷，总建筑面积5837平方米。主要包括烈士墓880座（已葬771位），设烈士纪念碑，烈士英名墙记录有16760位烈士姓名。2020年清明节期间，浏阳市烈士陵园工作人员对烈士墓碑、烈士纪念碑进行全面维护清洁，摆放鲜花、白花，营造缅怀烈士、纪念烈士的庄重氛围。除鼓励民众网上纪念外，浏阳市烈士陵园积极引导群众参与网络祭扫，并推出代为祭扫等个性化服务，让红色精神持续传承。

【启动“10（乡级）+50（村级）”示范站创建工作】 浏阳市启动“10（乡级）+50（村级）”示范站创建活动，市财政每年拨付乡镇（街道）320万元的运转经费，实现工作机构全要素、全区域、全功能运转。年内打造10个乡镇（街道）退役军人示范服务站、50个村（社区）退役军人示范服务站。截至2020年12月底，累计投入2000余万元，建立市、乡、村退役军人服务中心（站）358个。2020年，浏阳市在有机构、有编制、有人员、有经费、有保障等“五有”要求的基础上，制定两级退役军人示范服务站创建标准化细则，待示范站验收合格后，对10个乡镇（街道）退役军人示范服务站给予资金补助。

【浏阳市委退役军人事务工作领导小组会议召开】 6月8日，浏阳市委退役军人事务工作领导小组会议召开，会议传达学习中央、省、长沙市有关会议和文件精神，听取全市退役军人事务工作情况汇报，审议通过《中共浏阳市委退役军人事务工作领导小组工作规则》《中共浏阳市委退役军人事务工作领导小组成员单位职责》《中共浏阳市委退役军人事务工作领导小组办公室工作细则》。会议认为，自2019年市委退役军人事务工作领导小组成立以来，全市退役军人事务工作打造标杆，培树典型，收获殊荣，取得的成效可圈可点、鼓舞人心，市委对此非常满意。会议指出，要提升站位，切实把牢退役军人工作的政治方向。浏阳作为革命老区、兵源大市、优抚大市，有责任、有基础在做好退役军人工作上作示范、走前列。要深入学习贯彻习近平总书记关于退役军人工作的重要论述，从增强“四个意识”、坚定“四个自信”、做到“两个维护”的高度做好新时代退役军人工作，让军人成为全社会尊崇的职业。会议强调，要聚焦发力，不断提升退役军人工作质量和水平。要以深入开展“思想政治工作年”“基层基础基本建设年”“信访攻坚年”活动为发力重点，抓好退役军人工作。要抓牢根本，始终坚持政治引领，把退役军人思想政治工作摆在突出位置，真正把红旗树起来，把典型立起来，把荣誉用起来；要抓实基本，进一步加强基层建设，夯实基础工作，提升基本能力；要抓出样本，做到领导包案下访，敞开大门接访，密切跟踪回访，打造浏阳“枫桥式”退役军人服务（中心）站。会议要求，要对标做实，努力开创退役军人工作新局面。责任要扛实，“一把手”要强化第一责任人职责，挂帅出征，分管领导要履行好分内职责，靠前指挥；协作要走实，构筑起“军地齐动、上下联动、整体推动”的退役军人工作大格局；督考要严实，对实绩突出的旗帜鲜明、大张旗鼓地给予褒奖，对工作落实不力的及时约谈提醒、通报批评。长沙市委常委、浏阳市委书记、市委退役军人事务工作领导小组组长黎春秋出席会议并强调“要深入学习贯彻习近平总书记关于退役军人工作的重要论述精神，切实把牢退役军人工作的政治方向，不断提升退役军人工作质量和水平，努力开创退役军人工作新局面”。浏阳市委副书记、市长、市委退役军人事务工作领导小组第一副组长吴新伟主持会议。市领导邓阳锋、戴武明、喻辉、刘一斌参加会议。

【举办首届最美退役军人故事分享会】 7月31日，浏阳市举办“赤忱”——浏阳市首届最美退役军人故事分享会，并对模范退役军人甘厚美以及“十佳”最美退役军人伍国强、黄文辉、刘家扬等进行现场表彰。分享会分为“本色”“奋斗”“奉献”3个篇章，通过讲述模范退役军人甘厚美事迹的故事采访《我心中，你最重》、以“最美支边人”援藏干部伍国强事迹为素材的话剧《你一直在》、舞蹈《时刻在冲锋》等节目，勾勒出退役军人回到家乡后，奋战在各个领域，传递出退役军人对祖国、家乡、人民的厚重情怀，闪耀本色。长沙市委常委、浏阳市委书记黎春秋出席并致辞。该活动由中共浏阳市委退役军人事务工作领导小组主办，浏阳市人民武装部、中共浏阳市委宣传部、浏阳市退役军人事务局承办。活动现场同时举行浏阳市“薪火退役军人”志愿服

7月31日，"赤忱"——浏阳市首届最美退役军人故事分享会举办，图为浏阳市模范退伍军人甘厚美(中)
(市退役军人事务局　供图)

务大队授旗仪式。自2020年5月以来，浏阳市人民武装部、中共浏阳市委宣传部、浏阳市退役军人事务局联合开展"寻找最美退役军人"活动，围绕"防疫抗疫、脱贫攻坚、改革创新、公益慈善"等8个方面在老班长中树"标兵"，通过信息初审、部门复审、微信投票以及专家组终审等程序，最终评选出浏阳市模范退役军人、"十佳最美退役军人"，以及最美退役军人提名奖等一批奋战在社会各行各业的典型。长沙市委常委、浏阳市委书记黎春秋向退役军人们致敬意，并号召全市广大退役军人不改军人本色、不忘军魂热血，永葆初心，为推动浏阳高质量发展彰显担当、贡献力量。省退役军人事务厅副厅长周笑春，市领导邓阳锋、戴武明、尹乐平、喻辉、刘一斌参加活动。

【举行2020年度军转干部公开选岗大会】 11月17日，浏阳市2020年度营职及以下军转干部自主选岗大会在市退役军人事务局举行，11名军转干部公开选岗，军转安置工作公开、公平、公正进行。为做好移交安置工作，实现军转干部、接收单位和部队"三满意"目标，市退役军人事务局多次与市委编办、市人社局等单位沟通协调，拿出安置计划，联系相关单位人员现场办公，"一站式"办理，提高安置工作效率。10月26—28日，市退役军人事务局组织为期3天的岗前培训，通过课堂教学、体验式教育、现场参观考察等形式帮助军转干部做好岗前心理调适。通过培训，使军转干部对浏阳经济社会和历史文化、国内外形势有所了解。同时，培训还安排拓展训练，心理辅导等课程，通过老兵分享个人经历、观看《最美退役军人》宣传片，激励军转干部退役不退志、退伍不褪色。市委组织部、市纪委监委驻科技局纪检监察组、市委编办、市人社局、市退役军人事务局和安置单位政工人事工作人员参加会议。

【获"湖南省爱国拥军模范单位"命名表彰】 11月25日，湖南省第十届双拥模范城(县)命名暨双拥模范单位和个人表彰大会在长沙召开。会上，省委常委、省军区政委冯毅宣读《湖南省受全国双拥模范命名表彰名单》和《湖南省第十届双拥模范命名表彰决定》。浏阳市退役军人事务局获"湖南省爱国拥军模范单位"命名表彰。2020年以来，市退役军人事务局巩固完善基层基础，做好优化服务，发放各类抚恤优待、慰问帮扶和解困资金；打造市退役军人就业创业孵化基地，组织多场专场招聘，接收3家退役军人小微企业进驻孵化。同时，该局持续强化思想引领，鼓励退役军人党员担任微网格长，融入"党建+微网格"；举办"最美退役军人故事分享会"，以榜样标杆带动广大退役军人扎根基层、建功浏阳；成立浏阳市"薪火退役军人"公益志愿服务队，成为基层治理的有生力量。

(张小艳)

人力资源和社会保障

【概况】 浏阳市人力资源和社会保障局共设17个科室(中心、队、院)，其中，8个内设科室，9个二级机构(含4个副科级二级机构)。主要职责为贯彻执行人力资源和社会保障工作的相关法律、法规、规章和政策；拟定全市人力资源和社会保障事业发展规划、政策并组织实施和监督检查；促进人力资源合理流动、有效配置；负责促进就业工作；统筹建立覆盖城乡的社会保障体系，会同有关部门拟定机关、事业单位人员工资收入分配政策和企业职工工资收入分配调控政策；综合管理全市专业技术人员工作，会同有关部门指导事业单位人事制度改革；统筹拟定劳动、人事争议调解仲裁制度和劳动关系政策，完善劳动关系协调机制，负责全市劳动保障监察工作。2020年，该局坚持"为事业聚才、为民生服务、为发展助力"工作定位，为经济发展和民生改善作出贡献，浏阳市入选"2020年中国社会保障百佳县市"榜单，农民工工作、就业扶贫工作获国务院督查组肯定，张临英被评为全国优秀农民工。浏阳人社代表队分获长沙市、湖南省人社窗口单位业务技能练兵比武活动总决赛县(市、区)竞赛冠军、亚军。浏阳经开区被评为全省"双创"示范基地，并推荐作为全省真抓实干督查激励表彰对象。7月29日，国务院扶贫办调研组专题调研浏阳市就业稳岗工作，给予充分肯定。

【就业创业】 实施就业优先战略和积极就业政策，统筹做好重点群体的就业服务以及重点企业的用工服务。2020年，浏阳市新增城镇就业15001人，新增农村劳动力转移就业8100人，失业人员再就业6588人，就业困难人员再就业2779人，新增创业主

7 月 29 日，国务院扶贫办调研组专题调研浏阳市就业稳岗工作，给予充分肯定

（市人力资源和社会保障局　供图）

体 19058 个，城镇登记失业率 2.89%，比 2019 年下降 0.03%，低于 4%的控制目标，就业形势保持总体平稳、稳中趋好的态势。开展春风行动、服务重点企业用工等专项招聘行动，举办招聘会 69 场次，入场招聘企业 542 家次，接待各类求聘者 6.6 万人，达成就业意向 4.2 万人。全年开发公益性岗位 368 个，安置就业困难人员 368 人。开展两场“浏阳市 2020 年‘点亮万家灯火•关爱退捕渔民’专场招聘会”，有就业意愿退捕渔民全部就业，实现动态清零。为 1895 名灵活就业人员发放社保补贴 648.03 万元。做好高校毕业生见习基地管理和见习补贴审核拨付工作，吸纳大学生见习 210 人。发放人才住房和生活补贴 820 万元。组织实施职业技能提升三年行动，出台《浏阳市职业技能培训监督管理暂行办法》，鼓励企业与院校、培训机构合作开展在岗职工技能提升培训，将培训现场搬到工厂车间，全年培训各类人员 12 万人以上，其中政府补贴性技能培训 11519 人。开设创业培训班 33 期，网络创业培训班 4 期，创业者能力提升训练营 2 期，创业培训 1105 人。举办第四届“返乡青年创业就业交流会”，吸引 200 余名返乡青年参加。举办第四届“中国创翼创业创新大赛”长沙市浏阳选拔赛，现场直播点击观看达到 17 万人次。浏阳市淮川街道被评为“2020 年度省级充分就业街道”，浏阳市沿溪镇被评为“2020 年度省级充分就业乡镇”。浏阳市经开区（高新区）被评为全省“双创”示范基地。

【社会保险】　推进全民参保计划，养老、工伤、失业基金收入 43.92 亿元，发放社保待遇 24.41 亿元。调增城乡居民基础养老金标准，达到每人每月 218 元。企业退休职工、机关事业单位离退休人员待遇分别月增 127 元、179 元。一次性工亡补助金标准比 2019 年提高 62160 元，丧葬补助金提高 3648 元，受理参保工伤事故 2755 起，支付工伤待遇 1.09 亿元。受理失业金申领 41260 人次，发放失业金 4504 万元。为 8212 人次发放阶段性失业补助金 229 万元。全面落实阶段性减免企业社保费政策，继续实行园区企业养老保险过渡费率试点政策，下调工伤保险费率，共为企业社保减费 6.16 亿元。通过“降、提、调、扩”（降费率、提标准、调门槛、扩范围）等多项举措，持续加大失业保险稳岗返还力度，为 634 家企业发放稳岗返还 800 余万元，为 280 家困难企业发放困难企业稳岗返还 1200 余万元。2020 年 1 月，在全市范围内全面实施新增人员制卡和补换卡即时制卡，建设即时制卡网点 25 个。针对行动不便人群和重点企业实行社保卡上门服务，全年上门服务 8 次，办理社保卡 1947 张。新增机关、企业退休人员待遇通过社保卡发放。截至 2020 年 12 月 31 日，浏阳市累计制卡 143 万张，实际发放 131 万张实体社保卡，累计签发电子社保卡 30 万张。

【人才人事】　人才招聘：人社局开展高校毕业生“百千千万”就业服务季活动，举行事业单位招聘考试 15 场次，引进机关事业单位人才 1123 人。举办春、秋季高校人才招聘会 9 场，在深圳举行“英才汇浏•我心飞阳”浏阳市 2020 年中高端人才专场招聘会，为企业引进中高级人才 1537 人。人才队伍建设：成立工程类中级职称评审委员会，申报企业高级职称 240 人，中级职称 223 人，非事业单位工程类 187 人获工程师职称，487 人获助理工程师职称。教育卫健系统 179 人被评为高级职称、1462 人被评为中级职称、1303 人被评为初级职称。新成立博士后科研工作站 1 个，加快培育战略型、创新型人才队伍。认定 111 名机关事业单位人才为专业英才。人事档案管理：人社局加强档案规范化建设，完成人事档案 33838 卷 168 万页的扫描，接收流动人员档案 1168 册，流动人员档案信息录入 5040 册，实现流动人员档案管理信息化。企业档案传递 2981 人次，机关事业单位档案传递 2622 人次，服务档案查阅 7000 人次。

【劳动维权】　开展女职工权益保护、劳动合同签订率、使用童工情况、高温津贴发放、执行最低工资标准、人力资源市场清理整顿、用人单位遵守劳动保障法律法规、建筑领域农民工工资支付等专项监察活动，2020 年检查用人单位 52 家，项目 139 个。开展根治拖欠农民工工资“夏季行动”和“冬季攻坚行动”，全面落实用工实名制、农民工工资专用账户管理等制度，监督 253 个新开工项目存入农民工工资保证金 5545.8 万元。2020 年，人社局接待用人单位和劳动者咨询 7200 人次，调处工资拖欠等案件 229 件，欠薪案件法定结案率 100%，为劳动者追回工资 2873 万元。《中国劳动保障报》专题点赞浏阳市治欠保支工作。加强基层劳动人事争议调解组织建设，建立调解人才库，42 名具有丰富调解经验和专业知识的调解人才入库。创新开展 2 场流动仲裁庭，将仲裁庭开在当事人“家门口”，扩大劳动争议调解仲裁影响力，取得良好成效。处理劳动人事争议案件 1292 起，为当事人挽回经济损失约 1500 万元。处理信访问题，化解社会矛盾，全年办结领导批示件 25 件，省市信访系统 92 件，市长信箱 31 件，群众来信来访 14 件，“12345”热线工单 1205 件，工单满意率 99.6%。

【依法行政】 完成 11 起行政复议、22 起行政诉讼答辩、应诉工作。完成 16 起用人单位特殊工时制度审批、3 起民办职业培训学校设立审批、3 起变更审批、1 起终止办学、10 起人力资源服务公司审批和 9 起劳务派遣经营许可审批。人社局持续做好“四级九统”[政务服务事项的事项名称、设定依据、事项类型、事项编码、办理时限、办理流程、提交材料、表单内容及办理结果要素在市、区（县、市）、乡镇（街道）、社区（村居）四级的统一] 公共服务事项清单梳理、“放管服” 改革、“减证便民”工作，落实基层政务公开标准化规范化工作。在市民之家设立综合受理窗口，实现“前台受理、后台审批”一窗受理、一网通办，办理退休、工伤认定申请等业务 8000 余件。对永安镇直接赋权 1 项行政许可；对经开区、高新区委托赋权 12 项；对全市 32 个乡镇、街道委托赋权 4 项，并加强对接和培训指导，确保下放的权力事项“接得住” “落得地”。

【疫情防控】 2020 年，浏阳市人社局积极应对新型冠状病毒肺炎疫情影响，抓疫情防控和援企稳岗助力复工复产。全面落实阶段性减免企业社保费政策，继续实行园区企业养老保险过渡费率试点政策，下调工伤保险费率，共为企业社保减费 6.16 亿元。为 914 家企业发放稳岗返还 2000 余万元，稳定企业用工岗位约 1.5 万个。利用“浏阳就业”微信公众号帮助企业发布招聘信息，总浏览量达到 1174 万人次，促成 2.3 万人达成就业意向。

【就业扶贫】 2020 年，浏阳市人社局制定《2020 年就业扶贫工作要点》，指导督促乡镇（街道）、村（社区）两级对贫困劳动力的信息跟踪管理，确保基础数据精准。对未就业有就业意愿贫困劳动力开展“311”精准服务（一个经办年度内为有就业意愿未就业贫困劳动力推荐岗位不少于 3 次，提供职业指导不少于 1 次，提供职业培训信息不少于 1 次），组织 7 场就业扶贫专场招聘会，帮助 1000 余人达成就业意向。培训贫困劳动力 1607 人次，“两后生”（高中毕业后、初中毕业后的学生）62 人。开发 731 个扶贫公益性岗位，就近安置贫困人员就业。发放用人单位吸纳贫困劳动力就业岗位补贴和社保补贴 1080.28 万元、就业扶贫车间培训补贴 12.6 万元、贫困劳动力一次性求职创业补贴 9.6 万元、贫困劳动力转移就业交通补助 154.56 万元、贫困劳动力以工代训 10.2 万元。浏阳市有就业意愿的贫困劳动力 14822 人，已就业 14763 人，转移就业率达到 99.60%，其中在浏阳本地就业 10506 人，占比 71.16%。

【组建 20 个赴外援企招聘小组帮助企业复工复产】 为应对新冠肺炎疫情影响，帮助企业复工复产，浏阳市组建 20 个援企稳岗赴外招聘小组到劳务输出大县，采取“专人、专车、专岗、专线”方式，为务工人员提供返岗复工直达服务，引导帮助 3.9 万余名务工人员返回蓝思科技股份有限公司等企业岗位，满足用工需求，促进企业发展。

（龚加强）

医疗保障

【概况】 2020 年，医保系统参保登记 137.9 万人，全市常住人口参保率 100%，征缴率在长沙地区排名第一。城镇职工基本医疗保险参保单位 5633 家，参保职工 18.7 万人，基金总收入 86452 万元；城乡居民基本医疗保险共有 119.2 万人参保，筹集资金 95207 万元。全年支付医保基金 14.9 亿元，12.1 万名职工享受城镇职工基本医疗保险待遇；47.6 万居民享受城乡居民基本医疗保险待遇，平均住院可报补偿率达到 67.5%，平均实际补偿率 55.9%。医疗救助 75467 万人次，发放救助资金 5186 万元；精神病人住院救助 181 万元，药物发放 351 万元。享受大病保险待遇共计 2.09 万人次，大病保险支付 5396 万元。

【医保抗疫】 2020 年，共向新冠肺炎定点救治医院和发热门诊定点医院预付医保基金 420 万元，向全市 55 家定点医疗机构预拨医保基金 3706 万元。将九类重点人群新冠病毒核酸检测费用纳入医保基金支付，并主动组织核酸检测费用议价，共计检测 29 万人次，支付医保基金 2100 余万元，确保患者不因费用问题影响就医，不因支付政策影响救治。出台《关于阶段性减征及缓缴职工基本医疗保险费的通知》，共为近 5000 家参保单位（企业）减免参保费用 5800 余万元。采取“两不一直接”方式，对 3 家定点医疗机构、22 家定点药店常用药、急救药和防疫耗材保供稳价情况进行监督检查，有效维护医药市场经营秩序。制定下发《关于疫情防控期间加强网上业务办理的通告》，简化报销手续，做到第一时间审核、结算、拨付，确保疫情期间业务经办及时精准。

【门诊用药保障】 门诊统筹。2020年，门诊统筹就诊共计 53.27 万人次，医疗总费用 7230 万元，医保支付 4357.5 万元。“两病”（高血压、糖尿病）门诊就诊共计 2.94 万人次。特殊门诊。特殊门诊就诊共计 26.3 万人次，医疗总费用 9504 万元，医保支付 6400 万元。特药门诊。特药门诊就诊共计 3942 人次，医疗总费用 2142 万元，医保支付 1247 万元。

【健康扶贫】 精准落实医保扶贫政策，打赢医疗保障扶贫收官战，全市 49267 名贫困人口全部纳入基本医疗保险，参保率 100%。做好健康扶贫“一站式”结算，结算 71469 人次，发生医疗总费用 2.28 亿元，合计补偿总额

2.07 亿元，县域内住院综合保障后实际报销比例达到 90%。在防止因病致贫、因病返贫方面发挥重要作用。医疗保障事务中心被评为“长沙市脱贫攻坚专项奖励记功集体”。

【带量采购】 按照省、市部署，完成国家第一批、第二批、第三批带量采购、省际联盟公立医疗机构人工晶体跨区域联合带量采购和省抗菌药物带量采购的落地实施，完成长沙市低值耗材备案采购的落地实施。减轻患者医药费用负担累计 1200 余万元。

【基金监管】 联合市纪委监委、市公安局、市卫生健康局等制定《2020 年打击欺诈骗保专项行动方案》，联合市检察院制定《加强医疗保障基金使用管理专项检查工作方案》；召开全市定点医疗机构专项治理“回头看”及“安徽太和骗保”案件警示教育会议。开展打击欺诈骗保专项治理行动，对全市 60 家定点医疗机构及药店诊所实现检查全覆盖。终止定点医药机构服务协议 32 家，暂停结算 3 家，限期整改 76 家，警告约谈定点医疗机构 31 家，通报批评定点医药机构 219 家，移交纪委处理 1 起，移交公安处理 3 起，追回违规违约金额 1800 余万元。被评为 2020 年湖南省医疗保障基金监管“优秀县市区医疗保障局”，省医疗保障局对浏阳市基金监管工作进行重点推介。

【医药机构管理】 强化、规范对全市 1000 余家定点医药机构协议管理。严把审核关，组织签订市内外定点医疗机构医疗服务协议 106 家，特殊病种门诊药店服务协议 74 家，大病特药 11 家，刷卡药店服务协议 1092 家，关停不符合要求的定点零售药店 POS 机 131 家。

【医保改革】 市级统筹。按市级统筹工作方案和工作进度，对接基金上缴各项工作，按要求完成资金上划，对比长沙市政策差异，清理业务数据，做好基金审计，妥善处理历史遗留问题，稳步推进市级统筹各项工作。医保支付方式改革。市医保局、市卫健局、市财政局三部门联合制定《浏阳市城乡居民基本医疗保险总额控制下按病种分值付费方案（试行）》，建立智能化信息系统，选定 163 名各专业领域专家成立医保专家库，召开市级层面支付制度改革研讨会及基本医疗保险支付制度改革动员培训会议，改革工作于 2021 年 1 月 1 日起全面实施。

【经办服务】 简化异地就医备案流程，跨省异地就医联网结算医院 18 家，异地就医备案 1199 人次。跨省转出异地就医结算 1094 人次，医疗总费用 3253 万元，基金支出 1799 万元。跨省转入异地就医结算 3614 人次，医疗总费用 2674 万元，报销金额 1235 万元。深入推进落实湘赣边区域合作示范区建设三年行动计划，建立湘赣边医疗保障事业协同发展联席会议制度，试点推进异地就医直接联网结算，湖南经视对相关经验做法予以报道。开通特殊门诊直接结算业务，基本医疗参保登记、生育津贴办理、个人账户查询、体检医院、项目选定等实现网上办理。开展医保微服务、医保政策“四进”“医保政策随手测”线上有奖答题等政策宣传活动，启动医保五项信息编码标准化，共计 22 万名参保群众激活医保电子凭证，服务效能提升明显。

（张　丽）

库区移民事务

【概况】 2020 年，市库区移民事务中心核定全额事业编 10 人，设主任 1 人，副主任 2 人，2020 年中心实有干部职工 7 人，设综合部、业务部两个部室。全市域内有株树桥大型水库 1 座，马尾皂、南康、关山、横山头、仙人造、清江、道源、梅田、板贝、富岭 10 座中型水库，在建水库 1 座（椒花水库），另与醴陵市合建大型水库官庄水库。全市登记在册的大中型水库农村移民现状人口 25522 人，分布在全市 32 个乡镇、街道的 276 个村（居）。2020 年，市库区移民事务中心以补齐“两区”（库区和移民安置区，下同）基础设施短板、改善“两区”人居环境、帮助移民增收致富，实现移民对美好生活的向往为目标，加强项目资金管理，落实直补政策，开展新建水库前期工作、重点移民村建设、后扶项目建设、产业扶持、就业创业培训、脱贫攻坚等工作。

【奖补政策落实】 落实省移民管理部门要求，一季度，通过“一卡通”为 7067 户 18618 名移民一次性发放全年直补资金 1117.125 万元；按政策为 2238 户库区村民发放口粮补贴 156.34 万元；对 140 户考上全日制高中、大学的独生子女和两女户移民家庭的学子进行资金奖补，共计发放奖金 18.7 万元。

【移民培训】 对接移民需求，以实用技术、转移就业技能、中长期职业教育等形式为主，开展油茶、蔬菜、养殖等培训，完成实用技术培训 299 人；完成转移就业技能培训和中长期职业教育 218 人。全年培训工作超出上级下达任务 11%。同时，为省中心移民培训送训 15 人。

【后扶项目规范】 全年完成 172 个移民项目计划上报备案、计划下达、监督实施等工作，累计安排后扶项目资金 2119.45 万元，所有项目均由第三方进行复核把关；开展后扶项目存量资金清理督查，重点组织对 2019 年及以前年度的项目资金进行全面清查及问题督办整改，全年对 268 个项目的实施进度、项目质量及成效进行复核验收，确保后扶项目有序推进，资金及时拨付到位。

【“十四五”规划科学编制】 组织下基层、到一线进行实地调研 5 次，开展座谈会 3 次，召开 32 个乡镇（街道）镇村负责人 300 人以上培训会议 2 次，收集整理“十四五”规划编制所涉及的基础设施建设、人居环境改善、移民村产业发展等项目摸底表 19 类，项目约 500 个，总投资约 2 亿元，委托浏阳市水利设计院编制出“十四五”移民后扶规划初步成果。

【推进椒花水库建设工作】 负责出台《湖南省椒花水库工程(浏阳部分)建设征地移民安置实施办法》《湖南省椒花水库工程(浏阳部分)移民人口及农村移民户界定办法》《湖南省椒花水库工程(浏阳部分)建设征地补偿和移民安置资金使用管理办法》《湖南省椒花水库工程建设征地补偿和移民安置档案(浏阳部分)管理办法》《湖南省椒花水库工程(浏阳部分)移民集中安置工作实施方案办法》《湖南省椒花水库工程建设征地补偿和移民安置资金专户资金(浏阳部分)拨付审批流程相关规定》七项政策性文件;加强沟通协调,明确资金使用、项目报批等相关程序及要求,签订椒花水库"三方协议";指导乡镇签订椒花水库征地补偿移民安置协议,及时拨付移民安置资金;加强达浒、大围山等移民集中安置点建设的指导,做好相关前期工作,促成先行用地手续报批;加大资金保障,提前向椒花公司申请建设征地和移民安置资金,年内到位资金10亿元,支出1.5亿元;介入椒花水库安置区建设、水保、环保、文物、宗教、电力通信等专项工作的处理;椒花水库9月28日开工建设。

【移民美丽家园建设】 2020年,安排资金410万元,全面完成中和镇清江村、官渡镇兵和村2个重点移民村建设,铺排公路、农田水利等6类12个项目。同时,组织2018年度整村推进项目通过长沙市考评验收,淳口镇农大村被评为长沙市优秀等次,道源湖村被评为良好等次。

【避险解困工作】 2020年,市库区移民事务中心对全市101户301名申报避险解困对象逐户进行入户调查,提交住建部门进行危房鉴定对象18户,提交卫健部门核准信息对象24户66人,将所有申报对象商品房(含小产权房)情况提交自然资源部门审核把关,确保应纳尽纳,指标精准;2020年,完成61户188.5个移民避险解困指标任务。

【移民产业工作】 坚持"智""志"双扶,用好后期扶持政策支持移民发展产业增收致富,截至2020年年底,全市形成以奖代补、保本分红、固定资产出租、种养殖股份合作四种产业发展模式,产业扶持项目14个,带动移民增收,帮助部分村实现村集体经济"零"的突破。远程农场、善平农场带动移民散养土鸡、土番鸭,年内帮助移民年增收150万元以上。浏阳市移民产业发展获"学习强国"平台、湖南卫视、《湖南日报》等国家、省、市级新闻媒体宣传报道。

【项目资金监管工作】 2020年,市库区移民事务中心优化项目申报、审批、验收流程,做好事前把关(修改完善《项目申报表》)、事中督办(出台《关于加强移民项目资金管理的通知》)、事后验收(聘请第三方专业审核)等工作,确保所安排项目规范实施、快速推进。运用省市移民管理部门资金内审、稽查、监测评估、绩效评价成果,加强工作规范,年内召开责任单位约谈会4次、问题整改交办会4次、组织移民专干培训会5次,加大问题整改督办力度,项目监管逐步规范。2020年,联合财政部门专门组织对6个乡镇开展移民后扶资金专项检查、指导,并下发通报,督促责任单位抓好问题整改,确保资金安全。

【移民信息电子档案采集工作】 2020年8—10月,完成218个移民村和7316户18680人的移民信息电子档案建设工作,信息采集工作全省县(市、区)完成进度第三名。

(邱娇娇)

大围山镇景观门楼 （王　成　摄）

街道·镇·乡

淮川街道

【概况】 2020年，淮川街道辖朝阳、西正、北园、北正、城东、城西、联城、新北、翠园9个社区，120个居民小组。辖区总面积12.3平方千米，总人口数114651人，户籍人口61240人，出生人口674人，死亡人口399人，人口流动方向主要为集里街道和关口街道，人口数量最多的姓氏为李姓，有7721人，占比6.73%。街道朝阳社区被国家减灾委员会评为“2020年度全国综合减灾示范社区”。

经济发展状况 2020年，完成一般公共预算地方收入1.4亿元，固定资产投资15亿元。限上商贸销售额完成12.5亿元，同比增长17%；限上商贸零售额完成5.9亿元，同比增长25%；其他营利性服务业完成2.1亿元，同比增长25%。全年新增各类市场主体17个，有规上企业13家。开展银企“面对面”活动，带动企业融资1600余万元。组织170余名党员干部联系辖区5000余家门店，发动“好房东”为商户减租600多万元。结合步行街微改造打造“促销活动特色街区、街头文化特许街区、广告招牌创意街区”，相继举办首届国潮美食节、第二届亲子文化节等大型节会活动，带动周边消费近亿元。

社会管理 2020年，拆除历史违建500余处2万余平方米，投入1.1亿元实施老旧小区改造项目22个，惠及34个小区3000余户居民。新增停车位1000余个，规范违规占用消防通道60余起，修复市政设施破损点400余处，城东农贸市场实现提质改造。有序启动西湖山片区雨污分流工程，推进淮川河治污工作，20户渔民退捕上岸。推进“六控十严禁”整治行动，开展执法行动70余次，省级环保督察“回头看”实现“零投诉”。投入150余万元用于垃圾分类基础设施配备，成为全市首个菌落垃圾堆肥试点街道；新北社区垃圾分类工作被评为长沙市“垃圾分类我先行、美家美妇在行动”十大典型创新案例。推进扫黑除恶斗争，全年查处刑事案件81起、治安案件234起，发案率同比下降9.41%。取缔烟花爆竹非法销售点21家，摸排涉毒人员465名，综治民调排名浏阳第二，禁毒民调排名长沙第一，社会治安综合治理工作连续四年被评为长沙市“红旗单位”。调解矛盾纠纷310余起，全年无一人进京赴省非访。推进安全生产专项整治三年行动，组织专项整治行动12次，整改安全隐患170余条，完成74个老旧小区的消防通道标注划线，全年未发生一起安全生产责任事故。

社会事业 2020年，发动1万余名党员干部、志愿者到新冠肺炎疫情防控一线，劝导取消庙会、红白喜事等群众聚集活动100余场次，承接三批次共200余名境外回国人员的集中隔离任务，对561名重点人员落实“四包一”机制，实现无一人漏报、无一人脱管、无一例二代病例发生。朝阳社区党组织书记李霞被民政部授予“全国抗击新冠肺炎疫情优秀城乡社区工作者”称号。发动26家爱心单位与26户特殊困难家庭结对，形成“政府主导、社会参与”的城市扶贫格局。走访慰问困难居民1070户、发放慰问金58.03万元，通过国家卫生城市评估验收，成功创建省级充分就业街道、长沙市“扫黄打非”示范街道、长沙市特色乡镇(街道)社工站。走访慰问退役军人1599户，发放慰问金21万余元。实施国家免费孕前优生健康检查294对，排查整治“四小门店”(小美容、小洗浴、小旅店、小歌厅)620余个，完成第七次全国人口普查工作。投资5000万元提升教育“硬件”和“软件”水平，取缔无证办学机构5家，建设社区老年学校2所，表彰教育工作先进单位8家、先进个人42人。

【打造特色经济三街区】 2020年，淮川街道在通程、比一比超市、北正西购物中心等大型商场门口，以及人民路、步行街等路段打造促销活动简易审批街区，协调市城管局将审批权下放，全面实施“不见面审批”，并通过上门服务实现企业、商家“零跑腿”。在步行街、老火车站等地域打造街头文化特许街区，鼓励市民进行街舞、驻唱、乐器、直播、绘画、杂技等非乞讨式街头艺术表演，支持市民有序开展糖画、糖葫芦、手工泥人等具有传统特色的流动摊担商业活动，同时对步行街进行特色化、个性化“微改造”，腾出小空间、小广场。在人民路、步行街精心打造广告招牌创意街区，引导商铺自由发挥各种招牌创意，加大门店亮化、个性化，让广告招牌绽放文化魅力，释放商业吸引力。

【举办首届国潮美食文化节】 2020年，面对新冠肺炎疫情对实体经济的冲击，淮川街道相继推出“淮九条”和建设特色三街区等政策举措。4月

7月24日晚，由市城市管理和综合执法局、市商务局、市文化产业园管委会和淮川街道办事处联合主办，淮川街道商会承办的浏阳市第二届亲子文化节开幕式在淮川街道才常广场举行

（淮川街道　供图）

4 月 28 日，淮川街道举办首届国潮美食节　　（淮川街道　供图）

28 日，淮川街道首届国潮美食文化节暨特色街区启动仪式正式召开，首届国潮美食文化节由市商务局、城管局和淮川街道共同主办，淮川街道商会承办，活动持续到 5 月 5 日，涵盖美食、音乐、艺术、时尚、打卡点、市集、元素七大国潮主题，带动周边消费近亿元。

【新文路步行街被评为“最美夜购示范街区”】 2020 年，“夏季有礼 秋天有韵”长沙消费季——首届“夜星城”消费节之“最美夜购示范”系列评选活动中，根据评选方案，通过公开报名、网络投票、专家评审以及专题会议研究环节，评选出 2020 年度“最美夜购示范商圈”10 个、“最美夜购示范街区”10 个、“最美夜购示范名片”30 个、“最美夜购示范门店”50 个，以及最美“夜星城”打卡人 10 名，其中淮川街道新文路步行街被评为“最美夜购示范街区”。

【浏阳市首家 5G 直播基地落户淮川街道】 4 月 23 日，“浏阳 5G 直播基地”项目签约仪式在淮川街道北正西购物中心举行。2020 年，为激活网间经济，助力消费升级，加速实现实体产业数字化、网络化，淮川街道引进杭州探克云象科技有限公司，在北正西购物中心投资 3000 万元打造浏阳最大的产业化视频直播电商基地——浏阳 5G 直播基地。该基地包含 1 个直播基地、10 个直播街区，并将在浏阳打造 100 个直播打卡点，发展 1000 家直播示范企业、10000 名带货主播。辐射范围从前期的北正西购物中心，逐步扩散至淮川街道才常广场商圈、浏阳城区以及浏阳东西南北四个区域。

（张英豪）

集里街道

【概况】 2020 年，集里街道辖 7 个社区、8 个行政村，371 个居（村）民小组，辖区行政区域总面积 153.8 平方千米，耕地 1391.7 公顷，其中水田 1078.4 公顷、旱土 313.3 公顷，山林 9666.7 公顷。辖区总户籍数 19383 户，户籍总人口 59686 人；常住人口 18.3 万人，出生 416 人，死亡 527 人，人口出生率 8.6‰，自然增长率 2.8‰。流出人口 2579 人，流入人口 2716 人。年末辖区有百岁老人 4 人，分别为北城社区张连英（女）、道吾村袁茶秀（女）、太平桥村黎保生（女）、锦美村李后洪。街道被评为湖南省“安全发展工作示范街道”，集里桥社区黄帽子离退休干部党支部被评为“全省示范离退休干部先进集体”，百宜社区被评为“长沙市精品社区”，宏源村被评为“长沙市美丽宜居村庄”，神仙坳社区被评为“长沙市垃圾分类示范社区”。

经济发展状况　全年完成地方一般公共预算收入 5.88 亿元，同比增长 26.7%，总量居全市乡镇（街道）第一。农业生产。水稻种植 773.68 公顷，油菜种植 416.67 公顷，大棚蔬菜种植 3.73 公顷，小水果基地 41.33 公顷，油茶抚育 80 公顷。年末生猪存栏 11000 头，家禽存笼 8 万羽。全年新增新型农业经营主体 31 家，完成集体经济总收入 581 万元。工业经济。完成规模工业总产值 90.5 亿元，同比增长 14.7%；实现限上商贸业零售总额 44 亿元，同比增长 20%；固定资产投资 57.7 亿元；完成招商引资到位资金 7.07 亿元，外贸进出口完成值 8100 万美元，新引进项目 8 个。全年新增“四上企业”（规模以上工业企业、资质等级建筑业企业、限额以上批零住餐企业、规模以上服务业企业）25 家，登记在册商事主体总量逾 1.6 万户。

项目建设　全年完成征地 86.7 公顷，签订房屋拆迁协议 266 户，实现高力地块、道吾片区棚改、西北环线 1、2 号地块等 18 个项目清零。新屋岭片区城市综合体开发项目稳步推进，高力·万汇城、碧桂园·万锦棠湾、湾田·和悦家园、创和·公园壹号等房产项目开盘开售。

基础设施建设　完成声威公寓、株树桥小区、美佳乐小区和花炮小区一、二、三期等老旧小区改造工程，提质改造居民住房 10 万余平方米、人行道 6.1 万平方米、城市道路 4.7 万平方米，改造排水排污管道 1.8 万米。集里路、燎原路、胡家路、宝塔路、菊花石路 5 条道路通车，新屋岭小学、集里医院综合楼建成，道吾山 110 千伏变电站投入使用。

社会管理　人口与计划生育。2020 年年末，辖区已婚育龄妇女 11367 人，全年办理生育证 408 本。享受独生子女保健费户数 528 户，发放独生子女保健费 6.23 万元；享受农村计生奖扶政策人数 706 人，发放奖扶资金 67.78 万元；享受计划生育家庭特别扶助人数 58 人，发放补助资金 55.68 万元。环境整治。统筹推进蓝天碧水保卫战，妥善处理各类环保投诉145件，立案查处涉污企业3家，推动10家“散乱污”企业转型升级。落实长江流域“十年禁捕”行动，淮洲河、济川河等流域水质稳定达标，辖区空气质量优良率100%。开展农贸市场、背街小巷美化行动，拆违3.5万余平方米，清理破损广告牌450余块。全年完成改厕2600余座，农村生活垃圾分类覆盖率100%，宏源村龙虎屋场被评为“长沙市五星级屋场”，宏源村被评为“长沙市美丽宜居村庄”。安全生产。落实安全生产责任制，加强烟花爆竹行业监管，全年立案146家次，退出落后产能8家。开展打非治违、交通安全、建筑安全、“治超”、无证办学、食品药品、动物防疫、屠宰检疫、燃气安全、校园周边环境整治、秆秆禁烧、防火防汛等专项执法检查3500余次，加固桥梁2座，安装水库、道路防护栏5000余米。治安状况。围绕矛盾纠纷化解“最多跑一地”目标，创新推出“一张网覆盖、一扇门进出、一条链服务、一揽子调处、一体化联动”的“五个一”工作法。建成运营街道社会治理综合服务中心，成立诉源治理工作站，推行专调、访调、警调、诉调“四调对接”的工作机制，全年调处各类矛盾纠纷236起，调处成功率98%。推进扫黑除恶专项斗争，推进“雪亮工程”重点区域全覆盖，开展“黄赌毒”等重点问题专项整治行动，治安案件发案较2019年下降13%，涉毒案件同比下降77%，街道社区戒毒（康复）中心代表长沙市接受国家禁毒委实地检阅。

社会事业　民政事务。北城村改设为北城社区，原百宜社区划分为百宜社区和新屋岭社区。推进“一件事一次办”改革，街道政务窗口“帮代办”各类民生事项1.2万件，办结“12345”热线工单2100余件。移风易俗成效显著，殡葬改革火化率100%。社会救助。全年发放低保金、特困供养金828万余元，发放残疾人补助121万余元，发放临时救助金15万元，大病救助55人次。社会保障。全年发放养老金1600余万元，报销城乡居民医疗保险2900余万元。城乡居民养老保险、医疗保险参保率分别达120%和100%。承接国有企业退休人员社会化管理退休人员330余名。完成农村危房改造21户。建立扶贫基地2家、扶贫车间2个，带动150户贫困户发展产业，解决74人就近就业，安排公益性岗位17人，街道296户854人建档立卡贫困户实现稳定脱贫。科教文卫。组织开展科普宣传活动10余场次，发放各类科普宣传资料5000余份。教育资源均衡发展，辖区现有高中1所，职高1所，中学2所，小学12所，特殊教育学校1所。完成专利10件，高新技术企业认证新增6家，中小企业知识产权托管5家。卫健事业。辖区现有浏阳市人民医院、浏阳市集里医院、太平桥卫生院、长沙长济肾病专科医院、长沙康宁康复医院、浏阳市集里街道社区卫生服务中心和长沙星怡康健康体检中心等医疗机构，社区（村）卫生室15个。履行公共场所卫生监督职责，提高公共场所卫生监督管理水平，推行公共场所卫生监督量化分级管理制度，现有公共场所卫生监督量化分级单位539家，新增81家。疫情防控。贯彻“外防输入、内防反弹”工作策略，实现辖区疫情防控“零输入、零感染、零扩散”。累计摸排追踪国内外高风险地区来（返）浏人员996人，集中隔离医学观察680人，实施核酸检测2000余人次。

【召开集里街道2020年经济工作会议】 1月18日，集里街道召开2020年经济工作会议，辖区市党代表、市人大代表、市政协委员、街道党员群众代表、企业法人代表、处直单位负责人及机关、社区（村）全体干部300余人参加会议，浏阳市政府副市长邓雪琴出席会议。会议总结2019年工作，安排部署2020年工作，现场表彰127个先进单位、29名先进个人。会议提出2020年集里街道经济社会发展目标：财税总收入保持稳定增长，城乡居民人均可支配收入增长10%；固定资产投资增长12%；规模工业总产值增长10%。

【召开新型冠状病毒感染的肺炎疫情防控工作紧急会议】 1月23日，集里街道召开新型冠状病毒感染的肺炎疫情防控工作紧急会议，街道全体党政领导、部门负责人参加会议。会议传达浏阳市新型冠状病毒肺炎疫情防控工作会议精神，并对疫情防控工作进行安排部署。会议要求，要进一步加强全面排查，加强宣传教育，加强值班值守，严格落实好疫情监测与疫情情况报告制度。

【成立集里街道疫情防控健康监测点临时党支部】 1月26日，集里街道在浏阳西高速互通口健康监测点成立临时党支部，全力迎战新冠肺炎疫情。该临时党支部党员发挥战斗堡垒作用和先锋模范作用，实行“三班倒”工作机制，对入城车辆驾乘人员进行防疫健康检测，外来车辆做好排查登记台账，建立起24小时动态反馈制度，严把疫情蔓延源头关。同时将疫情防控与便民服务相结合，为往来车辆提供志愿服务。

【集里街道北城社区挂牌成立】 6月14日，集里街道北城社区举行成立揭牌仪式。根据《浏阳市集里街道办事处关于撤销北城村设立北城社区的通知》，北城村设立为北城社区，管辖区域和隶属关系不变，居委会位于集里街道双拥路。社区管辖范围南至白沙路，北至碧桂园凤凰郡小区，西临道吾村，东临龚家桥社区。社区地域面积8平方千米，户籍人口822户，常住人口23182人。

【举办庆祝中国共产党建党99周年主题活动】 6月30日晚，集里街道在道吾学校体艺馆举行庆祝中国共产党建党99周年暨“党建+微网格”表彰大会，400余名党员参加活动，中共浏阳市委组织部部长周文舜、浏阳市政府副市长邓雪琴出席活动。街道党工委副书记、办事处主任张文初主持表彰大会，街道党工委书记胡汉堂为活动致辞。活动对15个先进基层党组织、18名优秀党务工作者、28名优秀共产党员及218名优秀微网格长进行表彰颁奖。表彰大会结束后，活动进行“为了更美好的家”党建主题活动文艺会演。文艺会演活动围绕“我守护·平凡亦英雄”“我奋斗·扬帆再出发”两个篇章，用情景讲述、文艺演出等表现形式，集中展现集里街道党员干部、群众在疫情防控、“党建

+微网格”等工作中的感人先进事迹。

【举办庆祝第36个教师节座谈会】 9月10日，集里街道召开庆祝第36个教师节座谈会。辖区各中小学校校长、行政工作管理人员、优秀教师代表、街属部门负责人和各社区(村)党组织书记参加会议，街道全体党政领导出席会议。会议由街道党工委副书记高让波主持。集里中学、太平桥中学负责人分别汇报教学工作情况，会议对优秀教育工作者、优秀班主任和优秀教师共计92人进行表彰颁奖。会上，街道党工委书记胡汉堂指出：辖区全体教育工作者和教师要坚定党的信念，发扬拼搏精神，关爱集里、有作为、有担当，开创集里教育事业发展新局面，铸就集里教育新辉煌。

【星巴克、海底捞签约进驻浏阳天虹购物中心】 9月19日，知名餐饮品牌星巴克、海底捞分别与浏阳天虹购物中心举行项目签约仪式，标志着星巴克、海底捞正式入驻浏阳。海底捞成立于1994年，是一家以经营川味火锅为主、融汇各地火锅特色为一体的大型直营餐饮火锅店。星巴克成立于1971年美国西雅图市，旗下零售产品包括数十款世界顶级咖啡豆、多款咖啡冷热饮品、各式糕点、成品瓶装咖啡饮料以及咖啡机、咖啡杯等周边商品。1999年1月星巴克正式进入中国，截至2020年，在中国大陆超过140座城市拥有4000余家门店，发展趋势快速且良好。2018年以来，集里街道依托浏阳天虹商业中心、大润发超市等城市商业综合体，打造区域商圈、提升城市品位、引领消费升级，加快推进城市商圈经济高质量发展。

2020浏阳市家居建材节开幕式现场 （集里街道 供图）

9月19日，星巴克、海底捞分别与浏阳天虹购物中心举行项目签约仪式 （集里街道 供图）

【2020浏阳市家居建材节开幕式在集里街道举行】 9月25日，由浏阳市政府指导，集里街道办事处、市住建局、市商务局、市湘赣边区域合作中心联合主办，以“梦享家集里购 共创美好生活”为主题的2020浏阳市家居建材节开幕式在欧亚达家居浏阳创意广场店举行。街道党工委副书记、办事处主任张文初主持开幕式活动，街道党工委书记胡汉堂为开幕式致辞，浏阳市政府副市长邓雪琴出席开幕式活动。开幕式上，同时举行“最美老板娘”“最牛工匠”颁奖活动；欧亚达家居浏阳创意广场店被授予“浏阳市信用示范商区创建示范单位”称号。建材节持续到10月8日，活动期间，集里建材市场、鼎丰家居建材城、欧亚达家居浏阳创意广场店及1200余家商家联手，面向消费者推出促销让利活动，助力家居建材消费升级。

【湘赣边泛家居企业家峰会在集里街道举行】 9月25日，湘赣边泛家居企业家峰会在位于集里街道的浏阳市图书馆举行，来自浏阳和湘赣边家居建材行业精英、企业代表就如何凝聚湘赣边行业力量提出建议，共话家居建材行业高质量发展。作为“2020浏阳市家居建材节”系列活动之一，峰会邀请湖南师范大学教授、博士生导师朱翔，以“区域经济与家居建材行业的发展”为主题开讲，为在场的企业家们带来行业前沿动态信息。互动环节，现场的家居建材企业代表就“装饰企业在湘赣边发展应该如何布局”“家居建材行业的未来发展方向”等话题进行探讨，在深度对话中为行业与企业发展厘清思路、指引方向。

【浏阳市“党建+微网格”现场推进会在集里街道进行观摩活动】 10月10日，浏阳市“党建+微网格”现场推进会在集里街道进行观摩活动，现场观摩街道“党建+微网格”基层社会治理综合服务中心。集里街道“党建+微网格”基层社会治理综合服务中心建设于2020年9月，全面集成矛盾调解资源力量，在中心设信访接待、法律服务、网格微事等窗口，设物业纠纷调解、商事纠纷调解、老陈调解、“美家美妇”等工作室，汇聚专、兼、群三方力量进驻，实现“只进一扇门，化解百姓事”。打造“党建+微网格”社会治理指挥调度平台，功能上实现“一网管理、一键查看、全域指挥、实时调度”，对居民线上反映诉求处置时间最短为2分钟，做到“微网格、党支部、社区、街道”四级联动快速响应。2020年3月起，浏阳市全面推行“党建+微网格”工作，推动基层党建与社会治理同频共振，走出一条党建引领基层社会治理创新的“浏阳之路”。

【集里街道新屋岭社区挂牌成立】 10月19日，集里街道新屋岭社区正式挂牌成立并举行揭牌仪式。新屋岭社区是新兴城市社区，为集里街道第7个社区，社区辖区面积1.76平方千米，社区范围东至庆泰南路（东沙新村一区、二区除外），南至花炮大道，西至鼎丰家居建材城24栋后山山脊，北至双拥路。居委会位于集里街道百宜路，社区下辖3个党支部，382个微网格，直管党员83名，在职党员412名，流动党员28名，有30个居民小区，1.4万余户，2.9万余人。

【浏阳市飞虎人防志愿服务队授牌仪式在集里街道举行】 12月12日，浏阳市飞虎人防志愿服务队授牌仪式在集里街道举行。活动现场，浏阳市人防办、集里街道办事处相关负责人分别向浏阳市飞虎人防志愿服务队授牌、授旗。浏阳市飞虎人防志愿服务队是浏阳市第一支由人防办主管的民间公益队伍，前身为集里公益应急救援队，曾先后被评为“浏阳市先进基层党组织”“长沙市学雷锋双十佳集体”“浏阳市抗洪救灾标兵单位”等荣誉。2020年疫情防控期间，志愿队所有队员坚守在集里3个疫情监测点一线，到社区进行疫情排查和监控工作。为助力社会复工复产，队员们穿防护服，提弥雾机，为辖区所有小区、中小学、幼儿园提供免费的消毒服务。

（朱庆林）

荷花街道

【概况】 2020年，荷花街道辖荷花园、南市、唐洲、新月4个社区，杨家弄、西环、嗣同、南环、牛石岭、建新、东环、浏河村8个行政村，372个村（居）民小组，总面积146.8平方千米，林地面积9133.33公顷，耕地面积1519.87公顷（其中水田1278.6公顷，旱田241.27公顷）。户籍总人数5.01万人，其中常住人口10.8万人；出生388人，死亡298人，人口出生率7.7‰，自然增长率为1.8‰；流出人口2302人，流入人口1612人，100岁以上老人有4人。

经济发展状况 街道全年完成工业总产值66.8亿元，其中实现规模工业总产值34.3亿元；完成固定资产投资35.88亿元；完成全年税收3.42亿元，地方收入1.9亿元。农业。全年种植优质水稻1400公顷，粮食产量10660吨，产值2801万元；油料作物644公顷，产油382.5吨，产值765万元；水果种植81.33公顷，产果1225吨，产值920万元；有机蔬菜复种266.67公顷，蔬菜产量5325吨，产值2050万元。推行高标准农田建设，全年栽种双季稻200公顷，完成种植结构调整90公顷；油茶产业幼林抚育80公顷，老油茶林复垦20公顷。工业。全年完成固定资产投资新增入库项目48个，申报规上工业企业10家，商贸企业6家，服务企业5家，新引进招商引资项目6个；启动嘉龙包装印刷有限公司备案700万箱智能化包装生产线项目，计划投资1亿元；推进嗣同学校开学和欢乐世界试运营。项目建设。围绕“南部新区”建设目标，实施“三榜公示”。启动杨家弄征拆项目，完成86户29.33公顷土地征拆；完成浏阳河“一河两岸”及浦梓港棚户区改造项目226户征收户的前期调查、核算工作；完成天马山隧道、荷文公路互通改造、社会福利中心项目的清零工作；协助杨家纸业、雄民食品加工厂等复工资金短缺企业申请贷款近5000万元；帮助浏阳市嘉龙包装印刷有限公司、长沙廖掌柜食品有限公司、浏阳市山枣出口烟花制造有限公司等9家规上企业申报长沙市重点技改贷款贴息项目；解决辖区企业各类问题40余条，化解企业矛盾纠纷30余起；长沙市重点项目12家，完成固定资产投资10.8亿元，超过计划总投资38.46%；上报新增社会投资项目4家，接受并通过长沙市发改委项目进度抽查4次。

社会治理 城乡建管。全年拆除违章建筑总面积15030.5平方米，拆除新增违章建筑6752.5平方米，拆除历史违章建筑8278平方米，重点巡查监控区域14处；完成荷塘路提质改造、唐洲社区等5个提质提档项目验收、农贸市场提质升级；新增天马路停车位500余个；落实水利部暗访督查问题整改8处，拆除沿河违建3处，拆除面积960平方米，完成上级河长办问题整改交办单20余例；完成29户退捕渔民（专业渔民2户、兼业渔民5户、其他渔民22户）的退捕工作；开展超限超载检查和劝返专项行动4次，检查源头企业24次，查处超限超载车辆77台，劝返68台，移交相关执法部门处理9台。污染防治。开展重点行业挥发性有机物深度治理，完成VOCs治理企业8家；加强辖区“散乱污”企业治理，完成“散乱污”企业搬迁8家，立案4起，处罚款7万余元；全面取缔露天烧烤，巡查制止禁燃区燃放鞭炮、焚烧垃圾秸秆等行为130余次；全年开展河道保洁集中整治行动14次，做到常效保洁；开展“清四乱”联合执法行动30余次，全年拆除沿河乱搭、乱占、乱建42处，共计1100余平方米；完成辖区内黄土裸露地块清整复绿或覆膜5.1万平方米；投入资金15万余元收集处置农作物秸秆150车400余吨；督促企业投入资金30余万元完成餐饮油烟净化器安装16台；打造净溪河（南环村段）“最美河段”，净溪河水质得到有效改善；罗直水库被评选为长沙市“百座放心满意水库”。人居环境治理。创建1个长沙市垃圾分类减量村，新建1个垃圾分类回收分拣站，

发放垃圾分类桶800余个，垃圾分类宣传手册400余份；完成3700余户改厕任务数，其中拆除、废除非卫生厕所360余座；全年栽种苗木19.3万株，造林14.33公顷，裸地复绿18.67公顷；土地开发复垦增减挂钩面积12.2公顷；完成牛石岭村蔡家山屋场、荷花园社区竹山绿色屋场美丽乡村屋场建设。安全生产。成立安全生产监督管理派驻工作领导小组，落实派驻制度，对辖区内135家烟花爆竹、危化品、建筑施工等重点生产经营企业实行“专员督、月检查、季汇报”；组织青年突击队，开展“打非排查”专项行动，对重点区域的烟花爆竹、危化品等隐患进行拉网式摸排；成立森林消防大队，执行24小时值班制度，严管严控野外火源；关停和搬迁小型加工作坊12家，收缴煤炉29个，查处非法制造、储存、运输、销售、燃放烟花爆竹行为23起，行政拘留21人，刑事拘留4人。综合治理。开展“扫黑除恶”“扫黄治赌禁毒”专项斗争，制作科普新型毒品的宣传视频——“贴纸有毒”，经《浏阳日报》抖音号剪辑转发，点赞数超过520万，点击量突破4亿次；成功调处矛盾纠纷78起，涉及调解金额350多万元，解决信访“三联三保”交办件20件，省巡视组交办件18件。文明创建。持续开展“荷花大家谈”“四点半公益课堂”“海豚计划”3个文明创建工作名片，累计覆盖受益6000人次。

社会事业　精准脱贫。如期完成脱贫攻坚目标任务，实现贫困人口全部脱贫。安排产业资金75万元，产业帮扶311户；安排公益性岗位19个；建设扶贫电商小店1个，创建扶贫车间、基地各1个；安排投资70.5万元，完善城乡基础设施；发放教育扶贫资金30余万元，教育帮扶421人；推行家庭医生签约和慢性病签约，帮助所有贫困人口免费购买医疗保险，实施先诊疗后付费和一站式结算；为42户贫困户发放小额信贷153.6万元，申报贴息29614.56元；评议示范户57户、达标户329户、巩固户70户、边缘户12户。卫生健康。完成老年人健康体检3895人次，孕前优生检查175对，妇女“两癌”免费筛查2300多例。疫情防控。实现无确诊病例、无疑似病例、无聚集性疫情。社会保障。发放各类惠民资金共计961万余元，征缴养老保险金340万元。教育。完成罗直、杨家、净溪、云桥等多所学校标准化建设。

【嗣同学校开学】 8月15日，浏阳市嗣同学校竣工，9月1日正式开学。浏阳市嗣同学校是经浏阳市人民政府批准建设的浏阳第一所十二年一贯制寄宿制民办学校，地处浏阳城南新区—荷花街道天马山南麓凤凰山上。学校以集体经营性建设用地入市的方式获得土地，由浏阳市嗣同教育管理有限公司投资建设，2020年3月，启动学校主体工程建设。学校北临荷文公路，西接319国道。校园占地面积11.2公顷，第一期建筑面积72600平方米，投资2.6亿元。办学总规模为78个教学班。校园由北校区小学、南校区初中和高中组成。

【浏阳欢乐世界游乐园开园】 2020年8月23日，欢乐世界游乐园开园。游乐园地处荷花街道辖区，位于荷花街道杨家弄村原浏阳城关出口花炮厂内，游乐设施包含摩天轮、大摆锤、狂呼、动物园等20多个游乐项目，距离浏阳城区6千米，紧邻嗣同学校，乐园采取开放式、免门票的运营模式，319国道以及荷文公路直达。2018年6月27日，浏阳市荷花街道办事处与福建省九盛游乐开发有限公司，就浏阳欢乐世界游乐园项目正式签订招商合作协议，2019年11月1日动工。项目总投资1.8亿元，占地11.533公顷，是一个集动物园、主题游乐园、休闲娱乐、科普教育、度假康养、亲子研学等于一体的大型文化旅游综合体。

（吴玮祎　胡　南）

关口街道

【概况】 关口街道东连古港镇、高坪镇，东南与荷花街道隔河相望，南邻淮川街道，西接集里街道，北接蕉溪镇和淳口镇。2020年，关口街道下辖长兴、占佳、水佳3个社区，杨溪湖、升平、金湖、和田、道源湖、炭棚、溪江、金口、金桥村9个行政村。总面积161.8平方千米，耕地面积2126.67公顷，山林1.12万公顷。总人口53682人，出生499人，死亡345人，人口出生率9.3‰，自然增长率2.9‰。

经济发展状况　全年完成地方一般公共预算收入24840.66万元。项目建设。2020年，街道将项目作为第一抓手，以“一河两岸”作为发力重点，推进征拆项目清零和重点项目建设。全年完成征地76.47公顷，腾地116.53公顷，完成房屋拆迁259户、青苗补偿1076户，浩吉铁路浏阳站场项目、0709地块、浏府南路、中湖西岸地块等14个项目实现征拆清零，确保“一河两岸”、长兴湖、水佳、道吾金桥等片区开发和基础设施建设实施。农业经济。出台关口街道2020年粮食生产扶持激励政策，投入20多万元补助资金完成46.67公顷早稻生产、363.33公顷冬种油菜种植、1184.47公顷一季稻生产、20公顷种植结构调整，全年发放各类惠农补贴资金360余万元，新增种植面积1000余亩；建设高标准衬砌灌排水渠10千米、田间道路2千米、改造山塘8处、土地改良和种植绿肥466.67公顷；现场核查农机机器26台，补贴金额25.9万元；发展绿色乡村组织全民义务植树活动，完成植树10万株，森林抚育140公顷，楠竹低改13.33公顷；完成“一县一特”油茶产业新造油茶17.67公顷，抚育300公顷的任务。

社会管理　完成2019—2020年度的森林资源问题督查116个图斑的销号工作，其中立案27个图斑。督促13个企业补办2019—2020年度占用林地手续，共回收林地复绿面积11.512公顷。按照乡村振兴三年行动计划，完成卫片图斑整改192个、森林图斑整改64个。完成村级供销社全覆盖。坚守耕地与粮食安全底线，打造高标准农田建设项目7个，兴修水利7000余米，增加水稻种植面积近133.33公顷，粮食增产66万千克。溪江村高标准农田建设带动村民投工投劳建设美丽屋场，金口村通过盘活闲置资源、集体土地入市促使新弘学校、远大昌盛包装、柏建混凝土等项目落户。环境整治。推进工业小区污水管网改造、溪江集镇截污工程,整改各类环保问题 78 个,省级环保督察“回头看”实现“零投诉”。落实长江流域“十年禁渔”决策部署,开展渔政执法 35 次,完成“四清”(清船、清网、清江、清河)、“四无”(无渔船、无渔具、无渔网、无捕捞行为)任务,承办浏阳市 2020 年度鱼类人工增殖放流活动、“三无”(无船名船号、无船籍港、无船舶证书)船舶公开销毁活动,辖区各支流入浏阳河水质稳定达标。平安建设。围绕安全生产“零事故”目标,开展安全生产顽瘴痼疾整治专项行动,强化涉危涉爆、有限空间、校车、建筑、交通、消防、食品等领域安全隐患排查整改,推进“路长制”“一盔一带”等工作。全年开展计划执法 179 次,查处、整改隐患 1345 条,停产整改 46 家;夯实企业主体责任,全年无安全生产责任事故发生。开展扫黑除恶专项斗争和“扫黄治赌禁毒”专项整治行动,开展“健康人生,绿色无毒”禁毒预防教育进社区、进小区、进村组、进校园、进企业活动。推进“雪亮工程”建设,有效稳控特殊人群,全年接处警 2514 起,破获各类刑事案件 35 起, 查处行政案件 111 起,抓获处理各类违法犯罪人员 235 人,打掉盗窃、贩毒团伙 2 个。综治民调排浏阳市第 9 名, 禁毒工作民调上半年排长沙市、浏阳市第 1 名,下半年浏阳市排名第 4。街道武装部被评定为长沙市五星级基层武装部。全国文明城市、国家卫生城市创建工作。投资近 4000 万元全面完成福盛小区、占佳二号安置区、农副产品市场改造,启动远大路提质,有序推进 16 个小区雨污分流工程。农村人居环境整治。完成无害化厕所改造 2856 座, 废除旱厕 1200 余座,街道被评为“长沙市人居环境整治优秀乡镇”,金口村、升平村分别成功创建“长沙市垃圾分类示范村”“长沙市卫生村”。

社会事业 精准扶贫。稳定脱贫 33 户 78 人,实现街道 466 户 1672 人全面脱贫。疫情防控。落实“四包一”(四:社区民警、社区医生、社区专干、网格员;一:疫情防控对象)措施,核查数据 2023 条,无一人漏报、无一人脱管、无一例疑似确诊病例发生。社会保障。完成城乡居民养老保险、医疗保险征缴扩面工作, 统筹支付医保、养老资金 4957.2 万元,发放各类社会救助、政策资金、惠民补贴 1800 余万元。全年举办就业培训 450 人次,城镇登记失业率控制在 4%以内。

4 月 16 日,浏阳市激发管自动化生产线项目签约仪式 (关口街道 供图)

【激发管自动化生产线项目落户关口街道】 4 月 16 日, 浏阳市关口街道办事处、中国葛洲坝集团易普力股份有限公司、湖南省训保军训器材有限公司三方签订“激发管自动化生产线建设项目”招商引资协议书,该建设项目正式落户关口街道。激发管自动化生产线建设项目由世界 500 强企业中国能源建设集团有限公司的下属单位——中国葛洲坝集团易普力股份有限公司,湖南省训保军训器材有限公司共同投资建设。该项目总投资 1.6 亿元,以浏阳市烟花爆竹装备制造企业为依托,建设国内第一条年产 500 万只激发管及配套膨胀管的自动化生产线,打造国内激发管产业装备制造示范基地。湖南省训保军训器材有限公司位于关口街道金湖村,专注于新型化工药剂产品、军事训练耗材产品的研发、生产与销售,该企业已自主研发二氧化碳膨胀爆破激发管、膨胀管,广泛应用于煤与瓦斯突出矿井的生产、石材开采、易燃易爆物质积聚区域的爆破清堵等多个领域。截至 2020 年 12 月,完成厂区的土方工程。

【《浏阳市水佳片区土地开发经营权招商合作协议》签订】 8 月 24 日,浏阳市人民政府与余干县曼居实业有

8 月 24 日,浏阳市水佳片区土地开发经营权签约仪式 (关口街道 供图)

限公司、杭州开元物产集团有限公司签订《浏阳市永佳片区土地开发经营权招商合作协议》。总投资约100亿元的永佳片区土地开发经营权项目，地处"一河两岸"核心区，总用地面积约40.024公顷，其中净出让面积约38.33公顷，幼儿园用地约1.694公顷（划拨），建设内容包括超高层综合体（不低于168米）、五星级知名酒店等。该项目土地单价为4635万元／公顷，溢价585万元／公顷，总地价17.76亿元。该项目将按照浏阳"一河两岸"总体方案，遵循"生态、高端、现代"和"生态优先、产城融合"的理念，凸显"山水名城""地方特色"，打造成浏阳新亮点、新地标。

（寻烁青）

古港镇

【概况】 2020年，古港镇辖15个行政村、1个社区，293个村（居）民小组，人口6.6万人（其中农业人口6.3万人、非农业人口0.3万人）。辖区总面积210平方千米，耕地面积3773.33公顷，山林总面积2万公顷，森林覆盖率68.2%。年末，户籍总人口66263人。全年新出生人口507人，死亡人口437人，人口出生率7.91‰，自然增长率1.09‰。人口数量最多的姓氏为罗，占比11.01%，常住少数民族200人，占比0.30%。全镇共有百岁老人6名，新园村荣树兰（101岁）、严桂珍（100岁），三口村王昭（101岁），白鹭村王礼文（101岁），花城村欧伯秀（107岁），东盈村王桂英（101岁）。年均气温17.3℃、年内最高气温40.7℃、最低气温-2.5℃，年降水量1647.6毫米。2020年，古港镇作为长沙地区唯一代表被评为全省"平安农机"示范乡镇、在全市"大干一百天、实现双过半"竞赛活动中被评为优秀等次；梅田湖村被评为省"乡村旅游重点村"和省"同心美丽乡村"，古港完小被评为省"防震减灾科普示范学校"，古港中学被评为"省级后勤管理先进单位"，皇龙峡生态景区成功创建国家AAA级旅游景区。

经济发展状况　2020年全镇实现地方一般公共预算收入3352万元。农业生产。种植水稻4066.67公顷，产量2.82万吨（其中早稻933.33公顷、产量0.65万吨），种植蔬菜1486.67公顷、油菜1133.33公顷，种植烤烟433.33公顷，15320担。继续对仙洲村、古城村、古港村、宝盖寺村、沔江村、新园村、东盈村7个种植结构调整区的种植调整，新增仙洲村、金园村、华湘村3个种植结构调整点共8.11公顷。植树造林2.4万株，清理松材线虫864株，清查森林图斑53个。改造抚育32公顷"一县一特"油茶。生猪出栏63062头，有序开展仙洲村、燕港村、白鹭村、华湘村、宝盖村5个村畜禽粪污资源化利用整县推进项目。新增国顺农机专业合作社，添置农机机具113台，被评为全省"平安农机"示范乡镇。成立供销合作社和农村合作经济组织联合会，推进供销改革。工业经济。古港镇有主要规模企业23家，完成固定资产投资17亿元，完成规模工业总产值56亿元，同比减少13.6%。招商引进云溪杉舍等6家企业。第三产业。完成限上批发额全年增速任务20%，完成零售额全年增速任务25%。发展松山研学、梦俚民宿、中澳蓝鹰、皇龙峡等乡村旅游网红打卡地，吸引游客49万人次，创收5800万元。

社会管理　基础设施建设。完成农村公路提质改造和连通12.3千米，改造仙洲村基长坝桥、桥头桥2座危桥，完成农村公路安防工程13千米。疏浚渠道18千米、修缮山塘水库3座，新建2个饮水项目，解决宝盖寺村、燕港村、范市村1210户饮水问题。完成土地征收24.67公顷、房屋拆迁50户，园区5个地块实现征拆清零；古港污水主管网二期、污水处理厂、松山屋场、古港农贸市场、政府前坪等项目全面完工；完成"古城—范市—梅田湖—宝盖寺"乡村振兴示范片区规划设计。人口与计划生育。办理一、二孩生育服务证356本，再生育证26本；新增农村奖扶对象66人、特扶对象7人；完成免费孕前优生健康检查248对。65岁及以上老年人参加免费健康体检6335人，组织181人献血，总计献血量61500毫升。环境整治。全年开展环保执法行动48次，发现并整改问题116个，责令整改66处；办理中央、省级环保督察交办件及信访投诉件80件；推进金兴化肥厂土壤污染修复、湘友肉制品厂污水及烟气处理收集设施提质改造，完成梅田水库饮用水水源地整治，重点加强非法黄泥厂、秸秆露天焚烧整治工作。严格落实"河长制"，完成上级交办整治任务12条，开展专项整治行动27次，销毁"三无"船只40余艘，收缴地笼、粘网等渔具约400具，拆除钓鱼台36处，对沔江河、梅田河、石门冲河等沿河20多千米砍青清淤。处置垃圾1.2万余吨，实现生活垃圾100%无害化处理，三口村、白鹭村分别成功申报湖南省、长沙市卫生村。继续推进"厕所革命"，完成厕改3871座，农村人居环境整治三年行动圆满收官。安全生产。开展集中培训、下厂培训20余次、参训3650人次，全年未发生安全生产责任事故。推进烟花爆竹企业转型升级，整体退出1家、重组3家；落实党政领导带队检查制度，检查企业234家次，排查隐患496条，停业整顿8家，立案15起，罚款37.94万元。治安状况。坚持"严教、严管、严防"与"创安""严打"有机结合，推进扫黑除恶专项斗争；坚持小事早化解，调处矛盾纠纷103起，无一例民转刑案件发生；加大对涉黑、涉黄、涉赌、涉毒、侵财等违法行为的打击整治力度，派出所全年接出警944起，行政拘留43人，刑事拘留33人。

社会事业　社会保障。全年发放养老待遇2922万元，惠农资金3000余万元，低保五保金、临时救助和大病医疗救助、残疾人"两补"资金等救助资金1631.1万元；落实医保支出4288万元；完成17户贫困残疾人家庭无障碍设施改造，8户残疾人住房纳入危房改造项目，90名残疾人对象落实扶残助学政策。大力推进参保工作，医保参保率100%。聚焦"两不愁三保障"，完成共计44个整改任务，设置公益性岗位42个，申报扶贫基地5家，产业扶贫455户1310人、就业扶贫305户450人，全镇878户2611名贫困人口全面消除贫困，通过脱贫攻坚验收。教育文化。建成全省首家"匠人馆"，古港村和范市村被评为"浏阳市文明村"，推选周树兴家庭为

“文明家庭”，树立一批乡风文明典型，引领社会风气，培育文明乡风。旅游景点建设。新建云溪杉舍民宿、紫阳湾亲子研学基地。

【古港农贸市场提质改造】 10月，古港镇农贸市场提质改造正式开始，历时3个月完成，总投资400余万元。提质改造针对老农贸市场设施陈旧、摊位凌乱、地面湿滑等问题，重点围绕改善给排水、供电、通风、卫生、消防、公厕及管理设施等方面进行。改造后，农贸市场内宽敞明亮，蔬菜、肉类、家禽、水产、干货等功能区划分明确，周边环境整洁有序。规范农贸市场管理，摊主成立业主委员会，形成齐抓共管的管理模式，推动农贸市场良性发展。

【梅田湖村被授予“省级同心美丽乡村”称号】 12月，省委统战部发布《关于授予2020年度省级同心美丽乡村同心社区同心项目的决定》，古港镇梅田湖村被授予“省级同心美丽乡村”称号。同心美丽乡村创建是湖南省统一战线助力乡村振兴战略实施的一项举措。2020年，梅田湖村将美丽同心乡村创建作为一项系统工程贯穿村级发展全过程，发挥村域内松山屋场、云盘屋场、紫阳湾屋场等多个幸福屋场的凝聚带动作用，针对屋场地域地貌、发展潜力等，明确不同的发展重点，成功打造梅田湖研学基地、紫阳湾亲子研学基地、垂钓场等具有特色的乡村旅游场所，为村民提供家门口就业的机会，增加村民收入。2020年10—12月，为41户村民分红170余万元。

【古港镇被评为湖南省“平安农机”示范乡镇】 12月25日，省农业农村厅、省应急管理厅联合发布《关于2020年度全省“平安农机”示范创建和农机安全监理示范岗位标兵评选结果的通告》，古港镇被评为全省“平安农机”示范乡镇，为长沙市唯一被评为乡镇。2020年，古港镇把握“科技兴农”目标，推动农业现代化发展。新增1家农机专业合作社，购置农机机具113台，政府补贴140余万元，实行代育、代插、代收、代烘“一条龙”服务。组织辖区内农业生产者参加农机安全使用培训，提升农业生产者的专业能力，推进机械现代化发展。

【皇龙峡被评定为国家AAA级景区】 12月12日，2020“薪火传承•中国健康跑”浏阳站暨第六届浏阳市冬季马路赛在石牛寨风景区举行，活动现场，进行国家AAA级景区授牌仪式，皇龙峡生态旅游区被评定为国家AAA级旅游景区。皇龙峡生态旅游区位于古港镇梅田湖风景区内，占地面积340公顷，水面面积9.9公顷，是集森林漂流、丛林探险、户外溯溪、恐龙谷、彩虹滑道、四季高空玻璃漂流时光隧道、高空全透明全景玻璃桥、悬空飞龙高空玻璃滑道等主题为一体的综合体验型景区。距离浏阳市区30分钟车程，距离长沙市区90分钟车程。皇龙峡生态旅游区于2007年3月1日正式开业，景区通过走“文化+创意+旅游”模式，成为浏阳旅游闲情山水的主要代表景区，2017年，被评为长沙市“优秀旅游景区”“旅游先进单位”，浏阳市旅游协会“副会长单位”、浏阳市漂流协会“会长单位”及“最受网友喜爱的生态景区”。

【建成全省首家“匠人馆”】 2020年10月，古港镇建成全省首家“匠人馆”。匠人馆位于古港镇古正街，总规划占地面积2160平方米，其中建筑总面积2000平方米，总投资约70万元。匠人馆以传承匠人文化、培育匠心精神为基础，是集匠人事迹宣传、史料展陈、交流学习、制作体验、科普教育于一体的民间匠人综合文化服务中心，分为匠人作品展示、匠心精神展示、文化交流、匠心演绎四大功能区，创新设计匠心文化交流、匠心演绎、科普教育课程等，首批入驻匠人18名，涉及领域包括菊花石雕、花炮工艺、农业种植、美容美发、剪纸艺术、建筑雕刻、彩绘、油画等三产领域。

（李肖轩）

高坪镇

【概况】 2020年，高坪镇辖双江村、杨潭村、向阳村、马鞍村、太坪村、石湾村、三合水村、株树桥村、高坪村、沿甸村、船仓村、志民村12个行政村。镇域总面积257.8平方千米，耕地面积2649.8公顷，其中水田面积1918.7公顷，旱土面积731.1公顷；山林面积197.62万公顷。年末，全镇户籍人口38601人。全年出生人口363人，死亡人口273人，人口出生率4.9‰，自然增长率2.33‰。逾百岁老人2名，分别为三合水村周淑圣、缪桂珍。全年平均气温19.8℃。多年平均降水量1568.5毫米，多年平均蒸发量1463.8毫米，多年平均相对湿度82%，多年平均日照时数1675小时，多年平均无霜期281天。

经济发展状况　2020年，全镇财税总收入5534万元，年均增长7%；地方一般性收入2664万元。镇财政所被评为“2020年度省级星级财政所”。农业生产：完成农业总产值2.99亿元；全年粮食生产面积1866.7公顷，产量14000吨，产值4368万元；加快优化种植结构，按规定完成三合水村、石湾村、高坪村40公顷种植结构调整任务；蔬菜种植面积410公顷，产值4920万元，其中茄子种植面积26.67公顷，每公顷达到22.5吨；发展现代农业，金盆、湘民、雨祺、富利等专业合作社发展富硒水稻、黑山羊、蜜蜂、绿壳蛋鸡、小水果等新特色产业，打造“村花美食坊”“志民人家”等本土特色农产品品牌，被农业农村部认定为“第七批全国‘一村一品’示范村镇”。工业经济：全年全镇工业企业实现产值34.4亿元，同比增长9%；实现固定投资额10亿元，年均增长13%，其中完成工业技改投资7.5亿元；商贸业社会消费品零售总额同比增长30%；新增1家规模工业企业，奥斯特烟花厂、新松新材料和船仓矿业投资1.9亿元进行厂区扩建和绿色矿山建设，永凯农业和龙泉特种养殖投入3700万元开展生产建设；完成湖南永康、长沙湘康等9家企业的招商引资、转型升级工作；辰竹烟花、新松矿业、金盆机砖厂完成智能化改造，奥斯特烟花小型盆花外筒自动化生产线改造获《2020年度长沙市智能制造专项认定项目》。旅游业：2020年，成功打造九曲湾湿地宣教中心、浏阳河双江口文化公园、志民冯家湾屋场、太坪夏布屋场等精品网红打卡地，通过浏阳河国家湿地公园、浏阳河全国示范河湖小溪河段验收；打造20余家精品农庄、民宿；依托“浏阳河乡村美食节”“农家十大碗”系列网红节日和评选活动，展现高坪乡村风貌，升温“三间”经济。

社会管理　基础设施建设。攻坚河西新城、矿山扩界征拆、马鞍自来水安装、垃圾压缩中转站、石湾分散式污水处理设施等重点项目，做好路网扩容，危房、桥梁维护工作；新建全民健身工程4处，完成船仓村标准化综合文化中心建设，投资400余万元完成浏阳河文化主题公园建设。环境整治。贯彻落实“河长制”，开展小溪河流域“清四乱”行动，确保小溪河水质全年稳定在Ⅱ类以上；依托“党建+微网格”工作体系推进垃圾分类，形成齐抓共管氛围；建设高坪镇垃圾压缩中转站、分拣站，配齐保洁队伍，实现垃圾分类全镇覆盖，2020年成功创建长沙市卫生镇。安全生产监管。采取联合执法、交叉执法、线上监管执法等手段，抓牢花炮、矿山、消防、交通、建筑、食品等重点领域安全管理；强化路长制日常巡查，排查安全隐患120处，清理道路垮方1.2万立方米。

社会事业　社会救助。全镇城乡居民低保在册534户1070人，全年发放最低生活保障金404万余元；特困人员在册364户376人，全年发放补助金额357万余元；一般临时救助154人次，发放补助金额53750元；急难临时救助65人次，发放补助金额16.24万元；医疗救助72个对象，发放医疗救助金额16万余元；精神病人药物救助1063人次，发放药物金额96535.6元；完成慈善助学57个，发放助学补助18.3万元；全年共发放残疾补贴93.08万元、发放孤儿津贴9.36万元、发放14个事实无人抚养儿童补助14万余元、发放老龄补助144.28万元；“七一”、春节期间慰问生活困难党员56名。社会保障。2020年，全面完成养老保险征缴任务；依托“合作社+农户”形式带动371户贫困户发展产业，设立19个公益性岗位，帮助85户贫困户稳定就业，确保485户贫困户稳定脱贫；疫情期间服务企业用工、群众求职，助力经济复苏，发动党员、企业、个人捐款捐物20余万元。

浏阳河高坪双江口　（高坪镇　供图）

【浏阳河国家湿地公园建设】　浏阳河国家湿地公园地处浏阳东部，以高坪镇小溪河流域为核心，总面积2361公顷，其中湿地面积1423.4公顷，湿地率60.29%。系浏阳河永久性河流、株树桥水库以及两岸森林组成的湿地—森林复合生态系统，具有较强的独特性和较高的科学保护价值。公园已记录野生维管束植物524种，包括国家Ⅱ级重点保护植物3种；已记录野生脊椎动物166种，包括国家Ⅰ级保护物种1种、国家Ⅱ级重点保护动物13种，被列入《濒危动植物种国际贸易公约》的物种21种，湖南省重点保护野生动物111种。2020年12月，公园完成建设。

2020年4月30日，高坪镇九曲湾湿地公园举办“自在有味　乐游高坪”浏阳河乡村美食节　（高坪镇　供图）

【举办浏阳河乡村美食节系列网红节会和评选活动】　2020年3月30日至4月20日，高坪镇人民政府开展高坪“农家十大碗”评选活动，以村民推荐和农家乐自荐的形式面向全镇征集具有地方特色和社会知名度的农家乐菜，通过掌上新媒吸引13.1万人参与网上投票，评选出土炉炖土鸭、辣椒炒鸡、清蒸鳜鱼等10道特色农家菜。4月30日，高坪镇人民政府在九曲湾湿地公园成功举办“自在有味　乐游高坪”浏阳河乡村美食节，配

九曲湾湿地宣教馆 （高坪镇 供图）

套开展高坪特色农产品博览会，向25万余网友直播“十大碗”制作、品尝过程，精心包装、推介蜂蜜、豆豉、鱼腥草等乡间土特产，展现高坪民风民俗、乡村风貌，节目获人民网《湖南日报》《长沙晚报》等主流媒体报道，打响高坪特色旅游品牌。疫期过后日均吸引2500名游客到镇消费，夜游高坪品美食成为更多浏阳人的选择。

（施经纬）

沿溪镇

【概况】 2020年，沿溪镇辖7个行政村，180个村民小组，总面积123平方千米，其中耕地1600公顷，林地8787公顷，人口32981人，其中出生人口307人，死亡人口212人，人口出生率9.3‰，自然增长率3‰。年均气温18.3℃，年内最高气温38.9℃，最低气温-1.1℃，年降水量1440.3毫米。被评为“长沙市农村人居环境整治优秀乡镇”“长沙市综合养老服务转型试点乡镇”。

经济发展状况 全年完成财政总收入7538万元，地方一般预算收入3156万元，增幅6.23%。农业生产。发展优质早稻160公顷，再生稻213.33公顷，优质稻666.67公顷。立足蔬果特色小镇发展优势，推进建设村38.4公顷蔬菜基地、礼花村21.33公顷沃柑基地、沙龙村万亩蔬菜基地提质升级等项目建设，高分通过国家农业产业强镇示范建设项目验收，国家绿色循环优质高效农业示范建设完成。工业经济。成功引进浏阳市祺盛汽车服务有限公司、湖南国咖国际贸易公司等6家总部经济项目，总投资额1.73亿元；推动企业转型升级，鼓励科技创新，完成科技专利申请8件，投入技改项目资金1800万元；优化产能配置，合并重组花炮企业3家。三产融合。发展乡村旅游，年内，浏河第一湾、蓝鹰沙龙、大光洞风景区等吸引游客56万人次，创收5100余万元。激活电商小镇发展优势，三知电商2.67公顷新基地正式投入使用。项目建设。投入460万元完成东信大道和东远路人行道提质改造项目，排查道路交通安全隐患185处；投入550万元完成集镇污水管网二期工程，改造污水管道5.6千米，滨河新城污水处理厂正式投入运营。

社会管理 农村治理。完善农村基础设施，实施道路硬化、提质改造、安保工程等17.6千米，年内改造危房6处，废除非卫生厕所1295座，改造无害化厕所1800座。深化垃圾治理，实现“长沙市垃圾分类示范村”全覆盖，垃圾分类减量达到35%以上。开展百日清洁行动，定期组织环境卫生集中整治，被评为“长沙市农村人居环境整治优秀乡镇”。落实移风易俗“十个一”要求，殡改火化率保持100%。抓好精神引领，打造示范典型，朱国萍获评长沙市“五好家庭”、浏阳市第五届“道德模范”。新时代文明实践站（所）实现镇村全覆盖，创优“小蜗牛”“三色马甲”“四叶草”等志愿服务品牌，获各级媒体推介50余次。环境整治。持续推进蓝天保卫战，落实“六控”“十严禁”措施，开展集中执法行动36次，督查整改各类环保问题125个，实现省级环保督察“回头看”零投诉。落实“河长制”工作要求，全年水质稳定达标，沙龙村成功创建“长沙市小微水体示范点”。安全生产。向49家单位派驻28名安全生产管理干部，确保高危企业每人每月进驻单位检查不少于20次。举办6期逾百人参加的安全管理培训班，在辖区内24家企业开展安全生产巡查大讲堂，超过3000人次参加。加强对烟花爆竹、危化生产经营企业的安全监管查处力度，实行安全生产网络化管理，组织开展联合执法18次，各类专项检查90余次，督促企业整改各类安全隐患480余条。交通安全。全年上路执法1260人次，检测货车400辆次，对源头企业进行检查96次，开展治超治限宣传工作60余次。镇级成立交通安全管理服务站，村级成立交通安全劝导服务队，劝导员上路劝导、疏导交通500次，参加人员2000人次，发放宣传册13000余册。综治维稳。推进扫黑除恶专项斗争、禁毒、扫黄打非等工作，全年打击处理130余人次。落实党政领导带队“夜间巡防”机制，完善立体化社会治安防控体系，提升群众安全感，成功创建市级“平安家庭示范户”3户。落实“三联三保”工作要求，全年处理信访、12345热线问题286件，排查受理矛盾纠纷58起，化解信访积案5起。

社会事业 疫情防控。落实疫情防控常态化工作要求，摸排湖北、中高风险地区、境外等返乡人员2000余人次。脱贫攻坚。围绕“两不愁三保障一达标”工作要求，实现剩余23户50人按期如质脱贫。做好“产业+就业”扶贫，解决帮扶难题37个，申报产业扶贫项目2个，155户贫困户获“定制”增收服务。社会保障。推进农村低保工作，实现应保尽保、应发尽发，年内评定低保对象、特困供养对象、兜底对象等493户859人，发放各类补助金512.8万元。关注各类困难人群，发放医疗、助学、助残等各类救助金220.8万元。落实医

保、养保民生工程，两个险种参保率均达到98%以上。坚持稳就业保民生，开设免费职业技能培训24场次，开展“点亮万家灯火”专题招聘惠及群众1500余人，通过国务院农民工工作督察，完成长沙市就业扶贫推进会现场观摩。

【东信集团入选全国第二批专精特新“小巨人”企业】 12月23日，工业和信息化部公布全国第二批专精特新“小巨人”企业名单，东信烟花集团有限公司（以下简称“东信烟花”）入选，是花炮行业的唯一入选企业。东信烟花从材料和配方等方面加大研究，开展多项创新型技术和材料的研发。东信烟花有由北京理工大学、南京理工大学、国防科技大学、长沙理工大学等重点大学的专家学者组成的研发队伍40多人，组织承担并完成“十一五”国家科技支撑计划重点项目、湖南省科技重大专项等各级各类项目20多个，研发新产品、新技术、新设备40余项，获得国家专利70余项。

【沿溪富岭水库管理所成功创建国家级水利工程管理单位】 11月20—22日，受水利部委托，中国水利工程协会组织专家对富岭水库管理所创建国家级水利工程管理单位进行现场考核验收。富岭水库管理所通过验收，成为浏阳首个创建成功的中型水库管理所。富岭水库建成于2013年，位于大溪河沿溪段一级支流大光溪上，总库容1270.5万立方米，是一座以防洪为主，兼有发电、灌溉、供水等综合效益的中型水库工程。自2017年创建工作开展以来，管理所完成信息化系统建设、大坝安全监测设施改造、水电站标准化建设和完善制度建设与资料整编工作。

【沿溪镇卫生院被授予2020年“湖南省文明卫生单位”称号】 沿溪镇卫生院始建于1958年，2016年确定为浏阳市集里医院医疗联合体，2017年11月整体搬迁至沿溪镇沿溪桥村新城组，是一所集基本医疗、预防保健、健康教育、卫生监督、计划生育技术指导为一体的非营利性一级综合性乡镇卫生院，是城镇职工、城乡居（村）民医保定点单位。沿溪镇卫生院以加强院内日常管理为工作重点，以改善环境卫生为工作特色和亮点，2020年，沿溪镇卫生院积极开展爱国卫生运动，建立并完善环境卫生相关监管制度。2020年12月31日，湖南省爱国卫生运动委员会发文授予沿溪镇卫生院“湖南省文明卫生单位”称号。

（陈　玲）

官渡镇

【概况】 2020年，官渡镇辖7个行政村，327个村民小组，42个村级小区。总面积102平方千米，耕地1840公顷，其中水田1750公顷，旱土90公顷。年末，镇域总人口数31792人，8583户；全年出生人口258人，死亡人口223人，人口出生率8.12‰，死亡率7‰，自然增长率1.1‰，人口流动数量2487人（分布在湖南、广东、上海、浙江、海南、福建、江西省6省市），人口数量最多的姓氏为李姓，占12.05%，汉族人口数31700人，占99.7%，少数民族92人，占0.3%（土家族40人、苗族23人、侗族15人、壮族6人、瑶族6人、傣族2人），百岁老人2人（竹山村李小南、南岳村江清连）。域内属亚热带季风性湿润气候区，四季分明，年均气温18℃，最高气温39℃，最低气温-1℃，年均降水量2198.7毫米，2020年无重大自然灾害发生。坚持疫情防控和经济社会发展“两手抓、两手硬”，在浏阳市“大干一百天、实现双过半”大竞赛中被评为优秀乡镇；观音塘村被评为“第二批国家森林乡村”；官渡镇机关工会联合会被评为湖南省“百佳乡镇（街道）工会”；官渡镇退休干部党支部被评为第五批“全省示范离退休干部党支部”。

经济发展状况　2020年，完成地方财政税收3189万元，同比增长20%；完成固定资产投资20.38亿元，同比增长16.06%；完成服务业投资1.2亿元，同比增长42.9%；完成商贸社零投资3.8亿元，同比增长37.8%，镇域内四家银行年终存款余额12.59亿元，同比增长16.8%。农业。结合实际发展南岳金橘、观音苗木、田郊紫薇、竹联蔬菜、新云山藠头、竹山家禽和兵和田螺等特色农业。完成湘赣边金桔特色产业基地及配套设施建设项目和湖南省农业产业强镇项目；完成30公顷的种植结构调整任务，竹联调整区被评为长沙市种植结构调整示范片区；种植烤烟186.67公顷，水稻1400公顷，油菜666.67公顷，蔬菜733.33公顷和紫薇200公顷；完成老油茶林抚育更新改造19.6公顷，品种改造37.6公顷，新造油茶林8.87公顷；营林造绿20公顷，义务植树2万株，免费发放苗木1万株；完成农产品抽样检测2583批次，抽检合格率98.5%。工业经济。全年规模工

田螺小镇·田螺迷宫　　（官渡镇　供图）

业总产值2.7亿元，同比增长13.3%。颐和隆烟花集团有限公司、官渡烟花集团有限公司、亿丰烟花制造有限公司3家工业企业投入8000万元用于改扩建，撬动经济效益2亿元。乡村旅游。培育吃农家菜、玩亲子体验、赏百花盛开、住田园民宿的乡村旅游全产业链，竹联村"田螺小镇"被评为"浏阳十大网红打卡地"，全年接待各类参观考察团队90批4600余人，承接长沙市中小学研学团队108个班5200余人，接待游客18万人次。集体经济。探索新型村级集体经济发展新路径，7个村村级集体经济收入均突破20万元，集体经济收入示范村竹联村突破85万元，其"创新发展综合体，探索振兴新路径"的经验做法，获国家发改委、省委改革办肯定。项目建设。铺排各类项目12个。总投资3500万元的官渡镇芙蓉学校招生开学；官渡大道二期建成通车；投资1060万元，启动区域性中心敬老院建设。

社会管理　环境整治。统筹打好"蓝天、碧水、净土"三大保卫战，省级环保督察"回头看"反馈问题，按时间节点全部整改到位，空气优良率100%，出境断面水质优良率100%。人居环境治理。推进农村厕所革命，完成新改厕所2431座，超额完成目标任务，"首厕过关制"经验做法在全省推广。"治水、治房、治垃圾、治风"同步推进，劝导村民简约办酒305起；打造1个新时代文明实践所、7个实践站、2个实践点。评选并推介道德模范、优秀志愿者、"十佳"微网格长等先进典型76个。村民自治。按照政府主导、多方参与、村民自治、良性互动理念，鼓励各村通过《村规民约》、"红白理事会"、"五老"协会、乡村振兴理事会等村民自治途径和手段，建立"法治、自治、德治"相结合的乡村治理新体系。安全生产。实施花炮企业安全生产管理负面清单制度，压实企业主体责任，遏制安全事故发生。做好企业服务员，帮助企业购买防疫物资近10万元，办理复工复产相关证件27份，协调处理社企矛盾58次。开展应急演练37批次，开展警示教育培训34次，培训企业负责人和安全管理人员3140余人次，全年下厂检查企业、工厂350余次，下达各类执法文书240份，排查安全隐患726处，停产整顿10家次，立案8家次，通过"党建+微网格"处置安全隐患46处。开展食品安全检查工作，全年无食品安全事故发生。综合治理。全年化解各类矛盾纠纷142起，涉及金额400余万元，全年无民转刑案件发生。推进扫黑除恶专项斗争，加大违法犯罪严打整治力度，全镇刑事案件发生率较2019年下降30%，破案率上升26%。

社会事业　脱贫攻坚。推行"金融村官"，发挥脱贫攻坚金融"主力军"作用，发放扶贫贷款121笔1926万元，获省扶贫办点赞；22户33人全部如期按质脱贫；建设脱贫攻坚项目库，实施动态管理，全年共新建项目18个，上级安排财政专项扶贫资金188.59万元，资金拨付到位率100%；健全防止返贫、致贫监测机制，成功识别消除边缘易致贫户8户、脱贫监测户13户。社会保障。全年评定低保317户667人，特困供养172人，申请大病救助60人次，慈善助学41人。全年发放低保、五保金、补助金、救助金等共计800余万元。卫生健康。基本公共卫生服务考核蝉联全市第一，为全镇24874人建立居民健康档案，完成家庭医生签约2664户，65岁以上老年人健康体检2447人次，发放残疾人辅助器材89件。退役军人服务。对全镇421户退役军人家庭进行走访，开展"八一"、春节、"烈士日"及特困退役军人走访慰问、救助活动，争取和发放各类资金40余万元，镇、竹山村退役军人服务站被评为"2020年浏阳市示范型退役军人服务站"。

【新云山村被评为"2019年度长沙市文明村"】　2020年4月10日，长沙市文明办公布2019年度长沙市群众性精神文明创建优秀单位，官渡镇新云山村被评为"2019年度长沙市文明村"。官渡镇新云山村位于官渡镇东北部，北接达浒镇，南邻竹山社区，东邻兵和村，西傍大溪河，交通便利，风景秀丽，具有得天独厚的区位优势，面积约13.5平方千米，辖8个小区，57个村民小组，1823户，人口6420人，其中党员162名。国家AAA级景区官渡古镇位于辖区内，域内有官渡镇政府、农商银行、浏阳市第五医院、浏阳市第四中学、邮政、电信等单位，颐和隆烟花集团、腾达花炮厂等企业，车花种植、港富种植、宏兴养殖等农村专业合作社。新云山村以云山片发展牲猪、黑山羊养殖，烤烟、水稻种植，桥港片发展藠头、蔬菜种植，新安片发展旅游、商业为经济引领，村级经济活跃，秩序良好，走上生产发展、生活宽裕、乡风文明、村容整洁、管理民主的文明发展之路。

【推行"金融村干部"】　4月28日，官渡镇召开官渡镇选聘金融村干部启动仪式。4月以来，官渡镇与浏阳农商银行合作，发挥脱贫攻坚金融"主力军"作用，大力支持产业扶贫，下沉金融服务，由浏阳农商银行官渡支行派出7名业务骨干担任"金融村干部"，每周抽出两天时间为农户上门宣传普及金融知识、解读金融政策、解决融资难题、提供综合性的金融服务。"金融村干部"帮助许多有需要的村民解决了实际问题，获得了老百姓的好口碑。"金融村干部"是联系"政、银、农"三方的金融纽带，是打破信息不对称的有力武器。官渡镇"金融村干部"发放贷款72笔共计1050余万元，助力打通金融兴农的"最后一步路"。

【官渡大道二期竣工通车】　2020年12月25日，官渡大道二期正式竣工通车。官渡大道位于浏阳市官渡镇，官渡大道工程共分两期，其中一期（新安街大浏高速兵山互通，总投资1.5亿元）已于2014年竣工通车；二期工程（位于官渡集镇南岳村境内，起点为老浏东公路官渡交管站处，终点为新建官渡大桥西桥头，道路全长751.17米，设计路幅宽36米，双向四车道，包含道路、绿化、交通、照明、给排水等设施建设）于2019年12月14日正式开工，共投资4300万元，由湖南华程建设工程有限公司负责施工建设。该工程于2015年通过浏阳市发展和改革局批准建设（浏发改投〔2015〕246号），工程建设总投资约5000万元。

（刘　银）

永和镇

【概况】 2020年，永和镇辖11个村，285个村民小组，总人口40634人；全年出生364人，死亡人口332人，人口出生率8.96‰，人口自然增长率0.79‰。总面积234.5平方千米，其中耕地面积1666.67公顷，森林面积约2万公顷。年降水量1550毫米。承办庆祝红一方面军成立90周年现场观摩、“红军之源·记忆永和”欢乐浏阳河专场晚会、“铁流千里会永和”骑行赛、菊花石博物馆开馆等大型活动10余场次。被评为“湖南省文明乡镇”“长沙市新型小城镇示范镇”“长沙市残疾人工作明星乡镇”。成功创建为“湖南省2020届文明村镇”。

经济发展状况　全年实现财政总收入6502万元，其中地方收入2720万元，化解债务190万元。壮大村级集体经济，11个村年集体经济收入均超过20万元。农业生产：农业以花木种植业为主，种植面积670.12公顷，花木产业产值超过3亿元，5000余人从事花木种植业；完成农业产业结构调整1060公顷；发展油茶业，复垦改造41.87公顷；打造永福村13.33公顷鲜花基地；提质改造花木基地333.33公顷，新建花木专用装卸场和交易中心。工业经济：实现规模工业总产值28.83亿元，同比增长8.5%。开展“重企帮扶”“银企大对接”“企业手续帮代办”等系列活动，收集化解涉企问题200余件，协助企业申报项目资金100余万元，引进艾瑞制造外包服务有限公司。

社会管理　项目建设。全年铺排重点项目12个，申报固定资产投资项目38个；2020年度污水收集主管网建设9.8千米；污水支管网建设4.7千米；管网入户接入建设560米。实施永和、七宝山两个集镇污水收集主、支管网改造，其中两个集镇主管网建设完成工程竣工验收，支管网建设4.7千米；360余住户排污接入市政污水管网。生态环保。宝山河市控断面实现连续34个月稳定达标，铁山桥断面持续向好，两个土壤治理修复项目竣工验收，辖区河流稳定达到二类目标水质。通过省级环保督察“回头看”，实现信访“零投诉”。人居环境整治。常态化开展垃圾分类减量工作，全年11个村共计分拣低价值物品约240吨，清理转运不可回收垃圾约5200吨；改造无害化卫生厕所2200余座，废除旱厕1391座。开展爱卫创建，成功创建“长沙市卫生镇”，入围长沙市人居环境优秀乡镇备选名单。铁山村成功创建“长沙市垃圾分类示范村”，菊香村、七宝山村、石佳村成功创建“长沙市卫生村”，佳成村成功创建“省卫生村”，李贞小学被评为“长沙市文明卫生单位”“无烟机关”。完善农村基础设施建设，完成农村道路提质改造8.2千米。综治工作。对烟花爆竹行业实施“五个一”(每个企业由党政领导、安监员、派驻员、代表或党员、村干部各一名共五人组成一个工作组，对企业进行安全监管和每周一次的走访帮扶或电话问询)联厂制度，覆盖30家企业。开展安全生产专项整治三年行动，全年三大高危行业共计执法647家次，立案调查12起，罚款46.92万元。综治民调综合排名长沙市第11名。

社会事业　脱贫攻坚。组织申报4大产业扶贫项目，带动408户1096人发展产业；帮助贫困户销售土特产175万余元；全镇595户1755人全部脱贫。社会保障。全年为企业减免养老、工伤、失业保险费用共计836.53万元；城乡医疗保险参保29096人，缴费金额727.4万元，医保报销2225.7万元；城乡居民养老保险参保11219人，缴费金额242万元，为6205人发放1506.2万元养老金；为84人办理住院医疗救助，救助金额15.0284万元；低保对象505户，发放低保金459.5739万元，特困供养金120.666万元；为505名残疾人发放困难残疾人生活补助和重度残疾人护理补贴105.2万元，投资43万余元用于残疾人无障碍设施建设。科教文卫。协办中国红色博览会“铁流千里会永和”骑行赛，联合融媒体中心举办“闪闪红星照我行”第五届湘鄂赣青少年励志夏令营2期。开展卫生计生执法监督检查180次，帮扶计生特困家庭27户35.52万元，完成65家企业的国家职业病现状调查；七宝山中学学生公寓动工建设，永和中学成功创建“湖南省诗教先进单位”。退役军人服务。镇退役军人服务站和佳成村退役军人服务站被评为“浏阳市示范型退役军人服务站”。

(罗荣泉)

【举办“红军之源·记忆永和”欢乐浏阳河专场文艺晚会】 8月23日晚，由中共浏阳市委、浏阳市人民政府主办，浏阳市委宣传部、浏阳市文化旅游广电体育局、中共永和镇委员会、永和镇人民政府承办，浏阳市融媒体中心、浏阳电视台协办的“红军之源·记忆永和”欢乐浏阳河专场文艺晚会在浏阳城区浏阳河广场举行。活动以“庆祝红一方面军成立90周年”为主题，围绕永和镇红色历史文化、菊花石文化、工矿文化和各项重点、特色工作创作编排文艺节目，展现在革命精神传承引领下的永和人自强不息、

8月23日，在浏阳河广场举办“红军之源·记忆永和”欢乐浏阳河专场文艺晚会
(永和镇　供图)

6月29日下午，长沙市委常委、浏阳市委书记黎春秋（前右一）到永和镇调研纪念红一方面军成立90周年活动筹备并观看红一方面军成立地旧址（李家大屋）　　（永和镇　供图）

敢为人先的拼搏精神，凝聚永和正能量，打造文明新风尚，活动通过“掌上浏阳”进行全程网络直播。市委常委、市人武部政委尹乐平，市委常委、宣传部部长李爱民参加活动。

【协办纪念红一方面军成立90周年暨第六届湘鄂赣苏区历史研讨会】 8月19日上午，由中共中央党史和文献研究院第二研究部、湖南省委宣传部、湘鄂赣3省党史研究院（室）、湖南省中共党史学会主办的“纪念红一方面军成立90周年暨第六届湘鄂赣苏区历史研讨会”在浏阳举行。来自全国各地的近百名代表参加研讨会，共同回顾红一方面军和湘鄂赣苏区革命历史，缅怀革命先辈的丰功伟绩，弘扬伟大崇高的革命精神。全国人大外事委员会委员、中共中央党史和文献研究院原院务委员陈晋，湖南省委常委、省委宣传部部长张宏森，老一辈革命家朱德之孙、空军指挥学院原副院长朱和平出席并讲话。中共中央党史和文献研究院第二研究部副主任、一级巡视员卢洁主持。长沙市委常委、浏阳市委书记黎春秋，长沙市委常委、宣传部部长陈刚参加。

【“湖南省诗教先进单位”在浏阳永和中学授牌】 2020年11月，湖南省诗词协会授予浏阳市永和中学“湖南省诗教先进单位”称号。12月1日，永和中学举行“湖南省诗教先进单位”授牌仪式，中华诗词学会散曲工作委员会副主席、省诗词学会常务副会长周成村为学校授牌。2017—2020年，永和中学历时三年成立专门课题组，面向全体学生开设诗联校本课程，编写校本课程教材《诗联入门》和诗联专刊《菊溪新荷》，邀请中国楹联协会会长蒋有泉、诗联专家廖能新和李光前等对学校课题组及师生进行指导和培训。学校每年组织“诵诗联经典，育品格少年”诗联竞赛活动。

（郭秀旗）

达浒镇

【概况】 2020年，达浒镇辖7个行政村，299个村民小组，7449户。行政区域面积202平方千米，耕地面积1687公顷（其中水田1400公顷，旱土287公顷），山林面积18666公顷。年末，总人口28387人，全年出生259人，死亡人口180人，人口出生率9.12‰，人口自然增长率2.79‰，百岁老人4名，分别为书香村黄桂英、卓汉初、张菊华、张子爱。年内气温最高温39.8℃，最低温-3.0℃，年降水量742.6毫米，3—6月为全年降水量最多，占全年总降雨量的50%～55%。

经济发展状况　全年完成地方一般公共预算收入1518万元，占年度总任务的105.19%；固定资产投资总额11.6亿元。工业经济：完成工业总产值46.75亿元，同比增长17%，其中规模工业总产值28.62亿元，同比增长17%；实现工业销售产值45.85628亿元，产销率98%。完成烟花退出企业1家，整改换证2家，指导象形精品烟花出口制造有限公司通过湖南省高新技术企业认定，全年实现R&D经费投入1925.6万元、科技成果转化资金700万元，企业新申请国家授权专利6项。实现农业总产值3.21亿元。全年种植油菜800公顷、水稻1400公顷、蔬菜413.33公顷；种植烤烟77.33公顷，产烟叶2397担；生猪饲养户89户，其中存栏200头以上有16户，全年出栏生猪15033头，商品牛出栏838头，商品羊出栏15843只，家禽存笼103116羽，其中1000羽以上3户，全年产蛋162813千克。项目建设：完成基础设施建设政府投资5000万元，河西片区棚改配套基础设施三期项目、集镇污水支管网、农业面源污染治理项目、大溪河流域一期治理工程竣工。投资5亿元的云上金坑生态旅游开发项目已联审过会，并签订框架协议。

社会管理　完成58家单位排污许可发证和登记任务，督促企业落实整改环保问题16个。长丰村成功创建长沙市“小微水体管护示范片区”，全镇主干河流水质全年稳定达标。推进平安达浒建设，在长沙市综治民调中位居浏阳市第一名，被评为浏阳市“平安乡镇”红旗单位。改善人居环境，镇政府机关被评为“湖南省文明卫生单位”，象形村被评为“长沙市卫生村”，金石村、金田村成功打造长沙市美丽屋场并被评为“湖南省卫生村”，书香村成功获批为湖南省首批“水美湘村”项目建设示范村。完成厕改任务2200座，7个村全部“首厕过关”，镇级可回收垃圾分拣中心建成使用。

社会事业　脱贫攻坚：2020年，全面完成脱贫攻坚目标任务，全镇建档立卡贫困户355户1156人全部脱贫，李忠国被评为“全国脱贫攻坚先进个人”“全国脱贫攻坚奋进奖”“湖南省劳动模范”；椒花新村“致富工厂”建成投产，油纸伞项目带动51户贫困户年均增收1.15万元。扶贫经验做法获新华社、湖南卫视等媒体报道50余次。社会保障：全年医保报销医疗费71.32万元，大病救助46人次，共16.16万元；慈善助学惠及28名贫困学生，共计9.8万元。征缴养老保险缴费227.36万元，参保人数10641人，超额完成分配任务。发放临时救助3.76万元，惠及困难家庭53户。发放残疾人两项补贴71.42万元，落实扶残助学33人。贫困人口转移就业428人，帮助15名退役军人实现再就业。完成危房改造12户和修缮加固10户。

【椒花新村“致富工厂”建成投产】 4月27日，椒花新村“致富工厂”建成投产。该“致富工厂”作为椒花新村村级集体资产，由民营企业湖南青竹湖城乡建设有限公司和湖南恒凯环保科技投资有限公司和椒花新村共同出资建设，力争打造产业扶贫示范基地，建设有工艺品生产车间及附属配套仓库、电商服务站、爱心公益超市等，主要生产销售油纸伞、木质灯笼、相框、无纺布手工工艺品等。通过吸纳贫困劳动力稳定就业，解决椒花新村建档立卡贫困户中留守劳动力和弱劳动力务工问题。入驻企业为达兴工艺品厂，有员工100名，2020年年产值290万元，带动51户贫困户年均增收1.15万元。9月28日，长沙市委常委、浏阳市委书记黎春秋到达浒镇椒花新村“致富工厂”、金田村农创珍品展销中心、椒花新村村部等地，督导脱贫攻坚和“党建+微网格”工作。

（叶　进）

大围山镇

【概况】 2020年，大围山镇辖12个行政村，405个村民小组，总面积410平方千米，耕地面积2223.07公顷，其中水田面积1423.07公顷、旱土面积800公顷，林地面积35446公顷，山林覆盖率84.3%。全镇8993户，27559人，其中农村人口24122人、非农人口3437人，出生人口193人，死亡人口217人，人口出生率10.44‰，自然增长率1.6‰。60岁以上老人5269人，占总人口的19.1%。人口数量最多的姓氏是李，有2665人，占总人口的9.6%，为镇内第一大姓。有14个少数民族，人口117人，其中土家族29人、苗族22人、壮族16人、侗族13人、瑶族13人、彝族6人、仫佬族3人、回族3人、蒙古族3人、毛南族2人、布依族2人、水族2人、傈僳族2人、拉祜族1人。有百岁老人2人，分别是东门村二组涂承佑（1918年出生）、中塅村大墩组聂清香（女，1919年出生）。年平均气温17.4℃，年内气温最高值40℃，最低值-3℃，年降水量1262毫米，秋、冬季持续干旱少雨，一度造成自来水厂供水困难。全年未出现大的自然灾害，年岁平稳。

经济发展状况　全年实现地区生产总值16.43亿元，同比增长6.2%，全年完成税收1762万元，地方一般预算公共收入939万元，农村居民人均可支配收入20260元，同比人均增加3000元。年末居民存款余额6.25亿元。农业生产。全年粮食播种面积2400公顷，总产量14000吨。烤烟种植面积10公顷，产值50万元。规模蔬菜种植面积200公顷，有白沙、楚东、金钟桥、浏河源、北麓园5个种植基地，产值620万元。水果现有种植面积1666.67公顷，总产量4500吨，销售收入1.4亿元。蜂蜜养殖3万箱，产值420万元。黑山羊养殖1.6万只，产值1642万元。生猪出栏7620头，产值3431万元，抓实农业环保和农产品质量安全，成功创建“湖南省农产品质量监管示范站”。全面禁止焚烧秸秆，强化森林防火，实现全年无火灾。开展生态公益林、天然林保护，生态红线划定，超过60%的林地面积禁止采伐。农机保有量843台，总动力14367千瓦，耕田、收割实现机械化，耕牛退出历史舞台。扩大“大围山梨”国字号品牌影响力，作为省唯一国家级地理标志示范样板赴重庆等地参加6次展销活动。工业经济。全年完成固定资产投资总额12.2亿元，工业总产值13.23亿元，同比增长33.6%，规模工业产值8.66亿元，同比增长23.1%。拥有浏阳市淬火液厂、蜜蜂哥哥、恒春木业、湖南至善食品、乡下人食品有限公司、非常有味食品有限公司、锦寿堂蜂业有限公司、湖南湘食神食品有限公司8家规模企业，安排就业1620人。成功申报2家规上企业；落实减税降费和企业贴息等优惠政策，争取产业扶助、技术改造、贴息贷款、入规奖补资金300余万元；指导锦寿堂蜂业成功申报科普示范基地。开展招商引资洽谈20余次，签订3个招商项目。商贸服务业。有70%的水果通过电商平台实现销售。社会商品零售额3.2亿元。发展“三间”（乡间、夜间、网间）经济，“水果文化旅游节”“摇蜜节”“踩溪节”，推出“红色研学”和“慢游围山”两条精品线路，带动休闲农庄、家庭旅馆100余家，年接待游客40万人次，实现旅游收入1.3亿元。劳务输出或在外经商4106人，劳务创收2.36亿元。

社会管理　全年完成道路硬化、提质改造7.8千米，新修桥梁3座、维修加固5座，养护公路151.5千米。完成河西片区棚改（三期）建设、紫薇古街改造等，实施东门、中岳、楚东、白沙等村河道综合治理工程，成功创建长沙市“第三批特色小城镇”。完善实施“河长制”，开展河段专项行动48次，出境断面水质稳定达到Ⅱ类A标准，完成37座小水电站清理整改工作。完成电力“630”35千伏双回电源线路工程、3个贫困村及集镇范围电力设施的增加布点、消除缺陷、低电压整治等。推进椒花水库建设项目，完成田心桥、金钟桥村的库区征地勘测定界、19个村民小组永久征地协议签订，启动安置区基础配套设施建设等工作。按照“六控十严禁”要求对辖区内的污染排放点进行检查、巡查，对重点排污单位每月检查，对非重点单位每季度巡查，集中执法检查12次，整改问题10个，处理2起生态环保案件，利用“六五”世界环境日印发宣传资料8000余份。开展非法集资专项排查，全年无金融风险案件，规范村级10万元以上项目建设支出，村级债务得到压减，村级集体收入均达到20万元以上。开展安全检查136次，排查整改隐患310起，停产整顿企业7家，立案查处生产经营单位1家。在交通安全“百日攻坚”整治行动中，专项联合整治20次，查处摩托车违章35台次，非法营运牛车4辆，超限超载车120辆，实现镇域全年无大小事故。开展“黄赌毒”专项整治行动，打击违法犯罪活动，

落实"三联三保"制度，调处矛盾纠纷62起，化解信访案件14件，回复"12345"热线、市长信箱问题201件，满意率100%；推进"党建+微网格"工作，解决群众关切问题400余个，全年无一例重点维权人员进市、省、京非法上访事件，成功创建长沙市信访工作"三无"乡镇、长沙市"安全发展示范乡镇"。推进垃圾分类，成功创建省、市卫生村3个；完成无公害化厕所改造1800座，被评为"国家卫生镇"，人居环境工作获《人民日报》专版推介；加强小微水体治理，全区域落实禁捕要求，中墩水库成功创建"长沙市百座放心满意小型水库"；完成森林督查36处图斑处理、整改、销号任务；改造危房19户，完成2013—2019年102户危房改造突出问题整改，启动国土空间规划修编工作，落实卫片执法，整改图斑28个。

社会事业　脱贫攻坚。组织实施由7家合作社带动571户贫困户的7个产业扶贫项目，产业覆盖率86.6%，实现稳定脱贫54户78人。社会保障。收缴居民医疗保险649万元，居民医药费报销27822人次，费用2155万元。收缴居民养老保险264.91万元，发放60岁以上人员养老金5306人，金额122.9万元，发放80岁以上人员高龄补助96.77万元，发放特困供养补助215万元，残疾人补助80.43万元，城乡低保户1052人，补助544.7万元。危房改造19户，对102户危房改造突出问题整改。创新设立全省首个野猪致害保险。人口与计划生育。完成全镇第七次全国人口普查工作。计划生育工作转向奖补兑现，发放计生奖扶补助费80.65万元、独生子女费1.54万元。教育文化。投入510余万元完成大围山中学门楼、教学楼等硬件设施改造，被评为长沙市"两型示范学校"，中学综合教学质量获全市一等奖。完成敬老院护理区提质改造，开展老年教育，建立白沙、北麓园、敬老院三个老年学习点，金钟桥、中岳村完成长沙市基层标准化综合文化中心建设，北麓园、大围山村成功创建长沙市"示范幸福社区建设村"。完成湘鄂赣省第一次党代会旧址——楚东山大屋修缮整治工作、锦绶堂文化公园建设，成功申报湘赣边区域合作项目。

【"春暖潇湘，送客入村"扶贫助力文旅活动走进白沙古镇】 4月26日，享梦游(北京)网络有限公司率多家湖南公益扶贫旅游团500余人到大围山镇白沙古镇开展"春暖潇湘，送客入村"扶贫助力文旅活动，旨在通过"互联网+文旅消费"新模式，助力农村脱贫攻坚。湖南省旅行社协会、浏阳市文化旅游广电体育局、浏阳旅游协会相关领导，浏阳市大围山镇、大围山镇白沙村村民委员会全体成员、享梦游(北京)网络有限公司创始人彭士平参加"春暖潇湘，送客入村"启动仪式，并观看由当地村民编排的客家民俗文化表演《乡恋》。2018年12月底，湖南省文化和旅游厅、省发改委、省财政厅联合印发《湖南省文化生态旅游融合发展精品线路旅行社送客入村奖励办法》，设有送客入村人数奖、入村团队规模奖及年度业绩排名奖，单个旅行社每年最高可奖30万元。奖励办法从2019年至2021年连续三年实施。

【举办大围山镇摇蜜节】 6月18日上午，"美丽浏阳源·七彩大围山"——"寻蜜慢游记"2020大围山摇蜜节暨浏阳中蜂蜜推介会在大围山镇举办，现场为蜂农直播带货。该活动由中国供销频道、中国供销频道手机台、全国手机直播联播、全国红色联盟手机台联合直播以及抖音直播。活动现场，游客们了解浏阳中蜂，参加趣味寻"蜜"游戏，在现场体验摇蜜、寻蜜比赛、品尝蜂蜜美食。浏阳供销资产经营管理集团有限公司与大围山镇同幸村村委会签订长期订购协议，承诺收购同幸村1万千克蜂蜜，扶贫助农。2020年，大围山镇有1200余户农民养殖中蜂，年产蜂蜜近25万千克，蜂产业年产值1.5亿元。其中有100余户贫困户，蜜蜂养殖3万箱。培育有湖南锦寿堂蜂业有限公司、湖南蜜蜂哥哥蜂业有限公司、长沙蜂舞人间生物科技有限公司等龙头企业。大围山镇以送种蜂、送蜂箱、送技术培训及保底收购等方式，推行产业带头人+贫困户的"1+N"模式，带领贫困户养蜂增收。2014—2019年，全镇脱贫606户1843人，贫困发生率由7%降至0.2%。

【举办"不改初心志·重走红军路"毅行活动】 7月3日，大围山镇举办"不改初心志·重走红军路"毅行活动，全镇260名党员参加活动。活动现场，镇党委、镇政府对在疫情防控工作中表现突出15名优秀党员和34名优秀微网格长进行表彰。毅行活动全程8.5千米，设围山书院、锦绶堂、罗背山屋场、刘家祠堂四个打卡点，260名党员分15支队伍向目的地进发。

【第十一届水果文化旅游节】 7月31日，浏阳大围山镇第十一届水果文

7月31日，浏阳大围山镇第十一届水果文化旅游节在城区浏阳河广场举行

（大围山镇　供图）

化旅游节暨“欢乐浏阳河”专场文艺晚会在城区浏阳河广场举行，活动现场发布大围山镇水果采摘地图、大围山水果“云展示”以及大围山精品旅游线路图，并对此前网络票选的“市民最喜爱的十大果园”“二十位最美果农”进行颁奖。当日，大围山镇人民政府与浏阳市融媒体中心•浏阳日报报业发展有限责任公司签订战略合作协议，双方依托“好恰浏阳”微信平台，最大程度展示和推介大围山水果及特色农产品，推动消费扶贫和大围山第三产业发展。第十一届水果文化旅游节持续到 9 月初，其间大围山镇共接待游客 18 万人次，销售水果 250 余万千克，水果产业创收超过 6000 万元。

（朱国文）

张坊镇

【概况】 张坊镇位于浏阳东部湘赣边界。2020 年，辖 9 个行政村，116 个村民小组，10523 户，32407 人，其中农业人口 28478 人，非农业人口 3929 人。全年出生人口 288 人，死亡人口 229 人，人口出生率 8.73‰，人口自然增长率 1.79‰。人口主要向广东流动，人口数量最多的姓氏是张，占全镇 11.5%。镇域面积 319 平方千米，耕地面积 2881.8 公顷，其中水田 2715.7 公顷、旱土 166.1 公顷，山林面积 2.67 万公顷。镇域属亚热带季风湿润气候，年均气温 16.8℃，1 月平均气温 4.6℃，7 月平均气温 27.9℃，年均降水量 1500 毫米。

经济发展状况 全年实现财政收入 1950 万元，同比增长 6.5%；规模工业总产值 4.69 亿元，同比增长 12.68%；社会消费品零售总额 6260 万元，同比增长 27.8%；完成固定资产投资 7.87 亿元，同比增长 14.34%；实现出口交货值 280 余万美元，全面完成各项经济指标任务。农业生产：加强农业技术指导，组织实地培训，规范种植模式，重点培育优质稻等种植基地，发展规模种粮大户 43 户，畅通政策补贴、保险赔偿渠道，增强农民积极性，力推生态农业规模化、市场化、品牌化。2020 年，全镇水果种植面积 253.33 公顷，水果产量 1500 吨，年产值 1500 万元；粮食种植面积 1333.33 公顷，7500 千克／公顷。引进野香优莉丝等新品种，引导全镇粮食生产大户组建浏阳市星汉农业发展有限公司，注册优质农作物品牌，“玉珍香”高档大米备受消费市场青睐；收购烟叶 771 担，均价 28.56 元／千克，收购金额 110.12 万元；规模种植蔬菜 40 公顷，公顷产值收益 15 万元以上。张坊田螺溪大米、老臣味果干参加浏阳市扶贫产品展销，获 2020 年浏阳市扶贫产品一等奖。工业经济：坚持招大引强育优，招商引资省外到位资金 2000 余万元，中南竹业成功申报高新技术企业；双源生物能源、富溪源竹木制品等企业建成投产，融望生物质能源厂房竣工投用，山东商会茶林瓦林坪旅游、中国土流网人溪土地流转等一批项目达成初步意向。旅游经济：全年接待游客 32 万人次，带动增收 8900 余万元。李白烈士故居、王首道同志生平事迹陈列馆、西溪磐石大峡谷、湖洋梯田民宿、道官冲“非遗”村落、黄石洞漂流等场馆、景区、景点形成红色教育、绿色生态、文旅体验有机融合、多元互补，客家旅游小镇格局形成，张坊逐步成为湘赣边旅游目的地、网红打卡地和党建工会活动地。全年消赤减债 260 万元。

社会管理 全面完成张坊卫生院整体搬迁前期手续办理工作，集中安置区实施“三通一平”、绿化、亮化工程，易地扶贫搬迁安置点配套、七溪桥危桥改建、国道 354 线路面改造、道路安防设施等项目建设稳步推进；妥善完成镇内 22 座小水电专项整改工作；农村公路提质改造 160 余千米；电力攻坚 630、930 工程全面完成；升级完善通讯基站设施，村居聚落点、景区基本实现信号全覆盖。开展“两治”（治垃圾、治厕所）工作，废除填埋旱厕 1900 余座，新改新国标无害化厕所 1687 座；实行村级专职保洁员制度，全面推进垃圾分类减量，6 个垃圾分类示范村通过市级验收。做好省级环保督察“回头看”，实现环保零投诉。推进污染源头防控，落实废气、废水、废物隐患排查，完成辖区内废气设施提质改造；加大秸秆禁烧力度，做好“洞庭清波”专项行动、“河长制”等工作，实现株树桥水库饮用水水源保护区巡查常态化。深化扫黑除恶、“黄赌毒”专项整治、群防群治工作，积极协调解决浩吉铁路遗留问题，“三联三保”积案全部清零。

社会事业 脱贫攻坚。克服疫情影响，组织稳岗就业、禁养退补，实施产业扶贫、基础设施建设等项目 26 个；最后 9 户 16 人如期脱贫，全镇所有贫困户、贫困村全部脱贫、“摘帽”。完成四类对象危房改造 18 户，易地搬迁贫困户实现“搬得出、稳得住、能致富”；脱贫攻坚工作多次迎接省市调研指导，获上级肯定。田溪村被评为“全国乡村旅游重点村”、全省文化与旅游扶贫“示范村”、纳入脱贫攻坚与乡村振兴有效衔接试点村。开展慈善救助、扶残助残活动。发放保障金、“两补”（困难残疾人生活补贴、重度残疾人护理补贴）金 1.4 万余人次，700 余万元，城乡医保补偿金 2100 余万元，贫困助学 401 人；解决群众就业问题，组织技能培训 350 人次，安排公益性岗位 35 人；成立镇、村两级退役军人服务站，做好优抚工作。

【推进服务型政府建设】 2020 年，张坊镇抓政务公开落实，把握“规范、明了、方便、实用”原则，围绕群众关心的热点问题，实现公开及时、主动、形式多样。全年公开政府信息 160 余条次。提升政务服务水平及办事效率，服务中心设置 7 个开放式服务窗口，完善岗位轮流坐班制度，设立村级便民服务站；配备齐全便民设备、指南、休息区等，让群众感受贴心服务，2020 年共接待办事群众 4800 余人次，办理业务 4200 余件，帮代办 550 余件，受理“12345”热线工单 310 件，办结满意率 96.38%；落实“最多跑一次”“帮代办”“一件事情一次办”，实现镇村公共服务（“一门式”）全覆盖。

【基层治理】 2020 年，张坊镇坚持党建领航，推进“党建＋微网格”工作，建立 615 个微网格，实现镇域全覆盖。调动微网格长积极性，明确微职

张坊镇上洪村道官冲　　（张坊镇　供图）

责，赋予微权力，开展“微实事”，引导微网格长发挥近邻优势，助力政策宣传、民情收集、村组发展、和谐稳定，多个网格被评为市级“百佳微网格”；开展民情大走访，通过邻里小事“帮代办”、村组建设“商议办”、特殊问题“联合办”、疑难问题“调度办”等方式摸排解决问题569个。

【打造“非遗”生态村】 张坊镇上洪村沧海田公司为道官冲申报三项非物质文化遗产，分别是浏阳手工造纸制作技艺（于2016年12月被列入第五批长沙市级非物质文化遗产名录）、浏阳夯土墙传统工艺（于2018年4月被列入第六批浏阳市级非物质文化遗产名录）、送春牛（于2019年9月被列入第七批浏阳市级非物质文化遗产名录），并为当地11位村民申报浏阳市级以及长沙市级代表性传承人。为促进乡村振兴，保障村民利益，浏阳市道官冲乡村旅游开发有限公司在股份设置中规定，村民们以土地和闲置的房屋入股，在公司永久持有20%的股份，村集体拥有29%的股份。2020年6月，沧海田公司在道官冲“非遗”生态村举办湖南省第一个乡村“非遗”影像展览——“田小狗的乡村记忆——李锋‘非遗’影像展”，吸引5000人次参观，获新华社、人民网、《中国文化报》等中央级媒体报道，为道官冲“非遗”品牌传播打响第一枪。7月，道官冲“非遗”生态村第一家特色民宿改建完成并投入试运营，7—9月试运营期间入住率超过90%，成为浏阳市“非遗”+民宿模式的典型案例。10月，“纸上春秋”道官冲古法造纸研学馆建设完成，是湖南省第一个以纸为主题的乡村博物馆，接待近8000人次参观体验。

（孔琦芸　姚　锐）

澄潭江镇

【概况】 2020年，澄潭江镇辖12个村，380个村民小组，总面积157.83平方千米，有耕地1569公顷，其中水田1273.53公顷、旱土295.47公顷，山林11466公顷。共有17173户，总人口66436人，其中农业人口58602人，非农业人口7834人，出生人口535人，死亡人口589人，人口出生率8.05‰，自然增长率-0.8‰，流动人口4001人，主要流向广东、长沙，民族主要为汉族，人口最多的姓氏是陶姓，共有9233人，占全镇人口的13.8%，百岁老人共3人，分别是曾柏华、李秋连、张如秀。域内地形以丘陵地貌为主，属九岭山脉向西南延伸的纱帽山系，地势呈东高西低，最高点纱帽山海拔568米，至集镇、槐树渐见平坦。域内水系发育完整，发源于江西省万载县金钟湖的南川河，系浏阳三大河流之一，自东向西流经澄潭江镇碧溪、达坪、山下等9个村。发源于荆坪村的荆坪河流经大圣、洲田、槐树村汇入南川河。镇域属亚热带季风湿润气候，热量充沛，光照较足，春季温和，夏季高温，秋季凉爽，冬季寒冷。年内最高气温38℃，最低气温-1℃左右，年平均气温18℃左右，年降水量1530毫米。

经济发展状况 全年经济生产总值62.6亿元，完成财政税收1.16亿元，同比增长-7.9%；完成地方一般预算收入4063万元，同比增长-6.3%。农业生产。巩固农业基础，推进800公顷高标准农田建设，完成种植结构调整面积50公顷，耕地修复治理面积100公顷，水稻种植1866.67公顷，生猪出栏4.2万头，“一县一特”油茶改造154.13公顷，全镇12个村村集体经济收入1124.44万元。打造和家村集果园观光采摘、砂罐制作体验、特色龙虾品尝、小型烟花观赏于一体的乡村旅游路线。工业经济。完成规模工业总产值60.68亿元，完成社会固定资产投资21.52亿元。花炮产业转型升级与“一证多厂”整治相结合，去落后产能、留优势产品，提升产业质量，做强“全球小型烟花之都”产业品牌，完成23家“一证多厂”企业专项整治，整合兼并独立工区10个。招商引资。促成“个转企”企业3家，新增规模企业4家，引进湖南凯鑫新型环保建材等重点项目7个，总投资4.23亿元。商贸服务业。全年社会商品零售额6012万元。

社会管理 基础设施建设。棚户区改造配套三期基础设施建设项目、荆坪加油站等重点项目完工；完成S326（和家段）2.3千米、渠城—湖塘1.8千米主干道提质改造，建设农村公路14.7千米。推进自来水单村饮水工程提质改造，解决1500余人安全饮水需求。人口与计划生育。全年符合政策生育率93.23%，完成460.5对孕前优生健康检查，排查“两非”案件3起。环境整治。完成槐树村、吾田村生活污水治理，清理退出“散乱污”企业2家，改厕4600座，处置省级环保督察问题1起，处置环保投诉93件，创建省卫生村1个（和家村）。拆除“一户多宅”、危旧土坯房421栋，完成存量卫片图斑整改40宗，全年卫片图斑“零新增”。管护南川河、大圣河、澄潭江河等水体，开展清“四乱”（乱占、乱采、乱堆、乱建）、非法捕捞等专项整治行动30

次，累计清淤 96.4 千米，水质稳定达到Ⅲ类水质。除治枯死松树 2107 棵，整改森林督查图斑 83 个，造绿还林 33.33 公顷。安全生产。排查、整改安全隐患 1828 处，停产整顿 76 家次，立案查处 23 起。打击非法生产 21 起，拆除非法生产场所 4 处，刑事拘留 5 人，行政拘留 9 人。举办各类安全培训班 50 多期，培训逾 1 万人次，开展各类应急演练 30 余次。加强交通、水利、消防、食品等行业领域安全监管，摩托车戴帽率 80%，汛期无人伤亡，全年无森林火灾，无重大动物疫病，食品安全“零事故”。综治维稳。开展为期 3 个月的“平安澄潭 利剑行动”，开展专项行动 109 次，有效遏制毒品、涉黑涉恶等六大违法犯罪问题，治安和刑事案件发案率同比下降 15%。畅通信访渠道，化解 5 起省委巡视组信访交办件，全年调处矛盾纠纷 471起。

社会事业 新冠肺炎疫情期间，坚持联防联控、群防群控，疫情期间除一例确诊病例外，无二代病例。开办老年学校，打造儿童之家 2 个，危房改造 24 户，发放低保、养老等补贴共计 2480 万元，劳动力就业培训班开班 21 个，技能培训 1100 余人次。落实教育扶贫、健康扶贫、贴息贷款等政策，铺排产业项目 5 个、公益性岗位 43 个、灵活就业 116 户，全年脱贫 13 户 17 人，全镇 685 户 1896 名贫困群众全部脱贫。

7 月 1 日，澄潭江镇人民政府与湖南省凯鑫新型环保建材有限公司签订合作协议，湖南省凯鑫新型环保建材有限公司加气混凝土砌块生产线项目落户澄潭江镇荆坪村，项目总投资 1.2 亿元 （澄潭江镇 供图）

【实施“小区管家 民情直达”工作】 2020 年，澄潭江镇以“党建＋微网格”为引领，围绕“政令畅通、民情直达”工作主线，实施“小区管家 民情直达”工作，建立镇、村、党支部、微网格四级网格体系，划分小区 203 个、建立微网格 715 个，加强社会治理。实行“1234”（“1”即每周一次党委会，把“党建＋微网格”工作作为雷打不动的既定议题，班子集体研究制定周工作清单；“2”即每周二固定为网格日，全体干部下沉微网格一线落实清单、解决问题；“3”即镇、村、支部三级书记抓工作督促落实；“4”即针对联村干部、村书记、支部书记、微网格长四个对象考核兑现）工作法，建立四级问题化解机制，出台“三给”（给身份、给待遇、给平台）激励举措，打造“村民说事厅”“支部议事厅”等阵地，制作《办事服务指南》，开发“智慧网格”App，让群众话有人听、事有人管、问题有人办，全年开展村民夜话活动 280 场次，办理回复群众反馈问题 1828 个。

【新冠肺炎疫情防控】 1 月 28 日，澄潭江镇洲田村确诊一例新型冠状病毒感染的肺炎病例。面对疫情，澄潭江镇坚持党建引领，以网格化为抓手，实行领导包村、支部包片、党员包户的“三包”机制，每日一宣传、一走访、一排查、一上报，成功实现“零扩散”。11 月，澄潭江镇洲田村党总支被中共湖南省委、湖南省人民政府授予“湖南省抗击新冠肺炎疫情先进集体”称号，同时被中共湖南省委授予“湖南省先进基层党组织”称号。

【“大爱澄潭”澄潭江镇第八届夏季男子篮球联赛】 丰富村民业余体育文化生活，助力乡村振兴和乡风文明建设。8 月 4 日 19 时，“大爱澄潭”澄潭江镇第八届夏季男子篮球联赛在槐树完小开赛，来自镇政府机关、部分村及镇域内企业组建的共 10 支代表队参赛。赛前，市篮球协会为澄潭江镇篮球协会授牌。第八届夏季男子篮球赛为期 9 天，分两组进行单循环，每组前 2 名再交叉进行淘汰赛。赛事在每晚 19 时于槐树完小开始。8 月 13 日晚，“大爱澄潭”澄潭江镇第八届夏季男子篮球联赛决赛在槐树完小进行，和家村代表队、澄潭村代表队、大圣万奇代表队分别获冠军、亚军、季军。截至 2020 年，澄潭江镇连续 8 年举办镇级篮球赛。

【山下村被认定为 2020 年度“省级示范儿童之家”】 12 月 31 日，湖南省民政厅发布《湖南省民政厅关于认定 2020 年度“省级示范儿童之家”的通知》（湘民函〔2020〕47 号），澄潭江镇山下村被认定为 2020 年度“省级示范儿童之家”。2020 年，澄潭江镇山下村将关爱保护留守儿童、困境儿童、未成年人健康成长作为工作重点，以活动为载体，为儿童及其家庭提供游戏、娱乐、教育、卫生、社会心理支持和转介等服务。通过成立工作领导小组，制定完整制度体系，利用原银行资源优势，打造出特色阵地——“儿童成长银行”，记录孩子们每一次活动情况，从小培育他们的感恩、进取、文明之心；同时，建有图书室、电子阅览室、户外活动室、体育健身广场、舞蹈区、滑滑梯、涂鸦区、心理咨询室等硬件设施，高效利用、高效产出。

（姜 新）

表 13　　2020 年澄潭江镇规模企业情况

企业名称	成立时间	主要业务活动(或主要产品)	就业人数(人)	2020 年产值(万元)
湖南激情烟花有限公司	2004 年 3 月	焰火、鞭炮产品制造	252	30640
浏阳市慧总包装有限公司	2006 年 2 月	纸箱生产	212	3891
浏阳市艳阳天烟花制造有限公司	2014 年 8 月	烟花生产	202	6584
浏阳市盈丰烟花制作有限公司	2005 年 1 月	鞭炮烟花生产	298	32622
浏阳市田丰烟花制作有限公司	2014 年 6 月	焰火鞭炮产品制造	140	2598
浏阳市鑫祥烟花制作有限公司	2006 年 7 月	焰火鞭炮产品制造	228	19113
浏阳市花之源烟花制造有限公司	2000 年 4 月	焰火、鞭炮产品制造	203	5567
浏阳市喜柏出口烟花制造有限公司	2017 年 7 月	焰火、鞭炮产品制造	228	4752
浏阳市亚中烟花制造有限公司	2018 年 3 月	烟花生产	126	3285
浏阳市华夏光祖烟花制造有限公司	2004 年 5 月	焰火、鞭炮产品制造	225	6428
浏阳市恒强烟花材料制造有限公司	2007 年 3 月	银粉生产	209	33944
浏阳市万乐鞭炮烟花有限责任公司	2004 年 12 月	生产鞭炮烟花	210	39910
浏阳市富都烟花制造有限公司	2006 年 6 月	焰火鞭炮产品制造	205	6189
浏阳市永发出口花炮厂	1999 年 9 月	焰火鞭炮产品制造	225	37053
浏阳市鑫鹏烟花有限公司	2004 年 6 月	焰火鞭炮产品制造	266	41229
浏阳市天翔出口烟花厂	2008 年 11 月	组合烟花类生产	165	11746
浏阳市九龙烟花玩具厂（普通合伙）	2003 年 6 月	烟花鞭炮生产	265	25579
浏阳市万福出口花炮厂（普通合伙）	2001 年 6 月	鞭炮烟花生产	277	36129
浏阳市北斗烟花制造有限公司	2005 年 1 月	焰火鞭炮产品制造	232	35898
浏阳市兴圣出口花炮厂	1998 年 12 月	焰火、鞭炮产品制造	201	29590
浏阳市海源出口花炮厂	2001 年 11 月	焰火、鞭炮产品制造	220	32466
浏阳市华文烟花制造有限公司	2005 年 1 月	焰火鞭炮产品制造	220	2884
浏阳市长文出口花炮厂	2001 年 3 月	鞭炮烟花生产	200	26516
浏阳市华力烟花制造有限公司	2005 年 1 月	焰火鞭炮产品制造	312	35995
浏阳市多奇烟花制作有限公司	2014 年 11 月	焰火鞭炮产品制造	121	2180
浏阳市大源出口烟花厂（普通合伙）	2006 年 11 月	焰火鞭炮产品制造	150	1653
长沙万奇烟花制造有限公司	2003 年 12 月	焰火产品制造	385	4413
浏阳市华金烟花制造有限公司	2005 年 6 月	焰火鞭炮产品制造	224	24559
浏阳市宏成烟花制作有限公司	2015 年 12 月	焰火鞭炮产品制造	130	2193
浏阳市万盛烟花制造有限公司	2005 年 2 月	烟花制造	289	38457
浏阳市澄潭江兴隆鞭炮烟花厂	2006 年 3 月	焰火、鞭炮产品制造	208	20137
浏阳市恒天飞鹰烟花制造有限公司	2006 年 11 月	焰火、鞭炮产品制造	105	2599

中和镇

【概况】 2020 年，中和镇辖 7 个行政村，180 个村民小组。总面积 152.55 平方千米，耕地面积 1350 公顷，其中水田 825 公顷、旱地 525 公顷，山林面积 15436 公顷，森林覆盖率 78%。总人口 25170 人，流入人口 89 人，流出人口 2720 人，出生人口 199 人，死亡人口 161 人，人口出生率 7.91‰，自然增长率 1.51‰，百岁老人 4 位：刘道亨（100 岁）、张从彬（102 岁）、吴观葵（100 岁）、曾令华（102 岁）。年平均气温 15.5℃，年内气温最高值 37℃、最低值 -6℃，年降水量 1100～1200 毫米，在雨水相对集中期内（5 月下旬至 7 月中旬），强对流降水较严重，中和镇 5 个地质灾害易发村均出现山体滑坡现象。被命名为“全国卫生乡镇”，被评为“浏阳市 2020 年度基层社会治理先进单位”，成功创建长沙市“五星级”武装部。

经济发展状况　全年完成财政总收入 4546 万元，完成规模工业总产值 25 亿元，同比增长 12%；工业固定资产投资 6.4 亿元，同比增长 10%；社会消费品零售额 1.25 亿元，同比增长 37%。严控债务风险，建立镇村债务风险预警体系，实现镇村债务风险稳定可控。农业。新增种粮大户 5 户，流转土地 100 公顷，发展双季稻 46.67 公顷，单季稻 933.33 公顷，冬种油菜 266.67 公顷，创建 66.67 公顷油菜示范片，完成荒山造林义务植树基地 1 个，栽种油茶树 2.6 万株。坚持“品牌强农”，盘活农村资源资产资金，打造中和大闸蟹、黄金梨、山茶油、长寿鸡、甜小橘等名片，引进4家年出栏5000头以上的生猪养殖场，各村集体经济年收入均突破20万元，全面消除集体经济“薄弱村”。工业。登记工业云平台企业50家，“两化融合”（以信息化带动工业化、以工业化促进信息化，走新型工业化道路；利用信息技术作支撑，改造提升传统动能，培育新动能，追求可持续发展模式）企业2家，引进特色养殖项目3个，省外到位资金2550万元。助力企业复工复产，域内企业实现“应复尽复”。落实上级惠企政策，指导1家企业申报高新技术企业，帮助5家烟花企业申报小产品补助，为企业代办事务30余件。主要规模以上企业15家（具体见表14），工业技改资金800万元，研发投入资金1000万元，产生经济效益8000万元。旅游。胡耀邦同志纪念馆晋升国家一级博物馆，耀邦故里中小学研学营地项目顺利进行，至小河、大围山红色旅游干线全线通车。苍坊旅游区通过创建国家AAAAA级旅游景区景观质量评审。

表14　　2020年中和镇规模企业情况

序号	企业名称	成立时间	注册资金(万元)	主要产品	就业人数(人)	2020年产值(万元)
1	浏阳市宏宇烟花制造有限公司	2005年6月	58	烟花	83	11533.9
2	浏阳海孚烟花制造有限公司	2010年2月	50	烟花	91	14942.7
3	浏阳市旺盛烟花制造有限公司	2005年4月	100	烟花	92	10002.7
4	浏阳丹华出口烟花有限公司	2016年8月	200	烟花	67	12873.4
5	浏阳翔凤烟花制造有限公司	2011年6月	300	烟花	82	17657.2
6	浏阳市长寿玩具烟花制造有限公司	2001年4月	50	烟花	86	15923.7
7	浏阳市鸿盛烟花制造有限公司	2005年1月	108	烟花	94	6811.4
8	浏阳市小江印刷厂	2005年3月	50	烟花	35	28231.7
9	浏阳市河口烟花集团有限公司	2003年8月	2038	烟花	91	21415.2
10	浏阳市海霸出口烟花有限公司	2000年4月	2000	烟花	94	26657.2
11	浏阳市鸿景烟花制作有限公司	2004年5月	360	烟花	160	23122.6
12	湖南逗逗鞭炮烟花制造有限公司	2014年1月	1000	烟花	148	5940.8
13	浏阳市钰兴烟花制作有限公司	2003年4月	100	烟花	83	7046.7
14	浏阳市中和镇金星花炮厂(普通合伙)	2004年6月	50	烟花	96	7170.4
15	浏阳市橙天包装有限公司	2015年3月	20	包装印刷	32	3446.2

社会管理　基础设施建设。完成农村道路桥梁建设47.34千米；启动红色旅游干线中和段建设，红色旅游干线全线通车。完成对自来水厂进行扩容改造及扩网项目建设，铺设管网近2千米。推进公租房配套项目的进场施工和株树桥水源保护地标准化建设。推动发展旅游基础设施建设项目落地，发行第一批专项债券2.96亿元，完成发行总额的37%。建成1座公益性墓地。投入10余万元提质升级敬老院，新增护理床位40张。环境整治。完成三（四）格式无害化厕所改造1550余座，超额完成年度任务。全面实施垃圾分类，山枣潭村成功创建省级卫生村、苍坊村成功创建长沙市卫生村、长安村成功创建长沙市美丽乡村示范村，中和镇被评为“全国卫生乡镇”。控违拆违。开展“一户多宅”清理整治，拆除“一户多宅”、空心房、危房等25栋，面积31003.4平方米；完成国土卫片执法图斑整改，强制拆除占用基本农田的建筑4宗。蓝天碧水保卫战。严格污染源防控，推动12户污染养殖户退出，河流水质稳定改善；对清江水库、株树桥水库源头、中和自来水厂等重点水资源保护区，开展日常巡查68次；依法取缔竹签厂、非法机制砂厂等4家企业，完成3起环保行政案件立案，实现省级生态环境保护督察“回头看”工作零投诉。安全生产。开展安全生产专项整治，检查企业360余次，责令停产整改企业15家次，立案查处企业17家次；加强建

红色旅游干线中和段　　（中和镇　供图）

6 月 20 日中和镇举办"抓党建促脱贫攻坚"主题活动——书记挑货进省城

（中和镇　供图）

筑安全生产巡查力度，督促企业落实隐患整改 34 起。治安状况。开展交通安全集中整治 40 余次，消除道路交通隐患 12 处；推进"一盔一带"安全守护行动，实现域内安全生产事故和亡人交通事故"双零"目标。加强食品安全监管，开展学校食堂、食品经营店专项整治行动 68 次，申报农村聚餐 224 批次，责令整改食品经营主体 8 家。以"党建 + 微网格"为抓手，建立矛盾纠纷多元化解机制，调处各类矛盾纠纷 142 起，办结信访件 47 件，实现社会管理零非访，特护期实现"零进京"，被评为信访工作"三无"（无重复上访、无集体上访、无信访积案）乡镇。

社会事业　疫情防控。成立 32 支"防疫应急小分队"，启动疫情防控资金应急保障机制，镇财政投入抗疫资金 28.5 万元，保障防疫物资供应；坚持"外防输入、内防反弹""队伍不散、机制不变、思想不松"，地毯式开展动态摸排，做好域外到（返）镇人员摸底排查、重点场所管控、特殊重点人群管理、宣传等工作，落实"三量三控"（存量加强管控、增量入口把控、变量动态监控），常态化抓好疫情防控，实现全镇"无感染病例、无二代病例、无聚集性疫情"。脱贫攻坚。发放扶贫类资金 161.8 万元，申报产业就业项目 6 个，带动贫困户 297 户 824 人致富增收。实施花炮手工加工项目帮扶 98 户 117 人，为 119 户 140 人发放就业务工补助。为 19 名建档立卡贫困学生申报雨露计划，全年发放小额贴息贷款总额 126 万元，完成任务数的 126%。7—11 月，开展"抓党建促脱贫攻坚"系列主题活动，通过农产品展销会、微网格长直播带货、书记挑货进省城、扶贫小店、微网格长送货到家等活动帮助贫困户推销优质农产品，并打造特色扶贫产业品牌，全年消费扶贫累计带动 131 户贫困户销售产品共 102 万元。2020 年减贫 34 户 49 人，实现全镇贫困户全部脱贫摘帽。社会保障。完成"两保"收缴任务；发放低保金 255 万元、高龄补贴 60 余万元、重度残疾补助 46.3 万元、残疾人护理补贴 20.1 万元；实施大病救助、临时救助 112 人，发放各类救济救助资金 700 余万元。卫生健康。完成优生优育免费健康检查 106 对，"两癌"筛查检查 953 人，老人免费体检 1746 人，精准扶贫医疗帮扶建档立卡 335 户；推进卫计监督执法工作，对全镇村卫生室、药店药房、学校进行监督检查 4 次。

【成功创建长沙市"五星级"武装部】 2020 年，中和镇落实党管武装政治责任，完成全市基层武装部星级达标建设试点任务，对照《创建长沙市基层人民武装部星级达标考核评分细则》的标准要求，完成"三室一站一家"（国防教育室、战备物资器材室、办公室，兵役登记站，退役军人之家）试点建设，为全市基层武装部星级达标建设树立样板，提供借鉴参考，做到办公有条件、训练有器材、生活娱乐有场所。12 月，通过长沙市 2020 年度基层人民武装部建设"五星级"达标考核评选。

【被评为"浏阳市 2020 年度基层社会治理先进单位"】 2021 年 3 月，中和镇被评为"浏阳市 2020 年度基层社会治理先进单位"。2020 年，中和镇着力推进"五化"（人本化、法治化、标准化、信息化、社会化）民政建设，抓好城乡居民最低生活保障、困难群众救助、慈善优抚等工作。全面落实五保供养政策，合理界定供养标准，全镇共认定各类优抚对象 816 人，其中特困 228 人。实施养老服务提质工程，投入 10 余万元对镇敬老院提质升级，新增护理床位 40 张，打造省级文明示范敬老院。实施助贫助困服务工程，规范扶助对象动态管理机制，做到应保尽保、应退尽退，全镇认定城乡低保 297 户 688 人，共发放低保金 255 万元、高龄补贴 60 余万元、重度残疾补助 46.3 万元、残疾人护理补贴 20.1 万元，对 24 名贫困大学生进行资助，累计发放奖助学金 8.6 万元。实施就业保障工程，承办招聘会、对接企业畅通就业信息渠道。实施公共医疗服务惠民工程，落实全民参保计划，医保、养保参保率排名居全市前列，健全公共应急体系，全年共实施大病救助、临时救助 112 人，发放各类救济救助资金 700 余万元。

（唐　昕）

文家市镇

【概况】 2020 年，文家市镇辖 10 个行政村，103 个村民小组。总面积 148 平方千米，其中耕地面积 1793.8 公顷（水田 1428.8 公顷、旱土 365 公顷）。年末，户籍总人口 55441 人，全年出生人口 434 人，死亡 385 人，人口出生率 7.83‰，死亡率 6.94‰。年均气温 16℃，12 月最低气温 -7℃，8 月最高气温 37℃，年降水量 8431 毫米。被评为 2020 年长沙市"农村人居环境整治工作优秀乡镇"。

经济发展状况　农业。全年完成粮食生产 1533.33 公顷，油菜 866.67 公顷，发展现代粮食种植大户 28 家；推进"一村一品"建设，特色产品入驻"文家市的秋收"文创中心；五神村瑞谷食品厂、大成村红薯基地带动当地农户参与种植。工业。全年完成财政总收入1.92亿元，同比增长6.25%，新增规模工业企业1家，实现规模工业总产值68亿元；对全镇“一证多厂”企业进行全面整改，退出企业（工区）6家，促成4家企业兼并重组；支持企业走生产、销售、燃放一体化的路子，建好“烟花+文旅”新模式，在整体行业受疫情影响较大的情况下，花炮产业出口量与2019年基本持平；坚守文家市“小产品、手工造”的历史传统，与文家市商会共同制定出台《文家市镇特色小产品行业标准》，开发各类小产品20余种，增加产值2000余万元。文旅产业。紧扣“红色文化是小镇之魂、特色小镇是红色载体”的基本理念，以红色基因助推文旅产业发展。秋收起义党性教育基地创建为全省党性教育基地，完成一期建设并投入使用，10—12月，开班9期培训2000余人次。创新“红色教育在馆内、军事训练在营地、劳动实践在田间、吃饭住宿在农家”的红色研学模式，接待研学学生超万人；探索镇馆带动、村企合作的集体经济运作模式，近100种“文家市的秋收”文创产品投入市场并成功进入湖南省驻军营地各超市，升级红色文创；成功承办全国红色旅游博览会湖南分会场系列活动，文旅特色小镇经省级验收位居一类。

文家市镇秋收大道　　（文家市镇　供图）

社会管理　蓝天碧水保卫战。抓好生态环境整治，全镇5个水质监测点水质检测稳定达标，南川河文家市段被评为湖南省“美丽河湖”；强化林业巡查执法，全年查处涉林案件24起，处罚金额81万元；通过省级环保督察“回头看”，环境质量稳步向好。文明创建。推出“星火文市·星榜样”道德品牌，甘厚美老人被评为诚实守信类“中国好人”；组织开展“欢乐浏阳河文家市专场”“湖南省农民工春晚”等系列文艺活动10余场；评选表彰“平安家庭示范户”400户，成立红鹰应急救援队等多支志愿服务队伍；劝阻红白喜事20余场，节约各类开支50余万元，火化率实现100%。安全监管。全年共执行项目资金财政监督154起，化解债务300余万元；做细隐患清零，成立专项执法检查组，针对重点区域开展重点督查，建立问题台账，针对隐患进行闭环管理，将安全隐患消灭在萌芽状态；强化食品安全监管力度，提升食品安全保障水平；坚持严管重罚，责令停产整顿危爆企业89家次，立案查处安全生产违法43场次，罚款金额92.86万元，移送公安部门行政拘留3人；常态化群防群治，开展各类专项整治230余次；坚持公开接访，调处各类矛盾纠纷270起，调解成功率95%。

社会事业　脱贫攻坚。推出“红土地上幸福花”系列宣传，树立张运通、孙立秋等一批就业脱贫、产业脱贫典范，全镇555户2002人全部脱贫。疫情防控。坚持联防联控、群防群控，全面排查6416人，确诊1例并确保无二代传染。社会保障。医疗保险累计报销3169万元，特殊门诊478万余元，申请大病救助82人，发放救助金21万元；全年发放各类保障金3080余万元；实施慈善助学45人，救助金14.5万元；免费优生检查401对，免费老年体检4314人；通过镇企互动，开展“星火文市·温暖同行”圆梦行动，投入30万元，计划为150余个家庭圆就学梦、健康梦、安居梦和微心愿；楼前小学项目开工；文华村梅和组地质灾害应急抢险项目完工；大成村单村水厂扩网工程建设完成，基本解决煤矿塌陷区村民饮水困难。

夕阳下的文家市集镇　　（文家市镇　供图）

【被评为“2020年长沙市农村人居环境整治工作优秀乡镇”】 2020年以来，文家市镇实行“行动+示范”“市场+考核”“党建+网格”人居环境整治“3+”模式，带动全镇群众积极参与农村人居环境改善治理工作。完成10个行政村村庄规划编制。出台农村宅基地管理细则，理顺农民建房审批权责。评选“十大最美庭院”,以点带面提升整体人居环境。完成3100户农户改厕验收工作。创新村级环卫保洁市场化运行模式,严格垃圾清运监管考核,实现垃圾减量约75%。12月,文家市镇通过现场抽调和暗访检查,被评为“2020年长沙市农村人居环境整治工作优秀乡镇”。

(彭 谨)

大瑶镇

【概况】 2020年,大瑶镇辖14个行政村和1个社区居委会,192个村(居)民小区(片区),24674户,94088人,其中农业户20359户,农业人口79239人。总面积149.3平方千米,其中耕地面积1550公顷,山林14882公顷。全年出生人口826人、出生率8.61‰,死亡人口615人、死亡率6.14‰,年均气温18.4℃,年内最高气温37.2℃、最低气温-3.9℃,年降水量1953毫米。

经济发展状况 全年实现粮食总产量1.8万吨,完成农业总产值4.6亿元;工业总产值149.3亿元,其中规模工业总产值126.67亿元。完成一般公共预算收入3.84亿元,同比增长16.7%,其中地方一般公共预算收入2.8亿元(含村土地税1.59亿元),同比增长38.6%;完成固定资产投资66.5亿元,规模工业总产值126.67亿元。种植双季稻73.33公顷、一季稻1233.33公顷、油菜433.33公顷,引导发展油茶、蔬菜、莲藕等种养经济2300公顷;完善农田水利基础设施,大山、竖溪水库被评为长沙市“百座放心水库”。推进土壤治理修复,农田种植结构调整46.67公顷、修复治理233.33公顷,裸露黄土复绿33.33公顷,义务植树19万株。投入480万元用于河道清淤保洁和小微水体管护,完成东干渠清淤疏浚养护工程和上升村单村饮水提质改造工程,南川河、三元河、团结水库等重点流域水质稳定达标。推进花炮产业公共服务和科技创新“两个平台”建设,巩固提升城市烟花和焰火燃放工程,有序引导花炮企业整合升级,棠花烟花、银洋烟花承接国内焰火燃放12场次,引导花炮企业整合提升,引导企业退出6家、整合5家、收购4家。举办湘赣边(大瑶)首届烟花之“缘”欢乐节,群众参与超20万人次,商贸成交额超2000万元;优化营商环境,创新集群注册模式,颁发浏阳首张集群注册企业营业执照,设立湘赣边科创企业基地,新引进总部经济企业13家。化解调处涉企矛盾65起,花炮产业商会被评为省工商联“四好”标杆商会。

城乡建设 做好“十四五”规划编制性基础工作。获省级工业小镇、高低电网下地等项目资金3.2亿元,新引进合亨装配等项目5个,实体植入计划总投资28亿元。完成大瑶片区124千米,杨花片区17千米的存量管网普查,投入1200万元新(改)建崇文106片区支管网、镇区污水直排口、杨花片区主(支)污水管网建设项目。推进南川河路电力工程、崇文安置区建设,完成南川河片区、育才路片区棚改项目和长赣铁路征拆实物测量。完成农村改厕4300座,无害化卫生厕所普及率91%,垃圾分类减量70%,杨花村、老桂新村被评为“湖南省卫生村”,大瑶中心卫生院被评为“湖南省文明卫生单位”,华园村、枫林村被评为“长沙市卫生村”。推进基础设施改造提升,保障“畅安舒美”出行环境,被评为“全国无障碍环境创建示范镇”。强化国土规划管控,整改卫片图斑51个、森林图斑23个,实现违法图斑“零新增”。

社会管理 提速政务服务“一网通办”,服务事项网办率85%以上。下放村级服务事项44项,镇村“一件事一次办”实现全覆盖,处理“12345”市民热线的投诉纠纷126起,处置巡视组交办件3宗。构建“警地联动、司法进所、社会互助、镇村一体”新时代社会治理服务体系,建立诉源治理工作站;开展警务工作及毒品问题整治,打击违法犯罪行为677起,其中刑事立案224起、行政受案453起,全镇发案率和信访率实现双下降。推进污染防治,抓造纸行业整顿,投入3000余万元完成臭气密封、收集和隔音降噪等设施设备安装,新亮彩印、西峰彩印、淮都彩印完成VOCs(挥发性有机化合物)治理,全年整改环境问题41个。全年执法检查企业1200余场次,立案查处41厂次,整改隐患2100余处,连续四年保持安全生产“双零”目标,被评为长沙市安全发展工作“示范乡镇”。开展交通安全大整治,全年投入200余万元完善交通设施;深化打非常态化巡查机制,查处非法生产、储存、运输52例,捣毁窝点6处。争取地方政府专项债1.2亿元,化解村级债务1357万元;提前化解非法集资4起,解决各类历史遗留问题26个。

社会事业 实施产业扶贫项目4个,打造就业扶贫基地15家,增设公益岗位42个,带动500余户贫困户增收,全镇742户2351人全部脱贫。投入110万元支持敬老院日常运转,发放各类救助、补助9000余万元,全镇城乡居民养老保险参保缴费率96.8%,医疗保险参保率98.78%。镇财政支持解决南山完小、龙塆完小土地开垦费88万元,引导社会力量筹建大瑶中学文化广场、图书馆等基础设施。大瑶中心卫生院成功创建综合二级医院,新建医院发热门诊。挖掘提升传统文化,被评为“浏阳市示范性非物质文化遗产保护传承乡镇”,花炮文化博物馆成功创建国家AAA级旅游景区。深化乡风文明建设,举办第五届村(社区)篮球赛、“我们的节日”等群众文体活动10余场次,打造长沙市标准化村(社区)综合文化服务中心1个,南山村被评为“全国文明村”。

【通过国家卫生镇复审】 2020年8月,全国爱国卫生运动委员会发布《全国爱卫会关于2019年国家卫生城市(区)和国家卫生乡镇(县城)复审结果的通报》(全爱卫发〔2020〕2号),大瑶镇成功通过国家卫生乡镇(县城)复审,2019年重新确认为国家卫生乡镇(县城),再次被评为“国家卫生镇”。2016年9月,大瑶镇成功创建为湖南省第一批国家卫生镇。

【被命名为“全国无障碍环境示范镇”】 2020年,大瑶镇通过政府主导、部门联动、社会参与,总投入150万元完成镇域无障碍环境改造。改造花炮大道、思邈路、琅珊路、瑶发街等主干道的人行道、盲道、盲道出口

14.2千米，新建人行道、盲道3500余米，修复人行道、盲道1900余米，改造盲道及出口600处、1200平方米，并配套设施(功能)新(改)建设，设置智慧斑马线，安装人行横道无障碍语音播报系统。2021年2月，住房和城乡建设部、工业和信息化部、民政部、中国残联、全国老龄办授予大瑶镇为“全国无障碍环境示范镇”。

【连续四年被评为“五星级乡镇”】 2018年，大瑶镇构建生活垃圾农户“初”分类、保洁员“再”分类、专人“精”分类的三级分类模式，垃圾减量70%，15个村(社区)均成功创建为“长沙市垃圾分类示范村”。2020年12月，长沙市委实施乡村振兴战略工作领导小组办公室发布2020年长沙市农村人居环境整治评比结果，大瑶镇被评为“五星级乡镇”，成为浏阳唯一连续四年被评为“五星级乡镇”的乡镇。前三次被评定时间分别为：2018年1月，被评为长沙市2017年度城乡环境卫生整洁行动“五星级乡镇”；2019年1月，被评为长沙市2018年度城乡环境卫生整洁行动“五星级优秀乡镇”；2019年12月，被评为长沙市2019年度“农村人居环境整治五星级乡镇”。

【南山村被评为“第六届全国文明村”】 11月20日，中央文明委在北京召开全国精神文明建设表彰大会表彰第六届全国文明城市、文明村镇、文明单位，第二届全国文明家庭、文明校园和新一届全国未成年人思想道德建设先进典型。其中，浏阳市大瑶镇南山村、永安镇坪头村被评为“全国文明村镇”。大瑶镇南山村位于湘赣两省萍浏醴三市交界处，南与金刚镇接壤，北与大瑶镇中心相邻。村域面积6.7平方千米，辖10个村民小区。先后被授予“国家级生态村”“湖南省十大明星村”“湖南省社会主义新农村示范村”“湖南省民主法治示范村”“湖南省卫生村”“湖南省生态村”“长沙市文明村”“长沙市美丽乡村示范村”等称号。2020年，南山村推动精神文明创建，提高村民文化素养和社会文明程度，淳化乡风民俗，改善人居环境，全域推进美丽乡村建设。

【大瑶镇文联被评为2019年度“全省文联系统先进单位”】 2020年3月，大瑶镇文联被湖南省文联评为2019年度“全省文联系统先进单位”。大瑶镇文联有花炮文化产业、书画楹联、龙狮武术等13个文联分会，花炮文化产业发展中心、强盛龙狮功夫团、李畋文化艺术团等团体组织9个，会员1000多名。2014年6月，强盛龙狮的《烟花龙舞》捧回中国民间文艺最高奖项“山花奖”金奖。2018年4月，围绕花炮组织策划的“大瑶雕塑夜空”被中央电视台CCTV-4(中文国际)频道《走遍中国》栏目专题推介，2006年6月，浏阳花炮入选国家非物质文化遗产项目，2019年6月，青面狮、王家拳入选长沙市非物质文化遗产项目。2019年，大瑶镇文联围绕文艺创作规划，聚焦现实题材和本土特色开展艺术创作。

【被授予“长沙市‘扫黄打非’优秀集体”称号】 2020年，大瑶镇立足“强镇扩权”赋予的全省首家乡镇执法权，启动湘赣边跨界联动机制，通过镇、村、网格，统筹调动，推进“扫黄打非”重心下移，创新实施“6531”工作法：6即开展“进书屋、进校园、进景区、进企业、进网格、进屋场”六进活动；5即依托“文联文艺宣讲团、党员先锋巡逻队、行政综合执法队、网格干部、大瑶义警”五支队伍；3即融入党建引领与综合治理、文明创建与新时代文明实践、产业发展与花炮文化三个方面；1即围绕数字大瑶互联网指挥中心。有效延伸基层触角，管理全面覆盖。2021年1月，长沙市“扫黄打非”领导小组授予大瑶镇为“长沙市‘扫黄打非’优秀集体”称号。

【花炮文化博物馆成功创建AAA级景区】 花炮文化博物馆结合声、光、电、动漫影视等高科技手段，4D或者5D等艺术形式，扩改原有展厅，完善陈列馆内花炮文化展示内容。增加“非遗”制作技艺和花炮民俗文化艺术作品展示厅、传统手工制作体验馆和安全警示馆。注重实物收集、文物保护、传统生产工艺的展示(特别列入非物质文化遗产保护，即将失传的制作工艺)，提升花炮文化内涵。合理设置景区游览示意图公共信息图形符号，完善配套软硬件设施和文化长廊建设，加强花炮文化宣传，提升花炮文化氛围，改善景区交通条件，完善游览设施和配套功能。2020年12月，全国旅游景区质量等级评定委员会批准花炮文化博物馆为国家AAA级旅游景区。花炮文化博物馆始建于2001年，位于花炮文化发源地浏阳市大瑶镇，馆内收藏有花炮生产、运输、交易等工具实物、花炮作品、获奖奖杯、生产工艺流程模型等图片实物上千件。

【大瑶义警队被授予“长沙市优秀青年突击队”称号】 面对2020年年初形势严峻的新冠肺炎疫情，大瑶义警队特成立“疫情防控青年突击队”，六个工作小组(48人)同步开展疫情防控工作。为一线志愿者配备防护服、护目镜、口罩、手套、鞋套等防护物资，充分保护一线志愿者自身安全的同时，配合上级部门，扎实开展各项防疫抗疫工作，坚定信心，打赢疫情防控阻击战。2020年8月，共青团长沙市委员会、长沙市发展和改革委员会授予大瑶义警队为“长沙市优秀青年突击队”称号。

【举办湘赣边(大瑶)首届烟花之“缘”欢乐节】 6月12日，浏阳市“匠心守艺、‘非遗’焕新”“非遗”宣传月活动暨湘赣边(大瑶)首届烟花之“缘”欢乐节在大瑶镇拉开帷幕。此次节会期间持续到6月30日，浏阳市宣传部与大瑶镇联手推出了“非遗”文艺晚会、“非遗”项目亲子体验、大瑶城市烟花秀、欢乐美食节、湘赣边乒乓球邀请赛、百姓大舞台、大瑶百店千家惠等七大主题活动。广泛汇聚湘赣边人气、财气、商气，群众参与超20万人次，商贸成交额超2000万元。大瑶龙狮、青面狮、王家拳等8大“非遗”项目传承人现场向观众提供免费教学，让大家近距离感受“非遗”的魅力。

(唐小波)

金刚镇

【概况】 2020年，金刚镇辖10个行政村，376个村（居）民小组，总面积79.88平方千米，耕地面积1450公顷（其中水田1263公顷，旱土187公顷），山林面积4533公顷。年内最高气温38℃，最低气温-2℃，年平均气温20℃左右，年降水量约1800毫米。年末，全镇户籍人口64524人，全年出生580人，死亡420人，人口出生率15.1‰，自然增长率8.3‰，主要民族为汉族，共63930人，占总人口的99.08%。2020年被评为长沙市“文旅消费特色小镇”“长沙市人居环境整治先进乡镇”“湖南省产业工人定向培养基地”。

经济发展状况　全年实现工农业生产总值61亿元，其中工业总产值57.36亿元，农业总产值3.64亿元；完成财政收入4792万元。工业方面：全年实现规模以上工业总产值40.1亿元，完成社会研发经费（R&D）投入2440万元，中洲烟花、金马硅业通过国家、省级高新技术企业验收。全年为企业减免税收、社保费用2690万元，解决企业融资难、办证难、用工难问题63个，化解涉企矛盾纠纷115起，帮助企业回笼货款1.2亿元。新增固定资产投资项目26个、完成工业技改投资11亿元，其中5000万元以上项目2个，亿元以上项目1个；完成省外招商引资到位资金6800万元，新引进1000万元以上项目4个，正式启动金刚大道财富大厦建设项目。新增小微市场主体359家，成功引进北京超赢互联网信息技术服务项目，服务业企业增加值同比增长33%，限上商贸销售额同比增长25%。农业方面：投入产业、就业帮扶资金187万元，争取对接扶贫金融贴息贷款192万元，铺排产业、就业项目18个，推广就业扶贫基地13个，实现新增就业271户317人。扎实开展《脱贫攻坚回头看》，排查并整改问题28个。投资150万元完成石霜、南岳高标准农田建设133.33公顷，新修水利设施11处；推广种植双季稻186.67公顷、优质超级稻1200公顷，实现粮食生产稳定增长。全年组织农机安全检查6次，办理农机补贴21件；加强非洲猪瘟防控，全年排查生猪养殖场846户，排查生猪98230头，发放非洲猪瘟宣传单4000余份，猪（牛羊）口蹄疫、新城疫、禽流感、小反刍等重大动物疫病免疫密度达到100%。建成“一县一特”油茶产业项目，完成低产油茶改造115.27公顷。继续实行封山育林，新增植树造林40公顷，查处破坏森林资源案件17起，完成复绿33.33公顷，丹桂村被评为“国家森林乡村”。

基础设施建设　投入资金523万元，完成全长7.2千米二期污水收集主管网项目扫尾工程及项目验收工作；投资146万元，完成3.5千米污水收集支管网建设项目；投资266万元，完成社会足球场及昭明完小2020年省标准化学校（运动场地及篮球场）建设项目；投入资金1100余万元提质改造镇村道路28.2千米，整治乡村公路安全隐患点90余处；完成南岳村公益性墓地建设。

社会管理　环境治理：推进“农村人居环境整治年”行动，完成改厕5500座，生活垃圾同比减少50%以上，被评为“长沙市人居环境整治先进乡镇”，山虎村被评为“湖南省卫生村”，平湾村、金声村、金市村、太子湖村、沙螺村成功创建“长沙市垃圾分类减量示范村”。完成农贸市场提质改造2个，整治集镇占道、店外经营2100处，清理违章广告1100处，规范、处罚违章停车1420辆次。实施“绿色金刚四大生态工程”建设，推行24小时环境投诉快速反应处理模式，环境信访投诉同比减少40%；开展环保执法检查297家次，督促办理企业排污许可证81份，关停取缔固引剂厂6家。安全生产：开展安全生产专项整治“三年行动”，检查企业1153家次，发现并整改隐患1265处，责令限期整改企业126家次；排查非法生产重点监控场所796处，查获非法运输车辆20辆、机械模具68套、产品1500余件，保持安全生产“零事故”。社会治安：落实“三联三保”制度，创新推行矛盾纠纷防范化解联动机制，成功调处矛盾纠纷252起，处置突发事件18起，化解信访积案2起。开展“一盔一带”“交通问题顽瘴痼疾”等专项整治12次。食品安全：检查各类食品安全相关企业和个体工商户300多家，下达整改意见书66份。取缔校园周边流动摊贩36户，关停市场周边小作坊4家，乡下小作坊3家，办理食品行业和工业食堂证照26件。政务服务：办理“12345”反映事项446件，满意率98.34%；推进“一件事一次办”改革，全年办结政务服务事项9700余件，按时按标准办结率100%，政府会议、文件分别减少32%、25%。

社会事业　精准扶贫：全镇511户1938人全部脱贫，通过省级脱贫攻坚检查验收，13家单位被浏阳市认定为“就业扶贫基地”，吸纳贫困户290户，申报1家消费扶贫电商小店，540名学生享受义务教育贫困补助，106名学生享受雨露计划，为46户贫困户贷款192.2万元。社会保障：全年发放低保金509万元，特困供养金267万元，为特困失能人员发放护理补贴30万元，发放各类慈善救助资金78万元，惠及困难群众300余人次，为71户重度残疾家庭申报残疾人无障碍改造项目。组织开展职业技能培训班17期、参训人员830人，新增本地区就业1482人，被评为“湖南省产业工人定向培养基地”。文教卫生：金刚中学被评为“浏阳市初中教育教学质量综合评价一等奖”，金刚完小等9所小学被评为“浏阳市小学办学水平综合评价优胜单位”。完成孕前免费优生检测67对，随访优检、妊娠、措施落实对象297人次，组织开展农村65岁以上老年人免费体检工作。疫情防控：面对新冠肺炎疫情，镇党委第一时间召开专题会议，成立镇疫情防控指挥部并部署落实防疫措施，全镇干部根据联村网格下沉到各村开展重点人群排查和宣传引导工作，累计发放《致广大居民朋友的一封信》1.6万余份，通过“村村响”播放防疫宣传录音16批次，劝导村民推迟、取消办理红白喜事86起，对排查出171个重点人员及其亲密接触者进行14天居家隔离，对480个相关人员建立“五保一”台账，同时对61家重点企业开工前进行疫情防控的专门指导，确保企业正常复工复产。

【金刚镇第十五届人民代表大会第七次会议召开】　3月26日，金刚镇第十五届人民代表大会第七次会议召开。大会听取和书面审查镇人民政府工作报告、镇人大主席团工作报告、2020 年镇财政预算报告。浏阳市人大农业农村委主任吕正红、金刚镇党委书记黄武出席会议，镇长罗武作政府工作报告，镇人大主席曾义作人大主席团工作报告，镇财政所所长李升招作财政预决算报告。

【金刚镇商会第六次会员(代表)大会召开】 9 月 11 日，金刚镇商会换届选举大会召开。浏阳市工商联党组成员、副主席刘守成，金刚镇党委书记黄武，镇人大主席曾义，镇党委委员王广等出席会议。会议听取第五届理事会工作报告，审阅通过《浏阳市金刚镇商会章程》；表决通过《浏阳市金刚镇商会会费管理办法》《浏阳市金刚镇商会第六次会员大会选举办法》；选举产生商会第六届理事会、监事会和领导班子。李自检当选为商会会长。

【被评为长沙市“文旅特色小镇”】 2020 年 10 月，金刚镇被评为长沙市“文旅特色小镇”。金刚镇位于湘赣两省三市(长沙市、株洲市、萍乡市)交界处，镇域面积 79.88 平方千米，辖 10 个行政村，是浏阳花炮主产乡镇和红炮之乡，交通便利，自然环境优美，山水风光秀丽，人文旅游资源丰富，拥有千年古寺石霜寺，国家级文保单位桃树湾古民居，连理枝、太子湖和鬼斧神工仙女晒鞋等石霜寺外“十八景”。近年来，该镇以“红炮之乡，文旅小镇”镇域名片为工作突破口，以“一村一景、以点带面、结合乡村旅游”的设计方案对桃树湾清代古民居和石霜寺景区进行提质改造并丰富完善周边配套设施，打造出一批有特色、有吸引力的景点，开展“送客入村”旅游项目，全年新增旅游民宿 3 家、生态农庄 12 家，全年接待游客 40 万人次，实现旅游产业收入 1500 余万元。

（王　科）

葛家镇

【概况】 2020 年，葛家镇辖 5 个行政村，下设 44 个大组、198 个小组。总面积 107.26 平方千米，耕地 1340 公顷，其中水田 1227 公顷、旱土 113 公顷，林地面积 7717.2 公顷。总人口数 21323 人，出生人口 176 人，死亡人口 193 人，人口出生率 8.25‰，自然增长率 -0.94‰。镇金塘站年均气温 18.1℃，年降水量 1809.9 毫米，镇乌石站年均气温 18.5℃，年降水量 1658.2 毫米。

经济发展状况 全年完成地方一般公共预算收入 1714 万元，同比增长 42.24%；完成工业生产总值 32 亿元，其中规模以上工业总产值 22.4 亿元，同比增长 9.6%，实现固定资产投资 12.3 亿元，同比增长 9%。农业生产：粮食生产面积 1100 公顷，主要水稻品种为 Y 两优 900、957 等系列品种，平均每公顷产量 9000 千克，主要影响产量的灾害是南方水稻矮缩病、连续阴雨天气等。常年存栏生猪 4.3 万头，年出栏生猪 7.5 万头；家禽常年存笼 41 万羽，年出家禽 220 万羽。开展农田整理建设 33.33 公顷，修建渠道 1 万余米。2020 年松材线虫病发生 3.6 万余棵。大石岭水果基地，有种植户 58 户，面积 40 公顷，年产出 40 余万元。鸡肠子辣椒是国家农产品地理标识产品，种植面积 13.33 公顷，年销售 320 余吨。工业经济：发展新型环保建材产业，规划建设建材产业基地，完成六股岭矿区、中部文创会展建材产业基地征地 38.67 公顷。全年铺排项目 19 个，引进优质企业 14 家。

表 15　　2020 年葛家镇主要规模企业情况

企业名称	成立时间	注册资金(万元)	主要产品	就业人数(人)	2020 年产值(万元)
浏阳市石龙出口花炮厂	2005 年 4 月	128	烟花制造	70	21611
湖南旺象食品科技有限公司	2015 年 5 月	200	食品加工	80	6701
浏阳市景升烟花制造有限公	2015 年 3 月	100	烟花制造	190	7421
浏阳市天鹅山烟花制造有限公司	2000 年 11 月	460	烟花制造	200	21190
浏阳联兴花炮厂	2001 年 2 月	500	烟花制造	80	26208
浏阳金辉花炮厂	2008 年 9 月	200	烟花制造	180	29934
长沙佳能制泵有限公司	2000 年 4 月	800	水泵制造	200	32183
浏阳佳华水泵厂	2010 年 4 月	2000	水泵制造	50	31969
浏阳市航天烟花材料厂	2005 年 3 月	600	黑火药	50	16159
浏阳市吉畅烟花制造有限公司	2004 年 10 月	184	烟花制造	80	20595
浏阳市联泰鞭炮烟花厂	2016 年 3 月	200	烟花制造	98	2791
浏阳市华威烟花制造有限公司	2008 年 10 月	500	烟花制造	86	2706
浏阳市鑫湘烟花制造有限公司	2005 年 4 月	200	烟花制造	100	2187
浏阳市葛家金盛烟花制造有限公司	2009 年 10 月	350	烟花制造	120	2458
浏阳市长盛出口花炮厂	2007 年 2 月	450	烟花制造	180	2094

泉塘屋场　　（葛家镇　供图）

社会管理　基础设施建设。完善集镇周边基础设施建设，加强道路、路灯、污水管网等公共设施建设和管护，完成富霞道路拓宽改造，提档村组道路13.8千米，建成2千米集镇老街污水支管网。环境整治。推动乡村绿化美化，金源村被评为“国家森林乡村”；抓农村“五治”工作，完成厕所改造和旱厕清零任务，改造农村厕所2003座，旱厕清零546座；推进垃圾分类减量，实现垃圾减量70%以上；贯彻落实“河长制”工作，浏阳河葛家段流域水质实现稳定达标。安全生产。压实企业主体责任和行业监管责任，开展各类安全监督检查157次，责令停产整改29家次，立案查处20家次。强化食品药品监管。开展有限空间、道路交通、消防等重点领域安全专项整治300余次。治安状况。加强社会综合治理，化解信访矛盾纠纷45起，受理上级来访件转办件3件，省委巡视组转办件4件，信访回复满意率100%。持续推进扫黑除恶，新增视频监控摄像头551个，破获刑事案件39起，为群众挽回经济损失13万元，未发生“八类”（故意杀人、故意伤害致人重伤或者死亡、强奸、抢劫、贩卖毒品、放火、爆炸、投毒罪）恶性案件、未新增吸毒人员。加强群众自治，将基层群众自治工作与实施健康葛家、文明葛家紧密结合，葛家园村被评为2020年度长沙市“计划生育基层群众自治先进单位”。

社会事业　精准扶贫。借助消费扶贫打造2个扶贫基地、1个电商扶贫小店，全年销售额超10万元。设立15个公益岗位，为“四类对象”存在致贫风险人员制定“一户一策”重点帮扶，对“回头看”发现的45户45个问题逐个销号解决。做好兜底保障工作，全镇288户644人享受低保。做好特殊困难群体救助帮扶工作，为45人申请临时或医疗救助金15万余元。提质改造宋任穷故居，3月12日，湖南省委书记杜家毫到宋任穷故居参观调研；定期检查和巡视徐家湾墓群、彭宗志烈士墓、枧溪遗址。推进葛家园村泉塘文旅中心建设，于2020年8月完成整体建设。

【举行庆祝第三届中国农民丰收节活动】　2020年9月22日是第三个中国农民丰收节。是日，浏阳以葛家镇泉塘屋场为主会场，以“丰收浏阳，圆梦小康”为主题，举办庆祝第三届中国农民丰收节活动。活动启动仪式上，葛家镇精选6处景点，发布从宋任穷故居—大石岭水果基地—泉塘屋场—龙潭湾—鸡肠子辣椒基地—白石尖景区的周末亲子游精品旅游线路。之后，活动在泉塘屋场的稻田、荷塘之中组织开展一场农民趣味运动会，通过挖藕、割禾、捉鱼等方式庆丰收、迎小康。当地微网格长们同步开展扶贫产品直播展销活动，对外推介浏阳葛家镇鸡肠子辣椒、三红蜜柚、富硒香稻米、板栗等优质农特产品，活动当日帮助贫困户销售农产品5万余元。浏阳市委副书记王强宣布活动启动，市政协副主席张葵红参加活动，1200余名村民及工作人员参加庆祝活动。

【浏阳市葛家派出所业务用房工程开工仪式在葛家镇举行】　10月22日，浏阳市葛家派出所业务用房工程开工仪式在葛家镇举行，浏阳市委常委、政法委书记戴武明，副市长、公安局局长刘一斌，公安局党委副书记、政委罗湘艺，葛家镇党委书记陈飞虹，党委副书记、镇长张佳丽及公安局相关负责人、葛家派出所全体民警、辅警、永安建筑有限公司部分员工代表参加。戴武明讲话并宣布葛家派出所业务用房建设工程开工，葛家派出所业务用房项目相邻镇政府，项目占地面积4亩，建筑面积1500平方米。2020年12月，完成办公用房主体建设。

【宋任穷故居被命名为第五批“湖南省爱国主义教育基地”】　经过自主申报、资料审查、实地考察、专家评审，2020年3月21日，宋任穷故居被中共湖南省委宣传部命名为第五批“湖南省爱国主义教育基地”。宋任穷故居位于葛家镇葛家园村，又名“咸恒泰”。占地面积2400多平方米，建筑面积420平方米，主体建筑系土木结构的“凹”字形建筑。故居坐南向北，主体面阔四间，原建筑为土木结构，悬山顶，小青瓦，前设槽门，东侧设厢房，共计大小房间17间，文物藏品500余件。宋任穷（1909—2005），湖南浏阳人。1926年6月加入中国共产党，1955年被

宋任穷故居 （葛家镇　供图）

授予上将军衔。曾任中国共产党第八届中央政治局候补委员、第十一届中央书记处书记、第十二届中央政治局委员，第四、五届全国政协副主席，中共中央顾问委员会副主任。1909 年 7 月，宋任穷出生在故居，1927 年，他参加秋收起义，从此离开家乡，走上职业革命者道路。2008 年，在原址修复宋任穷故居。2009 年被列为“长沙市文物保护单位”和“长沙市爱国主义教育基地”，同年 7 月，宋任穷故居正式对外免费开放，截至 2020 年 12 月，已接待游客 20 余万人次。

（肖振芳）

枨冲镇

【概况】 2020 年，枨冲镇辖 9 个村，474 个村民小组，总面积 197.94 平方千米，耕地 2958 公顷（其中水田 1880 公顷、旱土 431 公顷），林地 12908 公顷，园地 204 公顷。全镇总人口 45095 人，全年出生 383 人，死亡 399 人，人口出生率 8.49‰，自然增长率 -0.4‰，百岁老人 1 名：谭玉荣（女）。年度平均气温 18.0℃，1 月平均气温 5.6℃，7 月平均气温 26.5℃。7 月 10 日，才常村蝴蝶组发生一起因山体滑坡导致民房倒塌、造成 2 人死亡的地质灾害。

经济发展状况　全年完成地方一般公共预算收入 4740 万元；规模工业总产值 70.85 亿元，同比增长 12.13%；限上社会消费品销售总额 7.27 亿元，同比增长 37.5%；服务业营业收入 7745 万元；固定资产投资 13.4 亿元，同比增长 15.52%，镇村两级消赤减债 1096 万元。新引进项目 2 个，到位资金 1 亿元，浏阳市金池出口烟花制造有限公司、浏阳市恒信烟花制造有限公司被认定为“高新技术企业”。农业生产。全年出栏生猪约 7.8 万头，种植水稻 1666.67 公顷、蔬菜 333.33 公顷、烤烟 73.67 公顷，完成油茶改造 383.33 公顷，引进生态规模养殖企业 3 家，建设高标准农田 633.33 公顷，8 个村实现集体经济收入 20 万元。

表 16　枨冲镇 2020 年主要规模企业基本情况

企业名称	成立时间	注册资金（万元）	企业类型	从业人数（人）	2020 年产值（万元）
湖南复兴烟花制作有限公司	2006 年 11 月	400	烟花制造	160	107889.1
长沙鑫本药业有限公司	2004 年 9 月	2500	烟花制造	156	68834
浏阳市盛兴出口烟花制作有限公司	2005 年 2 月	50	烟花制造	115	25141.1
浏阳市恒信烟花制造有限公司	2007 年 2 月	300	烟花制造	150	18947.1
浏阳市凯达昌盛烟花制造有限公司	2018 年 9 月	1080	烟花制造	125	4144.6
浏阳市金池出口烟花制造有限公司	2012 年 4 月	380	烟花制造	120	19325.6
浏阳市梦想烟花制作燃放有限公司	2008 年 9 月	1000	烟花制造	118	24786.5
浏阳市源茂调味食品厂	2012 年 3 月	100	食品行业	84	3344.3
湖南梁嘉食品有限公司	2011 年 4 月	667	食品行业	140	25035.5
浏阳市明仁造纸厂	2004 年 7 月	200	造纸行业	83	28740.7

社会管理　投入 1900 万元铺排 6 个重点项目，建成垃圾中转站并正式运行；完成镇政府办公楼修缮；枨冲雨污支管网建设开工；老码头遗址修复和美丽河流项目实施；启动镇政府人才公寓建设项目，完成前期手续办理和地基工程；宏源大桥项目完成招投标；拓宽和提质改造村组道路 14.5 千米。推进农村“五治”，取缔枨冲、青草、三元、牙际山 4 处马路市场，改造枨冲农贸市场，规范青草集镇管理，完成无害化改厕 4610 座，压缩处理生活垃圾 1550 吨。规范用地秩序，对全镇 3075 处乱占耕地现象进行核查，组织拆违集中行动 10 余

6月20日晚，枨冲镇佳和村聚宝园林举办“山谷里的森林音乐会”现场（枨冲镇　供图）

次，完成土地确权2866.67公顷，农村宅基地房地一体确权登记发证6900本。对2019年破坏森林资源的35个图斑、21个项目和2020年88个图斑、29个项目组织整改和销号，林业行政刑事案件立案12个。做好森林防火和松材线虫害防治，打击、整治滥砍滥伐林木现象。发展“三间”经济，举办乡村音乐节，聚宝园林成为浏阳网红打卡地。推广应用“智慧安监”App，转退烟花爆竹企业和工区22家，烟花爆竹、化工等行业生产领域实现零事故、零死亡。加大交通安全整治，交通事故亡人率下降20%。深化平安创建，化解青草集镇提质改造、炮台岭商业开发、金生集团重组发展、重点上访户刘某等一批信访积案和历史遗留问题。建立矛盾纠纷多元化解机制，欢乐烟花、财源烟花、鹏程烟花、大红马花炮等一批烟花爆竹企业拖欠民工工资问题逐步得到解决，成功创建为市信访“三无”乡镇。

社会事业　组织做好新冠肺炎疫情防控常态化管理，域内无一例确诊、疑似病例；完成孕前优生健康检查170对、妇女“两癌”筛查1170人；组织全镇4912名65岁以上老年人进行免费体检。享受低保495户985人，发放低保金392.91万元；完成养保征缴15660人352万元，医保征缴39742人1112万元。发放涉农补贴2425万元。启动青草中学学生公寓建设项目，完成青草小学扩建土地手续办理，枨冲小学通过标准化学校建设验收。

【“第25小时山谷里的森林音乐会”在枨冲镇举行】　6月20日晚，浏阳首场森林音乐会——“第25小时山谷里的森林音乐会”在枨冲镇佳和村聚宝园林举行，活动从18时开始，持续3个多小时，来自云南省丽江、大理及浏阳本地歌手和乐队轮番登台，吸引观众600余人。枨冲镇政府相关负责人介绍，该镇区位独特、文旅资源丰富，通过举办“森林音乐会”等系列举措，激发消费热点，推动乡村旅游发展，让乡间火起来，让乡间的夜亮起来。活动现场——聚宝园林占地面积30多公顷，栽种大量古桩盆景、珍贵稀有花木。6月22日，《长沙晚报》以《红火夜经济，点亮夜长沙》为题，头版报道枨冲“森林音乐会”。

【启动“人才公寓”建设】　改善干部居住条件，解决干部“住房难、住危房”、本地干部“走读”等问题，凝心聚力，留住人才，2020年，枨冲镇启动“人才公寓”建设项目。11月10日，枨冲镇人民政府与浏阳农村商业银行枨冲支行正式签订国有建设用地使用权手续办理合作协议书，采用“大包干”方式为该行办理建设用地手续，并在该行改扩建项目中通过土地出让等途径筹措“人才公寓”项目所需资金。枨冲镇将拆除现镇政府院内三栋老旧的C级危房，新建一栋集学习、生活、休闲等功能于一体的公寓楼。总建筑面积2800平方米，共6层，一层设计为餐厅、厨房、大会议室，二层设计为小会议室、阅读室、活动室等配套功能用房，三至六层为干部职工住宿宿舍，共60套。截至2020年年底，该项目完成前期手续办理。

【启动老码头抢救性修复工程】　枨冲镇地处浏阳河中游，老码头遗址（白蚁港）位于枨冲集镇浏阳河南岸，为清代、民国时期和20世纪70年代前的货运码头，具有重要的历史价值和

抢救性修复后的枨冲老码头　（枨冲镇　供图）

文物价值。码头原设有 49 级花岗岩石梯级，因下游修建槽门滩水电站，水位提升，导致码头被淹和废弃。2020 年 9 月，枨冲镇启动对老码头抢救性修复，投资约 200 万元，工期 3 个月，按照"修旧如旧"恢复老码头的历史原貌，并修建亲水休闲平台和文化休闲广场，面积 1200 平方米，将老码头打造成集枨冲人文历史文化展示窗口、居民休闲娱乐健身场所、镇区文旅产业升级发散点三位一体的综合景点。12 月，老码头抢救性修复工程竣工。

【浏阳河枨冲段砂石堆场全面复绿】 2020 年 6 月，"洞庭清波"专项行动联席会议部分成员单位开展现场联合执法检查，发现枨冲镇一家采石场将大量砂石料堆放在浏阳河枨冲段岸边。对此，枨冲镇党委、政府第一时间召开紧急工作调度会，责令该采石场堆场于 30 个工作日内，按照"两断三清一平一复"原则（断水、断电，清原料、清设备、清场地，平整现场，完成复绿）予以整改。经过自然资源和生态环境办、农业农村办、综合行政执法大队等多部门的共同努力，现场砂石转运设备被拆除，2.5 万吨砂石料全部被转运处理。随后，涉事企业按照要求在河岸种植树苗，将占地 0.627 公顷的砂石堆场进行全面复绿，河段水域重新呈现出碧水清波的面貌。

（张树林）

镇头镇

【概况】 2020 年，镇头镇辖 11 个行政村，457 个村民小组，14703 户 67416 人，其中农村人口 37086 人，城镇人口 30330 人，出生人口 471 人，死亡人口 524 人，自然增长率 -0.79‰。民族主要为汉族，百岁老人 2 人，分别是陈爱华、郭庆桂。行政区域总面积 158 平方千米。耕地面积 3208 公顷，其中水田 3100 公顷；山林面积 9066 公顷。全镇属变质岩丘陵山区，沿浏阳河两岸地势较平坦，年降水量 1400 毫米，有利于双季水稻和各类喜温作物生长。域内水系发达，浏阳河穿镇而过。发源于葛家镇的跃龙河，流经镇头镇跃龙村、双桥村。镇域属亚热带季风湿润气候，热量充沛，光照较足，夏季高温多雨，冬季寒冷干燥，年内最高气温 38℃，最低气温 -2℃左右，年平均气温 20℃左右。

经济发展状况　全年完成财政税收 1.06 亿元，首次突破亿元大关，同比增长 11%。完成规模工业总产值 36.3 亿元，同比增长 14%；固定资产投资 54.5 亿元，同比增长 10%；规模商贸销售额 1.83 亿元，同比增长 12%。连续三年被评为绩效考核优秀单位。工业经济：截至 2020 年 12 月底，园区（浏阳市环保科技示范园）已入驻企业 114 家，完成税收 6320 万元。企业研发费用总投入 696.3 万元，完成科技交易合同总额 1.515 亿元，新增有效发明专利 7 件。全镇全年共吸引东跃物流、中垒工程、莱美筑工等 12 家企业签约落户，铺排重点项目 10 个，实现招商引资 12.4 亿元。农业生产：发展种粮大户 29 个，最大单户水稻种植合作社种植面积 33.33 公顷，粮食生产工作被列为一类乡镇。种植油菜 1333.33 公顷，建成跃龙、北星两个水旱轮作千亩示范片，被评为秋冬种工作一类乡镇。完成油茶低产林改造 1000 公顷，小油坊标准化升级改造 5 家；完成油茶幼苗种植 400 公顷；建成油茶林下经济示范区，以"油茶+"模式打造高效生态循环复合新模式。商贸服务业：相继建成以华嘉时代广场、中天国际为代表的商业综合体。旅游景点建设：依靠油茶特色小镇，发展油茶产业集群，初步形成完整的油茶产业链条，打造航天艺术科技馆—油茶科普体验园—油茶花开庄园—陈昌烈士故居旅游线路。

社会管理　基础设施建设。2020 年，完成脱贫攻坚自然村通水泥（沥青）路第二批项目共计 9.365 千米、长沙市规 20 条共计 22.8 千米道路建设；投资 1000 万元对田坪老街 180 户老旧房屋进行改造翻新，打造成为油茶古街；完善城镇污水处理管网建设，园区和集镇污水截污到位，全部经由园区、集镇两个处理量为 5000 吨/日的污水处理厂净化处理。环境整治。开展农村人居环境整治三年行动，被评为长沙市农村人居环境整治"优秀乡镇"；聚焦农村垃圾分类，开展"小手牵大手""垃圾分类我参与"等义务宣传公益活动，形成垃圾分类人人参与的氛围。完成全年改厕任务 4357 户，废除非卫生厕所 1596 户。打击违法建设，查处违法用地 28 宗，实现新增违法用地零增长。安全生产。加强对烟花爆竹、危险化学品、非煤矿山等重点行业领域的安全监管，全年针对三大高危行业、工贸行业共开展执法监督和双随机检查 36 次，排查隐患 200 余条，实现安全生产零事故。加强重点路段和源头企业治超监管，交通安全事故发生率下降。治安状况。配合长沙市委第八交叉巡察组巡察工作，调查处理巡察交办信访件 48 件；化解矛盾纠纷，排查并受理各类纠纷 160 余起，调解成功率 96%；化

浏阳市环保科技示范园航拍图　　（镇头镇　供图）

12 月 29 日，湖南省副省长陈文浩（左三）到镇头镇调研油茶小镇建设　（镇头镇　供图）

解全镇信访积案 11 件；开展校园及周边食品安全“护苗”等专项行动，实现食品安全零事故。深化改革。提高政务服务水平，推出“一站式服务”“村帮办”“村上办”“企业手续代办”“一件事一次办”等系列便民举措；提供政务服务 14 万余次，帮代办事项 1.6 万件，办理“12345”反映事项 860 件。整合现有执法力量，由综合行政执法大队集中行使行政处罚权。

社会事业　全年落实危房改造 73 户，教育助学 310 人，医疗救助 1582 人次，全镇建档立卡贫困户 698 户 2039 人全部实现稳定脱贫。落实社会救助政策，全年累计发放救助补贴 1000 余万元。实施无障碍改造计划，完成 24 户重度残疾人家庭无障碍改造工作。落实建档持证退捕渔民 91 人就业帮扶工作，为 57 名新考录大学新生申请慈善助学金。

【基层治理】　2020 年，镇头镇落实“1228”党建工程和党员“三保”工作体系建设，提升党建工作服务经济社会发展的贡献率。做好“党建 + 微网格”工作，构建“会聚周一”问题化解机制，截至 12 月 31 日，“会聚周一”共收集群众诉求 400 余件，办理率达到 90%。实行“微网格长”月积分制，形成“可存可取”的积分。以网格为单位，开展信访专项化解大走访活动，实现镇、村、网格干部走访全体微网格长和村民全覆盖，共收集到各类咨询、意见和问题 1600 余件，矛盾纠纷发生率同比下降 9.8%。《人民日报》连续两日刊发，推介镇头镇基层治理成效。10 月 30 日，《人民日报》小康之年专题推介镇头镇治污见成效；10 月 31 日《人民日报》第 7 版中以“走向我们的小康生活·征文”——“油茶满枝头 幸福在心头”介绍镇头镇土桥村的小康生活。

【园区建设】　浏阳市环保科技示范园由机械制造基地和金田食品工业基地组成，于 2013 年经浏阳市委、市人民政府批准设立，是浏阳西区的唯一市级产业园。2020 年，全年共吸引东跃物流、中垒工程、莱美筑工等 12 家企业签约落户，铺排重点项目 10 个，实现招商引资 12.4 亿元园区，实现税收 6320 余万元。截至 2020 年 12 月，环保科技示范园一期引进各类企业 72 家（其中 58 家属企业自购地建厂生产，14 家企业属租用厂房生产）；二期引进企业 9 家（6 家正在建设）；食品基地引进企业 33 家。在已入驻企业中：机械加工企业 42 家，汽车零配件企业 3 家、医疗器械企业 1 家，物流配送企业 1 家，非金属制品企业 36 家，运动用品 2 家，食品加工企业 24 家，食品包装企业 5 家。

【油茶小镇建设】　2020 年，镇头镇按照“五统一分”（统一流转、统一开发、统一供苗、统一种植、统一技术和分户管理）模式推进油茶基地建设，完成油茶低产林改造 1000 公顷，建成油茶林道 150 千米，完成小油坊标准化升级改造 5 家；完成油茶幼苗种植 400 公顷；建成油茶林下经济示范区，以“油茶 +”模式打造高效生态循环复合新模式；启动油茶花开庄园、油茶文化博物馆建设，建成古法榨油工艺体验馆、油茶观光园，修建游步道 1200 米，安装油茶文化元素路灯 475 盏，设置标识标牌 108 块，建成油茶小镇镇碑；通过对田坪村老街棚户区改造翻新，打造成油茶文化古街。12 月 29 日，副省长陈文浩到镇头镇调研油茶小镇建设，了解“茶油生产加工小作坊升级改造三年行动”试点推进情况。他强调，要一手抓生产，一手抓市场，不断优化市场资源配置，推进茶油生产加工小作坊标准化建设，进一步推动油茶小镇

镇头镇油茶特色小镇——丰产林和油茶林下经济示范区　（镇头镇　供图）

的发展。

（肖富国）

普迹镇

【概况】 2020年，普迹镇辖9个行政村，81个村民小区，土地面积176.471平方千米，耕地面积3077.543公顷(其中水田2708.92公顷、旱土368.623公顷)、山林面积10973.916公顷。全镇总人口42167人，出生人口300人，死亡386人，人口出生率7.11‰，自然增长率-2.04‰。人口流动5159人，流出方向以定居长沙、广东省居多。人口数量最多的民族为汉族，所占比例97.50%。百岁以上老人4人，分别是邹爱梅、陈庆祥、周青莲、周格珍。

经济发展状况　全年完成一般公共预算收入683.6万元（含烟叶税），占任务数的105%。年末银行存、贷款分别为9.43亿元、3.57亿元，人均存款2万元。在全市“大干一百天、实现双过半”大竞赛活动中，普迹镇夺取农业类乡镇第1名，总成绩居全市第6名。农业生产：粮食生产面积3133.33公顷，总产量2.82万吨，其中早稻600公顷，烤烟43公顷。生猪养殖规模化占比从2019年度的32%提高至2020年度的68%，全年出栏生猪约7.8万头；蔬菜规模化种植800公顷，大棚2500余个，年产量约4万吨；全年完成“一县一特”油茶改造392.07公顷。种植结构调整面积97.07公顷，休耕治理面积133.33公顷，在结构调整区内种植构树、烤烟、蔬菜、花木、毛豆等经济作物。工业经济：规模工业总产值21亿元，同比增长3%；固定资产投资8亿元，占任务数的105.7%；限上社会零售总额5.35亿元，同比增长3.54%。主要规模企业13家。在建项目19个，建成投产项目1个。

表17　　2020年普迹镇主要规模企业情况

企业名称	成立时间	注册资金(万元)	主要业务活动	就业人数(人)	2020年产值(万元)
湖南百威生物科技有限公司	2012年8月8日	1500	肥料生产	20	2400
浏阳市普金农业开发有限公司	2015年3月24日	606	蔬菜加工	100	2800
浏阳市金腾烟花制造有限公司	2006年7月18日	50	烟花鞭炮生产	120	700
浏阳市普迹镇金旺烟花鞭炮厂	2004年4月27日	500	烟花鞭炮生产	95	800
浏阳市普迹镇金信鞭炮烟花厂	2006年7月18日	150	烟花鞭炮生产	60	1000
浏阳市普迹镇龙洲鞭炮厂	2002年6月21日	52	烟花鞭炮生产	108	600
浏阳市珊瑚农用硝酸钾厂	2012年9月18日	120	化工生产	45	500
浏阳市金鑫鞭炮烟花制造销售有限公司	2015年7月17日	100	烟花鞭炮生产	165	900
浏阳市田希农业科技有限公司	2018年4月27日	500	薯类加工	60	1400
浏阳市普迹镇元霞烟花鞭炮厂	2003年9月28日	3	烟花鞭炮生产	60	850
湖南泛华鸿业新型建材发展有限公司	2006年5月13日	115	水泥制品制造	50	1200
浏阳市恒瑞烟花鞭炮制造销售有限公司	2016年3月14日	100	烟花鞭炮生产	70	1100
浏阳市恒鑫生物能源开发有限公司	2014年7月9日	1000	生物质致密燃料制造	30	2300

社会管理　交通。完成花木走廊普迹域内14.4千米的水沟清理，沿线杂草、杂物清理、行道树刷白、桥梁刷漆、非交通标识标牌拆除等工作。投入20万余元对1条省道、3条县道、3条乡道、32处道路安全隐患整改，安装交通提醒标牌47块，增设减速带300余米，清理弯道遮挡视线树木16处、道路两厢枯树11棵，修复毁损护栏2处，清理道路塌方25处。投资300余万元对新府至金峰、书院至金江、普花至镇头等村级主干道提质改造。供电饮水。完成浏阳河普迹段饮用水水源保护区划分，对保护区范围内居民生活污水进行集中收集处理；浏阳市金牌食品厂、浏阳市普迹镇姜鑫食品厂两家企业申请调整划出浏阳市镇头新农自来水有限公司饮用水水源保护区范围；申报五丰村山溪水、普花村供水工程地下水饮用水水源保护区划分。水利建设。投入20余万元新建垃圾中转站污水处理设施（四级沉淀池），解决垃圾中转站污水乱排放和水体黑臭造成污染；疏浚，整治和清淤山塘12口，更新改造机埠8座，修复河坝12座，修复水损河堤12处。完成高标准农田建设和金江河综合治理项目工程，实施农田基础设施高标准改造面积183.33公顷，金江河综合治理河道清污28千米，新建水闸4座。成功申报浏阳河流域（普迹段）水污染防治综合治理项目，其中新建污水管网20千米、提标污水处理设施1处，建立分散式污水处理设施3座；建成5千米浏阳河河岸生态护岸工程；对70余千米河道及小微水体进行治理。村镇建设。投入2000万元完成夹洲湾露天消费综合体项目建设，投入400万元用于普迹河美丽河流示范创建，完成河堤护砌和游道建设；投资50余万元用于农贸市场升级改造，新建蔬菜

自产自销区;完成集镇污水主管网建设6.2千米,支管网建设4.2千米,并投资约200万元对污水处理厂提标改造,实现出水水质从一级B提升至一级A;投资550万元完成金江分散式污水处理设施建设,解决金江集镇约1000人的生活污水处理。环境整治。改造农村无害化厕所3382座,农村无害化厕所普及率91%;采用疏堵结合,对集镇牧马冲市场、金江集镇马路市场开展综合整治68次;开展"村庄清洁"百日行动,解决农村环境卫生"脏、乱、差"的问题;规范垃圾分类运行体系、落实长效管理机制,实现全镇垃圾分类减量全覆盖;开展镇容环境大规模整治活动10余次,学校、农贸市场周边专项整治6次,被评为"湖南省卫生乡镇",普官村被评为"湖南省卫生村",普泰村、金峰村被评为"长沙市卫生村",普迹镇机关、普迹镇中心完小成功创建"长沙市文明单位"。安全生产。全镇辖区内三大高危行业企业17家,其中烟花爆竹生产企业12家,非煤矿山企业(机砖厂)1家,危险化学品生产经营单位(含加油站)4家;工贸企业6家,学校、幼儿园11家,敬老院1家,宾馆旅社13家,小型商场超市2家,渡口2处,燃气经营店3家,网吧2家,在建工地4处;17家三大高危行业企业全部创建安全生产标准化,2020年全年安全生产无事故,继续保持"长沙市安全生产示范乡镇"称号。治安状况。推行"党建+微网格"工作,构建"一队一网"基层治理格局,由镇、村青年党员组成"青春服务队",每周二下村入户走访,全年走访群众、微网格长、养殖户、企业2.17万次,收集问题833个,为群众解决问题784个;围绕"降事故、保安全、保畅通"目标,开展"一盔一带"、酒驾、非法载客等交通违法违规整治行动。全年无进京赴省上访、重访案件,成功创建信访"三无"乡镇。

社会事业　组织稳岗就业,开展浏阳市工业园"春风行动"、蓝思科技招聘、就业扶贫日专场招聘会等活动,帮助贫困劳动力解决家门口就业问题。15户29人如期脱贫,全镇所有贫困户、贫困村全部脱贫"摘帽"。对全镇691户低保户1390人,476户"五保户"481人,发放民生保障资金860万元。全年对1618名高龄老人发放高龄补贴190余万元;为登记在册的393名离任村干部发放生活补贴44万元。办理各类困难临时救助79人,发放救助金41400元。

【湖南都市职业学院(浏阳河校区)落户普迹镇】 7月23日,湖南都市职业学院与普迹镇人民政府正式签约"湖南都市职业学院(浏阳河校区)"项目,落户普迹镇新街村。该项目建设周期约为3年,项目总用地约86.667公顷(一期53.333公顷,二期33.334公顷),总投资12亿元。8月13日,项目征地动员大会在普迹镇新街村召开,校方代表、浏阳市拆迁办、乡镇相关负责人以及新街村村民代表共计约140人参加会议。动员大会后,涉及项目用地的新街村9个小组197户村民一天内全部签订征地协议。12月2日,浏阳市自然资源局发出《浏阳市普迹镇总体规划(2007—2020年)2020年局部修改批前公示》,该项目已纳入《湖南省高等学校设置"十三五"规划》,并经浏阳市发展和改革局备案。湖南都市职业学院(浏阳河校区)项目位于浏阳市普迹镇新街村,规划南横线南侧,办学规模约14000人。湖南都市职业学院是经湖南省人民政府批准、教育部备案的全日制普通高职院校。学院的前身是创办于1981年的湖南信息管理专修学院,2007年2月经湖南省人民政府批准升格为全日制普通高职院校。湖南都市职业学院(浏阳河校区)项目是湖南都市职业学院申办本科院校的一个重大项目。

【中铁十二局七公司仓储物流项目投产】 中铁十二局七公司仓储物流项目位于普迹镇普泰村,于2020年1月签约,项目占地5.667公顷,投资约1.2亿元,2020年11月底竣工投产。

【夹洲湾露天消费综合体建设】 为加快建设新型文旅商业消费集聚区,完善相关配套设施,提升集镇品质,2020年10月,普迹镇启动夹洲湾露天消费综合体建设,拆除集镇临浏阳河临时建筑46处,投入1500多万元,新建1.5千米沿河游道、给排水设施及管线、旅游公共厕所、垃圾收集设施、路灯等,项目于2021年1月竣工。

(胡偲琦)

官桥镇

【概况】 2020年,官桥镇辖7个村,226个村民小组,土地面积89.7平方千米。水田面积约1593.27公顷,旱土面积约266.67公顷,山林面积约5445.53公顷。总人口数27660人,出生人口208人,死亡人口366人,人口出生率7.52‰,自然增长率-5.71‰,流动人口数1340人,百岁老人2名,分别是集镇村芦家组陈佳爱、涧江河村达到组彭仕佑。官桥镇为丘陵地貌,年平均气温17.3℃,最高气温39.4℃,最低气温-3℃,年降水量1432.8毫米。全年无旱涝地质灾害。

经济发展状况　2020年,实现财政总收入2344万元,同比增长6.5%;完成地方一般公共预算收入1200万元,同比增长12.2%;人均存款3万元;规上其他营利性服务业营业收入同比增长47.67%;完成社会固定资产投资7.45亿元;完成社会消费品零售总额15494万元,同比增长30.27%;外贸进出口完成337万美元,同比增长10.23%。坚持优化营商环境,以商招商,全年招商引资签约项目7个,其中投资过亿元项目2个。农业生产:全镇粮食种植总面积稳定在2000公顷以上,机械化生产率达到90%以上;做强涧江河村蔬菜生产基地、八角亭黄桃生产基地。扶持成立"新青农联盟",开发"乡野村鲜"App及实体体验店,探索农超对接、农城对接的订单农业模式。推进农业供给侧结构性改革,完成旱稻种植406.67公顷,发展烤烟面积57.8公顷,改造烤房30座。年出栏生猪4.56万头、家禽100余万羽,完成246.67公顷种植结构调整任务,油茶低改226.67公顷。工业经济:围绕"制造官桥"目标推动企业升级。引导镇域3家企业投入9000万元进行工业技改,指导1家烟花爆竹生产企业实现转型升级,协助企业申请5项发明专利。规模工业产值14.94亿元，新增规上企业2家。新增产能2亿元以上，增加解决劳动力就业需求200余人。其他产业：苏故景区承接浏阳市垂钓竞技、湖南卫视《天天向上》栏目组拍摄以及各级单位党建、团建活动，全年接待游客5万人次，同比增长50%，旅游收入500余万元，创造就业岗位100余个。重点项目：湖南护理学校（浏阳校区）项目被列入2021年省重点建设项目，并写入2020年浏阳市政府工作报告，于12月动工建设；德天现代农贸科技产业园启动建设；湖南昱驰环保、金麓机械等项目均实现落地，湖南小田智能装备有限公司整体迁至官桥，世纪冠鑫、固宜居、阳雀生态等8个项目投入生产。

社会管理　基础设施建设：有序推进集镇棚户区改造、污水处理厂提标改造、涧江河二期工程。拆除石灰嘴村次集镇沿街户外雨棚2663平方米，规范马路市场经营秩序。投入300余万元新修、提质改造道路6千米、桥梁2座。环境整治：落实“洞庭清波”专项行动。迎接省级环保督察，推进“蓝天碧水保卫战”，开展环保专项执法检查行动60余次，检查220余处，受理涉及企业污染、养殖污染投诉工单10件。开展河长制工作，镇域内河流断面水质均达到目标值。落实农村人居环境整治三年行动和文明创建，实现垃圾分类全覆盖，完成3000座厕所改造，苏故污水处理设施投入使用。安全生产：落实“一盔一带”、治超治限及“路长制”工作，投入40余万元进行道路交通隐患整改，全年无交通亡人事故。社会综合治理：围绕“保稳定、创平安、促和谐”的工作目标，践行平安法制建设；开展扫黑除恶专项斗争、禁毒工作，加强治安巡逻，强化特殊人员管控；以“三天有回应，七天有结果”目标对信访件实行归口管理，调处矛盾纠纷120余个，解决历史遗留问题5个，5个村创建“三零村”；通过“党建＋微网格”开展“党员微服务”工作，全年累计上户走访5万余次，收集问题362个，解决问题356个，问题化解率98.3%；建立“三室一厅”（民情茶室、民情诊断室、民情调解室，村民议事厅）新机制，探索农村“民主商议”自治新模式。团结社会各界人士，做好官桥镇工商联换届工作，组建功能性党支部；举办制造行业大匠风采评选活动，评选出“制造带头人”“制造能手”12名；完成支村“两委”换届选举。

社会事业　通过“一卡通”发放39项补贴资金1127万元，全年减免代缴各类社保缴费74.4万元，实现两险收缴全覆盖。申请就业创业免息贷款200余万元，开展职业培训7期350人次。完成危房改造25户。完成苏故小学等标准化建设，新卫生院投入使用。

【湖南护理学校浏阳校区建设项目开工】 12月16日，湖南护理学校浏阳校区建设项目在官桥镇开工建设，开工仪式上，长沙市政协副主席、民盟长沙市委会主委、长沙市市场监管局局长张庆和宣布项目开工，民盟湖南省委会办公室主任傅小松、浏阳市政协主席李家喜出席开工仪式并讲话。民盟湖南省委会社会服务处处长陈雅云，民盟长沙市委会专职副主委李兰宏，民盟长沙市委会常委、长沙市教育局副局长杨庆江，民盟湖南省委会和长沙市委会社会服务工作委员会副主任、湖南护理学校校长丁志强等参加开工仪式。该项目（含康养医院项目）总投资30亿元。湖南护理学校是湖南省教育厅批准成立、教育部备案，长沙市民政局注册登记，长沙市教育局直管，面向全国招生的一所全日制民办医药卫生类的中等职业学校，为进一步提升学校办学实力，校方将在护理学校的基础上，创建湖南卫生健康高等专科学校。湖南护理学校浏阳校区及学校附属医院项目位于浏阳市官桥镇八角亭村，平汝高速以西，南横线以北。项目规划用地112公顷，其中学校66.667公顷，附属医院13.333公顷。学校部分总用地面积440756.80平方米，总建筑面积534555.00平方米（其中计容总建筑面积519700.00平方米，地下室总建筑面积14855.00平方米），容积率1.18，建筑密度24%，绿地率25%，停车位560个，其中地面停车位324个，地下停车位236个。其附属医院部分总用地面积45716.02平方米，总建筑面积79586.30平方米（其中计容总建筑面积54543.78平方米，地下室总建筑面积25042.52平方米），容积率1.19，建筑密度24%，绿地率30%，停车位907个，其中地面停车位124个（普通车位104个，救护车位4个，装卸车位5个，出租车位11个），地下停车位783个，规划床位500床（其中先行建设200床）。该项目于2019年10月为浏阳市引进落户的大专院校建设大型项目，已纳入市“十四五”重大规划。

12月16日，湖南护理学校浏阳校区建设项目开工仪式　（官桥镇　供图）

11月30日晚，"欢乐浏阳河"官桥镇专场文艺晚会在浏阳河广场举行

（官桥镇 供图）

【"欢乐浏阳河"官桥镇专场文艺晚会举行】 11月30日晚，"欢乐浏阳河"官桥镇专场文艺晚会在浏阳河广场举行。晚会通过歌舞、音诗画、情景剧等形式，展示官桥镇西区粮仓、垂钓小镇、苏故水经济的形象，及该镇从农业乡镇到智造小镇的发展历程和时代新风貌。晚会节目由歌舞《我们都是追梦人》、音诗画《时代之梦》、花鼓小戏《潘虎》、情景剧《新时代 新青农》等组成。晚会上，官桥镇党委书记章学良、镇长李爱萍为在官桥镇首届"制造行业大匠风采"活动中评选出的8名制造能手和4名制造带头人进行表彰颁奖。当晚，官桥镇当地农产品和重工机械设备亮相浏阳河畔，供市民体验官桥土特产，同时领略"智造小镇"官桥的科技力量。浏阳市委副书记王强，市领导李爱民、周明参加活动。

（彭文韬）

柏加镇

【概况】 柏加镇位于浏阳市西南部，地处长沙、株洲、浏阳三市交界处，属长株潭城市群绿心核心区，总面积87.5平方千米，其中耕地面积961公顷，林地3236公顷。下辖5个行政村，188个村民小组。年均气温16.7～18.2℃，日照1490～1850小时，无霜期271.8天，年降水量1552.3毫米。域内以红壤和黄壤为主，主要种植花卉苗木。2020年，全镇户籍总人口数23990人，新增人口175人，死亡153人，人口出生率6.99‰，人口自然增长率0.66‰，流动人口数1554人（流入人口278人，流出人口1276人），百岁老人1人，为楠洲村车湾组张美清。

经济发展状况 2020年，完成财政总收入6650.73万元，其中地方一般公共预算收入完成1267.72万元，为年初任务110.24%；除地方一般预算收入外，镇本级可用财力实现收入5383.01万元（一般预算补助收入、转移支付和财政体制分成收入为5090.94万元，政府性基金收入292.07万元）。实现招商引资到位资金2000万元，完成固定资产投资1.2亿元，新增社会消费品企业2家，实现零售总额同比增长25%。承办"'浏'有青山 花木满城"湘赣边首届花木博览会。建成渡头村"一村一品"罗汉松基地200公顷，推动楠洲村"一村一品"罗汉松基地建设，加速罗汉松国家地理标志产品认证；申报油茶抚育改造92.8公顷。

社会管理 基础设施建设。完成金明街、集镇老街、柏沱路环线等路面提质改造，公路提质、联通工程建设24条，共计20千米；仙湖村金谷大桥拆除重建，双源丁家组桥、仙湖石坝节桥完成维修加固；南横线沿线安装路灯120盏，双源、柏铃村组干道安装路灯238盏；集镇红绿灯正式启用。除险修复平口山塘6口、骨干山塘1口，渠道疏浚清淤17.2千米，浏阳河柏加段河堤治理、仙人河疏浚项目完成验收。完成改厕任务3000余座。安全生产。完善交通安全设施80处，安装护栏6.2千米；交通安全联合执法26次，查处未"戴帽"摩托车160余台，查获酒驾、超载超限等违法车辆27台，农机年检19台；拆除沿线彩钢棚2处、加固17处；开展食品安全联合检查25次，农产品质量检测1500余例，食品安全立案5起，罚款1.7万元；安全生产计划执法325家次，消除隐患122个，立案4起，行政罚款1.7万元；收缴非法生产成品80多件，行拘2人，实现安全生产"零事故"；开展"护学岗"行动，校园、校车专项整治4次，取缔无证办学机构6家；被评为"浏阳市平安建设红旗单位"。环境整治。渡头村通过"长沙市垃圾分类示范村"验收。规范集镇管理，消除卫生死角，治理店外经营、流动摊贩，清理户外广告、"牛皮癣"。调整完善绿心考核指标体系，全年绿心巡查255次，蓝天碧水保卫战立案1起，浏阳河柏加段断面水质达标，绿心保护"零违规"，省级环保督察"回头看"零投诉。"河长"拆除河道违建50余起，震慑"电打鱼"，抓获违法捕鱼8人次，立案处理3人，刑拘1人；开展护河行动30余次，柏铃村张伟被评为2020年湖南"最美河湖卫士"。"山长"山林巡护累计千余次，查处各类案件10起，巡查查处违规开山取土20起，林地复绿地块20宗，清除松材线虫病病株126棵；全市率先完成2019年度森林违法图斑整改。"路长"累计清理产业带公路道旁杂草50千米、水沟7千米，制止路边违建15处，拆除2处，各村主干道路面修补53处1000余平方米。柏铃村被评为省"文明村"，村民张恒被评为三季度"长沙好人·身边雷锋"。美丽乡村建设。柏加镇被评为2020年"省级美丽乡村建设示范镇"；高标准规划渡头村"蔡家巷子文创街"，主体工程加速推进；浏阳坪美丽屋场完成建设，柏铃村被评为"长沙市美丽乡村"；创建特色园林示范点15个，指导5个重点园林建设"一园

5月29日，湖南省农科院园艺研究所在柏加镇挂牌成立“湖南省农业科学院园艺研究所专家工作站”　（柏加镇　供图）

一品”精品园。综治维稳。加强法制宣传，推出“‘柏’家讲坛——防范电信诈骗”课堂，“王妈禁毒”普法短视频获市级二等奖，禁毒工作被“中国禁毒”微信公众号推介报道；“党建＋微网格”矛盾纠纷多元化解平台调处各类矛盾纠纷432件，涉及金额398万元，其中重大疑难复杂案件4件；办结网上信访件12件，省委巡视组交办件2件，息访息诉3件；不定期治安清查24家、210人，尿检121人，毛发检测52人，强戒1人，公职人员毛发检测102人；行政结案46起，刑事破案12起，成功侦破张某龙和张某林诈骗案、万亮金店被盗案等案件。

社会事业　社会保障。卫生院一期总投资1800万元，已完成整体搬迁投入使用，二期预算投资850万元，已启动工程建设。按时发放60项惠农补贴1267.98万元，受益28233人次；走访慰问退役军人和现役军人家庭1379人次，发放慰问金19.99万元，楠洲村被评为浏阳市“村级示范退役军人服务站”；春节走访慰问650户，发放慰问金32.36万元；养保完成金额任务的110%，医保征缴完成率99.5%；慰问特扶家庭26户；家庭医生签约6223人，卫生院引进全自动生化仪、化学发光仪等检验设备，临床检验诊断能力明显增强；移民避险解困援建2户，移民项目通过市级验收；志愿者无偿献血连续5年被评为“长沙市先进单位”；成功打造楠洲村“村级幸福社区”。科技教育文化。完成金谷小学征地20亩、拆迁3户。完成湖南柏加高新科教产业园5个村民小组、121户村民、150亩土地征收，签订自耕户青苗补偿协议17户。柏加中学获浏阳市年度教学质量综合评价一等奖、第六届教育科研工作评优“先进单位”，并被中国发明协会中小学创造教育分会授予2020年度“先进集体”。与湖南省农科院园艺研究所达成战略合作签约，挂牌试验基地2个、专家工作站1个；新增有效发明专利1件，技术贸易服务合同241万元，成立科技协会7个，“科普中国”信息员注册734人，科技志愿者登记800人。扶贫攻坚。全年开展新型技术培训140余人，苗木帮销90余万元；仙湖村10户贫困户参与产业扶贫——食用红薯苗种植项目，户均增收7000元；如期完成脱贫攻坚任务。

【“一树繁花寄哀思”文明祭祀活动】 2020年清明前夕，柏加镇结合党员联户工作，通过“党建＋微网格”，将本土自制有关文明祭祀的广播情景剧、抖音小视频、文明倡议书以及各类文明祭祀小活动等宣传动员到村（居）民当中，向全镇人民提出“来一场没有烟火的相遇”，许多农户在党员带头感召下，放弃传统祭祀，接受家庭追思会、花木种植、线上祭扫、杜绝烟火等祭拜新方式。4月1日，来自该镇各村的30多位家庭代表聚集浏阳河柏加河畔，种下寓意新生和希望的桂花树并挂上为该活动打造的纪念牌，表达对逝去亲人的哀思。

【与湖南省农科院园艺研究所达成战略合作】 2020年5月29日，柏加镇人民政府与湖南省农科院园艺研究所举行战略合作签约仪式。双方将在新产品新技术推广应用、产业发展指导、乡村振兴模式创新、休闲农业乡村旅游、众创空间、科普教研基地、科技项目合作和支部共建等8个方面开展深度合作。同时，省农科院园艺所在柏加镇挂牌成立“湖南省农科院园艺所特色木本花卉湖南省工程实验室试验基地”“湖南省农

12月18日，“湘赣边首届花木博览会”开幕式在柏加镇举行　（柏加镇　供图）

科院园艺所园林花卉种质创新与综合利用湖南省重点实验室试验基地”和“湖南省农业科学院园艺研究所专家工作站”。

【湘赣边首届花木博览会在柏加镇举行】 2020年12月18—20日，由湖南省林业局、长沙市林业局指导，浏阳市委、市政府主办，浏阳市林业局、柏加镇政府等联合承办的“湘赣边首届花木博览会暨生态音乐节”在柏加镇举行。湘赣边首届花木博览会旨在进一步贯彻落实习近平生态文明思想，展示浏阳花木产业形象，擦亮“花木小镇”品牌，探索花木产业转型升级新路径，助推浏阳乡村振兴再上新台阶。博览会活动以“‘浏’有青山花木满城”为主题，包含花卉苗木展示、金融授信、湘赣边共建林业生态圈联盟工作协商会、精品园林参观、花卉苗木产业发展论坛、首届湘赣边生态音乐节等环节，并在该镇金科山水洲设置展销点，搭建特色苗木、精品花木、七彩花卉、多肉植物、林木摄影作品展区、扶贫展品、涉林产品展区、浏阳特产展区8个展区，共接待游客约2万人次，银行现场金融授信7亿元。花博会期间，由浏阳倡议发起，湘赣边17个县(市、区)参与协商组建湘赣边区域林业生态圈联盟。该联盟将通过建立信息共享、工作会商、经验交流、联合宣传、联防联治等长效机制，进一步推动湘赣边县域城市协同发展。2019年，浏阳深入贯彻省、市大力发展“一县一特”花木产业的决策部署，出台《关于加快花木产业发展的实施意见》，培育建设完善市场体系，建立健全产业技术服务体系，持续推进“一县一特”花木产业发展工作，以实现“至2022年全市花木产业年产值达到50亿元”的目标。柏加镇是湖南省首批农业特色小镇，全镇90%以上农民从事花木相关工作，花木产业成为当地产业富民、乡村振兴重要支撑。花卉苗木产业也是浏阳市林业主导产业。截至2020年，浏阳市花木种植面积11866公顷，从业人员10万余人，花木年销售收入40亿元。

(易　超)

洞阳镇

【概况】 2020年，洞阳镇辖8个村，1个社区，274个村(居)民小组，总面积105平方千米；耕地面积1712.5公顷，其中水田1605.8公顷、旱土106.7公顷，山林5600公顷。全镇户籍人口45640人，流动人口48775人。出生人口403人，死亡人口267人，人口出生率8.83‰，死亡率5.86‰。全镇百岁及以上老人3人。

经济发展状况　2020年，园镇完成一般公共预算收入46.8亿元，其中一般公共预算收入32.52亿元。农业生产。建设高标准农田667公顷，全年粮食总产稳定在1.4万吨，生猪出栏1.63万头、存栏1.2万头。工业经济及商贸。园镇完成工业总产值47.6亿元，完成规模工业总产值10.4亿元，完成固定资产投资14.67亿元，社会消费品零售总额10664万元(含限上个体)，全年新增限上商贸企业5家(园镇共享)，规上服务业2家。

社会管理　基础设施建设。推进洞阳区域性中心敬老院二期工程建设，启动洞阳卫生院搬迁项目，完成工业园实验小学扩建，新增学位800个，新建停车场5个。征地拆迁。全年完成房屋征拆协议签订160户，征地79.6公顷，实现汽车学院一期、电子科技职业学院等27个省市重点项目征拆清零，被浏阳经开区评为2020年度征地拆迁工作“先进单位”。环境整治。开展农村生活垃圾分类减量工作，宣传生活垃圾分类知识；开展“厕所革命”，改造无害化厕所3150座。强化对工业、燃煤、扬尘、渣土等污染源综合治理，调处各类污染纠纷81起，关停处置非法搅拌站1个，立案查处环境违法案件7件。落实“河长制”工作，菊田河、九溪河、砰山河水质全面达标。安全生产。落实安全生产监督管理派驻工作制度，全年开展监管执法检查468家次、排查治理安全隐患628条；提升消防安全治理能力，开展联合执法10次，共排查治理隐患122处；在全镇各工贸企业、重点场所、重点单位开展“智慧消防”创建工作，实现全镇安全生产领域零事故。综合治理。依法化解矛盾纠纷325起，办理网上信访件90件、上级交办件60件。组织全镇微网格长开展“金阳夜谈”“微宣讲”等活动30场次，解决群众所急所需问题600余个。办理“12345”市民服务热线反映事项850件，受理各类审批服务事项、为群众帮代办事项5778件。文明创建。开展文明创建和移风易俗活动30余次，全年推送省、市文明家庭、幸福家庭22户，评选“公益之星”20名，在长沙市级以上媒体刊发各类正面宣传报道152篇。城镇管理。开展集镇环境综合整治，开展“一盔一带”整治工作，全年处理违规运输渣土车40余起，劝离乱摆乱设流动摊贩和店外经营行为2000余次，取缔马路市场6处，拆违面积达4700多平方米。

社会事业　民生保障。全年发放低保金274.9万元，特困供养金198.4万元，大病救助款33.9万元，残疾人补贴80.8万元，为60岁以上的老年人发放养老保险金1504.18万元，发放临时救助6.78万元，全镇393户1233名贫困人口全部脱贫。卫生健康。推进流动人口区域“一盘棋”战略，组织全镇3462名65岁及以上老年人进行免费体检，开展妇女“两癌”查治1833例。疫情防控。发挥大数据和“党建+微网格”作用，严格管控人员密集场所，累计摸排追踪中高风险地区到(返)浏人员3831人，落实春运期间返乡人员“五包一”(一个乡镇干部、一个村干部、一个医务人员、一个民警、一个网格员，五个人从不同角度帮助一个重点人员)责任管理共896人，实施重点人群核酸检测1474人次，开展“五包一”重点人群疫苗接种169人次。

【做好企业帮扶】 强化干部驻厂和联企工作机制，为企业用工、资金、防疫物资供应等纾困解难，帮助蓝思科技股份有限公司招工400余人，为湖南银丰塑料包装有限公司、湖南宝升塑业科技有限公司等疫情防控重点保障企业申请贷款2000余万元，提供医用口罩3.5万余个。

【探索乡村振兴】 2020年，洞阳镇依托园区发展，南园村、西园村通过集体土地入市，幸福泉社区、北园村创新“服务+物业”等模式，村(社区)集体收入均超过20万元，探索出乡村振兴的洞阳路径。

（赵　颖）

永安镇

【概况】 2020年，永安镇辖12村、273个行政组，辖区面积112.2平方千米，其中城镇建成区面积15平方千米。耕地面积3163.5公顷，其中水田2657.5公顷、旱地506公顷，山林2880公顷。户籍人口18314户68363人（非农人口12691人），其中男性33980人，女性34383人。出生人口612人，死亡人口772人，人口出生率8.95‰，人口死亡率11.29‰。迁入人口210人，迁出人口273人。人口最多的姓氏是罗姓，约4700人。有百岁老人8名，分别是永新村郭德意，永安村柳淑元、裴喜珍、刘喜元，水山村陈双腊，督正村何秀珍，芦塘村陈雪华，坪头村朱洪斌。年均气温18.4℃，年内气温最高值37.2℃，最低值-3.9℃，年降水量1953毫米，最高洪水位46.5米。在浏阳市“大干一百天、实现双过半”竞赛中获乡镇街道组第一名；在全国中部乡镇排名中，2019年综合竞争力跃升至第2位。

经济发展状况　全年实现财政税收总收入28.9亿元、同比增长20.6%，其中税收18.1亿元、同比增长28.4%。农业生产：全年种植结构调整457.483公顷，流转土地370.667公顷；培育双季稻种植大户39户，播种粮食2200公顷，优质稻种植面积占全年水稻种植面积90%以上，发放稻谷补贴126.6万元，粮食总产值5000多万元。共有烟农286户，种植烟叶450.667公顷，烤烟保费增加到1462.5元/公顷，收购烟叶18845担，收购均价28.48元/千克，实现烟叶总产值4000万元、烟叶税600万元。油茶产业新造品种改造5.733公顷，抚育幼林66.667公顷。存栏生猪13860头，其中能繁母猪存栏2450头，羊存栏480只，牛存栏860头，家禽存栏16万羽。完成农机年检年审155台，发放购置补贴41台，补贴资金316780元。工业经济：全年完成固定资产投资31.6亿元，工业经济产值23.8亿元，同比增长16.6%，规上企业社会消费品零售总额2.24亿元，同比增长37.5%；新增“四上”服务业企业6家、商贸企业4家、规模工业企业8家，服务业主营收入同比增长100%，社会消费品零售总额增速达到39%；新增外贸进出口企业3家，全年完成外贸进出口总额1650万美元，同比增长200%。乡村旅游：相继举办美食节、音乐节、板栗节等主题节会，接待各类游客12.6万人次，实现旅游综合收入4000万元，芦塘村成功申报湖南省重点旅游村。

社会管理　基础设施建设：投入470万元，完成永明片区棚改（二期）配套基础设施建设工程；投入140万元，建设永安镇垃圾分拣中心和垃圾中转站；投入145万元，完成永安西路北侧红旗渠清淤疏通，以及经一南路、新河街、光明南路道路提质改造工程。投入280万元，在集镇增设8个停车场，新建6个公共厕所；投入218万元，新建30座烤烟烤房和一个分级场；投入1000万元，对督正、西湖潭、大安等7个村水利基础设施进行维修改造；投入资金400万元，整改道路交通安全隐患211处，安装红绿灯1处，电子抓拍系统15处；投入1500万元，完成5个村自来水安装，惠及群众2890户。人居环境整治：抓好“两治”工作，落实“首厕过关制”，完成无害化厕所改造3968座，覆盖率97.9%；镇村两级垃圾分拣站全部正常运营，实现垃圾分类全覆盖，成功创建湖南省卫生镇，永安村、水山村成功创建湖南省卫生村。安全生产：创新实施安全生产“三每”（每周进行部门联合执法、每月列出反面典型企业、每季度列出隐患风险清单）制度，开展交通、消防、食品等重点领域安全监管，开展打非治违，全年开展各类执法156次，发现并整改问题151个，停产整改企业43家，安全生产事故零发生；农村聚餐备案登记478起，查处取缔无证生产企业6家。社会治安：推进平安乡村建设，深化禁毒人民战争，查破涉毒案件19起、行政处罚12人，新增安防摄像头1800个，镇人民武装部被评为长沙市“五星级”基层武装部，永新村人民调解委员会被评为“全国模范人民调解委员会”；开展信访维稳工作，信访总量下降30%，办结“12345”反映事项829件，满意率99.5%，特护期进京非访“零登记”。环境保护：针对家具、建材、食品等行业开展联合执法52次，发现并整改问题246处，停产整顿企业46家，取缔“散乱污”企业11家；严格执行“六控十严禁”，取缔集镇夜间露天烧烤店，餐饮行业全部安装油烟净化设备；全面整治农户投肥养鱼、企业污水直排、河库“四乱”（乱占、乱采、乱堆、乱建）等现象，狮子脑水库被评为“长沙市百座放心满意小型水库”“浏阳市美丽河库”，成功打造永和村东兴屋场小微水体示范片区。旅游景点建设：在芦塘村示范片区以打造国家级田园综合体项目为核心，投入6000万元，建成浏阳市第一家老种子博物馆，获批长沙市研学基地；提质美栗谷游乐场，改造主题民宿46间，建成板栗加工厂；投入1150万元，建设东兴屋场、红旗屋场、清源屋场。行政审批：4月28日，举办“永安镇人民政府行政审批专用章”启用仪式，正式承接浏阳市98项经济社会管理权限，共涉及15个市直部门。

社会事业　教育。投入170万元，完成坪头完小、丰裕中学等9所中小学校园提质工程；完成永安完小等3座小学改扩建工程，并全部通过长沙市标准化校园验收；新增4家校外托育机构；实施师生同餐制度，出台奖励办法，要求公办学校全面落实“四同”（同菜谱、同食材、同加工、同就餐），确保学生伙食质量稳步提升。就业。转移农村劳动力就业20376人，转移就业率达到96.11%，城镇失业率控制在3%以内，高校毕业生实现100%就业，失业人员再就业率95%以上；全年补贴就业困难人员549人次，发放社会保险补贴93.5万元。社会救助。开展慈善助学、助困活动，发放助学资金23.7万元，慈善助学102人；发放特困低保群体补助资金约521.7万元。社会保障。落实老年人体检7635人，超过目标任务的1.68%；

征缴城乡养老保险487.6万元、同比增长5.68%，征缴医保1343.8万元、同比增长8.56%；成功调解农民工工资纠纷40余起。

【综合竞争力位列2019年全国中部乡镇百强榜第二位】 2020年9月8日，第三方机构竞争力智库、中国信息协会信息化发展研究院和北京中新城市规划设计研究院等机构编制的《中国乡镇综合竞争力报告2019》在北京正式联合发布，永安镇位居2019年全国中部乡镇百强榜排名第二位，湖南第一位。近年来，永安镇依托浏阳西进长沙“桥头堡”优越地理位置和浏阳经开区(高新区)的发展，上项目、抓改革、惠民生，经济、社会各项事业快速健康发展。2019年9月，总投资320亿元的长沙惠科项目落户浏阳经开区(高新区)，选址永安镇礼耕村境内；以产业发展为先，服务重大项目建设，永安镇全面优化营商环境，开展企业帮扶，做好惠科、豪恩声学等重点在建项目服务保障，让在谈项目早签约、签约项目早开工、开工项目早投产。同时，永安镇加速推动传统产业转型升级。以尚东产业小镇、浏阳国际家具城、中南爱晚家居原辅材料市场为载体，推进家居产业链建设，镇域内有家具制造企业1000余家、从业人员上万人，是中南地区重要的家具及其原材料集散地，年产值超过20亿元。发展村级集体经济，永安镇结合各村实际，加强镇村联动，发展“四型”集体经济，以农村集体土地入市、全域土地综合治理、土地增减挂钩开发、经营性项目入股为着力点，促进收益实现新增长；加强环境整治，推动垃圾分类工作和改厕工作，实现无害化厕所全覆盖，打造人居环境整治示范村。加强民生建设，在全镇范围内开展安全饮水工程三年(2019—2021)计划。2019年5月，永安镇饮水工程正式启动建设。坚持教育优先理念，加速推进永安完小、新岐岭完小、丰裕完小等建设或扩建项目；加强永安医院信息化建设，改善就医环境，做好老年人体检、产前筛查等民生实事，打造健康永安；重视就业问题，加强园区企业用工对接，实现“4050”人员、零就业家庭人员等重点人群岗位精准匹配。2019年，永安镇实现工业总产值302亿元，同比增长12.5%；规模工业增加值66.4亿元，同比增长11.5%；固定资产投资136亿元，同比增长8.6%，多项经济数据稳定增长。2018年，永安镇综合竞争力位列全国中部地区乡镇第六位。

【中华老种子博物馆正式开馆】 5月1日，位于浏阳永安镇芦塘村的中华老种子博物馆正式开馆。中华老种子博物馆把与农业相关的各种作物老种子作为主要载体，打造集科普、教育、娱乐于一体的博览平台。博物馆规划用地面积8629平方米，建筑面积8289平方米，博物馆采用整体玻璃房设计，室内展陈部分由“永安风情”门厅、“天地精华”展陈厅以及“重本务农”多功能会议厅组成，其中“天地精华”展陈厅按照科学审慎兼顾通俗易懂的标准要求，主要分为序厅和“人类粮仓”“荚果之邦”“蔬菜家族”“瓜的国度”“水果部落”“花卉世界”“种子文化”八个部分，对老种子基本特征、形态、习性、产地等要素以与种子相关的“种子文化”，诸如成语故事、农谚俗语、节气农俗、法规制度等进行关联展示和介绍。截至2020年，已收藏800多种老种子物种，供中小学进行研学科普教育及学习参观。该馆于2019年9月开始建设。

【打造浏阳市乡村振兴示范区】 2020年11月29日，湖南省商务厅与浏阳市人民政府签订《浏阳市乡村振兴示范区战略合作框架协议》，双方以永安镇家具制造产业聚集区为基础、以浏阳市深化推进农村土地制度改革三项试点成果为契机，共同打造浏阳市乡村振兴示范区。根据合作框架协议，省商务厅和浏阳将共同推进项目的整体规划，制定完善项目有关控制性详细规划，并将浏阳市乡村振兴示范区纳入长沙临空经济示范区范围和湖南自贸试验区外围辐射区配套范围，共同推进浏阳市乡村振兴示范区的建设发展；共同推动区内招商引资，重点引进高效农业、特色民宿、康养休闲项目，打造非洲在华非资源性产品集散深加工园。同时，在法定范围内，双方制定符合区域发展需求的招商引资政策举措。积极向有关部门推荐，将示范区建设项目纳入湖南省重点项目，为示范区项目建设争取各级政府的支持政策提供指导和服务。永安镇家具制造产业聚集区项目是浏阳探索农村土地制度改革三项试点的重点项目，通过“土地入市、农民入股”，当地村民以集体建设用地使用权作价入股，获得项目10%的股份，年均能拿到每亩8000元分红，走出一条浏阳模式的农村土地改革之路和乡村振兴之路。

【永新村人民调解委员会被评为“全国模范人民调解委员会”】 2020年12月9日，司法部印发《关于表彰全国模范人民调解委员会模范人民调解员的决定》，永安镇永新村人民调

5月1日，中华老种子博物馆开馆仪式 （永安镇 供图）

解委员会被评为“全国模范人民调解委员会”。永安镇永新村位于浏阳经开区(高新区)的核心区，村域总面积10.63平方千米，辖58个村民小组，总人口8637人。永新村人民调解委员会成立于2004年，在浏阳市司法局备案，共有人民调解员4人，调解志愿者23人，主要负责辖区内各类矛盾纠纷调处。在工作开展过程中，永新村人民调解委员会将人民调解与法治宣传相结合，在化解矛盾纠纷中加强普法教育，同时通过讲好典型案例“法治课”、用好法治宣传“小喇叭”、办好“屋场恳谈会”等举措，排查化解矛盾纠纷，提升人民群众的法治意识。2019年，永新村人民调解委员会共受理各类矛盾纠纷102起，成功调处96起，其中重大矛盾纠纷39起。2020年，永新村人民调解委员会积极参与疫情防控，同时，坚持落实矛盾纠纷定期排查制度，做到“小事不出村，矛盾不上交”。

（彭　放）

北盛镇

【概况】 北盛镇位于浏阳市西北部，是原国家副主席王震将军故乡，素有“北盛仓”之美誉。319国道、永社公路、开元路、浏醴高速呈“井”字形贯穿全镇，交通十分便利，是国家级浏阳经济技术开发区的重要组成部分、长株潭城市群重点开发区域以及金阳新城副中心城市。2020年，北盛镇辖12个村、294个村民小组。镇域面积77.9平方千米，山林面积1701.8公顷，耕地面积3327.82公顷(其中水田3183.6公顷、旱土144.22公顷)。全镇人口总数61072人，其中农业人口31218人，非农业人口29854人。全年出生人口581人，死亡人口528人，人口出生率9.5‰，人口自然增长率0.9‰。年度平均气温17.2℃，1月平均气温5.1℃，7月平均气温28.7℃，年降水量1376.6毫米。

经济发展状况 2020年，全镇城乡居民人均可支配收入45840元，增长4.9%。财税总收入5756万元，同比增长9.68%。工业经济。工业总产值30.25亿元，其中规模以上工业总产值15.19亿元，同比增长10.9%。新增固定资产投资项目65个，完成投资24.6亿元，其中工业投资18.12亿元，占比73.6%。农业经济。全年粮食种植面积3733.33公顷，稻谷总产量2.88万吨；发展特色烤烟400公顷，收购烟叶15078担，创造税收474.2万元。村级集体经济。建设“诗意捞刀河·丰美北盛仓”田园综合体项目，发展壮大村级集体经济，全镇12个村的集体经济收入均超过20万元。园镇融合。项目融园。全年征地650亩，拆除房屋58栋，实现永清山水、经十路、长郡北、盐津铺子三期、开元路北地块等9个项目征拆清零，攻坚北园平地、镶龙华府、开元路拓宽3个停滞多年的重点项目，保障北园污水处理厂、长房二期、新长海地产、北园企业落户等项目推进。交通融园。完成村级道路提质改造18.5千米，集镇范围内道路提质改造1.2万平方米，北盛大道提质改造2.8万平方米，开元路提质改造2.3千米，健安大道路基铺设基本完成。

社会管理 坚持党建引领，推进“党建+微网格”工作，完成12个村“两委”换届选举。安全生产。开展全覆盖安全检查，排查各类隐患800余个，立案查处生产经营单位12家次，关闭非法生产经营单位6家，停产整顿企业8家次，实现安全生产“零事故”。开展有限空间、道路交通、消防等重点领域专项整治138次，查处各类违法行为2755起。污染防治。全面落实“河长制”，捞刀河乌龙陂断面水质、北工断面水质稳定达标。亚洲湖村农业废弃资源回收利用工作获国家住房和城乡建设部城建司肯定。环境整治。继续巩固“国家卫生镇”创建成果，全年改造无害化厕所6000座，全镇无害化厕所普及率95%；支持拔茅村创建“湖南省卫生村”，百塘村、边洲村创建“长沙市卫生村”，环园村、泉水村创建“长沙市垃圾分类示范村”，镇政府机关创建“湖南省文明卫生单位”，打造拔茅村、马战村“长沙市美丽屋场”，边洲村通过省级“美丽乡村示范村”验收，成功创建长沙市“四好农村路”示范乡镇。

社会事业 疫情防控。开展“拉网式”排查、“地毯式”摸底、“立体式”防控，实现辖区内零感染零确诊。助力复工复产，做好稳产保供，为蓝思科技股份有限公司招工456人。脱贫攻坚。申报产业扶贫项目2个，惠及269户；教育助学542人次，健康帮扶2000余人次，修缮住房10户，截至2020年年末，该镇502户1625人全部达到脱贫标准。社会保障。全年发放低保金378万元、特困金207万元、高龄补助276万元。民生事业。推进农村安全饮水工程；支持北盛中学、乌龙中学、大桥小学、马战小学完善硬件设施，创建长沙市义务教育标准化学校，支持北盛中心卫生院积极创建二甲医院。

【提高粮食生产能力】 2020年，北盛镇成立促进夏粮增产增收工作领导小组，制定《关于促进夏粮增产增收》等文件，将早稻生产任务逐一分解到村并纳入相关考核。围绕良种选购、田间管理、集中育秧等重点，有针对地开展技术指导。上半年开展上门技术指导200余次，并组织46名种粮大户进行集中培训。2020年启动高标准农田建设项目3个，面积160公顷，并选取亚洲湖村等村开展“单改双”示范、机直播示范、无盘育秧示范，早稻生产面积共计1400公顷，较2019年增加约30%，稻谷总产量1.1万吨，获湖南卫视《新闻联播》报道。

【实现烟花爆竹企业转型发展】 2020年上半年，北盛镇开始着手烟花爆竹企业的退出工作，成立由应急、国土、林业、工商、招商等工作人员组成的“智囊服务团”，走访收集企业负责人意见和建议，宣讲整改和退出奖补政策，帮助企业算好经济账、社会账和安全账。通过因厂施策，一厂一个方案一套班子，根据各个厂的情况不同采取不同的方法，支持企业的转型服务、加强对接。同时加快退出企业的厂房清理公示，督促企业尽快拆除1.1级工房，帮助企业尽快落实奖补资金，实现烟花爆竹企业转型发展。截至12月，全镇有4家烟花爆竹企业退出，落实奖补资金130余万元。

【马战村江桥屋场建设】 为提高王震故居接待游客容量，弘扬红色文化，讲好红色故事，传承红色基因，擦亮将军故里的红色文化底蕴，2020年6月，北盛镇启动马战村江桥屋场建设，建设范围涉及马战村江背组、新桥组、新征组共60户250余人，当年10月竣工，共投入资金200多万元。屋场建设硬化路1100多米，3300多平方米，新装太阳能路灯50盏，主干道和室外场所全面实现亮化，无害化厕所普及到每个农户，全面开展垃圾分类减量工作，配置农村生活污水处理设置，人居环境不断美化，美丽庭院覆盖率88%，示范菜园84%。屋场内规划停车场所2处。

（陈初妍）

沙市镇

【概况】 沙市镇位于浏阳市西北部，总面积209.7平方千米。2020年，辖15个村，422个村民小组；有耕地面积5414公顷，其中水田面积3609.36公顷、旱土面积1804.64公顷，山林面积11137公顷。户籍总人口数69675人，其中农业人口61086人、非农业户口8589人；出生人口544人，死亡人口550人，人口出生率7.8‰，自然增长率-0.09‰；人口流动数量2598人；百岁老人有4名。年平均气温18.4℃，最高气温37.2℃，最低气温-3.9℃，年降水量1953.0毫米，全年无旱灾。

经济发展状况 全年财政总收入5810万元，同比增长14.19%；工农业生产总值47.19亿元。农业生产：全年水稻种植面积3373.33公顷，油菜种植800公顷。结合乡村振兴将莲塘村定为“稻油”“稻稻油”水旱轮作试点任务点，并完成66.67公顷油菜示范区种植。粮食产量33043.5吨，产值1.1亿元；烤烟产量1482.98吨，产值4229.92万元；蔬菜产量35849.1吨，产值1.15亿元；水果产量20370吨，产值1260万元。完成油茶垦复面积56.47公顷，一般性油茶抚育面积433.33公顷；完成造林绿化面积13.33公顷，栽植苗木15万株，其中种植油茶0.9万株、杉树6万株；全年生猪出栏4.2万头、在栏2.6万头。工业经济：完成固定资产投资21.44亿元，同比增长17.09%，实现工业总产值61.37亿元，同比增长13.12%。商贸服务业：社会零售额4.9亿元。其他产业：2.45亿元，其中旅游业产值0.41亿元。

表18　　2020年沙市镇主要规模企业情况

序号	企业名称	成立时间	注册资金(万元)	主要业务活动(或主要产品)	就业人数(人)	2020年产值(千元)
1	浏阳市秀山华天服装厂	2005年4月27日		服装、皮革加工销售	80	401425
2	浏阳市赤马悦意皮革服装厂	2004年5月13日		皮革服装制造、销售	76	510799
3	湖南正兴记食品有限公司	2007年4月17日	200	蔬菜加工；蜜饯制作	40	449549
4	浏阳市康明木业有限公司	2008年10月7日	500	实木楼梯、地板、门加工销售	62	75778
5	浏阳市顺捷木艺有限公司	2008年9月22日	200	实木楼梯、门、家具加工并销售	75	383764
6	湖南高鹏木艺有限公司	2008年2月26日	500	木质门窗、楼梯、家具的制造	65	73062
7	长沙贵太太油茶科技发展有限公司	2016年10月31日	1000	食用植物油加工	35	276782
8	湖南大周门业有限公司	2010年10月11日	200	木门窗、楼梯、金属门窗的制造	76	260463
9	湖南盼盼木制品有限公司	2013年9月25日	1000	木制品制造、销售	129	295757
10	浏阳市名柏木业有限公司	2013年10月22日	100	木门窗、楼梯、木质家具制造并销售	25	184415
11	浏阳市金利出口烟花制造有限公司	2013年11月27日	800	烟花类、组合烟花类(B、C)级生产	69	111776
12	浏阳市盛虹国泰烟花制造有限公司	2015年3月26日	3750	烟花类生产	68	162880
13	浏阳市喜洋红鞭炮烟花制造有限公司	2011年6月29日	201	烟花、爆竹类生产	96	139566
14	湖南奥斯利食品科技有限公司	2015年10月12日	1400	果汁、食品生产	70	59959
15	浏阳市飞宇混凝土有限公司	2016年11月25日	1680	沥青混凝土生产、销售	45	76643
16	湖南天华建材有限公司	2017年8月17日	2000	混凝土生产、制造、销售	60	61748
17	湖南美佳陶瓷有限公司	2016年7月5日	1600	建筑陶瓷制品、轻质建筑材料的制造及批发	100	44753
18	浏阳市沙秀矿业有限公司	2019年2月2日	880	黏土及其他土砂石开采	68	41592
19	浏阳市沙市中南机砖厂	2010年8月25日		砖瓦及建筑砌块制造	66	45656
20	湖南冠湘木业有限公司	2014年12月30日	500	木质家具制造	160	52314

社会管理　基础设施建设。完成2020年长沙市农村公路提质改造项目25.9千米，连通工程项目2.5千米，精准扶贫项目6.8千米，安保工程项目11.9千米，秀山村茶元坳桥拆除重建。完成农村公路路面核查719千米；完成滨河路路面修补工程。环境整治。开展爱国卫生运动4次，东门村成功创建“湖南省卫生村”，敦睦村成功创建“长沙市卫生村”；指导沙市、白水、文光、秀山4个村完成“长沙市垃圾分类示范村”创建验收；完成镇垃圾中转站升级改造和4个村级垃圾分类资源回收分拣站建设工作；全镇范围内开展垃圾分类工作。全年完成改厕任务4199座，废除非卫生厕所1266座，超指标完成市级交办的改厕任务。开展环保集中执法42次，检查企业106家，下达监察文书25份，行政立案2起，罚款3.94万元；处理各类涉及环保信访投诉51起；省级环保督察“回头看”工作期间共检查企业71家次，实现零投诉目标；摸查涉及“夏季攻势”的重点企业14家，督促完成整改；完成饮用水水源地标识标牌设置，正兴记姜厂废水排口已移出水源保护区。安全生产。全年党政领导带队检查安全生产90余次；落实安全生产监督管理派驻制，对全镇79家生产经营单位派驻干部76人；开展安全生产“三年行动”专项整治、百日安全生产专项整治、消防安全大检查、马路市场大整治等10项专项整治，共计组织检查企业971家次，出动执法人员1061人次，立案查处5家次，暂扣安全生产许可证3家次，停产停业整顿21家次。累计查处烟花爆竹非法生产、储存、销售案件4起、行政拘留5人，非法销售成品油案件2起；累计收缴裸露药物33千克，烟花爆竹成品900余件，半成品1200余件，引火线130万米，成品油15.5吨。开展安全生产教育培训26期，悬挂安全宣传横幅36条、发放各类安全宣传资料2000余份，发送安全生产工作提醒短信500余条。治安状况。开展“两抢一盗”、黄赌毒等违法犯罪专项整治行动，全年接处警794起，受理行政、刑事案件共241起；采取进村组、进学校、进企业的方式开展多形式禁毒宣传活动，全面完成禁毒签名任务；推进扫黑除恶专项斗争，核查摸排涉黑涉恶线索，打击整治黑恶势力；对辖区46家“四小门店”开展卫计执法专项检查81次，下达整改意见书69份；全年受理信访问题数量37件，化解信访问题数量31件；建强普法队伍，牵头组建由各执法部门工作人员、镇村法律顾问和“人民调解帮帮团”成员组成的“沙小帮”法治宣讲团，定期分类开展送法进企业22次、进学校14次、进机关4次、进农村15次，其中开展疫情防控普法宣传30场次、《中华人民共和国民法典》专题普法活动8场次、“宪法宣传周”活动10场次；抓好社区矫正和安置帮教“三访四帮”工作，2020年，无脱管、漏管和重新犯罪现象发生；选优力量纳入“人民调解帮帮团”，全年对人民调解员培训4次，全镇共计排查并化解矛盾纠纷255起，涉案金额达430余万元，全年未发生一起民转刑案件；开启“123”矛盾纠纷多元化解工作模式，构建“党建+微网格+调解驿站”新模式。创建普法阵地，打造东门村法治广场、秧田村廉政法治园，秧田村被评为全省首批“法治宣传教育基地”“全省民主法治示范村”“长沙市十大法治乡村建设样板村”；中南大学法学院“法治乡村”实践基地落户东门村，同时东门村被评为“长沙市十大法治乡村建设样板村”。

社会事业　完成镇退役军人服务站和15个村级服务站的示范站创建与验收工作；发放低保、特困扶持、高龄老人补贴、残疾人两补、城乡养老、医疗保险救助资金共5148.5万元，春节期间对困难群众发放慰问金45万余元。查处无证办学机构14家，当场关停4家，下达整改意见书14份。按照“十个一”(一个文化活动室、一个书刊阅览室、一个培训教室、一个文化活动广场、一个简易戏台、一个宣传读报栏、一套无线网络器材、一套文化器材、一套广播器材、一套体育设施器材)标准完成秀山村级综合文化服务中心建设。完成沙市镇第六届民间信仰活动场所民主管理小组集中换届。医疗卫生体育。申报城乡医疗保险报销统筹支付4700万元，商保支付290万元，大病救助261人次，共计救助资金71万元。收缴2021年医疗保险保费5.8万人次、16.24万元。对全镇范围内92家“四小门店”进行规范检查。全年共进行卫计执法专项检查104次，下达整改意见书32份。办理卫生许可证16本。对全镇30所中小学和幼儿园进行饮用水和传染病防控工作检查，并下达执法整改文书32份。群众自发成立龙舟队等体育团体50余个，举办篮球赛等群众赛事50余场次。举办“第三届‘乐动沙市’体育旅游节暨沙市镇全民运动会”；组织沙市文化志愿队参加“湖南第十届农民工春节联欢晚会”长沙分会场活动，并选送《同舟共济心连心》节目。

秧田村耕读文化馆　　（沙市镇　供图）

2月14日，为武汉捐赠防疫物资　　（沙市镇　供图）

【向武汉捐赠爱心物资】 2月10—24日，沙市镇自发开展爱心捐助活动，桃源村、东门村、团农村、河背村、莲塘村、文光村、长春村、赤马村、中洲村、秧田村、秀山村、白水村、敦睦村、友助村及赤马湖义工联、市恒逸爱心协会、沙市镇民间河长办、市武术协会沙市分会、长春舞蹈队等参与捐赠。共运送8批次31车价值170余万元物资到武汉。

【中南大学“法治乡村建设实践基地”落户沙市镇】 8月3日，中南大学法学院与浏阳市沙市镇人民政府校地合作签约仪式暨中南大学法学院“法治乡村建设实践基地”“大学生社会实践基地”揭牌仪式在浏阳市沙市镇东门村举办。湖南省司法厅普法与依法治理处、浏阳市政协、中南大学法学院、长沙市司法局普法与依法治理处和浏阳市司法局、浏阳市沙市镇相关领导，以及浏阳市司法局相关科室长，浏阳市全体司法所长，沙市镇中层干部，沙市镇各村主职、综治专干共计110余人参加仪式。仪式结束后，中南大学法学院院长许中缘以“《民法典》实施与乡贤文化”为主题进行授课，并在“法治长沙”抖音号上全程同步直播。

8月3日，中南大学“法治乡村建设实践基地”揭牌仪式　　（沙市镇　供图）

【长沙(浏阳)第三届“乐动沙市”体育旅游节暨沙市镇首届全民运动会】 11月9日，长沙（浏阳）第三届“乐动沙市”体育旅游节暨沙市镇首届全民运动会在沙市镇长春村开幕。首届全民运动会坚持以群众性体育项目为主导，突出“全民参与、全民健康”，设马路赛、乒乓球赛、篮球赛、拔河赛四大体育赛事，时间为期一周，四大赛事共1040人参赛。吴胜明以50分58秒74获马路赛男子组第一名，袁钟钟以1分21秒46获女子组第一名；敦睦村获得乒乓球赛团体冠军，长春村获得团体亚军，文光村获季军；河背村获拔河赛冠军，文光村获亚军，友助村获季军。

【沙市镇第一届全民运动会男子篮球赛开赛】 11月12日，沙市镇第一届全民运动会男子篮球赛在河背村孝文化屋场开赛。镇党委书记罗拥军向裁判员代表授球并宣布本次篮球赛开幕。篮球赛为期6天，共16支比赛队伍参赛。比赛通过抽签排序，以单循环比赛、淘汰赛方式决出胜负。全程举办24场比赛，12月31日完成全部比赛，河背村获冠军，文光村获亚军，秀山村获季军，并对前三名进行奖励。

（夏纵印）

淳口镇

【概况】 淳口镇位于浏阳市北区中部，东依连云山脉，辖15个村，6.89万人，总面积243平方千米，其中耕地4000公顷，林地1.6万公顷，是湖南省农林强镇、山水名镇和红色革命老区。年末，全镇人口总数68933人（根据全国第七次人口普查数据，户籍人口）。全年出生人口619人，死亡人口523人，人口出生率9.0‰，人口自然增长率1.4‰。淳口镇属中亚热带季风湿润气候，年度平均气温17.2℃，1月平均高温9℃，平均低温4℃；7月平均高温32℃，平均低温25℃，全镇年均降水量1376.6毫米。

经济发展状况　2020年，淳口镇完成一般公共预算收入2671.04万元；实现规模工业总产值20.56亿

元，增长 15.8%；完成固定资产投资 14.18 亿元，增长 10.8%；实现社会消费品零售总额 6201 万元，增长 37.8%。全年引进项目 28 个，其中过 10 亿元项目 1 个，过 1 亿元项目 3 个，过 5000 万元项目 23 个。产业项目建设。江湾教育·生命科学产业园一期项目、智慧·云家居产业基地项目加速推进，金晟垚全自动化砖厂、博达建材投产，椒花水库引水工程淳口镇炉烟村 3 号支洞正式开工建设，220 千伏淳口至永和输电线项目推进有序，烟花爆竹产业安全转型升级加速完成。全年累计征收土地 54.33 公顷。农业生产。全年种植水稻 4406.67 公顷，全镇农业综合机械化水平达到 80%。完成油茶低产林改造 144.67 公顷。种植烤烟 395.33 公顷，收购烟叶 16314 担(815.7 吨)，总产值 2610.24 万元，较 2019 年相比增加 650 元／亩(9750 元／公顷)，烤烟种植和收购稳居全市前列。集体经济"薄弱村"全部清零，11 个村集体经济收入超 20 万元，其中杨柳村集体经济收入突破 50 万元。

集镇建管和基础设施建设　提速园镇融合，融入金阳新城规划和园区建设，优化空间布局，打造以镇人民政府、派出所新办公楼、政府文化广场、烟草路为主线的集镇新中心，政府文化广场、镇垃圾中转站建成投用，鹤源路、烟草路等提质改造项目推进有序，村级污水处理点积极推进，完成农村集体土地入市 23 宗。成功创建长沙市卫生镇，向坪村、高田村被评为"湖南省卫生村"，农大村、黄荆坪村被评为"长沙市卫生村"。狮岩村被认定为"2020 年度全省农村人居环境整治(美丽乡村建设)先进单位""2019 年度湖南省休闲聚集示范村"，并入选第二批"国家森林乡村"名单。农大村被评为"长沙市移风易俗'十佳'村"。提质改造农村公路 20 千米，完成安防工程 52 千米。改造提升农村集贸市场 7 个。"长沙市垃圾分类示范村"创建实现全覆盖。

社会管理　推进"党建 + 微网格"，实现 1322 名党员、志愿者直接联系 14576 户家庭，化解一批群众"急难愁盼"问题，基层社会治理效能显著增强。落实"三联三保"制度，办结上级交办信访件 51 件。落实党政班子成员公开接访制度，化解和调处本级信访事项及矛盾纠纷 170 余件。开展全覆盖安全检查 286 次，排查各类安全隐患 800 余起，下达安全生产监督检查文书 215 份，立案查处 7 起，罚款 13.99 万元，实现安全生产"零事故"。开展道路交通专项整治行动 50 次，查处各类违法行为 800 余起，交通事故发生率同比下降 25.58%。

社会事业　全年为低保家庭发放最低生活保障金 683.73 万元，为特困供养人员发放供养费 394 万元。城乡医保报销 4486 万元，收缴养老保险 550 万元、医疗保险 1638 万余元。实施医疗救助"一站式"服务，救助困难群众 178 人，救助金额 42 万元。完成第七次全国人口普查登记工作。村级"一门式"服务大厅实现全覆盖，镇敬老院消防水池建设完成。"党建 + 妇建"工作代表湖南面向全国推介，成功打造农大村、杨柳村省级"妇女儿童之家"示范点。举办捐资助学活动，对考取清华大学、北京大学等学子进行奖励资助。疫情防控。面对新冠肺炎疫情，全镇 3000 余名党员干部、微网格长、志愿者奋战在村组、企业一线，镇医务工作者主动请缨到武汉第一线参加抗疫，其中张更姣被授予"全国抗击新冠肺炎疫情先进个人"称号。其间，全镇党员群众向武汉及湖北地区捐献物资 227 吨，党员自愿捐款 23.4 万余元。截至年末，镇域范围内疫情防控工作实现"零感染"。

【江湾科教融合园项目一期正式开工】 4 月 28 日，江湾教育·生命科学产业园项目一期开工。江湾教育·生命科学产业园项目采用总体规划分期开发，总投资约 60 亿元。该项目分三期建设：一期依托湖南师范大学的师资力量打造教育板块，涵盖基础教育、素质教育、职业教育。二期为智慧康养医疗板块，该板块依托中南大学湘雅医学院的前沿医疗技术打造国内一流医养结合康养平台。三期为生物科技创新板块，打造以再生医学、干细胞方向的科研、临床应用及市场转化为发展核心的平台。三期项目整体建设周期为六年。截至 2020 年年底，项目一期中学校主要建筑建成。

【湖南省第一届水稻机插秧技能竞赛在淳口镇举办】 为进一步提高全省主要农作物生产机械化、规模化、社会化服务水平，实现粮食稳面积、稳产量"两稳"目标，2020 年 5 月 28 日，湖南省"2020 年水稻油菜机械化生产技术现场培训暨第一届水稻机插秧技能竞赛"在浏阳市淳口镇狮岩村举行，来自全省 14 个市州 50 余名农机主管部门相关人员参训，100 多名农机手在田间进行水稻机插秧技能竞赛。该活动由省农业农村厅主办，省农机事务中心和浏阳市人民政府承办。娄底市代表队、怀化市代表队分别获全省第一届机插秧技能竞赛一等奖、二等奖。淳口镇水稻种植面积常年稳定在 4400 公顷以上，蔬菜 173 公顷以上，油菜 1066 公顷以上。2020 年以来，淳口镇着力强化"质量兴农、品牌强农、融合促农、科技优农、改革活农"五大举措，积极探索"全程机械化 + 综合农事一站式技术服务"模式，推动农机社会化服务水平稳步提升。截至 5月底，淳口镇农机拥有量 185 台(套)，农机专业组织 53 家；农业综合机械化水平达到 80%，水稻、油菜耕种收综合机械化率分别达 96%、93%。

【智慧·云家居产业基地项目举行开工仪式】 6 月 16 日，浏阳市智慧·云家居产业基地项目在淳口镇举行开工仪式。该项目位于淳口镇开元路两厢，项目一期成功引进 19 家家居生产、木材加工、建筑材料生产等企业，并已签订项目招商引资协议，总投资 5.5 亿元。2020 年年底，项目一期建设全面竣工。

【湖南浏阳·淳口(枫林湖)首届消费扶贫社群节在淳口镇举行】 7 月 25 日，湖南浏阳·淳口(枫林湖)首届消费扶贫社群节在淳口镇举行。活动通过"农特产品 + 互联网 + 自媒体直播"的方式，开展线上、线下一体化销售。活动以"共担时代责任，共振乡村经济"为主题，来自全国各地的知名企业家、创业者、网红、大咖、演员等组成五大直播团队，利用网红带货、网络直播等形式，开展嗨购直播秀系列活动，现场展示茶叶、茶油、大米、蜂蜜、土鸡蛋、莲子制品等优质特色产品。

（胡　媛）

蕉溪镇

【概况】 2020年，蕉溪镇辖6个村，105个村民小组，总面积88平方千米，耕地面积809.47公顷，其中水田744.4公顷、旱土65.07公顷，山林5950.07公顷。全镇总人口30724人，全年出生279人，死亡208人，自然增长率2.32‰。年均气温18.1℃，年内气温最低值-5.4℃，降水量1440.3毫米。

经济发展状况　全年实现财税总收入1817.5万元，地方一般预算收入1138万元，超收118万元，完成111.57％。工业总产值完成12.64亿元，同比增长12.95%，固定投资完成11.06亿元，社会销售品零售总额增长16.4%。坚决遏制增量、化解存量并存，政府债务继续保持清零状况，村级存量债务化解率超50%。坚持“一村一策”，发展壮大新型村级集体经济，全镇实现集体经济收入140.02万元，其中金云村突破47万元。调整农业结构，完成种植结构调整236.67公顷，种植水稻1420公顷，建成稻油示范片区153.33公顷。改善水利设施，完成渠道清淤硬化3.5千米，修缮塘坝4座。华生科技股份有限公司、华生干粉砂浆有限公司、长沙皓创新材料科技有限公司、九橡混凝土有限公司、联宏商业运营管理有限公司等8家工业企业落户蕉溪，申请专利11件，签订技贸合同6500万元。

社会管理　基础设施建设。金阳大道三期（三改）项目如期进行，完成征地10.8公顷，拆迁房屋7户6栋；推进塘安、106配套安置区基础设施建设，全年硬化农村道路13.5千米，安装护栏1350米、减速带350米、广角镜30口。完成七字街征地扫尾与土方建设，解决大浏高速拆迁安置问题。集镇垃圾中转站和污水处理厂完成建设并投入使用。拆除破旧广告牌100余个，规范招牌203块。人居环境综合整治。实现垃圾分类减量率75%，完成无害化卫生厕所改造1258座，对2019年改厕未接入使用的654座进行接入使用，废除旱厕1340座。污染防控。全年排查危险废物管理问题35处，立案查处窑前采石场等未批先建行为3起，处置环保信访事项20余起，累计复绿裸露黄土15000余平方米，森林图斑整改销号83个，回收林地3.1135公顷，整改、回收和立案处罚均100%；调查处理建筑工地、渣土车等扬尘问题10余起，开展垃圾、秸秆禁烧巡查30余次，整治畜禽养殖户2家，清理河道垃圾90余吨，境内捞刀河支流水质稳定达标Ⅲ类以上。安全生产。全年排查整改安全隐患460余条，实现安全生产零事故目标。综合维稳。推进扫黑除恶和禁毒工作，年内刑事拘留29人、行政拘留69人、强制戒毒6人；调处各类矛盾纠纷98起，“12345”市民服务满意率98.8%，被评为浏阳市“信访‘三无’（无重复上访、无集体上访、无信访积案）乡镇和维稳先进单位”。

社会事业　疫情防控。落实常态化防控措施，累计跟踪监测2万余人次，实现新冠肺炎疫情零感染。脱贫攻坚。全年完成脱贫10户23人，开展脱贫攻坚“回头看”，累计排查1031户，发现并整改问题19个；围绕“两不愁三保障”政策要点，推进教育、住房、医疗等扶贫政策落实落地，全年发放教育助学金8.4万元，医疗报销费用236万元，危房改造10户，建档立卡扶贫对象产业就业铺排户覆盖率87%，全年低保保障340户660人，发放低保金300余万元、特困供养金168万余元。卫生健康。标准化村卫生室全覆盖，落实出生缺陷三级预防体系，适龄妇女“两癌”免费检查720多人次，大病救助70例。提升养老服务水平，镇敬老院被评为“浏阳市优秀敬老院”，成功创建湖南省文明卫生单位和浏阳市退役军人示范服务站，连续三年被评为“长沙市无偿献血先进单位”，蕉溪村被评为2020年度“湖南省卫生村”。

【庆祝建党99周年暨“七一”表彰大会】 7月1日，蕉溪镇召开庆祝建党99周年暨“七一”表彰大会。市政协领导、镇全体党政班子成员、机关全体干部、34个党（总）支部书记、受表彰对象等近200人参加大会。大会通过“寻初心——典型表彰”“守初心——育新机开新局”“践初心——用行动践行誓言”三个议程回顾党的光辉历史、讴歌党的丰功伟绩，表彰在疫情防控、“党建＋微网格”、人居环境整治、项目建设等工作中表现突出的30名优秀共产党员、8名优秀党务工作者和8个先进基层党组织。

（戴晓宇）

龙伏镇

【概况】 2020年，龙伏镇辖石柱峰村、柘庄村、泮春村、相市村、龙伏村、

5月8日，蕉溪镇举办上善蕉溪“感恩母亲节　圆梦微心愿”志愿服务活动

（蕉溪镇　供图）

新开村、黄桥村、焦桥村、达峰村、坪上村 10 个行政村，328 个村民小组，土地总面积 131.92 平方千米，其中耕地 2703.6 公顷（水田 2431.6 公顷，旱土 272 公顷），山林面积 8243.12 公顷。年末，龙伏镇户籍人口 47922 人，其中农业人口 43000 人，非农业人口 4922 人；全年出生 391 人，死亡 378 人，人口出生率 8.16‰，自然增长率 0.2‰。全年迁入人口 35 人，其中 17 人为省内迁入，18 人为省外迁入，迁出人口 39 人，其中 19 人为省内迁出，20 人为省外迁出。周姓人口数量最多，占全镇人口的 10.8%。镇上民族为单一汉民族，有百岁老人 2 名，分别是沈艳冬、贺兰根。年平均气温 18.4℃，比历年同期（17.5℃）偏高 0.9℃，比 2019 年同期（18.1℃）偏高 0.3℃；年极端最高气温 37.2℃，出现在 8 月 4 日，极端最低气温 -3.9℃，出现在 12 月 31 日；年降水量 1953 毫米，比历年同期（1551.3 毫米）偏多 25.9%，较 2019 年同期（1508.6 毫米）偏多 29.5%，降水日数 160 天，年内出现 4 次暴雨、2 次大暴雨过程。最大日降水量 136.5 毫米，出现在 5 月 15 日。镇人民政府被评为“2019—2020 年度湘粤赣闽边界护林联防第七联防区护林联防先进单位”。

经济发展状况　全年完成财政总收入 1927 万元，同比增长 8.55%，完成地方一般公共预算收入 1185 万元，同比增长 16%。农民人均可支配收入 24253 元。农业生产。种植优质水稻 2933.33 公顷、高产油菜 400 公顷、烤烟 250.8 公顷、蔬菜 366.53 公顷，2020 年蔬菜产量 6047.8 吨、水果产量 487.9 吨；收购烟叶 9918 担，连续九年被评为“市烤烟生产先进乡镇”。全年生猪出栏 11106 头，存栏 7286 头，牛出栏 1001 头，存栏 1780 头，羊出栏 8160 只，家禽鸡鸭鹅出栏 51.38 万只；打造达峰“水旱”轮作千亩油菜示范片，三年种植结构调整通过市级验收，全镇有 8 个村集体经济收入超过 20 万元。工业经济。全年实现工业总产值 21.7 亿元、固定资产投资 14.3 亿元，均同比增长 11%；新增规模以上企业 2 家，高新技术企业 2 家。实现社会消费品零售总额 1.65 亿元。其他产业。丰富乡村旅游，对 11 处农业基地进行升级改造，推出“农业休闲 + 人文山水”旅游线路，成功举办首届小龙虾节。

表 19　　2019 年龙伏镇主要规模企业情况

企业名称	成立时间	注册资金（万元）	主要产品	就业人数	2020 年产值（千元）
浏阳凤凰峡旅游开发有限公司	2009 年 12 月	100	漂流；经营拓展活动	30	
浏阳市焦桥加油站	2001 年 10 月	—	汽油、柴油	6	
浏阳市龙伏泮春广源加油站	2012 年 4 月	—	汽油、柴油	8	
湖南聚名湘食品科技有限公司	2016 年 11 月	500	蔬菜批发；收购农副产品	20	
浏阳市三胜楼梯有限公司	2019 年 3 月	100	木扶梯	15	
浏阳市达丰出口花炮厂	2008 年 3 月	—	烟花	80	46724
长沙天野有机农业有限责任公司	2004 年 8 月	5313.6	蔬菜	90	371647
湖南老虎头节能环保科技有限公司	2010 年 5 月	208	环保灶具	90	228010
浏阳市龙伏镇诚信家具厂	2003 年 6 月	2	木楼梯	85	303715
浏阳市豪鑫木业有限公司	2013 年 4 月	280	木楼梯	80	155251
浏阳市美嘉竹木加工厂	2010 年 5 月	—	木楼梯	80	159299
湖南德旺农业科技发展有限公司	2015 年 4 月	500	蔬菜罐头	80	148295
浏阳市御怡木业有限公司	2015 年 4 月	100	木楼梯	80	129152
浏阳市加佰加海绵制品有限公司	2016 年 11 月	300	海绵	94	208375
浏阳市美寓木业有限公司	2017 年 2 月	150	木楼梯	91	75878
浏阳市宜嘉木业有限公司	2015 年 1 月	100	木楼梯	80	60810
湖南步步佳楼梯有限公司	2014 年 6 月	500	木楼梯	50	64681
浏阳市帝豪木制品厂	2018 年 1 月	—	木楼梯	35	27041
湖南华擎润滑油有限责任公司	2014 年 4 月	3125	润滑油	45	27416
湖南红员外食品有限公司	2017 年 10 月	200	调味品	61	33672
浏阳市圣丽亚有限公司	2010 年 12 月	168	洁具	80	
湖南北森环保节能科技有限公司	2017 年 5 月	1080	生物质能源	89	132767
湖南萧邦医疗器械有限公司	2017 年 7 月	5000	卫生材料及医药用品制造	320	135136

社会管理　基础设施建设。全年畅通村组道路20.9千米，新增路长制线路12条，辖区内106国道、204省道平交路口增加标识和减速带，修复受损河堤7处。人口与计划生育。发放计生奖励扶助金767640元；立案查处4起违反计划生育案件；鼓励群众购买计生系列保险，2020年全镇共计购买保险12万余元。环境整治。落实“六控”“十严禁”，对56户企业进行常态巡查，全年开展综合执法36次，督促整改26家、立案查处2家。整治流动摊点、占道经营等“五乱”现象200余次。推进农村生活垃圾分类和“厕所革命”，改造厕所3400余座，焦桥村被评为“长沙市卫生村”；开展河长制工作，加强全镇支流和小微水体管护，集镇污水处理厂正常运行，捞刀河龙伏出境断面水质常年稳定保持Ⅱ类。安全生产。全年组织1600余人次开展危爆、消防、建筑、燃气、校车、食品等专项检查，整改各类安全隐患305处，责令停产整顿15家次；全年实现森林防火“零火点”，森林防火工作在湘粤赣闽边界护林联防会上作先进典型发言。社会治安。推进扫黑除恶专项斗争，集中开展“打非治违”行动，从严打击整治黄赌毒等违法犯罪行为。全年接处警675起，办理刑事、治安案件144起，刑事拘留19人，移送起诉25人。走访群众4000余户，排查整改隐患121个、化解信访难题32个，全年实现“零非访”。移风易俗。引导群众简约办酒260余起，殡葬火化率保持100%。“五心”（爱心、安心、暖心、放心、贴心）学雷锋大队被评为长沙市“十佳扶残助残爱心团队”，王凤获浏阳市第五届“道德模范提名”奖。

社会事业　精准扶贫。全镇576户1745名贫困人口全部实现稳定脱贫，其中430户1359人获产业帮扶、118名贫困户实现家门口就业、39户贫困户获赠企业股份分红。石柱峰村子翔养殖专业合作社通过“合作社+基地+贫困户”模式，2020年共带动87户贫困户发展绿壳蛋鸡养殖，年内为每户带来不少于3100元的产业增收。7月15日，原湖南省委常委、长沙市委书记胡衡华到龙伏镇德旺农业科技有限公司、子翔养殖专业合作社等地对就业扶贫、产业扶贫等精准扶贫方面的举措和成效进行了解和指导；7月29日，国务院扶贫办到该镇开展就业扶贫情况调研。社会保障。全年城乡养保征缴、社保业务服务、养老待遇认证等业务共计服务8425人次，实施民政医疗救助、慈善救助183人，为低保户、特困户、精神病人发放生活保障经费721万元，组织卫生监督执法268次。科技教育文化。完成科技专利申请、发明专利申请各20余项。中小学教学质量连续三年稳步提升。

5月20日，龙伏镇首届小龙虾节开幕式现场　（龙伏镇　供图）

【龙伏镇首届小龙虾节】　5月20—21日，由龙伏镇人民政府主办，浏阳市农业农村局、浏阳市商务局、浏阳市文化旅游广电体育局指导，浏阳市融媒体中心执行，浏阳市餐饮行业协会、浏阳市龙虾养殖联盟协办的“与‘依’相约‘龙’品浏湘”首届小龙虾文化节在龙伏镇举行。节会以虾为媒，设置龙伏镇“首届小龙虾节”开幕式暨龙伏农产品线上销售签约及消费扶贫股份捐赠仪式农产品展示会、趣味垂钓赛、“农情520”龙伏龙虾夜、养殖交流会、政银企对接会、供给洽谈会7个环节，活动开幕式现场观众及网络直播观看累计超过51万人次，辖区内56家养殖合作社获银行授信2500万元，并向37名建档立卡贫困户捐赠扶贫股份。

【引导“尤米制衣”转型“萧邦医疗”】　2020年年初，面对新型冠状病毒感染的肺炎，龙伏镇党委、政府与镇域企业尤米制衣厂协商沟通，引导尤米制衣厂从传统制衣厂向医疗器械方向转型，转产生产口罩和防护服。镇党委、政府及相关部门与上级部门帮助

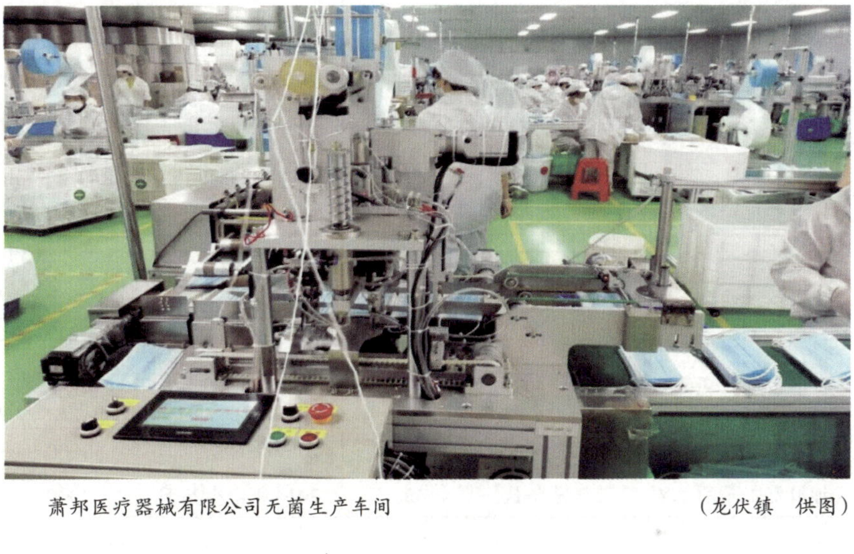
萧邦医疗器械有限公司无菌生产车间　（龙伏镇　供图）

解决企业在政策、材料、办证等方面的困难和问题，以“保姆式”服务为企业发展保驾护航，成功引导“尤米制衣厂”转型成为“萧邦医疗器械有限公司”。转型后，该公司主要经营卫生材料及医药用品制造；一类医疗器械、二类医疗器械的生产；在互联网从事以下经营活动：纺织、服装及日用品的零售；二类医疗器械、劳保消防安全用品、一类医疗器械、特种防护制服、通用机械设备、电气机械设备的销售；二类医疗器械、一类医疗器械、劳保消防安全用品、特种防护服饰的研发；普通劳动防护用品、服装、特种劳动防护服装、特种劳动防护用品、非家用纺织制成品的制造；包装服务；包装装潢及其他印刷；机械设备、五金产品及电子产品批发；货物或技术进出口（国家禁止或涉及行政审批的货物和技术进出口除外）。2020年，该企业全年生产口罩3亿余只、防护服7000余件，年产值超1亿元，纳税917万元。

（张可欣）

社港镇

【概况】 2020年，社港镇辖12个村，403个村民小组，总面积171平方千米，耕地面积3219.1公顷（水田2194.91公顷、旱土1024.19公顷），林地1.167万公顷。辖区户籍总人口47262人（其中农业人口41592人、非农人口5670人），男性24299人，女性22963人，出生人口483人，死亡人口361人，人口出生率10.2‰，自然增长率2.6‰，人口流出136人，流入17人，人口数量最多的姓氏为寻氏，占比19.8%。2020年，年均气温18.4℃，比历年同期（17.5℃）偏高0.9℃，比2019年同期（18.1℃）偏高0.3℃；年极端最高气温37.2℃，出现在8月4日，极端最低气温-3.9℃，出现在12月31日。年降水量1953毫米，比历年同期（1551.3毫米）偏多25.9%，较2019年同期（1508.6毫米）偏多29.5%，降水日数160天，年内出现4次暴雨、2次大暴雨过程。最大日降水量136.5毫米，出现在5月15日。

经济发展状况 完成财税收入4052.9万元，同比增长11.7%，其中地方一般公共预算财政收入完成2236.8万元，同比增长33%。农业经济：种植水稻2700公顷、油菜306.67公顷、小水果100公顷、新栽油茶13.33公顷，以产业壮大促进发展，做大做强新光芦笋、丹霞稻+鱼、淮洲荷莲三大产业，扶持浏北桑蚕基地和中药材基地平稳起步。探索推进集体土地入市，8个村实现集体经济收入超过20万元，与2019年相比新增6个村完成任务，其中周洛村集体经济超过50万元。生猪出栏15218头、存栏8786头，牛出栏0.1万头，羊出栏0.25万只，家禽出笼7万羽，稻田养鱼发展20公顷，水产品总产量1200吨，畜禽、水产品总产值1.326亿元。烤烟种植合同面积120.67公顷，收购总量227920千克（4558担），总金额642.3万元。工业经济：完成固定资产投资15.4亿元，同比增长15%。完成企业入规3家，培育高新技术企业1家，新增有效发明专利2件；新引进港龙世纪医养综合体、伍创环保建材等重点项目4个。受疫情影响，全镇规模工业总产值20.1亿元，同比减少0.15%；规模以上其他营利性服务业企业完成8147万元，同比减少2%；实现社会消费品零售总额2334万元，同比减少68%。其他：发展“三间”经济，举办“乡里情·社港味”养生菜评选、“薪火相传”中国健康跑等活动，石牛寨景区成功创建国家AAA景区，与周洛大峡谷同时入选浏阳十大网红打卡点，全年接待游客50万人次，实现旅游收入1565万元；坚持以名医带名院，以名院带名镇，3个产业小镇建设项目有序推进，骨伤科医院全年接待患者28.1万人次，业务收入持续稳定在3亿元以上，乡镇医院辐射效应获新华社专题报道，成为全国医疗卫生改革的观察样本。11月2日，社港正骨医药小镇获湖南省发改委批准为湖南省特色工业小镇。江氏康复医院建成营业，收入突破3000万元，“江公特色艾灸疗法”入选第八批浏阳市非物质文化遗产代表性项目名录。

表20　　2020年社港镇主要规模企业情况

企业名称	职工人数(人)	成立时间	产值(万元)	经营范围
浏阳市社港吉利鞭炮厂	84	2000年10月18日	18361	爆竹类:爆竹类(C)级生产(安全生产许可证有效期至2020年9月4日)
浏阳市远翔出口烟花制作燃放有限公司	137	2008年11月27日	17449	烟花类:组合烟花类(B、C)级、礼花类(小礼花,B)级生产(安全生产许可证有效期至2021年9月17日)
浏阳市龙腾木制品厂	125	2012年6月27日	7650	木门窗、楼梯制造(依法须经批准的项目,经相关部门批准后方可开展经营活动)
浏阳市源泰烟花制造有限公司	100	2012年6月7日	17204.3	烟花类:组合烟花类(B、C)级生产(安全生产许可证有效期至2022年7月25日)
浏阳市瑞祥出口花炮厂	140	2012年9月14日	20239	烟花类:组合烟花类(单筒药量<25g,C)级、升空类(双响,C)级生产(安全生产许可证有效期至2021年11月11日)
浏阳市鑫磊矿业开发有限公司	92	2007年6月22日	3000	铜矿采选
浏阳市永乐页岩砖厂（普通合伙）	35	2014年4月25日	2000	红砖制造

6月29日,港龙世纪社港医养特色小镇综合开发项目签约仪式　　(社港镇　供图)

社会治理　基础设施建设:新建烈士陵园、垃圾中转站、污水支管网,完成棚改(三期、四期)、清江单村饮水工程千人扩网和淮洲单村饮水工程维修养护项目。启动社港水厂提质改造及2座电站智能化改造工作,对4座小水电站进行整改。推动淮洲村小微水体、丹霞村小洞和周洛村许家"美丽屋场"建设,完成7个移民项目施工,衬砌水圳12千米、河排2.5千米,修复山体塌方19处。扫黑除恶:打掉涉恶团伙1个。交通:完成S319(社大公路)竣工验收和管养移交,新改建农村公路11.5千米,投入112万元完善交通安防工程;整治马路市场6处、交通顽瘴痼疾62处,摩托车戴帽率稳定达到95%以上,交通安全事故率下降30%。治安:全年调解矛盾纠纷107起,10起重大疑难纠纷,涉及金额10万元以上或系非正常死亡纠纷调解,调解成功率99%。农村建设用地管理:查处违法用地15宗,立案4宗。农村人居环境整治:完成改厕3625座,新光、石牛、源田、浏北、社港、清江6个村成功创建长沙市垃圾分类示范村,实现垃圾分类示范村覆盖率100%。

社会事业　文体、教育。浏阳市第八中学被评为"长沙市文明标兵校园",社港中学被评为"浏阳市教育教学质量综合评价"一等奖,双狮坪中学入选"湖南省温馨校园建设典型案例学校";举办"举国同庆·情满中秋"文艺晚会、"金秋助学·扬帆起航"优秀学子颁奖仪式、第六届校园音乐节、"石牛寨"杯北区门球赛等各类活动。社会保障。完成养保征缴253.06万元,医保征缴1015.924万元,低保救助13413人次。卫生健康。完成"两癌"普查972人,孕前优生检测238对,老年人免费体检率70%;提质浏北、合盛等村级卫生室,组织乡村医生业务培训,提升服务水平;完成居民健康档案登记注册4万余份,推动职业病、尘肺病攻坚行动,落实职业病体检115人,工伤保险358人;骨伤科医院中医骨伤科通过"'十三五'省级中医重点专科建设"评估验收,活血治伤散和丹芍治伤丸被纳入省医保药品目录。

【港龙世纪医养综合开发项目签约】6月29日,社港镇人民政府与港龙世纪(深圳)文化旅游开发有限公司举行港龙世纪社港医养特色小镇综合开发项目签约仪式。签约后公司将依托社港本地山水、医疗资源,全面推动旅游度假、运动休闲、健康管理、医疗养生等与医养特色小镇相关的项目合作。根据协议内容,港龙世纪(深圳)文化旅游开发有限公司将按照整体项目"成熟一个、开发一个"、子项目"统一规划、分期建设"的原则,对社港医养特色小镇综合开发项目进行全面整合,先行开发建设项目包括中药开发研究中心、智慧养老体验中心、中医人才培训中心、中医文化展示中心、医养公寓、旅游星级酒店项目、游客接待中心、旅游特色产品风情街、医养图书馆等,拟在三至五年内开发建设完毕。该项目计划总投资5.2亿元。港龙世纪(深圳)文化旅游开发有限公司成立于2020年5月13日,经营范围包括文化旅游康养项目投资、文化创意产业投资、旅游景点、景区的项目规划及设计等。2020年8月7日,社港镇沿河路南侧社大路东侧B地块合计4.29704公顷(64.4556亩)按程序挂牌,港龙世纪(深圳)文化旅游开发有限公司竞价摘得。

【社港烈士陵园竣工】　1949年7月31日,国民党第五十八军由平江撤往长沙,解放军四野绕近道到渣石塅一带进行堵截并取得战斗胜利,迫使敌

9月30日,在新落成的社港烈士陵园举行"烈士纪念日"活动　　(社港镇　供图)

军向金井一带逃窜，打破对方进驻长沙的企图，以排长高永保为首的19名同志牺牲，在社港镇永兴村原保兴烈士墓集中安葬。为弘扬烈士伟绩，传承红色基因，2020年年初，社港镇投入资金200余万元扩墓为园，并将有名可查的516名社港籍革命烈士刻碑铭记。8月，陵园竣工落成。9月30日，在新落成的烈士陵园举行以“致敬英雄 缅怀先烈”为主题的烈士纪念日公祭活动。

（沈 旸）

小河乡

【概况】 2020年，小河乡辖田心村、新河村、潭湾村、乌石村、皇碑村5个行政村，村民小组186个，乡域面积109.5平方千米，其中耕地面积1765.81公顷（水田面积1658.77公顷、旱地面积100.35公顷、其他面积6.69公顷）、山林面积8000公顷，属长沙株树桥水库饮用水水源核心保护区。总人口1.59万人，出生人口152人，死亡人口114人，人口出生率9.56‰，自然增长率2.39‰，流动人口数量2509人，流动方向为江西、广东省。年平均气温18℃，最高气温38℃，最低气温-3℃，年降水量1960毫米。域内有初级中学1所，6所小学，3个幼儿园，1所卫生院，1所敬老院。被认定为“长沙市农村人居环境整治优秀乡镇”，皇碑村、乌石村创建省卫生村，潭湾村入选“国家森林乡村”。

经济发展状况 全年完成税收收入2975.03万元，同比增长38.73%，完成地方一般预算收入874.06万元，同比增长27.15%，实现规上工业总产值7.03亿元，固定资产投资4.72亿元，社会消费品零售额和服务业分别同比增长38.03%、43.08%，新增规上企业1家，招商引资引进企业2家。围绕“一村一策”“一村一品”思路，推广种植金丝皇菊、小河大米、绿色蔬菜以及养殖“三黑”等特色农产品，通过入股蔬菜加工厂、烟花企业、农民画室等方式，壮大村集体经济，5个村村集体经济收入均达到20万元以上，其中新河村30万元。通过“企业+合作社+农户”方式，加大与道吾山、湘典、聪厨、浏阳河米业等龙头企业合作，建立农产品基地6个、蔬菜加工基地1个。全面完成农村供销社改革，被评为浏阳市供销工作模范乡镇。做大做强农民画室产业，创意画产业与长沙市职业技术学校建立合作关系，实现点对点就业，积极拓宽销路，全年销售额1000万元以上。整合域内小溪河“一河两岸”风光带、木活字印刷“非遗”馆、人行悬索桥、鳄鱼嘴湾等自然人文景观，红一方面军后方医院旧址、红十六军临时军部旧址等红色场馆资源，发展乡村旅游产业，网红坝——“鱼鳞坝”“叠水坝”吸引15万余名游客观光体验，辐射带动乌石艺术街、红一方面军后方医院旧址等全域旅游发展。积极发展民宿产业，与湖南慧润农业科技有限公司合作打造乌石村艺术民宿区，田心、皇碑精品民宿建设稳步推进。

基础设施建设 完成红色旅游公路小河段（A6标段）项目建设，投资2000余万元建设小溪河“一河两岸”沿河风光带，完成罗汉松古树公园建设和2千米游步道建设，罗汉松古树公园上榜湖南首批十个古树（名木）公园，加快推进人行悬索景观桥、网红坝、木活字印刷“非遗”馆建设。完成水电站生态改造4个，完成污水处理厂、自来水厂、潭湾村供水工程提质改造和2千米污水支管网建设。加快公益性墓地建设，完成生态墓穴及墓区绿化等主体工程。

社会管理 农村人居环境。新建美丽屋场1个，推进农村“五治”工作，投入150余万元用于垃圾分类和改厕工作，改造无害化厕所610座。污染防治。开展水源保护区综合治理，完成株树桥水库饮用水水源保护区规范化建设项目和小溪河湿地生态修复面积10公顷，巩固提升小溪河1000米范围内畜禽规模养殖退出成效，排放水质达到一级A标准，全年河长制工作位列全市一类，潭湾村示范河段创建通过市级验收。基层治理。全年组织召开恳谈会活动419场次，收集问题436个，解决问题436个，信访总量同比下降48.9%。调处矛盾纠纷81起，挽回经济损失182万元，成功创建长沙市、浏阳市“2020年度信访工作‘三无’乡镇”。实施“扫黑除恶”专项斗争行动，重点围绕林、砂、交通等领域开展专项整治，打击非法生产、地下“六合彩”、黄赌毒等违法犯罪行为，全乡发案率同比下降19%，被评为“长沙市综治维稳工作优秀乡镇”，创建“平安村”1个、“平安家庭”300户。安全生产。定期开展交通、校车、烟花等重点行业领域的安全整治专项行动，实现安全生产“零事故”，连续四年被评为长沙市“安全生产示范乡镇”；治超工作全年位列全市一类；全面推行“林长制”，完成森林督查图斑整改工作，实现森林防火“零事故”。

社会事业 全乡贫困户346户1058人全部实现脱贫，人均年收入1万元以上。5月29日，长沙市委主要领导到乡调研并对该乡扶贫产业发展成效给予肯定；《人民日报》、新华社、中央电视台报道小河乡脱贫攻坚工作，连续刊发《农民画师绘就美丽生活》等7篇新闻通稿，部分被译成英文、日文、西班牙文版本，中央电视台农业农村频道聚焦小河乡脱贫攻坚拍摄播放11期《攻坚日记》，并在《脱贫·我们的故事》大型现场访谈节目报道该乡脱贫攻坚工作成效。加强疫情防控，实现“四无”，即始终无确诊病例、无疑似病例、无二代病例、无聚集性疫情。投入240万元完成田心完小和严坪完小标准化建设，小河初级中学被评为“湖南省乡村温馨校园典型案例学校”，教师孙小青被评为“浏阳市第五届道德模范”，乌石完全小学创建省文明卫生单位。推进民政“五化”建设，完成新河村、潭湾村公共服务大厅标准化建设，实现基层公共服务“一门式”全覆盖。完成医保、养保收缴工作，发放养老服务、医保报销、社会救助等各类资金2389.2万元。升级改造乡敬老院和新河村卫生室，乌石村成功创建“浏阳市妇女儿童之家”。完成第七次全国人口普查任务。做好退役军人服务工作，开展走访慰问抗美援朝老战士、烈士家属、困难退役军人及其他优抚对象活

动，成功创建浏阳市退役军人示范服务站。开展“最美女性”“文明家庭”等评选表彰活动，全年评选个人先进典型 73 名。

【画卷《世外原乡诗画小河》亮相央视】 10 月 17 日，中央电视总台农业农村频道(CCTV-17)《脱贫•我们的故事》大型现场访谈节目报道小河乡脱贫攻坚工作成效。由小河乡 7 名农民画师耗时 12 天创作的 10 米画卷《世外原乡诗画小河》登上央视舞台。访谈现场，小河乡潭湾村驻村第一书记王芙平和小河乡扶贫事务中心主任罗翔从建立农民画室的初衷、如何培养农民画师、农民画画的收入以及画作销售渠道等方面进行介绍，向全国人民讲述浏阳小河乡以绘画为产业，通过文化扶贫带动农民致富的故事。5 年前，小河乡政府结合精准扶贫，依托长沙水源核心、“千年树王”福地、浏阳“世外桃源”的定位，建设农村画室，并挂牌成立书画工作室、绘画创意工厂，培养一批农民骨干绘画能手，培育装饰画产业，以“旅游 + 文化 + 扶贫”的新发展模式，脱贫攻坚、振兴乡村。

（喻　乐）

10 月 17 日，由小河乡 7 名农民画师绘制的 10 米画卷《世外原乡诗画小河》亮相央视

（小河乡　供图）

10 月 17 日，中央电视总台农业农村频道(CCTV-17)《脱贫·我们的故事》大型现场访谈节目报道小河乡脱贫攻坚工作

（小河乡　提供）

浏河晨曲　　　　（陈伏明　摄）

人物与荣誉

获奖人物

“2020年全国脱贫攻坚奖奋进奖”李忠国

李忠国，1965年9月出生，达浒镇椒花新村山下组人，1980年初中毕业，时年15岁的李忠国开始跟随父亲学习油纸伞制作手艺，他逐渐熟悉和掌握油纸伞制作72道工序。当时达浒镇有镇办油纸伞厂，凭着这门手艺，他进入镇办油纸伞厂工作。后因受工业化产品雨阳伞冲击，镇办油纸伞厂被迫关停，村民们陆陆续续外出务工谋生。李忠国不想轻易放弃这门手艺，坚持零零碎碎做些油纸伞。他上有年迈的母亲，下有两个正在读书的孩子，微薄的收入与沉重的负担，让他陷入生活困境。2015年，李忠国因家庭困难被纳入建档立卡贫困户。2016年2月，在驻村扶贫工作队和支、村“两委”帮扶下，通过对浙江义乌等地市场考察，李忠国重拾手工制作油纸伞技艺，申请5万元扶贫小额贷款成立达兴工艺品厂，进行油纸伞生产加工。2016年年末，创造产值17.6万元，实现利润3.2万元。李忠国成功地摘掉贫困户的“帽子”。2017年11月，李忠国被认定为长沙市非物质文化遗产项目浏阳油纸伞制作工艺市级代表性传承人，2017年至2020年，他陆续与本村51户贫困户签订产业协议，带动大家共同脱贫致富。李忠国关心残疾、老年人和重病户，达兴工艺品厂贫困户务工人员平均年龄57岁，他将9名残疾人和3户重病户纳入油纸伞加工队伍，优先保障原材料供应，上门送货取货，被群众称赞为“最美厂长”。同时，他还与乡亲们开设网店，创办体验馆和学生手工实践场所，拓宽销售渠道和产品类型。2019年，工厂产品远销日、韩、东南亚、东非等国家和地区，实现年销售额500余万元，带动51户贫困户年均增收1.15万元。李忠国的脱贫经验和做法被新华社、湖南卫视等各大主流媒体推介报道50余次。10月17日，全国脱贫攻坚奖表彰大会暨先进事迹报告会在北京举行，李忠国被国务院扶贫开发领导小组授予“2020年全国脱贫攻坚奖奋进奖”称号，11月26日，2020年湖南省劳动模范和先进工作者表彰大会在长沙召开，李忠国被中共湖南省委、湖南省人民政府授予“2020年湖南省劳动模范”称号。

（叶　进）

“全国抗击新冠肺炎疫情先进个人”张更姣

张更姣，女，1986年11月出生，大学本科文化，2005年9月至2008年6月在湘潭职业技术学院护理系护理专业学习，2007年6月至2008年4月在湖南省儿童医院实习，2008年7月至2015年7月在长沙市开福区伍家岭街道社区卫生服务中心从事护士工作，2015年8月调入浏阳市官桥镇卫生院担任护士，并于2014年2月至2016年2月在中南大学完成护理学专业本科毕业。2020年2月，张更姣由官桥镇卫生院调入淳口镇卫生院担任护师。2020年2月21日，驰援武汉金银潭医院抗击新冠肺炎疫情，是湖南省驰援武汉的唯一一名乡镇卫生院护士。2020年9月，在全国抗击新冠肺炎疫情表彰大会上，张更姣被授予“全国抗击新冠肺炎疫情先进个人”称号。

（唐继武）

“全国优秀农民工”张临英

张临英，女，1973年10月出生，高中文化，湖南岳阳人。2016年，张临英在淳口镇通过土地流转获得1200亩田地用于种植荷花，2017年，张临英注册成立湖南省荷香醉人农业开发有限公司。公司主要从事荷花立体循环生态套养以及农产品的加工、销售与生态旅游综合开发。2017年3月基地采取土地流转入股、劳动力入股、专业合作社整体入股方式，按照“公司+基地+农户”的经营模式帮助贫困群众脱贫。2018年公司研发的莲子面条、荷叶茶、莲子饮料、泡藕带等18种产品，实现总体收益近500万元。2019年，荷香醉人公司帮扶的淳口镇狮岩村、山田村、鹤源社区51户建档立卡贫困户每户实现增收1万多元。2017年至2019年，张临英通过资助身体有残疾的贫困户开办小商店，有厨艺的贫困户开办生态农庄等吸引就业100余人，帮扶贫困户215户，实现户均增收5000元以上；近200名贫困群众到张临英基地务工，其中体弱多病，无法外出务工的弱劳力或者半劳力残疾人14名，他们在基地收割莲蓬、剥莲子、抽莲芯、成品分拣及收晒包装等，有效解决贫困群众就近就业问题，实现人均月增收2000元以上。2017年11月，张临英获浏阳市“2017年度脱贫攻坚贡献奖”。2018年3月，张临英创办的荷花基地成为湖南省农业大学产业园科研基地、湖南省“巾帼脱贫示范基地”，2018年，张临英被授予湖南省“最美扶贫人物奖”；2019年，张临英被评为全国“巾帼建功标兵”。2021年1月6日，国务院农民工工作领导小组在京召开全国优秀农民工和农民工工作先进集体表彰大会，表彰一批全国优秀农民工和农民工工作先进集体。张临英被授予2020年“全国优秀农民工”荣誉称号。

（胡　媛）

国家电网有限公司优秀共产党员袁建平

袁建平，男，1977年10月出生，2002年5月参加工作，大学本科文化，农网配电营业工技师，2012年任国网浏阳市供电公司永安供电所所长。2016年11月当选浏阳市十七届人民代表大会代表，2019年8月加入中国共产党。2016年永安供电所成功创建国家电网首批五星级乡镇供电所，2017年，永安镇发生洪水灾害，110千伏石塅变站内进水严重，域内十余条高压线路将面临全部停电，袁建平组织人员，调用10余台水泵紧急抢救，通过48小时坚守，取得抗洪保电胜利。2019年至2020年疫情期间，袁建平坚守在抗疫一线，带领永安供电所全体员工开展抗疫、保电、促复工工作，仅用48小时完成长沙芙蓉口罩厂的增容工作，有效为省重点防疫物资企业提供用电保障。用18天时间完成湖南省重点项目——长沙惠科光电有限公司1万千伏安临电建设和送电任务。2020年，永安供电所被评为国家电网湖南省供电公司“安全工作先进班组”“示范供电所”。2019年1月，袁建平被评为2018年度浏阳市十七届人大代表履职先进个人，2020年，袁建平被评为国家电网公司“优秀共产党员”、抗击新冠肺炎疫情“先进个人”。

（唐继武）

逝世人物

李再光

李再光（1928—2020），湖南浏阳人。1928年1月19日出生，1953年毕业于武汉大学电机工程系，同年进入华中工学院（今华中科技大学）工作。1955年10月，李再光到哈尔滨工业大学进修，学习高压电器、低压电器和调节器等课程。1963年至1966年在苏联列宁格勒工业大学学习。1979年11月至1981年11月，在美国加利福尼亚大学圣迭戈分校当访问学者，学习和研究准分子激光。李再光教授长期致力于电子工程和激光技术等方面研究，1959年研制出小型感应电子加速器，1968年创办硅元件厂，1970年完成一项军工紧急任务，1979年研制出168MW脉冲硅整流系统，为获国家科技进步奖一等奖的“中国环流器一号”热核聚变实验装置解决重要难题。从20世纪80年代开始，李再光教授主持在国内首先研制成功2千瓦、5千瓦和10千瓦横流CO激光器，在“九五”期间研制出国内第一套机载激光探测系统；创建中国第一家激光企业，1981年创办湖北省暨武汉激光学会，并担任第一届、第二届理事长。李再光教授是国家激光领域知名专家，国务院特殊津贴获得者，曾任华中科技大学工程物理系、电机系和光学工程系主任，激光研究所所长，激光技术国家重点实验室主任，激光技术与工程研究院名誉院长，国防重点高能束流加工技术实验室学术委员会副主任，国务院学位委员会学科评议组成员，国防科工委光电专业组成员，国家“六五”“七五”“八五”科技攻关激光技术项目总体专家组组长；曾获国家有突出贡献的中青年专家，国家重点实验室建设先进科技工作者。激光研究所获得“全国高等学校科技工作先进集体”称号。2020年4月10日15时46分，李再光因心肺循环衰竭在武汉同济医院不幸去世，享年91岁。

（唐继武）

获全国荣誉个人一览表

（根据组稿单位报送资料填报　排名不分先后）

表 21

获奖人所在单位	获奖人	荣誉名称	颁奖单位/机构	获奖时间
文家市镇	甘厚美	2020 年 2—7 月诚实守信类“中国好人”	中央文明办	2020 年 9 月
浏阳市公安局	朱艳平	中央政法委“四个一百”新媒体先进个人	中央政法委	2020 年 10 月
浏阳市公安局	胡波涌	2020 年度刑事案件现场勘察工作成绩突出民警	中华人民共和国公安部刑侦局	2021 年 1 月
浏阳市人民检察院	谭玉芳	2019 年度全国检察宣传先进个人	检察日报社	2020 年 7 月
浏阳市人民法院	宋　娇	《以日常家事代理权为视角的夫妻共同债务的认定问题》入选《民法典新规则案例适用》	最高人民法院司法案例研究院	2020 年 12 月
浏阳市人民法院	罗尹曈	全国法院系统 2020 年度优秀案例分析三等奖	最高人民法院办公厅	2020 年 12 月
浏阳市人民法院	邓嫣　刘敢德	全国法院第三十二届学术讨论会三等奖	全国法院学术讨论组织委员会	2020 年 12 月
浏阳市人民法院	雷　博	全国法院第三十二届学术讨论会优秀奖	全国法院学术讨论组织委员会	2020 年 12 月
浏阳市道路交通事故纠纷调委会	张建春	“大排查　早调解　护稳定　迎国庆”专项活动表现突出个人	中华人民共和国司法部	2020 年 1 月
沙市镇	汤向前	第三届全国农业行业职业技能大赛成绩优异	中华人民共和国农业农村部	2020 年 10 月
浏阳一中	何嘉欣	2020 年全国中学生生物学联赛三等奖	全国中学生生物学竞赛委员会	2020 年 9 月
浏阳一中	陈宇星	2020 年全国中学生生物学联赛三等奖	全国中学生生物学竞赛委员会	2020 年 9 月
浏阳一中	袁子江	2020 年全国中学生生物学联赛二等奖	全国中学生生物学竞赛委员会	2020 年 9 月
浏阳一中	王　杨	2020 年全国中学生生物学联赛二等奖	全国中学生生物学竞赛委员会	2020 年 9 月
浏阳一中	孔家宜	2020 年全国中学生生物学联赛二等奖	全国中学生生物学竞赛委员会	2020 年 9 月
浏阳一中	肖有为	2020 年全国中学生生物学联赛三等奖	全国中学生生物学竞赛委员会	2020 年 9 月
浏阳一中	温浩东	2020 年全国中学生物理竞赛二等奖	“中国物理协会 全国中学生物理竞赛委员会”	2020 年 9 月
浏阳一中	唐仁昭	2020 年全国中学生物理竞赛二等奖	“中国物理协会 全国中学生物理竞赛委员会”	2020 年 9 月
浏阳一中	曾炳锟	2020 年全国中学生物理竞赛二等奖	“中国物理协会 全国中学生物理竞赛委员会”	2020 年 9 月
浏阳一中	江　翊	2020 年全国中学生物理竞赛二等奖	“中国物理协会 全国中学生物理竞赛委员会”	2020 年 9 月
浏阳一中	邓懿轩	2020 年全国中学生物理竞赛二等奖	“中国物理协会 全国中学生物理竞赛委员会”	2020 年 9 月
浏阳一中	孔令茹	2020 年信息奥赛二等奖	中国计算机学会	2020 年 12 月

续表 21-1

获奖人所在单位	获奖人	荣誉名称	颁奖单位/机构	获奖时间
浏阳一中	黎健宇	2020年信息奥赛二等奖	中国计算机学会	2020年12月
浏阳一中	黄宇豪	第34届(2020年)中国化学奥林匹克二等奖	中国科协青少年科技中心、中国化学会	2020年11月
浏阳一中	潘　炼	第34届(2020年)中国化学奥林匹克二等奖	中国科协青少年科技中心、中国化学会	2020年11月
浏阳一中	何　晔	第34届(2020年)中国化学奥林匹克二等奖	中国科协青少年科技中心、中国化学会	2020年11月
浏阳一中	江　崛	第34届(2020年)中国化学奥林匹克二等奖	中国科协青少年科技中心、中国化学会	2020年11月
浏阳一中	王辉美	第34届(2020年)中国化学奥林匹克二等奖	中国科协青少年科技中心、中国化学会	2020年11月
浏阳一中	邓淼林	第34届(2020年)中国化学奥林匹克二等奖	中国科协青少年科技中心、中国化学会	2020年11月
浏阳一中	胡逸菲	2020年全国高中数学联赛(湖南赛区)二等奖	全国中学生数学竞赛委员会	2020年11月
浏阳一中	李　博	2020年全国高中数学联赛(湖南赛区)二等奖	全国中学生数学竞赛委员会	2020年11月
浏阳一中	黄明瑶	2020年全国高中数学联赛(湖南赛区)二等奖	全国中学生数学竞赛委员会	2020年11月
浏阳一中	彭　雄	2020年全国高中数学联赛(湖南赛区)二等奖	全国中学生数学竞赛委员会	2020年11月
浏阳一中	寻楚钦	2020年全国高中数学联赛(湖南赛区)二等奖	全国中学生数学竞赛委员会	2020年11月
浏阳一中	肖　睿	2020年全国高中数学联赛(湖南赛区)二等奖	全国中学生数学竞赛委员会	2020年11月
浏阳一中	王靖珂	2020年全国高中数学联赛(湖南赛区)二等奖	全国中学生数学竞赛委员会	2020年11月
淮川街道朝阳社区	李　霞	全国抗击新冠肺炎疫情优秀城乡社区工作者	中华人民共和国民政部	2020年12月
古港镇	汤宝连	中国关工委双带农村致富青年先进个人	中国关工委	2020年1月
浏阳市城市管理和综合执法局	古长根	2020年度“强基础、转作风、树形象”专项行动表现突出个人	住房和城乡建设部	2021年1月
达浒镇椒花新村	李忠国	全国脱贫攻坚奖奋进奖	国务院扶贫开发领导小组	2020年10月
淳口镇卫生院	张更姣	全国抗击疫情先进个人	中共中央 国务院 中央军委	2020年9月
浏阳市农业发展事务中心	田　丰	先进工作者	国家杂交水稻工程技术研究中心、湖南杂交水稻研究中心	2020年11月
浏阳市农业发展事务中心	卢焕新	全国污普先进个人	国务院第二次全国污染源普查领导小组办公室	2020年9月
浏阳市农业发展事务中心	罗　璋	表扬信	农业农村部畜牧兽医局	2020年12月
浏阳市农业发展事务中心	吴飞辉	表扬信	农业农村部畜牧兽医局	2020年12月
浏阳市人民政府办公室	朱永建	政府网站最佳管理者	全国电子政务理事会	2020年11月

获全省荣誉个人一览表

（根据组稿单位报送资料填报　排名不分先后）

表 22

获奖人所在单位	获奖人	荣誉名称	颁奖单位/机构	获奖时间
长沙芙蓉口罩厂	伍海湾	湖湘青年英才	湖南省委人才工作领导小组办公室	2020年8月
长沙中时工业设计有限公司	张中阳	湖湘青年英才	湖南省委人才工作领导小组办公室	2020年8月
长沙普济生物科技股份有限公司	李今微	湖湘青年英才	湖南省委人才工作领导小组办公室	2020年8月
浏阳市统战部	熊鹏洲	2020年度全省优秀统战信息员	湖南省委统战部	2021年1月
浏阳市统战部	钟馨星	2020年度全省优秀统战信息员	湖南省委统战部	2021年1月
政府办	邓雪琴	湖南省抗击新冠肺炎疫情先进个人	中共湖南省委、湖南省人民政府	2020年11月
浏阳市政法委	罗　晓	省基层防线办先进个人	湖南省国家安全厅	2021年1月
浏阳市公安局	刘友锡	全省公安刑事技术公安成绩突出个人	湖南省公安厅	2020年10月
浏阳市公安局	刘翠兰	全省公安机关110工作成绩突出个人	湖南省公安厅政治部	2021年1月
浏阳市公安局	贺自强	全国公安机关第二届警用无人机实战练兵第四片区(超视距侦查科目、精准击破科目)二等奖、全省公安机关第二届警用无人机实战技能比武(超视距目标侦查)一等奖	湖南省公安厅政治部	2021年2月
浏阳市公安局	汤振华	2020年全省公安机关春运疫情防控和交通安保工作成绩突出个人	湖南省公安厅	2020年3月
浏阳市公安局	张开松	2020年全省公安机关春运疫情防控和交通安保工作成绩突出个人	湖南省公安厅	2020年3月
浏阳市公安局	黄怡群	全省百佳优秀公安民警	湖南省公安厅	2020年12月
浏阳市森林公安局	陈先政	个人三等功	湖南省森林公安局	2020年12月
浏阳市森林公安局	杨　耀	个人三等功	湖南省森林公安局	2020年12月
浏阳市森林公安局	李稳山	全省法制工作优秀个人	湖南省森林公安局	2020年12月
浏阳市森林公安局	肖　磊	全省法制工作优秀个人	湖南省森林公安局	2020年12月
浏阳市人民检察院	陈龙才	信息工作表现突出个人	湖南省人民检察院办公室	2020年2月
浏阳市人民检察院	贝雪竹	援疆三等功	湖南省人民检察院	2020年4月
浏阳市人民检察院	蒋　磊	全省检察机关扫黑除恶专项斗争“先进个人”	湖南省人民检察院	2020年4月

续表 22-1

获奖人所在单位	获奖人	荣誉名称	颁奖单位/机构	获奖时间
浏阳市人民检察院	晏湘水	书法类三等奖	湖南省政法系统书画诗词研究会	2020年1月
浏阳市人民检察院	罗　炼	二等功	湖南省人民检察院	2020年1月
浏阳市人民检察院	彭　超	二等功	湖南省人民检察院	2020年8月
浏阳市人民法院	邓嫣　刘敢德	湖南省法学会企业破产与重组研究会2020年学术研讨会一等奖	湖南省法学会企业破产与重组研究会	2020年11月
浏阳市人民法院	彭　睿	湖南省法学会诉讼法学研究会2020年年会二等奖	湖南省法学会诉讼法学研究会	2020年11月
浏阳市人民法院	王　蔚	全省扫黑除恶专项斗争工作表现突出个人	湖南高院	2020年11月
浏阳市人民法院	文　兰	《第三人侵权导致业主财产损害物业服务人的责任认定》荣获湖南省法学会民商法研究会2020年年会三等奖	湖南省法学会民商法研究会	2020年12月
浏阳市统计局	李　峰	湖南省第四次全国经济普查先进个人	湖南省第四次全国经济普查领导小组办公室	2020年2月
沙市镇	汤向前	个人一等奖	湖南省动物疫病预防控制中心	2020年8月
浏阳一中	李佳雯	2020年湖南省青少年人田径(传统校)锦标赛体育道德风尚奖运动员	湖南省教育局、湖南省体育局	2020年9月
枨冲镇	兰银华	最美乡村医生	湖南省卫生健康委员会	2020年8月
浏阳市集里街道办事处	周立波	湖南省抗击新冠肺炎疫情先进个人	中共湖南省委、湖南省人民政府	2020年11月
浏阳市集里街道办事处	邢诗统	2020年度“诚实守信”湖南好人	湖南省文明办	2020年8月
古港镇	汤宝连	湖南省农行杯创新创业比赛三等奖	湖南省农村创业创新大赛组委会	2020年8月
达浒镇椒花新村	李忠国	湖南省劳动模范	中共湖南省委湖南省人民政府	2020年11月
湖南省新华书店有限责任公司浏阳市分公司	罗　斌	2020年度先进个人	湖南出版投资控股集团	2020年12月
湖南省新华书店有限责任公司浏阳市分公司	罗　斌	2020年度优秀共产党员	湖南出版投资控股集团	2020年12月
湖南省新华书店有限责任公司浏阳市分公司	李玉娟	2020年度先进个人	湖南省新华书店有限责任公司	2020年12月
湖南省新华书店有限责任公司浏阳市分公司	学雷荣	2020年度优秀共产党员	湖南省新华书店有限责任公司	2020年12月
浏阳市	张　伟	最美河湖卫士	湖南省河长制工作委员会办公室	2020年12月
浏阳市骨伤科医院	江　林	湖南省劳动模范	中共湖南省委、湖南省人民政府	2020年11月
浏阳市	吴美玲　周玲　张更姣	新时代“最美逆行者”	中共湖北省委、湖北省人民政府	2020年4月
浏阳市	邓雪琴　许欣　张球　黎丁丹	湖南省抗击新冠肺炎疫情先进个人	中共湖南省委、湖南省人民政府	2020年11月

续表 22-2

获奖人所在单位	获奖人	荣誉名称	颁奖单位/机构	获奖时间
浏阳市	周明亮	全省新冠肺炎疫情防控先进个人	湖南省力资源和社会保障厅湖南卫生健康委湖南省中医药管理局	2020年4月
浏阳市	黎丁丹	湖南省新冠肺炎疫情防控护理工作先进个人	湖南省卫健委、湖南省中医药管理局	2020年5月
浏阳市中医医院	邹先智	第四批湖南省名中医	湖南省力资源和社会保障厅湖南省卫健委湖南省中医药管理局	2020年12月
浏阳市中医医院	武华杰	2020年湖南省医师奖	省卫健委、中医药管理局	2020年8月
荷花街道办事处	张红专	最美乡村医生	湖南省卫健委	2020年8月
浏阳市农业发展事务中心	冯春水	湖南省最美基层农技员	湖南省农业农村厅	2020年7月
浏阳市中医医院	陈程　武华杰　李丽　黎丁丹 宁港　任丹　甘廷俊	湖南好人	湖南省文明委	2020年3月
浏阳市中医医院	陈程　武华杰　李丽　黎丁丹 宁港　任丹　甘廷俊	新时代“最美逆行者”	湖北省委、省政府	2020年4月
浏阳市中医医院	黎丁丹	湖南省新冠肺炎疫情 防控护理工作先进个人	湖南省卫健委、湖南省中医药管理局	2020年5月
浏阳市中医医院	武华杰	2020年湖南省医师奖	湖南省卫健委、湖南省中医药管理局	2020年8月
浏阳市中医医院	黎丁丹	湖南省抗击新冠肺炎疫情先进个人	湖南省委、省政府	2020年11月
浏阳市中医医院	黎丁丹	湖南省优秀共产党员	湖南省委、省政府	2020年11月
浏阳市中医医院	邹先智	第四批湖南省名中医	湖南省中医药管理局	2020年12月
浏阳市中医医院	苏建斌	第二批湖南省基层名中医	湖南省中医药管理局	2020年12月
浏阳市人民医院	周明亮	湖南好人	湖南省精神文明建设指导委员会	2020年3月
浏阳市人民医院	周明亮	记功一次(在新冠肺炎疫情防控工作中做出重大贡献)	湖南省卫生健康委	2020年4月
浏阳市人民医院	张　球	湖南省抗击新冠肺炎疫情先进个人	湖南省委、省人民政府	2020年11月
北盛镇	宋　斌	优秀科普信息员奖	湖南省科学技术协会	2020年12月
浏阳市文旅广体局	高　慧　张新岚	《浏阳田溪村:旅游扶贫的“众筹模式”》被评为 2019年度湖南文化旅游好新闻一等奖	湖南省文化和旅游厅	2020年5月
浏阳市永红艺术团	周永红	湖南省新文艺群体领军人才	湖南省文学艺术届联合会	2020年10月
中国移动浏阳市分公司	徐洪锟	2020湖南信息通信技能大赛5G无线技术一等奖	湖南省通信管理局、湖南省人力资源和社会保障厅、湖南省总工会	2020年12月

获全国荣誉单位一览表

（根据组稿单位报送资料填报　排名不分先后）

表 23

获奖(称号)单位	获奖(称号)名称	授奖(称号)单位	获奖(称号)时间
浏阳市	国际化营商环境建设示范县(市、区)	环球时报社	2020年8月
浏阳市	中国城市创新百佳示范县市	小康 杂志社	2020年12月
浏阳市	中国社会保障百佳县市	小康 杂志社	2020年10月
浏阳市	2020年全国"书香城市"	中国图书馆学会	2020年10月
浏阳市	工程建设项目"三集"审批长效机制被评为"中国营商环境特色评选50强创新案例奖"	中国社科院信息化研究中心	2020年11月
浏阳市	全国农村生活污水治理示范县(市)	住房和城乡建设部	2020年12月
浏阳市	国家县城新型城镇化建设示范县(市)	国家发改委	2020年6月
浏阳市	全国县级市传播热度榜单第7位	中国城市品牌评价项目组、中国城市报社	2020年5月
浏阳市	2019全国县域旅游综合实力百强县	第三方独立社会智库北京华夏佰强旅游咨询中心	2020年4月
浏阳市	国家卫生城市	全国爱卫会	2021年1月
浏阳市	中国旅游百强县	竞争力智库、中国经济导报社、中国信息协会信息化发展研究院、北京中新城市规划设计研究院	2020年11月
浏阳市	第五批国家慢性病综合防控示范区	国家卫生健康委办公厅	2020年6月
浏阳经开区(高新区)	国家新型工业化资源循环利用(再制造)示范基地	工信部	2020年3月
浏阳高新科创服务有限公司	国家备案众创空间	科技部火炬中心	2020年4月
园区水务股份有限公司金阳二水厂(原永安联合水厂)	2020年度全国农村供水规范化水厂	水利部	2020年7月
浏阳经开区(高新区)	国家绿色工业园区	工信部	2020年9月
浏阳经开区(高新区)	浏阳国家再制造高新技术产业化基地	科技部	2020年10月
浏阳市工商业联合会	创新中国最佳案例	中华工商时报	2021年1月
浏阳市工商业联合会	2020年民营经济企业调查点工作示范单位	全国工商联办公厅	2020年12月
浏阳市文化产业园	国家级众创空间	国家科技部	2020年4月
浏阳市工商业联合会	创新中国最佳案例	中华工商时报	2021年1月

续表 23-1

获奖(称号) 单位	获奖(称号)名称	授奖(称号)单位	获奖(称号)时间
浏阳市工商业联合会	2020年民营经济企业调查点工作示范单位	全国工商联办公厅	2020年12月
秋收起义文家市会师纪念馆	国家二级博物馆	中国博物馆协会	2020年12月
大瑶镇南山村	全国文明村镇	中央文明委	2020年11月
永安镇坪头村	全国文明村镇	中央文明委	2020年11月
苍坊旅游区	通过国家5A级旅游景区景观质量评审	国家文化和旅游部资源开发公司	2020年12月
浏阳市数据资源中心	2020年政府网站信息公开类精品栏目奖	全国电子政务理事会	2020年11月
浏阳市公安局	全国民族团结进步模范集体	国务院	2020年12月
浏阳市看守所	2019年度全国一级看守所	公安部	2020年5月
浏阳市拘留所	2019年度全国一级拘留所	公安部	2020年5月
交警大队车辆管理所	优秀县级车辆管理所	公安部	2020年8月
浏阳市人民检察院	全国检察宣传先进单位	检察日报社	2020年1月
浏阳市人民检察院	指导案例(湖南省林某亮等人敲诈勒索案)	全国扫黑办	2020年5月
浏阳市人民法院	全国法院先进集体	最高人民法院	2020年1月
浏阳市人民法院园区人民法庭	全国法院先进集体	最高人民法院	2020年1月
浏阳市人民法院	全国法院一站式多元解纷和诉讼服务体系建设先进单位	全国高级法院院长座谈会	2020年9月
浏阳市永安镇永新村	全国模范人民调解委员会	司法部	2020年12月
国家税务总局浏阳市税务局	全国文明单位	中央文明委	2020年12月
浏阳市科技局	2020年全国科技活动周及重大示范活动荣誉证书	全国科技活动周组委会办公室、科技部引进国外智力管理司	2020年9月
浏阳一中	清华大学2020年生源中学	清华大学	2020年10月
浏阳市张坊镇田溪村	全国乡村旅游重点村	文化和旅游部、国家发展改革委	2020年8月
浏阳市文旅广体局	2020年“微服务”卓越奖	电子政务理事会	2020年11月
浏阳市融媒体中心	媒体融合先导单位	国家广播电视总局	2020年3月
浏阳市融媒体中心	《全城致敬》报道获全国“县级融媒 齐心抗疫”县级融媒体中心及主流媒体优秀案例奖	人民日报全国党媒信息公共平台、新闻战线、中国人民大学新闻学院	2020年10月

续表 23-2

获奖(称号) 单位	获奖(称号)名称	授奖(称号)单位	获奖(称号)时间
浏阳日报社	2019 年度全国报纸自办发行先进集体	全国报纸自办发行协会	2020 年 10 月
浏阳市融媒体中心	第八届全国服务农民、服务基层文化建设基层广播电视传输覆盖机构先进集体	中央宣传部、文化和旅游部、国家广播电视总局组织，全国广播电视系统	2020 年 11 月
浏阳市融媒体中心	全国新闻出版广播影视系统先进集体	人力资源社会保障部、国家广播电视总局、国家新闻出版署	2021 年 1 月
浏阳日报社	全国地市主流媒体抖音传播力十强奖	全国地市新媒体创新发展峰会组委会	2020 年 10 月
浏阳日报社	全国地市新媒体抗疫新闻一等奖	全国地市新媒体创新发展峰会组委会	2020 年 10 月
浏阳市中和镇	国家卫生乡镇	全国爱国卫生运动委员会	2020 年 7 月
浏阳永安联合水厂	“2020 年度农村供水规范化水厂名单”	国家水利部	2020 年 7 月
大瑶镇中心卫生院	2019 年“优质服务基层行”活动中表现突出、达到推荐标准的机构	国家卫生健康委办公厅	2020 年 1 月
沙市镇卫生院	2020 年“优质服务基层行”活动中表现突出、成效显著机构	国家卫生健康委办公厅、国家中医药管理局办公室	2021 年 2 月
集里医院	综合防治卒中中心	国家卫生健康委脑防委	2020 年 11 月
集里医院	脑卒中筛查与防治基地	国家卫生健康委脑防委	2020 年 5 月
浏阳市自然资源局	浏阳市被省自然资源厅推荐为国务院督查激励工作受表彰先进单位	国务院 、湖南省自然资源厅	2020 年 12 月
浏阳市勘察测绘院	全国优秀测绘工程奖铜奖(不动产统一登记)	中国测绘学会	2020 年 10 月
浏阳市中医医院	2020 年度人文创新医院	2020 年中国医院人文品牌峰会	2020 年 11 月
淮川街道朝阳社区	全国综合减灾示范社区	国家减灾委员会	2020 年 9 月
浏阳市科学技术协会	区县级科协优秀组织单位	中国科协办公厅	2021 年 2 月
达浒镇书香村	第一批国家森林乡村	国家林业和草原局	2019 年 12 月
高坪镇志民村	第一批国家森林乡村	国家林业和草原局	2019 年 12 月
沙市镇东门村	第一批国家森林乡村	国家林业和草原局	2019 年 12 月
小河乡潭湾村	第一批国家森林乡村	国家林业和草原局	2020 年 1 月
洞阳镇西园村	第一批国家森林乡村	国家林业和草原局	2020 年 1 月

续表 23-3

获奖(称号)单位	获奖(称号)名称	授奖(称号)单位	获奖(称号)时间
古港镇宝盖寺村	第一批国家森林乡村	国家林业和草原局	2020年1月
北盛镇边洲村	第一批国家森林乡村	国家林业和草原局	2020年1月
官桥镇苏故村	第一批国家森林乡村	国家林业和草原局	2020年1月
金刚镇丹桂村	第一批国家森林乡村	国家林业和草原局	2020年1月
大围山镇中岳村	第一批国家森林乡村	国家林业和草原局	2020年1月
荷花街道牛石岭村	第一批国家森林乡村	国家林业和草原局	2020年1月
葛家镇金源村	2020第二批国家森林乡村	国家林业和草原局	2021年1月
淳口镇狮岩村	2020第二批国家森林乡村	国家林业和草原局	2021年1月
张坊镇富溪村	2020第二批国家森林乡村	国家林业和草原局	2021年1月
官渡镇观音塘村	2020第二批国家森林乡村	国家林业和草原局	2021年1月
沿溪镇沙龙村	2020第二批国家森林乡村	国家林业和草原局	2021年1月
胡耀邦故里管理局	国家一级博物馆	中国博物馆协会	2020年12月
中国联合网络通信有限公司长沙市分公司浏阳市基层单元工会	全国模范职工小家	中华全国总工会	2020年12月
浏阳市农业农村局	第二批全国农业综合行政执法示范单位	农业农村部	2020年11月

获全省荣誉单位一览表

（根据组稿单位报送资料填报　排名不分先后）

表 24

获奖(称号) 单位	获奖(称号)名称	授奖(称号)单位	获奖(称号)时间
浏阳市	湖南省首批食品安全示范市	湖南省食品安全委员会	2020 年 6 月
浏阳市	2019 省级全域旅游示范区	湖南省文旅厅	2020 年 1 月
浏阳市	深化商事制度改革、推进质量强省和知识产权强省工作被评为全省“真抓实干成效明显”地区	湖南省人民政府办公厅	2021 年 1 月
浏阳市	2020 年度全省松材线虫病除治成效优秀单位	湖南省林业生物灾害应急指挥部办公室	2020 年 6 月
浏阳市	湖南省全域旅游示范区	湖南省文化和旅游厅	2020 年 1 月
浏阳市	湖南省县域旅游经济增长质量综合排名全省第二	民建湖南省委、湖南省县域经济研究中心、湖南大学经贸学院、湖南师大旅游研究所联合成立的湖南县域旅游经济增长质量评价课题组	2020 年 1 月
浏阳市	优秀市场监测县	湖南省畜牧水产事务中心	2021 年 1 月
浏阳市	综合油料大县	湖南省财政厅	2020 年 9 月
浏阳市	油茶大县	湖南省财政厅	2020 年 9 月
浏阳市	畜牧水产工作先进	湖南省农业农村厅	2020 年 12 月
浏阳市	生猪稳产保供工作先进	湖南省农业农村厅	2020 年 12 月
浏阳市	2020 年度全省基本公共卫生服务项目绩效评价排名第一	湖南省卫生健康委 、湖南省财政厅	2021 年 3 月
浏阳经开区(高新区)	2020 年湖南省统计基层基础工作重点示范性建设单位	湖南省统计局	2020 年 7 月
浏阳经开区(高新区)	湖南省园区高质量发展奖	湖南省工信厅	2020 年 8 月
浏阳市工商业联合会	2020 年度“五好”县级工商联	湖南省工商联	2020 年 1 月
文化产业园	湖南省华侨文化交流基地	湖南省归国华侨联合会（省委统战部）	2020 年 7 月
大瑶镇团委	全省基层团建工作示范点	湖南共青团基层共建工作领导小组	2020 年 6 月
浏阳共青团	2019 年度青媒奖最具影响力微信	共青团湖南省委宣传部	2020 年 9 月
浏阳市工商业联合会	2020 年度“五好”县级工商联	湖南省工商联	2020 年 1 月
秋收起义文家市会师纪念馆	湖南省社会科学普及基地	湖南省社会科学届联合会	2020 年 12 月

续表 24-1

获奖(称号)单位	获奖(称号)名称	授奖(称号)单位	获奖(称号)时间
秋收起义文家市会师纪念馆	“十三五”湖南省十大陈列展览优秀奖	湖南省文物局	2020年10月
秋收起义文家市会师纪念馆	湖南省文物保护利用创新发展百佳案例重点推介项目	湖南省文物局	2020年10月
秋收起义文家市会师纪念馆	湖南省文物保护利用创新发展百佳案例推介项目	湖南省文物局	2020年10月
浏阳市文联	全省文联系统先进单位	湖南省文联	2021年4月
浏阳市委统战部	2020年度全省统战信息工作一等奖	湖南省委统战部	2021年1月
浏阳市政府	2020年度真抓实干成效明显的地区	湖南省人民政府办公厅	2021年1月
浏阳市政府督查室	2020年度全省政府督查工作先进单位	湖南省人民政府督查室	2021年1月
浏阳市人民来访接待中心	人民满意窗口创建示范单位	湖南省信访局	2021年2月
浏阳市应急管理局	2020年度全省防震减灾工作综合考核优秀单位	湖南省地震局	2020年12月
浏阳市政法委	湖南省平安建设(综治工作)先进县市区	中共湖南省委办公厅、湖南省人民政府办公厅	2021年2月
浏阳市公安局	全省公安机关侦破命案工作成绩突出单位	湖南省公安厅	2020年2月
浏阳市禁毒大队	2019年度全省禁毒情报研判优秀组织单位	湖南省公安厅	2020年6月
浏阳市公安局	2020年第三届“我是答题王”湖南省禁毒知识竞赛总决赛冠军、优秀组织奖	湖南省禁毒委员会	2021年1月
浏阳市森林公安局	2019年度执法质量考评优秀单位	湖南省森林公安局	2020年1月
浏阳市森林公安局	集体三等功	湖南省森林公安局	2020年12月
浏阳市人民检察院办公室	信息工作表现突出集体	湖南省人民检察院办公室	2020年2月
浏阳市人民检察院	优秀案件(林东亮等5人恶势力团伙案)	湖南省人民检察院	2020年4月
浏阳市人民检察院	优秀案件(浏阳市住房和城乡建设局对长兴湖及其周边环境污染不依法履行职责行政公益诉讼案)	湖南省人民检察院	2020年1月
浏阳市人民法院	《被告人张某某拒不支付劳动报酬一案》入选全省法院依法保障农民工工资支付审判执行十大典型案例	湖南省高级人民法院	2020年5月
浏阳市人民法院	全省一类基层人民法院2019年度考核等次为优	湖南省高级人民法院	2020年1月
浏阳市人民法院	基本解决执行难先进集体	湖南省高级人民法院	2020年8月
浏阳市人民法院	基本解决执行难二等功	湖南省高级人民法院政治部	2020年1月
浏阳市人民法院	全省打击整治枪爆违法犯罪专项行动成绩突出集体	湖南省公安厅	2020年1月
浏阳市森林公安局	2019年度执法质量考评优秀单位	湖南省森林公安局	2020年1月

续表 24-2

获奖(称号)单位	获奖(称号)名称	授奖(称号)单位	获奖(称号)时间
浏阳市人民法院	全省法院2020年度案例工作先进单位	湖南省高级人民法院	2020年12月
浏阳市人民法院	全省法院十八届理论研讨会先进组织	湖南省高级人民法院	2020年12月
浏阳市沙市镇秧田村	湖南省民主法治示范村(社区)	湖南省司法厅、湖南省民政厅	2020年12月
浏阳市法律援助中心	2020年司法部法律援助案件质量评估先进单位	湖南省司法厅	2020年12月
浏阳市财政局	电子财政市县试点建设工作先进单位	湖南省财政厅	2020年1月
浏阳市财政局	全省财政系统信息宣传先进单位	湖南省财政厅	2020年1月
浏阳市财政局	大调研活动优秀调研报告	湖南省财政厅	2020年1月
浏阳市财政局	非税收入征收管理工作先进单位	湖南省财政事务中心	2020年1月
浏阳市财政局	联系点市县财政部门联动工作先进单位	财政部湖南监管局	2020年4月
浏阳市财政局	全省防范化解政府债务风险考核优秀县(市)	湖南省政府性债务管理工作领导小组办公室	2020年6月
浏阳市财政局	暂付款考核先进市县	湖南省财政厅	2020年6月
浏阳市财政局	湖南省财政税政法制工作绩效评价获奖单位	湖南省财政厅	2020年8月
浏阳市财政局	市县财政部门预算绩效管理工作先进单位	湖南省财政厅	2020年9月
浏阳市财政局	流域生态保护补偿工作成效先进单位	湖南省财政厅	2020年1月
浏阳市财政局	全省财政支农政策培训工作先进单位	湖南省财政厅	2020年1月
浏阳市财政局	财政总决算工作表现突出单位	湖南省财政厅	2020年11月
浏阳市财政局	全省财政系统信息宣传先进个人	湖南省财政厅	2020年1月
浏阳市财政局	全省财政资环工作先进单位	湖南省财政厅	2020年12月
浏阳市财政局	全省2020年度乡镇财政管理工作先进单位	湖南省财政厅	2020年12月
浏阳市审计局	省级文明单位	湖南省文明精神建设指导委员会	2021年2月
浏阳市审计局	先进单位	湖南省审计厅	2020年11月
浏阳市审计局	优秀审计项目二等奖	湖南省审计厅	2020年12月
浏阳市统计局	湖南省第四次全国经济普查先进单位	湖南省第四次全国经济普查领导小组办公室	2020年2月
永安镇水山村	湖南省卫生村	湖南省爱国卫生运动委员会办公室	2020年12月

续表 24-3

获奖(称号) 单位	获奖(称号)名称	授奖(称号)单位	获奖(称号)时间
浏阳市国有资产事务中心	2019年度行政事业单位国有资产年度报表编报工作通报表扬	湖南省财政厅	2020年12月
市场监督管理局	全省特种设备安全监察工作优秀单位	湖南省市场监管局	2020年12月
市场监督管理局	省食安工作先进单位	湖南省食品安全委员会	2020年5月
高坪镇财政所	2020年度省级星级财政所	湖南省财政厅	2020年12月
永安镇永安村	湖南省卫生村	湖南省爱国卫生运动委员会办公室	2020年12月
高新区实验中学	湖南省卫生单位	湖南省爱国卫生运动委员会办公室	2020年12月
浏阳市职业中专	中职组:网络搭建与应用(团体赛)一等奖	湖南省教育厅、省人力资源和社会保障厅	2020年12月
浏阳市职业中专	中职组:网络空间安全(团体赛)一等奖	湖南省教育厅、省人力资源和社会保障厅	2020年12月
浏阳市职业中专	中职组:集成电路测试及应用(团体赛)一等奖	湖南省教育厅、省人力资源和社会保障厅	2020年12月
浏阳市职业中专	中职组:通信与控制系统集成与维护(团体赛)二等奖	湖南省教育厅、省人力资源和社会保障厅	2020年12月
浏阳市职业中专	中职组:虚拟现实(VR)制作与应用(团体赛)二等奖	湖南省教育厅、省人力资源和社会保障厅	2020年12月
浏阳市职业中专	“中职组:会计技能(个人赛)三等奖	湖南省教育厅、省人力资源和社会保障厅	2020年12月
浏阳市职业中专	中职组:物联网技术应用与维护(团体赛)三等奖	湖南省教育厅、省人力资源和社会保障厅	2020年12月
浏阳市职业中专	中职组:电子商务技能(团体赛)三等奖	湖南省教育厅、省人力资源和社会保障厅	2020年12月
浏阳市职业中专	中职组:服装设计与工艺(团体赛)三等奖	湖南省教育厅、省人力资源和社会保障厅	2020年12月
浏阳市职业中专	中职组:计算机检测维修与数据恢复(团体赛)三等奖	湖南省教育厅、省人力资源和社会保障厅	2020年12月
浏阳市职业中专	湖南黄炎培职业教育奖创业规划大赛优胜奖	中共湖南省委统战部、湖南省教育厅、湖南中华职业教育社	2020年1月
浏阳一中	湖南卫视《少年说》第五季浏阳一中专场	湖南卫视	2020年4月
浏阳一中	“2020年湖南省计划生育协会 青春健康工作先进单位”	湖南省计划生育协会	2020年11月
澄潭江镇洲田村党总支	湖南省抗击新冠肺炎疫情先进集体	中共湖南省委、湖南省人民政府	2020年11月
澄潭江镇洲田村党总支	湖南省先进基层党组织	中共湖南省委	2020年11月
澄潭江镇和家村	湖南省卫生村	湖南省爱国卫生运动委员会办公室	2020年12月
澄潭江镇山下村	湖南省级示范儿童之家	湖南省民政厅	2020年12月

续表 24-4

获奖(称号) 单位	获奖(称号)名称	授奖(称号)单位	获奖(称号)时间
浏阳市民政局	2020 年度全省五化民政建设先进单位	湖南省民政厅	2021 年 2 月
浏阳慈善会	2020 年度慈善工作先进单位	湖南省慈善总会	2021 年 1 月
浏阳市义工联合会	湖南省“十百千”示范社会组织	湖南省民政厅	2020 年 6 月
浏阳市集里桥社区黄帽子志愿者工作站	湖南省“十百千”示范社会组织	湖南省民政厅	2020 年 6 月
沿溪镇社工站	优秀案例奖	湖南省社会工作协会	2020 年 12 月
中和镇社工站	优秀案例奖	湖南省民政厅慈善事业促进和社会工作处	2020 年 11 月
浏阳市集里街道办事处	2020 年度湖南省安全发展工作示范街道	湖南省人民政府办公厅	2021 年 3 月
集里桥社区黄帽子离退休干部党支部	全省离退休干部先进集体	中共湖南省委组织部、中共湖南省委老干部局	2020 年 1 月
古港镇梅田湖村	湖南省乡村旅游重点村	湖南省文化旅游厅、湖南省发展和改革委员会	2020 年 12 月
古港完小	省防灾减震科普教育示范学校	省地震局、省教育局	2020 年 12 月
古港镇梅田湖村	省级同心美丽乡村	中共湖南省委统战部	2021 年 1 月
古港镇	省级“平安农机”示范乡镇	湖南省农业农村厅、湖南省应急管理厅	2020 年 12 月
湖南省景康五金制品有限公司	高新技术企业证书	湖南省科学技术厅、湖南省财政厅、国家税务总局湖南省税务局	2019 年 12 月
浏阳梅田湖松山旅游开发有限公司	“农行杯”第四届湖南省农村创业创新大赛暨第七届“创青春”湖南省青年创新创业大赛三等奖	湖南省农村创业创新大赛组委会	2020 年 8 月
普迹镇	湖南省卫生镇	湖南省爱国卫生运动委员会办公室	2021 年 1 月
永安镇	湖南省卫生镇	湖南省爱国卫生运动委员会办公室	2021 年 1 月
浏阳市城市管理综合执法大队	2020 年度“强基础、转作风、树形象”专项行动表现突出单位	湖南省住建厅	2021 年 1 月
浏阳市自来水公司	2020 年湖南省供水行业先进单位	湖南省城乡建设行业协会供水分会	2020 年 12 月
达浒镇金石村	湖南省卫生村	湖南省爱国卫生运动委员会	2020 年 12 月
达浒镇金田村	湖南省卫生村	湖南省爱国卫生运动委员会	2020 年 12 月
达浒镇人民政府机关	湖南省文明卫生单位	湖南省爱国卫生运动委员会	2020 年 12 月
达浒镇书香村李学树家庭	湖南省 2020 届文明家庭	湖南省文明办	2021 年 1 月
浏阳市退役军人事务局	爱国拥军模范单位	中共湖南省委、湖南省人民政府、湖南省军区	2020 年 8 月
大围山森林公园	第一批省级森林康养基地	湖南省林业局、湖南省民政厅、湖南省卫生健康委员会、湖南省中医药管理局	2020 年 12 月

续表 24-5

获奖(称号) 单位	获奖(称号)名称	授奖(称号)单位	获奖(称号)时间
浏阳市浏阳湖国有林场	全省"十佳"国有林场	湖南省林业局	2020年12月
浏阳市浏阳湖国有林场	全省绿化先进集体	湖南省绿化委员会、湖南省人力资源和社会保障厅、湖南省林业局	2021年1月
浏阳市林业局	全省禁食野生动物工作先进集体	湖南省林业局	2020年12月
小河乡罗汉松古树公园	湖南首批十个古树(名木)公园	湖南省绿化委员会办公室	2020年1月
小河乡小河初级中学	湖南省乡村温馨校园典型案例学校	湖南省教育厅	2020年6月
小河乡文联	2020年度全省文联系统先进单位	湖南省文化艺术界联合会	2021年2月
小河乡皇碑村	湖南省卫生村	湖南省爱国卫生运动委员会办公室	2020年12月
小河乡乌石村	湖南省卫生村	湖南省爱国卫生运动委员会办公室	2020年12月
张坊镇田溪村	湖南省文化和旅游扶贫示范村	湖南省文化和旅游厅、湖南省扶贫开发办公室	2020年4月
文旅广体局	《浏阳市博物馆新馆革命文物征集》入选湖南省文物保护利用创新发展百佳案例重点推介项目	湖南省文物局	2020年10月
文旅广体局	《浏阳市博物馆文物价值的发掘与传播》入选湖南省文物保护利用创新发展百佳案例推介项目	湖南省文物局	2020年10月
浏阳市古港镇梅田湖村	湖南省乡村旅游重点村	湖南省文化和旅游厅、湖南省发展和改革委员会	2020年11月
文旅广体局	MV《把心交给你》获"艺抗疫情 云游湖南"音乐类优秀作品	湖南省文旅厅	2020年5月
文旅广体局	《等你,凯旋》获"艺抗疫情 云游湖南"文学诗歌类优秀作品	湖南省文旅厅	2020年5月
文旅广体局	湖南省"欢乐潇湘"文艺演出先进单位	湖南省文化和旅游厅	2020年12月
浏阳市档案馆	全省档案工作先进集体	省人社厅、省档案局	2020年3月
浏阳广电云商有限责任公司	湖南电子商务诚信示范企业	湖南电商诚信建设大会	2020年10月
浏阳日报社	湖南报业采编创新奖	湖南省报业协会	2020年11月
浏阳市沿溪镇卫生院	湖南省文明卫生单位	湖南省爱国卫生运动委员会办公室	2020年12月
浏阳市葛家镇	全省计划生育基层群众自治先进乡镇街道	湖南省计划生育协会	2020年1月
浏阳市柏加镇	全省计划生育基层群众自治先进乡镇街道	湖南省计划生育协会	2020年1月
浏阳市关口街道占佳社区	全省计划生育基层群众自治先进村居	湖南省计划生育协会	2020年1月
浏阳市淮川街道北正社区	全省计划生育基层群众自治先进村居	湖南省计划生育协会	2020年1月
官渡镇工会联合会	2020年湖南省百佳乡镇(街道)工会	湖南省总工会	2021年1月

续表 24-6

获奖(称号)单位	获奖(称号)名称	授奖(称号)单位	获奖(称号)时间
浏阳市淮川街道新北社区	全省计划生育基层群众自治先进村居	湖南省计划生育协会	2020年1月
浏阳市南川河文家市段	美丽河湖	湖南省河长制工作委员会办公室	2021年2月
浏阳市卫生计生综合监督执法局	2019年度湖南省卫生健康监督执法优秀案例	湖南省卫生健康委	2020年6月
浏阳市人民医院	湖南省公众救护培训示范医院	湖南省卫生健康委	2020年9月
浏阳市自然资源局	在省组织实施真抓实干激励措施工作中,浏阳市获得闲置土地处置率高,土地节约集约利用成效明显的县市区先进单位荣誉称号,奖励用地计划指标300亩	湖南省人民政府	2020年1月
淮川街道北正社区	2019年全省计划生育基层群众自治先进村居	湖南省计生协会	2020年1月
淮川街道新北社区	2019年全省计划生育基层群众自治先进村居	湖南省计生协会	2020年1月
浏阳市人民医院	湖南省公众救护培训示范医院	湖南省卫生健康委	2020年9月
柏加镇	美丽乡村建设示范镇	中共湖南省委农村工作领导小组	2021年2月
淳口镇狮岩村	美丽乡村建设示范村	中共湖南省委农村工作领导小组	2021年2月
北盛镇边洲村	美丽乡村建设示范村	中共湖南省委农村工作领导小组	2021年2月
文家市镇新发村	美丽乡村建设示范村	中共湖南省委农村工作领导小组	2021年2月
浏阳市科学技术协会	2020年湖南省科普信息员科普信息传播竞赛优秀组织奖	湖南省科学技术协会	2020年12月
浏阳市科学技术协会	2020年湖南省全国科普日优秀组织奖	湖南省科学技术协会	2020年12月
浏阳市商务局	2020年度全省商务工作(外经)先进单位	湖南省商务厅	2021年1月
浏阳经济技术开发区	全省商务工作先进园区	湖南省商务厅	2021年1月
浏阳市商务局	全省商务系统"两稳一促"考核优秀单位	湖南省商务厅	2021年2月
胡耀邦故里管理局	湖南省文明风景旅游区	湖南省精神文明建设指导委员会	2020年4月
胡耀邦同志纪念馆	湖南省十大陈列展览精品奖	湖南省文物局	2020年10月
胡耀邦同志纪念馆	被评为湖南文物保护利用创新发展百佳案例——优秀文博资源拓展与文旅融合案例	湖南省文物局	2020年1月
胡耀邦同志纪念馆	被评为湖南文物保护利用创新发展百佳案例——优秀文物价值发掘与传播案例	湖南省文物局	2020年1月
仁爱残疾人服务中心工会委员会	2020年湖南省模范职工之家	湖南省总工会	2021年1月
市税务局淮川税务分局工会小组	2020年湖南省模范职工小家	湖南省总工会	2021年1月

长兴湖　　（罗豪正　摄）

文献选编

浏阳市人民政府
关于应对新型冠状病毒感染的肺炎疫情
促进企业健康发展的实施意见

浏政发〔2020〕1 号

各乡、镇人民政府，街道办事处，市直相关单位：

为深入贯彻落实习近平总书记关于坚决打赢疫情防控阻击战的重要指示精神，促进企业健康发展，现提出如下意见。

一、细化复工服务

（一）有序复工复产。积极指导帮助企业做好应急预案、物资保障、清洗消毒等疫情防控工作，分类别、分区域、分步骤指导企业复工复产。（责任单位：工信局，各乡镇人民政府、街道办事处，各园区管委会）

（二）支持转型转产。重点支持防疫物资生产企业实施技术改造，进一步扩大产能，优先推荐申报智能制造试点企业；支持鼓励其他具备条件的企业新增防疫物资生产线，转型转产为防疫物资生产企业，快速形成产能。对疫情防控期间省、长沙市重点联系企业除参照《湖南省新型冠状病毒感染的肺炎疫情防控工作领导小组防疫物资保障组办公室关于印发〈全力保障防疫物资生产供应十条措施〉的通知》（湘疫防物资办〔2020〕1 号）予以奖励外，对新上生产线、扩大产能、做出突出贡献的防疫物资生产企业，在用地和相关手续办理方面给予重点支持。（责任单位：工信局、财政局、自然资源局等相关职能部门，各园区管委会）

二、深化用工服务

（三）援企稳岗。对不裁员或少裁员的企业返回其上年度实际缴纳失业保险费用的 50%。对招用就业困难人员的企业按照相关政策给予社保补贴。（责任单位：人社局、财政局）

（四）就业补贴。对鼓励、组织职工参加各类线上职业培训并取得国家职业资格证书或相关合格证书的企业，按规定给予职业技能提升补贴。（责任单位：人社局、财政局）

（五）缓缴社保。对受疫情影响未能按时办理社会保险缴费业务的企业，可延期至疫情解除后予以补办；在疫情期间逾期缴纳的社会保险费，免收滞纳金且不影响缴费个人的权益。相关补办手续在疫情解除后 3 个月内完成。（责任单位：人社局、财政局）

（六）协助招工。加大线上招聘力度，帮助企业引进人才。利用公共就业服务平台及时发布企业招工、复工等信息，促进劳动者与用工企业精准对接。（责任单位：人社局、工信局，各乡镇人民政府、街道办事处，各园区管委会）

三、刚化减负服务

（七）减租金。各国有企业和园区持有的国有资产类经营物业如长沙 e 中心、创业创新基地、科技企业孵化器、众创空间等，在疫情期间为承租的科技型中小微企业及团队减免 1～3 个月房租。倡导市域内各类物业经营主体与企业同舟共济、携手同行、共渡难关，主动为承租企业减免租金和管理费，减轻企业负担，释放众志成城、共抗疫情、团结一致、合作共赢的强大正能量。（责任单位：财政局、国资中心，各园区管委会）

（八）减税费。不折不扣贯彻落实减税降费各项税收优惠政策。受疫情影响发生重大损失导致在缴纳房产税、城镇土地使用税等方面存在困难的企业，可申请房产税、城镇土地使用税困难减免；受疫情影响不能按期办理纳税申报或扣缴税款申报的企业，可申请延期申报，资料不全的可容缺办理；对确有困难不能按期缴纳税款的企业，可申请延期缴纳，最长期限为 3 个月。（责任单位：自然资源局、住建局、税务局）

四、强化金融服务

（九）增加贷款。市域内银行机构要创新金融产品，通过增加中长期贷款、提升信用贷款占比、扩大抵质押物范围、提高抵质押物贷款比例等方式，确保 2020 年对实体经济的贷款增速不低于 2019 年同期水平。（责任单位：人民银行浏阳支行、金融事务中心）

（十）保障续贷。对受疫情影响较大、暂时困难的中小微企业，不得抽贷、断贷、压贷。积极创新产品，鼓励市域内银行机构对2020年4月30日前到期的小微企业贷款实行“无还本续贷”，以解决因疫情受损的小微企业融资难问题。（责任单位：人民银行浏阳支行、税务局、金融事务中心）

（十一）降低成本。鼓励降低企业融资成本，政府融资担保机构下调担保费率不低于1%，倡导市域内社会融资担保机构同比例下调担保费率；鼓励市域内银行机构下调企业贷款利率且不高于2019年的企业贷款利率。（责任单位：工信局、财政局、金融事务中心、人民银行浏阳支行）

五、优化政务服务

（十二）为企业站台。按照《中共浏阳市委办公室浏阳市人民政府办公室关于印发〈浏阳市优化企业服务十二条措施〉的通知》（浏办发〔2019〕62号）要求，担当作为主动“站台”，精准施策扶持企业，全面推行“阳光执法”“清单管理”，以“不叫不到、随叫随到、服务周到、说到做到”为宗旨，构建亲清政商关系，持续促进企业健康发展。（责任单位：各行政审批部门）

（十三）为企业解难。各行业主管部门要根据疫情发展情况，及时帮助解决企业在复工中遇到的交通、防控、物资保障、原材料供应等方面困难，保障企业有序经营。坚持“一业一策”精准扶持，积极引导企业创新经营模式，化危为机，众志成城，共克时艰。（责任单位：各行业主管部门）

（十四）为企业分忧。对受疫情影响导致无法如期履行或不能履行贸易合同并由此产生经济、法律纠纷的企业，相关职能部门要依法为企业提供法律援助服务，鼓励其向有关机构申请办理不可抗力相关事实性证明。（责任单位：司法局、商务局，各行业主管部门）

（十五）为企业争资。加快兑现各级相关资金扶持政策，对建设周期较长的项目，可根据项目实际投资发生额，提前按比例兑现扶持资金。（责任单位：工信局、财政局，各园区管委会）

本意见自发布之日起执行，至2020年12月31日止，支持对象为受疫情影响导致生产经营困难的企业，各项政策依照规定的程序和权限办理。上级出台相关支持政策后，浏阳市按照就高不就低原则执行。

实行单独财政体制的园区和乡镇按照本意见执行，资金自行解决。

浏阳市人民政府

2020年2月5日

浏阳市畜禽养殖禁养区管理办法

第一章 总则

第一条 为进一步优化我市畜禽养殖产业结构和布局，有效防治养殖污染，保护和改善生态环境，实现畜牧业可持续健康发展，根据《中华人民共和国畜牧法》《畜禽规模养殖污染防治条例》等法律法规，结合我市实际，制定本办法。

第二条 本市行政区域内达到省级人民政府确定的养殖规模标准的畜禽养殖场、养殖小区适用本办法。

第二章 禁养区域

第三条 禁养区包括下列区域：

（一）城镇居民区、文化教育科学研究区等人口集中区域。

（二）集中式饮用水水源一级保护区和二级保护区。具体范围以湖南省人民政府批准划定方案为准。包括浏阳市株树桥水库饮用水水源保护区、浏阳市浏阳河饮用水水源保护区、浏阳市淳口镇南康水库饮用水水源保护区、浏阳市达浒镇板贝水库饮用水水源保护区、浏阳市大围山镇中塅河饮用水水源保护区、浏阳市镇头镇浏阳河饮用水水源保护区、浏阳市龙伏镇洞庭房水库饮用水水源保护区、浏阳市小河乡潭湾村供水工程饮用水水源保护区、浏阳市葛家镇大源村供水工程饮用水水源保护区、浏阳市永和镇长滩河饮用水水源保护区、浏阳市中和镇小江河饮用水水源保护区、浏阳市社港镇关山水库饮用水水源保护区、浏阳市蕉溪镇高升水厂地下水饮用水水源保护区、浏阳市蕉溪镇石洞岭水库饮用水水源保护区、浏阳市沿溪镇富岭水库饮用水水源保护区、浏阳市北盛镇捞刀河饮用水水源保护区、浏阳市集里街道浏阳河饮用水水源保护区、浏阳市普迹镇浏阳河饮用水水源保护区、浏阳市淳口镇马尾皂水库饮用水水源保护区、浏阳市高坪镇小溪河饮用水水源保护区、浏阳市沙市镇捞刀河饮用水水源保护区、浏阳市文家市镇清江水库饮用水水源保护区、浏阳市古港镇梅田水库饮用水水源保护区、浏阳市关口街道杨溪饮用水水源保护区、浏阳市淳口镇山溪水饮用水水源保护区、浏阳市小河乡山溪水饮用水水源保护区、浏阳市小河乡蛟龙皂水库饮用水水源保护区等。

（三）风景名胜区，具体范围以国务院及省人民政府批准公布的名单为准，范围按照其规划确定的范围执行。包括大围山风景名胜区和道吾山风景名胜区等。

其中，风景名胜区的核心景区禁止建设养殖场，其他区域禁止建设有污染物排放的养殖场。

（四）自然保护区的核心区和缓冲区，具体范围以各级人民政府批准公布的名单为准。包括浏阳市大围山省级自然保护区（位于大围山镇和张坊镇）、浏阳市大城坑南方红豆杉自然保护区（位于张坊镇）、浏阳市象形自然保护区（位于达浒镇）、浏阳市高升岭自然保护区（位于文家市镇）、浏阳市耀邦自然保护区（位于中和镇）、浏阳市石霜寺自然保护区（位于金刚镇）、浏阳市株树桥自然保护区（位于高坪镇）、浏阳市东麓园自然保护区（位于张坊镇）、浏阳市西湖山自然保护区（位于淮川街道）、浏阳市道吾山自然保护区（位于集里街道）、浏阳市赤马湖自然保护区（位于沙市镇）、浏阳市枫林湖自然保护区（位于淳口镇）、浏阳市石柱峰自然保护区（位于龙伏镇）、浏阳市周洛自然保护区（位于社港镇）、浏阳市石牛寨自然保护区（位于社港镇）等。

（五）法律、法规规定的其他禁止养殖区域。

第三章 管理办法

第四条 禁养区内禁止建设各类畜禽养殖场、养殖小区。凡在禁养区内建设畜禽养殖场、养殖小区的，由生态环境主管部门责令停止违法行为；拒不停止违法行为的，依法依规予以处罚；情节严重的，报经有批准权的人民政府批准，责令关闭或拆除。

第五条 禁养区内已有的畜禽养殖场、养殖小区取消一切政策性补助、支持，由所在地乡镇人民政府（街道办事处）依据相关政策责令限期搬迁或退出；拒不搬迁或退出的，由生态环境主管部门依据相关法律法规进行处罚，并报经有批准权的人民政府批准，责令拆除或关闭。

第六条 市直相关单位配合各乡镇人民政府（街道办事处）根据本办法，科学规划养殖用地和畜禽养殖场、养殖小区的布局，具体明确辖区内禁养区范围边界拐点并绘制相应的矢量图；实地勘核新建、扩建、改建畜禽养殖场、养殖小区的用地情况，把好畜禽养殖发展关口，逐步实现生态养殖。

第七条 对畜禽养殖禁养区划分实行动态管理，根据社会经济发展情况适时调整。

法律、法规另有规定的，从其规定。

第四章 附则

第八条 本办法自 2020 年 2 月 15 日起实施，原《浏阳市畜禽养殖区域划分办法》（浏政办发〔2017〕9 号）同时废止。

浏阳市人民政府办公室
关于加快推进夜间乡间网间经济发展的实施意见

各乡、镇人民政府，街道办事处，市直各单位：

为尽快消除疫情对全市经济发展的影响，加快恢复市场经济活力，深入推进夜间乡间网间（简称“三间”）经济发展，进一步发掘城市经济发展新的增长点，推进消费升级、激发城市活力、提升文化品位，经市人民政府同意，现提出如下实施意见。

一、工作目标

以打造“全时段、全领域、全空间消费之城”为目标，坚持“市场主导、政府引导、分类培育、彰显特色”的原则，培育和发展一批体现浏阳文化、丰富消费业态、形成城市品牌、有效扩大消费的经济载体，推动夜间乡间网间点线面结合，合理延伸经济形态，加快提升经济活力和规模，打造湘赣边“三间”经济发展高地，不断满足人民日益增长的美好生活需要。

二、主要任务

（一）丰富“夜”态，让夜间亮起来

1．夜食。

以游客美食体验和市民休闲就餐为重点，深入发掘浏阳蒸菜、浏阳黑山羊、官渡唆螺、白沙豆腐、地方菜肴等能反映浏阳饮食特色的餐品系列，鼓励餐饮企业（门店）推出后晚餐时段的针对性餐品和服务，进一步浓厚夜间餐饮休闲氛围。精心培育浏水蒸香、蒸浏记、杯莫亭、老罗记、三毛炒粉、彭记酱干、唐氏卤味、赖氏龙虾、乡到家等浏阳知名字号门店，重点打造天马路、碧桂园路、城东小区等美食示范街区。

（责任单位：市场监管局、文旅广体局、商务局、城管局，各乡镇人民政府、街道办事处，排名第一为牵头单位，下同）

2．夜宿。

完善住宿板块，推出一批规范化、品质化、个性化、主题化的酒店（民宿），在主城区重点围绕酒店服务品质，以星级酒店标准为样板，鼓励支持酒店改善硬件设施，提升软件服务水平，实现规范化经营管理，培育5~10家高品质酒店；在乡村立足地域特色，发挥地方优势，培育一批森林度假型、农耕体验型、客家风情型等特色民宿。

（责任单位：文旅广体局、公安局，各乡镇人民政府、街道办事处）

3．夜游。

围绕“一河两岸”（浏阳河城区段）和“三山一湖”（道吾山、西湖山、天马山、长兴湖）打造水陆风情游精品路线，串联沿线景点和人文景观，启动游船项目，引进新业态，延长旅游景点开放时段，完善夜间休闲游玩场所，形成夜间文旅网红打卡地；借助大围山避暑胜地、乡间旅游景点等，打造10个户外露营基地，开展帐篷节、音乐节、美食节等夜游节庆活动。

（责任单位：文旅广体局、城管局、水建投、文旅公司、大围山森林公园，各乡镇人民政府、街道办事处）

4．夜购。

建设一批高品质、高标准、上规模的商业综合体，打造老城传统商圈、集里主流商贸圈、环体育中心街区、行政中心商务经济区、滨河主流商业城等夜间商圈。举办城乡商务节及首届消费节，策划“点亮夜浏阳”促消费活动，推动购物中心、大型商场延长营业时间，在店庆日、节假日期间开展“不打烊”等晚间促销活动，引导品牌商超建设24小时便利店，鼓励开展夜间时段的折扣让利活动，提升夜间经营活跃度。

（责任单位：商务局、文旅广体局、城管局、市场监管局，各乡镇人民政府、街道办事处）

5．夜娱。

持续举行浏阳河周末主题音乐焰火，推进烟花进景区，办好两年一届的中国国际花炮文化节、浏阳焰火大会等节会，打造中国烟花乐谷，提升夜间经济竞争力。推动图书馆、体育馆等场所晚间对外开放，推进24小时自助图书馆、夜间健身会所、深夜影院、网吧、咖啡吧、酒吧、茶空间、KTV等健康发展。建设特许文化街区，精心办好欧阳予倩艺术节、欢乐浏阳河群众文艺演出、浏阳河音乐节等文化活动，上演《胡子将军》《耀邦兄弟》等本土剧目，引入高端剧目，引导浏阳古乐、花鼓戏、客家山歌等“非遗”文化转化落地，丰富夜间文化演艺活动品类。

（责任单位：文旅广体局、花炮产业发展中心、公安局、融媒中心、城管局、应急局）

（二）挖掘“乡”韵，让乡间火起来

1．擦亮四季乡游品牌。

依托乡村旅游点、美丽乡村和农业景观，积极发展乡村休闲旅游，形成“春赏花、夏漂流、秋品果、冬滑雪”的四季乡游品牌。进一步打响“红色文旅小镇”“体育小镇”“花木小镇”“油茶小镇”等特色小镇品牌，升级打造西溪磐石大峡谷、周洛大峡谷、秧田耕读文化园、南车湾、田螺乐园、水韵苏故等乡村旅游景点。鼓励举办农民丰收节、油菜花节、杜鹃花节、漂流节、水果节、溯溪节、湘赣边区体育旅游节等乡村旅游节会，支持开展春垂钓、踏春摄影、端午龙舟赛、行走母亲河等群众广泛参与的乡村赛事活动，打造节庆旅游活动。升级精品休闲农庄、民俗，开展“慢生活乡间游”活动，支持现有的农庄改造住宿餐饮设施，提升管理服务水平，鼓励创建一批国家、省级星级农庄和示范农庄。开发“蒸菜宴”“全羊宴”等特色项目，吸引都市人群消费。

（责任单位：文旅广体局、农业农村局，各乡镇人民政府、街道办事处）

2．推出生态乡土特产。

依托生态种植、养殖基地，开发“都市菜园”“都市果园”等项目，面向市民推广“我在乡村有棵树”“我在乡村有菜园”活动，吸引城市人群消费。举办“地道浏阳味”乡村美食大赛，评选“百家十星”农家乐，推出浏阳美食地图。加强对白沙豆腐、浏阳茴饼、浏阳炒米等“十大特色小吃”的包装推介，大力引进社会资本参与产品开发和运营，利用微视频、网红直播等多种方式进行品牌宣传和推广。加强种养殖业与农产品加工企业的对接融合，支持有条件的农产品和经营主体开设旅游通道，提质升级旅游商品，带动产品消费，撬动浏阳乡村旅游的“后备箱经济”。

（责任单位：农业农村局、文旅广体局，各乡镇人民政府、街道办事处，各园区管委会）

3．盘活乡土特色资源。

充分挖掘浏阳夏布、菊花石雕、浏阳豆豉、油纸伞、古山贡纸等非物质文化遗产的故事资源和文创产品的品牌能量，指导支持各“非遗”文创项目建设匠心工艺坊、手工艺研学基地、文化体验中心和在线体验营销平台，支持举办特色品牌展演和文化输出活动。推出“感受‘非遗’传承匠心”“非遗”体验活动，组织开展农产品和文旅伴手礼创意设计大赛，开发包装一批符合当下审美和市场需求的精品，并优先纳入政府公务接待和招商活动指定用品。瞄准长株潭中小学生素质教育和研学实践市场，重点打造古港梅田湖、文家市红旅营、中和苍坊、沿溪沙龙、荷花天子湾等研学旅行产品，争取更多基地纳入湖南省、长沙市中小学生实践教育基地名录，努力将浏阳市打造成全省著名研学旅行目的地，吸引更多中小学生来浏开展素质教育实践游。

（责任单位：文旅广体局、农业农村局、教育局、文化产业园，各乡镇人民政府、街道办事处）

4．加快城乡双向流通。

完善城乡路网，推动“四好农村路”示范创建提质扩面，支持乡村道路建设和改造，进一步畅通城乡要素双向流动通道。有效开发农村市场，扩大电子商务进农村覆盖面，支持供销合作社、邮政快递企业等延伸乡村物流服务网络，加强村级电商服务站点建设，推动“农产品进城、工业品下乡”双向流通。启动农产品仓储保鲜冷链物流设施建设工程，完善县乡村三级冷链物流体系。强化对“三农”信贷的货币、财税、监管政策正向激励，给予低成本资金支持，引导和鼓励工商资本下乡，助力现代规模化种养业、农产品加工业、乡村旅游业、农村电子商务、农村社会事业等发展。

（责任单位：农业农村局、发改局、财政局、商务局、人社局、交通运输局、供销社、邮政公司，各乡镇人民政府、街道办事处）

（三）拓展“网”域，让网间红起来

1．完善“网间”基础。

加快推进通信基础设施建设，优先在城区、园区和景区部署5G通信网络，提升主要消费场所光纤宽带及移动通信网络覆盖水平，持续落实通信提升降费措施。推广移动互联网新兴支付方式，重点推进掌上浏阳“羊淘商城”、和包支付在各类消费场景的应用，加快打造“和包支付”示范城。全面推进“智慧旅游”建设，搭建智慧文旅大平台，推进智游浏阳App与智慧文旅场所建设，引导各类场馆、景区广泛应用互联网售票、二维码验票、智能导航、语音讲解、VR技术，推进“互联网＋旅游”，实现“一部手机游浏阳”。加快软件和信息服务业的发展，支持信息技术服务及应用企业申报上级移动互联网、工业互联网、人工智能等相关产业发展专项资金。创新推广实施“41111”电商人才培训工程，浓厚电商发展氛围。

（责任单位：工信局、商务局、文旅广体局、融媒中心）

2．放大“网间”空间。

大力引导传统企业提升互联网应用水平，重点引导园区、乡镇的相关企业成立电商销售公司、电商销售部进行触网发展，不断提升企业电子商务应用程度。鼓励支持市场主体借助应用电商平台做大做强，助推“浏品出湘、优品出海”。

（责任单位：商务局、发改局、工信局，各乡镇人民政府、街道办事处，各园区管委会）

3．搭建“网间”平台。

充分发挥掌上浏阳“羊淘商城”和浏阳电商产业园孵化带动作用，培育壮大蜜蜂哥哥、盐津铺子、尔康制药、梦想烟花等电商龙头企业，不断提升区域公用品牌知名度和影响力。依托农业品牌电商运营中心、浏通天下、邮乐购等电商服务平台，加快智慧商圈建设，完善提升电商公共服务支撑体系，切实提高浏阳电子商务应用度和广泛度，力争把浏阳打造成湘赣边颇具影响力的区域性电子商务中心和全国电子商务发达县（市）。

（责任单位：商务局、工信局、融媒中心、农业农村局、市场监管局、供销社、邮政公司，各乡镇人民政府、街道办事处）

4．推进“网间”融合。

支持传统百货以及线下餐饮、商超等实体零售企业与“互联网＋”平台公司广泛合作，拓展“零售到家服务”。丰富线上购物体验，发展面向社区群体的垂直传播、网络直播、圈层消费等消费模式，支持互联网公司丰富拓展未来零售体验场景，构建虚拟现实网上商城、社交电商、二手交易等互联网电商消费新场景。支持烟花爆竹、旅游、农业等产业大数据平台建设和应用转化，重点扶持基本成熟的公共数据平台项目，着力推进“数产融合”应用转化。

（责任单位：商务局、工信局、文旅广体局、市场监管局、文化产业园）

三、保障措施

（一）建立健全推进工作机制

成立“三间”经济发展统筹协调领导小组，负责结合实际加强规划研究，创新“三间”经济运作模式，做好业态合理布局，提升配套的交通、安全、卫生、公共服务等社会管理水平。鼓励成立相关商会等社会组织，规范行业行为，加强行业自律，推进本行业本区域“三间”经济发展。根据“三间”经济发展成效，适时评选“十大夜间经济示范项目”“十大乡间经济示范项目”“十大网间经济示范项目”，起到引领示范带动作用。

（责任单位：发改局、商务局、文旅广体局、城管局、市场监管局、民政局、交通运输局、公安局、农业农村局、应急局、长沙市生态环境局浏阳分局，各乡镇人民政府、街道办事处）

（二）切实提升管理保障水平

加强食品安全、城市管理、治安、消防等配套管理措施和服务功能，增设安全巡查，严格食品安全、商品价格监管，做好光污染防控，健全投诉处置机制，保护消费者合法权益。在符合环境保护、安全生产、消防安全、市政环卫等相关规定，不扰民、不影响交通秩序等前提下，适当放宽审批条件，实施包容审慎监管和建立容错纠错机制。适当放宽夜间经济固定时段固定区域摆卖管制，科学规划夜间经济活动辐射区域以及各类配套设施建设等，确保无噪声、油烟等污染；增设热点消费街区行人过街设施、晚间限时停车位，为夜间消费最大限度提供便利。

（责任单位：市场监管局、公安局、城管局、应急局、长沙市生态环境局浏阳分局，各乡镇人民政府、街道办事处，各园区管委会）

（三）加强政策支持和资金保障

出台“三间”经济发展扶持政策，积极争取上级“三间”经济项目资金支持，整合优化本级各类产业发展资金，加大对“三间”经济支持力度，本级各类产业发展专项资金用于支持“三间”经济的比例不低于20%。

（责任单位：财政局、发改局、工信局、商务局、农业农村局、文旅广体局、科技局）

（四）加大工作宣传推介力度

通过电视广播、地铁高铁、高架高速、公交车身、广告宣传、专业报刊、大型网站、微博、微信公众号等多种宣传手段，利用“互联网＋政务服务”平台，发挥湘赣边红色旅游联盟长期秘书长单位、湘鄂赣电视联盟体和中国县市原创节目交流中心平台的优势，全方位、大力度宣传推介“三间”经济发展工作。

（责任单位：宣传部、融媒中心、文旅广体局、商务局、农业农村局，各乡镇人民政府、街道办事处，各园区管委会）

浏阳市人民政府办公室

2020年3月13日

浏阳市人民政府
关于做好第七次全国人口普查工作的通知

浏政发〔2020〕5 号

各乡、镇人民政府,街道办事处,市直各单位:

为切实做好我市第七次全国人口普查工作,根据《国务院关于开展第七次全国人口普查的通知》(国发〔2019〕24 号)和《湖南省人民政府关于认真做好湖南省第七次全国人口普查工作的通知》(湘政发〔2019〕24 号)精神,现将有关事项通知如下。

一、普查内容和时间

本次普查主要调查人口和住户的基本情况,包括姓名、公民身份号码、性别、年龄、民族、受教育程度、行业、职业、迁移流动、婚姻生育、死亡、住房情况等。

普查标准时点是 2020 年 11 月 1 日零时。

二、组织实施

成立浏阳市第七次全国人口普查领导小组,负责人口普查工作的组织实施。市直相关单位要按照职能分工,各负其责、通力协作、密切配合,共同做好普查工作。各乡镇人民政府(街道办事处)要相应设立人口普查领导小组及其办公室,广泛引导、动员和组织社会力量积极参与配合,认真做好本地区普查工作。

各级普查机构可根据工作需要,招聘或从有关单位借调符合条件的普查指导员和普查员。为稳定普查工作队伍,确保普查工作顺利推进,应及时支付招聘人员的劳动报酬,保证借调人员在原单位的工资、福利及其他待遇不变,并保留其原有工作岗位。

各乡镇(街道)要切实落实普查经费,按时拨付、确保到位,不能因经费短缺影响普查工作的正常开展。

三、工作要求

(一)坚持依法普查。各级各部门要按照《中华人民共和国统计法》《中华人民共和国统计法实施条例》《全国人口普查条例》等法律法规要求,认真做好普查各项工作。普查取得的数据,严格限定用于普查目的,不得作为任何部门和单位对各级行政管理工作实施考核、奖惩的依据。普查中获得的能够识别或者推断单个普查对象身份的资料,不得作为对普查对象实施处罚等具体行政行为的依据。各级普查机构及其工作人员必须严格履行保密义务,严禁向任何机构、单位、个人泄露或出售公民个人信息。

(二)确保数据质量。广泛应用部门行政记录,推进大数据在普查中的应用,提高普查数据采集处理效能。建立健全普查数据质量追溯和问责机制,相关部门要加大对普查工作中违纪违法行为的查处和通报曝光力度,坚决杜绝人为干扰普查工作的现象,确保普查工作顺利进行和普查数据真实准确。

(三)加强宣传工作。市统计局要会同宣传部门认真做好普查宣传的策划和组织工作。采用多种方式,广泛深入宣传第七次全国人口普查的重要意义和要求,引导广大普查对象依法配合普查,如实申报普查项目,为普查工作顺利实施创造良好舆论环境。

浏阳市人民政府
2020 年 4 月 29 日

湖南浏阳河国家湿地公园管理办法

第一条　为加强湖南浏阳河国家湿地公园（以下简称“湿地公园”）的保护和管理，构建稳定的浏阳河湿地生态系统，充分发挥湿地功能，保护生物多样性，维护生态平衡，保障湿地资源可持续利用，促进经济社会、人居环境与自然环境的协调发展，根据《中华人民共和国森林法》《中华人民共和国野生动物保护法》《中华人民共和国野生植物保护条例》《湿地保护管理规定》《国家湿地公园管理办法》《湖南省湿地保护条例》等有关法律、法规和规章，结合我市实际，制定本办法。

第二条　湿地公园包括株树桥水库及沿岸第一层山脊内的部分生态公益林，浏阳河及上游的大、小溪河水域、滩涂和两岸部分耕地，总面积2361公顷（具体范围以《湖南浏阳河国家湿地公园总体规划》为准）。

在湿地公园规划区范围内从事相关活动的公民、法人和其他组织，均应遵守本办法。

第三条　湿地公园的建设、保护和管理，应当遵循“全面保护、科学修复、合理利用、持续发展”的基本原则。

第四条　湖南浏阳河国家湿地公园管理处为湿地公园专门工作机构（以下简称“公园管理机构”），负责湿地公园的建设、保护和管理工作，依法履行下列职责：

（一）建立健全管理制度，宣传和贯彻国家、省、长沙市有关湿地保护的法律、法规、规章和方针政策；

（二）组织编制和实施湿地公园总体规划和保护规划，综合协调相关部门落实湿地公园建设、管理和保护工作；

（三）组织开展湿地公园内森林资源、气候资源、水资源等自然资源的调查、监测、保护、评估和建档工作，并按照有关规定向社会公布相关情况；

（四）组织开展湿地公园内野生动植物救护和疫源疫病监测防控工作；

（五）组织开展湿地保护调查研究工作，参与国内、国际学术交流与技术合作；

（六）协助林业主管部门和有关部门查处破坏湿地的违法违规行为。

第五条　湿地保护实行公园管理机构综合协调、相关部门组织实施的管理体制。自然资源局、水利局、农业农村局、林业局、长沙市生态环境局浏阳分局、文旅广体局、株树桥水库管理局等有关部门按照相关法律法规的规定和职责分工，做好湿地公园保护和管理相关工作。

第六条　湿地公园保护纳入本级国民经济和社会发展规划，保护经费纳入财政预算。湿地保护经费实行专款专用，任何公民、法人和其他组织不得侵占或挪用。

鼓励公民、法人和其他组织从事与湿地保护相关的科研、教育、宣传等活动。鼓励和支持社会资本参与湿地公园保护工作。

第七条　湿地公园辖区内的公民、法人和其他组织应当遵守湿地公园的各项管理制度，自觉接受公园管理机构的管理并有权对破坏、侵占湿地的行为进行检举和控告。

第八条　《湖南浏阳河国家湿地公园总体规划》是湿地公园建设、保护、管理和利用的依据，任何公民、法人和其他组织应当遵守。

《湖南浏阳河国家湿地公园总体规划》经法定程序批准后不得擅自调整或变更，确需调整变更的，应当经审批机关同意后，按照审批程序报批。

第九条　公园管理机构应当按照《湖南浏阳河国家湿地公园总体规划》确定的范围进行标桩定界，任何单位和个人不得擅自改变和挪动界桩。

第十条　湿地公园内的规划、建设项目必须遵守国家、省、市、县生活饮用水水源保护规定，符合《湖南浏阳河国家湿地公园总体规划》和国家有关湿地公园建设的相关要求，并依法依规依程序报批。

有关行政审批机关在审批涉及湿地公园范围的建设项目时，应当征求公园管理机构的意见，确保建设项目的布局、高度、体量、造型、风格和色调等与周围景观和环境相协调。

第十一条　经依法批准在湿地公园内从事建设活动的公民、法人和其他组织，应当采取有效措施，保护湿地风景资源和自然生态环境。建设活动结束后，必须及时清理场地，恢复原貌。

第十二条　公园管理机构应当会同有关部门，按照有关法律、法规和规章，加强对湿地公园内建设项目的监管。

第十三条　湿地公园实行分区管理，分为保护保育区、恢复重建区、宣教展示区、合理利用区、管理服务区。

第十四条　湿地公园内的水体、野生动物、植物植被、地形地貌等生态环境均属湿地公园的生态资源，应当严格保护。

第十五条　湿地公园内禁止下列行为：

（一）开（围）垦湿地、开矿、采石、取土、修坟以及生产性放牧等；

（二）从事房地产、度假村、高尔夫球场等任何不符合主体功能定位的建设项目和开发活动；

（三）商品性采伐林木；

（四）猎捕鸟类和捡拾鸟卵等行为；

（五）其他破坏湿地及其生态功能的行为。

第十六条　公园管理机构应当建立健全重点保护野生动物救护机制，及时受理有关救护报告，对受伤、搁浅或者被困的重点保护野生动物采取紧急救护措施。

第十七条　湿地公园内的重要景物、文物古迹、古树名木等实行挂牌保护制度。

第十八条　开发利用湿地资源必须符合湿地公园总体规划、修建详细性规划，确保湿地资源的可持续利用。

第十九条　开发利用湿地公园的生态资源，不得改变湿地生态系统的基本功能，不得超出资源的再生能力或者给野生植物物种造成永久性损害，不得破坏野生动物的栖息环境。

第二十条　开发利用湿地公园的人文历史风貌资源应当以参观、游览和科学考察等为主，严格限制商业活动。

第二十一条　在湿地公园内进行科学调查、研究观测、科普教育等教学科研活动的，应当事先向公园管理机构提交申请和活动计划，办理有关手续后方可入园。从事科研活动取得的成果，其副本应当提交公园管理机构，所取得的数据、成果应当与公园管理机构共享。

第二十二条　公园管理机构应当会同有关部门积极组织开展湿地公园资源保护和利用的研究，建立和完善湿地公园保护及利用技术推广体系，推动湿地公园保护和利用工作开展。

第二十三条　公园管理机构应当充分发挥湿地公园在科普宣传、生态保护等方面的作用，开展多种形式的宣传活动。

对于经公园管理机构审核同意，依托湿地公园开展的宣传活动，有关部门应当给予支持，提供便利条件。

第二十四条　公园管理机构应当依据国家、省级有关湿地公园保护的法律法规及规章、技术规范和标准制定管理制度，依法实施管理。

第二十五条　公园管理机构应当定期开展湿地公园资源的调查和环境监测工作，并对湿地公园资源的调查、环境监测数据及其他有关资料进行分类归档，建立湿地公园保护管理档案。

第二十六条　公园管理机构应当制定火灾、溺水、极端天气等应急预案，设置各种必要的安全设施。发生安全事故时，公园管理机构应当根据应急预案及时采取救援措施。

第二十七条　除治安、抢险、工程、游艇等工作船舶外，经公园管理机构同意进入湿地公园的机动船，应当采用电力等无污染动力。

湿地公园内水上运输经营、船舶和船员的管理以及水上交通安全监督，依照有关法律、法规及规章执行。

第二十八条　因事故或者其他突发性事件，对湿地公园环境造成或者可能造成污染、破坏的公民、法人和其他组织，应当立即采取补救措施，向可能受到危害的单位和居民发布相关信息，并及时向公园管理机构报告，接受调查处理。

第二十九条　公园管理机构应当加强日常巡护，发现有违反本办法规定行为的，应及时报告相关行政主管部门，由相关行政主管部门按照相应的法律、法规、规章和管理权限处理。

第三十条　妨碍公园管理机构工作人员依法执行公务的，由公安机关依法处理；涉嫌犯罪的，依法追究刑事责任。

第三十一条　有关行政主管部门和公园管理机构的工作人员违反本办法规定，滥用职权、失职渎职、徇私舞弊的，由主管部门或者所在单位按照管理权限及时纠正；对直接责任人员，依法给予行政处分；涉嫌犯罪的，依法移送司法机关。

第三十二条　违反本办法规定，未经批准擅自进入湿地公园从事科学调查、研究观测、科普教育或不按规定向公园管理机构提交活动成果副本的，公园管理机构有权要求其改正；造成湿地公园资源和有关设施损毁的，公园管理机构可依法追究其法律责任。

第三十三条　本办法自 2020 年 5 月 12 日起实施。

浏阳市人民政府办公室
关于印发《浏阳市全面推行行政执法公示制度执法全过程记录制度重大执法决定法制审核制度的实施方案》的通知

各乡、镇人民政府，街道办事处，市直各单位：

《浏阳市全面推行行政执法公示制度执法全过程记录制度重大执法决定法制审核制度的实施方案》已经市人民政府同意，现印发给你们，请认真遵照执行。

浏阳市人民政府办公室
2020 年 6 月 12 日

浏阳市全面推行行政执法公示制度执法全过程记录制度重大执法决定法制审核制度的实施方案

为推动全市行政执法单位严格规范公正文明执法，根据《国务院办公厅关于全面推行行政执法公示制度执法全过程记录制度重大执法决定法制审核制度的指导意见》(国办发〔2018〕118 号)、《湖南省人民政府办公厅关于印发〈湖南省全面推行行政执法公示制度执法全过程记录制度重大执法决定法制审核制度的实施方案〉的通知》(湘政办发〔2019〕23 号)和《长沙市人民政府办公厅关于印发长沙市举报涉嫌非法集资线索奖励办法、工程建设施工现场非道路移动机械排气污染防治实施办法和行政执法“三项制度”的通知》(长政办发〔2019〕32 号)精神，结合我市实际，现就全面推行行政执法公示制度、执法全过程记录制度、重大执法决定法制审核制度(以下统称“三项制度”)，制定本实施方案。

一、工作目标

全市各行政执法单位在实施行政许可、行政处罚、行政强制、行政征收征用、行政检查等行为中全面推行“三项制度”，并与深入推进“放管服”改革、优化营商环境、法治政府建设示范创建等重点工作相结合，实现执法信息公开透明、执法行为过程信息全程记载、执法全过程可回溯管理、重大执法决定法制审核全覆盖，行政执法能力和水平整体大幅提升，行政执法行为被纠错率明显下降，行政执法社会满意度显著提高。

二、重点任务

(一)全面推行行政执法公示制度

1. 落实执法公示责任。按照“谁执法谁公示谁负责”的原则，各行政执法单位要建立健全本单位执法公示机制，明确本单位公示的主体、内容、标准、方式和程序，通过浏阳市人民政府门户网的行政执法信息公示栏目向社会依法公开行政执法基本信息、结果信息。公示的行政执法信息发生变化后应及时更新。(牵头单位：行政审批局，责任单位：各行政执法单位，配合单位：数据资源中心、司法局)

2. 强化事前公开。各行政执法单位要主动及时、全面准确公开行政执法主体、执法人员、职责权限、执法依据和程序、监督方式、救济渠道、随机抽查事项清单等信息，并进行动态调整；要根据有关法律法规，结合自身职权职责编制并公开本单位服务指南、执法事项清单、执法流程图。行政执法事项清单经本单位合法性审核后，按“互联网＋政务服务”一体化平台运行要求，在市人民政府门户网站公示。司法局要指导监督各行政执法单位通过湖南省行政执法人员信息管理系统公开行政执法人员的执法资格和执法证件信息。（牵头单位：行政审批局，责任单位：各行政执法单位，配合单位：司法局、市场监管局、发改局、数据资源中心）

3. 规范事中公示。行政执法人员在进行监督检查、调查取证、采取强制措施和强制执行、送达执法文书等执法活动时，必须主动亮明身份，出示合法有效的行政执法证件，现场执法人员不少于两人；在实行行政执法行为时，要严格按照《湖南省行政程序规定》主动出具执法文书，依法主动及时告知当事人、利害关系人相关的执法事实、理由、依据、法定权利和义务等内容，并按照“谁执法谁普法”要求进行释法说理。国家规定统一着执法服装、佩戴执法标识的，应当按照规定着装、佩戴标识。政务服务窗口要规范设置岗位信息公示牌，明示工作人员岗位职责、申请材料示范文本、办理进度查询、咨询服务、投诉举报等信息。（责任单位：各行政执法单位）

4. 加强事后公开。除法律、行政法规另有规定外，行政执法单位要在行政许可、行政处罚决定作出之日起 7 个工作日内，其他行政执法决定作出之日起 20 个工作日内，在统一的行政执法信息公示平台上向社会公布执法单位、执法对象、执法类别、执法结论等信息。已公开的行政执法决定被依法撤销、确认违法或者要求重新作出的，应当在前述情形发生之日起 5 个工作日内撤下原行政执法决定信息。各行政执法单位应于每年 1 月 31 日前公开上年度行政执法总体情况有关数据，并报送司法局和上级业务主管部门。（责任单位：各行政执法单位）

（二）全面推行执法全过程记录制度

1. 完善文字记录。严格按照上级主管单位要求规范制作行政执法文书，执法决定文书上要充分体现执法决定说明理由的要求，指引执法人员加强执法决定说理。文字记录应做到合法规范、客观公正、及时准确并贯穿行政执法全过程。按照一般程序办理的行政执法案件，应当对证据采信理由、依据选择理由和决定裁量理由三个方面进行充分说明。积极推行行政执法文书和执法案卷电子化管理，规范网上办理行政执法活动的电子执法文书和案卷。（责任单位：各行政执法单位）

2. 规范音像记录。音像记录是通过照相机、录音机、摄像机、执法记录仪、视频监控等记录设备，实时对行政执法过程进行记录的方式。各行政执法单位要研究制定本单位音像记录事项目录，明确音像记录适用范围。对文字记录能够全面有效记录执法行为的，可不进行音像记录；对查封扣押财产、强制拆除等直接涉及人身自由、生命健康、重大财产权益的现场执法活动和执法办案场所，要进行全程音像记录；对现场执法、调查取证、举行听证、留置送达和公告送达等容易引发争议的行政执法过程，要根据实际情况进行音像记录。各行政执法单位要根据执法实际需要，按照适量够用、统筹使用的原则，合理配备音像记录设备和音像记录场所，避免重复建设。建立健全执法音像记录管理制度，在行政执法中使用上级规定的执法行为用语指引，指导执法人员规范文明开展音像记录。（责任单位：各行政执法单位，配合单位：财政局、机关后勤服务中心、司法局）

3. 严格记录归档。各行政执法单位要建立健全行政执法案卷管理制度，严格按照法律法规、档案管理制度和《湖南省行政程序规定》要求，规范执法台账和法律文书的制作、使用、管理，保存执法全过程记录资料，确保所有行政执法行为有据可查；要采用成本低、效果好、易保存、防删改的信息化记录储存方式，通过技术手段对同一执法对象的行政执法信息以身份证号码或统一社会信用代码等主体关键信息为索引进行“一户式”集中储存。在全市建立健全基于互联网、电子认证、电子签章的行政执法全过程数据化记录工作机制，形成业务流程清晰、数据链条完整、数据安全有保障的数字化记录信息归档管理制度。（责任单位：各行政执法单位，配合单位：司法局、财政局、数据资源中心、档案馆）

4. 发挥记录作用。要加强对执法全过程记录资料信息的统计分析，充分发挥全过程记录信息对案卷评查、执法监督、评议考核、舆情应对、行政决策和健全社会信用体系等工作的积极作用。要建立健全执法记录信息调阅监督制度，做到执法记录信息规范、合法、有效，可实时调阅、核查。（牵头单位：司法局，责任单位：各行政执法单位）

（三）全面推行重大执法决定法制审核制度

1. 明确审核机构和人员。各行政执法单位要建立法制审核队伍，明确负责本单位法制审核的机构和人员，并报司法局备案。各行政执法单位的法制审核人员原则上不少于本单位执法人员总数的 5%，且不得少于两人。要把政治素质高、业务能力强、取得行政执法资格且具有法律专业背景的人员调整充实到法制审核岗位。初次从事法制审核的人员，原则上应当通过国家统一法律职业资格考试取得法律职业资格。根据需要可聘请法律顾问、公职律师参与法制审核工作。（责任单位：各行政执法单位，配合单位：编办、司法局）

2. 明确审核范围和内容。凡涉及重大公共利益，可能造成重大社会影响或引发社会风险，直接关系行政相对人或第三人重大利益，经过听证程序作出行政执法决定，以及案件情况疑难复杂、涉及多个法律关系的，都要进行法制审核。各行政执法单位要按照有关规定，结合本单位行政执法行为的类别、执法层级、所属领域、涉案金额等实际情况，明确本单位纳入法制审核的重大执法决定事项范围，制定本单位重大行政执法决定法制审核目录清单，并向社会公开，同时报司法局备案；要按照有关法律法规和《湖南省行政程序规定》，对重大执法决定的执法主体、执法权限、执法程序、事实与证据、法律适用、裁量基准运用、法律文书规范以及违法行为是否涉嫌犯罪等方面进行严格审查。（责任单位：各行政执法单位）

3. 明确审核程序和责任。按照国家、省、长沙市要求，建立健全法制审核机构与行政执法承办机构的工作衔接机制以及对审核意见不一致时的协调机制。各行政执法单位要按照《湖南省行政程序规定》制定和完善本单位重大执法决定法制审核流程，明确送审材料报送要求和审核方式、时限等。行政执法单位主要负责人对本单位作出的行政执法决定的合法性、合理性负责。行政执法承办机构对送审材料的真实性、准确性、完整性，以及执法的事实、证据、法律适用、程序的合法性负责。法制审核机构对重大执法决定的法制审核意见负责。因行政执法承办人员、法制审核人员和审批行政执法决定的负责人滥用职权、玩忽职守、徇私枉法等，导致重大行政执法决定错误的，要依纪依法追究相关人员责任。(责任单位：各行政执法单位)

4. 发挥综合执法改革乡镇司法所监督作用。大瑶镇、永安镇作为综合执法改革乡镇，要把政治素质高、业务能力强、取得行政执法资格且具有法律专业背景的人员调整充实到司法所；要严格依照法律法规开展行政执法行为，研究制定相应的行政执法公示、执法全过程记录、重大执法决定法制审核、听证、说明理由、重大案件集体讨论、罚缴分离等行政执法基本制度，细化执法规则和执法流程。司法所要充分发挥法制审核和行政执法监督功能，严格审查把关镇政府做出和调整的重大行政决策。(责任单位：司法局、大瑶镇人民政府、永安镇人民政府)

(四)全面推进行政执法信息化建设

各行政执法单位要依托大数据、云计算等信息技术手段，大力推进省、长沙市行政执法信息平台的应用，做到执法信息网上录入、执法程序网上流转、执法活动网上监督、执法决定实时推送、执法信息统一公示、执法信息网上查询；要积极推进执法信息数据共享、互联互通；要强化智能应用，加强对行政执法相关数据的关联性分析、深化应用，通过提前预警、检测、研判，及时发现解决行政执法中的新情况、新问题，提高政府治理的精准性和有效性。(责任单位：各行政执法单位，配合单位：财政局、数据资源中心)

大瑶镇、永安镇要建立健全适用于本地区的行政执法信息平台，并及时与上级行政执法信息系统进行数据对接。(责任单位：大瑶镇人民政府、永安镇人民政府)

三、组织保障

(一)强化组织领导

建立浏阳市全面推行行政执法“三项制度”工作联席会议，编办、政府办、发改局、公安局、司法局、财政局、市场监管局、行政审批局、数据资源中心为成员。联席会议定期研究解决全面推行“三项制度”工作中的重大问题，并将“三项制度”推进情况列入法治政府建设考评指标体系。联席会议办公室设在司法局，负责全面推行行政执法“三项制度”的指导、协调、督促检查等日常工作。各行政执法单位主要负责人为本单位全面推行“三项制度”工作的第一责任人，牵头研究解决全面推行“三项制度”工作中的重大问题，制定本单位全面推行“三项制度”实施细则，并报司法局备案。(牵头单位：司法局，责任单位：各行政执法单位、绩效办)

(二)完善保障机制

各行政执法单位应结合执法实际需要，制订执法年度实施计划，按规定将执法装备需求列入单位预算，确保行政执法经费管理规范。(责任单位：各行政执法单位，配合单位：财政局)

(三)加强队伍建设

开展“三项制度”专题培训学习，提升执法人员业务能力和执法素养。建立健全行政执法人员和法制审核人员岗前培训和岗位培训制度，鼓励和支持行政执法人员参加国家统一法律职业资格考试。(牵头单位：司法局，责任单位：各行政执法单位)

(四)严格督促检查

建立督查情况通报制度，坚持鼓励先进与鞭策落后相结合，充分调动全面推行“三项制度”工作的积极性、主动性。司法局要充分发挥综合协调和指导监督作用，会同有关部门加强对相关工作的督促检查，同时要在全面推行“三项制度”的过程中不断完善和落实行政执法人员管理、行政执法案卷评查等行政执法监督机制。(牵头单位：司法局，责任单位：各行政执法单位)

浏阳市非物质文化遗产保护传承十条

为进一步加强浏阳市非物质文化遗产保护传承和合理利用，结合浏阳市实际，特制定以下措施。

一、完善“非遗”保护名录体系。每年公布一批本级“非遗”项目。积极推荐具有重大价值的项目申报国家、省级、长沙市级项目名录，力争到2025年国家级项目4个、省级项目6个、长沙市级项目22个。

二、加强“非遗”传承人队伍建设。每年评定一批本级“非遗”传承人。对认定的本级代表性传承人，每年给予1000元补贴。每年举办一期“非遗”传承人培训班。

三、推进“非遗”保护数字化建设。借助现代技术手段，推动“非遗”数字化。每年完成1个以上国家级或省级“非遗”代表性项目或传承人的数字化影像记录。

四、促进“非遗”保护活态传承。建设一批示范性“非遗”传习所，每个给予2万元补贴。充分发挥中小学校在“非遗”教育和传承中的积极作用，常态化开展“非遗”进校园活动，每年评定一批示范性“非遗”传承学校，每个给予2万元奖励。

五、支持乡镇打造“非遗”特色品牌。鼓励乡镇积极培育、打造“非遗”特色品牌，每年评选一批示范性“非遗”保护传承乡镇，每个给予10万元奖励。

六、加快文旅融合发展。推荐、引导一批“非遗”代表性项目及代表性传承人入驻旅游景区（景点）进行现场表演、文创产品展销、民俗体验、手工艺互动等特色项目。精心打造浏阳“非遗”主题旅游线路，推广“非遗”主题研学旅行，对纳入旅游线路的“非遗”项目视情况给予资金支持。

七、推进“非遗”产业化发展。加大“非遗”文创产品开发力度。鼓励社会资本参与“非遗”生产性保护和市场推广开发，培育“非遗”产业龙头企业（项目），对影响力大、可持续发展的给予重点支持。

八、强化“非遗”保护宣传推广。利用节日活动、展览、观摩、培训、专业性研讨等形式，讲述传承人事迹和“非遗”故事。融媒体中心开设“非遗”专栏，征集、评选一批“非遗”题材的文学、视频、文艺作品，给予适当奖励，并积极向上级媒体推介。发动社会力量参与“非遗”保护，引导企业、景区、学校、协会等与“非遗”项目开展点对点结对。

九、开展“非遗”交流活动。大力开展以湘赣边区域合作为重点的“非遗”交流活动。鼓励支持浏阳“非遗”项目“走出去”，积极参加省内、国内、国际上有关展览展示活动，多形式、多渠道传播浏阳“非遗”。

十、建立“非遗”保护传承保障机制。制定《浏阳市非物质文化遗产五年保护规划》。设立市级“非遗”保护专项资金100万元，由市委宣传部牵头，会同浏阳市文旅广体局做好专项资金评定、拨付、跟踪监管，组织开展绩效评价。

以上十条措施自2020年6月16日起施行。

浏阳市加速推进烟花爆竹产业转型升级实施办法

第一章 总 则

第一条 以习近平新时代中国特色社会主义思想为指导，深入实施创新引领开放崛起战略，加快推进烟花爆竹产业转型升级，实现烟花爆竹产业高质量发展，根据《中华人民共和国安全生产法》《烟花爆竹安全管理条例》及有关法律法规和国家标准，结合浏阳市实际，制定本实施办法。

第二条 坚持新发展理念，紧扣供给侧结构性改革主线，围绕减数量、提质量、增效益目标，以标准化改造、智能化管理、专业化生产、集约化经营为手段，树立企业标杆，打造全球烟花爆竹制造中心、技术中心、创意中心、品牌中心、信息中心，推动烟花爆竹产业转型重塑，实现安全环保高质量发展。

第三条 工作目标。用一年时间对分包转包、“三超一改”、生产不符合国家质量安全标准的产品等违法违规行为进行集中整治，到2020年12月30日前，生产经营领域顽瘴痼疾得到全面整治；到2021年年底，全市烟花爆竹生产企业控制在300家左右，落后产能基本退出，生产安全整体可控，企业自主创新能力得到显著提升，质量安全体系建立健全；到2022年，烟花爆竹产业全面推行现代企业制度，产业文化价值得到充分彰显。

第二章 整治顽瘴痼疾

第四条 全面整治“挂靠的工区分厂”问题。建立整治工作联合协调机制，依据《安全生产许可证条例》《烟花爆竹生产企业安全生产许可证实施办法》《烟花爆竹工程设计安全规范》(GB 50161—2009)等规定，对烟花爆竹生产企业“一证多厂”情况进行全面摸排，坚决实施“一企一照一证(一正一副)”，发现生产企业未实现资产、生产经营、安全管理真正统一的，依法实施停产停业整顿并提请暂扣许可证照，2020年9月30日前仍未整改的，一律予以关闭。(此项工作于2020年12月30日前全面完成，责任单位：应急局、市场监管局，排名第一的为牵头单位，下同)

第五条 依法根治非法出租、转让、转包、分包和多股东各自独立生产行为。依据《中华人民共和国安全生产法》《烟花爆竹生产企业安全生产许可证实施办法》等规定，开展烟花爆竹生产企业全面排查，对存在出租、转让安全生产许可证，将企业、生产线或者工(库)房转包、分包，多股东各自独立生产等违法行为的企业，暂扣其《安全生产许可证》并限期整改，逾期未整改或整改后再发现类似违法行为的，依法提请发证机关吊销其“安全生产许可证”，给予从严从重处罚，涉嫌犯罪的，移送司法机关处理。(责任单位：应急局、公安局)

第六条 坚决打击“三超一改”违法行为。按照《烟花爆竹工程设计安全规范》(GB 50161—2009)、《烟花爆竹生产企业安全生产许可证实施办法》等有关规定，核定所有烟花爆竹生产企业产能，严格对照许可范围、设计限员限量标准开展监督检查，严查严处超定员、超定量(药量)、超许可范围、改变工房用途的“三超一改”违法行为，严控企业超负荷生产。对存在发生较大及以上安全生产事故风险的“三超一改”违法行为的企业，责令停产停业整顿3个月以上并限期整改，逾期未整改或整改后再发现类似违法行为的，依法提请发证机关吊销其“安全生产许可证”，给予从严从重处罚，涉嫌犯罪的，移送司法机关处理。(责任单位：应急局、公安局)

第七条 依法整治非法经营行为。依据《烟花爆竹安全管理条例》《烟花爆竹经营许可实施办法》等规定，对存在非法下单、非法储存、向无资质的单位和个人销售专业燃放类产品、超规格超范围经营等违法违规行为的批发经营企业，依法责令停止经营行为3个月以上并限期改正，逾期不改正的，依法吊销其“烟花爆竹经营许可证”。(责任单位：应急局)

出口企业存在“伪报瞒报”“高危低报”“夹带走私”等违法行为的，依法移送执法部门查处。(责任单位：应急局、公安局、海关办事处)

第八条 坚决打击非法行为。强化烟花爆竹“打非”

工作机制。落实属地“打非”责任，实行网格化管理，定期巡查、监控重点场所和重点对象。强化部门联动，严厉打击非法生产、储存、运输、邮寄、燃放烟花爆竹等行为，追根溯源，一查到底。完善“打非”举报奖励机制。

重点打击以下非法行为：非法生产、经营烟花爆竹及相关行为涉及非法制造、买卖、运输、邮寄、储存黑火药、烟火药、引火线，在烟花爆竹生产企业工房之外非法组盆串引及筑带引火线、带哨响内筒泥底，涉嫌犯罪的，依法移送司法机关处理。（责任单位：公安局、应急局、交通运输局）

第九条　开展高危险药物和超标产品专项整治。建立禁用高危险药物和超标产品清单，全面排查生产企业在制产品，杜绝禁用高危险药物的使用和超标产品的生产。对违反规定的，责令立即改正，依法从严从重处罚。对使用管控物质生产的特别产品实行定点限量生产。（责任单位：应急局、湖南花检中心）

第十条　加大烟花爆竹运输和非法、废旧烟花爆竹销毁监管力度。依据《烟花爆竹安全管理条例》《危险货物道路运输安全管理办法》等规定，进一步完善组织领导及部门职责，建立部门联合执法协作机制。从严规范黑火药、引火线等高危货物道路运输车辆、托运人、装货人、驾驶与押运员、收货人、单次运输量等源头管理，强化对运输时间、路线、经停地点、行驶速度、车辆动态监控、装卸监管等过程管控。

规划建设分区域的集中销毁非法、废旧烟花爆竹处置场所和燃放试验场，规范销毁处置行为、流程和方法。（责任单位：公安局、应急局、交通运输局、生态环境局）

第三章　再造管理流程

第十一条　再造生产流程。根据《烟花爆竹工程设计安全规范》（GB50161—2009）和已通过安全论证的新机械、新工艺使用要求，优化产品生产线设置，强化“三库”（中转库、药物总库、成品库）与产能配套设置，强化上游与下游工序工房的匹配设置，推进工厂技术升级改造。（责任单位：应急局）

第十二条　完善企业生产计划管理制度。依据核定的企业产能、许可生产范围，严格规范企业全过程生产计划管理，包括接受业务订单、安排产品生产、半成品制造、黑火药与引火线采购、作业人员安排、厂内危险品配送等各个环节。（责任单位：应急局）

第十三条　完善企业机械设备安全管理。规范企业机械设备选型、安装、使用、维护、维修、报废、建档等管理，完善机械设备操作规程。（责任单位：应急局）

第十四条　再造企业隐患排查治理流程。建立烟花爆竹生产、经营、运输、燃放企业重大事故隐患排查治理机制。规范企业隐患排查、隐患报告、风险分析、整改方案、整改实施、整改验收、违章人员处理、通报、资料归档等工作。（责任单位：应急局）

第十五条　落实药物和易制爆危险化学品保管、流向管理制度。督促企业完善黑火药、烟火药、引火线购买、领用、销售登记制度，全面安装并使用烟花爆竹流向管理信息管理系统，如实登记产品来源与去向信息。规范企业药物总库和化工原材料库的人防、物防、技防措施，确保药物和易制爆危险化学品不流失、不被盗抢、不非法炸响。违反易制爆危险化学品管理规定，不及时进行易制爆危险化学品购买、销售备案的企业，由公安机关依法查处。（责任单位：公安局、应急局）

第四章　健全质量安全体系

第十六条　加速完善标准体系。推动《烟花爆竹原材料安全与质量》《烟花爆竹环保评价方法》等国家标准的研究和制修订工作，力争 2020 年底颁布实施《烟花爆竹安全与质量》（含配套标准）和《烟花爆竹工程设计安全规范》。2022 年 12 月前，完成涉药机械产品安全质量标准和主要原辅材料产品、模压烟花环保控制标准等制定或完善工作。加快烟花爆竹国家标准与国际标准、进口国标准的对接协调。（责任单位：湖南花检中心、海关办事处、花炮产业发展中心）

第十七条　建立产品质量标准行业认证体系。根据安全生产许可证的类别、级别，逐步将企业拟生产的所有产品类别、级别纳入产品质量标准行业认证体系。产品类别、级别经第三方机构检测通过并发放认证证明及目录后，企业方可组织生产。争取两年内分批将所有的生产企业和产品类别、级别纳入产品质量标准行业认证体系。（责任单位：花炮产业发展中心、湖南花检中心、海关办事处）

第十八条　开展原辅材料质量专项整治。成立综合执法队伍，从原辅材料的生产、经营、使用等环节入手，严格抽检，全面排查清理存在重大安全生产风险的高危材料，严厉查处假冒伪劣材料。完善并及时公布违禁原材料清单和伪劣原辅材料清单，建立原辅材料“黑名单”制度，及时公布劣质材料查处信息。（责任单位：市场监管局、公安局、应急局、花炮产业发展中心、湖南花检中心）

第十九条　严格落实企业产品质量主体责任。督促企业建立产品质量管理和标准技术机构，配备相应的标准技术检验人员，完善原材料质量验收制度，执行原材料入库、使用前检测制度，建立产品质量自检制度，落实出口产品投产前安全备案审查制度，不合格产品严禁出厂。（责任单位：市场监管局）

第五章　推进技术变革

第二十条　实施“机械化换人、自动化减人、智能化管理”。重点围绕高危工序的人机分离、人药分离和高危岗位减人目标，研究出台《浏阳市烟花爆竹产业标准化机械装备指导目录》。在产能核定范围内，支持企业在关键涉药环节加大技术改造。保护知识产权，维护新型机械研发者权益，加大对新机械成果及应用的奖励力度。充分运用信息化手段，实现生产领域的智能监管。（责任单位：工信局、应急局、市场监管局、花炮产业发展中心）

第二十一条　提升企业自主创新能力。落实浏阳市科技创新“1+8”政策体系，帮助企业争取科技研发奖补，支持企业开展技术攻关，加快在“新材料、新产品、新机械、新技术、新工艺”方面取得突破。重点开展烟火药、黑火药、引火线安全生产技术研发，推动组合烟花、黑火药传统生产工艺流程再造，加快先进储存、运输设备和燃放技术的推广应用。加大科技引智力度，深化与高等院校和科研院所的产学研合作，探索建立科技专家服务队伍，实现科技成果转化“点对点”精准服务。帮助企业建立科技平台，指导企业申报高新技术企业。引导企业购买科技保险，充分激发企业创新活力，降低企业创新成本，分散化解科技创新风险。（责任单位：科技局、花炮产业发展中心）

第二十二条　淘汰退出落后产能。对生产安全管理水平低下，非法占用林地、土地，高能耗、高污染、技术水平达不到法律法规和国家标准的企业，通过政策引导、兼并重组、转型发展等手段，平稳有序实现淘汰退出。（责任单位：应急局、花炮产业发展中心、生态环境局、科技局）

第二十三条　推进烟花爆竹产业信息化升级。打造“花炮云”工业互联网平台，利用大数据、物联网、人工智能、区块链、5G等新一代信息技术，促进烟花爆竹产业原材料、生产、经营、燃放、运输、仓储、研发、检测、审批等上、中、下游各环节数字融合创新，推动生产制造、市场营销、溯源管理、安全监控等信息化、数字化发展。（责任单位：工信局、花炮产业发展中心）

第六章　打造职业化队伍

第二十四条　严格从业准入资格。严格按规定对企业法定代表人和安全管理人员、特种作业人员等关键岗位从业人员进行从业资格审查，不符合条件的一律不准从事相应岗位工作。其他岗位人员经企业培训、考核合格后方能上岗。（责任单位：应急局）

第二十五条　提升队伍职业素质。建立生产企业定期集中培训制度，以企业为主、协会为辅，强化安全知识和职业技能培训。开展职业技能竞赛活动，树立行业标杆，弘扬工匠精神。支持本地职业院校完善全日制烟花爆竹相关专业，支持行业协会、企业与职业院校合作办班或送训，加大技能人才供给。加强工艺美术系列、注册安全工程师等中、高级技术职称人才队伍建设。鼓励企业引进中、高层次人才，按规定给予相关政策支持。（责任单位：人社局、花炮产业发展中心、花炮总会）

第二十六条　规范劳动用工管理。贯彻落实《中华人民共和国劳动法》《中华人民共和国劳动合同法》《中华人民共和国社会保险法》等法律法规，完善企业内部劳动保障规章制度，提高用工管理水平。（责任单位：人社局）

第二十七条　建立从业人员“黑名单”。对违章指挥、违章作业的特种作业人员实行“黑名单”管理。企业从业人员的不良信息须及时报送监管部门、行业协会用于行业内部共享。（责任单位：应急局、花炮总会）

第二十八条　加强再就业帮扶。用好土地政策，支持具备条件的企业利用退出厂房发展其他产业，开发更多就业岗位，引导失业员工就地就近就业。加大失业员工技能培训力度，提升再就业能力，对自主创业的，加强服务指导，提供创业担保贷款贴息、一次性创业补贴等政策支持。（责任单位：人社局、自然资源局）

第七章　提升文化价值

第二十九条　提升产品文化附加值。引导企业加大产品研发投入，加大产品创新，丰富产品文化创意，推出满足不同消费群体、不同应用场景、不同时段燃放的特色产品。提升产品文化内涵，适应新的消费市场需求。积极开展精品礼花弹和城市烟花研发，努力占领高端市场。进一步细化产品分级分类，推动药量小、微烟低噪、无升空开炸、安全环保系数高、趣味性强的产品进城市、进景区。利用国内外重大节庆活动，积极拓展焰火市场。每两年举办一届新产品评比大赛，将文化创意作为重要评选指标。实施品牌战略，培育具有自主知识产权的国际知名品牌，提升产品附加值。做好“烟花+”文章，推动烟花爆竹产品与新技术、新文化、新理念、新业态跨界融合。（责任单位：花炮产业发展中心、文旅广体局、科技局、文化产业园）

第三十条　延伸产业文化价值链。加快烟花产业与全域旅游深度融合，在景区景点开发烟花文旅项目，将烟花休闲体验和文旅融合项目纳入浏阳市重点旅游路线，支持烟花融入夜间经济，延伸产业价值链条。打造以浏阳为中心的全球创意烟花基地（中国烟花谷），建设烟花主题乐园，办好中国（浏阳）国际花炮文化节、浏阳焰火大会（LFC），创建具有全球标识性和影响力的文化IP。（责任单位：花炮产业发展中心、文旅广体局、文化产业园、花炮总会）

第三十一条　助推烟花爆竹文化发展。结合我市相关政策，对有突出价值的文化产品、“烟花+”项目、文创项目和有自主知识产权的出口产品进行奖励扶持。对符合国家、省、长沙市有关奖扶政策的企业，积极帮助其进行申报。（责任单位：花炮产业发展中心、财政局、商务局）

第八章　落实行业自律

第三十二条　加强行业协会建设，完善行业管理体系。根据新形势、新要求，修订完善《浏阳市烟花爆竹总会章程》，组织开展企业标准合法性审查，通过行规行约加强对企业违规行为的约束和惩戒。加快建设专业化、职业化、现代化的行业协会组织管理团队，有效发挥理事会和各专业分会、各乡镇（街道）分会的作用，引导其当好政府参谋和桥梁纽带。（责任单位：花炮产业发展中心、花炮总会）

第三十三条　行业协会建立交叉安全检查机制。成立行业自律督查队伍，开展常态化安全交叉检查，排查各类安全隐患，对检查中发现的问题及时督促整改，对发现的严重安全生产违法行为，依法移送相关执法部门查处。（责任单位：花炮总会）

第九章　完善保障机制

第三十四条　再造企业主体责任落实机制。建立烟花爆竹生产经营单位安全生产主体责任清单、烟花爆竹常见重大事故隐患清单、烟花爆竹企业安全生产主体责任内部监督流程，强化企业安全生产诚信管理机制。加强企业本质安全建设，紧紧围绕人、物、制度和不断变化的时空环境四要素，督促企业依法依规完善内部安全管理体系、安全作业规程和安全管理制度等，推动企业安全生产主体责任落实。（责任单位：应急局）

第三十五条　健全安全生产监管履职监察监督机制，压实安全生产监管责任。完善落实安全生产监管责任清单、安全生产年度监督检查计划编制与实施制度、烟花爆竹安全生产监督检查指南、安全生产风险源分级管理制度、安全生产事故易发多发点强化监管制度、安全生产巡查制度、安全生产派驻制度、安全生产考核制度、企业日常管理计分制度和安全生产约谈、黄牌警告、一票否决制度。建立实施安全生产监管履职监察与安全生产事前责任追究制度、安全生产行政执法与刑事司法衔接工作机制。健全落实安全生产监管人员培训、激励及督查、退出机制。（责任单位：应急局、公安局）

第三十六条　夯实产业生存与发展基础。发挥烟花爆竹检测机构服务作用，加强产品技术研发、成果转化应用，充分发挥花炮行业协会和企业研发平台的作用，加强产业基础理论研究和安全、环保技术研究。加强出口通道建设，确保运输通道畅通。（责任单位：花炮产业发展中心、湖南花检中心、科技局、海关办事处）

第三十七条　充分发挥湘赣合作协调机制的作用。依托湘赣合作平台，进一步强化烟花爆竹产区信息互联互通，深度开展安全监管、市场规范、物流运输、创新开发、文化研究、人才交流等领域合作。（责任单位：花炮产业发展中心、发改局）

第三十八条　完善产业发展联席会议制度。由市人民政府牵头，政府办、发改局、科技局、工信局、公安局、司法局、财政局、人社局、自然资源局、交通运输局、水利局、文旅广体局、应急局、市场监管局、林业局、生态环境局、湖南花检中心、海关办事处、花炮产业发展中心、花炮总会等相关单位为成员，定期召开联席会议，研究产业发展规划，协调解决发展瓶颈问题，对重点难点问题、重大任务进行专题研究部署。（责任单位：花炮产业发展中心及相关单位）

第十章　附　则

第三十九条　本办法自 2020 年 7 月 15 日起实施。

浏阳市人民政府关于浏阳市重点水域禁捕的通告

为贯彻党中央、国务院关于加强生态文明建设的决策部署，有效恢复浏阳市重点水域水生生物资源，加快促进水域生态环境修复，根据《中华人民共和国渔业法》《湖南省渔业条例》等法律法规，决定对全市境内重点水域实行禁捕。现将有关事项通告如下。

一、禁捕水域和期限

（一）浏阳河特有鱼类国家级水产种质资源保护区（大溪河达浒镇金石村大江坡至高坪镇双江口村双江口河段，小溪河高坪镇双江口村双江口至小河乡新河村王石垅河段）自2020年11月1日0时起实行全面禁捕。

（二）浏阳河、捞刀河、南川河干流及其支流的天然水域，自2020年11月1日0时起实行常年禁捕。

二、禁止事项

严禁电鱼、毒鱼、网鱼、炸鱼，严禁围网养鱼、网箱养鱼。禁止利用水上浮动、可视、遥控、多钩等设备垂钓；禁止在非政府部门划定钓区、饮用水水源一级保护区垂钓。禁止无证驾驶机动船舶；禁止制造、销售和使用电捕设备、迷魂阵、拦江网、地笼等禁用渔具。禁止市场销售天然水域非法捕捞渔获物。禁止向天然水域投放外来物种、杂交种、未经检疫合格的水生生物。未经批准禁止渔船、排筏、橡皮艇、快艇等涉渔设施在禁捕水域停泊、航行。

三、对违反禁渔规定的，由行政执法机构依法没收渔获物、违法所得以及渔具、渔船等捕鱼设施设备（或拆解处置涉渔设施设备），并处以罚款；情节严重涉嫌犯罪的，移送有权机关依法处理。

未取得驾驶证驾驶机动船舶的，由公安机关按照《中华人民共和国治安管理处罚法》第六十四条的规定给予治安处罚。

拒绝、阻碍执法人员依法执行公务或以暴力威胁、伤害执法人员的，依法给予治安处罚；情节严重涉嫌犯罪的，移送有权机关依法处理。

四、各乡镇人民政府（街道办事处）要高度重视禁捕工作，积极配合渔业行政主管部门组织开展打击电鱼、毒鱼、网鱼、炸鱼等违法行为专项行动；渔业行政主管部门要组织力量进行常规巡查；公安、市场监管、水利、生态环境等部门要相互配合，加强监督管理，确保禁捕顺利实施。

五、本通告自2020年11月1日起实行，《浏阳市人民政府关于部分水域实施禁渔的通告》（浏政函〔2020〕6号）同时废止。

举报电话：0731-83626566。

浏阳市人民政府

2020年10月29日

浏阳市规范农村宅基地用地建房审批管理办法

第一章　总　则

第一条　根据《中华人民共和国土地管理法》《湖南省实施〈中华人民共和国城乡规划法〉办法》和《湖南省农村住房建设管理办法》(湖南省人民政府令第 299 号)等法律政策规定,结合浏阳市实际,制定本办法。

第二条　本办法适用于本市行政区域内农村宅基地用地建房审批管理。

第二章　宅基地申请条件

第三条　农村宅基地用地建房申请人应为农村集体经济组织成员。农村村民出卖、出租、赠与利用农村宅基地建设的住宅后,不得再申请宅基地。

第四条　农村村民一户只能拥有一处宅基地,农村村民符合立户条件且无宅基地或现有宅基地不能满足生产生活需要需拆除重建的,可以申请一处宅基地。

第五条　每户占地面积不得超过省定标准(如政策调整,按省里的新标准执行)。每一户用地面积,使用荒山荒地不超过 210 平方米,使用耕地不超过 130 平方米,使用村内空闲地和其他土地不超过 180 平方米。

第三章　建房选址

第六条　农村住房建设应符合土地利用总体规划、城乡规划或国土空间规划,位于自然保护区、风景名胜区、文物保护单位、历史文化名村、传统村落等区域的,还应符合相关保护规划。不得占用永久基本农田,并尽量利用原有宅基地和村内空闲地。按照农户自愿、方便生产、符合规划、节约土地的原则,鼓励村民到农村集中居住点建房。严禁占用已列入土地复垦项目的退出宅基地。建设占用土地,涉及农用地(包括耕地、林地、草地、农田水利用地、养殖水面等)转为建设用地的,应当办理农用地转用审批手续。

第七条　在公路沿线建房的,其房屋边缘与公路用地外缘的间距为:国道不少于 20 米,省道不少于 15 米,县道不少于 10 米,乡道不少于 5 米。在高速公路沿线建房的,其房屋边缘与高速公路隔离栅栏的间距不少于 30 米。在铁路线路安全保护区范围和机场周边建房的,应当遵守铁路安全保护和机场管理有关法律法规规定。

第八条　禁止在河道水库管理范围内建房。

第九条　建房选址要避开地质灾害、洪涝灾害、地下采空等危险区域,严格控制切坡建房;要按照高压线、危爆等安全要求留足安全间距。

第四章　审批流程

第十条　符合宅基地申请条件的农户,以户为单位向所在村民小组提出宅基地建房(规划许可)书面申请。村民小组收到申请后,应征求相关权利人意见(不作为必要条件),并将申请理由、拟用地位置和面积、拟建房层高和面积等信息在本小组范围内公示。公示无异议或异议不成立的,村民小组将农户申请材料交村集体经济组织或村(居)民委员会(以下简称"村级组织")审查。村级组织重点审查提交的材料是否真实有效、拟用地建房是否符合村庄规划、是否征求了用地建房相邻权利人意见等。审查通过的,由村级组织签署意见,报送乡镇人民政府(街道办事处)。没有分设村民小组或宅基地和建房申请等事项统一由村级组织办理的,农户直接向村级组织提出申请,经村民会议或村民会议授权的村民代表会议讨论通过并在本集体经济组织范围内公示无异议后,由村级组织签署意见,报乡镇人民政府(街道办事处)。

第十一条　乡镇人民政府(街道办事处)收到宅基地和建房(规划许可)申请相关材料后,在 5 个工作日内组织农业农村、自然资源等部门实地核查申请人是否符合条件、拟用地是否符合规划和地类等。经批准用地建房的农户,应当在开工前向乡镇人民政府(街道办事处)或授权的牵头部门申请划定宅基地用地范围,乡镇人民政府(街道办事处)在收到申请后 5 个工作日内组织农业农村、自然资源等部门到现场进行开工查验,实地丈量批放宅基地,确定建房位置。农户建房完工后 5 个工作日内,乡镇人民政府(街道办事处)应组织相关部门进行验收,实地核查农户是否按照批准面积、四至等要求使用宅基地,是否按照批准面积和规划要求建设住房,并出具《农村宅基地和建房(规划许可)验收意见表》。通过验收的农户,可以向不动产登记部门申请办理不动产登记。

第十二条　村民在城镇规划建设用地范围外，利用原有宅基地、空闲地和未利用地建房的，经乡镇人民政府(街道办事处)分管负责人审查、主要负责人审批后，核发“乡村建设规划许可证”和《农村宅基地批准书》。村民在城镇规划建设用地范围内建房的，经自然资源局核发《集体土地建设用地规划条件》后，由乡镇人民政府(街道办事处)核发《农村宅基地批准书》，再由自然资源局核发“建设工程规划许可证”。

第十三条　需占用农用地的，申请人应提前向所属乡镇人民政府(街道办事处)申请办理农用地转用审批手续。乡镇人民政府(街道办事处)每月将受理并经初审的农用地转用审批情况报农业农村局，农业农村局于每季度末将需办理农用地转用审批的汇总情况报自然资源局，自然资源局依法依程序办理农用地转用审批手续后，核发“乡村建设规划许可证”，再由乡镇人民政府(街道办事处)核发《农村宅基地批准书》。

第十四条　园区建设规划范围内宅基地审批应取得园区管委会意见。

第五章　机构职责

第十五条　成立浏阳市农村宅基地审批管理工作领导小组，由市长任组长，常务副市长、分管副市长任副组长，组织部、工信局、财政局、自然资源局、住建局、交通运输局、水利局、农业农村局、应急局、林业局、生态环境局等单位为成员，领导小组下设办公室(设在农业农村局)，由农业农村局局长任办公室主任。

第十六条　各乡镇人民政府(街道办事处)具体负责农村住房建设的管理、监督和服务工作，根据法律法规授权以及市直有关主管部门的委托，实施村民住房建设有关行政审批和综合执法；统筹安排人员具体负责宅基地管理，建立一个窗口对外受理、多部门内部联动运行的农村宅基地用地建房联审联办制度。

各乡镇人民政府(街道办事处)要依法组织开展农村用地建房动态巡查，及时发现和处置涉及宅基地使用和建房规划的各类违法违规行为，指导村级组织完善宅基地民主管理程序，探索设立村级宅基地协管员。

村(居)民委员会要及时劝阻农村住房建设中的违法行为，并向乡镇人民政府(街道办事处)报告。

第十七条　自然资源局负责审查用地建房是否符合土地利用总体规划、城乡规划或国土空间规划、用途管制等要求，统筹安排宅基地用地规模和布局，满足合理的宅基地需求，核实选址占用的地类，依法办理农用地转用审批和规划许可，在建房验收后办理不动产登记。对未经批准或者采取欺骗手段骗取批准，非法占用土地的，责令退还非法占用的土地，对违反土地利用总体规划擅自将农用地改为建设用地的，限期拆除在非法占用的土地上新建的建筑物和其他设施，恢复土地原状，对符合土地利用总体规划的，没收在非法占用的土地上新建的建筑物和其他设施，可以并处罚款。

第十八条　农业农村局负责农村宅基地改革和管理工作，具体承担指导宅基地分配、使用、流转、纠纷仲裁管理和宅基地合理布局、用地标准、违法用地查处，指导闲置宅基地和闲置农房利用等工作。定期对宅基地资格权、用地标准、合理布局和闲置农房利用等开展巡查。对农村村民未经批准或者采取欺骗手段骗取批准，非法占用土地建住宅的，责令退还非法占用的土地，限期拆除在非法占用的土地上新建的房屋。

第十九条　住建局负责农村住房建设的设计、施工、建设施工质量和安全等监督管理服务工作。工信、交通运输、水利、生态环境、林业等部门按照各自职能职责，负责农村住房建设的相关管理服务工作。

第六章　责任追究

第二十条　对非法批准占用土地的，超越批准权限非法批准占用土地的，不按照土地利用总体规划确定的用途批准用地的，或者违反法律规定的程序批准占用土地的，其批准文件无效，对非法批准使用土地的直接负责的主管人员和其他直接责任人员，依法给予处分；涉嫌犯罪的，依法移送司法机关。非法批准、使用的土地应当收回，有关当事人拒不归还的，以非法占用土地论处。非法批准征收、使用土地，对当事人造成损失的，应当依法承担赔偿责任。

第二十一条　坚决遏制农村乱占耕地建房，对新增违法违规行为，要以“零容忍”的态度依法严肃处理，该拆除的要拆除，该没收的要没收，该复耕的要限期恢复耕种条件，该追究责任的要追究责任，做到“早发现、早制止、严查处”，坚决守住耕地保护红线。

第二十二条　坚决杜绝推诿扯皮和不作为、乱作为的现象，防止出现工作“断层”“断档”。对工作不力、玩忽职守、滥用职权、徇私舞弊的，要依法严肃追责。

第七章　附　则

第二十三条　本办法自 2020 年 11 月 2 日起实施，其他未尽事宜遵照有关法律和上级有关政策文件执行。

浏阳市发展壮大新型村级集体经济三年行动计划

（2020—2022 年）

为进一步发展壮大村级集体经济，着力提高农村基层党组织引领农村经济社会发展的能力，增强凝聚和服务群众的物质基础，增加村级集体经济收入，确保浏阳市如期完成长沙市下达的工作目标，根据《长沙市发展壮大新型村级集体经济三年行动计划(2020—2022 年)》精神，结合浏阳实际，制订本计划。

一、总体要求

(一)指导思想。全面贯彻落实党的十九大精神，以习近平新时代中国特色社会主义思想为指导，牢固树立新发展理念，落实高质量发展要求，以实施乡村振兴战略为统领，以壮大村级集体经济实力、实现农民共同富裕为目标，以农村集体资产、资源、资金等生产要素有效利用为纽带，以创新完善村级集体经济经营管理机制为动力，以增强村级集体经济造血功能为主攻方向，加强政策引导，创新发展模式，拓宽发展路径，多层次、多渠道、多形式提高村级集体经济收入水平，增强村级集体经济自我发展和可持续发展能力，为促进全市农业全面发展、农村全面进步、农民全面富裕注入新活力。

(二)目标任务。到 2022 年，实现村级集体经济收入全部提高至 20 万元以上。其中 2020 年，完成 181 个以上村达标，2021 年 243 个以上村达标，2022 年，全市村级集体经济全面突破 20 万元，培育 50 个以上集体经济收入过 50 万元的经济强村，20 个集体经济收入过 100 万元的示范村。

二、工作原则

(一)坚持乡镇主导，党政齐抓共管。坚持把发展壮大村级集体经济作为基层党建工作的“书记工程”来抓，消除年收入 20 万元以下村，形成部门指导、乡镇(街道)落实、村“两委”具体实施的工作格局。特别是乡镇(街道)要认真研究，拿出切实可行的行动方案，并报市农业农村局备案。

(二)坚持因地制宜，突出特色重点。按照“土地合作型”“资源开发型”“乡村服务型”“物业经营型”“产业带动型”“农房合作型”等“六型”发展模式，从各村经济基础、区位优势、资源条件等实际情况出发，一村一策，尊重规律，因地制宜，面向市场，找准增强“造血”功能的发展路子。开展重点项目铺排和建设跟踪。2020 年全市铺排项目 85 个，到 2022 年力争每个村至少有一个集体经济重点增收项目。

(三)坚持统筹谋划，协调合作推进。强化系统谋划、科学论证，加强规划、用地、项目、资金的统筹管理。由市发展壮大新型村级集体经济工作领导小组总览全局，协调各方，发改、财政、农业农村、自然资源、林业等部门发挥职能作用和专业优势，合理调配部门资源，加大政策倾斜力度，及时研究解决村集体经济发展中遇到的困难和问题，统筹推进工作。

(四)坚持长效管理，严格奖惩兑现。按照各司其职、各负其责、各尽其能的要求，建立健全长效管理机制，加强监督检查，严格奖惩措施，强化责任倒逼，激发内生动力，巩固工作成果，确保全市各村同步推进、共同发展。市乡严格落实绩效考核、奖优罚劣等系列政策，助推集体经济发展。

三、主要措施及责任分工

(一)聚力改革创新，挖掘乡村发展潜能。

推进产权制度改革。扎实推进农村集体产权制度改革，完成村级集体所有房屋、土地确权登记颁证工作，赋予村集体资产资源抵押和流动的条件(责任单位：自然资源局)。在此基础上，组织农商行、农业银行、建设银行等金融机构探索把村集体经济组织纳入评级授信范围，力争授信 1.5 亿元，加大信贷支持力度，解决“贷款难”问题(责任单位：农业农村局、金融事务中心、相关银信部门)。

探索利益分成机制。开展财政支农资金“拨改投”改革，提升财政资金使用效益，促成企业、基地与村级共同受益。探索村级集体经济股份制改造后经济发展新模式，试行增资扩股壮大村级集体经济总规模(责任单位：财政局、农业农村局)。

深化综合整治试点。抢抓全域土地综合整治试点机遇，统筹开展农用地、建设用地整治和生态环境修复，用好增减挂钩、土地开发、土地平整等政策，盘活资源、调优空间，重点保障乡村产业发展用地(责任单位：自然资源局)。

(二)聚力开源强村，拓宽多元增收渠道。

加大引进产业项目。扶持发展土地股份合作社，引进乡村旅游企业，通过“企业 + 村集体 + 农户”模式，共同开发经营闲置宅基地和农房，实现民居变民宿，农民变股民

[责任单位：乡镇(街道)、村]。强化涉农资金统筹整合，充分利用“一县一特”、田园综合体建设等项目资金，入股企业或因地制宜开发产业基地(责任单位：财政局、农业农村局、林业局)。全市每年安排一定数量建设用地，用于村级集体经济发展项目(责任单位：自然资源局)。

加强发展物业经营。利用集体经营性建设用地入市政策，引导集体建设用地兴建商铺、仓储、农贸市场等物业项目；流转节余建设用地指标入股园区标准厂房等项目获得物业收益；各乡镇(街道)、浏发集团、自然资源局、农业农村局要继续加强合作与指导，增减挂钩、土地开发等项目优先在经济薄弱村实施，经济薄弱村实施增减挂钩、土地开发等项目所产生的包干补助或工作经费，统筹用于开展异地联建等创收工作，拓宽增收渠道[责任单位：自然资源局、农业农村局、浏发集团、乡镇(街道)]。

拓展服务平台功能。升级农村资源流转交易平台，特别是要发挥乡镇农村资源流转交易指导中心作用，为村级集体组织招商租赁、合作入股和项目引进等做好服务(责任单位：招商引资服务中心、农业农村局)。各涉农部门和乡镇(街道)要支持村级集体经济组织联合企业和合作社，承接农资供应、土地托管、代耕代种、统防统治等农业生产服务，以及道路养护、公路绿化、环境卫生等农村公共服务，增加村级集体经济收入。

(三)聚力规范管理，用好集体经济收益。

规范村级资产管理。推动集体经济组织开设独立账户，发挥“村账乡代理”作用，规范村级集体经济收入的入账和会计核算管理，确保村级集体经济收入全部纳入村级账户。加强日常审计和专项审计，严格控制村级负债规模(责任单位：财政局、农业农村局)。

放大集体经济效益。科学用好集体经济收益，重点用于增强发展后劲上、用于民生事业上，让集体经济收益更多地惠及全体村民。

推行村级财务公开。落实村级集体经济收入和支出公开公示制度，完善农民群众参与监督机制，确保村集体经济收益使用合法合规(责任单位：民政局、财政局、农业农村局)。

(四)聚力健全机制，激发基层队伍活力。

强化组织领导。建立健全村党组织、村委会、村级集体经济组织“三位一体”工作机制，加强村党组织对集体经济组织的领导。完善村级集体经济组织成员大会、代表大会、理事会、监事会等内部管理机制，提升运作效率[责任单位：组织部、乡镇(街道)]。

强化正向激励。落实好浏阳市发展集体经济示范村和进步村奖励政策，以及相关个人奖励政策，进一步激发支村“两委”干部发展集体经济的积极性。在村干部评先评优和选拔使用时，重点考虑所在村的集体经济发展情况(责任单位：组织部、财政局、农业农村局)。

强化人才培养。定期开展村干部与村级集体经济组织负责人专题培训，组织村干部到集体经济发展好的地区学习、观摩。选派优秀干部到集体经济后进村担任“第一书记”或发展辅导员，增强村级集体经济管理人的能力水平。在部分村开展引进人才，聘请职业经理人负责发展集体经济的改革(责任单位：组织部、民政局、农业农村局)。

四、保障措施

(一)加强组织领导。成立浏阳市发展壮大新型村级集体经济工作领导小组，由市委书记任组长，市委副书记、市人民政府市长，市委副书记，市委常委、常务副市长，市委常委、组织部部长，分管农业农村工作的市人民政府副市长任副组长，纪委监委、市委办(市委督查室、改革办)、组织部、政府办(政府督查室)、民政局、财政局、人社局、自然资源局、农业农村局、林业局、金融事务中心、浏发集团、税务局、人民银行浏阳支行及各乡镇(街道)为成员单位。领导小组下设办公室(设在农业农村局)，由分管农业农村工作的市人民政府副市长兼任办公室主任，由农业农村局负责策划、推动、督办等具体工作。各相关部门按照职能职责，负责推进全市发展壮大新型村级集体经济相关工作。

(二)分解落实任务。将发展壮大新型村级集体经济三年行动计划工作任务分解到各乡镇(街道)和市直有关单位。各乡镇(街道)要及时成立发展壮大新型村级集体经济工作领导小组和办公室，落实专人负责，认真规划，整合资源，推进工作；要统筹谋划，建立项目库，制定年度和阶段目标及实施方案，明确专人负责，增强村集体“三资”监管能力。村“两委”要抓好具体实施，集中精力做好发展壮大新型村级集体经济工作。市农业农村局牵头，组织部、财政局、发改局、自然资源局等各有关成员单位和责任部门要紧密协作，各司其职，落实部门主体责任，加大工作力度，加强服务指导。

(三)建立奖惩机制。坚持把发展壮大新型村级集体经济三年行动计划目标任务完成情况纳入各乡镇(街道)及村“两委”班子考核的重要指标。对未完成年度集体经济收入提标任务的相关责任人进行约谈，切实增强乡镇(街道)和部门抓好村集体经济的责任感、紧迫感。建立激励机制，每年市财政预算300万元对集体经济增收突出的村集体进行奖励，实行经营管理绩效与经营者收入挂钩，切实落实《浏阳市发展壮大村级集体经济个人奖励指导意见》。

(四)加强指导督查。市政府每季度定期召开调研调度会议，调度解决村级集体经济发展过程中存在的难点问题；由市委、市政府督查室牵头组织多部门联合督查指导，加快发展进程；市农业农村局建立对集体经济发展进度实行月底统计、月初上报汇总，每季度一次总结点评，年度进行绩效考核的工作制度。

(五)加大宣传力度。各乡镇(街道)、市直各部门要充分发挥宣传舆论导向的积极作用，充分利用电视、报刊、网络等新闻媒体大力宣传鼓励发展村级集体经济，注重挖掘发展村级集体经济先进典型，及时总结推广一批措施实、成效好的经验做法，不断扩大先进典型的辐射力和影响力。引导广大基层干部和农民群众坚定信心，齐心协力，营造全市上下争先发展村级集体经济的良好氛围，推动村级集体经济不断发展壮大，建立村级集体经济发展新格局。

普迹镇浏阳河夹洲岛　　　　（刘正国　摄）

附　录

在市委十二届十六次全体(扩大)会议暨经济工作会议上的讲话

中共长沙市委常委、浏阳市委书记　黎春秋

（2020 年 12月 28 日）

一、今年以来，全市上下聚力奋斗，克难奋进，交出了大战大考之年的优异答卷

2020 年是极不平凡、极其不易的一年。面对错综复杂的宏观形势、艰巨繁重的发展任务特别是新冠肺炎疫情的重大考验，全市上下坚持以习近平新时代中国特色社会主义思想为指导，深入贯彻中央、省、市决策部署，全力夺取疫情防控和经济社会发展“双胜利”，推动浏阳发展取得新成效、开创新局面。

一是县域综合实力迈上新台阶。全年实现地区生产总值 1510 亿元，增长 4.5%（预计数，下同）；完成地方一般公共预算收入 93.3 亿元，增长 5.1%；固定资产投资增长 10%；规模工业增加值增长 6%，经济社会保持了稳中有进、逆势上扬的发展态势。浏阳在县域综合发展、县域经济基本竞争力全国百强县排名中跃升至第 9 位、第 11 位，工业百强县、营商环境百强县居第 11 位、第 19 位。全市荣获国家级荣誉 103 项、省级奖项 207 项，获得“2020 胡润中国最具投资潜力区域百强”“国际化营商环境建设示范县（市、区）”等系列荣誉，浏阳的综合竞争力、城市美誉度、群众获得感、队伍精气神进一步提升。

二是疫情防控取得重大战略成果。面对突如其来的新冠肺炎疫情，坚持联防联控、群防群控，紧盯重点区域、重点场所、重点环节、重点人员，切实做好健康摸排、追踪监控、核酸检测、集中隔离、医疗救治等工作，筑牢了疫情防线。面对常态化防控新要求，坚持“两防三不”策略，严格实施“三量三控”，取得了疫情防控的阶段性成果。全市累计摸排追踪湖北、境外等来（返）浏人员 1.4 万人，实施核酸检测 30 余万人，确诊病例仅 4 例，实现了无死亡病例、无二代病例、无聚集性疫情、无院内感染，被省里划定为第一批低风险区。

三是三大攻坚战取得决定性成就。举全市之力坚决打好打赢三大攻坚战，全市剩余贫困对象 913 户 1671 人全部脱贫，“个十百千” 产业扶贫工程入选全国产业扶贫优秀典型案例，李忠国荣获“全国脱贫攻坚奋进奖”。以打赢蓝天碧水净土保卫战为统揽，扎实推进生态环境综合治理，顺利迎接省级环保督察“回头看”，全年空气优良率达到 100%，创历史新高；浏阳河出境断面水质均值保持Ⅱ类，成功创建全国示范河湖；捞刀河、南川河出境断面水质均值保持Ⅲ类。加快推进政府性债务风险防范化解、平台公司市场化转型，建立市、乡、村三级债务管理风险预警体系，三类债务之和同比下降 32.76%，债务风险稳定可控。

四是产业高质量发展迈出坚实步伐。显示功能器件、智能装备、碳基材料、5G 应用产业链规模工业总产值预计分别增长 66.6%、22%、15%、67%。全年预计新增高新技术企业 130 家，高新技术产业增加值占 GDP 比重达到 29%；新增规模工业企业 50 家、上市（过会）企业 2 家。着力推动园区提档升级，顺利完成经开区、高新区合并，经开区（高新区）获批国家新型工业化产业示范基地、国家绿色工业园区和国家再制造高新技术产业化基地；两型产业园被评为长沙市创业孵化基地；文化产业园被评为“国家级众创空间”。大力发展“三间”经济”，在全省率先建成“网间经济集约孵化平台”和 5G 直播基地，全年网络零售交易总额预计增长 18.9%。

五是项目建设在超常规推进中加速提效。创新实施“三提前”铺排、“三层级”调度、“三清单”管理、“三集中”审批机制，214 个重点项目完成投资 654.38 亿元，占年度投资计划的 135.5%，一批重大项目建设全面提速。惠科光电项目完成投资 173.6 亿元，2021 年 1 月份可点亮投产，将创造 14 个月建成一座超高清面板生产基地的行业最快速度；豪恩声学、蓝思新材料、泰科天润、韵达物流湖南总部基地、盐津铺子休闲食品智能制造基地、高朗烈酒等项目顺利投产；天地恒一智慧工厂、欧智通二期、华恒机器人二期等项目加速推进。椒花水库大坝主体工程正式开工建设，金阳大道三期、天马山隧道改扩建工程等加速推进。突出招大引强，新引进项目 200 个，其中过 100 亿元项目 2 个，“3 类 500 强”项目 4 个。

六是城乡发展呈现新格局新亮点。谋划建设“一体两翼、一河两岸、一城两站”，坚持专题调度、专项规划、专班推进，推动金阳新城建设迈出新步伐；高起点规划浏阳河"一河两岸"城区段建设，项目战略投资加快实施；成功争取长赣高铁浏阳站城北设站，浩吉铁路浏阳东货运站场建设有力推进。加快主城区有机更新，完成棚户区改造项目10个、老旧小区改造21个，成功入选国家县城新型城镇化建设示范县（市）。深入实施乡村振兴战略，社港正骨医药小镇创建为省级特色产业小镇，大瑶花炮小镇、文家市红色文旅小镇、柏加花木小镇建设以及永安、镇头、大围山、沿溪等特色乡镇建设加快推进；全市村级集体经济总收入突破1.92亿元，超20万元的村（社区）占比达到87.08%；完成"改厕"10万座，实现垃圾分类行政村全覆盖。

七是民生保障更加有力有效。用心用情办好民生实事，新（改）建学校23所、幼儿园40所，新增学位8530个，义务教育阶段"大班额"全面消除。公共卫生服务体系进一步完善，新市人民医院投入使用，成功创建国家卫生城市。苍坊旅游区成功通过国家5A级旅游景区景评。被评为全国"书香城市"。全力做好稳就业工作，城镇登记失业率为2.89%。着力提升食品全链条安全保障水平，成功创建全省首批食品安全示范市。深入开展安全生产顽瘴痼疾整治专项行动，加快花炮产业转型升级，安全生产形势保持稳定。纵深推进扫黑除恶，全面加强新时代县域警务和禁毒工作，确保了社会大局和谐稳定，群众获得感、幸福感、安全感进一步提升。

八是党建引领得到全面强化。坚持以政治建设为统领，深化政治建设考察，引导全市党员干部增强"四个意识"、坚定"四个自信"、做到"两个维护"。深入实施"党建+微网格"，基层社会治理效能显著增强，全市信访总量同比下降31.8%，保持了特护期进京非访"零登记"，十九届五中全会特护期实现"零进京"。严格落实意识形态工作责任制，确保了意识形态领域安全。健全大统战工作格局，统一战线党派团体作用充分彰显。党管武装工作持续深化。全力配合省委巡视和经济责任审计工作，得到充分肯定。持之以恒正风肃纪，深入开展违反中央八项规定及其实施细则精神问题、脱贫攻坚责任落实问题、形式主义官僚主义等专项整治；发挥巡察利剑作用，实现巡察全覆盖，进一步营造了风清气正的政治生态。

2020年是"十三五"收官之年。经过五年接续奋斗，浏阳经济社会发展取得重大成就，"十三五" 规划主要目标任务即将完成。五年来，全市地区生产总值年均增长8.8%，地方一般公共预算收入年均增长11.04%，规模工业增加值、固定资产投资年均增长10.9%、14.4%。累计引进项目1022个，铺排推进重点项目1197个，总投资达到1955亿元。新增上市（过会）企业5家，总数达到9家；新增市场主体4.5万户，总数达到11.6万户。高新技术企业由22家增至300家，高新技术产业增加值占GDP比重由25.9%提升至29%。城乡居民人均可支配收入由30877元增至46064元，全市33个贫困村全部摘帽退出，15744户49387人全面脱贫。建设污水处理厂14个、污水管网205千米，浏阳河、捞刀河、南川河水质持续提升。新建学校22所、公办幼儿园35所，新增学位4.6万个。新建乡镇卫生院6所，实现标准化村卫生室全覆盖。全市经济实力、综合实力和人民生活水平跃上新台阶，全面建成小康社会胜利在望，为县域高质量发展、现代化建设奠定了坚实基础。

成绩来之不易，奋斗充满艰辛。过去的五年，全市人民负重前行，砥砺奋进，以"千磨万击还坚劲、万水千山只等闲"的豪迈气概，以"越是艰险越向前、斗罢艰险又出发"的顽强斗志，攻克发展征途中的一道道险阻，战胜前进道路上的一个个挑战，推动县域发展闯关夺隘、行稳致远，交出了高质量发展的精彩答卷，为"十三五"画上了圆满句号。这是省委省政府、长沙市委市政府坚强领导、亲切关怀的结果，是全市党员干部真抓实干、担当作为的结果，是149万浏阳人民团结进取、顽强奋斗的结果。今日浏阳，展现出无比强劲的蓬勃活力、发展张力、奋进动力，全市人民意气风发、斗志昂扬，以全新的面貌、崭新的姿态，豪迈踏上了"十四五"发展的宏伟征程。

在充分肯定成绩的同时，也要清醒看到存在的问题和短板：重大项目和龙头企业仍然偏少，产业转型升级任重道远，现代服务业短板突出；企业研发投入强度偏低；教育、卫生、文化、养老等公共服务体系有待进一步健全；疫情防控、安全生产、社会稳定、生态环保、意识形态等领域存在不少风险点；少数干部政治站位、理念观念、素质能力、工作作风与新时代要求不相适应，不敢负责、不善作为的现象依然存在；等等。对此，我们必须高度重视，着力加以破解。

二、准确把握2035年远景目标和"十四五"发展重点，谱写践行"三高四新"战略的浏阳篇章

跨入"十四五"，党的十九届五中全会为我国未来五年乃至更长时期的发展擘画了宏伟蓝图、指明了前进方向。在"两个一百年"历史交汇的关键节点，习近平总书记亲临湖南考察，为湖南发展锚定了新坐标、赋予了新使命。省委十一届十二次全会，作出了大力实施"三高四新"战略、奋力建设现代化新湖南的总体部署。我们要深入学习贯彻习近平总书记考察湖南重要讲话精神和党的十九届五中全会精神，对标对表省委、长沙市委部署要求，以此作为谋划和推动浏阳"十四五"乃至更长时期发展的根本遵循和行动指南。

展望未来，现代化的宏伟蓝图令人憧憬，新浏阳的美好愿景催人奋进。未来十五年，我们要朝着将浏阳打造成为"中西部首善、现代化样板"的宏伟目标努力奋斗。到2035年，率先基本实现社会主义现代化，率先基本建成经济强市、科教强市、文化强市、生态强市、开放强市、健康浏阳，成为中西部县域最具实力、最具活力、最具幸福感的城市。到那时，我市率先基本实现新型工业化、信息化、城镇化、农业现代化，建成现代化经济体系，经济总量达到3500亿元以上；全社会创新创造活力竞相迸发，创新能力和科技实力居全国领先地位，全面深化改革红利充分释放，县域开放水平大幅跃升；率先基本实现治理体系和治理能力现代化，社会事业全面进步，人民生活更加美好，成为安居乐业、近悦远来的最具幸福感城市。

今后五年，是浏阳加快高质量发展、现代化建设的关键时期，是厚植发展优势、奋力跨越争先的关键时期。放眼全球，当今世界正经历百年未有之大变局，新一轮科技革命和产业变革深入发展，国际力量对比深刻调整，同时新冠肺炎疫情加剧了大变局的演变，国际环境日趋复杂，不稳定性不确定性明显增加，经济全球化遭遇逆流，世界进入动荡变革期。综观国内，虽然疫情变化和外部环境存在诸多不确定性，但是我国经济稳中向好、长期向好的基本趋势没有改变，经济发展韧性好、活力强、回旋余地大，制度优势显著，治理效能提升，未来五年仍处于大有可为的重要战略机遇期。审视浏阳，经过五年奋斗，我市的经济实力、产业实力、综合实力都实现了大提升，随着湖南自贸区建设、长株潭一体化、湘赣边区域合作示范区建设纵深推进，浏阳战略格局将极大提升，发展潜能将极大释放。特别是黄花机场T3航站楼直接面向浏阳，其广袤的全球城市通航覆盖面、庞大的旅客货邮吞吐量、密布的快速集散立体交通网，将使金阳新城区域成为大步跨越、大举腾飞的发展裂变中心，浏阳广阔的空间优势、新兴的产业优势、独特的生态优势、深厚的人文优势，都将加快转化为巨大的发展动能。当前，浏阳自强不息、敢为人先的城市精神愈加闪亮，全市上下干事创业、争先进位的士气十分高涨，广大干部群众对“十四五”发展满怀期待、充满信心。作为全国十强、全省领先的县(市)，我们要进一步增强机遇意识、担当意识、使命意识，在深入践行“三高四新”战略中大干“十四五”，担当排头兵。

“大干‘十四五’，担当排头兵”，务必以科学的战略目标来牵引。“十四五”时期浏阳发展的总体目标是“引领中西部，迈向现代化”，这是浏阳人民对美好生活向往的集中体现，是担当践行“三高四新”战略县域排头兵的必然要求。“引领中西部”，就是要对标对表“三高四新”战略实践要求，在创新发展、协调发展、绿色发展、开放发展、共享发展上率先蹚出“浏阳路径”，致力打造屹立在三湘大地、璀璨于中西部地区的县域高质量发展标杆城市。“迈向现代化”，就是要朝着率先基本实现社会主义现代化的目标不懈努力，积极探索现代化建设的浏阳之路，高质量打造强盛浏阳、活力浏阳、生态浏阳、幸福浏阳。到2025年，全市地区生产总值超过2100亿元，人均生产总值突破14万元，城乡居民人均可支配收入达到6.6万元，综合实力跃上新台阶，改革开放形成新局面，文明程度得到新提高，生态建设取得新进步，民生福祉达到新水平，治理效能实现新提升。

“大干‘十四五’，担当排头兵”，务必以精准的战略定位来把握。担当践行“三高四新”战略县域排头兵，奋力建设现代化浏阳，必须坚持“在区域谋发展，在全国争地位，在全球引资源”的战略定位。“在区域谋发展”，就是要跳出浏阳看浏阳，着眼全局谋发展，在一带一路、长江经济带、中部崛起、湖南自贸区建设、长株潭一体化、湘赣边区域合作示范区建设等重大战略中找准坐标，深度参与更大范围、更宽领域、更高层次的竞争与合作，着力构建“辐射湘赣边、融入‘中四角’、对接‘大湾区’”的战略格局。“在全国争地位”，就是要更好服务“国之大者”，在构建新发展格局、打造“三个高地”、担当“四新”使命中创优争先、攀高竞强，努力创造更多的长沙首个、全省首位、全国首创、全球首先。“在全球引资源”，就是要抢抓全省打造内陆地区改革开放高地的历史机遇，推动全域开放、全面开放，升级打造一批战略平台、园区平台、科创平台、金融平台、交通平台，坚持走出去与引进来相结合，让全球资金、项目、技术和人才广泛汇集浏阳。

“大干‘十四五’，担当排头兵”，务必以有力的战略抓手来落实。谱写践行“三高四新”战略的浏阳篇章，落实到工作层面就是要突出“七大战略”“五个打造”这个抓手。“七大战略”即深入实施制造强市、科创兴市、文化润市、品质塑市、生态美市、开放活市、民生立市战略，这是浏阳未来五年的主攻方向。“五个打造”即全力打造智能制造强市、区域科创中心、湘东开放门户、生态文旅名城、现代治理样板，这是我们践行“三高四新”战略的实践落点。具体而言，打造智能制造强市。要加快引进建设一批标志性产业项目，引领带动产业向高端化、智能化、绿色化、融合化方向升级。到2025年，现代化产业体系基本形成，打造1个千亿级、2个500亿级产业集群，成为国家重要先进制造业高地的核心组团和关键一极。打造区域科创中心。要坚持创新在现代化建设全局中的核心地位，着力推进关键核心技术攻关、创新主体增量提质、创新人才引进培育、创新平台建设、创新生态优化，到2025年，R&D经费投入占GDP比重达到2.8%以上，高新技术企业数量、高新技术产业总产值、技术交易额实现翻番，建成全国首批创新型县(市)。打造湘东开放门户。要全面深化重点领域改革，全面融入“一带一路”、长江经济带、粤港澳大湾区、长株潭一体化等重大战略，当好湘赣边区域合作示范区建设的领头羊，推动更深层次改革和更高水平开放。到2025年，建成区域性综合交通枢纽城市、营商环境“三化六最”县(市)，全市进出口总额达到40亿美元，实际利用外资年均增长10%以上，成为中部崛起和长江经济带发展的重要战略支点。打造生态文旅名城。要坚持生态优先、绿色发展，“十四五”期间，单位GDP能源消耗年均下降2%以上，空气质量优良率保持在95%以上，森林覆盖率保持在66.2%以上。加快构建“一体两翼、一河两岸、一城两站”城市格局，促进“美丽城市”与“美丽乡村”交相辉映，名河、名歌、名人、名景、名产相得益彰，打造成为独具魅力、极富特色的国际旅游目的地和“网红城市”。打造现代治理样板。要以“党建+微网格”为核心抓手，推动治理体系和治理能力现代化，努力打造新时代枫桥经验的“浏阳样板”。到2025年，基层治理效能显著提升，防范化解重大风险体制机制基本健全，突发公共事件应急能力显著增强，社会公平正义得到有效维护，人民群众获得感、幸福感、安全感更加充实、更有保障、更可持续。

三、明确总体要求，聚焦工作重点，奋力实现“十四五”发展良好开局

2021年是全面开启现代化建设新征程的第一年，是“十四五”开局之年，也是中国共产党建党100周年，做好明年工作意义重大。总体要求是：坚持以习近平新时代中国特色社会主义思想为指导，全面贯彻党的十九大和十九届二中、三中、四中、五中全会精神，深入落实习近平总书记对湖南工作系列重要讲话指示精神，坚持稳中求进工作总基调，立足新发展阶段，贯彻新发展理念，融入新发展格局，以推动高质量发展为主题，以深化供给侧结构性改革为主线，以改革创新为根本动力，以满足人民日益增长的美好生活需要为根本目的，坚持系统观念和底线思维，深入践行“三高四新”战略，紧紧围绕“引领中西部，迈向现代化”目标，坚持“在区域谋发展，在全国争地位，在全球引资源”战略定位，巩固拓展疫情防控和经济社会发展成果，扎实做好“六稳”工作、全面落实“六保”任务，统筹做好稳增长、促改革、调结构、惠民生、防风险、保稳定工作，推动经济平稳健康运行、社会和谐稳定，确保“十四五”开好局，以优异成绩庆祝建党100周年。

2021年全市经济社会发展主要预期目标是：地区生产总值增长7.5%以上；地方一般公共预算收入增长8%；固定资产投资增长8%；社会消费品零售总额增长10%；规模工业增加值增长8.5%以上；R&D经费投入占GDP比重达到2.05%；城乡居民人均可支配收入增长7.5%以上；单位地区生产总值能耗下降2%以上；城镇登记失业率控制在3%以内。

做好明年工作，必须以深入践行“三高四新”战略为主线，聚焦重点，精准发力。主要任务是七个方面：

一是聚焦产业转型升级，加快打造智能制造强市。制造业是强市之基，抢占制造业制高点就能赢得发展主动权。要聚焦产业基础高级化、产业链现代化，推动产业链与供应链、创新链、资金链、政策链深度融合，加快“浏阳制造”向“浏阳智造”升级。突出新兴产业扩能。全力支持蓝思科技扩大战略布局，千方百计为企业实施智能化改造、扩大产能、招工用工等提供最优服务。全力支持惠科光电打造世界一流超高清面板生产基地，为企业达产满产提供全方位、强有力保障。发挥蓝思科技、惠科光电、泰科天润、启泰传感等骨干企业的磁吸作用，带动关联企业进驻，打造分工精细、共振强劲的产业矩阵，推动电子信息产业向千亿级迈进。以尔康制药、天地恒一、盐津铺子、博大科工等重点企业为引领，加快产业智能化改造，推动生物医药、智能装备等产业向五百亿级进军。突出特色产业强能。浏阳花炮璀璨千年，闪耀世界，全力推动花炮产业持续安全健康发展，是市委、市政府一以贯之的鲜明态度和坚定立场。要高水平办好国际花炮文化节，全力推动浏阳花炮产业研究院落地建设，持续推进产能淘汰、监管升级、技术革新“三大工程”，加速文化创意、文旅融合赋能增值，促进花炮产业向安全化、科技化、绿色化蝶变升级，进一步擦亮世界花炮之都品牌。推动家居建材、浏阳蒸菜、浏阳夏布等产业提质升级。突出产业园区聚能。大力支持经开区（高新区）聚焦“三主两特四链”，完善产业配套、优化资源配置，打造“三高四新”战略的重要承载区。支持两型产业园打造全国一流绿色食品产业基地，文化产业园争创国家级文化产业示范园区。产业园区是经济发展主引擎、智能制造主战场，全市上下要牢固树立“一切围绕园区、一切服务园区”的理念，全力以赴助力园区做大做强。突出项目建设注能。瞄准产业前沿和技术高端实施精准招商，着力引进一批玻璃基板、偏光片、精测电子、医疗器械、绿色食品等强链补链延链项目，带动形成更多增长源、增长点、增长极。做实用好产业投资基金，发挥其对战略性新兴产业的催化作用。坚持以实物量为标尺，推动项目快落地、快建成、快投产。突出数字经济赋能。加快推进产业数字化，推动企业“上云用数赋智”，建设更多自动工位、智能车间、智能工厂、智能企业，促进数字技术运用于企业设计、生产、营销、管理、服务全过程。聚焦数字产业化，重点打造长兴湖移动互联网产业集聚区，布局5G应用、大数据、云计算、人工智能等产业，抢占数字经济制高点。突出现代服务提能。着力发展总部经济、创意经济、平台经济、共享经济。加快发展研发设计、检验检测、现代物流、现代金融等，推动先进制造业和现代服务业深度融合。加强区域消费中心建设，持续繁荣“三间”经济，促推消费升级。坚持房住不炒，促进房地产健康有序发展。

二是聚焦强化科技支撑，加快打造区域科创中心。坚持创新核心地位，坚持“四个面向”，以创建国家创新型县（市）为抓手，加快科技创新体系建设，全面塑造县域发展新优势。壮大科创企业方阵。强化企业创新主体培育，构建“初创企业—科技型中小企业—高新技术企业—上市企业—领军型企业”培育生态链，扎实做好个转企、企升规、规改股、股上市工作，加快构筑众星拱月的产业体系。实施高新技术企业倍增工程，确保全市新增高新技术企业60家以上。鼓励企业加大研发和技改投入，推动全市规上企业发明专利、研发机构、产学研合作全覆盖。充分发挥科技创新专家咨询委员会作用，加强产学研协同、校地企合作，联合开展关键核心技术攻关。加快科创平台建设。实施科技平台建设计划，培育建设一批工程研究中心、企业技术中心、新型研发机构等，在新技术、新设备、新材料、新工艺、新产品上重点突破，力争6个以上重大创新技术入围省“五个100”、10台（套）以上新的重大技术装备获得国家补贴。加强共性技术平台建设，推动科创平台资源整合、开放共享，促进产业链上中下游、大中小企业融通创新。充分发挥科技企业孵化器、众创空间、星创天地等作用，推动创新、创业、创投、创客“四创联动”。建强科创人才队伍。实施人才“双创双兴”计划，建立项目引才、产业引才、企业引才机制，做到人才引进刚柔并济、兼容并包。实行产业项目“揭榜挂帅”，柔性引进一批国际高端人才、高层次科技领军人才、高水平创新型人才。着力发展现代职业教育，积极推进校企合作，加大企业家、中高级管理人才、职业技能人才培育力度。继续推行英才“绿卡”制度，健全人才创新激励和服务保障机制，让人才在浏阳备受尊崇、大显身手。

三是聚焦深化改革与湘赣边区域合作，加快打造湘东开放门户。浏阳作为湘赣边区域合作的发起者、牵头人，务必在湘赣边区域合作示范区建设中走在最前列、抢占制高点，加快构建改革开放新格局。当好湘赣边区域合作示范区建设领头羊。围绕建设湘赣边区域性中心城市，聚焦省“三年行动计划”十大工程、百大项目落实落地，健全常态化协调机制，在政策共争、项目共推、产业共促、治理共抓上务求新突破。坚持项目化推进、清单化管理，完成浩吉铁路浏阳东货运站场、百宜河综合整治等项目建设，加快秋收起义干部学院、胡耀邦故里研学实践教育营地等项目建设，力争湘赣边高速、长征国家文化公园等落地建设。深化教育、医疗、购房等领域合作，积极推动区域校联体建设、异地就医联网直接结算、公积金互认。强化生态环保、综治维稳、打非治违、劳务协作等领域协调联动。不断提升县域开放水平。全力促推长赣高铁开工建设，力争长九高铁、T3 航站楼连接线、江杉高速东延线等项目纳入建设计划，完成天马山隧道改扩建，启动南泥湾路（西北环线—溪江互通段）规划建设，进一步打通市域交通经络，构建“对内成环成网、对外互联互通”的开放交通格局，打造区域性综合交通枢纽城市。以全面融入新发展格局为战略基点，深度对接长江经济带、粤港澳大湾区、长株潭一体化建设；最大限度承接湖南自贸区建设的辐射和溢出效应，推进政策嫁接、产业链接、功能对接，力争经开区（高新区）创建湖南自贸区联动创新区，让园区发展搭上“快车”。纵深推进全面深化改革。深化“放管服”改革，全面实行政府权责清单制度，强化事中事后监管。按照“应放尽放、按需下放”原则，赋予园区更多发展自主权。持续优化营商环境，全面推进“一件事一次办”，健全“三集”审批长效机制；健全中小企业服务体系，在帮扶上有求必应，在检查上无事不扰，构建亲而有度、清而有为的新型政商关系。

四是聚焦乡村全面振兴，加快打造乡村振兴标杆。全面实施乡村振兴战略，坚持和完善“10+3+3+3”工作机制，努力打造具有全国影响力的乡村振兴示范区。高度重视种子、耕地与粮食安全问题。保障粮食安全，要害是种子和耕地。要紧紧围绕水稻、油茶、花木等特色优势产业，深化与省农科院、湖南农业大学等科研院所合作，加强种业关键共性技术研发与应用攻关，培育、引进、推广更多优质新种。加强种质资源保护和利用，培育壮大一批现代种业企业。耕地是农业的命脉，要牢牢守住耕地红线，推进高标准农田建设与耕地质量保护提升，切实防范农地“非粮化”“非农化”，坚决遏制农村乱占耕地建房问题。加强农业面源污染治理，实施化肥农药零增长行动，加强农业废弃物资源化利用。加快建设现代农业强市。以深化农业供给侧结构性改革为主线，大力发展精细农业，支持油茶、花木、畜禽等特色产业做优做强，加速黑山羊、大围山梨、鸡肠子辣椒等国家地理标志产品产业化。以两型产业园为主阵地，提高农产品精深加工水平，加快原材料、配套、采购本地化，推动一二三产业融合发展。优化农资、农技、农贷资源配置，壮大农民合作社、家庭农场等新型经营主体。用好“农品浏香”品牌，推动更多农产品“上线触网”。大力实施乡村建设行动。以超常力度和攻坚举措做好征地拆迁、移民安置、环境维护等工作，全力促推椒花水库加快建设。按照将乡镇建成服务农民的区域中心定位，加快大瑶、文家市、柏加、社港、永安、镇头、沿溪、大围山等特色乡镇建设，因地制宜打造一批高品质特色小镇。持续改善农村人居环境，完善农村水、电、路、气、通信、广播电视、物流等基础设施，深化治厕、治水、治房、治垃圾、治风，打造一批“美丽庭院”“美丽村庄”。稳步推进农村宅基地制度改革、全域土地综合整治试点改革，改出样板，改出红利。统筹城镇和村庄规划建设、风貌管控，严格规范农村建房。巩固拓展脱贫攻坚成果。建立相对贫困监测预警体系，构建防止返贫致贫长效机制。以实施“四个升级打造”为抓手，以深化“个十百千”产业振兴工程为重点，积极探索巩固拓展脱贫攻坚成果同乡村振兴有效衔接的“浏阳路径”。大力发展新型村级集体经济，确保 2021 年村级集体经济收入全部提高至 20 万元以上。

五是聚焦功能品质提升，加快打造生态文旅名城。深入实施“品质塑市”战略，扎实推进以人为核心的新型城镇化，加快构建“一体两翼、一河两岸、一城两站”城市格局，打造具有浏阳特点、地域特色、文化特质的生态文旅名城。着力浏阳主城提质。按照打造世界级滨河生态文旅产业带的定位，大力推进“一河两岸”城区段开发建设，充分彰显“一河诗画、满城烟花”的城市魅力，全面打响“来浏阳城看浏阳河”品牌。高起点规划高铁新城片区，统筹“两站”建设，打造城市发展新引擎。抓好城市建设品质管控，加强城市精细化管理、智慧城市建设，打造“精美浏阳”。实施城市有机更新行动，持续推进老旧小区、棚户区、城区雨污分流改造。畅通中小微循环，打通城市“肠梗阻”。规划建设以嗣同路为轴线的历史文化街区，打造一批文化地标，充分彰显千年古县的文化厚度。着力金阳新城提速。把金阳新城建设摆在融入新发展格局、拓展新发展空间的战略位置来抓，全力争取纳入省级战略。围绕“现代化郊区新城”总体定位，抢抓黄花机场 T3 航站楼建设的重大机遇，以核心区建设为先导，加快临空偏好型产业布局和高端配套设施建设。完善专题调度、专项规划、专班推进机制，加速推进金阳新城中心服务区、金阳大道三期等项目建设，力争长浏城际轨道（磁浮）、湘府东路东延等项目落地，加快金阳新城双向融城。着力文化旅游提级。以创建苍坊国家 5A 级旅游景区为契机，推动大围山创建国家级旅游度假区，加快构建以浏阳河为主轴，以大围山生态旅游板块和“胡耀邦故里——秋收起义纪念园”为双核，以文化体验、生态度假、运动康养、农业休闲、工业观光旅游区为支撑的全域旅游格局。全力推进浏阳河文化产业带建设，围绕沿河重要节点，深度挖掘文化内涵，精心打造大围山森林公园影视文学创作基地、大围山红色音乐小镇、小河农民画乡、永和电影小镇、高坪艺术小镇、普迹戏剧小镇等，实现串珠成链、星光璀璨。着力生态环境提升。树牢绿水青山就是金山银山理念，继续深入打好污染防治攻坚战。深化河长制，推进林长制，开展“绿水青山就是金山银山”实践创新基地建设。以流域生态修复与扩容、雨污分流及污水管网建设、园区循环化改造、重金属污染整治和“十年禁渔”为重点，统筹山水林田湖草沙系统治理，确保浏阳河出境断面水质稳定达到Ⅱ类，捞刀河、南川河出境断面水质稳定达到Ⅲ类以上。

六是聚焦社会治理创新，加快打造现代治理样板。健全党组织领导的自治、法治、德治相结合的城乡基层治理体系，打造更高水平的法治浏阳、平安浏阳、和谐浏阳。增强依法治理效能。纵深推进全面依法治市，加强法治政府建设，推进依法行政。切实维护司法公正，支持法院、检察院依法独立行使职权，努力让人民群众在每一个司法案件中都能感受到公平正义。大力弘扬社会主义法治文化，打造法治宣教品牌，在全社会营造办事依法、遇事找法、解决问题用法、化解矛盾靠法的浓厚氛围。筑牢安全治理堤坝。坚持常态化疫情防控，毫不放松抓好“外防输入、内防反弹”工作，落实“三量三控”，严防死守，全力巩固防疫成果。坚持“生命至上、安全第一”，突出抓基础管理、强本质安全、除顽瘴痼疾，统筹抓好烟花爆竹、危化、矿山、消防、交通运输、建筑施工、特种设备等领域安全生产。深入开展安全生产专项整治三年行动，严格落实“隐患上墙”“四全监管”制度，坚决守住安全生产红线和底线。加快平台公司市场化转型，完善政府债务风险常态化监控机制，抓实隐性债务化解，推动三类债务之和持续下降。夯实社会治理基座。深入务实推进“党建＋微网格”工作，充分发挥微网格探头和触角作用，健全矛盾纠纷多元化解机制，抓好矛盾化解、问题破解、情绪疏解、隐患排解，打通社会治理“最后一步路”，力求“微事不出‘格’、小事不出村、大事不出镇”，打造新时代枫桥经验的“浏阳样板”。深入推进新时代县域警务工作，深化扫黑除恶，坚决打好禁毒人民战争，确保社会大局和谐稳定。

七是聚焦增进民生福祉，加快打造最具幸福感城市。树牢以人民为中心发展思想，着力保障和改善民生，用实实在在的举措提升人民群众的获得感、幸福感、自豪感。用心办好民生实事。落实立德树人根本任务，进一步改善办学条件、优化师资队伍、深化教育改革，推动义务教育向优质均衡迈进，着力发展高等教育，打造全省先进、全国知名教育高地。实施健康浏阳行动，推进公共卫生十大体系建设，加快推进中医医院危急重症大楼、妇幼保健院整体搬迁、集里医院门诊综合大楼等项目建设，加强乡镇卫生院、村卫生室建设，为群众提供全方位全周期健康服务。积极发展文化、体育事业。加快推进城乡公交客运一体化。切实加强社会保障。围绕打造“充分就业城市”，健全就业需求调查和失业监测预警机制，重点做好高校毕业生、农民工、退役军人等群体就业工作，实现“零就业”家庭动态清零。扎实开展国家食品安全示范城市创建，守护市民“舌尖上的安全”。建立健全多元化养老服务体系。大力弘扬文明风尚。以创建全国文明城市为抓手，培育和践行社会主义核心价值观，强化新时代文明实践中心建设，大力弘扬向上向善、崇德守德的文明新风。积极引导公益性组织和志愿服务组织发展，打造“志愿之城”“大爱之城”。

四、全面加强党的建设，为浏阳高质量发展、现代化建设提供坚强保障

办好浏阳的事情，核心在党、关键在人。要全面落实新时代党的建设总要求，坚定不移推进全面从严治党，为奋力担当践行“三高四新”战略县域排头兵凝聚共识和力量。

一是坚持政治统领，打牢管党治党的坚实根基。坚持把政治建设摆在首位。把学习贯彻习近平新时代中国特色社会主义思想，特别是总书记考察湖南重要讲话精神和党的十九届五中全会精神作为首要政治任务，结合浏阳实际开展大学习、大宣传、大实践活动，确保入脑入心、笃信笃行。始终把政治纪律和政治规矩挺在前面，深化政治建设考察，引导党员干部进一步增强“四个意识”、坚定“四个自信”、做到“两个维护”。认真做好纪念建党100周年相关工作。加强正面宣传和舆论引导，加强各类风险矛盾化解，切实维护政治安全、社会安定、人民安宁、网络安靖，为建党100周年营造良好环境。结合建党100周年系列庆祝活动开展，组织深入学习“四史”，大力弘扬红色基因和优良传统，开展走访慰问“五老”活动，从党的百年光辉历史中汲取不忘初心、砥砺奋进的精神力量。牢牢掌握意识形态工作领导权。全面落实意识形态工作责任制，严格“七大阵地”“五类人群”监控监管，确保意识形态领域安全。建强融媒体中心，打造媒体深度融合发展全国示范。科学统筹网上网下、内宣外宣资源，巩固壮大主流思想舆论，让“浏阳声音”“浏阳故事”传得更开更广更深入。切实强化党的全面领导。发挥市委总览全局、协调各方的领导核心作用，支持人大、政府、政协、纪委监委依法依章程行权履职。强化党管武装工作。加强新形势下党外代表人士队伍建设，巩固和壮大爱国统一战线，画好最大最美同心圆。

二是夯实基层基础，构筑全面过硬的战斗堡垒。增强组织力。深入实施“1228”党建工程、“三保”工作体系和“三定五联”制度，强化基层党组织战斗力，增强党员队伍先进性。实施村（社区）干部“雁阵培育计划”，培优建强村级党组织带头人队伍。注重从大学生、产业工人、农村致富带头人中发展党员，进一步优化党员队伍结构。增强引领力。发挥党建引领作用，让党旗在践行“三高四新”战略第一线高高飘扬。启动乡村振兴驻村第一书记选派试点工作，扎实开展“推动红色村组织振兴、建设红色美丽村庄”试点。增强保障力。落实省委“1+5”文件精神，推动职能、项目、资金、力量向基层下沉，完善村级运转经费动态增长机制，推行基层公共服务“一门式”办理、“一站式”服务。深入实施村（社区）公共事务准入制度，持续推进基层减负。

三是建强干部队伍，锻造干事创业的精锐之师。立好选人用人风向标。坚持严管厚爱结合、激励约束并重，以正确用人导向引领干事创业导向，褒奖和重用那些真心干事、善于干事、干净干事的干部，教育和调整那些只会空谈、不干实事的干部，问责和惩处那些弄虚作假、失职渎职、造成重大损失和严重后果的干部。扎实做好市、乡、村三级集中换届工作，严把标准、严格程序、严肃纪律，确保选出好干部、配出好班子、换出好面貌。用好政绩考核指挥棒。聚焦“三高四新”战略实施，精准设置关键性、引领性指标，优化政绩考核内容和方式，把贯彻新发展理念、推动高质量发展的实际表现和工作实绩，作为评价领导班子和领导干部政绩的基本依据。深入实施“干部效能负面清单”，全面提升行政效能。打好素质提升组合拳。结合产业发展、乡村振兴、基层治理等工作，加强对干部专业化能力和抓落实能力的培训，注重把优秀年轻干部放到基层一线墩苗历练。深化与发达地区、一流高校、高端智库的交流合作，选派干部走出去学习深造、开阔视野。

四是严明纪律规矩，涵养风清气正的政治生态。压实管党责任。健全全面从严治党主体责任市、乡、村三级落实体系，把管党治党工作任务分解到位、细化到岗、责任到人，推动"两个责任"落实落地。支持纪委监委切实履行监督责任，督促党委(党组)书记切实履行好"第一责任人"责任，其他班子成员履行好"一岗双责"。擦亮监督利剑。充分发挥纪律、监察、派驻、巡察四个监督全覆盖作用，加强党内监督与人大、政协、审计、群众、舆论等监督统筹衔接，强化权力运行制约和监督。扎实做好省委巡视、经济责任审计"后半篇文章"，巩固深化整改成果。精准运用监督执纪"四种形态"，把监督融入日常、严在经常。从严正风肃纪。坚持无禁区、全覆盖、零容忍，坚决查处重点领域、关键环节和群众身边腐败问题。严格落实中央八项规定及其实施细则精神，持续整治形式主义官僚主义，坚定不移纠"四风"、树新风。深入开展"清廉浏阳"建设，推动廉洁文化进机关、进社区、进企业制度化常态化，大力营造以清为美、以廉为荣的良好风尚。

五是抓住关键少数，加强党对经济工作的全面领导。做好明年工作，必须加强党对经济工作的全面领导，提高关键少数适应新发展阶段、贯彻新发展理念、融入新发展格局的能力水平。强化战略思维。要坚持观大势、抓大事，善于从战略的高度思考研究问题，自觉把一地一域的工作放在发展大局中来谋划推进，使各项工作既为一域增光又为全局添彩。要提高政治站位，对国之大者心中有数，增强政治判断力、领悟力、执行力，善于用政治眼光观察和分析经济社会问题，善于洞察经济活动的政治后果，把牢各项工作的正确方向。把握经济规律。当前科技变革速度很快，经济社会活动复杂性全面上升，如果对科技变化趋势不掌握，对新兴领域情况不了解，对群众期待和诉求变化不敏感，处于盲人摸象和追风少年的状态，就无法驾驭好经济工作。各级领导干部要带头学经济、懂经济、抓经济，坚持干什么学什么、缺什么补什么，尤其要学深悟透习近平新时代中国特色社会主义经济思想，努力提高经济工作决策科学化水平。锤炼高强本领。各级领导干部要善于精准施策，把握好工作时度效，制定政策措施要抓住关键点精准发力，定目标、下任务要实事求是，风险化解要精准拆弹。要有见微知著的敏感，见事早、行动快，不要等问题出了才想到去补救，不要做事后诸葛亮。抓经济要结合一地一域实际，找准优势，精准发力，创造性执行，不要人云亦云、盲目跟风。弘扬务实作风。担当践行"三高四新"战略县域排头兵，关键在狠抓工作落实。要明晰抓落实的重点，总书记强调的事，中央、省、市关心的事，老百姓揪心的事、关系发展全局的事，就是重点要抓的事。要掌握抓落实的方法，全面践行"点对点工作法"和"一线工作法"，深入一线察实情、出实招、办实事，决不能表态多调门高、行动少落实差。要压实抓落实的责任，实施台账管理和清单制度，明确时间表、路线图、责任人，谁主管谁协调，谁牵头谁负责，做到知责于心、担责于身、履责于行。砥砺担当精神。志不求易者成，事不避难者进。各级领导干部要切实发挥关键少数作用，面对不良风气敢于亮剑出招，面对突出问题敢于动真碰硬，带头到项目攻坚主战场、企业帮扶第一线、社会治理最前沿冲锋陷阵。广大党员干部要发扬"自强不息、敢为人先"的浏阳精神，在疫情防控、应急处突、安全维稳、征地拆迁等阵地攻坚克难、闯关夺隘，让担当成为浏阳干部的鲜明特质和闪亮标签。

新时代的浏阳春潮澎湃，"十四五"的征程鼓点铿锵。让我们高举习近平新时代中国特色社会主义思想伟大旗帜，聚力大干，埋头苦干，创新实干，奋力担当践行"三高四新"战略县域排头兵，朝着"引领中西部，迈向现代化"目标阔步前行，以优异成绩向建党 100 周年献礼。

政府工作报告

在浏阳市第十七届人民代表大会第七次会议上

市人民政府市长　　吴新伟

（2021 年 2 月 23 日）

2020 年及“十三五”工作回顾

2020 年是极不平凡的一年。一年来，我们全面贯彻落实习近平新时代中国特色社会主义思想，深入贯彻中央、省、长沙市决策部署，在市委的坚强领导下，在市人大的法律监督、工作监督和市政协的民主监督下，紧紧围绕全面建设现代化浏阳的奋斗目标，统筹推进疫情防控和经济社会发展，扎实做好“六稳”“六保”[1]工作，攻坚克难、砥砺奋进，开创了发展新局面。

十分感动的是，面对突如其来的新冠肺炎疫情，全市上下众志成城、并肩作战，广大医务工作者、疾控工作人员、公安干警、村（社区）工作者、党员干部等挺身而出、冲锋在前；社会各界风雨同舟、守望相助，涌现出张更姣、周明亮等一批全国、全省先进典型。我们以“党建＋微网格”为抓手，坚持“两防三不”[2]，实施“三量三控”[3]，常态化抓牢抓实疫情防控，实现了“四无”[4]，被认定为全省首批低风险区，最大限度保护了人民生命安全和身体健康！

极为不易的是，面对复杂多变的宏观形势，我们危中寻机、化危为机，各项工作取得新成绩，经济社会发展实现新突破。节约集约用地、农村人居环境整治两项工作被推荐申报国务院真抓实干督查激励，高质量发展、工业高质量发展、质量强省、“双创”、财政管理、高标准农田建设、河长制、文化旅游八项工作获省政府真抓实干督查激励。全年实现地方一般公共预算收入 93.4 亿元，增长 5.33%（同比，下同），税占比达 76.87%；地区生产总值、规模工业增加值、固定资产投资分别增长 4.7%、6.3%、9.3%，城乡居民人均可支配收入增长 6%，完成进出口总额 25.5 亿美元，增长 24.7%，充分展现了浏阳经济的坚强韧性和巨大潜能。

倍感振奋的是，全市新引进项目 200 个，其中投资 100 亿元以上项目 2 个。214 个重点项目完成投资 684.5 亿元，占计划投资 141.7%。投资 320 亿元的惠科项目主厂房提前 1 个月封顶，1 月 23 日点亮投产；泰科天润、豪恩声学一期、韵达物流、蓝思新材料建成投产，金阳大道三期加快推进，椒花水库工程顺利开工，长赣高铁确定浏阳城北设站。在全国百强县排名中，县域综合发展、县域经济基本竞争力、工业百强县、营商环境百强县分别跃升至第 9 位、第 11 位、第 11 位、第 19 位；被评为“国家卫生城市”“2020 胡润中国最具投资潜力区域百强”，蝉联“国际化营商环境建设示范县（市、区）”。

一年来，我们重点做了以下工作：

——致力纾困解难、做强产业，呈现了稳健前行的良好态势。深入开展百日竞赛活动，突出干部驻企、服务暖企、政策惠企，率先推出 15 项助企措施，组建 20 个工作队赴外地招工，派出 564 名联络员驻企帮扶；积极落实上级惠企政策，减免企业租金、社保及相关税费 10.44 亿元，让企业心更暖、劲更足。工业经济稳步复苏，15 条新兴及优势产业链总产值增长 9.4%，显示功能器件、智能装备、碳基材料、5G 应用产业链规模工业总产值分别增长 85.2%、22.7%、12.6%、41.3%；新增规模工业企业 50 家、高新技术企业 130 家、智能制造试点企业 75 家、上市（过会）企业 2 家，培育省级以上“小巨人”企业 33 家、国家级“两化”融合管理体系贯标试点企业 28 家；经开区、高新区成功合并，获批“国家新型工业化产业示范基地”“国家绿色工业园区”和“国家再制造高新技术产业化基地”。农业经济稳中提质，实现总产值 193 亿元，粮食播种面积 118.06 万亩，年产量 55.67 万吨，蔬菜种植面积（含复种）63.85 万亩，出栏生猪 99.41 万头、家禽 1129.8 万羽，全面完成禁捕退捕任务，提质改造油茶林 14 万亩，被评为湖南综合油料大县和茶油大县，浏阳茶油获批国家地理标志商标，达浒书香村“书香龙泉酒”荣获第 105 届美国巴拿马太平洋万国（国际）博览会（中国区）金奖。服务业企稳回升，大力发展“三间”经济[5]，推进“烟花进景区”，举办红博会、消费节、大围山杜鹃花节、首届花木博览会、省文化旅游创新创意大赛等节会活动，被评为“省全域旅游示范区”，张坊田溪村被评为“全国乡村旅游重点村”，葛家金源村、淳口狮岩村、张坊富溪村、官渡观音塘村、沿溪沙龙村被评为“国家森林乡村”；胡耀邦同志纪念馆晋升国家一级博物馆，苍坊旅游区通过国家 AAAAA 级旅游景区景观质量评审，新增国家 AAA 级旅游景区 4 个；在全省率先建成网间经济孵化器和 5G 直播基地，实现网络零售交易额 81.27 亿元，增长 18.9%；销售商品房 154.97 万平方米，增长 3.76%；“智慧浏阳河”“睿空间”被评为国家级众创空间。

——致力城乡融合、乡村振兴，展现了美丽宜居的浏阳风貌。升级打造“一体两翼、一河两岸、一城两站”[6]承载平台，出台《浏阳市城市建设品质管控导则（试行）》，精准做好城市规划工作。完善“15 分钟生活圈”13 个，新建停车场 15 个，新改建农贸市场 2 个，创成“全国无障碍环境示范县（市）”。拉通燎原路、胡家路等 9 条城市道路，推进天马山隧道改扩建工程，建成红色旅游公路，完成浏大、浏永、开元路路面大修，新改建农村公路 414.4 公里。完成百宜河主管网、长兴湖片区雨污分流和净溪河截污工程，新建城镇污水管网 116 公里。建成道吾 110 千伏、永和 220 千伏等输变电工程，累计投资 25 亿元完成首轮电网“630”攻坚[7]。推进新型城镇化建设，入选“国家县城新型城镇化建设示范县（市）”“中国城市创新百佳示范县市”。深入实施乡村振兴战略，突出抓好“四型”“两治”[8]，扎实推进特色小城镇建设，全市村级集体经营性总收入 4580 万元，涌现了官桥苏故村、沙市东门村以及永安芦塘村、西湖潭村和礼耕村等一批集体经济强村。创新“首厕过关制”，完成无害化改厕[9]10 万座，实现垃圾分类行政村全覆盖，被评为“全国农村生活污水治理示范县（市）”。投入 7800 万元开展农村宅基地房地一体确权登记，实现应登记颁证率 100%。组建 260 个村级供销合作社，吸纳农户 2.4 万户。狠抓人居环境整治和乡风文明建设，创建国家、省卫生镇 18 个，大瑶南山村、永安坪头村入选全国文明村，4 家单位被评为省级文明单位，城乡精细管理和文明程度不断提升。

——致力精准突破、加固底板，取得了攻坚战役的关键进展。深入开展脱贫质量“回头看”，建立“三表一单”[10]机制，持续推进“个十百千”[11]产业扶贫工程和“15 公里就业圈”建设，贫困劳动力域内转移就业 10506 人，就地就近就业率达 71.2%，贫困户李忠国被评为“2020 年全国脱贫攻坚奋进奖”，对口帮扶邵阳县、龙山县茅坪乡，高质量完成新时代脱贫攻坚目标任务，全省新阶段扶贫试点工作扎实推进。以打赢蓝天碧水净土保卫战为统揽，扎实推进生态环境综合治理，顺利通过省级环保督察“回头看”，全年空气质量优良率达 99.7%；浏阳河成功创建全国首批示范河湖，出境断面水质均值保持Ⅱ类；捞刀河、南川河出境断面水质均值达Ⅲ类；饮用水水源地水质达标率 100%；宝山河市控断面稳定达标，铁山桥断面稳定向好；污染源普查工作获国务院表彰，浏阳河湿地公园晋升国家级湿地公园。加快推进政府性债务风险化解、平台公司市场化转型工作，组建浏发集团、金发集团，交建投获 AA 级信用评级；建立市镇村债务管理风险预警体系，三类债务之和下降 32%，风险稳定可控。

——致力办好实事、增进福祉，交出了温暖实在的民生答卷。落实就业优先政策，新增城镇就业 1.5 万人、新增农村劳动力转移就业 8100 人，城镇登记失业率为 2.89%。改造农村危房 396 户、棚户区 1245 户、老旧小区 24 个，新建公租房 3244 套，完成租赁住房市场发展房源筹集 4644 套。新改建学校 23 所、幼儿园 40 所，创建标准化学校 43 所，新增学位 10310 个，义务教育阶段“大班额”全面消除，高考质量评价蝉联长望浏宁四县（市、区）“十三连冠”。公共卫生服务体系进一步完善，完成人民医院整体搬迁工程，中医医院危急重症大楼、集里医院门诊综合大楼项目顺利推进，共建医联体 56 个，获批省级重点专科 7 个、长沙市深化医学重点建设专科 5 个，创建二级医院 1 家，乡镇卫生院发展经验获新华社等国家级媒体推介。完成市社会福利中心主体工程，发放低保金 1.5 亿元、特困供养金 1 亿元、其他各类救助资金 0.6 亿元；发放养老保险待遇 22.55 亿元、支付医保资金 14.9 亿元，贫困人口住院综合保障后报销比例达 90%，被评为“中国社会保障百佳县市”。建设标准化村（社区）综合文化服务中心 20 个，举办“薪火相传”中国健康跑、全民读书月等活动，开展送戏下乡、经典剧目惠民演出、文艺大讲堂、欢乐浏阳河等群众文化活动 180 余场，入选 2020 年全国“书香城市”。在全省率先建立退役军人就业创业孵化基地，退役军人矛盾纠纷化解工作在全国学习“枫桥经验”工作大会上作典型发言。着力提升食品安全保障水平，成功创建全省首批食品安全示范市。全力推动烟花爆竹产业转型升级，完成“一证多厂”顽瘴痼疾专项整治任务，安全生产形势平稳向好。纵深推进扫黑除恶，持续深化禁毒人民战争，打掉涉黑涉恶犯罪团伙 6 个，查破涉毒案件 576 起。深入推进“最多访一次”改革，全市信访总量下降 31.8%，实现各特护期进京非访“零登记”。

——致力从严治政、优化服务，营造了干事创业的浓厚氛围。始终把政治建设摆在首位，树牢“四个意识”，坚定“四个自信”，做到“两个维护”。办理人大建议 293 件，满意率 94.9%，较去年提高 10.2 个百分点；办理政协提案 151 件，综合满意率 98.7%。全面完成经济责任审计和省委巡视反馈意见整改任务。依法审查政府文件 554 件、政府合同 112 件，依法办理行政复议案件 54 件、行政应诉案件 88 件。推进“一件事一次办”，建设“五零城市”[12]，提供政务服务 300 余万次，帮代办事项 44 万件，办理市长信箱、“12345”反映事项 3.2 万件，顺利通过政务公开与政务服务标准化国家级试点验收，“三集”[13]审批机制被评为中国营商环境特色评选 50 强创新案例奖。大力压减“三公”经费和一般性支出，强化审计监督力度，审计收缴财政资金 2028 万元。严格执行作风建设规定，查处各类违纪违法案件 333 起，干事创业更加优质高效、风清气正。

围绕经济社会发展大局，人民武装、新闻出版、融媒服务、数据资源、民族宗教、统计、消防、外事、侨务、关心下一代、老龄等工作迈上了新台阶，武警、烟草、国资、气象、移民、森林公安、供销合作、公积金、水文、盐务、邮政、供水、电信、移动、联通、石化、海关等单位取得了新进步，工会、共青团、妇联、残联、工商联、科协、红十字会等群团组织及其他社会团体做出了新贡献。

各位代表，2020 年主要任务的完成，标志着“十三五”规划圆满收官。回首“十三五”，我们始终坚持以人民为中心、以发展为要务、以改革为动力、以实干为基础，自加压力、砥砺前行，不断刷新成绩、超越目标，看到的是可喜变化、收获的是累累硕果、积蓄的是巨大能量。

——这五年，“浏阳速度”更快。地区生产总值年均增长 8.8%，地方一般公共预算收入年均增长 12.4%，规模工业增加值年均增长 11%，农业总产值年均增长 4.7%，服务业增加值年均增长 9.2%，固定资产投资年均增长 14.2%，社会消费品零售总额年均增长 9.8%，金融机构存贷款年均增长 13.3%、15.8%。在全国百强县排名中，县域综合发展从第 28 位跃升至第 9 位，实现“五连跳”。

——这五年，“浏阳动能”更强。15 条新兴及优势产业链不断壮大，产业集聚成势。电子信息、智能装备制造等产业快速崛起，“芯屏器合”[14]产业体系初步形成；烟花爆竹产业加快升级，累计颁布 12 项国际标准和 1 项技术报告。新增市场主体 4.5 万户，总量突破 11 万户；高新技术企业由 22 家增至 300 家；新增上市（过会）企业 5 家，总量稳居全省县（市）第一。经开区（高新区）综合竞争力领跑全省产业园区，两型产业园被评为“国家农村创新创业园”。累计引进项目 1022 个，其中百亿元以上项目 5 个；惠科、DITO 触控传感器、蓝思 3D、华域视觉等一大批重点项目开工建设、竣工投产，发展势头强劲、活力充沛。

——这五年，“浏阳现象”更热。高质量完成农村土地制度改革等 15 项中央、省级重要改革试点，创新实施“最多跑一次”“涉农资金整合”“就医一卡通”等改革，打造了“无改革、不浏阳”品牌，被评为“全国县域综合改革十佳城市”。推动湘赣边区域合作走深走实，成员单位由 10 个扩展至 24 个，签署专项协议 40 个。累计获得上千项国家级、省级荣誉，长沙对浏绩效考核稳居县（市、区）前列，21 次获国务院、省政府真抓实干督查激励通报表扬，浏阳工作、浏阳作为、浏阳经验备受关注、广受赞誉。

——这五年，“浏阳品质”更高。浩吉铁路建成通车，荷文公路、西北环线等有序拉通，全市新改建城乡道路 65 条、农村公路 3000 千米。道吾、长兴湖等片区崛起，新建公园 3 个，提质提档社区 18 个，改造老旧小区 24 个、棚户区 1.1 万户。建成 35 千伏以上输变电工程 20 个，建设污水处理厂 14 个、污水管网 205 千米。创建国家级重点镇、历史文化名镇、特色镇 5 个，国家卫生乡镇 5 个，城镇化率达 66.2%。全面消除集体经济薄弱村，超额完成改厕任务，基本实现美丽乡村全域覆盖，城乡更美、品质更高。

——这五年，“浏阳民生”更实。三大攻坚战纵深推进，累计偿还债务 291.4 亿元，33 个贫困村全部出列，稳定脱贫 15744 户 49387 人，蓝天白云绿水青山成为浏阳最鲜明的底色。城乡居民人均可支配收入由 30877 元增至 45840 元；新改建学校 60 所，创建标准化学校 324 所，新增学位 4.6 万个，化解“大班额”774 个；新人民医院建成投用，新建乡镇卫生院 6 所，改扩建卫生院 5 所，标准化村卫生室实现全覆盖，成功创建公立医院综合改革国家级示范县。

各位代表，过去五年的成绩，是市委坚强领导的结果，得益于人大、政协的监督和支持，凝聚了全市人民的辛勤与智慧。在此，我代表市人民政府向全市人民，向各民主党派、工商联、无党派人士和人民团体，向驻浏部队、武警官兵、政法干警、消防救援和民兵预备役人员，向所有关心、支持和参与浏阳发展的各界人士，表示诚挚感谢和崇高敬意！

在总结成绩的同时，我们也清醒认识到，发展中还存在不少问题和困难：重大项目和龙头企业仍然偏少，产业转型升级任重道远，现代服务业短板突出；企业研发投入强度偏低；教育、卫生、文化、养老等公共服务体系有待进一步健全；疫情防控、安全生产、社会稳定、生态环保、意识形态等领域存在不少风险点；少数干部理念观念、担当精神、服务意识、干事劲头与新时代要求不相适应，不敢负责、不善作为的现象依然存在。对此，我们将高度重视，着力破解。

“十四五”时期目标与任务

未来五年，是全面建设现代化浏阳的关键时期。放眼全球，世界正经历百年未有之大变局，国际环境日趋复杂，不稳定性、不确定性因素明显增加。纵观国内，经济发展长期向好、韧性强劲，已转向高质量发展阶段，尽管机遇和挑战都有新的变化，但仍处于重要战略机遇期。审视浏阳，发展机遇更好、发展动力依然强劲，美好未来令人期待。从区域形势来看，长江经济带、“一带一部”[15]、促进中部地区崛起、“三高四新”[16]等战略加快实施，湖南自贸区顺利启航，湘赣边区域合作示范区建设提速，长株潭一体化纵深推进，长沙“一体两翼”格局有序构建，政策红利的叠加增添了浏阳高质量发展的新动能。从交通区位来看，浩吉铁路连通南北，长赣高铁、长浏轨道交通、湘府东路东延线有望建成，国省干线联网畅通，金阳大道直通省会，便捷高效的交通路网将带来前所未有的新优势。从产业发展来看，七大产业集中区[17]布局科学，新兴及优势产业链加快建设，电子信息、生物医药、智能装备、烟花爆竹等重点产业齐头并进，蓝思科技等龙头企业竞相发展，惠科等一大批产业项目建成投产，多点支撑的产业结构开创了多极发展的新局面。从创业环境来看，“无改革、不浏阳”品牌进一步打响，行政审批更加规范、便捷、高效，人才保障日益完善，引才、聚才氛围日趋浓厚，广大干部群众忧患意识、发展意识、责任意识不断增强，发展环境的持续优化掀起了“大众创业、万众创新”的新热潮。

未来五年主要预期目标：到 2025 年，地区生产总值突破 2100 亿元，人均生产总值突破 14 万元，城乡居民人均可支配收入达 6.6 万元，综合实力跃上新台阶，改革开放形成新局面，文明程度得到新提高，生态建设取得新进步，民生福祉达到新水平，治理效能实现新提升。在此基础上再奋斗 10 年，到 2035 年，率先基本实现社会主义现代化，成为“中西部首善、现代化样板”。重点抓好七大任务：

——突出制造强市。聚焦“三主四特两新”[18]产业集群，做大做强主导优势产业，加速升级传统产业，培育壮大战略新兴产业，促进制造业与数字经济深度融合，打好产业基础高级化、产业链现代化的攻坚战，构建高端化、智能化、绿色化、融合化先进制造业体系，打造1个千亿级、2个五百亿级产业集群，成为先进制造业高地的核心组团和关键一极。

——突出科创兴市。坚持“四个面向”[19]，围绕产业链部署创新链，围绕创新链布局产业链，支持企业开展“卡脖子”和颠覆性技术攻关，鼓励高校院所、社会资本共建科研平台、共促科研创新、共享科研成果。加强创新人才队伍建设，多渠道引进和培养人才。到2025年，R&D[20]经费支出占GDP比重达到2.8%以上，高新技术企业数、高新技术产业总产值和技术交易额实现翻番，全市公民具备基本科学素质比例达11%，成为创新型城市。

——突出开放活市。坚持“在区域谋发展、在全国争地位、在全球引资源”战略，进一步优化对外交通设施，推动长赣高铁建成通车和长沙市域轨道交通东延，构建贯通东西的大通道。提升高水平开放格局，积极参加“一带一路”[21]、长江经济带、粤港澳大湾区等国家战略；主动融入湖南自贸区、长株潭城市群发展；深化湘赣边区域合作，力争上升为国家战略。到2025年，建成区域性综合交通枢纽城市、营商环境“三化六最”[22]城市，全市进出口总额达50亿美元，实际利用外资年均增长10%，成为中部崛起和长江经济带发展的重要战略支点。

——突出生态美市。深化生态文明建设，牢牢守住生态安全边界，大力发展绿色经济，倡导绿色生活和生产方式，探索生态经济产业化发展路径，建设无废城市、低碳城市，建设人与自然和谐共生的现代化。到2025年，实现单位GDP能源消耗年均下降2%以上，空气质量优良率保持在95%以上，森林覆盖率保持在66.2%以上，实现生态系统质量稳定提升、持续向好。

——突出品质塑市。对照“四精五有”[23]标准，深入实施以人为核心的新型城镇化战略，以创建全国文明城市为导向，深化国家卫生城市建设，继续做精“一河两岸、一城两站”文章，加快建成浏阳河生态文化产业带，不断提升城市品质，提高服务功能和管理水平；聚焦打造现代治理样板，以“党建+微网格”为抓手，推动社会治理和服务重心向基层下移，进一步提升社会治理效能，实现治理体系和治理能力现代化，努力打造宜居、智慧、文明的现代城市。

——突出文化润市。全面实施文化惠民工程和居民素质提升工程，不断增强公共文化服务供给能力，提升文化引领力和凝聚力。深度挖掘文化内涵，构建优势明显、特色鲜明的文化产业体系。推动文化与旅游深度融合，发展红色旅游和绿色旅游，全力创建“国家全域旅游示范区”，打造世界花炮之都、国际文化和旅游消费试点（示范）城市，让浏阳成为独具魅力、极富特色的国际旅游目的地和“网红城市”。

——突出民生立市。围绕打造最具幸福感城市目标，强化就业优先政策，提高劳动力配置效率；扩大优质教育资源覆盖面，引导民办教育规范优质发展，建设高质量教育体系；以打造湘赣边区域医疗中心为重点，全面推进“健康浏阳”建设；健全多层次社会保障体系，提高公共安全指数，基本实现公共服务均等化、便捷化、智慧化；逐步实现劳有厚得、幼有善育、学有优教、病有良医、老有颐养、住有宜居、弱有众扶，不断增强人民群众获得感、幸福感、安全感。

2021年工作重点

2021年政府工作的指导思想：坚持以习近平新时代中国特色社会主义思想为指导，全面贯彻党的十九大和十九届二中、三中、四中、五中全会精神，深入落实习近平总书记对湖南工作系列重要讲话指示精神，坚持稳中求进工作总基调，立足新发展阶段，坚持新发展理念，融入新发展格局，以推动高质量发展为主题，以深化供给侧结构性改革为主线，以改革创新为根本动力，以满足人民日益增长的美好生活需要为根本目的，坚持系统观念和底线思维，深入践行“三高四新”战略，紧紧围绕“引领中西部、迈向现代化”目标，坚持“在区域谋发展、在全国争地位、在全球引资源”战略定位，巩固拓展疫情防控和经济社会发展成果，扎实做好“六稳”工作、落实“六保”任务，统筹做好稳增长、促改革、调结构、惠民生、防风险、保稳定工作，推动经济平稳健康运行、社会和谐稳定，确保“十四五”开好局，以优异成绩庆祝中国共产党成立100周年。

2021年，全市经济社会发展预期目标：地区生产总值增长8.5%；地方一般公共预算收入增长8%；规模工业增加值增长9%；固定资产投资增长9%；社会消费品零售总额增长10%；城乡居民人均可支配收入增长8.5%；单位地区生产总值能耗下降2%以上；城镇登记失业率控制在3%以内。

为确保上述目标任务实现，我们首要抓好常态化疫情防控工作。坚持“两防三不”策略，加强重点场所、行业、人群与时段管控，抓好入境人员和进口货物防控管理，强化精准防控、联防联控、群防群控机制，确保疫情防控常态化措施落实落细；精准开展疫情监测研判，完善应急预案，强化应急演练，全面提升紧急医疗救援能力；加强疾病防控和公共卫生体系建设，增强应对突发公共卫生事件能力，有序开展疫苗接种，全力筑牢疫情防线，坚决巩固来之不易的防控成果，守护好人民群众生命安全和身体健康。同时，重点抓好以下工作。

一、聚焦制造强市，催生高质量发展动能

深耕智能制造，推动产业链现代化。坚持扩增量和提存量并重，抓紧抓实“七大工程”[24]，壮大新兴及优势产业，推动制造业高质量发展。发挥蓝思科技、惠科光电、泰科天润等骨干企业的磁吸作用，推动电子信息产业向千亿级迈进。依托尔康制药、天地恒一、博大科工等重点企业，加快产业智能化改造，推动生物医药、智能装备等新兴产业向五百亿级进军。聚焦数字产业化，着力打造长兴湖移动互联网产业集聚区，布局5G应用、大数据、云计算、人工智能等产业，抢占数字经济制高点。大力培育单项冠军、小巨人企业，推动中小企业向“专精特新”发展。

厚植传统优势，加快产业转型升级。围绕打造世界花炮之都目标，进一步厚植烟花爆竹产业本土优势，用更多资源支持产业转型升级，推动产业持续安全，迈向高质量发展；全力争取国家重点实验室和湖南省花炮产业研究院落户浏阳，持续推进落后产能淘汰、监管升级、技术革新“三大工程”，提速文化创意、文旅融合赋能增值，促进产业向安全化、科技化、精细化蝶变升级；强化产业高质量供给，进一步畅通烟花爆竹对外出口通道，擦亮“浏阳花炮”世界品牌。同时，加快推动家居建材、浏阳蒸菜、浏阳夏布等传统产业向数字化、智能化提质升级。

做优园区平台，加速产业基础高级化。提升经开区(高新区)“三主两特”[25]、两型产业园食品产业发展水平，完善以亩均投资、亩均增加值、亩均税收为主的考核体系，主动做好产业配套服务，有效承接高端产业转移，促进园区特色化、差异化发展，打造“三高四新”战略的重要承载区。完善园区功能配套，加快“八大应用场景”[26]落地，推进5G基础设施建设，推进智慧金阳、智慧环保、智慧支撑平台等系统建设，提升智慧园区水平；增加制造业中长期融资，设立高层次人才信贷风险补偿基金，推进土地二次开发和节约集约利用，提升电网供电和服务能力，支持两型产业园争创湘赣边区域合作农业示范园、文化产业园争创国家级文化产业示范园区。

强化创新驱动，提升核心竞争力。加快培育创新生态链，建立企业主体、市场导向、产学研深度融合的技术创新体系。实施高新技术企业梯队培育，新增高新技术企业60家以上、发明专利100件以上，力争6个以上重大创新技术入围省“五个100”[27]、10套以上新的重大技术装备进入国家补贴。建立科技创新经费多元投入机制，加大财政引导资金投入，力争2021年R&D经费支出占GDP比重达到2.05%。强化企业创新主体地位，推动规模以上工业企业研发机构全覆盖，深化市校、企校合作，支持组建新兴研发机构，设立专家工作站，加速科研成果转化，力争培育长沙市级及以上科技平台5家，实现技术合同成交额15亿元以上。落实质量强市和标准化战略，探索建立公共技术服务平台，逐步形成区域性公共技术服务支撑体系，建成国家首批创新型县(市)。

二、聚焦改革开放，增强高质量发展动力

突出基础性，深化关键领域改革。以深化供给侧结构性改革为主线，在政府职能转变、园区体制机制、城乡土地管理等重点领域取得新突破。以新一轮农村宅基地制度改革试点为抓手，扩大集体经营性建设用地入市范围，建立农村宅基地管理信息平台，完善农村宅基地管理、流转、使用制度，打造4个宅基地改革综合示范点。扎实开展涉农资金整合试点改革，力推设施建设、产业发展、环境治理等工作，切实提高涉农资金使用效益。推进全域土地综合整治试点，激活配优各类自然资源要素。统筹抓好财政管理体制、国企国资、基层行政管理体制等改革，增创体制机制新优势。

引领湘赣边，打造湘东开放门户。围绕建设湘赣边区域性中心城市，当好湘赣边区域合作示范区建设领头羊。聚焦省“三年行动计划”十大工程、百大项目落实落地，健全常态化协调机制，在政策共争、项目共推、产业共促、治理共抓上务求新突破。加快秋收起义干部学院、胡耀邦故里研学实践教育基地等项目建设，力争湘赣边高速、长征国家文化公园等落地建设。深化产业、文旅、生态、交通、教育、医疗等领域合作，做大做强“湘赣红”区域公用品牌，加快推行“初心源”文旅一卡通，积极推进区域校联体建设、异地就医联网直接结算、公积金互认等工作，让老百姓分享更多的区域合作红利。借力自贸区优惠政策，深度融入“一带一部”，鼓励域内企业扩大出口。全力打造省会东部开放型经济走廊，力争全年新引进项目200个以上，其中100亿元以上项目1个，50亿元以上项目4个，引进“三类500强”[28]企业3家。

升级“放管服”，擦亮营商环境品牌。纵深推进“一件事一次办”“最多跑一次”，优化升级“三集”审批长效机制，持续在业务梳理、流程再造、系统打通、规范管理中探索创新，实现更大范围“一网通办”、更多事项“跨域通办”。深入开展重企帮扶，刚性兑现减税降费政策，切实降低企业制度性交易成本和用地、用电、用水、用气、融资、物流等要素成本，助力企业加快发展。大力弘扬企业家精神，完善鼓励民营企业发展政策体系，加大对中小微企业的扶持力度，在市场准入、政府采购、信贷支持等方面一视同仁、平等对待，力争企业入规40家、扩面50家、上市2家。紧扣“三化六最”目标，深化“三个定制”[29]、“四大行动”[30]、“五个彻底”[31]，构建亲而有度、清而有为的新型政商关系，全力推动县域营商环境全国排名争先进位。

三、聚焦乡村振兴，夯实高质量发展基础

发展更有奔头的现代农业。大力发展精细农业，推进国家地理标志产品产业化，构建“一区、三带、多点”[32]产业布局，发展水果、黑山羊、油茶、蔬菜、烤烟、生猪等特色产业示范基地，创建一批“两品一标”[33]基地和品牌，培育新型农业经营主体100家以上、农产品生产基地10个，力争农业总产值突破200亿元。坚决扛稳粮食安全政治责任，坚持最严格的耕地保护制度，做好粮食、生猪稳产保供工作，坚决防止农地非农化现象，确保粮食种植面积118.6万亩以上，全年粮食产量53.7万吨以上，新增规模化生猪产能10万头。依托“农品浏香”等区域公用品牌，培育农业产业化联合体，将小农户融入现代农业产业链。继续调整优化农业结构，打造长株潭绿色农产品生产加工供应基地。加快农业基础设施建设，推进椒花水库工程建设，完成8万亩高标准农田建设。

促进更可持续的农民增收。全面推进乡村振兴，做好巩固拓展脱贫攻坚成果同乡村振兴有效衔接，逐步实现由集中资源支持脱贫攻坚向全面推进乡村振兴平稳过渡。严格落实“四个不摘”[34]，实施长效扶贫接续工程，保持政策体系和工作体系稳定，积极探索解决相对贫困长效机制。深化对口扶贫协作，帮助对口帮扶地区巩固脱贫成果。探索推动新型村级集体经济与文旅、康养、电商等产业深度融合，有效吸纳农村就业，持续发展壮大村级集体经济。大力支持农村创新创业，吸引青年人才回归，培育家庭农场、农创客等新型农业经营主体。推进农村土地经营权流转，盘活利用农村闲置资源，鼓励农民以土地、资金、资产入股，有效拓宽农民致富渠道。

建设更加宜居的美丽乡村。实施乡村建设行动，科学谋划村庄规划建设和布局，保护好传统村落和乡村风貌。抢抓省商务厅与浏阳合作共建乡村振兴示范区机遇，发挥集体土地入市政策优势，有序承接自贸区和中非经贸合作区产业项目转移，大力推动永安尚东小镇建设，着力规划建设进出口食品仓储物流、农产品深加工基地，力争更多的优质项目落地，助推浏阳美丽乡村建设。加快沿溪、大围山、文家市、大瑶、镇头、柏加、永安、社港等特色乡镇建设，因地制宜打造高品质特色小镇。扎实开展“五清两改”[35]工作，有序建设全省“水美湘村”，推进小型水库管理体制改革试点。改造无害化卫生厕所1万座，扎实推进农村生活垃圾分类，大力整治农村乱占耕地建房问题，提升农村人居环境质量。加强和改进乡村治理，重视和发挥乡贤作用，加强村规民约建设，促进乡风更淳、乡情更浓。

四、聚焦“一体两翼”，筑牢高质量发展支撑

优化交通路网格局。全力促推长赣高铁、长浏轨道交通、湘府东路东延线等项目开工建设，力争长九高铁、T3航站楼连接线、江杉高速东延线等项目纳入建设计划。加快建设金阳大道三期，确保浩吉铁路浏阳东货运站和天马山隧道改扩建工程竣工。提质改造4条城市道路，新建大围山路、泰安路和南泥湾路（花炮大道—金沙路），启动重要县道路面改善工程，完成宏源大桥危桥改造，新改建农村公路200千米，构建“对内成环成网、对外互联互通”的路网格局。倡导绿色出行，新增新能源公交车40台，建成城区道吾公交枢纽站场；实施旅客出行服务品质提升工程，完善城乡公交网络，全力创建城乡客运一体化示范县（市）。

建设精致精美城市。坚持“四精五有”理念，深入落实《浏阳市城市建设品质管控导则（试行）》，突出规划引领，强化刚性执行，加快推进“两级三类”[36]国土空间规划体系建设。大力开发道吾、长兴湖、浦梓港等片区，建成翠园公园，启动道吾山城市公园建设、花炮观礼台文化园提质改造。加快实施城市有机更新，新建改造农贸市场2个，建设停车场6个，进一步提升城市品质。以国家县城城镇化试点为契机，重点打造融合发展型、综合服务型、旅游康养型、现代农业型小城镇，推进小城镇差异化、特色化发展。加强镇村房屋建设品质管控，实现建筑更精美、住房更宜居。

加快打造金阳新城。按照“一城三区”[37]定位，积极对接长沙市“东拓”行动，加快金阳新城国土空间规划、片区规划等落地实施；进一步加强基础设施建设，延伸一批骨干道路，畅通交通循环网络；加快推进南园二水厂扩建、三水厂新建等工程建设，完成污水主干管网建设，全面提升新城承载能力，加快区域开发、融城步伐，打造“长沙新门户，东翼新引擎”。积极融入国内国际双循环新格局，把握湖南自贸区建设机遇，大力争取纳入联动创新区，推进政策嫁接、产业链接、功能对接，有效承接自贸区辐射和溢出效应。借力临空经济示范区、中非经贸产品加工区、T3航站楼建设平台和政策红利，加速推进产城融合。抢滩新基建，打造智慧管理的示范区、5G应用场景服务的先导区、治理体系和治理能力现代化的样板。

提升管理服务水平。大力实施城市管理品质提升行动，巩固国家卫生城市创建成果，深化网格化、智能化、精细化管理，全面提升城市形象和气质。完善城市数字管理平台，实施市政设施全生命周期管理，狠抓道路交通秩序治理，大力开展市容执法、环境卫生、市政园林维护等专项整治行动，高标准维护“一河两岸”、主次干道亮化设施，进一步提升城市绿化、亮化、美化水平，打造韧性城市、宜居城市和智慧城市。加快建设垃圾清洁焚烧项目，全面深化生活垃圾分类工作。深入开展全国文明城市创建，推进新时代文明实践场所建设，持续开展“爱心涌动浏阳河、全城向文明奔跑”“淳风美德润浏阳”等活动，引领城市文明新风尚。

五、聚焦生态文明，擦亮高质量发展底色

守住生态安全边界。加强生态文明建设，统筹优化生产、生活、生态空间，坚持“共抓大保护、不搞大开发”，走生态优先、绿色发展之路。立足“三河、三山”[38]生态优势特色，狠抓饮用水水源保护，强化湿地保护和恢复，有效保护水生态环境；编制《浏阳市林地保护利用规划（2021—2035年）》，全面推行林长制，进一步加大森林资源保护与修复力度；开展国土绿化行动，加强地质灾害防治，保护野生动植物资源，提升生态系统质量和稳定性。全面落实“四严四基”[39]、“三线一单”[40]、“月清三地”[41]要求，严把项目准入关，健全联动执法、信用评价等制度，认真执行生态补偿制度，全面筑牢生态屏障。

深化环境污染治理。突出精准治污、科学治污、依法治污，继续推进夏季攻势[42]和长江保护修复攻坚战行动计划[43]，全力配合中央新一轮生态环保督察；打好蓝天碧水净土静音“保卫战”，严格落实“五气”[44]共治、“六控十严禁”[45]，确保PM2.5年均浓度优于国家二级标准、空气质量优良率稳定在95%以上。深化河长制，推进城区、园区雨污分流，启动济川河、淮川河雨污分流工程，完成永安污水厂扩建和百宜河雨污分流支管网改造，实现城镇生活污水全收集、全处理，加强乡镇污水处理厂的运营监管，确保三大河流水质稳中有升，浏阳河出境断面水质稳定达到Ⅱ类以上，国省控断面水质优良率保持100%。加强农业面源污染综合治理，实施化肥农药零增长行动，保持土壤环境质量总体稳定。抓好重金属污染源排查整治、耕地修复治理、绿色矿山建设，加强噪声污染防治，建设山更青、水更绿、天更蓝、城更静的生态之城。

加快绿色低碳发展。树牢绿水青山就是金山银山理念，统筹推进山水林田湖草沙系统治理，开展“绿水青山就是金山银山”实践创新基地建设，厚植城市生态底色。建立绿色生产和消费的政策导向，加快发展绿色金融，推行工业企业清洁生产和超低排放改造，推进葛家六股岭净矿出让绿色矿山试点示范建设，打造更多绿色园区、绿色工厂、绿色产品。推进资源节约和循环利用，推广绿色建筑、绿色快递包装，促进工业废料、农业废弃物、生活垃圾等减量化、再利用、资源化。开展创建节约型机关、绿色家庭、绿色学校、绿色社区等行动，让绿色低碳发展增添幸福生活成色。

六、聚焦消费繁荣，激发高质量发展活力

培育文旅热点引消费。对标世界级滨河生态文旅产业带，全力推进浏阳河生态文化产业带建设。抢抓长沙“两山一河”文旅走廊建设机遇，加快实施“一河两岸”城区段文旅开发，有序规划建设以嗣同路为轴线的历史文化街区，打造一批文化旅游地标，彰显“一河诗画、满城烟花”的城市魅力。创成国家全域旅游示范区、苍坊旅游区国家5A级景区，推动大围山创建国家级旅游度假区，加快构建以浏阳河为主轴，以大围山生态旅游板块和“胡耀邦故里——秋收起义纪念园”为双核，以沿河特色文旅小镇为节点的全域旅游格局。深入挖掘文化内涵，创新文旅消费产品供给，积极培育创意烟花、文创蒸菜、浏阳夏布等特色文化品牌，大力开发健康旅游、生态旅游、度假旅游、“非遗”旅游、研学旅游等新型旅游产品，全面激活消费新动能。

挖掘市场潜力活消费。大力发展“四新”经济[46]，持续繁荣“三间”经济，培育一批有特色、有情怀、有流量的夜间消费场景；打造网红商圈，发展乡间旅游和特色民宿，建成1个集聚区、3个示范村、20个示范店；重点搭建农村电商公共服务平台，创建一批电商示范小镇。精心办好中国（浏阳）国际花炮文化节、浏阳河音乐节、大围山杜鹃花节、湖南文旅创新创意大赛等节会活动，做大做强城市商务节、浏阳车展、家博会、大围山水果节等本土节会品牌。坚持“房住不炒”，促进房地产市场平稳健康发展。出台促进消费政策，扩大健康、养老、托幼、家政、教育、文化、体育等领域的消费供给，构建支撑有力、生态多元的消费经济结构。

提升服务品质促消费。更加注重需求侧管理，大力发展现代服务业，着力培育新兴消费，促进消费转型升级，加快升级实物消费，提质扩容服务消费。紧密围绕核心商圈、产业园区、主要应用场景，加快布局5G网络、物联网等新型基础设施，补齐新型消费短板。大力发展冷链物流、智慧物流、国际物流，健全农村流通网络体系和售后服务体系，打造区域现代商贸物流重要基地。深入开展普惠金融工程，推动“金融村官”工作纵深发展，打造“金融服务季”活动品牌。强化消费者权益保护，改进消费服务体验，打造区域消费中心。

七、聚焦民生改善，共享高质量发展成果

推动民生保障更加暖心贴心。围绕打造“充分就业城市”目标，健全城乡公共就业服务体系，落实社保降费、援企稳岗等稳就业措施，新增城镇就业1.4万人、农村劳动力转移就业7300人，确保“零就业”家庭动态清零。完善分层分类的社会救助体系，实现社会保险、社会救助、社会福利协调衔接，深入推进特困人员供养机构提质升级三年行动计划，推动养老事业和养老产业协同发展；加大基本民生保障工作，做好低保、特困、临时救助、困难帮扶工作，将最低生活保障标准从每人每月650元提高至750元，确保“应保尽保，应救尽救”；提高优生优育水平，降低生育、养育、教育成本，提高人口素质；加强退役安置、就业创业、抚恤优待、服务管理等保障，大力开展示范型基层“两站”建设，争创省级双拥模范城；积极开展“基层党建+城镇老旧小区改造”试点，扎实推进老旧小区改造，完成548户棚户区改造任务，新建公租房650套，筹集租赁房源2500套，努力让城市更有温度、生活更有温情、人民更感温暖。

推动公共服务更加优质均衡。落实立德树人根本任务，推进湖南电子科技职业学院、湖南护理学校（浏阳校区）建设，新建学校4所、公办幼儿园4所，改扩建学校18所，全面化解高中教育“大班额”，招聘教师600人以上，争创全国师德养成教育示范县。集聚全省优质医疗资源，深化“三医”联动[47]改革，巩固分级诊疗制度，加快中医医院危急重症大楼建设和妇幼保健院整体搬迁，建成集里医院门诊综合大楼，推动妇幼保健院创建三级医院、中心卫生院创建二级医院。推进标准化村（社区）综合文化服务中心、全民健身中心等项目建设，力争新博物馆5月底前对外开放，常态化开展文艺精品进景区、欢乐浏阳河等文化惠民活动，让群众生活更加多姿多彩。

推动社会环境更加和谐稳定。围绕打造共建共治共享的社会治理格局，依托“党建+微网格”，突出基础管理、本质安全，紧盯顽瘴痼疾整治，深入开展安全生产专项整治“三年行动”和安全监管“强执法防事故”行动，重点排查整治烟花爆竹、交通运输、危化品、建筑施工等行业安全隐患，牢牢守住安全生产底线；坚持和发展新时代“枫桥经验”，完善人民调解、行政调解、司法调解等矛盾纠纷多元化解机制，加强社会心理服务和危机干预，推动信访积案化解，将矛盾化解在萌芽状态；严格食品药品监管，建立健全食品安全追溯体系，助推长沙创建国家食品安全示范城市；实施“四个大抓”[48]警务战略，持续开展扫黑除恶，打赢禁毒人民战争；深化平安浏阳建设，完善立体化社会治安防控体系，依法打击非法集资、电信网络诈骗等各类违法犯罪，不断提高人民群众安全感和满意度。

八、聚焦政府建设，提升高质量发展能力

把忠诚履职作为政府工作第一品格。认真落实新时代党的建设总要求，进一步增强“四个意识”、坚定“四个自信”、坚决做到“两个维护”，确保中央、省市及市委的决策部署第一时间执行，不折不扣落地，高质高效推进。激励广大干部忠于职守、担当作为，全心全意为人民服务、对人民负责，在勤勉尽责中砥砺初心，在创新实干中彰显风采，做到无愧于时代、无愧于人民。

把依法行政作为政府工作第一准则。全面深化法治政府建设，认真执行市人大及其常委会决议决定，依法接受人大法律监督、工作监督，自觉接受政协民主监督，主动接受群众监督，广泛听取意见建议，高质量办好议案、建议和提案。深化法制队伍建设，完善重大行政决策程序，全面落实行政执法“三项制度”[49]，确保政府工作始终在法治轨道上运行。进一步提升政府公信力，执行政策不打折、不走样，以实际行动打造诚信政府。大力弘扬法治文化，全面营造办事依法、遇事找法、解决问题用法、化解矛盾靠法的浓厚氛围。

把实干担当作为政府工作第一要求。坚持把抓落实作为政府工作的生命线，坚决破除形式主义、官僚主义，进一步提升政府行政效能，增强工作执行力，做到事事有着落、件件有回音；发挥绩效考核指挥棒作用，对真抓实干成效明显的单位和个人给予表扬和激励，奋力推动各项工作走在前列。进一步增强政府工作的开拓性和创造性，在思路创新、机制创新、管理创新、服务创新、方法创新等方面寻求突破。坚持严管与厚爱结合、激励与约束并重，以精准问责推动责任落实，以尽职免责保护干事创业激情。

把清正廉洁作为政府工作第一底线。全面落实从严治党主体责任，严格落实中央八项规定精神，严防“四风”问题反弹回潮，扎实推进政府系统党风廉政建设和反腐败斗争。加强对政府系统领导干部和重点岗位人员的监督，深化政务公开，强化经济责任审计，创新监管手段，常态化开展干部警示教育，让铁规铁纪成为政府工作人员的自觉遵循。

各位代表！实干开创新局，奋斗成就未来。我们坚定走过了不同寻常的“十三五”，更要阔步迈向灿烂辉煌的“十四五”。让我们高举习近平新时代中国特色社会主义思想伟大旗帜，在市委的坚强领导下，聚力大干，埋头苦干，创新实干，以优异成绩庆祝中国共产党成立100周年！

名词解释

[1]“六稳”“六保”：稳就业、稳金融、稳外贸、稳外资、稳投资、稳预期；保居民就业、保基本民生、保市场主体、保粮食能源安全、保产业链供应链稳定、保基层运转。

[2]“两防三不”：“两防”指外防输入，内防反弹；“三不”指队伍不散、机制不变、思想不松。

[3]“三量三控”：存量加强管控、增量入口把控、变量动态监控。

[4]“四无”：无死亡病例、无二代病例、无聚集性疫情、无院内感染。

[5]“三间”经济：夜间经济、乡间经济、网间经济。

[6]“一体两翼、一河两岸、一城两站”：“两翼”指浏阳主城和金阳新城；“两岸”即做好浏阳河两岸的保护与开发；“两站”指长赣高铁浏阳站和浩吉铁路浏阳东站。

[7]“630”攻坚：湖南电力提出在2018年至2020年，以每年的6月30日为时间节点，建成一批、开工一批、储备一批电网建设项目。

[8]“四型”“两治”：“四型”指土地合作型、资源开发型、乡村服务型、物业经营型；“两治”指治厕所、治垃圾。

[9]无害化改厕：指将农村居民家庭传统的旱厕和其他厕所改造成清洁、卫生、文明的无害化卫生厕所。

[10]“三表一单”：“三表”指建档立卡贫困户未脱贫对象脱贫困难情况统计表、建档立卡贫困户存在返贫风险情况统计表、档外“四类”人员致贫风险情况统计表；“一单”指扶贫领域形式主义、官僚主义问题清单。

[11]“个十百千”：建设1个产业扶贫服务中心，发展10个长效扶贫产业，打造100个以上较大的特色产业和就业基地，树立1000名通过产业和就业脱贫致富典型。

[12]“五零城市”：“五零”指零成本开办企业、零证明办理事项、零见面审批服务、零收费园区政务、零干扰企业发展。

[13]“三集”：集中办公、集合查验、集成审批。

[14]“芯屏器合”：“芯”指芯片（集成电路）产业，“屏”指平板显示产业，“器”指装备制造及工业机器人产业，“合”指人工智能和制造业融合。

[15]“一带一部”：2013年11月，习近平总书记视察湖南时提出，湖南要发挥作为东部沿海地区和中西部地区过渡带、长江开放经济带和沿海开放经济带结合部的区位优势。

[16]“三高四新”：习近平总书记考察湖南时提出了“三高四新”。“三高”是指着力打造国家重要先进制造业高地、具有核心竞争力的科技创新高地、内陆地区改革开放高地；“四新”是指在推动高质量发展上闯出新路子，在构建新发展格局中展现新作为，在推动中部地区崛起和长江经济带发展中彰显新担当，奋力谱写新时代坚持和发展中国特色社会主义的湖南新篇章。

[17]七大产业集中区：“七大产业”指节能环保、新兴信息产业、生物产业、新能源、新能源汽车、高端装备制造业和新材料。

[18]“三主四特两新”：“三主”指电子信息产业、生物医药产业、智能装备制造产业；“四特”指烟花爆竹产业、绿色食品产业、家居建材产业、再制造产业；“两新”指新材料产业、环保及新能源产业。

[19]“四个面向”：面向世界科技前沿、面向经济主战场、面向国家重大需求、面向人民生命健康。

[20]R&D经费：全社会研究与试验发展经费。

[21]“一带一路”：丝绸之路经济带和21世纪海上丝绸之路。

[22]“三化六最”：“三化”指政务服务便利化、政策环境法治化、政商关系亲清化；“六最”指机制最活、审批最少、流程最短、成本最低、服务最优、诚信最好。

[23]“四精五有”：“四精”指精准规划、精美建设、精致管理、精明增长；“五有”指有颜值、有气质、有内涵、有格调、有品位。

[24]“七大工程”：指新旧动能转换工程、科技创新引领工程、市场主体培育工程、开放高地构筑工程、优秀人才集聚工程、营商环境优化工程、载体提质升级工程。

[25]“三主两特”：“三主”指以电子信息、生物医药、智能装备制造为主导产业；“两特”指以健康产业、再制造为特色产业。

[26]“八大应用场景”：智能网联汽车、工业互联网、智慧城市、智慧医疗、移动支付、分享经济、区块链、创意经济。

[27]“五个100”：湖南省每年在全省实施的100个重大产业项目、100个重大科技创新项目、100个重大产品创新项目、引进100个500强企业、100个科技创新人才。

[28]“三类500强”：指世界500强、中国500强和民营500强三类企业。

[29]“三个定制”：私人定制、行业定制、产业定制。

[30]“四大行动”：“四大”指效能提升、成本降低、权益保护、政策落地。

[31]"五个彻底"：可以简化的办事环节必须彻底精简，企业可以享受的政策必须彻底兑现，企业反映的问题必须彻底回应，对企业的检查、监管、执法必须彻底规范，对涉及企业的投诉必须彻底处理。

[32]"一区、三带、多点"："一区"即国家农业绿色发展先行区；"三带"即浏东休闲农业发展带、浏西花卉苗木产业带、浏北优质水稻示范带；"多点"即打造一批特色产业示范基地、三产融合示范基地、湘赣边红色乡村体验基地。

[33]"两品一标"：指绿色食品、有机食品、地理标志农产品。

[34]"四个不摘"：摘帽不摘责任、摘帽不摘政策、摘帽不摘帮扶、摘帽不摘监管。

[35]"五清两改"："五清"指清理农村生活垃圾，清理沟渠道边垃圾，清理畜禽养殖粪污等农业生产废弃物，清理乱堆乱放乱搭乱建，清理废弃房屋，庄院及残垣断壁；"两改"指改变不良生活习惯、改变落后的生活方式。

[36]"两级三类"："两级"指市(县)国土空间总体规划、乡镇国土空间规划；"三类"指总体规划、专项规划、详细规划。

[37]"一城三区"：指打造高水平现代化郊区新城和制造业高质量发展引领区、临空经济创新发展示范区、生态宜居智慧城市建设标杆区。

[38]"三河、三山"：指浏阳河、捞刀河、南川河；大围山、连云山、九岭山。

[39]"四严四基"：指严督察、严执法、严审批、严监控；构建基本格局、夯实基础工作、强化基础数据、提高基本能力。

[40]"三线一单"：指生态保护红线、环境质量底线、资源利用上线和生态环境准入清单。

[41]"月清三地"：指湖南省自然资源厅对违法用地、批而未供、闲置土地存量问题限期清零和增量问题每月处置的新机制。

[42]夏季攻势：湖南省生态环境保护委员会制定的全省污染防治攻坚战"夏季攻势"任务，每年安排不同的重点任务。

[43]长江保护修复攻坚战行动计划：经国务院同意，生态环境部、国家发改委于 2018 年 12 月联合印发了《关于印发〈长江保护修复攻坚战行动计划〉的通知》。

[44]五气：工业废气、汽车尾气、扬尘灰气、乱烧烟气、餐饮油气。

[45]"六控十严禁"："六控"指控烧、控尘、控排、控车、控煤、控油；"十严禁"指严禁渣土车、混凝土搅拌车、运砂车等各类车辆带泥上路，严禁违法倾倒渣土，严禁工地裸露黄土，严禁重污染天气下土石方施工，严禁在禁燃区燃烧散煤，严禁露天焚烧垃圾，严禁露天烧烤，严禁露天焚烧秸秆，严禁拖拉机等高排放车辆进城，严禁在禁燃区域时段燃放烟花爆竹。

[46]"四新"经济："四新"指新技术、新产业、新业态、新模式。

[47]"三医"联动：指医保体制改革、卫生体制改革与药品流通体制改革联动。

[48]"四个大抓"：指大抓教育和管理、大抓主责和主业、大抓基层和基础、大抓改革和科技。

[49]"三项制度"：指行政执法公示制度、执法全过程记录制度、重大执法决定法制审核制度。

浏阳市2020年国民经济和社会发展统计公报

2020年，全市人民在市委、市政府的坚强领导下，坚持以习近平新时代中国特色社会主义思想为指导，认真贯彻习近平总书记考察湖南重要讲话指示精神，全面落实党中央、国务院及省市各项决策部署，紧紧围绕全面建设现代化浏阳的奋斗目标，坚持稳中求进工作总基调，统筹推进疫情防控和经济社会发展，扎实做好“六稳”“六保”工作，攻坚克难，砥砺奋进，实现了经济运行增速稳步回升、结构持续优化、质效不断改善，社会大局和谐稳定。

初步核算，全市实现地区生产总值1493亿元，同比增长4.7%。其中第一产业增加值128.8亿元，第二产业增加值764.6亿元，第三产业增加值599.6亿元，分别增长4.8%、5.8%和3.2%。三次产业对经济增长的贡献率依次为6.8%、66.6%和26.6%，分别拉动经济增长0.3个百分点、3.1个百分点和1.3个百分点；三次产业结构为8.6∶51.2∶40.2。

一、农　业

2020年，全市实现农林牧渔业总产值222.4亿元，增长4.9%。其中，农业产值116.5亿元，增长5.6%；林业产值25.1亿元，增长7.8%；牧业产值63.9亿元，增长0.3%；渔业产值4.4亿元，增长8.3%；农林牧渔服务业产值12.4亿元，增长7.2%。

全年粮食种植面积118.06万亩，其中稻谷播种面积108.75万亩；蔬菜种植面积64.7万亩，增长4.9%；烟叶种植面积4.88万亩，增长12.2%。

全年粮食总产量55.7万吨，比上年增长7%；烟叶0.67万吨，增长18.01%；蔬菜140.2万吨，增长5.4%；出栏肉猪103.9万头，下降7.0%；出笼家禽1039.8万羽，增长25.6%。

二、工　业

2020年，全年实现工业增加值增长5.9%，规模以上工业企业1005家，实现规模工业总产值增长5.8%，实现规模工业增加值增长6.3%，其中，经开区(高新区)实现规模工业增加值增长8.1%。

全市规模工业企业中，46家生物医药企业产值下降28.2%；44家智能装备企业产值增长22.7%；5家显示器功能器件企业产值增长85.2%；443家烟花爆竹待业企业产值增长0.7%；106家绿色食品企业产值增长7.6%；8家再制造企业产值增长6.1%。

三、建筑业、房地产业和固定资产投资

2020年，全市建筑行业实现增加值34.96亿元，增长3%。拥有资质建筑企业48家，实现建筑业产值68.4亿元，增长7.3%。

2020年，全市房地产业实现增加值47.04亿元，增长0.3%。拥有房地产企业85家，实现房地产投资额67.7亿元，增长19.2%；商品房销售面积146.92万平方米，增长0.4%。

2020年，全市固定资产投资增长9.3%。其中工业投资增长13.3%。

四、财政金融、内外贸易和市场物价

财政　2020年，全市完成一般公共预算收入128.76亿元，增长0.28%，税收收入占一般公共预算收入为83.2%，其中地方一般公共预算收入增长5.3%，全市地方一般公共预算支出151.5亿元，增长6.6%。

金融　2020年，全市金融机构年末各项存款余额986.36亿元，增长12.2%，比年初增加107.4亿元，其中住户存款余额634.22亿元，增长14.3%，比年初增加79.4亿元；各项贷款余额890.04亿元，增长19.3%，比年初增加143.81亿元。金融机构年末存贷比为1∶0.9，不良贷款率1.19%，比年初下降0.58个百分点。

内外贸易　2020年，全市实现社会消费品零售总额382.4亿元，同比下降3.5%。全市实现销售额763.8亿元，同比增长3.8%。其中：批发业实现商品销售额461.7亿元，增长7%；零售业实现商品销售额261.1亿元，增长0.9%；住宿实现商品销售额5.4亿元，下降14.9%；餐饮业实现商品销售额35.6亿元，下降8.4%。

2020年，全市实现自营进出口总额25.5亿美元，增长24.7%。

市场物价　2020年，全年居民消费价格总指数(CPI)为101.8，商品零售价格指数为100.8，服务项目价格指

数为 100.0,工业品生产者出厂价格指数为 99.0。

五、交通运输和邮电业

交通运输 2020 年，年末市内公路建设通车里程 9023 千米。全市公路旅客周转量下降 33.4%;公路货物周转量增长 4.8%。

邮电通信 2020 年，全市实现邮电业务总量 11.24 亿元,增长 8.3%。年末拥有移动电话用户 138.15 万户,增长 12.1%;互联网宽带接入用户 28.93 万户,增长 6.4%。

六、旅游和招商引资

旅游 2020 年接待旅游人数 3095.06 万人次，增长 3.1%;旅游产业收入 316.39 亿元,增长 1.8%。

招商引资 2020 年,全市引进项目 200 个,其中亿元以上项目 78 个,10 亿元以上项目 10 个,50 亿元以上项目 2 个。当年实际使用外资金额 3.76 亿美元，增长 17.9%,实际到位省外境内资金 122.19 亿元,增长 19.8%。

七、科学技术和教育

科学技术 2020 年，全市拥有高新技术企业和生产高新技术产品的企业 303 家，高新技术增加值 267.6 亿元增长 19.9%,占地区生产总值的比重为 17.9%。全年专利授权量 2216 件,其中发明专利授权 191 件,全年实用型专利授权 1511 件,外观设计专利授权 514 件。

教育 2020 年，全市拥有普通小学 305 所（含教学点)，教职员工 5657 人，本年招生 19018 人，在校学生 111065 人，毕业 17085 人；普通初中 52 所，教职员工 3376 人，本年招生 17039 人，在校学生 49859 人，毕业 15749 人;普通高中 15 所,教职员工 2226 人,本年招生 9770 人,在校学生 27937 人,毕业 8081 人;中等职业学校 6 所，教职员工 682 人，本年招生 4139 人，在校学生 10610 人,毕业 4003 人;特殊教育学校 1 所,本年招生 17 人,在校学生 216 人,毕业 22 人。

八、文化、卫生和体育

文化 2020 年,全市拥有文化馆站 33 个、艺术表演团体 20 个,艺术表演观众人数 35 万人次。全市广播综合人口覆盖率 96%,电视综合人口覆盖率 98.8%,年末公共图书馆藏书 49.68 万册。

卫生 2020 年年末,全市拥有卫生机构 59 个,其中医院 57 所。卫生机构床位数 11586 张，卫生技术人员 9423 人,其中医生 4839 人。年内诊疗 626 万人次,年内治愈率为 71%。产妇住院分娩率 100%,婴儿死亡率 2.55‰,5 岁以下儿童死亡率 5.2‰。

体育 2020 年,全市共组织县级以上运动会 8 次,参加活动人数 6 万人次。运动员在各项比赛中获得国家级奖牌 8 枚、省市级奖牌 72 枚。

九、环境保护和安全生产

环境保护 2020 年,全年空气质量优良率 99.7%;浏阳河成功创建全国首批示范河湖，出境水质均值保持Ⅱ类;饮用水水源地水质达标率 100%。

安全生产 2020 年，全市亿元 GDP 事故死亡人数为 0.034 人;全市生产安全事故死亡人数 51 人。

十、人口、人民生活和社会保障

人口 2020 年，全市年末公安户籍户数 41.4 万户，总人口为 148.8 万人,其中,城镇人口 72.44 万人，乡村人口 76.35 万人。年内出生人口 12997 人，出生率为 8.56‰;年内死亡人口 10228 人,人口死亡率为 6.73‰;人口自然增长率 1.82‰。

人民生活 2020 年，城乡居民人均可支配收入 45840 元，增长 6.0%，其中农村居民人均可支配收入 37154 元，增长 7.5%；城镇居民人均可支配收入 52811 元,增长 4.9%。城乡居民人均生活消费支出 26406 元,增长 1.6%，其中农村居民人均消费支出 21393 元，增长 5.4%,城镇居民人均消费支出 30427 元,下降 0.6%。

社会保障 2020 年末，全市参加城镇职工基本养老保险人数 16.76 万人；城镇职工基本医疗保险的参保人数 18.71 万人;失业保险参保人数 14.13 万人。城乡居民基本养老保险参保人数 81.53 万人，城乡居民基本医疗保险参保人数 119.24 万人,参保率达 100.2%。2020 年,新增城镇就业人员 15001 人，年末城镇登记失业率 2.89%。全市拥有各种社会福利收养性单位 40 个，床位 4763 个。全年发放城乡居民最低生活保障经费 14535 万元,城乡居民最低生活保障人数 30226 人,城乡低保对象人均月补差标准分为 528.8 元和 408.13 元。

说明:

1. 本公报数据为初步核实数

2. 地区生产总值、各行业增加值等数据的增长率按 2015 年不变价格计算

浏阳市第七次全国人口普查公报[1]

根据《中华人民共和国统计法》《全国人口普查条例》和国务院的决定，我国以2020年11月1日零时为标准时点进行了第七次全国人口普查[2]。我市人口普查在市委、市政府的坚强领导下，在全体普查对象的支持配合下，通过各级普查机构和广大普查工作人员的艰苦努力，圆满完成了普查现场登记和普查主要数据的汇总工作。现将全市主要数据公布如下。

一、常住人口

全市常住人口[3]为1429384人，与2010年第六次全国人口普查的1279469人相比，增加149915人，增长11.72%，年平均增长率为1.11%。

二、户别人口

全市共有家庭户[4]410222户，集体户17631户，家庭户人口为1279222人，集体户人口为150162人。平均每个家庭户的人口为3.12人，比2010年第六次全国人口普查减少0.27人。

三、人口性别构成

全市常住人口中，男性人口为731835人，占51.20%；女性人口为697549人，占48.80%。总人口性别比（以女性为100，男性对女性的比例）为104.92，比2010年第六次全国人口普查下降0.45。

四、人口年龄构成

全市常住人口中，0~14岁人口为269901人，占18.88%；15～59岁人口为888318人，占62.15%；60岁及以上人口为271165人，占18.97%；65岁及以上人口为197964人，占13.85%。与2010年第六次全国人口普查相比，0～14岁人口的比重上升2.04个百分点，15～59岁人口的比重下降5.86个百分点，60岁及以上人口的比重上升3.82个百分点，65岁及以上人口的比重上升3.40个百分点。

全市人口年龄构成

表25 单位：人、%

年龄	人口数	比重
总 计	1429384	100.00
0～14岁	269901	18.88
15～59岁	888318	62.15
60岁及以上	271165	18.97
其中：65岁及以上	197964	13.85

五、受教育程度人口

全市常住人口中，拥有大学（指大专及以上）文化程度的人口为113153人；拥有高中（含中专）文化程度的人口为230091人；拥有初中文化程度的人口为533321人；拥有小学文化程度的人口为427231人（以上各种受教育程度的人包括各类学校的毕业生、肄业生和在校生）。与2010年第六次全国人口普查相比，每10万人中拥有大学文化程度的由4260人上升为7916人；拥有高中文化程度的由10962人上升为16097人；拥有初中文化程度的由41459人下降为37311人；拥有小学文化程度的由34065人下降为29889人。

全市常住人口中，15岁及以上人口的平均受教育年限[5]为9.32年。

全市常住人口中，文盲人口（15岁及以上不识字的人）为14667人，与2010年第六次全国人口普查相比，文盲人口减少540人，文盲率[6]由1.19%下降为1.03%，下降0.16个百分点。

六、乡镇街道人口情况

表 26 各乡镇街道常住人口统计

单位：人、%

年龄	人口数	比重[7]
全市	1429384	100.00
淮川街道	78453	5.49
集里街道	124705	8.72
荷花街道	68396	4.78
关口街道	57764	4.04
社港镇	37839	2.65
官渡镇	256668	1.80
张坊镇	23215	1.62
达浒镇	18947	1.33
沿溪镇	26902	1.88
古港镇	53599	3.75
永和镇	26778	1.87
大瑶镇	86222	6.03
金刚镇	54932	3.84
文家市镇	48242	3.38
枨冲镇	31589	2.21
镇头镇	50941	3.56
普迹镇	33140	2.32
永安镇	67116	4.70
北盛镇	51998	3.64
龙伏镇	38111	2.67
澄潭江镇	51633	3.61
中和镇	17625	1.23
柏加镇	20219	1.41
洞阳镇	111931	7.83
大围山镇	15667	1.10
沙市镇	56142	3.93
淳口镇	52286	3.66
高坪镇	27570	1.93
官桥镇	21035	1.47
葛家镇	16265	1.14
蕉溪镇	22593	1.58
小河乡	11861	0.83

注释

[1]本公报数据为初步汇总数据。

[2]普查登记的对象是指普查标准时点在中华人民共和国境内的自然人以及在中华人民共和国境外但未定居的中国公民，不包括在中华人民共和国境内短期停留的境外人员。

[3]常住人口包括，居住在本乡镇街道且户口在本乡镇街道或户口待定的人；居住在本乡镇街道且离开户口所在的乡镇街道半年以上的人；户口在本乡镇街道且外出不满半年或在境外工作学习的人。

[4]家庭户是指以家庭成员关系为主、居住一处共同生活的人组成的户。

[5]平均受教育年限是将各种受教育程度折算成受教育年限计算平均数得出的，具体的折算标准是：小学 =6 年，初中 =9 年，高中 =12 年，大专及以上 =16 年。

[6] 文盲率是指常住人口中 15 岁及以上不识字人口所占比例。

[7]指各乡镇街道的常住人口占全市常住人口的比重。

浏阳市统计局
浏阳市第七次全国人口普查领导小组办公室
2021 年 6 月 30 日

长沙市第七次全国人口普查公报[区县(市)人口情况][1]

根据第七次全国人口普查结果，现将2020年11月1日零时长沙市9个区县(市)的常住人口情况公布如下：

9个区县(市)中，人口超过150万人的区县(市)为岳麓区；在100万人至150万人的区县(市)有4个，分别为浏阳市、长沙县、雨花区、宁乡市，在50万人至100万人的区县(市)有4个，分别为望城区、天心区、开福区、芙蓉区。其中，市区[2]人口数合计5980707人，占全市常住人口比重为59.52%。

注释：

[1]本公报数据为初步汇总数据。部分数据因四舍五入的原因，存在总计与分项合计不等的情况。

[2]市区包括芙蓉区、天心区、岳麓区、开福区、雨花区、望城区。

[3]指各区县(市)的常住人口占全市常住人口的比重。

表27　各区县(市)常住人口统计

单位：人、%

地区	人口数	比重[3]	
		2020年	2010年
全市	10047914	100.00	100.00
芙蓉区	642010	6.39	7.44
天心区	836157	8.32	6.75
岳麓区	1526641	15.19	11.39
开福区	820790	8.17	8.06
雨花区	1264895	12.59	10.28
望城区	890214	8.86	7.44
长沙县	1374491	13.68	13.91
浏阳市	1429384	14.23	18.17
宁乡市	1263332	12.57	16.56

浏阳市 2020 年度气候影响评价

1. 综述

2020 年浏阳天气气候异常特征：一是降水偏多；二是降水时空分布不均；三是高温出现时段集中，8 月高温日数创历史新高。主要天气气候事件有大雾、冷空气、强冷空气、寒潮、雨夹雪、暴雨、大暴雨、雷暴、局地冰雹、雷暴大风、雨水相对集中期、高温热害等，给农业生产和人民生活带来一定影响。

2. 基本气候概况

2020 年天气气候情况复杂，呈降水偏多的趋势。年平均气温 18.4℃，比历年同期(17.5℃)偏高 0.9℃，比 2019 年同期(18.1℃)偏高 0.3℃；年极端最高气温 37.2℃，出现在 8 月 4 日，极端最低气温 -3.9℃，出现在 12 月 31 日。年降水量 1953 毫米，比历年同期(1551.3 毫米)偏多 25.9%，较 2019 年同期(1508.6 毫米)偏多 29.5%；年内共出现 4 次暴雨、2 次大暴雨过程。年日照时数 1354.5 小时，比历年同期(1594.8 小时)偏少 15.1%，比 2019 年同期(1486.2 小时)偏少 8.9%。

2.1 气温

2020 年平均气温为 18.4℃，较历年异常偏高 0.9℃，比上年高 0.3℃(表 1)。2020 年月平均气温最高出现在 8 月，为 29.4℃，最低出现在 1 月，为 6.5℃。12 个月中有 7 个月平均气温高于气候值，4 月、7 月、10 月、12 月与气候值基本持平(相差≤0.4℃)，9 月低于气候值。2 月平均气温 10.9℃，为历史第三高值；3 月平均气温 14.2℃，为历史第一高值 (与 2008 年并列第一)；5 月平均气温 24.0℃，为历史第四高值；6 月平均气温 27.3℃，为历史第二高值。

表 28　2020 年浏阳年平均气温评定等级

项目	浏阳
2020 年(℃)	18.4
历年平均(℃)	17.5
距平(℃)	0.9
标准差	0.4
等级	异常偏高

2020 年浏阳冬季平均气温为 8.7℃(图 3、表 28)，较常年同期显著偏高 1.8℃，为历史第三高值；入冬时间为 11 月 22 日，与常年同期持平。春季平均气温为 18.4℃(图 3、表 29)，较常年同期偏高 1.4℃，为历史第三高值；入春时间为 3 月 31 日，较常年推迟 10 天。夏季平均气温为 28.4℃(图 3、表 29)，较常年同期偏高 1.0℃，为历史第五高值；在 4 月 29 日入夏，较常年提前 31 天。秋季平均气 18.5℃(图 3、表 29)，与常年同期持平，略低 0.1℃；入秋时间在 10 月 3 日，较常年晚 11 天。

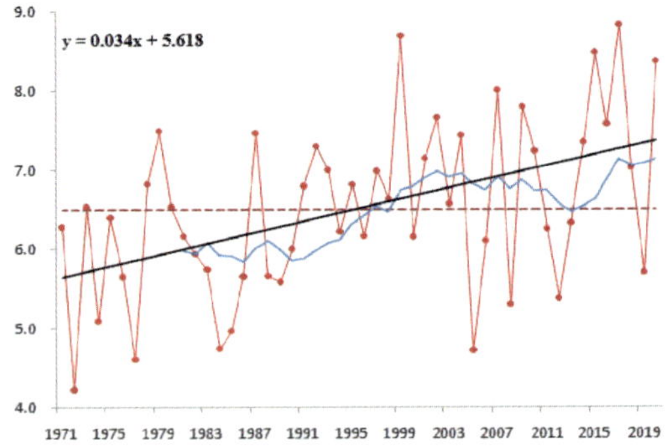

冬季平均气温年际变化图

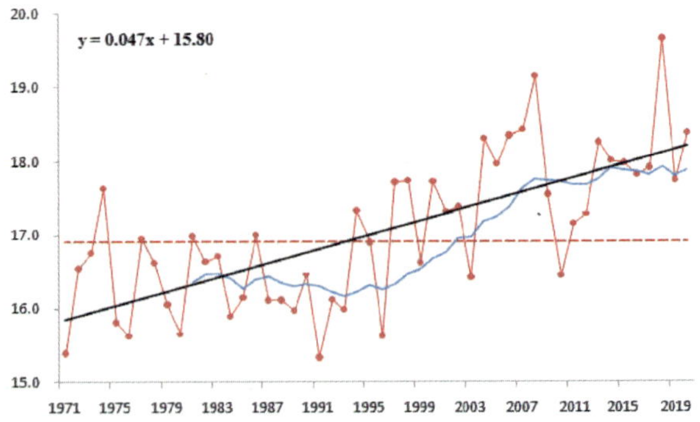

春季平均气温年际变化图

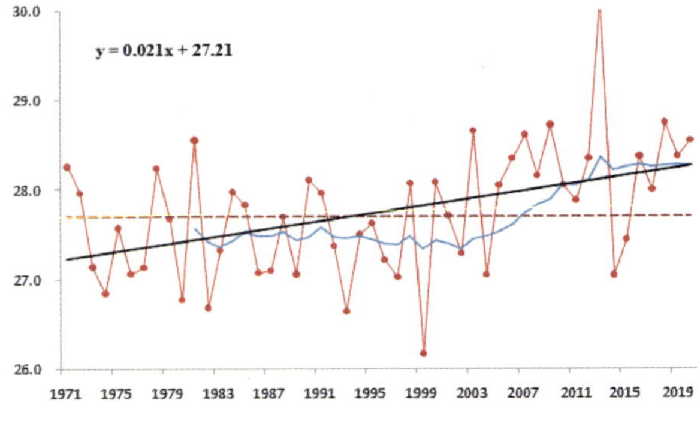

夏季平均气温年际变化图

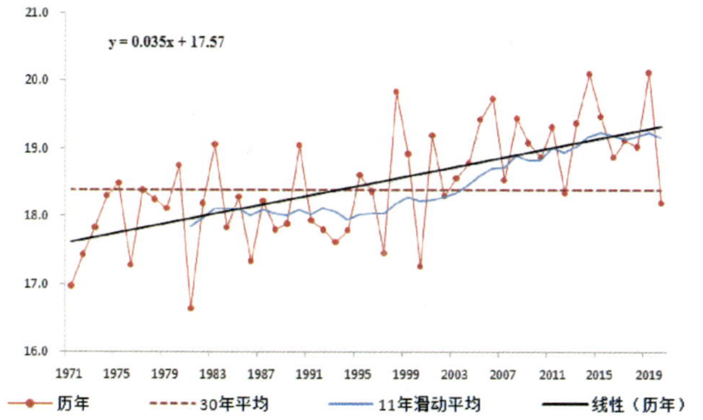

秋季平均气温年际变化图

图 3 长沙地区四季平均气温年际变化曲线 （单位：℃）

表 29 2020 年浏阳四季气温与距平 （单位：℃）

项目	浏阳
冬季	8.7
距平	1.8
春季	18.4
距平	1.4
夏季	28.4
距平	1.0
秋季	18.5
距平	-0.1

2020 年浏阳极端最低气温为 -3.9℃，出现在 12 月 31 日；极端最高气温为 37.2℃，出现在 8 月 4 日（表 30）。

表 30 2020 年浏阳极端最低、极端最高气温及出现日期

项目	浏阳
极端最低气温(℃)	-3.9
出现日期(月 / 日)	12 月 31 日
极端最高气温(℃)	37.2
出现日期(月 / 日)	8 月 4 日

稳定通过 8℃的日期：3 月 30 日，较历年推迟 19 天。稳定通过 11℃的日期：4 月 2 日，较历年推迟 6 天（表 31）。

表 31 2020 年浏阳主要气候期评定日期与长度

（单位：月 / 日、天）

项目	浏阳
稳定通过 8℃	3/30(-19)
稳定通过 11℃	4/2(-6)

说明：表中负数表示时间推迟。

8 月浏阳高温日数 20 天，为历史第四高值。全年共出现 3 次高温过程，7 月 22—26 日连续 5 天、8 月 1—9 日连续 9 天、8 月 15—21 日连续 7 天大于或等于 35℃，均达到轻度高温热害标准。

9 月 17—30 日连续 14 天日平均气温≤23.0℃，其间 13 天有雨，达到湿冷型轻度寒露风标准。

2.2 降水

2020 年浏阳市年降水量为 1953.0 毫米，较历年同期（1551.3 毫米）偏多 25.9%（表 32）。浏阳降水时间及空间分布均不均匀，东部山区为降水大值中心，最大累计降水量超过 2800 毫米，出现在大围山山顶。

表 32 2020 年浏阳降水量及评定等级

项目	浏阳
2020 年(毫米)	1953.0
历年平均(毫米)	1551.3
距平(毫米)	401.7
距平百分率(%)	25.9
等级	偏多

冬季降水总量为 388.7 毫米，较历年同期显著偏多 153.1 毫米（65%），为历史第二高值。季雨日为 35 天，与历年平均相比，偏少 3.5 天。

春季降水总量为 643.6 毫米，较历年同期偏多 84.4 毫米（15.1%）。春季雨日为 49 天，与历年平均相比，偏少 3 天。其中 3 月雨日 22 天，为历史第三高值。4 月雨日 12 天，为历史第二低值。

夏季降水总量为 685.1 毫米，较历年同期偏多 167.1 毫米（32.3%）。夏季雨日为 41 天，与历年平均相比，偏多 2.8天。

秋季降水总量为 284.1 毫米，较历年同期偏多 45.6 毫米（19.1%）。秋季雨日为 37 天，与历年平均相比，偏多 7.8 天。其中 9 月雨日 18 天，为历史第二高值。详情见表 33。

表 33 2020 年浏阳四季降水量与距平 （单位：毫米）

站点	冬季				春季			
	2020	历年	距平	百分率	2020	历年	距平	百分率
浏阳	388.7	235.6	153.1	65.0%	643.6	559.2	84.4	15.1%
站点	夏季				秋季			
	2020	历年	距平	百分率	2020	历年	距平	百分率
浏阳	685.1	518.0	167.1	32.3%	284.1	238.5	45.6	19.1%

2020 年上半年较为充沛；6 月为降水最多月份，344.1 毫米；12 月为最少月份，24.7 毫米。与历年同期相比，1 月、9 月异常偏多，5 月、7 月显著偏多，2 月、3 月、6 月偏多，4 月、8 月、10 月、11 月偏少，12 月显著偏少。其中 1 月总降水量浏阳 173.5 毫米，为历史第三高值。9 月总降水量浏阳 184.0 毫米，为历史第二高值。

2020 年雨季开始时间早，与历年平均相比，浏阳提早 30 天。雨季结束不明显，9 月仍出现暴雨过程。

汛期（4—9 月）总降水量 1310.9 毫米，与历史同期相比，偏多 31.7%。详见表 34。

表 34　2020 年浏阳雨季及汛期降水情况

浏阳	
雨季开始(月－日)	2-29
雨季结束(月－日)	不明显
汛期降水(毫米)	1310.9
历年平均(毫米)	995.4
距平百分率(%)	31.7%
等级	偏多

2.3 日照

2020 年浏阳总日照时数 1354.5 小时,较历年平均偏少 240.3 小时,按照日照多寡划分标准,属偏少年份(表 35)。

表 35　2020 年浏阳总日照时数与评定等级表

项目	浏阳
2020 年	1354.5
历年平均	1594.8
距平	-240.3
S/Sc	0.90
等级	偏少

注:S 为日照时数实况,Sc 为同期气候值。

冬春季日照正常,夏季偏少,秋季创历史新低。按日照多寡划分标准。冬季、春季属于偏多,夏季、秋季属于偏少。

冬季(2019 年 12 月—2020 年 2 月)累计日照时数为 275.0 小时,较历年同期偏多 33.9 小时 (14.1%)。春季(2020 年 3—5 月)累计日照时数为 359.2 小时,较历年同期偏多 39.9 小时(12.5%)。夏季(2020 年 6—8 月)累计日照时数为 481.7 小时,较历年同期偏少 117.3 小时(19.6%)。秋季(2020 年 9—11 月)累计日照时数为 273.6 小时,较历年同期偏少 161.8 小时(37.2%),为历史同期第二低值。详见图 4。

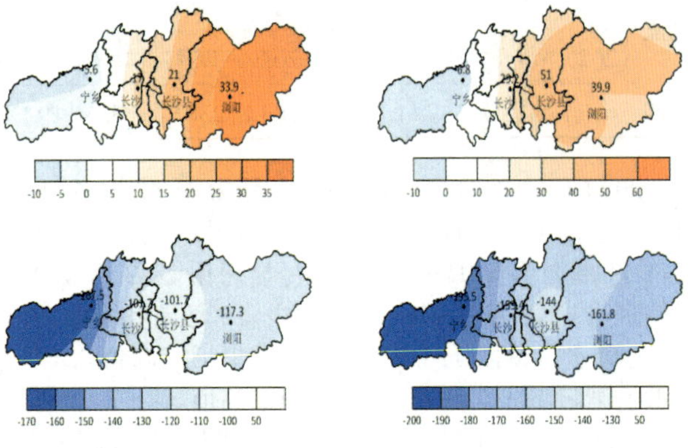

图 4　长沙地区 2020 年四季日照时数距平空间分布　(单位:小时)
(左上:冬季;右上:春季;左下:夏季;右下:秋季)

从日照时数的月际分布可以看出,月日照时数呈“波动状”,1—3 月、5—7 月、10—12 月日照时数较为平稳,4 月出现了第一次波动增长,8 月为第二次波动增长,而 9 月的日照时数则表现为“断崖式”下降,突破了历史最低值。全年各月累计日照时数与历年同期值相比,1 月、3 月、5 月、6 月、7 月、9 月、10 月、11 月、12 月属于偏少月,2 月、4 月、8 月属于偏多月。

7 月日照时数仅为 136.6 小时,为历史同期第二低值。9 月日照时数 63.9 小时,突破历史最低值,创最阴沉的 9 月。4 月日照时数 164.4 小时,为历史同期第三高值。详见表 36。

表 36　2020 年浏阳日照数据与历史排名

月份	浏阳
4 月	164.4/ 三
7 月	136.6/ 二
9 月	63.9/ 一

注:上表排名一栏中红色字体表示顺数排名,绿色字体表示倒数排名,仅排出顺 / 倒数前五名。

2.4 风

2020 年浏阳平均风速为 1.3 米 / 秒,较历年偏大 0.3 米 / 秒,浏阳平均风速明显小于其他地区。浏阳盛行偏东风,其中冬季主导风向为西西南,主导风频为 14.6%,主导风速为 2.3 米 / 秒;春季主导风向为东东北,主导风频为 15.5%,主导风速为 1.0 米 / 秒;夏季主导风向为东东北,主导风频为 19.8%,主导风速为 1.0 米 / 秒;秋季主导风向为西西南,主导风频为 15.7%,主导风速为 2.0 米 / 秒。年内极大风为 18.2 米/秒,出现在 2020 年 5 月 5 日。浏阳平均风速、极大风速与四季主导风情况分别见表 37、表 38。

表 37　2020 年浏阳平均风速与极大风速　(单位:米 / 秒)

站点	平均风		极大风		
	风速	距平	风速	风向	出现日期
浏阳	1.3	0.3	18.2	WSW	5 月 5 日

表 38　2020 年浏阳四季主导风　(单位:米 / 秒)

季节	浏阳		
	主导风向	主导风频	主导风速
冬	WSW	14.6%	2.3
春	ENE	15.5%	1.0
夏	ENE	19.8%	1.0
秋	WSW	15.7%	2.0

2020 年浏阳的主导风向为 ENE,出现频率为 14.2%,E 次之,为 12.2%,WSW 第三,为 11.5%,其他风向的频率均在 10%以下;ENE 风的平均风速最大,为 1.4 米 / 秒,超过 1.0 米 / 秒的还有 E、WSW(图 5)。

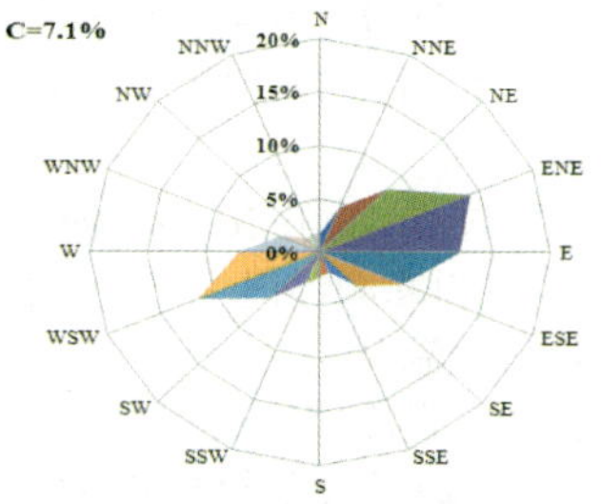

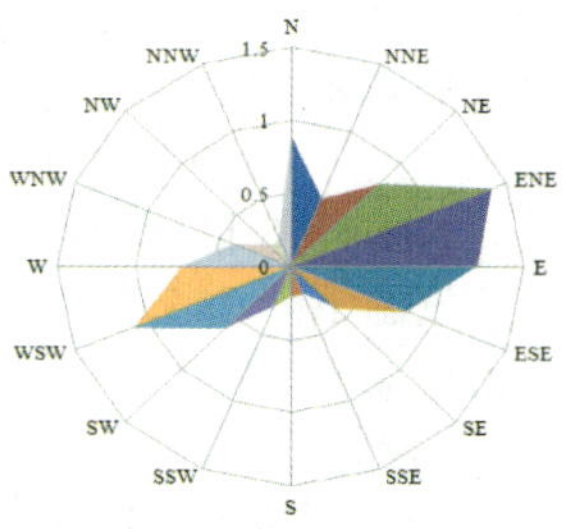

图 5 浏阳 2020 年风向(左)和风速(右)玫瑰图

3. 主要天气气候事件及其影响

2020 年主要天气气候事件有大雾、冷空气、强冷空气、寒潮、雨夹雪、暴雨、大暴雨、雷暴、局地冰雹、雷暴大风、雨水相对集中期、高温热害等。2020 年春季有倒春寒，秋季重度寒露风及罕见连阴雨，给农业生产和人民生活带来诸多不利影响。

3.1 多雨的“暖冬”

2019—2020 年冬季平均气温较常年同期显著偏高 1.8℃——“暖冬”。冬季平均气温为 8.7℃，排名历史第三。详见表 39。2019—2020 年冬季降水总量为 388.7 毫米，为历史第二高值。

表 39 2019—2020 年长沙各地冬季气温、距平与排名表

项目	浏阳
冬季	8.7
距平	1.8
评定	暖冬
历史排名	第三高值

3.2 历史最阴雨寡照 9 月

9 月总降水量 184.0 毫米，为历史第二高值。9 月雨日 18 天，为历史第二高值。9 月日照时数仅 63.9 小时，创历史新低。详见表 40。

9 月中下旬，出现罕见阴雨寡照天气，浏阳 20—29 日连续 10 天出现降水，达中度连阴雨标准。

表 40 2020 年 9 月长沙各地气温、降水、日照数据与历史排名

地区	降水量(毫米)		雨日(d)		日照时数(h)		气温(℃)	
	排名	距平	排名	距平	排名	距平	排名	距平
浏阳	184.0/二	139.1%	18/二	8.7	63.9/一	−106.8	23.0/四	−1.2

注：上表排名一栏中红色字体表示顺数排名，绿色字体表示倒数排名。

3.3 倒春寒

3 月底到 4 月初，出现了轻度倒春寒，3 月 28 日至 4 月 6 日，浏阳平均气温较常年同期偏低 3.0℃。

3.4 雷暴大风、大风

2020 年共出现 1 次雷暴大风，主要发生在夏季。年内出现 5 次偏北大风过程，分别出现在 1 月 7 日、4 月 11 日、5 月 5 日、12 月 13 日、12 月 29—30 日。

雷暴大风：

8 月 21 日下午，弱冷空气影响，我市出现雷暴大风，极大风速 30.6 米 / 秒(浏阳市北盛镇)。

大风：

1 月 7 日，受冷空气影响，出现偏北大风，浏阳最大风速 8.1 米 / 秒，极大风速 14.6 米 / 秒。4 月 11 日，浏阳局地出现大风，极大风速 13.1 米 / 秒。5 月 5 日，浏阳出现大风，其中极大风速 22.9 米 / 秒(关口杨溪湖站)，城区国家站极大风速 18.2 米 / 秒。12 月 13 日夜间，浏阳出现大风，极大风速 16.1 米 / 秒(集里唐家园站)。29—30 日，受寒潮影响，全市出现大范围偏北大风，极大风速 21.4 米 / 秒(集里唐家园站)。

3.5 暴雨、雨水相对集中期

2020 年浏阳共出现 29 次区域性或局地暴雨过程，7 次全域性暴雨过程。其中 7 月 9—10 日，全市普降暴雨，部分乡镇大暴雨，为年度降水强度最大、影响范围最广的暴雨过程。全年 24 小时最大降水量 153.7 毫米(5 月 14 日 13 时 13 分至 15 日 13 时 12 分)，1 小时最大降水量 49.6毫米(6 月 2 日 19 时 42 分至 20 时 41 分)。且 6 月 2—11日出现雨水相对集中期，出现时段及累积降水量见表 41。

表 41 浏阳降水集中期时段及累积雨量(单位：毫米)

	浏阳
累积雨量	216.8
出现日期	6.2—6.11

暴雨：

5 月 5 日，浏阳普降大雨，北区北部暴雨，最大累计降水沙市 70.5 毫米，大围山镇出现阵风九级，城区阵风八级。据统计：关口、沙市、古港、枨冲等乡镇出现灾情，受灾人口 551 人，转移安置 9 人，农作物受灾面积 358.13 公顷，成灾面积 10.67 公顷，损坏房屋 38 间，直接经济损失 263.6 万元。

5 月 14 日 20 时至 15 日 20 时，浏阳普降暴雨，西区及南区大部、北区东北部、东区南部出现大暴雨，平均降水量 86.2 毫米，最大累计降水量 154.1 毫米(荷花)，城区 136.5 毫米。5 月 16 日下午，南区大瑶、金刚等地受强对流袭击，出现短时暴雨。此次大暴雨及强对流天气过程，造成浏阳部分乡镇不同程度遭受洪涝灾害，部分房屋、农作物受损，其中农作物受损较为严重。据统计：受灾人口 309 人，紧急转移安置人口 11 人；农作物受灾面积 628.8 公顷，成灾面积 501.6 公顷，绝收面积 251 公顷；倒塌房屋 13 间、6 户，严重损坏房屋 18 间、11 户，一般损坏房屋 133 间、49 户，直接经济损失 1682.09 万元。

5 月 29 日 8 时至 30 日 8 时浏阳普降暴雨，平均降水量 57.1 毫米，最大累计降水量 82.5 毫米(大围山)，城区 54.2 毫米。

6 月 2 日 8 时至 3 日 8 时浏阳普降大暴雨，平均降水量 111.3 毫米，最大累计降水量 194.7 毫米（古港宝盖寺)，城区 124 毫米。据统计：集里、沙市、官渡等多个乡镇街道办事处受灾，受灾人口 762 人，紧急转移安置 13 人，

倒塌房屋 11 间，损坏房屋 15 间，农作物受灾面积 234.9 公顷，成灾面积 179.1 公顷，绝收面积 12.9 公顷，直接经济损失达 641.28 万元。

6 月 4 日 20 时—5 日 20 时浏阳北区小到中雨，其他均为暴雨，平均降水量 38.8 毫米，最大累计降水量 89.1 毫米（普迹书院），城区 54.2 毫米。

6 月 24 日 8 时至 25 日 8 时浏阳北区中到大雨，其他乡镇暴雨，沿溪、大瑶、城区、葛家、金刚、小河大暴雨，平均降水量 68 毫米，最大累计降水量 116 毫米（沿溪），城区 101.9 毫米。

7 月 9 日 20 时至 10 日 20 时浏阳普降暴雨，城区、西区、北区南部、南区西部大暴雨，平均降水量 88.4 毫米，最大累计降水量 194.8 毫米，出现在镇头北星站，最大小时雨强 70.4 毫米，出现在普迹书院村（10 日 8—9 时），本站100.2 毫米。7 月 8—10 日连续强降水过程，浏阳受灾严重。据统计：其中受灾人口 22356 人，死亡 2 人，紧急转移安置 750 人，倒塌房屋 83 间，损坏房屋 122 间，农作物受灾面积 7683 公顷，成灾面积 3686 公顷，绝收面积 843 公顷，直接经济损失 16691.5 万元，其中农业 5370.1 万元，工矿企业、基础设施、公益设施、家庭损失共计 11321.4 万元。

9 月 9 日 20 时至 10 日 20 时浏阳出现暴雨，社港、龙伏大暴雨（大暴雨 3 站），平均降水量 56.4 毫米，最大累计降水量 107.3 毫米，出现在社港，本站 71.0 毫米。

3.6 高温热害

2020 年≥35℃的高温日数为 40 天，较历年偏多 7.4 天；全年≥37℃的高温日数为 2 天，较历年偏少 5.9 天，主要集中在 8 月上旬（表 42）。全年高温天气出现时间较为集中，主要在 7 月下旬到 8 月，全年共有 3 次全市性高温热害过程，出现在 7 月下旬前期、8 月上旬、8 月中旬后期及 8 月底。浏阳在 7 月 29 日至 8 月 9 日连续 12 天日最高气温≥35℃，为“中度高温热害”。由以上分析可见，2020 年浏阳高温天气主要表现出高温出现时段集中、8 月高温日数创历史新高、高温强度弱、极端最高气温低的特点。

表 42　2020 年浏阳高温日数及出现时间　（单位：天）

项目	浏阳
全年高温日数	40
高温日数距平	7.4
8 月高温日数	20
最长连续日数	12
≥37℃高温日数及距平	2−5.9
高温热害时段	7.22—7.26 7.29—8.9 8.15—8.21

3.7 寒露风

9 月 17—30 日，浏阳连续 14 天日平均气温低于 23℃，达“轻度寒露风”标准。

3.8　强冷空气、寒潮天气活跃

2020 年浏阳共发生 6 次冷空气活动，根据气预函〔2014〕110 号文规定，共有 8 次冷空气过程达到冷空气等级评定标准，其中中等强度冷空气 4 次，强冷空气 1 次，寒潮 1 次，具体过程如下：

1 月 6—8 日中等强度冷空气过程：浏阳 48 小时内日最低气温下降 7.4℃。2 月 14—16 日寒潮过程：浏阳 24 小时内日最低气温下降 10.3℃，最低气温降至 2.8℃，并伴有 5~6 级偏北风。3 月 26 日晚至 28 日强冷空气过程：浏阳 48 小时内日最低气温下降 12.0℃，最低气温降至 6.5℃。4 月 10—12 日中等强度冷空气过程：浏阳 48 小时内日最低气温下降 7.0℃，最低气温降至 5.8℃。出现局地偏北大风。12 月 12—14 日中等强度冷空气过程：浏阳 48 小时内日最低气温下降 6.3℃，最低气温降至 2.3℃。全市出现低温雨雪天气，大部分地区有雨夹雪或冻雨，山区有积雪和冰冻。12 月 28—30 日中等强度冷空气过程：浏阳 48 小时内日最低气温 6.9℃，最低气温降至 -0.6℃。

3.9　霜冻

12 月霜冻日浏阳 5 天（20 日、21 日、22 日、30 日、31 日）。

3.10 雾

2020 年浏阳大雾日数 42 天。从大雾的时间分布上看（图 6），冬春季节是大雾多发期，夏秋季节大雾发生的频次明显少于冬春季节，1 月是出现大雾最多的月份，8 月、9 月无大雾出现。

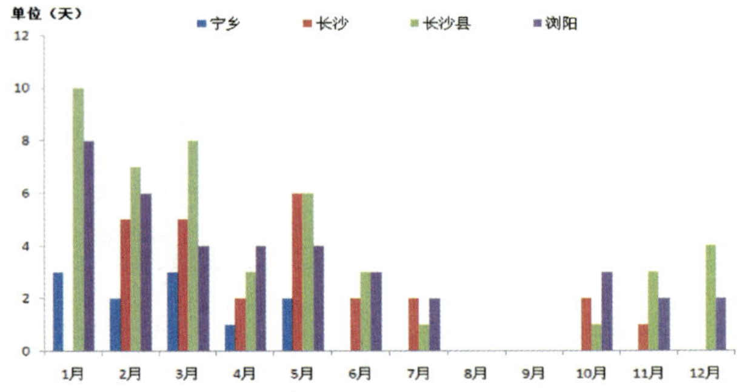

图 6　2020 年长沙各地大雾日数月份分布（单位：天）

4. 气候影响评价

综观全年，主要天气气候事件有大雾、冷空气、强冷空气、寒潮、雨夹雪、暴雨、大暴雨、雷暴、局地冰雹、雷暴大风、雨水相对集中期、高温热害等，气象灾害损失较为严重。

2020 年倒春寒、寒露风等天气给农业生产带来一定损失，主要以水稻、油菜、烤烟等为主。春夏季强对流天气多发，影响农业生产和农业设施，总体灾情较弱。雨季暴雨多发，但整体上强度不强，未发生明显的洪涝灾害，温、光、水等条件有利于农作物生长成熟。8 月高温日数异常偏多，部分作物缺水较为严重，但由于前期蓄水充足，水利灌溉一定程度上缓解旱情，干旱对农业的影响有所降低。9 月寒露风致部分晚稻不同程度受灾。总体上看，2020 年农业气候年景属正常。2020 年雨水偏多，气温偏高，整体上有利于林业树木生长。

2020 年低温雨雪、冰冻、暴雨、连阴雨、冰雹、大雾等是引发交通事故的主要气象因素，其中气象条件不利于车辆行驶的天数主要出现在 1 月、12 月低温雨雪天气期间、9 月多降雨时段及秋冬季大雾发生时段，但总体上看气象条件较有利于交通行业。

索　　引

说明：

一、本索引把年鉴的条目(统计资料、表格、概况、综述、彩页除外)用主题分析方法，按汉语拼音字母顺序排列。

二、类目、分目、专稿标题用黑体字表明。

三、索引名称后的阿拉伯数字表示内容所在的页码，拉丁字母(a、b、c)表示栏别(从左至右分 1、2、3 栏)。

J

S